實用
契約書大全 上

總策劃

永然聯合法律事務所所長　李永然
台灣地政法律事務所所長　蔡仟松

審訂委員（依姓氏筆劃排序）

朱瑞陽、李永然、李兆環、吳佩諭、林石猛、林家祺
郭棋湧、陳李聰、陳岳瑜、黃蓮瑛、謝永誌、謝昆峯

執行主編

台灣地政法律事務所所長　蔡仟松

編撰者（依姓氏筆劃排序）

王正嘉、李永然、林裕山、張吉人、陳秋華、陳銘福
蔡仟松、蔡錫坤、鄧湘全、魏蕙沁、蘇宜君

作者簡介

編審委員會

總策劃

李永然　永然聯合法律事務所所長
蔡仟松　臺灣地政法律事務所所長

審訂委員（依姓氏筆劃數排列）

朱瑞陽　普華商務法律事務所律師
李永然　永然聯合法律事務所所長
李兆環　得聲國際法律事務所資深合夥律師
吳佩諭　恆業法律事務所律師
林石猛　金石國際法律事務所所長
林家祺　得聲國際法律事務所主持律師
郭棋湧　臺灣彰化地方法院檢察署主任檢察官
陳李聰　臺灣臺北地方法院所屬民間公證人重慶聯合事務所副所長
陳岳瑜　元亨法律事務所主持律師、專利代理人
黃蓮瑛　協合國際法律事務所合夥律師
謝永誌　臺灣臺北地方法院所屬民間公證人重慶聯合事務所所長
謝昆兩　恆業法律事務所律師

執行主編

蔡仟松　臺灣地政法律事務所所長

編撰者（均為律師及法界專業人士）

王正嘉、李永然、林裕山、張吉人、陳秋華、陳銘福、蔡仟松、蔡錫坤、鄧湘全、
魏憓沁、蘇宣君（依姓氏筆劃數排列）

審訂委員簡介（依姓氏筆劃數排列）

審訂者	學　歷	現　職
朱瑞陽	私立輔仁大學法律系博士班 私立輔仁大學法學碩士	普華商務法律事務所科技暨專案規劃組律師 臺北縣政府勞工局涉訟補助審議委員 臺北縣政府勞資爭議仲裁委員 臺北縣勞資發展協會常務理事
李永然	國立臺灣大學法律學研究所博士班研究 國立臺灣大學法學碩士	永然聯合法律事務所所長 輔大影視傳播系、銘傳大傳系兼任講師 中華民國仲裁協會仲裁人 中國國際經濟貿易仲裁委員會仲裁員
李兆環	國立中正大學法學碩士 私立東吳大學法學士	得聲國際法律事務所資深合夥 律師 臺北市女性權益促進會理事長 國立臺北大學講師 臺北市政府社會福利委員會委員 中華民國仲裁人
吳佩諭	國立臺灣大學國家發展研究所碩士 國立政治大學法學士	恆業法律事務所律師
林石猛	國立中山大學中山學術研究所碩士 國立政治大學法律系法學士	金石國際法律事務所所長 國立中山大學推廣教育中心講師 高雄市政府法制局法規暨國家賠償審議委員 高雄市政府採購申訴委員會審議委員
林家祺	國立中正大學法律研究所碩士 國立政治大學法律系法學組學士	得聲國際法律事務所主持律師 臺北縣政府採購申訴審議委員 中華民國仲裁人 元培科學技術學院法學講師
郭棋湧	國立中興大學法學碩士	臺灣彰化地方法院檢察署主任檢察官
陳李聰	私立東吳大學法研所研究	臺灣臺北地方法院所屬民間公證人重慶聯合事務所副所長
陳岳瑜	國立中興大學碩士 國立中興大學學士	元亨法律事務所主持律師、專利代理人
黃蓮瑛	美國杜克大學法學碩士 國立臺灣大學法學士	協合國際法律事務所合夥律師

審訂者	學　歷	現　職
謝永誌	私立東吳大學法研所研究 私立東吳大學法學士	臺灣臺北地方法院所屬民間公證人重慶聯合事務所所長
謝昆侰	國立臺灣大學法學碩士 國立中興大學法學士	恆業法律事務所律師

編撰者簡介（依姓氏筆劃數排列）

編撰者	學　歷	現　職
王正嘉	國立臺灣大學法學碩士 國立臺灣大學法學士	
李永然	國立臺灣大學法律博士班研究 國立臺灣大學法學碩士	永然聯合法律事務所所長 輔大影視傳播系、銘傳大傳系兼任講師
林裕山	國立臺北大學公共行政暨政策學系碩士班 國立中興大學法商學院法律系畢業	行政院青年輔導委員會專員
張吉人		
陳秋華	國立政治大學法學碩士	寰瀛法律事務所律師
陳銘福	國立政治大學地政研究所碩士 國立中興大學地政系學士 高考地政及格	普提地政士事務所地政士 普提不動產仲介公司經紀人 政治大學地政系兼任講師 世新大學法律系兼任講師 中原大學財經法律系兼任講師
蔡仟松	美國加州諾斯洛普大學法律研究所碩士 國立臺灣大學法學士	臺灣地政法律事務所所長
蔡錫坤	美國紐約大學（NYU）法學碩士 美國執業會計師、律師 國立臺灣大學法學碩士 國立臺灣大學法學士	正鑫聯合律師事務所律師
鄧湘全	國立臺灣大學法學碩士 國立臺灣大學法學士	全瑞法律事務所律師
魏蕙沁	國立臺灣大學法學碩士 國立臺灣大學法學士	
蘇宜君	美國紐約大學（NYU）法學碩士 國立臺灣大學法學碩士 國立臺灣大學法學士	理律法律事務所律師

推薦序 ①

法律實務應用的起點

　　法律是規範社會全體成員及各種生活方式之標準，雖然每個人每天都接觸到法律，然並非人人均瞭解法律規範及其運用過程，即便對於以法律專業為職志的法律系學生而言，雖然每天接觸法律條文、理論，就算是瞭解之法律內容，但實際運作究應如何恐並不熟悉，若非投身實務工作，則仍對運用實際情況存有隔閡。

　　法律內容表現於外，並與生活最緊密結合者為契約，從搭車到購物、旅遊等日常生活事項，就法律評價而言，均與契約有關，此套《實用契約書大全》，由永然聯合法律事務所所長李永然先生及臺灣地政法律事務所所長蔡仟松先生策劃，並結合多位法律專業人士用心編纂而成，從契約書之構成至各種類之契約，均有完整範例及說明，不但可供習法學生從實務應證理論之機會，學習解法實際發生之問題，亦能提供非以法律為專業之讀者，於生活中解決法律問題之絕佳參考，深入淺出，切合實際。

　　有幸為文推薦本書，盼五南文化事業機構及本書編輯群能夠再接再厲，繼續將豐富之法律內容廣泛介紹一般大眾，以增進我國法治之推廣。

東吳大學法律系教授

潘維大

推薦序 2

推廣全民化之法律知識

　　誠如法諺所云「有社會斯有法（Ubisocietas, ibi jus）」，足認法是為社會上的人而存在的。我們都是社會的一份子，每個人自出生至終老，都一直受到法的規範與影響，而渾然不自知者，為多數，吃虧而付出慘痛代價者，更不計其數，揆其原因，應是欠缺「知法」、「用法」及「守法」所致。為推廣法律知識全民化，並協助讀者正確適用基本法規及培養知法、重法、守法的精神。五南文化事業機構特別在其一九九一年所出版之《契約書製作範例》一書基礎上，與時俱進，經由本書全體編撰者嘔心整理，審訂委員依其法學專長加以審訂內容，提供日常生活應有盡有的各種契約範例，並加闡述，一方面希望提供從事法律實務者之參考，另一方面也希望提供一般民眾於自訂契約內容 DIY 之際的參考，應值得肯定與鼓勵。

臺灣臺北地方法院所屬民間公證人

重慶聯合事務所所長

謝永誌

推薦序❸

嚴密合約的參考依據

　　法律有定紛止爭的功能，從事各項經濟活動前，如能事先界定遊戲規則及違規效果，將能避免日後許多的爭議，這種事前避免紛爭的法律議題被稱之為「預防法學」，而「預防法學」中最重要者，莫過於制定周延的交易合約內容以防範紛爭於未然。

　　鑑於社會上許多商業糾紛與訴訟案件皆肇因於交易合約內容的不清楚或缺漏，書泉出版社特就社會上經常發生之交易型態契約類型進行編撰、整理，邀集各領域專精之人士進行審訂，並就各種契約類型分別加註解說。所以本書除了提供讀者在面對各種不同的經濟活動與交易行為時，就撰擬周延的合約能夠有參考依據外，更有積極的法律推廣教育功能。

　　讀者在閱讀並使用本書時應認知到，雖然本書合約類型已提供讀者參考的方向，且亦提醒讀者應加以注意的法律風險。但本書並不能代替律師所提供的法律諮詢功能，所以在擬定具體合約時，雖可參考本書之契約類型，但仍需由法律專家就個別交易之特殊性，撰擬個別的合約條款，才能制定一份保障周延且預防爭議的合約。

恆業法律事務所主持律師

林繼恆　博士

推薦序④

契約範本包羅萬象

契約在現代人類生活中是不可或缺的一環。不論日常生活或日常交易都不能缺少契約,因此我們需要深切地認識它。互相交易,訂立好的契約,雙方生活愉快;契約訂立不夠明確、周延,將會遭受莫大損失,可見契約在我們生活的確是非常重要的。

本書作者有鑑於此,利用長年在民商法中的實務經驗,用心收集資料編著此本《實用契約書大全》。本書取材豐富,包羅萬象,民商法各類工商交易、日常生活實用契約皆有列入,本書內容特別提供當今使用日廣的定型化契約,以及中華人民共和國合同法的各類合同,更是本書的一大特色,可說是認識契約、訂立契約的最佳範本。

有此良書,本人樂於為序,推薦給社會大眾。

律師
李勇三

代序

人類社會生活的準繩——契約

在法治社會，法律是生活之準繩，與每一人生活息息相關，而在日常生活中所接觸之法律，以契約與吾人關係最為密切，故而契約之訂定與履行乃每一國民必備之基本法律常識。關於契約，在歷史上有過多種表述。「契約常被定義為在法律上具有強制執行力的許諾或協議。」西元 1803～1804 年公佈的《法國民法典》如是說。「契約為一種合意，依此合意，一人或數人對於其他一人或數人負擔給付、作為或不作為的債務。」係指契約的雙方或多方之間，基於各自的利益而達成協議。透過契約，雙方各自讓渡部分產品或所有權，同時又從對方得到己方所需要的東西。從根本目的來說，這種合意是受功利目的驅使的，而透過契約，雙方也都擴大了自己的需要。

在中國古代，「契」既指一種協議過程，又指一種協議的結果。《說文解字》謂：「契，大約也。」所謂「大約」，是指邦國之間的一種盟約。為保證協約的效力，還要輔之以「書契」。「書契，符書也。」是指用以證明出賣、租賃、借貸、抵押等關係的文書，以及法律條文、案卷、總賬、具結等。另外，「契」還表示一種券證。「契，券也。」所以在古代，作為券證的「書契」可在市場上進行流通，取物或予物。可見在中國古代，契約作為一種盟約和約定的媒介或形式已經出現。

而在西方，契約是一種商業手段，不僅廣泛應用於社會生活，還以法律的形式出現在法典。《羅馬法》對契約的定義、契約的分類和契約的執行均明確規定。13世紀至 15 世紀的法國，在商業領域已廣泛地使用契約。15 世紀中葉，著名的麥第奇銀行已經有使用契約的高超專門技術，其貸款契約等，也都表現出了當時擬定契約的技術能力已達到相當高的水準。19 世紀英國法學家亨利·梅因說，人類的進步史乃是一部從基於身分的義務獲得解放，代之以基於契約或自由協議的義務的歷史。甚至有人說，在現代經濟中，各種利益關係均可以透過契約設計來實現。

人類以語言表示意識，求得經營其相互間的交易生活，契約即是依此種語言而將大眾共通意識相互聯繫而產出的現象之一，然口頭之合意遇有爭執時舉證困難，

不如書面契約之經久、嚴肅、具證明力,並且可加以當事人心理上之尊重,使之謹慎從事訂約。原則上契約以不要式契約為原則(「不要式契約」指契約不須依一定方式就能成立或生效者),要式契約為例外(「要式契約」是指除當事人意思表示一致外,仍須依一定方式始能成立或生效的契約)。所謂要式契約的履行方式有法定和約定之分,法定要式契約通常是以「書面」及「公開儀式」為履行方式。要式契約不依法定方式履行者,依民法規定為無效。但法律另有規定者,不在此限。另民法亦規定契約當事人約定其契約須用一定方式者,在該方式未完成前,推定其契約不成立。此外,契約關係已經從狹義的債權債務關係擴展到廣義的商事、物權及身分關係。其牽涉之法律除民法外,尚包括商事法及有關的民事特別法,如動產擔保交易法、土地法及國有財產法等,至為錯綜複雜,加以公私法人從事交易行為亦生私法上契約之效力,所以對於契約之草擬、條款之斟酌、及其衍生之法律關係之探討,均需於簽訂契約之前詳加研商,以免掛一漏萬,引發爭執及紛擾,避免承擔冗長沉重之訴訟成本。

為此,五南圖書股份有限公司早於民國八十年出版由李永然律師主編、張吉人及林裕山先生撰擬之《契約書製作範例》一書,多年來暢銷十數版,但囿於該書篇幅限制,蒐集未盡完備,是以有本書之出版。本書可謂在該書之基礎上擴充增補而成,同時增加重慶聯合法律事務所所長謝永誌先生提供之部分資料,期望透過此次大規模整編,提供一套完整、全面的契約範本。

本書共計十一編,分別為:「契約總論」、「債權債務的相關契約」、「物權的契約」、「親屬關係的相關契約」、「繼承的契約」、「信託契約」、「商事的相關契約」、「智慧財產權的相關契約」、「行業與勞務的相關契約」、「中華人民共和國投資相關契約」及「公證與認證」。民商法中各式常見契約均完整涵括在內。本書編纂之目的,除了使讀者明白訂立契約應注意的事項並認識契約的效力外,對於已經訂立的契約,應如何爭取契約中之權利並了解應負之義務與責任,本書亦有全面性之說明,協助讀者善用法律,減少契約糾紛之發生。本文敘述方面,理論力求淺易,文字避免艱深,條分縷析力求完整,提供為數不少之具體範例。

本書承東吳大學法學院潘院長、臺灣臺北地方法院所屬民間公證人重慶聯合事務所謝永誌所長、恆業法律事務所林繼恆博士和李勇三律師惠予賜序,以及五南圖書出版股份有限公司前法律主編田金益先生多方奔走協助,藉此致上最誠摯的謝意。作者不揣譾陋,擬以在法律實務工作多年之經驗,廣集國內文獻資料,加以分析整理歸納之所得,草成此書。若得在締約方面貢獻些微參考,而對契約雙方有所

幫助，則甚感慶幸。才疏學淺，學驗有限，倉卒付梓，舛誤之處，勢所難免，尚祈法學先進及讀者，惠賜匡正，俾本書益臻完善，不勝銘感。

永然聯合法律事務所所長

李永然

臺灣地政法律事務所所長

蔡仟松

凡例

一、編輯體例

（一）本書共分十一編，第一編為契約總論，論及契約與契約書的製作。敘述何謂契約、契約的種類、契約書的記載要領、訂約雙方當事人應注意事項。以及契約的成立、效力、履行。敘述契約如何成立、如何產生效力、如何能有效的履行。

（二）第二編為債權債務的相關契約。本編依民法各種之債順序編列，各種之債的契約範例，依序列入。

（三）第三編為物權相關契約。民法物權編之各類契約範例亦順序編列，依序列入。

（四）第四編為親屬關係相關契約。身分關係之婚約、結婚、認領、收養的契約範例亦詳依次編列。

（五）第五編為繼承關係相關契約。敘述有關遺囑的寫作及繼承遺產分割、管理、拋棄等各種契約範例。

（六）第六編為信託契約。

（七）第七編為商事的相關契約。當今工商發達，各式各樣商務甚多，各種形式商務契約，幾乎均可在本章找到。

（八）第八編為智慧財產權的相關契約。

（九）第九編為行業與勞務的相關契約。

（十）第十編為中華人民共和國相關合同。包含一般通行的合同，以及投資等相關的合同，均有範例說明。

（十一）第十一編為公證。訂立書面契約，有些需要公證，因此本章敘述公證的方式。

二、內容含各章契約定義、契約當事人權利及義務、訂立契約之基本條款、訂立契約之應注意事項。

三、每篇契約包括其特點、適用對象、基本條款、應注意事項及相關法條，並標註應注意之註解。

四、本書中，依據各類契約種類所撰寫之範例，均以契約類別再加以各編各章之順
　　序編號，例如：債權讓與契約書之編號「債權讓與契約 2-1-1」，其中「債權讓
　　與契約」為契約分類，第一個數字「2」代表第二編，第二個數字「1」代表第
　　一章，第三個「1」即代表在本章中的編列順序代號。

五、尋找本書各篇契約位置，可依據書前「目錄」及書末「契約書範本筆劃索
　　引」，即可循不同類別和頁碼按號索驥。

總目錄

下冊

目錄

第一編

契約總論

第 1 章　契約與契約書的製作

第一節）契約的意義

審訂：恆業法律事務所律師　吳佩諭
　　　恆業法律事務所律師　謝昆峰

契約係法律行為。有廣狹二義，廣義契約泛指以發生私法上效果的合意。所以無論債法上的契約，物權法上的契約，或是親屬法上的契約皆屬之。至於狹義之契約，則專指債法上的契約。我國規定契約於債編，而不規定於總則，蓋採狹義之意義。這是因為以債的發生為目的的契約實際上適用最多，並非不認同廣義契約的觀念，所以非以債之發生為目的的契約，亦得準用債權契約的規定。

債權契約為二人以上的當事人，以債之發生為目的，彼此所為對立的意思表示互相一致的法律行為（民法第 153 條第 1 項）。茲分析如下：

1. **契約是法律行為**：契約既是以二個以上的意思表示為其構成要件，自係法律行為。所以民法總則中關於法律行為的規定，契約應該適用。

2. **意思表示的內容須要以發生債權為目的**：債權契約和一般契約之所以不相同，就是債權契約以發生債權關係為目的，而一般契約則以發生私法上效果為目的。

3. **契約的成立須有二人以上的當事人**：法律行為，有以一人為原則者，為單獨行為。有以二人以上為原則者，是契約行為。所以契約的成立，須有二人以上的當事人。如果是二人以上，其數目則無限制，例如合夥、合會等等。

4. **二人以上的當事人須互為意思表示**：僅有二人以上當事人，不能成立契約。此二人以上的當事人必須有對立的或交換的互為意思表示，契約才能成立。所謂對立的互相所為的意思表示，仍是各意思表示對於各當事人，有相對而立並互相求取一致的意義，契約才能成立。契約行為和共同行為所以不相同，乃是在共同行為各意思表示並非對立的一致，而是平等的一致，例如公司股東會的決議。所謂意思表示，不論明示或是默示，均無不可。

5. **二人以上當事人互為的意思表示須為一致**：所謂一致，須有主觀和客觀的一致。主觀的一致是各意思表示必須希望和他方的意思表示相結合，而發生法律

上的效果。客觀一致是各意思表示，在客觀上具有同一的內容。

第二節　契約的分類

審訂：恆業法律事務所律師　吳佩諭
恆業法律事務所律師　謝昆峰

契約為發生私法上效果為目的合意，依其意義、目的效果，有下列的分類：

一、雙務契約和單務契約

雙務契約是雙方當事人各須負擔有對價關係互負債務的契約，例如買賣、交易、租賃、承攬、有償委任、有償寄託、居間、合夥等。所謂對價關係，以主觀的有報償關係為已足，客觀的價格是否相同，在所不問。

單務契約是僅當事人一方負擔債務，或雙方均負擔債務，而其債務無對價意義之契約。一方負擔債務，例如贈與等。雙方負擔債務，例如買賣。

雙務契約和單務契約區別，主要仍在於雙方當事人是負擔有對價的關係的債務。而且在雙務契約有同時履行抗辯權（民法第 264 條）和危險負擔（民法第 266 條以下），而在單務契約則無。

二、有償契約和無償契約

有償契約是雙方當事人各須由給付而取得利益之契約，例如買賣、交易、租賃、僱傭、承攬等等。

無償契約為當事人之一方無所給付而取利益之契約，例如贈與、使用借貸等等。

有償契約與無償契約之區別在：有償契約準用於買賣的規定（民法第 347 條），而無償契約則無。有償契約債務人之注意程度重，無償契約則輕（民法第 535 條及第 590 條）。限制行為能力人未經法定代理人的允許，不得訂立有償契約，但純獲法律上利益之無償契約，則無須法定代理人的允許（民法第 77 條）。

三、諾成契約和要物契約

諾成契約是因當事人意思表示的一致，契約即能成立，例如買賣、租賃、僱傭等等。

要物契約是契約的成立除意思表示外，尚須實行一定的給付，例如使用借貸、

消費借貸、寄託等等。諾成契約和要物契約的區別在於合意之外，是否實行一定的給付爲契約成立的要件。

四、要式契約與非要式契約

要式契約是指契約成立須有一定的方式，如不具備法定的方式者，其契約原則上應爲無效（民法第 73 條），例如不動產物權的移轉與設定（民法第 758 條第 2 項）、兩願離婚之協定（民法第 1050 條），均應以書面爲之。契約當事人約定其契約須用一定方式者，在該方式未完成前，推定其契約不成立（民法第 166 條）。

非要式契約指契約之成立不須具備一定方式，債法上的契約大抵屬此類契約。

五、要因契約和非要因契約

要因契約是契約的成立必須有原因存在爲前提。要因契約如果原因欠缺，契約即屬無效。

非要因契約是契約的成立與原因的有無沒有關聯。縱然原因欠缺，契約仍屬有效成立，不過如果受益人因無法律上原因而受有利益，那就應該依照不當得利的規定，負返還的義務。

要因契約和非要因契約的區別，在於是否以給付原因的存在爲契約成立的要件。債權契約多爲要因契約，物權契約則多爲非要因契約。

六、有名契約和無名契約

有名契約指在法律上賦予一定名稱的契約，又稱爲「典型契約」、「模範契約」，法律對此種契約並且設有特別規定，我國民法債編各種的債就是有名契約。

無名契約是法律並沒有賦與一定名稱的契約，又稱爲「非典型契約」，或「非模範契約」，法律對此種契約沒有設定特別規定。法律全無規定爲內容者爲「純粹無名契約」，有二個以上有名契約的內容爲內容者爲「混合契約」。

有名契約和無名契約的區別，爲契約有無法律規定的名稱和內容而已。

七、主契約和從契約

主契約爲不以他種契約存在爲前提，而能獨立成立的契約，例如債權契約、物權契約。

從契約是必須以主契約存在爲前提的契約，例如債權契約中的保證契約、違約

金契約，物權中的質權契約和抵押權契約。

主契約和從契約的區別為主契約是獨立的契約，而從契約因主契約的存在而存在。所以主契約消滅，從契約也消滅。但從契約消滅，主契約並不會因此而消滅。

八、本約和預約

預約是約定將來訂立一定契約的契約，本約乃是因履行預約而訂立的契約。所以預約在使當事人負擔締結本約的義務。

本約和預約的區別在於兩者都是獨立的契約，預約義務人如果不訂立本約，預約權利人得請求履行，並請求損害賠償（民法第227條），或解除預約（民法第254條）。

九、繼續性契約

繼續性契約是契約的內容必須經過債務人繼續一定時間的履行，才能實現契約的目的，例如僱傭契約、租賃契約、終身定期金契約。

十、附合契約

附合契約是契約的內容預先由當事人一方確定，他方當事人則只有依照其既定內容加入的契約。此種契約的條款多是定型，當事人之他方無詳細考慮的餘地。

第三節　契約的自由和限制

審訂：恆業法律事務所律師　吳佩諭
恆業法律事務所律師　謝昆峰

契約自由是私法自治的重要原則，在私法關係中，個人的取得權利、負擔義務，純由個人的自由意思決定，非國家及其他外力所能干涉。從此，基於此個人的自由意思，其締結任何契約，不論其內容如何，方式如何，法律一概須予保護。契約自由原則的內容，有下列四端：(1) 締結契約的自由。(2) 契約相對人選擇的自由。(3) 契約內容決定的自由。(4) 契約方式的自由。

1. 締結契約的自由，就是是否訂立契約，當事人有其自由，不能予以強制，如果不願意訂立契約，任何一方不能強制脅迫他方訂立契約。
2. 契約相對人選擇的自由，就是契約當事人一方可以自由選擇任何人訂立契約，不受任何限制。

3. 契約內容決定的自由，就是契約內容除不違反法律強行規定、禁止規定、公序良俗外，契約當事人對契約內容可以自由訂立。

4. 契約方式的自由，就是契約方式除依法律規定外，任何方式皆可由契約當事人自由訂定。

但是契約為法律行為，應受民法總則法律行為章規定的規範，所以契約自由應受民法的規範和限制。

民法第 71 條前段規定：「法律行為，違反強制或禁止規定者，無效。」例如婚約，應由男女當事人自行訂定（民法第 972 條）為強制的規定。婚約不得請求強迫履行（民法第 975 條）為禁止規定。結婚違反民法第 988 條規定為無效。

民法第 72 條規定：「法律行為有背於公共秩序或善良風俗者，無效。」公共秩序係指社會的公安和公益而言，例如就相對人犯罪的行為，約定給予報酬的契約，此項約定，就是屬於違反公共秩序，其契約應歸無效。善良風俗的意義殊難確定，因時代的推移、文明的進展，隨時隨地變更其內容，是故什麼是善良風俗，應視國家社會之情況而觀之，不能囿於某特殊情形。夫妻間為恐一方於日後或有虐待或侮辱他方情事，而預立離婚契約者，其契約即與善良風俗有背，此即法律行為有背於善良風俗。

民法第 73 條前段規定：「法律行為，不依法定方式者，無效。」契約的自由自然包括方式的自由，但本條規定為方式自由的限制。此即所謂要式行為，即法律上規定其方式，凡是法律行為，必須依此方式才能發生效力，否則其法律行為就是無效。例如兩願離婚應以書面為之，並應有二人以上證人之簽名（民法第 1050 條）。收養子女應以書面為之（民法第 1079 條第 1 項前段）。不動產物權之移轉或設定，應以書面為之（民法第 758 條第 2 項）。

民法第 148 條規定：「權利的行使，不得違反公共利益，或以損害他人為主要目的。行使權利，履行義務，應依誠實及信用方法。」按權利人在法律限制內，雖得自由行使其權利，然其目的要以保護自己的利益為必要，假如專以損害他人利益為目的者，其權利的行使實為不法行為，自然為法律所不允許。誠信的原則，應該適用於任何權利的行使和義務的履行。

從以上看來，契約自由雖是私法自治的重要原則，但是也應該受到上述民法規定的限制。

第四節 契約製作的方法及要領

審訂：恆業法律事務所律師　吳佩諭
恆業法律事務所律師　謝昆峰

一、契約與書寫格式的要點

（一）契約與契約書的關係

契約的成立極為簡單，只要契約雙方相互意思表示一致，契約就立即成立。所以一方提出說：「我要買。」一方同意「我要賣」，則買賣契約就立刻成立。又譬如某甲說：「請把這東西借我。」某乙同意：「好的，請便。」則借貸契約就成立了。因此，若認為契約的成立，必須經過雙方在契約書上簽名蓋章，否則便無法有效地成立，或是無法互換文件，這實在是個錯誤的想法。事實上，法律並未明文規定，無契約書契約就不能成立或是不能生效。

「契約自由原則」是私法自治的一大原則，基於此項原則，除了特定契約外，只要契約雙方的當事人意思一致，而且是基於自由意志，那麼契約的訂定是不計任何形式的。所以，如果單純地以為沒有契約書，契約就不存在，或者未在契約書上簽名蓋章，契約就不能產生法律上的效果，那就大錯特錯了。事實上，許多人在社會上，就因為欠缺對契約的充分認識，而吃虧上當的例子很多。例如：地主甲先生在租賃土地給乙先生時，認為如果正式地簽訂土地租賃契約書，那麼乙方事後可能會堅持長久的租地權，或者提出一些麻煩的要求。所以甲先生故意不與乙先生訂換文，而直接租地給乙先生。甲先生還沾沾自喜地向人誇說：「一般地主因為與人訂有租地契約，所以事後常常會自尋煩惱，麻煩極了。不如學我，不訂契約，那麼對方要求什麼權利，都無憑無據，一切操之在我。老實說，在沒有契約之下收地租，才是最安全妥當的出租方法。」

甲先生如此說法真是一個可笑的錯誤想法，雙方雖然沒有正式締結租地契約書，但實際上，租地契約仍然有效地成立了。如果地主想推拖義務，租方在必要時，只要檢具一張租金收據，便可以正正當當地要求對方承認其租地權。屆時即使甲先生驚愕、恐慌，亦於事無補了。更可怕的是，依據民法第 422 條的規定：「不動產之租賃契約，其期限逾一年者，應以字據訂立之，未以字據訂立者，視為不定期限之租賃。」所以，地主甲要收回租賃地，可能要大費周章了。

還有一個實際的例子。某機車廠商營業部經理葉先生有一次因業務出差，而與當地機車店老闆李先生熟識，兩人並作了口頭約定，葉經理承諾聘李先生的機車店

為公司的特約代理店。在這位經理的看法，是準備依照公司正常的程序，先委派分公司或營業處對李先生作信用調查，調查沒有問題之後，再將公司的「代理店契約書」遞交李先生，俟李先生與保證人簽名蓋章，寄回公司之後，公司始將貨品運到李先生的代理店出售。不料，經過公司調查的結果，李先生的條件不符規定，於是公司方面不了了之。但是李先生在獲得葉經理的口頭承諾之後，立刻高興地積極準備，更新招牌，分送宣傳海報，並招徠了許多訂戶。但是在公司方面貨品久久不見送達之下，李先生頻頻去函催送，而公司方面卻不理不睬，最後一狀告到法院，要求公司賠償違約損失。

　　公司方面認為契約並未成立，葉經理與李先生之間的要約與承諾，只是契約之前的談判，並未立下契約書，也沒有簽名蓋章為憑證，所以不予承認。然而，李先生堅持這並非只是單純的談判，所有批貨日期、數量、指定價格，以及手續費等，都是經過深入討論後而達成協議的，並已將這些內容都記在備忘錄上。顯然地，這項契約已經成立了。最後，公司方面屈服了，只好在賠償金上討價還價，終以和解收場。以上的例子均證明如果一廂情願地以為，除非訂立書面契約，否則契約就不存在的想法是錯誤的。

（二）需要訂立書面契約的情形

　　前面說過，訂定契約的方式乃是個人自由，無論口頭或書面，其作為契約在法律上的效果是同等的。但是也有例外，在下列情形下，法律特別規定必須錄為文字，使契約書面化，才能生效：第一，不動產之租賃契約，其期限逾一年者，應以字據訂立之，未以字據立者，視為不定期限之租賃。（民法第 422 條）；第二，不動產物權之移轉或設定，應以書面為之（民法第 758 條第 2 項）。

　　除此之外，尚有其他法律條文，也有類似應製作契約書的規定。如果法律規定契約應以書面為之，而當事人沒有締結書面契約，雙方發生糾紛時，依民法第 73 條規定：「法律行為不依法定方式者無效，但法律另有規定者，不在此限。」如不動產物權書面未合法成立，則不生物權變動的效力（民法第 758 條第 2 項）。

（三）為何要製作契約書及其他文件

　　有人說：「所謂契約書，如果說得徹底一點，就是人們因為互不信任所帶來的產物。」這種說法也有幾分道理，契約本來是因為雙方同意才成立的。唯有如此，它才能充分發揮法律效果，因此，實在沒有製作契約書的必要。然而，人是複雜動物，社會環境也往往是瞬息萬變，如果對方因某種原因而漠視契約的存在，不依約

履行義務，那麼，怎麼辦呢？如果想依法追究對方的責任，又該到哪兒去找到明確的證據呢？此時，見害關係時，我們怎能對獲得公平的證詞抱著太大的期望呢？

　　遇到這樣的情形時，最確實有力並有決定性的證據，莫過於契約的客觀存在了。簡單地說，也就是契約文件的記載。客觀性證據的效力當然要比見證人的主觀證詞更有價值。況且，契約的當事人既已簽名蓋章，立下白紙黑字，如果想在事後反悔，也是無濟於事了。訂立契約後，契約成立和契約內容便是日後最有力的證據，它是手中握有的最大一張王牌。所以，如果想要高枕無憂，還是製成契約書比較妥當。

　　契約書製作的目的，既然是要作為有力的證據，那麼，如何才能稱其為有力的呢？以下便是製作契約書時，應當特別注意，明確標示的幾個要點：

1. 契約生效的日期及有效期限：如果契約在當事人雙方簽名蓋章後，立時生效，這種情形，可另當別論。否則，契約的有效期限，應明白寫出「自民國○○年○月○日起，至民國○○年○月○日止」。

2. 契約的當事人：誰和誰所訂立的契約？契約效力所及的權利者和義務者各是誰？應該明白標示。尤其，公司與個人、保證人與見證人、本人與代理人，都要區別清楚，明白記之。

3. 契約的旨趣和目的：所訂立的契約，究竟是買賣契約、借貸契約，或者是承攬契約……等，是何種旨趣？契約雙方究竟要達成何種目的？都應該有清楚的認識，並且要將它們整理出構成的順序與構成的項目。

4. 契約的對象和目的物：買賣契約所要買賣的究竟是什麼？建築物租賃契約所要租賃的是建築物的哪一部分？所有契約對象的場所、品目、數量及單價，都應明確地加以特定。如果是建築承攬契約，則所要建築的標的是什麼？其種類、構造及設計等，應該以說明書或圖面仔細地表達出來。一般違反契約的情形，最容易在這一點上發生問題，因此，如果契約書上的標示模糊不清，那麼，便不能發揮其為契約書的功能了。

5. 雙方的權利和義務：甲方對乙方享有哪些請求權？乙方對甲方應盡哪些義務？這是契約書中最重要的關鍵。例如買賣契約，買方要求賣方應將何項商品於何時送達何地？商品如有瑕疵，如何退還？以及如何作商品售後保證？售後服務的情形如何？都應仔細地規定。又賣方何時支付價款？支付方式是現金或支票？遲延付款時應該怎麼辦？都應加以明文規定。

　　契約上的糾紛，大多是因為沒有詳明契約義務範圍所引起的，也就是權利的一方，沒有積極的要求將其應享的權利條列在契約書中。所以，將權利與義務有關的

條項明列出來，才能將契約解釋上的疑義釐清，將糾紛防患於未然。

（四）如何書寫契約書

　　契約有法律為後盾，當契約內容不明確，或不慎漏列某些條項時，如果法律上有與此同一或類似的條款，則可彌補契約本身不夠完備之處。例如，訂立買賣契約時，就訂約費用如何負擔的問題，如果當初遺漏而未加以約定，那麼，可依民法第 378 條第 1 項第 1 款的規定：「買賣契約之費用，由當事人雙方平均負擔。」又如，訂立房屋租賃契約後，承租人未經出租人同意而轉租給他人，或把承租權轉讓出去。如果當初在契約上未就此情形明文約定，出租人仍然可依民法第 443 條第 1 項規定，請求終止租賃契約及賠償。

　　像這些情形，雖然沒有在契約書中明白約定，但仍然有法律上的依據，因此，將之省略於契約書之外，也無所謂。總之，與契約有關的事項如法律上有規定，即使未明訂於契約，對當事人權利義務亦無影響。

　　匆促的情況下，或是同時訂立許多契約的情形下，特別應該簡單而有效率地訂立契約，契約書上的條項，應該盡量符合「必要之最小限度」的原則，既能掌握住契約的重點，又能言簡意賅，鉅細靡遺，這才是契約書製作的真正技術。那麼，製作契約書時，哪一點應該列入契約書中、哪一點又可以省略呢？

　　簡單地說，凡法律上之規定，有與契約要點同一旨趣的條款，是可以略而不寫的。以前述的例子來說，如果買賣雙方協定，製作契約的費用由雙方平均分攤，那麼，因為民法上本來有此規定，便可以在契約書中省略。相反地，凡雙方所約定的事項，在法律中沒有明文規定，或者與法律的任意規定有所不同時，則應該明確地載入契約書裡。以前述的例子來說，如果買賣契約的費用，雙方協定由賣方負擔全額費用，那麼就要在契約書中寫明：「第○條買賣契約所需費用，一切由賣方負擔。」如果不把這點明確地條列，則買方亦有依照民法第 378 條第 1 項第 1 款負擔一半費用的責任。

　　又買賣契約有「危險負擔」的責任問題。這是指雙方在訂立契約之後，至商品交付前這一段時間，如果商品因風災、水患、地震等一切不可抗力的自然因素，而遭致毀損危險時，必須由誰負責的問題。在民法第 373 條規定，買賣標的物之利益及危險，除契約另有訂定外，自交付時起，均由買受人承受負擔。因此，契約書上有關「危險負擔」的責任問題，就買方而言，自然是以不另約定較為有利。而就賣方而言，如果不願負擔危險，平白損失的話，就應該要求在契約書上明白約定：「第○條本商品交付買方之前，無論何種原因所造成損害，一切由買方承擔。」

二、簽名與蓋章的要點

（一）簽名與記名有何不同

在契約書上或收據、保管證等，都應簽名或蓋章，以表示此約確實無誤的意思。因爲，「在一定文件上簽名或蓋章，才能作爲法律上之文件，充分發揮效果」。特別是交換的文件，如果沒有簽名或蓋章時，究竟這份文件是否根據其本人的意思所立，將成爲日後糾紛的來源。因此，契約書及其他具法律效應的文件，在訂立時，切勿忘記簽名或蓋章。所謂的簽名或蓋章，既然如此重要，那麼，它們在法律上究竟具有什麼樣的意義呢？

在法律上，有簽名和記名兩個詞，它們是有所區別的。所謂簽名，是指親自書寫其姓名，也就是說，自己簽寫自己的名字。這就是我們一般常講的簽名，或是本人之署名。而記名，是指以打字機代替他人打上其姓名。

爲什麼法律上要特意區別簽名和記名的不同呢？這是因爲簽名時不必蓋章，而記名時一定要蓋章。之所以如此，是因爲簽名或記名，一定要是本人在自由意志下所行使或同意的行爲，才具法律意義，又因爲法律所要求的是確切的證明，所以其要求的第一原則是簽名，其次才是代替簽名的記名蓋章。

在相關的法律中，如民法第 3 條第 2 項規定：「如有用印章代簽名者，其蓋章與簽名生同等之效力。」承認記名蓋章與簽名具有同樣的法律效果。除此之外，在票據法亦有類似的規定，如「票據上之簽名，得以蓋章代之」爲票據法第 6 條所明訂。

（二）簽名時是否亦需要蓋章

前面已經說過，記名時需要蓋章，而簽名時則不必，但這是法律原則。我國自古有蓋章的傳統習慣，直到今天，這種習慣還是根深蒂固。因此，儘管法律上規定，簽名時不必再加蓋印章，但是人們總覺得，光只簽名仍然不夠保險，心中猶惴然，總要在簽名之下再加上蓋章，才有安全感。也就是說，在對方蓋章之後，才會覺得「萬事 OK」，如果對方只是簽名，而未蓋章，就會覺得好像文件尚未完成，對方仍然有所保留。事實上，只有簽名而沒有蓋章的文件，雖然在法律原則下，其效力與簽名又蓋章是同等的。但是，在契約糾紛的訴訟中，二者是不是和勝訴與否的關鍵立於相同的地位呢？這可不一定了。舉個例子：甲乙雙方在簽訂「房屋轉讓契約書」時，甲方說只簽了名，但還沒有蓋章，他說：「我先簽名，等到仔細考慮確定以後，再蓋章。」但事後與家人商量的結果，決定不要讓與房屋，因此拒絕蓋

章，既不承認契約書的存在，更不用說履行契約行為了。於是乙方提出契約書為證據，對甲方表示：「你雖然沒有蓋章，但是你已經在契約書上簽了名了，現在，蓋不蓋章已不重要，你已經沒有反悔的餘地了。」於是，雙方進入了訴訟的程序。

像這種例子，在現實社會上可說是屢見不鮮。這時，如果乙方以為，依照法律規定，簽名而未蓋章，與簽名又蓋章具有同樣的法律效果，因而認為自己必定勝訴，那可還言之過早，因為，在法院上，光憑簽名的有效或無效之判斷，仍然不足以判定這份契約是否真正成立。原因在於，簽名雖然滿足了契約成立在法律形式上的要件，但是，除此之外，還要追究這份契約文件是否依照當事者雙方的本意而製作、是否依照本人最後的決定簽訂交給對方、是否能充分作為契約成立的的證據文件等，法院必須就以上因素加以實質上的判斷、審理之後，才能裁定審判。所以，乙方如果認為勝券在握，恐怕是高興得太早了。尤其，蓋章是我國自古以來的習慣，想到這點，那麼，在製作契約、字據等文件時，要求對方在簽名之下再加蓋印章，可說是更加安全妥善的辦法。

又雖然在票據法上，規定只簽名票據便算有效，但是銀行為了對照印鑑方便起見，都會要求顧客必須提出印鑑證明。此外，以社會現狀來說，光只簽名而不蓋章，往往給人不確實、不自然的感覺。由此可見，蓋章在今天的社會上，是有多麼重要了！

（三）如何簽名或記名

無論是簽名或記名，如果是個人，應以連名帶姓完整正確地表示出來為原則。當然，如果是本人親筆寫的文件，能夠清楚地顯示出自他的手筆，那麼，有時也可以只簽姓或名。又有的時候不必一定要簽戶籍的名字，也可以用筆名或字、號代替。如果是個人企業的行號，則只寫商號、店號便可以了。重要的是，要把權利、義務的主體明確地表達出來，以滿足其必要性，這才是簽名或記名所要顯示的意義。

在簽名或記名時，如果不加以注意區分公司或個人，是很容易發生問題的。例如，如果公司的負責人以公司的名義借款，簽名時，只在借據上簽下「債務人李四郎」。此種表示法，只是李四郎個人的文件效力，公司方面並沒有法律責任，如果對方要向公司要求還債，公司是可以拒絕償還的，因為債務人已變成「李四郎」個人了。相反地，本來是將錢借給個人，但因為債務人在簽名中附上了多餘的頭銜，因此，在法律上，公司變成了債務人，個人被判定為不具還債義務，而產生糾紛。為了避免發生這樣的錯誤，以下所說明的簽名及記名的要點，應緊記在心，以製作

法律上無缺陷的文件。

　　以公司爲債務人、買主或承租者等，也就是以公司作爲法律上的當事人來負法律上的責任，在其簽名或記名時，無論如何，應依照如下的範例簽名或記名：

甲上商業股份有限公司

　　　　　　　　　　　　　　　　　　　　　董事長　李四郎　印

　　此例包括了三項要點：1. 商號——「甲上商業股份有限公司」。2. 代表資格——董事長。3. 代表姓名——「李四郎」。其中代表者如非董事長而爲董事時，其代表者之董事應在公司登記名稱下註明爲現任董事長親自委託才具資格（公司法第 205 條第 1 項）。此外，又有所謂的「共同代表」，即兩人以上的代表。共同代表應該有全體的連署簽名，否則在法律上不具效力。有「共同代表」規定的公司，除了應把全體代表的姓名寫下之外，同時應該將該公司全體代表的印鑑蓋下，根據其印鑑證明之章，就能作爲完整的簽名或記名。

　　像這樣，將 1. 公司商號、2. 代表資格、3. 代表者姓名明確地表示出來，所製作的文件，才具有代表公司簽名、蓋章的法律意義。這三項要素，如果遺漏了任何一項，即使文件上蓋有公司印章，它是否爲公司的正式文件，日後仍可能發生問題。

　　相反地，如果把錢借給「李四郎」個人，而在訂立契約書時，以爲只是頭銜，沒什麼關係，而讓他簽名時寫下「甲上商業股份有限公司董事長李四郎」，那問題可就大了。因爲這樣一來，債務人變成了公司，而非「李四郎」個人，還債的義務變成應由公司負責。如果這家公司的信譽卓著，財政充裕，債權人以公司爲對象還能收回債帳，那就無所謂，但是，如果該公司經營不善、財政短缺，那麼債權人可就得爲討債一事發愁了。社會上有人就故意針對這個法律漏洞，設立像稻草人一般的公司，負責人平時很體面，以個人資金來贏得他人信任，一旦在合約上簽名時，便把「○○公司董事長」的頭銜加上去，將法律上的責任轉嫁給稻草人公司，而自己卻坐享漁利。此外，亦有故意將公司與個人分開的情形。所以，在簽名或記名這件事上，千萬不要掉以輕心，讓對方有可趁之機。

　　如果對方當事人是個人時，其簽名應該這樣表示：

地　址：○○縣○○鎮○○里○○路○巷○號

　　　　　　　　　　　　　　　　　　　　　　　　李四郎　印

　　像這樣，簽上個人姓名，也可以將其住址或身分證字號一併寫上去，但絕不能讓他附上頭銜。

（四）代理人如何簽名或記名

簽名時必須本人親筆簽具，前已述及。但如其中一方因某種緣由不克親自簽名時，如何才能讓他有效且恰當地蓋章呢？通常遇到這種情形，一般採如下兩種方法：

第一、由契約當事人甲委託丙代其保管印章並代甲簽名為法律行為，在契約書上，丙代為簽上甲的姓名，並在下面蓋甲的印章，此稱為「代理簽名」或簡稱「代簽」。亦即由丙代替甲簽上其名，並蓋其章。

第二、由甲正式委託丙代理從事契約之締結與契約之簽名蓋章。在契約書上，丙應寫上「甲代理人丙」之頭銜，然後簽上自己的姓名，並蓋上自己的印章。這種實際上要丙在契約上簽自己的名字，蓋自己的章的情形，丙就是意定的「代理人」。契約本來的當事人是甲，因從「甲代理人丙」代理資格的表示，便能識別原契約當事人，此為代理制度的特色。

以上所列的兩個方法，都是有效的方法。但是，如果想避免日後橫生枝節，那麼還是採用第二個方法較為穩當。因為，如果採用第一個方法，事後若甲來個一概否認，辯稱：「我不知道有這項契約的存在，這上面的簽名也不是我的筆跡。」但事實上丙本來是受甲委託，這樣一來，發生三角糾紛，那可就麻煩了。而如果採用第二個方法。在契約書之外附上如下的委託書，甲對這份契約書，便無否認的餘地了。以下是委託書的範例：

委託書

本人甲○○以丙○○為代理人，委託以下事項：

本人與乙○○之間，締結○○縣○○鎮○○里○○路○○號之房屋買賣事宜，及其訂金之收受等。

委託人：甲○○　印

地址：

中　華　民　國　　○○　年　　○○　月　　○○　日

並且，甲名下所蓋的印章，為了證明其為本人的印章，最好附上印鑑證明，那麼就更完美無缺了。

由代理人代理簽約的事宜，通常是因為本人身在遠處，不克親臨其事時，才有這種情形。但是，如果當事人為滿七歲以上之未成年人時，也會有代理的問題。因為，未成年人訂立契約時，必須徵得法定代理人的同意（民法第 79 條），或法定代理人允許限制行為能力人處分之財產，限制行為能力人就該財產有處分之能力（民

法第 84 條）。值此情形，應作如下表示，以讓法定代理人代理簽名蓋章事宜。

```
○○縣○○鎮○○里○○路○巷○號
                                        張三郎
右同址
    法定代理人         父　張大德　[印]
    同               母　張林阿妹　[印]
```

（五）如何在契約書上蓋章

1. **實印與認定印**：有人說：「印章等於腦袋。」也有人說：「蓋章時要和你的結婚典禮一樣慎重。」自古以來，蓋章的重要性一直被強調。但另一方面，連小孩子都可以隨時隨地請人刻印，也是相當諷刺的現象。印章有實印和認定印的區別，讀者有可能從字面上便能領略它們的意義。所謂「實印」，在個人時，是指在本人戶籍所在地的鄉鎮區公所，有提出印鑑證明，作為實印登記印鑑的印章而言。而在公司方面，則是指在公司登記的所在地，向有關單位申請印鑑證明，作為代表公司的印章而言。也就是說，在某文件上蓋章時，那顆印章確實是自己的印章，由鄉鎮區公所或有關單位的印鑑證明能加以證實的印章，便是「實印」。而沒有印鑑登記的普通圖章，則稱為「認定印」。

   一般社會上，通常對實印非常重視，在蓋實印時，非常慎重；而對認定印的處理，則往往隨隨便便，這實在是非常錯誤的觀念。如果在文件上蓋章時，其所顯示的意義，有「我確實答應了」，或「收受無誤」等旨趣時，無論是實印或認定印，它們的法律效果就是相同的。總之，在文件上簽名或記名時，是否本文件為依照其本意製作而簽名或記名，這才是最重要的問題。至於所蓋的印章是實印或認定印，並無影響。

2. **重點在於簽名，不在蓋章**：實印是很重要的，這點不容否認。但實際上，在文件中，簽名要比蓋章來得更加重要。為什麼呢？因為萬一在日後，文件發生糾紛時，對方如果是個狡猾的傢伙，說不定會對實印以外的認定印辯稱說：「這不是我的印章啊！」對於實印，也可能狡辯：「這是我的印章沒錯，但是我並沒有在這文件上蓋過章；這一定是有人偷了我的印章來蓋上去的。」相反地，如果這份文件有對方的親筆簽名，那麼對於這一點，他就無從狡辯了。因為以筆跡鑑定的方法，便能很容易地證明本文件是否為其親筆的簽名。因此，要讓對方在契約等文件上蓋章時，一定要先要求其親筆簽名，然後再蓋章。如果只注意蓋章，讓他的姓名用打字機打上去，或是讓他將附有公司名號及頭銜的印

章蓋上去，都是不保險的。

　　總之，在文件上，讓對方本人在自己眼前親筆簽名，才是最安全妥當的方法；而如果對方身在遠處，不能在自己眼前親筆簽名，而由他人代理時，要求對方使用實印，並附上印鑑證明，以證實的確是對方的文件無疑，這是十分必要的。

（六）如何在契約書上「捺指印」或使用其他符號

　　簽名、蓋章為契約中最普遍的方式，惟社會中經常使用「指印」符號以代替簽名，關於這方面亦有說明的必要。依民法第 3 條第 3 項規定：「如以指印、十字或其他符號代簽名者，在文件上，經二人簽名證明，亦與簽名生同等之效力。」所謂代簽名者，或用指印，或用十字，或用其他符號，均無不可。惟此種簽名方法，不似親自簽名之正確，故必須經二人簽名證明，始與親自簽名生同等之效力。例如，訂立移轉或設定不動產質權之書面以十字代簽名者，若證明者二人亦僅簽十字時，立書面人以十字代簽名，當然不能與簽名發生同等的效力。但法律行為法定方式之欠缺，並非不許補正，一經補正，該法律行為即屬有效（司法院 28 年院字第 190 號解釋）。因此，當證明者二人業經補正簽名時，立書面人以十字代簽名的契約行為即與親自簽名產生相同的效力。

三、標題前文與結尾的要點

（一）書寫契約書標題的作用

　　一般的契約書，常見到一些標題，如「買賣契約書」、「借貸契約書」等。通常，一眼看了這些標題，便立刻能了解，這份契約書是為何種目的而製作的。同時，契約的種類與本質，也達到了讓對方立即明瞭的效果。此外，在將契約書分類整理時，這樣的標題，也的確能成為很方便的索引。然而，契約書的標題，只能達成這些功能，在法律上，它幾乎不具有任何意義。

　　契約書上所記載的內容，如果都是有關借貸的事宜，而標題卻寫成「買賣契約書」，即使像這樣離譜的情形，契約書也不會因此而無效或成為契約解除的原因。在法律上，並未規定契約書應該以何種形式製作。因此，契約書的形式自由，要附上什麼樣的標題，都可以按照自己的意思或參照一般傳統的慣例，自由選擇製作，甚至不附上標題，也無不可。

　　所以，作為契約書的標題，只簡單地寫上「契約書」或「證書」，亦或是寫成「協定書」、「誓約書」等皆可，不會因標題而影響契約書本身在法律上所具備的

效力。總之，契約當事人成立一定的契約書時，契約書的法律效果即表現在契約內容的文件上，不會受標題形式的影響。

（二）如何適切地附上理想的標題

　　儘管標題在契約書上可有可無，但是前面已經說過，標題在契約書上仍有其重要的功能，所以，依照契約書內容性質，附上適當的標題，對契約的明確性有很大的幫助。那麼，應該如何製作一個好的標題呢？

　　如果契約的內容單純，例如，在契約書上只規定了有關買賣的事項，其他事宜都未涉及在內，那麼便能很精確的附上「買賣契約書」的標題。又如契約書上只記載有關租屋問題，則便能很容易地附上「房屋租賃契約書」的標題。

　　如果契約書的性質具有單一性，那自然較好處理標題。但是事實上，一般契約書的內容，具有複合性的情形也很多。例如，契約書上同時記載了繼續性商品交易契約的條款與抵押權設定的條款，此時，便可以正式地把標題寫成「繼續性商品交易及抵押權設定契約書」。不過這樣的寫法，一方面不夠簡潔，一方面也容易有所疏漏，不如寫成「繼續性商品交易及抵押權設定等契約書」，以「等」字來包羅有關內容，更具彈性，不失為安全穩當方法。原因在於，即使正式地附上「繼續性商品交易及抵押權設定契約書」這樣的標題，如果本契約書內，除了抵押權的規定之外，尚有一條款有關預定以某種抵押品抵償債務的記載，而看起來，這一條款似乎不在標題之內。對方如果是個狡猾的傢伙，說不定會抗稱：「我對於抵押權的設定沒有異議，可是我並沒有答應以該不動產來作為抵押品的契約，這點從契約書的標題便可以明白了。對方在標題以外，故意加入其他條款，趁我沒有注意之際，讓我簽名、蓋章，因此，那一部分的契約，我不予承認。」像這樣故意吹毛求疵的可能性也不是沒有。

　　所以，契約內容的性質為複合性，而非單一性時，製作「××等契約書」的標題，用「等」字將內容的範圍擴大，或只簡單地寫上「契約書」這樣廣泛包羅的標題，可說是較為妥當的。

　　在與人訂立契約時，如果想要讓對方心甘情願地簽名蓋章，順利地完成契約的訂定，那麼應該把握適當的分寸。因為，人們都不喜歡作繭自縛，如果只是讓單方面負很重的義務，那麼在其簽名蓋章時便會遲疑，契約的完成便會發生困難。像這樣，引起對方逃避或無謂的心理抵抗，因而無法獲得對方的簽名蓋章，契約書訂得太嚴苛往往是一個很大的原因。

　　遇到這種情況時，想起前面說過契約書製作形式自由的原則，可以儘量將標題

寫得柔和一點。例如，在要求交易對手的公司董事長提出個人擔保時，與其把標題直書爲「保證承諾書」或「保證責任契約書」，不如簡單地寫成「字據」或「備忘錄」這樣的標題，更能緩和對方的緊張感，而獲致很大的心理效果，順利地完成簽名蓋章。像這樣緩和對方心理上的抗拒感，是讓他能順利地在契約書上簽名蓋章的方便法門。依照當時的氣氛和契約的內容，選擇最適當、最有效果的標題，才是製作契約書的要領。

　　契約依其內容和性質，契約當事人之間，權利、義務的關係即有所不同。一般的契約，多半規定雙方互相負有應盡的義務；而在某些契約中，只有規定單方應負的義務，而另一方卻享盡權利，不負任何義務的情形，亦有之。例如，在買賣契約中，賣方有交付商品的義務；同時，買方對賣方有支付款項的義務（民法第 345 條第 1 項），這是雙方互負義務的典型事例。另外，以贈與契約爲例，答應贈送財物給對方的贈與者，有依約將財物贈與對方的義務；而免費接受贈與的受贈人，卻沒有必須接受的義務（民法第 406 條），這是單方面負義務的典型事例。

　　一般說來，「雙務契約」的情形，契約當事人雙方將權利、義務的內容記載於書面上，然後由雙方簽名蓋章。這種契約，以製作一式兩份，雙方各執一份較爲理想。而在標題上，多半寫爲「○○契約書」的型式。而「片面契約」的情形，則通常由只負義務的一方，在契約書上特別承諾「將依本契約書履行義務」，簽名蓋章於後，交付給對方便可以了。而在標題上，則只簡單地附上「字據」或「承諾書」的型式。

（三）如何書寫前文

　　一般的契約書，在標題之後，條文之前，常會寫上如「○○公司（以下稱甲方），與○○公司（以下稱乙方）之間，訂立有關銅線買賣之契約如下」。或如「張三郎（甲方），與乙上公司（乙方）之間，就關於甲方所有之店面，出租予乙方之相關事宜，雙方協議如下」等，此稱爲契約書的前文。契約書前文的要點，通常必須具備：1. 誰與誰所訂立的契約，也就是契約當事人的名稱。2. 爲了避免雙方的名稱在往後行文中重複的繁雜出現，故明定以甲方、乙方爲代號。3. 將契約目的與內容的要點簡明地揭示。當然，正如前面所說的，契約書的形式自由，有沒有寫出前文，對契約書本身的效力並無影響。亦即從契約書全體看來，如果能夠確定是誰和誰所訂立的契約，契約的目的和旨趣是什麼，那麼，也沒有特意書寫前文的必要。但是，話又說回來，前文也能表現它的功能。

1. **契約當事人的確定**：契約當事人究竟是誰和誰，一般人對這一部分，以爲是可以一目瞭然的。但事實並非如此，其中大有文章。當我們看契約書末尾的簽名

蓋章部分之後，好像便能確定契約的當事人。但是，在實際問題上，當契約的代理人代替本人簽名蓋章時，究竟代理人本身是當事人，或者本人才是當事人，並不容易明白地確定。有時，簽名者可能會說：「那是我作爲見證人所簽的名，而不是契約的當事人。」像這樣，便容易發生糾紛。而這種糾紛，多半是發生在分不清楚契約的當事人，究竟是公司或是董事長個人的情形時。當公司爲契約的當事人時，原則上，代表公司具有締結契約權限的董事長，應以「○○公司董事長○○○」的方式簽名，也就是應包含三個要素：1. 公司商號，2. 代表資格，3. 代表者的姓名。但是，如果簽名者堅稱，寫上「○○公司董事長」純粹只是將頭銜附帶上去，並沒有其他意義。此時，我們就很難斷定，契約眞正的當事人，究竟是○○公司，還是董事長個人了。

　　因此，如果在前文上明白揭示：「○○公司爲甲方，○○公司爲乙方，甲乙雙方訂立契約如下。」這樣，便可以毫無疑問地確定，契約的當事人是公司，而非個人。這不是省卻了很多不必要的麻煩嗎？不過，有一點應該特別注意，如果在契約的前文寫上「○○公司董事長○○○爲甲方」，這種表示方法，在識別上又容易混淆了，應該加以避免。

2. **契約書的旨趣和目的**：在契約書的前文，將它的要旨和目的明白地揭示，其功用在於一旦契約書中條款的解釋產生疑義時，便可以根據前文的綱領來加以指導，而使之明確。當然，將這種指導的地位讓給契約書的第 1 條，在第 1 條將基本事項提綱挈領的說明，亦無不可。總之，不管用哪一種方式將契約書的本質明白地揭示，絕對不是多此一舉的事情。

　　此外，在根據基本契約書而製作協議書時，爲了讓它與前項契約關連清楚，無論如何，有記載如下前文的必要：「根據甲乙雙方於民國○○年○月○日，所訂之繼續性商品交易契約書第○條，將銅線買賣之條件協議如下」。如果不這樣寫明，那麼協定所記載的個別契約，與基本契約之間，可能會被視爲毫無關連的兩份契約，因而違背了協議書製作的目的。

3. **各種契約前文範例**：從契約書的前文，不僅可看出訂立契約的當事人，亦可知道訂立契約的理由及原因，將來契約內容條款發生疑義時，有助於探討當事人之眞義。同時契約書內容條款經常出現的名詞，亦可於前文中簡單予以表示。一般而言，契約前文的格式以買賣契約爲例可分成下列兩種：

○○買賣契約書

賣方：○○○　（以下簡稱甲方）

| 印　花 | 買方：○○○　（以下簡稱乙方） |

保證人：○○○（以下簡稱丙方）

```
┌──────────┬────────────────────────────────────────────┐
│          │              ○○買賣契約書                    │
│  印  花  │    立契約人○○○（以下簡稱甲方）、○○○（以下簡稱乙方），茲 │
│          │  就○○買賣事宜訂立本契約，條款如下：              │
└──────────┴────────────────────────────────────────────┘
```

（四）結尾的重要性

　　契約書的結尾（又稱尾款）為契約的重心，通常包括契約作成份數、保管人、簽署及訂立契約年月日。

1. 如何表明立約者：契約立約者除了當事人以外，還包括見證人、介紹人、保證人，這些契約簽署者對於契約本文內容的疑義，甚至對於契約內容的爭執而涉訟於法院時，均可成為訴訟程序中的證人，當然，契約若經由法院公證處的公證，是最有保障的了。又當事人為契約主體，由於我國向來注重蓋章的效力，為了確認是否本人簽署，除了簽署本人真實姓名，為避免爭執及容易證明起見，契約文件應蓋印鑑章，俾與一般普通印章區別。如由代表人或代理人替本人簽署，更須注意是否具有代表資格或代理權限，當然，代表人或代理人亦應簽名、蓋章方具契約效力。其次，當事人或當事人以外第三人於契約文件中所使用的印鑑章，為確保其證明力，應附上鄉鎮區戶政事務所開據的印鑑證明書。

2. 如何書寫立約日期：契約「年月日」關係契約權利義務的起迄以及意思表示一致的時期，不能省卻或草率，因而於契約結尾日期的格式中，中華民國的「中」字（或西元、公元）應書於契約格式最頂格（天格），而年月日的「日」字則應書於格式中的最底格（底格），如此方能表示契約書結尾的終結，並且明確彰顯契約的時、日。為明瞭起見，將契約結尾格式說明如下：

```
┌────────────────────────────────────────────────────┐
│  ‥‥‥‥‥‥‥‥‥‥‥‥‥‥‥‥‥‥‥‥‥‥‥。                │
│  本契約一式三份，當事人及保證人各執一份為憑。              │
│                    甲方：                              │
│                    公司名稱：○○○有限公司              │
│                    公司地址：                          │
│                    負責人：○○○  ┌──┐              │
│                                   │印│              │
│                                   └──┘              │
│                    住址：                              │
│                    身分證統一編號：                     │
│                    公會會員證書字號：                   │
│                    乙方：                              │
│                    公司名稱：○○○有限公司              │
│                    公司地址：                          │
└────────────────────────────────────────────────────┘
```

```
                    負責人：○○○  印
                    住址：
                    身分證統一編號：
                    公會會員證書字號：
                    連帶保證人：○○○  印
                    住址：
                    身分證統一編號：

中    華    民    國    ○○    年    ○○    月    ○○    日
```

　　惟契約當事人為自然人（表1-1-1），或與公司以外的社團法人（表1-1-2）、財團法人（表1-1-3），或與經營企業有關的特殊法人（例如合作社、農會，參表1-1-4）訂立契約書時，經常表示如下列四種格式：

表1-1-1：契約當事人為自然人

```
……………………………………。
本契約一式三份，當事人及見證人各執一份為憑。
                    甲方：○○○  印
                    住址：
                    身分證統一編號：
                    乙方：○○○  印
                    住址：
                    身分證統一編號：

中    華    民    國    ○○    年    ○○    月    ○○    日
```

表1-1-2：契約當事人為社團法人

```
……………………………………。
本契約一式二份，當事人及見證人各執一份為憑。
                    甲方：
                    社團法人名稱：○○○工會
                    社團法人地址：
                    董事：○○○  印
                    住址：
                    身分證統一編號：
                    乙方：○○○  印
                    住址：
                    身分證統一編號：

中    華    民    國    ○○    年    ○○    月    ○○    日
```

表 1-1-3：契約當事人為財團法人

> ．．．．．．．．．．．．．．．．．．．．．．．．。
>
> 本契約一式二份，當事人各執一份為憑。
>
> 　　　　　　甲方：
>
> 　　　　　　財團法人名稱：○○○協會
>
> 　　　　　　財團法人地址：
>
> 　　　　　　代表人董事長：○○○ 　印
>
> 　　　　　　住址：
>
> 　　　　　　身分證統一編號：
>
> 　　　　　　乙方：○○○ 　印
>
> 　　　　　　住址：
>
> 　　　　　　身分證統一編號：
>
> 中　　華　　民　　國　　○○　　年　　○○　　月　　○○　　日

表 1-1-4：契約當事人為特殊法人

> ．．．．．．．．．．．．．．．．．．．．。
>
> 本契約一式二份，當事人各執一份為憑。
>
> 　　　　　　甲方：
>
> 　　　　　　法人名稱：○○○農會
>
> 　　　　　　法人地址：
>
> 　　　　　　代表人理事：○○○ 　印
>
> 　　　　　　住址：
>
> 　　　　　　身分證統一編號：
>
> 　　　　　　乙方：○○○ 　印
>
> 　　　　　　住址：
>
> 　　　　　　身分證統一編號：
>
> 中　　華　　民　　國　　○○　　年　　○○　　月　　○○　　日

註：公司以外的社團法人、財團法人的代表權由董事所掌握；惟與經營企業有關的特殊法人，如農會、合作社的代表權歸屬理事（合作社法第 34 條第 1 項）。

　　其次與不具備法人資格的無權利能力之社團訂立契約時，為追究代表人的個人責任起見，有需要取得個人的保證。其契約格式可增列如下的條款：

....。

第○條　有關○○研究會，因本契約而負債務時，則代表人○○○與○○研究會共同保證負
　　　　履行契約之責任。

本契約一式三份，當事人及連帶保證人各執一份為憑。

　　　　　　　　　　　　　　甲方：
　　　　　　　　　　　　　　社團名稱：○○○研究會
　　　　　　　　　　　　　　社團地址：
　　　　　　　　　　　　　　代表人理事長：○○○　印
　　　　　　　　　　　　　　住址：
　　　　　　　　　　　　　　身分證統一編號：
　　　　　　　　　　　　　　右 代 表 人
　　　　　　　　　　　　　　同連帶保證人：○○○　印
　　　　　　　　　　　　　　住址：
　　　　　　　　　　　　　　身分證統一編號：
　　　　　　　　　　　　　　乙方：○○○　印
　　　　　　　　　　　　　　住址：
　　　　　　　　　　　　　　身分證統一編號：

中　　華　　民　　國　　○○　　年　　○○　　月　　○○　　日

　　　　惟與合夥訂立契約，最謹慎的方法，乃將全體合夥人的名字都列舉在契約
書上，其方法如下：

....。

本契約一式四份，當事人各執一份為憑。

　　　　　　　　　　　　　　甲方：
　　　　　　　　　　　　　　合夥名稱：○○○合夥
　　　　　　　　　　　　　　合夥地址：
　　　　　　　　　　　　　　合夥人：○○○　印
　　　　　　　　　　　　　　住址：
　　　　　　　　　　　　　　身分證統一編號：
　　　　　　　　　　　　　　合夥人：○○○　印
　　　　　　　　　　　　　　住址：
　　　　　　　　　　　　　　身分證統一編號：
　　　　　　　　　　　　　　合夥人：○○○　印
　　　　　　　　　　　　　　住址：
　　　　　　　　　　　　　　身分證統一編號：
　　　　　　　　　　　　　　右合夥人
　　　　　　　　　　　　　　同代理人：○○○　印
　　　　　　　　　　　　　　合夥人：○○○　印
　　　　　　　　　　　　　　住址：

```
                        身分證統一編號：
                        乙方：○○○  印
                        住址：
                        身分證統一編號：
中    華    民    國    ○○    年    ○○    月    ○○    日
```

　　但如能從委託書、合夥契約等，證明合夥已經將代理權賦予訂立契約之業務執行人的事實時，則可以簡略方式表示如下：

```
··························。
本契約一式二份，當事人各執一份為憑。
                        甲方：
                        合夥名稱：○○合夥
                        合夥地址：
                        負責執行
                        業務合夥人：○○○  印
                        住址：
                        身分證統一編號：
                        乙方：○○○  印
                        住址：
                        身分證統一編號：
中    華    民    國    ○○    年    ○○    月    ○○    日
```

　　又，與複代理人訂立契約時，不妨在文件上表示如下：

```
··························。
本契約一式二份，當事人各執一份為憑。
                        甲方：
                        住址：
                        身分證統一編號：
                        代理人：○○○  印
                        住址：
                        身分證統一編號：
                        複代理人：○○○  印
                        住址：
                        身分證統一編號：
                        乙方：○○○  印
```

```
　　　　　　住址：
　　　　　　身分證統一編號：
中　華　民　國　○○　年　○○　月　○○　日
```

前表加以簡化，則可如下所示：

```
…………………………………。
本契約一式二份，當事人各執一份為憑。
　　　　　　甲方：○○○　印
　　　　　　住址：
　　　　　　身分證統一編號：
　　　　　　代理人：○○○　印
　　　　　　複代理人：○○○　印
　　　　　　乙方：○○○　印
　　　　　　住址：
　　　　　　身分證統一編號：
中　華　民　國　○○　年　○○　月　○○　日
```

在與法定代理人（父母或監護人）訂立契約時，其表示方法如表 1-1-5：

表 1-1-5

```
…………………………………。
本契約一式二份，當事人各執一份為憑。
　　　　　　甲方：○○○
　　　　　　住址：
　　　　　　身分證統一編號：
　　　　　　法定代理人：
　　　　　　父：○○○　印
　　　　　　住址：
　　　　　　身分證統一編號：
　　　　　　母：○○○　印
　　　　　　住址：
　　　　　　身分證統一編號：
　　　　　　乙方：
　　　　　　住址：
　　　　　　身分證統一編號：
中　華　民　國　○○　年　○○　月　○○　日
```

表 1-1-6

```
..................................。
本契約一式二份，當事人各執一份為憑。
                甲方：○○○
                住址：
                身分證統一編號：
                法定代理人：
                監護人：○○○　[印]
                住址：
                身分證統一編號：
                乙方：○○○　[印]
                住址：
                身分證統一編號：

中　華　民　國　○○　年　○○　月　○○　日
```

　　立於公司使用人地位的經理、課長、銷售店員工，由於具備代理業主參與公司業務之權，因而與這些員工立契約時，當事人的表明方式並不一定要勉強表示為代理人。只要有公司之總公司、分店名稱、職稱員工簽名蓋章即可。其例如下：

```
..................................。
本契約一式二份，當事人各執一份為憑。
                甲方：○○○
                公司地址：○○○股份有限公司
                公司地址：
                ○○分公司經理：○○○　[印]
                住址：
                身分證統一編號：
                公會會員證書字號：
                乙方：○○○　[印]
                住址：
                身分證統一編號：

中　華　民　國　○○　年　○○　月　○○　日
```

```
..................................。
本契約一式二份，當事人各執一份為憑。
                甲方：
                公司名稱：○○○股份有限公司
                公司地址：
```

```
              鋼鐵經理：○○○  印
              住址：
              身分證統一編號：
              公會會員證書字號：
              乙方：○○○  印
              住址：
              身分證統一編號：

中  華  民  國    ○○   年    ○○   月   ○○   日
```

最後，清算中公司的表示方式，通常契約書上的表示方式如下：

```
    ........................。
本契約一式二份，當事人各執一份為憑。
              甲方：
              公司名稱：○○○股份有限公司
              公司地址：
              清算人：○○○  印
              住址：
              身分證統一編號：
              公會會員證書字號：
              乙方：○○○  印
              住址：
              身分證統一編號：

中  華  民  國    ○○   年    ○○   月   ○○   日
```

如果定有清算代表人，同時也依公司法第83條第1項向法院聲報時（公司法第85條第2項），則其表示方式如下：

```
    ........................。
本契約一式二份，當事人各執一份為憑。
              甲方：
              公司名稱：○○○股份有限公司
              公司地址：
              清算代表人：○○○  印
              住址：
              身分證統一編號：
              公會會員證書字號：
              乙方：○○○  印
              住址：
```

身分證統一編號：

| 中 | 華 | 民 | 國 | ○○ | 年 | ○○ | 月 | ○○ | 日 |

四、正本與副本的要點

契約書正本與副本的意義

通常契約書的末尾，常會出現類似這樣的句子：「本契約一式二份，雙方各執一份爲憑。」契約書視當事人的人數製作，經每個當事人簽名蓋章之後，各持一份，這是處理契約書的一般慣例。但這只是一般的慣例，事實上，契約書要製作幾份，以及是否要當事人各自持有一份，法律上並無明文規定。所以，如果契約書只作一份，由當事人的一方保管，也不會因此而喪失契約書在法律上的效力，同時，也不會失去約束對方的力量。

無論作了幾份契約書，只要上面有當事人的親筆簽名和蓋章，即使在上面註明其爲「副本」、「謄本」或「複印本」等，也不會影響其作爲契約文件內容的地位。

一般而言，在製作契約書時，多是視當事人的人數而決定份數。例如買賣契約，如果只有買方和賣方兩人時，則應製作一式二份。如果除當事人雙方之外，尚有保證人的連署時，則應製作三份。這樣的方法之所以成爲慣例，是因爲它具有如下的實際利益：

第一，萬一契約當事人之一，將所持有的契約書任意加以竄改，例如將「契約期限二年」，悄悄改爲「三」年或將契約書上條款的文句修改，以符合自己的利益等，如果本契約書只製作一份，日後對方發現了提出抗議：「這部分被偷偷修改過。」或者「這部分與當初訂定時的文句不同。」但是因爲苦無與原文比較對照的證據，便容易吃暗虧。這時候，如果雙方各持有一份契約書，那麼，便能彼此比較對照，則竄改之處，就容易分辨了。

第二，契約書如果只製作一份，而由一方保管時，多半給旁人的印象是，這可能是單方面的利益，而非對等的條件所締結的契約，因此坐享利益者，不願另作一份，交給對方。或者以爲，這份契約中可能有陷阱，草擬的一方，趁對方沒有留意，而讓他簽名蓋章，同時又怕對方發覺，因此特意只作一份，單獨保管。由於會有這種主觀印象，所以，萬一雙方發生糾紛而訴諸於法院裁判時，對未持有契約者而言，可能會有不利於己的心證情形發生。

契約書各執一份，表示契約的公平性與開明性，尤其當事人在彼此履行契約上

的義務時，更經常必須以契約書上所記載的內容作為指針，依照它來執行契約的效果並指導自己的行為。故意不把契約書交給對方收執，卻指責對方行為未遵照契約本旨履行義務，這在誠信原則上，是一種不能被輿論所贊同的失當措施。

當契約製作二份或二份以上時，何者為正本？何者為副本？又正本應由誰保管？這些都可以由當事人自行決定。如果不是以複印為目的時，副本應與正本同樣，要求各當事人簽名蓋章。此時，在法律上，正本與副本的效力是沒有差別的，其作為證明文件的功能完全相同。

五、契約內容的修改與增刪

契約內容是經過契約當事人嚴謹的思考，各求所需，雙方同意所訂立的契約，因此契約訂立後應避免修改與增刪，以免日後發生糾葛，如果一定要修改與增刪，修改的方法為將修改的文字，由訂立契約當事人將修改文字，用筆劃去，然後契約當事人在劃去文字上加蓋印章，以示契約當事人同意修改文字。修改或增刪的文字，應在同行字之上面，書寫修改或增刪之文字，並加蓋章，並寫第幾行之第幾字已修改或增加，或刪除。唯前已敘及契約應謹慎訂立，避免修改，或增刪，若契約修改文字或增刪過多，則應重訂契約。

第五節　訂約當事人應行注意事項

審訂：恆業法律事務所律師　吳佩諭
恆業法律事務所律師　謝昆峰

一、契約當事人一般的注意事項

（一）何謂契約當事人

所謂契約當事人，就形式上來說，即以甲方或乙方之名義在契約書上簽名蓋章者。就實質上來說，所謂當事人，係指雙方約定的事項在法律上能對其發生效力的人。

譬如，甲方對想買土地的乙方，表明願將土地賣給他，而乙方亦承諾購買該筆土地，此時土地買賣契約即告成立，賣方甲及買方乙即為契約書當事人。由此可知，所謂當事人，即係因為契約而必須負某種義務或取得某些權利之人。故欲知契約中之當事人究竟是誰，將當事人正確地表明在契約書上，由當事人簽名蓋章，誠屬必要條件。

（二）確認正式的契約當事人

　　與財政界要人或擁有數家公司的企業鉅子訂契約時，往往會發生一個問題，即究竟當事人是誰？即使不是什麼顯要，也難免問題雜沓而來。就日常生活最常見的事來說，家務事項往往不知契約當事人是妻子或是丈夫。茲舉一例闡明之。假定欲將不動產賣給、或者把錢借給一家公司的總經理，往往不知是總經理個人或是公司要買？是公司借貸或是總經理個人借貸？有時，以擁有數家公司者為對象時，往往弄不清楚是不動產公司 A 要借貸？或是保齡球場 B 要借貸？甚或運動器材 C 公司要借貸？如果交涉時，未談清楚究竟誰是契約當事人，則在契約書的簽名蓋章階段，往往問題叢生。

　　因此，務必要寫清契約當事人是個人或是法人？是丈夫或是太太？是夫妻或是父子？又，由同一人經營數家公司時，要弄清楚究竟是哪一家公司？待完全釐清後，再正式簽約。否則，將導致一些糾葛難解的事情發生。例如，原以為是將貨品售予總經理個人，但因為事實上買方的名義為公司，及至買方公司倒閉時，賣方就會因高額售帳弄得焦頭爛額，又無法對總經理個人請求賠償，陷於極度困窘之地。

（三）確認當事人是否為所有者

　　舉例來說，土地的買賣成立後，契約書亦製作完成，但調查的結果，出售土地的人，卻並非是擁有土地的所有者，甚至也並非地主代理人等情況。果真如此，就等於將他人的土地作為買賣的對象。民法上雖不禁止「買賣他人之物」（民法第 348 條第 1 項），但如果一開始就知道係買賣他人之物，情況尚屬明朗，不致陷於糾紛。然而土地買賣，不似鋼鐵、木材之類可從任何地方調度過來的東西，土地所有人獨一無二，只要地主本人不表首肯，買賣他人土地的契約是無法履行的。因此，必須一開始就直接洽詢地主，若被拒絕時，可立時索回定金，以後才不致留下困擾的後遺症。否則若訂約的對方為人不端，甚至將導致無法索回定金的後果。不動產仲介業者、掮客等，往往使用這種不當手段，因此，須格外謹慎行事。總之，應與財產所有人，亦即有處置權利的人，作為當事人而訂立契約，以避免糾紛，防杜訟源。

二、公司為當事人應行注意的事項

（一）必須標明公司的正式稱呼

　　以公司的身分訂契約時，契約書上必須註明公司的名義。所謂公司，包括有兩

合公司、無限公司、股份有限公司以及有限公司之分。就公司來說，實號的名稱中，一定要冠以「股份有限公司」或「有限公司」或「無限公司」或「兩合公司」等文字（公司法第 2 條第 2 項）。譬如，將「三菱重工業股份有限公司」簡稱爲「三菱重工」，這種情形儘管用在廣告說詞上絕不會混淆不清，用在有法律效果的契約書上時，卻不可僅用「三菱重工」的字樣。因爲社會中也許還有名爲「三菱重工」的個人企業，或者其他行業。即使名稱一樣，但股份有限公司與有限公司卻是不同的法人。譬如：「有限公司東洋社」與「股份有限公司東洋社」二者即爲完全不同的法人。若單稱爲東洋社，便無法知道是哪一種法人。

有時，會寫作（股）用以代表股份有限公司，或寫作（有）用以代表有限公司，這種簡稱的寫法不能正式使用。有人認爲既然社會上通用，也就無可厚非，但在契約書中，無論如何必須使用正式的商號名稱。爲了不致使契約產生負面的影響，書寫公司名稱時，務須與公司的登記簿一致。

（二）具名總公司所在地的地址

無論是股份有限公司或有限公司，欲確定爲同一公司時（亦即從書面可以看出就是這家公司），必須將總公司地址正確予以具名。

當然，即使未塡寫總公司所在地，或將股份有限公司六字漏寫，契約也不致於無效。只要法院認同該公司（參照其他資料），則契約書上所列明的權利，即可兌現，但許多時候，權利往往很難獲得實現，尤其總公司或實號名稱寫錯時，就無法作爲不動產登記（設定抵押權或移轉所有權等）的原因證書。申請登記時，往往招致駁回，必須大費周章，花一番口舌之勞，才能獲得法院首肯。因此，即使能夠取得權利，也將耽擱不少時日。

（三）公司代表人的具名方式

契約書上雖載有「甲方〇〇股份有限公司」之字，但如果沒有具名代表人或代理人，則往往會發生許多困擾。既然是合約，則作爲當事人的甲方與乙方，意見應該一致，但如果契約的當事人爲公司時，則必須能夠從契約上看出何人代表公司發言，表明公司的意願，或此人是否有代表公司訂立契約的權限。這是因爲公司並沒有眼和口，因此除非由自然人（普通人）來代表公司行動，否則就無何意義可言。

契約書的正式款式如下：

```
                                    甲方：〇〇股份有限公司
                                    代表人：〇〇〇　印
```

　　當然，只有公司寶號，沒有具名代表人的姓名，僅憑公司戳記，契約還是有效，畢竟契約書只不過是證明契約成立的證據而已。只是，無可否認的，歲月一久，作為見證的人，其影響力即會亞於白紙黑字明文條列的契約書了。因契約而負債的當事人，說不定會編織一些詭異的狡辯之詞，以否認契約書的價值。也許他會揚言該契約書是董事長簽名，蓋代表人印章之前，即已改變主意不欲訂立契約了，他最好的藉口是，契約書只有公司的名稱而已。

　　近來，甚至許多規模龐大的公司，也往往不再使用董事長的名稱了，代之冠以總經理的頭銜，但就公司法第 208 條第 3 項而言，擁有代表權的還是董事長，因此，總經理並不一定能夠代表法律上賦予代表權的董事長。換言之，公司的代表權在董事長，總經理並沒有代表權，因此要盡量具名為董事長。欲確認是否為代表人，可以從公司的登記簿謄本或抄本來查證。

（四）股份有限公司以外的公司代表人

　　在數目上，僅次於股份有限公司的，可能就是有限公司了。有限公司在原則上，係由董事代表公司（公司法第 101 條第 2 項）。有限公司和股份有限公司相同亦可置有董事長（公司法第 108 條第 1 項後段），只要看公司的登記簿，就可以知道是否由董事長或由董事共同代表公司。

　　無限公司原則上各股東均得代表公司（公司法第 56 條第 1 項後段），但亦可以章程特定代表公司之股東（公司法第 108 條第 1 項後段）。

　　兩合公司的股東，分為無限責任與有限責任兩種。兩合公司亦與無限公司一般，由無限責任的股東，亦即執行業務的股東，作為代表人，但也可以從數名執行業務的股東中選出代表人。

（五）與代表人以外的人訂立契約時

　　若契約當事人為股份有限公司時，是否除了董事長以外，不能與其他人訂立契約呢？不，這是無稽之談。無論契約內容如何，前述所以說契約上必須有董事長簽名蓋章，係基於安全需要之故，同時，這也是正式的格式。

　　姑且不論與整個公司命運攸關的事項、公司重要交易或其他問題，有時候，除了董事長以外的人，也會被賦予代表公司簽約的權限。其中一人，就是經理。經理對本身有關的業務，有時也必須代表公司簽訂契約或行使其他法律行為（公司法第 8 條第 2 項），不過經理代表公司買賣不動產或設定負擔時，必須經公司書面授權，始得為之。監察人、重整人、清算人等，雖是公司聘僱之人，但在執行職務範圍內

卻有代表公司訂契約的權限。因此，在規模龐大的公司，其支票等多以經理的名義代表公司開立，此時由經理人所簽訂之契約，對公司亦發生效力。

由上可知，訂立契約者有可能是以公司董事或常務董事的名義來訂契約，有時候可能由總經理或副總經理等名義來訂契約，這種情形依公司法第8條，皆對公司發生效力。當然，如果這些人是公司的董事，則不會發生任何事故。只要登記為公司董事，則不論是否實際上具有權限，大致可視為具有代表公司的權限。即使在契約書上沒有表示為「董事長兼副總經理」，只要查驗訂立契約書時之登記簿，即可證實是否確為董事。實際上，即使不是董事，但公司卻經常對其使用總經理、副總經理、副董事長或常務董事等名稱，則公司對於這些人代表公司所簽訂的契約都必須負責。

由此可知，以公司為對象訂立契約時，如果負責簽名蓋章者或從事談判的人不是代表人，就必須加以注意。但一般說來，與公司訂立有關不動產的契約或與整個公司營運有關的契約時，便必須請董事長簽名蓋章。而如果對方係規模龐大的公司，又契約只是日常性的交易時，則代表人即使是營業部經理或業務部門的經理，都無妨。

三、與公司以外的法人訂立契約時

（一）公司之外的法人究竟是什麼？

公司法中所規定的公司，計有：股份有限公司、無限公司、兩合公司及有限公司等。此外，民法中尚規定有社團法人、財團法人等社會組織。以公益為目的之社團及財團法人，這兩種法人稱為公益法人，與公司等營利法人成立的組織迥然不同。但儘管稱為公益法人，也並非完全從事慈善事業。他們也從事商業，也做不動產買賣，只是所獲利潤需用於公益之途。

除上述之外，還有特殊法律組成的許多法人。例如工會，即係根據工會法而成立。同時尚有如農會亦為法人，學校為學校法人，醫院為醫療法人等，都分別由各該法律監督約束。

（二）與社團法人或財團法人訂立契約時

社團法人的代表權由董事所掌握。董事可為一人或數人（民法第47條第1項第3款）。多數社團法人都使用「董事長」或「代表人董事○○○」的名稱，但並不表示其他董事不具有代表權，亦即不能認為和董事長或董事代表以外的董事訂立契約為無效。即使對董事的代表權加以限制，但如果第三者不知悉此事實，則一旦發生

問題時，便不能歸咎於第三者。民法第 27 條第 3 項規定：「對於董事代表權所加之限制，不得對抗善意第三人。」

　　因此，與社團法人訂立契約時，只要與董事交涉即可。由於董事的姓名、住址都記載在登記簿內，只要查驗登記簿即可知悉。在契約書上經常如下表示：

```
社團法人名稱：○○○工會
社團法人地址：
董事：○○○　[印]
住址：
身分證統一編號：

中　華　民　國　○○　年　○○　月　○○　日
```

當然，若頭銜書以董事長、董事代表等，亦無妨。

　　財團法人與社團法人完全一致，董事亦具有代表權。在契約書上通常如下表示：

```
財團法人名稱：○○○協會
財團法人地址：
代 表 人董事長：○○○　[印]
住址：
身分證統一編號：

中　華　民　國　○○　年　○○　月　○○　日
```

（三）與公益法人訂契約時應注意的事項

　　以公益為目的之社團法人或財團法人，於登記前，應得到主管機關之許可（民法第 59 條）。根據公益法人的特性，對於處理資產、借貸等，除章程另有規定外，取決於全體董事過半數之同意（民法第 27 條第 1 項後段）；又公益法人其業務屬於主管機關監督，主管機關得檢查其財產狀況及其有無違反許可條件與其他法律之規定（民法第 32 條），而受設立許可法人之董事或監察人不遵守主管機關監督之命令，或妨礙其檢查者，得處以 5,000 元以下之罰鍰。前項董事或監察人違反法令或章程，足以危害公益或法人之利益者，主管機關得請求法院解除其職務，並做其他必要之處置（民法第 33 條），且公益法人違反設立許可之條件者，主管機關得撤銷其許可（民法第 34 條）。

　　法人依民法第 27 條第 3 項，亦可對董事之代表權加以限制，如果不知道這些限

制而與該董事訂立契約時，則自然不致於受影響，但如果明知而故犯，則所訂立的契約實屬無效，且將遭遇對方的抗辯，言明契約效果不及於法人。因此，訂立重要契約時，或貸款給公益法人時，除查驗登記簿之外，也有必要查看規定條款。若係捐款行為，倘若公益法人的董事侵吞款項時，訂約的對方往往遭遇非常危困的處境。

（四）與其他法人訂立契約時

與經營企業有關的特殊法人，例如合作社（合作社法）、農會（農會法）等，合作社設置有理事代表，由理事代表來代表合作社（合作社法第 34 條第 1 項）。因此，應與理事代表訂立契約。理事代表通常可能均使用理事長的頭銜。農會亦有理事，但和合作社同樣，代表權在理事長，可視同合作社一般處理之。通常，當事人的表示方式如下：

```
法人名稱：○○○合作社
法人地址：
代表人理事長：○○○  印
住址：
身分證統一編號：

中    華    民    國    ○○    年    ○○    月    ○○    日
```

由此可知，代表該組織的人，因法人之性質不同而有所差異。因此，訂立重要契約時，必須審慎其事，譬如查核約束法人的法律以及登記簿，與其他規定等。

四、與非法人團體訂立契約時

在法律上，有一種團體，稱之為「無權利能力的社團」。這種團體為公司法及民法中所訂之不能成為法人的團體，但實際上，這類團體具有健全組織、選出有負責人為代表、代表方式、財產管理並訂有規則，由於未取得法人登記的緣故，所以統稱之為「無權利能力的社團」。實際的例子有研究團體、俱樂部等。

無權利能力的社團，雖然擁有社團財產，但由於無法登記為法人，終至只得由代表人登記為個人財產。惟存款可以用「○○研究會○○○」等的名義，來和個人財產區分。與無權利能力的社團訂立契約時，應稍加留意，可能發生的問題為：若在契約書上做如下表示者，則必須由代表者個人負擔責任方可。

```
┌─────────────────────────────────────────────────────────┐
│  社團名稱：○○研究會                                       │
│  社團地址：                                               │
│  代表人理事長：○○○  ┌──┐                              │
│                      │印│                               │
│                      └──┘                              │
│  住址：                                                   │
│  身分證統一編號：                                         │
├─────────────────────────────────────────────────────────┤
│中  華  民  國   ○○  年   ○○  月   ○○  日             │
└─────────────────────────────────────────────────────────┘
```

　　就此例而言，代表人○○○即使係有資產的人，也不能以他個人的資產爲追究責任的標的，因此，履行契約時，無論如何都要針對無權利能力的社團「○○研究會」爲追究責任的目標。但，○○研究會就算有本身的財產，但卻不能以該會的名義登記不動產，也不能以該會的名義保管財產，追究責任時，難免糾葛。因此，與無權利能力的社團訂立契約時，爲了以防萬一，並追究代表人的個人責任起見，有需要取得個人的保證。其契約可增列如下的條款：「第○條有關○○研究會因本契約而負債務時，則○○○與○○研究會共同連帶保證負履行契約之責任。」

五、與合夥人訂立契約時

（一）何謂合夥

　　民法所規定的合夥，係指由兩名以上的人出資，約定共同經營事業者（民法第667條第1項）。

　　經常遇到的例子爲學會（法學會、醫學會、工學會）。此外，由數人出資經商而不登記爲公司的法人時，也往往採行合夥方式。

（二）應確認合夥的代表爲誰

　　合夥並不是法人，因此，法律上並無規定代表人應爲誰。所以，對於合夥，必須以代理的關係來處理。如果合夥契約中訂有由合夥中某一人爲代理人時，只要與此人訂立契約即可。但如果合夥契約中並沒有規定誰是代理人時，則必須審慎判定究竟誰是代理人了。

　　最高法院28年上字第1533號判例中，謂擁有執行業務權的合夥人有代理權，倘若並未規定執行業務者爲誰時，則全體合夥人都擁有代理權。但依民法第168條規定，這時候亦應由全體合夥人共同爲代理行爲，若僅由其中一人爲之，即屬無權代理行爲，非經其餘合夥人共同承認，對於合夥不生效力。

（三）與合夥訂立契約的安全方法

與合夥訂立契約時，最安全的方法，便是從書面上確認實際從事談判或訂契約時之合夥人是否具備代理權。確認方法是，只要能取得全體合夥人的委託書，即可保萬全。

若無法取得委託書時，亦應取得合夥契約、規章抄本等，以確認誰是正式的代理人，同時與合夥訂立契約，應將合夥規章或合夥契約抄本與契約書合訂，並加蓋騎縫印章。

其次，以合夥契約或合夥規章與契約書合訂時，則應確認訂立契約時的談判對手為執行業務之合夥人。

（四）契約當事人的表明方法

合夥不具有法人的資格，因此，最好避免與以合夥名義作為契約當事人的方式訂立契約。而最謹慎的方法，便是將全體合夥人的名字都列舉在契約書上。作為代理人的合夥人，除了蓋代理人印章外，也要蓋合夥人章，換言之，要簽名蓋章兩次。又，如能將每位合夥人的住址亦一併列出，則更為完備。其表明方法例示如下：

```
合夥名稱：○○合夥
合夥地址：
合夥人：○○○　印
住址：
身分證統一編號：
合夥人：○○○　印
住址：
身分證統一編號：
合夥人：○○○　印
住址：
身分證統一編號：
上合夥人同代理人：○○○　印
合夥人：○○○　印
住址：
身分證統一編號：

中　華　民　國　○○　年　○○　月　○○　日
```

若簡略方式表示，則如下：

```
合夥名稱：○○合夥
合夥地址：
負 責 執 行
業務合夥人 ：○○○　印
住址：
身分證統一編號：
中　　華　　民　　國　　○○　年　　○○　月　　○○　日
```

即使有上述的簡略方式表示，如能從委託書、合夥契約等，證明合夥已經將代理權賦予訂立契約之業務執行人的事實時，契約即可視為有效成立。如果向合夥以分期付款方式出售冷氣機或日常工業商品交易等，均可以簡略之方式訂立契約。然而，如係處置合夥龐大財務時，或把鉅額款項借貸合夥時，如以簡略方式表示，則難免日後引起爭執。

由此可知，重要的契約應請全體合夥人列名於契約書上，請合夥人一一簽名蓋章，或者至少要求取得其他合夥人的委託書。同時，委託書中應具體記載契約的名稱，明示已將代理權賦予執行業務之合夥人。

（五）追究合夥人責任的方法

我國實務上認為合夥雖不屬於非法人團體，但仍具有當事人能力，依司法院 22 年院字第 918 號解釋，債權人可以合夥為被告訴請返還欠款，經判決確定，其效力及於合夥人。因此，對於合夥財產強制執行後，不足清償之債權額，自得對合夥人執行。惟即使合夥財產總額少於債務總額，各合夥人亦僅對於不足之額連帶負責，並非對於合夥之債權人的債權全額負連帶之責（最高法院 28 年上字第 1846 號判例）。

六、與代理人訂立契約時

（一）何謂代理人？

契約可由代理人來訂立。但與代理人之間訂立契約，或透過代理人而訂立契約，往往發生種種問題。因此，為防患於未然，在契約中表明代理人與代理意旨，是訂立契約時不可忽視的要項。

代理人完全替本人行動，其結果，在法律上的效果就會直接影響本人（民法第 103 條第 1 項）。譬如不動產公司以授權書委任他人訂立建築物買賣契約，則該他人所代理訂立之出賣房屋契約，該不動產公司不得反悔售價偏低，因為此等結果和本

人直接交易完全一樣。故在與代理人訂立契約時，必須注意下列事項：

1. 代理人的種類：代理人的種類有二。一爲意定代理人，一爲法定代理人。所謂意定代理人，乃指接受代理事項之人，如幫本人從事買賣土地的行爲或幫本人完成交易等。而法定代理人，乃指如父母對未成年子女，在法律上爲有親權的代理人。未成年子女所擁有的不動產，父母必以法定代理人的身分代爲訂立契約（民法第 1086 條）。

   意定代理人究竟擁有多少權限，必須由本人與代理人依據約定決定之。法定代理人的權限有法律上的規定，此項留待以後再予闡述。此外，還有一種爲複代理人，即代理人所選定的代理人。惟雖係代理人所選定的代理人，卻非代理代理人爲法律行爲，而係代理本人（民法第 103 條第 1 項），但他的權限只限於代理人所擁有的權限範圍。

2. 應確認委託書：以代理人的身分簽訂契約書時，最重要的問題即在於委託書。爲法定代理人時，則需要戶籍謄本等正式文件證明；如爲意定代理人時，因爲是由本人與代理人之間約定，所以第三者無法知道是否有代理權、或代理權的範圍如何等，因而引起許多疑慮不安。委託書即可解決此類疑慮與不安。換言之，委託書乃證明代理人具有代理權、以及代理權的範圍包括哪些等的文件。如果將之與契約書附在一起，就能發揮與本人在契約書上簽名蓋章同樣的證明力。

   委託書必須記載代理人姓名，並由本人簽章，至於簽章是否眞正，如附有本人印鑑證明書，大致可作爲擁有代理權限的依據。此處應注意者，爲印鑑證明書的日期早於委託書時，則不生效。印鑑證明書的日期應較委託書爲遲，同時，愈接近委託書的日期愈佳。

3. 空白委託書應注意之事項：對於只持有空白委託書的代理人，應加以留意，因爲在實際訴訟中發生爭執的，並非純粹係僞造委託書的案件，而多半是濫用空白委託書、印鑑證明書以及印章等。

   就發行空白委託書的本人來說，即使代理人做了約定外之事，事後亦不能有任何反悔。例如，爲借款約定以替本人之不動產設定抵押權，因而發行空白委託書，但此不動產卻被賣出，萬一有此等狀況發生，是難以彌補的憾事，本人只得認了。又，若以每坪售價 10 萬元以上作爲條件，要求銷售本人之土地爲約定而發行空白委託書，但所交付的空白委託書卻以每坪八萬元賣出該筆土地，則本人事後亦不得收回土地。

   另一方面，以僅持空白委託書者爲對象，訂立契約的一方雖終達目的（根據表見代理的原理），卻有可能發生各種問題，故必須加以注意。最好的方法

　　是會見本人，對委託內容加以確認，或以電話聯繫確認之。

4. **指印的處理方法**：原則上委託書是不能使用指印的。因爲指印往往可以隨便改變委託書內容。擁有用指印大幅度修改內容的委託書，此等代理人不堪信賴。修正或更正幅度大的委託書，應要求更換之。

　　　　偶爾，對方也會使用並非指印，而係一開始就作爲改正印使用之委託書，但此情形往往見於改變住址等動手腳的詐欺行爲，故應防備之。最好的情況是將改正印印在錯誤之處，但此亦非可保萬無一失。總之，不用指印而用印章，才是安全之策。

5. **委託書的內容應詳盡**：委託書的內容應詳盡，具體填寫各項事實。有些人請人出售不動產，即將空白委託書、印鑑證明書以及登記證明書等一起交付給代理出售不動產的某家公司，這實在是危險的莽撞行爲。委託書上面的措詞若抽象不明，或概略籠統，譬如：「委託出售後述之土地、建築物等」，則與空白委託書幾無二致。

6. **委託書應訂有效期限**：明示委託書的有效期限，也是重要的事項。雖然，委託書可隨時終止（參民法第 549 條第 1 項），但終止委託契約係屬於委託人與受託人（代理人）之間的事，與代理人交涉的對方，可能毫不知情。所以代理權不存在後，原受託人所訂的契約，如果對方不知眞相時，是可有效成立的（民法第 107 條及第 169 條本文），仍易滋生糾紛。因此，如果委託書上能加上有效期限，即可有效防止此類危機至最少限度。

（二）各種代理人的表示方法

　　與代理人訂立契約時，代理人在契約書上的方式如下：

```
賣方：甲方姓名：
　　　住址：
　　　身分證統一編號：
　　　代理人：○○○　[印]
　　　住址：
　　　身分證統一編號：

中　華　民　國　　○○　年　　○○　月　　○○　日
```

代理人應在契約上簽名蓋章，且印章必須爲代理人私章。

公司所屬職員以外的人代表總經理而行動時，其表示方式如下：

賣方：甲方
　　　公司名稱：○○○股份有限公司
　　　公司地址：
　　　總經理：○○○ 印
　　　代理人：○○○ 印
　　　住址：
　　　身分證統一編號：
　　　公會會員證書字號：
中　華　民　國　○○　年　○○　月　○○　日

又，上表可簡略如下：

賣方：甲方
　　　公司名稱：○○○股份人限公司
　　　公司地址：
　　　代理人：○○○　印
　　　住址：
　　　身分證統一編號：
　　　公會會員證書字號：
中　華　民　國　○○　年　○○　月　○○　日

　　如果是公司員工訂立契約時，有時員工並不表示為公司代理人的身分，換言之，員工實際上在執行職務範圍內，是本於公司負責人的地位訂立契約，其表示方式如下：

賣方：甲方
　　　公司名稱：○○○股份有限公司
　　　公司地址：
　　　經理：○○○ 印
　　　住址：
　　　身分證統一編號：
　　　公會會員證書字號：
中　華　民　國　○○　年　○○　月　○○　日

　　由於公司經理擁有代理公司從事日常營業上交易的權限（民法第553條第1項），因此，相信不至於發生法律上的問題。法律規定，代理人必須載明為本人代理之旨而為法律行為（票據法第9條），上述經理人的頭銜雖未表示為代理人，但事實上已等於表示他代理公司本人為法律行為（公司法第8條第2項）。

又，與複代理人訂立契約時，不妨在文件上表示如下：

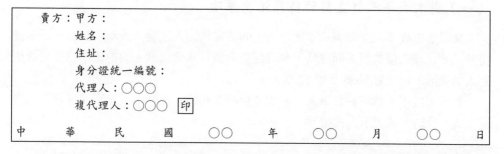

```
賣方：甲方：
    姓　名：○○○
    住　址：
    身分證統一編號：
    代理人：○○○
    住　址：
    身分證統一編號：
    複代理人：○○○　印
    住　址：
    身分證統一編號：

中　華　民　國　　○○　年　　○○　月　　○○　日
```

將上表加以簡化，則可如下所示：

```
賣方：甲方：
    姓　名：
    住　址：
    身分證統一編號：
    代理人：○○○
    複代理人：○○○　印

中　華　民　國　　○○　年　　○○　月　　○○　日
```

　　代理人雖然實際上行使代理權，但在訂立契約時並不填寫本人姓名，而被他人認為是代理人為自己訂立契約時，則契約之效果應直接歸屬於代理人，對方得對代理人請求履行契約義務。

　　在契約書上簽本人姓名或蓋本人印章，以表示代理人的本人即為當事人，商場上的交易通常如此。根據民法規定，原則上，應表示本人的姓名，並表示係代替本人訂立契約（民法第 103 條第 1 項）。但雖未表明本人之姓名，就周圍之情勢，可得而知孰為本人時亦可。這是因為在商業交易中，同樣的交易，往往重複數次，即使未表示為「本人○○○」，交易的對方也能不言而喻，這是因為原先同一代理人的緣故，此情形稱之為「不具名主義」，又例如在一定的營業所內之受僱人之行為，一般被視為是為業主（本人）而行使。

（三）未表示為代理人姓名時

　　代理人以本人之姓名在契約書上簽名蓋章的事例，所在多有。就實質方面來

說，係代理人替本人訂立契約，不過契約書上未表示代理人的姓名而已，譬如妻子拿著丈夫的私章訂購公寓的契約即為一例。又公司的總務課長攜來總經理的印章，以總經理的名義訂立契約亦屬同一範例。這些均可視為擁有代理人的正式權限所表現的行為。但有時候實際上並非代理人，而只不過是跑腿的而已。不管跑腿的也罷，代理人也罷，只要他擁有權限，就不致發生什麼問題。惟妻子隨便拿丈夫私章以高利貸方式借款，或總務課長隨便拿總經理印章處置公司財務，即會發生問題。

因此，在契約書上簽名蓋章的人，與契約當事人不同時，有需要詳細調查是否有代理權限。就調查方法而言，可打電話給本人或總經理以確定之，能實際會晤他們更為可靠。還有一種方法是，請對方拿來印鑑證明書實際所用之印章核對是否相符，但此方法亦非萬無一失。

七、與法定代理人訂立契約時

（一）與未成年人訂立契約時應注意事項

父母為未成年人（未滿二十歲之人）的法定代理人。與未成年人交易，而未獲得其法定代理人或監護人同意時，有可能被取消（法定代理人的拒絕承認及契約相對人的撤回，民法第 80 條及第 82 條）。

倘若未成年人為契約當事人，必須負契約義務時，原則上，由有親權者作為法定理人。此時，其表示方式如下：

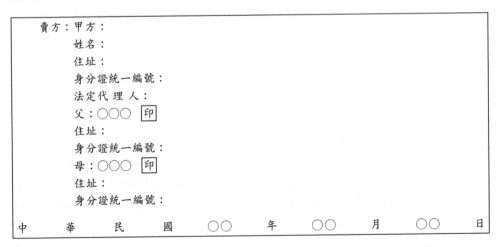

```
賣方：甲方：
      姓名：
      住址：
      身分證統一編號：
      法定代理人：
      父：○○○ 印
      住址：
      身分證統一編號：
      母：○○○ 印
      住址：
      身分證統一編號：
中　華　民　國　○○　年　○○　月　○○　日
```

父母共同成為未成年子女的法定代理人（民法第 1086 條）。夫妻離婚者，對於未成年子女權利義務之行使或負擔，依協議由一方或雙方共同任之。未為協議或協

議不成者，法院得依夫妻之一方、主管機關、社會福利機構或其他利害關係人之請求或依職權酌定之（民法第 1055 條）。

　　無父母或父母無法行使親權時，除未成年人已結婚者外，由監護人為法定代理人（民法第 1091 條、第 1098 條）。監護人具有管理被監護人之財產和代表監護人的權限（民法第 1101 條）。

（二）與監護人訂立契約時

　　未成年人無父母、或父母不能執行親權時，法院可選定監護人，或由最後執行親權者遺囑指定（民法第 1093 條）。與監護人訂立契約時，在契約書上應如下表示之：

```
賣方：甲方：
　　　姓名：
　　　住址：
　　　身分證統一編號：
　　　法定代理人：
　　　監護人：○○○　印
　　　住址：
　　　身分證統一編號：

中　　華　　民　　國　　○○　　年　　○○　　月　　○○　　日
```

　　需要監護人者，並非僅限於未成年人，精神狀態有問題的人，如果被法院為監護宣告者（民法第 14 條），也必須指定監護人（民法第 1110 條）。倘若夫妻中有一方受監護宣告時，配偶、四親等內之親屬、最近一年有同居事實之其他親屬、主管機關、社會福利機構或其他適當之人均得擔任監護人，由法院於監護之宣告時，針對個案，依職權選定最適當之人擔任（民法第 111 條第 1 項）。法院選定監護人時，應依受監護宣告之人之最佳利益，為審酌之最高指導原則（民法第 1111 條之1）。因監護人須為受監護人管理事務，故應委由與受監護人無任何利益衝突者任之（民法第 1111 條之 2）。

（三）調查法定代理人的權限

　　法定代理人的地位與權限，有法律上的規定，但何人係正式的法定代理人，必須根據戶籍謄本來調查。如果沒有任何附註，只要父母有婚姻關係，則父母雙方均可成為未成年人的法定代理人。如果父母離婚，則視監護人決定為誰。

　　沒有父母時（即使有而不能執行親權時），除未成年人已結婚者外，應規定監

護人。此等情形，因戶籍謄本均有記載，只待查證即可知悉。

　　契約書亦應與委託書同，如當事人係爲未成年者或受監護宣告者，爲了一眼便知法定代理人的資格起見，添附戶籍謄本較爲方便。

八、與使用人訂立契約時

　　如果契約當事人爲企業單位時，無論是否爲私人企業，受僱員工可代理公司或業主而從事契約的法律行爲，這是因爲在一定的營業所內受僱人之行爲，一般被視爲係爲業主（本人）而行使，所以受僱人之行爲，也算得上是一種代理人。譬如銷售產品時，通常銷售課長有代理業主訂立銷售契約的權限。至於營業經理，可以有代理業主訂立與銷售產品有關契約的權限是毫無疑義的。同樣的，銷售經理、材料經理均有代理業主訂立與生產材料之購買有關契約的權限（民法第 553 條第 1 項及公司法第 8 條第 2 項）。

（一）與經理訂立契約時

　　經理一詞，目前有被一般大眾濫用的現象。正式的經理必須登記（商業登記法第 9、12 條），而一般所謂的經理，大部分並沒有登記，經過正式登記的經理，才擁有廣泛的代理權。

　　經理能代理業主，可以參與公司業務的一切行爲。以房屋租賃業爲例，某大廈的經理可以從事租賃契約的訂立、收取租金、終止租賃契約之訴訟（公司法第 8 條第 2 項）等。經理人就所任之事務，能代理訴訟，可以說算得上是擁有廣泛的代理權（民法第 555 條）。因此，公司並不能主張本公司經理只能收取租金，而沒有訂立租賃契約的權限。換言之，即使對於經理的代理權加以限制，但如果對方不知有此限制，而與經理訂立契約時，業主不得否認經理有訂立契約的權限（公司法第 36 條）。就經理所負的任務觀之，人們可安心與該經理訂立交易契約。

　　但就實際情況來說，大部分所謂的經理都沒有經過登記，尤其如餐廳、飲食店、酒吧、夜總會等，濫用經理的名稱更爲普遍。與已登記過的經理及擁有經理頭銜的人進行交易，或訂立與業務有關之契約時，可視爲業主正式代理人，但如果對方知道雖然使用經理頭銜，卻無實際代理權時，即變成與不具有正式代理權之經理人從事交易（民法第 557 條及公司法第 36 條）。因此，即使與已登記過的經理訂立契約，仍不如與董事長訂立契約，較爲安全可靠。

（二）與經理、課長、銷售店員訂立契約時

　　從經銷商品的店鋪員工手中買回某種商品，結果，那名員工只是店鋪的櫃檯人員，並沒有銷售商品的權限，亦即沒有與顧客訂立商品買賣契約的權限時，往往產生一些糾紛。惟如前所述，在一定的營業所內受僱人之行為，一般被視係為業主（本人）而行使，所以該名員工理所當然有此權限，亦即可代理業主出售商品。

　　課長亦為員工之一，一般認為他們在從事業務時具有一定的代理權限。另營業經理，就公司或業主的商品而言，擁有全盤代理業主或公司訂立契約的權限。同樣的，財務經理被視為有就借款訂立金錢借貸契約的權限。此點，課長、主任、股長等，情況也雷同，與這些員工訂立約時，當事人的表明方式亦不一定要勉強表示為代理人，只要有公司之總公司、分店名稱、職稱員工簽名蓋章即可。其例如下：

```
　　賣方：甲方：
　　　　　公司名稱：○○○股份有限公司
　　　　　公司地址：
　　　　　○○分公司經理：○○○　[印]
　　　　　住址：
　　　　　身分證統一編號：
　　　　　公會會員證書字號：
　中　　華　　民　　國　　○○　年　　○○　月　　○○　日
```

```
　　賣方：甲方：
　　　　　公司名稱：○○○股份有限公司
　　　　　公司地址：
　　　　　經理：○○○　[印]
　　　　　住址：
　　　　　身分證統一編號：
　　　　　公會會員證書字號：
　中　　華　　民　　國　　○○　年　　○○　月　　○○　日
```

（三）與員工訂立契約時應注意事項

　　與公司員工交易時，可在談判階段決定簽名蓋章的人。如果係為公司，要求總經理等代表公司；如為個人企業時，則要求業主本人，不僅較為安全，也是正式的方法。尤其與處置不動產有關的契約，或與企業組織有關的契約，即使是經理，也無此權限（民法第 554 條第 2 項）。

只要員工簽名蓋章就夠的契約，畢竟是屬於日常業務交易的契約。關於這一點當事人雖可以不必擔心，但對於無代理權或屬於權限之外、效力不及於業主者，則必須加以留意。如果係屬於公司全盤性問題所訂立契約，代表人與業主又不參與時，則員工需持有公司委請訂立契約權限的授權書，方得代理公司訂立契約。總之，訂立契約最不可忽略的一點，就是與員工訂立契約的範圍，何者能對公司發生效力，何者則否。

九、與父子、夫妻訂立契約時

契約當事人是其他任何人很難來代理的。當事人以外的人，即使在契約書上簽名蓋章，除非是當事人的代理人，否則便不能發生契約預期的效果。

不過，在這方面，父子、夫妻往往被忽略不論。譬如丈夫將妻子名義下的土地拿來做自己的財產而處分之，或丈夫出售妻子名義下的土地時，在契約書上填寫妻子的名字。

（一）丈夫以自己名義出售妻子土地時

丈夫沒有隨便處理妻子財產的權限。丈夫以自己的名義簽名蓋章出售妻子的土地時，無異係出售他人財物，但丈夫仍必須先獲得妻子的同意，方能將土地所有權移轉給訂立契約的對方，否則，遇到買方解除契約或要求賠償損失時，也就束手無策了（民法第 256 條、第 260 條）。

（二）丈夫以妻子名義出售妻子土地時

此等情況可以說是社會上最常發生的事。丈夫持有妻子的印鑑。以妻子的名義在契約書上簽名蓋章，被認為擁有以妻之代理人身分訂立契約的權限，亦即被視為擁有代理權。此外，丈夫持有妻子的印鑑證明書以及不動產的權狀時，也被視為擁有代理權。即使妻子不知實情，訂立契約的對方也可能主張表見代理而使契約完全生效（民法第 169 條參照）。

父子的情況與夫妻的情況並無二致，並非因為父子或夫妻的關係就理所當然有代理權或處置權，所以無論在什麼情況下，都必須由當事人本身在契約書上簽名蓋章，如果是本人以外的人，至少必須確認有無代理權。

十、沒有法人資格時，契約當事人爲誰？

（一）有表示代表人時，則由該代表人負個人的責任

契約書上表示爲「社團法人○○研究會」，但調查的結果並沒有此等法人存在，應該怎麼辦呢？又，自認爲契約對象爲「股份有限公司○○餐廳代表人○○○」，但登記簿上卻沒有這家公司，遇到此情形時，又該如何呢？

就前例來說，雖然沒有登記爲社團法人，但○○研究會，實際上是社團資格時，則可對此社團追究履行契約上的義務或責任，因此，即可以○○研究會的財產（可能係爲個人名義）清償債務。但如果○○研究會實際上係地下社團，換言之，爲無權利能力的社團，或沒有具備合夥實際條件時，則應追究契約書上面所表示的代表人，也就是個人責任。

「股份有限公司○○餐廳」也一樣，如果爲了經營餐廳而數人合資訂立合夥契約，並出資準備將來登記爲股份有限公司時，可視爲合夥，同時當合夥財產不足清償債務時，可對各合夥人要求履行契約上的責任。但如果實際上不具備合夥條件，換言之，係爲地下公司，即可以對契約書上所示之代表人「○○○」個人，請求履行契約上的義務。譬如請求還清債務，此時「○○餐廳」可視爲○○○個人所經營的店號。

（二）不是公司卻使用公司名稱時

不是公司的組織，不得使用公司的名稱。若爲公司，則名稱中必須使用無限公司、兩合公司、股份有限公司、有限公司等字樣（公司法第 2 條）。又，法律禁止不是公司的組織使用公司名稱（公司法第 19 條第 1 項）。因爲社會上有不少不是股份有限公司卻使用股份有限公司名稱的實例，所以應查看登記簿，或要求附謄本。總之，訂立契約前應做好調查工作。

對於不是公司卻使用公司名稱的人，法律上有所謂罰金的制裁，金額在 1 萬 5,000 元以下，並由主管機關禁止其使用公司名稱。而行爲人就其法律行爲負責，惟行爲人二人以上者，則連帶負責（公司法第 19 條第 2 項）。

十一、與清算中的公司訂立契約時

（一）清算公司的代表人爲誰？

公司法人解散後，於清算期間，法人仍然存在（民法第 40 條第 2 項、公司法第

25 條）。因此，有時，有可能與清算中的法人訂立契約。公司在清算期間，由清算人代表公司（公司法第 324 條），如定有代表清算的代表人時，也與普通代表一樣，由清算代表人負責訂立契約（公司法第 85 條第 1 項前段）。亦有由數名清算人共同代表公司（公司法第 85 條第 1 項）者，如遇到此種情形，只要查閱公司登記簿即可一目瞭然。

（二）與清算中之法人訂立契約時必須注意事項

清算中法人存在的目的，只在於清算（公司法第 25 條）。因此，清算目的既然為清理債務、分配剩餘財產，可知清算人的職務權限僅限於此範圍（民法第 40 條第 1 項、公司法第 84 條第 1 項）。因此，原則上，清算中公司不能購買工廠、機器以及借款等。只是，就借款來說，如果是作為大批不動產出售之前的周轉資金，換言之，是充當清算費用而借款，則有可能發生此種情形。由此可知，與清算中法人訂立契約時，必須調查該契約是否與清算中法人的目的一致。

當事人為清算中公司的表示方式可例示如下：

```
公司名稱：○○○股份有限公司
公司地址：
清算人：○○○ 〔印〕
住址：
身分證統一編號：

中　華　民　國　○○　年　○○　月　○○　日
```

如果定有清算代表人，同時也依公司法第 83 條第 1 項向法院聲報時（公司法第 85 條第 2 項），則其表示方式如下：

```
公司名稱：○○○股份有限公司
公司地址：
清算人代表：○○○ 〔印〕
住址：
身分證統一編號：

中　華　民　國　○○　年　○○　月　○○　日
```

惟契約內容應注意事項，請參考以上所述，以資訂立有效而適切的契約。

第六節 檢視契約書的危險形式

審訂：恆業法律事務所律師　吳佩諭
　　　恆業法律事務所律師　謝昆峰

一、先從契約的形式談起

核對契約書的格式，必須從形式和內容二方面齊下，並非只要內容正確，形式即可不管，其實在契約書的格式中，形式是非常重要的。

1. 契約書的形式：
   (1) 當事人的表示（就借貸來說，為借方與貸方）。
   (2) 當事人簽名（或記名）蓋章。
   (3) 騎縫章。
   (4) 契約的標的如為物，則應有所表明（如買賣的標的為土地，則應表明地址、地號、地目、土地面積等）。
   (5) 日期。

   　為何說契約的形式非常重要呢？因為如果形式不完整，就無法作為證據資料，或者證據力較為薄弱，其後果是相當危險的。如依法只要簽名，契約即可有效成立，但在契約須蓋章及騎縫章的場合，若無蓋章及騎縫章則可能遇到抗辯，認為契約仍在簽署中未完成，那麼契約須以圖章作為證據資料時，僅以簽名表彰，將無任何證據力價值。又書寫契約時，若忘記記載當事人的地址，將如何呢？無論是自然人或法人都必須寫明姓名和地址（或公司所在地），契約當事人才特定。若只寫○○人或○○公司、商店……等的情形，雖不能說契約無效，但會失去契約的價值。所以，必須清楚地記載姓名或地址才可。

2. 形式欠缺是否無效：就契約書來說，輕微的欠缺尚不至於造成嚴重的後果，如租賃契約的標的若為建築物，即使漏列當事人的地址，因為承租人的住所為此建築物，不至於不知當事人的地址所在。總之，在契約書中可運用其他客觀的資料來彌補一些輕微的小缺失。

另外，漏貼印花或印花漏蓋註銷章是否使契約書無效？事實上，契約書的有效性完全不受印花稅的影響，若要說有，則可能適用於印花稅法罰則的規定。

與登記有關係的契約書，譬如，抵押權設定契約書、不動產買賣契約書，若形式有欠缺或不完整，就無法成為登記的原因證明書，如此則會有危險。但此時只要不把契約書當原因證明使用，而把申請登記的委託書加入契約的內容，再填上申請

書抄本申請即可。

　　此外，若是拿公家機構所發的文書作證明時，當事人應仔細核對簽名蓋章及騎縫章等。

二、危險形式的原因出自契約無效、撤銷或觸犯刑責

　　就核對契約格式而言，除了解當事人的權利義務內容之外，契約形式亦應詳細檢查，方不致違反法律導致契約無效、撤銷或解除的後果，甚且有觸犯刑罰的危險。例如，依借貸契約書中訂立下列一個條款：

　　第○條　借方應就本金一百二十元，按日息三分五釐的比例支付貸方遲延
　　　　　　的賠償金。

　　根據民法第 233 條第 1 項、第 3 項，可以請求遲延利息及賠償金，最高限度為週年 20%（民法第 205 條）。而日息三分五釐為 127.75%，較法定最高利率超出107.75%，貸方對於超過部分之利息，依民法第 205 條規定無請求權，債權人貸方僅能就週年 20%之限度有請求權，所以保護經濟弱者之債務人借方也（最高法院 27 年上字第 3267 號判例）。

　　在所舉的例子而言，貸方甚至有受到刑罰制裁的危險。如刑法第 344 條重利罪規定：「乘他人急迫、輕率或無經驗貸以金錢或其他物品，而取得與原來顯不相當之重利者，處一年以下有期徒刑、拘役或科或併科 1,000 元以下罰金。」違反糧食管理治罪條例第 6 條第 1 項第 3 款亦規定，「重利貸放糧食者處三年以下有期徒刑、拘役或科或併科相當於交易總額、收買總額或貸放總額以下之罰金。」事關當事人權益，不可不注意。

　　除民法最高利率之限制外，在契約書的格式中和一般人有密切關係的危險形式多半與租賃房屋、土地有關。此點留待其他部分作說明。總之，契約內容違反強制或禁止規定及違背法定方式時，將歸於無效。

　　法律條文多如牛毛，同樣地，契約條文也錯綜複雜，欲清楚其中規定，則必須花費龐大的時間與精力，但對於無效的契約書的危險形式，並非沒有一般的核對重點，只要能根據重點所在仔細檢查，則不難發現其缺失。當然，精通法律者只須稍微閱讀契約書的條文，即能直接聯想該相關的法律條文，一般人則較為困難，主要須注意以下幾點：

　1. 違反公共秩序、善良風俗的契約無效。
　2. 濫用權利，違反誠實信用的契約歸於無效。

即使有以上的規定，但因法律用語難懂，所以較難一看即能理解其義。不過法律所根據者絕非以理論或只憑高尚理念，乃依據一般健全的常識，亦即一種公平的制度。因此，趁人之危迫使繳付高利息，依民法第 74 條規定，利害關係人得聲請法院撤銷其法律行為，溯及使契約失效；又以賣春為目的控制女人的契約，違反公序良俗亦視同無效。

又如土地租賃，承租人積欠租金額，除以擔保現金抵償外，達二年以上時，出租人得終止租約收回土地（土地法第 103 條第 4 款），並拆除地上建築物。地租應每月交付，遲延或拒絕支付都違反約定。如果連如此簡單的條款承租人都無法履行的話，理所當然的，除以擔保現金抵償欠租外，當承租人遲延二年的期間後，出租人即可終止租約，請求拆屋還地。雖然法律保護地主的權益，但就一般情況來說，即使地主未收到二年的租金，通常並不因此使其生活陷於窘境，除非將數千坪土地租予大企業，以土地租費維生者，否則五十坪或一百坪的土地租費，通常無甚影響。另一方面，承租土地的人並非付不起或不付，僅因一時疏忽未納地租，即令其房子須遭拆除，將使土地承租人之生活出現嚴重的困窘。站在當事人的立場，若欲公平解決此種情形，至少出租人應定相當期限，催促承租人繳付租金，使對方注意，如仍不支付，才可採取行動，而不該突然終止租約，立即拆屋還地，如此才能實現法的正義。所以，只單方面利於地主的契約規定，可說是危險的格式。

民法的大原則雖為契約自由，但基於保護消費者或經濟上弱者的立場，凡契約內容違背法令強制或禁止規定，或違反公共秩序善良風俗，或與法定要式規定不符者，皆使之無效，甚且當事人為無行為能力人，或係在無意識或精神錯亂中所訂的契約，概為無效（民法第 75 條）。

以下列舉關於這方面的法律規定：

1. **分期付款買賣**：在分期付款買賣契約中，法律為保護以分期付款方式購買東西的人，規定如出賣人欲解除契約需定相當期間，催告買受人履行支付價金義務方合法。同時亦規定出賣人請求買受人支付價金全部之限制及出賣人解約扣款的限制（民法第 389 條及第 390 條），凡違反這些規定者都將視為無效。

2. **關於身分保證的法律**：某些行業於新人甫進公司時，必須提交身分保證人，這類身分保證與一般金錢保證有所不同，往往保證人有意想不到的損害賠償，或者被保證人服務期間，經常有因保證而引發的責任問題，基於以上原因，所以才成立此法律規定。本契約應注意者係當被保證人職位或職務有變更時（如因升遷由股長轉任廠長），依法理保證人即不負保證之責，且保證人死亡，其繼承人亦不繼承保證債務。

3. **民法**：原則上在民法中契約是自由的，但是每一條民法都含有相當的限制與例

外規定，所以製作契約書時應仔細加以核對。就基本觀念而言，原則上與債權、債務有關的部分可自由決定（其中亦有如民法第 205 條最高利率限制一類的例外），然而，依民法第 757 條規定之立法意旨，物權不得以契約或依習慣創設之，因我國民法係採用物權法定主義之故也（最高法院 30 年上字第 2040 號判例）。故與物權有關的契約書中，若有扭曲民法物權編規定者是危險的。又以動產質權來說，所謂動產質權，是指債權人為其債權之擔保，占有債務人或第三人之物，且就其物有優先受償之權利。所以若不占有標的物，即使契約書上載明質權成立，也完全不發生設定質權的效力（民法第 884 條、第 885 條）。且偽造之貨幣、麻醉藥等，因為不能買賣轉讓，所以若為質權標的物，有關這類的契約是無效的。

抵押權亦屬擔保物權，當事人間在清償期未屆之前，預為債務人如屆期未為清償時，抵押物之所有權移屬於抵押權人之約定，即屬民法第 873 條之 1 第 1 項所規定之流質契約，為保護債務人，免其因一時之急迫而蒙重大之不利，該契約依法無效（最高法院 59 年臺上字第 2353 號判例，民法第 873 條之 1 已於 96 年 3 月 28 日修正，此僅作為參考使用）。

另外，一種不大為一般人所知的例子，稱為留置權，即在我民法制度中雖不承認留置契約（民法第 928、939 條），但是當鋪業者則允許於交易時成立留置權契約，所以此為法定留置權禁止當事人間成立留置權契約的例外。

三、核對危險內容的方法

1. 核對點在何處：請參看下一頁的格式，本土地買賣契約書的格式，雖屬一般性，到處可見，然而就買方而言非常重要，稍不注意可能有莫大的缺失或危險出現。

   主要為下列各點：
   (1) 所有權移轉書上的登記與交付日期無法確定。
   (2) 第 4 條「最後一次的貨價支付與所有權移轉登記」，必須定為交換。
   (3) 第 7 條的「明顯遲延者……」文意曖昧不清。
   (4) 第 7 條對買方甚為不利，依民法第 353 條規定，土地產權發生糾葛，毋須經雙方協議，買方即可解除契約向賣方請求債務不履行或權利瑕疵擔保之損害賠償。
   (5) 規定不須經催告解除契約相當危險。
   (6) 作為買賣標的的土地表示，應根據土地地籍圖謄本（標明本約土地位置）或

其他方式作更清楚的表明，否則，缺失的出現將成爲契約當事人日後爭執的原因，雖說可以實測判定，但是若能將它明示於契約上則較妥當，而且有必要明示是否包含私人道路（關於這一點請參考土地的書寫格式說明部分）。

土地買賣契約書

　　（甲方）賣方
　　（乙方）買方

第 1 條　此契約為甲方以新臺幣○○元，將土地出賣給乙方，由乙方買受之。
　　　　內容
　　　　○○縣市○○鄉鎮○○村里○○路街○○號
　　　　本公司承租地五十坪
第 2 條　乙方支付甲方定金新臺幣○○元，由甲方領訖。
第 3 條　餘款由乙方根據下列方式支付給甲方。
　　　　一、中款於○年○月○日前新臺幣○○元
　　　　二、尾款於所有權移轉登記時新臺幣○○元
第 4 條　前條第二款的尾款支付後，甲方應就本土地的所有權，對乙方立即進行正式的移轉登記手續。
第 5 條　前條所有權移轉登記完畢後，本土地的所有權即歸為乙方。
第 6 條　各當事人雙方有任何一方不履行契約約定時，得對不履行的一方，不經由催告通知即解除契約。若甲方不履行契約，則應支付乙方第二條金額一倍的賠償金；若為乙方不履行時，則不得請求歸還第二條的金額。
第 7 條　賣方應保證該土地產權無任何糾紛，如有糾葛致無法交付或交付明顯遲延者，得經由甲、乙雙方協議後，解除本契約，此時不得請求賠償損失。

——以下略——

---

2. 為什麼會有危險：核對契約書的缺陷時，如不先探討形成危險的原因，則將很難把工作繼續進行下去。所謂契約，係約定做某件事，如出售物或購買物是一種約定，也是一種契約。和完全能信任的人洽辦事物時，當事人不會任意忽視忘記，能遵守約定的人之間是不需契約的。另外，如贈與契約，雖爲一種約定，但是沒有人會把它訂爲契約，這如同父親並非受到約定才替兒子繳付學費一樣。而製作明示約定內容的契約書，可以使自己不容易忘記與別人的約定；舉個例子而言，通常債權人不容易忘記借錢給人，但是債務人則易於遺忘借錢的事，所以雙方需要彼此訂立契約，以提醒對方。

四、如何修正契約內容

1. 履行日期應確定：不僅土地，舉凡物的買賣，如不明定付款時間及交貨日期，

則此契約即無法稱為契約。於契約書中應把履行日期加以確定，如：○○年、○月、○日。就前頁之契約格式來說，移轉所有權登記的期限（就購買土地的買方而言，此是最重要部分）不清楚，這是相當危險的，因為賣方可找藉口拖延移轉登記土地所有權予買方，如付給買方賠償金轉賣他人較有利時，甚至賣方可不履行契約。

2. 本契約第 7 條顯然違背公平正義原則：買賣契約，賣方應負債務不履行及瑕疵擔保之責，法有明文，賣方一旦違約，如因中途發生土地權利糾葛致不能履行契約時，買方得定相當期限催告賣方解決，倘逾期賣方仍不解決，買方得解除本契約，解約時賣方除應將既收價款加倍退還外（民法第 249 條），其因本契約之仍不解決，買方得解除本契約，解約時賣方應將既收價款加倍退還外（民法第 249 條），其因本契約之解除而致買方與本約土地之房屋買賣契約亦需解約時，買方所受之損害，賣方亦須負賠償責任。以上述條款明定於契約，當事人雙方權利義務方能確定，才不致於造成日後爭執。

以上這種作法目的在使契約格式簡單化，並符合民法的規定。民法債編關於契約雙方權利義務的規定極為合理，所以當事人與其特別加上冗贅的約定導致內容紊亂或形成危險的格式，不如以此簡單的格式將契約的標的物明白界定，同時正確表示當事人，且清楚規定履行期，反而不容易招來危險。但要採取這種方法，必須要有民法為基礎。總之，想要把一切事項規定於契約格式中是不可能的。一般的事項都有法律規定，法律無規定的事項，則由常識、習慣及誠實信用原則公平解決，這種情形法律稱之為社會的一般觀念。

3. 為什麼會造成危險格式：所謂社會的一般觀念，乃防止發生契約危險格式的武器。它公平的根本在於防止一方意圖獲取不當之利益，使對方受損的現象發生。又例如「推人下水」一類使對方招致危險陷阱的格式，往往也是使自己帶來危險的格式。然而，根據公平觀念所訂定的契約格式，對雙方當事人也是稍有危險。一般人認為沒有欲望的人不會受到詐欺，這是因為有公平感覺的人，不容易為利益引誘的關係。

4. 「協議」二字的危險性：為何契約的格式會經常出現危險的情形？契約通常是經由當事人協議而成立的。契約的訂立，如果雙方商量談判無法獲得滿意的結果，而遂以「由雙方當事人協議決定之」，則事後通常會有爭執，例如不動產的買賣，地價稅、土地增值稅及代書登記手續費的負擔，究竟應歸於哪一方等細節性問題，雖然可寫成「日後再協議」的方式，但是，如果連履行日期和貨款等重要部分，都得於「日後再協議」的話，那麼訂立契約的最終目的到底何在？製作契約書的目的乃使雙方能留下書面約定要旨的證據，所以契約的內容

如果留下曖昧不清的疑點，都將失其意義。假如契約因協議事項而引起爭執，甚至演變為訴訟，或爭執數年都無法解決，則契約等於一無用處。因此，製作契約書時，應注意者為不要留下「日後協議事項」。

5. **危險的部分在哪裡**：如前述之土地買賣契約書之第 4 條規定，賣方尾款受領後應即刻移轉登記本土地的所有權於買方，此類寫法對買方而言極為危險！在這種情況下絕對要使用「互換文句」。原則上法律所採用為相互履行的方式，稱為「同時履行抗辯權」（民法第 264 條）。但是該條款以「支付尾款」為優先，則買方欲以賣方不履行契約事由而解除契約時，必須自己先履行支付尾款之契約義務殊非公平。假如支付尾款和移轉土地登記的日期為同一天，則即使無正式言明為交換，那麼根據前面所引用的民法規定，等於是交換履行，此時自然可放下心來了。

　　如果所舉條文類似本契約格式，則買方若想請求賣方移轉所有權登記，就必須預先給付餘款；而對方若拒絕收取款項時，有必要把款額暫時寄存於提存所等處。若只為交換的目的，則買方付清餘款後，賣方應同時交付已移轉登記之土地所有權狀（土地登記簿謄本）。

6. **盡量避免使用曖昧不清的規定事項**：同前例第 7 條「明顯遲延時」。法律用語有所謂「相當期間」一詞，需依具體客觀的事實決定。本契約「明顯遲延」意義不明，易造成糾紛，故與履行期間同，應加以確定。其他協議事項亦同，應盡量避免使用類似的曖昧語句，除非訴請法院裁判，否則，將很難解決契約中的文句，以致遭到危險。

7. **其他注意事項**：例如無催告而逕行解除契約的契約條款相當危險、作為買賣標的的土地標示應指明清楚，並詳細寫出。這些以前業已討論，可再參考一次。

五、寫保證契約時的危險格式

　　以前面所舉土地買賣契約為例核對危險格式的重點，只能大略說明普遍性的現象。契約常因其種類，如買賣、設定擔保物權、消費借貸等的不同，而有特殊性的危險。因為一般性的說明無法完全包含於內，所以下面根據各種契約，說明核對的重點。

　　首先談「保證契約」，所謂保證，一般指支付金錢方面的保證，該契約成立於債權人與保證人間，當主債務人不履行債務時是由保證人代負履行之責（民法第 739 條），而連帶保證，係指保證人與主債務人負同一債務，對於債權人各負全部給付之責任而言（民法第 272 條第 1 項）。故帶保證與普通保證不同，保證人不得主張

於債權人未就主債務人之財產強制執行而無效果前，對於債權人得拒絕清償之先訴抗辯權（最高法院 45 年臺上字第 1426 號判例）。例如繼續商品買賣，保證人與買方立於連帶債務人之地位，對未來交易發生的金額負連帶給付之責，這種連帶保證契約如同抵押權設定契約，使債權人之債權因而獲得保障。惟連帶保證契約應使用下列文句。

> 第○條　此保證契約，保證人與買方連帶保證支付，買方與保證人根據本
> 　　　　契約，由現在起至將來應連帶負擔關於○○物品的賒帳債務及票
> 　　　　據債務等，債務金額無任何限制。

此項保證人以不限定的金額和買方連帶支付，買方與保證人根據本契約，自此以後必須連帶負擔有關購買商品的賒帳及票據一切債務。通常連帶保證人皆為公司的法定代理人，同時與公司的交易相關。所以，此種契約書當董事長個人死亡時，債權人即無法對連帶保證人，亦即董事長個人及其繼承人追索保證債務。為避免這類危險的發生，應以公司職員以外之第三人為連帶保證人，方能保障債權人的權益。

六、抵押權設定契約的危險格式

由於社會的多元化，為因應我國經濟的發展，活潑金融，民國 52 年乃制定頒行了動產擔保交易法，其立法目的乃為適應工商業及農業資金融通及動產用益之需要，並保障動產擔保交易之安全。是以動產抵押之利益有三：

1. 設定抵押權後，債務人（抵押人）仍得占有該動產為使用收益，所以有利於抵押人。
2. 抵押權人不負保存標的物之義務，而能取得完全之擔保權，有益於抵押權人。
3. 標的物仍存於抵押人之手，並無妨礙抵押物之改良，對於社會有利益。

惟依動產擔保交易法第 5 條規定，動產擔保交易，應以書面訂立契約。非經登記，不得對抗善意第三人。故動產抵押為要式契約，且必須向主管機關（見動產擔保交易法施行細則第 3 條）依法登記，方得對抗善意占有標的物之第三人。反之，若未辦理登記，善意第三人依民法第 801 條即取得該動產所有權。其次，為維護交易之安全。

就不動產抵押設定契約言，除當然應以書面為之外（民法第 758 條第 2 項），非經登記，不生效力（民法第 758 條第 1 項），因此即使立有抵押權契約，仍必須向地政機關登記，才發生抵押權設定的效力（物權之公示性）。

惟抵押權設定契約為避免危險格式發生，應注意以下各點：

1. **被擔保債權之範圍**：抵押權所擔保者除契約另有訂定外，為原債權、利息、遲延利息及實行抵押權之費用（民法第 861 條），而債權額及如有利息約定者，其利率二者為依法應登記之事項，故其範圍應予界定。

2. **如為最高限額抵押，應明定其範圍**：客戶與銀行經常融資而為銀行所信任時，銀行常允許該客戶設定最高限額抵押，而所謂最高限額之抵押契約，係指所有人提供抵押物，與債權人訂立在一定金額之限度內，擔保現在已發生及將來可能發生之債權的抵押權設定契約而言。故約定限額之範圍必須表明，否則無法辦理抵押權設定登記。惟最高限額抵押係就將來應發生之債權所設定之抵押權，其債權額在結算前並不確定，實際發生之債權額不及最高額時，應以實際發生之債權額為準（最高法院 62 年臺上字第 776 號）。

3. **抵押權期日**：確定雙方當事人辦理抵押權期日，以避免無謂爭執。

4. **權利義務的關係**：抵押物應付之一切稅捐，究應由何方負擔應明定於契約中，以確定當事人間之權利義務關係。

5. **交易標的物的限制**：動產擔保交易之標的物，依動產擔保交易標的物品類表有一定之限制，如不符合標的物之品名，將無法完成抵押登記，當事人訂契約時對此應詳加審查。

七、土地、房屋租賃契約書的格式例

依國父遺教意旨，「住」為民生最重要的問題，所以房屋租賃及土地租用建屋契約在經濟上頗為盛行，本文僅就該契約危險格式說明如下：

租賃契約注重當事人之資格，本於當事人間的信賴關係，所以租賃物為房屋者，應明訂承租人不得將房屋轉租於第三人，以維護出租人標的物所有權的完整（民法第 443 條）。又約定承租人應就承租房屋投保火險、盜險，以及承租人之代理人造成出租人之損失或損害時，承租人須付賠償之責，亦是保障出租人的好方法（民法第 433 條）。

租賃土地標的物應依土地登記簿謄本，詳載該筆土地地號（如土地座落臺北市○○區○○段○○小段○地號○○坪），又租賃契約最好約定期限（如自民國○年○月○日起至○年○月○日止，計○年為限），以避免出租人日後終止契約時收回土地困難。且出租人於租賃期限將屆滿之際，必須以存證信函通知承租人表示不再續租之意，或於租賃契約中明訂租期屆滿不再續租（民法第 451 條）。

　　當事人雙方為保障自身權益，出租人可約定租賃期滿不遷讓房屋或交還土地者得逕受強制執行，亦可以應繳未繳之租金及違約金載明逕受強制執行為約款，需承租人可以押租金之返還載明逕受強制執行。惟依公證法第13條規定約定逕受強制執行事項，必須作成公證書，經地方法院公證處公證，才具有執行力。又為減少困擾，有關當事人間之通知、送達或催告，必須在契約上註明，以書面為之。而土地租用契約之期間通常較長，有時可增列租金調整之條款。至於地上建物因天災地變而消滅時，如無特別約定，承租權不當然消滅。因而可以表明地上建物不幸遭天災地變致受損害時，為承租人喪失租用權之事由。

　　我國民法並未強行規定出租人必須為所有權人，所以承租人必須先審查確定出租人為土地或房屋所有權人方訂立租賃契約（從土地或建物登記簿謄本即可查得），以避免爾後產權爭執。

八、危險的金錢借貸格式例

　　金錢借貸的事例甚多，但製作借貸憑證卻非簡單的事。以下以實例作說明：

第 1 條　甲乙雙方約定，由甲方貸給乙方新臺幣○○萬元。

第 2 條　乙方每月以百分之三的利率作為利息付予甲方。

第 3 條　如乙方未能於期限內，即○○年○月○日前，還清第一條之款項時，則應以每月百分之六的利率支付遲延賠償金。

第 4 條　乙方支付甲方信用調查費五萬元，佣金及手續費五萬元。

第 5 條　如乙方不支付利息，即使於期限前，也視同失去清償期的利益，此時須原本加利息支付全額。

第 6 條　乙方遲延支付利息時，甲方得經由催告而乙方不償還時，甲方得將遲延利息滾入原本中。

　　　　　　　　　　　　　　　　　　　　　　　　　　　　　　──以下略──

　　此契約即為有缺陷的金錢借貸契約，雖非致命性的「缺陷」，但製作契約書的目的既然是在清楚說明事項，於是不符合契約目的的要求，即稱為「缺陷的格式」，亦即「危險的格式」。

　　第一，缺陷在於未寫明債務人──借方受領○○元的事實，正確寫法應為「借用：○○元，乙方於中華民國○年○月○日確實收訖」。消費借貸契約為要物契約（民法第474條），所以於書寫格式時，為表示借貸契約合法成立，應寫明借方收到所借款項的日期，或表明自中華民國○○年○月○日起，至○○年○月○日止，借貸期間為○年，期滿乙方應連同本利一併償還甲方。

　　也許有人會說，從收據上可證明嘛！但是，如果收據上只寫「收到新臺幣一百

萬元」，那麼是借、送或還呢？若能於備註欄上詳細註明「○○年○月○日借貸契約書上所借的款項」，然後與契約書合訂一起，即可避免上述的危險。

第二，第 5 條的期限利益喪失時間未明；同時，第 6 條的利息滾入原本規定，也未知究竟要從何時算起。

第三，未定支付債務的場所，此點最好能加入。通常債權人的住所是支付的地點，因為民法規定清償應於債權人之住所為之（民法第 314 條第 1 項第 2 款），所以，即使未寫也不至於造成重大的危險。

第四，就第 6 條而言，民法規定利息如不遲付一年以上，就不能滾入原本（見民法第 207 條），因此，即無法以每半年計算遲延利息。

第七節　契約的保管與保全──公證

審訂：恆業法律事務所律師　吳佩諭
恆業法律事務所律師　謝昆峰

一、契約書保管的重要性

契約書是很重要的證據文件。契約的成立、契約的內容、契約當事人彼此間的權利義務關係等萬一發生問題，彼此見解南轅北轍，而將糾紛帶上法庭時，決定是非曲直的重要證據，就是這份契約書。原本契約書便是為了作為立證手段的目的才製作的。所以，如果因為疏於保管，而在最需要契約書證據的時候，卻找不到契約書，那麼，所製作的契約書便不能發揮其功能了。是故，契約書應妥為保存，以便在必要時能立即取出，發揮效用。

妥善的契約書保管方法，尤其是契約規定的金額極為龐大，內容極其重要時，應將契約書加以拍照存證，或複製影印本，以防萬一原件失落時，亦能充分發揮代用證據的價值。如果更為慎重，將正本寄放於銀行保險櫃中，而影印本則經常置於身邊，必要時得以隨時取出加以利用，不失為一個聰明保險的保管方法。

此外，某些契約書如和解契約書，有時必須提交政府有關單位或保險公司，遇到這種情形，契約書應多製作幾份較為理想。如果只製作正、副兩份時，則應複製影印，儘量將正本或影印本之一保存下來。

又如，在金錢消費借貸聲請抵押權設定登記時，契約書為登記證件之一，必須提交給地政機關登記，俟地政機關蓋上登記完畢的印章之後，再將此抵押權設定契約書與消費借貸契約證明書一併領回，作為登記完畢的證明書。日後若要塗銷登記或從事其他登記時，應將之附於聲請文件上，提交地政機關，所以有將它好好保存

的必要。

二、契約書保管的期限

契約書究竟應該保管多久，才算穩當呢？不用說，在該契約書的有效期限內，必須妥善保存是毋庸置疑的，但即使契約已經終止，在契約期限內所發生的種種事故，可能在日後才被訴追於法院，或者契約上的義務履行不充分，而在日後被指出。因此，當交易完成，契約期限屆滿後，最少應將契約書再保存二年，以備不測。

另外，關於金錢消費借貸的債務人，或是附有抵押權的金錢消費借貸契約的債務人，在將債務全部清償完畢後，有權請求債權人將借據、抵押權設定契約書等一切文件返還或塗銷負債之字據（民法第 308 條第 1 項前段）。

又如買賣契約書，尤其是有關土地、建築物等的買受人，只要仍然保有該土地或建築物所有權，便應該將買賣契約書作為長期保存的文件，加以妥善珍藏，才是安全。如果將買進土地或建築物時的契約文件丟棄或遺失，日後可能會有意想不到的後果發生。例如，某甲在八年前向某乙買了一處土地和房屋，花費 2 百萬，在辦完登記過戶手續後，搬進去住。但八年後，某乙卻突然提出民事訴訟，表示八年前的 2 百萬，是他向某甲借來的，雙方約定無限期、無利息金錢消費借貸，而以土地和房屋作為抵押，並先暫時移轉登記。如今他將償還 2 百萬元的債款，希望取回土地和房屋的所有權。遇到這樣的要求，某甲驚慌失措。這是因為八年之間，房地的價值飆漲了數倍，因此某乙想辦法找藉口，欲用原價 2 百萬元將土地和房屋取回。某乙的企圖是非常明顯的。遺憾的是，某甲因丟棄了當時買賣的契約文件，因而缺乏反擊某乙不當請求的有力證據，只好在法院艱苦纏訟了。這就是證明契約書保管重要性的最恰當例子。

三、公證書有哪些效力？

無論契約書製作得如何精細完善，畢竟只是契約書而已。若是有一方違反時，即使將契約書送往法院民事執行處強制執行，這時民事執行處之法官也無法就該契約書，執行扣押或拍賣對方的財產。除非將契約書作為訴訟證據，且獲得勝訴判決，否則，絕不可依契約內容請求法院依法強制執行。換言之，契約書只在於訴訟時作為使自己獲勝的證據而已。這即是指一般私人所製作的契約書——所謂的私製證書——其製作有一定的限制範圍。

同樣是契約書，但有法院公證人的公證書，其性質即有所不同。

一旦對方違反契約時，公證書如記明應逕受強制執行者，即可依該公證書聲請強制執行，不須等待提起訴訟獲得勝訴判決。債權人直接依該公證書請求民事執行處扣押債務人財產後加以拍賣，再將賣得的款額就債權額取償。亦即持有公證書時，則可不必花費時間於訴訟上，便可迅速地依法強制執行，發揮其效力。

因此，與對方訂立契約時，不以製成私人證書便感滿足，即使稍嫌麻煩，也應至法院公證處作成公證書，以節省訴訟上的費用與時間。此外，並可獲得如下許多效果：

1. 公證書具有強大的證據力：凡經法院公證人作成的公證書，將來如涉訟時，當事人毋庸舉證。

2. 公證書有執行力：一般民眾對於 (1) 金錢或其他代替物或有價證券應給付一定數量為標的。(2) 以給付特定之動產為標的者。(3) 租用或借用房屋約定期間並於期間屆滿時應交還房屋者。(4) 租用或借用土地約定非供耕作或建築為目的，而於期間屆滿應交還土地者。當事人在辦理公證時，請求於公證書內記明應逕受強制執行者（公證法第 13 條第 1 項），將來借用人或承租人不為償還或支付時，貸與人或出租人即可持該公證書直接聲請法院強制執行，不須經起訴、判決等麻煩手續。

3. 法院永久有案可查：如為一般契約書的正本燒毀或遺失，可能造成無法挽回的損失。但凡經公證的事項永久保存在法院，當事人所執的公證書如有遺失，可隨時向原法院公證處請求查閱公證書之內容，亦可請求再發給公證書繕本，毋須擔心證據之滅失或損壞情事。

四、何種情況下製作公證書較有利？

由以上可知，契約書製作成公證書的方式，有各種益處，然是否將一切的契約書均製作為公證書，皆能發揮如此的效率？絕對不然！有無需要應視契約的種類和性質而定。因為有些情況下，即便將契約書製作成公證書，亦不見得有多大好處。那麼，哪些契約書才適合製作為公證書，哪些又不適合製作為公證書呢？

1. 以金錢或其他代替物應給付一定數量為標的的契約書：契約中有所謂貸款契約及還債契約，亦即契約的目的為向對方要回金錢。關於此類契約，由法律認同的公證書賦予執行力，經強制執行向地方法院民事執行處聲請扣押債務人的財產並加以拍賣換得金錢，再從拍賣所得的金額，以相當比例分配給債權人。因此，以金錢或其他代替物應給付一定數量為標的的契約書，通常最適於製作成公證書。對於有價證券（支票、匯票、本票、股票等），以給予一定數目為標

的的契約，亦可於公證書內載明逕受強制執行（公證法第 13 條第 1 項）。所以不僅金錢的支付，就連支票、匯票、本票、股票為標的的契約，若能製成公證書，則可保護私人權利，及澄清訴訟的根源。

2. 以支付金錢或其他代替物或有價證券以外的事項為標的的契約：契約中，所謂租地契約、租屋契約，乃至給付特定之動產為契約標的，其目的並非單純向對方取回租金債務。對違反契約的承租人，出租人或債權人得請求對方返還該土地、建築物或交付特定之動產，這才是契約的最後目的。以上這些類型的契約最適於製作公證書，因為，依公證法第 13 條作成的公證書，並且記載有「應逕受強制執行」者，即有執行力。也就是說，賦予公證書的執行力應善加利用，將來萬一發生違約情事，毋須訴訟即可強制執行，因此，我們可以說，執行力是公證最重要的效力。

3. 另外兩個要素：公證書依公證法第 13 條所述，限於以給付金錢或其他代替物或有價證券為契約標的，才能發揮其原始的執行力。但此時仍需具備如下二要件，才稱完善，只要缺乏其中任何一要素，便無法據以強制執行。

   (1) 金額一定，或其他代替物或有價證券的一定數量：公證書必須記載一定的金錢或證明能明確計算出一定的金額，或一定數量的代替物或有價證券，才得以強制執行。為何必須如此？因為法律只承認「給付金錢或其他代替物或有價證券之一定數量為標的者」，公證書才具有執行力（公證法第 13 條第 1 項第 1 款）。所以，於公證書上務必清楚記明「乙方願意於〇月〇日歸還甲方借款新臺幣 1 百萬元」或「根據〇〇，借款臺幣 5 萬元，按月分 10 次付清」。若能表明一定的金額或可根據契約而計算得知明確的金額，則自然無枝生的問題。但是，如果金額模稜或不明確，譬如：「根據本代理契約，萬一將來乙方無法對甲方支付所欠的款項、票據或其他債務時」，這種契約即使製作成公證書，也無法據此要求強制執行，這是非常重要的一點。

   (2) 必須寫明同意強制執行的本旨事項：另一重要因素，即公證書上必須註明「萬一我違反本契約書時，將接受臺端之強制執行而無異議」，這一則條款通常稱為「承認強制執行條款」。這是雙方極應注意的一點，因為，儘管製作成公證書，如遺漏此項聲明，即無法為強制執行。契約的違反必然引起訴訟，為終局判決後，才能依強制執行法第 4 條第 1 項第 4 款聲請強制執行，若無明確表明本條款，則將完全失去證書所具意義。

五、如何製作公證書？

公證書應由契約雙方當事人或其代理人，請地方法院公證處所設置的公證人代為製作。

此時，若經辦的公證人與當事人間不相熟識，則雙方當事人有必要使公證人明白自己的身分為當事人抑或代理人。於契約蓋章時——在個人方面，必須提出國民身分證或其他身分證明文件，並蓋經過登記的印鑑（如個人印鑑證明書中的印鑑）；如為公司，則應蓋已向總公司主管機關登記過的印鑑，且公司代表人應提出其代表人或管理人之資格證明文件，並蓋能證明代表人的印章為準，惟必須一併攜帶能證明所用圖章為真正的印鑑證明書（印鑑證明書於各鄉鎮區戶政事務所辦理申請）。

當事人雙方或一方，為公司或其他法人時，除需具備上述所言之外，另外要攜帶資格證明書，及能證明公司或法人代表身分的登記簿副本，交予公證人。然後於「公證請求書」填明應予公證之事項，並載明應逕受強制執行，雙方當事人簽名、蓋章，經法院公證處公證後，公證書即算正式完成。

六、委託代理人製作公證書

契約的一方忙碌得難於脫身時，則很難由本人親自前往法院公證處辦理公證事宜，但是為迅速正確地製作公證書，可由本人製作委託書，委託代理人洽辦。

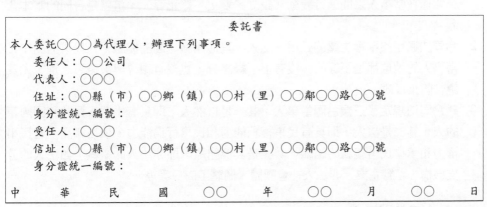

委託書上最好能將委託事項詳細寫明。如為空白委託書或只簡略記載「有關公司的一切事項」等字樣，則於事後根據這份委託書所製作的公證書強制執行時，對方可能以委託書記載不清楚，公證書應歸於無效為由而出異議，強制執行將因而受到阻礙。

　　所以，委託代理人辦理契約書公證時，應多影印契約書數份連同委託書合訂一起，並蓋上騎縫章，委託書委託事項寫明「如附帶的契約書所記」，如此才是正確的作法。

　　又，假使委託書的事項能明確訂出，則不管代理人為誰，都不至於發生問題。因此代理人的名字可空白，於日後委託辦理公證事宜時，只須委託適當的人選，攜同本人印鑑及印鑑證明書，前往各縣市地方法院公證處辦理。公證請求書於公證處即可取得。

第八節　中華人民共和國合同概述

審訂：恆業法律事務所律師　　吳佩諭

恆業法律事務所律師　　謝昆峰

一、合同的概述

（一）合同的定義

　　合同是平等主體的自然人、法人、其他組織之間設立、變更、終止民事權利義務關係的協議。該定義的要點是：

1. 合同是平等的當事人之間的協議：協議的內容體現了債權債務關係，該債權債務關係在當事人之間進行變動（設立、變更、終止等）。這就是合同的基本含義。

2. 合同法適用於平等主體的公民、法人、其他組織之間的協議：在民事活動中，當事人的地位都是平等的，沒有上下級之分，也沒有領導與被領導之別，尤其應當防止行政干預。

3. 新合同法規定了三類合同當事人：其一是自然人，即具有中華人民共和國國籍的人。其二是法人，即具有民事權利能力和民事行為能力，依法獨立享有民事權力和承擔民事義務的組織。其三是其他組織，即非法人的組織，如法人的分支機構、私營企業、非法人社會團體、個體工商戶等等。

（二）合同法的立法目的

1. 保護合同當事人的合法權益：合同當事人是參與社會經濟活動的主體，通過自身的合法行為，取得合法權益，應受到法律的保護。法律被創制的目的之一即是為了保護合法權益和制裁違法的行為。合同當事人在平等、協商一致的基礎

上通過依法訂立合同而取得的財產權、租賃權、享受一定的服務權、獲得勞動報酬權、債權等，均應受到合同法的保護。

2. 維護社會經濟秩序：正常的社會經濟秩序不容侵犯，應受到法律的保護，這與保護合同當事人合法權益是相輔相成的，沒有一個良好的社會經濟秩序，合同當事人的合法權益就不能得到很好的保護；另一方面，合同當事人的合法權益保護得好，也會促進社會經濟秩序的良性發展。

3. 促進社會主義現代化建設：進行社會主義現代化建設是大陸目前最緊迫的任務，一切法律、法規的制度都應從促進社會主義建設的目的出發，尤其是在社會主義現代化建設中起著重要作用的合同法。

（三）合同的格式

合同的格式，一般包括首部、正文和尾部三部分。

1. 首部：由標題、當事人名稱、合同編號、合同簽訂地點和時間四部分組成。
   (1) 標題——一般以合同性質或種類命名。注意合同標題要與合同內容相符。
   (2) 當事人名稱——寫明簽定合同雙方的單位名稱，單位名稱要按營業執照上核准的名稱填寫，不要寫簡稱。雙方名稱前，一般還寫明「甲方」或「乙方」，也可寫成「供方」或「需方」，還可以放在雙方名稱後用括號括上。
   (3) 合同編號——由當事人根據自己的合同管理制度和方法填寫在標題右下方。
   (4) 合同簽定地點和時間——可以以雙方當事人協商確定並簽字的地點為簽約地，也可以以雙方商議的某地為簽約地。合同簽訂時間要準確、具體。
2. 正文：由開頭、主體、結尾三部分組成。
   (1) 開頭——寫明簽定合同的目的或依據。
   (2) 主體——即雙方當事人的協議內容，這是整個合同的核心部分。具體包括合同的標的、數量和質量、價格或酬金、履行期限、地點和方式、違約責任以及雙方約定的其他條款等。
   (3) 結尾——指合同的正、副本份數及保存單位。
3. 尾部：在正文下方寫明雙方單位全稱和代表的姓名、地址、單位地址、電話號碼、電報掛號、傳真號碼、郵政編碼、開戶銀行、帳號、稅號等，並簽字蓋章。如需鑒證或公證的，還要寫明鑒證、公證的機關及代表，也要簽字蓋章，並寫明合同的有效期限。

合同的格式，一般分為條款式、表格式或條文表格結合式。

（四）訂立和履行合同的原則

1. 平等的原則：最主要的體現就是一方不得將自己的意思強加給另一方。
2. 自願的原則：即當事人有是否訂立、和誰訂立合同的自由，任何人和單位均不得強迫對方與之訂立合同。
3. 公平的原則：要求合同當事人之間在確定雙方權利義務時要合理，有償合同要互利、要協商一致。
4. 誠實信用的原則：要求合同當事人在合同訂立和履行的過程中，遵守法律、法規和雙方的約定，本著實事求是的精神履行合同義務，不搞欺詐行為，不乘人之危，不進行不正當競爭等。
5. 合法的原則：要求合同當事人在訂立和履行合同過程中，遵守法律、行政法規，尊重社會公德，不得擾亂社會經濟秩序、損害社會公共利益。
6. 審查對方主體資格的原則。
7. 全面履行的原則：指合同當事人必須按照合同約定的主要條款，全面完成各自承擔的義務。
8. 情勢變更的原則：合同有效成立後，因不可歸責於雙方當事人的原因發生情勢變化，致使合同的基礎動搖和喪失，若堅持維護原合同則顯失公平，因此允許當事人在這種情形下變更或解除合同。
9. 追究違約責任的原則。

（五）合同的主要條款

　　合同的主要條款是明確雙方當事人基本權利和義務，使合同得以成立必不可少的內容和核心，同時也是雙方當事人履行合同的基本依據。它主要包括以下幾個方面：

1. 當事人的名稱或姓名和住所。
2. 標的。
3. 數量。
4. 質量。
5. 價款或者報酬。
6. 履行期限、地點和方式。
7. 違約責任。
8. 解決爭議的方法。

　　當事人可以參照各類合同的示範文本訂立合同。

（六）合同的爭議和仲裁

爭議和仲裁也是合同的必備條款。其條款內容大體是：

1. 本合同在執行過程中，如發生爭議，由雙方協商解決，簽定合同的補充條款，補充條款與本合同同樣有效。
2. 雙方協商不成，可由雙方的上級主管部門協商調解。
3. 雙方的上級主管部門協商不成，可向○○仲裁機關提起仲裁。有的規定這個仲裁裁定是終局的，但也有的不寫入「終局」一項。也有的寫進「仲裁費用由敗訴一方支付」。也有的合同中規定：雙方協商不成，向○○法院起訴。這個法院可以是合同履行的所在地的法院，也可以是原告所在地或被告所在地的法院。

合同法中關於爭議和適用法律的規定，有如下幾條：

第 125 條　當事人對合同條款的理解有爭議的，應當按照合同所使用的詞句、合同的有關條款、合同的目的、交易習慣以及誠實信用原則，確定該條款的真實意思。

　　　　　合同文本採用兩種以上文字訂立，並約定具有同等效力的，對各文本使用的詞句推定具有相同含義。各文本使用的詞句不一致的，應當根據合同的目的予以解釋。

第 126 條　涉外合同的當事人可以選擇處理合同爭議所適用的法律，但法律另有規定的除外。涉外合同當事人沒有選擇的，適用與合同有最密切聯繫的國家的法律。

　　　　　在中華人民共和國境內履行的中外合資經營企業合同、中外合作經營企業合同、中外合作勘探開發自然資源合同，適用中華人民共和國法律。

第 127 條　工商行政管理部門和其他有關行政主管部門在各自的職權範圍內，依照法律、行政法規的規定，對利用合同危害國家利益、社會公共利益的違法行為，負責監督處理；構成犯罪的，依法追究刑事責任。

第 128 條　當事人可以通過和解或者調解解決合同爭議。

　　　　　當事人不願和解、調解，或者和解、調解不成的，可以根據仲裁協議向仲裁機構申請仲裁。涉外合同的當事人可以根據仲裁協議向中國仲裁機構或者其他仲裁機構申請仲裁。當事人沒有

訂立仲裁協議或者仲裁協議無效的，可以向人民法院起訴。當
事人應當履行發生法律效力的判決、仲裁裁決、調解書；拒不
履行的，對方可以請求人民法院執行。

第 129 條　因國際貨物買賣合同和技術進出口合同爭議提起訴訟或者申請
仲裁的期限為四年，自當事人知道或應當知道其權利受到侵害
之日起計算。因其他合同爭議提起訴訟或者申請仲裁的期限，
依照有關法律的規定。

一個合同大致應包括以上條款。了解這些條款以及相關的知識，這對於完善合同的內容，避免疏漏，減少合同糾紛，都是很有意義的。

二、中華人民共和國合同的種類

合同的類型是按一定標準對合同進行分類的結果。採用不同的標準，可以對合同進行分類，其意義在於，通過分類可使我們掌握同一類合同的共同特徵及共同的成立、生效條件等，在合同法理論中有多種合同分類標準，這裡只敘述其中常見的幾種。

（一）有名合同與無名合同

根據法律上是否規定了一定合同的名稱，可以將合同分為有名合同與無名合同。

有名合同，又稱「典型合同」，是指法律上已經確定了一定的名稱及規則的合同。中華人民共和國合同法規定的十五種合同，如買賣合同，供用電、水、氣、熱力合同，贈與合同，借款合同，租賃合同，融資租賃合同，承攬合同，建設工程合同，運輸合同，技術合同，保管合同，倉儲合同，委託合同，行紀合同，居間合同等，都是有名合同。

無名合同，又稱「非典型合同」，是指法律上尚未確定一定的名稱與規則的合同。根據「合同自由」原則，合同當事人可以自由決定合同的內容。

有名合同與無名合同的區分意義，在於兩者適用的法律規則不同。有名合同的訂立，當事人可以參照法律有關規定，在合同發生爭議時，法庭或仲裁庭亦應按照法律的有關規定裁判。無名合同，法律未作具體規定，其成立、生效及糾紛解決，除適用民法關於民事法律行為和合同法的一般規定外，可以就當事人的意思及合同的目的，類推適用與之類似的有名合同的法律規定。

（二）要式合同與不要式合同

根據合同是否應以一定的形式為要件，可將合同分為要式合同和不要式合同。

法律要求必須具備一定的形式和手續的合同，是要式合同。反之，法律不要求必須具備一定形式和手續的合同，稱為不要式合同。在古代，合同以要式為原則，而現代合同法則為求流轉的迅速和便捷，合同以不要式為多數。在中華人民共和國現行法律中，所謂要式合同，包括法律規定應採用書面形式的合同，以及要求鑒證或公證的合同，另有少數合同法律要求必須經過有關國家機關審批。

要式與不要式合同的區別，在於是否應以一定的形式作為合同成立或生效的要件。法律所規定的形式，在效力上有差異。有的要式合同不具備法定形式則合同即不成立，有的要式合同雖不具備法定形式，但只是不生效或僅不能向法院申請強制執行。

（三）諾成合同與實踐合同

這是依合同成立於意思表示外，是否需交付標的物為標準而劃分的兩種合同類型。諾成合同是雙方意思表示一致即成立的合同，即「一諾即成」的合同。這種合同雙方意思表示達成合意，合同立即成立，而不需具備其他形式或手續，也不需以物的交付為成立條件。實踐合同則是指於意思表示一致之外，還需交付標的物才能成立的合同。實踐合同也稱「要物合同」，傳統意義上，買賣、租賃、僱傭、承攬、委託等屬於諾成合同，借用、借貸、保管、運送等屬於實踐合同。

諾成合同與實踐合同的區分，其意義在於決定合同的成立。諾成合同自雙方當事人意思表示一致時起，合同即告成立；而實踐合同則在當事人達成合意之後，還必須由當事人交付標的物和完成其他給付以後才能成立。

（四）雙務合同與單務合同

依合同當事人雙方是否互負義務，合同可分為雙務合同和單務合同。單務合同是指僅有一方負擔義務，而他方不負擔義務的合同。例如，在借合同中，只有借用人負有按約定使用並按期歸還借用物的義務。雙務合同是當事人雙方互負義務，旨在使他方當事人因此負有對其履行的義務，或者說，一方當事人所享有的權利即為他方當事人所負擔的義務。例如，買賣、租賃等合同均為雙務合同。

區分單務合同與雙務合同，其意義在於合同的履行而不是成立。一方面，雙務合同有同時履行抗辯的效力，單務合同則無效力。所謂同時履行抗辯權，是指雙務合同的當事人一方在他方未為對其履行前，有權拒絕自己的履行。一方當事人只有

在自己已經履行或者已提出履行以後，才能要求對方當事人向自己履行義務；反過來說，在對方未爲對其履行或未提出履行以前，也可以拒絕對方的履行請求。另一方面，雙務合同有風險負擔的分配問題，例如，當事人一方因不可抗力不能履行，可解除合同，對方如已履約時，則應將所得利益返還；而單務合同則沒有對待給付及返還的問題。

（五）有償合同與無償合同

以當事人之間權利義務是否互爲對價，可以劃分有償合同與無償合同。雙方當事人各因給付而取得對價的合同爲有償合同，當事人一方只爲給付而未取得對價的合同爲無償合同。買賣、租賃、承攬等爲有償合同，贈與、借用等爲無償合同。

區分有償合同與無償合同之意義，在於責任輕重不同。有償合同，當事人應對故意和一切過失負責；而無償合同，當事人僅對故意及重大過失負責。

（六）主合同與從合同

根據合同相互間的主從關係，可將合同劃分爲主合同與從合同。主合同是指不需要其他合同的存在即可獨立存在的合同，從合同是指以其他合同的存在而爲存在前提的合同。例如，保證合同與設立主債務的合同之間的關係，主債務合同是主合同，相對而言保證合同即爲從合同。從合同的主要特點在於其附屬性，它必須以主合同的存在並生效爲前提。主合同不能成立，從合同就不能有效成立；主合同轉讓，從合同也不能單獨存在；主合同被宣布無效或撤銷，從合同也將失去效力；主合同終止，從合同亦隨之終止。

第2章　契約的成立

審訂：永然聯合法律事務所所長　李永然

一、要約的意思

　　契約是由二人以上的意思表示一致而成立的雙方行為。當事人的一方，將希望為契約內容的意旨揭示給他方，得到他方的承諾，而後契約才成立。但是僅僅由一方表示要約的意思，而他方不表示承諾的意思者，當然不受要約的拘束。其一方所表示的意思，和他方所表示的意思，彼此不一致者，也當然不受要約的拘束。假如當事人的表示意思彼此一致，而其表示的方法，則無論為明示或默示，契約即為成立（民法第 153 條第 1 項）。

　　當事人在締結契約的事項中，是否合意，須依照當事人的意思而決定，所以凡是契約必要之點，當事人既然已經合意，而其他非必要之點，雖然設有表示意思，其契約亦推定成立。假如當事人意思不一致時，法院應該依照事項的性質，斟酌判斷予以決定。因為必要事項既然已經有合意，不能因非必要事項的不合意，而妨礙契約的成立（民法第 153 條第 2 項）。

〈例一〉

　　王先生走進一家書店，向老闆詢問：「有沒有六法全書？我想買一本。」
　　老闆說：「有。一本原價五百，你是老顧客了，打九折賣您四百五十元。」

　　前例中，王先生要買書，老闆願意賣，兩個人就有了買賣的「合意」，成立一個口頭上的買賣契約。這時候王先生得付錢，而老闆應該給書；反過來說，老闆給書時有權利向王先生要錢，而王先生付錢時有拿書的權利，這兩人之間有了權利義務的債之關係，這債之關係，便是「法律上效果」。

　　契約的範圍相當廣泛，除了前面所提及以發生債之關係為目的之契約，還有物權契約（如設定抵押權）、身分契約（如結婚、收養）、保險契約、著作權契約、勞動契約……等等。無論是哪一種契約，其成立的最重要前提便是「合意」的存在，也就是契約於當事人互相表示意思一致時成立。契約成立之後，不但一方當事人自己受到拘束，同時也拘束他方當事人。

所以民法第 153 條第 1 項規定，當事人互相意思表示一致者，無論其為明示或默示，契約即為成立。在前述買賣的例子中，王先生與老闆對於買賣的標的物（六法全書一本）與價金（新臺幣 450 元）都十分清楚而且同意這樣的條件，所以契約成立。

〈例二〉

> 小陳才在朋友阿丁家玩過電腦的益智遊戲，便跑去電腦公司表示要買一套個人電腦，公司業務員小李表示，像店面展示的這一套定價三萬五千元，小陳跟小李說就是要買像這樣的，但必須等到電腦送到家中再付錢。小陳回家後打電話給阿丁，阿丁問他買的電腦規格如何？硬碟容量多大？有沒有附贈軟體？小陳都搞不清楚，阿丁便笑他當冤大頭。隔天小李將電腦送來時，小陳便表示自己對於電腦設備規格都沒弄清楚，所以買賣契約不成立，要小李把電腦搬回去。

在這個例子中，小陳與小李對於買賣的標的物（店面陳設的電腦設備一套）與價金（3 萬 4 千元）互相意思表示一致，但是對於主機的規格、設備、是否提供軟體、是否有售後服務等等方面都沒提及，買賣契約是否成立？

民法第 153 條第 2 項規定，當事人對於必要之點，意思一致，而對於非必要之點，未經表示意思者，推定其契約成立，關於該非必要之點，當事人意思不一致時，法院應依其事件之性質定之。

買賣契約中，標的物和價金是必要之點。而且民法第 345 條第 2 項亦規定，當事人就標的物及其價金互相同意時，買賣契約即為成立。因此，小陳並不能以對產品規格不明白或沒有談妥贈品為理由，主張該買賣契約不成立。

二、要約與要約之引誘

要約是指以訂立契約為目的所為的意思表示。要約既是一種意思表示，必須適用民法總則編中相關的規定。譬如意思表示之內容有錯誤時，表意人得將其意思表示撤銷之（民法第 88 條第 1 項）。

要約之目的在於訂立契約。如果相對人對要約表示承諾，契約就成立。但另有一種意思表示，目的在使他人向自己為要約，並不發生法律上效果，稱為「要約之引誘」。要約與要約之引誘實際上並不容易區別，原則上可以視表意人之表示或是依民法規定決定，在解釋時的區別標準有：

1. **表示之內容**：如果意思表示之內容已經十分具體，相對人得據以承諾者，是要約。例如老李對老許表示「我的房子願以 500 萬出賣」，是要約；若是老李的意思表示並不具體，只說「我的房子考慮要賣」，只能算是「要約之引誘」。
2. **意思表示是否注重相對人**：要約並不注重相對人是誰。相反地，表意人如果要考慮相對人之資力或其他條件所爲的意思表示，則是要約之引誘。例如在街頭、校園設置自動販賣機，便是一種要約。而張貼租屋告示或徵才廣告，則是要約之引誘。
3. **依交易習慣**：例如標賣之表示，通常可解釋爲要約之引誘，但如表意人明白表示願意賣給出價最高之投標人，則應視爲要約。

民法第 154 條第 2 項規定，貨物標定賣價陳列者，視爲要約。但價目表之寄送，不視爲要約。所以百貨公司、便利商店、超級市場中將商品貼上標價，都算是要約；但郵購商品目錄或廣告，則是要約之引誘。

三、要約之效力

契約之要約人，因要約而受拘束（參民法第 154 條第 1 項前段），這就是要約對於要約人的效力。所謂拘束，即要約人不得將要約的內容再擴張、限制、變更或撤回。但要約當時。預先聲明不受拘束或依其情形或事件之性質，可認當事人無受其拘束之意思者，不在此限。例如小宋分別向同學表示要賣機車，誰先來買就賣給他。此時對較晚到的同學，小宋即不受自己要約之拘束。

對於相對人來說，因爲要約而取得承諾的能力。除非法律有明文規定（如醫師法第 21 條規定，醫師對於危急之病症，不得無故拖延），承諾並非是義務。即使要約人表示如果在期限內不答覆就視爲承諾，相對人亦不受拘束。最明顯的例子，如志明寄信向春嬌求婚時說：「妳如果不回信，就表示願意嫁給我。」春嬌即使不願意回信，並不會因此而成立婚約。

要約人於要約時逕寄送現物，例如某雜誌社寄上「天天學英語」創刊號一本，附上劃撥單並說明表示：「一星期如未退還，即視爲願意訂閱，請速劃撥！」這種方式稱爲「現物要約」。對於現物要約，受領人並沒有退還雜誌或必須劃撥之義務。

要約之表示，在相對人可以了解時發生效力。在存續期間內，要約之受領人均可以爲承諾而成立契約。但在尚未承諾以前，因下列原因而失去效力：

1. **被拒絕**：民法第 155 條：「要約經拒絕者，失其拘束力。」特定人拒絕要約時，要約即失去拘束力。例如在夜市購買衣服，老闆甲已經從 1,000 降價到

800，顧客乙仍不肯買，過了一會兒，乙回頭說要買，老闆的要約已失拘束力，並沒有義務非賣不可。但乙拒絕要約時，對在旁的其他人來說，仍爲有效。

2. 已逾存續期間：要約僅在存續期間內有拘束力。民法第 156 條：「對話爲要約者，非立時承諾，即失其拘束力。」所謂「立時」，應依照社會上通常觀念來解釋，例如在餐廳約談房屋買賣事情時所提出的要約，只要離席前承諾即可，並不是非「馬上」承諾不可。民法第 157 條：「非對話爲要約者，依通常情形，可期待承諾之到達時期內，相對人不爲承諾時，其要約失其拘束力。」在此「可期待承諾之到達時期內」，包含要約傳遞時間、相對人考慮時間與承諾傳遞時間，因事件之不同而有伸縮餘地。以上兩種情形都是未定承諾期限。如果在要約時即預先定明承諾期限，依民法第 158 條規定，非於其期限內爲承諾，失其拘束力。

3. 撤回：撤回是指要約人將使要約不生效力的通告。在以對話爲意思表示時，於相對人了解時發生效力（民法第 94 條），因此必須限於相對人尚未了解前才能撤回。而非對話之意思表示，依民法第 95 條第 1 項規定解釋，要約之撤回必須與要約同時或更早到達相對人，才有撤回之效力。如果撤回之通知遲到，但在通常狀況下應先時或同時到達，爲了避免使要約人誤信撤回有效，相對人應向要約人即發遲到之通知。例如某甲以平信表示願將古畫以 5 萬元賣給乙，信才寄出一小時，即有某丙願以 10 萬元買該古畫，甲馬上以限時信通知乙撤回要約。不料郵遞延誤，限時信比平信遲到二日，此時乙應依民法第 162 條第 1 項規定，向甲通知其撤回已經遲到。如果乙沒有通知甲，則依同條第 2 項規定，甲撤回要約之通知，視爲未遲到，甲仍可以將古董賣給丙而無須負擔契約不履行之責任。

要約 1-2-1

契約要約書

張三先生臺鑒

敬啟者

　　本公司擬以新臺幣五萬元整出售裕隆製造二千小客車予臺端，詳細內容請見所附汽車說明書，如願購買，請於民國九十八年四月三十日前回覆。

王五汽車商行敬啟　[印]

中　華　民　國　○○　年　○○　月　○○　日

註：本要約書爲典型買賣契約的要約書，有要約人王五汽車商行，要約的內容爲出售裕隆汽車，另外有承諾的日期，要約有口頭和書面方式，即對話和非對話方法，本要約爲非對話方式，即書面方式。

要約 1-2-2

要約拒絕書

王五汽車商行臺鑒

敬啟者

　　貴行民國○○年○○月○○日所擬出售本人裕隆汽車之信函，本人無意購買，謹此奉覆。

　　　　　　　　　　　　　　　　　　　　　　　　　　　　　張三　印

中　　華　　民　　國　　○○　　年　　○○　　月　　○○　　日

註：本要約拒絕書係由要約相對人張三所答覆。此為非對話的答覆。要約相對人也可用對話方式，即非書
　　面方式答覆，如以電話口頭方式拒絕。

要約 1-2-3

要約撤回通知書

張三先生臺鑒

敬啟者

　　本行於民國○○年○○月○○日所給予臺端信函欲銷售裕隆汽車予臺端一事，今本商行
無意出售，特此告知。

　　　　　　　　　　　　　　　　　　　　　　　　　　　王五汽車商行　印

中　　華　　民　　國　　○○　　年　　○○　　月　　○○　　日

註：撤回要約是指要約人將使要約不生效力的通知，在以對話為要約時，於相對人了解時發生效力（民法
　　第 94 條參照）。在非對話之要約的撤回時，必須與要約同時或更早到達相對人，才有撤回效力（民
　　法第 95 條第 1 項參照）。

要約 1-2-4

要約撤回遲到通知書

王五汽車商行臺鑒

敬啟者

　　貴行民國○○年○○月○○日要約本人購買貴行所出售裕隆汽車，本人已於○○月○○
日寄出承諾購買書，貴行所發出之撤回出售函，本人於○○日才收到，本人謹此發出遲到通
知書。

　　　　　　　　　　　　　　　　　　　　　　　　承諾人　張三　印

中　　華　　民　　國　　○○　　年　　○○　　月　　○○　　日

註：依民法第 162 條規定，承諾人對要約人發出遲到之通知。

要約 1-2-5

契約不成立通知書
張三先生臺鑒 敬啟者 　　臺端針對本公司之要約書變更價格為四十萬元之承諾，係變更本公司之要約而為新要約，本公司對於臺端之新要約歉難接受，謹此告知。 <div style="text-align:right">李四汽車公司　印</div>
中　華　民　國　○○　年　○○　月　○○　日

註：依民法第 160 條規定，將要約擴張、限制、或為其他變更而承諾者，視為拒絕原要約而為新要約。

四、承諾

　　承諾是要約之受領人向要約人表示願使契約成立所為之意思表示。必先有要約，然後才有承諾。而且承諾的內容與要約之內容必須一致。

　　前曾舉例百貨公司或便利商店中，將商品標上價格陳列在貨架上的行為是要約。當顧客取出欲購買的商品到櫃臺結帳時，就算是承諾。因此，承諾是一種意思表示，但不一定是明示，默示也可以，但如果雙方約定必須以特別的方式（如書面承諾），則必須依特約來履行。

　　民法第 161 條第 1 項規定，依習慣或依其事件之性質，承諾無須通知者，在相當時期內有可認為承諾之事實時，其契約亦為成立。例如向餐廳訂酒席，餐廳雖未回電確定，但已經先預留空位或將寫有「某先生訂位」的牌子掛出，則這個預留之事實，便可視為承諾而成立契約。學說上稱之為「意思實現」。

　　要約擴張、限制或變更而為承諾者，例如老闆表示一件外套賣 3 千元，而顧客說願以 2,800 元買下來。此時，依民法第 160 條第 2 項規定，視為拒絕原要約而為新要約，換言之，顧客拒絕一件外套 3 千元之要約而提出一件外套 2,800 元之要約，如果老闆承諾願意賣了，則成立買賣契約。

五、承諾之效力

　　承諾之效力即為契約成立。因之，承諾生效的時期就是契約成立的時期。承諾人以對話方式向要約人為承諾者，於要約人了解時，發生效力；以非對話方式為承諾者，以承諾之通知到達要約人時發生效力。

　　然而，承諾如果未在要約存續期間（即承諾期限以內）到達要約人，應如何解決？民法第 160 條第 1 項規定，遲到之承諾，視為新要約。換言之，把已遲到的承

諾擬制爲新的要約，如果原要約人仍願意接受，可就此新要約逕予承諾。例如郵購商寄發函件表示欲購買該公司商品者，於限期內訂購可享七折優待。但顧客乙願購買之回函逾期限始寄達，此時郵購商仍可承諾應賣。

　　如果承諾之通知，按其傳達方法，依通常情形在相當時期內可達到而遲到者，要約人應向相對人即發遲到之通知（民法第 159 條第 1 項）。若是要約人怠於發通知給承諾人，其承諾視爲未遲到。因此，前例中如果郵購商不願以七折賣出，便應該通知顧客其承諾已遲到而無效。

　　承諾在未生效以前也可以撤回，但撤回之通知亦應與承諾之通知同時或先時到達，始有撤回之效力。依民法第 163 條準用第 162 條之規定，撤回承諾之通知如果因途中障礙而遲到時，要約人應即發出遲到之通知，如果怠於通知，即視爲未遲到，承諾即視爲已經撤回而不能成立契約。

　　如果雙方約定契約須用一定方式才成立，依民法第 166 條規定，在該方式未完成前，推定其契約不成立。例如在契約條款中寫明：「本契約必須經雙方皆簽名並且加蓋印章才生效。」則在一方只蓋章而未簽名以前，契約仍尚未成立。

承諾 1-2-6

註：本汽車買賣契約成立即因要約和承諾的意思表示一致，承諾人依要約人的意思表示內容表示同意，符合民法第 153 條的規定。

六、懸賞廣告

　　以廣告方法，聲明對完成一定行爲的人，給予報酬的行爲，稱爲「懸賞廣告」。刊登廣告的人稱爲「廣告人」，完成一定行爲的便是「行爲人」。

　　懸賞廣告之用途很廣，舉凡尋求遺失物、找尋失蹤人口、徵求目擊者或提供線索、獎勵學術發明或創作等等皆是。其法律性質有契約說與單獨行爲說兩種，前者以廣告爲要約，而行爲人完成一定行爲可認爲是承諾而成立契約。後者則主張廣告本身是單獨的法律行爲，只要一定行爲完成後就有報酬請求權。

　　懸賞廣告的成立要件有二：

1. **意思表示**：應以廣告之方式為之。包含刊載在報紙雜誌或利用電視廣播傳送，張貼公告或在街頭說明均可。廣告對象是不特定的多數人，但可加上適當限制（例如針對學校學生、臺南市市民等）。

2. **對完成一定行為者給予報酬**：一定行為包含作為或不作為，但其目的是為了公益或私利則沒有限制。報酬亦可以是金錢、財物或其他獎勵，如給予獎狀、獎牌等。

因懸賞廣告而生的法律效果是報酬請求權。廣告人即負有給付報酬之義務，對於不知有廣告而完成該行為之人亦同。例如王先生的小孩失蹤，而在報上刊登廣告找尋愛兒，對提供消息因而尋獲者給予 5 萬元。則路人李小姐即使不知道有此廣告，當他將路上收容回來的小孩查明住所送還給王家時，仍可以請求 5 萬元之報酬。

如果有數人同時或先後完成一定之行為，應如何處理？民法第 164 條第 2 項規定，數人同時或先後完成前項行為時，如廣告人對於最先通知者已為報酬之給付，其給付報酬之義務即為消滅。這裡只說明了廣告人只要對於最先通知的行為人給付報酬，即可免除其後之義務。但報酬究竟歸誰所得？有兩種情形：

1. **數人共同完成一定行為**：於此情形，應以廣告內容為準，廣告內容無記明時，則由數人共同取得債權。

2. **數人先後完成一定之行為**：於此情形，由最先完成者取得報酬請求權。即使有人因先通知而先領取報酬，最先完成者亦可以依「不當得利」規定請求返還。但是在廣告中若聲明報酬只給予最先通知者，則以廣告內容為準，此時先完成但較遲通知者，亦喪失報酬請求權。

懸賞廣告在行為完成前可以撤銷，但其聲明撤銷之方式應與廣告之方式相同。如果行為人因該廣告善意所受之損害，應負賠償之責，但以不超過預定報酬額為限（民法第 165 條）。若是廣告人能證明行為人不能完成其行為，例如廣告人聲明對拾獲皮夾者給予報酬 10 萬元，但事實上皮夾掉在廣告人家中，除了廣告人以外，行為人不可能完成其行為，此時廣告人亦不必負賠償之責。

懸賞 1-2-7

懸賞廣告

　　本人所飼養之純白色西施母犬（如照片）於民國○○年○月○日下午五時左右，在臺北市民生東路、合江街口附近走失，如有仁人君子拾獲送回本人，願致贈新臺幣五千元以為酬謝。

連絡電話：（○二）○○○○○○○○
地址：臺北市民生東路○巷○號
連絡人：○○○　印

| 中 | 華 | 民 | 國 | ○○ | 年 | ○○ | 月 | ○○ | 日 |

註：本廣告對於尋獲失物者給予一定的報酬，符合民法第 164 條懸賞廣告之定義及要件，為典型的一般懸賞廣告。

懸賞 1-2-8

懸賞廣告撤回啟事
　　本人於民國○○年○○月○○日刊登尋找遺失小狗之懸賞廣告，因小狗已於○○月○○日晚間自行返回，原懸賞廣告撤銷。謹此向所有熱心人士致謝！

刊登人：○○○　印

| 中 | 華 | 民 | 國 | ○○ | 年 | ○○ | 月 | ○○ | 日 |

註：懸賞廣告之刊登人如認為行為人無法完成廣告上之行為，可以撤回懸賞廣告，本撤回符合民法第 165 條之規定。

七、優等懸賞廣告的定義

　　以廣告聲明對於完成一定行為，於一定期間內為通知，而經評定為優等之人給予報酬者，為優等懸賞廣告。廣告人於評定完成時，負給付報酬的義務（民法第 165 條之 1）。

　　如果在廣告中聲明只有經評定最優之行為人才給予報酬，這樣的廣告稱為「優等懸賞廣告」。例如，徵文比賽、小說獎、新產品命名、建築物設計等等。

　　一般而言，優等懸賞廣告有下列特徵：

1. 聲明對完成一定行為者，須經評定優良者始給予報酬。
2. 須有應募期間。
3. 完成一定行為者須在期間內通知廣告人以接受評定。
4. 規定評定之標準、評定人與程序。
5. 報酬之種類與給付方式。
6. 如涉及著作權、專利權、所有權等問題時，其歸屬為何人之約定。

　　而廣告人應以公平、公正、誠實信用之方式對完成一定行為者加以評定。通常報酬優渥之評選，其作品之著作權、所有權或專利權，往往約定為廣告人所有。行為人既參加評選，便視為同意此項約定。

懸賞 1-2-9

優等懸賞廣告

臺灣之歌甄選比賽

壹、主旨：臺灣自開闢以來，已逾四百年，山川秀麗，人民勤奮，遂有今日成就。本基金會
　　　　為發揚臺灣文化，特徵求臺灣之歌，以為今日臺灣之代表。

貳、主辦單位：新臺灣文化基金會

參、辦法：

一、時間：自即日起至民國○○年○月○日

二、應徵資格：不限。

三、歌詞內容：自由創作，但以表達新臺灣文化為優。

四、應徵者請將詞曲繕寫成歌譜形式，於期間內寄至本基金會（臺北郵政○○○信
　　箱）。

五、本會將聘請音樂與文化專家評選，分為初選與複選。
　　初選選出優等十五首，複選選出第一、二、三名及佳作五名。於民國○○年○○月○
　　○日公告。11 月 10 日頒獎。

六、獎勵：第一名獎牌一面，獎金新臺幣 5 萬元。
　　　　　第二名獎牌一面，獎金新臺幣 3 萬元。
　　　　　第三名獎牌一面，獎金新臺幣 2 萬元。
　　　　　佳作者每人獎牌一面，獎金新臺幣 1 萬元。

七、參賽作品須為尚未公開發表者。凡經評選為前三名及佳作者，其詞曲之著作權均
　　歸本會所有。未選中者恕不退件，請自留底稿。

肆、其他未盡事宜，本會得隨時公告補充。

註：本例優等懸賞廣告須經廣告人評定為優等者始給予報酬，而非如一般懸賞廣告對完成一定行為給予報
　　酬，此為優先懸賞廣告與一般懸賞廣告不同之處。本例符合民法第 165 條之 1、之 2 規定。

第*3*章　契約的效力

審訂：永然聯合法律事務所所長　李永然

一、契約的效力

契約成立後在法律上所發生的效果，即為契約的效力。雙方當事人必須依照契約規定行使權利、履行義務。但在研究契約之效力以前，必須審究契約是否成立。換言之，契約成立乃是契約效力之前提。

因為契約是基於雙方當事人合意而生，所以其成立與否，與意思表示是否有效、當事人是否具備權利能力與行為能力、契約之標的是否合法、可能、確定等因素息息相關，茲歸納分述如下：

（一）權利能力

權利能力指在法律上能夠享受權利並負擔義務的能力。唯有權利主體、具有人格者才有權利能力，民法規定，自然人均有權利能力。自然人的權利能力，始於出生、終於死亡（民法第 6 條）。另外，由法律創設的「法人」，在法令限制內亦有享受權利、負擔義務之能力，但專屬於自然人之權利義務（如結婚）不在此限（民法第 26 條）。一般而言，法人之權利能力，始於登記成立，終於清算終結時。

沒有權利能力，自然就不可能行使權利、履行義務，亦無從為契約之簽定。不具我國國籍之外國人，原則上也有權利能力，但須受法令之限制。在經貿交流日益頻繁的今天，我國法令對外國人絕大多數皆與國人平等對待。

（二）行為能力

行為能力指能獨立為有效法律行為之能力。行為能力須以意思能力為前提，在民法上以年齡為行為能力有無之抽象標準。現代民法以當事人的意思自由為基本原則，如果欠缺判斷自己的行為在法律上發生效果的精神能力（即意思能力或識別能力），自然無法實現意思自由原則。

民法規定滿二十歲為成年（民法第 12 條），未滿七歲之未成年人無行為能力，滿七歲以上之未成年人有限制行為能力，未成年人已結婚者有行為能力（民法第 13 條）。除了未滿七歲之未成年人外，因精神障礙或其他心智缺陷，致不能為意思表

示或受意思表示，或不能辨識其意思表示之效果，而被法院爲監護宣告之「受監護宣告之人」，也無行爲能力（民法第 14、15 條）。無行爲能力人所爲的法律行爲完全無效，應由法定代理人代爲法律行爲。

限制行爲能力人得自己爲法律行爲，但應得其法定代理人之允許。未得允許所爲之單獨行爲，無效（民法第 78 條）；所訂立的契約，須經法定代理人的承認，始生效力（民法第 79 條）。但限制行爲能力人純獲法律上利益（如接受贈與）或依其年齡及身分在日常生活所必須的行爲（如飲食、購書、搭車等），則可以不必得法定代理人之允許或承認就有效。

與限制行爲能力人訂契約之相對人，可以定一個月以上期限催告法定代理人確答是否承認，代理人逾期不確答者，視爲拒絕承認（民法第 80 條）。如果限制行爲能力人在限制原因消滅後（例如訂約時未滿二十歲且未婚，訂約一個月後滿二十歲），承認其所訂立之契約，其承認亦使契約有效成立。

如果限制行爲能力人故意以詐術使人相信其行爲能力或已得法定代理人之允許，例如僞造身分證或法定代理人之同意書，爲了保護善意的相對人，其所簽定契約亦爲有效。

（三）意思表示的瑕疵

意思表示是表意人將其內心希望發生一定法律效果之意思表現在外部的行爲。例如以說話、寫信等方式表達願意購買某產品，都是一種意思表示。由於契約須在相對人合意的基礎上才能成立，所以有瑕疵之意思表示，將影響契約之成立。所謂意思表示無瑕疵，指意思表示沒有以下列舉之任一情況：

1. 心中保留：又稱「眞意保留」。法律上的定義是「表意人無欲爲其意思表示所拘束之意，而爲意思表示」，例如當朋友稱讚某甲手上戴的勞力士錶非常好看，某甲一時心花怒放，說：「如果喜歡就送給你！」這種意思表示並不因此而無效。換句話說，原則上還是有效的。

2. 通謀虛僞意思表示：即雙方串通的意思表示。例如債務人爲了逃債，與朋友一起寫下虛假的借據，或是假裝將土地賣給友人以逃避強制執行等。通謀之虛僞意思表示在相對人之間是無效的，但不得以其無效對抗善意第三人。例如小王與小陳通謀虛僞意思表示將小王的機車出賣給小陳，但小陳又將機車賣給不知此事的小李，此時小王與小陳之間買賣契約無效，但小陳與小李之間買賣契約則有效。所以，小王只能要小陳賠償損失，但不能要小李把車還給自己。

3. 錯誤：表意人爲意思時因認識不正確或欠缺認識，而使心中之效果意思與外部表示不一致，稱爲「錯誤」，例如要買名畫眞跡而誤買仿製品。意思表示之內

容有錯誤或表意人若知其事情即不為意思表示者，表意人得將其意思表示撤銷之，但以其錯誤或不知事情，非由表意人自己之過失者為限。此撤銷權之期限為自意思表示後一年內。表意人行使撤銷權時，對於信其意思表示為有效而受損害之相對人或第三人，應負賠償責任，但其撤銷之原因，受害人明知或可得而知者，不在此限。例如大牛到電器行想買日本製新力牌隨身聽，老闆則拿新加坡製的新力牌隨身聽給他，大牛沒有仔細辨認產地就買下來，回家後才發現。此時，大牛因自己過失未發現，所以不能以錯誤為由行使撤銷權。

4. 誤傳：意思表示因傳達人或傳達機關傳達不實者，表意人也可以撤銷其意思表示。此時，對於非因過失而受損害的相對人，亦應負賠償責任。

5. 詐欺：故意欺騙他人使其陷於錯誤而為意思表示的情況，稱為「詐欺」。民法上的詐欺只以「故意欺騙而使人陷於錯誤」即可成立，與刑法上詐欺罪尚須「不法所有之意圖」條件不同。

6. 脅迫：以故意加害他人之事預告使人發生恐怖心理而為意思表示，稱為「脅迫」。因被詐欺或被脅迫所為之意思表示，表意人得於發現詐欺或脅迫終止後一年內撤銷其意思表示。但自意思表示後經過十年，不得撤銷。詐欺係由相對人以外之第三人所為者，以相對人明知或可得知此詐欺事實為限，才得撤銷，而且被詐欺而為之意思表示，其撤銷不得對抗善意第三人。至於表意人如果是被強拉著手簽名或蓋章，則因其根本沒有自主的餘地，意思表示當然無效，不生撤銷的問題。

（四）契約之標的

契約之標的必須合法、可能、確定，契約才能成立並且具有效力。

1. 合法：契約之標的，違反強制或禁止之規定者，無效。有背於公共秩序或善良風俗者亦無效。例如約定願終身為奴或嫁與作妾之契約無效。

2. 可能：契約之內容如係以不能之給付為契約標的者，其契約為無效。所謂不能，是指以社會一般之觀念，債務人應為的給付，不能依債務本旨實現而言。例如約定購買近河川之土地，但該土地遭洪水氾濫而流失，則此契約為無效。但契約之不能情形可以除去，而當事人訂約時並預期於不能之情形除去後為給付者，其契約仍為有效。例如某甲與某乙訂約表明買賣標的為某丙之房屋，約定俟某乙向某丙買到房屋時必須再移轉給某甲，此契約則為有效。

3. 確定：契約之標的應該在成立時即為確定，如果成立時未確定，也必須在履行契約時可以確定，才算是有效之契約。如果契約之標的不能確定，勢必造成許多不利的影響。

二、雙務契約的效力

雙務契約爲雙方當事人互負對價關係之契約。所謂「對價關係」，是指雙方之給付有報償之相對性關係而言。例如買賣契約，一方須支付價金，另一方須給付標的物，就是典型的雙務契約。

雙務契約之一方如因契約不成立而無法履行義務時，另一方之義務亦隨之消滅；因雙務契約所生之債務，在一方未履行前，他方所負債務亦得拒絕履行。換言之，雙務契約無論在成立或履行時，均有牽連關係。因此而衍生出「同時履行抗辯權」與「危險負擔」之問題。

（一）同時履行抗辯權

民法第 264 條第 1 項前段：「因契約互負債務者，於他方當事人未爲對待給付前，得拒絕自己之給付。」這種以對方未爲給付爲理由拒絕由自己先履行義務之權利，稱爲「同時履行抗辯權」。基於公平之原則並減少無謂之紛爭，故設此制度。

同時履行抗辯權只能暫時拒絕自己債務之履行，當他方爲對待的給付時，就不能再以此爲理由。如果依法律、契約或習慣自己有先爲給付之義務時，也不能行使此抗辯權。例如承租人應於約定之期間給付租金、看電影前先買票等。他方當事人已爲部分之給付時，依其情形，如拒絕自己之給付，有違背誠實及信用方法者，不得拒絕自己之給付（民法第 264 條第 2 項），這也是不能任意行使同時履行抗辯權之限制。例如約定購買轎車乙部，當汽車公司交車時，買主發覺原先說好的贈品「車用空氣清淨機」未附贈，此時買主並不能以對方未完全給付爲由，拒絕付清全部車款。

當事人之一方，應向他方先爲給付者，如他方之財產，於訂約後顯形減少，有難爲對待給付之虞時，於他方未爲對待給付或提出擔保前，得拒絕自己之給付（民法第 265 條），這是學說所稱的「不安抗辯」。換句話說，即使訂約時言明一方須先給付，但在訂約後因情事變更而對方有難爲對待給付的情形，也可以據此拒絕先爲給付。例如購買預售屋者，通常須按工程進度先付價款，但在建商出現財務危機可能無法完工時，若建商無法提出擔保，購屋者即可據此拒絕再給付價款。

總而言之，雙務契約之雙方當事人爲給付時，以同時履行爲原則，故有「同時履行抗辯權」之規定。對於依契約、法律或習慣須先行給付者，雖不能主張同時履行，但可行使「不安抗辯權」，以保障契約雙方彼此之權益。

（二）危險負擔

　　民法第 225 條第 1 項：「因不可歸責於債務人之事由，致給付不能者，債務人免給付義務。」但在雙務契約中雙方面既是債權人也是債務人，如果其中一方當事人所負債務因給付不能而免除給付義務時，這時的損失要由自己或對方負擔呢？

　　為解決此一問題，民法定有「危險負擔」之制度。在使一方給付不能之事由皆不可歸責於雙方時，損失由債務人負擔，即「因不可歸責於雙方當事人之事由，致一方給付全部不能者，他方免為對待給付之義務，如僅一部不能者，應按其比例，減少對待給付。」（民法第 266 條第 1 項）。例如某甲將頂樓加蓋之房間租給乙，隔鄰失火，該房間被火災毀而無法使用，此時甲既無法以房間租給乙，而乙即不必給付租金。如果某乙給付租金是先住而於月底給付之方式，而乙又已經住了半個月，便須按比例付一半房租。若乙在月初即付清全月租金，則依民法第 266 條第 2 項規定：「……已為全部或一部之對待給付者，得依關於不當得利之規定，請求返還。」亦即乙得請求退還半個月之房租。

　　另一種情形是，「當事人之一方，因可歸責於他方之事由，致不能給付者，得請求對待給付。但其因免給付義務所得之利益，或應得之利益，均應由所得請求之對待給付中扣除之。」（民法第 267 條）亦即此時損失由可歸責之一方負擔。例如甲向喜慶禮服公司租禮服一套，結果甲穿了一天就不慎撕破了無法穿用，此時該公司雖無衣服可租給甲，但甲仍應付租金。又甲除了支付租金外，尚須負損害賠償責任，這是另一個問題。

雙務契約 1-3-1

<table>
<tr><td colspan="2" align="center">雙務契約拒絕履行通知書</td></tr>
<tr><td colspan="2">　　敝公司於民國○○年四月十七日與貴廠簽訂零件供應契約，約定貴工廠應於民國○○年五月十日交付第一批螺絲成品。但貴廠遲至五月十二日始交貨，經抽查竟有百分之二十精度不合原訂規格。因此敝公司將拒絕給付貨款新臺幣十萬元。請貴廠於五月三十日前依約更換所有瑕疵品，否則將依法解除契約並要求損害賠償。</td></tr>
<tr><td colspan="2">　　　　此致</td></tr>
<tr><td colspan="2">○○鋼鐵工廠　王總經理</td></tr>
<tr><td colspan="2" align="right">再春機械股份有限公司
總經理　蘇子平　印</td></tr>
<tr><td>中　　華　　民　　國　　○○　　年　　○○　　月　　○○　　日</td></tr>
</table>

三、第三人負擔契約

以第三人之給付為標的之契約稱為「第三人負擔契約」。例如食品公司與廣告公司簽定，由廣告公司負責安排其廣告於特定時段在電視上播出之契約，其契約標的是電視臺之特定時段，即為一種第三人負擔契約。

契約在原則上僅拘束簽約之當事人，第三人既未列為當事人，又未參與其間，所以並不受契約之拘束，因此，「契約當事人之一方，約定由第三人對於他方為給付者，於第三人不為給付時，應負擔損害賠償責任。」（民法第 268 條）。換言之，在第三人負擔契約中，債務人須擔保第三人對他方為給付，但也可以特約限制債務人僅負責促使第三人為給付。

四、第三人利益契約

當事人約定，債務人應向第三人為給付人之契約，稱為「第三人利益契約」。因此契約而取得債權之第三人亦稱為「受益人」。常見的第三人利益契約，如甲和乙貨運公司簽訂運送契約，乙公司須負責將貨物運交給丙。又如人壽保險契約通常亦約定保險事故發生時，保險公司應向受益人為給付。

對於第三人而言，當第三人利益契約成立時，可以直接向債務人請求給付（民法第 269 條第 1 項後段），至於權利的內容則依契約來決定。但如果「第三人對於當事人之一方表示不欲享受其契約之利益者，視為自始未取得其權利」（民法第 269 條第 3 項），該契約將因而無效。然而在「第三人對於前項契約，未表示享受其利益之意思前，當事人得變更其契約或撤銷之」（民法第 269 條第 2 項）。所以第三人利益契約，因第三人為受益之表示時而確定。

對於債權人（要約人）而言，僅得請求債務人向第三人為給付，並不得請求債務人向自己給付，在債務人不履行時，得請求債務人賠償因未向第三人為給付所生之損害。

至於債務人，依民法第 270 條規定，得以由契約所生之一切抗辯，對抗受益之第三人。例如期限未屆至、同時履行抗辯權、瑕疵擔保責任等等得以對抗債權人之抗辯權，均可用以對抗第三人。

第三人利益契約 1-3-2

第三人利益契約書

立契約書人陳○○（以下簡稱甲方）、劉○○（以下簡稱乙方），雙方茲議定條款如後：

第1條　乙方將其所有之裕隆尖兵轎車乙輛（車號BI——三五七三）售予甲方。
第2條　汽車總價為新臺幣二十五萬元，甲方依照左列方式支付價款：
　　　　一、定約日甲方先付新臺幣十萬元。
　　　　二、乙方辦妥汽車產權移轉登記之日，甲方支付新臺幣十萬元。
　　　　三、乙方將汽車點交予甲方指定第三人之日，甲方支付尾款新臺幣五萬元。
第3條　汽車辦理過戶登記所需費用均由乙方負擔。但汽車保險所需費用，由甲方負擔。
第4條　乙方須保證所交付之汽車並無瑕疵。自交付之日起三個月內如有汽車機件在正常狀
　　　　況下故障，其修護費用仍由乙方負擔。
第5條　乙方應將汽車過戶予甲方指定之第三人趙正心。
　　　　本契約一式二份，由甲、乙雙方各執一份以為憑證。

甲方：陳○○　印
身分證號碼：
住址：
乙方：劉○○　印
身分證號碼：
住址：

中　　華　　民　　國　　○○　　年　　○○　　月　　○○　　日

第三人利益契約 1-3-3

利益享受通知書

　　本人對於陳○○與劉○○於民國○○年○○月○○日所簽訂契約，由劉○○將其所有裕
隆汽車移轉過戶予本人之利益，願意享受。特此通知。

通知人：趙○○　印
身分證號碼：
地址：

中　　華　　民　　國　　○○　　年　　○○　　月　　○○　　日

第 *4* 章　契約不履行

審訂：永然聯合法律事務所所長　李永然

一、債務履行

　　契約是民法債編中「債之發生」事由之一，因之，債編之規定大多適用在因契約所生之債權債務關係。民法第 199 條規定：「債權人基於債之關係，得向債務人請求給付。給付不以有財產價格者為限。不作為亦得為給付。」給付，就是債務履行，例如買賣汽車契約成立後，買主得請求賣車者交車，賣車者得請求買主付車款。交車與交付車款，均是基於買賣契約之債權債務關係所為之給付。在無償委任之情形，例如老陳委託老李到花蓮購石雕觀音一尊而沒有報酬，此時老李到花蓮購買觀音之行為，雖然沒有報酬，也算是給付。又如某房屋仲介商為求手上房屋容易賣出，與隔壁棺木行老闆簽定契約，由仲介商給付 30 萬，但棺木行必須改由後門巷道出入，不得由前門出入。這個「不得由前門出入」是「不作為」，也是給付。

　　民法第 148 條第 2 項規定：「行使債權，履行債務，應依誠實及信用方法。」事實上，「誠實及信用原則」已經是私法體系普遍適用之原則。在契約之履行上，也必須就債務人與債權人雙方利益衡平考量，依具體之事實來運用。例如某甲向乙承租房屋，甲將房屋存入乙原來委託之收租人丙帳戶內，但乙卻以甲未將租金存入本人帳戶內而拒絕受領，並以甲未支付租金為由終止租賃契約。本案經法院判決，即認為乙行使債權有違誠實及信用方法。

二、債務不履行

　　未能依照債之關係為給付，便是債務不履行。債務不履行的情況有三種：不能給付、給付遲延和不完全給付。民法第 227 條規定：「債務人不為給付或不為完全之給付者，債權人得聲請法院強制執行，並得請求損害賠償。」因此，凡是債務不履行之情況下，債務人必須負擔損害賠償的責任。

　　債務人就其故意或過失之行為，應負責任（民法第 220 條第 1 項），而且故意或重大過失之責任，不得預先免除（民法第 222 條）。即使債務人之代理或使用人，關於債之履行有故意或過失者，債務人也應負責。

三、給付不能

給付不能，是指債務人不能依債務本旨為給付而言。如果只是給付困難，例如因為材料費用忽然上漲致使無法將貨品製造完成，則並非給付不能。

不能之觀念，在民法上又有以下之分類：

1. 自始不能與嗣後不能：以契約成立時為準，在成立之前已確定為不能者稱為「自始不能」，例如約定買賣活恐龍一隻；在契約成立之後因故而不能給付，稱為「嗣後不能」，例如預定買賣房屋一棟，但簽約後因失火而焚燬。以不能之給付為標的者，其契約為無效。

2. 主觀不能與客觀不能：「主觀不能」是指因為債務人本身之事由而不能，例如因失業而無法給付借貸之利息；「客觀不能」是指任何人皆不能實現而言。民法第 225、226、266、267 條所指的給付不能，僅限於自始主觀不能與嗣後不能。

因不可歸責於債務人之事由，致給付不能者，債務人免給付義務。債務人因前項給付不能之事由，對第三人有損害賠償請求權者，債權人得向債務人請求讓與其損害賠償請求權，或交付其所受領之賠償物。例如甲與乙簽定房屋與基地一併買賣契約，但甲所有之房屋因隔鄰失火而燒燬致不能給付，此時甲對房屋部分，免除給付義務，但仍應給付土地。甲對鄰居丙之損害賠償請求權可以移轉給乙行使，但乙應支付房屋與土地之價金才可行使代償請求權。

因可歸責於債務人之事由致給付不能者，債權人得請求損害賠償。給付一部不能時，其他可能給付部分，債務人仍應給付。但若其他部分之履行，於債權人無利益時，債權人得拒絕該部分之給付，請求全部不履行之損害賠償。例如甲公司向乙工廠訂製貨品一批運往國外，但乙工廠因本身之事由而僅能交出一半貨品，此時甲公司已因逾期而無利益，自可拒絕乙工廠之給付而請求賠償。

四、不完全給付

債務人未依債之本旨而為給付，稱為「不完全給付」，不完全給付可分為「瑕疵給付」與「加害給付」兩大類：

1. 瑕疵給付：因為可歸責於債務人之事由而為不完全之給付，例如數量不足、品質不良、給付之時間、處所或方式不妥當等等，稱為「瑕疵給付」。此時債權人得請求補正（例如要求更換新品、補足差額等）或是拒絕受領。如果其瑕疵之情形可以補正，但逾清償期限仍不補正者，依民法第 227 條，債務人不為給

付或不爲完全之給付者，債權人得聲請法院強制執行，並得請求損害賠償。

2. 加害給付：因債務人給付之瑕疵，致使債權人因而受損害者，稱爲「加害給付」，例如供應商販賣已受病毒感染之磁碟片，導致顧客原有之檔案遭破壞之情形。此時債權人除依前述民法第 227 條請求賠償應得利益之外，對於因此遭受之損失，也可以請求賠償。

五、給付遲延

債務人對於已屆清償期之債務，能給付而不爲給付，稱爲「給付遲延」。換言之，給付遲延之要件爲：

1. 須有債務存在：亦即契約已有效成立，而債務人未履行其債務。
2. 須已屆給付之期限：給付有確定期限者，債務人自期限屆滿時起，負遲延責任。給付無確定期限者，債務人於債權人得請求給付時，經其催告而未爲給付，自受催告時起，負遲延責任。其經債權人起訴，或依督促程序送達支付命令者，與催告有同一之效力。前項催告定有期限者，自期限屆滿時起，負遲延責任（民法第 229 條）。
3. 須在給付期內可能為給付：即標的係確定或可得確定之物，且無不能給付之情形。
4. 須可歸責於債務人：如因不可歸責於債務人之事由，致未爲給付者，債務人不負遲延責任（民法第 230 條）。

債務人於給付遲延時所應負之責任爲：

1. 賠償因遲延而生之損害：民法第 231 條第 1 項規定，債務人遲延者，債權人得請求賠償因遲延而生之損害。
2. 賠償因不可抗力而生之損害：債務人在遲延中，對於因不可抗力而生之損害，亦應負責。但債務人證明縱不遲延給付，而仍不免發生損害者，不在此限。
3. 賠償因不履行而生之損害：遲延後之給付，於債權人無利益者，債權人得拒絕其給付，並得請求賠償因不履行而生之損害（民法第 232 條）。例如預定結婚喜宴但餐廳竟忽略未準備，則其補辦婚宴對新人已無利益，餐廳應賠償不履行之損失。
4. 對於金錢之債應支付利息及賠償損害：遲延之債務，以支付金錢爲標的者，債權人得請求依法定利率計算之遲延利息。但約定利率較高者，仍從其約定。對於利息，無須再支付遲延利息，但債權人證明有其他損害者，並得請求賠償。

債務人之遲延責任，因為提出給付，債權人同意延期或是債之關係消滅而終止，便已經產生之損害，債權人仍得請求損害賠償。

六、受領遲延

債權人對已提出之給付，拒絕受領或不能受領，稱為「受領遲延」，亦稱為「債權人遲延」。其成立之要件有二：

1. **債務人已提出給付**：債務人須依債之本旨提出給付，債務人非依債務本旨實行提出給付者，不生提出之效力。但債權人預示拒絕受領之意思，或給付兼需債權人之行為者，債務人得以準備給付之情事，通知債權人，以代提出（民法第235條）。

2. **債權人拒絕或不能受領**：債權人對於已提出之給付，拒絕受領或不能受領者，自提出時起，負遲延責任（民法第234條）。拒絕受領，是指明白表示拒絕或是給付兼須債權人行為而不為（例如定作衣服一套卻不肯提供布料）等情形。然而，因債務人為不完全給付而拒絕受領時，則無須承擔遲延責任。所謂不能受領，是指債權人主觀不能而言，例如訂購油畫一幅，送達時恰好購買者出國旅遊不能受領。

為使債權人有受領給付之準備，給付無確定期限，或債務人於清償期間前為給付者，債權人就一時不能受領之情事，不負遲延責任。但其提出給付，由於債權人之催告，或債務人已於相當期間前預告債權人者，不在此限（民法第236條）。

受領遲延之情況下，債務人之責任應酌予減輕，其得減輕之責任包括：

1. **僅就故意或重大過失負責**：在債權人遲延中，債務人僅就故意或重大過失，負其責任（民法第237條）。

2. **無須支付利息**：在債權人遲延中，債務人無須支付利息（民法第238條）。

3. **僅就已收取之孳息負返還責任**：債務人應返還由標的物所生之孳息或償還其價金者，在債權遲延中，以已收取之孳息為限，負返還責任（民法第239條）。

4. **得請求賠償因提出或保管之必要費用**：債權人遲延者，債務人得請求其賠償提出及保管給付物之必要費用（民法第240條）。

5. **得自行消滅其債務**：有交付不動產義務之債務人，於債權遲延後，得拋棄其占有。其拋棄應預先通知債權人，但不能通知者，不在此限（民法第241條）。此處以拋棄占有消滅債務之方式，僅限於不動產之交付，至於動產，則應提存。如給付物不適於提存，或有毀損滅失之虞，或提存需費過鉅者，清償人得聲請地方法院拍賣而提存其價金。

　　債權人遲延之狀態，因債權消滅、債權人受領給付或雙方合意延期等行為而終止。

七、損害賠償之債

　　以賠償損害為標的之債稱為「損害賠償之債」，損害係指受不利益之狀態，包括財產上之損害與非財產上之損害。前者如車輛遭撞擊而損毀，後者如生命、身體、健康、名譽、自由等所受之精神上損害。財產之損害又可分為「積極損害」與「消極損害」，例如計程車在十字路口遇黃燈減速停車，卻遭後方輛車追撞受損，此時修復計程車所需費用，為積極損害，修理期間因無法載客而減少之收入，為消極損害。

　　損害賠償之債，以加害人為債務人，受害人為債權人，其成立之要件有四：

1. 須有發生損害之原因：有由法律規定而生者，其中以因侵權行為及債務不履行所導致者最多，又如民法第 91、110、176、268、353、360、563、593、791、792、977、1056 條等規定所生，亦屬法定損害賠償之債；另有由法律行為而生者，如保險契約、職務保證契約等。

2. 須有損害發生：損害賠償之債以填補損害為目的，以實際發生損害為成立要件。至於損害之定義已如前述。對於將來可能發生之損害，原則上不得預先請求賠償，但是對於已經發生之損害，如將路人腿骨撞斷所需之治療費用，雖尚未支付，仍應負賠償責任。又如契約定有違約金或依法得請求支付遲延利息者，債務人並不能以債權人實際上無損害而免除損害賠償責任。

3. 因果關係：發生損害之責任原因與損害之間須有因果關係。法律上對於因果關係之解釋係採「相當因果關係說」，意即「無此行為，雖必不生此損害；有此行為，通常即足以產生此損害，為有因果關係。無此行為，必不生此損害，有此行為，通常亦不生此損害，即無因果關係。」如某甲為計程車司機，因過失導致乘客乙趕不上原訂班機，而改搭下一班，結果飛機失事乙遂死亡，乙之死亡與甲之過失，並無法律之因果關係。

4. 須賠償義務人有過失：民法原則上採過失責任，即必須在故意或過失之情形下，才須負損害賠償責任。但也有採無過失責任之例外。如民法第 231 條第 2 項、第 224、444 條、第 538 條第 1、2 項、第 606、607、634 條等。

（一）損害賠償之方法

1. 回復原狀：負損害賠償責任者，除法律另有規定或契約另有約定外，應回復他

方損害發生前之原狀。因回復原狀而應給付金錢者，自損害發生時起，加給利息（民法第 213 條）。民法對於損害賠償之方法，以回復原狀為原則，例如撞毀他人汽車，應負責修復原狀。所謂法律另有規定，例如身體健康之傷害應以金錢賠償；契約另有約定，例如租看影碟有損害時，約定應賠償 2,000 元。至於因回復原狀而應給付金錢，例如侵占他人之款項而須賠償，必須以金錢返還為回復原狀之方法，此時應加計利息。若是不能回復原狀而代以金錢之情形，並不適用本規定。

2. 金錢賠償：應回復原狀者，如經債權人定相當期限催告後，逾期不為回復時，債權人得請求以金錢賠償其損害（民法第 214 條）。若是不能回復原狀或回復顯有重大困難者，應以金錢賠償其損害（民法第 215 條）。例如打破古董花瓶已無法回復原狀，砍倒鄰人果樹，回復原狀顯有重大困難，凡此均得請求以金錢賠償。

（二）損害賠償之範圍

損害賠償，除法律另有規定，或契約另有訂定外，應以填補債權人所受損害及所失利益為限。依通常情形，或依已定之計畫、設備，或其他特別情事，可得預期之利益，視為所失利益（民法第 216 條）。所謂「契約另有訂定」，是指約定賠償範圍而言，例如保險契約約定於被保險人意外死亡時，保險人應給付受益人新臺幣 1 千萬元。

債權人所受損害，即積極損害，如車禍造成被害人身體健康受損而發生精神上之損害、支出醫藥費用之損害，而車輛損毀之修復費用，亦是此處之損害。

債權人所失利益，即消極損害，包括：

1. 確實可以獲得而未獲得之利益：例如出口商向工廠訂製傢俱一批，已接獲得國外訂單及訂金，不料工廠未如期交貨，而導致原來可賺取之金錢未能獲得。

2. 依通常情形可預期之利益：例如計程車同業調查，通常每日可賺得新臺幣 1,089 元，則計程車被撞毀時，修復期間加害人仍須支付此一可預期利益。

3. 依已定計畫、設備或其他情事可得預期之利益：必須是客觀確定可得之利益，例如電影公司計畫拍片，但因原定主角違約另外拍攝他部影片，致未能於預定檔期上映賺取之利益。

（三）損害賠償之減免

損害賠償在特殊狀況下亦可抵免，依民法之規定有：

1. **過失相抵**：損害之發生或擴大，被害人與有過失者，法院得減輕賠償金額或免除之。重大損害原因，爲債務人所不及知，而被害人不預促其注意或怠於避免或減少損害者，爲與有過失（民法第 217 條）。例如路人甲橫越高速公路而被行車超速之乙開車撞死，乙雖然過失肇禍，但甲本來不應走進高速公路，因此法院得斟酌雙方過失之程度輕重，而決定賠償金額之多寡。

2. **義務人之生計有重大影響**：損害非因故意或重大過失所致者，如其賠償致賠償義務人之生計有重大影響時，法院得減輕其賠償金額（民法第 218 條）。本條係著眼於道德之考量，若賠償義務人非出於故意或重大過失，法院應兼顧其家庭生計而可減輕其賠償。

3. **損益相抵**：債權人基於同一原因事實，受有損害並受有利益者，其請求賠償之金額，應扣除所受之利益。例如受委託出售股票而未及時處理，遇上證券交易稅調升而須多付稅捐，但股票也有增值，此時須多付稅金之損失應與股票漲價之利益相抵。

催告表 1-4-1

催告（給付遲延）
本人於民國○○年○○月○○日借貸新臺幣十五萬元予閣下，當時既未要求閣下支付利息亦未約定返還期限。但目前因本人將購置房屋，急需款項自用，謹此通知閣下於民國○○年○○月○○日以前將前述十五萬元無息返還本人。 　　　　此致 許○○先生 　　　　　　　　　　　　　　　　　　　　　　催告人：江○○　印 　　　　　　　　　　　　　　　　　　　　　　地址： 　　　　　　　　　　　　　　　　　　　　　　電話： 中　　華　　民　　國　　○○　　年　　○○　　月　　○○　　日

契約不履行表 1-4-2

金錢賠償通知書
敬啟者 　　臺端於參觀本公司舉辦之中西文物展覽會，不慎打破展覽會展示之骨董花瓶，該骨董花瓶經富士比拍賣會上估價，值新臺幣一百萬元正，敬請臺端照此價格賠償本公司。 　　　　　　　　　　　　　　　　　　　　　　通知人：年代骨董公司 　　　　　　　　　　　　　　　　　　　　　　代表人：○○○ 　　　　　　　　　　　　　　　　　　　　　　地址：

契約不履行表 1-4-3

恢復原狀通知書

敬啟者

　　臺端於民國○○年○○月○○日駕車至忠孝東路與敦化南路十字路闖紅燈撞及本人之汽車，經車輛肇車鑑定委員會鑑定為臺端之過失，臺端於接到本通知書後一週內與本人連絡，會同本人將本人車子送修。

　　　　　　　　　　　　　　　　　　　　　通知人：○○○

　　　　　　　　　　　　　　　　　　　　　地址：

　　　　　　　　　　　　　　　　　　　　　電話：

第 *5* 章　契約履行之確保與契約之解除

審訂：永然聯合法律事務所所長　李永然

一、定金

　　為確保契約之履行，所交付於他方之金錢或其他代替物稱為「定金」。定金以主契約之成立為前提，而以支付為成立定金契約之要件。

　　定金之種類，因其目的不同而可分成四類：

1. **證約定金**：為證明該契約之成立所交付之定金。
2. **成約定金**：以交付定金為契約成立要件之定金。
3. **違約定金**：以定金為契約不履行之損害賠償擔保。
4. **解約定金**：為保留解除契約權而交付之定金。付定金之當事人得拋棄定金而解除契約，而受定金之一方得加倍返還定金而解除契約。

　　訂約當事人之一方，由他方受有定金時，其契約視為成立（民法第 248 條），因此，原則上只要證明已支付定金，即推定契約已成立。定金除當事人另有訂定外，適用下列之規定（民法第 249 條）：

1. 契約履行時，定金應返還或成為給付之一部。
2. 契約因可歸責於付定金當事人之事由，致不能履行時，定金不得請求返還。
3. 契約因可歸責於受定金當事人之事由，致不能履行時，該當事人應加倍返還其所受之定金。
4. 契約因不可歸責於雙方當事人之事由，致不能履行時，定金應返還之。

　　民法第 249 條規定之定金，性質上屬於違約定金，如契約雙方未就定金性質另行約定，即可適用。

（一）定金契約書

1. **本契約的特點**：本契約為買賣契約訂立前預付的定金契約，買賣契約訂立定金價款為買賣價款的一部。
2. **適用對象**：本契約適用於買賣契約訂立前所預付的定金契約。
3. **基本條款及注意事項**：訂立本定金契約應訂明買賣本約訂立之日期。

4. 相關法條：民法第 248、249 條。

定金契約 1-5-1

定金契約書

　　付定金人（即買方）○○○（以下簡稱甲方），受定人（即賣方）○○○（以下簡稱乙方），茲為定金授受雙方同意訂立契約條款如下：

第 1 條　乙方所有座落臺北市仁愛路六段一○○號土地及房屋以新臺幣二千萬出賣與甲方，而甲方亦同意買受，於民國○○年○月○日正式訂立買賣契約，今為確保買賣契約之訂立，由甲方給與乙方新臺幣○○元作為定金，經乙方如數受訖，不另立據。

第 2 條　本定金於買賣契約訂立時，充為買賣價款之一部，由買賣價金中扣抵。

第 3 條　甲方拒絕訂立買賣契約時，乙方得沒收甲方已付之定金。

第 4 條　乙方拒絕訂立買賣契約時，甲方得請求乙方加倍返還所收之定金。

第 5 條　因不可歸責於甲乙雙方之事由，致買賣契約不能訂立時，乙方所受之定金應悉數返還甲方。

　　本契約一式二份，由甲乙雙方各執一份為憑，印花自貼。

立約人　甲方：○○○
住址：
乙方：○○○
住址：

中　　華　　民　　國　　○○　　年　　○○　　月　　○○　　日

註：本定金契約書第 2 條明訂契約成立定金為價金之一部。

（二）違約金

　　當事人為確保債務之履行，約定債務人不履行債務時，應支付之金錢或其他給付，稱為「違約金」。違約金於約定債務不履行之事由發生時，即變為獨立之債務。

　　當事人得約定債務人不履行債務時，應支付違約金。違約金除當事人另有訂定外，視為因不履行而生損害之賠償總額。但約定如債務人不於適當時期，或不依適當方法履行債務時，即須支付違約金者，債權人於債務不履行時，除違約金外，並得請求履行或不履行之損害賠償（民法第 250 條）。

　　因此，違約金之作用可分為兩種：

1. 賠償額預定性之違約金：如債務人給付不能時，債權人只能請求給付違約金以代替損害賠償。即債務人給付遲延或不完全給付時，債權人如請求支付違約金，毋須證明損害之數額，但損害超過違約金者，亦不能再請求賠償。

2. 懲罰性違約金：此類違約金以強制債務之履行爲目的，於債務不履行時，債務人除須支付違約金外，關於其因債之關係所應負之一切責任均不因而受影響。債權人除了請求支付違約金外，並得請求履行債務或請求損害賠償。

　　一般契約多約定懲罰性違約金，如無特別約定時，則視違約金爲賠償最高額度。爲防止債權人藉機牟取重利，債務已爲一部履行者，法院得比照債權人因一部履行所受之利益，減少違約金（民法第 251 條參照）。約定之違約金額過高者，法院得減至相當之數額（民法第 252 條），但此處核減之權限均屬於法院職權。對於違約金過高之事實，應由違約方負舉證責任。

違約金契約書

1. 本契約的特點：本契約爲違約懲罰性契約，契約當事人一方違約時，即應支付違約金。
2. 適用對象：本契約用於當事人一方違約不履行債務時，應支付違約金，不能做其他請求。
3. 基本條款及應注意事項：訂立本契約應訂明懲罰應支付之確實金額，及不做其他請求。
4. 相關法條：民法第 250、251、252 條。

違約金契約 1-5-2

違約金契約書

　　出租人○○○（以下簡稱甲方），承租人○○○（以下簡稱乙方），雙方因終止堆土機租賃契約，爲確保乙方履行返還租賃物，同意訂立違約金契約條款如下：

第 1 條　雙方於民國○○年○○月○○日訂立終止堆土機租賃契約，基於該契約以○○年○○月○○日爲契約終止日，租賃關係歸於消滅。

第 2 條　乙方應切實按期（○○年○○月○○日）返還租賃物，否則甲方得請求新臺幣 10 萬元正之懲罰性違約金。

第 3 條　乙方爲保證履行契約，於本日預付違約保證金新臺幣五萬元正與甲方。
　　　　　前項違約定金，於乙方完全履行契約義務返還租賃物時，甲方應無息退還乙方。

第 4 條　乙方如未按期返還租賃物而應給付違約金時，已交之違約保證金應充爲違約金之一部。

　　本契約一式二份，由甲乙雙方各執一份爲憑，印花自貼。

```
                                              立約人  甲方：○○○
                                                      住址：
                                                      乙方：○○○
                                                      住址：

中    華    民    國    ○○    年    ○○    月    ○○    日
```

註：本契約第4條明訂違約保證金應充為違約金之一部。

三、契約之解除

契約當事人之一方，因行使解除權而使契約自始歸於消滅，並回復訂定契約以前之狀態，稱為「契約之解除」。契約一經解除，當事人即負回復原狀之義務。

契約之解除必須由有解除權之一方當事人為之，但雙方當事人基於合意，亦可以再訂立一個契約，約定將原來之契約歸於無效，稱為「合意解除」。

解除與撤銷，都可以使契約溯及失去效力，但是解除權發生的原因，是在契約成立之後，且可預先由當事人約定。而撤銷權發生之原因存在於意思表示成立之時，而且是法律所規定之事由。例如意思表示錯誤、被詐欺或受脅迫等，已如前述。

（一）解除權之發生原因

解除權之發生原因，或為法律之規定，或依當事人之約定。契約之法定解除原因有二：

1. 給付遲延：因給付遲延而解除契約之情形如下：

    (1) 債務人給付遲延時，債權人雖然可以請求履行或請求不履行之損害賠償，但在雙務契約，仍不能免除自己之給付，所以法律規定得解除契約。

    (2) 契約當事人之一方給付遲延者，他方當事人得定相當期限催告其履行，如於期限內不履行時，得解除其契約（民法第254條）。此項催告，如未定期限，則不生效力。在給付無確定期限的情形下，須先經債權人催告而未為給付，債務人始負遲延責任。所以債權人須再催告一次，才能依本條規定解除契約。債務人如已履行，即不得解除契約。

    (3) 依契約之性質或當事人之意思表示，非於一定時期為給付不能達其契約之目的，而契約當事人之一方不按照時期給付者，他方當事人得不為前條之催告，解除其契約（民法第255條）。例如訂製今年國慶日慶祝牌坊，逾期仍未給付，就可以逕自解除契約。

2. 給付不能：債權人於有民法第 226 條之情形時，得解除其契約（民法第 256 條）。即因可歸責於債務人之事由，致給付不能，或給付一部不能而其他部分之履行於債權人無利益時，毋庸先行定期催告，即得解除契約。但在給付不能之情形，除給付期前已確定不能者外，應待給付期限屆至後，始得解除契約。

（二）解除權之行使及消滅

解除權之行使，應向他方當事人以意思表示為之。契約當事人之一方有數人者，前項意思表示，應由其全體或向其全體為之。解除契約之意思表示，不得撤銷（民法第 258 條）。

解除契約之意思表示，沒有一定之方式。其於訴訟上以書狀表示者，於訴狀送達他方時發生效力。對於數人為解除契約之表示，如果不是同時為之，應於最後意思表示生效時，始生解除之效力。

解除權消滅之原因有三：

1. 法律或契約規定之期間屆滿。例如民法第 514 條第 1 項規定：「定作人之契約解除權，因瑕疵發見後一年間不行使而消滅。」
2. 解除權之行使，未定有期間者，他方當事人得定相當期限，催告解除權人於期限內確答是否解除，如逾期未受解除之通知，解除權即消滅（民法第 257 條）。
3. 給付物不能返還。有解除權人，因可歸責於自己之事由，致其所受領之給付物有毀損、滅失，或其他情形不能返還者，解除權消滅。因加工或改造，將所受領之給付物變更其種類者，亦同（民法第 262 條）。因為已經不能回復原狀，所以解除權也消滅。

四、契約解除之效力

契約一經解除，溯及訂約時失其效力，與自始未訂契約同。所以債務未履行者，即毋須履行。契約解除之效力尚有：

1. 回復原狀：契約解除時，當事人雙方負回復原狀之義務，除法律另有規定或契約另有訂定外，依下列之規定（民法第 259 條）：
   (1) 由他方所受領之給付物，應返還之。
   (2) 受領之給付為金錢者，應附加自受領時起之利息償還之。
   (3) 受領之給付為勞務或為物之使用者，應照受領時之價額，以金錢償還之。
   (4) 受領之給付物生有孳息者，應返還之。

(5) 就返還之物，已支出必要或有益之費用，得於他方受返還時所得利益限度內，請求其返還。

(6) 應返還之物有毀損、滅失，或因其他事由，致不能返還者，應償還其價額。

　　契約之解除，只有債權之效力。如果應返還之標的物已經被第三人取得所有權時，原所有人不得向第三人請求返還，而只能請求償還價額。例如甲乙二人訂房屋買賣契約，並已移轉登記給乙，乙又將房屋轉賣給丙，亦辦妥所有權變更登記，嗣後甲行使解除權解除與乙之契約，此時甲僅能請求乙返還出售房屋之價金，而不能請求丙返還其房屋。

2. 損害賠償：解除權之行使，不妨礙損害賠償之請求（民法第 260 條）。所以解除契約後，仍得請求賠償因債務不履行所生之損害，但不因契約解除而另外發生新的損害賠償請求權。

3. 解除契約之相互義務：當事人因契約而生之相互義務，準用民法第 264 條至第 267 條之規定（民法第 261 條）。所以解除契約時，當事人之回復原狀與損害賠償害賠償義務，亦可看作是雙務契約互負債務的情況，因之在他方未為對待給付前，可以拒絕自己之給付。

五、契約之終止

　　契約之終止，是指契約因終止權之行使，而使契約嗣後歸於消滅之行為。解除契約，將使契約溯及而自始為消滅，但契約之終止，因係嗣後消滅，所以無回復原狀的問題。

　　契約得行使終止權者，以繼續性之契約為限。如僱傭、委任、合夥、租賃、借貸等等。而解除權所消滅之契約關係，以一時性的契約為限。所以契約之法定終止權，個別規範在債編「各種之債」中，並沒有概括的規定。但契約當事人也可以約定終止契約之事由，只是約定事項不能牴觸法律之規定。例如土地法第 100 條規定，出租人只於一定事故發生時，才可以收回出租之房屋。因此，租賃契約若約定不屬於這些事由之終止契約規定，則此約定是無效的。

　　民法第 263 條規定，第 258 條及第 260 條之規定，於當事人依法律之規定終止契約者準用之。亦即終止契約應向他方當事人以意思表示為之。而終止權之行使，也不妨礙原來之損害賠償請求權。

第二編

債權債務的相關契約

第 *1* 章　債務關係變更的契約

第一節　債權讓與

審訂：得聲國際法律事務所主持律師　林家祺

一、定義

　　債權讓與契約，乃以移轉特定債權爲內容之契約，由債權人與受讓人合意，將其債權移轉於受讓人，是一種準物權契約。債權人除下列三種情形外，原則上得將債權讓與第三人：

1. 依其性質不得讓與者（如身分上之諸權利）。
2. 依當事人之特約不得讓與者，但不得以此特約對抗善意第三人：對於得讓與的債權，債權人與債務人也可事先以特約約定不得讓與；但爲了保護交易安全，如果債權人違反特約，將不得讓與的債權讓與給善意（不知情）第三人，該讓與契約仍爲有效，即使該第三人善意是出於過失亦同。此時債務人僅得對債權人主張債務不履行之損害賠償。
3. **債權禁止扣押者**：禁止扣押的債權不僅以保護債權人爲目的，且多半與公益有關，例如強制執行法第 122 條第 2 項規定：「債務人依法領取之社會保險給付或其對於第三人之債權，係維持債務人及其共同生活之親屬生活所必需者，不得爲強制執行。」即爲禁止扣押之債權。

二、契約當事人的法定權利義務

1. **債權讓與的效力**：債權讓與契約成立後，原債權、該債權之擔保及其他從屬權利，除與讓與人有不可分離關係者外，均應隨同移轉於受讓人。至於未支付之利息，以推定隨其原本移轉於受讓人。
2. **證明文件之交付與必要情形的告知**：讓與人應將證明債權之文件交付受讓人，並應告以關於主張該債權所必要之一切情形。
3. **債權讓與之通知**：債權之讓與，非經讓與人或受讓人通知債務人，對於債務人不生效力。受讓人將讓與人所立之讓與字據提示於債務人者，與通知有同樣效

力。

4. 表見讓與的效力：讓與人已將債權之讓與通知債務人者，縱未爲讓與或讓與無效，債務人仍得以其對抗受讓人之事由，對抗讓與人。且此項通知，非經受讓人同意不得撤銷。

5. 抗辯權及抵銷權之援用：債務人於受通知時所得對抗讓與人之事由，皆得以之對抗受讓人。如債務人於受通知時，對於讓與人有債權者，如其債權清償期先於所讓與之債權或同時屆至者，債務人仍得對於受讓人主張抵銷。

三、債權讓與契約應訂明的基本條款

1. 讓與人與受讓人。
2. 債權的內容（金額及憑證等）。
3. 通知義務履行者。
4. 保證事項。

四、訂立債權讓與契約應注意事項

1. 受讓人應查明債務人對於第三人之債權內容，如：
   (1) 是否爲不得讓與之債權？例如：民法第 195 條第 2 項、第 734 條、第 977 條第 3 項等關於身分上之債權；或民法第 464、482、528 條等著重於特殊之信賴關係之債權等；此類債權如對第三人給付，債之內容即會發生變更，故不得轉讓。
   (2) 是否爲呆帳等不良債權？
   (3) 該債權是否附有抗辯事由？
   (4) 第三債務人是否可以主張抵銷？
2. 債權讓與應通知第三債務人。
3. 讓與人應交付債權之證明文件及債權擔保之文件。

五、契約範例

【契約書】

● 債權讓與契約書（應收貨款讓與）

1. 本契約的特點：本債權讓與契約係由讓與人將其對於債務人所應收之貨款讓與受讓人，由受讓人向債務人收取讓與貨款。

2. 適用對象：本契約適用於讓與收取貨款之債權讓與契約。

3. 基本條款：債權讓與契約應詳列債權讓與契約基本條款，及注意其應注意事項。

4. 相關法律：民法第 294、296、297 條。

債權讓與契約 2-1-1

債權讓與契約書

```
┌──────┐
│ 印 花 │
│ 稅 票 │
└──────┘
```

　　甲商行（負責人：○○○，以下稱讓與人）為清償對於乙公司（以下稱受讓人）所負之新臺幣十二萬元票款債務，除已給付現金新臺幣四萬五千元外，其餘部分由讓與人將下列債權，依本契約書讓與受讓人，作為清償：

第 1 條　（債權的內容）

　　　　讓與之債權金額為新臺幣七萬五千元整。

　　　　前項債權為自民國○○年○○月○○日起至同年○○月○○日止，讓與人出售○○○○貨物於丙商行（負責人：李○○）應收之貨款債權。

第 2 條　（保證）

　　　　讓與人保證其讓與受讓人之債權，未附有丙商行可以對抗受讓人之事由。

第 3 條　（解除約款）

　　　　受讓人於有下列各款情事之一時，得不經催告解除本契約：

　　　　一、丙商行於債權之清償期屆至後，不向受讓人提出給付，或僅提出一部之給付者。

　　　　二、丙商行於受到本契約之通知時，有得對抗讓與人之事由，而向受讓人對抗者。

　　　　前項情形，受讓人得僅就未由丙商行獲得給付之部分，解除本契約。

　　　　依前二項情形解除本契約後，受讓人未能由丙商行獲得給付之部分，仍應由讓與人負清償之責，並自本契約訂立之日起至清償之日止，按每百元每日○分○厘計付利息。

第 4 條　（通知）

　　　　本契約由讓與人通知丙商行。

第 5 條　（證明文件之交付）

　　　　有關證明債權之文件，由讓與人於本契約訂立之日交付於受讓人。

第 6 條　本契約共作成一式二份，雙方各執一份為憑。

讓與人：甲商行 印

負責人：○○○ 印

身分證字號：

住址：○○市○○路○○號

受讓人：乙公司 印

	法定代理人：○○○ 印
	身分證字號：
	住址：○○市○○路○○號

中　華　民　國　○○　年　○○　月　○○　日

註：本契約第 3 條解除約款第 2 項債務人有對抗債權人之事由時得對抗受讓人，本債權讓與契約得由受讓人解除而失效，讓與人仍應負償還之責任。

【通知書】

● 債權讓與通知書（由讓與人通知）

1. 本通知書之特點：本債權讓與通知書係由讓與人將債權讓與通知債務人，由債務人向受讓人履行清償義務。
2. 適用對象：本通知書適用於由債權讓與通知債務人。
3. 基本條款：本通知書應註明讓與人（債權人）、受讓人、債務人及債權內容。
4. 相關法條：民法第 297 條。

債權讓與契約 2-1-2

債權讓與通知書（讓與人出具）	
存證信函第○號	寄件人：甲商行
	收件人：丙商行
敬啟者：貴商行前於民國○○年○○月份陸續向本商行購貨，累積貨款總計新臺幣七萬五千元，本商行因業務關係業於民國○○年○○月○○日將上開債權讓渡予乙公司，並交付買賣契約書、簽收單、請款單及發票，爰依民法第 297 條規定，通知如上，請逕向其給付為荷。	

註：1. 按依民法第 297 條第 1 項規定，債權讓與須踐行通知之手續，否則對債務人不生效力，是以才有以存證信函通知債務人之必要。
　　2. 由讓與人（即債權人）通知時，有表見讓與之效力；因此，讓與人既已表明非債權人，則債務人對於讓與人所為之通知是否符合事實，並無加以審查之義務，若債務人因而對受讓人清償，即使讓與人與受讓人之間並未讓與或債權讓與有瑕疵或無效之情形，債務人仍得以對抗受讓人之事由來對抗讓與人。

● 債權讓與通知書（由受讓人通知）

1. 本通知書之特點：本通知書係由受讓人通知債務人，由受讓人向債務人收取債權。
2. 適用對象：本通知書適用於由受讓人通知債務人。
3. 基本條款：本通知書應註明讓與人、受讓人、債務人及債權內容。
4. 相關法條：民法第 297 條。

債權讓與契約 2-1-3

<table>
<tr><td colspan="2" align="center">債權讓與通知書（受讓人出具）</td></tr>
<tr><td>存證信函第○號</td><td>寄件人：○○○
收件人：○○貿易有限公司</td></tr>
</table>

　　敬啟者：按本人業已受讓趙錢對貴公司之貨款債權新臺幣二十萬元整，並執有買賣契約書、貴公司之簽收單、請款單及發票。爰依民法第 297 條規定，特此通知。並祈依原定付款期日惠予賜付。

註：依民法第 297 條第 1 項規定，由讓與人或受讓人為通知皆可，其餘同前例之補充說明。惟需注意的是，如受讓人主張行使債權（例如，將讓與人與受讓人所定之讓與契約提示於債務人者）時，即同時兼具有通知之效力。但受讓人提示讓與字據時，字據內容是否為真正，債務人應盡注意義務審查一切資料。

第二節　債務承擔與概括承受

審訂：協合國際律師事務所合夥律師　黃蓮瑛

一、定義

1. **債務承擔**：債務承擔契約乃以移轉債務為標的之契約。
2. **概括承受**：就他人之財產或營業概括承受其資產及負債者，因對於債權人為承受之通知或公告，而生承擔債務之效力。債務人關於到期之債權，自通知或公告時起，未到期之債權，自到期日起，二年以內與承擔人連帶負其責任。
3. **營業合併**：營業與他營業合併，而互相承受其資產及負債者，其情形與概括承受相同，其合併之新營業並對於各營業之債務，負其責任。

二、契約當事人的法定權利義務

1. **債權人與第三人間之債務承擔契約**：第三人與債權人訂立契約承擔債務人之債務者，其債務於契約成立時，移轉於該第三人。
2. **債務人與第三人間之債務承擔契約**：第三人與債務人訂立契約承擔其債務者，非經債權人承認，對於債權人不生效力。
3. **債務人或承擔人之催告**：債務人或承擔人得定相當期限，催告債權人於該期限內確答是否承認。如逾期不為確答者，視為拒絕承認。債權人拒絕承認時，債務人或承擔人得撤銷其承擔之契約。
4. **抗辯權之援用及限制**：債務人因其法律關係所得對抗債權人之事由，承擔人亦

得以之對抗債權人。但不得以屬於債務人之債權爲抵銷。承擔人因其承擔債務之法律關係所得對抗債務人之事由，不得以之對抗債權人。

5. 從屬債權之存在與例外：從屬於債權之權利，不因債務之承擔而妨礙其存在。但與債務人有不可分離之關係者，不在此限。至於由第三人就債權所爲之擔保，除該第三人對於債務之承擔已爲承認外，因債務之承擔而消滅。

三、債務承擔契約應訂明的基本條款

1. 債權人、債務人與承擔債務者。
2. 債務之內容。
3. 履行之方式。
4. 其他特約事項。

四、訂立債務承擔契約應注意事項

1. 併存的債務承擔契約（由第三人加入債務關係與原債務人一併負擔同一責任）比免責的債務承擔契約（承擔人代替原債務人負擔債務）更能擔保債務之履行。
2. 承擔人必須爲有資力者。

五、契約範例

【免責債務承擔】

● 免責的債務承擔契約書（第三人與債權人間）

1. 本契約的特點：本契約爲免責債務承擔契約，由第三人與債權人訂立契約承擔債務人之債務，其債務性質爲貨款。
2. 適用對象：本契約適用於貨款清償之債務承擔契約。
3. 基本條款：債務承擔應訂明債務承擔之基本條款。注意其應注意事項。
4. 相關法條：民法第 300 條。

債務承擔契約 2-1-4

免責債務承擔契約書

　立契約書人○○○（以下簡稱甲方）○○○（以下簡稱乙方），雙方茲就債務承擔事宜，訂立本件契約，條款如後：

一、乙方願承擔大大貿易有限公司（以下簡稱債務人）對甲方之下列債務，並願確實履行：
　　債務性質：貨款。
　　債權憑證：買賣契約書、簽收單、請款單及發票。
　　債務總額：新臺幣（下同）二十萬元整。
　　清償日期：民國○○年○○月○○日。
　　遲延利息：每逾一日，按每萬元日息五元計付。
　　其他條件：悉依債權憑證記載。
二、債務人自本契約簽訂日起就第一條所記載之債務，全部免責。
三、本契約書一式二份，甲乙雙方各執○份為憑。

　　　　　　　　　　　　　　　　立契約書人：甲方：○○○　印
　　　　　　　　　　　　　　　　　　　　　　乙方：○○○　印

中　華　民　國　　○○　年　　○○　月　　○○　日

註：1. 本實例毋須經債務人同意，即生第三人承擔債務之效力。惟通常情形，債務人會一起參與訂約。
　　　　本實例得略加修改為「乙方願承擔丙方對甲方之左列債務」。
　　2. 若原債務有第三人為擔保者（不論人保、物保），尚須第三人對於此債務承擔為承認。此際，
　　　　亦應邀同一起訂立承擔契約為宜，參照民法第304條第2項。

● 免責債務承擔契約書（第三人與債務人間）

1. 本契約的特點：本契約為免責債務承擔契約，由債務人與第三人訂立契約，由
　第三人承擔其債務，惟須債權人承認，否則不生效力。
2. 適用對象：本契約適用於第三人與債務人訂立契約，承擔債務人之債務。
3. 基本條款：訂立本契約並訂明債務承擔契約之基本條款及注意其應注意事項。
4. 相關法條：民法第 301、302、303、304 條。

債務承擔契約 2-1-5

免責債務承擔契約書

　　立契約書人○○○（以下簡稱甲方）○○貿易有限公司（以下簡稱乙方），雙方茲就債
務承擔事宜，訂立本契約，條款如後：
一、甲方願承擔乙方對趙錢（以下簡稱債權人）之下列債務，並願確實履行。
　　債務性質：貨款。
　　債權憑證：買賣契約書、簽收單、請款單及發票。
　　債務總額：新臺幣（下同）二十萬元整。
　　清償日期：民國○○年○○月○○日。
　　其他條件：悉依債權憑證記載。
二、本件債務承擔應由乙方訂一定期限催告債權人是否承認。如債權人拒絕承認或逾期不為
　　確答，任何一方得隨時撤銷本件契約，不得異議。
三、本件契約如經債權人承認，乙方就第一條記載之債務，全部免責。
四、本契約書一式二份，甲乙雙方各執一份為憑。

	立契約書人　甲方：○○○　印
	乙方：○○貿易有限公司
	代表人：○○○　印

中　華　民　國　○○　年　○○　月　○○　日

註：1. 本實例須經債權人承認，對債權人始生債務承擔之效力。是為避免麻煩，不妨邀同債權人參與承擔契約之訂立。

　　2. 若原債務有第三人為擔保者，參照民法 304 條第 2 項。

【債務承擔】

● 債務承擔契約

1. **本契約的特點**：本契約為債務承擔契約，由債權人、債務人、債務承擔人、抵押提供人、連帶債務人、保證人共同訂立之債務承擔契約。
2. **適用對象**：本契約適用於債權人與債務人以及與其他應負清償責任人間訂立之契約。
3. **基本條款**：訂立本契約應訂明債務承擔基本條款及注意其應注意事項。
4. **相關法條**：民法第 301、303、304 條。

債務承擔契約 2-1-6

債務承擔契約

　　債權人○○銀行（以下簡稱甲方），債務承擔人（以下簡稱乙方），債務人孔祥（以下簡稱丙方），同意締結左列的債務承擔契約：

第 1 條　乙方基於丙方中華民國○○年○○月○○日的銀行交易約定書，以及中華民國○○年○○月○○日契約證明，將對甲方負擔全部的債務，代替丙方承擔。

第 2 條　丙方由於前條乙方承擔債務，與前條債務完全無關。

第 3 條　乙方基於本契約所承擔的債務，必須遵從第一條記載證書的各條項來履行義務。

第 4 條　基於本契約所承擔的債務，若乙方不履行，須經公證，不得有任何異議。

第 5 條　各當事者承認基於原契約所設定的抵押權的存續，從本契約簽訂日開始一個月，必須進行約定關於本債務承擔之抵押權登記的附記變更登記，若在這段期間內不進行登記，債權人可解除本契約。

第 6 條　抵押物提供者○○○同意本債務承擔契約，並約定關於前條登記，當盡力協助。

第 7 條　連帶債務者○○○同意本債務承擔契約，並約定按照第一條記載的規定，與債務承擔人負連帶責任。

第 8 條　保證人○○○同意本債務承擔契約，按照第一條記載的原契約規定，與債務承擔人負有連帶保證責任。

第 9 條　乙方與抵押提供者○○○，連帶債務者○○○，保證人○○○不履行本債務時，因代位而由貴行取得的權利，在與貴行的交易進行中，若未取得貴行之同意，不得行使本權利。

　　　　若貴行提出請求，則權利或順位無償讓渡給貴行。

第 10 條　為證明上記契約，作成本證書，由甲方持有。

第 11 條　本契約須提出公證。

甲方（債權人）：○○銀行　印

丙方（債務人）：○○○　印

乙方（債務承擔人）：○○○　印

抵押提供者：○○○　印

連帶債務者：○○○　印

保證人：○○○　印

中　　華　　民　　國　　○○　　年　　○○　　月　　○○　　日

註：本契約第 7、8、8 條與民法第 304 條第 2 項相符。

● 約定的併存債務承擔契約書

1. **本契約之特點**：本契約為約定之併存債務承擔契約書，由債務人、債權人、第三人共同訂立債務承擔契約，惟債務人應負連帶清償責任。

2. **適用對象**：本契約適用債務人、債權人、第三人（承擔人）訂立之債務承擔契約。

3. **基本條款**：訂立本契約應訂明債務承擔之基本條款及注意其應注意事項。

4. **相關法條**：民法第 305 條。

債務承擔契約 2-1-7

約定之併存債務承擔契約書

立契約書人○○○（以下簡稱甲方）○○貿易有限公司（以下簡稱乙方）○○○（以下簡稱丙方）茲就債務承擔事宜，訂立本件契約，條款如後：

一、丙方願承擔乙方對甲方之左列債務，與乙方並應連帶負責履行，此項承擔並經得甲方同意。

　　債務性質：貨款。

　　債權憑證：買賣契約書、簽收單、請款單及發票。

　　債務金額：新臺幣（下同）二十萬元整。

　　清償日期：中華民國○○年○○月○○日。

　　其他條件：悉依債權憑證記載。

二、本契約書一式三份，當事人各執一份為憑。

立契約書人　甲方：○○○　印

乙方：○○貿易有限公司

代表人：○○○ 印

丙方：○○○ 印

中　華　民　國　○○　年　○○　月　○○　日

註：本實例為併存的債務承擔，與前揭實例不同，即債務人之債務並不因第三人之承擔而免責。易言之，第三人係加入債務人亦應負連帶履行之義務。

● 併存的債務承擔契約書

1. 本契約的特點：本契約為併存的債務承擔契約由第三人（承擔人）與債權人訂立債務承擔契約，債務人之債務，由第三人承擔。

2. 適用對象：本契約適用債權人與第三人（承擔人）訂立債務承擔契約。

3. 基本條款：訂立本契約，應訂明債務承擔之基本條款及注意其應注意事項。

4. 相關法條：民法第 305 條。

債務承擔契約 2-1-8

併存的債務承擔契約書

　　立契約書人○○○（以下稱甲方）、○○○（以下稱乙方），甲方為承擔陳○○對於乙方所負之債務，經雙方議定如後：

第 1 條　承擔之債務，內容如下：

　　　　一、債務金額：新臺幣二十六萬元整。

　　　　二、債務種類：陳○○所簽發彰化銀行○○分行民國某年月日上開金額之支票，經乙方為付款之提示，而不獲支付之票款債務。

　　　　三、清償日期：中華民國○○年○○月○○日。

第 2 條　債務承擔之條件如下：

　　　　甲方對於前條之債務，願作為併存的（重疊的）債務承擔人，與陳○○對於乙方連帶清償責任。本契約書共作成壹式參份，除乙份提出於公證處外，雙方各執乙份為憑。

第 3 條　違約金之約定如下：

　　　　甲方不依本契約履行債務時，對於未清償部分之金額，應自清償日期之翌日起至實際為清償之日止，按每百元每日○○計付違約金。

第 4 條　公證書化之約定如下：

　　　　雙方應就本契約書，共同請求法院公證處作成公證書，載明：「應逕受強制執行」文句。

第 5 條　本契約書共作成一式三份，除一份提出於公證處外，雙方各執一份為憑。

甲方：○○○ 印

住址：○○市○○街○○號

乙方：○○○ 印

<table>
<tr><td></td><td colspan="6">住址：○○市○○路○○號</td></tr>
<tr><td>中　　華　　民　　國　　○○　　年　　○○　　月　　○○　　日</td></tr>
</table>

註：本契約第 *2* 條甲方與債務人陳○○仍負連帶清償責任。並提出法院公證。

債務承擔契約 2-1-9

債務人出具之借據（即債權證書）

　　茲借到新臺幣（下同）十萬元整。願於民國○○年○○月○○日以前全數返還。利息每萬元月息一百五十元，於每月十五日給付。如屆期未能返還本金，除利息照付外，並加計一倍之違約金計算。恐口說無憑，特出具本借據。

　　此致
○○○　先生

立借據人：○○○　印

中　　華　　民　　國　　○○　　年　　○○　　月　　○○　　日

債務承擔契約 2-1-10

債務承認書

　　茲承認本行對於貴公司所負之買賣價金債務，迄本日為止，共為新臺幣○○元整。

　　此致
育英股份有限公司

○○商行　印
負責人：○○○　印

中　　華　　民　　國　　○○　　年　　○○　　月　　○○　　日

債務承擔契約 2-1-11

貨款或其他債權支付方法承諾書

　　本行對於甲商行（負責人：○○○先生）應支付之貨款新臺幣七萬五千元整，本行已接獲通知，甲商行既經於民國某年月日訂立契約書委任乙公司向本行收取，本行茲承諾上開貨款只向受任人（乙公司）支付。

　　此致
乙公司

丙商行　印
負責人：○○○　印
住址：○○市○○路○○號

中　　華　　民　　國　　○○　　年　　○○　　月　　○○　　日

債務承擔契約 2-1-12

清償證明書（亦屬受領證書）

　　茲證明借款人○○○先生前欠立證明書人借款新臺幣一百萬元整，業已全部清償完畢。借款人○○○先生前為擔保本借款，提供所有座落○○縣○○段○○小段○○地號土地乙筆為立證明書人設定債權金額一百萬元之抵押權，立證明書人願協同辦理上項抵押權之塗銷登記。恐口說無憑，特出具本證明書。

　　此致

○○○　先生

立證明書人：○○○　印

中　　華　　民　　國　　○○　　年　　○○　　月　　○○　　日

註：欲塗銷抵押權登記，清償證明書是不可或缺的必備文件。

債務承擔契約 2-1-13

債權人出具之收據（即受領證書）

　　茲收到○○○先生（編號第○號）繳交汽車分期付款買賣第五期價款新臺幣二萬元整，特出具此據為憑。

　　此致

○○○　先生

立據人：○○汽車股份有限公司

代表人：○○○　印

中　　華　　民　　國　　○○　　年　　○○　　月　　○○　　日

債務承擔契約 2-1-14

免除通知書

存證信函第○○號

寄件人：○○○

收件人：○○○

敬啟者：臺端於民國○○年○○月○○日電匯新臺幣（下同）一百萬元整以償還對本人前欠借款，本人業已收訖。臺端另表示尚欠五天之利息及遲延利息合計五千元定當三天內補寄等語。查前揭利息為數甚微，且臺端已依約返還全部之本金是毋庸補寄利息，特為此免除之通知，盼請臺端鑑察。

第三節 債務消滅的原因

審訂：金石國際法律事務所所長　林石猛

一、清償

依債務本旨，向債權人或其他有受領權人爲清償，經其受領者，債之關係消滅（民法第 309 條第 1 項）。

二、代物清償

債權人受領他種給付以代原定之給付者，其債之關係消滅（民法第 319 條）。

三、提存

債權人受領遲延，或不能確知孰爲債權人而難爲給付者，清償人得將其給付物，爲債權人提存之（民法第 326 條）。

四、抵銷

二人互負債務，而其種類相同，並屆清償期者，各得以其債務，與他方債務，互爲抵銷，但依債務性質不能抵銷或依當事人之特約不得抵銷者，不在此限（民法第 334 條第 1 項）。

五、免除

債權人向債務人表示免除其債務之意思者，債之關係消滅（民法第 343 條）。

六、混同

債權與其債務同歸一人時，債之關係消滅，但其債權爲他人權利之標的或法律另有規定者，不在此限（民法第 344 條），例如甲繼承乙的遺產，甲對乙負有 100 萬元的債務，甲對乙債務因繼承而混同消滅。

七、契約範例

債務消滅 2-1-15

債務清償通知書

　　本人前欠臺端新臺幣一百萬元正，清償期為民國○○年○○月○○日，屆時本人攜帶該款項前往貴府，敬請準備本人借據等候。

　　　　　　　　　　通知人：
　　　　　　　　　　地址：
　　　　　　　　　　電話：

中　　華　　民　　國　　○○　　年　　○○　　月　　○○　　日

債務消滅 2-1-16

代物清償通知書

　　本人前向臺端借到稻米一百公斤，清償期為民國○○年○○月○○日，本人屆時無法以稻米歸還，敬請同意以麵粉一百公斤歸還。

　　　　　　　　　　通知人：
　　　　　　　　　　地址：
　　　　　　　　　　電話：

中　　華　　民　　國　　○○　　年　　○○　　月　　○○　　日

債務消滅 2-1-17

提存通知書

　　本公司向臺端購買土地價款之餘額新臺幣二百萬元正，本公司通知臺端至本公司領取，臺端竟拒絕領取，本公司已將該款提存臺北地方法院提存所，敬請逕向該提存所領取。

　　　　　　　　　　通知人：○○建設公司
　　　　　　　　　　代表人：
　　　　　　　　　　地址：

中　　華　　民　　國　　○○　　年　　○○　　月　　○○　　日

債務消滅 2-1-18

抵銷通知書

　　本人於民國○○年○○月○○日向臺端借用稻米一百公斤，臺端亦於民國○○年○○月○○日向本人借用稻米一百公斤，兩項債務之清償期同為民國○○年○○月○○日。本人主張兩項債務互為抵銷。

通知人：

地址：

電話：

中　華　民　國　○○　年　○○　月　○○　日

債務消滅 2-1-19

債務免除通知書

　　臺端前向本人借款新臺幣十萬元正，作為尊夫人醫藥費用，本人現今體諒臺端經濟困難，本人同意免除臺端上項債務。

通知人：

地址：

中　華　民　國　○○　年　○○　月　○○　日

第 2 章 買　賣

審訂：永然聯合法律事務所所長　李永然

一、定義

　　民法上規定的買賣，是指當事人約定一方（出賣人）移轉財產權於他方（買受人），他方支付價金的契約。只要當事人就標的物及其價金互相同意時，買賣契約即為成立（民法第 345 條）。

二、契約當事人法定權利義務

（一）出賣人的義務

1. **移轉財產權的義務**：物的出賣人負交付其物與買受人，並使其取得所有權的義務。而權利出賣人負使買受人取得權利的義務。如因其權利而得占有一定的物者，並負交付的義務（民法第 348 條）。

2. **瑕疵擔保責任**：包括權利瑕疵擔保責任和物的瑕疵擔保責任。出賣人對於標的物的瑕疵（缺點），必須對買受人負擔保責任。
   (1) 權利瑕疵擔保責任的內容，包括：
      ① 出賣人應擔保權利完整無缺，不得有第三人對標的物主張任何權利。
      ② 債權或其他權利的出賣人應擔保其權利確係存在。
      ③ 有價證券（如股票、債券），出賣人應擔保其證券未因公示催告而宣告無效（民法第 349、350 條）。
   (2) 物的瑕疵擔保責任，即出賣人在交付其物時應擔保其物：
      ① 無滅失或減少價值的瑕疵。
      ② 無滅失或減少通常效用的瑕疵（如冰箱不冰）。
      ③ 無滅失或減少契約預定效用的瑕疵。
      ④ 具有出賣人所保證的品質。
   　　如其物有瑕疵，則買受人有權利請求解除契約、減少價金、損害賠償或請求交付其他無瑕疵物（民法第 354、359、360 條）。

（二）買受人的義務

1. 交付價金的義務：買受人對出賣人有交付約定價金的義務。除法律另有規定或契約另有訂定或另有習慣外，價金與標的物的交付應同時並於標的物的交付處所爲之。但買受人如有正當理由，恐第三人主張權利致失其因買賣契約所得權利的一部或全部者，得拒絕支付價金的一部或全部（民法第368第1項、第369條）。
2. 受領標的物的義務：買受人如拒絕受領，應負遲延責任（民法第367條）。
3. 保管檢查的義務：買受人對所受領的物應從速檢查，如有瑕疵應即通知出賣人（民法第356條第1項）。

（三）買賣雙方對利益及費用之分擔

　　買賣標的物的利益（物之使用收益權）及危險（不可歸責於雙方當事人之事由，如天災致該物毀損滅失），除契約另有約定外，自交付時起由買受人承擔（民法第373條）。

　　除了法律另有規定、契約另有訂定或另有習慣外，買賣費用分擔情形如下：第一，買賣契約費用由雙方當事人平均負擔；第二，移轉權利的費用、運送標的物至清償地的費用及交付的費用由出賣人負擔；第三，受領標的物、登記及送至清償地以外處所的費用由買受人負擔（民法第378條）。

三、買賣契約應訂明基本條款

1. 出賣人及買受人。
2. 標的物的之明細表及其交付方法、時間、處所。
3. 價金及其給付方法、時間、處所。
4. 其他特約事項（如違約金）。

四、訂立買賣契約應注意事項

1. 買受人於契約成立時知有權利的瑕疵者，除契約另有訂定外，出賣人不負擔保責任（民法第351條）。
2. 買受人得以特約免除或限制出賣人瑕疵擔保責任。但如出賣人故意不告知其瑕疵者，其特約無效（民法第366條）。
3. 買受人因物有瑕疵而請求解除契約或減少價金時，其權利於物交付後六個月間不行使而消滅（民法第365條第1項）。

4. 買賣攸關所有權的移轉，爲明權利移轉時機及釐清危險負擔，買賣契約務必說明標的物之移轉交付日期。

第一節　買賣預約

審訂：永然聯合法律事務所所長　李永然

一、買賣預約的意義

　　買賣預約係約定將來訂立一定買賣契約的契約。預約在使當事人負擔履行締結本約的義務。本約者，乃因履行預約而訂立的契約。本約與預約係屬兩個獨立的契約，預約義務人如不爲訂立本約，預約權利人得請求其履行，並得請求損害賠償（民法第 227 條），或解除預約（民法第 254 條）。

二、預約的種類

1. **買賣一方的預約**：由買賣當事人的一方向他方表示以買賣預約締結買賣本約。
2. **單務預約**：由當事人一方取得締結本約之要約權。
3. **雙務預約**：由雙方當事人取得締結本約之要約權。

買賣預約 2-2-1

土地買賣預約書（買方預約）

　　預約者李○○（以下簡稱甲方）與預約權利者王○○（以下簡稱乙方）對以下不動產，按照下記約定成立買賣預約。

　　契約標的：○○市○○路○○號地（地段地號）

第 1 條　本預約契約之買賣價款為新臺幣○○○元整。

第 2 條　乙方至民國○○年○○月○○日止，可表示應買意願。

第 3 條　當乙方表示向甲方應買意願時，買賣契約成立。甲方必須會同乙方對於本件土地辦理所有權移轉登記手續。乙方在上記登記手續辦理之同時，必須將第 1 條的買賣價款支付給預約者。

第 4 條　本預約之相關費用及前條登記所需之登記規費和登記手續費用，由乙方負擔。

第 5 條　本契約書一式二份，於簽名蓋章後雙方各執一份。

甲方：李○○　印
地址：
乙方：王○○　印
地址：

中　　華　　民　　國　　○○　　年　　○○　　月　　○○　　日

買賣預約 2-2-2

動產買賣預約契約書

　　預約者張○○（以下簡稱甲方）與預約權利者○○股份有限公司（以下簡稱乙方），對下列契約標的，依照下列約定訂立買賣預約：

第 1 條　關於本預約的買賣價款為新臺幣○○○元整。

　　　　　買賣標的物：○○○○○○

第 2 條　乙方至民國○○年○月○日為止，必須表示應買的意願。當乙方表示意願時，甲乙雙方成立買賣契約。

第 3 條　當乙方表示上記應買意願時，需將第 1 條記載的價款支付給甲方，而甲方則必須將上記價款的收據和契約標的物交給乙方。

第 4 條　本契約書一式二份，於簽名蓋章後雙方各執一份。

　　　　　　　　　　　　　　　　　　　　　甲方：張○○　印

　　　　　　　　　　　　　　　　　　　　　地址：○○市○○路○○號

　　　　　　　　　　　　　　　　　　　　　乙方：○○股份有限公司

　　　　　　　　　　　　　　　　　　　　　地址：○○市○○路○○號

　　　　　　　　　　　　　　　　　　　　　常務董事：李○○　印

　　　　　　　　　　　　　　　　　　　　　地址：○○市○○路○○號

中　　華　　民　　國　　○○　　年　　○○　　月　　○○　　日

第二節　買賣本約

　　　　　　　　　　　審訂：元亨法律事務所主持律師、專利代理人　陳岳瑜

【不動產買賣】

● 不動產買賣契約書

1. 本契約的特點：本契約為不動產買賣契約，土地及建築通用，契約內容詳實為其特點。

2. 適用對象：本契約適用不動產買賣土地及建築通用之契約。

3. 基本條款及注意事項：訂立本契約應訂明買賣契約基本條款及其注意事項。

4. 相關法條：民法第 348、354 條。

買賣本約 2-2-3

不動產買賣契約書（土地、建物通用）

　　賣主○○○（以下簡稱甲方）和買主○○○（以下簡稱乙方），對於下述不動產按照下列方式締結買賣契約：

　　買賣標的物：○○○○○○
第1條　（契約的成立）
　　　　甲方將其所有的上述不動產賣給乙方，由乙方購買。
第2條　（買賣的價款）
　　　　買賣價款為新臺幣○○○元整。
第3條　（定金）
　　　　乙方在訂約日將契約定金新臺幣○○○元支付給甲方，由甲方親自簽收。
　　　　定金不附帶利息。
第4條　（買賣面積的基準）
　　　　買賣標的物的面積，以地政機關複丈結果為準。
　　　　實際丈量的結果，若買賣標的物的面積有增減時，則以每坪單價新臺幣○○○元之
　　　　比例，對第2條所訂立的買賣價款重新核計。
　　　　買賣標的物的複丈費，由甲方、乙方各負擔一半。
第5條　（契約履行的日期）
　　　　契約履行的日期為中華民國○○年○○月○○日。
第6條　（賣主的交付義務）
　　　　甲方屆前條所定日期，應將辦理買賣標的物所有權移轉登記必要的一切文件，交給
　　　　乙方或乙方指定的第三者，並須交付標的物。
第7條　（乙方的價款支付義務）
　　　　乙方應於第5條規定的日期，將買賣價款扣除定金後之總額支付給甲方，以交換前
　　　　條所規定的文件及標的物。
第8條　（所有權移轉的時期）
　　　　買賣標的物的所有權按照前條規定，在價款完全付清時由甲方移轉給乙方。
第9條　（甲方的瑕疵擔保責任）
　　　　若買賣標的物有任何瑕疵，會妨礙各項權利或所有權的完全行使，或尚有稅金沒有
　　　　完全繳納時，甲方到第5條規定的日期之前必須將各項權利、瑕疵及負擔全部去
　　　　除，將完全所有權轉移給乙方。
　　　　若有前項記載的諸權利設定、瑕疵、負擔及其他妨礙所有權行使之事由存在時，致
　　　　日後發生糾葛之情事時，甲方必須全權負責。
第10條　（收益的歸屬）
　　　　關於標的物的收益，以買賣價款的餘額清償日來劃分，在此之前歸屬甲方，而在買
　　　　賣價款的餘額清償日之後，歸屬乙方。
第11條　（負擔的歸屬）
　　　　關於買賣標的物的任何租稅負擔，以買賣價款餘額清償日來區分，在此之前由甲方
　　　　負擔，在買賣價款餘額清償日之後的部分則由乙方負擔。
　　　　前項的核算在買賣價款餘額收受時進行。
　　　　若買賣標的物的所有權移轉登記尚未完成，以甲方名義課徵之房屋稅、地價稅及其
　　　　他稅金，全部由乙方負擔；甲方將稅單交給買主後，乙方必須立刻繳納規定的金
　　　　額。

第 12 條　（危險負擔）

　　買賣標的物在交付前，若全部或一部分因不可抗拒之外力或天災而損失或毀損，或有因徵收、建築限制、土地重劃等公法上的負擔時，其損失由甲方負擔。

　　若因前項之故，乙方無法達到締結契約的目的時，可解除本契約。

　　乙方依照前二項的規定解除本契約時，甲方必須立刻將定金退還給乙方。

第 13 條　（買賣的費用）

　　所有權移轉登記必要的證書製作費用及附帶費用，由甲方負擔；所有權移轉登記必要的規費及附帶費用，由乙方負擔。

第 14 條　（喪失權利約款）

　　甲方或乙方任何一方未履行本契約所訂定之義務，則對方可給予一週的寬限期並進行催告，若逾期而受催告的一方仍不履行義務時，對方可即時解除本契約。

第 15 條　（違約金）

　　由於乙方不履行本契約，而甲方依前條約定解除本契約時，甲方可沒收定金，無歸還之義務。

　　若甲方未履行本契約，乙方依前條之規定解除本契約時，甲方必須歸還乙方已支付之定金，同時必須支付與定金同額之違約金。

　　甲方或乙方因對方不履行義務而遭受損失時，除了前項的違約金之外，亦可向對方請求損害賠償。

第 16 條　（契約份數）

　　本契約書一式二份，於各自簽名蓋章後由雙方各持一份為憑。

甲方：○○○　[印]

地址：

身分證統一編號：

乙方：○○○　[印]

地址：

身分證統一編號：

中　華　民　國　○○　年　○○　月　○○　日

註：本契約第 10 條收益的歸屬及第 11 條負擔的歸屬為本契約之要項，應予注意。

● 不動產附買回條件契約書

1. 本契約的特點：本契約為不動產附買回條件之契約，出賣人以附買回條件，買回己出售不動產。

2. 適用對象：適用不動產附買回條件之契約。

3. 基本條款：訂立本契約應註明原出賣買回之權利。

4. 相關法條：民法第 379、380、381、382、383 條。

買賣本約 2-2-4

不動產附買回條件契約書

　　出賣人（即原買受人）○○○（以下簡稱為甲方）買受人（即原出賣人）○○○（以下簡稱為乙方）茲為不動產買回經雙方同意訂立買回契約條件如下：

第1條　乙方前於民國○○年○○月○○日，將後開不動產附保留買回權之特約條件以新臺幣○○○元整之價金，出賣予甲方，並訂立不動產買賣契約書及將買賣標的物點交移轉完成買賣在案。今因乙方依上開買賣契約第○條之規定，為行使買回權，而甲方亦願依本契約條件同意由乙方買回之。

第2條　乙方為行使買回權，即將其前向甲方所受領之賣渡價金新臺幣○○○元整返還予甲方，而甲方即日經向乙方悉數收訖。

第3條　甲乙雙方間，前次買賣所由甲方已開支○○元整費用計算新臺幣○○○，依約應由乙方償還予甲方，於乙方承認上開金額無訛即於本契約成立同時，由乙方如數支付甲方收訖。

第4條　本件買回標的物之○○○部分，經甲方改良○○○（如有益費、保存費）共計支出新臺幣○○元，乙方亦承認無訛並願將該款項照數償還甲方，而甲方亦親向乙方收訖。

第5條　甲方於本買回契約成立同時，應將再買賣標的物連同其所改良之物全部交付乙方。

第6條　甲方應於○○年○○月○○日以前，備妥登記有關文件交予乙方向所轄地政事務所申請為買回之所有權移轉登記手續。

第7條　甲方保證在承買期間中確無與他人訂立過買賣契約及為抵押權、典權等他項權利之設定，或供為任何債權之擔保。如日後發現有此等瑕疵時，甲方應負責理清，倘因而致乙方受有損害時仍應負其賠償之責。

第8條　本件買回標的物應負徵稅如有積欠者甲方應即繳清，不得連累乙方，其因此致乙方受有損害時，乙方得向甲方請求賠償。

第9條　本買回契約費用及登記費用或增值稅，均由乙方負擔之。

第10條　本契約一式二份，甲、乙雙方各執一份為憑。

　　　　　　　　賣方（甲方）：○○○　印
　　　　　　　　身分證字號：
　　　　　　　　地址：
　　　　　　　　買方（乙方）：○○○　印
　　　　　　　　身分證字號：
　　　　　　　　地址：

中　　華　　民　　國　　○○　　年　　○○　　月　　○○　　日

註：1. 本契約第1條為買回之重要條款，訂約時，應注意務必詳細列入。
　　2. 買回合約簽訂前，應先向地政機關調閱土地謄本，確認標的物不動產所有權歸屬及有無設定他項權利。

● **預售停車位買賣定型化契約書範本（行政院消費者保護委員會編印）**

1. 本契約的特點：本契約為預售停車位買賣契約書。當事人一方以停車位預售予他方，他方給付價金之契約。
2. 適用對象：本契約適用於預售停車位契約。
3. 基本條款及應注意事項：訂立本契約應訂明買賣契約之基本條款及應注意事項。
4. 相關法條：民法第 345 至 378 條，消費者保護法第 11 至 17 條。

（一）適用範圍

　　以公共設施登記之室內停車位可分三種，即法定停車位、自行增設停車位及獎勵增設停車位。所謂法定停車位，係指依都市計畫書、建築技術規則建築設計施工編第 59 條及其他有關法令規定所應附設之停車位，又稱防空避難室兼停車位，無獨立權狀，以共用部分持分分配給承購戶，須隨主建物一併移轉，但可以依分管協議，交由某一戶或某些住戶使用。自行增設停車位，指法定停車位以外由建商自行增設之停車位；獎勵增設停車位，指依「臺灣省建築物增停車空間鼓勵要點」、「臺北市建築物增設室內公用停車空間鼓勵要點」或「高雄市鼓勵建築物增設停車空間實施要點」規定增設之停車位。自行增設停車位與獎勵增設停車位皆有獨立產權、權狀，可單獨移轉。

　　前揭各種停車位如何區分？地方主管建築機關於核准建築執照之設計圖說時，在每一停車位上均有明確標示為法定、自行增設或獎勵增設。為避免糾紛，消費大眾在購買前最好先查閱設計圖說，以了解所購買停車位之類別。

　　本契約範本僅適用於自行增設停車位、獎勵增設停車位、停車塔或分層停車空間等其他可做為獨立產權登記之停車位預售買賣時之參考，買賣雙方參考本範本訂立契約時，仍可依民法第 153 條規定意旨，就個別情況磋商合意而訂定之。至有關法定停車位，請參考適用內政部 85 年 2 月函頒「預售屋買賣契約書範本」第 2 條房地標示第 3 款及第 8 條地下層共同部分權屬。

（二）契約審閱（前言右下方）

　　關於契約審閱，按預售停車位買賣契約屬消費者契約之一種，買賣雙方對於契約內容之主客觀認知頗有差異，是以建築投資業者所提供之定型化契約應給予消費者合理期間以了解契約條款之內容，此於消費者保護法第 11 條之 1 已有明訂。另依據行政院公平交易委員會 84 年 6 月 7 日第 191 次委員會議決議：建築投資商銷售預

售屋時，有下列行為之一者，即可能構成公平交易法第 24 條所規定顯失公平之行
為：

1. 要求客戶須給付定金始提供契約書。
2. 與客戶簽約前，未提供充分之契約審閱期間。審閱期間至少五天。
3. 於客戶就契約條款內容要求修改時，無正當理由拒絕修改，且拒絕返還客戶為
   保留交易機會所繳付之款項。有無正當理由，由建商負舉證責任。

（三）停車位基地權利範圍之計算（第 1 條）

關於第 1 條第 1 款，停車位於公寓大廈中應分攤之基地權利比例，係以全部主
建物及停車位面積之總和為分母，個別之停車位面積為分子，計算其應分攤之基地
比例；其停車位面積依建築技術規則第 60 條規定之規格計算之。

（四）產權登記期限（第 5 條）

依據行政院公平交易委員會 84 年 8 月 16 日第 201 次委員會議決議略以：業者
應於 84 年 10 月 1 日以後簽訂之契約中明定關於土地移轉之年度或日期，否則即違
反公平交易法第 24 條規定（註：有關以不特定之約定期間表示土地移轉時間者，如
「使用執照取得後」、「使用執照申請後」等方式，係屬不特定之約定期間；另有
關特定之約定期間如「簽約後三個月內」之表達方式，因其簽約日有明確記載，故
可予認同）。

（五）買方自行辦理貸款或火險之規定

買方如欲自行辦理貸款或火險，除於訂約時明示自行辦理外，並預立貸款撥款
委託書予賣方，賣方則須配合買方貸款需要提供房地權狀或配合辦理貸款手續，賣
方如因而增加了費用支出得向買方求償。

（六）轉售條件（第 9 條）

按預售停車位賣方會同買方辦理轉售時，需說明契約內容及提供相關資料，俾
辦理契約簽訂等其他相關事宜，其所需成本似得准收手續費。本契約範本爰例示約
定手續費不超過停車位總價款 2‰，以供參考。

（七）違約罰則（第 13 條）

按違約金數額多寡之約定，係視簽約時社會經濟及房地產景氣狀況而定，是以

買賣雙方簽約時，就違約金數額之約定，仍應考量上開狀況磋商而定。

（八）消費爭議之申訴與調解

因本契約所發生之消費爭議，依消費者保護法第 43 條及第 44 條規定，買方得向賣方、消費者保護團體或消費者服務中心申訴；未獲妥適處理時，得向停車位所在地之直轄市或縣（市）政府消費者保護官申訴；再未獲妥適處理時得向直轄市或縣（市）消費爭議調解委員會申請調解。

買賣本約 2-2-5

預售停車位買賣契約書

本契約於中華民國○○年○○月○○日經買方攜回審閱。（契約審閱期間至少為五日）

買方簽章：

賣方簽章：

　　立契約書人 買方：○○○ 茲為下列停車位及其基地權利買賣事宜，雙方同意依本契約條 賣方：○○○
款履行，茲簽立條款如下：

第 1 條　買賣標的

一、停車位基地座落

　　○○縣市○○鄉鎮市區○○段○小段○○地號等○○筆土地，使用分區為都市計畫內○○區（或非都市土地使用編定為○○區○○用地），面積○○平方公尺，買賣權利範圍為○○分之○○。

二、停車位性質、位置、型式、規格、編號、面積及權利範圍：

　　全部停車位含車道及其他必要空間之面積共計○○平方公尺（○○坪），本停車位權利範圍為○○分之○○。

　　□停車塔　　　□分層停車空間

　　□地上　　　　□平面式

　　買方購買之停車位屬□自行增設停車空間，為□地面第○○層□機械式

　　□獎勵增設停車空間　　　□地下　　　□其他（　　）

　　□其他（　　）

　　編號第○○號之停車空間計○○位。其規格為長○○公尺，寬○○公尺，高○○公尺（可停放長○○公尺，寬○○公尺，高○○公尺之車輛）。

三、建造執照及單位平面圖：

　　本停車位以主管建築機關核准之停車空間平面圖為準（影本如附件一），建照號碼為○○政府○○局建造執照建字第○○○號（影本如附件二）。

第 2 條　停車位數量及價款

一、本契約總價款合計新臺幣○○千○○百○○十○○萬元整。

二、本契約停車位數量為○○位，個別價款如下：

編　號	土地價款 （新臺幣/元）	建物價款 （新臺幣/元）	合計價款 （新臺幣/元）
第　號	百　十　萬元整	百　十　萬元整	百　十　萬元整
第　號	百　十　萬元整	百　十　萬元整	百　十　萬元整
第　號	百　十　萬元整	百　十　萬元整	百　十　萬元整

第3條　付款方式

一、雙方同意依付款明細表（如附件三）所列，買方於接獲賣方書面繳款通知單七日內自行向賣方指方之繳納地點或金融機構專戶，以現金或即期支票如數一次繳清，如逾期達五日仍未繳清期款者，買方同意自逾期日起按日加付逾期期款部分萬分之五之遲延利息，並於補繳期款時一併繳付賣方。但賣方同意緩期繳付者，不在此限。

二、雙方同意每期付款間隔至少為○日。

三、賣方同意停車位總價款5%之保留款訂於最後一期，於辦理停車位產權移轉登記後，點交停車位時，買方繳清之，且本期付款間隔不受前款之限制。

第4條　驗收

一、賣方完成本契約停車位必要設施及領得使用執照後，應通知買方於七日內進行驗收手續。

二、買方於驗收時對本契約停車位之瑕疵，應載明於驗收單上由賣方限期修繕，於完成修繕前買方得拒絕點交。

第5條　產權登記及點交期限

買賣雙方同意本停車位產權之移轉應於使用執照核發日起六個月內辦理完畢，並於登記完畢後兩個月內完成點交。

第6條　買方義務

一、買方應配合簽訂住戶規約及停車場管理公約（如附件四）。

二、買方於停車位產權移轉登記前應履行下列義務：

繳清第三條保留款以外之自備款。

繳清因逾期付款應加計之遲延利息。但有第七條第二款第二目情形者，該期間得予扣除。

繳清第十條所列應由買方繳付之稅費。

如需辦理貸款，應提出辦理產權登記及貸款有關文件、預立各項取款或委託撥付文件、開立與原預定貸款同額之禁止背書轉讓本票予賣方。

買方同意配合賣方指定之土地登記專業代理人辦理產權登記之相關事宜，並於賣方或其指定之土地登記專業代理人通知日起七日內協辦，否則應賠償因而所產生之額外費用（如罰鍰、增加稅費等）及損失。

三、買方應於收到點交停車位之通知日起七日內配合辦理相關手續，逾期賣方不負保管責任。但可歸責於賣方時，不在此限。

第7條　賣方義務

一、賣方應提供停車位種類及產權登記說明書（格式如附件五）予買方，並就說明書內各項詳實填註，如有虛偽不實，由賣方負法律責任。

二、賣方應於民國○○年○○月○○日前開工，自開工日起 ○○日曆天以前完工，並以建築主管機關核發使用執照日為完工日，如有逾期，應按日給付買方已繳之停車位價款萬分之五之遲延利息，並於辦理點交本契約停車位時給付買方。

但有下列情事之一者，並期間不計入前列天數：

買方未依約交付本契約所載之各期價款及遲延利息或其他應由買方負擔之稅費，其遲延期間。

因天災地變等不可抗力之事由致賣方不能施工者，其停工期間。

因政府法令變更或其他非可歸責於賣方之事由發生時，其影響期間。

有關水、電等配管及埋設工程，其接通日期悉依各該公用事業單位之作業及程序而定，不受本項完工期限之約束。但因可歸責於賣方之事由者，不在此限。

三、買方如因需辦理貸款，開立與原預定貸款同額之禁止背書轉讓本票予賣方，賣方不得將該本票供其他任何擔保之用，且賣方取得貸款撥付款項時，應即返還該本票予買方。

四、賣方應於買方配合完成點交停車位手續時，將所有權狀、保證書、保固服務紀錄卡、停車場管理公約、使用執照（影本）、鑰匙、遙控器及代繳稅費之收據一併交付買方。

第8條　保固期限及範圍

賣方同意自雙方完成本契約停車位點交手續日起，依下列方式負保固責任。但因可歸責於買方之事由致無法辦理點交者，買方同意賣方自通知之點交日起負保固責任。

一、建築結構部分，保固十五年。

二、機械設備部分，保固一年。

三、其他部分，保固一年。

第9條　契約轉讓條件

一、買方於本契約停車位產權登記完成前及繳清各期款前，如欲將停車位契約轉讓他人者，應以書面徵求賣方同意，賣方非有正當理由不得拒絕。

二、買方同意於契約轉讓時繳付部分手續費予賣方。

三、賣方同意前款手續費不超過停車位價款千分之二。

第10條　稅費負擔

買賣雙方應負擔之稅費除依有關規定外，並依下列規定辦理：

一、地價稅、房屋稅以點交日按買賣雙方比例分擔。土地增值稅應以使用執照核發日之當年度公告土地現值計算之，由賣方負擔。

二、產權登記規費、印花稅、契稅、監證費（或公證費）、代辦手續費、貸款保險費及各項附加稅捐由買方負擔。但起造人為賣方時，建物所有權第一次登記規費及代辦手續費由賣方負擔。

三、賣方同意除前二款所列稅費外，買方無須負擔其他額外費用。

第11條　規格誤差之處理

本契約停車位之竣工規格尺寸，誤差在百分之二以下且長未逾十公分、寬未逾五公分者，視為符合規格。因竣工規格尺寸產生誤差，致規格尺寸之減少超過上述標準者，買方得解除契約，或請求減少價金。但依情形，解除契約顯失公平者，買方僅得請求減少價金。

第 12 條　其他約定

　　一、賣方保證本契約停車位產權清楚，絕無一物數賣、占用他人土地或其他糾葛情事。如有產權糾紛致損害買方權益時，買方得定相當期限催告賣方解決。

　　二、賣方如因天災、地變等不可抗力之事由或因政府法令變更或其他不可歸責於賣方事由發生，致不能履行本契約時，雙方同意解除契約，賣方應於解除契約同時無息返還買方已繳付之停車位價款。

　　三、買方同意購買本契約停車位，日後應依法令規定使用。

第 13 條　違約罰則

　　一、賣方違反前條第一款之規定，或違反第七條第二款有關逾期開工日或完工日達六個月者，買方得解除本契約。解約時賣方除應將買方已繳之價款及遲延利息全部退還外，並應同時賠償總價款百分之二十之違約金予買方。但該賠償金額超過買方已繳之價款者，以已繳價款為限。

　　二、賣方違反第五條規定逾期未辦登記或點交者，應按日給付買方已繳之停車位價款萬分之五之遲延利息，逾期達六個月者，買方得依前款規定解除契約。但因不可歸責於賣方之事由者，不在此限。

　　三、買方違反第三條第一款之約定，逾期付款達六個月，並經賣方以存證信函定相當期限催繳而未繳者，賣方除得解除本契約外，並得沒收買方已繳之停車位價款。但該沒收金額不得超過停車位總價款百分之二十。

第 14 條　疑義之處理

　　本契約條款如有疑義時，應依消費者保護法第十一條第二項規定，為有利於買方之解釋。

第 15 條　合意管轄法院

　　因本契約發生之訴訟，雙方同意以本契約第一條土地所在地之地方法院為第一審管轄法院。

第 16 條　附件效力及契約分存

　　本契約之附件視為本契約之一部分。

　　本契約一式二份，由買賣雙方各執一份為憑，並自簽約日起生效。

　　買方所執存之本契約，賣方不得要求收回。

第 17 條　未盡事宜之處置

　　本契約如有未盡事宜，雙方同意依相關法令、習慣及誠實信用原則公平處理之。

附件：

一、停車空間該樓層平面圖影本一份。

二、建造執照影本一份。

三、付款明細表一份。

四、住戶規約及停車場管理公約各一份。

五、停車位種類及產權登記說明書一份。

```
立契約書人    買方：○○○  印
              身分證統一編號：
              戶籍地址：
              通訊地址：
              連絡電話：
              賣方：
              法定代理人：○○○  印
              統一編號：
              營業處所：
              電話：

中    華    民    國    ○○    年    ○○    月    ○○    日
```

註：1. 訂立本契約，應本於本等互惠原則，如有疑義，應有利於消費者之解釋。
　　2. 訂立本契約，不得違反誠信原則，如對消費者顯失公平無效。

【附件】

停車位種類及產權登記說明書（續）

項次	內容	選項	備註
1	種類	□ 停車塔_____位 □ 分層停車場_____位 □ 自行增設停車空間_____位 □ 獎勵增設停車空間_____位 □ 其他（　）_____位	編號第_____號 編號第_____號 編號第_____號 編號第_____號
2	位置	□ 室內 ┌□ 地上層 　　　├□ 地面 　　　└□ 地下層 □ 室外 ┌□ 地上 　　　└□ 地面	
3	型式	□ 平面式 □ 立體式 □ 機械式 ┌□ 垂直循環式 　　　　├□ 平面往復式 　　　　├□ 升降機式 　　　　├□ 水平循環式 　　　　├□ 多層循環式 　　　　├□ 方向轉換裝置 　　　　└□ 汽車用升降機 　　　　　□ 簡易升降式 　　　　　□ 多段式 　　　　　□ 升降滑動式 □ 塔臺式	

停車位種類及產權登記說明書（續）

項次	內容	選項	備註
4	規格	長 □ 6.0 公尺 □ 5.75 公尺 □ 5.5 公尺 □ 12.0 公尺 □ 11.75 公尺 □ 2.2 公尺 □ 其他（　公尺） 寬 □ 2.5 公尺 □ 2.25 公尺 □ 2.2 公尺 □ 4.0 公尺 □ 3.75 公尺 □ 其他（　公尺） 淨高 □ 2.1 公尺 □ 1.8 公尺 □ 其他（　公尺）	
5	登記方式	□ 以主建物持分編號方式登記 □ 其他（　）	
6	使用性質	□ 標準型車停車位 □ 小型車停車位 □ 機械設備停車位 □ 大型客車停車位 □ 小貨車裝卸位 □ 大貨車裝卸位 □ 機車停車位 □ 其他（　）	
7	使用方式	□ 須供公眾使用 □ 須簽立分管協議書 　□ 租用 　□ 其他（　） □ 所有權人自用（約定專用）	
8	車道寬度	□ 3.5 公尺 □ 5.5 公尺 □ 10.0 公尺 □ 其他（　公尺）	

停車位種類及產權登記說明書（續）

項次	內容	選項	備註
9	出入口高度	☐ 2.0 公尺 ☐ 2.2 公尺 ☐ 1.6 公尺 ☐ 1.8 公尺 ☐ 其他（　公尺）	

賣方保證以上記載事項屬實，如有虛偽不實，願負一切法律責任。

賣方簽章：

【房屋買賣】

● 房屋買賣契約書（附有特別規定）

1. 本契約的特點：本契約主要以房屋之所有權移轉為內容，詳列標的物買賣之要件，並有特別約定，使買賣雙方遵守為其特色。
2. 適用對象：本契約於一般房屋為標的物買賣時適用之。
3. 基本條款及應注意事項：訂立本契約應訂明買賣契約之基本條款及其應注意事項。
4. 相關法條：民法第 348、354、359、360、367、356、378 條。

買賣本約 2-2-6

房屋買賣契約書（內政部頒訂標準格式）

　　立房屋買賣契約人買主：○○○（以下簡稱為甲乙方）本約房屋產權買賣事項，經甲乙
賣主：○○○
雙方一致同意訂立條款如後，以資共同遵守：

一、房屋標示：座落○○市縣○○鄉鎮○○段○○小段○○等地號內，即○○市縣○○鄉鎮○
　　○街路○○段○○巷○○弄○○號第○○棟第○○樓（如附件）房屋面積○○○平方公
　　尺（○○坪）（包括陽臺、走道、樓梯間、電梯間、電梯機房，電氣室、機械室、管理
　　室等共同使用部分之分擔）。

二、面積誤差：前條房屋以面積建築完工後地政機關複丈並登記完竣之面積為準，如有誤差
　　超過百分之一時，應就超過部分或不足部分按房屋單價相互補貼價款。

三、房屋價款：（包括本約所載之附屬設備及共同設施）新臺幣○○○元整。（如附件）

四、地下層權屬：本約共同房屋使用之地下第○○層面積○○○平方公尺（○○坪）按買主
　　建物面積比例隨同房屋一併出售為買受人所共有。地下層非屬共同使用之部分計面積○
　　○○○平方公尺（○○○坪）應歸屬○方。

五、屋頂權屬：屋頂突出物除電梯間、機房、樓梯間、水箱……等共同使用部分外，全部
　　歸○方使用。

六、設備概要：本約買賣房屋規格依照主管建築機關核准○○年○○月○○日第○○字號建造執照（如附件之圖說）為準外，核准圖說上未予註明之建材、設備或其他設施（如道路、路燈、溝渠、花木等），其廠牌、等級或規格如附件 (3)。

七、交屋期限：乙方應自本約簽訂日起○天（日曆天）內將使用執照及所有權狀併同房屋交付甲方，但因不可抗力致不能如期交出房屋者，由雙方視實際需要協定期限予以延展。其延長期限不加收滯納金。

八、保固期限：乙方對本約房屋之結構及主要設備應負責保固一年，但因天災或不可歸責於乙方之事由而生之毀損不在此限。

九、貸款約定：本約第 3 條房屋價款內之尾款新臺幣○○○元整，由甲方以金融機關之貸款給付，並由甲乙雙方另立委辦貸款契約書由乙方依約定代甲方辦妥一切手續，其貸款金額少於上開預定貸款金額者其差額部分由乙方按金融機關之貸款利息及貸款期限貸款給甲方並辦理第二順位抵押。但因金融機關基於法令規定停辦貸款或其他不可歸責於乙方之原因致不能貸款者，甲方應於接獲乙方通知之日起○天內以現金一次（或分期）向乙方繳清或補足，但甲方因而無力承買時，應於接獲通知之日起○天內向乙方表示解除契約，乙方應同意無條件解約並無息退還已繳款項予甲方。

十、產權登記：房屋產權之登記由甲乙雙方會同辦理或會同委任代理人辦理之。辦理房屋產權登記時，其應由甲方或乙方提供有關證件及應繳納稅捐，甲方或乙方應依規定期日、種類、內容及數額提供及繳納，如因一方延誤，致影響產權登記者，因而遭受之損害，應由延誤之一方負賠償責任。

十一、稅捐負擔：甲乙雙方應負擔之稅捐除依有關法令規定外，產權登記費、印花稅、契稅、監證費、代辦費、各項規費及臨時或附加之稅捐由甲方負擔。

十二、違約處罰：

（一）乙方除因不可抗力之事由外，其逾期交屋每逾一日按房地總價千分之○計算違約金予甲方。乙方不履行契約經甲方催告限期履行，逾期仍不交屋時，甲方得解除本契約。解約時乙方除應將既收價款全部退還甲方外，並應賠償所付價款同額之損害金予甲方。

（二）甲方全部或一部分不履行本契約第三條附件 52 付款表之規定付款時，其逾期部分，甲方應加付按日千分之○計算之滯納金於補交時一併繳清。如逾期經乙方催告限期履行，逾期仍不交付時，乙方得按已繳款項百分之五十請求損害賠償，但以不超過總價款百分之三十為限。如甲方仍不履行時，乙方得解除本契約並扣除滯納金及賠償金後無息退還已繳款項。

（三）交屋前甲方如發現房屋構造或設備與合約規定不符並經鑑定屬實者，乙方應負責改善或給予相當之補償，甲方於受領交屋前毋庸再向乙方為瑕疵擔保之通知，得依民法第三百六十條規定行使權利。如結構安全上發生問題，甲方得解除本契約，解約賠償依第 26 款之規定。

十三、乙方責任：本約房屋乙方保證產權清楚，絕無一物數賣或與工程承攬人發生財務糾紛等情事。訂約後發覺該房屋權利有糾紛致影響甲方權利時，甲方得定相當期限催告乙方解決，倘逾期乙方仍不解決，甲方得解除本契約，乙方除退還既收價款外，並依本約第十二條所定標準為損害賠償。交接房屋後始發覺上開糾葛情事時，概由乙方負責清理，甲方因此所受之損害，乙方應負完全賠償責任。

十四、甲方義務：甲方履行下列各款時，乙方應同時交付房屋及其所有權狀與使用執照：

　　（一）付清房屋價款。

　　（二）付清因逾期付款之滯納金。

　　（三）付清辦理產權登記所需手續費、甲方應付稅捐及應預繳貸款利息。

　　（四）經乙方通知交屋之日起發生之本戶水電基本費及共同使用設備應分擔之水電費。

　　（五）經乙方通知交屋之日起屬於安全防衛、保持清潔、共同使用設施及設備之整理操作及維護等應分擔之管理費用。

十五、房屋基地：本約房屋使用之土地由甲方另向土地所有權人價購，該土地權利人對本約房屋與乙方連帶負瑕疵擔保責任，並同意行使本約第十六條有關解約之規定。

十六、特別約定：

　　（一）乙方如違反本約第九條規定或有第十二條第一、二款規定情事，甲方依約解除本契約時，並同意解除本約房屋基地土地承買契約。甲方及房屋基地土地出賣人因而所受之損害應由乙方負責賠償。

　　（二）甲方如有本約第十二條第二款規定情事，致乙方依約解除本契約時，甲方應同時解除本約房屋基地土地承買契約。乙方及房屋基地土地出賣人因而所受之損害由甲方負責賠償。

十七、未盡事宜：本約如有未盡事宜，依有關法令、習慣及誠實信用原則公平解決之。

十八、契約分存：本約之附件視為本約之一部分。本約一式三份，由甲乙雙方及連帶保證人各執一份為憑，並自簽約日起生效。

　　附件：標明尺寸之建築物平面圖一份。

　　　　　分期付款表一份。

　　　　　房屋設備概要一份。

　　　　　建造執照影本一份。

　　　　　　　　　　　　立契約書人　甲方：

　　　　　　　　　　　　　　　　　　姓名：○○○　印

　　　　　　　　　　　　　　　　　　住址：

　　　　　　　　　　　　　　　　　　身分證統一編號：

　　　　　　　　　　　　　　　　　　乙方：

　　　　　　　　　　　　　　　　　　公司名稱：

　　　　　　　　　　　　　　　　　　公司地址：

　　　　　　　　　　　　　　　　　　負責人：○○○　印

　　　　　　　　　　　　　　　　　　身分證統一編號：

　　　　　　　　　　　　　　　　　　公會會員證書字號：

中　華　民　國　　○○　年　　○○　月　　○○　日

註：本契約主要是以不動產之所有權為內容，故賣方應準備所有權移轉登記聲請手續之一切書類，以便將所有權移轉登記給買方。

● 房屋買賣契約書（一般之房屋）

1. **本契約的特點**：本契約為一般房屋買賣契約，對價款繳納方式、解除契約之條件、違約處罰均有詳細規定為其特色。
2. **適用對象**：適用於房屋買賣契約。
3. **基本條款及注意事項**：訂立本契約應明訂明買賣契約之基本條款及其應注意事項。
4. **相關法條**：民法第 348、354、359、360、356、367、378 條。

買賣本約 2-2-7

房屋買賣契約書

　　立買賣契約書人買受人（以下簡稱甲方）、出賣人（以下簡稱乙方）本件房屋產權買賣事項，經雙方一致同意訂立條款如後，以資共同遵守：

第 1 條　房屋標示：（略）

第 2 條　房屋價款：房屋總價為新臺幣○○○元整，依下列期限支付之：（略）

第 3 條　點交房屋：乙方應自○○之日起○○個月（或天）內將房屋交付甲方點收，但因不可抗力致不能如期交屋者，得由雙方協定延展之。

第 4 條　產權登記：自○○之日起○○天內，由雙方會辦或委由他人代辦，限○○天內辦理完畢，不得拖延。惟登記須甲乙雙方提出有關證件及應繳納稅捐，均應依規定期日、種類、內容及數額提供及繳納，如因一方延誤致影響產權登記者，因而遭受之損害，應由延誤之一方負賠償責任，他方於延誤中並得定期催告，延誤之一方逾期仍不履行者，他方得解除契約。契約解除後，依第 6 條違約處罰之規定處理。

第 5 條　稅捐負擔：應負擔之稅捐，除依法律規定外，關於產權登記費、印花稅、契稅、代辦費，各項規費及臨時或附加之稅捐，均由甲方負擔。

第 6 條　違約處罰：

　　一、乙方交屋，除因不可抗力之事由外，每逾一日按總價千分之○計算違約金予甲方。乙方不履行契約，經甲方催告仍不交屋時，甲方得解除契約，契約解除後，乙方除應將既收之價款全部退還外，並應賠償所付價款同額之賠償金予甲方。

　　二、甲方全部或一部不履行本約第 2 條規定付款者，其逾期部分，應加付按日千分之○計算之滯納金，於補交時一併繳清。如逾期經乙方催告而仍不遵期履行者，乙方得按已付款 50% 計算請求損害賠償，如甲方仍不履行時，乙方得解除契約，並將已付款扣除滯納金及賠償金後無息返還甲方。

第 7 條　連帶保證人與被保證人應負連帶履行本契約之義務。

承買人（甲方）：○○○　印

　　　　　　　　　　　　　　　住址：

　　　　　　　　　　　　　　　身分證統一編號：

出賣人（乙方）：○○○　印
　　　住址：
　　　身分證統一編號：
連帶保證人：○○○　印
　　　住址：
　　　身分證統一編號：

中　　華　　民　　國　　○○　　年　　○○　　月　　○○　　日

註：本契約對於房屋之瑕疵及權利瑕疵均未規定，應適用民法各有關規定（民法第349條至366條）。

● 房屋分期付款買賣契約書

1. **本契約的特點**：本契約為房屋分期付款之買賣，買受人依雙方約定分期付款予出賣人以完成交易之契約。
2. **適用對象**：本契約適用於房屋分期付款之買賣契約。
3. **基本條款及注意事項**：訂立本契約應訂明買賣契約之基本條款及其應注意事項。
4. **相關法條**：民法第389、390條。

買賣本約 2-2-8

房屋分期付款買賣契約書

賣方○○○（以下簡稱甲方）
買方○○○（以下簡稱乙方）
保證人○○○（以下簡稱丙方）
保證人○○○（以下簡稱丁方）

　　上列當事人就房屋分期付款買賣事宜，訂立合約如下：

第1條　本買賣總金額定為新臺幣○○元整。乙方於民國○○年○○月○○日預付定金○○元予甲方，甲方如數領訖。另乙方於民國○○年○○月○○日前支付甲方○○元，以為本買賣之頭期款，餘款○○元則依照月息一分之利率加算利息，採分期攤還方式，自民國○○年○○月○○日至○○月○○日共計○○個月期間，將按月攤付之金額於每月○○日前往甲方之營業所支付。然前述之付款期間，若乙方所交付之頭期款額增加，則甲方須清帳修改乙方所欠之分期付款金額。

第2條　本買賣房屋之交付，以乙方付清本買賣金額○○萬元（百分之三十）作為交換。

第3條　本買賣房屋所有權申請移轉之日期，定為前條交付款項時，同時乙方得就本買賣房屋設定抵押權，雙方就此應於登記申請手續之時言明。又各登記手續費用，得由乙方負擔。

第4條　本買賣房屋之租稅及其他稅金，自房屋買賣契約成立日起，即由乙方負擔。
　　　　上述之負擔金額可由甲方暫時墊付，但若甲方請求時，乙方應立即支付。

第5條　乙方在分期付款付清前，如無甲方之書面同意，不得將該房屋轉賣、租賃予他人，或由他人占有，亦不得裝潢、改造或增建該建築物。

第 6 條　乙方未能支付每月之分期付款金額時，甲方得對乙方以存證信函催告支付，乙方於收取催告書三十日後，依然未予履行，則甲方得請求乙方立即一次付清餘款。另甲方除對乙方請求交付餘款外，亦可解除本合約。

第 7 條　甲方得以其名義為該房屋建築物訂立火災保險契約，其保費由乙方負擔。若保費先由甲方代付，乙方即須返還予甲方。有關保險公司之選擇、保額之多寡，決定權歸於甲方。而一旦該項建築物發生燒燬情事，因上述保險仍在於彌補甲乙雙方之損失，故甲方應以所領取之保險理賠金充當乙方付予甲方之分期付款金額，以及其他本契約上之各種債務，若有餘額仍應交付予乙方。但如毀損乃屬乙方之故意過失引起，則保險理賠悉由甲方獲得，乙方不得有任何異議。

第 8 條　乙方遲延支付分期付款、代墊金時，則須以每月百元日息十分之利率向甲方支付賠償金。

第 9 條　本買賣房屋之所有權移轉分期付款皆已完成，若因天災或其他不可抗力之因素以致滅失、毀損時，其損失由乙方負擔。

第 10 條　乙方應選定連帶保證人二名，會同甲方於民國○○年○○月○○日前，將本契約內容完成公證手續。

第 11 條　乙方與連帶保證人同意，若未能履行本契約之金錢債務時，毋須催告即無異議接受強制執行。

第 12 條　本契約中未約定之事項，悉依民法之規定。

第 13 條　本契約書一式四份，由甲、乙雙方及丙、丁保證人各執一份為憑。

賣方（甲方）：○○○　印
身分證字號：
地址：
買方（乙方）：○○○　印
身分證字號：
地址：
連帶保證人（丙方）：○○○　印
身分證字號：
地址：
連帶保證人（丁方）：○○○　印
身分證字號：
地址：

中　華　民　國　　○○　　年　　○○　　月　　○○　　日

註：本契約之第 9 條為本契約之重點，應注意。

● 房屋預定買賣契約書（未建築完成之房屋）

1. **本契約的特點**：本契約為尚未建築完成之房屋成立買賣契約，對於房價之付款方式有特別規定。

2. 適用對象：本契約適用於尚未建築完成之房屋買賣契約。

3. 基本條款及注意事項：訂立本契約應訂明買賣契約之基本條款及其應注意事項。

4. 相關法條：民法第 348、354、359、360、356、367、378 條。

買賣本約 2-2-9

房屋預定買賣契約書

　　立契約書人買方○○○（以下簡稱甲方）賣方○○○（以下簡稱乙方），茲為房屋預定買賣事宜，雙方協議訂立本契約各款條列明如下：

第 1 條　房屋基地座落：○○○○○○○等○筆土地上，○型式○樓房屋○戶約○建坪（含陽臺、公共設施在內，以工務局核定之圖樣為準），精確面積以地政機關丈量結果為依據。

第 2 條　本約房屋預定買賣金額新臺幣○萬○千○百元整（包括房屋造價以及施工用料說明所列各項在內）。

第 3 條　付款辦法：

　　一、自備款新臺幣○萬○千○百元整。

　　　　第一期簽約金：新臺幣○萬○千○百元整，於簽約時交付（包括定金在內，不另立據）。

　　　　第二期款：新臺幣○萬○千○百元整，於開工時交付。

　　　　第三期款：新臺幣○萬○千○百元整，於地下層基礎結構完成時交付。

　　　　第四期款：新臺幣○萬○千○百元整，於第一樓結構完成時交付。

　　　　第五期款：新臺幣○萬○千○百元整，於第二樓結構完成時交付。

　　　　第六期款：新臺幣○萬○千○百元整，於第三樓結構完成時交付。

　　　　第七期款：新臺幣○萬○千○百元整，於第四樓結構完成時交付。

　　二、貸款新臺幣○萬○千○百元整，如無需貸款者，應依下列期限按時交付：

　　　　（一）外飾完成時交付新臺幣○萬○千○百元整。

　　　　（二）使用執照發照時交付新臺幣○萬○千○百元整。

　　　　（三）甲方接到乙方通知交屋日期三天內，將尾款新臺幣○萬○千○百元整及其他應負擔之各項費用全部付清後，乙方應將本約房屋交付予甲方。

第 4 條　前條第 2 款如辦理貸款時，應依另立之代辦貸款委託書之約定辦理。

第 5 條　前條第 2 款貸款，甲方應自使用執照領到日起至貸款領到日止支付銀行放款利率計算之利息予乙方。

第 6 條　本約房屋之施工標準，按建築管理機關核准之建築圖說及本約所附施工說明辦理，不得有省工減料之情事發生，甲方對於內部裝設如需變更時，須徵得乙方之同意，所需工料費用另行計算。

第 7 條　乙方應自本工程開工日起○○○工作天內完工，如有逾期，乙方願每逾一日給付予甲方新臺幣○○元以作逾期罰款金，但如因天災人禍非人力所能抗拒之事故發生，或因甲方變更設計，或甲方延遲交款以致者，不在此限。

第 8 條　關於樓下空地，及樓頂平臺使用權屬範圍如下：

　　　　一、樓下空地除公共通行之樓梯、通道、畸零地、分割地外，均歸屬一樓所有人保
　　　　　　管使用。

　　　　二、四樓屋頂平臺除公共設施外，歸四樓所有人保管使用。

第 9 條　樓梯、通道及巷道均係公共通行，任何一層住戶均不得放置影響通行之物品以利通
　　　　行。

第 10 條　本約房屋所有權登記所需各項產權憑證由乙方負責提供，於房屋完工時，交由乙方
　　　　特約之代書統一辦理，登記所需之房屋契稅、監證費、登記費、複丈費、印花稅、
　　　　代書費等，按通知期限內由甲方負擔並交付予乙方。

第 11 條　若因使用道路，政府課徵有關道路之任何費用以及其他臨時稅捐時，均由甲方按所
　　　　占之持分土地面積分擔之。

第 12 條　本約房屋所需繳納之房屋稅，自本工程完工水電接通之日起，其稅單不論開具甲方
　　　　或乙方名義，皆應歸甲方負擔繳納。

第 13 條　本約乙方已向工務局領得建造執照，並依計畫施工，而甲方未及時列為起造人時，
　　　　乙方已完成部分工程所需契稅，則依法由甲方負擔，但若經列為起造人，甲方不得
　　　　要求變更起造人名義，以利工程順利進行。

第 14 條　本約甲方應付乙方之各期價款應於接到通知書五日內給付現款，倘逾十五日仍未繳
　　　　付者，即視同自願放棄權利，本約即行作廢，所繳價款俟甲方自行另召新訂戶後扣
　　　　除逾期損失，以及因變更起造人所發生之稅費後，餘款無息退還甲方。甲方另召新
　　　　訂戶以一個月為限，逾一個月則乙方得沒收甲方所繳之全部價款，以及已完成之房
　　　　屋，甲方均無異議。逾期之損失計算標準，自逾期繳款日起至另召新訂戶之日止，
　　　　每逾一日以新臺幣五百元計算之。此外，若甲方以支票支付應付之款項，倘支票全
　　　　部或一部分不能兌現時，視為違約。

第 15 條　本約房屋移交甲方接管後，乙方負責保固一年（門窗、玻璃、水電配件或非因施工
　　　　不良導致損壞者，不在此限）。

第 16 條　甲方應憑乙方所給遷入證明及本契約書始得遷入，於取得遷入證明前必須繳清各期
　　　　款項、各項稅費以及代書費。

第 17 條　本約甲方全權委託乙方代為監造施工，甲方不得因其他之原因中止或片面解除本
　　　　約，乙方為工程之進行及施工之監造，均應以善良管理人之注意為之，若有本約所
　　　　未規定事項，雙方應本公平合理之方式，依照一般工程慣例處理之。

第 18 條　本約一式二份，雙方各執一份為憑。

　　　　　　　　　　　　　　　　　　　立契約書委建人甲方：○○○　[印]
　　　　　　　　　　　　　　　　　　　住址：
　　　　　　　　　　　　　　　　　　　身分證統一號碼：
　　　　　　　　　　　　　　　　　　　立契約書承建人乙方：○○○　[印]
　　　　　　　　　　　　　　　　　　　住址：

```
┌─────────────┬──────────────────────────────────┐
│ ┌─────────┐ │ 身分證統一號碼：                      │
│ │印花各   │ │ 監造人：○○○  ［印］              │
│ │自購貼   │ │ 負責人：○○○  ［印］              │
│ └─────────┘ │                                  │
├─────────────┴──────────────────────────────────┤
│ 中  華  民  國  ○○  年  ○○  月  ○○  日   │
└─────────────────────────────────────────────────┘
```

註：本契約為不動產買賣契約，但因房產尚未建造完成，故關於工程之品質，已明白約定於本契約第 6 條。

● 建物區分所有買賣契約書

1. **本契約的特點**：本契約為建物區分所有權之買賣，有專有部分及共用部分之使用說明為其特點。

2. **適用對象**：本契約適用於建物區分所有權之買賣契約。

3. **基本條款及注意事項**：訂立本契約應訂明買賣契約之基本條款及其應注意事項。

4. **相關法條**：民法第 348、354 條。

買賣本約 2-2-10

建物區分所有買賣契約書

　　○○股份有限公司（以下簡稱甲方）○○○（以下簡稱乙方），雙方按照下列條約締結不動產買賣契約書：

第 1 條　甲方將下列記載之標的物，以第 2 條的價款讓渡給乙方。
　　　　　契約標的：○○○○○。

第 2 條　標的物的買賣價款為新臺幣○○○元整，乙方對於該價款，以左列的方式支付給甲方：
　　　　　一、在本契約締結之同時，支付第一部分價款新臺幣○○○元整。
　　　　　二、甲方將建築物結構體完成之書面通知交付乙方，乙方在收到通知書後，七日之內繳納第二部分價款新臺幣○○○元整。
　　　　　三、甲方將建築物完工的書面通知交付乙方，乙方收到通知後，七日之內將剩餘價款新臺幣○○○元整交給甲方。

第 3 條　標的物之所有權（關於公共設施為共有持分，以下相同）在價款支付完畢的同時，由甲方移轉給乙方，同時甲方將標的物交給乙方。

第 4 條　標的物之面積以實際丈量為準。若所有權狀面積與實際丈量面積不同時，當事者雙方不可請求價款之增減。

第 5 條　建物所有權第一次登記申請手續，在價款支付完畢後十日之內，由雙方到所轄地政機關辦理登記。
　　　　　若乙方同意，則由甲方代為辦理。
　　　　　前項必要之費用，一切由乙方負責。

第 6 條　甲方必須將對於所有權的完全行使沒有任何阻礙之標的物所有權移轉給乙方。

第 7 條　標的物之房屋稅及其他所有稅金，不管其納稅通知書的納稅義務人為誰，在所有權
　　　　　移轉之日之前，由甲方負擔，移轉日以後由乙方負擔。

第 8 條　若標的物有工程的瑕疵或因此而產生毀損時，甲方從完工之日起一年內，必須負全
　　　　　責。但因天災或不可抗拒之外力使標的物損毀時，則不必負責。

第 9 條　乙方對於末尾記載之土地共有持分、建物的專有部分、公共設施及附屬設施的共有
　　　　　持分，不可各自分割處分。
　　　　　乙方對於末尾記載之土地建物的共同部分、附屬設施，不可請求共有物分割。

第 10 條　乙方對於 M 大廈之建物，以及其他附屬設施的管理使用，必須遵從個別規定的管
　　　　　理規定。

第 11 條　當乙方違反本契約各條項之一時，甲方可以不進行任何催告，逕行解除本契約。
　　　　　甲方因前項原因解除契約時，乙方必須支付價款總額兩成之違約金給甲方。

第 12 條　甲方依前條第一項之規定解除本契約時，乙方必須自行付費使標的物回復原狀，歸
　　　　　還甲方，同時進行所有權移轉登記。
　　　　　依前項的規定，歸還及登記終了時，甲方必須將已收下之價款歸還乙方。

第 13 條　乙方按照前條第一項之規定，將標的物歸還甲方時，若並未回復原狀，甲方可向乙
　　　　　方請求回復原狀之費用。

第 14 條　乙方依第十二條之規定解除契約後，直到歸還標的物為止，必須以按日賠償新臺
　　　　　幣○○○元的比例，支付甲方延遲損害金。

第 15 條　關於本契約未規定事項，悉按土地法規「建物區分所有等相關規定」及民法和其他
　　　　　法規之規定辦理，甲乙雙方應以誠信原則履行契約。

第 16 條　本契約書一式二份，甲乙雙方各持一份。

附件：契約標的物
　　(1)　土地：
　　　　　所有地：○○市○○路○○號地（地段地號）。
　　　　　地目、面積、共同持分比例：宅地二十·五平方公尺之二十分之一的共有持
　　　　　分。
　　(2)　建物：
　　　　　所有地：○○市○○路○○號地。
　　　　　構造、面積：鋼筋混凝土十二層建物一棟面積○·○平方公尺的○分之○。
　　　　①　專有部分：
　　　　　　a.　住宅編號○型第○號：○·○平方公尺。
　　　　　　b.　倉庫編號第○號：○·○平方公尺。
　　　　②　共用部分：關於左列的各種共同部分，為○分之○的共有持分：
　　　　　　a.　共用的樓梯間、走廊、電梯室、屋外走廊、機械室等之面積○·○平
　　　　　　　　方公尺。
　　　　　　b.　共用之電梯、冷暖氣、空調、給排水、電氣、瓦斯等設備及配線、配
　　　　　　　　管等。
　　　　　　c.　其他不屬於專有部分之建築物的部分和附屬物。

　　(3) 附屬設施：

　　　　圈於下記的附屬設施有○分之○的共有持分。

　　　　停車場設備、遊樂場設備及其他一切附屬設施。

甲方：○○股份有限公司

董事長：○○○ 　印

地址：

乙方：○○○ 　印

住址：

中　華　民　國　○○　年　○○　月　○○　日

註：1. 在區分所有權之買賣契約之附件標的物為重要之事項。

　　2. 參見附錄——公寓大廈規約範本。

● 工廠買賣契約

1. **本契約的特點**：本契約為工廠連同建物生財器具機器設備全部出售之買賣契約，在契約中出售之物件應一一點請，以免糾葛。

2. **適用對象**：本契約適用於工廠連同設備之買賣契約。

3. **基本條款及注意事項**：訂立本契約應訂明買賣契約之基本條款及其應注意事項。

4. **相關法條**：民法第 348、354、359、360、356、367、378 條。

買賣本約 2-2-11

工廠買賣契約書

　　出賣人○○○（以下簡稱為甲方）買受人○○○（以下簡稱為乙方）保證人○○○（以下簡稱為丙方），茲為工廠及機器連同附屬物件買賣經居間人○○○、○○○之介紹，各方面同意議定買賣契約條件於下：

第1條　甲方願將其獨資設置於○○市○區○○里○○路○號○○工廠及廠內設備生財機器連同附屬物件（詳細如後開買賣標示記載）全部出賣給乙方，而乙方願依約付價承買之。

第2條　本件買賣價金經雙方協議分別訂定如下：

　　　　一、廠房連同附屬建物全部議價為新臺幣○○○元整。

　　　　二、機器連同附屬物件全部議價為新臺幣○○○元整。

　　　　三、發電機議價為新臺幣○○元整。

　　　　四、廠內水電施設工費補貼議定為新臺幣○○○元整。

　　　　共計價金新臺幣○萬○千○百○十元整。

　　　　前項價金於契約訂立同日由乙方全部一次付清予甲方，經居間人等見證之下甲方親自點收足訖，並於價金項下蓋章為據而不另立收據。

第 3 條　甲方接受前條價金同日，由甲方會同乙方及保證人、居間人至契約第 1 條所載工廠地址，將工廠建物（包括所有門窗戶扇廠內隔屏添造物電氣自來水設施等在內）及生財機器連同附屬件全部逐件驗對，交付乙方前去營業收益納課清楚。

第 4 條　甲方對於買賣標的物交付同時已告知乙方，並經乙方驗明所接交之標的物件以為完整確認，並無物上任何之瑕疵無誤。
　　　　嗣後乙方不得以標的物件之瑕疵為由，向甲方請求減少價金而退還其部分價金等情事。

第 5 條　甲方於契約成立同日將出賣工廠之經濟部工廠登記證（字號）及○○縣政府之商業營業登記證（字號），並其他有關證件全部移交乙方，以便名義變更或繼受之手續。

第 6 條　本件買賣成立後，甲方對於買賣標的工廠建物應備齊有關產權登記文件予乙方，指定日時會同向管轄地政事務所申請辦理所有權移轉登記，或向稅捐稽徵機關申請房捐納稅義務人變更手續之義務。倘若手續上應另出立字據，或需要甲方之簽蓋章時，甲方應無條件應付，不得有刁難推諉或藉故向乙方要求補貼加價等情事。

第 7 條　本件買賣標的物，甲方保證為自己所有，確無產權糾紛等情事。日後如有第三人主張權利時，甲方應負責解決，絕不使乙方蒙受任何虧損。

第 8 條　甲方保證本件買賣標的物全部所有權並無與他人經過訂立買賣契約及抵押權、典權、質權等他項權利之設定，抑或供為任何債務之擔保等瑕疵在前無訛。如於日後發現此等瑕疵時，甲方願負責理清，倘因而致損害時仍應負其賠償責任。

第 9 條　如於甲方違反前貳條契約條件之一時，乙方除依債務不履行之規定行使其權利外，並得依法追究甲方之刑責。
　　　　丙方願與乙方負連帶履行債務之責任，非至乙方之債務完全履行後丙方之保證責任不歸消滅。

第 10 條　本件買賣標的物及工廠有關營業水電以及人事費或應繳稅捐工會費，自民國○○年○○月○○日以後則歸乙方負責繳納，但以前之部分由甲方負責完納，否則甲方應負責賠償因此致乙方所受之損害。

第 11 條　甲方自本買賣契約訂立日起，不得藉用○○廠號或以該廠任何關係名義對外交涉。若甲方違背前項約定致乙方受有損害時，乙方得請求損害賠償，甲方不得異議。

第 12 條　甲方出賣工廠以前廠方所有對內外未清之債權債務，乙方不為承擔或受讓，該項債權債務仍由甲方取得或償還之，但乙方不得代甲方收取該項債權，否則甲方得追究其刑責。

第 13 條　本件買賣費用議定負擔如左：
　　　　一、本買賣契約印花及公證費增值稅均由甲方負擔。
　　　　二、本買賣工廠建物產權移轉登記及工廠名義變更登記諸費用則歸乙方負擔。

第 14 條　本件買賣嗣後不論任何理由於一方不得解除契約或主張買回等情事。

第 15 條　本件買賣標的物如下：（略）

第 16 條　本契約一式二份，甲、乙雙方各執一份為憑。

　　　　　　　　　　　　　　　　　　賣方（甲方）：○○○　印
　　　　　　　　　　　　　　　　　　身分證統一編號：
　　　　　　　　　　　　　　　　　　住址：

```
                                        買方（乙方）：○○○  印
                                        身分證統一編號：
                                        住址：
                                        保證人（丙方）：○○○  印
                                        身分證統一編號：
                                        住址：

中    華    民    國  ○○  年  ○○  月  ○○  日
```

註：本契約第 2 條為本契約買賣之重心，應詳加注意。

● 預售屋買賣契約書範本（行政院消費者保護委員會編印）

1. **本契約的特點**：本契約為預售屋買賣契約書。當事人一方出賣預售屋於他方，他方給付價金之契約。

2. **適用對象**：本契約適用於預售屋買賣契約。

3. **基本條款及應注意事項**：訂立本契約應訂明買賣契約之基本條款及其應注意事項。

4. **相關法條**：民法第 345 至 378 條，消費者保護法第 11 至 17 條。

（一）簽約注意事項

1. **適用範圍**：本契約範本僅適用於區分所有建物預售買賣時之參考，買賣雙方參考本範本訂立契約時，仍可依民法第 153 條規定意旨，就個別情況磋商合意而訂定之。

2. **契約審閱**：關於契約審閱，按預售買賣契約屬消費者契約之一種，買賣雙方對於契約內容之主客觀認知頗有差異，是以建築投資業者所提供之定型化契約應給予消費者合理期間，以瞭解契約條款之內容，此於消費者保護法第 11 條之 1 已有明定。另依據行政院公平交易委員會 88 年 3 月 10 日第 383 次委員會議決議：建築投資商銷售預售屋時，有下列行為之一者，即可能構成公平交易法第 24 條所規定顯失公平之行為：

   (1) 要求客戶須給付定金始提供契約書。

   (2) 收受訂金簽約前，未提供客戶充分之契約審閱期間。契約審閱期間至少五天。

3. **廣告效力**：第 1 條廣告效力中之建材設備表、房屋平面圖與位置示意圖係指廣告宣傳品所記載者，至於房屋平面圖及建材設備表，則指賣方提供之定型化契約所附之附件。

4. **土地使用分區部分**：第 2 條房地標示第 1 款土地座落部分，依法令規定，如屬

都市計畫內住宅區者，係作為住宅居住使用；如屬非都市土地編定為甲種建築用地者，係供農業區內建築使用；如屬非都市土地編定為乙種建築用地者，係供鄉村區內建築使用，如屬非都市土地編定為丙種建築用地者，係供森林區、山坡地保育區及風景區內建築使用；如屬非都市土地編定為丁種建築用地者，係供工廠及有關工業設施建築使用（即一般所稱之工業住宅）。

5. 車位部位：第 2 條房地標示第 3 款車位部分，若勾選自行增設停車位或獎勵增設停車位者，應另定該種停車位買賣契約書，其有關事宜悉依該契約約定為之，本契約範本有關停車位部分，僅適用於法定停車位。

6. 第 4 條共同使用部分項目、面積及面積分配比例計算：

   (1) 共同使用部分之項目，乃屬例示性質，應依房屋買賣個案之實際情況，於契約中列舉共同使用部分項目名稱。

   (2) 第 2 款共同使用部分面積之分配比例計算，法定停車位雖列入共同使用部分登記，但其權利範圍乃另行計算，至其他共同使用部分項目面積以主建物之比例而為計算，而另有購買法定停車位者，再行計入。

   (3) 依據行政院公平交易委員會 84 年 9 月 6 日第 204 次委員會議決議，認為房地產買賣合約書應明定各共有人所分配之公共設施面積或其分配比例，否則即可能違反公平交易法第 24 條之欺罔或顯失公平之規定。

   另該會於同年 11 月 29 日第 216 次委員會議針對業界之導正期限與執行方式作成如下決議：

   ① 契約中應說明共同使用部分（公共設施）所含項目。

   ② 契約中應表明公共設施分攤之計算方式。

   ③ 各戶持分總表應明確列示，並由業者自行決定採行提供公眾閱覽、分送或自由取閱等方式。

   ④ 導正期限訂為 85 年 1 月底止。

   ⑤ 基於不溯及既往原則，本導正計畫實施前已簽訂之房地產買賣契約，不予適用。自 85 年 2 月 1 日起，業者如未依前開決議執行，即認定違反公平交易法第 24 條。

7. 交屋保留款之付款規定：本契約範本附件付款明細表所訂自備款之各期期款，賣方應依已完成之工程進度訂定之。房地總價之 5%交屋保留款訂於最後一期（交屋時），但賣方未依已完成之工程進度定付款明細者，買方得於工程全部完工時一次支付之。

8. 輻射鋼筋及未經處理海砂之檢驗：
   (1) 第 12 條第 2 款有關本預售屋之材料不含輻射鋼筋部分，按自 84 年 7 月 1 日起，針對施工中建築物業已實施「施工中建築物出具無輻射污染證明」制度，消費者如有疑義，可委託經行政院原子能委員會認可具偵檢能力之輻射偵測單位進行偵檢，詳情請洽詢行政院原子能委員會「輻射鋼筋事件處理專案小組」。
   (2) 同款有關本預售屋之材料不含未經處理之海砂部分，消費者如有疑義，可攜帶六百公克結構物之混凝土塊或五十至一百公克之砂樣，逕送財團法人工業技術研究院工業材料研究所（新竹縣竹車鎮中興路四段一九五號七七館）委託檢驗（檢驗費用由委託者負擔），或郵寄至該所工業服務室登錄辦理（備妥委託單、樣品及費用），詳情請洽詢（03）5918483。

9. 有關擅自變更設計之責任：第 14 條第 2 款之室內隔間或裝修變更，如有違建築法令或未經主管機關核准時，將有導致保固請求權喪失及損及鄰近房屋之損害賠償之虞。

10. 房地產權移轉登記期限：第 16 條房地產權移轉登記期限第 1 款土地產權登記，依據行政院公平交易委員會 84 年 8 月 16 日第 201 次委員會議決議：建議業者應於 84 年 10 月 1 日以後簽約之契約中明定關於土地移轉之年度或日期。否則，即違反公平交易法第 24 條之規定。

　　又該會第 218 次委員會議決議：有關以不特定之約定期間表示土地移轉時間，如「簽約後三個月內」、「使用執照取得後」、「使用執照申請後」等方式，「簽約後三個月內」之表達方式，因簽約日有契約上明確記載，易於推算，可予認同；而後二者隱含土地產權移轉時間之不確定性，可能造成土地增值稅負擔爭議，仍請依本會第 201 次委員會議決議辦理。

11. 住戶規約草約：第 10 條第 1 款、第 11 條第 1 款及第 17 條第 2 款之住戶規約草約依公寓大廈管理條例第 48 條及第 49 條規定，係指賣方依內政部營建署所訂之「住戶規約範本」所制作，依該條例第 44 條第 2 項規定，本住戶規約草約於第一次區分所有權人會議召開前，視同規約。

12. 買方自行辦理貸款之規定：買方如欲自行辦理貸款，除於訂約時明示自行辦理外，並預立貸款撥款委託書予賣方，賣方則須配合買方貸款需要提供房地權狀或配合辦理貸款手續，賣方如因而增加之費用支出得向買方求償。

13. 優惠貸款之類別：第 19 條第 1 款所稱政府所舉辦之優惠貸款係指國民住宅貸款、公教人員貸款及勞工貸款等。

14. 房地轉讓條件：關於第 21 條房地轉讓條件，按預售屋賣方會同買方辦理房地轉

售時，需說明契約內容及提供相關資料，俾辦理契約簽訂等其他相關事宜，其所需成本似得准收手續費。故本範圍本爰例示約定手續費為房地總價款最高1‰，以供參考。

15. 違約金之約定：關於第 27 條違約金之約定，按違約金數額多寡之約定，視簽約時社會經濟及房地產景氣狀況而定，是以買賣雙方簽約時，就違約金數額之約定，仍應考量上開狀況磋商而定。

16. 消費爭議之申訴與調解：因本契約所發生之消費爭議，依消費者保護法第 43 條及第 44 條規定，買方得向賣方、消費者保護團體或消費者服務中心申訴；未獲妥適處理時，得向房地所在地之直轄市或縣（市）政府消費者保護官申訴；再未獲妥適處理時得向直轄市或縣（市）消費爭議調解委員會申請調解。

17. 消費者保護法對消費者權益之保障：本預售屋買賣契約所訂之條款，均不影響買方依消費者保護法規定之權利。

買賣本約 2-2-12

預售屋買賣契約

　　契約審閱權

　　本契約於中華民國　　　年　　　月　　　日經買方攜回審閱　　　日

　　（契約審閱期間至少五日）

　　買方簽章：

　　賣方簽章：

立契約書人：買方：————茲為「_____」房地買賣事宜，雙方同意訂定本買賣契約條
　　　　　　　賣方：_____
款如下，以資共同遵守：

第 1 條　（賣方對廣告之義務）

　　賣方應確保廣告內容之真實，本預售屋之廣告宣傳品及其所記載之建材設備表、房屋及停車位平面圖與位置示意圖，為契約之一部分。

第 2 條　（房地標示及停車位規格）

　　一、土地座落：

　　_____縣（市）_____鄉（鎮、市、區）_____段_____小段地號等_____筆土地，面積共計_____平方公尺（_____坪），使用分區為都市計畫內_____區（或非都市土地使用編定為_____區_____用地）。

　　二、房屋座落

　　同前述基地內「_____」編號第_____棟第_____樓第_____戶（共計_____戶），為主管建築機關核准_____年_____月_____日第_____號建造執照（建造執照暨核准之該戶房屋平面圖影本如附件）。

　　三、車位部分：

　　（一）買方購買之停車位屬　☐ 法地停車位
　　　　　　　　　　　　　　　☐ 自行增設停車位
　　　　　　　　　　　　　　　☐ 獎勵增設停車位

　　　　　為地上（面、下）第＿＿＿＿層 □ 平面式停車位，總停車位＿＿＿＿個，該停車位

　　　　　□ 機械式停車位

　　　　　□ 有獨立權狀，編號第＿＿＿＿號車位＿＿＿＿個，其車位規格為長＿＿＿＿公尺，寬

　　　　　□ 無獨立權狀

　　　　　＿＿＿＿公尺，高＿＿＿＿公尺（可停放長＿＿＿＿公尺，寬＿＿＿＿公尺，高＿＿＿＿公

　　　　　尺之車輛），另含車道及其他必要空間，面積共計＿＿＿＿平方公尺（＿＿＿＿

　　　　　坪）。平面式停車位其誤差在百分之二以下且長未逾十公分、寬未逾五公分、高未

　　　　　逾五公分，視為符合規格；但機械式停車位其誤差在百分之一以下且長未逾五公

　　　　　分、寬未逾二公分、高未逾二公分者，視為符合規格（建造執照核准之該層停車空

　　　　　間平面圖影本如附件）。

　　　　（二）買方購買之停車位屬自行增設或獎勵增設停車位者，雙方如應另訂該種

　　　　　　　停車位買賣契約書，其有關事宜悉依該契約約定為之。

第3條　　（房地出售面積及認定標準）

　　一、房屋產權登記面積：

　　本房屋面積共計＿＿＿＿平方公尺（＿＿＿＿坪），包含：

　　　　（一）主建物面積計＿＿＿＿平方公尺（＿＿＿＿坪）。

　　　　（二）附屬建物面積（即竣工圖上之陽臺、平臺、雨遮及屋簷等）計＿＿＿＿平

　　　　　　　方公尺（＿＿＿＿坪）。

　　　　（三）共同使用部分面積計＿＿＿＿平方公尺（＿＿＿＿坪）。

　　二、土地面積：

　　買方購買「＿＿＿＿」＿＿＿＿戶，其土地持分面積＿＿＿＿平方公尺（＿＿＿＿坪），

　　應有權利範圍為＿＿＿＿，計算方式係以地政機關核發建物測量成果圖之主建物面積

　　＿＿＿＿平方公尺（＿＿＿＿坪）與區分所有全部主建物總面積＿＿＿＿平方公尺

　　（＿＿＿＿坪）比例持分（註：或以其他明確計算方式列明），如因土地分割、合併

　　或地籍圖重測，則依新地號、新面積辦理產權登記。

第4條　　（共同使用部分項目、總面積及面積分配比例計算）

　　一、共同使用部分除法定停車位另計外，係指□ 門廳、□ 走道、□ 樓梯間、□ 電

　　　　梯間、□ 電梯機房、□ 電氣室、□ 機械室、□ 管理室、□ 受電室、□ 幫浦

　　　　室、□ 配電室、□ 水箱、□ 蓄水池、□ 儲藏室、□ 防空避難室（未兼作停

　　　　車使用）、□ 屋頂突出物、□ 健身房、□ 交誼室、□ ＿＿＿＿及依法令應列入

　　　　共同使用部分之項目＿＿＿＿（＿＿＿＿）。本「＿＿＿＿」共同使用部分總面積

　　　　計＿＿＿＿平方公尺（＿＿＿＿坪）。

　　二、前款共同使用部分之權利範圍係依買受主建物面積與主建物總面積之比例而為

　　　　計算（註：或以其他明確之計算方式列明）。本「＿＿＿＿」主建物總面積計

　　　　＿＿＿＿平方公尺（＿＿＿＿坪）。

第5條　　（房屋面積誤差及其價款找補）

　　一、房屋面積以地政機關登記完竣之面積為準，部分原可依法登記之面積，倘因簽

　　　　約後法令改變，致無法辦理產權登記時，其面積應依公寓大廈管理條例第四四

　　　　條第三項之規定計算。

　　二、面積如有誤差，其誤差在百分之一以內者（含百分之一）買賣雙方互不找補；

　　　　惟其不足部分，如超過百分之一，則不足部分賣方均應找補；其超過部分，如

超過百分之一以上者，買方只找補超過百分之一至百分之三之部分為限（即至多找補不超過百分之二），且雙方同意面積誤差之找補，係以土地與房屋價款之總數（車位如另行計價時，則不含車位價款）除以房屋面積所計算之平均單價，無息於交屋時一次結清。

三、面積如有誤差，其不足部分超過百分之三以上，不能達契約預定之目的者，買方得解除契約。

第6條　（房地總價）

本契約房地總價（含車位價款＿＿＿＿百＿＿＿＿萬＿＿＿＿千元整）合計新臺幣＿＿＿＿千＿＿＿＿百＿＿＿＿萬＿＿＿＿千元整。

一、土地價款：新臺幣＿＿＿＿千＿＿＿＿百＿＿＿＿萬＿＿＿＿千元整。

二、房屋價款：新臺幣＿＿＿＿千＿＿＿＿百＿＿＿＿萬＿＿＿＿千元整。

第7條　（付款條件及方式）

付款應依已完成之工程進度所定之付款明細表之規定繳款，如賣方未依已完成之工程進度定付款明細表者，買方得於工程全部完工時一次支付之。

第8條　（逾期付款之處理方式）

買方如逾期達五日仍未繳清期款或已繳之票據無法兌現時，買方應加付按逾期期款部分每日萬分之五單利計算之遲延利息，於補繳期款時一併繳付賣方，如逾期二個月或逾使用執照核發後一個月不繳期款或遲延利息，經賣方以存證信函或其他書面催繳，經送達七日內仍未繳者，雙方同意依違約之處罰規定處理。但賣方同意緩期支付者，不在此限。

第9條　（地下層共同使用部分權屬）

一、本契約房屋地下室共＿＿＿＿層，總面積＿＿＿＿平方公尺（＿＿＿＿坪），除第4條所列地下層共同使用部分及依法令得為區分所有之標的者外，其餘由賣方依法令以法定停車位應有部分（持分）產權另行出售予本預售屋承購戶。

二、未購買法定停車位之承購戶，已充分認知本房地總價並不包括法定停車位之價款，且所購房屋坪數其地下室應有部分（持分）面積亦未含法定停車位之應有部分（持分）面積。除緊急避難及公共設施維修等共同利益之使用及其他法律之規定外，已確認並同意對本預售屋之地下室法定停車位應有部分（持分），並無使用管理權等任何權利。

第10條　（屋頂使用權屬）

一、共同使用部分之屋頂突出物不得約定為專用，屋頂避難平臺應為共同使用部分，除法令另有規定外，不得作為其他使用；至於非屬屋頂避難平臺之樓頂平臺，其依主管機關核准之建造執照所附圖面上已有約定專用之標示時，應依中央主管機關所定規約範本制定之規約草約約定之。但經區分所有權人會議另有決議者，應從其決議。

二、前款約定專用，以依主管機關核准而有不妨礙避難逃生之專用使用設計，並已明確在設計圖說上標示者為限。

三、有關非屬屋頂避難平臺之樓頂平臺之使用方式，經規約草約約定或區分所有權人會議決議之內容，不得違反法令之使用限制。專用使用權人，應依其使用面積按坪數增繳管理費予住戶管理委員會或管理負責人。

第 11 條　（法定空地之使用方式）

一、法定空地產權應登記為全體區分所有權人共有，倘依主管機關核准之建造執照
　　所附圖面上已有約定專用之標示時，除區分所有權人會議另有決議者外，應依
　　中央主管機關所定規約範本制定之規約草約約定之；不得將法定空地讓售於特
　　定人或為區分所有權人以外之特定人設定專用使用權或為其他有損害區分所有
　　權人權益之行為。

二、前款約定專用，以依主管機關核准而有不妨礙避難逃生之專用使用設計，並已
　　明確在設計圖說上標示者為限。

三、有關法定空地之使用方式，經規約草約約定或區分所有權人會議決議之內容，
　　不得違反法令之使用限制。專用使用權人，應依其使用面積按坪數增繳管理費
　　予住戶管理委員會或管理負責人。

第 12 條　（主要建材及其廠牌、規格）

一、施工標準悉依核准之工程圖樣與說明書及本契約附件之建材設備表施工，除經
　　買方同意，不得以同級品之名義變更建材設備或以附件所列舉品牌以外之產品
　　替代，但賣方能證明有不可歸責於賣方之事由，致無法供應原建材設備，且所
　　更換之建材設備之價值、效用及品質不低於原約定之建材設備或補償價金者，
　　不在此限。

二、賣方保證建造本預售屋不含有損建築結構安全或有害人體安全健康之輻射鋼
　　筋、石棉、未經處理之海砂等材料或其他類似物。

三、前款石棉之使用，不得違反主管機關所定之標準及許可之目的用途，但如有造
　　成買方生命、身體及健康之損害者，仍應依法負責。

四、賣方如有違反前三款之情形，雙方同意依違約之處罰規定處理。

第 13 條　（開工及取得使用執照期限）

一、本預售屋之建築工程應在民國＿＿＿＿年＿＿＿＿月＿＿＿＿日之前開工，民國
　　＿＿＿＿年＿＿＿＿月＿＿＿＿日之前完成主建物、附屬建物及使用執照所定之必
　　要設施，並取得使用執照。但有下列情事之一者，得順延其期間：
　　（一）因天災地變等不可抗力之事由，致賣方不能施工者，其停工期間。
　　（二）因政府法令變更或其他非可歸責於賣方之事由發生時，其影響期間。

二、賣方如逾前款期限未開工或未取得使用執照者，每逾一日就按繳房地價款依萬
　　分之五單利計算遲延利息予買方。若逾期三個月仍未開工或未取得使用執照，
　　視同賣方違約，雙方同意依違約之處罰規定處理。

第 14 條　（建築設計變更之處理）

一、買方申請變更設計之範圍以室內隔間及裝修為限，如需變更污水管線，以不影
　　響下層樓為原則，其他有關建築主要結構、大樓立面外觀、管道間、消防設
　　施、公共設施等不得需求變更。

二、買方若要求室內隔間或裝修變更時，應經賣方同意並於賣方指定之相當期限內
　　為之，並於賣方所提供之工程變更單上簽認為準，且此項變更之要求以一次為
　　限。辦理變更時，買方需親自簽認，並附詳圖配合本工程辦理之，且不得有違
　　建管法令之規定，如須主管機關核准時，賣方應依規定申請之。

三、工程變更事項經雙方於工程變更單上簽認後，由賣方於簽認日起＿＿＿＿日內提出追加減帳，以書面通知買方簽認。工程變更若為追加帳，買方於追加減帳簽認日起十天內繳清工程追加款始為有效，若未如期繳清追加款，視同買方無條件取消工程變更要求，賣方得拒絕受理並按原設計施工。工作變更若為減帳，則於交屋時一次結清。若賣方無故未予結清，買方得於第十條之交屋保留款予以扣除。雙方無法簽認時，則依原圖施工。

第 15 條　（驗收）

賣方依約完成本戶一切主建物、附屬建物之設備及領得使用執照並接通自來水、電力、於有天然瓦斯地區，並應達成瓦斯配管之可接通狀態及完成契約、廣告圖說所示之設施後，應通知買方進行驗收手續。買方就本契約所載之房屋有瑕疵或未盡事宜，載明於驗收單上要求賣方限期完成修繕，並得於自備款部分保留房地總價百分之五作為交屋保留款。

前項有關達成天然瓦斯配管之可接通狀態之約定，如契約有約定，並於相關銷售文件上特別標明不予配設者，不適用之。

第 16 條　（房地產權移轉登記期限）

一、土地產權登記

土地產權之移轉，應於使用執照核發後四個月內備妥文件申辦有關稅費及所有權移轉登記。其土地增值稅之負擔方式，依有關稅費負擔之約定辦理。

二、房屋產權登記

房屋產權之移轉，應於使用執照核發後四個月內備妥文件申辦有關稅費及所有權移轉登記。

三、買方違反前二款之規定，致各項稅費增加或罰鍰（滯納金）時，賣方應全數負擔；如損及買方權益時，賣方應負損害賠償之責。

四、賣方應於賣方履行下列義務時，辦理房地產權移轉登記：

（一）依契約約定之付款辦法，除約定之交屋保留款外，應繳清房地移轉登記前應繳之款項及逾期加付之遲延利息。

（二）提出辦理產權登記及貸款有關文件，辦理各項貸款手續，繳清各項稅費，預立各項取款或委託撥付文件，並應開立受款人為賣方及票面上註明禁止背書轉讓，及記載擔保之債權金額及範圍之本票予賣方。

（三）本款第一目、第二目之費用如以票據支付，應在登記以前全部兌現。

五、第一款、第二款之辦理事項，由賣方指定之土地登記專業代理人辦理之，倘為配合各項手續需要，需由買方加蓋印章，出具證件或繳納各項稅費時，買方應於接獲賣方或承辦代理人通知日起七日內提供，如有逾期，每逾一日應按已繳房地價款依萬分之五單利計算遲延利息予賣方，另如因買方之延誤或不協辦，致各項稅費增加或罰鍰（滯納金）時，買方應全數負擔；如損及賣方權益時，買方應負損害賠償之責。

第 17 條　（通知交屋期限）

一、賣方應於領得使用執照六個月內，通知買方進行交屋。於交屋時雙方應履行下列各項義務：

（一）賣方付清因延遲完工所應付之遲延利息於買方。

（二）賣方就契約約定之房屋瑕疵或未盡事宜，應於交屋前完成修繕。

（三）買方繳清所有之應付未付款（含交屋保留款）及完成一切交屋手續。

（四）賣方如未於領得使用執照六個月內通知買方進行交屋，每逾一日應按已繳房地價款依萬分之五單利計算遲延利息予買方。

二、賣方應於買方辦妥交屋手續後，將土地及建物所有權狀、房屋保固服務紀錄卡、住戶規約草約、使用執照（若數戶同一張使用執照，則日後移交管理委員會）或使用執照影本及賣方代繳稅費之收據交付買方，並發給遷入證明書，俾憑換取鎖匙，本契約則無需返還。

三、買方應於收到交屋通知日起＿＿＿＿＿＿日內配合辦理交屋手續，賣方不負保管責任。但可歸責於賣方時，不在此限。

四、買方同意於通知之交屋日起三十日後，不論已否遷入，即應負本戶水電費、瓦斯基本費，另瓦斯裝錶費用及保證金亦由買方負擔。

五、賣方應擔任本預售屋共同使用部分管理，並於成立管理委員會或管理負責人產生後移交之。雙方同意自交屋日起，由買方按月繳付共同使用部分管理費。

六、賣方於完成管理委員會或管理負責人產生後，應將申請使用執照專戶儲存之公共基金及公共設施之驗收後（或未專戶儲存者應提列新臺幣＿＿＿＿＿＿元）併同移交之。

第18條　（保固期限及範圍）

一、本契約房屋自買方完成交屋日起，或如有可歸責於買方之原因時自賣方通知交屋日起，除賣方能證明可歸責於買方或不可抗力因素外，結構部分（如：樑、柱、樓梯、擋土牆、雜項工作……等）負責保固十五年，固定建材及設備部分（如：門窗、粉刷、地磚……等）負責保固一年，賣方並應於交屋時出具房屋保固服務紀錄卡予買方作為憑證。

二、前款期限經過後，買方仍得依民法及其他法律主張權利。

第19條　（貸款約定）

一、第六條房地總價內之部分價款新臺幣＿＿＿＿＿＿元整，由買方與賣方洽定之金融機關之貸款給付，由買賣雙方依約定辦妥一切貸款手續。惟買方可得較低利率或有利於買方之貸款條件時，買方有權變更貸款之金融機關，自行辦理貸款，除享有政府所舉辦之優惠貸款利率外，買方應於賣方通知辦理貸款日起二十日內辦妥對保手續，並由承貸金融機關同意將約定貸款金額撥付賣方。

二、前款由賣方洽定辦理之貸款金額少於預定貸款金額，應依下列各目處理：

（一）不可歸責於雙方者，其貸款金額不及原預定貸款金額百分之七十者，買方得解除契約；或就貸款不足百分之七十以上之金額部分，以原承諾貸款相同年限及條件分期清償，並就剩餘之不足額部分，依原承諾貸款之利率，計算利息，按月分期攤還，其期間不得少於七年。

（二）可歸責於賣方時，其貸款金額不足原預定貸款金額，賣方應補足不足額之部分，並依原承諾貸款相同年限及條件由買方分期清償。如賣方不能補足不足額部分，買方有權解除契約。

（三）可歸責於買方時，買方應於接獲通知之日起＿＿＿＿＿＿天內一次或經賣方同意之分期給付。

三、有關金融機關核撥貸款後之利息，由買方負擔。但於賣方通知之交屋日前之利息應由賣方返還買方。

第 20 條　（貸款撥付）

買賣契約如訂有交屋保留款者，於產權登記完竣並由金融機關設定抵押權後，除有輻射鋼筋、未經處理之海砂或其他縱經修繕仍無法達到應有使用功能之重大瑕疵外，賣方不得通知金融機關終止撥付前條貸款予賣方。

第 21 條　（房地轉讓條件）

一、買方繳清已屆期之各期應繳款項者，於本契約房地產權登記完成前，如欲將本契約轉讓他人時，必須事先以書面徵求賣方同意，賣方非有正當理由不得拒絕。

二、前項之轉讓，除配偶、直系血親間之轉讓外，賣方得向買方收取本契約房地總價款千分之＿＿＿＿＿（最高以千分之一為限）之手續費。

第 22 條　（地價稅、房屋稅之分擔比例）

一、地價稅以賣方通知之交屋日為準，該日前由賣方負擔，該日後由買方負擔，其稅期已開始而尚未開徵者，則依前一年度地價稅單所載該宗基地課稅之基本稅額，按持分比例及年度日數比例分算賣方應負擔之稅額，由買方應給付賣方之買賣尾款扣除，俟地價稅開徵時由買方自行繳納。

二、房屋稅以通知之交屋日為準，該日前由賣方負擔，該日後由買方負擔，並依法定稅率及年度月份比例分算稅額。

第 23 條　（稅費負擔之約定）

一、土地增值稅應於使用執照核發後申報，並以使用執照核發日之當年度公告現值計算增值稅，其逾三十日申報者，以提出申報日當期之公告現值計算增值稅，由賣方負擔，但買方未依第十五條規定備妥申辦文件，其增加之增值稅，由買方負擔。

二、產權登記規費、印花稅、契稅、代辦手續費、貸款保險費及各項附加稅捐由買方負擔。但起造人為賣方時，建物所有權第一次登記規費及代辦手續費由買方負擔。

三、公證費由買賣雙方各負擔二分之一，但另有約定者從其約定。

四、應由買方繳交之稅費，買方於辦理產權登記時，應將此等費用全額預繳，並於交屋時結清，多退少補。

第 24 條　（產權糾紛之處理）

一、賣方保證產權清楚，絕無一物數賣或無權占有他人土地。訂約後如有上述糾紛致影響買方權利時，買方得定相當期限催告賣方解決，倘逾期賣方仍不解決時，買方得解除本契約，雙方並同意依違約之處罰規定處理。

二、解約時賣方應將所收價款按法定利息計算退買方。

第 25 條　（賣方與工程承攬人財務糾紛之處理及他項權利清理之時機）

一、賣方與工程承攬人發生財務糾紛，賣方應於產權移轉登記前解決；如因賣方曾設定他項權利予第三人時，賣方應於取得買方之金融機關貸款時，即負責清理塗銷之。倘逾買方所定相當期限乃未解決，買方得解除本契約，雙方並同意依違約之處罰規定處理。

二、解約時賣方應將所收價款按法定利息計算退還買方。

第26條 （不可抗力因素之處理）

如因天災、地變、政府法令變更或不可抗力之事由，致本契約房屋不能繼續興建時，雙方同意解約。解約時賣方應將所收價款按法定利息計算退還買方。

第27條 （違約之處罰）

一、賣方違反「主要建材及其廠牌、規格」、「開工及取得使用執照期限」、「產權糾紛之處理」、「賣方與工程承攬人財務糾紛之處理及他項權利清理之時機」之規定者，買方得解除本契約。解約時賣方除應將買方已繳之房地價款及遲延利息全部退還買方外，並應同時賠償房地總價款百分之＿＿＿＿＿（不得低於百分之十五）之違約金。但該賠償之金額超過已繳價款者，則以已繳價款為限。

二、買方違反有關「付款條件及方式」之規定者，賣方得沒收依房地總價款百分之＿＿＿＿＿（最高不得超過百分之十五）計算之金額。

但該沒收之金額超過已繳價款者，則以已繳價款為限，買賣雙方並得解除本契約。

三、買賣雙方當事人除依前二款之請求外，不得另行請求損害賠償。

第28條 （疑義之處理）

本契約各條款如有疑義時，應依消費者保護法第11條第2項規定，為有利於買方之解釋。

第29條 （合意管轄法院）

因本契約發生之消費訴訟，雙方同意以房地所在地之地方法院為第一審管轄法院。

第30條 （附件效力及契約分存）

本契約之附件視為本契約之一部分。本契約一式二份，由買賣雙方各執一份為憑，並自簽約日起生效。

第31條 （未盡事宜之處置）

本契約如有未盡事宜，依相關法令、習慣及平等互惠與誠實信用原則公平解決之。

附件：

一、建造執照暨核准之房屋平面圖影本一份。

二、停車空間平面圖影本一份。

三、付款明細表一份。

四、建材設備表一分。

五、申請建造執照所附之住戶規約草約。

立契約書人　買方：○○○　印

國民身分證統一編號：

戶籍地址：

通訊地址：

連絡電話：

```
                              賣方：
                              法定代理人：○○○　印
                              公司統一編號：
                              公司地址：
                              公司電話：

中　華　民　國　○○　年　○○　月　○○　日
```

註：1. 訂立本契約，應本於平等互惠之原則，如有疑義，應有利消費者之解釋。
　　2. 訂立本契約，不得違反誠信之原則，如對消費者，顯失公平，無效。

● **成屋買賣契約書範本（行政院買賣契約書範本）（行政院消費者保護委員會編印）**

1. **本契約的特點**：本契約為成屋買賣契約書。當事人一方以成屋出賣他方，他方給付價金之契約。
2. **適用對象**：本契約適用於成屋買賣契約。
3. **基本條款及應注意事項**：訂立本契約應訂明買賣契約之基本條款及應注意事項。
4. **相關法條**：民法第 345 至 478 條，消費者保護法第 11 至 17 條。

（一）簽約注意事項

1. **買賣意義**：稱買賣者，謂當事人約定一方移轉財產權於他方，他方支付價金之契約（民法第 345 條）。當事人就標的物及其價金互為同意時，買賣契約即為成立。故買受人為支付價金之人，出賣人為負移轉標的物之人。民間一般契約多以甲方、乙方稱呼之，為使交易當事人直接、清楚理解自己所處之立場與權利義務關係，乃簡稱支付價金之買受人為買方，負移轉標的物之出賣人為賣方。

2. **買賣標的**
   (1) 土地、建物標示採表格化，以利填寫。建物、基地之權利範圍、面積，常因筆誤肇致與登記簿登載不符，如明示不符時，以登記簿為準，以杜糾紛。
   (2) 由於契約書之應記載事項繁多，為防止填寫筆誤或疏漏，建議將土地使用分區證明書、土地、建物權狀影本（或登記簿謄本）、共同使用部分附表、車位種類、位置、分管協議、住戶規約等重要文件列為本契約之附件，視為契約之一部分。
   (3) 樓頂平臺、法定空地、露臺等約定專用部分，宜特別註明，如有分管協議或住戶規約者宜列為附件。

(4) 買賣雙方對於買賣標的物是否包含違章建物、冷氣、傢俱……或其他附屬設備等，時有爭執，本契約範本乃設計「建物現況確認書」，由買賣雙方互為確認，以杜糾紛。

(5) 未依法申請增、加建之建物（定著物、工作物）仍得為買賣標的；惟政府編撰之契約書範本不鼓勵違章建築物之買賣，故未於契約本文明示，而移列於「建物現況確認書」。

(6) 買賣標的之價值或其通常之效用，有滅失或減少之瑕疵，除當事人有免除擔保責任之特約外，出賣人應負法律上之擔保責任，為釐清瑕疵擔保責任歸屬，關於違章建物、房屋漏水……等瑕疵，由買賣雙方於「建物現況確認書」確認之。

(7) 所有權人於公寓大廈有數專有部分者，於部分移轉時（如二戶僅移轉一戶）其基地之應有部分多寡，依內政部 85 年 2 月 5 日臺（85）內地字第 8579394 號函規定，係由當事人自行約定，惟不得約定為「零」或「全部」。然為防止基地應有部分不足致買方申請貸款被金融機構駁回等情事，買賣雙方於訂約時應查明基地應有部分比例是否合理、相當，以維護買方權益。

　　由於停車位之登記方式不一，故簽約時應查明停車位之產權登記方式、有無分擔基地持分等事實。

3. 價款議定

(1) 本契約範本例示土地、房屋分別計價，有益建立土地及房屋各自之交易價格資訊，又分開計，房屋再出售時，本契約書得為財產交易所得之原始取得憑證，倘僅列明買賣總價，依財政部規定，出售時，必須按公告土地現值與房屋評定現值之比例計算房屋交易價格。

(2) 車位買賣時，其標的或為所有權或為使用權，或有分配基地應有部分，或無分配基地應有部分，因其態樣繁多，難以列舉，故車位僅以土地、建物分別計價。

(3) 賣方為法人時，其建物價金應註明營業稅內含或外加。

(4) 如買賣標的包含違章建築，或整幢透天厝之空地、一樓前後院空地有被占用者，雙方得預為議定其扣減之價額，俾利違章建築物於交屋前被拆除或被占用部分無法於限期交付使用時，買方得自買賣總價額中扣除減損標的物效用之價值。

4. 付款約定

(1) 明定給付之內容、期間與對待給付之條件，俾利雙方履行。並依一般交易習

慣，買方按簽約、備證、完稅、交屋四期付款；賣方則同時履行其相對義務。

(2) 民法第 249 條第 1 款規定：「契約履行時，定金應返還或作為給付之一部。」故明定第一次款包含定金在內，以杜買賣價金是否包括定金之爭議。

(3) 關於各項付款之期間或對待給付之相對條件僅為例示性質，當事人得斟酌「同時履行」原則，按實際需要增減之。

5. 貸款處理

(1) 基於確保交易及衡平原則，一般交易習慣，多由買方開立與未付款同額之本票作為擔保；惟行政院公平交易委員會第 324 次委員會議決議，賣方應提供買方合理之選擇餘地，故本契約範本提示買方得開立本票或提供相當之擔保，俟核貸撥付賣方帳戶或雙方「會同」領款時，賣方即應將本票返還買方。設若買方屆時未履行債務，賣方得依票據法或民法規定，聲請法院裁定對買方之財產進行強制執行。

(2) 買方應衡量個人債信及先向金融機構洽辦貸款額度。

(3) 買賣標的物原已設定抵押權者，此乃權利之負擔，依契約之本旨原係以無負擔之完整所有權為交易標的者，即構成權利瑕疵，依民法第 349 條規定，原則上，賣方應先塗銷原有抵押權；惟實際上，賣方以自行提供之資金清償債務，尚不多見，故買賣雙方宜於附件「買方承受原貸款確認書」簽字確認，以明責任歸屬，並提示買方應為債務人變更等行為，以保障其權利。

(4) 有關賣方所投保之火災保險，賣方如未辦理退保，於房屋所有權移轉於買方時，可由買方繼受取得。

6. 產權移轉

(1) 課稅標準、買賣價格攸關稅費負擔之多寡，其申報日期、申報價格等允宜於契約書中約定。

(2) 自用住宅用地優惠稅率，係以實際使用狀態予以認定，賣方若主張享受優惠稅率，專業代理人應告知賣方有關法令規定並事先查明是否符合面積限制、設籍限制、出租營業限制、一人一生享受一次之限制。倘經稅捐機關否准其申請時，賣方同意按一般稅率繳納土地增值稅與否，均允宜事前約定。

7. 稅費負擔

(1) 依法令規定及民間慣例確立買賣雙方應負擔之稅費。

(2) 土地增值稅係配合本契約範本第 7 條約定之產權移轉時間計算，如有延遲申報，而可歸責於買方之事由，其因而增加之稅費由買方負擔。

8. 房地點交：公寓大廈管理條例第 24 條規定：「區分所有權之繼受人，應於繼受

前向管理負責人或管理委員會請求閱覽或影印第三十五條所定文件，並應於繼受後遵守原區分所有權人依本條例或規約所定之一切權利義務事項。」但公寓大廈管理條例施行前，公寓大廈之分管協議依大法官會議決議第 349 號解釋，賣方如未向買方明示，且買方亦無可得而知之情形，買方得不受其拘束，故有關分管協議、住戶公約等宜列入交代。

9. 擔保責任：民法第 348 至 366 條明定，賣方應於產權移轉登記前排除任何瑕疵，確保買方完整取得產權及使用權。

10. 違約罰則

(1) 訂定契約之目的在於求某種契約內容之實現，而違約金者，乃以確保債務之履行為目的。違約金之種類可包括損害賠償預定性違約金與懲罰性違約金兩種。民法第 250 條第 2 項規定之違約金係以損害賠償額預定性質為原則，本契約範本從之。但當事人仍得依契約自由原則訂定懲罰性違約金。

(2) 以往為促使契約內容之實現，其懲罰性之違約金多以已收價款總數或加倍為之，依契約自由原則而論，當事人約定之金額，無論高低，皆有其自由；然我國民法基於保護債務人經濟能力之考量，倘訂約之際債權人要求之違約金過高時，允許法院為酌減（民法第 252 條）。又內政部頒行之「預售屋買賣契約書範本」及消基會版範本為保護較無經驗之消費者權益，其違約金屬於損害賠償預定性質，並分別以房地買賣總價 20%為上限；惟本契約範本設定之適用對象非企業經營者，適用民法債編之規定，基於衡平原則，違約金未採用酌減規定。若企業經營者採用本契約範本為定型化契約者，適用消費者保護法，基於保護消費者權益之考量，其違約金宜酌予降低。

11. 其他約定

(1) 買賣雙方履行契約之各項權利義務皆由專業代理人代為通知雙方，專業代理人多採用非對話之意思表示，其意思表示，以通知到達相對人時，發生效力，惟為慎重起見宜以「存證信函」方式通知，以利到達時間之舉證及避免糾紛。

(2) 諸如下列特殊情形者，應依相關法令規定處理：

① 父母處分其未成年子女之財產。

② 法人處分財產。

③ 土地法第 34 條之 1、第 104、107 條優先購買權。

(3) 上述特殊情形依土地登記規則應由申請人切結負責事項，專業代理人基於善良管理人之注意及為避免訟端，專業代理人在處理有關案件時，應將各項法律關係詳為告知買賣雙方，並由賣方於辦理移轉登記前依有關程序辦理。

(4) 房屋有被他人占用或占用他人土地或出租之情形，買賣雙方協議內容應於第

11 條載明。

12. 契約分存

(1) 民法第 148 條第 2 項規定:「行使權利,履行義務,應依誠實及信用方法。」乃適用於任何權利行使及義務之履行,故如有未盡事宜,悉依誠實信用原則處理。

(2) 契約附件種類,諸如:權狀影本、登記簿謄本、規約、車位分管協議書等。企業經營者採用本契約範本時,應向消費者說明附件之內容及效力,經消費者充分瞭解、確認,以杜糾紛。

13. 買賣若透過仲介業務之公司(或商號)辦理者,應由該公司指派經紀人於本契約簽章。(不動產經紀業管理條例第 22 條)

買賣本約 2-2-13

成屋買賣契約書

契約審閱權

契約於中華民國○○年○○月○○日

經買方攜回審閱○○日(契約審閱期間至少五日)

買方簽章:

賣方簽章:

主契約書人 買方:————
賣方:———— 茲為下列成屋買賣事宜,雙方同意簽訂本契約,協議條款如下:

第 1 條 (買賣標的)

成屋標示及權利範圍:已登記者應以登記簿登載之面積為準。

土地標示	土地座落實(縣市)				面積				權利範圍	使用分區種類或編定用地種類	備註
	鄉鎮市區	段	小段	地號	公頃	公畝	平方公尺	平方公寸			

建物標示	建號	建物門牌(縣市)							建物面積(平方公尺)				附屬建物		權利範圍(平方公尺)	用途	共同使用部分建號	應有部分面積	備註
		鄉鎮市區	路	街	段	巷	弄	號	樓	層	層	層	層	合計	用途					

本買賣範圍包括共同使用部分之應有部分在內，房屋現況除水電、門窗及固定設備外，買、賣雙方應於建物現況確認書互為確認（附件一），賣方於交屋時應維持原狀點交。

第2條　（價款議定）

本買賣總價款為新臺幣_____元整。土地、建物及車位價款分別如下：

一、土地價款：新臺幣_____元整。

二、建物價款：新臺幣_____元整。

三、車位價款：土地部分新臺幣_____元整。

　　　　　　　建物部分新臺幣_____元整。

第3條　（付款約定）

買方應支付之各期價款，雙方同意於_____（地址：_____），以

☐ 各該期付款日當天之即期支票　交付賣方。

☐ 現金

附款期別	約定附款金額	應同時履行條件	備註
簽約款	新臺幣_____元	於簽訂本契約同時由買方支付之（本款項包已定金_____元）	
備證款	新臺幣_____元	於_____年_____月_____日，賣方備齊所有權移轉登記應備文件同時，本期價款由買方支付之。	
完稅款	新臺幣_____元	於土地增值稅、契稅稅單核下後，經通知日起_____日內，本期價款由買方支付之；同時雙方應依約繳清稅款。	
交屋款	新臺幣_____元	☐ 無貸款者，於辦妥所有權移權登記後，經通知日起_____日內，本期價款由買方支付之。同時點交建物。	

賣方收取前項價款時，應開立收據交買方收執。

第4條　貸款處理之一

買方預定貸款新臺幣_____元抵付部分買賣價款，並依下列規定辦理貸款、付款事宜：

一、買方應於交付備證款同時提供辦理貸款必備之文件及指定融資貸款之金額機構，未指定者，得由賣方指定之。

二、貸款金額少於預定貸款金額時，應依下列方式處理：

　（一）核貸金額不足抵付時，買方於貸款核撥同時以現金一次補足。

　（二）因可歸責於買方事由，致貸款無法獲准時，買方應於_____通知日起十日內以現金一次付清或經賣方同意分期給付。

前項貸款因金融政策變更或其他不可歸責於買方之事由而無法辦理貸款時，除本契約另有約定外，雙方同意解除契約，賣方應將已收之價款無息退回買方。

賣方因債務關係提供本買賣標的物設定之抵押權，其所擔保之未償債務（金額：新臺幣＿＿＿元），依下列約定方式處理：

□ 賣方應於交付交屋款前清償並塗銷抵押權。

□ 買方承受者，雙方應以書面（附件二承受原貸款確認書）另為　協議並確認承受日期、承受貸款金額並自價款中扣除，承受日　前之利息、遲延利息、違約金由賣方負擔，自承受日起之利息　由買方負擔。

□（買賣雙方自行約定）＿＿＿＿＿＿＿＿＿＿＿＿＿＿＿＿＿＿。

第5條　　（貸款處理之二）

買方應於交付完稅款同時開立與未付價款同額且註明「禁止背書轉讓」之本票（號碼：＿＿＿＿）或提供相當之擔保予賣方；買方並應依＿＿＿＿通知之日期親自完成辦理開戶、對保並授權金融機構將核貸金額逕予撥入賣方指定之帳戶或由＿＿＿＿通知雙方會同領款交付，賣方收受該價款時應將本票返還買方或解除擔保。買方未依約交付未付價款，經催告仍拒絕履行者，賣方得行使本票或擔保權利。

第6條　　（產權移轉）

雙方應於備證款付款同時將移轉登記所須檢附之文件書類備齊，並加蓋專用印章交予＿＿＿＿專責辦理。

本件所有權移轉登記及相關手續，倘須任何一方補繳證件、用印或為其他必要之行為者，應無條件於＿＿＿＿通知之期日內配合照辦，不得刁難、推諉或藉故要求任何補貼。

買方於簽約時如指定第三人為登記名義人，應於交付必備文件前確認登記名義人，並提出以第三人為登記名義人聲明書（附件三），該第三人應在該聲明書上簽名。

第三人□ 同意
　　　□ 不同意　與本契約買方所未履行之債務負連帶損害責任。辦理所有權移轉時，除本契約另有約定外，依下列方式辦理：

一、申報移轉課稅現值：

　　□以本契約第2條之土地及建物價款申報。

　　□以＿＿＿＿年度公告土地現值及建物評定現值

二、公定契約書買賣價格：

　　□以本契約第2條之土地及建物價款申報。

　　□以＿＿＿＿年度公告土地現值及建物評定現值

三、賣方若主張按自用住宅用地優惠稅率課徵土地增值稅時，應於契約書內（附件四：按優惠稅率申請核課土地增值稅確認書）另行確認後，據以辦理之。

第7條　　（稅費負擔）

本買賣標的物應繳納之地價稅、房屋稅、水電費、瓦斯費、管理費、公共基金等稅費，在土地、建物點交日前由賣方負責繳納，點交後由買方繳納；前開稅費以點交日為準，按當年度日數比例負擔之。

辦理產權移轉時、抵押權設定登記應納之印花稅、登記規費、火災保險費、建物契稅等由買方負擔。

土地增值稅由賣方負擔；如有延遲申報而可歸責於買方之事由，其因而增加之土地增值稅部分由買方負擔。

簽約前如有已公告徵收工程受益費應由賣方負責繳納。其有未到期之工程受益費

☐ 由買方繳納者。買方應出具續繳承諾書。

☐ 由賣方繳清

本買賣契約有關之稅費、代辦費，依下列約定辦理：

一、簽約費☐ 由買賣雙方各負擔新臺幣＿＿＿＿＿元，並於簽約時付清。

　　　　　☐ ＿＿＿＿＿＿＿＿＿＿＿＿＿＿＿＿＿＿＿＿＿。

二、所有權移轉代辦費新臺幣＿＿＿＿＿元

　　☐ 由買方負擔。

　　☐ 由賣方負擔。

　　☐ 由雙方當事人平均負擔。

三、如辦理公證者，加收辦理公證之代辦費新臺幣＿＿＿＿＿元

　　☐ 由買方負擔。

　　☐ 由賣方負擔。

　　☐ 由雙方當事人平均負擔。

四、公證費用

　　☐ 由買方負擔。

　　☐ 由賣方負擔。

　　☐ 由雙方當事人平均負擔。

五、抵押權設定登記或抵押權內容變更登記代辦費新臺幣＿＿＿＿＿元

　　☐ 由買方負擔。

　　☐ 由賣方負擔。

　　☐ 由雙方當事人平均負擔。

六、塗銷原抵押權之代辦費新臺幣＿＿＿＿＿元，由賣方負擔。

七、如有其他未約定之稅捐、費用依有關法令或習慣辦理。

前項應由賣方負擔之稅費，買方得予代為繳納並自未付之價款中憑單抵扣。

第8條　（點交）

本買賣成屋，應於

☐ 尾款交付日

☐ 貸款撥付日

☐ ＿＿＿年＿＿＿＿月＿＿＿日

由賣方於現場點交買方或登記名義人，賣方應於約定點交日前搬遷完畢。點交時，如有未搬離之物件，視同廢棄物處理，清理費用由賣方負擔。

關於本買賣標的物如有使用執照（或影本）、結構圖及管線配置圖或使用現況之分管協議、住戶規約、大樓管理辦法、停車位使用辦法、住戶使用維護手冊等文件，賣方除應於訂約時將其情形告知買方外，並應於買賣標的物點交時一併交付予買方或其登記名義人，買方或其登記名義人應繼受其有關之權利義務。

賣方應於點交前將原設籍於本買賣標的之戶籍、公司登記、營利事業登記、營業情形等全部遷離。其如未如期遷離致買方受有損害者，賣方負損害賠償責任。

第9條　（擔保責任）

賣方擔保本標的物產權清楚，並無一物數賣、被他人占用或占用他人土地等情事，如有出租、設定他項權利或債務糾紛等情事，賣方應於完稅款交付日前負責理清，但本契約另有約定者，從其約定。

有關本標的物之瑕疵擔保責任，悉依民法及其他有關法令規定辦理。

第 10 條　（違約罰則）

賣方違反前條第 1 項約定，致影響買方權利時，買方得定相當期限催告賣方解決，逾期仍未解決者，買方得解除本契約。解約時賣方除應將買方已付之房地價款並附加法定利息全部退還買方外，並應按房地總價款百分之十五支付違約金。但該賠償之金額超過已付價款者，則以已付價款為限，買方不得另行請求損害賠償。

買方逾期達五日仍未付清期款或已付之票據無法兌現時，買方應按逾期期款部分附加法定利息於補付期款時一併支付賣方，如逾期一個月不付期款或遲延利息，經賣方以存證信函或其他書面催告，經送達逾七日內仍未支付者，賣方得解除契約並沒收已付價款充作違約金，但所該沒收之已付價款以不超過房地總價款百分之十五為限，賣方不得另行請求損害賠償。

除前二項之事由應依本條約定辦理外，因本契約所生其他違約事由，依有關法令規定處理。

第 11 條　（其他約定）

履行本契約之各項通知均應以契約書上記載之地址為準，如有變更未經通知他方或_____，致無法送達時（包括拒收），均以第一次郵遞之日期視為送達。

因本契約發生之爭議，雙方同意

□ 依仲裁法規定進行仲裁。

□ 除專屬管轄外，以雙方不動產所在地之法院為第一審管轄法院。

本契約所定之權利義務對雙方之繼受人均有效力。

建物被他人占用之情形：

占用他人土地之情形：

出租或出借情形：

第 12 條　（契約分存）

本契約之附件及廣告為本契約之一部分。

本契約如有未盡事宜，依有關法令、習慣及誠實信用原則公平解決之。

本契約一式二份，雙方各執一份為憑。副本由_____留存。

立契約人　　買方：○○○　印
　　　　　　國民身分證統一編號：
　　　　　　地址：
　　　　　　電話：
　　　　　　賣方：○○○　印
　　　　　　國民身分證統一編號：
　　　　　　地址：
　　　　　　電話：

　　　　　　見證人　　姓名：○○○　印
　　　　　　國民身分證統一編號：
　　　　　　地址：
　　　　　　電話：

```
                                    姓名：○○○　印
                                    國民身分證統一編號：
                                    地址：
                                    電話：

中　華　民　國　○○　年　○○　月　○○　日
```

註：1. 訂立本契約，應本於平等互惠之原則，如有疑義，應有利於消費者之解釋。
　　2. 訂立本契約，不得違反誠信之原則，如對消費者顯無公平，無效。

【附件一】

建物現況確認書

項次	內容	是	否	備註說明
1	是否有包括未登記之改建、增建、加建、違建部分： □ 一樓_____平方公尺 □ ○樓_____平方公尺 □ 頂樓_____平方公尺 □ 其他_____平方公尺	□	□	若為違建（未依法申請增、加建之建物），賣方應確實加以說明使買方得以充分認知此範圍隨時有被拆除之虞或其他危險。
2	車位情況為 □ 地上 □ 地面 □ 地下 □ 平面式 □ 機械式 □ 其他（　） 第_____層 車位編號：_____號，□ 有 □ 無 獨立權狀。 是否檢附分管協議及圖說	□	□	有關車位之使用方式，依本契約第8條第2項規定。所稱機械式係指有上下車位，須以機械移動進出者。
3	是否有滲漏水之情形，滲漏水處： _____。 若有滲漏水處，買賣雙方同意： □ 以現況交屋 □ 賣方修繕後交屋	□	□	
4	是否曾經做過輻射屋檢測，檢測結果： _____。 輻射是否異常 □ 是 □ 否 □ 以現況交屋 □ 賣方修繕後交屋	□	□	民國71年至73年領得使用執照之。 建築物，應特別留意檢測。如欲進行改善，應向行政院原子能委員會洽詢技術協助。

建物現況確認書（續）

項次	內容	是	否	備註說明
5	是否曾經做過海砂屋檢測（氯離子檢測事項） 檢測結果：＿＿＿＿＿＿＿。	☐	☐	參考值：依 CNS 3090 規定預力混凝土為0.15 kg/m³，鋼筋混凝土為0.3 kg/m³。
6	本建物（專有部分）於賣方產權持有期間是否曾發生兇殺或自殺致死之情事。	☐	☐	
7	是否有消防設施 若有，項目：＿＿ ＿＿ ＿＿。	☐	☐	
8	自來水及排水系統經雙方當場檢驗是否正常，若不正常，由☐買方☐賣方負責維修。	☐	☐	
9	現況是否有出租或有被他人占用之情形，若有，則☐賣方應於交屋前☐終止租約☐拆除☐排除 ☐以現況交屋 ☐買賣雙方另有協議＿＿＿。	☐	☐	
10	現況是否占用他人土地之情形，若有，則☐賣方應於交屋前☐終止租約☐拆除☐排除☐以現況交屋☐買賣雙方另有協議＿＿＿。	☐	☐	
11	是否約定專用部分☐有☐無 （詳見住戶規約）	☐	☐	
12	是否有住戶規約☐有☐無 （檢附住戶規約）	☐	☐	檢附住戶規約
13	是否有管理委員會統一管理 若有，管理費為 ☐月繳＿＿元☐季繳＿＿元☐年繳＿＿元☐其他＿＿	☐	☐	
14	下列附屬設備 ☐計入建物價款中，隨同建物移轉	☐	☐	

建物現況確認書

項次	內容	是 否	備註說明
	□ 不計入建物價款中，由賣方無償贈與買方 □ 不計入建物價款中，由賣方搬離 □ 冷氣___臺　□ 沙發___組 □ 床頭___件 □ 熱水器___臺 □ 窗簾___組　□ 燈飾___件 □ 梳妝臺___件 □ 排油煙機　□ 流理臺 □ 瓦斯爐　□ 天然瓦斯 （買方負擔錶租保證金費用） □ 電話：___具 （買方負擔過戶費及保證金） □ 其他___。		

注意：
一、買方對本成屋是否為輻射屋或海砂屋（氯離子檢測事項）有疑義時，應於簽定契約後支付第二期款前（或一個月內）自行檢測之；買方（檢測人員）為前項之檢測時，賣方不得拒絕其進入。

二、輻射屋檢測，輻射若有異常，應洽請行政院原子能委員會確認是否為輻射屋。海砂屋檢測，海砂屋含氯量，將因採樣點及採樣時間之不同而異，目前海砂屋含氯量尚無國家標準值。

其他重要事項：
1.
2.
3.

　　　　　　　賣方：_____（簽章）
　　　　　　　買方：_____（簽章）
　　　　　　　簽章日期：○○年○○月○○日

【附件二】

承受原貸款確認書

本件買賣原設定之抵押權之債務，承受情形如下：
　　收件字號：○○年○○月○○日_____地政事務所登字第_____號
　　抵押權人_____。

設定金額：＿＿＿＿＿＿＿＿元整

約定時買方承受本件抵押權所擔保之未償債務（本金、遲延利息）

金額新臺幣＿＿＿＿＿＿＿＿。

承受日期○○年○○月○○日。

債務承受日期前已發生之利息、遲延利息、違約金等概由賣方負擔。

買受人承受債務後是否享有優惠利率，應以買受人之資格條件為斷。

賣方：＿＿＿＿＿＿＿＿（簽章）

買方：＿＿＿＿＿＿＿＿（簽章）

簽章日期：○○年○○月○○日

【附件三】

以第三人為登記名義人聲明書

茲指定＿＿＿＿＿＿＿＿（身分證字號＿＿＿＿＿＿＿＿）為登記名義人，登記名義人應與買方負連帶履行本契約之義務。

買方：＿＿＿＿＿＿＿＿（簽章）

登記名義人：＿＿＿＿＿＿＿＿（簽章）

簽章日期：○○年○○月○○日

【附件四】

按優惠稅率核課土地增值稅確認書

賣方主張按自用住宅用地優惠稅率申請核課土地增值稅。但經稅捐稽徵機關否准其申請者，賣方同意即以一般稅率開單繳納之。以上事項確認無誤。

確認人：＿＿＿＿＿＿＿＿（簽章）

簽章日期：○○年○○月○○日

【土地買賣】

● 土地買賣契約書

1. 本契約的特點：本契約為土地與房屋不屬於同一人所有，土地出售部分訂立此契約。

2. 適用對象：適合於出售土地時所應訂立之契約。

3. **基本條款及應注意事項**：訂立本契約應訂明買賣契約之基本條款及其應注意事項。

4. **相關法條**：民法第 348、354、359、360、356、367、378 條。

買賣本約 2-2-14

土地買賣契約書（一）（內政部頒訂標準格式）

　　立土地買賣契約書人 買受人：○○○（以下簡稱為甲乙方）。本約土地產權買賣事項，
出賣人：○○○

經甲乙雙方一致同意訂定條款如後，以資共同遵守：

一、土地標示：座落○○ 市縣 ○○ 鄉鎮 ○○段○○小段○○地號土地總面積○○○○平方公尺
（○○坪），即○○ 市縣 ○○ 鄉鎮 ○○ 路街 ○○段○○巷○○○弄○○○號第○棟第○層房屋
所占該基地土地應有持分○分之○。

二、面積誤差：前條土地面積（如附件(1)）以登記後土地登記簿之記載為準，如有誤差超過
百分之一時，應就超過或不足部分按土地單價相互補貼價款。

三、土地價款：土地價款為新臺幣○○○元整。其付款辦法依附件5之2分期付款表之規定。

四、貸款約定：土地總價內之尾款新臺幣○○○元整，由甲方以金融機關之貸款給付，並由
甲乙雙方另立委辦貸款契約書，由乙方依約定代甲方辦妥一切貸款手續。其貸款金額少
於上開預定貸款金額者，其差額部分由乙方按金融機關之貸款利息及貸款期限貸給甲
方，並辦理第二順位抵押。但因金融機關基於法令規定停辦貸款或其他不可歸責於乙方
之原因致不能貸款者，甲方應於接獲乙方通知之日起○○天內以現金一次（或分期）向
乙方繳清或補足，但甲方因而無能力承買時，應於接獲通知之日起○○天內向乙方表示
解除契約，乙方應同意無條件解約，並無息退還已繳款項予甲方。

五、產權登記：土地移轉登記由雙方會同辦理或會同委任代理人辦理之。

六、稅捐負擔：土地移轉過戶前之地價稅及移轉過戶時應繳納之土地增值稅，由乙方負擔。
土地移轉登記費、契稅及代辦費，由甲方負擔。

七、違約處罰：

（一）乙方如因中途發生土地權利糾葛致不能履行契約時，甲方得解除本契約，解約
時乙方除應將既收款全部退回甲方外，並應賠償所付價款同額之損害金予甲
方。其因本契約之解除而致甲方與本約土地上之房屋買賣契約亦需解除時，甲
方因解除該房屋買賣契約所受之損害，乙方同時負賠償責任。

（二）甲方全部或一部分不履行本約第三條附件(2)分期付款之規定付款時，其逾期部
分甲方應加付按日千分之○○計算之滯納金於補交時一併繳清。如逾期經乙方
催告限期履行，逾期仍不繳付時，乙方得按已繳款項百分之五十請求損害賠
償，但以不超過總價款百分之三十為限，如甲方仍不履行時，乙方得解除本契
約並扣除滯納金及賠償金後無息退還已繳款項。

八、乙方責任：乙方保證土地產權清楚，絕無一物數賣或占用他人土地等情事，如有設定他
項權利時，甲方得定相當期限催告乙方解決，倘逾期乙方仍不解決，甲方得解除本契
約，乙方除退還既收價款外，並依本約第七條所定標準為損害賠償。交接土地後始發覺
上開糾葛情事時，概由乙方負責辦理，甲方因此所受之損害，乙方應負完全賠償責任。

九、甲方義務：甲方履行下列各款時，乙方應同時交付已移轉登記之土地所有權狀：

（一）付清土地價款。

（二）付清因逾期付款之滯納金。

（三）付清辦理產權登記及銀行貸款所需之手續費，甲方應納之稅捐及應預繳之貸款利息。

十、基地上房屋：本約土地上的房屋，由甲方另向興建房屋人價購，該興建房屋人並對本約土地與乙方連帶負瑕疵擔保責任，並同意行使本約第 11 條有關解決之規定。

十一、特別約定：

（一）乙方如違反本約第四條規定或有第七條第 26 款規定之情事，甲方依約解除契約時，並得同時解除本約土地上之房屋承買契約。甲方及房屋出賣人因而所受之損害應由乙方負責賠償。

（二）甲方如有本約第七條第二款規定之情事，乙方依約解除本契約時，甲方應同時解除本約土地上的房屋承買契約。乙方及房屋出賣人因而所受的損害由甲方負責賠償。

十二、未盡事宜：本約如有未盡事宜，依有關法令、習慣及誠實信用原則公平解決之。

十三、契約分存：本約分存，本約的附件視為本約之一部分，本約一式三份由甲、乙雙方及連帶保證責任人各執一份為憑，並自簽約日起生效。

附件：土地地籍圖謄本（標明本約土地位置）及建築物平面圖各一份。

分期付款表一份。

立契約書人　甲方：○○○ 　印

姓名：

住址：

身分證統一編號：

乙方：○○○ 　印

姓名：

住址：

身分證統一編號：

中　　華　　民　　國　○○　年　○○　月　○○　日

註：土地上有房屋者，應注意第 11 條之規定。

● 土地買賣契約書

1. 本契約的特點：本契約為一般土地之買賣契約。

2. 適用對象：適用於一般土地交易契約。

3. 基本條款及應注意事項：訂立本契約應訂明買賣契約之基本條款及其應注意事項。

4. 相關法條：民法第 348、354 條。

買賣本約 2-2-15

土地買賣契約書(二)

　　立買賣契約書人買主○○○（以下簡稱甲方）賣主○○○（以下簡稱乙方），本件土地產權買賣事項，經雙方一致同意訂立條款如後，以資共同遵守：

第 1 條　土地標示：（略）

第 2 條　土地價款：總額為新臺幣○○○元整，簽約日支付新臺幣○○○元，產權登記完畢後支付新臺幣○○○元，尾款新臺幣○○○元於土地點交後一併付清。

第 3 條　產權登記：土地移轉登記，應自本契約成立後○天內，由雙方會同辦理或會同委任他人代辦。

第 4 條　稅捐負擔：土地移轉過戶前之地價稅及移轉過戶時應繳納之土地增值稅，由乙方負擔，土地移轉登記費、契稅及代辦費用，由甲方負擔。

第 5 條　違約處罰：

　　一、乙方中途發生土地權利糾葛致不能履行契約時，甲方得解除契約，乙方除應將既收價款全部退還甲方外，並應賠償所付價款同額之損害金予甲方。其因本契約之解除而致甲方與本約土地上之房屋買賣契約亦需解除時，甲方因解除該房屋買賣契約所受之損害，乙方應負賠償責任。

　　二、甲方全部或一部不履行本約第二條規定付款時，其逾期部分甲方應加付按日千分之○計算之滯納金，於補交時一併繳清。如逾期經乙方催告限期履行，逾期仍不繳付時，乙方得按已繳款項百分之五十計算損害賠償，如甲方仍不履行，乙方得解除本契約，並扣除滯納金及賠償金後，無息退還已繳款項。

第 6 條　乙方保證土地產權清楚，如有設定他項權利，應自行解決，倘發生任何糾葛與甲方無干，甲方蒙受損害時，甲方除得解除契約外，乙方並願負責加倍賠償。

第 7 條　連帶保證人與被保證人應負連帶保證履行本契約之義務。

　　　　　　　　　　　　　買受人（甲方）：○○○　印
　　　　　　　　　　　　　住址：
　　　　　　　　　　　　　身分證統一編號：
　　　　　　　　　　　　出賣人（乙方）：○○○　印
　　　　　　　　　　　　　住址：
　　　　　　　　　　　　　身分證統一編號：
　　　　　　　　　　　　　連帶保證人：○○○　印
　　　　　　　　　　　　　身分證統一編號：

中　華　民　國　○○　年　○○　月　○○　日

註：本土地買賣契約，應注意第 5 條違約處罰。

● 土地預定買賣契約書

1. **本契約的特點**：本契約為土地預定買賣，由賣主將預定建築房屋之土地出售予買主，與預定房屋買賣相同。隨著房屋之建造，由買主分期支付賣主價金。

2. 適用對象：本契約適用預定買賣房屋之土地預定買賣契約。

3. 基本條款及應注意事項：訂立本契約應訂明買賣契約之基本條款及其應注意事項。

4. 相關法條：民法第 348、354、359、360、356、367、378 條。

買賣本約 2-2-16

土地預定買賣契約書

立契約書買受人○○○（以下稱簡甲方）出賣人○○○（以下簡稱乙方），茲因建地買賣事宜，雙方協議訂定本契約書各條款如下：

第1條　乙方投資興建○○○○○○第○層○號房屋一戶，其基地應有持分面積之所有權出賣予甲方。

甲方承買基地座落○○○○○地號土地○筆，持分面積約○○坪，基地須辦理分割分筆登記，其產權移轉登記之精確面積以地政機關分割測量結果為準。

第2條　本約建地買賣價款總額新臺幣○○萬○○千○○百○○十元整（本價款包括拆遷補償及整地等費用）。其付款辦法如下：

第一期：新臺幣○○萬○○千○○百元整於訂購時交付。

第二期：新臺幣○○萬○○千○○百元整於簽約時交付。

第三期：新臺幣○○萬○○千○○百元整於房屋開工時交付。

第四期：新臺幣○○萬○○千○○百元整於一樓地板完成時交付。

第五期：新臺幣○○萬○○千○○百元整於二樓地板完成時交付。

第六期：新臺幣○○萬○○千○○百元整於三樓地板完成時交付。

第七期：新臺幣○○萬○○千○○百元整於四樓地板完成時交付。

第八期：新臺幣○○萬○○千○○百元整於五樓地板完成時交付。

第九期：新臺幣○○萬○○千○○百元整於交屋時交付。

第十期：新臺幣○○萬○○千○○百元整於辦妥抵押貸款時交付。

貸款部分並應另行支付自交屋後至乙方取得該貸款時止，依銀行放款利率計算之利息。若甲方於房屋開工後始行承買，應於簽約時一次付清所應交付之前面各期款項。若甲方以支票付款，倘支票全部或一部分不能兌現時，視為違約。

第3條　甲方於接到乙方繳款通知後三日內，應準時交付當期款項，若未按約定日期交付時，其延遲欠繳金額應依銀行放款利率計算利息予乙方。惟甲方之延遲繳款不得超過一星期，若超過一星期，經乙方催告仍未繳付時，視同甲方自願放棄承買權利，毋須乙方以甲方違約之聲明通告，乙方即可將甲方已繳款項全部無條件沒收，充作乙方房屋興建工程上所受損害之賠償，至所承買之土地，由乙方另行處理。若甲方於簽約付款後自願解除契約時，該已繳付之各期款項，應由乙方全部無條件沒收，甲方不得有任何異議。

第4條　若各期土地價款繳付後，對於應繳付之房屋買賣各期款項有房屋買賣契約書第三條規定情事發生時，甲方所已繳付之土地價款，亦由乙方無條件沒收，甲方絕無異議。

第 5 條　本約土地，非經乙方同意，甲方不得擅自讓與第三者，若因可歸責於甲方之事由，致發生任何糾紛時，應由甲方負責處理，概與乙方無涉。

第 6 條　本約土地，乙方保證來歷清楚，而無任何糾葛，若有第三者主張異議時，無論產權或債務之糾葛，均由乙方負責理清，不得連累甲方，若因糾葛使甲方受有損害時，乙方願負賠償責任，絕無異議。

第 7 條　本約土地所有權移轉登記，與地上房屋同時辦理，並於交屋時一併點交。於點交之日以前，乙方如有應繳而未繳之任何稅費，悉由乙方負責繳清，點交之日以後，由甲方負擔。

第 8 條　本約土地，於辦理所有權移轉登記時，甲方之權利人名義，應與地上房屋甲方之權利人名義相符，俾使產權清楚一致而利登記。

第 9 條　本約土地所有權移轉登記等一切手續，由乙方特約之登記代理人統一辦理，所需甲方有關之書件證章，經乙方通知，應即提供配合辦理，至所需印花稅、地政規費、代書費等由甲方負擔，並按通知期限內繳付予乙方。土地增值稅依法由乙方負擔。

第 10 條　本約土地，未點交前如遇天災地變或其他非可歸責於甲方之原因致受有損害時，由乙方負責，概與甲方無涉。

第 11 條　本約有未盡之事宜，適用社會一般慣例或現行有關法令之規定。

第 12 條　本約同文一式二份，雙方各執一份為憑。

立契約書人　甲方：○○○　㊞

住址：

身分證統一編號：

乙方：○○○　㊞

住址：

身分證統一編號：

印花各
自購貼

中　華　民　國　○○　年　○○　月　○○　日

註：本契約與預定房屋買賣契約相同，按房屋進度付款。

● 土地分期買賣契約書

1. **本契約的特點**：本契約為土地分期付款之契約，由買受人開出每一期之支票，支付出賣人土地款項。

2. **適用對象**：本契約適用於土地不動產之分期買賣契約。

3. **基本條款及注意事項**：訂立本契約應訂明買賣契約基本條款及其應注意事項。

4. **相關法條**：民法第 389、390 條。

買賣本約 2-2-17

土地分期付款買賣契約書

印花

出賣人○○○（以下簡稱甲方）
買受人○○○（以下簡稱乙方）
保證人○○○（以下簡稱丙方）

下列當事人就土地分期付款買賣事宜，訂立合約如下：

第 1 條　甲乙雙方約定有關後記土地之買賣事宜，甲方賣出、乙方買進。

第 2 條　乙方依照左列方式付款予甲方：

一、買賣總金額為新臺幣○○元（每一平方公尺○○元，根據實際土地丈量面積）。

二、付款方式：

（一）本合約訂立時預付定金○○元，但與本條款二（三）之金額合計，抵沖款項。

（二）於民國○○年○○月○○日前支付○○元（與本條款二（一）合計總金額之三成）。

（三）雙方約定自民國○○年○月始至○○年○○月止，每月 20 日之前為限，以本利平均分期支付，六十個月內付清，年利率定為百分之○，依照所附之本利一覽表，以直接送達或郵寄方式支付。

三、為擔保支付分期付款之本金與利息，乙方須開出與此同面額、以每月之交付期為票載日之支票六十張，由連帶保證人丙背書，與本條第二款第（二）目之金額，同時交付予甲方。

四、如經由第四條第二款之手續催告支付分期付款金額，然乙方並未履行時，則乙方即失去期限之優惠，餘款並須一次付清。

第 3 條　有關後記之土地，甲方須履行下列事項：

一、於民國○○年○○月○○日前完成土地之分筆登記手續，辦理所有權之移轉，以與前條第二款第（二）目之款項交換，並認同乙方在該土地建築住宅及使用。

二、乙方支付前條第二款第（二）目之金額時，甲方須將後記土地之所有權移轉予乙方，其辦理移轉之所需費用，得由乙方負擔，同時乙方須對甲方設定該土地之抵押權，以確保未付清之款項，並登記其手續。

第 4 條　乙方若有不履行或違反本合約之有關情形時，得依照下列事項處理：

一、未支付第二條第二款第（二）目之款項，則毋須催告，本合約即視同作廢，乙方不得請求歸還定金。

二、對第二條第二款第（三）目之分期付款金額之支付，乙方若已拖延三次以上，甲方即須定三十天期催告支付，以存證信函催告支付，如在上述期間內仍未交付，則本合約視同自動解除，乙方並應返還該土地。

三、若發生本條第二款之解除合約情形，乙方須支付相當總金額二成之金額作為賠償損失，甲方得從已收取之金額內扣除之，如有餘款則須退還乙方。

四、有關款項之遲延交付，乙方應支付日息六分作為遲延賠償金。

第 5 條　後記土地乃由乙方作為住宅建築使用，乙方不得任意將土地與地上建築物租賃予第三者，或轉移所有權。

第 6 條　後記土地之稅金，以所有權過戶登記日為基準，當日後之課稅由乙方負擔，並於支付第二條第二款第（二）目之金額時，交付予甲方。

第 7 條　若無甲方之書面同意，乙方不得將後記土地之形狀作顯著之變更。

第8條　連帶保證人丙○○○須保證乙方依照本契約記載之一切債務負責，並負履行之責任。

第9條　甲乙雙方於民國○○年○○月○○日前至法院辦理公證事宜，認同本契約各條款金錢債務，並載明應逕受強制執行。

第10條　本契約一式二份，甲乙雙方各執一份為憑。

賣方（甲方）：○○○　印

身分證字號：

地址：

買方（乙方）：○○○　印

身分證字號：

地址：

保證人（丙方）：○○○　印

身分證字號：

地址：

中　　華　　民　　國　　○○　年　　○○　月　　○○　日

附件：土地之標示

　　　所在地：

　　　地號：

　　　地目：

　　　面積：○○○坪

　　　（附圖○面第○○號紅斜線部分）

註：1. 本契約為分期付款買賣，應注意本契約第4條之規定。

　　2. 本契約第8條有買方連帶保證人之規定。

【農地買賣】

● 農地買賣契約書

1. 本契約的特點：本契約為農地買賣契約。農地現已開放自由買賣，惟須農地農用。

2. 適用對象：本契約適合農地買賣所訂立之契約。

3. 基本條款及注意事項：訂立本契約應訂明買賣契約之基本條款及其應注意事項。

4. 相關法條：民法第349條，農業發展條例第16條。

買賣本約 2-2-18

農地買賣契約書

　　立契約書人買受人○○○（以下簡稱甲方）、出賣人○○○（以下簡稱乙方），茲就農地買賣事宜訂立本契約，條款如後：

第 1 條　農地標示：座落○市○段○○小段○○地號，田地目一筆，面積○○公頃。

第 2 條　農地價款：農地總額新臺幣○○○元整，簽約日支付新臺幣○○○，產權登記完畢後支付新臺幣○○○元，尾款新臺幣○○○元於農地點交後一併付清。

第 3 條　產權登記：農地移轉登記，應自本契約成立後○○天內，由雙方會同辦理或會同委任他人代辦。

第 4 條　稅捐負擔：農地移轉過戶前之地價稅及移轉過戶時應繳納之土地增值稅，由乙方負擔，農地移轉登記費、契稅及代辦費用，由甲方負擔。

第 5 條　違約處罰：

　　一、乙方中途發生農地權利糾葛致不能履行契約時，甲方得解除契約，乙方除應將既收價款全部退還甲方外，並應賠償所付價款同額之損害金予甲方。其因本契約之解除而致甲方與本約農地上之房屋買賣契約亦需解除時，甲方因解除該房屋買賣契約所受之損害，乙方應負賠償責任。

　　二、甲方全部或一部不履行本約第二條規定付款時，其逾期部分甲方應加付按日千分之○計算之滯納金，於補交時一併繳清。如逾期經乙方催告限期履行，逾期仍不繳付時，乙方得按已繳款項百分之五十計算損害賠償，如甲方仍不履行，乙方得解除本契約，並扣除滯納金及賠償金後，無息退還已繳款項。

第 6 條　甲方為自耕農，本筆買賣農地專供耕作使用，不得為其他用途。乙方保證土地產權清楚，如有設定租賃權或他項權利，致使本契約無效時，甲方蒙受之損害，乙方應負加倍賠償。

第 7 條　連帶保證人丙方與被保證人乙方應負連帶保證履行本契約之義務。

第 8 條　本契約一式三份，當事人及連帶保證人各執一份為憑。

買方（甲方）：○○○　印

住址：

身分證統一編號：

賣方（乙方）：○○○　印

住址：

身分證統一編號：

中　華　民　國　　○○　年　　○○　月　　○○　日

註：農地買賣，應注意農地農用，如無農地農用，契約無效。

【房地買賣】

● 房地買賣契約書（實建中房屋之買賣）

1. 本契約的特點：本契約為土地及房屋之所有權人同屬一人，房屋尚未建築完成辦妥產權登記之前，土地所有權人及建造執照所載之起造人應屬同一人。
2. 適用對象：本契約適用於預售之房屋，及興建中之房屋買賣。
3. 基本條款及應注意事項：訂立本契約應訂明買賣契約及其應注意事項。
4. 相關法條：民法第 359、360 條

買賣本約 2-2-19

房地買賣契約書（一）（內政部頒訂標準格式）

立房地買賣契約人 買主：○○○
賣主：○○○（以下簡稱為甲乙方）。本約房地產權買賣事項經甲乙雙方一致同意訂立條款如後，以資共同遵守。

一、房地標示：

土地座落：○○ 縣市○○ 鄉鎮○○段○○小段○○地○○號建築基地面積○○○○平方公尺（○○坪）所有部分之○分之○。

房屋座落：○○ 縣市○○ 鄉鎮○○段○○巷○○弄○○號第○棟第○樓房屋面積○○○○平方公尺（○○坪）（包括陽臺、走道、樓梯間、電梯、機房、電器室、機械室、管理室……等共同使用部分之分擔）。

二、面積誤差：前條房地面積（如附件(1)）以完工後地政機關複丈並登記完竣之面積為準，如有誤差超過百分之一時，應就超過或不足部分按房屋及其土地單價相互補貼價款。

三、房地總價：房屋價款（包括本約所載之附屬設備及其他設施）為新臺幣○○○元整，土地價款為新臺幣○○○元整。合計總價款為新臺幣○○○元整，其付款辦法依附件(2)分期付款表之規定。

四、地下層權屬：本約共同房屋使用之地下第○層總面積○○○平方公尺（○○○坪），按買受主建物面積比例隨同房屋一併出售，為買受人所共有。

五、屋頂權屬：屋頂突出物除電梯間、機房、樓梯間、水箱……等共同使用部分外，其餘非屬共同使用部分（即○）外，全部歸○方使用。

六、設備概要：本約房屋買賣規格除依照主管建築機關核准○○年○○月○○日第○○字號建造執照（如附件(4)）之圖說為準外，核准圖說未予註明之建材、設備或其他設施（如道路、路燈溝渠、花木等），其廠牌、等級或規格如附件。

七、交房地期限：乙方應自本約簽訂之日起○天（日曆天）內將使用執照及所有權狀併同房地交付甲方，但因不可抗力致不能如期交出房地時者，由雙方視實際需要協定期限予以延展。其延展期限不加滯納金。

八、保固期限：乙方對本約房屋之結構及主要設備應負責保固一年，但因天災或不可歸責於乙方之事由而發生之毀損，不在此限。

九、貸款約定：本約第3條房地總價內之尾款新臺幣○○○元整，由甲方以金融機關之貸款給付，並由甲乙雙方另立委辦房地貸款契約書，由乙方依約定代甲方辦妥一切貸款手續。其貸款金額少於上開預定貸款金額時，差額部分由乙方按金融機關之貸款利息及貸款期限貸給甲方，並辦理第二順位抵押。但因金融機關基於法令規定停辦貸款或其他不可歸責於乙方之原因致不能貸款者，甲方應於接獲乙方通知之日起○天內以現金一次（或分期）向乙方繳清或補足，但甲方因而無力承買時，應於接獲通知起○天內向乙方表示解除契約，乙方應同意無條件解約並無息退還已繳款項予甲方。

十、產權登記：房地產權之登記由甲乙雙方會同辦理或委任代理人辦理。辦理房地產權登記時，其應由甲方或乙方提供有關證件及應繳納稅捐，甲方或乙方應依規定期日、種類、內容及數額提供及繳納，如因一方延誤，致影響產權登記者，因而遭受損害，應由延誤之一方負賠償責任。

十一、稅捐負擔：甲乙雙方就負擔之稅捐，除依有關法律規定外，並依左列規定辦理：

（一）土地移轉過戶前之地價稅及移轉過戶時應繳納之土地增值稅，由乙方負擔。

（二）產權登記費、印花稅、契稅、監證費、代辦費、各項規費及臨時或附加之稅捐，由甲方負擔。

十二、違約處罰：

（一）乙方因有不可抗力之事由外，其逾期交付房地每逾一日按房地總價千分之○計算違約金予甲方。乙方不履行契約經甲方催告限期履行，逾期仍不交付房地時，甲方得解除本契約。解約時乙方除應將既收價款全部退還甲方外，並應賠償所付價款同額之賠償金予甲方。

（二）甲方全部或一部分不履行本約第3條附件付款表之規定付款時，其逾期部分，甲方應加付按日千分之○計算之滯納金於補交時一併繳清。如逾期經乙方催告限期履行，仍逾期不交付時，乙方得按已繳款項百分之五十請求損害賠償，但以不超過總價百分之三十為限，如甲方仍不履行時，乙方得解除本契約並扣繳滯納金及賠償金後無息退還已繳款項。

（三）交付房地前，甲方如發現房屋構造或設備與合約規定不符並經鑑定屬實者，乙方應負責改善或給予相當之補償，甲方於受領交付房地前毋庸再向乙方為瑕疵擔保之通知，得依民法第三六○條規定行使權利，如結構安全發生問題，甲方得解除本契約，解約賠償依第26款之規定。

十三、乙方責任：本約房地乙方保證產權清楚，絕無一物數賣或占用他人土地或與工程承攬人發生財物糾紛等情事，如有設定他項權利時，乙方應負責清理塗銷之。訂約後發覺該房地產權有糾紛致影響甲方權利時，甲方得定相當期限催告乙方解決，倘逾期乙方仍不解決時，甲方得解除契約，乙方除退還既收價款外，並依本約第十二條所定標準為損害賠償，交接房地後始發覺上開糾葛情事等，概由乙方負責理清，甲方因此所受之損害，乙方應負完全賠償責任。

甲方履行本約第十四條時，乙方應同時交付房地及其所有權狀與使用執照。

十四、甲方義務：

（一）付清房地價款。

（二）付清因逾期付款之滯納金。

（三）付清辦理產權登記所需之手續費及應付之稅捐與應預繳之貸款利息。

（四）經乙方通知交付房地之日起發生之本戶水電基本費及共同使用設備應分擔之水電費。

（五）經乙方通知交付房地之日起，屬於安全防衛、保持清潔、共同使用設施及設備之整理操作及維護等應分擔之管理費用。

十五、未盡事宜：本約如有未盡事宜，依有關法令、習慣及誠實信用原則公平解決之。

十六、本件分存：本約之附件視為本約之一部分。本約一式二份，由甲乙雙方各執一份為憑，並自簽約日起生效。

附件：標明尺寸之建築物平面圖及基地地圖謄本各一份。

　　　分期付款表一份。

　　　房屋設備概要一份。

　　　建造執照影本一份。

　　　　　　立契約書人　甲方：

　　　　　　　　　　　　姓名：○○○　印

　　　　　　　　　　　　住址：

　　　　　　　　　　　　身分證統一編號：

　　　　　　　　　　　　乙方：

　　　　　　　　　　　　公司名稱：○○○○

　　　　　　　　　　　　公司地址：

　　　　　　　　　　　　負責人：○○○　印

　　　　　　　　　　　　住址：

　　　　　　　　　　　　身分證統一編號：

　　　　　　　　　　　　公會會員證書字號：

中　　華　　民　　國　　○○　　年　　○○　　月　　○○　　日

註：1. 本契約書適用於土地及房屋之所有權屬同一人所有者（房屋尚未建築完成辦妥產權登記以前，土地所有權人及建造執照所載之起造人應屬同一人）。

2. 本契約書適用於預售之房屋，亦可適用於興建中之房屋買賣，至於已興建完成、辦妥產權登記的房屋，應依據地政機關之土地及建築改良物登記簿謄本關於該不動產權利之記載事項，參考本契約範本有關條文訂定買賣契約。

3. 第4條有關地下層屬於法定防空避難設備部分，遇有空襲或防空情況時，應開放供全體住戶避難使用。

4. 第5條有關屋頂平臺突出物非共同使用部分，依習慣得約定歸屬於最上樓房之一方使用。

5. 第8條保固期限，文內所稱主要設備於本契約中係指哪些設備（電氣、煤氣、給水、排水、空氣調節、升降、消防、防空避難及污物處理等），宜於條文中寫明，以免日後糾紛。

6. 第14條有關甲方義務，如乙方代辦之貸款未向金融機關領得以前，申辦貸款手續期間對於該預貸金額之利息如需由甲方於辦理產權登記前預繳予乙方時，得於本條款內由雙方約定之，寫明貸款利息預繳幾個月，多退少補。

● 房地買賣契約書（分期付款買賣）

1. 本契約的特點：本契約為分期付款之房地買賣契約，買賣雙方對於分期付款方式有詳加訂定為其特色。
2. 適用對象：本契約適用於分期付款房地買賣契約。
3. 基本條款及注意事項：訂立本契約應訂明買賣契約基本條款及其應注意事項。
4. 相關法條：民法第 348、354 條。

買賣本約 2-2-20

房地買賣契約書（二）

　　立契約書人買方○○○（以下簡稱甲方）賣方○○○（以下簡稱乙方），茲因不動產買賣事宜，雙方協議同意訂立各條款如下：

第 1 條　乙方所有下列不動產同意出賣予甲方。

　　　　土地：○○市○○區○○段○○小段○○○地號土地一筆，面積○○○公頃，持分○○○○（或所有權全部）。

　　　　房屋：前述土地地上物即○○市○○路○○號第○層房屋一戶，面積○○○平方公尺所有權全部（或持分○○○○）。

第 2 條　本約買賣金額共計新臺幣○萬○千元整。其付款方式如次：

　　　　第一次付款：新臺幣○萬○千元整，於簽訂本約之同時，由甲方支付予乙方。

　　　　第二次付款：新臺幣○萬○千元整，於乙方交付產權移轉登記有關文件之同時，由甲方支付予乙方。

　　　　第三次付款：新臺幣○萬○千元整，於買賣標的物移交之同時，由甲方支付予乙方。

　　　　第四次付款：新臺幣○萬○千元整，於辦妥產權移轉登記手續之同時由甲方支付予乙方。

　　　　甲方若以支票方式付款，倘支票全部或一部分不能兌現時，視為違約。

第 3 條　本約不動產所有權移轉登記，所需乙方印鑑證明一份，戶籍謄本三份，最近一期房屋稅單，土地前次移轉資料及土地、房屋所有權狀等，訂於民國○○年○○月○○日交付予甲方或甲方委請之登記代理人。

第 4 條　本約不動產訂於民國○○年○○月○○日現場移交。

第 5 條　本約不動產確係乙方所有，乙方保證產權清楚，若有任何產權糾紛或債務瓜葛，均由乙方負責理清，不得連累甲方，若因此致使甲方受有損害時，乙方願負完全賠償責任，絕無異議。

第 6 條　本約不動產移交之日以前，若有應繳而未繳之稅捐費用，悉由乙方負責繳清，移交之日以後，悉由甲方負擔。

第 7 條　本約不動產買賣登記，其土地增值稅依法由乙方負擔，其房屋契稅及監證費依法由甲方負擔，至於登記費、印花稅及代辦費等亦由甲方負擔。

第 8 條　本約不動產所有權移轉登記時，乙方同意甲方自由指定自己以外之名義人為權利人。

第 9 條　本約不動產所有權移轉登記時，如需乙方補印或補辦證件時，乙方應無條件照辦，不得藉詞刁難或要求任何其他條件之補償。

第 10 條　本約不動產在未移交前，如遇天災地變或其他原因受有損害時，應由乙方負責，概與甲方無涉。

第 11 條　本約甲乙雙方，應忠誠履約，若甲方違約，所付款項由乙方無條件沒收。如乙方違約，所收款項應於違約日起十日內加倍返還予甲方，雙方各無異議。

第 12 條　本約如有未盡之事宜，適用現行有關法令規定及一般社會慣例。

第 13 條　本約自簽訂日起生效。

第 14 條　本約同文一式二份，雙方各執一份為憑。

立契約書人甲方：○○○　[印]

住址：

身分證統一號碼：

立契約書人乙方：○○○　[印]

住址：

身分證統一號碼：

見證人：○○○　[印]

[印花各自購貼]

中　　華　　民　　國　　○○　　年　　○○　　月　　○○　　日

註：本契約為分期付款買賣，應注意第 11 條之規定。

● 房地買賣契約書（一般房地買賣）

1. **本契約的特點**：本契約為一般房地買賣契約，一般房地買賣應具備要件皆已列入。

2. **適用對象**：適用於一般房地買賣契約。

3. **基本條款及注意事項**：訂立本契約應訂明買賣契約基本條款及其應注意事項。

4. **相關法條**：民法第 348、354 條。

買賣本約 2-2-21

房地買賣契約書（三）

　　立房地買賣契約書人買主○○○（以下簡稱甲方）賣主○○○（以下簡稱乙方），本件房地產買賣事項，經雙方一致同意訂立條款如後，以資共同遵守：

第 1 條　房地標示：

　　　　　一、土地座落：（略）

　　　　　二、房屋座落：（略）

第 2 條　房地總價及支付時期：（略）

第 3 條　交付房地期限：乙方應自本契約成立之日起○日內，將房地交付甲方，不得延誤。

第 4 條　產權登記：房地產權登記，應自本契約成立之日起○日內由甲乙雙方會同辦理或委由代理人辦理。

　　　　辦理房地產權移轉登記時，其應由甲方或乙方提供有關證件及應繳納稅捐，甲方或乙方均應依規定期日、種類、內容及數額提供及繳納，如有一方延誤，致影響產權登記者，他方得定期催告履行，逾期仍不履行者，他方得解除契約，如受有損害並得請求延誤之一方賠償。

第 5 條　稅捐負擔：甲乙雙方應負擔之稅捐，除依有關法律規定外，並依下列規定辦理：

　　　一、土地移轉過戶前之地價稅及移轉過戶時應繳納之土地增值稅，由乙方負擔。

　　　二、產權登記費、印花稅、契稅、代辦費、各項規費及臨時或附加之稅捐，由甲方負擔。

第 6 條　違約處罰：

　　　一、倘乙方逾期交付房地時，每逾一日應按房地總價千分之○計算違約金付予甲方。乙方不履行契約經甲方催告限期履行，逾期仍不交付房地時，甲方得解除契約。解約時乙方除應將既收價款全部退還甲方外，並應賠償所付價款同額之賠償金予甲方。

　　　二、甲方全部或一部不履行本約第 2 條規定應付價款時，乙方得定期催告甲方限期履行，逾期仍不交付時，乙方除得解除契約外，並得將甲方已交付之價金全部沒收。

第 7 條　連帶保證人與被保證人應負連帶履行本契約之義務。

　　　　　　　　　　承買人（甲方）：○○○　印
　　　　　　　　　　　　住址：
　　　　　　　　　　　　身分證統一編號：
　　　　　　　　　　出賣人（乙方）：○○○　印
　　　　　　　　　　　　住址：
　　　　　　　　　　　　身分證統一編號：
　　　　　　　　　　　　連帶保證人：○○○　印
　　　　　　　　　　　　住址：
　　　　　　　　　　　　身分證統一編號：

中　　華　　民　　國　　○○　　年　　○○　　月　　○○　　日

註：本契約應注意第 6 條違約處罰之規定。

【動產買賣】

● 動產買賣契約書

1. 本契約的特點：本契約為一般動產買賣契約，訂定有期限利益喪失之特色。

2. 適用對象：適用於一般動產買賣契約。

3. 基本條款及注意事項：訂立本契約應訂明買賣契約之基本條款及其應注意事項。

4. 相關法條：民法第 348、354、359、360、356、367、378 條。

買賣本約 2-2-22

動產買賣契約書

　　賣主○○○（以下簡稱甲方）與買主○○○（以下簡稱乙方）經雙方協議訂立○○物品之買賣契約，條款如後：

第 1 條　（標的）
　　　　一、品名：
　　　　二、數量：
　　　　三、單價：
　　　　四、交付日期：○○年○○月○○日
　　　　五、交付場所：
　　　　六、價款總額：新臺幣○○○元整
　　　　七、支付期限：○○年○○月○○日
　　　　八、支付方法：

第 2 條　（所有權移轉）
　　　　物品的所有權在交付物品時，由甲方移轉給乙方。

第 3 條　（危險負擔）
　　　　在物品交付前所發生的損失、毀損、減量、變質及其他一切損害，除可歸責於乙方的部分之外，全由甲方負擔；在物品交付之後所發生的這些損害，除可歸責甲方的責任之外，全由乙方負擔。

第 4 條　（檢查及交付）
　　　　甲方遵從乙方的指示，在約定期限將物品帶到交付場所交給乙方，乙方在接收物品後七天內進行物品的檢查。物品的交付在乙方檢查終了的同時完成。若因檢查延誤使甲方受損害，乙方須負責賠償。

第 5 條　（瑕疵品更換）
　　　　甲方必須將不合格品、超過契約數量的部分和其他由乙方歸還的物品，自墊費用，從乙方發出通知之日起數日內，進行更換。
　　　　經過前項的期間以後，若甲方仍未更換，乙方可使用甲方先墊的費用，將物品送還或寄存，或將物品販賣以後，先行保管或寄存此金額。

第 6 條　（償還）
　　　　買賣價款在支付期內以現金（或支票）支付。
　　　　利用支票支付的情況，必須在支票兌現終了後，始生清償債務的效力。
　　　　以支票的方式給付時，如果發生第9條各項其中之一的事實時，依照甲方的請求，乙方必須以現金償還。

第 7 條　（扣除）
　　　　當甲方對乙方負有債務時，不論本件債權的清償期是否屆至，本件債權可與甲方對乙方所負擔之債務互相抵銷。

第 8 條　（滯納金）
　　　　乙方怠忽買賣價款的償還時，自清償期之翌日起至支付完畢之日止，按日以價款之○分之○計算滯納金。

第 9 條　（期限利益的喪失）

若有下列所述的情形，當甲方提出請求時，乙方必須立刻一次償還全部的債務：

一、乙方對於甲方關於買賣價款支付債務及其他一切債務或本契約以外的契約上債務遲延支付時。

二、乙方受到假扣押、假處分、租稅滯納處分及其他公權力的處分，或者進行公司重整手續或受破產的宣告時。

三、乙方受到事業主管機關停止營業或註銷營業執照、營利事業登記證的處分時。

四、乙方決定減少資本、停止營業或變更營業，或做出解散的決議時。

五、乙方所交付支票屆期未能兌現時。

六、乙方違反本契約的條款時。

七、其他當乙方的財務狀況惡化或有惡化之虞的事由發生時。

第 10 條　（物品的任意處分）

交付日屆至時，若乙方怠忽履行收取物品等契約義務時，甲方可將物品任意處分，賣得的金額充當甲方所受損害之賠償金；若額度不足時，可向乙方請求賠償。

第 11 條　（瑕疵擔保）

甲方若交付與契約條件不符合之物品，或物品有品質不良、數量不足、變質及其他瑕疵時，甲方須負責；乙方可向甲方提出更換物品或瑕疵修補、價款減額等要求。若因瑕疵的存在而無法達到本契約的目的時，乙方可解除本契約。不管任何情形，都不得妨礙損害賠償的請求。但乙方若在接受物品後應進行檢查的期間過後仍未發出通知時，則喪失解除權或請求權。

第 12 條　（即時解除）

若發生第九條各項中的任一事實時，甲方可不必進行催告或先行給付，而逕行解除本契約。

甲方違反本契約條項，或者是怠忽本契約及其他契約上的債務之履行時，乙方可不必進行催告或先為給付而逕行解除本契約，同時可對甲方請求損害賠償。

第 13 條　（不可抗力免責）

若因不可歸責於甲方之天災地變、戰爭、暴動、內亂、法令的改廢制度、公權力等的命令處分、同盟罷業及其他爭議行為、運輸機構的事故，以及其他不可抗拒的外力，造成契約的全部或一部分的履行延遲或無法交付物品時，關於本契約不能履行之部分為無效。

第 14 條　（情事變更）

若因物價波動劇烈或其他情事而導致本契約的條件顯著不合理時，各當事者可提出本契約的條件變更申請。若未經達成協議或因本契約的條件變更無法達成契約的目的時，可解除本契約。

第 15 條　（合意管轄）

因本契約而發生之權利義務的相關訴訟，同意以○○地方法院為管轄法院。

第 16 條　（公證書的手續）

當甲方提出請求時，乙方對於本契約附帶執行承諾公證書的作成手續，毫無異議，願意配合。

第 17 條　（另行協議）

關於本契約未規定之事項，以及本契約之解釋另行協議。甲乙雙方願共同遵守。

第 18 條　本契約書一式二份，雙方各執一份。

甲方：○○○　印

住址：

乙方：○○○　印

住址：

中　　華　　民　　國　　○○　　年　　○○　　月　　○○　　日

註：本契約第 13 條不可抗力免責為本契約重要之條款。

● 動產附買回條件契約書

1. **本契約的特點**：本契約為動產附買回條件之契約，出賣人附買回條件，將出售之動產，他日再買回之契約。
2. **適用對象**：本契約適用於各類動產之買回契約。
3. **基本條款**：訂立本契約應訂明原出賣人之買回權利。
4. **相關法條**：民法第 379、380、381、382、383 條。

買賣本約 2-2-23

動產附買回條件契約書

出賣人○○○以下簡稱為甲方，買受人○○○以下簡稱為乙方，茲為動產買賣附買回條件經雙方同意訂立契約條件如下：

第 1 條　甲方願將其所有後開動產之產權出賣予乙方，而乙方願意依約付價承買之。

第 2 條　本件買賣價金經甲乙雙方當面議定為新臺幣○萬○千○百元整。

前項價金即日由乙方全額付清予甲方，而甲方確已如數親收足訖。

第 3 條　本件買賣標的之截斷機甲方保證並無任何瑕疵，而乙方亦確認其確屬完整無訛。

第 4 條　本件買賣標的物即日由甲方交付乙方收受完畢，而乙方確已收到無誤。

第 5 條　甲方保證本件買賣標的物為甲方之完全所有，毫無上手來歷不明，或提供於他人為債權擔保，或設定任何負擔，或與第三人糾葛等情事。嗣後如有第三人出為主張權利，或發生糾紛時，甲方願負完全責任，並排除一切障礙使乙方取得完全所有權。

第 6 條　本件買賣標的物交付處所為甲方工廠，運離工廠移置他處之拆除費用及運搬費用，概由乙方負擔。

第 7 條　本件買賣標的物在未運離甲方工廠時，甲方對乙方應擔保其物依民法第三百七十三條之規定危險移轉於乙方時，無滅失或減少其價值之瑕疵。但如因不可抗力天災地變累燒等，或不能歸責於甲方之事由者，不在此限。

第 8 條　本件買賣標的物，甲方得於本契約成立之日起○年○月內（即截至○○年○月○日止），返還所有受領本契約第 2 條所載買賣價金新臺幣○萬○千○百元整予乙方，而向乙方買回本件買賣標的物，甲乙雙方確諾之。

第 9 條　甲方於前條買回限期內，向乙方買回本件標的物時，除買回費用應由甲方負擔外，乙方因本件買賣所支出之費用亦應由甲方返還予乙方。

第 10 條　乙方因改良本買賣標的物所支出之費用及其他有益費用，而增加價值時甲方於買回時應就其現存價值償還予乙方。

第 11 條　乙方在本契約第八條規定買回期間存續中，不得就本件買賣標的物為任何處分行為，或提供於第三人設定質押負擔等他項權利或出租出典於第三人。

第 12 條　乙方如違反前條約定時，應賠償甲方因而所生之損害。

第 13 條　甲方如未於本契約第八條規定買回期限屆滿日以前備足所受領價金全額，向乙方買回買賣標的物時，即應喪失買回權。

第 14 條　本件動產買賣標示如下：

臺灣省○○工業鐵工廠製品四開截斷機○成新品○臺附○○製裁刀○把及全部附屬品在內。

第 15 條　本契約一式二份，甲、乙雙方各執一份為憑。

賣方（甲方）：○○○　印

身分證字號：

地址：

買方（乙方）：○○○　印

身分證字號：

地址：

中　華　民　國　○○　年　○○　月　○○　日

註：1. 本契約第 8 條規定原出賣人買回之權利。

2. 如買賣標的物為動產擔保交易法第 4 條之得為動產擔保交易之標的物，建議應先查詢有無辦理動產擔保登記。

● 動產貨物買賣契約書

1. **本契約的特點**：本契約為一般動產貨物之買賣契約書，簡單明瞭為其特色。

2. **適用對象**：本契約適用於一般動產貨物之買賣契約，如無特殊情況，皆可適用。

3. **基本條款及注意事項**：訂立本契約應訂明買賣契約之基本條款及其應注意事項。

4. **相關法條**：民法第 348、354、359、360、356、367、378 條。

買賣本約 2-2-24

動產貨物買賣契約書（法院公證處例稿）

出賣人○○○茲與買受人○○○訂立動產買賣契約，內容如左列各條所載：

第 1 條　出賣人○○○茲將第 5 條所載之動產出賣予買受人，經買受人同意承買。
第 2 條　買賣價金約定為新臺幣○○○元。
第 3 條　買受人本日交付出賣人價金新臺幣○○○元，並由出賣人受領訖。
第 4 條　出賣人已將買賣標的物點交予買受人。
第 5 條　買賣標的物如下：（略）
第 6 條　恐口無憑，爰立此約，雙方各執一份。

出賣人：○○○　印

住址：

買受人：○○○　印

住址：

中　　華　　民　　國　　○○　　年　　○○　　月　　○○　　日

註：本契約屬略稿性質，讀者可就自己之需要增加內容。

● 動產貨物買賣契約書（二）

1. **本契約的特點**：本契約為動產貨物買賣契約，約定清償地、清償期及清償費用為其特色。
2. **適用對象**：本契約適用於動產貨物買賣契約。
3. **基本條款及注意事項**：訂立本契約應訂明買賣契約之基本條款及其應注意事項。
4. **相關法條**：民法第 348、354、359、360、356、367、378 條。

買賣本約 2-2-25

動產貨物買賣契約書（關於清償地、清償期及清償費用之約定）

　　立契約書人○○實業有限公司（以下簡稱甲方）○○陶瓷有限公司（以下簡稱乙方），雙方茲就買賣茶具事宜，訂立本件契約，條款如後：

一、買賣標的：仿古茶具精品、次級品各一百組（樣式、規格另行列表）。

二、價金：精品每組新臺幣（下同）一千元整，次級品每組五百元整，合計十五萬元整。

三、送貨地點：甲方公司所在地或其所指定之地點。

四、送貨日期：乙方應於訂約後一個月內按甲方指定之地點、組數如期送達。如有遲延，應依遲交部分之貨款按千分之二計罰違約金，乙方不得異議。

五、清償費用：原則上運送費、包裝費由乙方負擔。惟甲方所指定送貨地點不在臺北、桃園兩界內，按實際里程數每公里五元酌收運送費用。

六、甲方或其指定受領之人於受領第 1 條之茶具後，應即時驗收。茶具如具瑕疵，應於受領後七天內以書面通知乙方更換，逾期乙方不負瑕疵擔保責任。

七、甲方應憑乙方所開出之統一發票及送貨簽收單將貨款乙次付清給乙方。

八、本契約一式二份，甲方雙方各執一份。

　　　　　立契約書人　買受人（甲方）：○○實業有限公司
　　　　　　　　　　　　　　公司地址：
　　　　　　　　　　　　　　代表人：○○○　印
　　　　　　　　　　　　　　身分證統一編號：
　　　　　　　　　　　　　　公會會員證書字號：
　　　　　　　　　賣方（乙方）：○○陶瓷有限公司
　　　　　　　　　　　　　　公司地址：
　　　　　　　　　　　　　　代表人：○○○　印
　　　　　　　　　　　　　　住址：
　　　　　　　　　　　　　　身分證統一編號：
　　　　　　　　　　　　　　公會會員證書字號：

中　　華　　民　　國　　○○　　年　　○○　　月　　○○　　日

註：本契約對於清償地、清償期及清償費用之約定明白訂明於契約中，以免糾葛。

● 轎車買賣契約書

1. 本契約的特點：本契約為轎車之買賣契約，契約內容簡易，如有需要，買賣雙方可附雙方需要的條款。
2. 適用對象：本契約適用於轎車買賣之契約。
3. 基本條款及注意事項：訂立本契約應訂明買賣契約之基本條款及其應注意事項。
4. 相關法條：民法第 348、354、359、360、356、367、378 條。

買賣本約 2-2-26

轎車買賣契約書

　　　　　　　　　　　出賣人○○○（以下簡稱甲方）
　印花　　　　　　　買受人○○○（以下簡稱乙方）
　　　　　　　　　　　保證人○○○（以下簡稱丙方）

　　上列當事人就汽車買賣事宜訂立合約如下：

第 1 條　甲方就其約定，將所有之轎車售予乙方，乙方買受之。

第 2 條　後記轎車之買賣總金額為新臺幣○○元整。乙方依照下列方式支付款項予甲方：
　　　　一、本日（訂約日）先交付定金○○元整。
　　　　二、餘款○○元（中期款）於申請過戶之同時支付。
　　　　三、餘款○○元，可分十次支付，自民國○○年○○月至○○月止，每月○○日前支付○○元，乙方應於過戶時，將相當於上述期滿金額之支票匯出交付。

第 3 條　甲方對乙方負責辦理如下之過戶與交付手續：（略）
　　　　前條第三款之支票於過戶同一日支付。

第 4 條　辦理過戶手續所需費用由乙方負擔。

第5條　乙方若無法履行第二條第三款中任何一期之分期付款，則必須將餘款一次付清。

第6條　甲方須保證後記轎車並無瑕疵。有關瑕疵之保證，則只限於交付日後三個月以內，往後即不負一切責任。

第7條　後記轎車交付之前，若因不可抗力之事由，致使轎車滅失或毀損，其責任由甲方負擔。

第8條　丙方須對甲方保證，乙方確實履行本契約按期支付價金，並負連帶賠償責任。

第9條　本契約一式三份，甲、乙、丙方各執乙份為憑。

賣方（甲方）：○○○　印

住址：

身分證統一編號：

買方（乙方）：○○○　印

住址：

身分證統一編號：

保證人（丙方）：○○○　印

住址：

身分證統一編號：

中　華　民　國　○○　年　○○　月　○○　日

附件：轎車之表示

　　　牌照號碼：

　　　顏色：

　　　型式：

　　　引擎號碼：

註：轎車之買賣、本契約第6條之瑕疵擔保為本契約之重點，應加注意。

● 汽車買賣定型化契約

1. 本契約的特點：本契約為汽車買賣定型化契約。當事人一方以汽車出賣他方，他方給付價金之契約。

2. 適用對象：本契約適用於汽車買賣契約。

3. 基本條款及應注意事項：訂立本契約應定明買賣契約之基本條款及應注意事項。

4. 相關法條：民法第345至378條、動產擔保交易法第26條至31條。

（一）前言

　　隨著工商業社會的發展、科技的進步，汽車成為國人日常生活中不可或缺的一部分。於此同時，為因應大量生產、大量消費時代的來臨，企業經營者對於產品大

量銷售往往預先制定一定型化契約，以規避與個別消費者分別磋商協定契約之耗時費事。從企業經營的角度觀之，定型化契約的確有其存在的必要性與便利性；然從市場地位觀之則不盡然，蓋在工商業社會中，企業經營者往往是資本雄厚的大企業團體，而非農業時代之個體經營者，其背後多有具備法律知識的智囊團為其擬訂周詳而有利於己的定型化契約；反觀交易相對人則多為一般消費者，在兩者的市場地位相差懸殊之下，企業經營者往往利用消費者之弱勢，而藉由定型化契約約定不合理、不公平的條款。弱勢的消費族群在定型化契約條款僅剩下訂約與否的權利，對契約內容無從置喙，失去了實質的訂約自由。這種情形對國人已然形成一種消費危機，尤其在汽車等需求性較高的產品更是如此。

　　過去或因國人法律知識不足、消費意識不彰、或礙於企業者市場地位之強勢，對定型化契約之爭議往往不了了之。相反的，現在則由於社會整體環境配合，消費意識抬頭，民國 83 年 1 月通過施行的消費者保護法亦於第 11 條至第 17 條就定型化契約作專節的規範。為落實消費者保護法之規定，針對現行市場上關於汽車買賣契約條款，提出定型化契約範本，提供汽車買賣雙方於訂約時參考運用，此外，並提出上述定型化契約不得記載事項之建議，俾便依照消費者保護法第 17 條第 1 項規定於適當時機公告時之參考，庶幾對消費者保護法之落實、消費大眾之保護及企業經營之商譽與形象有所助益。

（二）總説明

1. **定義**：汽車之買賣通常以三種方式為之，一為現金買賣，二為民法上的分期付款買賣，三為依動產擔保交易法所為的附條件買賣。

   (1) **附條件買賣**：附條件買賣契約，在附條件買賣期間，所有權仍屬出賣人所有，其買賣契約依動產擔保交易法之規定，應以書面為之，屬於要式行為。

   (2) **分期付款買賣**：分期付款買賣契約，指依民法分期付款買賣之規定所為之交易，通常情形，所有權於交付後即歸屬買受人所有，但例外情形得為保留所有權之分期付款買賣。分期付款買賣依民法規定雖非要式行為，並不一定要以書面為之，但因其交易時期較長，實務上一般皆訂定書面契約，消費者保護法第 21 條且規定應以書面契約為之，詳訂買賣雙方權利義務關係，以定紛止爭。

   (3) **現金買賣**：汽車之現金買賣契約，指買受人一次付清買賣價金而出賣人一次移轉買賣標的物之交易行為。此種交易非要式行為，當事人得不簽訂契約條款，亦得完成交易。但為保護消費者本部亦提出契約範本，以契約條款保護

消費者。

2. 定型化契約範本重點說明：係針對附條件買賣、分期付款買賣、現金買賣三種買賣交易行為方式提出三種定型化契約範本，以供參考。僅分述其要點如下：

(1) 附條件買賣契約書：除將動產擔保交易法有關附條件買賣之規定納入契約條款，俾雙方當事人有閱讀動產擔保交易法相關規定之機會外，並個別蒐集業者之契約範本，將有關契約條款整理歸類，並依消費者保護法及施行細則中有關定型化契約之規定，逐一修改或重擬，其有補充必要者，則另擬契約條文，務使契約內容公正而周延。其中最主要者，如對買受人提前清償之權利保護（第 5 條），出賣人瑕疵擔保責任及售後服務之義務（第 10 條），沒收違約金數額之限制（第 15 條），出賣人中文保證書及中文使用說明書給付義務（第 14 條）等條款。此外，並於契約範本前標示契約審閱期間，臚列契約不得記載事項，俾便業者遵行。契約後並附有分期攤還表範本，作為日後業者製作分期攤還表之參考。

(2) 分期付款買賣契約書：其與附條件買賣契約書兩者最大的不同在於，後者應受動產擔保交易法相關規定規範。因此，於後者之契約書範本中錄有動產擔保交易法相關條文，但分期付款買賣契約書則無該等條文之適用。故本分期付款買賣契約書特將附條件買賣契約書中錄自動產擔保交易法第 22 條規定刪除，其餘內容則與附條件買賣契約書規定相同。

(3) 汽車買賣定型化契約書：其與前述分期付款買賣契約書及附條件買賣契約書最大的不同在於，付款方式以及買賣標的物所有權是否移轉。汽車買賣定型化契約其付款方式非以分期為之，其所有權則於標的物交付時即移轉於買受人。因此，汽車買賣定型化契約書特將前述契約之付款方式修改為一次付款，並且刪除上述動產擔保交易法相關規定。

（三）汽車買賣定型化契約不得記載事項

1. 不得以契約約定價金加速條款違反民法第 389、390 條之規定。亦即除買受人有連續兩期給付遲延，遲延價額已達全部價金五分之一外，出賣人仍不得請求支付全部價金；而約定解約扣價，其扣留之數額亦不得超過標的物使用之代價，及標的物受有損害時之賠償。

2. 不得約定沒收全部價金或違反本契約之違約金約定。

3. 不得預先排除故意重大過失責任。

4. 不得以契約免除或限制危害身體健康或生命安全之瑕疵擔保或損害賠償責任。

5. 出賣人不得約定拒絕提前清償，亦不得加收其他費用。

6. 不得約定外國廠商免責或限制責任之特約條款。

7. 不得約定請求超過民法第 205 條年息 20% 之限制部分之利息。

8. 不得約定「貨物出門，概不退還」等概括免責條款。

9. 不得違反其他法律強制禁止規定或為顯失公平或欺罔之約定或行為。

（四）範　例

買賣本約 2-2-27

注意：	說明：
契約簽訂前，應有五日之審閱期間。	依消費者保護法第 11 條之 1 之規定，契約簽訂前，應有三十日內之合理審閱期間。

汽車附條件買賣契約書

		名稱		電話		說明：
買受人						買受人應為牌照申請名義人，如非同一人，買受人在簽約時應先告知出賣人，俾雙方當事人就相關事宜另做特別約定，或逕以牌照名義人之代理人身分購買。
		住居所				
出賣人		名稱		電話		
		營業所				

　　交易雙方為買賣車輛，訂立契約約款如下：

訂立契約約款（續）

第1條（標的物）	車型：　　，排氣量：　　， 式樣：　　，數量：　　， 車身顏色：　　， 產地：　　，出廠年份　　， 其他配備詳如附件二。	說明： 內裝顏色得由契約當事人約定。出廠年份指標的物車輛實際出廠之年份。
第2條 （標的物規格、顏色之變更或停止供應）	本契約標的物之車輛，非經他方同意，契約當事人任何一方不得要求變更規格、顏色或配件。 本契約標的物之車輛因供應廠商改良、變更或停止供應，致出賣人不能依原約定給付者，出賣人應即通知買受人，買受人得解除契約，請求返還已付價金，及自受領日起至返還日止依法定利率計算之利息。 前項情形，買受人如願按出賣人所定價格標準核算，多退少補，受領改良或變更後之標的物者，出賣人不得拒絕。	
第3條 （價金之給付）	一、總價	現金交易總價 （含營業稅）： 新臺幣○百○萬 ○千○百○元整 分期付款總價 （含營業稅）： 新臺幣○百○萬 ○千○百○元整 現金交易總價與分期付款總價差價： 新臺幣○百○萬 ○千○百○元整	說明： 參見消費者保護法第21條之規定。
	二、付款方式	（一）頭期款： 付款日： 中華民國○○年○○月○○日 現金： 新臺幣○百○萬○千○百○元整。	說明： 參見消費者保護法第21條之規定。 1.頭期款為必須記載事項。 2.交車款為得記載事項。

訂立契約約款（續）

		票據： ○○年○○月○○日。 行庫分行： 帳號： 票號： （二）交車款： 付款日： 中華民國○○年○○月○○日。 現金： 新臺幣○百○萬○千○百○元整 票據： ○○年○○月○○日。 行庫分行： 帳號： 票號： （三）分期付款 （扣除頭期款、交車款以外者）： 分期金額： 分期數： 利率及其種類： 每期應付之日期、本金、利息詳如附件：分期攤還表。	3. 分期付款為必須記載事項，必須由雙方約定，例示詳如分期攤還表。 4. 付款日不以交車日為限，得為交車前、交車當日或其後，由雙方當事人自行約定。 5. 利率種類係指年息、月息……。
	三、付款地點		說明： 付款地為得記載事項，可由雙方任意約定，亦得約定以銀行轉帳、郵政劃撥或信用卡轉帳方式支付。但若無約定，應回歸民法債編赴償債務之規定，於出賣人之營業所付款。
第 4 條（價金範圍）	本契約所載價金除另有約定外，包括進口關稅、商港建設費、貨物稅、營業稅、交車前之運費、運送保險費及其他應由出賣人負擔之稅費；但不包括申請牌照之手續費、車輛保險費、監理規費、牌照稅、燃料稅等應由買受人負擔之稅費。		

訂立契約約款（續）

	本契約訂立後，前項稅費調整利益或不利益均由買受人承受及負擔，但因可歸責於出賣人之事由致增加負擔者，其增加部分由出賣人負擔。	
第5條（提前清償）	買受人得隨時提前清償，出賣人不得拒絕。 買受人提前清償者，應按攤還表所示之未償還本金給付。出賣人不得加收手續費、提前解約金或其他任何費用。	說明： 本條係為保護消費者計，以契約賦予買受人隨時清償之權利，本約定較民法第204條第1項之規定有利於消費者，但應不致對企業者產生不利益。
第6條 （匯率與關稅等之變動）	第一種情形： （在國內製造或已進口之車輛）車輛價格以本契約訂立時約定之價格為準，其後縱因匯率變動、關稅調整，概不受影響。 第二種情形： （尚未進口之車輛） 本契約訂立之後，成本縱有調高或降低，概依本契約所定之價格為準。但匯率、關稅、商港建設費等稅費於結關完納之日有調高或降低者，一律以實際結關日之匯率、稅率為準計算價格，其因可歸責於出賣人之事由應結關而未辦理結關手續，致蒙受較高稅率或較高匯率之不利益者，其提高部分由出賣人負擔。	說明： 1. 特別訂作之車輛不適用本契約。 2. 國內製造或已進口之車輛，一律適用本契約第一種情形，不受匯率、關稅調整等因素的影響。 3. 尚未進口之車輛，適用本條第二種情形。
第7條 （交車地點及會同檢視義務）	交車地點雙方約定為： ○○縣○○區鎮○○街 ○○市○○市鄉○○里○鄰○○路 ○段○巷○弄○號 買賣雙方應於車輛交付時或交車前會同檢視車輛。	說明： 本條所訂之地址得為出賣人之營業所或分營業所，或買受人之住居所，或雙方約定之第三地。
第8條 （交車日期、遲延催告及解除契約）	第一種情形： （國內製造已出廠或國外製造已進口者）	說明： 1. 參見民法第254條之規定。

訂立契約約款（續）

	雙方約定交車日期為中華民國○○年○○月○○日。 出賣人逾交車日期未交付車輛，經買受人催告後○日仍未履行者，買受人得解除契約，並請求返還已支付之價金，及自受領日起至返還日止依法定利率計算之利息，但約定利率較高者，從其約定利率。 前項情形，買受人證明有其他損害者並得請求賠償。 第二種情形： （國內製造尚未出廠或國外製造尚未進口者） 雙方預定交車日期為中華民國○○年○月○日。 出賣人應於本契約訂定後○日以書面通知買受人確定交車日期，出賣人逾期未通知或所通知確定交車日期逾預定交車日期達○日以上者，買受人得解除契約，並請求返還已支付之價金，及自受領日起至返還日止依法定利率計算之利息，但約定利率較高者，從其約定利率。 前項情形，買受人證明有其他損害者並得請求賠償。 前二項規定，於出賣逾確定交車日期未交付車輛，經買受人催告後○日，仍未履行者，亦適用之。	2. 主管機關宜斟酌交易習慣統一訂定第一種情形第 2 項催告期間及第二種情形第 2 項之通知等期間，俾交易雙方當事人共同遵守。 3. 本條所謂得請求賠償之損害，得以違約金約定之，或以因此租用同等級車輛之租金舉證證明之。
第 9 條 （標的物之使用及危險負擔）	標的物之利益及危險，除當事人另有約定者依其約定外，自交付時起，均由買受人承受負擔。	說明： 參見民法第 373 條之規定。
第 10 條 （瑕疵擔保責任或保固責任）	出賣人應依民法及其他法令規定對買受人負瑕疵擔保責任。	說明： 交車後保固之期限或行駛公里數訴諸市場競爭，由廠商與消費者自行約定。

訂立契約約款（續）

	出賣人自交車之日起〇個月，或行駛〇公里範圍內（以先到者為準），對車輛本身之瑕疵零件負更新或修復之責任，但損害係因買受人未依使用手冊使用車輛，或未依保養手冊所載時間、里程、場所保養或維修所致者，出賣人不負保固責任。車輛因天然災害、自然耗損或因可歸責於買受人之事由致生損壞者，亦同。	
第11條（召回檢修或回收）	買賣標的物經原製造廠商召回檢修或回收，或經主管機關下令召回檢修或回收者，出賣人應於接到通知後七日內通知買受人；其召回檢修者，並應同時安排檢修之時間與地點。 前項召回檢修之情形，出賣人應負檢修之義務。	說明： 1.原製造廠商包括國內外製造商；主營機關係指我國之主管機關。 2.依第一項情形回收買賣標的物者，買賣雙方之權利義務應依民法之有關規定定之。
第12條（品質擔保）	出賣人應擔保買賣標的物符合交車時之環保及其他相關法令之規定標準，車輛未達規定標準而能改善者，買受人得訂定相當期限催告出賣人改善，逾期未改善或不能改善者，買受人得解除契約，請求返還已給付之價金，及自受領日起至返還日止依法定利率計算之利息。如有其他損害，並得請求賠償。	說明： 有關汽車之環保標準，係依行政院環境保護署所頒交通工具空氣污染物排放標準之規定辦理。排放標準施行日期以後出廠之國產車及裝船之進口車須達該標準。
第13條（因標的物重大瑕疵之解約或更換新車）	本買賣標的物有下列情事之一，經雙方同意之專業機構（＿＿）鑑定證實係因機件瑕疵所致，非因使用者之故意或過失所致者，出賣人除應負擔鑑定費用外，並應依買受人之請求更換同型新車予買受人；或解除契約、請求退還已付之價金，及自受領日起至返還日止依法定利率計算之利息：	說明： 1.日數部分應由廠商與消費者自行約定，以提供自由市場之競爭。 2.此等情形有可能由出賣人輕易修復，宜給予出賣人修復之機會。 3.本條不排除出賣人依本契約約定及法律規定應負之其他責任。

訂立契約約款（續）

	一、交車後○日之內，於行駛中 煞車失靈，經送出賣人檢修 二次而未修復者。 二、交車後○日之內，於行駛中 突然起火燃燒者。 三、交車後○日之內，於行駛中 突然熄火故障，經送出賣人 檢修二次而未修復者。 四、交車後○日之內，於排檔時 發生暴衝者。 五、交車後○日之內，於行駛中 引擎溫度升高至極限，經送 出賣人檢修二次而未修復 者。 六、其他重大瑕疵，有危害生命 安全或身體健康之虞，經送 出賣人檢修二次而未修復 者。	4. 經鑑定證實係因機件瑕疵所 致，非因使用者之故意或過 失所致者，鑑定費用應由出 賣人負擔，若無本條所列瑕 疵者，其鑑定費用應由買受 人負擔。
第 14 條 （保證書及使用說明書之 交付及其應記載之內容）	出賣人應於訂約後，至遲於交車 時交付標的物之中文保證書及中 文使用說明書，該保證書及使用 說明書為本契約之一部分。 前項保證書應包含下列事項： 1. 商品之名稱、種類、數量，若 有製造號碼或批號，其製造號 碼或批號。 2. 保證內容。 3. 保證期間及起算方法。 4. 製造商名稱、地址。 5. 若有經銷商，其名稱、地址。 6. 交易日期。 第 1 項使用說明書應包含下列事 項： 1. 標的物組件、功能說明。 2. 正確使用方法。 3. 操作程序。 4. 危險警語與避免方式。 5. 簡易故障處理。	說明： 1. 保證書應包含事項參見消費 者保護法第 25 條之規定。 2. 保證書及使用說明書其內容 應完整、簡明易懂，避免使 用誤導消費者之文字或圖 樣。

訂立契約約款（續）

	6.維修服務處所及其他相關資訊。 本買賣標的物性質上或使用上有危害人體健康或生命安全之虞者，應於保證書或使用說明書以醒目、套色、粗大之字體或圖樣標明。出賣人應將中文保證書及中文使用說明書張貼或陳列於出賣人之處所，供消費者閱覽。	
第15條 （因買受人違約價金之沒收）	因可歸責於買受人之事由，致違反本契約給付價金約定連續兩期且其遲延給付之價金逾總金額五分之一者，經出賣人定十日以上之期間催告，買受人仍未履行者，出賣人得解除契約，沒收買受人已付之價金。 因可歸責於買受人之事由致受領遲延者，經出賣人定三十日以上之期間催告，買受人仍未履行者，出賣人得解除契約，沒收買受人已付之價金。除本契約另有約定外，買受人得將由本契約所生之債權讓予第三人，其債務並由該第三人承擔，但買受人應負連帶給付之責。 第1、2項得沒收之已付價金不得逾買賣標的物現金交易總價之10%，逾10%者縮減為10%，但出賣人能證明其所受損害超過買賣標的物現金交易總價之10%者，不在此限。	說明： 1.汽車買賣契約訂立後，買受人將本契約產生之債權或債務讓予或由第三人承擔，事所常有，為保護出賣人之利益，應課予買受人以連帶給付責任，唯其連帶給付責任究因「併存之債務承擔」或「連帶保證」之身分所致，均非所問。 2.有第1項情事之一者，其損害可能超過本條第3項10%之限額，例如已領牌之車輛，基於填補實際損害之法理，出賣人應受較高之損害賠償，以維公允。唯主張損害超過10%者，應由出賣人負舉證之責。本條係關於遲延給付致解除契約之約定，與民法第389條關於清償期加速屆至，請求給付全部價款之規定不同，併此說明。
第16條 （買受人受領遲延，出賣人之義務）	因可歸責於買受人之事由受領遲延者，除依前條第2項之規定外，出賣人僅就故意或重大過失負其責任。出賣人並得請求買受人賠償其提出及保管汽車之必要費用。	

訂立契約約款（續）

第 17 條 （不可歸責於雙方當事人 價金返還）	因不可歸責於雙方當事人之事由，致給付不能者，出賣人應返還買受人已付之價金，及自受領日起至返還日止依法定利率計算之利息。	
第 18 條 （代辦義務及手續費用）	買受人得委任出賣人代辦申請牌照及動產擔保交易登記等手續，出賣人不得拒絕。代辦手續費為新臺幣○○元整。出賣人得複委任他人辦理。	
第 19 條（契約之刪改）	本契約訂立後，若有任何增刪修改，須經雙方當事人書面同意。	
第 20 條 （印花稅之負擔）	本件印花稅各自貼用負擔。	
第 21 條 （付條件買賣特別約款）	一、（保留所有權約款及買受人取得所有權之條件） 　買受人自繳清全部價金之日起取得標的物之所有權；於買受人未繳清全部價金前，標的物之所有權仍歸出賣人保有。 二、（標的物之使用及危險負擔） 　買受人自取得標的物之占有之時起得使用標的物，但於取得標的物所有權之前，應以善良管理人之注意保管及保用之。 　標的物之利益與危險，除當事人另有約定者依其約定外，自買受人取得標的物之占有之時起，由買受人承受及負擔。 三、（買受人不履行契約時，出賣人行使物權請求權及（或）債權請求權之一）標的物所有權移轉於買受人前，買受人有下列情形之	說明： 1. 參見動產擔保交易法附條件買賣之相關規定：動產擔保交易法第 17、18、22、28、29、30 條等規定。 　在拍賣法未公布施行前，應依民法債編施行法第 28 條之規定為拍賣。 2. 標的物保險為任意約定事項。

訂立契約約款（續）

	一，致妨害出賣人之權益者，出賣人得取回占有的標的物：	
	（一）不依約定給付價款者。	
	（二）不依約定完成特定條件者。	
	（三）將標的物出賣、出質或為其他處分者。	
	出賣人取回占有前款標的物，其價值顯有減少者，得向買受人請求損害賠償。	
	四、（買受人不履行契約時，出賣人行使物權請求權及（或）債權請求權之二）出賣人依前項約定取回標的物，而買受人拒絕交付標的物時，出賣人得聲請法院假扣押，如經登記之契約載明逕受強制執行者，依該契約聲請法院強制執行。	
	五、（買受人不履行契約時，出賣人行使物權請求權及（或）債權請求權之三）出賣人依第3項約定取回標的物時，應於三日前通知買受人。	
	出賣人不經前款事先通知，逕行取回標的物時，如買受人在出賣人取回的標的物後十日內付清如附件分期攤還表所示之未償還本金及其遲延利息者，買受人得請求出賣人交付標的物，並取得標的物所有權。	

訂立契約約款（續）

	六、（買受人不履行契約時，出賣人行使物權請求權及（或）債權請求權之四）買受人得於出賣人取回占有標的物後十日內，以書面請求出賣人將標的物再行出賣。出賣人縱無買受人之請求，亦得於取回標的物後三十日內將標的物再行出賣。 出賣人依前款約定再行出賣標的物者，應於取回標的物後三十日內，經五日以上之揭示公告，就地公開拍賣之，並應於拍賣十日前，以書面通知買受人。 標的物為可分割者，於拍賣所得價金足以清償未繳價款及費用時，應即停止。賣得價金應先抵充費用，次充利息，再充原本，如有剩餘，應返還買受人，如有不足，出賣人得繼續追償。 七、（買受人不履行契約時，出賣人行使物權請求權及（或）債權請求權之五）買受人未為前項第1款請求，出賣人亦未依前項第1款約定再行出賣者，出賣人無償還買受人已付價金之義務，出賣人亦不得行使第3項第2款之權利，本契約並即失其效力。 八、（出賣人之損害賠償義務）出賣人出賣標的物違反第6項第2款約定者，買受人得請求損害賠償。 九、（買受人不履行契約時，出賣人行使物權請求權及（或）債權請求權之六）買	

訂立契約約款（續）

	受人有第3項第1款之情形，且有連續兩期遲延給付分期款，所遲延之價額並已達全部價金20%者，出賣人得不行使取回標的物之權利，而請求買受人一次清償如附件分期攤還表所示之償還本金及其遲延利息。 十、（標的物保險被保險人之記載）本件買賣標的物由買受人負擔保險費為標的物投保；上開保險之被保險人應為出賣人。 十一、（其他約定事項） （一）買受人有動產擔保交易法第五章之情形者，應依該法規定負刑事責任。 （二）買受人應依出賣人之要求，提供必要文件，協助出賣人向登記機關辦理標的物附條件買賣登記及必要之變更登記。 （三）買受人付清全部價金後，出賣人因買受人或利害關係人之書面請求應即出具證明書，俾買受人或利害關係人得憑以向登記機關註銷附條件買賣登記；出賣人於收到買受人或利害關係人上開書面請求後十日內，未交付證明書者，應按日給付請求人遲延金新臺幣○○元，並負損害賠償責任。 附條件買賣登記規費由○○負擔。	

訂立契約約款

第22條（管轄）	雙方因本買賣契約而發生訴訟者，同意由○○地方法院為管轄法院。	說明： 依消費者保護法第47條，得由消費關係發生地之法院管轄，但不以此為限。
第23條（補充規定）	本契約如有未盡事宜，由買受人及出賣人本誠信原則協議之，或依民法或其他相關法令定之。	說明： 連帶保證人、票據或其他擔保，或以貸款為停止條件，為當事人雙方得自行約定之記載事項。

本契約書正本一式二份，副本○份，由買受人及出賣人各持正本一份、副本○份為憑。

中　華　民　國　○○　年　○○　月　○○　日

立契約書人：買受人：
　　　　　　法定代理人：
　　　　　　身分證統一編號：
　　　　　　出賣人：
　　　　　　法定代理人：
　　　　　　營利事業統一編號：

【附件一】分期攤還表

範例一：年利率＝16%　　貸款月數 24　　　　　　　　　（單位：元）

期數	月繳本息 A	利息 B	償還本金 C	未償還本金 D
0				500,000
1	24,482	6,667	17,815	482,185
2	24,482	6,429	18,052	464,133
3	24,482	6,188	18,293	445,840
4	24,482	5,945	18,537	427,303
5	24,482	5,697	18,784	408,518
6	24,482	5,447	19,035	389,484
7	24,482	5,193	19,288	370,195
8	24,482	4,936	19,546	350,650
9	24,482	4,675	19,806	330,843
10	24,482	4,411	20,070	310,773
11	24,482	4,114	20,338	290,453
12	24,482	3,872	20,609	269,824

（續）

期數	月繳本息 A	利息 B	償還本金 C	末償還本金 D
13	24,482	3,598	20,884	248,942
14	24,482	3,319	21,162	227,780
15	24,482	3,037	21,444	206,335
16	24,482	2,751	21,730	184,605
17	24,482	2,461	22,020	162,585
18	24,482	2,168	22,314	140,272
19	24,482	1,870	22,611	117,600
20	24,482	1,569	22,913	94,747
21	24,482	1,263	23,218	71,529
22	24,482	954	23,528	48,001
23	24,482	640	23,842	24,159
24	24,482	322	24,159	0

註：1. 期（月）繳金額＝貸款本金×{(年利率÷12)/[1－(1/（1＋年利率÷12n))]}
　　　n＝貸款月數
　　2. 利息（B）＝上一期未償還本金（D）×年利率÷12
　　3. 償還本金（C）＝A－B
　　4. 未償還本金（D）＝上一期末償還本金－本期償還本金

範例二：年利率＝16%　　貸款月數：12　　　　　　　　　　（單位：元）

期數	月繳本息 A	利息 B	償還本金 C	末償還本金 D
0				500,000
1	4,537	667	3,870	46,130
2	4,537	615	3,921	42,209
3	4,537	563	3,974	38,235
4	4,537	510	4,027	34,208
5	4,537	456	4,080	30,128
6	4,537	402	4,135	25,993
7	4,537	347	4,190	21,803
8	4,537	291	4,246	17,557
9	4,537	234	4,303	13,255
10	4,537	177	4,360	8,895
11	4,537	119	4,418	4,477
12	4,537	60	4,477	0

註：1. 期(月)繳金額＝貸款本金×{(年利率÷12)/[1－(1/(1＋年利率÷12n))]}
　　　n＝貸款月數
　　2. 利息(B)＝上一期未償還本金(D)×年利率÷12
　　3. 償還本金(C)＝A－B
　　4. 未償還本金(D)＝上一期末償還本金－本期償還本金

注意： 契約簽訂前，應有五日之審閱期間。	說明： 依消費者保護法第 11 條之 1 之規定，契約簽訂前，應有三十日內之合理審閱期間。

汽車分期付款買賣契約書

<table>
<tr><td rowspan="2">買受人</td><td>名稱</td><td></td><td>電話</td><td></td><td rowspan="4">說明：
買受人應為牌照申請名義人，如非同一人，買受人在簽約時應先告知出賣人，俾雙方當事人就相關事宜另做特別約定，或逕以牌照名義人之代理人身分購買。</td></tr>
<tr><td>住居所</td><td colspan="3"></td></tr>
<tr><td rowspan="2">出賣人</td><td>名稱</td><td></td><td>電話</td><td></td></tr>
<tr><td>營業所</td><td colspan="3"></td></tr>
</table>

　　交易雙方為買賣車輛，訂立契約約款如下：

訂立契約約款

第 1 條（標的物）	車型：　　　，排氣量：　　， 式樣：　　　，數量：　　　， 車身顏色：　　， 產地：　　， 出廠年份：　　　， 其他配備詳如附件二。	說明： 內裝顏色得由契約當事人約定。出廠年份指標的物車輛實際出廠之年份。
第 2 條 （標的物規格、顏色之變更或停止供應）	本契約標的物之車輛，非經他方同意，契約當事人任何一方不得要求變更規格、顏色或配件。 本契約標的物之車輛因供應廠商改良、變更或停止供應，致出賣人不能依原約定給付者，出賣人應即通知買受人，買受人得解除契約，請求返還已付價金，及自受領日起至返還日止依法定利率計算之利息。 前項情形，買受人如願按出賣人所定價格標準核算，多退少補，受領改良或變更後之標的物者，出賣人不得拒絕。	

訂立契約約款（續）

第 3 條 （價金之給付）	一、總價	現金交易總價（含營業稅）： 新臺幣〇百〇萬〇千〇百〇元整 分期付款總價（含營業稅）：新臺幣〇百〇萬〇千〇百〇元整 現金交易總價與分期付款總價差價： 新臺幣〇百〇萬〇千〇百〇元整	說明： 參見消費者保護法第 21 條之規定。 1. 頭期款為必須記載事項。 2. 交車款為得記載事項。 3. 分期貸款為必須記載事項，必須由雙方約定，例示詳如分期攤還表。 4. 付款日不以交車日為限，得為交車前、交車當日或其後，由雙方當事人自行約定。 5. 利率種類係指年息、月息……。
	二、付款方式	（一）頭期款： 付款日： 中華民國〇〇年〇〇月〇〇日 現金： 新臺幣〇百〇萬〇千〇百〇元整 票據： 〇〇年〇〇月〇〇日 行庫分行： 帳號： 票號： （二）交車款： 付款日： 中華民國〇〇年〇〇月〇〇日 現金： 新臺幣〇百〇萬〇千〇百〇元整 票據： 〇〇年〇〇月〇〇日 行庫分行： 帳號： 票號： （三）分期付款（扣除頭期款、交車款以外者）：	說明： 參見消費者保護法第 21 條之規定。

訂立契約約款（續）

		分期金額： 分期數： 利率及其種類： 每期應付之日期、本金、利息詳如附件：分期攤還表。	
	三、付款地點		說明： 付款地為得記載事項，可由雙方任意約定，亦得約定以銀行轉帳、郵政劃撥或信用卡轉帳方式支付。但若無約定，應回歸民法債編赴償債務之規定，於出賣人之營業所付款。
第 4 條（價金範圍）	本契約所載價金除另有約定外，包括進口關稅、商港建設費、貨物稅、營業稅、交車前之運費、運送保險費及其他應由出賣人負擔之稅費；但不包括申請牌照之手續費、車輛保險費、監理規費、牌照稅、燃料稅等應由買受人負擔之稅費。 本契約訂立後，前項稅費調整之利益或不利益均由買受人承受及負擔，但因可歸責於出賣人之事由致增加負擔者，其增加部分由出賣人負擔。		
第 5 條（提前清償）	買受人得隨時提前清償，出賣人不得拒絕。 買受人提前清償者，應按攤還表所示之未償還本金給付。出賣人不得加收手續費、提前解約金或其他任何費用。		說明： 本條係為保護消費者計，以契約賦予買受人隨時清償之權利，本約定較民法第 204 條第 1 項之規定有利於消費者，但應不致對企業者產生不利益。
第 6 條（匯率與關稅等之變動）	第一種情形：（在國內製造或已進口之車輛）		說明： 1. 特別訂作之車輛不適用本契約。

訂立契約約款（續）

	車輛價格以本契約訂立時約定之價格為準，其後縱因匯率變動、關稅調整，概不受影響。 第二種情形：（尚未進口之車輛） 本契約訂立之後，成本縱有調高或降低，概依本契約所定之價格為準。但匯率、關稅、商港建設費等稅費於結關完納之日有調高或降低者，一律以實際結關日之匯率、稅率為準計算價格，其因可歸責於出賣人之事由應結關而未辦理結關手續，致蒙受較高稅率或較高匯率之不利益者，其提高部分由出賣人負擔。	2. 國內製造或已進口之車輛，一律適用本契約第一種情形，不受匯率、關稅調整等因素的影響。 3. 尚未進口之車輛，適用本條第二種情形。
第7條 （交車地點及會同檢視義務）	交車地點雙方約定為： ○○縣○○區鎮○○街 ○○市○○市鄉○○里○鄰○○路○段○巷○弄○號 買賣雙方應於車輛交付時或交車前會同檢視車輛。	說明： 本條所訂之地址得為出賣人之營業所或分營業，或買受人之住居所，或雙方約定之第三地。
第8條 （交車日期，遲延催告及解除契約）	第一種情形：（國內製造已出廠或國外製造已進口者） 雙方約定交車日期為中華民國○○年○○月○○日。 出賣人逾交車日期未交付車輛，經買受人催告後○日仍未履行者，買受人得解除契約，並請求返還已支付之價金，及自受領日起至返還日止依法定利率計算之利息，但約定利率較高者，從其約定利率。 前項情形，買受人證明有其他損害者並得請求賠償。 第二種情形：（國內製造尚未出廠或國外製造尚未進口者） 雙方預定交車日期為中華民國○○年○○月○○日。	說明： 1. 參見民法第254條之規定。 2. 主管機關宜斟酌交易習慣統一訂定第一種情形第2項催告期間及第二種情形第2項之通知等期間，俾交易雙方當事人共同遵守。 3. 本條所謂得請求賠償之損害，得以違約金約定之，或以因此租用同等級車輛之租金舉證證明之。

訂立契約約款（續）

	出賣人應於本契約訂定後○日以書面通告買受人確定交車日期，出賣人逾期未通知或所通告確定交車日期逾預定交車日期達○日以上者，買受人得解除契約，並請求返還已支付之價金，及自受領日起至返還日止依法定利率計算之利息，但約定利率較高者，從其約定利率。 前項情形，買受人證明有其他損害者並得請求賠償。 前二種規定，於出賣逾確定交車日期未交付車輛，輕買受人催告後○日仍示履行者，亦適用之。	
第 9 條 （標的物之使用及危險負擔）	標的物之利益及危險，除當事人另有約定者依其約定外，自交付時起，均由買受人承受負擔。	說明： 參見民法第 373 條之規定。
第 10 條 （瑕疵擔保責任或保固責任）	出賣人應依民法及其他法令規定對買受人負瑕疵擔保責任。 出賣人自交車之日起○個月，或行駛○公里範圍內（以先到者為準），對車輛本身之瑕疵零件負更新或修復之責任，但損害係因買受人未依使用手冊使用車輛，或未依保養手冊所載時間、里程、場所保養或維修所致者，出賣人不負保固責任。車輛因天然災害、自然耗損或因可歸責於買受人之事由致生損壞者，亦同。	說明： 交車後保固之期限或行駛公里數訴諸市場競爭，由廠商與消費者自行約定。
第 11 條 （召回檢修或回收）	買賣標的物經原製造廠商召回檢修或回收，或經主管機關下令召回檢修或回收者，出賣人應於接到通知後七日內通知買受人；其召回檢修者，並應同時安排檢修之時間與地點。 前項召回檢修之情形，出賣人應負檢修之義務。	說明： 1.原製造廠商包括國內外製造商；主管機關係指我國之主管機關。 2.依第 1 項情形回收買賣標的物者，買賣雙方之權利義務應依民法之有關規定定之。

訂立契約約款（續）

第12條（回質擔保）	出賣人應擔保買賣標的物符合交車時之環保及其他相關法令之規定標準，車輛未達規定標準而能改善者，買受人得訂定相當期限催告出賣人改善，逾期未改善或不能改善者，買受人得解除契約，請求返還已給付之價金，及自受領日起至返還日止依法定利率計算之利息。如有其他損害，並得請求賠償。	說明： 有關汽車環保標準，係依行政院環境保護署所頒交通工具空氣污染物排放標準之規定辦理。排放標準施行日期以後出廠之國車及裝船之進口車須達該標準。
第13條 （因標的物重大瑕疵之解約或更換新車）	本買賣標的物有下列情事之一，經雙方同意之專業機構（＿＿）鑑定證實係因機件瑕疵所致，非因使用者之故意或過失所致者，出賣人除應負擔鑑定費用外，並應依買受人之請求更換同型新車予買受人；或解除契約、請求退還已付之價金，及自受領日起至返還日止依法定利率計算之利息： 一、交車後○日之內，於行駛中煞車失靈，經送出賣人檢修二次而未修復者。 二、交車後○日之內，於行駛中突然起火燃燒者。 三、交車後○日之內，於行駛中突然熄火故障，經送出賣人檢修二次而未修復者。 四、交車後○日之內，於排檔時發生暴衝者。 五、交車後○日之內，於行駛中引擎溫度升高至極限，經送出賣人檢修二次而未修復者。 六、其他重大瑕疵，有危害生命安全或身體健康之虞，經送出賣人檢修二次而未修復者。	說明： 1. 日數部分應由廠商與消費者自行約定，以提供自由市場之競爭。 2. 此等情形有可能由出賣人輕易修復，宜給予出賣人修復之機會。 3. 本條不排除出賣人依本契約約定及法律規定應負之其他責任。 4. 經鑑定證實係因機件瑕疵所致，非因使用者之故意或過失所致者，鑑定費用應由出賣人負擔，若無本條所列瑕疵者，其鑑定費用應由買受人負擔。

訂立契約約款（續）

| 第 14 條
（保證書及使用說明書之交付及其應記載之內容） | 出賣人應於訂約後，至遲於交車時交付標的物之中文保證書及中文使用說明書，該保證書及使用說明書為本契約之一部分。
前項保證書應包含下列事項：
1. 商品之名稱、種類、數量，若有製造號碼或批號，其製造號碼或批號。
2. 保證內容。
3. 保證期間及起算方法。
4. 製造商名稱、地址。
5. 若有經銷商，其名稱、地址。
6. 交易日期。
第 1 項使用說明書應包含下列事項：
1. 標的物組件、功能說明。
2. 正確使用方法。
3. 操作程序。
4. 危險警語與避免方式。
5. 簡易故障處理。
6. 維修服務處所及其他相關資訊。
本買賣標的物性質上或使用上有危害人體健康或生命安全之虞者，應於保證書或使用說明書以醒目、套色、粗大之字體或圖樣標明。
出賣人應將中文保證書及中文使用說明書張貼或陳列於出賣人之處所，供消費者閱覽。 | 說明：
1. 保證書應包含事項參見消費者保護法第 25 條之規定。
2. 保證書及使用說明書其內容應完整、簡明易懂，避免使用誤導消費者之文字或圖樣。 |
| 第 15 條
（因賣受人違約價金之沒收） | 因可歸責於買受人之事由，致違反本契約給付價金約定連續兩期且其遲延給付之價金逾總金額五分之一者，經出賣人定十日以上之期間催告，買受人仍未履行者，出賣人得解除契約，沒收買受人已付之價金。 | 說明：
1. 汽車買賣契約訂立後，買受人將本契約產生之債權或債務讓予或由第三人承擔，事所常有，為保護出賣人之利益，應課予買受人以連帶給付責任，唯其連帶給付責任者，究因「並存之債務承擔」或「連帶保證」之身分所致，均非所問。 |

訂立契約約款（續）

	因可歸責於買受人之事由致受領遲延經出賣人定三十日以上之期間催告，買受人仍未履行者，出賣人得解除契約，沒收買受人已付之價金。除本契約另有約定外，買受人得將由本契約所生之債權讓予第三人，其債務並由該三人承擔，但買受人應負連帶給付之責。 第一、二項得沒收之已付價金不得逾買賣標的物現金交易總價之10%，逾10%者縮減為10%，但出賣人能證明其所受損害超過買賣標的物現金交易總價之10%者，不在此限。	2. 有第1項情事之一者，其損害可能超過本條第三項10%之限額，例如已領牌之車輛，基於填補實際損害之法理，出賣人應受較高之損害賠償，以維公允。唯主張損害超過10%者，應由出賣人負舉證之責。 3. 本條係關於遲延給付致解除契約之約定，與民法第389條關於清償期加速屆至，請求給付全部價款之規定不同，併此說明。
第16條 （買受人受領遲延，出賣人之義務）	因可歸責於買受人之事由受領遲延者，除依前條第2項之規定外，出賣人僅就故意或重大過失負其責任。出賣人並得請求買受人賠償其提出及保管汽車之必要費用。	
第17條 （不可歸責於雙方當事人價金返還）	因不可歸責於雙方當事人之事由，致給付不能者，出賣人應返還買受人已付之價金，及自受領日起至返還日止依法定利率計算之利息。	
第18條 （代辦義務及手續費用）	買受人得委任出賣人代辦申請牌照及車輛保險等手續，出賣人不得拒絕。代辦手續費為新臺幣○○元整。出賣人得複委任他人辦理。	
第19條 （契約之刪改）	本契約訂立後，若有任何增刪修改，須經雙方當事人書面同意。	
第20條 （印花稅之負擔）	本件印花稅各自貼用負擔。	
第21條 （買受人遲延給付分期付款價金）	買受人連續兩期遲延分期付款價金，且所得遲延之價額已達全部價金之五分之一者，出賣人得不解除契約，請求買受人一次清償如件分期攤還表所示未清償本金及其遲延利息。	

訂立契約約款

第22條（管轄）	雙方因本買契約而發生訴訟者，同意由○○地方法院為管轄法院。	說明： 依消費者保護法第47條，得由消費關係發生地之法院管轄，但不以此為限。
第23條（補充規定）	本契約如有未盡事宜，由買受人及出賣人本誠信原則協議之，或依民法或其他相關法令定之。	說明： 連帶保證人、票據或其他擔保，或以貸款為停止條件，為當事人雙方得自行約定之得記載事項。

本契約書正本一式二份，副本○份，由買受人及出賣人各持正本一份、副本○份為憑。

| 中 | 華 | 民 | 國 | ○○ | 年 | ○○ | 月 | ○○ | 日 |

立契約書人：買受人：
　　　　　法定代理人：
　　　　　身分證統一編號：
　　　　　出賣人：
　　　　　法定代理人：
　　　　　營利事業統一編號：

【附件一】分期攤還表

範例一：年利率＝16%　　貸款月數24　　　　　　　　　　（單位：元）

期數	月繳本息 A	利息 B	償還本金 C	未償還本金 D
0				500,000
1	24,482	6,667	17,815	482,185
2	24,482	6,429	18,052	464,133
3	24,482	6,188	18,293	445,840
4	24,482	5,945	18,537	427,303
5	24,482	5,697	18,784	408,518
6	24,482	5,447	19,035	389,484
7	24,482	5,193	19,288	370,195
8	24,482	4,936	19,546	350,650
9	24,482	4,675	19,806	330,843
10	24,482	4,411	20,070	310,773
11	24,482	4,114	20,338	290,453
12	24,482	3,872	20,609	269,824

（續）

期數	月繳本息 A	利息 B	償還本金 C	末償還本金 D
13	24,482	3,598	20,884	248,942
14	24,482	3,319	21,162	227,780
15	24,482	3,037	21,444	206,335
16	24,482	2,751	21,730	184,605
17	24,482	2,461	22,020	162,585
18	24,482	2,168	22,314	140,272
19	24,482	1,870	22,611	117,600
20	24,482	1,569	22,913	94,747
21	24,482	1,263	23,218	71,529
22	24,482	954	23,528	48,001
23	24,482	640	23,842	24,159
24	24,482	322	24,159	0

註：1. 期（月）繳金額＝貸款本金×{(年利率÷12)/[1－(1/(1＋年利率÷12n))]}
　　　n＝貸款月數
　　2. 利息（B）＝上一期末償還本金（D）×年利率÷12
　　3. 償還本金（C）＝A－B
　　4. 未償還本金（D）＝上一期末償還本金－本期償還本金

範例二：年利率＝16%　　貸款月數：12　　　　　　　　　（單位：元）

期數	月繳本息 A	利息 B	償還本金 C	末償還本金 D
0				500,000
1	4,537	667	3,870	46,130
2	4,537	615	3,921	42,209
3	4,537	563	3,974	38,235
4	4,537	510	4,027	34,208
5	4,537	456	4,080	30,128
6	4,537	402	4,135	25,993
7	4,537	347	4,190	21,803
8	4,537	291	4,246	17,557
9	4,537	234	4,303	13,255
10	4,537	177	4,360	8,895
11	4,537	119	4,418	4,477
12	4,537	60	4,477	0

註：1. 期(月)繳金額＝貸款本金×{(年利率÷12)/[1－(1/(1＋年利率÷12n))]}
　　　n＝貸款月數
　　2. 利息(B)＝上一期末償還本金(D)×年利率÷12
　　3. 償還本金(C)＝A－B
　　4. 未償還本金(D)＝上一期末償還本金－本期償還本金

注意： 契約簽訂前，應有五日之審閱期間。	說明： 依消費者保護法第 11 條之 1 之規定，契約簽訂前，應有三十日內之合理審閱期間。

汽車買賣契約書

買受人	名稱		電話		說明： 買受人應為牌照申請名義人，如非同一人，買受人在簽約時應先告知出賣人，俾雙方當事人就相關事宜另做特別約定，或逕以牌照名義人之代理人身分購買。
	住居所				
出賣人	名稱		電話		
	營業所				

　　交易雙方爲買賣車輛，訂立契約約款如下：

訂立契約約款（續）

第 1 條（標的物）	車型：　　　，排氣量： 式樣：　　　，數量： 車身顏色：　　　，產地： 出廠年份：　　　，其他配備詳如附件一。	說明： 內裝顏色得由契約當事人約定。出廠年份指標的物車輛實際出廠之年份。
第 2 條 （標的物規格、顏色之變更或停止供應）	本契約標的物之車輛，非經他方同意，契約當事人任何一方不得要求變更規格、顏色或配件。 本契約標的物之車輛因供應廠商改良、變更或停止供應，致出賣人不能依原約定給付者，出賣人應即通知買受人，買受人得解除契約，請求返還已付價金，及自受領日起至返還日止依法定利率計算之利息。 前項情形，買受人如願按出賣人所定價格標準核算，多退少補，受領改良或變更後之標的物者，出賣人不得拒絕。	

訂立契約約款（續）

第 3 條 （價金之給付）	一、總價	現交易總價（含營業稅）： 新臺幣○百萬○千○百○元整	
	二、付款方式	（一）訂金： 付款日：中華民國○○年○○月○○日。 現金：新臺幣○○百○○萬○○千○○百○○元整。 標據：○○年○○月○○日。 行庫分行： 帳號： 標號： （二）餘款： 付款日：中華民國○○年○○月○○日。 現金：新臺幣○百○萬○千○百○元整。 標據：○○年○○月○○日。 行庫分行： 帳號： 標號：	說明： 付款日不以交車日為限，得為交車前、交車當日或其後，由雙方當事人自行約定。
	三、付款地點		說明： 付款地為得記載事項，可由雙方任意約定，亦得約定以銀行轉帳、郵政劃撥或信用卡轉帳方式支付。但若無約定，應回歸民法債編赴償債務之規定，於出賣人之營業所付款。
第 4 條 （價金範圍）	本契約所載價金除另有約定外，包括進口關稅、商港建設費、貨物稅、營業稅、交車前之運費、運送保險費及其他應由出賣人負擔之稅費；但不包括申請牌照之手續費、車輛保險費、監理規費、牌照稅、燃料稅等應由買受人負擔之稅費。 本契約訂立後，前項稅費調整之利益或不利益均由買受人承受及負擔，但因可歸責於出賣人之事由致增加負擔者，其增加部分由出賣人負擔。		

訂立契約約款（續）

第 5 條 （匯率與關稅等之變動）	第一種情形：（在國內製造或已進口之車輛） 車輛價格以本契約訂立時約定之價格為準，其後縱因匯率變動、關稅調整，概不受影響。 第二種情形：（尚未進口之車輛） 本契約訂立之後，成本縱有調高或降低，概依本契約所定之價格為準。但匯率、關稅、商港建設費等稅費於結關完納之日有調高或降低者，一律以實際結關日之匯率、稅率為準計算價格，其因可歸責於出賣人之事由應結關而未辦理結關手續，致蒙受較高稅率或較高匯率之不利益者，其提高部分由出賣人負擔。	說明： 1. 特別訂作之車輛不適用本契約。 2. 國內製造或已進口之車輛，一律適用本契約第一種情形，不受匯率、關稅調整等因素的影響。 3. 尚未進口之車輛，適用本條第二種情形。
第 6 條 （交車地點及會同檢視義務）	交車地點雙方約定為： ○○縣○區鎮○○街 ○○市○市鄉○○里○鄰○○路○段○巷○弄○號 買賣雙方應於車輛交付時或交車前會同檢視車輛。	說明： 本條所訂之地址得為出賣人之營業所或分營業所，或買受人之住居所，或雙方約定之第三地。
第 7 條 （交車日期，遲延催告及解除契約）	第一種情形：（國內製造已出廠或國外製造已進口者） 雙方約定交車日期為中華民國○○年○○月○○日。 出賣人逾交車日期未交付車輛，經買受人催告後日仍未履行者，買受人得解除契約，並請求返還已支付之價金，及自受領日起至返還日止依法定利率計算之利息，前項情形，買受人證明有其他損害者並得請求賠償。 第二種情形：（國內製造尚未出廠或國外製造尚未進口者） 雙方預定交車日期為中華民國○○年○月○日。	說明： 1. 參見民法第 254 條之規定。 2. 主管機關宜斟酌交易習慣統一訂定第一種情形第 2 項催告期間及第二種情形第 2 項之通知等期間，俾交易雙方當事人共同遵守。 3. 本條所謂得請求賠償之損害，得以違約金約定之，或以因此租用同等級車輛之租金證明之。

訂立契約約款（續）

	出賣人應於本契約訂定後○○日以書面通知買受人確定交車日期，出賣人逾期未通知或所通知確定交車日期逾預定交車日期達○○日以上者，買受人得解除契約，並請求返還已支付之價金，及自受領日起至返還日止依法定利率計算之利息。 前項情形，買受人證明有其他損害者並得請求賠償。 前二項規定，於出賣逾確定交車日期未交付車輛，經買受人催告後日，仍示履行者，亦適用之。	
第8條 （標的物之使用及危險負擔）	標的物之利益及危險，除當事人另有約定者依其約定外，自交付時起，均由買受人承受負擔。	說明： 參見民法第373條之規定。
第9條 （瑕疵擔保責任或保固責任）	出賣人應依民法及其他法令規定對買受人負瑕疵擔保責任。 出賣人自交車之日起○個月，或行駛○公里範圍內（以先到者為準），對車輛本身之瑕疵零件負更新或修復之責任，但損害係因買受人未依使用手冊使用車輛，或未依保養手冊所載時間、里程、場所保養或維修所致者，出賣人不負保固責任。車輛因天然災害、自然耗損或因可歸責於買受人之事由致生損壞者，亦同。	說明： 交車後保固之期限或行駛公里數訴諸市場競爭，由廠商與消費者自行約定。
第10條 （召回檢修或回收）	買賣標的物經原製造廠商召回檢修或回收，或經主管機關下令召回檢修或回收者，出賣人應於接到通知後七日內通知買受人；其召回檢修者，並應同時安排檢修之時間與地點。 前項召回檢修之情形，出賣人應負檢修之義務。	說明： 1.原製造廠商包括國內外製造商；主管機關係指我國之主管機關。 2.依第1項情形回收買賣標的物者，買賣雙方之權利義務應依民法之有關規定定之。

訂立契約約款（續）

第 11 條（品質擔保）	出賣人應擔保買賣標的物符合交車時之環保及其他相關法令之規定標準，車輛未達規定標準而能改善者，買受人得訂定相當期限催告出賣人改善，逾期未改善或不能改善者，買受人得解除契約，請求返還已給付之價金，及自受領日起至返還日止依法定利率計算之利息。如有其他損害，並得請求賠償。	有關汽車之環保標準，係依行政院環境保護署所頒交通工具空氣污染物排放標準之規定辦理。排放標準施行日期以後出廠之國產車及裝船之進口車須達該標準。
第 12 條 （因標的物重大瑕疵之解約或更換新車）	本買賣標的物有下列情事之一，經雙方同意之專業機構（＿＿＿）鑑定證實係因機件瑕疵所致，非因使用者之故意或過失所致者，出賣人除應負擔鑑定費用外，並應依買受人之請求更換同型新車予買受人；或解除契約、請求退還已付之價金，及自受領日起至返還日止依法定利率計算之利息： 一、交車後○日之內，於行駛中煞車失靈，經送出賣人檢修二次而未修復者。 二、交車後○日之內，於行駛中突然起火燃燒者。 三、交車後○日之內，於行駛中突然熄火故障，經送出賣人檢修二次而未修復者。 四、交車後○日之內，於排檔時發生暴衝者。 五、交車後○日之內，於行駛中引擎溫度升高至極限，經送出賣人檢修二次而未修復者。 六、其他重大瑕疵，有危害生命安全或身體健康之虞，經送出賣人檢修二次而未修復者。	說明： 1. 日數部分應由廠商與消費者自行約定，以提供自由市場之競爭。 2. 此等情形有可能由出賣人輕易修復，宜給予出賣人修復之機會。 3. 本條不排除出賣人依本契約約定及法律規定應負之其他責任。 4. 經鑑定證實係因機件瑕疵所致，非因使用者之故意或過失所致者，鑑定費用應由出賣人負擔，若無本條所列瑕疵者，其鑑定費用應由買受人負擔。

訂立契約約款（續）

| 第 13 條
（保證書及使用說明書之
交付及其應記載之內容） | 出賣人應於訂約後，至遲於交車時交車付標的物之中文保證書及中文使用說明書，該保證書及使用說明書為本契約之一部分。
前項保證書應包含下列事項：
1. 商品之名稱、種類、數量，若有製造號碼或批號，其製造號碼或批號。
2. 保證內容。
3. 保證期間及起算方法。
4. 製造商名稱、地址。
5. 若有經銷商，其名稱、地址。
6. 交易日期。
第 1 項使用說明書應包含下列事項：
1. 標的物組件、功能說明。
2. 正確使用方法。
3. 操作程序。
4. 危險警語與避免方式。
5. 簡易故障處理。
6. 維修服務處所及其他相關資訊。
本買賣標的物性質上或使用上有危害人體健康或生命安全之虞者，應於保證書或保用說明書以醒目、套色、粗大之字體或圖樣標明。
出賣人應將中文保證書及中文使用說明書張貼或陳列於出賣人之處所，供消費者閱覽。 | 說明：
1. 保證書應包含事項參見消費者保護法第 25 條之規定。
2. 保證書及使用說明書其內容應完整、簡明易懂，避免使用誤導消費者之文字或圖樣。 |
| 第 14 條
（因買受人違約價金之沒收） | 因可歸責於買受人之事由致受領遲延者，經出賣人定三十日以上之期間催告，買受人仍未履行者，出賣人得解除契約，沒收買受人已付之價金。除本契約另有約定外，買受人得將本契約所生之債權讓予第三人，其債務並由該第三人承擔，但買受人應負連帶給付之責。 | 說明：
汽車買賣契約訂立後，買受人將本契約產生之債權或債務讓予或由第三人承擔，事所常有，為保護出賣人之利益，應課予買受人以連帶給付責任，唯其連帶給付責任究因「並存之債務承擔」或「連帶保證」之身分所致，均非所問。 |

訂立契約約款

	第 1 項得沒收之已付價金不得逾買賣標的物現金交易總價之 10%，逾 10%者縮減為 10%，但出賣人能證明其所受損害超過買賣標的物現金交易總價之 10%者，不在此限。	
第 15 條 （買受人受領遲延，出賣人之義務）	因可歸責於買受人之事由受領遲延者，除依前條第 2 項之規定外，出賣人僅就故意或重大過失負其責任。出賣人並得請求買受人賠償其提出及保管汽車之必要費用。	
第 16 條 （不可歸責於雙方當事人價金返還）	因不可歸責於雙方當事人之事由，致給付不能者，出賣人應返還買受人已付之價金，及自受領日起至返還日止依法定利率計算之利息。	
第 17 條 （代辦義務及手續費用）	買受人得委任出賣人代辦申請牌照及車輛保險等手續，出賣人不得拒絕。代辦手續費為新臺幣○○元整。 出賣人得複委任他人辦理。	
第 18 條 （契約之刪改）	本契約訂立後，若有任何增刪修改，須經雙方當事人書面同意。	
第 19 條 （印花稅之負擔）	本件印花稅各自貼用負擔。	
第 20 條（管轄）	雙方因本買賣契約而發生訴訟者，同意由○○地方法院為管轄法院。	說明： 依消費者保護法第 47 條，得由消費關係發生地之法院管轄，但不以此為限。
第 21 條（補充規定）	本契約如有未盡事宜，由買受人及出賣人本誠信原則協議之，或依民法或其他相關法令定之。	說明： 連帶保證人、票據或其他擔保，或以貸款為停止條件，為當事人雙方得自行約定之得記載事項。
本契約書正本一式二份，副本○份，由買受人及出賣人各持正本一份、副本○份為憑。		
中　　華　　民　　國　　○○　　年　　○○　　月　　○○　　日		

（五）汽車買賣定型化契約應記載及不得記載事項

1. 應記載事項

(1) 當事人之姓名、名稱、電話及住居所（營業所）：

買受人：

姓名、名稱：

電話：

住居所：

出賣人：

姓名、名稱：

電話：

營業所：

(2) 標的物：

車型：　　　　　　　，排氣量：　　　　　　，

式樣：　　　　　　　，數量：　　　　　　　，

車身顏色：　　　　　，產地：　　　　　　　，

出廠年份：　　　　　，配備內容：　　　　　。

(3) 價金之給付：

總價：

現金交易總價（含營業稅）：新臺幣○百○萬○千○百○元整

分期付款總價（含營業稅）：新臺幣○百○萬○千○百○元整

現金交易總價與分期付款總價差價：新臺幣○百○萬○千○百○元整

付款方式：

① 頭期款：

付款日：中華民國○○年○月○日。

現金：新臺幣○百○萬○千○百○元整

票據：　年　月　日。

行庫分行：　　　　　帳號：

票號：

② 交車款：

付款日：中華民國○○年○月○日。

現金：新臺幣○百○萬○千○百○元整

票據：　年　月　日。

行庫分行：　　　　　帳號：

票號：

③ 分期付款（扣除頭期款、交車款以外者）：

分期金額：

分期數：

利率及其種類：

每期應付之日期：

每期本金、利息詳如分期攤還表。

價金範圍：

　　本契約所載價金除另有約定外，包括進口關稅、商港建設費、貨物稅、營業稅、交車前之運費、運送保險費及其他應由出賣人負擔之稅費；但不包括申請牌照之手續費、車輛保險費、監理規費、使用牌照稅、燃料稅等應由買受人負擔之稅費。

　　本契約訂立後，前項稅費調整之利益或不利益均由買受人承受及負擔，但因可歸責於出賣人之事由致增加負擔者，其增加部分由出賣人負擔。

(4) 尚未進口之車輛其匯率與關稅等之變動：本契約訂立之後，成本縱有調高或降低，概依本契約所定之價格為準。但匯率、關稅、商港建設費等稅費於結關完納之日有調高或降低者，一律以實際結關日之匯率、稅率為準計算價格，其因可歸責於出賣人之事由應結關而未辦理結關手續，致蒙受較高稅率或較高匯率之不利益者，其提高部分由出賣人負擔。

(5) 交車日期：雙方約定交車日期為中華民國○○年○○月○○日。

(6) 保固里程、保固期間或保固範圍：出賣人除應依民法及其他法令條規定對買受人負瑕疵保責任外，並應自交車之日起○○個月，或行駛○公里範圍內（以先到者為準），對車輛本身之瑕疵零件負更新或修復之責任，但損害係因買受人未依使用說明書（使用手冊）使用車輛，或未依保養手冊所載時間、里程、場所保養或維修所致者，出賣人不負保固責任。車輛因天然災害、自然耗損或因可歸責於買受人之事由致生損壞者，亦同。

(7) 召回檢修或回收：買賣標的物經召回檢修或回收時，出賣人應於知悉後五個中央政府工作日內公告周知，並於知悉後七個中央政府工作日個別通知買受人，但不能通知者不在此限；其召回檢修者，並應同時安排檢修之時間與地點。

前項召回檢修之情形，出賣人應負免費檢修之義務。

(8) 品質擔保：出賣人應擔保買賣標的物符合交車時之環保、道路交通安全及耗能等相關法令之規定標準，車輛未達規定標準而能改善者，買受人得訂定相當期限催告出賣人改善，逾期未改善或不能改善者，買受人得解除契約，請求返還已給付之價金，及自受領日起至返還日止。

依法定利率計算之利息，如有其他損害，並得請求賠償。

(9) 因標的物重大瑕疵之解約或更換新車：本買賣標的物有下列情事之一，得由雙方同意之專業機構（＿＿＿＿）鑑定或由買受人逕行委託經中央主管機關公告之專業機構（＿＿＿＿）鑑定，鑑定結果證實係因機件瑕疵所致者，出賣人除應負擔鑑定費用外，買受人並得請求更換同型新車，或解除契約而請求退還已付之價金及自受領日起至返還日止依法定利率計算之利息：

① 交車後○日之內，於行駛中煞車失靈，經送出賣人檢修○次而未修復者。

② 交車後○日之內，於行駛中突然起火燃燒者。

③ 交車後○日之內，於行駛中突然熄火故障，經送出賣人檢修○次而未修復者。

④ 交車後○日之內，於排檔時發生暴衝者。

⑤ 交車後○日之內，於行駛中引擎溫度升高至極限，經送出賣人檢修○次而未修復者。

⑥ 其他重大瑕疵，有危害生命安全或身體健康之虞，經送出賣人檢修次而未修復者。

前項次數未填明者，第 1 款及第 6 款以二次為準，第 3 款及第 5 款以三次為準。

第 1 項規定並不妨害買受人依法律或出賣人之保固所得主張之權利。

(10) 保證書及使用說明書之交付及其應記載之內容：出賣人應於訂約後，至遲於交車時交付標的物之中文保證書及中文使用說明書（使用手冊），該保證書及使用說明書（使用手冊）為本契約之一部分。

前項保證書應包含下列事項：

① 商品之名稱、種類、數量、若有製造號碼或批號，其製造碼或批號。

② 保證內容。

③ 保證期間及起算方法。

④ 製造商名稱、地址、電話、傳真、電子郵件信箱（E-MAIL）。

⑤ 若有代理商或經銷商，其名稱、地址、電話、傳真、電子郵件信箱（E-MAIL）。

⑥ 交易日期。

第 1 項使用說明書應包含下列事項：

① 標的物組件、功能說明。

② 正確使用方法。

③ 操作程序。

④ 危險警語與避免方式（例如：禁止改裝、加裝）。

⑤ 簡易故障處理。

⑥ 維修服務處所及其他相關資訊。

　　本買賣標的物性質上或使用上有危害人體健康或生命安全之虞者應於保證書或使用說明書以醒目、套色、粗大之字體或圖樣標明。出賣人應將中文保證書及中文使用說明書張貼或陳列於出賣人之處所，供消費者閱覽。

2. 不得記載事項

(1) 不得違反民法第 389 條及第 390 條而約定期限加速屆至給款及解約扣價約款。

　　不得以契約約定價金加速條款違反民法第 389、390 條之規定。亦即除買受人有連續兩期給付遲延，遲延價額已達全部金五分之一外，出賣人仍不得請求支付全部價金；而約定解約扣價，其扣留之數額亦不得超過標的物使用之代價，及標的物受有損害時之賠償。

(2) 不得約定沒收全部價金；除出賣人能證明其所受損害超過買賣標的物現金交易總價 10% 者，不得約定沒收已付價金超過買賣標的物現金交易總價之 10%。

(3) 不得約定拒絕買受人提前清償，亦不得約定買受人提前清償者，應支付其他費用。

(4) 不得約定免除或減輕製造、進口商及經銷商依消費者保護法規定應負之責任。

(5) 不得約定利息超過年息 20%。

(6) 不得約定「貨物出門，概不退換或修補」等概括免責條款。

(7) 不得約定排除或限制於交車時未能發現瑕疵之擔保責任。

(8) 不得為其他違反法律強制、禁止規定或顯失公平之約定。

(9) 不得約定買受人僅得向出賣人指定之特定保險人投保保險。不得約定禁止或限制買受人自由投保之權利。

(10) 不得約定回收汽車買賣契約書。

(11) 不得約定出賣人得片面變更買賣標的物之規格或零件等，而買受人不得異議。

【附件】分期攤還表

範例一：假設年利率＝5%　　貸款月數：12　　　　　　　　　　　（單位：元）

期數	月繳本息 A	利息 B	償還本金 C	未償還本金 D
0				500,000
1	42,810	2,083	40,727	459,273
2	42,810	1,914	40,896	418,377
3	42,810	1,743	41,067	377,310
4	42,810	1,572	41,238	335,900
5	42,810	1,400	41,410	294,490
6	42,810	1,227	41,583	252,907
7	42,810	1,054	41,756	211,151
8	42,810	880	41,930	169,221
9	42,810	705	42,105	127,116
10	42,810	530	42,280	84,836
11	42,810	353	42,547	42,379
12	42,810	177	42,379	0
實際繳款總額	513,720			
與現金交易之差額	13,720			

註：期（月）繳金額＝貸款本金×{(年利率÷12)／[1－(1/(1＋年利率÷12n))]}
　　n為貸款月數
　　利息（B）＝上一期未償還本金（D）×年利率÷12
　　償還本金（C）＝A－B
　　未償還本金（D）＝上一期未償還本金－本期償還本金

範例二：假設年利率＝16%　　貸款月數：24　　　　　　　　　　　（單位：元）

期數	月繳本息 A	利息 B	償還本金 C	未償還本金 D
0				500,000
1	24,482	6,667	17,815	482,185
2	24,482	6,429	18,052	464,133
3	24,482	6,188	18,293	445,840
4	24,482	5,945	18,537	427,303
5	24,482	5,697	18,784	408,518

（續）

期數	月繳本息 A	利息 B	償還本金 C	未償還本金 D
6	24,482	5,447	19,035	389,484
7	24,482	5,193	19,288	370,195
8	24,482	4,936	19,546	350,650
9	24,482	4,675	19,806	330,843
10	24,482	4,411	20,070	310,773
11	24,482	4,114	20,338	290,453
12	24,482	3,872	20,609	269,824
13	24,482	3,598	20,884	248,942
14	24,482	3,319	21,162	227,780
15	24,482	3,037	21,444	206,335
16	24,482	2,751	21,730	184,605
17	24,482	2,461	22,020	162,585
18	24,482	2,168	22,314	140,272
19	24,482	1,870	22,611	117,600
20	24,482	1,569	22,913	94,747
21	24,482	1,263	23,218	71,529
22	24,482	954	23,528	48,001
23	24,482	640	23,842	24,159
24	24,482	322	24,159	0
實際繳款總額	587,568			
與現金交易之差額	87,568			

註：期（月）繳金額＝貸款本金×{(年利率÷12)/[1－(1/(1＋年利率÷12n))]}
　　n 為貸款月數
　　利息（B）＝上一期未償還本金（D）×年利率÷12
　　償還本金（C）＝A－B
　　未償還本金（D）＝上一期未償還本金－本期償還本金

範例三：假設年利率＝16%　　貸款月數：12　　　　　　　（單位：元）

期數	月繳本息 A	利息 B	償還本金 C	未償還本金 D
0				500,000
1	4,537	677	3,870	46,130
2	4,537	615	3,921	42,209
3	4,537	563	3,974	38,235
4	4,537	510	4,027	34,208

（續）

期數	月繳本息 A	利息 B	償還本金 C	未償還本金 D
5	4,537	456	4,080	30,128
6	4,537	402	4,135	25,993
7	4,537	347	4,190	21,803
8	4,537	291	4,246	17,557
9	4,537	234	4,303	13,255
10	4,537	177	4,360	8,895
11	4,537	119	4,418	4,477
12	4,537	60	4,477	0
實際繳款總額	54,444			
與現金交易之差額	4,444			

註：期(月)繳金額＝貸款本金×{(年利率÷12)/[1－(1/(1＋年利率÷12n))]}
　　n 為貸款月數
　　利息(B)＝上一期未償還本金(D)×年利率÷12
　　償還本金(C)＝A－B
　　未償還本金(D)＝上一期未償還本金－本期償還本金

● 中古汽車買賣定型化契約範本（行政院消費者保護委員會編印）

1. 本契約的特點：本契約為中古汽車買賣契約，當事人一方以中古汽車出賣他方，他方給付價金之契約。

2. 適用對象：本契約適用於中古汽車買賣契約。

3. 基本條款及應注意事項：訂立本契約應訂明買賣契約之基本條款及其應注意事項。

4. 相關法條：民法第 345 至 378 條，消費者保護法第 11 至 17 條。

買賣本約 2-2-28

注意：本契約簽訂前，應有三日之審閱期間。						
出賣人	姓名或名稱		電話		行動電話	
			傳真		電子信箱	
	負責人		身分證統一編號（營利事業統一編號）			
	地址	縣市　　鄉鎮市區　　村里　　街路　　段　　弄號　　樓　　室				
買受人	姓名或名稱		電話		行動電話	
			傳真		電子信箱	
			身分證統一編號（營利事業統一編號）			
	地址	縣市　　鄉鎮市區　　村里　　街路　　段　　弄號　　樓　　室				
過戶登記人	姓名或名稱		電話		行動電話	
			傳真		電子信箱	
			身分證統一編號（營利事業統一編號）			
	地址	縣市　　鄉鎮市區　　村里　　街路　　段　　弄號　　樓　　室				
標的物	廠牌			產地	□國產 □進口　產地_____ □不知	
	型式	＿＿＿＿＿＿＿型		車牌號碼		
	出廠年月	年　　月		引擎號碼		
	型式年份（model year）	＿＿＿＿＿＿＿年		車身號碼		
	排氣量	＿＿＿＿立方公分		其他配備		
	顏色					

買賣本約 2-2-28（續）

標的物	交車時碼表之里程數	＿＿＿＿＿＿公里　□擔保　□不擔保		
	交易次數	□一手中古車 □二手以上中古車〔不擔保次數〕	用途	□營業用車 （包括租賃車） □自用車 □其他
權利瑕疵	有無設定動產抵押及其他負擔：□無　　　□有＿＿＿＿＿＿ 　　　　　　　　　　　　　　　　　　　　＿＿＿＿＿＿ 　　　　　　　　　　　　　　　　　　　　＿＿＿＿＿＿			
影響車況重大事項	（一）曾否發生重大事故：□否 　　　　　　　　　　　□是，受損狀況＿＿＿＿＿＿＿＿。 　　　　　　　　　　　□不知 ◉所謂「重大事故」，係指車輛發生事故致汽車之引擎、變速箱、懸吊系統或車體主要結構〔如大樑、門柱、底盤、車頂〕受損或發生其他重大損壞。			
	（二）是否為泡水車：□全部泡水 　　　　　　　　　□一半泡水 　　　　　　　　　□＿＿＿＿＿ 　　　　　　　　　□不知			
	（三）其他＿＿＿＿＿＿＿＿＿＿＿＿＿＿＿＿＿＿＿ 　　　　＿＿＿＿＿＿＿＿＿＿＿＿＿＿＿＿＿＿＿＿＿ 　　　　＿＿＿＿＿＿＿＿＿＿＿＿＿＿＿＿＿＿＿＿＿			
價金給付方式	車價	現金交易總價：新臺幣　百　萬　千　百　元整		
		分期付款總價：新臺幣　百　萬　千　百　元整		
		現金交易總價與分期付款總價差額： 新臺幣　百　萬　千　百　元整		

買賣本約 2-2-28（續）

<table>
<tr><td rowspan="14">價金給付方式</td><td colspan="2">車價</td><td colspan="3">⦿車價即指買受人應給付之全部價金，出賣人不得再以營業稅或質名義，要求買受人給付額外之金額。</td></tr>
<tr><td rowspan="6">□現金交易</td><td rowspan="3">定金</td><td>金額</td><td colspan="2">新臺幣　百　萬　千　百　元整</td></tr>
<tr><td>付款方式</td><td colspan="2">□現金
□票據　　年　　月　　日
　行庫分行：　帳號：　票號：</td></tr>
<tr><td>付款日</td><td colspan="2">　年　　月　　日</td></tr>
<tr><td rowspan="3">餘款</td><td>金額</td><td colspan="2">新臺幣　百　萬　千　百　元整</td></tr>
<tr><td>付款方式</td><td colspan="2">□現金
□票據　　年　　月　　日
　行庫分行：　帳號：　票號：</td></tr>
<tr><td>付款日</td><td colspan="2">　年　　月　　日</td></tr>
<tr><td rowspan="7">□分期付款</td><td rowspan="3">頭期款</td><td>金額</td><td colspan="2">新臺幣　百　萬　千　百　元整</td></tr>
<tr><td>付款方式</td><td colspan="2">□現金
□票據　　年　　月　　日
　行庫分行：　帳號：　票號：</td></tr>
<tr><td>付款日</td><td colspan="2">　年　　月　　日</td></tr>
<tr><td rowspan="3">交車款</td><td>金額</td><td colspan="2">新臺幣　百　萬　千　百　元整</td></tr>
<tr><td>付款方式</td><td colspan="2">□現金
□票據　　年　　月　　日
　行庫分行：　帳號：　票號：</td></tr>
<tr><td>付款日</td><td colspan="2">　年　　月　　日</td></tr>
<tr><td rowspan="2">分期付款
（扣除頭期款、交車款以外者）</td><td>分期金額</td><td>＿＿＿＿元</td><td>利率及其種類</td></tr>
<tr><td>分期數</td><td>＿＿＿＿期</td><td>註：每期應付之日期、本金、利息
詳如附件：分期攤還表付款</td></tr>
</table>

買賣本約 2-2-28（續）

	付款地點	
	注意事項：以現金或票據給付價金之方式為例示，以他種方式給付價金，如匯款等，亦可。	
過戶應備文件及其他文件	□原始車籍資料（＿＿＿＿＿＿＿＿＿＿＿＿＿＿） □行車執照（或拖車使用證）□新領牌照登記書 □車輛出廠證□保養手冊□保險證□保證書 □最近一期使用牌照稅單□最近一期燃料使用費單 □本次交易以外之過戶讓渡書 □車輛進口與貨物稅完（免）稅證明書 □通常維修保養廠商名稱、地址□其他文件	
欠繳罰鍰 ★依照其他約定事項之一般事項六	□無　　□有，合計金額＿＿＿＿＿＿元	
稅費 ★依照其他約定事項之一般事項六	當年度稅費	使用牌照稅：金額＿＿＿元， 負擔人：□出賣人 　　　　□買受人 燃料使用費：金額＿＿＿元， 負擔人：□出賣人 　　　　□買受人
	其他應補繳之稅費	□無 □有，金額＿＿＿元， 　負擔人：□出賣人 　　　　　□買受人
過戶日期	年　　月　　日	注意事項： 一、交車前應辦妥過戶手續。 二、交車時應交付新行車執照。
交車日期	年　　月　　日	
交車處所		
規費負擔	（一）監理規費：金額＿＿＿元，負擔人：□出賣人 　　　　　　　　　　　　　　　　　　□買受人 （二）代辦手續費：金額＿＿＿元，負擔人：□出賣人 　　　　　　　　　　　　　　　　　　□買受人 （三）汽車強制責任險：金額＿＿＿元，負擔人：□出賣人 　　　　　　　　　　　　　　　　　　　　□買受人	
保固責任 ★依照其他約定事項之一般事項二	□有保固責任 出賣人自交車日起＿＿＿年個＿＿＿月，或行駛＿＿＿公里範圍內（以先到者為準），就下列事項負保固責任： □引擎　□變速箱　□懸吊系統　□其他 □無保固責任	

買賣本約 2-2-28（續）

其他約定事項	★	◎一般事項： 一、出賣人擔保本件標的物非贓車，且無來歷不明、產權糾紛或其他權利瑕疵之情事。 二、除本契約所示之保固責任外，出賣人並擔保本件標的物於交車前已完成正常使用檢查，且符合交車時之其他相關法令規定。 三、標的物因天然災害、自然耗損或可歸責於買受人之事由致生之損害，出賣人不負保固責任。 四、買受人應依通常程序從速檢查其所受領之汽車，如發現有應由出賣人負擔保責任之瑕疵時，應即通知出賣人。 五、標的物之利益及危險，除另有約定外，自交付時起，均由買受人承受及負擔。 六、交車前欠繳之一切稅費及罰鍰，均由出賣人負擔。 七、買受人要求試車時，出賣人除有正當理由外，不得拒絕。 　　若有試車時，因試車所生之任何損害，除可歸責於買受人之事由所致者外，均由出賣人負擔。 八、出賣人逾交車日期未交付車輛，經買受人定＿＿＿＿天以上之期間催告，出賣人仍不履行時，買受人得解除契約，並請求返還已支付之價金，及自支付日起至返還日止依法定利率計算之利息。買受人支付定金者，出賣人並應賠償與定金同額之違約金。 　　前項情形，買受人證明有其他損害者，並得請求賠償。 九、買受人受領遲延者，出賣人僅就故意或重大過失負其責任。出賣人並得請求買受人賠償其提出及保管汽車之必要費用。 十、因可歸責於買受人之事由，致給付價金或受領標的物遲延者，經出賣人定＿＿＿＿天以上之期間催告，買受人仍不履行時，出賣人得解除契約，沒收買受人已付之價金。 　　前項得沒收之已付價金不得逾買賣標的物現金交易總價之 10%，逾 10% 者縮減為 10%。但出賣人能證明其所受損害超過現金交易總價之 10% 者，不在此限。 十一、因不可歸責於雙方當事人之事由，致出賣人給付不能者，出賣人應返還買受人已付之價金，及自受領日起至返還日止依法定利率計算之利息。 十二、買受人支付定金後，如不願買受，得拋棄定金，解除契約。出賣人如不願出賣，得加倍返還買受人所支付之定金後，解除契約。 十三、本契約訂立後，若有任何增刪修改，須經雙方當事人書面同意。 十四、本件印花稅各自貼用負擔。 十五、雙方因本件買賣契約而發生訴訟時，同意由＿＿＿＿地方法院為第一審管轄法院。但不得排除消費者保護法第 47 條及民事訴訟法第 436 條之 9 小額訴訟管轄法院之適用。

(第十三、十四點旁標示 ★)

買賣本約 2-2-28

		十六、本契約如有未盡事宜，由買受人及出賣人本誠信原則協議之，或依民法或其他相關法令定之。 十七、本契約書正本一式二份，副本＿＿＿份，由買受人及出賣人各持正本一份、副本＿＿＿份為憑。 ◎分期付款買賣之特別事項： 一、買受人得隨時提前清償，出賣人不得拒絕。 　　買受人提前清償者，應按攤還表所示之未償還本金給付。出賣人不得加收手續費、提前解約金或其他任何費用。 二、買受人因可歸責於自己之事由，連續兩期遲延給付分期付款價金，且遲付之價額已達全部價金之五分之一時，經出賣人定＿＿＿日以上之催告期間，買受人仍不履行時，出賣人得解除契約，沒收買受人已付之價金。但出賣人亦得不解除契約，請求買受人一次清償如附件分期攤還表所示未清償本金及其遲延利息。 　　前項得沒收之已付價金不得逾買賣標的物現金交易總價之 10%，逾 10% 者縮減為 10%，但出賣人能證明其所受損害超過現金交易總價之 10% 者，不在此限。
中　華　民　國　○○　年　○○　月　○○　日		
立契約書人： 出賣人： 法定代理人： 地址： 買受人： 地址：		

註：1. 訂立本契約，應本於平等互惠之原則，如有疑義，應有利於消費者之解釋。
　　2. 訂立本契約，不得違反誠信原則，對消費者顯失公平無效。

● 機器買賣契約書

1. **本契約的特點**：本契約為機器買賣契約，機器出售後之保固非常重要，應於契約中託載。
2. **適用對象**：本契約適用於機器的買賣。
3. **基本條款及注意事項**：訂立本契約應訂明買賣契約之基本條款及其應注意事項。
4. **相關法條**：民法第 348、354、359、360、356、367、378 條。

買賣本約 2-2-29

機器買賣契約書

　　立契約書人○○○（以下簡稱甲方）○○○（以下簡稱乙方）茲就機器買賣事宜訂立本契約，條款如後：

第 1 條　甲乙雙方約定有關後記機器之買賣事宜，甲方賣出、乙方買進。

第 2 條　買賣總金額為○○元整。乙方依照下列方式支付款項予甲方：

　　　　一、本日（訂約日）先交付定金○○元整。

　　　　二、甲方必須在民國○○年○○月○○日前將後記之機器安裝於乙方總公司所在地之工廠。乙方未支付之餘款，俟交貨時一次付清。

第 3 條　甲方於第二條第二款乙方支付餘款同時，應將後記機器之所有權移轉予乙方。

第 4 條　在甲方尚未將機器交付予乙方之前，若有故障、毀損或遺失時，應由甲方負責，亦即乙方免除支付價金義務。

第 5 條　甲方保證後記機器所具之性能與說明書相符，並須在第三條交付前先行試機，以證明其性能。

第 6 條　有關後記機器之品質、性能，由甲方對乙方保證，並以三年為限。在此期間，若非乙方之過失而發生自然性故障，甲方負有賠償損失及修理之義務。

第 7 條　若發生第六條之情形，雖經甲方修復，而機器仍然無法操縱，或其性能降低長達一個月時，乙方可依據下列方式選擇其一，向甲方提出要求：

　　　　一、換取同種類機器。其條件為乙方須就已使用該機器之時間長短支付貨款，每一年乙方應支付甲方相當於第二條總金額五分之一款項。

　　　　二、退還機器。但甲方得扣除乙方使用機器所應付如前一之款項，其餘定金退還予乙方。有關使用機器之時間，其計算方法則無論乙方是否使用，規定從第二條甲方交付機器日始至乙方提出退還機器要求之日止，為使用時間。

第 8 條　乙方若未能在第二條日期前支付餘額以交換機器，則甲方毋需催告，本契約視同作廢，甲方得將該機器搬回。

　　　　有關前述甲方之機器搬運費、安裝費以及搬回時所需之一切費用，應由乙方負擔。甲方除上述權利外，尚可將定金沒收，作為損害賠償。

第 9 條　甲方若未能在第二條所列日期前交付機器，乙方得向甲方催告，於十日之內交付機器。在此期限內，甲方若仍然無法交付，則本契約視同作廢。乙方得請求甲方退還第二條之定金，以及與定金同額之損失賠償。

第 10 條　本契約一式三份，當事人及見證人各執一份為憑。

賣方（甲方）：○○○　印

住址：

身分證統一編號：

買方（乙方）：○○○　印

住址：

身分證統一編號：

> 見證人：○○○　印
> 住址：
> 身分證統一編號：

中　華　民　國　○○　年　○○　月　○○　日

註：本契約第 7 條為機器買賣維修發生問題之解決方案，應特加注意。

● 電器買賣定型化契約範本（行政院消費者保護委員會編印）

1. 本契約的特點：本契約為電器買賣契約書。當事人一方以電器出賣他方，他方給付價金之契約。
2. 適用對象：本契約適用於電器買賣契約。
3. 基本條款及應注意事項：訂立本契約應訂明買賣契約之基本條款及應注意事項。
4. 相關法條：民法第 345 至 378 條，消費者保護法第 11 至 17 條。

（一）前言

　　隨著工商業社會的發展、科技的進步，電器用品成為國人日常生活中不可或缺的一部分。於此同時，為因應大量生產、大量消費時代的來臨，企業經營者對於產品大量之銷售往往預先制訂一定型化契約，以規避與個別消費者分別磋商協定契約之耗時費事。從企業經營的角度觀之，定型化契約的確有其存在的必要性與便利性；然從市場地位觀之則不盡然，蓋在工商業社會中，企業經營者往往是資本雄厚的大企業團體，而非農業時代之個體經營者，其背後多有具備法律知識的智囊團為其擬訂周詳而有利於己的定型化契約；反觀交易相對人則多為一般消費者，在兩者的市場地位相差懸殊之下，企業經營者往往利用消費者之弱勢而藉由定型化契約約定不合理、不公平的條款。弱勢的消費族群在定型化契約條款下僅剩下訂約與否的權利，對契約內容無從置喙，失去了實質的訂約自由。這種情形對國人已然形成一種消費危機，尤其在家電用品等需求性較高的產品更是如此。

　　過去或因國人法律知識不足、消費意識不彰、或礙於企業者市場地位之強勢，對定型化契約之爭議往往不了了之。相反的，現在則由於社會整體環境配合，消費意識抬頭，民國 83 年 1 月通過施行的消費者保護法亦於第 11 條至第 17 條就定型化契約作專節的規範。為落實消費者保護法之規定，本部針對現行市場上關於電器契約條款，提出定型化契約範本，提供電器買賣雙方於訂約時參考運用。此外，並提出上述定型化契約不得記載事項之建議，俾便依照消費者保護法第 17 條第 1 項規定於適當時機公告時之參考，庶幾對消費者保護法之落實、消費大眾之保護及企業經

營之商譽與形象有所助益。

（二）總說明

1. 定義：家電產品之買賣通常以三種方式爲之，一爲現金買賣，二爲民法上的分期付款買賣，三爲依動產擔保交易法所爲的附條件買賣。
   (1) 附條件買賣：附條件買賣契約，在附條件買賣期間，所有權仍屬出賣人所有，其買賣契約依動產擔保交易法之規定，應以書面爲之，屬於要式行爲。
   (2) 分期付款買賣：分期付款之買賣契約，指依民法分期付款買賣之規定所爲之交易，通常情形，所有權於交付後即歸屬買受人所有，但例外情形得爲保留所有權之分期付款買賣。分期付款買賣依民法規定雖非要式行爲，並不一定要以書面爲之，但因其交易時期較長，實務上一般皆訂定書面契約，消費者保護法第 21 條且規定應以書面契約爲之，詳訂買賣雙方權利義務關係，以定紛止爭。
   (3) 現金買賣：家電產品之現金買賣契約，指買受人一次付清買賣價金而出賣人一次移轉買賣標的物之交易行爲。此種交易非要式行爲，當事人得不簽訂契約條款，亦得完成交易。但爲保護消費者，本部亦提出契約範本，以契約條款保護消費者。
2. 定型化契約範本重點說明：本部係針對上述三種買賣交易行爲方式提出三種定型化契約範本，以供參考。僅分述其要點如下：
   (1) 附條件買賣契約書：除將動產擔保交易法有關附條件買賣之規定納入契約條款，俾雙方當事人有閱讀動產擔保交易法相關規定之機會外，並個別蒐集業者之契約範本，將有關契約條款整理歸類，並依消費者保護法及其施行細則中有關定型化契約之規定，逐一修改或重擬，其有補充必要者，則另擬契約條文，務使契約內容公正而周延。其中最主要者，如對買受人提前清償之權利保護（第 3 條），出賣人瑕疵擔保責任及售後服務之義務（第 5 條），沒收違約金數額之限制（第 7 條），出賣人中文保證書及中文使用說明書給付義務（第 10 條）等條款。此外，並於契約範本前標示契約審閱期間，臚列契約不得記載事項，俾便業者遵行。契約後並附有分期攤還表之範本，作爲日後業者製作分期攤還表之參考。
   (2) 分期付款買賣契約書：其與附條件買賣契約書兩者最大的不同在於，後者應受動產擔保交易法相關規定規範。因此，於後者之契約書範本中錄有動產擔保交易法相關條文，但分期付款買賣契約書則無該等條文之適用。故本分期

付款買賣契約書特將附條件買賣契約書中錄自動產擔保交易法第 22 條規定刪除，其餘內容則與附條件買賣契約書規定相同。

(3) 電器產品買賣定型化契約書：其與前述分期付款買賣契約書、及附條件買賣契約書最大的不同在於付款方式以及買賣標的物所有權是否移轉。電器產品買賣定型化契約其付款方式非以分期為之，其所有權則於標的物交付時即移轉於買受人。因此，電器產品買賣定型化契約書特將前述契約之付款方式修改為一次付款，並且刪除上述動產擔保交易法相關規定。

（三）電器買賣定型化契約不得記載事項

1. 不得以契約約定價金加速條款違反民法第 389、390 條之規定。亦即除買受人有連續兩期給付遲延，遲延價額已達全部價金五分之一外，出賣人仍不得請求支付全部價金；而約定解約扣價，其扣留之數額亦不得超過標的物使用之代價，及標的物受有損害時之賠償。
2. 不得約定沒收全部價金或違反本契約之違約金約定。
3. 不得預先排除故意或重大過失責任。
4. 不得以契約免除或限制危害身體健康或生命安全之瑕疵擔保或損害賠償責任。
5. 出賣人不得約定拒絕提前清償，亦不得加收其他費用。
6. 不得約定外國廠商免責或限制責任之特約條款。
7. 不得約定請求超過民法第 205 條年息 20% 之限制部分之利息。
8. 不得約定「貨物出門，概不退還」等概括免責條款。
9. 不得違反其他法律強制禁止規定或為顯失公平或欺罔之約定或行為。

買賣本約 2-2-30

注意： 契約簽訂前，應有一日之審閱期間。	說明： 依消費者保護法第 11 條之 1 之規定，契約簽訂前，應有三十日內之合理審閱期間。

【式樣一】

電器產品附條件買賣契約書

買受人	名稱		電話	
	住居所			
出賣人	名稱		電話	
	營業所			

　　為買受人依動產擔保交易法附條件買賣方式向出賣人買受電器產品，成立契約，同意遵守下列條款：

第 1 條 （標的物之名稱、數量、規格、型號及按裝位置）	牌（型式：　　機號：　　）產地：　　臺，按裝　於　縣市　　里村　鄉　街路　段　巷　弄　號之　樓。	
第 2 條 （標的物之價款）	一、總價	現金交易總價（含營業稅）： 新臺幣＿＿＿＿元整 分期付款總價（含營業稅）： 新臺幣＿＿＿＿元整 現金交易總價與分期付款總價價差： 新臺幣＿＿＿＿元整	說明： 1.參見消費者保護法第 21 條之規定。 2.頭期款為必須記載事項。 3.分期付款為必須記載事項，必須由雙方約定，例示詳如分期攤還表。
	二、付款方式	頭期款： 付款日： 中華民國　年　月　日 現金：新臺幣＿＿＿元整 票據：　年　月　日 行庫分行： 帳號：　　票號： 分期付款： 分期金額： 分期數：	4.付款地為得記載事項，可由雙方任意約定，亦得約定以銀行轉帳、郵政劃撥或信用卡轉帳方式支付。
	三、付款地點	利率及其種類： 每期應付之日期、本金、利息詳如附件：分期攤還表。	但若無約定，應回歸民法債編赴償債務之規定，於出賣人之營業所付款。 消費性電器產品一般已先進口，故認其匯率應採固定方式，應以簽約時為準，不得以匯率變動為由要求增減價款或拒絕履行契約。 利率種類係指年息、月息……。
	四	本契約簽訂後，雙方當事人均不得以匯率變動或標的物價格之漲跌為由，要求增減價款或拒絕履行契約。	
第 3 條 （提前清償）	買受人得提前清償，出賣人不得拒絕。 買受人提前清償者，應按攤還表所示之未償還本金給付。	

第4條 （附條件買賣特別約款）	一、（保留所有權約款及買受人取得所有權之條件） 買受人自繳清全部價金之日起取得標的物之所有權；於買受人未繳清全部價金前標的物之所有權仍歸出賣人保有。 二、（標的物之使用及危險負擔） 買受人自取得標的物之占有之時起得使用標的物，但於取得標的物所有權之前，應以善良管理人之注意保管及使用之。 標的物之利益與危險，除當事人另有約定者依其約定外，自買受人取得標的物之占有之時起，由買受人承受及負擔。 三、（買受人不履行契約時，出賣人行使物權請求權及（或）債權請求權之一）標的物所有權移轉於買受人前，買受人有下列情形之一，致妨害出賣人之權益者，出賣人得取回占有的標的物： （一）不依約定給付價款者。 （二）不依約定完成特定條件者。 （三）將標的物出賣、出質或為其他處分者。 　　　出賣人取回占有前款標的物，其價值顯有減少者，得向買受人請求損害賠償。 四、（買受人不履行契約時，出賣人行使物權請求權及（或）債權請求權之二） 出賣人依前項約定取回標的物，而買受人拒絕交付標的物時，出賣人得聲請法院假扣押，如經登記之契約載明逕受強制執行者，得依該契約聲請法院強制執行。 五、（買受人不履行契約時，出賣人行使物權請求權及（或）債權請求權之三）	說明： 1.參見動產擔保交易法附條件買賣之相關規定：動產擔保交易法第17、18、22、28、29、30條等規定。 2.在拍賣法未公布施行前，應依民法債編施行法第28條之規定為拍賣。 3.附條件買賣之所有權在出賣人處，而標的物則由買受人占有使用。第1項前段規定係為符合買受人之利益，在其未取得所有權之前，有該物之使用權。第1項後段則因買受人未付清價金之前，所有權仍歸出賣人，買受人係占有他人之物，應盡善良管理人管理之責，避免日後未能付清價款而標的物又毀損減失。第2項則為澄清危險負擔之標準，除當事人另有約定者應依契約自由原則外，利益與危險均應由占有標的物，對之有支配力之買受人負擔。

| | 出賣人依第 3 項約定取回標的物時，應於三日前通知買受人。

出賣人不經前款事先通知，逕行取回標的物時，如買受人在出賣人取回的標的物後十日內付清如附件分期攤還表所示之未償還本金及其遲延利息者，買受人得請求出賣人交付標的物並取得標的物所有權。

六、（買受人不履行契約時，出賣人行使物權請求權及（或）債權請求權之四）
買受人得於出賣人取回占有標的物後十日內，以書面請求出賣人將標的物再行出賣。

出賣人縱無買受人之請求，亦得於取回標的物後三十日內將標的物再行出賣。

出賣人依前款約定再行出賣標的物者，應於取回標的物後三十日內，經五日以上之揭示公告，就地公開拍賣之，並應於拍賣十日前，以書面通知買受人。

標的物為可分割者，於拍賣所得價足以清償未繳價款及費用時，應即停止。賣得價金應先抵充費用，次充利息，再充原本，如有剩餘，應返還買受人，如有不足，出賣人得繼續追償。

七、（買受人不履行契約時，出賣人行使物權請求權及（或）債權請求權之五）
買受人未為前項第 1 款請求，出賣人亦未依前項第 1 款約定再行出賣者，出賣人無償還買受人已付價金之義務，出賣人亦不得行使第 3 項第 2 款之權利，本契約並即失其效力。 | |

八、（出賣人之損害賠償義務）

　　出賣人出賣標的物違反第 6 項第 2 款約定者，買受人得請求損害賠償。

九、（買受人不履行契約時，出賣人行使物權請求權及（或）債權請求權之六）

　　買受人有第 3 項第 1 款之情形，且有連續兩期遲延給付分期款，所遲延之價額並已達全部價金 20% 者，出賣人得不行使取回標的物之權利，而請求買受人一次清償如附件分期攤還表所示之未償還本金及其遲延利息。

十、（標的物保險被保險人之記載）

　　本買賣標的物由買受人負擔保險費為標的物投保；上開保險之被保險人應為出賣人。

十一、（其他約定事項）

（一）買受人有動產擔保交易法第五章之情形者，應依該法規定負刑事責任。

（二）買受人應依出賣人之要求，提供必要文件，協同出賣人向登記機關辦理標的物附條件買賣登記及必要之變更登記。

（三）買受人付清全部價金後，出賣人因買受人或利害關係人之書面請求應即出具證明書，俾買受人或利害關係人得憑以向登記機關註銷附條件買賣登記；出賣人於收到買受人或利害關係人上開書面請求後十日內，未交付證明書者，應按日給付請求人遲延金新臺幣＿＿＿＿元，並負損害賠償責任。

（四）附條件買賣登記規費由＿＿＿＿負擔。

第 5 條 （出賣人之瑕疵擔保責任及售後服務）	出賣人擔保其所交付之標的物符合契約約定、相關法律規定，並有保證書及廣告內容上所載之品質，出賣人並承諾依廣告內容及保證書約定負保固及維修責任。 買受人應於收受標的物後，從速檢查，如發現有應由出賣人負責之瑕疵時，應於收受後七日內通知出賣人；但有不能立即發現之瑕疵者，應於發現之日起七日內通知出賣人。未於上述期限內通知者，視為承認所受領之物，買受人喪失其瑕疵擔保請求權。 前項約定於出賣人故意不告知瑕疵於買受人者，不適用之，保證書另有有利於買受人之約定者，亦同。	
第 6 條 （標的物之使用及危險負擔）	標的物之利益及危險，除當事人另有約定者依其約定外，自交付時起，均由買受人承受負擔。	說明： 參見民法第 373 條之規定。
第 7 條 （因買受人違約價金之沒收）	因可歸責於買受人之事由致違反本契約給付價金約定連續兩期或其遲延給付之價金逾總金額五分之一者，經出賣人定十日以上之期間催告，買受人仍未履行者，出賣人得解除契約，沒收買受人已付之價金。 前項得沒收之已付價金不得逾買賣標的物現金交易總價之 10%，逾 10% 者縮減為 10%，但出賣人能證明其所受損害超過買賣標的物現金交易總價之 10% 者，不在此限。	說明： 1. 有第 1 項情事之一者，其損害可能超過本條第 3 項 10% 之限額，基於填補實際損害之法理，出賣人應受較高之損害賠償，以維公允。唯主張損害超過 10% 者，應由出賣人負舉證之責。 2. 本條係關於遲延給付致解除契約之約定，與民法第 389 條關於清償期加速屆至，請求給付全部價款之規定不同，併此說明。
第 8 條 （出賣人給付遲延之效果）	因可歸責於出賣人之事由致給付遲延者，買受人得請求損害賠償。 前項情形買受人得定十日以上之期間催告出賣人履行契約，逾期限出賣人仍未履行者，買受人得解除契約，請求返還已付之價金，及自受領日起至返還日止，依法定利率	

	計算之利息。如有其他損害，並得請求賠償。	
第9條 （不可歸責於雙方當事人價金返還）	因不可歸責於雙方當事人之事由，致給付不能者，出賣人應返還買受人已付之價金，及自受領日起至返還日止依法定利率計算之利息。	
第10條 （保證書及使用說明書）	出賣人應於訂約時，至遲於交付標的物前，交付標的物之中文保證書及中文使用說明書，該保證書及使用說明書為本契約之一部分。 前項保證書應包含下列事項： 1.商品之名稱、種類、數量、若有製造號碼或批號，其製造號碼或批號。 2.保證內容。 3.保證期間及起算方法。 4.製造商名稱、地址。 5.若有經銷商，其名稱、地址。 6.交易日期。 第 1 項使用說明書應包含下列事項： 1.標的物組件、功能說明。 2.正確使用方法。 3.操作程序。 4.危險警語與避免方式。 5.簡易故障處理。 6.維修服務處所及其他相關資訊。 本買賣標的物性質上或使用上有危害人體健康或生命安全之虞者，應於保證書或使用說明書以醒目、套色、粗大之字體或圖樣標明。 出賣人應將中文保證書及中文使用說明書張貼或陳列於出賣人之處所，供消費者閱覽。	說明： 1.保證書應包含事項參見消費者保護法第 25 條之規定。 2.保證書及使用說明書其內容應完整、簡明易懂，避免使用誤導消費者之文字或圖樣。
第11條（管轄法院）	凡因本契約而涉訟者，雙方同意以地方法院為第一審管轄法院。	說明： 依消費者保護法第 47 條，得由消費關係發生地之法院管轄，但不以此為限。

第 12 條 （印花稅之負擔）	本件印花稅各自貼用負擔。	
第 13 條 （契約之刪改）	本契約訂立後，若有任何增刪修改，須經雙方當事人書面同意。	
第 14 條（補充規定）	本契約如有未盡事宜，由買受人及出賣人本誠信原則協議之，或依動產擔保交易法或民法相關規定處理之。	

本契約書正本一式二份，副本○份，由買受人及出賣人各持正本一份、副本○份為憑。

中　華　民　國　○○　年　○○　月　○○　日

立契約書人：買受人：
　　　　　　法定代理人：
　　　　　　身分證統一編號：
　　　　　　出賣人：
　　　　　　法定代理人：
　　　　　　營利事業統一編號：

【附件】分期攤還表

範例：年利率＝16%　　貸款月數：12　　　　　　　　　　（單元：元）

期數	月繳本息 A	利息 B	償還本金 C	未償還本金 D
0				500,000
1	4,537	667	3,870	46,130
2	4,537	615	3,921	42,209
3	4,537	563	3,974	38,235
4	4,537	510	4,027	34,208
5	4,537	456	4,080	30,128
6	4,537	402	4,135	25,993
7	4,537	347	4,190	21,803
8	4,537	291	4,246	17,557
9	4,537	234	4,303	13,255
10	4,537	177	4,360	8,895
11	4,537	119	4,418	4,477
12	4,537	60	4,477	0

註：1. 期(月)繳金額 ＝ 貸款本金 × {(年利率÷12)/[1－(1/(1＋年利率÷12n))]}
　　　n ＝ 貸款月數
　　2. 利息(B) ＝ 上一期未償還本金(D)×年利率÷12
　　3. 償還本金(C) ＝ A－B
　　4. 未償還本金(D) ＝ 上一期未償還本金－本期償還本金

注意：	說明：
契約簽訂前，應有一日之審閱期間。	依消費者保護法第 11 條之 1 之規定，契約簽訂前，應有三十日內之合理審閱期間。

【式樣二】

電器產品分期付款買賣契約書

買受人	名稱		電話	
	住居所			
出賣人	名稱		電話	
	營業所			

　　為買受人依動產擔保交易法附條件買賣方式向出賣人買受電器產品，成立契約，同意遵守下列條款：

第 1 條 （標的物之名稱、數量、規格、型號及按裝位置）	牌（型式：　機號：　）產地：　臺 按裝於 縣　　鎮　　里　　　鄰　　街　　段　　巷 市　　鄉　　村　　　　　路 　　區 弄　　號之　　樓		
第 2 條 （標的物之價款）	一、總價	現金交易總價（含營業稅）： 新臺幣＿＿＿＿元整 分期付款總價（含營業稅）： 新臺幣＿＿＿＿元整 現金交易總價與分期付款總價價差： 新臺幣＿＿＿＿元整	說明： 1. 參見消費者保護法第 21 條之規定。 2. 頭期款為必須記載事項。 3. 分期付款為必須記載事項，必須由雙方約定，例示詳如分期攤還表。 4. 付款地為得記載事項，可由雙方任意約定，亦得約定以銀行轉帳、郵政劃撥或信用卡轉帳方式支付。但若無約定，應回歸民法債編赴償債務之規定，於出賣人之營業所付款。 5. 消費性電器產品一般已先進口，故認其匯率應採固定方式，應以簽約時為準，不得以匯率變動為由要求增減價款或拒絕履行契約。

	二、付款方式	1.頭期款： 付款日： 中華民國　年　月　日 現金：新臺幣_____元整 票據： 　　年　月　日。 行庫分行： 帳號：　　票號： 2.分期付款： 分期金額： 分期數： 利率及其種類： 每期應付之日期、本金、利息詳如附件：分期攤還表。	
	三、付款地點		6.利率種類係指年息、月息……。
	四	本契約簽訂後，雙方當事人均不得以匯率變動或標的物價格之漲跌為由，要求增減價款或拒絕履行契約。	
第3條 （提前清償）		買受人得提前清償，出賣人不得拒絕。 買受人提前清償者，應按攤還表所示之未償還本金給付。	
第4條 （出賣人之瑕疵擔保責任及售後服務）		出賣人擔保其所交付之標的物符合契約約定、相關法律規定，並有保證書及廣告內容上所載之品質，出賣人並承諾依廣告內容及保證書約定負保固及維修責任。 買受人應於收受標的物後，從速檢查，如發現有應由出賣人負責之瑕疵時，應於收受後七日內通知出賣人；但有不能立即發現之	

	瑕疵者，應於發現之日起七日內通知出賣人。未於上述期限內通知者，視為承認所受領之物，買受人喪失其瑕疵擔保請求權。 前項約定於出賣人故意不告知瑕疵於買受人者，不適用之，保證書另有有利於買受人之約定者，亦同。	
第5條 （標的物之使用及危險負擔）	標的物之利益及危險，除當事人另有約定者依其約定外，自交付時起，均由買受人承受負擔。	說明： 參見民法第373條之規定。
第6條 （因買受人違約價金之沒收）	因可歸責於買受人之事由致違反本契約給付價金約定連續兩期或其遲延給付之價金逾總金額五分之一者，經出賣人定十日以上之期間催告，買受人仍未履行者，出賣人得解除契約，沒收買受人已付之價金。 前項得沒收之已付價金不得逾買賣標的物現金交易總價之10%，逾10%者縮減為10%，但出賣人能證明其所受損害超過買賣標的物現金交易總價之10%者，不在此限。	說明： 1.有第1項情事之一者，其損害可能超過本條第3項10%之限額，基於填補實際損害之法理，出賣人應受較高之損害賠償，以維公允。唯主張損害超過10%者，應由出賣人負舉證之責。 2.本條係關於遲延給付致解除契約之約定，與民法第389條關於清償期加速屆至，請求給付全部價款之規定不同，併此說明。
第7條 （出賣人給付遲延之效果）	因可歸責於出賣人之事由致給付遲延者，買受人得請求損害賠償。 前項情形買受人得定十日以上之期間催告出賣人履行契約，逾期限出賣人仍未履行者，買受人得解除契約，請求返還已給付之價金，及自受領日起至返還日止，依法定利率計算之利息。如有其他損害，並得請求賠償。	
第8條 （不可歸責於雙方當事人價金返還）	因不可歸責於雙方當事人之事由，致給付不能者，出賣人應返還買受人已付之價金，及自受領日起至返還日止依法定利率計算之利息。	
第9條 （保證書及使用說明書）	出賣人應於訂約時，至遲於交付標的物前，交付標的物之中文保證書及中文使用說明書，該保證書及使用說明書為本契約之一部分。 前項保證書應包含下列事項：	說明： 1.保證書應包含事項參見消費者保護法第25條之規定。

		2. 保證書及使用說明書其內容應完整、簡明易懂，避免使用誤導消費者之文字或圖樣。
	1. 商品之名稱、種類、數量、若有製造號碼或批號，其製造號碼或批號。 2. 保證內容。 3. 保證期間及起算方法。 4. 製造商名稱、地址。 5. 若有經銷商，其名稱、地址。 6. 交易日期。 第1項使用說明書應包含下列事項： 1. 標的物組件、功能說明。 2. 正確使用方法。 3. 操作程序。 4. 危險警語與避免方式。 5. 簡易故障處理。 6. 維修服務處所及其他相關資訊。 本買賣標的物性質上或使用上有危害人體健康或生命安全之虞者，應於保證書或使用說明書以醒目、套色、粗大之字體或圖樣標明。 出賣人應將中文保證書及中文使用說明書張貼或陳列於出賣人之處所，供消費者閱覽。	
第10條（管轄法院）	凡因本契約而涉訟者，雙方同意以地方法院為第一審管轄法院。	說明： 依消費者保護法第47條，得由消費關係發生地之法院管轄，但不以此為限。
第11條（印花稅之負擔）	本件印花稅各自貼用負擔。	
第12條（契約之刪改）	本契約訂立後，若有任何增刪修改，須經雙方當事人書面同意。	
第13條（補充規定）	本契約如有未盡事宜，由買受人及出賣人本誠信原則協議之，或依動產擔保交易法或民法相關規定處理之。	

本契約書正本一式二份，副本〇份，由買受人及出賣人各持正本一份、副本〇份為憑。

中　華　民　國　　〇〇　　年　　〇〇　　月　　〇〇　　日

立契約書人：買受人：　　　　　　　　出賣人：

　　　　　　法定代理人：　　　　　　法定代理人：

　　　　　　身分證統一編號：　　　　營利事業統一編號：

【附件】分期攤還表

範例：年利率＝16%　　　貸款月數：12　　　　　　　　　　　　（單元：元）

期數	月繳本息 A	利息 B	償還本金 C	未償還本金 D
0				500,000
1	4,537	667	3,870	46,130
2	4,537	615	3,921	42,209
3	4,537	563	3,974	38,235
4	4,537	510	4,027	34,208
5	4,537	456	4,080	30,128
6	4,537	402	4,135	25,993
7	4,537	347	4,190	21,803
8	4,537	291	4,246	17,557
9	4,537	234	4,303	13,255
10	4,537	177	4,360	8,895
11	4,537	119	4,418	4,477
12	4,537	60	4,477	0

註：1. 期（月）繳金額＝貸款本金×{(年利率÷12)/[1－(1/(1＋年利率÷12n))]}
　　　n＝貸款月數
　　2. 利息（B）＝上一期未償還本金（D）×年利率÷12
　　3. 償還本金（C）＝A－B
　　4. 未償還本金（D）＝上一期未償還本金－本期償還本金

注意： 契約簽訂前，應有一日之審閱期間。	說明： 依消費者保護法第 11 條之 1 之規定，契約簽訂前，應有三十日內之合理審閱期間。

【式樣三】

電器產品買賣契約書

買受人	名稱		電話	
	住居所			
出賣人	名稱		電話	
	營業所			

　　為買受人依動產擔保交易法附條件買賣方式向出賣人買受電器產品，成立契約，同意遵守下列條款：

第 1 條 （標的物之名稱、數量、規格、型號及按裝位置）	牌　　（型式：　機號：　）產地：　臺 按裝於 縣市　　　里村　　鄰　　街路　　段　　巷 弄　　　號之　　樓	
第 2 條 （標的物之價款）	一、總價	現金交易總價（含營業稅）： 新臺幣＿＿＿＿元整	說明： 1. 付款地為得記載事項，可由雙方任意約定，亦得約定以銀行轉帳、郵政劃撥或信用卡轉帳方式支付。但若無約定，應回歸民法債編赴償債務之規定，於出賣人之營業所付款。 2. 消費性電器產品一般已先進口，故認其匯率應採固定方式，應以簽約時為準，不得以匯率變動為由要求增減價款或拒絕履行契約。
	二、付款方式	訂金： 付款日： 中華民國 　年　月　日 現金： 新臺幣＿＿＿＿元整 票據：　年　月　日 行庫分行： 帳號：　　票號： 價金： 付款日： 中華民國 　年　月　日 現金： 新臺幣＿＿＿＿元整 票據：　年　月　日 行庫分行： 帳號：　　票號：	
	三、付款地點		
	四	本契約簽訂後，雙方當事人均不得以匯率變動或標的物價格之漲跌為由，要求增減價款或拒絕履行契約。	

第3條 （出賣人之瑕疵擔保責任及售後服務）	出賣人擔保其所交付之標的物符合契約約定、相關法律規定，並有保證書及廣告內容上所載之品質，出賣人並承諾依廣告內容及保證書約定負保固及維修責任。 買受人應於收受標的物後，從速檢查，如發現有應由出賣人負責之瑕疵時，應於收受後七日內通知出賣人；但有不能立即發現之瑕疵者，應於發現之日起七日內通知出賣人。未於上述期限內通知者，視為承認所受領之物，買受人喪失其瑕疵擔保請求權。 前項約定於出賣人故意不告知瑕疵於買受人者，不適用之，保證書另有有利於買受人之約定者，亦同。	
第4條 （標的物之使用及危險負擔）	標的物之利益及危險，除當事人另有約定者依其約定外，自交付時起，均由買受人承受負擔。	說明： 參見民法第373條之規定。
第5條 （出賣人給付遲延之效果）	因可歸責於出賣人之事由致給付遲延者，買受人得請求損害賠償。 前項情形買受人得定十日以上之期間催告出賣人履行契約，出賣人仍未履行者，買受人得解除契約，請求返還已給付之價金，及自受領日起至返還日止，依法定利率計算之利息。如有其他損害，並得請求賠償。	
第6條 （不可歸責於雙方當事人價金返還）	因不可歸責於雙方當事人之事由，致給付不能者，出賣人應返還買受人已付之價金，及自受領日起至返還日止依法定利率計算之利息。	
第7條 （保證書及使用說明書）	出賣人應於訂約時，至遲於交付標的物前，交付標的物之中文保證書及中文使用說明書，該保證書及使用說明書為本契約之一部分。 前項保證書應包含下列事項： 1.商品之名稱、種類、數量、若有製造號碼或批號，其製造號碼或批號。 2.保證內容。	說明： 1.保證書應包含事項參見消費者保護法第25條之規定。 2.保證書及使用說明書其內容應完整、簡明易懂，避免使用誤導消費者之文字或圖樣。

	3. 保證期間及起算方法。	
	4. 製造商名稱、地址。	
	5. 若有經銷商，其名稱、地址。	
	6. 交易日期。	
	第1項使用說明書應包含下列事項：	
	1. 標的物組件、功能說明。	
	2. 正確使用方法。	
	3. 操作程序。	
	4. 危險警語與避免方式。	
	5. 簡易故障處理。	
	6. 維修服務處所及其他相關資訊。	
	本買賣標的物性質上或使用上有危害人體健康或生命安全之虞者，應於保證書或使用說明書以醒目、套色、粗大之字體或圖樣標明。	
	出賣人應將中文保證書及中文使用說明書張貼或陳列於出賣人之處所，供消費者閱覽。	
第8條（管轄法院）	凡因本契約而涉訟者，雙方同意以_____地方法院為第一審管轄法院。	說明：依消費者保護法第47條，得由消費關係發生地之法院管轄，但不以此為限。
第9條（印花稅之負擔）	本件印花稅各自貼用負擔。	
第10條（契約之刪改）	本契約訂立後，若有任何增刪修改，須經雙方當事人書面同意。	
第11條（補充規定）	本契約如有未盡事宜，由買受人及出賣人本誠信原則協議之，或依民法相關規定處理之。	

本契約書正本一式二份，副本○份，由買受人及出賣人各持正本一份、副本○份為憑。

中　華　民　國　○○　年　○○　月　○○　日

立契約書人：買受人：

法定代理人：

身分證統一編號：

出賣人：

法定代理人：

營利事業統一編號：

註：1. 訂立本契約，應本於本等互惠之原則如在疑義，應有利於消費者之解釋。

2. 訂立本契約，不得違反誠信之原則，如對於消費者，顯失公平，無效。

（四）電器買賣定型化契約應記載及不得記載事項

1. 應記載事項

(1) 當事人之姓名、名稱、電話及住居所（營業所住址）

買受人：

姓名或名稱：

電話：

住居所：

出賣人：

姓名或名稱：

電話：

營業所：

負責人：

(2) 標的物之名稱、規格、型號、數量、產地及按裝位置

名稱：　　　　　　基本配備

　　　　　　　　　附加配備

規格、型號及數量

牌（型號：　　　　）　臺

產地：

按裝位置：

縣市	鎮鄉區	里村	鄉	街路	巷	弄	號	樓

(3) 價金之給付

總價

□現金交易總價（含營業稅）：新臺幣　　　　元整。

□分期付款總價（含營業稅）：新臺幣　　　　元整。

現金交易總價與分期付款總價價差：新臺幣　　　　元整。

價金範圍

□含運費、安裝費、材料費及其他一切費用。

□不含運費、安裝費、材料費用及其他一切費用。

□運費、安裝費、材料費及其他一切費用新臺幣　　　　元另計。

□不必安裝。

分期付款方式

① 頭期款：

付款日：中華民國　　年　　月　　日。

現金：新臺幣　　元整。

票據：　　年　　月　　日。

行庫分行：

帳號：　　　　票號：

② 分期付款：

分期數及方式：分＿＿＿期，每＿＿＿（日、星期、月）爲一期。

分期金額：

利率及其種類：

每期應付之日期：

每期本金、利息詳如分期攤還表。

(4) 價金不受匯率及標的物價格變動影響

本契約簽訂後，雙方當事人均不得以匯率變動或標的物價格之漲跌爲由，要求增減價款或拒絕履行契約。

(5) 出賣人之瑕疵擔保責任及售後服務

出賣人擔保其所交付之標的物符合契約約定、相關法律規定，並有保證書及廣告內容上所載之內容，出賣人並承諾依廣告內容及保證書約定負保固及維修責任。

買受人應於收受標的物後，從速檢查，如發現有應由出賣人負責之瑕疵時，應於收受後○日內通知出賣人；但有不能立即發現之瑕疵者，應於發現之日起○日內通知出賣人。未於上述期限內通知者，視爲承認所受領之物，買受人喪失其瑕疵擔保請求權。

前項約定於出賣人故意不告知瑕疵於買受人者，不適用之，保證書另有有利於買受人之約定者，亦同。

因非可歸責於買受人之事由，致商品於保固期間內毀損者，出賣人負維修責任；如經送修三次仍未能修復者，買受人得請求出賣人還其所支付之價金，或更換同一種類之商品，出賣人不得拒絕。

(6) 保證書及使用說明書（使用手冊）

出賣人應於訂約時，至遲於交付標的物前，交付標的物之中文保證書及中文使用說明書（使用手冊），該保證書及使用說明書（使用手冊）爲本契約之一部分。

前項保證書應包含下列事項：

① 商品之名稱、種類、數量、規格、型號及製造號碼。

② 保證內容。

③ 保證期間及起算方法。

④ 製造商名稱、地址、電話、傳眞、電子郵件信箱（E-MAIL）。

⑤ 若有經銷商，其名稱、地址、電話、傳眞、電子郵件信箱（E-MAIL）。

⑥ 交易日期。

第 1 項使用說明書（使用手冊）應包含下列事項：

① 標的物組件、功能說明。

② 使用方法。

③ 操作程序。

④ 危險警語與避免方式。

⑤ 簡易故障處理。

⑥ 維修服務處所、維修服務之條件及其他相關資訊。

　　本買賣標的物性質上或使用上有危害人體健康或生命安全之虞者，應於保證書或使用說明書（使用手冊）以醒目、套色、粗大之字體或圖樣標明。

　　出賣人應將中文保證書及中文使用說明書（使用手冊）張貼或陳列於出賣人之處所，供消費者閱覽。

2. 不得記載事項

(1) 分期付款買賣不得約定買受人有給付遲延時，出賣人得請求支付全部價金。但買受人有連續兩期價金給付遲延，且遲延價額已達全部價金五分之一時，不在此限。

(2) 約定解約扣價，其扣留之數額不得超過標的物使用之代價，及標的物受有損害時之賠償。

(3) 不得約定拒絕買受人提前清償，亦不得約定買受人提前清償者，應支付手續費、違約金或其他費用。

(4) 不得約定免除或減輕製造商、進口商及經銷商依消費者保護法規定應負之責任。

(5) 不得約定利息超過年息 20%。

(6) 不得約定「貨物出門或拆除包裝，概不退換或修補」等類似概括免責條款。

(7) 不得約定排除或限制於交付時未能發現瑕疵之擔保責任。

(8) 不得約定「出賣人得片面變更買受標的物之規格、原產地及配件，買受人不得異議」之條款。

(9) 不得爲其他違反法律強制、禁止規定或顯失公平之約定。

【附件】分期攤還表

參考範例一：假設年利率 = 16%　　　貸款月數：12　　　　　　　（單元：元）

期數	月繳本息 A	利息 B	償還本金 C	未償還本金 D
0				50,000
1	4,537	667	3,870	46,130
2	4,537	615	3,921	42,209
3	4,537	563	3,974	38,235
4	4,537	510	4,027	34,208
5	4,537	456	4,080	30,128
6	4,537	402	4,135	25,993
7	4,537	347	4,190	21,803
8	4,537	291	4,246	17,557
9	4,537	234	4,303	13,255
10	4,537	177	4,360	8,895
11	4,537	119	4,418	4,477
12	4,537	60	4,447	0

註：1. 期(月)繳金額 = 貸款本金 × {(年利率÷12)/[1 − (1/(1 + 年利率÷12n))]}
　　　n = 貸款月數
　　2. 利息(B) = 上一期未償還本金(D) × 年利率÷12
　　3. 償還本金(C) = A − B
　　4. 未償還本金(D) = 上一期未償還本金 − 本期償還本金

參考範例二：假設年利率 = 5%　　　貸款月數：12　　　　　　　（單元：元）

期數	月繳本息 A	利息 B	償還本金 C	未償還本金 D
0				50,000
1	4,280	208	4,072	45,839
2	4,280	191	4,089	41,839
3	4,280	174	4,106	37,733
4	4,280	157	4,123	33,610
5	4,280	140	4,140	29,469
6	4,280	123	4,158	25,312
7	4,280	105	4,175	21,137
8	4,280	88	4,192	16,945
9	4,280	71	4,210	12,735
10	4,280	53	4,227	8,508

（續）

期數	月繳本息 A	利息 B	償還本金 C	未償還本金 D
11	4,280	35	4,245	4,263
12	4,280	18	4,263	0

註：1. 期(月)繳金額 ＝ 貸款本金 × {(年利率÷12)/[1－(1/(1＋年利率÷12n))]}

　　　　n ＝ 貸款月數

　　2. 利息(B) ＝ 上一期未償還本金(D)×年利率÷12

　　3. 償還本金(C) ＝ A－B

　　4. 未償還本金(D) ＝ 上一期未償還本金－本期償還本金

● 原料販賣與製品購買契約書

1. **本契約的特點**：本契約為乙方供應原料予甲方，甲方製成成品後，由乙方購回之加工契約。有關原料供應、成品購回之要件，詳盡列入契約。

2. **適用對象**：本契約適用於原料供應成品購回之加工契約。

3. **基本條款及注意事項**：訂立本契約應訂明買賣契約之基本條款及其應注意事項。

4. **相關法條**：民法第 348、354 條。

買賣本約 2-2-31

原料販賣與製品購買契約書（OEM 代工委託）

○○股份有限公司（以下簡稱甲方）與○○股份有限公司（以下簡稱乙方），對於原料販賣、製品購買等相關事宜，締結以下之契約：

第 1 條　（基本契約）

　　　　　本契約是關於甲乙之間原料販賣、製品購買交易等共通事項的規定。

　　　　　買賣的目的物、支付條件及金額，依照甲乙雙方交換的備忘錄來規定之。

第 2 條　（交易內容）

　　　　　乙方將原料賣給甲方，甲方基於乙方之指示將原料的全部或一部分加以使用，製造成品後賣給乙方。

　　　　　關於前項契約，甲方所使用之原料中，含有乙方指示而由甲方向其他公司購買的原料在內。

第 3 條　（個別契約）

　　　　　乙方賣給甲方的原料與甲方賣給乙方的製品的品名、規格、數量、單價、交貨日期、支付條件、金額等，除了本契約及備忘錄之規定外，個別的買賣則依照甲乙雙方之間所訂立的原料買賣契約、製品買賣契約（以下兩契約稱為「個別契約」）之規定。

第 4 條　（原料的交付與檢查）

　　　　　乙方於約定日期限內在約定場所將原料交付給甲方，甲方則根據備忘錄規定的期限，完成原料之檢查。

第 5 條　（原料的價款支付及所有權移轉）

原料的買賣價款，在交付原料後依照乙方的請求，在乙方指定的場所，利用現金或支票支付。若備忘錄或個別契約中有特別規定時，則可以其他票據支付。

以支票或其他票據支付時，在支票或其他票據兌現終了之前，不具有價款償還之效力。

原料的所有權在買賣價款支付時移轉給甲方。

第 6 條　（製品的交付與檢查）

甲方於約定期限內在約定場所將製品交付給乙方，乙方在備忘錄規定的期限內，完成製品之檢查。

第 7 條　（製品的價款支付及所有權移轉）

製品的買賣價款，在交付製品後依照甲方的請求，在甲方指定的場所，利用現金或支票支付。若備忘錄或個別契約中有特別規定時，則可以其他票據支付。

製品所有權在製品交付時移轉給乙方。

第 8 條　（危險負擔）

原料或製品的危險負擔，在交付的同時移轉給對方。

第 9 條　（賣主的保證責任）

乙方或甲方交付給對方的原料或製品與契約條件不同，或者是因交付前的原因而導致品質不良、數量不足、變質或其他瑕疵時，則賣方均須負責。

第 10 條　（抗辯權的不行使）

甲方基於第 2 條乙方的指示，對於原料和製品（以下總稱為「委託製品」）等相關事由，不論原因，對乙方不可行使抗辯權或留置權。

第 11 條　（抵銷）

甲方或乙方對對方負擔其他債務時，不論契約上的債權清償期是否屆至，對其債權或其他債務的相對額可逕行扣除。

第 12 條　（製造指示書）

甲方必須遵照乙方所發行的製造指示書，進行製品的製造。

若發生無法遵從乙方指示的事情時，甲方必須立刻通知乙方接受其指示。

第 13 條　（製造基準）

若因必須歸責甲方的事由，致未依訂立的基準使用原料，或製造出品質優良的製品時，甲方必須賠償乙方的損失。

第 14 條　（管理義務）

甲方對於委託製造品，必須善盡善良管理人之義務，進行使用或保管。

甲方對於委託製造品，遵照乙方指定的方法進行管理表示，而相關事項必須備妥帳簿，明白地記錄收支情形。

甲方對於委託製造品，若未得到乙方事前承諾之書面證明，不得作其他目的之轉用或轉讓給第三者，也不可進行借貸或提供擔保。

第 15 條　（保險）

甲方對於乙方交付之委託製造品，在乙方收取製品之前必須遵從乙方的指示，由甲方進行保險。

第16條　（委託）

甲方未得到乙方承諾，不得將製品製造的一部分或全部委託他人。

甲方得到乙方的承諾，將製品之製造委託他人時，甲方對於委託者所做之一切行為，必須對乙方負責。

按照前項的情形，甲方未確保本契約之履行，必須另行與委託者締結承攬加工契約。

第17條　（報告書）

甲方對於委託製造的製造、出貨及出納等相關狀況，必須作成乙方指定的諸報告書，向乙方提出，並不得延誤。

第18條　（調查）

乙方可視需要隨時進入甲方的工作場所，對於委託製造品的管理、作業的進行狀況及其他本契約相關的事項進行調查，對相關帳簿可進行閱覽及作業的指導。

第19條　（機密保持）

甲方未得乙方之承諾，不得將製品的製造狀況、製造條件及其他機密事項，向他人發表。

乙方在必要的時候，可對甲方進行禁止第三者參觀之約束。

第20條　（保證人）

在乙方認為必要時，甲方必須選定乙方同意的保證人。

保證人對於基於本契約及個別契約所訂定的債務，負有連帶履行之責。

保證人的責任在契約修改或延長期限時依然相同。

第21條　（擔保）

甲方在乙方提出請求時，必須提供乙方所指定之擔保。

第22條　（期限利益的喪失）

若符合以下各項的任何一項時，甲方對於甲乙之間所訂定的一切個別契約的期限的利益，完全喪失，同時必須以現金立刻償還債務的金額：

一、甲方對於債務的履行違反個別契約時。

二、甲方因其他債務而受強制執行、假扣押、假處分等保全處分、租稅滯納處分等，或是提出破產、和議、公司重整、拍賣手續申請或解散時。

三、甲方開立之支票不能兌現時。

四、其他如甲方財產狀況惡化等因素造成甲方債務履行遭遇困難的事實發生，或乙方預料可能發生履行不能事由時。

第23條　（即時解除等）

當前條的任何一項事實發生時，乙方不必進行催告及先為自己之給付，可以逕行解除個別契約的全部或一部分，或者不予解除，但為保全乙方的權利，而提出移轉所有權的請求。但不妨礙乙方損害賠償之請求。

依照前項的敘述，個別契約的全部或一部分解除時，或不進行解除，但做出移轉所有權的請求時，甲方必須遵從乙方的指示，保持委託製造品的原狀，將製造相關事項在乙方指定的場所交付給乙方或乙方指定者。

第 24 條　（情事變更）

　　如因物價波動劇烈或其他情事使得個別契約的履行顯著不合理時，甲方或乙方可提出個別契約的變更申請。若未能達成協議，或因變更而無法達到契約的目的時，可解除契約。

第 25 條　（有效期間）

　　本契約的有效期間，從契約締結之日起壹年內有效，但期間終了後一個月內，若雙方沒有提出任何新條件時，則本契約以同一條件續延一年。當延長期間終了時，也可以相同方式再延長。

第 26 條　（修改、解除）

　　不管前條的規定如何，若甲方或乙方因不得已的事由而想要修改本契約，應在三個月以前提出書面通知，或解除本契約。

第 27 條　（契約終了後的規定適用）

　　本契約期滿後或解除時，關於現存之個別契約，各條款仍具效力。

第 28 條　（合意管轄）

　　因本契約、備忘錄及個別契約所發生之權利義務的相關訴訟，甲乙方均同意由○○地方法院為管轄法院。

第 29 條　（疑義）

　　對於本契約未規定之事項或產生疑義之事項，甲乙雙方秉持誠意進行協議。

第 30 條　（契約份數）

　　本契約書一式二份，甲乙雙方各持一份。

　　　　　　　　　　　　　　　　　甲方：

　　　　　　　　　　　　　　　　　乙方：

中　　華　　民　　國　　○○　　年　　○○　　月　　○○　　日

註：本契約第 19 條機密保持為本契約甲方當事人應嚴加遵守之條款。

● 套書（百科全書）、語言錄音帶及教學錄影帶買賣定型化契約範本（行政院消費者保護委員會編印）

1. 本契約的特點：本契約為套書（百科全書），語言錄影帶及教學錄影帶買賣契約書。當事人一方以套書（百科全書）、語言錄影帶及教學錄影帶出賣他方，他方給付價金的契約。

2. 適用對象：本契約適用於套書（百科全書），語言錄影帶及教學錄影帶買賣契約。

3. 基本條款及應注意事項：訂立本契約應訂明買賣契約之基本條款及其應注意事項。

4. 相關法條：民法第 345 至 378 條，消費者保護法第 11 至 17 條。

（一）前言

　　隨著工商社會的發展、科技的進步，人類在物質生活上的滿足已達相當程度時，對於精神生活及文化生活，亦努力追求其品質之提升，以調和生活水準與生活品質之平衡發展。在此種趨勢下，百科全書、語言錄音帶成為國人日常生活中重要的一部分。於此同時，為因應大量生產、大量消費時代的來臨，企業經營者對於產品大量之銷售往往預先制定一定型化契約，以規避與個別消費者分別磋商協定契約之耗時費時，從企業經營的角度觀之，定型化契約的確有其存在的必要性與便利性；然從市場地位觀之則不盡然，蓋在工商業社會中，企業經營者往往是資本雄厚的大企業團體，而非農業時代之個體經營者，其背後多有具備法律知識的智囊團為其擬訂周詳而有利於己的定型化契約；反觀交易相對人則多為一般消費者，在兩者的市場地位相差懸殊之下，企業經營者往往利用消費者之弱勢而藉由定型化契約約定不甚合理、不甚公平的條款，弱勢的消費族群在定型化契約條款下事實上僅剩下訂約與否的權利，對契約內容無從置喙，失去了實質的訂約自由。這種情形對國人而言，已然形成一個消費危機，在百科全書、語言錄音帶等產品亦不難發現此種趨勢。

　　過去或因國人法律知識不足、消費意識不彰、或礙於企業者市場地位之強勢，對定型化契約之爭議往往不了了之。相反的，現在則由於社會整體環境配合、消費意識抬頭，民國 83 年 1 月通過施行的消費者保護法亦於第 11 條至第 17 條就定型化契約作專節的規範。為落實消費者保護法之規定，本部針對現行市場上關於套書（百科全書等）、語言錄音帶買賣之定型化契約條款提出定型化契約範本，供套書（百科全書等）、語言錄音帶買賣雙方於訂約時參考運用。此外，並提出上述定型化契約不得記載事項之建議，俾便依照消費者保護法第 17 條第 1 項規定於適當時機公告時之參考，庶幾對消費者保護法之落實、消費大眾之保護及企業經營之商譽與形象有所助益。

（二）重點總說明

1. 套書（百科全書等）、語言錄音帶或教學錄影帶買賣契約之契約內容甚為複雜，在契約書上若分現金或分期付款買賣契約兩種類型分別訂立，恐過於累贅。於此，僅合定於一契約中。因此類交易內容不發生附條件買賣之問題，故不特加規定。

　　分期付款買賣契約之契約條款通常現金買賣亦得適用，但分期付款買賣有其特殊約定，仍應加以區別，故本契約範本特將僅適用分期付款買賣者以★號

區別說明之。

2. 本契約範本係蒐集業界有關之契約範本，將其條款整理分類，並依循消費者保護法及其施行細則中關於定型化契約之規定，逐項修改或重擬，其有補充必要者，則另擬定條文，務使契約內容盡量做到公正而周延。其中關於現金買賣與分期付款買賣之重要條文，如買受人受領遲延之法律效果（第 7 條、第 8 條），因不可歸責雙方當事人之事由致解除契約之效果（第 9 條），著作權擔保責任（第 11 條），出賣人之瑕疵擔保責任及其他擔保約定（第 12 條），出賣人給付遲延（第 13 條）等條款。契約後並附有分期攤還表範本，可作為製作分期攤還表之參考。

3. 本契約條款多可同時適用於分期付款與現金買賣契約，但部分條款係專指分期付款買賣者，本契約書特以★號標示，以資區別。例如，有關頭期款與分期付款之約定（第 2 條），所有權保留約款之選擇（第 4 條），提前清償（第 5 條），買受人遲延給付價款之責任（第 6 條）。

4. 套書（百科全書等）、語言錄音帶或教學錄影帶買賣契約之契約內容，除涉及定型化契約之約定外，亦不乏郵購或訪問買賣方式為之者，故特於本契約範本前以顯著字眼標示契約具五日之審閱期間，以及郵購、訪問買賣契約應優先適用消費者保護法相關規定等注意事項，提醒消費者注意有關之權利。

5. 套書（百科全書等）、語言錄音帶與教學錄影帶之買賣，在交易習慣上常常涉及贈品，或套書（百科全書等）、教學錄影帶之試閱與語言錄音帶之試聽，或他種書籍之替換情形等問題。於此，特於本契約範本之特別約定或規定事項欄中加以載明。

6. 為俾便業者遵行，本契約範本另臚列契約不得記載事項，以杜契約可能之流弊，並作為將來依照消費者保護法第 17 條第 1 項規定於適當時機公告時之參考。

買賣本約 2-2-32

注意一：	說明：
契約簽訂前，應有五日之審閱期間。	依消費者保護法第 11 條之 1 之規定，契約簽訂前，應有三十日內之合理審閱期間。
注意二：	說明：
郵購或訪問買賣者，應優先適用消費者保護法第 18 條、第 19 條，其詳細內容請參照契約特別約定或規定事項第一點。	訪問買賣欠缺買賣標的物比較之機會，而郵購買賣，買受人則無事先檢查買賣標的物之時間，故消費者保護法有特別之保護規定。

注意三： 有「★」者，僅適用於分期付款買賣。	說明： 本契約書係為現金買賣及分期付款買賣而設計，但部分條文僅適用於分期付款買賣，爰加註星號以資識別。

套書（百科全書等）買賣契約書

買受人	姓名或名稱		電話	
			傳真	
	住居所			
出賣人	名稱		電話	
	負責人		傳真	
	營業所或事務所			

　　為買受人向出賣人買受套書（百科全書等），成立契約，同意遵守下列條款：

第 1 條 （標的物之名稱，數量、主編、編輯者、出版者、出版地、出版時間、版次、裝訂方式、材質及主要使用文字等）	品名： 產品代號： ISBN： 數量：○○套共○○冊、片 主編： 編輯者： 出版者： 出版地： 出版時間： 版次： 裝訂方式：＿＿精裝＿＿平裝 材質： 用紙：＿＿紙＿＿開 光碟片 主要使用文字：＿＿＿＿文	說明： 1.坊間所見之套書（百科全書等）除一般形式之書籍外，並有電子書式套書（百科全書等），爰將電子書式百科全書一併納入規範，並將標的物之重要規格及相關事項列舉約定於本條，俾資雙方信守。 2.套書（百科全書等）出書期間，常歷時數年，期間主編及編輯者之人事可能因不可抗力之事故（如死亡）而有變化，依誠信原則，應予容許，惟仍應載明主編者姓名，以維刊物之品質。
第 2 條 （價款、付款方式及付款地）	一、總價 每套單價（含營業稅）： 新臺幣○百○萬○千○百○元整 現金交易總價（含營業稅）： 新臺幣○百○萬○千○百○元整 分期付款總價（含營業稅）： 新臺幣○百○萬○千○百○元整 現金交易總價與分期付款總價差價：	說明： 1.參見消費者保護法第 21 條之規定。又依該條第 2 項第 2 款「各期價款與其他附加費用之總價款與現金交易價格之差額」為必須記載事項，爰訂定本契約條款。

新臺幣○百○萬○千○百○元整
二、付款方式
現金：新臺幣○百○萬○千○百○
元整
信用卡：
發卡機構：
持卡人：
信用卡種類：
卡號：
有效期間：
○○年○月○日至
○○年○月○日
支票：○○年○月○日
行庫分行：
帳號：
票號：
郵政劃撥：
帳號：
戶名：
其他：
★三、頭期款及分期付款
（一）頭期款
金額：新臺幣○百○萬○千○百○
元整
付款日：中華民國○○年○月○日
（二）分期付款（扣除頭期款以外
者）
分期金額：
分期數：
利率及其種類：
每期應付之日期、本金、利息詳如
附件：分期攤還表
四、付款地
五、本契約訂定後，當事人均不得
以匯率變動、稅捐增減或免
除，或標的物價格漲跌為由，
請求增減價款或拒絕履行契
約。

2. 契約訂定後，消費者履行分期付款
債務究以現金給付，或以票據支
付，抑或以信用卡或郵政劃撥或其
他方式為之，均無不可，因此於分
期付款項下，予以並列，供消費者
選擇，惟其中以信用卡方式付款，
負擔較高，應注意。
3. 參考消費者保護法第 21 條之規定：
(1) 頭期款為必須記載事項。
(2) 分期付款各期價款為依消費者保
護法第 21 條第 2 項第 2 款之必
須記載事項，爰依約定訂定如
分期攤還表，以臻明確。
(3) 利率為必須記載事項（消費者保
護法第 21 條第 2 項第 3 款），
得為年息、月息……。但當事
人未記載利率者，契約並非無
效，而是依法定利率補充之，
依消費者保護法第 21 條第三項
「企業經營者若未依前項規定
記載利率者，其利率按現金交
易價格週年利率 5%計算之」之
規定，以 5%之年利率計算之。
4. 付款地點：
付款地為必須記載事項，得由雙方
任意約定，若無約定，應回歸民法
債編赴償債務之規定（參考民法第
314 條），於出賣人之營業所付
款。
套書（百科全書等）之分期付款出
賣人，不論是自國外進口，抑或國
內自行出版，其自國外進口者，不
論是否已經進口，由於總價數額有
限，即令匯率發生變動、營業稅有
所增減，為數亦十分有限，非不能
忍受之風險，可自行承擔，不得據
以請求增減價款或拒絕履行。

| 第3條
（標的物交付之日期及地點） | 一、交付日期：
（一）已出齊：
中華民國○○年○月○日前
（二）尚待出齊：
1.中華民國　年　月　日
　○冊○片
2.中華民國　年　月　日
　○冊○片
3.中華民國　年　月　日
　○冊○片
4.中華民國　年　月　日
　○冊○片
5.中華民國　年　月　日
　○冊○片
二、交付地點：
○○省市○○縣市○○鄉鎮市區○○路街○段○巷○弄號○樓之○室
電話： | 說明：
1.套書（百科全書等）有買賣契約訂立時已出齊者，亦有尚待分冊出齊者。
2.套書（百科全書等）於買賣契約訂立時已出齊者通常冊數甚多，在交易實務上，有由買受人自行取運者，亦有由出賣人送往買受人指定處所者。其後者，買賣標的物既需送往約定之特定場所，自宜載明交貨處所，以利出賣人履行交付標的物之義務。此外，為判定出賣人是否標的物給付遲延，故特別於契約上寫明交付之日期，以期使出賣人之責任更加明確化。
3.尚待分冊出齊者，應於契約內約明分次交付之日期、冊數、地點，以為履行債務之依據。 |
| ★第4條
（所有權保留約款之選擇） | 本分期付款買賣，買受人未繳清全部價款前，標的物之所有權仍歸出賣人保有。
買受人於取得標的物所有權之前，應以善良管理人之注意保管標的物。
本分期付款買賣，買賣標的物一經交付者，縱價款尚未完全繳清，標的物之所有權仍歸買受人所有。 | 說明：
1.分期付款與附條件買賣不同，分期付款買賣於價款付清前，得約定所有權由出賣人保有或移轉於買受人所有；附條件買賣於分期付款價款付清前，標的物之所有權仍歸出賣人所有，買賣標的物雖由買受人占有，附條件買賣若經登記，出賣人得對抗善意及惡意第三人。
2.本條兩案並列，供當事人選擇。前案買賣標的物所有權仍由出賣人保有，買受人若有處分行為，其行為性質上為無權處分，但法律行為善意第三人，仍受善意受讓之保護。後案買賣標的物之所有權已歸屬買受人，縱令價款尚未完全繳清，其本於所有權之處分，自始為有權處分，第三人不論善意惡意，皆受保護。
3.買賣是一有償行為，在所有權保留情形下，買受人 |

		於給付全部價款並取得所有權前，雖有償使用他人之物，仍應盡善良管理人之注意保管之。
★第 5 條 （提前清償）	本分期付款買賣，買受人得提前清償，出賣人不得拒絕。 買受人提前清償者，應按攤還表所示之未償還本金給付。出賣人不得以任何名目加收其他金額或費用。 買受人提前清償時，對於尚未全部到期之當月利息，應繳付至提前清償日止之當月利息。	說明： 返還未償還本金，雖然簡單易行，但其風險負擔由消費者吸收，對消費者似嫌不利，並予說明。
★第 6 條 （買受人遲延給付價款之責任）	因可歸責於買受人之事由，遲付價額已達全部價款五分之二者，出賣人得定十日以上之期間催告，逾期買受人仍未履行時，出賣人得解除契約，請求返還買賣標的物，並沒收買受人已付之價款。 前項得沒收之已付價款不得逾買賣標的物現金交易總價之 10%，逾 10% 者縮減為 10%。（但出賣人能證明其所受損害超過買賣標的物現金交易總價之 10% 者，不在此限） 第 1 項情形，買受人遲延給付價款者，在分冊給付之情形，於買受人遲延給付之價款繳清前，出賣人得停止繼續交付標的物。	說明： 1. 本條約定因可歸責於買受人之事由致遲延給付之責任。 2. 本條係關於遲延給付致解除契約之約定，與民法第 389 條關於清償期加速屆至，出賣人得請求全部價款之規定不同，先予說明。 3. 本條為解除契約之約定事由。須買受人遲付價款已達全部價款五分之二，出賣人始得定十日以上之催告期間，催請買受人給付遲付之價款。買受人逾期未給付者，出賣人始得解除契約。解除契約之法律效果為回復原狀與損害賠償，故出賣人得請求返還買賣標的物，並沒收已付價款作為賠償。又本條遲付價款須達全部價款五分之二，出賣人始得定期催告解除契約。其數額與民法第 389 條（現行條文暨修正條文）所定五分之一價款有異，係因套書（百科全書等）之總價款不甚高，若以五分之一為催告遲延給付之價款，對消費者顯屬不利，故予以提高。且本條第 3 項有關買賣標的物之同時履行抗辯之約定，足以保護出賣人，特調高為五分之二，以平衡法益。

		4. 本條第 2 項規定得沒收已付價款不得逾買賣標的物現金交易總價之 10% 等約定，係以出賣人有第 1 項之事由，而行使解除權為前提，惟縱有第 1 項事由，出賣人亦得不解除契約，而請求給付全部價金。故第 2 項之約定，對業者並不發生不公情事。
		5. 有第 1 項解約事由者，其損害可能逾本條第 2 項 10% 之限額，基於填補實際損害之法理，應容許出賣人請求，惟出賣人須就其損害負舉證責任。關於本點，因學者間有不同意見，爰特別標明，請消費者保護委員會定奪。
		6. 買受人有遲延給付之情形，出賣人自得主張同時履行抗辯，因此於分冊給付之情形，若買受人怠於給付分期付款者，出賣人自得停止買賣標的物之給付，資為抗辯。
第7條 （買受人受領遲延法律效果一）	因可歸責於買受人之事由，致拒絕受領、不能受領或其他受領遲延者，出賣人僅就故意或重大過失負其責任。 前項情形，出賣人得請求買受人賠償其提出及保管給付之必要費用。	說明： 本條係仿民法第 237 條及第 240 條而訂定，買受人一有拒絕受領、不能受領或其他受領遲延，即發生本條之法律效果。
第8條 （買受人受領遲延法律效果二）	因可歸責於買受人之事由致拒絕受領、不能受領或其他受領遲延者，經出賣人定三十日以上之期間催告，買受人仍未履行者，出賣人得解除契約，請求返還買賣標的物，並沒收受人已付之價款。 前項得沒收之已付價款不得逾買賣標的物現金交易總價之 5%，逾 5% 者縮減為 5%。（但出賣人能證明其所受損害超過買賣標的物現金交易總價之 10% 者，不在此限）	說明： 1. 本條係買受人拒絕受領、不能受領或其他受領遲延之約定解約事由。 2. 因可歸責於買受人之事由致受領遲延者，出賣人不得逕行解約，須依本條約定，訂定三十日以上之催告期間，買受人逾期仍未履行者，出賣人始得解除契約，請求返還標的物，並沒收已付之價款。惟其沒收價款不得逾買賣標的物總價款之 5%，惟出賣人之損害逾 5% 者，仍得就其實際損

		害請求賠償，惟須就其實際損害價額負舉證責任。 3. 其餘理由請參照第 6 條說明第 5 點。
第 9 條 （因不可歸責於雙方當事人之事由致解除契約之效果）	因不可歸責於雙方當事人之事由致解除契約者，買受人所受領之買賣標的物，應返還出賣人；由出賣人所受領之價款及自受領時起按法定利率計算之利息，應返還買受人。但約定利率高於法定利率者，依約定利率計算。 前項後段情形之買賣標的物價款，係以信用卡方式支付者，出賣人應返還買受人之價款範圍，包含信用卡發卡機構之業已代為給付之全部價款及其二分之一之手續費。	說明： 1. 本條係訂定因不可歸責於雙方當事人事由致解約之法律效果。 2. 解除契約前，可能分別已為買賣標的物或價款之一部或全部給付。於契約解除後，依民法第 259 條之規定，除法律另有規定，或契約另有約定外，當事人雙方各負有回復原狀之義務。惟該回復原狀之範圍，因可依當事人雙方之特約，而容有差異，故為避免爭議，宜特訂定本條。 3. 本條將雙方當事人之返還義務及範圍，分別訂定為二。第 1 項前段明定契約解除後，由買受人所受領之給付物（如百科全書），應返還出賣人。第 1 項後段訂定，契約解除後，由買受人已經向出賣人給付之本契約標的物價款及自受領時起之利息，應返還買受人。 4. 買賣標的物之價款，如以信用卡方式，作為支付價款之工具，該信用卡發卡機構通常就其為買受人支付之價款，要求相當之手續費（例如代為支付價款之 1% 至 5% 作為標準）。該項手續費係非因可歸責於雙方當事人之事由發生，應由雙方當事人各分擔二分之一，以維公平。
第 10 條 （標的物之利益承受與危險負擔）	標的物之利益及危險，除當事人另有約定者外，自交付時起，均由買受人承受負擔。	說明： 1. 標的物之利益及危險，原則上應由對標的物有管領力者承受或負擔，爰依民法第 373 條之規定訂定本條。

		2.出賣人寄送買賣標的物為其履行債務之方法，而債務之履行原則上為赴償債務，應以債權人之住居所地為履行地。出賣人於寄送買賣標的物之過程中，買賣標的物有毀損滅失者，其風險自應由出賣人負擔。
第11條 （著作權擔任責任）	出賣人擔保本買賣標的物無侵害他人之著作權或其他權益。 出賣人違反前項規定者，善意買受人得解除契約，出賣人應將已收受之價款及加計其利息，返還買受人。該買受人如有其他損害，並得請求出賣人賠償。	說明： 出賣人如以盜版等未經同意或授權之侵權物，賣予買受人時，除使買受人難以享有正版真品之品質與服務外，尚可能涉及違法之情事，如著作權法第87條第2款規定，明知為侵害著作權之物散布或意圖散布而陳列或持有或意圖營利而交付者，視為侵害著作權。因此，為保護善意買受人之權益，應使出賣人負擔保責任，並賦予買受人享有解除契約、請求返還價款、加計利息與損害賠償等權利，特設本條規定。
第12條 （出賣人之瑕疵擔保責任及其他擔保約定）	出賣人擔保所交付之標的物符合契約約定及相關法律規定。 買受人應於收受標的物後，從速檢查，如發現有規格不符、數量不足、毀損、缺頁或其他應由出賣人負責之瑕疵時，應於收受後十日內通知出賣人；但有不能立即發現之瑕疵者，應於發現之日起十日內通知出賣人。未於上述期限內通知者，視為承認所受領之物，買受人喪失其瑕疵擔保請求權。 前項約定於出賣人故意不告知瑕疵於買受人者，不適用之。 經買受人依第2項約定通知出賣人，而出賣人未於收受買受人之通知日期十日內更換無瑕疵物者，買受人得解除契約，退還買賣標的物，請求出賣人返還已受領之全部價款，及按法定利率計算之利息，	說明： 1.第1、2、3、4項係民法上關於出賣人瑕疵擔保責任之一般性規定。如有特別約定者，始排除民法一般性規定。 　又本條係規範著作權以外之擔保責任，併此說明。 2.保證書或廣告內容為契約之一部分。出賣人除履行前四項義務外，尚應依保證書或廣告內容所載品質及瑕疵擔保特別約定之內容履行義務，爰明定本條第5項。

	但約定利率較高者，應按約定利率計算加付利息；買受人能證明受有其他損害者，並得請求損害賠償。如有保證書或廣告內容載明標的物之品質者，出賣人並應擔保所交付之標的物有保證書及廣告內容上所載之品質，保證書另有有利於買受人之瑕疵擔保約定者，從其約定。	
第 13 條（出賣人給付遲延）	因可歸責於出賣人之事由致給付遲延者，買受人得請求損害賠償。前項情形，除有民法第 255 條規定之情形外，買受人得訂十日以上之期間催告出賣人履行契約，出賣人逾期仍未履行者，買受人得解除契約，請求返還已給付之價款，及自受領日起至返還日止，依法定利率計算之利息。如有其他損害，並得請求賠償。但約定利率高於法定利率者，依約定利率計算。前項前段情形之買賣標的物價款，係以信用卡方式支付者，出賣人應返還買受人之價款範圍，包含信用卡發卡機構之業已代為給付之價款及手續費。如買受人證明其受有其他損害者，並得請求損害賠償。	說明： 1. 本條第 1 項是約定因可歸責於出賣人之事由致給付遲延，但出賣人其後仍為履行之情形，買受人得請求損害賠償。惟買受人須就其損害負舉證責任。茲所謂給付遲延，包括一部遲延及全部遲延兩種情況，併此說明。 2. 本條第 2 項係依民法第 254 條之規定，約定出賣人履行契約遲延時，買受人為定期催告並解除契約之程序。申言之，買受人行使解除權前，須先訂十日以上之催告期間，催告出賣人履行契約，出賣人逾期仍未履行者，買受人始得解除契約。 3. 解除契約之法律效果有二，第一為回復原狀，第二為損害賠償。本條第 2 項末段一方面規定「買受人得解除契約，請求返還已給付之價款，及自受領日起至返還日止，依法定利率計算之利息」。以示回復原狀之範圍不但及於已給付之價款，且因價款為金錢，可立即發生利息，因此回復原狀之範圍及於「已給付之價款及自受領日起至返還日止，依法定利率計算之利息」。另一方面，重申請求回復原狀並不妨害損害賠償請求權之行使的原則，故訂定

		「如有其他損害，並得請求賠償」，以明權義。 4. 本費用係應可歸責於出賣人之事由而發生，自應由出賣人全數負擔，請比較第 9 條第 2 項及該條第 4 點說明。
第 14 條 （地址變更之通知）	本契約訂立後，本契約當事人欄所載買受人或出賣人之地址有變更者，變更地址之一方，應於變更後十日內以書面通知他方。未通知者，他方就契約一切事項所為之通知，皆以到達變更前之地址即生效力。為變更地址之通知後，再變更地址者，亦同。	說明： 契約訂定後，常有買受人或出賣人變更地址之情形。若變更之一方，怠於即時通知，將導致契約為變更之有關之事項無從通知，因此，特約定變更之一方，應於變更後十日內以書面通知他方。倘若未遵照期限為通知者，就契約應為之通知事項，皆以變更前契約所載之相對人地址，為通知之生效地點或債務之履行地點。
第 15 條 （補充規定）	本契約如有未盡事宜，由買受人及出賣人本誠信原則書面協議，或依民法及其他相關規定處理之。	說明： 1. 基於契約自由原則，當事人有約定者，從其約定；當事人無約定者，依民法之相關規定處理。 2. 分期付款買賣契約為長期性契約，當事人之約定宜以書面為之，以明權義。
第 16 條 （法律適用與法院管轄）	本契約之解釋適用，以中華民國法律為準據法。 因本契約所生之一切爭執，雙方同意由○○地方法院管轄。	說明： 1. 套書（百科全書等）不乏國外進口或向國外訂購者，有涉外因素，有定準據法之必要，為使國內消費者充分取得資訊，並參酌涉外民事法律適用法第 6 條規定，本契約之解釋及適用，自宜以本國法律為準據法。 2. 依消費者保護法第 47 條規定，消費訴訟得由消費關係發生地之法院管轄，但不以此為限，故允雙方當事人合意定其管轄法院。有合意管轄之約定時，應排除民事訴訟法以被告住居所地法院為管轄法院之規定，於消費者為被告之情形，對消費者較為不利，應注意及之。

| 第 17 條
（約款增刪修改之效力） | 本契約及其他相關書面約定，有任何增刪修改者，非經雙方當事人書面確認，不生效力。 | 說明：
1. 按法律行為有依法律須以一定方式為之者，有依約定須以一定方式為之者。違反前者，原則上無效（參閱民法第758條、民法第422條）；違反後者，依民法166條「契約當事人約定其契約須用一定方式者，在該方式未完成前，推定其契約不成立」之規定，只是推定不成立而已，但當事人仍得舉證證明契約成立，使之生效，因此一般約定「本契約訂定後，有任何增刪修改者，應經甲乙雙方書面同意」云云，縱雙方未以書面同意，該約款仍非不能成立、不能生效。爰訂定本款，使「雙方書面確認」成為增刪修改契約條款生效之停止條件，俾臻明確。
2. 又本條尚可能發生個別商議條款是否優先於定型化約款之問題。按個別商議約款優先於定型化約款之前提，是同一契約之「個別商議約款」與「定型化約款」均有效，而二者無法配合解釋時，才會發生。茲個別商議約款，因為須經「雙方當事人書面確認」之停止條件尚未成就，因此尚未生效，則不發生經當事人另行合意之個別商議約款效力優先於先前訂定之定型化約款之問題，併 |
| 第 18 條
（契約之附件） | 本契約一式二份（或三份），由雙方當事人（或保證人）各執一份為憑。
本契約所附一切附件均為本契約之一部分。 | 說明：
1. 明定本契約書面之份數及持有人於本條第1項。
2. 除本契約外，可能依雙方當事人之意願，尚另附加約定之事項，作為本契約一部分，故明定該與本契約相關之一切附件，均屬本契約之一部分。 |

		3.附件約款與本契約條款內容有衝突時，應循個別商議條款效力優先於定型化契約條款之原則解釋之。

本契約書正本一式○份，副本○份，由買受人及出賣人各持正本一份、副本○份為憑。

中　華　民　國　○○　年　○○　月　○○　日

立契約書人：買受人：

法定代理人：

身分證統一編號：

出賣人：

負責人：

營利事業統一編號：

保證人：身分證統一編號：

營利事業統一編號：

※特別約定或規定事項

一、消費者保護法之規定：

第18條　企業經營者為郵購買賣或訪問買賣時，應將其買賣之條件、出賣人之姓名、名稱、負責人、事務所或住居所告知買受之消費者。

第19條　郵購或訪問買賣之消費者，對所收受之商品不願買受時，得於收受商品後七日內，退回商品或以書面通知企業經營者解除買賣契約，無須說明理由及負擔任何費用或價款。

郵購或訪問買賣違反前項規定所為之約定無效。

契約經解除者，企業經營者與消費者間，關於回復原狀之約定，對於消費者較民法第259條之規定不利者，無效。

二、有關贈品之約定：

套書（百科全書等）之買賣，業者常有附贈贈品之交易習慣，於此種情形，除應記載贈品標的物之內容、數量、價值等外，應注意符合公平交易法之規範，又贈品若贈罄，用以替代原贈品之替代物，應予載明。贈品若有限期或限量，應於廣告或其他宣傳媒體中載明，並據實履行，以符誠信。唯一經載入契約，即負有給付義務。

三、套書（百科全書等）之試閱：

套書（百科全書等）之銷售，業者常有試閱之交易習慣，以達促銷之目的，惟套書（百科全書等）動輒十數冊或數十冊，試閱期間內，消費者得要求業者無條件取回，業者不得請求折舊或賠償。

四、他種套書（百科全書等）或其他書籍之交換：

套書（百科全書等）之交易實務，於消費者不滿意所購套書（百科全書等）時，常有換書之約定，惟換書之期間、交換之標的物、差額之代補條件，應於契約中載明。

五、套書（百科全書等）之售後服務：

套書（百科全書等）如有提供資料之更新或補充者，應於契約中明定。

※不得記載事項
一、不得約定片面解約條款。
二、不得約定沒收全部價金或違反本契約之違約金約定。
三、不得預先排除故意及重大過失責任。
四、出賣人不得約定拒絕提前清償，亦不得加收其他費用。
五、不得約定外國廠商免責或限制責任之特約條款。
六、不得約定請求超過民法第 205 條年息 20% 之限制部分之利息。
七、不得約定「貨物出門，概不退還」等概括免責條款。
八、不得違反其他法律強制禁止規定或為顯失公平或欺罔之約定或行為。

【附件一】品質保證書應記載事項

1. 出賣人為品質保證書者，應於訂約後，至遲於交付標的物時，主動出具品質保證書，該品質保證書為本契約之一部分。

2. 品質保證書應載明下列事項：

   (1) 標的物之名稱、種類、數量、其有產品代號或批號者，其產品代號或批號。

   (2) 保證之內容。

   (3) 保證期間及其起算方法。

   (4) 出版者名稱、地址。

   (5) 由經銷者售出者，經銷商之名稱、地址。

   (6) 交易日期。

3. 說明：品質保證書之出具及其應載明事項，參見消費者保護法第 25 條規定。

【附件二】分期攤還表

範例一：年利率 = 12%　　貸款月數 = 24　　　　　　　　　　（單位：元）

期數	月繳本息 A	利息 B	償還本金 C	未償還本金 D
0.00				50000.00
1.00	2354.00	500.00	1854.00	48146.00
2.00	2354.00	481.00	1872.00	46274.00
3.00	2354.00	463.00	1891.00	44383.00
4.00	2354.00	444.00	1910.00	42473.00
5.00	2354.00	425.00	1929.00	40544.00
6.00	2354.00	405.00	1948.00	38596.00
7.00	2354.00	386.00	1968.00	36628.00

（續）

期數	月繳本息 A	利息 B	償還本金 C	未償還本金 D
8.00	2354.00	366.00	1987.00	34641.00
9.00	2354.00	346.00	2007.00	32634.00
10.00	2354.00	346.00	2027.00	30606.00
11.00	2354.00	306.00	2048.00	28559.00
12.00	2354.00	286.00	2068.00	26491.00
13.00	2354.00	265.00	2089.00	24402.00
14.00	2354.00	244.00	2110.00	22292.00
15.00	2354.00	223.00	2131.00	20162.00
16.00	2354.00	202.00	2152.00	18010.00
17.00	2354.00	180.00	2174.00	15836.00
18.00	2354.00	158.00	2195.00	13641.00
19.00	2354.00	136.00	2217.00	11423.00
20.00	2354.00	114.00	2239.00	9184.00
21.00	2354.00	92.00	2262.00	6922.00
22.00	2354.00	69.00	2284.00	4638.00
23.00	2354.00	46.00	2307.00	2330.00
24.00	2354.00	23.00	2330.00	0.00

註：1. 期(月)繳金額 = 貸款本金 × {(年利率÷12)/[1 − (1/(1 + 年利率÷12n))]}
   n = 貸款月數
2. 利息(B) = 上一期未償還本金(D) × 年利率÷12
3. 償還本金(C) = A − B
4. 未償還本金(D) = 上一期未償還本金 − 本期償還本金

注意一： 契約簽訂前，應有五日之審閱期間。	說明： 依消費者第 11 條之 1 之規定，契約簽訂前，應有三十日內之合理審閱期間。
注意二： 郵購或訪問買賣者，應優先適用消費者保護法第 18 條、第 19 條，其詳細內容，請參照本契約特別約定或規定事項第一點。	說明： 訪問買賣欠缺買賣標的物比較之機會；而郵購買賣，買受人則無事先檢查買賣標的物之時間，故消費者保護法有特別之保護規定，得於七日內無條件返還買賣標的物，其詳細內容，請參見本契約特別約定或規定事項第一點。
注意三： 有「★」者，僅適用於分期付款買賣。	說明： 本契約書係為現金買賣及分期付款買賣而設計，但部分條文僅適用於分期付款買賣，爰加註星號以資識別。

語言錄音帶買賣契約書

買受人	姓名或名稱		電話	
			傳真	
	住居所			
出賣人	名稱		電話	
	負責人		傳真	
	營業所或事務所			

為買受人向出賣人買受語言錄音帶，成立契約，同意遵守下列條款：

| 第 1 條
（標的物之內容） | 錄音帶
品名：
產品代號：
ISBN：
數量：○○套共○○卷
編輯者：
出講人：
發行人：
發行地：
發行時間：
版次：
帶長：○○分鐘
主要使用語言：＿＿＿＿文
書面教材
品名：
產品代號：
ISBN：
數量：○○冊編輯者：
出版者：
出版地：
出版時間：
版次：
裝訂方式：＿＿精裝＿＿平裝
材質：用紙：＿＿紙＿＿開
主要使用文字：＿＿＿＿文 | 說明：
語言錄音帶之分期付款，常包括所附書面教材，應就該二買賣標的物之有關事項詳予載明，俾資雙方信守。 |
| 第 2 條
（價款、付款方式及付款地） | 一、總價
每套單價（含營業稅）：
新臺幣○百○萬○千○百○元整
現金交易總價（含營業稅）： | 說明：
1. 參見消費者保護法第 21 條之規定。又依該條第 2 項第 2 款「各期價款與其他附加費用之總價款 |

新臺幣○百○萬○千○百○元整

分期付款總價（含營業稅）：

新臺幣○百○萬○千○百○元整

現金交易總價與分期付款總價差價：

新臺幣○百○萬○千○百○元整

二、付款方式

現金：新臺幣○百○萬○千○百○元整

信用卡：

發卡機構：

持卡人：

信用卡種類：

卡號：

有效期間：○○年○月○日至○○年○月○日

支票：○○年○月○日

行庫分行：

帳號：

票號：

郵政劃撥：

帳號：

戶名：

其他：

★三、頭期款及分期付款

（一）頭期款

金額：新臺幣○百○萬○千○百○元整

付款日：中華民國○○年○月○日

（二）分期付款（扣除頭期款以外者）

分期金額：

分期數：

利率及其種類：

每期應付之日期、本金、利息詳如附件：分期攤還表

四、付款地

五、本契約訂定後，當事人均不得以匯率變動、稅捐增減或免除

與現金交易價格之差額」為必須記載事項，爰訂定本契約條款。

2. 契約訂定後，消費者履行分期付款債務究以現金給付，或以票據支付，抑或以信用卡或郵政劃撥或其他方式為之，均無不可，因此於分期付款項下，予以並列，供消費者選擇，惟其中以信用卡方式付款，負擔較高，應注意及之。

3. 參考消費者保護法第 21 條之規定：

(1) 頭期款為必須記載事項。

(2) 分期付款各期價款為依消費者保護法第 21 條第 2 項第 2 款之必須記載事項，爰依約定訂定如分期攤還表，以臻明確。

(3) 利率為必須記載事項（消費者保護法第 21 條第 2 項第 3 款），得為年息、月息……。但當事人未記載利率者，契約並非無效，而是依法定利率補充之，依消費者保護法第 21 條第 3 項「企業經營者若未依前項規定記載利率者，其利率按現金交易價格週年利率 5% 計算之」之規定，以 5% 之年利率計算之。

4. 付款地點：

付款地為得記載事項，得由雙方任意約定，若無約定，應回歸民法債編赴償債務之規定（參考民法第 314 條），於出賣人之營業所付款。

5. 語言錄音帶之分期付款出賣人，不論是自國外進口，抑或國內自行出版，其自國外進口者，不論

	或標的物價格漲跌為由，請求增減價款或拒絕履行契約。	是否已經進口，由於總價數額有限，即令匯率發生變動、營業稅有所增減，為數亦十分有限，非不能忍受之風險，可自行承擔，不得據以請求增減價款或拒絕履行。
第3條 （標的物交付之日期及地點）	一、交付日期： （一）已出齊： 中華民國○○年○月○日前 （二）尚待出齊： 1.中華民國○○年○月○日 　○卷○冊 2.中華民國○○年○月○日 　○卷○冊 3.中華民國○○年○月○日 　○卷○冊 4.中華民國○○年○月○日 　○卷○冊 5.中華民國○○年○月○日 　○卷○冊 二、交付地點： ○○省市○○縣市○○鄉鎮市區○路街○段○巷○弄○號○樓之○室 電話： 出賣人營業處所	說明： 1.語言錄音帶有買賣契約訂立時已出齊者，亦有尚待分批出齊者。 2.語言錄音帶於買賣契約訂立時已出齊者通常卷數甚多，在交易實務上，有由買受人自行取運者，亦有由出賣人送往買受人指定處所者，其在後者，買賣標的物既需送往約定之特定場所，自宜載明交貨處所，以利出賣人履行交付標的物之義務。此外，為判定出賣人是否標的物給付遲延，故特別於契約上寫明交付之日期，以期使出賣人之責任更加明確化。 3.尚待分批出齊者，應於契約內約明分次交付之日期、卷冊數、地點，以為履行債務之依據。
★第4條 （所有權保留約款之選擇）	本分期付款買賣，買受人未繳清全部價款前，標的物之所有權仍歸出賣人保有。 買受人於取得標的物所有權之前，應以善良管理人之注意保管標的物。 本分期付款買賣，買賣標的物一經交付者，縱價款尚未完全繳清，標的物之所有權仍歸買受人所有。	說明： 1.分期付款與附條件買賣不同，分期付款買賣於價款付清前，得約定所有權由出賣人保有或移轉於買受人所有；附條件買賣於分期付款價款付清前，標的物之所有權仍歸出賣人所有，買賣標的物雖由買受人占有，附條件買賣若經登記，出賣人得對抗善意及惡意第三人。 2.本條兩案並列，供當事人選擇。前案買賣標的物所有權仍由出賣人保有，買受人若有處分行為，其行為性質上為無權處分，但法律行為善意第三人，仍受善意受

		讓之保護。後案買賣標的物之所有權已歸屬買受人，縱令價款尚未完全繳清，其本於所有權之處分，自始為有權處分，第三人不論善意惡意，皆受保護。 3. 買賣是一有償行為，在所有權保留情形下，買受人於給付全部價款並取得所有權前，雖有償使用他人之物，仍應盡善良管理人之注意保管之。
★第5條 （提前清償）	本分期付款買賣，買受人得提前清償，出賣人不得拒絕。 買受人提前清償者，應按攤還表所示之未償還本金給付。出賣人不得以任何名目加收其他金額或費用。 買受人提前清償時，對於尚未全部到期之當月利息，應繳付至提前清償日止之當月利息。	說明： 返還未償還本金，雖然簡單易行，但其風險負擔由消費者吸收，對消費者似嫌不利，故予說明。
★第6條 （買受人遲延給付價款之責任）	因可歸責於買受人之事由，遲付價額已達全部價款五分之二者，出賣人得定十日以上之期間催告，逾期買受人仍未履行時，出賣人得解除契約，請求返還買賣標的物，並沒收買受人已付之價款。 前項得沒收之已付價款不得逾買賣標的物現金交易總價之 10%，逾 10% 者縮減為 10%。（但出賣人能證明其所受損害超過買賣標的物現金交易總價之 10% 者，不在此限） 第 1 項情形，買受人遲延給付價款者，在分冊給付之情形，於買受人遲延給付之價款繳清前，出賣人得停止繼續交付標的物。	說明： 1. 本條約定因可歸責於買受人之事由致遲延給付之責任。 2. 本條係關於遲延給付致解除契約之約定，與民法第 389 條關於清償期加速屆至，出賣人得請求全部價款之規定不同，先予說明。 3. 本條為解除契約之約定事由。須買受人遲付價款已達全部價款五分之二，出賣人始得定十日以上之催告期間，催請買受人給付遲付之價款。買受人逾期未給付者，出賣人始得解除契約。解除契約之法律效果為回復原狀與損害賠償，故出賣人得請求返還買賣標的物，並沒收已付價款作為賠償。 又本條遲付價款須達全部價款五分之二，出賣人始得定期催告解除契約。

		其數額與民法第389條（現行條文暨修正條文）所定五分之一價款有異，係因語言錄音帶之總價款不甚高，若以五分之一為催告遲延給付之價款，對消費者顯屬不利，故予以提高。且本條第3項有關買賣標的物之同時履行抗辯之約定，足以保護出賣人，特調高為五分之二，以平衡法益。
		4. 本條第2項規定得沒收已付價款，不得逾買賣標的物現金交易總價之10%等約定，係以出賣人有第1項之事由，而行使解除權為前提，惟縱有第1項事由，出賣人亦得不解除契約，而請求給付全部價金。故第2項之約定，對業者並不發生不公情事。
		5. 有第1項解約事由者，其損害可能逾本條第2項10%之限額，基於填補實際損害之法理，應容許出賣人請求，惟出賣人須就其損害負舉證責任。關於本點，因學者間有不同意見，爰特別標明，請消費者保護委員會定奪。
		6. 買受人有遲延給付之情形，出賣
第7條 （買受人受領遲延法律效果一）	因可歸責於買受人之事由，致拒絕受領、不能受領或其他受領遲延者，出賣人僅就故意或重大過失負其責任。 前項情形，出賣人得請求買受人賠償其提出及保管給付之必要費用。	說明： 本條係仿民法第237條及第240條而訂定，買受人一有拒絕受領、不能受領或其他受領遲延，即發生本條之法律效果。
第8條 （買受人受領遲延法律效果二）	因可歸責於買受人之事由致拒絕受領、不能受領或其他受領遲延者，經出賣人定三十日以上之期間催告，買受人仍未履行者，出賣人得解除契約，請求返還買賣標的物，並沒收買受人已付之價款。	說明： 1. 本條係買受人拒絕受領、不能受領或其他受領遲延之約定解約事由。 2. 因可歸責於買受人之事由致受領遲延者，出賣人不得逕行解約，須依本條約定，訂定三十日以上之催告期間，買受人逾期仍未

	前項得沒收之已付價款不得逾買賣標的物現金交易總價之 5%，逾 5% 者縮減為 5%。（但出賣人能證明其所受損害超過買賣標的物現金交易總價之 5% 者，不在此限）	履行者，出賣人始得解除契約，請求返還標的物，並沒收已付之價款。惟其沒收價款不得逾買賣標的物總價款之 5%，惟出賣人之損害逾 5% 者，仍得就其實際損害請求賠償，惟須就其實際損害價額負舉證責任。 3. 其餘理由請參照第 6 條說明第 5 點。
第 9 條 （因不可歸責於雙方當事人之事由致解除契約之效果）	因不可歸責於雙方當事人之事由致解除契約者，買受人所受領之買賣標的物，應返還出賣人；由出賣人所受領之價款及自受領時起按法定利率計算之利息，應返還買受人。但約定利率高於法定利率者，依約定利率計算。 前項後段情形之買賣標的物價款，係以信用卡方式支付者，出賣人應返還買受人之價款範圍，包含信用卡發卡機構之業已代為給付之全部價款及其二分之一之手續費。	說明： 1. 本條係訂定因不可歸責於雙方當事人事由致解約之法律效果。 2. 解除契約前，可能分別已為買賣標的物或價款之一部或全部給付。於契約解除後，依民法第 259 條之規定，除法律另有規定，或契約另有約定外，當事人雙方各負有回復原狀之義務。惟該回復原狀之範圍，因可依當事人雙方之特約，而容有差異，故為避免爭議，宜特訂定本條。 3. 本條將雙方當事人之返還義務及範圍，分別訂定為二。第 1 項前段明定契約解除後，由買受人所受領之給付物（如語言錄音帶），應返還出賣人。第 1 項後段訂定，契約解除後，由買受人已經向出賣人給付之本契約標的物價款及自受領時起之利息，應返還買受人。 4. 買賣標的物之價款，如以信用卡方式，作為支付價款之工具，該信用卡發卡機構通常就其為買受人支付之價款，要求相當之手續費（例如代為支付價款之 1% 至 5% 作為標準）。該項手續費係非因可歸責於雙方當事人之事由發生，應由雙方當事人各分擔二分之一，以維公平。

第 10 條 （標的物之利益承受與危險負擔）	標的物之利益及危險，除當事人另有約定者外，自交付時起，均由買受人承受負擔。	說明： 1. 標的物之利益及危險原則上應由對標的物有管領力者承受或負擔，爰依民法第 373 條之規定訂定本條。 2. 出賣人寄送買賣標的物為其履行債務之方法，而債務之履行原則上為赴償債務，應以債權人之住居所地為履行地。出賣人於寄送買賣標的物之過程中，買賣標的物有毀損滅失者，其風險自應由出賣人負擔。
第 11 條 （著作權擔任責任）	出賣人擔保本買賣標的物無侵害他人之著作權或其他權益。 出賣人違反前項規定者，善意買受人得解除契約，出賣人應將已收受之價款及加計利息，返還買受人。該買受人如有其他損害，並得請求出賣人賠償。	說明： 出賣人如以盜版等未經同意或授權之侵權物賣與買受人時，除使買受人難以享有正版真品之品質與服務外，尚可能涉及違法之情事，如著作權法第 87 條第 2 款規定，明知為侵害著作權之物散布或意圖散布而陳列或持有或意圖營利而交付者，視為侵害著作權。因此，為保護善意買受人之權益，應使出賣人負擔保責任，並賦予買受人享有解除契約、請求返還價款、加計利息與損害賠償等權利，特設本條規定。
第 12 條 （出賣人之瑕疵擔保責任及其他擔保約定）	出賣人擔保所交付之標的物符合契約約定及相關法律規定。 買受人應於收受標的物後，從速檢查，如發現有語音不清、空帶、發霉、雜音、帶長不足、規格不符、數量不足、毀損、缺頁或其他應由出賣人負責之瑕疵時，應於收受後十日內通知出賣人；但有不能立即發現之瑕疵者，應於發現之日起十日內通知出賣人。未於上述期限內通知者，視為承認所受領之物，買受人喪失其瑕疵擔保請求權。 前項約定於出賣人故意不告知瑕疵於買受人者，不適用之。	說明： 1. 本契約之買賣標的物包括語言錄音帶及其書面教材，因此本條所指之瑕疵包括語言錄音帶及其書面教材之瑕疵。 2. 第 1、2、3、4 項係民法上關於出賣人瑕疵擔保責任之一般性規定。如有特別約定者，始排除民法一般性規定。 又本條係規範著作權以外之擔保責任，併此說明。 3. 保證書或廣告內容為契約之一部分。出賣人除履行前四項義務外，尚應依保證書或廣告內容所

	經買受人依第 2 項約定通知出賣人，而出賣人未於收受買受人之通知日期十日內更換無瑕疵物者，買受人得解除契約，退還買賣標的物，請求出賣人返還已受領之全部價款，及按法定利率計算之利息，但約定利率較高者，應按約定利率計算加付利息；買受人能證明受有其他損害者，並得請求損害賠償。如有保證書或廣告內容載明標的物之品質者，出賣人並應擔保所交付之標的物有保證書及廣告內容上所載之品質，保證書另有有利於買受人之瑕疵擔保約定者，從其約定。	載品質及瑕疵擔保特別約定之內容履行義務，爰明定本條第 5 項。
第 13 條（出賣人給付遲延）	因可歸責於出賣人之事由致給付遲延者，買受人得請求損害賠償。前項情形，除有民法第 255 條規定之情形外，買受人得訂十日以上之期間催告出賣人履行契約，出賣人逾期仍未履行者，買受人得解除契約，請求返還已給付之價款，及自受領日起至返還日止，依法定利率計算之利息。如有其他損害，並得請求賠償。但約定利率高於法定利率者，依約定利率計算。前項前段情形之買賣標的物價款，係以信用卡方式支付者，出賣人應返還買受人之價款範圍，包含信用卡發卡機構之業已代為給付之價款及手續費。如買受人證明其受有其他損害者，並得請求損害賠償。	說明： 1. 本條第 1 項是約定因可歸責於出賣人之事由致給付遲延，但出賣人其後仍為履行之情形，買受人得請求損害賠償。惟買受人須就其損害負舉證責任。 2. 本條第 2 項係依民法第 254 條之規定，約定出賣人履行契約遲延時，買受人為定期催告並解除契約之程序。申言之，買受人行使解除權前，須先訂十日以上之催告期間，催告出賣人履行契約，出賣人逾期仍未履行者，買受人始得解除契約。 3. 解除契約之法律效果有二，第一為回復原狀，第二為損害賠償。本條第 2 項末段一方面規定「買受人得解除契約，請求返還已給付之價款，及自受領日起至返還日止，依法定利率計算之利息」。以示回復原狀之範圍不但及於已給付之價款，且因價款為金錢，可立即發生利息，因此回復原狀之範圍及於「已給付之價款及自受領日起至返還日止，依法定利率計算之利息」。另一方

		面重申請求回復原狀並不妨害損害賠償請求權之行使的原則，故訂定「如有其他損害，並得請求賠償」，以明權義。 4. 本費用係應可歸責於出賣人之事由而發生，自應由出賣人全數負擔，請比較第 9 條第 2 項及該條第 4 點說明。
第 14 條 （地址變更之通知）	本契約訂立後，本契約當事人欄所載買受人或出賣人之地址有變更者，變更地址之一方，應於變更後十日內以書面通知他方。未為變更之通知者，他方就契約一切事項所為之通知，皆以到達變更前之地址即生效力。為變更地址之通知後，再變更地址者，亦同。	說明： 契約訂定後，常有買受人或出賣人變更地址之情形。若變更之一方怠於即時通知，將導致契約有關之事項無從通知，因此，特約定變更之一方，應於變更後十日內以書面通知他方。倘若未遵照期限為通知者，就契約應為之通知事項，皆以變更前契約所載之相對人地址，為通知之生效地點或債務之履行地點。
第 15 條 （補充規定）	本契約如有未盡事宜，由買受人及出賣人本誠信原則書面協議，或依民法及其他相關規定處理之。	說明： 1. 基於契約自由原則，當事人有約定者，從其約定；當事人無約定者，依民法之相關規定處理。 2. 分期付款買賣契約為長期性契約，當事人之約定宜以書面為之，以明權義。
第 16 條 （法律適用與法院管轄）	本契約之解釋適用，以中華民國法律為準據法。 因本契約所生之一切爭執，雙方同意由○○地方法院管轄。	說明： 1. 語言錄音帶不乏國外進口或向國外訂購者，有涉外因素，有定準據法之必要，為使國內消費者充分取得資訊，並參酌涉外民事法律適用法第 6 條規定，本契約之解釋及適用，自宜以本國法律為準據法。 2. 依消費者保護法第 47 條規定，消費訴訟得由消費關係發生地之法院管轄，但不以此為限，故允雙方當事人合意定其管轄法院。有合意管轄之約定時，應排除民事

		訴訟法以被告住居所地法院為管轄法院之規定，於消費者為被告之情形，對消費者較為不利，應注意及之。
第17條 （約款增刪修改之效力）	本契約及其他相關書面約定，有任何增刪修改者，非經雙方當事人書面確認，不生效力。	說明： 1. 按法律行為有依法律須以一定方式為之者，有依約定須以一定方式為之者。違反前者，原則上無效（參閱民法第758條、民法第422條）；違反後者，依民法第166條「契約當事人約定其契約須用一定方式者，在該方式未完成前，推定其契約不成立」之規定，只是推定不成立而已，但當事人仍得舉證證明契約成立，使之生效。因此一般約定「本契約訂定後，有任何增刪修改者，應經甲乙雙方書面同意」云云，縱雙方未以書面同意，該約款仍非不能成立、不能生效。爰訂定本款，使「雙方書面確認」成為增刪修改契約條款生效之停止條件，俾臻明確。 2. 又本條尚可能發生個別商議條款是否優先於定型化約款之問題。按個別商議約款優先於定型化約款之前提，是同一契約之「個別商議約款」與「定型化約款」均有效，而二者無法配合解釋時，才會發生。茲個別商議約款，因為須經「雙方當事人書面確認」之停止條件尚未成就，因此尚未生效，則不發生經當事人另行合意之個別商議約款效力優先於先前訂定之定型化約款之問題，併此說明。
第18條 （契約之附件）	本契約一式二份（或三份），由雙方當事人（或保證人）各執一份為憑。	說明： 1. 明定本契約書面之份數及持有人於本條第1項。

本契約所附一切附件均為本契約之一部分。	2. 除本契約外，可能依雙方當事人之意願，尚另附加約定之事項，作為本契約一部分，故明定該與本契約相關之一切附件，均屬本契約之一部分。 3. 附件約款與本契約條款內容有衝突時，應循個別商議條款效力優先於定型化契約條款之原則解釋

本契約書正本一式　　　　份，副本　　　　份，由買受人及出賣人各持正本一份、副本　　　　份為憑。

中　　華　　民　　國　　○○　　年　　○○　　月　　○○　　日

立契約書人：買受人：

　　　　　　法定代理人：

　　　　　　身分證統一編號：

　　　　　　出賣人：

　　　　　　負責人：

　　　　　　營利事業統一編號：

保證人：身分證統一編號：

　　　　營利事業統一編號：

※特別約定或規定事項

一、消費者保護法之規定：

第18條　企業經營者為郵購買賣或訪問買賣時，應將其買賣之條件、出賣人之姓名、名稱、負責人、事務所或住居所告知買受之消費者。

第19條　郵購或訪問買賣之消費者，對所收受之商品不願受時，得於收受商品後七日內，退回商品或以書面通知企業經營者解除買賣契約，無須說明理由及負擔任何費用或價款。

　　　　郵購或訪問買賣違反前項規定所為之約定無效。

　　　　契約經解除者，企業經營者與消費者間，關於回復原狀之約定，對於消費者較民法第259條之規定不利者，無效。

二、有關贈品之約定：

　　　語言錄音帶之買賣，業者常有附贈贈品之交易習慣，於此種情形，除應記載贈品標的物之內容、數量、價值等外，應注意符合公平交易法之規範，又贈品若贈罄，用以替代原贈品之替代物，應予載明。贈品若有限期或限量，應於廣告或其他宣傳媒體中載明，並據實履行，以符誠信。唯一經載入契約，即負有給付義務。

三、語言錄音帶之試聽、試閱：

　　　語言錄音帶之銷售，業者常有試聽、試閱之交易習慣，以達促銷之目的，惟語音錄音帶動輒十數卷或數十卷，試閱期間內，消費者得要求業者無條件取回，業者不得請求折舊或賠償。

四、語言錄音帶之售後服務：

語言錄音帶如有提供資料之更新或補充者，應於契約中明定。

※不得記載事項
一、不得約定片面解約條款。
二、不得約定沒收全部價金或違反本契約之違約金約定。
三、不得預先排除故意及重大過失責任。
四、出賣人不得約定拒絕提前清償，亦不得加收其他費用。
五、不得約定外國廠商免責或限制責任之特約條款。
六、不得約定請求超過民法第 205 條年息 20% 之限制部分之利息。
七、不得約定「貨物出門，概不退還」等概括免責條款。
八、不得違反其他法律強制禁止規定或為顯失公平或欺罔之約定或行為。

【附件一】品質保證書應記載事項

1. 出賣人為品質保證書者，應於訂約後，至遲於交付標的物時，主動出具品質保證書，該品質保證書為本契約之一部分。

2. 品質保證書應載明下列事項：

 (1) 標的物之名稱、種類、數量、其有產品代號或批號者，其產品代號或批號。

 (2) 保證之內容。

 (3) 保證期間及其起算方法。

 (4) 出版者名稱、地址。

 (5) 由經銷者售出者，經銷商之名稱、地址。

 (6) 交易日期。

3. 說明：品質保證書之出具及其應載明事項，參見消費者保護法第 25 條規定。

【附件二】分期攤還表

範例一：年利率 = 12%　貸款月數 = 24　　　　　　　　　　　（單位：元）

期數	月繳本息 A	利息 B	償還本金 C	未償還本金 D
0.00				50000.00
1.00	2354.00	500.00	1854.00	48146.00
2.00	2354.00	481.00	1872.00	46274.00
3.00	2354.00	463.00	1891.00	44383.00
4.00	2354.00	444.00	1910.00	42473.00
5.00	2354.00	425.00	1929.00	40544.00

（續）

期數	月繳本息 A	利息 B	償還本金 C	未償還本金 D
6.00	2354.00	405.00	1948.00	38596.00
7.00	2354.00	386.00	1968.00	36628.00
8.00	2354.00	366.00	1987.00	34641.00
9.00	2354.00	346.00	2007.00	32634.00
10.00	2354.00	346.00	2027.00	30606.00
11.00	2354.00	306.00	2048.00	28559.00
12.00	2354.00	286.00	2068.00	26491.00
13.00	2354.00	265.00	2089.00	24402.00
14.00	2354.00	244.00	2110.00	22292.00
15.00	2354.00	223.00	2131.00	20162.00
16.00	2354.00	202.00	2152.00	18010.00
17.00	2354.00	180.00	2174.00	15836.00
18.00	2354.00	158.00	2195.00	13641.00
19.00	2354.00	136.00	2217.00	11423.00
20.00	2354.00	114.00	2239.00	9184.00
21.00	2354.00	92.00	2262.00	6922.00
22.00	2354.00	69.00	2284.00	4638.00
23.00	2354.00	46.00	2307.00	2330.00
24.00	2354.00	23.00	2330.00	0.00

註：1. 期(月)繳金額 = 貸款本金 × {(年利率÷12)/[1 − (1/(1 ＋ 年利率÷12n))]}
 　　　n = 貸款月數
 　　2. 利息(B) = 上一期未償還本金(D) × 年利率÷12
 　　3. 償還本金(C) = A − B
 　　4. 未償還本金(D) = 上一期未償還本金 − 本期償還本金

注意一： 契約簽訂前，應有五日之審閱期間。	說明： 依消費者保護法第 11 條之 1 之規定，契約簽訂前，應有三十日內之合理審閱期間。
注意二： 郵購或訪問買賣者，應優先適用消費者保護法第 18 條，第 19 條，其詳細內容請參照本契約特別約定或規定事項第 1 點。	說明： 訪問買賣欠缺買賣標的物比較之機會；而郵購買賣，買受人則無事先檢查買賣標的物之時間，故消費者保護法有特別之保護規定，得於七日內無條件返還買賣標的物，其詳細內容，請參見本契約特別約定或規定事項第 1 點。

注意三： 有「★」者，僅適用於分期付款買賣。	說明： 本契約書係為現金買賣及分期付款買賣而設計，但部分條文僅適用於分期付款買賣，爰加註星號以資識別。

教學錄影帶買賣契約書

買受人	姓名或名稱		電話	
			傳真	
	住居所			
出賣人	名稱		電話	
	負責人		傳真	
	營業所或事務所			

為買受人向出賣人買受教學錄影帶，成立契約，同意遵守下列條款：

第1條 （標的物之內容）	錄影帶 品名： 產品代號 ISBN： 數量：○○套共○○卷 規格：（　）VHS 　　　　（　）BETA 編輯者： 出講人： 主要演員： 發行人： 發行地： 發行時間： 版次： 帶長：○○分鐘 主要使用語言：發音： 字幕： 書面教材 品名： 產品代號： ISBN： 數量：○○冊 編輯者：	說明： 錄影帶之分期付款，常包括所附書面及其他教材，應就該等買賣標的物之有關事項詳予載明，俾資雙方信守。

	出版地： 出版時間： 版次： 裝訂方式：＿＿精裝＿＿平裝 材質：用紙：＿＿紙＿＿開 主要使用文字：＿＿＿＿＿文 其他輔助教材 品名： 數量： 其他：	
第2條 （價款、付款方式 及付款地）	一、總價 每套單價（含營業稅）： 新臺幣○百○萬○千○百○元整 現金交易總價（含營業稅）： 新臺幣○百○萬○千○百○元整 分期付款總價（含營業稅）： 新臺幣○百○萬○千○百○元整 現金交易總價與分期付款總價差 價： 新臺幣○百○萬○千○百○元整 二、付款方式： 現金：新臺幣○百○萬○千○ 百○元整 信用卡： 發卡機構： 持卡人： 信用卡種類： 卡號： 有效時間：○○年○月○日至○ ○年○月○日 支票：○○年○月○日 行庫分行： 帳號： 票號： 郵政劃撥： 帳號： 戶名： 其他： ★三、頭期款及分期付款 （一）頭期款	說明： 1. 參見消費者保護法第21條之規 　定。又依該條第2項第2款「各期 　價款與其他附加費用之總價款與現 　金交易價格之差額」為必須記載事 　項，爰訂定本契約條款。 2. 契約訂定後，消費者履行分期付款 　債務究以現金給付，或以票據支 　付，抑或以信用卡或郵政劃撥或其 　他方式為之，均無不可，因此於分 　期付款項下，予以並列，供消費者 　選擇，惟其中以信用卡方式付款， 　負擔較高，應注意及之。 3. 參考消費者保護法第21條之規 　定： 　(1) 頭期款為必須記載事項。 　(2) 分期付款各期價款為依消費者 　　　保護法第21條第2項第2款之 　　　必須記載事項，爰依約定訂定 　　　如分期攤還表，以臻明確。 　(3) 利率為必須記載事項（消費者 　　　保護法第21條第2項第3 　　　款），得為年息、月息⋯⋯。 　　　但當事人未記載利率者，契約 　　　並非無效，而是依法定利率補 　　　充之，依消費者保護法第21條 　　　第3項「企業經營者若未依前 　　　項規定記載利率者，其利率按 　　　現金交易價格週年利率5%計算 　　　之」之規定，以5%之年利率計 　　　算之。

	金額：新臺幣○百○萬○千○百○元整 付款日：中華民國○○年○月○日 （二）分期付款（扣除頭期款以外者） 分期金額： 分期數： 利率及其種類： 每期應付之日期、本金、利息詳如附件：分期攤還表 四、付款地 五、本契約訂定後，當事人均不得以匯率變動、稅捐增減或免除或標的物價格漲跌為由，請求增減價款或拒絕履行契約。	4.付款地點： 　付款地為必須記載事項，得由雙方任意約定，若無約定，應回歸民法債編赴償債務之規定（參考民法第314條），於出賣人之營業所付款。 5.教學錄影帶之分期付款出賣人，不論是自國外進口，抑或國內自行出版，其自國外進口者，不論是否已經進口，由於總價數額有限，即令匯率發生變動、營業稅有所增減，為數亦十分有限，非不能忍受之風險，可自行承擔，不得據以請求增減價款或拒絕履行。
第3條 （標的物交付之日期及地點）	一、交付日期： 　　（一）已出齊： 中華民國○○年○月○日前 　　（二）尚待出齊： 1.中華民國○○年○月○日 　○卷○冊 2.中華民國○○年○月○日 　○卷○冊 3.中華民國○○年○月○日 　○卷○冊 4.中華民國○○年○月○日 　○卷○冊 5.中華民國○○年○月○日 　○卷○冊 6. 二、交付地點： ○○省市○○縣市○○鄉鎮市區○○路街○段○巷○弄○號○樓之○室 電話： 出賣人營業處所	說明： 1.教學錄影帶有買賣契約訂立時，已出齊者，亦有尚待分批出齊者。 2.教學錄影帶於買賣契約訂立時已出齊者通常卷數甚多，在交易實務上，有由買受人自行取運者，亦有由出賣人送往買受人指定處所者。其後者，買賣標的物既需送往約定之特定場所，自宜載明交貨處所，以利出賣人履行交付標的物之義務。此外，為判定出賣人是否標的物給付遲延，故特別於契約上寫明交付之日期，以期使出賣人之責任更加明確化。 3.尚待分批出齊者，應於契約內約明分次交付之日期、卷冊數、地點，以為履行債務之依據。

★第4條 （所有權保留約款之選擇）	本分期付款買賣，買受人未繳清全部價款前，標的物之所有權仍歸出賣人保有。 買受人於取得標的物所有權之前，應以善良管理人之注意保管標的物。 本分期付款買賣，買賣標的物一經交付者，縱價款尚未完全繳清，標的物之所有權仍歸買受人所有。	說明： 1. 分期付款與附條件買賣不同，分期付款買賣於價款付清前，得約定所有權由出賣人保有或移轉於買受人所有；附條件買賣於分期付款價款付清前，標的物之所有權仍歸出賣人所有，買賣標的物雖由買受人占有，附條件買賣若經登記，出賣人得對抗善意及惡意第三人。 2. 本條兩案並列，供當事人選擇。前案買賣標的物所有權仍由出賣人保有，買受人若有處分行為，其行為性質上為無權處分，但法律行為善意第三人，仍受善意受讓之保護。後案買賣標的物之所有權已歸屬買受人，縱令價款尚未完全繳清，其本於所有權之處分，自始為有權處分，第三人不論善意惡意，皆受保護。 買賣是一有償行為，在所有權保留情形下，買受人於給付全部價款並取得所有權前，雖有償使用他人之物，仍應盡善良管理人之注意保管之。
★第5條 （提前清償）	本分期付款買賣，買受人得提前清償，出賣人不得拒絕。 買受人提前清償者，應按攤還表所示之未償還本金給付。出賣人不得以任何名目加收其他金額或費用。 買受人提前清償時，對於尚未全部到期之當月利息，應繳付至提前清償日止之當月利息。	說明： 返還未償還本金，雖然簡單易行，但其風險負擔由消費者吸收，對消費者似嫌不利，並予說明。
★第6條 （買受人遲延給付價款之責任）	因可歸責於買受人之事由，遲付價額已達全部價款五分之二者，出賣人得定十日以上之期間催告，逾期買受人仍未履行時，出賣人得解除契約，請求返還買賣標的物，並沒收買受人已付之價款。	說明： 1. 本條約定因可歸責於買受人之事由致遲延給付之責任。 2. 本條係關於遲延給付致解除契約之約定，與民法第389條關於清償期加速屆至，出賣人得請求全部價款之規定不同，先予說明。

前項得沒收之已付價款不得逾買賣標的物現金交易總價之 10%，逾 10% 者縮減為 10%。（但出賣人能證明其所受損害超過買賣標的物現金交易總價之 10% 者，不在此限）第 1 項情形，買受人遲延給付價款者，在分批給付之情形，於買受人遲延給付之價款繳清前，出賣人得停止繼續交付標的物。

3. 本條為解除契約之約定事由。須買受人遲付價款已達全部價款五分之二，出賣人始得定十日以上之催告期間，催請買受人給付遲付之價款。買受人逾期未給付者，出賣人始得解除契約。解除契約之法律效果為回復原狀與損害賠償，故出賣人得請求返還買賣標的物，並沒收已付價款作為賠償。

又本條遲付價款須達全部價款五分之二，出賣人始得定期催告解除契約。其數額與民法第 389 條（現行條文暨修正條文）所定五分之一價款有異，係因教學錄影帶之總價款不甚高，若以五分之一為催告遲延給付之價款，對消費者顯屬不利，故予以提高。且本條第三項有關買賣標的物之同時履行抗辯之約定，足以保護出賣人，特調高為五分之二，以平衡法益。

4. 本條第 2 項規定得沒收已付價款，不得逾買賣標的物現金交易總價之 10% 等約定，係以出賣人有第 1 項之事由，而行使解除權為前提，惟縱有第 1 項事由，出賣人亦得不解除契約，而請求給付全部價金。故第 2 項之約定，對業者並不發生不公情事。

5. 有第 1 項解約事由者，其損害可能逾本條第 2 項 10% 之限額，基於填補實際損害之法理，應容許出賣人請求，惟出賣人須就其損害負舉證責任。關於本點，因學者間有不同意見，爰特別標明，請消費者保護委員會定奪。

6. 買受人有遲延給付之情形，出賣人自得主張同時履行抗辯，因此

		於分批給付之情形，若買受人怠於給付分期付款者，出賣人自得停止買賣標的物之給付，資為抗辯。
第 7 條（買受人受領遲延法律效果一）	因可歸責於買受人之事由，致拒絕受領、不能受領或其他受領遲延者，出賣人僅就故意或重大過失負其責任。 前項情形，出賣人得請求買受人賠償其提出及保管給付之必要費用。	說明： 本條係仿民法第 237 條及第 240 條而訂定，買受人一有拒絕受領、不能受領或其他受領遲延，即發生本條之法律效果。
第 8 條（買受人受領遲延法律效果二）	因可歸責於買受人之事由致拒絕受領、不能受領或其他受領遲延者，經出賣人定三十日以上之期間催告，逾期買受人仍未履行者，出賣人得解除契約，請求返還買賣標的物，並沒收買受人已付之價款。 前項得沒收之已付價款不得逾買賣標的物現金交易總價之 5%，逾 5% 者縮減為 5%。（但出賣人能證明其所受損害超過買賣標的物現金交易總價之 5% 者，不在此限）	說明： 1. 本條係買受人拒絕受領、不能受領或其他受領遲延之約定解約事由。 2. 因可歸責於買受人之事由致受領遲延者，出賣人不得逕行解約，須依本條約定，訂定三十日以上之催告期間，買受人逾期仍未履行者，出賣人始得解除契約，請求返還標的物，並沒收已付之價款。惟其沒收價款不得逾買賣標的物總價款之 5%，惟出賣人之損害逾 5% 者，仍得就其實際損害請求賠償，惟須就其實際損害價額負舉證責任。 3. 其餘理由請參照第 6 條說明第五點。
第 9 條（因不可歸責於雙方當事人之事由致解除契約之效果）	因不可歸責於雙方當事人之事由致解除契約者，買受人所受領之買賣標的物，應返還出賣人；由出賣人所受領之價款及自受領時起按法定利率計算之利息，應返還買受人。但約定利率高於法定利率者，依約定利率計算。 前項後段情形之買賣標的物價款，係以信用卡方式支付者，出賣人應返還買受人之價款範圍，包含信用卡發卡機構之業已代為給付之全部價款及其二分之一之手續費。	說明： 1. 本條係訂定因不可歸責於雙方當事人事由致解約之法律效果。 2. 解除契約前，可能分別已為買賣標的物或價款之一部或全部給付。於契約解除後，依民法第 259 條之規定，除法律另有規定，或契約另有約定外，當事人雙方各負有回復原狀之義務。惟該回復原狀之範圍，因可依當事人雙方之特約，而容有差異，故為避免爭議，宜特訂定本條。

		3. 本條將雙方當事人之返還義務及範圍，分別訂定為二。第1項前段明定契約解除後，由買受人所受領之給付物（如教學錄影帶），應返還出賣人。第1項後段訂定，契約解除後，由買受人已經向出賣人給付之本契約標的物價款及自受領時起之利息，應返還買受人。 4. 買賣標的物之價款，如以信用卡方式，作為支付價款之工具，該信用卡發卡機構通常就其為買受人支付之價款，要求相當之手續費（例如代為支付價款之 1% 至 5% 作為標準）。該項手續費係非因可歸責於雙方當事人之事由發生，應由雙方當事人各分擔二分之一，以維公平。
第 10 條 （標的物之利益承受與危險負擔）	標的物之利益及危險，除當事人另有約定者外，自交付時起，均由買受人承受負擔。	說明： 1. 標的物之利益及危險原則上應由對標的物有管領力者承受或負擔，爰依民法第 373 條之規定訂定本條。 2. 出賣人寄送買賣標的物為其履行債務之方法，而債務之履行原則上為赴償債務，應以債權人之住居所地為履行地。出賣人於寄送買賣標的物之過程中，買賣標的物有毀損滅失者，其風險自應由出賣人負擔。
第 11 條 （著作權擔任責任）	出賣人擔保本買賣標的物無侵害他人之著作權或其他權益。 出賣人違反前項規定者，善意買受人得解除契約，出賣人應將已收受之價款及加計其利息，返還買受人。該買受人如有其他損害，並得請求出賣人賠償。	說明： 出賣人如以盜版等未經同意或授權之侵權物，賣予買受人時，除使買受人難以享有正版真品之品質與服務外，尚可能涉及違法之情事，如著作權法第 87 條第 2 款規定，明知為侵害著作權之物散布或意圖散布而陳列或持有或意圖營利而交付者，視為侵害著作權。因此，為保

		護善意買受人之權益，應使出賣人負擔保責任，並賦予買受人享有解除契約、請求返還價款、加計利息與損害賠償等權利，特設本條規定。
第 12 條 （出賣人之瑕疵擔保責任及其他擔保約定）	出賣人擔保所交付之標的物符合契約約定及相關法律規定。 買受人應於收受標的物後，從速檢查，如發現有畫面不明、語音不清、跳帶、空帶、發霉、雜音、帶長不足、規格不符、數量不足、毀損、缺頁或其他應由出賣人負責之瑕疵時，應於收受後十日內通知出賣人；但有不能立即發現之瑕疵者，應於發現之日起十日內通知出賣人。未於上述期限內通知者，視為承認所受領之物，買受人喪失其瑕疵擔保請求權。 前項約定於出賣人故意不告知瑕疵於買受人者，不適用之。 經買受人依第 2 項約定通知出賣人，而出賣人未於收受買受人之通知日期十日內更換無瑕疵物者，買受人得解除契約，退還買賣標的物，請求出賣人返還已受領之全部價款，即按法定利率計算之利息，但約定利率較高者，應按約定利率計算加付利息；買受人能證明受有其他損害者，並得請求損害賠償。如有保證書或廣告內容載明標的物之品質者，出賣人並應擔保所交付之標的物有保證書及廣告內容上所載之品質，保證書另有有利於買受人之瑕疵擔保約定者，從其約定。	說明： 1. 本契約之買賣標的物包括教學錄影帶、書面教材及其他輔助教材，因此本條係所指之瑕疵包括教學錄影帶及其書面教材、輔助教材之瑕疵。 　又本條係規範著作權以外之擔保責任，併此說明。 2. 第 1、2、3、4 項係民法上關於出賣人瑕疵擔保責任之一般性規定。如有特別約定者，始排除民法一般性規定。 3. 保證書或廣告內容為契約之一部分。出賣人除履行前四項義務外，尚應依保證書或廣告內容所載品質及瑕疵擔保特別約定之內容履行義務，爰明定本條第 5 項。
第 13 條 （出賣人給付遲延）	因可歸責於出賣人之事由致給付遲延者，買受人得請求損害賠償。 前項情形，除有民法第 255 條規定之情形外，買受人得訂十日以上之期間催告出賣人履行契約，出賣人	說明： 1. 本條第 1 項是約定因可歸責於出賣人之事由致給付遲延，但出賣人其後仍為履行之情形，買受人得請求損害賠償。惟買受人須就

	逾期仍未履行者，買受人得解除契約，請求返還已給付之價款，及自受領日起至返還日止，依法定利率計算之利息。如有其他損害，並得請求賠償。但約定利率高於法定利率者，依約定利率計算。 前項前段情形之買賣標的物價款，係以信用卡方式支付者，出賣人應返還買受人之價款範圍，包含信用卡發卡機構之業已代為給付之價款及手續費。如買受人證明其受有其他損害者，並得請求損害賠償。	其損害負舉證責任。 2. 本條第2項係依民法第254條之規定，約定出賣人履行契約遲延時，買受人為定期催告並解除契約之程序。申言之，買受人行使解除權前，須先訂十日以上之催告期間，催告出賣人履行契約，出賣人逾期仍未履行者，買受人始得解除契約。 3. 解除契約之法律效果有二，第一為回復原狀，第二為損害賠償。本條第2項末段一方面規定「買受人得解除契約，請求返還已給付之價款，及自受領日起至返還日止，依法定利率計算之利息」。以示回復原狀之範圍不但及於已給付之價款，且因價款為金錢，可立即發生利息，因此回復原狀之範圍及於「已給付之價款及自受領日起至返還日止，依法定利率計算之利息」。另一方面，重申請求回復原狀並不妨害損害賠償請求權之行使的原則，故訂定「如有其他損害，並得請求賠償」，以明權義。 4. 本費用係應可歸責於出賣人之事由而發生，自應由出賣人全數負擔，請比較第9條第2項及該條
第14條 （地址變更之通知）	本契約訂立後，本契約當事人欄所載買受人或出賣人之地址有變更者，變更地址之一方，應於變更後十日內以書面通知他方。未為變更之通知者，他方就契約一切事項所為之通知，皆以到達變更前之地址即生效力。為變更地址之通知後，再變更地址者，亦同。	說明： 契約訂定後，常有買受人或出賣人變更地址之情形。若變更之一方，怠於即時通知，將導致契約有關之事項無從通知，因此，特約定變更之一方，應於變更後十日內以書面通知他方。倘若未遵照期限為通知者，就契約應為之通知事項，皆以變更前契約所載之相對人地址，為通知之生效地點或債務之履行地點。

第15條 （補充規定）	本契約如有未盡事宜，由買受人及出賣人本誠信原則書面協議，或依民法及其他相關規定處理之。	說明： 1. 基於契約自由原則，當事人有約定者，從其約定；當事人無約定者，依民法之相關規定處理。 2. 分期付款買賣契約為長期性契約，當事人之約定宜以書面為之，以明權義。
第16條 （法律適用與法院管轄）	本契約之解釋適用，以中華民國法律為準據法。 因本契約所生之一切爭執，雙方同意由○○地方法院管轄。	說明： 1. 教學錄影帶不乏國外進口或向國外訂購者，有涉外因素，有定準據法之必要，為使國內消費者充分取得資訊，並參酌涉外民事法律適用法第6條規定，本契約之解釋及適用，自宜以本國法律為準據法。 2. 依消費者保護法第47條規定，消費訴訟得由消費關係發生地之法院管轄，但不以此為限，故允雙方當事人合意定其管轄法院。有合意管轄之約定時，應排除民事訴訟法以被告住居所地法院為管轄法院之規定，於消費者為被告之情形，對消費者較為不利，應注意及之。
第17條 （約款增刪修改之效力）	本契約及其他相關書面約定，有任何增刪修改者，非經雙方當事人書面確認，不生效力。	說明： 1. 按法律行為有依法律須以一定方式為之者，有依約定須以一定方式為之者。 違反前者，原則上無效（參閱民法第758條、第422條）；違反後者，依民法第166條「契約當事人約定其契約須用一定方式者，在該方式未完成前，推定其契約不成立」之規定，只是推定不成立而已，但當事人仍得舉證證明契約成立，使之生效，因此一般約定「本契約訂定後，有任何增刪修改者，應經甲乙雙方書面同意」云云，縱雙方未以書面

		同意，該約款仍非不能成立、不能生效。爰訂定本款，使「雙方書面確認」成為增刪修改契約條款生效之停止條件，俾臻明確。 2. 又本條尚可能發生個別商議條款是否優先於定型化約款之問題。按個別商議約款優先於定型化約款之前提是同一契約之「個別商議約款」與「定型化約款」均有效，而二者無法配合解釋時，才會發生。茲個別商議約款，因為須經「雙方當事人書面確認」之停止條件尚未成就，因此尚未生效，則不發生經當事人另行合意之個別商議約款效力優先於先前訂定之定型化約款之問題，併此說明。
第 18 條 （契約之附件）	本契約一式二份（或三份），由雙方當事人（或保證人）各執一份為憑。 本契約所附一切附件均為本契約之一部分。	說明： 1. 明定本契約書面之份數及持有人於本條第 1 項。 2. 除本契約外，可能依雙方當事人之意願，尚另附加約定之事項，作為本契約一部分，故明定該與本契約相關之一切附件，均屬本契約之一部分。 3. 附件約款與本契約條款內容有衝突時，應循個別商議條款效力優先於定型化契約條款之原則解釋之。

本契約書正本一式○份，副本○份，由買受人及出賣人各持正本一份、副本○份為憑。

中	華	民	國	○○	年	○○	月	○○	日

立契約書人：買受人：

　　　　　　法定代理人：

　　　　　　身分證統一編號：

　　　　　　出賣人：

　　　　　　負責人：

　　　　　　營利事業統一編號：

保證人：身分證統一編號：
營利事業統一編號：

※特別約定或規定事項

一、消費者保護法之規定：

第 18 條　企業經營者為郵購買賣或訪問買賣時，應將其買賣之條件、出賣人之姓名、名稱、負責人、事務所或住居所告知買受之消費者。

第 19 條　郵購或訪問買賣之消費者，對所收受之商品不願買受時，得於收受商品後七日內，退回商品或以書面通知企業經營者解除買賣契約，無須說明理由及負擔任何費用或價款。郵購或訪問買賣違反前項規定所為之約定無效。

契約經解除者，企業經營者與消費者間，關於回復原狀之約定，對於消費者較民法第二五九條之規定不利者，無效。

二、有關贈品之約定：

教學錄影帶之買賣，業者常有附贈贈品之交易習慣，於此種情形，除應記載贈品標的物之內容、數量、價值等外，應注意符合公平交易法之規範，又贈品若贈罄，用以替代原贈品之替代物，應予載明。贈品若有限期或限量，應於廣告或其他宣傳媒體中載明，並據實履行，以符誠信。唯一經載入契約，即負有給付義務。

三、教學錄影帶之試聽、試閱：

教學錄影帶之銷售，業者常有試聽、試看之交易習慣，以達促銷之目的，惟教學錄影帶動輒十數卷或數十卷，試看期間內，消費者得要求業者無條件取回，業者併不得請求折舊或賠償。

四、教學錄影帶之售後服務：

教學錄影帶如有提供資料之更新或補充者，應於契約中明定。

※不得記載事項

一、不得約定片面解約條款。

二、不得約定沒收全部價金或違反本契約之違約金約定。

三、不得預先排除故意及重大過失責任。

四、出賣人不得約定拒絕提前清償，亦不得加收其他費用。

五、不得約定外國廠商免責或限制責任之特約條款。

六、不得約定請求超過民法第 205 條年息 20% 之限制部分之利息。

七、不得約定「貨物出門，概不退還」等概括免責條款。

八、不得違反其他法律強制禁止規定或為顯失公平或欺罔之約定或行為。

【附件一】品質保證書應記載事項

1. 出賣人為品質保證書者，應於訂約後，至遲於交付標的物時，主動出具品質保證書，該品質保證書為本契約之一部分。

2. 品質保證書應載明下列事項：

(1) 標的物之名稱、種類、數量、其有產品代號或批號者，其產品代號或批號。

(2) 保證之內容。

(3) 保證期間及其起算方法。

(4) 出版者名稱、地址。

(5) 由經銷者售出者，經銷商之名稱、地址。

(6) 交易日期。

3. 說明：品質保證書之出具及其應載明事項，參見消費者保護法第 25 條規定。

【附件二】分期攤還表

範例一：年利率＝12%　貸款月數＝24　　　　　　　　　（單位：元）

期數	月繳本息 A	利息 B	償還本金 C	未償還本金 D
0.00				50000.00
1.00	2354.00	500.00	1854.00	48146.00
2.00	2354.00	481.00	1872.00	46274.00
3.00	2354.00	463.00	1891.00	44383.00
4.00	2354.00	444.00	1910.00	42473.00
5.00	2354.00	425.00	1929.00	40544.00
6.00	2354.00	405.00	1948.00	38596.00
7.00	2354.00	386.00	1968.00	36628.00
8.00	2354.00	366.00	1987.00	34641.00
9.00	2354.00	346.00	2007.00	32634.00
10.00	2354.00	346.00	2027.00	30606.00
11.00	2354.00	306.00	2048.00	28559.00
12.00	2354.00	286.00	2068.00	26491.00
13.00	2354.00	265.00	2089.00	24402.00
14.00	2354.00	244.00	2110.00	22292.00
15.00	2354.00	223.00	2131.00	20162.00
16.00	2354.00	202.00	2152.00	18010.00
17.00	2354.00	180.00	2174.00	15836.00
18.00	2354.00	158.00	2195.00	13641.00
19.00	2354.00	136.00	2217.00	11423.00
20.00	2354.00	114.00	2239.00	9184.00
21.00	2354.00	92.00	2262.00	6922.00
22.00	2354.00	69.00	2284.00	4638.00

（續）

期數	月繳本息 A	利息 B	償還本金 C	未償還本金 D
23.00	2354.00	46.00	2307.00	2330.00
24.00	2354.00	23.00	2330.00	0.00

註：1. 期(月)繳金額 ＝ 貸款本金 × {(年利率÷12)／[1 － (1／(1 ＋ 年利率÷12 n))]}

　　　n ＝ 貸款月數

　　2. 利息(B) ＝ 上一期未償還本金(D) × 年利率÷12

　　3. 償還本金(C) ＝ A － B

　　4. 未償還本金(D) ＝ 上一期未償還本金 － 本期償還本金

【試驗買賣】

● 試驗買賣契約書

1. 本契約的特點：本契約爲試驗買賣契約，試驗買賣之物品如果不適合時，買受人可將物品退回，則買賣契約不成立。

2. 適用對象：本契約適用爲試驗買賣物品之契約。

3. 基本條款及注意事項：訂立本契約應訂明買賣契約之基本條款及其應注意事項。

4. 相關法條：民法第 384、385、386、387 條。

買賣本約 2-2-33

試驗買賣契約書

　　出賣人○○機械製造廠代表人○○○簡稱甲方，承買人○○鐵工廠負責人○○○簡稱乙方，茲爲買賣（施盤）機械先行試驗經雙方同意訂立契約條件如下：

第 1 條　乙方向甲方購買後開標示機械，約定先行試驗後如合意時即行成交，於契約成立日起一星期內，由甲方將買賣標的物運到乙方工廠，而甲方允諾之。

第 2 條　試驗之期間以○日爲限，自接到機械之翌日起算之。

第 3 條　前項之試驗如不合時，乙方應即將機械退回。

　　　　　前條退回所需運費由乙方負擔。

第 4 條　在試驗期間中，乙方對買賣機械有自由使用之權，而因此有所損害者乙方應負賠償之責。但其損害係因不可歸責於乙方者，不在此限。

第 5 條　試驗期間屆滿乙方不即爲表示，並不將機械退還予甲方時，視爲試驗合格買賣應即成立，乙方認諾之。

第 6 條　買賣價款議定爲新臺幣○○○元整，於契約成立同時由乙方繳付保證金新臺幣○○元整，甲方如數收訖。如乙方認爲合格或試驗完畢而未歸還時，本保證金應充價金之一部，如買賣不成立者，由甲方全數返之。

第 7 條　試驗後乙方認爲不合格，或試驗尚未完畢需要繼續試驗時，得向甲方請求更換或延長期間，但甲方不同意時得拒絕之。

第 8 條　試驗後如乙方認為合格者，應於試驗期終止日起算○日內將貨款全部付清，不得有拖延短欠等情事。

第 9 條　本買賣契約撰繕費由○方負擔。

第 10 條　本契約一式二份，甲、乙雙方各執一份為憑。

賣方（甲方）：○○○　印

身分證字號：

地址：

買方（乙方）：○○○　印

身分證字號：

地址：

中　華　民　國　○○　年　○○　月　○○　日

註：本契約為試驗買賣，以買受人承認標的物為停止條件，本契約第 5 條即為試驗買賣之要項。

【貨樣買賣】

● 貨樣買賣契約書

1. **本契約的特點**：本契約為出賣人提供貨樣於買受人，買受人認可後，出賣人依貨樣之物品交付買受人，買賣契約即成立。

2. **適用對象**：本契約適用於以貨樣為買賣之契約。

3. **基本條款及注意事項**：訂立本契約應訂明買賣契約之基本條款及其應注意事項。

4. **相關法條**：民法第 354、359、360、364、388 條。

買賣本約 2-2-34

貨樣買賣契約書

　　立貨樣買賣契約出賣人○○商行負責人○○○稱為甲方，同承買人○○商店店東○○○稱為乙方，茲為○○貨物買賣經雙方同意議定條件如下：

第 1 條　乙方向甲方訂購○○貨物，如契約成立，由甲方交付貨樣同品同種同類同質之貨物○○○件，甲方應於○日內交付予乙方。

第 2 條　甲方如不能照期交付或僅能為一部之交付者，應於○日前通知乙方延緩日期；但乙方不同意時得解除契約。因此致乙方受有損害時，乙方得請求賠償，甲方決無異議。

第 3 條　如因天災事變或其他不可抗力事由，致甲方不能照期交貨或不能為全數之交付者，得延緩期日。但其延緩日數應經雙方議定之。

第 4 條　本件買賣貨款議定每件新臺幣○千○百元，共新臺幣○萬○千○百元整，乙方應於交貨同時悉數付清予甲方。如乙方不為付清者，甲方得將貨物停止交付，並定相當

期間催其付款，逾期仍不付時，甲方得解除契約。甲方因此所受之損害亦得請求賠償。

第 5 條　乙方預知屆期不能付款者，得於○日前通知甲方展延日期交貨，倘甲方不同意時，得為契約之解除，如有損害亦得請求賠償。

第 6 條　甲方所交付貨物，如與樣品不相同時，乙方得請求更換或解除買賣契約，甲方無異議。因此致乙方受有損害者，更得請求賠償。

第 7 條　貨價如有升降變動者，各不得主張增減，或藉故解除契約等情事。

第 8 條　本契約一式二份，甲、乙雙方各執一份為憑。

> 出賣人（甲方）：○○○ 印
> 身分證字號：
> 地址：
> 買受人（乙方）：○○○ 印
> 身分證字號：
> 地址：

中　華　民　國　○○　年　○○　月　○○　日

註：本契約第 1 條係依民法第 388 條規定，按照貨樣約定買賣者，視為出賣人擔保其交付之標的物與貨樣有同一品質，同一旨趣。

【貨物賒欠買賣】

● 貨物賒欠買賣契約書

1. 本契約的特點：本契約為先送貨再付款之買賣，貨物及款項並不同時為之為其特點。

2. 適用對象：本契約適用於先送貨再收款之賒欠買賣。

3. 基本條款及注意事項：訂立本契約應訂明買賣契約之基本條款及其應注意事項。

4. 相關法條：民法第 354、359、360、364 條。

買賣本約 2-2-35

> 貨物賒欠買賣契約書
>
> 　　出賣人○○○簡稱甲方，承買人○○○簡稱乙方，茲為○○貨物欠款買賣經雙方締結契約條件如下：
>
> 第 1 條　甲方願將○○貨○○件賣予乙方，約定○○年○月○日交付清楚。
> 第 2 條　貨價議定每件新臺幣○萬○千○百○拾元整（或依照交貨日、交貨地之市價為標準）。
> 第 3 條　乙方應自交貨日起算○○日內支付貨價予甲方，不得有拖延短欠等情事。

　　　　　乙方不允者得解除買賣契約，但須於接到通知日起算○日內答覆，逾期即視為承認延期。

第5條　甲方如屆期不交貨又未經依前條約定通知時，乙方得限相當日期催交，倘逾期仍不交時，乙方得解除契約。

第6條　如因天災地變，或其他不可抗力事由，致甲方不能照期交貨或一部貨品未能交清者，得延緩至不能交貨原因消除後○日內交付之。

第7條　乙方交款之期以甲方交貨之期為標準。

第8條　乙方逾交款日期不為交款者，甲方得定相當期限催告交款，並請求自約定交款日期起算至交款日止，按每百元日折○○計算之遲延利息。

第9條　甲方所交付之貨品，如有不合規格或品質惡劣或數量短少時，甲方應負補充或交換或減少價金之義務。

第10條　乙方發現貨品有瑕疵時，應即通知甲方並限期請求甲方履行前條之義務，倘甲方不履行義務時，乙方除得解除契約外並得請求損害賠償，甲方無異議。

第11條　本契約一式二份，甲、乙雙方各執一份為憑。

　　　　　　　賣方（甲方）：○○○　　印
　　　　　　　身分證字號：
　　　　　　　地址：
　　　　　　　買方（乙方）：○○○　　印
　　　　　　　身分證字號：
　　　　　　　地址：

中　　華　　民　　國　　○○　　年　　○○　　月　　○○　　日

註：本契約第9條及第10條為關於貨物瑕疵處理之規定。

【分期付款買賣】

● 動產貨品分期付款買賣契約書

1. 本契約的特點：本契約為一般動產物品分期付款買賣之契約，簡易明瞭為其特點。

2. 適用對象：適用於一般動產之分期付款契約。

3. 基本條款及注意事項：訂立本契約應訂明買賣契約之基本條款及其應注意事項。

4. 相關法條：民法第389、390、354、359、360、364條。

買賣本約 2-2-36

動產貨品分期付款買賣契約書

印花

出賣人○○○（以下簡稱甲方）
買受人○○○（以下簡稱乙方）

　　今甲方○○○（出賣人兼所有人）與乙方○○○（買受人兼使用者）就產品之分期買賣事宜，訂立合約如下：

第 1 條　本合約之標的物○○產品之分期付款總額定為新臺幣○○元整。乙方得依照下列規定支付款項予甲方：
　　　　一、前款○○元。
　　　　二、餘款○○元。
　　　　三、月息○○元。

第 2 條　乙方預付○○元予甲方，餘款自民國○○年○月○日至民國○○年○月○日止，每月○日前各支付○○元。

第 3 條　乙方與其保證人得就上述提供擔保，於本合約成立時，以前條所載之金額與日期，開出支票○張交付甲方。
　　　　上述支票之保管處理權限屬甲方，每交付支票，即視為乙方償還貨款。第 4 條甲方於本合約訂立之同時，將○○產品交予乙方，以交換乙方之支票，並同意乙方對該產品之使用。

第 5 條　乙方若未能支付第 2 條付款金額及其他應付之各項費用，須自支付日始以日息○分支付甲方作為遲延損失金。

第 6 條　乙方須以正當之方式使用○○產品，若有違反，甲方得立即解除本合約。

第 7 條　乙方若違反第 2 條之規定，即失去對○○產品之使用權，並應立即將該立品歸還甲方。

第 8 條　本契約一式二份，甲、乙雙方各執一份為憑。

賣方（甲方）：○○○　印
身分證字號：
住址：
買方（乙方）：○○○　印
身分證字號：
住址：
保證人（丙方）：○○○　印
身分證字號：
住址：

中　　華　　民　　國　　○○　　年　　○○　　月　　○○　　日

註：本契約為分期付款契約。重要條款為本契約第 2 條分期付款日期。

● 分期付價動產買賣契約書

1. 本契約的特點：本契約為簡易分期付價動產買賣契約書，買方在全部價款未全部支付完畢前，出賣人保留其買賣標的物之所有權。

2. 適用對象：本契約適用類似分期付價之買賣契約。

3. 基本條款及注意事項：訂立本契約應訂明買賣契約之基本條款及其應注意事項。

4. 相關法條：民法第 389、390 條。

買賣本約 2-2-37

分期付價動產買賣契約書

出賣人○○商號（工廠）負責人○○○（以下簡稱甲方），買受人○○○（以下簡稱乙方），保證人○○○（以下簡稱丙方），茲為○○○分期付價買賣經雙方同意訂立互相應遵守條款如下：

第 1 條　乙方對甲方經營該商號（或工廠）製品○○○牌（例縫衣車、電扇、收音機、腳踏車）○臺願意依約付價承買。

第 2 條　買賣價款經雙方議定為新臺幣○○○元整。

第 3 條　甲方契約成立當日將買賣標的物交付乙方取得完畢。

第 4 條　乙方領受買賣標的物同時先付予甲方一部價款新臺幣○○元整，經甲方親收足訖。

第 5 條　乙方尚欠剩餘價值金新臺幣○○○元整，約定乙方分為○期，每期應於每月○日支付新臺幣○○元，至於民國○年○月○日以前全部付清予甲方，不得有遲延情事。

第 6 條　乙方不依前條約定履行支付價款時，經甲方定相當期限催告尚不履行者，甲方得以一日○○元計算請求違約金，乙方不得異議。

第 7 條　乙方如有連續三期怠於支付之遲延，而其遲延之價額已達全部價款五分之一時，乙方即喪失其分期付價期間之利益，即視為其餘價金全部屆期，甲方得請求支付全部價金，乙方決無異議。

第 8 條　乙方領受買賣標的物，同時經當場檢查標的物及附屬零件，認為該物完整妥當實用並無缺點或不足及其他瑕疵之處始檢交者，嗣後決不藉端退還原物或有扣欠價款情事。

第 9 條　甲方對乙方保證買賣標的物於一年內如發生損壞時，願負免費修理之責任。

第 10 條　本件買賣標的物，自本日交付時起，其所發生之危險移轉於乙方負責，而乙方無異議。

第 11 條　乙方在未付清全部價金以前，對於買賣標的物不得為轉賣，或設定他項權利等行為。

乙方倘違背前項之約定時，甲方得解除本契約。

第 12 條　乙方在全部價款未支付完畢以前，甲方保留其買賣標的物之所有權。

第 13 條　本契約經解除時，甲方得將買賣標的物收回並按其使用之時間索取代價，如有毀損滅失或其他返還不能者，更得請求損害賠償，乙方決不得異議。

第 14 條　本契約一式二份，甲、乙雙方各執一份為憑。

出賣人（甲方）：○○○ 印

身分證字號：

地址：

買受人（乙方）：○○○ 印

身分證字號：

地址：

保證人（丙方）：○○○　印

身分證字號：

地址：

中　　華　　民　　國　　○○　　年　　○○　　月　　○○　　日

註：本契約為分期付價契約，契約之第 7 條為重要條款，應詳加注意。

● 建設機械分期付款買賣及使用借貸契約書

1. 本契約的特點：本契約為建設機械之分期付款及使用借貸為其特點之契約，本契約規定買方於分期付款期間對於標的物不得做出轉讓，轉貸、質押及其他有損賣方行為。

2. 適用對象：適用於分期付款及使用借貸之契約。

3. 基本條款及注意事項：訂立本契約應訂明買賣契約之基本條款及其應注意事項。

4. 相關法條：民法 389、390、464 條。

買賣本約 2-2-38

建設機械分期付款買賣及使用借貸契約書

　　賣主○○股份有限公司（以下稱為甲方）與買主○○○（以下稱為乙方）關於○○機械的分期付款買賣及使用借貸，按照下述條款締結契約：

第 1 條　甲方將左列商品（以下簡稱標的物）賣給乙方，由乙方購買：

　　　　一、品名、型式、數量、機械編號。

　　　　二、買賣價格（包括安裝工程費在內）。

　　　　三、使用場所。

　　　　四、交付期限。

第 2 條　甲方用卡車或貨車將物件載到乙方指定之場所交付予乙方，卸貨費用和到安裝場所為止的運費及安裝費用，由乙方負責。

第 3 條　乙方應支付價款中之○○（新臺幣，以下同）元及第 12 條的保險費○○元，在締結本契約的同時，以現金支付予甲方，剩餘金額○○元按第 4 條規定以分期付款之方式支付。

第 4 條　乙方在締結本契約的同時，為支付買賣價款之剩餘金額，應開立以支付日期為到期日，以甲方為受款人的支票二十張，交付甲方。

　　　　不論前項的約定為何，甲方可請求乙方以現金付清。

第 5 條　當乙方拖延第 3 條之分期付款金額的支付時，必須以總金額的百分之○計算損害金，以現金支付甲方。

第 6 條　標的物的所有權在乙方完全付清本契約所訂定的價款時移轉給乙方。

第 7 條　甲方交付給乙方的標的物在交付後所產生的損失、毀損及損害，由乙方負擔。但有可歸責於甲方的過失時，不在此限。

第 8 條　乙方根據第 6 條的規定，在取得標的物所有權之前的期間，甲方同意乙方無償使用標的物。若移轉所有權之前解除本契約或因其他事由而終止契約時，乙方必須立刻將標的物歸還甲方。

乙方除將標的物做○○用途之外，不得使用於其他用途。

第 9 條　甲方對於標的物操作上的不順利及其他瑕疵必須負責。若瑕疵無法修補時，乙方可向甲方請求更換新品。

乙方發現標的物有瑕疵時，必須在收取標的物後○○天內（隱藏的瑕疵則在收取標的物三個月以內）對甲方提出通知。若乙方不為前述之通知，則喪失瑕疵擔保請求權。

甲方交付標的物後三個月內，對標的物的故障負修復之責任。但若標的物故障的原因必須歸咎於乙方，或因不可抗力、自然耗損及其他不屬於甲方責任範圍內的原因，則不在此限。

第 10 條　除前條規定外，標的物交付後的修理費及其他標的物使用之一切費用由乙方負擔。

第 11 條　對於標的物乙方應負善良管理人之責，並負有保管之義務。

第 12 條　乙方對於標的物必須遵從甲方的指示，以甲方為受益人，乙方為要保人，締結損害保險契約，並將保險證書交付予甲方。乙方直到標的物所有權移轉給自己之前，都必須持續履行保險契約。

若乙方不履行前項的保險契約時，甲方可自行締結保險契約，而請求乙方付費。

因保險事故的發生，甲方領取保險金時，若依本契約之規定，乙方對甲方的債務清償期未到時，可將此保險金充當剩餘債務金額的償還金，若還有剩餘時，則甲方應歸還給乙方。

第 13 條　若因標的物的設置或保管的瑕疵而使他人受到損害時，一切的責任由乙方負責。

第 14 條　以下所規定之事項，乙方必須事先得到甲方之承諾：

一、變更第 1 條所規定的使用場所，或將其占有權轉讓給第三者時。

二、對於標的物的現狀加以改變，或者附加其他物件時。

第 15 條　乙方對於標的物不得做出轉讓、轉貸、質押及其他有損甲方的行為。

若物體全被查封或受強制執行或受到租稅徵收處分時，乙方必須明示其標的物為甲方所有，而且要將上記事件立刻通知甲方，遵從其指示。

第 16 條　甲方可隨時對標的物所在的場所及乙方的營業場所進行標的物的檢查及給予使用的建議，或陳述意見。

第 17 條　若有下列各項事由發生時，乙方喪失由乙方負擔的一切債務的期限利益：

一、乙方對於本契約中所規定之一切債務的其中一項條款不履行時。

二、乙方受到假扣押、假處分、破產的聲請、刑事追訴、營業的取消處分、停止支付的處分、或其他有顯著喪失信用的事由發生時。

三、乙方結束營業時。

當前項第 2 款及第 3 款的事由發生時，乙方必須立刻通知甲方。

第 18 條　當發生前條第 1 項各事由時，甲方可不必做任何催告，逕行解除本買賣及使用借貸契約，並可請求乙方歸還標的物。但如乙方或乙方的保證人提出擔保，甲方應允時，則不在此限。

第 19 條　當本買賣及使用借貸契約解除時，甲方請求乙方交付標的物，乙方必須將標的物運
　　　　　到甲方的營業所歸還。

第 20 條　本買賣契約解除時，甲方若因乙方不履行本契約以及因標的物使用上，本買賣價款
　　　　　等使甲方蒙受損失時，乙方必須將支付給甲方的金額和相對額進行扣抵，甲乙雙方
　　　　　進行清算。

　　　　　乙方不將標的物歸還甲方時，甲所蒙受之損失與乙方對甲方的債務同額，乙方必須
　　　　　立刻將剩餘債務相當額支付給甲方。

第 21 條　當甲方接受乙方歸還之標的物時，乙方附加於標的物的物品尚未去除時，其所有權
　　　　　由甲方無償取得。

第 22 條　若因天災地變、法令的改廢制定、公權力的命令處分、同業罷工及其他爭議行為、
　　　　　運輸機關的事故及其他不可抗力，使得標的物的全部或一部分交付遲延或無法交付
　　　　　時，甲方不必負責。而不能履行之部分，在本契約中取消。若包括其他的部分在
　　　　　內，本契約目的無法達到時，則可解除本契約，不過，在履行一部分標的物交付的
　　　　　情況下，關於標的物的歸還，以第 19 條及第 20 條為準。

第 23 條　乙方變更住址時，必須通知甲方。若怠忽其責，而由甲方寄給乙方舊住址的郵件誤
　　　　　時或無法送達時，所產生的損失甲方不必負責。

第 24 條　本契約中，甲方的承諾及乙方對甲方的通知均以書面進行。

第 25 條　甲方及乙方對關於本契約的一切訴訟，同意以○○地方法院為管轄法院。

第 26 條　保證人對於本契約中乙方一切金錢債務相關事項，對甲方負連帶保證責任。

第 27 條　保證人受到假扣押、假處分、破產的聲請及刑事追訴，以及其他保證人的不適當事
　　　　　由發生時，甲方可對乙方提出要求，重新約定適當的保證人。

　　　　　當前項各事由發生時，乙方必須立刻通知甲方，並對甲方所要求之重立保證人立刻
　　　　　實行，不得延誤。

第 28 條　當乙方及保證人怠忽本契約上的金錢債務之履行時，必須立刻接受強制執行，不得
　　　　　異議。

第 29 條　乙方為了對甲方擔保因本契約所生目前及將來負擔的一切債務，將其所有的下列不
　　　　　動產為甲方設立的抵押權：（略）

第 30 條　為證明本契約成立，本契約書一式三份，各自簽名蓋章後，甲方、乙方及乙方連帶
　　　　　保證人各執一份。

　　　　　　　　　　　　　　甲方：
　　　　　　　　　　　　　　姓名：○○○　印
　　　　　　　　　　　　　　住址：
　　　　　　　　　　　　　　乙方：
　　　　　　　　　　　　　　姓名：○○○　印
　　　　　　　　　　　　　　住址：
　　　　　　　　　　　　　　連帶保證人：
　　　　　　　　　　　　　　姓名：○○○　印
　　　　　　　　　　　　　　住址：

中　　華　　民　　國　　○○　　年　　○○　　月　　○○　　日

註：本契約第 22 條之不可抗力條款為本契約重要條款。

● 分期付款機器買賣契約書

1. **本契約的特點**：本契約為機器之買賣分期付款，出賣人交付機器後，對機器的性能應加保證，機器應有保固期間之規定，本契約第 11 條、第 12 條有特別規定。

2. **適用對象**：本契約適用於機器或機械之分期付款契約。

3. **基本條款及注意事項**：訂立本契約應訂明買賣契約之基本條款及其應注意事項。

4. **相關法條**：民法第 389、390、354、359、360、364 條。

買賣本約 2-2-39

分期付款機器買賣契約書

賣方：○○○（以下簡稱甲方）

買方：○○○（以下簡稱乙方）

保證人：○○○（以下簡稱丙方）

　　上列甲乙雙方就後記機器之買賣事宜，訂立合約如下：

第 1 條　甲方向乙方保證，根據本合約之各項條款，將後記機器售予乙方，乙方買受之。

第 2 條　買賣價款與付款條件規定如下：

一、總金額新臺幣○○元整。

二、付款方式：

（一）於本合約成立時，即付定金○○元。

（二）餘款○○元，在交貨試機完成後，分二十期平均攤付。

（三）分期付款之交付日期，以定金支付日該月之翌月開始，每月二十日之前截止。

（四）為支付上述分期付款，乙方應與丙方以共同匯出之名義，匯出支票二十張付予甲方。支付日期訂於機器交付之時。

第 3 條　交貨之時間與方法規定如下：

一、交貨時間：民國○○年○月○日前。

二、交貨地點：約定於乙方之○○工廠，應安裝妥當，並先行試機。

三、交貨方法：於試機完成後，甲方應將機器交付予乙方，乙方則須依第二條第二款第 29 目之約定，將二十張分期付款之支票支付予甲方。

第 4 條　後記機器之所有權暫由甲方保留，俟乙方付清第二條之全部貨款時，再將所有權移轉予乙方。

第 5 條　後記機器交貨之後，若因不可抗力之因素，而致機器毀損、遺失時，一切責任歸由乙方負擔。

第 6 條　丙方與乙方須連帶對甲方保證，對本合約書必須負擔一切之債務（除貨款債務外，包括毀損、賠償債務），並負完全支付之責任。

第 7 條　乙方或丙方若發生下列事情，則與本合約有關之債務，毋須通知催告，即自動消失分期付款之利益，所有餘款皆必須一次付清：

一、乙方或丙方之支票無法兌現，或停止付款時。

二、乙方或丙方因滯納公家租稅，或有破產、和解暨其他類似判決上之手續者。

三、就後記機器發生假扣押、假處分等手續者。

四、後記機器因乙方之故意或重大過失，以致毀損、滅失者。

五、乙方遲付第 2 條之分期付款，遲付總額達二期以上時。

六、其他違反本合約之事項。

第 8 條　後記機器乙方應根據正確用法使用之，並由優秀之管理人員負責保管。

第 9 條　乙方發生第七條之情事者，即失去使用後記機器之權利，且該機器必須歸還甲方。

第 10 條　若發生第九條之情形，甲方可對撤回之機器作適度之評價，並據貨款與評價之間的差額作為損害賠償金，連同已收取之貨款抵銷債務，如有餘額則退還乙方。

第 11 條　甲方須保證後記機器之性能完全與說明書（如附文）相符，且交貨後一年內自然發生之故障，甲方亦須負責修理。

第 12 條　後記機器交貨後經三個月者，除前條規定之情形外，甲方不負保證所有瑕疵之責任。即使交付後三個月內，亦只容許交換機器，因機器故障而發生之損害，甲方不負其責。

第 13 條　有關本合約乙方之債務，如屆期未履行者，自屆期之日起以年息百分之二十計算遲延利息。

第 14 條　對於後記機器，乙方須為甲方辦理由總貨款扣除定金之餘額作為投保火險之金額，並為保險金請求權設置質權之手續，其費用由乙方負擔之。

第 15 條　甲乙雙方於民國○○年○月○日前至法院辦理公證事宜，認同本契約各條款金錢債務及後記機器給付義務，並載明應逕受強制執行。

第 16 條　本契約一式二份，甲、乙雙方各執一份為憑。

出賣人（甲方）：○○○　印

身分證字號：

地址：

買受人（乙方）：○○○　印

身分證字號：

地址：

保證人（丙方）：○○○　印

身分證字號：

地址：

中　華　民　國　　○○　年　　○○　月　　○○　日

附機型說明：

一○○式○年型○○機馬達（○馬力），連同附件一組

註：1. 本契約第 4 條規定買受人付清價款前，出賣人保留其所有權。

2. 如有類似第 13 條遲延利息之約定，應注意不得超過民法第 205 條年息 20% 之規定。

● **分期付款腳踏車買賣契約書**

1. 本契約的特點：本契約為腳踏車買賣分期付款契約，買受人在價款未付清前，對於買賣標的物不得移轉或供任何債權之擔保，如有違約，出賣人將隨時解除契約，並請求損害賠償。
2. 適用對象：適用於類似分期付款商品之契約。
3. 基本條款及注意事項：訂立本契約應訂明買賣契約之基本條款及其應注意事項。
4. 相關法條：民法第 389、390、354、359、360、364 條。

買賣本約 2-2-40

分期付款腳踏車買賣契約書

　　出賣人○○商店店東○○○（以下簡稱甲方），承買人○○○（以下簡稱乙方），茲為腳踏車分期付款買賣經雙方同意訂立契約條件如下：

第 1 條　乙方向甲方訂購（龍虎）牌二八吋新品腳踏車一輛，即日由甲方將標的物先行移轉交付予乙方。

第 2 條　價金議定新臺幣一千元，除當日乙方先付新臺幣二百元外，其餘新一千八百元約定自○○年○月起，每月十五日應支付新臺幣一百元，分為八期付清。

第 3 條　乙方如不照前條按期支付價金時，甲方得定相當期限催告履行，倘逾期仍不為付款時，甲方得請求按未付金額，依照○○銀行核定放款之利率計算遲延損害金，乙方不得異議。

第 4 條　乙方違背第 3 條分期付款遲延達有三期者，則喪失分期付款之利益，甲方得隨時請求未付之價款全部給付，乙方不得異議。

第 5 條　乙方連續三次不履行債務，而其情形又顯不能履行時，除依前條行使追付款項外，亦得解除買賣契約，將買賣標的物收回而按其使用期間及程度索取代價，如有損害，更得請求賠償損害，乙方決無異議。

第 6 條　前條甲方應索取之代價及損害金數額，未達已按月領取價款統算之數額時，甲方應將對抵餘額退還予乙方，倘不足時，甲方得再請求其不足額。

第 7 條　乙方在契約第二條所載之價金未付清前，對於買賣標的物不得移轉或供任何債權之擔保，倘有違背時，甲方得隨時解除契約並得請求損害賠償。

第 8 條　本契約所需印花稅由甲方負擔，撰繕費由乙方負擔。

第 9 條　本契約一式二份，甲、乙雙方各執一份為憑。

賣方（甲方）：○○○　印　　
身分證字號：　　　　　　
地址：　　　　　　　　　
買方（乙方）：○○○　印　　

　　　　　　　　　　身分證字號：
　　　　　　　　　　地址：

中　　華　　民　　國　○○　年　　○○　月　　○○　日

註：本契約之第 5 條、第 6 條為重要的履約條款，訂立本契約應詳加引用。

● 電器產品按月分期付款買賣契約書

1. **本契約的特點**：本契約為一般家用電器用品之分期付款，本契約為最廣泛應用之分期付款契約。買受人在貨款全數付清前，不得對該產品有典當、轉售、讓渡等行為。
2. **適用對象**：本契約適用於一般家用電器製品之分期付款
3. **基本條款及注意事項**：訂立本契約應訂明買賣契約之基本條款及其應注意事項。
4. **相關法條**：民法第 389、390、354、359、360、364 條。

買賣本約 2-2-41

電器產品按月分期付款買賣契約書

　　立契約書人○○○（以下簡稱甲方）、○○○（以下簡稱乙方），今就按月分期付款買賣事宜訂立契約條款如下：

第 1 條　本購買契約於甲方將合約號碼填入本契約時成立。

第 2 條　本商品於乙方以現款支付分期付款購買申請金（頭期款）後交予乙方，其所有權於貨款完全付清時移轉予乙方。在此之前，乙方將以善良管理人之身分注意管理，使用本商品。

第 3 條　貨款之分期支付方式如表（略）。以匯入甲方指定銀行、郵局（劃撥存款）或以開支票方式支付。若不以匯款交付，則直接以現金交付予甲方。

第 4 條　在貨款全數付清之前，乙方對該產品不得有典當、轉售、讓渡、轉典等侵害甲方所有權之一切行為。本商品若因第三者強制執行、假扣押，以致甲方之所有權受到損害，或有受損害之可能時，除立即將情形聯絡甲方外，乙方並將努力解決之。

第 5 條　乙方與保證人丙之地址、本商品之設置地點，若遇有變更，必事先向甲方知會。又乙方或保證人丙之地址有變更時，餘額之支付方式願聽從甲方之指定。

第 6 條　本商品於貨款付清之前，因火災、竊盜、遺失等原因而毀損或減失，餘額即由乙方立即以現款付清。

第 7 條　若因乙方之原因而耽誤付款之規定日期，則除耽誤之分期付款金額外，乙方願意支付甲方每月相當於現金定價百分之○・五之金額，以作為耽誤費用。

第 8 條　付款於支付日期始即遲延，雖受甲方之催告，亦未能於指定日前支付時，即失去分期付款之利益、餘款受甲方立即付清之請求或本合約即刻被解除、本商品被撤回等之情事，乙方亦無異議。

第9條　因前項或乙方之原因，以致本商品歸還予甲方，乙方願依照電器業界之習慣，根據下列之計算，支付甲方折舊費用與解除合約所需之費用。本商品之歸還如於一個月之內，折舊金額為相當於分期付款買賣定價之百分之三十；如於合約成立二個月後，則除上述之比例金額外，每月再追加以分期付款買賣定價之百分之七十除以買賣月數減一之數字所計算出之金額。未滿一月者，以日數計算之。但若本商品之價值顯著減少時，則不在此限。

第10條　若因乙方之故，以致本合約之一部分變更時，由乙方支付予甲方相當於本商品按月分期付款定價百分之一之金額，以為業務手續費。

第11條　有關第8條之解除合約，如七日內乙方以現金支付本商品按月分期付款定價之折舊費用，及解除合約所需之費用與遲延賠償金時，本商品應歸於乙方。

第12條　萬一解除合約，本商品無法歸還甲方，乙方即以現金支付分期付款總額之款項。

第13條　若乙方對折舊費用、解除合約所需費用之支付比甲方所指定之日期遲延，則願另以現金支付根據法定利率所計算之延遲賠償金。

第14條　解除合約時，已支付之分期付款金額優先充當折舊費、解除合約所需之費用、延遲賠償金及其他費用，乙方不得有異議。

第15條　乙方若違反本合約條款中之任何一項，除第八條外，甲方得請求其立即付清餘款、解除合約，或請求歸還本商品，乙方皆無異議。又歸還商品與第九條同，應支付折舊費與其他費用。

第16條　本商品若被課稅，由乙方負擔。

第17條　若本合約引起爭執上之訴訟，乙方同意由甲方營業所在地，或履行付款義務地所管轄之地方法院審理。

第18條　保證人丙方願與乙方同負與本合約有關之一切責任。

第19條　本契約一式二份，甲、乙雙方各執一份為憑。

賣方（甲方）：○○○　印

身分證字號：

地址：

買方（乙方）：○○○　印

身分證字號：

地址：

保證人（丙方）：○○○　印

身分證字號：

地址：

中　華　民　國　○○　年　○○　月　○○　日

註：本契約第9條為折舊費用之處理情況，折舊處理為電器分期付款重要條款，應加注意。

【繼續性商品交易】

● 繼續性商品交易契約書（定期付款）

1. 本契約的特點：本契約為繼續性商品契約，買賣雙方約定賣方連續將商品賣予買方，在約定的時間內，由買方支付價金。以後賣方並連續性出售商品與買方而不中斷。
2. 適用對象：本契約適用於繼續性商品交易契約。
3. 基本條款及注意事項：訂立本契約應訂明買賣契約之基本條款及其應注意事項。
4. 相關法條：民法第 354、359、360、364 條。

買賣本約 2-2-42

繼續性商品交易契約書（一）

　　立契約書人○○○股份有限公司（以下簡稱甲方）、○○○股份有限公司（以下簡稱乙方），今就繼續性商品交易事宜訂立契約條款如下：

第 1 條　甲乙雙方約定，甲方將其製造下列內容之商品連續賣予乙方，乙方買進。
　　　　商品內容：合成清潔劑、肥皂、牙膏、洗髮精。
第 2 條　貨款之支付方式，以每月底甲方所交貨物之數量為準，乙方於第二個月底前以現金交付。但如獲甲方之同意，乙方得以九十日內之支票支付甲方。
第 3 條　乙方若有不支付貨款、支票無法兌現、停止付款或違反本合約條款之情事，則毋須通知催告，乙方即失去貨款債務期限之利益，並須一次付清本合約所規定之一切債務。
第 4 條　本合約不預先訂定期限。
第 5 條　乙方之銷售地區約定為○○○，如欲於上述地區外銷售，必須獲得甲方之書面同意。
第 6 條　乙方於甲方要求時，為履行本合約之債務，須依照甲方之指定，採取下列一種或同時二種之方式：
　　　　一、推舉甲方同意之連帶保證人。
　　　　二、提供不動產作為擔保，並根據事先約定付清款項，以避免甲方行使所有物返還請求權。
　　　　三、提供保證金。
　　　　四、寄託有價證券。
　　　　五、乙方之賒賬債權讓渡予甲方。
　　　　六、交付庫存之甲方製品。
第 7 條　乙方違反本合約之條款，或依據第 3 條債務失去期限之利益，與發生下列之情形時，甲方為顧及其未來，可解除本合約：
　　　　一、乙方之信用有重大變化時。
　　　　二、乙方之公司組織上有重大變化時。

第 8 條　若發生與本合約有關之爭執，雙方同意以甲方總公司所在地之地方法院為管轄法院。

甲方：

公司名稱：

公司地址：

負責人：○○○　印

地址：

身分證統一編號：

公會會員證書字號：

乙方：

公司名稱：

公司地址：

負責人：○○○　印

住址：

身分證統一編號：

公會會員證書字號：

連帶保證人：○○○　印

姓名：

住址：

身分證統一編號：

中　華　民　國　○○　年　○○　月　○○　日

註：1. 本契約第 4 條規定本合約不預定期限。

　　2. 依公平交易法第 18 條規定，就供給商品轉售價格不得為限制之約定。

● 繼續性商品交易契約書（付現契約）

1. **本契約的特點**：本契約為繼續性商品交易契約書，買方定期向賣方購一定數量之商品，並由買方付現金給賣方。

2. **適用對象**：本契約適用於定期供應繼續性商品交易契約。

3. **基本條款及注意事項**：訂立本契約應訂明買賣契約之基本條款及其應注意事項。

4. **相關法條**：民法第 354、359、360、364 條。

買賣本約 2-2-43

繼續性商品交易契約書（二）

出賣人：○○○（以下簡稱甲方）

買受人：○○○（以下簡稱乙方）

保證人：○○○（以下簡稱丙方）

上列當事人就繼續性商品交易事宜訂立契約如下：

第 1 條　甲乙雙方約定，甲方就其所製造之商品（另附價格、品名一覽表）賣出，乙方買進。上述價格之變更，須由甲方通知乙方始得生效。

第 2 條　本合約之個別買賣交易，於甲方承諾乙方之訂貨時，合約即告成立，其方式、條件另訂之。第 3 條根據本契約交易之付款，原則上定為立即付現（直接交予甲方或匯款），但如甲方同意時得再另外協定，以針對個別交易要求使用支票或直接付款方式支付。

第 4 條　乙方買受責任數量約定為每月○○箱，若無法達成此數量之期限持續半年以上，甲方有權終止契約。

第 5 條　甲方應參考銷售數量、合作態度，於每年六月及十二月對乙方贈送酬謝金。
　　　　前項酬謝金由乙方寄存於甲方作為交易保證金。

第 6 條　丙方向甲方擔保，乙方絕對負責因本合約所形成之目前負擔，及將來必須負擔之賒貨款項、支票款項、借貸款項與其他一切債務，而以債權最高限額○○元、順序○○號方式，對其所有之後記不動產（如附件）設定抵押權，並應立刻辦理登記手續。

第 7 條　乙方與丙方關於前開不動產中之建築物，就甲方所指定之金額投保火險，若保險事故發生於債務還清之前，則應以保險金支付甲方，以抵償對甲方之債務額。
　　　　乙方與丙方根據前項保險合約，就保險金請求為甲方設定質權，並就保險公司所承諾之事項取得書面證明後，將該證書寄託予甲方。

第 8 條　乙方在本合約終止前將新臺幣○○元寄存於甲方作為交易保證金。但如獲甲方之同意，可以第五條第二項所寄存之酬謝金代替。

第 9 條　乙方為向甲方擔保本合約上之債務，得設定下列格式之質權，將股票寄存於甲方。

	公司行號	面額	股票數量	號碼與符號
1	○○公司	○○元	○股票○張	甲第○○號
2				
3				
4				

第 10 條　丙方就乙方根據本合約所負擔之債務金額向甲方保證乙方負責支付，同時負連帶履行之責任。

第 11 條　乙方或丙方如發生下列之情形，則毋須通知催告，即失去本合約之期限利益，必須一次付清餘款：
　　　　一、期限內皆未支付款項。
　　　　二、支票有無法兌現之事實或停止支付時。
　　　　三、稅金受滯納處分時。
　　　　四、擔保物及其他資產受強制執行時。
　　　　五、有破產、和解（若為公司，則公司重整）或拍賣之提議時。
　　　　六、乙方或丙方將所擔保之不動產占有權移轉他人、變更占有名義或設定租賃權等使用、收益權時。

七、乙方或丙方有減損所擔保之不動產價值行為時。

八、其他違反本合約之事項時。

第 12 條　有關本合約中乙方之債務，逾期支付之賠償金定為日息○分。

第 13 條　本合約之持續期間為訂立日起二年為限，如於期滿前三個月，甲、乙雙方未向對方聲明拒絕更換新約之表示時，即視同契約之自動持續，以後亦同。但乙方須於合約期滿前對甲方付清一切債務。

第 14 條　乙方就本合約有關之履行債務地點，為甲方總公司之所在地。

關於本合約引起之爭執，雙方同意以甲方總公司所在地之地方法院為管轄法院。

第 15 條　本契約一式二份，甲、乙雙方各執一份為憑。

賣方（甲方）：○○○　㊞

身分證字號：

地址：

買方（乙方）：○○○　㊞

身分證字號：

地址：

保證人（丙方）：○○○　㊞

身分證字號：

地址：

中　　華　　民　　國　　○○　　年　　○○　　月　　○○　　日

註：1. 本繼續商品交易契約依契約第 3 條規定，原則上為立即付現，與定期付款不同。

2. 依民法第 873 條之 1 規定，流抵契約原則上為法所不許，非經登記，不得對抗第三人。

3. 利息之約定應注意超過年息 20%的部分無請求權。

【權利買賣】

● 地役權買賣契約書

1. **本契約的特點**：本契約為權利買賣，出賣人以地役權出賣予買受人為其特點。

2. **適用對象**：本契約適用於地役權買賣契約。

3. **基本條款及注意事項**：訂立本契約應訂明買賣契約之基本條款及其應注意事項。

4. **相關法條**：民法第 350、351、353、377 條。

買賣本約 2-2-44

地役權買賣契約書

　○○○（以下稱甲方）○○○（以下稱乙方）與○○○（以下稱丙方）間，依下列締結契約。

第 1 條　甲方依其他契約將其所有之臺北市和平東路一段〇號地之土地與同地上之建物賣予乙方之同時，為該標的物通行之便利，應將其存於丙所有土地上末尾表示之地役權，一併出賣予乙方。

第 2 條　乙應將各地役權受讓之對價新臺幣〇〇元支付予甲，及有關地役權移轉之謝禮新臺幣　元支付予丙。

　　　　甲與丙對於依前項乙所為之對價或謝禮之金額，不得異議。

第 3 條　乙之受讓地役權除日後依一般繼承外，不依需役地所有權而當然移轉，丙未同意其移轉之場合時，與需役地之處分同時消滅。

第 4 條　乙方應負擔全部供役地賦課之公租公課。

第 5 條　乙方不得為使第三人誤以為供役地之所有人為乙之虞之表示，或設備其他裝置。

第 6 條　有關本契約事項之訴訟，應於管轄丙住所地之法院為之。

　　　　為證明本契約作成本書三份，甲、乙及丙各自保有一份。

　　　　　　　　　　　甲方：〇〇〇　印
　　　　　　　　　　　乙方：〇〇〇　印
　　　　　　　　　　　丙方：〇〇〇　印

中　華　民　國　〇〇　年　〇〇　月　〇〇　日

註：本契約為物權的買賣，賣方應調查地役權之完整性，以免權益受損。

● 納骨塔使用權買賣定型化契約範本（行政院消費者保護委員會編印）

1. 本契約的特點：本契約為納骨塔使用權買賣契約。當事人一方以納骨塔使用權出賣予他方，他方給付價金的契約。

2. 適用對象：本契約適用於納骨塔使用權買賣契約。

3. 基本條款及注意事項：訂立本契約應訂明買賣契約基本條款及應注意其要項。

4. 相關法條：民法第 345 至 378 條，消費者保護法第 11 至 17 條。

買賣本約 2-2-45

納骨塔位使用權買賣定型化契約

本契約於中華民國　　年　　月　　日經買方攜回審閱（契約審閱期間至少為五日）

　　　　　　　　　　賣方簽章：
　　　　　　　　　　買方簽章：

〇〇〇（以下簡稱甲方）建造經營管理納骨塔；〇〇〇（以下簡稱乙方）欲使用納骨塔位（以下簡稱塔位）。雙方就塔位使用權買賣，特訂立本契約如下：

第 1 條　（契約標的）

　　　　甲方同意將於民國〇〇年〇〇月〇〇日開始啟用，座落於：〇〇省（市）〇〇縣（市）〇〇鄉（鎮、市、區）〇〇〇段〇〇〇小段〇〇〇

　　　　地號等〇〇土地上，門牌為：〇〇省（市）〇〇縣（市）〇〇鄉（鎮、市、區）〇〇路〇〇段〇〇巷〇〇號建物之第〇樓〇區〇排〇層〇號之納骨塔位永久使用權，出售予乙方，供乙方供奉、置放其所指定人士之骨灰（骸）使用。詳如附圖所示。

第2條　（適用範圍及賣方對廣告之義務）

甲、乙雙方關於塔位使用權買賣之權利義務，依本契約之約定。賣方應確保廣告內容之真實，本納骨塔之廣告、宣傳品、附件及當事人間之口頭約定，有利於乙方或經乙方主張有效者，均為契約之一部分。

第3條　（期間）

甲方同意乙方永久供奉置放骨灰（骸）至該納骨塔自然老舊不能修復時止。其期間不得少於○○年。

前項期間，如因不可抗力之事故或其他事變致喪失置放骨灰（骸）功能，而不能修復或修復顯有重大困難，契約視為終止。

前二項納骨塔是否為不能修復或修復顯有重大困難，由甲方洽請公正之專業機構或公會認定。

第一項永久使用期間屆滿前老舊不能修復或第二項視為終止事由發生時，其乙方不能使用之期間，甲方應按比例返還使用權價金及超支之塔位維護管理費用。

第二項有不可抗力事故或事變所生之毀損，於修復期間，甲方仍應負本契約所訂各項義務。

第4條　（用途）

乙方同意除供奉置放骨灰（骸）外，不得置放其他物品，違反約定時，應依甲方之通知將該物品除去；如甲方有合理可疑之證據，足認乙方所置放之物為違禁物時，得會同警察人員一起檢視，並依法處理。

第5條　（甲方之維護義務）

甲方應盡善良管理人之注意履行下列義務：

一、納骨塔建物之修繕維護。

二、納骨塔內、外設施之定期保養維護。

三、納骨塔四周花木、植栽、修剪與環境衛生安全之保養維護。

四、納骨塔內外照明等必要費用之支付。

五、納骨塔各樓層之清潔管理。

第6條　（甲方之祭祀義務）

甲方應依契約附件之管理辦法所規定之方式，履行下列祭祀義務：

一、祭堂定時晉奉花果香燭。

二、每月定期舉辦宗教祭拜儀式。

三、每年春秋兩祀擴大舉行公祭。

第7條　（甲方之通知義務）

甲方遇有第三條或第四條之情形、納骨塔之重大修繕、骨灰（骸）或骨罈位置移動或翻覆或其他重要事項，應立即通知乙方。

第8條　（塔位更動之限制）

納骨塔同樓層塔位總數與塔位位置方向，未經乙方同意不得擅自增加、變更或移動。

第9條　（開放時間）

本納骨塔開放時間為上午○○時至下午○○時，非開放時間，除因舉行骨灰（骸）安放儀式，乙方不得進入納骨塔內。

第 10 條　（乙方之義務）

為維護納骨塔之安全與整潔，乙方應遵守下列事項：

一、骨灰（骸）盒或骨罈進塔前，應嚴密封閉，以保持衛生。

二、凡啟封塔位面板，應事先通知甲方，由甲方為之。

三、進入塔內祭拜或參觀時，應向甲方管理人員登記。

四、祭品應擺設在指定位置，廢棄物不得任意丟棄。

五、應在塔外指定地點焚化冥紙或燃放鞭炮。

六、納骨塔內不得吸菸及不得攜帶易燃物品進入。

七、納骨塔內除祭堂外，不得持香進入祭拜。

第 11 條　（合法經營之擔保及證明）

甲方應擔保其係合法經營納骨塔，且其納骨塔係合法建造與使用。

甲方應備置下列相關文件影本，供乙方隨時查閱：

一、公司執照或法人登記證書。

二、營利事業登記證。

三、核准設置文件。

四、建造執照。

五、使用執照。

六、核准啟用文件。

第 12 條　（價款與管理費）

□方案一

塔位永久使用權之價金為新臺幣○○○元整，乙方應於簽約時　一次給付甲方。

乙方應於使用塔位時一次給付甲方新臺幣○○○元整作為塔位　維護管理之費用。

□方案二

塔位永久使用權之價金為新臺幣○○○元整，乙方應於簽約時　一次給付甲方。

乙方應於使用塔位時起每○○○年給付甲方新臺幣○○○元作　為塔位維護管理之費用。

□方案三

塔位永久使用權之價金為新臺幣○○○元整，分○○期，每期　○○○元，於每月○○日給付。

乙方於使用塔位時起每○年給付甲方新臺幣○○○元作為塔位　維護管理之費用。

□方案四

塔位永久使用權之價金為新臺幣○○○元整，分○○期，每期　○○○元，於每月○○日給付。

乙方應於使用塔位時一次給付甲方新臺幣○○○元整作為塔位　維護管理之費用。

第 13 條　（使用權證明書）

甲方應於乙方依約定繳納塔位永久使用權之價金後，交付使用權證明書予乙方。但其價金分期繳納者，於繳納第○○期價金後交付之。

前項使用權證明書應編號，載明使用權人姓名、身分證字號；契約標的所在位置；使用期間；購買日期及塔位不得擅自更動等有關事項，並由甲方簽名或蓋章。

有第十四條、第十五條及第十六條情形時，使用權人得請求甲方換發使用權證明書。

第 14 條　（換位）

乙方在使用塔位前，如同一納骨塔內仍有空位時，乙方可持本契約或使用權證明書向甲方請求換位，所換塔位以原購買時之同等級以上為限，如所換之塔位高於原等級者應補足差額。

乙方依前項規定請求換位時，以一次為限。

第 15 條　（使用權之轉讓）

乙方之使用權得自由轉讓，甲方不得收取任何名義之轉讓權利金或手續費用。

乙方依前項約定轉讓使用權時，由乙方及受讓人持本契約書或使用權證明書及其他相關證件，向甲方辦理轉讓過戶手續。

第一項之受讓人承受乙方基於本契約所生之一切權利及義務。

第 16 條　（繼承）

乙方發生繼承事實時，由繼承人提示被繼承人除戶戶籍謄本或死亡證明書、繼承協議書及本契約書或使用權證明書向甲方辦理過戶登記，該過戶登記免繳手續費。

乙方繼承人有數人而未達成協議時，依民法規定行之。

乙方發生繼承事實，繼承人依第一項辦理過戶登記後，得變更指定使用塔位之人。

第 17 條　（使用）

乙方所指定之人需使用塔位時，應持死亡證明、死者除戶戶籍謄本、火葬許可證（或遷葬證明或撿骨證明，國外運回者應附通關證明）及使用權證明書向甲方辦理進塔使用手續。

第 18 條　（管理費專款專用）

甲方收取之管理費應設立專戶，專款專用。

前項所稱專用，係指供甲方履行第五條及第六條義務使用。

第 19 條　（設立公益信託）

甲方應於納骨塔使用權買賣之價金中提撥百分之○，依信託本旨設立公益信託或投保相關之保險，支應重大事故發生或經營不善致無法正常營運時之修護、管理或損害賠償等費用。

第 20 條　（契約之解除）

本契約簽訂後十四日內且未使用塔位，乙方得解除契約，甲方不得拒絕，並應退還乙方已付之價款。

第 21 條　（違約之處理）

甲方違反第八條之約定擅自增加、變更或移動塔位時，乙方得通知甲方回復原狀，如未於三個月內回復原狀，乙方得終止契約，並請求甲方加倍退還所有價金及超支之維護管理費用。

甲方違反第三條第四項或第五項、第五條或第六條各款之義務，其情節重大者，乙方得定相當期限通知甲方改善，未於期限內改善者，乙方得請求免除管理費○○○；經乙方再定相當期限通知甲方改善，仍未改善者，乙方得終止契約，並請求甲

方加倍退還所有價金及超支之維護管理費用。

乙方違反第十條之約定，甲方得予勸止、制止或為其他必要之處置。

乙方違反第十二條約定，未如期給付價款時，逾期付款達四個月，逾期未繳款達總價款之○○○，甲方得定相當限期催告乙方繳交，如乙方仍未於期限內繳交時，甲方得解除本契約，並沒收已繳之價款，作為損害賠償，但沒收金額不得超過總價款之 20%。超過部分，應於解除契約七日內退還乙方。

第 22 條　（疑義之處理）

本契約各條款如有疑義時，應為有利於乙方之解釋。

第 23 條　（未盡事宜之處置）

本契約如有未盡事宜，依相關法令、習慣及平等互惠與誠實信用原則公平解決之。

　　　　　　立契約書人

　　　　　　　　　甲方：

　　　　　　　　　法定代表人：○○○　印

　　　　　　　　　國民身分證統一編號：

　　　　　　　　　住址：

　　　　　　立契約書人

　　　　　　　　　乙方：○○○　印

　　　　　　　　　國民身分證統一編號：

　　　　　　　　　住址：

中　　華　　民　　國　　○○　年　　○○　月　　○○　日

註：1. 訂立本契約，應本於平等互惠之原則，如有疑義，應有利於消費者之解釋。

　　2. 訂立本契約，不得違反誠信原則，如對消費者，顯失公平無效。

第 3 章　互易契約

審訂：臺灣彰化地方法院檢察署主任檢察官　郭棋湧

一、定義

互易為雙方當事人約定互相移轉金錢以外之財產權的契約（民法第 398 條），例如以物交換物的契約，米交換、牛交換馬等都是。

二、契約當事人的法定權利義務

互易契約雙方當事人均負出賣人的義務，亦均有買受人的權利。互易的效力準用買賣的規定，惟當事人之一方移轉財產權並應貼補金錢者，其金錢部分也準用關於買賣價金的規定（民法第 399 條）。

三、互易契約應訂明的基本條款

1. 雙方當事人。
2. 互易的標的物明細。
3. 互易的時間、地點、方法（程序）。
4. 有金錢貼補的情形者，其方法。
5. 其他特約事項。

四、契約範例

（一）汽車互易契約書

1. 本契約的特點：本契約乃是互易汽車的所有權，是動產互易的一種，互易的雙方應有汽車之所有權。並提示所有權的證明。當事人一方有金錢貼補。
2. 適用對象：本契約可為動產互易之典型契約，其他動產互易可以比照本契約方式訂定。
3. 基本條款：訂立本契約應訂明互易契約的基本條款。
4. 相關法條：民法第 398、399、354 至 366 條。

互易契約 2-3-1

汽車互易契約書

　　立互易契約人○○○以下（簡稱甲方），與○○○以下（簡稱乙方），茲為汽車互易經雙方同意締結契約條件如左：

第 1 條　甲方將其所有後開第一標示卡車一輛，與乙方所有後開第二標示卡車一輛，彼此互易約諾之。

第 2 條　前條互易標的物連同有關文憑證件，於契約訂立同時互相點交清楚，並限於一個月內會同向有關機關辦理過戶手續，各不得有怠慢或刁難等情事。

第 3 條　本件互易甲方願補貼乙方新臺幣○○元整，即日於乙方憑收據確實向甲方如數親收足訖。

第 4 條　本件互易標的物雙方確認為自己所有，保證與他人毫無瓜葛，又無來歷不明情事，日後如有第三人出為異議或發生障礙時，應出面保護權利，並排除一切障礙，不得使他方蒙受損害。

第 5 條　甲乙雙方各保證其互易之標的物，未經與他人預約買賣及供為任何債權之擔保等瑕疵，倘有是情，除應即為理清外，並應負賠償他方之損害。

第 6 條　如違背前二條契約，對方除得依債務，不履行之規定行使權利外，並得追究其刑責。

第 7 條　關於互易標的物應負之稅賦及其他債務，甲乙方各應負責即為繳納或理清。

第 8 條　本互易諸項費用，除契約代書費、印花稅費對半負擔外，對於過戶一切費用，由甲乙方各自負擔之。

第 9 條　乙方所僱傭之司機○○○及車掌○○○、○○○，甲方應與乙方同一條件繼續僱傭之；但被僱傭人倘有反對時，不在此限。

第 10 條　本件互易標的物列開於下：
　　　　　第一標示（甲方所有部分）：
　　　　　一、年式：
　　　　　二、出品廠牌：
　　　　　三、製造號碼：
　　　　　四、牌照號碼：
　　　　　第二標示（乙方所有部分）：
　　　　　一、年式：
　　　　　二、出品廠牌：
　　　　　三、製造號碼：
　　　　　四、牌照號碼：

第 11 條　本契約一式二份，甲乙雙方各執一份為憑。

立互易汽車契約書人：○○○　印
○○○　印

見證人：○○○　印
　　　　○○○　印

| 中 | 華 | 民 | 國 | ○○ | 年 | ○○ | 月 | ○○ | 日 |

註：本汽車互易由甲方補貼乙方新臺幣○○元，依民法第三九九條規定，準用於關於買賣價金之規定。

(二) 房屋互易契約

1. **本契約的特點**：本契約乃是房屋之互易契約，是不動產互易的一種，互易的雙方對於房屋的所有權應提示之，雙方詳查內容。
2. **適用對象**：本契約可為房屋互易之的典型契約，其他房屋之互易可以比照本契約方式訂定。
3. **基本條款**：訂立本契約應訂明互易契約上基本條款。
4. **相關法條**：民法第 398、399、354 至 366 條。

互易契約 2-3-2

房屋互易契約書

立互易房屋契約人○○○（以下簡稱甲方）與○○○（以下簡稱乙方），茲為房屋互易經雙方同意締結契約條件如下：

第 1 條　甲方將其所有後開第一標示不動產房屋一棟與乙方所有後開第二標示不動產房屋一棟彼此互易約諾之。

第 2 條　前條互易標的物連同有關文憑證件，於契約訂立同時互相點交清楚，並限於一個月內會同有關機關辦理過戶手續，各不得有怠慢或刁難等情事。

第 3 條　本件互易甲方願補貼乙方新臺幣○○元整，即日於乙方憑收據確實向甲方如數親收足訖。

第 4 條　本件互易標的物各方確認為自己所有，保證與他人毫無瓜葛，日後如有第三人出為異議或發生障礙時，各應出面保護權利，並排除一切障礙，不得使他方蒙受損害。

第 5 條　各保證其互易之標的物未經與他人預約買賣及供為任何債權之擔保等瑕疵，倘有是情，除應即為理清外，並應負賠償他方之損害。

第 6 條　如違背前二條契約時，對方除得依債務不履行之規定行使權利外，並得追究其刑責。

第 7 條　關於互易標的物應負稅賦及其他債務，甲乙方各應負責即為繳納或理清。

第 8 條　本互易諸項費用除契約代書費、印花稅費對半負擔外，對於過戶一切費用，由甲乙方各自負擔之。

第 9 條　本件互易成立後，應於一星期內雙方會同向稅捐稽徵機關申報各項稅款手續，各不得刁難推諉。

第 10 條　本件互易標的物列開於下：
　　　　　第一標示（甲方所有部分）

一、座落：○○市○段○地號，面積：○○平方公尺。

二、門牌：○○區○里○路○號共貳層樓房乙棟。

三、面積：一樓○○平方公尺、二樓○○平方公尺。

第二標示（乙方所有部分）

一、座落：○○市○段○地號，面積：○○平方公尺。

二、門牌：○○區○里○路○號共貳層樓房乙棟。

三、面積：一樓○○平方公尺、二樓○○平方公尺。

以上所有權全部應先將有關產權登記附件及平面圖於本契約日交予甲乙雙方各自收執。

第 11 條　本契約一式二份，甲乙雙方各執一份為憑。

立互易房屋契約書人：○○○　印

○○○　印

見證人：○○○　印

○○○　印

中　　華　　民　　國　　○○　　年　　○○　　月　　○○　　日

註：本房屋互易，甲方願補貼乙方新臺幣○○元，依民法第 399 條規定，其金錢部分準用關於買賣價金的規定。

（三）土地交換契約書

1. **本契約的特點**：本契約乃是不動產土地的互易契約，是不動產互易的一種，互易之雙方應提示土地所有權之證明，互易雙方應詳查內容，以免錯誤。

2. **適用對象**：本契約為土地互易之典型契約，訂定土地互易，可以以此為範例。

3. **基本條款**：訂立本契約應訂明互易契約之基本條款。

4. **相關法條**：民法第 398 條。

互易契約 2-3-3

土地交換契約書

立契約人○○○（以下簡稱甲方）、○○股份有限公司（以下簡稱乙方）對於後記表示的土地交換締結如下之契約。

物件的表示：

所有權狀標示：（甲方所有部分）

所有權狀標示：（乙方所有部分）

第 1 條　甲方和乙方各自對於其所有之前記物件進行交換。

第 2 條　本土地之交換為等價交換，甲乙雙方之間並未進行金錢及其他授受。

第 3 條　甲方與乙方對於互易之標的物有阻礙所有權之行使等情事。及未繳納租稅，於辦理所有權移轉登記前須負責除去或繳納。

　　　　　所有權移轉登記終了後，前項之瑕疵及負擔仍未除去或繳納時，則以同樣方式處理。

第 4 條　交換標的物的所有權移轉登記申請至中華民國○○年○月○日前，由甲乙雙方協同至所轄登記機關辦理。

第 5 條　甲乙雙方在本契約書及土地交換契約證書作成所有權移轉登記申請時，必須同時將其他必要文件交付對方。

第 6 條　交換證書製作的費用、所有權移轉登記所需之登錄規費及各項租稅，由甲乙雙方各自負擔。

第 7 條　關於交換土地之任何稅捐，至中華民國○○年度止，由交換前的原所有者負擔。

第 8 條　在本契約期間中，若甲方之地上建築物損失或產生其他變化，契約的效力仍然存續，關於此事項，由甲乙雙方互相確實約定。

第 9 條　若甲乙雙方任何一方違約導致對方蒙受損害，無過失之一方不得向違約之一方請求與損害相當額度之賠償，而違約者必須負責賠償，不得有異議。

第 10 條　關於本契約中未規定之事項，一切依照法律的規定處理。

第 11 條　按照前記締結土地交換契約，作成契約書一式二份以為憑證，甲乙雙方各執一份。

　　　　　　　　　　甲方：○○○　印
　　　　　　　　　　乙方：○○○　印
　　　　　　　　　　見證人：○○○　印

中　　華　　民　　國　　○○　　年　　○○　　月　　○○　　日

註：本契約為等價交換，並無金錢補貼，不依民法 398 條準用金錢買賣之規定。

第4章 交互計算

審訂：臺灣彰化地方法院檢察署主任檢察官　郭棋湧

一、定義

交互計算者，謂當事人約定，以其相互間的交易所生之債權債務爲定期計算，互相抵銷，而僅支付其差額的契約。其計算期如無特別訂定時，法定爲六個月計算一次。

二、契約當事人的法定權利義務

1. **債權債務的除去**：應記入交互計算中之債權債務範圍，由當事人自由定之。確定後則不得僅憑一方意思任意除去。匯票、本票、支票及其他流通證券，記入交互計算中者，如證券之債務人不爲清償時，當事人得將該記入之項目除去之。此項除去之權利只能在計算後一年內行使之。
2. **利息的約定及支付**：記入交互計算之項目，得約定自記入之時起附加利息。由計算而生之差額，亦得請求自計算時起支付利息。
3. **交互計算契約**：當事人間訂有存續期間者，因其期間之屆滿而終止。未訂有存續期間者，當事人的一方，得隨時終止交互計算契約而爲計算。

三、交互計算契約應訂明的基本條款

1. 雙方當事人。
2. 交互計算的債權債務範圍。
3. 交互計算的計算期。
4. 交互計算的存續期間。
5. 利息之約定。
6. 其他特約事項。

四、契約範例

（一）交互計算契約書(一)

1. **本契約的特點**：本契約為交互計算契約，應編入交互計算之債權債務，若原附有利息或附有擔保以及保證人之責任時，亦應依舊記入計算，但擔保以及保證人之責任仍不失其效力為其特色。
2. **適應對象**：本契約適用於交互計算之一般契約。
3. **基本條款**：訂立本契約應訂明交互計算契約之基本條款。
4. **相關法條**：民法第 400 至 405 條。

交互計算 2-4-1

交互計算契約書（一）

　　立交互計算契約人○○○（以下簡稱為甲方），與立契約人○○○（以下簡稱為乙方），茲為交易相互節省清償之手續而靈活資金之運用起見，經雙方協議同意訂立交互計算契約如下：

第 1 條　甲乙雙方約定應編入交互計算之範圍，為相互間平常繼續交易上所生之債權債務，均得計入交互計算。

第 2 條　因交易所授受之匯票、本票、支票或其他有價證券亦得記入交互計算，但與交易無關之票據證券，則不得計入交互計算。

第 3 條　經記入計算中之債權債務，除票據或證券等債權債務，如其票據或證券之債務人不為清償者，得就該記入項目除去外，其餘部分各不得任意除去。

第 4 條　應編入交互計算之債權債務，若原附有利息或附有擔保以及保證人之責任時，亦應依舊記入計算。但擔保以及保證人之責任仍不失其效力。

第 5 條　應記入交互計算之債權債務，如未附有利息者，亦應自記入之時起依年息百分之五計算附加利息。

第 6 條　經記入交互計算之債權債務，各不得請求支付或履行，亦不得為債權之讓與或為質權之標的，又不得與交互計算之債權相抵銷。

第 7 條　交互計算之計算期，約定應以每二個月之末日結算一次。

第 8 條　前條之計算，應由甲乙雙方會同結算，就其期間內交易所生債權債務合併結算，將其總額相互抵銷後算定其差額。

第 9 條　因不得已情事不能會算時，得作成計算書送達他方，而他方接受計算書後應為承認與否之表示，以確定其差額。

第 10 條　對於他方提出計算書內容如有發現錯誤或遺漏者，應於文到後五日內陳述異議以及請求除去或改正。如逾期不為聲明異議者，即視為承認其差額。

第 11 條　經結算抵銷而生之差額確定後，於超過債務之一方應即交付其差額予他方。

第 12 條　由結算而生之差額未能即時支付時，得記入次期交互計算中，但自應支付日起加算按每年百元日息○分計算之遲延利息。

第 13 條　本契約存續期間暫定自契約成立日起至○○年○月○日。前項期間雖在存續中，甲
　　　　　乙雙方各得隨時終止契約（或約定除被宣告破產或受法院查封財產時得為終止外，
　　　　　絕不得任意終止契約）。
第 14 條　本契約存續期間屆滿或經終止時，應即截止債權之記入，並應為結算而算定其差額
　　　　　及請求支付。

　　　　　　　　　立契約人：甲方：○○○　　印
　　　　　　　　　　　　　　住址：
　　　　　　　　　　　　　　乙方：○○○　　印
　　　　　　　　　　　　　　住址：

中　　華　　民　　國　　○○　　年　　○○　　月　　○○　　日

註：本契約之第 1、2、3 條為本契約之重要條款，明確指示如何交互計算。

（二）交互計算契約書(二)

1. 本契約的特點：本契約為交互計算契約書，對編入交互計算之各項目各不得附
　 利息為其特色。
2. 適用對象：本契約適用於交互計算契約，不附利息之契約。
3. 基本條款：訂立本契約應訂明交互計算契約之基本條款。
4. 相關法條：民法第 400、401、402、404、405 條。

交互計算 2-4-2

　　　　　　　　　　　　交互計算契約書（二）
　　　　　　　　　　　　　　　　　　　　○○公司董事長○○○
　　　　　　　　　　　　　　　　　　　　○○貿易行經理○○○

　　　上列當事者間為節省清償之手續而靈活資本之運用互相約定，因交易上所生之債權債務
為定期計算互相抵銷，而支付其差額，契約條件如下：

一、上列當事者自○○年○月○日起至○○年○月○日止六個月間（或者○年或○月），雙
　　方約定為○○交易所生債權債務以為抵銷而支付其差額。
二、交互計算存續期間中，任何一方均不得就該交互計算項目之債權債務為獨立請求。
三、依民法之規定不得為抵銷者外（民法第 338 條至第 341 條），對於○○○亦不得合入交
　　互計算（註：依民法之規定不得為抵銷之債權債務不得合為交互計算，雖毋須另為規
　　定，但本條對此外於當事者另定不為合入計算時，以之併列示之為例）。
四、依本票或支票等其他商業證券所生之債權債務得合入交互計算。但證券之債務人不為清
　　償時，當事人得就關於該債務之項目除去交互計算。
五、第 1 條所定之期間終止時，當事人以其日閉鎖計算，迅將記載各項目債權債務之計算提
　　出於對方，要求其承認。當事人雙方承認前項計算書後，對其各項目不得異議；但錯誤
　　或脫漏不在此限。

六、對編入交互計算之各項目各不得附利息（或者自編入之日起各附百元日息○角○分之利息）。

七、承認第 5 條之計算書時，因抵銷所生差額，負有給付義務之當事人應即時（或○日內）支付予對方。

八、因抵銷所生差額，負有給付義務之當事人不於前條之期日（或期間內）給付時，應將計算閉鎖之日起附加年息○分（或法定銀行利息）之利息給付予對方。

九、各當事人得任意解除交互計算，是時準用第 5 條至第 8 條之規定。

立契約人：○○公司
董事長○○○ 　印
○○貿易行
經理○○○ 　印

中　　華　　民　　國　　○○　　年　　○○　　月　　○○　　日

註：本契約第 3 條規定依民法之規定不得為抵銷外，另有規定不得合為交互計算之債權債務。

（三）交互計算契約書(三)

1. **本契約的特點**：本契約為交互計算契約書，票據及其他的商業證券所生的債權債務得記入交互計算。但證券債務人不履行清償時，得將該債務項目由交互計算中除去為其特色。

2. **適用對象**：適用於類似本契約之交互計算。

3. **基本條款**：訂立本契約應訂明交互計算契約之基本條款。

4. **相關法條**：民法第 400、401、402、403、404 條。

交互計算 2-4-3

交互計算契約書（三）

同立契約人○○○與○○○間為交互計算締結契約條件如下：

第 1 條　當事人間約定自民國○○年○月○日起至民國○○年○月○日之六個月間（或者○月或○年），對雙方間○○○交易所生債權債務總額互相抵銷，而支付其殘額交互計算而各約諾之。

第 2 條　依民法規定不得為抵銷者外，對於○○○亦不得為交互計算（注意：依民法規定不得抵銷之債權債務不得為交互計算，雖免另規定於本條，但當事人間特約不得為交互計算時，亦應依本條附載為例）。

第 3 條　票據其他之商業證券所生之債權債務得記入交互計算。但證券債務人不履行清償時，得將該債務項目由交互計算中除去。

第 4 條　第 1 條所定期間終了時，自應將其計算閉鎖，迅將記載各項目之債權債務計算書提出對方請求其承認，當事人間一經承認後，對各項目之債權債務除有錯誤或脫漏外，不得有任何異議。

第5條 交互計算所記入之各項目得附加依照臺灣銀行核定放款利率計算利息（或者自記入之日起附加利息）。

第6條 第4條所載之計算書經承認後，應支付因抵銷所生差額之當事人應隨時（或限○日內）支付對方。

第7條 應支付因抵銷所生差額者，於前條之期日（或期間內）不履行給付時，應自計算閉鎖之日起至給付日止，對其款額應附加給付每百元日息○角○分計算之利息（或銀行利息）。

第8條 各當事人得隨時解除交互計算，此時亦準用第4條至前條之規定辦理之。

第9條 本契約一式二份，當事人各執一份為憑。

立交互計算契約人：○○○ 印

住址：

身分證統一編號：

立交互計算契約人：○○○ 印

住址：

身分證統一 編號：

中 華 民 國 ○○ 年 ○○ 月 ○○ 日

註：本契約第4條為比較特殊之規定，可參酌之。

第 5 章　贈與契約

審訂：臺灣臺北地方法院所屬民間公證人、重慶聯合事務所所長
謝永誌

一、定義

贈與為當事人約定一方以自己之財產，無償給與他方，他方允受的契約（民法第 406 條）。

二、契約當事人的法定權利義務

（一）贈與人的義務

1. 移轉財產權：移轉財產權贈與契約一經成立，贈與人即有移轉財產權之義務。
2. 債務不履行責任：贈與人僅就其故意或重大過失對受贈人負責。對於應立有票據或為履行道德上義務而為之贈與，不為履行時，受贈人得請求交付贈與物或其價金，但不得請求利息或其他損害賠償。
3. 贈與人擔保責任：贈與人原則上不負瑕疵擔保責任，除非是故意不告知其瑕疵或保證其無瑕疵。

（二）贈與人的權利

1. 拒絕履行：贈與人於贈與約定後，其經濟狀況顯有變更，如因贈與致其生計有重大影響或妨礙其扶養義務之履行者，得拒絕履行。
2. 撤銷贈與：贈與物之權利未移轉前，贈與人得撤銷其贈與。其一部已移轉者，得就未移轉之部分撤銷之。但經公證之贈與或為履行道德上之義務而為贈與者，不適用之。附有負擔之贈與，如贈與人已為給付而受贈人不履行其負擔時，贈與人得撤銷其贈與。負擔以公益為目的者，於贈與人死亡後，主管機關或檢察官得請求受贈人履行其負擔。受贈人因故意不法之行為，致贈與人死亡或妨礙其為贈與之撤銷者，贈與人之繼承人得撤銷其贈與。受贈人對於贈與人或最近親屬有故意侵害之行為，依刑法有處罰之明文者，或對贈與人有扶養義務而不履行者，贈與人得撤銷其贈與。

3. 請求返還贈與物：贈與經撤銷後，贈與人得依關於不當得利規定請求返還贈與物。

三、贈與契約應訂明的基本條款

1. 贈與人及受贈人。
2. 贈與標的物。
3. 移轉所有權的期限。
4. 費用負擔。
5. 有負擔之贈與者，其負擔。
6. 如為定期贈與之條款。

四、其他應注意的事項

1. 受贈人僅於贈與的價值限度內有履行負擔的責任。
2. 定期給付的贈與除贈與人另有約定外，因贈與人或受贈的死亡，失其效力。
3. 贈與契約，雖是贈與，但亦應經受贈人同意允受，故贈與契約，亦應經受贈人簽章。

五、契約範例

【不動產贈與】

● 不動產贈與契約（附房屋租賃）

1. 本契約的特點：本契約為附有房屋租賃契約之不動產贈與契約。贈與人必須將租賃契約附於贈與契約移轉受贈人。
2. 適用對象：為附有租賃契約之不動產贈與皆向適用之。
3. 基本條款及注意事項：訂立本契約應訂明贈與契約之基本條款及其應注意事項。
4. 相關法條：民法第 406 條。

贈與契約 2-5-1

不動產贈與契約書

　　贈與者○○○（以下簡稱甲方）、受贈者○○○（以下簡稱乙方）雙方締結如下贈與契約：

第 1 條　甲方將後記之不動產依以下各條約定贈與乙方。

第 2 條　甲方會同乙方於中華民國○○年○月○日進行後開之不動產移轉登記及讓渡手續。

第 3 條　前條之讓渡係以現有狀況下交付乙方。而自簽約日始至中華民國○○年○月○日止，移轉變更登記完成，乙方依法承受為後開不動產建築物之出租人。

　　　　甲方須將前述房屋租賃契約書交付予乙方。

第 4 條　根據第 2 條所述後開不動產於辦理移轉登記或交付日之前毀損滅失時，則撤銷後開不動產建築物之贈與，而僅贈與土地。

第 5 條　本契約一式二份，甲、乙雙方各執一份為憑。

　　　　附不動產標示：

　　　　一、土地：座落於○○市○○街○○段○○號。

　　　　　　面積：○○坪。

　　　　二、建築物：

　　　　　　建築物：木造房屋二層。

　　　　　　面積：一樓○○坪、二樓○○坪。

　　　　　　下列建築物正租賃中

　　　　　　　　立契約人：贈與人（甲方）：○○○　印

　　　　　　　　　　　　　住址：

　　　　　　　　　　　　　身分證統一編號：

　　　　　　　　　　　　　受贈人（乙方）：○○○　印

　　　　　　　　　　　　　住址：

　　　　　　　　　　　　　身分證統一編號：

中　　華　　民　　國　　○○　年　　○○　月　　○○　日

註：本契約為債權契約，須經移轉變更登記為受贈人名義後始生物權效力，受贈人對承租人始能主張出租人權利。

● 不動產贈與契約書

1. 本契約的特點：本契約為不動產贈與契約，內容簡單明瞭為其特色。

2. 適用對象：適用於不動產贈與公證之用。

3. 基本條款及注意事項：訂立本契約應訂明贈與契約之基本條款及其應注意事項。

4. 相關法條：民法第 408 條。

贈與契約 2-5-2

不動產贈與契約書（法院公證處例稿）

　　立契約人○○○（以下簡稱甲方）○○○（以下簡稱乙方）因贈與事件經合意訂立本契約，其內容如下：

第 1 條　甲方願將其所有第 2 條記載價值約新臺幣○○○元之○○贈與乙方。

第 2 條　贈與物如下：（略）

第3條　甲方應將前條所載贈與物原始憑證交付乙方。

第4條　辦理所有權移轉登記須用甲方印章時，甲方應隨時供給印章並到場。

第5條　本契約經公證後生效。

贈與人：○○○　印

住址：

受贈人：○○○　印

住址：

中　華　民　國　○○　年　○○　月　○○　日

● 不動產附負擔贈與契約書

1. 本契約的特點：本契約為贈與不動產附負擔，受贈人應對贈與人負扶養義務，否則得撤銷贈與為其特點。

2. 適用對象：適用於不動產附負擔的贈與契約。

3. 基本條款及注意事項：訂立本契約應訂明贈與契約之基本條款及其應注意事項。

4. 相關法條：民法第 412、413、414 條。

贈與契約 2-5-3

不動產附負擔贈與契約書（法院公證處例稿）

立約人贈與人○○○受贈人○○○因附負擔贈與不動產，訂立條件如下：

第1條　贈與不動產標示：

　　　　一、座落○○市○○區○○段○○地號土地，地目建，面積○○公頃，權利範圍：應有部分二分之一。

　　　　二、座落○○市○○區○○段○○地號土地，地目田，面積○○公頃，權利範圍：全部。

第2條　贈與人願將前項不動產贈與受贈人，受贈人允受上述贈與。

第3條　受贈人應對贈與人負扶養義務，否則得撤銷贈與。

第4條　贈與契約成立後，贈與人應將贈與之標的物所有權移轉登記予受贈人。

第5條　契約成立後，贈與物之一切稅捐、費用均由受贈人負責繳納。

第6條　本契約經公證後生效，作成一式三份，由甲、乙雙方各執行一份為憑，餘由公證人執存一份。

贈與人：○○○　印

住址：

受贈人：○○○　印

住址：

中　華　民　國　○○　年　○○　月　○○　日

註：本契約第3條受贈人應對贈與人負扶養義務，否則得撤銷贈與。

● 不動產土地及房屋附負擔贈與契約

1. **本契約的特點**：本契約為附負擔贈與契約書，契約明訂受贈人應如何履行負擔的義務，如無履行負擔，則撤銷贈與。
2. **適用對象**：本契約對於不動產贈與附負擔適用之。
3. **基本條款及注意事項**：訂立本契約應訂明贈與契約之基本條款及其應注意事項。
4. **相關法條**：民法第 412、413、414 條。

贈與契約 2-5-4

不動產土地及房屋附負擔贈與契約書

　　贈與人（父）○○○簡稱甲方，受贈人（三女）○○○簡稱乙方，茲因甲方育有四女，長女○○○已成人於歸，次女○○○幼亡，參女○○○長成待婚，四女○○○尚幼以外，並無產生男兒，故曾收養○○○為養子，但不守家教放浪無度，自早脫離家庭而不知去向已不能為靠，考慮老後待養按將乙方招夫配婿而依靠其扶養起見，甲方願將後開所示土地及房屋附負擔扶養義務贈與乙方，茲經雙方同意訂立條件列記於下：

第 1 條　甲方願將其所有後開標示土地及房屋贈與乙方，而乙方同意受贈之。

第 2 條　本件贈與土地及房屋於契約成立同時，甲方願將其所有權全部一併移交予乙方為己有。

第 3 條　本件贈與成立後甲方應備齊有關文件會同乙方，向地政機關聲請辦理本件贈與土地及房屋產權移轉登記手續，倘登記手續上需要甲方出立字據或蓋章時，甲方須即無條件配合之，不得刁難或請求任何費用，關於本件贈與及登記所需費用悉由甲方負擔支理之。

第 4 條　自本件贈與成立日起，乙方應負扶養其祖母父母等之義務，關於妹妹之出嫁費用，乙方亦應盡量贈助之。

第 5 條　乙方受贈後，如違背前條所定扶養義務時，甲方得撤銷贈與，而乙方應將贈與土地交還甲方收回絕無異議。

第 6 條　乙方在第 4 條扶養義務未完全履行前，非經甲方同意不得將受贈不動產土地及房屋為之處分，或設定典權抵押權等他項權利，抑或供為任何債權之擔保。

第 7 條　本件贈與土地及房屋，確認為甲方所有，絕無來歷不明或設定他項權利之情事，嗣後如有第三人主張權利者，由甲方負責理清。

第 8 條　甲方確認本件贈與不動產土地及房屋，在贈與前並無積欠稅金，否則，應由甲方負責繳清。

第 9 條　本契約一式二份，甲、乙雙方各執一份為憑。

附贈與不動產標示：

　　一、土地部分（略）

　　二、房屋部分（略）

```
                         贈與人（甲方）：○○○  [印]
                         住址：
                         身分證統一編號：
                         受贈人（乙方）：○○○  [印]
                         住址：
                         身分證統一編號：
中  華  民  國  ○○  年  ○○  月  ○○  日
```

註：附負擔之贈與應注意民法第 412、413、414 條之規定。

【動產贈與】

● 動產贈與契約

1. 本契約的特點：本契約為典型動產贈與契約，簡單明瞭為其特點。
2. 適用對象：凡是動產之贈與皆適用之。
3. 基本條款及注意事項：訂立本契約應訂明贈與契約之基本條款及其應注意事項。
4. 相關法條：民法第 410、411 條。

贈與契約 2-5-5

```
                    動產贈與契約書
    [印花]

    贈與者○○○（以下簡稱甲方）、受贈者○○○（以下簡稱乙方）雙方就贈與圖書事宜
簽訂本契約，其條件如下：

第 1 條  甲方將後記之圖書贈與乙方。
第 2 條  甲方於中華民國○○年○月○日前將後記圖書交付予乙方。
第 3 條  乙方將受贈之圖書陳設於乙方協會之閱覽室，並委任管理員，提供會員閱覽，保管
        費用由乙方負擔。
第 4 條  乙方若未能履約或善盡保管之義務時，甲方得撤銷本契約。
第 5 條  乙方如欲解散協會，則對所受贈圖書之處理須遵照甲方之指示。
第 6 條  本契約一式二份，甲、乙雙方各執一份為憑。
附圖書標示：
    一、○○○全套○卷○冊○○出版社發行。
    二、○○○全套○卷○冊○○書店發行。

            立契約人：贈與人（甲方）：○○○  [印]
                     住址：
                     身分證統一編號：
```

受贈人（乙方）：○○○　印
　　　　　　　　住址：
　　　　　　　　身分證統一編號：

中　華　民　國　○○　年　○○　月　○○　日

註：動產之贈與，應註明交付時間地點，並敘述交付方式以及注意贈與人對於贈與人物是否有所有權。

● 附期限動產贈與契約書

1. **本契約的特點**：本契約為動產贈與在一定期限屆至發生效力。受贈人於為一定行為時，贈與契約發生效力。
2. **適用對象**：本契約為附期限之贈與，受贈人於期限屆至前，不得請求贈與人交付贈與物。本契約為典型附期限之贈與契約。
3. **基本條款及注意事項**：訂立本契約應訂明贈與契約之基本條款及其應注意事項。
4. **相關法條**：民法第 102 條。

贈與契約 2-5-6

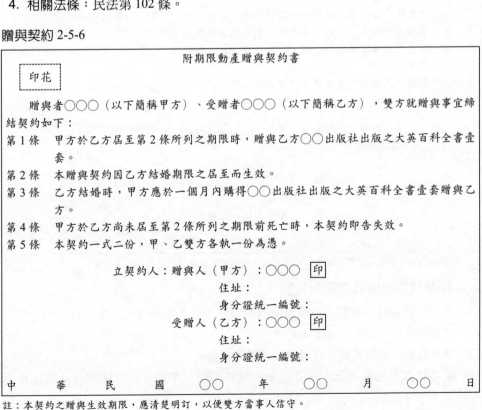

附期限動產贈與契約書

印花

　　贈與者○○○（以下簡稱甲方）、受贈者○○○（以下簡稱乙方），雙方就贈與事宜締結契約如下：

第 1 條　甲方於乙方屆至第 2 條所列之期限時，贈與乙方○○出版社出版之大英百科全書壹套。
第 2 條　本贈與契約因乙方結婚期限之屆至而生效。
第 3 條　乙方結婚時，甲方應於一個月內購得○○出版社出版之大英百科全書壹套贈與乙方。
第 4 條　甲方於乙方尚未屆至第 2 條所列之期限前死亡時，本契約即告失效。
第 5 條　本契約一式二份，甲、乙雙方各執一份為憑。

　　　　立契約人：贈與人（甲方）：○○○　印
　　　　　　　　　　　　住址：
　　　　　　　　　　　　身分證統一編號：
　　　　　　　　受贈人（乙方）：○○○　印
　　　　　　　　　　　　住址：
　　　　　　　　　　　　身分證統一編號：

中　華　民　國　○○　年　○○　月　○○　日

註：本契約之贈與生效期限，應清楚明訂，以便雙方當事人信守。

● 附停止條件之動產贈與契約書

1. **本契約的特點**：本契約爲附條件之動產贈與契約，條件成就則贈與契約成立，條件不成就則贈與契約不成立。
2. **適用對象**：凡附條件之動產贈與契約皆適用之。
3. **基本條款及注意事項**：訂立本契約應訂明贈與契約之基本條款及其應注意事項。
4. **相關法條**：民法第 99 條。

贈與契約 2-5-7

附停止條件之動產贈與契約書

印花

　　贈與者○○○（以下簡稱甲方）、受贈者○○○（以下簡稱乙方），雙方就贈與事宜締結契約：

第 1 條　甲方於乙方完成第 2 條所列之條件時，贈與乙方○○製○○牌之鋼琴一臺。

第 2 條　本贈與契約生效之條件爲乙方必須通過大學入學考試。

第 3 條　乙方達成第 2 條之約定時，甲方應於一個月內購得○○製○○牌之鋼琴一臺贈與乙方。

第 4 條　甲方於乙方尚未達成第 2 條所列之條件前死亡時，本契約即告失效。

第 5 條　本契約一式二份，甲、乙雙方各執一份爲憑。

　　　　　　　立契約人：贈與人（甲方）：○○○ 印
　　　　　　　　　　　　住址：
　　　　　　　　　　　　身分證統一編號：
　　　　　　　　　　　受贈人（乙方）：○○○ 印
　　　　　　　　　　　　住址：
　　　　　　　　　　　　身分證統一編號：

中　華　民　國　○○　年　○○　月　○○　日

註：本契約注重在受贈人是否能使契約所定之條件能成就，而使贈與契約成立爲重點。

● 債權及股票附負擔贈與契約

1. **本契約的特點**：本契約爲贈與債權與股票並附負擔之贈與，債權爲權利，股票爲有價證券，皆可以爲贈與的標的。
2. **適用對象**：對於權利及有價證券之贈與皆適用之。
3. **基本條款及注意事項**：訂立本契約應訂明贈與契約之基本條款及其應注意事項。
4. **相關法條**：民法第 412、413、414 條。

贈與契約 2-5-8

債權及股票附負擔贈與契約書

　　贈與人○○○簡稱甲方，受贈人○○○簡稱乙方，茲為債權及股票附負擔義務贈與，經雙方同意議訂條件如下：

第 1 條　甲方自願將第 2 條記載債權及股票贈與乙方，而乙方願遵守契約負擔義務受贈之。

第 2 條　本件贈與物標示如下：

　　　　一、債權標示

　　　　　　（一）債務人○○○住○○○○○。

　　　　　　（二）債權額新臺幣○萬○千元整。

　　　　　　（三）利息按每百元日息○分○厘。

　　　　　　（四）清償期限民國○○年○月○日。

　　　　　　（五）利息支付期每月末日。

　　　　　　前述債權包括該債權附隨之一切權利在內為贈與。

　　　　二、股票標示：

　　　　　　（一）○○股份有限公司，設○○○○○。

　　　　　　（二）面額新臺幣○千○百元股票○○張。

　　　　　　（三）股票字號○○○○○。

　　　　　　前述股票包括其利益在內為贈與。

第 3 條　甲方於本契約成立同時，將前條所列債權及股票之權利全部移轉予乙方取得收益。

第 4 條　甲方與債務人○○○間於民國○○年○月○日所訂立之金錢借貸契約私證書，及有關權利證明文件以及股票○張，即日全部交付乙方收執完畢。

第 5 條　甲方保證贈與標的債權尚有效存在，而以該債務人○○○無抵銷或減輕及債之消滅等原因，或其他瑕疵在前無訛。

第 6 條　本贈與契約成立後，由甲方負責將債權贈與要旨以書面通知債務人○○○。

第 7 條　甲方對於股票之贈與，於本契約成立後，亦應負責向○○股份有限公司聲請過戶手續。

第 8 條　乙方受贈甲方本贈與標的財產後，如甲方逝世時，乙方應負擔其喪葬費之義務。

第 9 條　乙方違背前條義務時，甲方之繼承人得撤銷贈與，乙方不得異議。

第 10 條　本契約一式二份，當事人各執一份為憑。

　　　　　　立契約人：贈與人（甲方）：○○○　印

　　　　　　　　　　　住址：

　　　　　　　　　　　身分證統一編號：

　　　　　　　　　　受贈人（乙方）：○○○　印

　　　　　　　　　　　住址：

　　　　　　　　　　　身分證統一編號：

中　華　民　國　　○○　年　　○○　月　　○○　日

註：本契約注重在附有負擔的贈與契約，受贈人應履行其負擔，契約才能有效成立，贈與人應提示債權證明及股票之正本，以證明其權利。

● 死因贈與契約

1. 本契約的特點：本契約為贈與人死亡後而發生效力的契約。受贈人於贈與人死亡後，由贈與人之繼承人獲得贈與物。

2. 適用對象：本契約適用於贈與人死亡後始發生效力的贈與契約。

3. 基本條款及注意事項：訂立本契約應訂明贈與契約之基本條款及其應注意事項。處獲得贈與物。

4. 相關法條：民法第 406 條。

贈與契約 2-5-9

死因贈與契約書

印花

贈與人○○○（以下簡稱甲方）、受贈者○○○（以下簡稱乙方），雙方議定左列贈與事宜，其條件如下：

第 1 條　甲方將下列土地及建築物無償贈與乙方：

　　　　一、土地：

　　　　　　座落於○○市○○區○○段○○小段○○地號。

　　　　　　地目：建

　　　　　　面積：○○平方公尺。

　　　　二、建築物：

　　　　　　門牌號碼：○○市○○區○○路○○段○○巷○○號。

　　　　　　權利範圍：全部。（建號：○○○號）。

第 2 條　前條之贈與於甲方死亡時生效，贈與物之所有權亦於當時歸屬乙方。

第 3 條　甲方繼承人應於甲方死亡後一個月內會同乙方辦理所有權移轉登記手續。

第 4 條　甲、乙雙方若均死亡，則本契約失效。

第 5 條　乙方若對甲方施予重大之羞辱或有其他不良行為依刑法有處罰之明文者時，甲方得撤銷本契約。

第 6 條　本契約一式二份，甲、乙雙方各執一份為憑。

　　　　　　立契約人：贈與人（甲方）：○○○　印

　　　　　　　　　　　住址：

　　　　　　　　　　　身分證統一編號：

　　　　　　　　　　受贈人（乙方）：○○○　印

　　　　　　　　　　　住址：

　　　　　　　　　　　身分證統一編號：

中　　華　　民　　國　　○○　年　　○○　月　　○○　日

註：本契約乃是於贈與人死亡後而發生效力的契約，贈與人死亡後，應由其繼承人或遺產管理人辦理產權移轉事宜予受贈人。

● **定期性贈與契約書**

1. 本契約的特點：本契約爲定期性給付的贈與契約，由贈與人定期性給付受贈人一定的金錢（即定期金），此贈與契約有繼續性給付的性質。
2. 適用對象：本契約適用於父母支付養育金於養育其子女之人或定期支付金錢於其他慈善機構。或子女支付定期金以養育其父母。
3. 基本條款及注意事項：訂立本契約應訂明贈與契約之基本條款及其應注意事項。
4. 相關法條：民法第 415 條。

贈與契約 2-5-10

定期性贈與契約書

印花

　　贈與者○○○（以下簡稱甲方）、受贈者○○○（以下簡稱乙方），雙方就定期性贈與事宜締結契約如下：

第 1 條　甲方提供乙方監護、養育其子○○○（以下簡稱丙方）所需之養育補助費，並於每年 6 月底及 12 月底無償贈與新臺幣○○元整。

第 2 條　前條定期贈與期間，自中華民國○○年○月○日始至丙方成年為止。

第 3 條　在第 2 條所列期間內，若丙方死亡，本契約即告失效。
　　　　同前期間內，若乙方死亡，丙方得繼承其受贈者之地位。

第 4 條　乙、丙雙方倘有不良行為依刑法有處罰之明文者，甲方得撤銷本契約。

第 5 條　本契約一式二份，甲、乙雙方各執一份為憑。

　　　　　　立契約人：贈與人（甲方）：○○○ 印
　　　　　　　　　　　　住址：
　　　　　　　　　　　　身分證統一編號：
　　　　　　　　　　　受贈人（乙方）：○○○ 印
　　　　　　　　　　　　住址：
　　　　　　　　　　　　身分證統一編號：

中　　華　　民　　國　　○○　　年　　○○　　月　　○○　　日

註：本契約第 4 條訂明受贈人如有不良行為依刑法有處罰之明文，贈與人可撤銷贈與契約，符合民法第 416 條第 1 項規定。

第 *6* 章　租賃契約

審訂：臺灣臺北地方法院所屬民間公證人、重慶聯合事務所所長
謝永誌

一、定義

租賃爲當事人約定，一方以物租與他方使用收益，他方支付租金的契約，租金得以金錢或租賃物之孳息充之（民法第 421 條）。

二、契約當事人的法定權利義務

（一）出租人的義務

1. 交付租賃物：並保持約定狀態。
2. 瑕疵擔保責任：
   (1) 權利瑕疵擔保責任：擔保第三人就租賃物不得主張妨害承租人使用收益之權利。
   (2) 物的瑕疵擔保責任：租賃物爲房屋或其他供居住之處所者，如有危及承租人或同居人安全或健康之瑕疵，承租人得終止租約。
   (3) 修繕之義務：租賃物之修繕除契約另有訂定或另有習慣外，由出租人負擔。
   (4) 負擔稅捐義務：租賃物應納之一切稅捐，由出租人負擔。
   (5) 有益費用之償還義務：出租人應償還承租人就租賃物支出之有益費用，但以該費用增加物之價值，且出租人知情而不爲反對之表示者爲限。

（二）出租人的權利

1. 催告承租人支付租金權：如承租人於催告所定期間內不爲支付，出租人得終止契約。
2. 留置權：對租賃物所生之債權，出租人得對承租人之物置於該不動產者行使留置權，至承租人提出擔保爲止。
3. 損害賠償請求權：對於承租人之重大過失致租賃物失火毀損滅失，或因承租人之同居人得承租人承諾，而使用收益之第三人應負責之事由致租賃物毀損滅失

者，承租人負損害賠償責任。

4. 契約終止權：承租人違反約定方法致違反租賃物之性質而為租賃物之使用收益，經出租人阻止仍繼續為之者，出租人得終止契約。

（三）承租人的義務

1. 租賃物為動物：其飼養費用由承租人負擔。
2. 保管租賃物：承租人應以善良管理人之注意，保管租賃物。
3. 通知：遇有修繕或防止危害之事由，承租人應即通知出租人。
4. 支付租金：承租人應依約定日期支付租金。因自己之事由致不能為租賃物全部或一部分之使用收益者，亦不得免除支付租金義務。
5. 返還租賃物：承租人於租賃關係終止後，應返還租賃物。

（四）承租人的權利

1. 終止契約權：於租賃物為房屋或其他供居住處所有物的瑕疵且危及安全或健康時為之。
2. 租金減少請求權：租賃關係存續中，因不可歸責於承租人之事由，致租賃物之一部分滅失者，承租人得按滅失之部分請求減少租金。耕地之承租人因不可抗力，致其收益減少或全無者，得請求減少或免除租金。耕地之租金減免請求權，承租人不得預先拋棄。
3. 孳息請求權：耕作地之承租人因租賃關係終止時，未及收穫之孳息及所支出之耕作費用，得在孳息之價額內請求出租人償還之。
4. 工作物取回權：承租人就租賃物所增設之工作物，得取回之。
5. 買賣不破租賃：出租人於租賃物交付後，縱將其所有權讓與第三人，其租賃契約對於受讓人仍繼續存在。
6. 租賃承受：出租人就租賃物設定物權，對妨礙承租人之使用收益者，則租賃契約對於物權人仍繼續存在。
7. 地上權之登記：租用基地建築房屋者，承租人於契約成立後，得請求出租人為地上權之登記（民法第 422 條之 1）。

三、租賃契約應訂明的基本條款

1. 承租人與出租人。
2. 租賃標的物。

3. 租賃期限。

4. 租金、擔保金及其他費用負擔之約定。

5. 使用租賃物之限制或使用辦法。

6. 轉租約定。

7. 終止租約條款。

8. 送達地址之約定。

9. 修繕義務。

10. 違約罰責。

11. 其他特約事項。

四、訂立租賃契約應注意事項

1. 不動產之租賃契約，其期限逾一年者，應以字據訂立之。未以字據訂立者，視為不定期限之租賃。

2. 未定期限之租賃契約，當事人得隨時終止之。

3. 租賃之期限不得逾二十年。

4. 承租人非經出租人承諾，不得將租賃物轉租於他人。但租賃物為房屋時，除有特約禁止外，承租人得將房屋之一部分轉租他人。承租人雖轉租，但其與原出租人關係仍為繼續，對次承租人所生之損害仍應負賠償責任。

第一節) 不動產租賃

一、租賃契約公證實益

　　當房東與房客來到公證人面前表明，房客如未依約給付租金、違約金或於租期屆滿不返還房屋，或房東未依約返還保證金（俗稱押金）者，均願「逕受強制執行」，日後若發生房東或房客一方不依約履行時他方當事人即可持公證書向法院執行處直接聲請強制執行，而無須經由法院判決確定之訴訟程序。

　　依民法第 425 條第 2 項規定，不動產租賃契約期限超過五年或未定有租賃期限者，需經公證後，房客才能在房東將房屋或土地出售予他人時，主張其租約對他人亦有效繼續存在（俗稱買賣不破租賃）。

　　按經公證的租約文件，公證人依法應保存十五年，故有保全證據之效果。

　　在公證租約過程中，除由公證人於實際體驗中探求當事人的真意及租賃事實，並核對房東與房客之身分證明文件與租賃標的之權利證明文件外，並經公證人與當

事人共同逐一確認及細心說明租約各條款的法律上效果，使當事人在簽訂租約前，能完全充分的了解其租約上應有的權利與義務。

二、辦理房屋租賃公證應備文件

1. 本人到場辦理者：
   (1) 房屋稅單正、影本（由房東提供）
   (2) 建物所有權狀正、影本（由房東提供）
   (3) 請求人國民身分證正、影本
   (4) 請求人印章（公司大、小章）
   (5) 如請求人爲公司或其他法人者，則應提供公司營利事業登記證或法人登記證正、影本。
2. 如授權他人代辦者：除上述應備文件外，尚需提供授權書及印鑑證明（如授權書經過公證或駐外單位認證者，即無需印鑑證明）。
   (1) 授權人爲自然人：
      ① 代理人需檢附授權書（經授權人簽名及蓋印鑑章）。
      ② 由戶政事務所出具的印鑑證明，將於 2003 年 7 月 1 日起不再核發，故自該日起有關代理人所檢附之授權書應經公證或認證。
   (2) 授權人爲公司：
      ① 代理人需檢附授權書（加蓋與公司變更登記表相同之大、小印鑑章）。
      ② 公司變更登記表以六個月內爲限，如超過者，應提供公司變更登記表抄錄本。（臺北市、臺北縣：公司資本額一億以上者，向經濟部申請：資本額一億以下者，臺北市向臺北市政府申請。臺北縣向經濟部中部辦公室申請，電話 0492-357-171）。
   (3) 授權人爲其他法人：
      ① 代理人需檢附授權書（加蓋與印鑑證明相同之印鑑）。
      ② 所屬地方法院或主管機關出具之法人印鑑證明。

三、房屋租賃公證後稅金申報

1. 房客每年可享有 12 萬元的租金抵稅權利。
2. 房東於每年申報租賃所得稅時，得主張先扣減租金收入的 43% 爲房屋修繕必要費用，僅申報租金收入的百分之 57% 爲實際租賃所得額。
3. 房屋稅率與地價稅率。

房屋稅率

項目		法定稅率		現行徵收率
		最低	最高	
住家用		1.2%	2%	1.2%
非住家用	營業用	3%	5%	3%
	私人醫院、診所、自由職業事務所及人民團體等非營業用			

※ 房屋同時作住家用及非住家用：應以實際使用面積分別按住家用或非住家用稅率課徵。
※ 其稅率為 90 年公佈的法定稅率

地價稅率

土地使用別	稅率
一般私有土地	1%
自用住宅用地	0.2%
工業、礦業、公園等特定用地	1%
公共設施保留地（建築使用）	0.6%
公有土地非公用	1%

A. 空地稅：按應納地價稅加徵二倍至五倍
B. 地價總額超過累進起點時，則有累進課稅。

四、簽約注意事項

1. **契約審閱權**：房屋出租人如為企業經營者與承租人訂立定型化契約前，應有三十日以內之合理期間，供承租人審閱全部條款內容。（消費者保護法第 11 條之 1）

2. **租賃**：稱租賃者，謂當事人約定，一方以物租與他人使用、收益、他方支付租金之契約（民法第 421 條）。當事人就標的物及租金為同意時，租賃契約即為成立。故承租人為支付租金之人，出租人為負交付租賃標的物之人。

3. **房屋標示及租賃範圍**：出租人應以合於所約定使用、收益之租賃物，交付承租人，並應於租賃關係存續中保持其合於約定使用、收益狀態。（民法第 423 條）

4. **租賃附屬設備**：租賃標的是否包含其他附屬設備時有爭執，應由雙方互為確認，以杜糾紛。

5. 租賃期間：
   (1) 不動產之租賃契約，其期間逾一年者，應以字據訂立之，未以字據訂立者，視爲不定期限之租賃。（民法第 422 條）
   (2) 租賃契約之期限，不得逾二十年，逾二十年者，縮短爲二十年。（民法第 449 條第 1 項）

6. 租金約定及支付：
   (1) 承租人應依約定日期，支付租金。無約定者依習慣，無約定亦無習慣者，應於租期滿時支付之。如租金分期支付者，於每期屆滿時交付之。（民法第 439 條）
   (2) 土地法第 97 條第 1 項之規定，城市地方房屋之租金，以不超過土地及其建築物申報總價額年息 10% 爲限。

7. 擔保金約定及返還：土地法第 99 條之規定，擔保金以不超過二個月之租金總額爲宜，超過部分，承租人得以超過之部分抵付房租。

8. 稅費負擔：
   (1) 出租人於租賃物交付後，承租人占有中，縱將其所有權讓與第三人，其租賃契約對於受讓人仍繼續存在。前項規定，於未經公證之不動產租賃契約，其期限逾五年或未定期限者，不適用之。（民法第 425 條）
   (2) 就租賃物應納之一切稅捐，由出租人負擔。（民法第 427 條）

9. 使用房屋之限制：
   (1) 住戶規約之內容除公寓大廈管理條例有規定外，尚有住戶共同約定事項。
   (2) 承租人應依約定方法，爲租賃物之使用、收益，無約定方法者，應以依租賃物之性質而定之方法爲之。（民法第 438 條第 1 項）
   (3) 承租人非經出租人承諾，不得將租賃物轉租於他人。但租賃物爲房屋者，除有反對之約定外，承租人得將其一部分，轉租於他人。（民法第 443 條第 1 項）

10. 修繕及改裝：
    (1) 租賃物之修繕，除契約另有訂定或另有習慣外，由出租人負擔。（民法第 429 條第 1 項）
    (2) 出租人之修繕義務，在使承租人就租賃物能爲約定之使用收益，如承租人就租賃物以外有所增設時，該增設物即不在出租人修繕義務範圍。（63 臺上 99）

11. 承租人之責任：
    (1) 承租人應以善良管理人之注意保管租賃物，如違反此項義務，致租賃物毀損

　　滅失者，應負損害賠償責任。（民法第 432 條）

(2) 租賃物因承租人之重大過失致失火而毀損滅失者，承租人對於出租人負擔損害賠償責任。（民法第 434 條）

12. **房屋部分滅失**：租賃關係存續中，因不可歸責於承租人之事由，致租賃物之一部滅失者，承租人得按滅失之部分，請求減少租金。前項情形，承租人就其存餘部分不能達租賃之目的者，得終止契約。（民法第 435 條）

13. **租期屆滿**：承租人於租賃關係終止後，應返還租賃物。租賃物有生產力者，並應保持其生產狀態，返還出租人。（民法第 455 條）

14. **租賃物之返還**：定有期限之租賃契約，如約定當事人之一方於期限屆滿前，得終止租約者，其終止契約應依第 450 條第 3 項之規定，先期通知。（民法 453 條）

15. **房屋所有權之讓與**：出租人於租賃物交付後，承租人占有中，縱將其所有權讓與第三人，其租賃契約，對於受讓人仍繼續存在。前項規定，於未經公證之不動產租賃契約，其期限逾五年或未定期限者，不適用之。（民法第 425 條）

16. **出租人終止租約**：

(1) 租賃物為房屋者，遲付租金之總額達二個月之租額，並經出租人定相當期間催告，承租人仍不為支付者，出租人得終止租約。（民法第 440 條第 2 項）

(2) 承租未依約定方法使用租賃物，經出租人阻止而仍繼續為之者，出租人得終止契約。（民法第 438 條第 2 項）

(3) 承租人未經出租人承諾將租賃物轉租於他人者，出租人得終止契約。（民法第 443 條第 2 項）

(4) 不定期之房屋租賃，承租人積欠租金除擔保金抵償外達二個月以上時，依土地法第 100 條第 3 款之規定，出租人固得收回房屋。惟該條款所謂因承租人積欠租金之事由收回房屋，應仍依民法第 440 條第 1 項規定，對於支付租金遲延之承租人，定相當期限催告其支付，承租人於其期限內不為支付者，始得終止租賃契約。在租賃契約得為終止前，尚難謂出租人有收回房屋請求權存在。（42 臺上 1186）

(5) 區分所有權人或住戶積欠應繳納之公共基金或應分擔或其他應負擔之費用已逾二期或達相當金額，經定相當期間催告仍不給付者，管理負責人或管理委員會得訴請法院命其給付應繳之金額及遲延利息。（公寓大廈管理條例第 21 條）

(6) 查公寓大廈管理條例第 21 條之規定，區分所有權人或住戶積欠應繳納之公共基金或應分擔或其他應負擔之費用已逾二期或達相當金額，經定相當期間

催告仍不給付者，管理負責人或管理委員會得訴請法院命其給付應繳之金額及遲延利息。惟該申請案件法院是否受理或舉證事實法院是否採認，行政機關無從置喙。有關前揭條文所稱「已逾二期」、「達相當金額」及「相當期間催告」等事項，應屬事實舉證，如有爭議，宜請當事人遵循司法途徑為之。（內政部 86 年 11 月 28 日臺（86）內營字第 8608643 號函）

17. 疑義處理：企業經營者（房屋出租人）與承租人因本契約所發生之消費爭議，依消費者保護法第 43 條及第 44 條規定，承租人得向出租人、消費者保護團體或消費者服務中心申訴；未獲妥適處理時，得向租賃物之直轄市或縣（市）政府消費者保護官申訴；再未獲妥適處理時得向直轄市或縣（市）消費爭議調解委員會申請調解。

18. 租賃契約之效力：
    (1) 近年來，國內外交流頻繁，社會結構快速變遷，人際關係日趨複雜，權益糾紛層出不窮。為確保私權及預防訴訟宜請求公證人就法律行為或私權事實作成公證書或認證私文書。
    (2) 房屋租賃期限逾五年或未定期限者，租賃契約書未經公證，於租賃期間房屋所有權讓與第三人，縱然出租人於房屋交付後，承租人仍占有中，其租賃契約，對於受讓人不存在。（民法第 425 條）
    (3) 為保障私權及預防訴訟，訂立房屋租賃契約時不宜輕率，應由公證人作成公證書，以杜事後之爭議。

19. 契約分存：訂約時務必詳審契約條文，由雙方簽名、蓋章或按手印，並寫明戶籍住址及身分證號碼，以免日後求償無門。

20. 未盡事宜：民法第 148 條第 2 項規定：「行使權利，履行義務，應依誠實及信用方法。」此乃民法之帝王條款，其適用於任何權利行使及義務之履行，故如有未盡事宜，悉依誠實信用原則處理。

21. 訂約時應先確定訂約者之身分，如身分證或駕照等身分證明文件之提示。未成年人訂定本契約須經法定代理人或監護人之允許或承認。但已結婚者不在此限。

22. 出租人是否為屋主或二房東，可要求出租人提示產權證明如所有權狀、登記簿謄本或原租賃契約書（應注意其租賃期間有無禁止轉租之約定）。

23. 房屋租賃若透過仲介業務之公司（或商號）辦理者，應由該公司（或商號）指派經紀人於本契約簽章。（不動產經紀業管理條例第 22 條）

五、契約範例

內政部業已公告頒行「房屋租賃契約書範本」，明定租賃期間的租金、擔保金、押租金、相關費用、稅費負擔、承租人使用房屋的限制與責任及規定審閱期間至少為三日。

在租賃契約中有關稅費、代辦費可約定為：房屋稅、地價稅由出租人負擔，承租人營業所須繳納捐由承租人自行負擔，銀錢收據的印花稅則由出租人負擔。

出租人可以終止租約的情形包括：承租人遲付租金的總額達二個月的租額，並經出租人定相當期間催告，承租人仍不支持者；承租人違反使用房屋的限制者；承租人未經出租人同意，自行改裝者；以及承租人積欠應分擔或其他應負擔的費用已逾二期或達相當金額，經管理負責人或管理委員會定相當期間催告仍不給付者。

承租人可以終止租約的情形包括：房屋損害而有修繕的必要時，其應由出租人負責修繕者，經承租人定相當期間催告，仍未修繕完畢者；在租賃關係存續中，因不可歸責於承租人的事由，致房屋的一部滅失，承租人請求減少租金，無法議定者；以及房屋有危及承租人或其同居人安全或健康的瑕疵時。

應特別注意的是，房屋租賃契約書範本中規定，契約各條款如有疑義時，應為有利於承租人的解釋。

（本範本由內政部 91 年 1 月 30 日臺內中地字第 0910083141 號公告頒行，並不得修改內容）

【房屋租賃】

● 房屋租賃契約書（一）

1. 本契約的特點：本契約為房屋租賃契約書，租賃內容包括附屬設備。
2. 適用對象：本契約適用房屋租賃包括附屬設備的契約。
3. 基本條款及應注意事項：訂立本契約應訂明租賃契約之基本條款及其應注意事項。
4. 相關法條：民法第 422-427、429、431-434、437-441、443-448、451-456 條。

租賃契約 2-6-1

房屋租賃契約書（一）

立契約書人 出租人：○○○（以下簡稱甲方）茲為房屋租賃事宜，雙方同意本契約
　　　　　　承租人：○○○（以下簡稱乙方）

條款如下：

第1條　房屋標示及租賃範圍
　　　　房屋標示：

地下室		建築物完成日期	民國　年　　月　　日		備註	
樓						
號						
弄		權利範圍			有無租賃或占用之情形	
巷						
段		建號			有無設定抵押權、查封登記或其他物權之設定	
路街		面積（平方公尺）				
市區鄉鎮						
縣市		租賃範圍	主建物	附屬建物	共用部分使用	
所有權人						

　　　　車位：地上（面、下）第○層□平面式□機械式停車位編號
　　　　　　　　　　　　　　　　　　□坡道式□升降式
　　　　第○○號單位。
　　　　租賃範圍：
　　　　房屋□全部□○樓□房間○間□第○室。
　　　　車位□全部□○○○（□日間□夜間）。
　　　　其他：
第2條　租賃附屬設備
　　　　除另有清單外，租賃之附屬設備有：
　　　　□電視○臺　　□冰箱○臺　　□冷氣○臺　　□沙發○組
　　　　□床組○套　　□窗簾○組　　□燈飾○件　　□梳妝臺○件
　　　　□電話○具（號碼：○○○○）□熱水器○臺　　□排油煙機
　　　　□流理臺　　□瓦斯爐　　□天然瓦斯／桶裝瓦斯　　□其他
第3條　租賃期間
　　　　租賃期間自民國○○年○月○日起至民國○○年○月○日止。
第4條　租金約定及支付
　　　　每月應繳月租金新臺幣○○○元整，並於每月○○日前支付，承租人不得藉任何理由拖延或拒絕，出租人亦不得任意要求調整租金。
第5條　擔保金（押金）約定及返還
　　　　擔保金新臺幣○○○元整。承租人應於簽訂本契約之同時給付出租人。
　　　　前項擔保金，除有第十六條之情形外，出租人應於租期屆滿，承租人交還房屋時返還之。

第 6 條　押租金方式給付租金

押租金新臺幣○○○元整。承租人應於簽訂本契約之同時給付出租人；押租金給付後，承租人

□應另支付租金、□擔保金。

□不另支付租金、□擔保金。

前項押租金，出租人應於租期屆滿，承租人依約履行債務並交還房屋時無息返還之。

第 7 條　租賃期間相關費用之支付

租賃期間，使用房屋所生之相關費用：

一、公共基金：

　　□由承租人負擔

　　□由出租人負擔

　　□○○○

二、管理費

　　□由承租人負擔

　　□由出租人負擔

　　□○○○

三、租賃契約成立前應繳之相關費用由出租人負擔；租賃契約成立後公共基金由

　　□出租人

　　□承租人　負擔。

第 8 條　稅費負擔

本租賃契約有關稅費、代辦費，依下列約定辦理：

一、房屋稅、地價稅由出租人負擔。

二、承租人營業所須繳納稅捐由承租人自行負擔。

三、銀錢收據之印花稅由出租人負擔。

四、簽約代辦費，新臺幣○○○元

　　□由出租人負擔。

　　□由承租人負擔。

　　□由雙方當事人平均負擔。

　　□○○○。

五、如辦理公證，其代辦費新臺幣○○○元。

　　□由出租人負擔。

　　□由承租人負擔。

　　□由雙方當事人平均負擔。

　　□○○○。

六、公證費，新臺幣○○○元

　　□由出租人負擔。

　　□由承租人負擔。

　　□由雙方當事人平均負擔。

　　□○○○。

七、仲介費，新臺幣○○○元

　　□由出租人負擔。

　　□由承租人負擔。

　　□由雙方當事人平均負擔。

　　□○○○。

八、其他：○○○。

第 9 條　使用房屋之限制

本房屋係供○○○之使用。

承租人同意遵守住戶規約，不得違法使用或存放危險物品，影響公共安全。

未經出租人同意，承租人不得將房屋全部或一部分轉租、出借或以其他方式供他人使用或將租賃權轉讓於他人。

第 10 條　修繕及改裝

房屋損壞而有修繕之必要時，應由□出租人 □承租人 負責修繕。

房屋有改裝設施之必要，經出租人同意，承租人得依相關法令自行裝設。

前項情形承租人返還房屋時，□應負責回復原狀 □○○○○○○○ 。

第 11 條　承租人之責任

承租人應以善良管理人之注意保管房屋，如違反此項義務，致房屋毀損或滅失者，應負損害賠償責任。

第 12 條　房屋部分滅失

租賃關係存續中，因不可歸責於承租人之事由，致房屋之一部滅失者，承租人得按滅失之部分，請求減少租金。前項情形減少租金無法議定者，承租人得終止租賃契約。

第 13 條　租期屆滿期

本契約，□出租人 □承租人 於期限屆滿前，□不得終止租約 □得終止租約 。

依前項約定期前終止租約者，應於□二星期前 □一個月前 □○○月前 通知之。

第 14 條　租賃物之返還

租賃契約終止時，承租人應即將房屋返還出租人，不應藉詞推諉或主張任何權利。

承租人未即時遷出返還房屋時，出租人每月得向承租人請求按照月租金○○倍支付違約金至遷讓完竣，承租人及保證人不得有異議。

第 15 條　房屋所有權之讓與

出租人於房屋交付後，承租人占有中，縱將其所有權讓與第三人，其租賃契約對於受讓人仍繼續存在。

前項規定，於未經公證之房屋租賃契約，其期限逾五年或未定期限者，不適用之。

第 16 條　其他約定

公證書載明金錢債務逕受強制執行時，如有保證人者，其效力亦及於保證人。

承租人如於租賃期滿不交還房屋或不依約給付租金或違約時不履行違約金，應逕行受強制執行。

出租人如於租賃期滿或終止時，已收之保證金經扣抵積欠之租金或費用後，未將剩餘部分返還者，應逕受強制執行。

第 17 條　遺留物之處理

承租人遷出時，如有遺留物品者，任由出租人處理，其處理所需費用，由擔保金先行扣抵，如有不足由承租人補足，承租人不得異議。

租賃期滿或契約終止後，承租人未返還租賃物，如有未搬離之物件，視同廢棄物處理，清理費用由承租人負擔。

第 18 條　送達及不能送達之處置

出租人與承租人雙方相互間之通知，應以本契約所載之地址為準，其後如有變更未經書面告知他方，致無法送達或拒收者，以郵局第一次投遞之日期為合法送達之日期。

第 19 條　出租人終止租約

承租人有下列情形之一者，出租人得終止租約：

一、遲付租金之總額達二個月之租額，並經出租人定相當期間催告，承租人仍不為支付者。

二、違反第九條規定而為使用者。

三、違反第十條第二項規定而為使用者。

四、承租人積欠應分擔或其他應負擔之費用已逾二期或達相當金額，經管理負責人或管理委員會定相當期間催告仍不給付者。

第 20 條　承租人終止租約

有下列情形之一者，承租人得終止租約：

一、房屋損害而有修繕之必要時，其應由出租人負責修繕者，經承租人定相當期間催告，仍未修繕完畢。

二、有第十二條第一項情形，減少租金無法議定者。

三、房屋有危及承租人或其同居人之安全或健康之瑕疵時。

第 21 條　疑義處理

本契約各條款如有疑義時，應為有利於承租人之解釋。

第 22 條　租賃契約之效力

本契約□應辦理公證。

　　　　□不辦理公證

第 23 條　爭議處理

因本契約發生之爭議，雙方得依下列方式處理：

一、由房屋所在地之不動產糾紛調處委員會調處。

二、由縣市消費爭議調解委員會調解。

三、除專屬管轄外，以房屋所在地之法院為第一審管轄法院。

第 24 條　契約分存

本契約書一式○份，由立契約人各執一份，以昭信守。

第 25 條　未盡事宜

本契約如有未盡事宜，依有關法令、習慣及誠實信用原則公平解決之。

第 26 條　範本之使用

　　如在契約中表明使用內政部範本，而記載文字與範本不符者，仍以原範本之文字為準。

附件：
　　□所有權狀影本
　　□使用執照影本
　　□雙方身分證影本
　　□營利登記證影本
　　□其他（測量成果圖、室內空間現狀照片）

立契約書人
　　　　出租人：○○○（簽章）
　　　　國民身分證統一編號：
　　　　地址：
　　　　電話：
　　　　營利事業登記證：（　　）字第　號（公司或商號）
　　　　負責人：○○○（簽章）
　　　　國民身分證統一編號：
　　　　地址：
　　　　電話：
　　　　承租人：○○○（簽章）
　　　　國民身分證統一編號：
　　　　地址：
　　　　電話：
　　　　營利事業登記證：（　　）字第　號（公司或商號）
　　　　負責人：○○○（簽章）
　　　　國民身分證統一編號：
　　　　地址：
　　　　電話：
　　　　保證人：○○○（簽章）
　　　　國民身分證統一編號：
　　　　地址：
　　　　電話：
　　　　營利事業登記證：（　　）字第　號（公司或商號）
　　　　負責人：○○○（簽章）
　　　　國民身分證統一編號：
　　　　地址：
　　　　電話：
　　　　不動產經紀人：○○○（簽章）
　　　　電話：

地址：

國民身分證統一編號：

經紀人證書字號：

指派簽章之經紀業：○○○（公司或商號）

電話：

地址：

中　華　民　國　○○　年　○○　月　○○　日

註：本契約第9條有使用房屋限制之規定，應宜加注意。

● 房屋租賃契約書（二）

1. **本契約的特點**：本契約為房屋租賃契約，租賃範圍為房屋及其附屬設備、公共設施，由承租人做為辦公、視聽、歌唱業、餐館業及其相關行業之用的契約。

2. **適用對象**：本契約適用於房屋供與公眾有關行業的房屋租賃契約。

3. **基本條款及應注意事項**：訂立本契約應訂明租賃之基本條款及應注意事項。

4. **相關法條**：民法第 422-427、429、431-434、437-441、443-448、451-456 條。

租賃契約 2-6-2

房屋租賃契約書（二）

立契約書人　出租人：　　　　（以下簡稱甲方）
　　　　　　承租人：　　　　（以下簡稱乙方）

　　茲雙方就房屋租賃事宜共同協定事項條列如下：

第1條　租賃標的物

　　房屋：甲方同意將座落於臺北市○○○○○○○○○○○○○及附屬設備並含相關公共設施全部出租予乙方作為辦公、視聽歌唱業、餐館業及其相關行業之用，面積共約○○○○坪及提供停車位○○個（如附圖示）。

第2條　租賃期間

　　一、民國○○○年○月○日起至○○○年○月○日止。共計○○年○個月（內含○個月施工裝修期）。

　　二、自民國○○○年○月○日起至○○○年○月○日止，為期○個月，為乙方施工裝修期，甲方不收取租金，但如乙方提前營業時則以營業日為租金起算日。

　　三、前項免租期間大樓管理費及水電等費用由乙方負擔之。

第3條　租金、調幅

　　房屋及車位租金：

　　以○個月為○期，每月房屋租金及全部車位租金，甲乙雙方同意約定如下：

　　甲乙雙方同意自民國○○○年○月○日至○○○年○月○日止，每月之租金為新臺幣○○○○元整（含營業稅）。

　　自民國○○○年○月○日至民國○○○年○月○日止，每月租金新臺幣○○○○元整（含營業稅）。

第4條　租金給付方式

一、乙方應於租期開始○日前一次開具一年份共十二張支票（每張支票票面金額為一個月租金，票載日期分別為每月○日）交予甲方。

二、爾後，乙方按每一年（十二個月）一次開立支票十二張，發票日均為每月○日，於租期之每一年起始月○○日前一次交予甲方。

第5條　擔保金之支付及退還

一、乙方應於本約簽訂之同時支付以○個月份租金計算之擔保金新臺幣○○○○元整予甲方，本擔保金甲方於簽約時收訖足數，不另立收據。

二、前項擔保金甲方應於租賃期限屆滿或協議終止本約後○○天內無息以現金一次退還乙方。

三、但前項擔保金之退還，甲方得優先扣抵乙方依本約約定之各項應付未付之租金、公共水電、管理費、維修費用及其他違約金及損害賠償金，並於乙方完成本約其應履行之各項義務後一次退還之。

四、乙方不得將本擔保金之權利出質或讓與與第三人，否則，對甲方不發生任何效力。

第6條　稅捐、費用之負擔

一、本約租賃期間內就租賃標的物，乙方應依一般善良管理人之注意給予各項設施及設備良好且適當、充分之維修、保養、更新及清潔等，其所生之費用由乙方全額負擔之。

二、租賃期間因使用所發生之一切水電、瓦斯、電信、網路等費用，概由使用之乙方負擔。

三、本大樓因房地所生房屋稅、地價稅、工程受益費、租賃營業稅及所得稅等由甲方自行負擔。

四、租賃期間乙方按向主管機關申報租賃標的物相關之公共安全檢查、消防檢查等經政府法令規定應簽證或辦理之事項，如有需要進行改善之情事，應由乙方負責處理並負擔費用，如有需要甲方應提供證件或出面協同辦理或蓋用印信者，甲方不得拒絕。倘經乙方書面通知甲方履行，而甲方未能在○日內履行時，乙方對於因此所致損失或罰鍰或其他額外費用，均得向甲方請求賠償之。

第7條　租賃標的物之交付

一、本約租賃標的物，甲、乙雙方同意依簽訂租賃契約之現狀交付乙方租賃使用。

二、前項所謂「現狀交付」係指由甲方點交乙方使用時之現存房屋狀況或既有設備、設施。若大樓工程有任何物之瑕疵者，應由乙方自行負責修繕處理及負擔所需費用，不得向甲方請求。

三、甲方於本約約期間內，應保證本租賃標的物產權清楚與第三人無任何糾葛，或被查封等妨礙乙方依本約租賃使用之情形，否則，應由甲方負責理清之。

第8條　租賃標的之使用

一、乙方應依本大樓建物使用執照之用途別（含合法變更），依法使用各樓層及各項公共設施、停車門、外牆廣告招牌，並得將外牆提供與第三人承租設置廣告招牌使用，但必須符合政府相關法令，如有違背法令情形以致甲方受到處罰或受有任何損害時，乙方應對甲方負起全部損害賠償責任。

二、本大樓房屋及其公共設施、停車位等，不得供任何非法之使用（含各項行政法規之違法）或存放任何危險物品。

第 9 條　甲乙雙方之責任

一、甲方之責任：

1. 甲方應於簽立本約日起一週內，提供乙方房屋使用執照影本、變更使用執照其附表用印、房屋所有權狀影本、建物使用執照建築圖與消防圖影本及近期房屋稅單影本。甲方並應協助乙方辦理承租標的物使用用途變更為視廳歌唱業、餐館業及其相關行業，並提供相關法定文件及簽章，交付乙方逕行辦理，但甲方不負變更完成之責任。如有因甲方遲延交付致乙方受損害，甲方應負擔損害賠償責任。

2. 乙方為營業之需要，在本租賃標的物申請合法廣告物時，甲方應無條件同意設置，並協助乙方辦理各項手續之簽章及提供合法之證件但一切設置應符合建築物之結構安全。

3. 甲方同意以下事項：

   (1) 本大樓之公共設施（例如電訊、給水、排水、化糞池、消防系統……等）於租賃期間提供乙方使用。

   (2) 甲方應提供交屋時現有之水、電、消防及中央空調設備等予乙方使用。

   以上 (1) 及 (2) 因營業需要設置機電設備費用均由乙方負擔。

二、乙方之責任：

1. 乙方及其受雇人之財物、文件應自行保管，若有遺失或損毀自行負責，甲方不負任何賠償責任。

2. 對於直接或間接因租賃物內乙方之裝置、傢俱、配備等，或其他因乙方或其受僱人員等故意或過失發生之一切災害，致使甲方蒙受損害時，乙方應負損害賠償責任。

3. 申請變更使用及費用，均由乙方自行負責。

第 10 條　裝潢及室內外增減設備

本大樓房屋及各項公共設施如須改裝或增減設備時乙方應依下列方式處理之。

一、本大樓之重大修繕及變更項目，乙方應將改裝及增減之圖面及設備，經相關之建築師或技師簽認後，交由甲方在七天內對關係人審核同意。

二、其他一般室內不涉及前項變更者，乙方得依其使用目的為之，並每年彙送一份改裝後之平面圖予甲方存查。

三、前項施工期間並不得影響本大樓周邊之交通、清潔、安全與安寧。

四、前各項一切改裝之工程款及費用或因本條改裝行為，而違反各項規定所生之罰款及責任等，概由乙方全部負擔及負責。

第 11 條　維修、毀損及減失處理

一、本租賃物除因正常使用及自然等因素之折舊、攤銷及耗損外，其他因乙方或乙方承租人、管理人、使用人不當使用之因素，所生之毀損、滅失及其他損害等，概由乙方負回復原狀、重置或損害賠償之責任。

二、本大樓各項相關裝修、消防、大樓外牆空調、水電、及停車等各項設備，乙方應於租賃期間內依各項設備之原廠保養維修規範給予適足且充分與必要之更新維修清潔與保養，否則應賠償其損失。

三、本租賃物如因天災、地震等人力不可抗拒之因素所生之重大毀損及滅失，致本大樓不堪使用或供乙方營運時，由甲、乙雙方另行協議處理之，但如甲、乙雙方於上述事由發生日之翌日起三十天內無法達成協議時，則雙方同意終止本約，雙方協議期間之租金，乙方無須給付。

第 12 條　保險約定

一、甲方應就本件租賃標的物投保不動產火災險及地震險，保險費用由甲方負擔，受益人為甲方或甲方指定之第三人。

二、乙方應就本大樓投保公共安全險、意外傷害險、裝潢設備及室內外增減設備險及其他營運保險，其保險費由乙方負擔，保險受益人為甲、乙雙方，但乙方同意保險賠償金優先用於甲方各項損害之賠償。

第 13 條　轉租約定

一、租賃標的物應以乙方為主體營業使用，但其中部分乙方得以自己之責任轉租第三人，但次承租人之一切責任仍由乙方概括承受對甲方全部履行或賠償之責任。

二、乙方依前項如需轉租予第三人，應將轉租之契約制式範本一份交由甲方認可後實施之。

第 14 條　租期屆滿之處理

一、本約租期屆滿時則本約確定終止，乙方不得持有任何理由主張適用民法第 451 條規定，倘甲方未收回自住或出售者，乙方享有優先續租權，但乙方如欲續租時，應於租期屆滿前六個月以書面通知甲方並經甲方之同意後實施之。

二、本約期滿終止時甲、乙雙方各應依下列方式履行之：

1. 乙方應將本租賃物承租範圍內，所有裝潢拆除及設備遷移後依現狀交還甲方。

2. 乙方應於租期屆滿後之○○日曆天內將營運設備、器材、及商品存貨等撤離本租賃物之現場，前項○○個日曆天之撤離期限，乙方仍應按日數支付租金。不得逾期，否則視為乙方違約，即依重大違約之規定處理之。

3. 乙方於租賃期滿後之○○天內，應將進出本租賃物大門及各項公共設施之鑰匙及器具交還甲方。

4. 甲方就本約第五條所定之擔保金得於優先扣抵一切乙方依本約應付未付之租金費用、違約金、損害賠償金後，再將其餘額一次無息退還乙方。

第 15 條　優先承購權及買賣不破租賃原則

為避免法律關係趨於複雜，若甲方擬於租賃期間出售本租賃標的物之一部或全部，乙方享有依同一條件之優先承購權，甲方應於事前以書面通知乙方定期行使優先承購權。若乙方未於甲方所定期間內行使優先承購權，經甲方出售於第三人時，本租約依民法第四百二十五條買賣不破租賃原則之規定對於該第三人仍繼續存在，甲方負有事先告知買受人有關本租賃契約及各項附約內容之義務，如甲方違反前開優先承購權約定及告知義務致乙方受有損害者，甲方應負損害賠償責任。

第 16 條　違約處理

一、乙方有下列各項事由時，視為重大違約：

1. 租金累積逾兩期未支付或已交付之支票未兌現時。

2. 違反本約第十三條轉租之約定時。

3. 受政府行政主管機關勒令停業或重大違規事項之處分累積達三次以上時。

4. 乙方於終止本約或租賃期滿不交還房屋，自終止本約或租賃期滿之翌日起，乙方應支付按房租○倍計算之違約金。

5. 其他有關本約之重大違約事由。

二、乙方重大違約時，應依下列方式處理之：

1. 經依甲方書面催告三十天內乙方仍未能改善時，甲方得逕行終止本約。

2. 本約經甲方終止時，乙方及乙方之承租人、使用人、催備人等一切人員應於○○天內撤離本租賃物現場，且非經甲方之同意不得再行進入本租賃物。

3. 乙方應賠償甲方再行出租前之租金損失，此項損失以六個月之租金計算。

4. 甲方得沒收乙方之擔保金，作為乙方違約之懲罰性違約金。

三、甲方違約：

簽訂後甲方不得違約，如經乙方書面催告三十天內甲方仍未能改善時，乙方亦得逕行終止本約，甲方除應返還乙方未到期之租金票據外，並應以擔保金加倍賠償乙方。

第 17 條　出租人自助權

一、乙方有本約第十六條之重大違約事項經甲方終止本約或甲、乙雙方協議終止本約或本約租賃期滿終止本約時，乙方及乙方之承租人或其員工等人應於本約終止或屆滿之日起○○天內撤離本租賃物現場。並將本租賃物之所有公共設施及大樓進出及各項室內外設施管制之鑰匙器材交付甲方。

二、乙方及其關係人未於前項期限內依限履行時，甲方得逕行依下列方式處理之：

1. 甲方逕行進駐租賃物現場接收、更換、保管本大樓一切安全警衛及公共設施與器材，並管制所有出入口之進出及公共設施及水電、電梯之使用。非經甲方之同意乙方承租人及其催用之人員等不得進入或留存放本租賃物之現場。

2. 甲方依前項約定接管現場時，乙方留存現場之一切設備及器材及存貨等視為廢棄物，甲方得任意處理之，因此項處理如有所得，甲方得優先扣抵乙方應付甲方之各項本約原有及違約債務與賠償，如有剩餘再行退還乙方。

第 18 條　應受強制執行之事項

一、乙方應依約支付租金及違約金。

二、甲方應依約返還乙方之擔保金。

三、本約期滿，乙方應返還甲方本件房屋及車位。

第 19 條　其他約款

一、為配合建築法第七十七條第三項及建築物公共安全檢查簽證及申報辦法之規定，甲方應依政府規定協同乙方就本租賃標的物辦理防火避難設施與設備安全檢查申報，並提供前次申報書影本、建物所有權狀影本、土地所有權狀影本、公司執照影本、營利事業登記證影本及房屋稅單影本。若經乙方定期通知甲方後，甲方未於上述期限內協同辦理，致使乙方遭受行政處分或任何其他形式之

處罰者，皆由甲方負擔，乙方因此所受之損害，均由甲方負責賠償。

二、甲方同意提供有關本租金權利證明文件或稅單供乙方辦理公司設籍登記。

三、本約未盡事宜依一般契約之慣例及民法相關規定處理，甲、乙雙方並同意辦理公證，相關費用甲、乙方各負擔二分之一。

第20條　管轄法院

如因本租約發生爭訟時，雙方同意以臺灣○○地方法院為第一審管轄法院。

第21條　仲裁約定

一、因本約所生之爭議，甲乙雙方亦得依仲裁法各聲請指定仲裁人為仲裁判斷，有關仲裁費用由雙方各負擔二分之一。

二、右項仲裁判斷，甲乙雙方均各不得再提出異議或撤銷該項仲裁判斷。

第22條　契約之生效

本約經甲、乙雙方簽訂並經公證後生效，作成一式三份，除由公證人執存一份外，餘由甲、乙雙方各執一份為憑。

　　　　　　　出租人：○○○　印

　　　　　　　身分證統一編號：

　　　　　　　地址：

　　　　　　　承租人：○○○　印

　　　　　　　身分證統一編號：

　　　　　　　地址：

中　　華　　民　　國　　○○　年　　○○　月　　○○　日

註：本契約第15條有優先承購權及買賣不破租賃原則之規定。

● 房屋租賃契約書（三）

1. **本契約的特點**：本契約為房屋租賃契約，房屋租賃包括一切家庭用品的房屋租賃契約。

2. **適用對象**：本契約適用於房屋租賃包括一切家庭用具的租賃契約。

3. **基本條款及應注意事項**：訂立本契約應訂明租賃契約之基本條款及其應注意事項。

4. **相關法條**：民法第442-427、429、431-434、437-441、443-448、451-456條。

租賃契約 2-6-3

房屋租賃契約書（三）

　　　　　　　出租人：○○○（以下簡稱甲方）

立房屋租賃契約書人：承租人：○○○（以下簡稱乙方）

　　　　　　　承租人之連帶保證人：○○○（以下簡稱丙方）

茲因房屋租賃事件，經甲乙雙方協議訂立本租賃契約，並約定條款如下：

第1條　房屋標示及租賃範圍

房屋標示：

租賃範圍：　　　　　　　　用途：

車位：地（面、下）第○層□平面式□機械式編號第○○號單位。

第 2 條　租賃附屬設備

除另有清單外，租賃之附屬設備有：

□電視○臺　□冰箱○臺　□冷氣○臺　□沙發○組

□床組○套　□窗簾○組　□燈具○件　□梳妝臺○件

□電話○具（號碼：○○○○）　□熱水器○臺　□排油煙機

□流理臺　□瓦斯爐　□天然瓦斯／桶裝瓦斯　□其他○○○

第 3 條　租賃期限

自民國○○年○月○日起至民國○○年○月○日止，計○年○月。

第 4 條　租金與擔保金

1. 租金每個月新臺幣○○○元整，乙方應於每個月○日以前繳納。每次應繳納○個月份，並不得藉任何理由拖延或拒絕。
2. 擔保金新臺幣○○○元整，乙方應於本租賃契約成立同時交付甲方；甲方應於本租賃契約終止或期限屆滿，乙方騰空並交還房屋時，扣除因乙方使用所必須繳納之費用後，無息返還。

第 5 條　使用租賃標的物之限制

1. 未經甲方同意，乙方不得將房屋全部或一部轉租、出借、頂讓或以其他變相方法由他人使用房屋。
2. 乙方於本租賃契約終止或租賃期滿之日應將房屋恢復原狀騰空遷讓交還，乙方不得藉詞推諉或主張任何權利，且不得向甲方請求遷移費或任何費用。
3. 房屋之使用應依法為之，不得供非法使用或存放物品影響公共安全，乙方若有違規情事，致甲方受有損害或罰款時，概由乙方負責。
4. 房屋有裝潢或修繕之必要時，乙方應取得甲方之同意後始得為之，但不得損害原有建築結構安全及拆除固定物，並不得違反建築相關法令，乙方於交還房屋時，並應將房屋回復原狀返還。
5. 乙方應遵守租賃標的物之住戶規約。

第 6 條　危險負擔

1. 乙方應以善良管理人之注意使用房屋，除因天災事變等不可抗力之情形外，因乙方之過失致房屋有任何損害需修繕或賠償時。
2. 凡因非可歸責於乙方之事由，致房屋有毀損時，甲方應負責修繕。如修繕不能或修繕後不合使用目的時，乙方得終止本租賃契約。
3. 乙方如有積欠租金或房屋之不當使用應負賠償責任時，該積欠租金及損害賠償額，甲方得由擔保金優先扣抵之。

第 7 條　相關約定事項

1. 房屋稅由甲方負擔；水電費、瓦斯費、管理費、電話費及其他因使用必須繳納之費用，則由乙方自行負擔。
2. 本租賃契約期限屆滿或終止時，乙方願依約將未付之租金費用或所生損害金、違約金，向甲方結清或由甲方在擔保金內優先扣除。

3. 乙方遷出時或租賃期限屆滿後，如遺留傢俱雜物不搬出時，視為放棄，同意由甲方自行處理，乙方不得異議。若因此所生之費用，由乙方支付並依前款處理。

4. 本租賃契約租賃期限未滿，一方擬解約時，需得他方之同意。但因乙方事由經甲方同意終止本約者，乙方應預先於終止前一個月以書面通知甲方，並應賠償甲方一個月租金額之損害金。惟如係甲方事由者，則甲方亦應依上述規定辦理。

5. 本房屋在租賃期限內，如另有收益產生時，其收益權利為甲方所有，乙方不得異議。

6. 本租約排除民法第451條默示更新條款之適用，於租賃期滿即確定終止，無論任何事由均不得視為不定期租賃。

7. 本書面契約訂定後，即完全替代前所為任何口頭或書面之協議，雙方一切權利義務關係，均以本書面契約為準。爾後租賃條件之增、刪變更，均須於本書面租約中加註並經雙方簽章或經雙方另行簽訂書面協議，始生效力。

8. 雙方相互間之通知，應以本契約所載之地址為準，其後如有變更未經書面告知他方，致無法送達或拒收者，均以郵局第一次投遞之日期為合法送達之日期。

第8條　出租人終止租約

乙方有下列情形之一者，甲方得終止租約：

1. 遲付租金之總額達二個月之租額，並經甲方定相當期間催告，乙方仍不為支付者。

2. 違反第5條規定而為使用者。

3. 乙方積欠應分擔或其他應負擔之管理費用已逾二期或達相當金額，經管理負責人或管理委員會定相當期間催告仍不給付者。

第9條　承租人終止租約

有下列情形之一者，乙方得終止租約：

1. 房屋受損害非經修繕無法使用時，其應由甲方負責修繕者，經乙方定相當期間催告，仍未修繕完畢。

2. 房屋有危及乙方之安全或健康之重大瑕疵時。

3. 房屋因不可抗力原因（如地震、水災、火災）之發生，致受有重大損害或經政府機關宣布房屋所在地為災區而不能達到租賃之正常使用目的或有危及乙方安全之虞者。

第10條　違約處罰

1. 雙方均應遵守本契約之各項約定，如有一方違反本契約之約定時，他方除得終止本契約外，甲方並得沒收擔保金及乙方已繳之租金；乙方得請求甲方賠償乙方所交擔保金一倍之懲罰性之違約金。

2. 乙方違反約定使用房屋，並經甲方催告並限期改正，而仍未改正或改正不完時，甲方得終止本租賃契約。

3. 乙方於本租賃契約終止或期限屆滿之翌日起，除經甲方書面同意繼續出租外，應即將租賃標的物回復原狀騰空遷讓交還甲方，不得藉詞推諉或主張任何權利，如不即時騰空遷讓交還房屋時，甲方得向乙方請求按照房租○倍計算之違約金至遷讓之日止。

4. 甲、乙任一方若有違約情事，致損害他方權益，並經法院判決確定者，除應賠償他方所受損害，並應賠償他方因涉訟所支付之訴訟費、律師費或其他相關費用。

5. 乙方如有違反本租賃契約各條款或損害租賃房屋等情事時，丙方應連帶負損害賠償責任。

6. 乙方未依約定日期支付租金，或所簽發交付甲方之租金支票有任何一張屆期未能兌現，或未依甲方所指定之帳號於約定日期匯入租金者，均視為違約。甲方除依本條第一項約定處理外，乙方仍負全部票據責任，並應即時返還房屋予甲方。

7. 甲、乙雙方，如有違約時，他方各得終止本租賃契約，如有損害，並得請求賠償。

第 11 條　應受強制執行之事項

乙方如於租賃期滿後不交還房屋，或不依約給付租金，或違約時不履行違約金，應逕行受強制執行。

甲方如於租賃期滿或終止時，已收之保證金經扣抵積欠之租金或費用後，未將剩餘部分返還者，應逕受強制執行。

第 12 條　其他特約事項

1. 乙方之連帶保證人就本契約所約定之一切義務，與乙方負連帶同一清償之責，並願放棄先訴抗辯權。

2. 因本契約涉訟或其他非訟事件，雙方合意以臺灣臺北地方法院為第一審管轄法院，此項合意不因本契約之解除或終止而受影響。

3. 本契約於雙方簽訂並經公證後，始生效力，並作成一式三份，除由公證人執存一份外，餘由甲、乙雙方各執一份為憑。

立契約書人

　　出租人（甲方）：○○○　印

　　身分證字號：

　　住址：

　　聯絡電話：

　　承租人（乙方）：○○○　印

　　身分證字號：

　　住址：

　　聯絡電話：

　　承租人之連帶保證人（丙方）：○○○　印

　　身分證字號：

　　住址：

　　聯絡電話：

中　　華　　民　　國　　○○　　年　　○○　　月　　○○　　日

註：本契約第 5 條有使用租賃標的物之限制規定。

● 房屋租賃契約書（四）

1. **本契約的特點**：本契約為房屋租賃契約，本租賃契約的房屋為供辦公使用。

2. **適用對象**：本契約適用於為辦公使用之房屋租賃契約。

3. **基本條款及應注意事項**：訂立本契約應訂明租賃契約之基本條款及應注意事項。

4. **相關法條**：民法第 422-427、429、431-434、437-441、443-448、451-456 條。

租賃契約 2-6-4

房屋租賃契約書（四）

立契約書人　出租人：○○○（以下簡稱甲方）　因房屋租賃事件，訂立本契約，雙方同意
　　　　　　承租人：○○○（以下簡稱乙方）
之條件如下：

第 1 條　房屋所在地及使用範圍

　　　　房屋：臺北市○○路○段○號○○大樓第○樓○○室（如附圖）建坪共○○坪，租
　　　　賃範圍全部（包括本大樓各項公共設施，含地下室停車位）。

第 2 條　租賃期限

　　　　自民國○○年○月○日至民國○○年○月○日止，共計二年。

第 3 條　租金

　　　　1.每月一期租金為新臺幣○○元整，每月○日以前繳納，由甲方開具收據為憑，乙
　　　　　方逾期未繳付上述租金，每逾一日應加付每期租金百分之一之逾期違約金，逾期
　　　　　兩個月時，甲方得依本約第六條第一項規定終止本契約，乙方應立即遷出並將所
　　　　　欠租金連同違約金，其他應付擔費用及賠償甲方所受之損失全部付清，如不能付
　　　　　清時，甲方得向乙方追索求償。

　　　　2.擔保金新臺幣○○元整，於租賃期滿或終止交還房屋及乙方履行全部本約義務時
　　　　　無息返還。

第 4 條　使用租賃物之限制

　　　　1.本房屋係供辦公室之用。

　　　　2.未經甲方同意，乙方不得將房屋全部或一部轉租、出借、頂讓，或以其他變相方
　　　　　法由他人使用房屋。

　　　　3.乙方於租賃期滿應即將房屋遷讓交還，不得向甲方請求遷移或任何費用。

　　　　4.房屋不得供非法使用，或存放危險物品影響公共安全。

　　　　5.房屋有改裝之必要，乙方應事先取得甲方之書面同意後得自行裝設，但不得損害
　　　　　原有建築，乙方於交還房屋時並應負責回復原狀。

　　　　6.甲方於必要時，可將租賃標的物產權轉讓第三者，但甲方應保證第三者銜接履行
　　　　　本契約。

　　　　7.乙方應保持租賃標的物及公共設施之完整，如有損壞無論故意或過失所致均應負
　　　　　責修護或賠償。

第 5 條　修理費用負擔之約定

　　　　租賃標的物內原設空調系統、水電管線、門窗玻璃、RC 結構、天花板架及相關工
　　　　程，如屬自然原因之損壞者，其修繕費用由甲方負擔；前述設備、工程等如因乙方
　　　　人為因素之損壞或係給水、排水之零件、配件、電插座、開關、照明燈具零配件等
　　　　修繕費用一律由乙方負擔。

第 6 條　違約處罰

　　1. 乙方違反約定方法使用房屋，或拖欠租金達二個月以上，其租金約定於每期開始支付者，並應於遲延給付二個月時，經甲方催告限期繳納仍不支付時，不待期限屆滿，甲方得終止租約。

　　2. 乙方於終止租約或租賃期滿不交還房屋，自終止租約或租賃期滿之翌日起，乙方應支付按房租○倍計算之違約金。

第 7 條　其他特約事項

　　1. 房屋之捐稅由甲方負擔；有關水電費、瓦斯費、大樓管理費及營業必須繳納之捐稅，則由乙方自行負擔。

　　2. 乙方遷出時，如遺留傢具雜物不搬者，視為廢棄物品，任由甲方處理，但處理費用由乙方負擔。

　　3. 契約租賃期限未滿，一方擬終止本契約時，應得他方同意，並應預先於終止前○個月以書面通知他方，並應賠償他方相當於○個月租金額之損害金。

　　4. 雙方相互間之通知，應以本契約所載之地址為準，其後如有變更未經書面告知他方者，致無法送達或拒收者，均以郵局第一次投遞之日期為合法送達之日期。

　　5. 乙方如將公司登記（或個人戶籍）遷入本租屋地址者，應於本契約終止或屆滿時自動遷出。否則，甲方得逕行向主管機關申報其為空戶。

　　6. 乙方應遵守「○○○○大樓管理辦法」之規約及管理委員會之一切決議。

　　7. 乙方對於本大樓空調設備，電梯及其他公共設施之維護費、水電、電費及大樓管理委員會之費用等（詳如附件一所示「○○○○大樓管理辦法」）應按照租賃標的物之建坪分擔負擔。

　　8. 雙方對本契約有爭議涉訟時，合意以臺灣○○地方法院為第一審管轄法院，此項合意不因本契約之解除或終止而受影響。

　　9. 本契約排除民法第 451 條默示更新條款之適用，於租賃期滿即確定終止，無論任何事由均不得視為不定期租賃。

第 8 條　應受強制執行之事項

　　乙方給付如契約所載之租金或違約金，及於期限屆滿交還如契約所載之房屋，甲方依約返還擔保金，如不履行時，均應逕受強制執行。

　　　　　　　　　出租人：○○○　印
　　　　　　　　　身分證統一編號：
　　　　　　　　　地址：
　　　　　　　　　承租人：○○○　印
　　　　　　　　　身分證統一編號：
　　　　　　　　　地址：

中　　華　　民　　國　　○○　年　　○○　月　　○○　日

● 房屋租賃契約書（五）

1. 本契約的特點：本契約為房產租賃契約，本房屋之租賃係供做商場使用，非經

出租人同意不得做其他用途。

2. **適用對象**：本契約適用於房屋做商場使用之房屋租賃契約。

3. **基本條款及應注意事項**：訂立本契約應訂明租賃契約之基本條款及應注意事項。

4. **相關法條**：民法第 422-427、429、431-434、437-441、443-448、451-456 條。

租賃契約 2-6-5

房屋租賃契約書（五）

契約書 出租人：○○○（以下簡稱甲方）
承租人：○○○（以下簡稱乙方）為房屋租賃事宜，經雙方協議訂定契約條款如下：

第1條 租賃標的所在地及使用範圍

甲方將其所有座落○○○○○○○○○○○○○○○○○○○○○○○全部出租予乙方。

第2條 租賃期限

自民國○○年○月○日起，至○○年○月○日止，租期○年。租賃關係於期限屆滿時消滅，乙方不得主張不定期租賃，或要求任何補償。

租賃標的如繼續出租，甲方同意乙方得以與第三人相同之條件優先承租，惟乙方應於租期屆滿○個月前以書面通知甲方表明續租意願，並於甲方收受通知之日起○個月內與甲方另行議定租賃條件並重新簽訂契約，否則視為乙方無意續租，甲方得出租與其他第三人。自○○年○月○日後，乙方如因故無法繼續營業而需終止本租賃關係時，乙方應於終止日○個月前以書面預告甲方後，方得終止租約。

第3條 租金

全部租金經雙方議定為每個月新臺幣○○○○○○元（含稅），以一個月為一期並於每月○日以前支付；乙方應於簽約日給付逐月到期之支票十二張交予甲方以給付第一年度租金，第二年起，於每年○月○日前按當年度每月租金額開立逐月到期之支票十二張交予甲方以給付當年度租金。依約終止租約時，甲方對乙收之未到期租金票，須於終止日起○日內返還。

第4條 擔保金

乙方應於簽約時提供新臺幣○○○○○○元整予甲方作為擔保金，由甲方收受後掣收據供乙方收執。上述擔保金於租賃期滿或租約終止，經甲方扣抵欠租、違約金及其他應付費用及交還房屋後，由甲方於○○日內一次無息返還。

第5條 租金調整

租期每屆滿一年時租金調整一次，每次調整幅度依照臺北市政府主計處公佈之「臺北市物價統計月報」臺北市消費者物價指數——中分類（居住類）房租定基指數調整之，上述指數如有下跌，租金不予調整。

計算公式如下：（調整租金當年度十月份指數－調整租金前一年度十月份指數）/調整租金前一年度十月份指數＝年度租金調整百分比

第 6 條　交屋日

　　甲方於○○年○月○日將租賃標的物交付乙方，並供其裝潢至○○年○月○日，於裝潢期間乙方不須支付租金，但有關租賃標的物之危險負擔則自交屋時起由乙方負責。

第 7 條　交屋狀況

　　全部依點交時現況點交。

第 8 條　租賃物之使用及其他限制

　　1. 租賃物係供乙方做商場之用。非經甲方同意，乙方不得將之作為住家、工廠或其他有礙衛生、安寧、安全、及公共秩序或經營違法及違禁之行業。

　　2. 乙方為供前項用途，應就租賃物向政府相關主管機關依建築管理法令等相關規定申請一切合法執照及辦理營利事業登記。

　　3. 本租賃物未經甲方同意，乙方不得將租賃物全部或一部轉租、出借、頂讓，或以其他變相方法由他人使用該租賃物。但乙方之專櫃廠商使用者，不在此限。

　　4. 租賃期間乙方為營業需要，得在不妨害建築結構之安全，妥予裝修內部，但裝修設計圖樣需先提交甲方同意後始得施工，其所需費用概由乙方自理，與甲方無涉。若因此造成建物結構損害，乙方應負責修復，倘若乙方無法完成修復時，甲方得自行催工修護恢復原狀，其費用由乙方負擔，乙方不得異議。退租遷出時，乙方應負責依交屋點交紀錄或照片、攝影之原狀交還甲方房屋，並不得向甲方請求任何補償費用，倘乙方不回復原狀時，甲方得自行處理，其所需費用，甲方得在擔保金內扣除抵償，乙方不得異議；乙方遷出時倘有遺留傢俱什物等不予騰清者，概視為廢棄物，任憑甲方處理，其清理費用由乙方負擔，甲方並得逕自保證金內扣抵。

　　5. 租賃物不得供做非法使用或存放危險物品影響公共安全。

　　6. 乙方應於租賃前間內，應確實依相關建管法令所訂期限，就租賃標的公共安全委託內政部營建署認可之專業機構或人員檢查簽證，將簽證結果向相關主管建築機關申報，並將申報書、檢查報告書及審查合格通知等相關文件副本送甲方。

　　7. 乙方應依法設置防火避難設施、消防設備及遴用防火管理人，並應依消防法、消防施行細則、各類場所消防安全設備檢修及申報基準規定，定期依法檢修申報，並將檢查報告副本送達甲方。

　　8. 乙方設置廣告物時，應遵依本件租屋大樓管委會決議或住戶規約辦理，其所設置之圖樣須先經甲方同意後，並應依法向政府主管機關提出申請後，始可設置之。

第 9 條　責任歸屬

　　1. 乙方對本租賃物進行室內裝修前，需提供相關圖表予甲方並應依建築法、室內裝修管理辦法等一切建築管理法令規定辦理。如因違法使用致受到政府主管機關勒令限期改善或罰鍰時，均由乙方自行負擔。

　　2. 乙方應以善良管理人之注意使用房屋，除因天災地變等不可抗力之情形外，因乙方之故意過失致房屋毀損滅失者，應負損害賠償之責。但因不可抗力之災變造成構造上之損害，甲方應負責修復。

3.乙方使用租賃標的應確實遵守相關建管、消防法令之規定，室內裝修、廣告物設置及為租賃標的物設置相關設備等費用，均由乙方自行負擔。如因違法使用、設備設置不良或未設置，以致他人之權利受有損害時，其民、刑事責任均由乙方負責。因而受到政府主管機關勒令限期改善或罰鍰時，亦同。

第 10 條　違約處罰

1.乙方違約經終止租約時，乙方不得請求返還已支付之當月租金。

2.乙方違反本約約定，或積欠租金達二期以上，經甲方催告限期繳納仍不支付時，甲方得終止租約並將擔保金沒收，乙方不得異議。

3.乙方於租約終止或租期屆滿不交還房屋者，應自租賃關係消滅之日起至遷讓租賃物交還甲方接管之日止，按日給付甲方當月租金額○分之○作為懲罰性違約金，甲方並得逕自擔保金內扣抵。

4.乙方如因前項事情或違反本約約定，致甲方受損害者，並應負損害賠償之責。

第 11 條　其他特約事項

1.房屋之稅捐與地價稅賦由甲方負擔，乙方水電費、電話費及使用租賃物所衍生之管理修繕費用，由乙方自行負擔，另管理費為每坪○○○○元整（其支出管理費用包含公共水、電、客梯及其他公共設備維護等）。

2.乙方使用之水電費、空調冷氣費、電話費及瓦斯等一概按照各樓裝設之計量錶（水電、冷氣、及瓦斯錶）所消耗用度數計算由乙方自行負擔。

3.租賃標的物之保險費由甲方負擔。乙方所裝設之內部裝修及設備保險部分由乙方自理。

4.由於乙方或其受僱人、顧客之因素及其設備使用不當而肇生事故，或使租賃標的物之火災保險失效或增加保險費之支出，或因此而造成之甲方一切損失，乙方應負責其全部賠償責任。

5.乙方如欠繳租金或管理費及公共電費等，經甲方催告一個月內，乙方仍未繳納處理，甲方得停止供應水電之使用。

6.甲、乙雙方因本契約有書面通知之必要時，以本約所載之地址為應送達地，任何一方變更地址時應通知他方，否則以掛號信函寄發日視為已受合法送達。

7.如因本約涉訟時，雙方同意以臺灣○○地方法院為第一審管轄法院。

8.本契約各條件係雙方同意締訂並立此房屋租賃契約書一式三份，除由公證人執存一份外，餘由甲、乙雙方各執一份為據。

第 12 條　逕受強制執行之約定：詳如公證書所載。

甲方：○○○　印

身分證統一編號：

地址：

法定代理人：○○○　印

身分證統一編號：

地址：

乙方：○○○　印

身分證統一編號：

地址：

```
        法定代理人：○○○  印
        身分證統一編號：
        地址：
中  華  民  國  ○○  年  ○○  月  ○○  日
```

註：本契約第 11 條其他特約事項，應加注意。

● 房屋租賃契約書（六）

1. 本契約的特點：本契約爲房屋租賃契約，本房屋租賃爲以現狀設備的大樓供辦公使用之房屋租賃契約。
2. 適用對象：本契約適用以租賃大樓做爲辦公使用之房屋租賃契約。
3. 基本條款及應注意事項：訂立本契約應訂明租賃的基本條款及應注意事項。
4. 相關法條：民法第 422-427、429、431、437-441、443-448、451-456 條。

租賃契約 2-6-6

房屋租賃契約書（六）

立契約書人 出租人：○○○（以下簡稱甲方）承租人：○○○（以下簡稱乙方）兹為房屋租賃事宜，雙方議定條款如下，以資共同遵守。

第 1 條　租賃標的物

甲方將所有座落○○○○○○○○○○「○○○大樓」（以下簡稱本大樓），面積（包含公共設施面積在內）約計○○○坪（如附圖），以現狀設備出租予乙方作為辦公處所之用。

第 2 條　租賃期限

租賃期間自民國○○年○月○日（即起租日）起至民國○○年○月○日止，合計○年○月。租賃期滿，乙方欲再續租時，應於屆滿前○個月以上之時間以書面通知甲方，經甲方同意並於期滿三十日完成續訂新約，始得繼續使用。

第 3 條　租金及付款方式

1. 本約租金按租賃標的所有權狀（含公共設施）記載之面積，以每坪月租金新臺幣（下同）○○○○○元整計算，即每月租金為○○○○○元整。
2. 自起租日起，乙方應每一個月給付一期租金，並以每期首日為給付日，乙方應以預開期票方式支付，於每年起租首日，將當年度應付租金，以各期給付日為發票日，逐月開立十二張支票併交甲方按月提兌；上開由乙方交付甲方之租金支票，倘屆期未能兌現，視為該期租金未付。
3. 上開租金之營業稅外加，由乙方負擔，於給付租金同時併交甲方。甲方應於兌現每期租金日起五日內，按實開立統一發票寄送乙方。

第 4 條　擔保金

1. 為保證本契約各條款之確實遵守與履行，乙方應於簽訂本契約時向甲方繳付擔保金○○○元整，並由甲方開立收據予乙方為憑。上開保證金若以票據給付，而該票據未能於簽約日起三日內兌現者，則本契約溯及於簽約日起失敗。

2. 擔保金應俟乙方遷出交還租賃標的物，並履行本契約應盡義務且無任何債務牽涉時，再憑原繳付收據由甲方一次無息退還乙方。

3. 甲方得隨時以此擔保金抵償乙方未履行之本約債務；但乙方不得將此項擔保金作為抵繳租金之用，並不得將本擔保金債權轉讓或設定質權抵押予第三人。

4. 甲方應依稅法規定計算擔保金之利息所得（利息所得歸甲方，視為租金之一部分），並按實開立統一發票予乙方，其營業稅由甲方負擔。

第 5 條　費用負擔

1. 本租賃物之房屋稅、地價稅由甲方負擔。

2. 管理費每坪每月為○○○元整，營業稅外加，亦由乙方負擔；乙方應按月將管理費及其營業稅一併繳予本大樓之管理公司。

3. 租賃物內之電費（含私用空調費），依各租賃物之電錶用量記錄計算，由乙方負擔。

4. 公共設施之水費、電費、公共空調費依據水錶、電錶、空調記錄器等用量記錄，按照各承租戶租用面積比例計算分攤費用，乙方應按月繳付予管理公司。

5. 乙方於租期屆滿不另續約或終止租約時，應使租賃物設施回復原狀，屆期乙方如不履行，則任憑甲方催工代行處理，其費用由乙方負擔。

6. 乙方於遷出標的物後，留有任何物品於租賃標的物內，應視為拋棄物，任憑乙方處理，乙方不得異議，並應負擔因處理所發生之費用。

7. 以上各項由乙方負擔之費用其營業稅由乙方負擔。

第 6 條　使用約定

1. 租賃期間乙方不得將租賃物全部或部分轉租、轉讓、質押或以其他變相方法供他人使用。

2. 本租賃物僅作合法辦公用途，乙方不得變相使用、非法使用、存放危險物或製造、運送其他足以引起公共危險之物品。

3. 乙方不得在租賃標的物內私用過量之電器或置用炊膳設備或設置高壓之電機設備，亦不得在室外架設電視或收音機之天線、線架接收器等設施。

4. 本租賃物僅供乙方作為一般行政政辦公處所之用，不得用於靈骨塔等殯葬事業相關商品與圖像之展示及直接銷售或交易之場所、或經營期貨、黃金或作為有價證券交易之營業廳使用，亦不得用於住家、工廠、餐廳或有礙衛生、安寧、公共秩序或經營違法或違反行政命令之行業，如違反上開規定，視為違約，甲方得隨時終止租約，並請求賠償損失。

5. 甲方認為有必要者，得隨時派員進入租賃標的物瞭解乙方使用租賃物之情形，乙方不得藉故拒絕。

第 7 條　權利及義務

1. 乙方應盡善良管理人之注意義務維護租賃物，於租賃關係消滅時，乙方應負責完好交還甲方。

2. 除天災或其他不抗拒之因素致使租賃物及提供之設備全部、部分毀損或自然損耗由甲方維修外，因人為因素等所造成之毀損應由乙方負責維修。

3. 乙方如欲變更或裝潢租賃物者,應經甲方同意後始得進行,惟施作範圍僅限私用部分,且對得損及建物主體結構與管線設施,亦不得危害用戶安寧與公共安全,如裝修工程之進行另有法規要求者,甲方應遵行之,並負擔其相關責任。

4. 除因乙方施工之必要,須暫時切斷或關閉租賃物或大樓公共區域之水、電或消防設施(包括消防給水與警報系統)時,除應先徵得大樓管理單位之同意並在其配合及督導下始得為之外,並應於當日施工完畢後即時恢復其原有功能,以維公共安全;如甲方施工範圍包括永久變更租賃物之既有水、電或消防設施者,則應先區隔私用及公用之水、電或消防管路,並在維持公共區域水、電供給與消防功能之正常運作下,始得切斷或關閉租賃物私用區域內之水、電或消防設施。

5. 乙方於切斷或關閉消防設施期間,應指派專人負責停止消防運作區域之安全警戒與維護,如因乙方疏於防護或因其他可歸責乙方之事由,致上開消防設施切斷或關閉區域發生失火事故,致甲方或第三人遭受損害者,乙方應負全部賠償責任,倘因而衍生之相關民、刑事責任,亦由乙方自行承擔,與甲方無涉。

6. 前開甲方或大樓管理單位所為之同意或督導,乙方不得援引作為其裝修工程已符法令規定之依據,或作為阻卻違反租約約定或其他法律責任之理由或藉詞,乙方仍應就其所為之裝修或變更工程行為,負全部之法律或行政責任。

第 8 條　毀損責任

1. 乙方應盡善良管理人之注意義務,維護租賃標的物及其內部原有布置,包括一切附屬設備及裝置之完好,如因可歸責於乙方或其關係人之事由致生故障、毀損或滅失時,乙方應負損害賠償或修復之責,因而致甲方或本大樓其他租用戶權益受損時,並應負損害賠償之責,因而致甲方或其他第三人權益受損或人員傷亡時,乙方應自行負擔所生之一切民、刑事及行政責任,與甲方無涉。

2. 倘若因乙方與第三人之紛爭而於本大樓內外依法或非法集會遊行時,乙方應儘速通知大樓管理單位並作好防護措施,以維護大樓及住戶之人身財產安全,且如因該第三人之行為致甲方或其他住戶遭受損害時,乙方應負賠償責任。

第 9 條　違約及退租約定

1. 租賃期間內,乙方如有違反本約各項約定拖欠應付費用及租金等情事,經甲方以書面催告後五日內,乙方仍不履行或更正者,甲方得終止租約並沒收擔保金及已繳之未到期租金,且乙方應即時交還租賃物,並應履行本約約定之損害賠償責任。

2. 乙方依第 8 條規定,應負賠償或修護責任者,經甲方以書面通知七日內,仍不予賠償或修復時,甲方得以書面通知終止租約,並沒收擔保金及已繳未到期之租金,並訴請乙方履行第 8 條約定之損害賠償。

3. 租賃期限屆滿前乙方不得要求退租,否則視為乙方違約,所繳擔保金全數任由甲方沒收,未到期租金則由甲方一次無息退還。但本約已發生之租期達二年以上時,乙方倘經以書面預告一個月以上,通知甲方登終止本約者,則甲方僅得沒收相當於一個月租金額之擔保金作為違約金,其餘擔保金及已繳未到期租金,甲方應於乙方依約返還租賃物並履行其應盡義務且無任何債務牽涉時,壹次無息退還予乙方。

4. 乙方對於應付之租金、費用及其他依本約所負之債務，倘逾期未付時，每逾一日按應繳金額千分之一計算遲延罰金予甲方。

第 10 條　其他約定

1. 乙方於租賃期間非經甲方書面同意不得於本大樓內外任何地方設置招牌標示或其他廣告物。

2. 乙方應遵守本大樓管理處所指定之大樓管理規則。

3. 乙方不得於大樓內外公共使用空間堆置物品，違反上述規定甲方得僱工搬運或拆除，其費用由乙方負擔。

4. 租賃期滿或甲、乙任一方依約終止本約時，乙方應付之有關費用應全部結清，否則甲方得乙方之擔保金中扣除。

5. 租賃期滿或甲、乙任一方依約終止租約而乙方未交還租賃標的物者，自租賃期滿或終止租約之翌日起，乙方除應依本約租金加倍按日計算遲延罰金給付甲方直迄交還租賃物之日止外，所繳擔保金及已繳未到期之租金任由甲方沒收，並應賠償甲方之一切損失。

6. 乙方不得於租期屆滿未經重訂新約前仍繼續使用，或以已繳付租金為理由主張租賃關係繼續使用，租期屆滿後乙方從使繼續使用租賃標的物，亦無民法第四百五十一條視為以不定期限繼續契約規定之適用。

7. 租賃期滿或甲、乙任一方依約定終止租約時，乙方應於期滿或終止之日，將租賃物內之所有裝潢拆除及設備撤離騰空反還甲方，乙方存留之物品任由甲方依廢棄物處理，乙方並應立即將公司遷址不得異議，否則乙方不得請求退還擔保金。

8. 乙方置租賃標的物於無人使用管理狀態連續達三十日以上（須經本大樓管理處出具證明），且乙方發生本約第九條第一項所列情事或甲方催繳租金或終止租約之攸函因乙方之事由致無法送執或退件、拒收者，為策全體住戶之安全，甲方得在大樓管理人員或當地鄰里長或轄區警察人員陪同見證下，自行進入接管租賃標的物，乙方所遺留之物品，則由甲方代表保管並於租賃標的物之大門張貼待領告示，如乙方逾十五日仍未領回時，甲方得將所保管之物品視為廢棄物處理，乙方絕無異議。上開情形，於租賃關係消滅，而乙方未依約定返還租賃標的物時，亦適用之。

9. 租賃期間內，如甲方移轉租賃物之所有權予第三人者，乙方絕無異議。倘該第三人因而承受甲方就本約之全部權利與義務，乙方應配合將本約出租人名義變更為該第三人，並仍應就本約對該第三人負履約之責，乙方不得藉此要求變更租賃條件或要求任何補償。

10. 甲、乙雙方通訊處均以本約所載為準，如有變更應即時以書面掛號通知對方，否則因無法送達或遭拒收致函件退回者，均以郵局第一次投遞日期為送達日期。

11. 如因本約涉及訴訟時，雙方同意以臺灣臺北地方法院為第一審管轄法院。

12. 本租賃契約得經雙方同意辦理公證手續，租賃契約公證費用，由乙方負擔。

13. 本契約書一式，正本三份，除由公證人執存一份外，餘由甲、乙雙方各執存一份為憑。

14. 未於本租約列明之事項，應依中華民國相關法令之規定。

第 11 條　制執行約定：詳如公證書所載。

> 出租人：○○○　印
> 身分證統一編號：
> 地址：
> 承租人：○○○　印
> 身分證統一編號：
> 地址：

中　華　民　國　○○　年　○○　月　○○　日

註：本契約第 7 條雙方權利義務之規定，宜加注意。

● 房屋租賃契約書（七）

1. **本契約的特點**：本契約為一般之房屋租賃契約，內容清晰明瞭，雙方權利義務規定清楚。
2. **適用對象**：適用於一般無特殊約定之房屋租賃契約
3. **基本條款及注意事項**：訂立本契約應訂明租賃契約之基本條款及其應注意事項。
4. **相關法條**：民法第 422-425 條。

租賃契約 2-6-7

房屋租賃契約書（七）

立契約書人 出租人○○○（以下簡稱甲方）承租人○○○（以下簡稱乙方），因租賃房屋事宜，雙方協議同意訂定各條款如下：

第 1 條　甲方所有房屋座落○○○○○租予乙方。

第 2 條　租賃期限自民國○○年○月○日起，至民國○○年○月○日止，計○年。

第 3 條　每月租金新臺幣○○○元整，議定於每月○日交付予甲方，乙方無論任何理由，均不得拖延或拒納。

第 4 條　本約房屋租賃保證金新臺幣○○○元整，應於結束租賃關係時，無息返還。

第 5 條　本約房屋係供○○用，未經甲方同意，乙方不得將房屋全部或一部轉租、出借、頂讓，或以其他變相方法由他人使用房屋。

第 6 條　乙方於租賃期滿應即將房屋遷讓交還，不得向甲方請求遷移費或其他任何費用。

第 7 條　房屋不得供非法使用，或存放危險物品影響公共安全。

第 8 條　房屋有改裝設施之必要，乙方取得甲方之同意後得自行裝設，但不得損害原有建築。乙方於交還房屋時並應負責回復原狀。

第 9 條　乙方應以善良管理人之注意使用房屋及使用甲方所供備之物品，除因天災地變等不可抗拒之情形外，因乙方之過失致房屋或物品毀損，應負損害賠償之責。至於房屋因災害損毀有修繕必要時，由甲方負責修理。物品之損壞修繕則由乙方負責修理。

第10條　乙方違反約定方法使用房屋，甲方得終止租約。乙方於終止租約或租賃期滿不交還房屋，自終止租約或租賃期滿之翌日起，乙方應支付按房租五倍計算之違約金。

第11條　除地價稅、房屋稅由甲方負擔外，凡因居住使用房屋所必須支付之水電費、清潔費、管理費及其他因居住使用所必須支付之雜項費用，概由乙方自行負擔。

第12條　乙方遷出時，如遺留家具雜物不搬者，視為放棄，任由甲方處理。

第13條　本契約租賃期限未滿，一方擬解約時，須得對方之同意。

第14條　保證人與被保證人負連帶保證責任。

第15條　甲乙雙方應遵守本約各條款之約定，乙方如違約，甲方得隨時解約收回房屋，並無條件沒收保證金，若因可歸責於乙方而致使甲方受有損失時，乙方應負賠償之責，並放棄先訴抗辯權，絕無異議。

第16條　本約同文一式二份，雙方各執一份為憑。

```
┌─────────┐          立契約書人甲方：○○○ 印
│ 印花各  │          住所：
│ 自購貼  │          身分證統一編號：
└─────────┘          立契約書人乙方：○○○ 印
                     住所：
                     身分證統一編號：
                     乙方保證人：○○○ 印
                     住所：
                     身分證統一編號：
```

中　　華　　民　　國　　○○　　年　　○○　　月　　○○　　日

註：本契約第 5 條規定租賃房屋之使用方式，承租人不得將房屋分部或一部轉租出借，頂讓或以其他變相方法由他人使用房屋。

● 房屋租賃契約書（八）

1. **本契約的特點**：本契約為房屋租賃契約，為一般房屋租賃所廣泛使用之契約。

2. **適用對象**：本契約適用一般住家房屋租賃契約。

3. **基本條款及注意事項**：訂立本契約應訂明租賃契約之基本條款及其應注意事項。

4. **相關法條**：民法第 422-425 條。

租賃契約 2-6-8

房屋租賃契約書（八）

出租人○○○（以下簡稱甲方）
承租人○○○（以下簡稱乙方）　因房屋租賃事件，訂立本契約，雙方同意之條件如下：

第1條　房屋所在地及使用範圍：（略）

第2條　租賃期限：自民國○○年○月○日起，至○○年○月○日止，計○年。

第 3 條　租金：
　　　　一、每月租金新臺幣○○○元，每月○日以前繳納。
　　　　二、保證金新臺幣○○○元，於租賃期滿交還房屋時無息返還。
第 4 條　使用租賃物之限制
　　　　一、本房屋係供住家之用。
　　　　二、未經甲方同意，乙方不得將房屋全部或一部轉租、出借、頂讓或以其他變相方
　　　　　　法由他人使用房屋。
　　　　三、乙方於租賃期滿應即將房屋遷讓交還，不得向甲方請求遷移費或任何費用。
　　　　四、房屋不得供非法使用，或存放危險物品影響公共安全。
　　　　五、房屋有改裝設施之必要，乙方取得甲方之同意後自行裝設，但不得損害原有建
　　　　　　築，乙方於交還房屋時並應負責回復原狀。
第 5 條　危險負擔：乙方應以善良管理人之注意使用房屋，除因天災地變等不可抗力之情形
　　　　外，因乙方之過失致房屋毀損，應負損害賠償之責。房屋因自然之損壞有修繕必要
　　　　時，由甲方負責修理。
第 6 條　違約處罰：
　　　　一、乙方違反約定方法使用房屋，或拖欠租金達二期以上，經甲方催告限期繳納仍
　　　　　　不支付時，不等租賃期限屆滿，甲方得終止租約。
　　　　二、乙方於終止租約或租賃期滿不交還房屋，自終止租約或租賃期滿之翌日起，乙
　　　　　　方應支付按房租一倍計算之違約金。
第 7 條　其他特約事項：
　　　　一、房屋之稅捐由甲方負擔，乙方水電費及營業必須繳納之稅捐自行負擔。
　　　　二、乙方遷出時，如遺留傢雜物不搬者，視為放棄，得由甲方處理之。
　　　　三、乙方如覓有保證人，應與保證人負連帶保證責任。
　　　　四、本契約租賃期限未滿，一方擬終止租約時，須得對方之同意。
第 8 條　應受強制執行之事項：（略）

　　　　　　　　　　出租人：○○○　印
　　　　　　　　　　承租人：○○○　印
　　　　　　　　　　保證人：○○○　印

中　　華　　民　　國　　○○　年　　○○　月　　○○　日

註：本契約第 7 條之特約事項為重要事項，訂約時應多加注意。

● 公寓租賃契約書

1. **本契約的特點**：本契約為公寓房屋的租賃，公寓為集合式住宅，租賃除房間
　外，應包括其他公共設施在內。
2. **適用對象**：本契約適合於公寓之租賃。
3. **基本條款及注意事項**：訂立本契約應訂明租賃契約之基本條款及其應注意事
　項。
4. **相關法條**：民法第 422、423、425 條。

租賃契約 2-6-9

公寓租賃契約書

　　○○住宅股份有限公司（以下簡稱甲方）和○○○（以下簡稱乙方）之間，按照下記約定締結建築物租賃契約：

第 1 條　甲方將左列不動產租賃給乙方：

　　　　本件建物的表示：

　　　　一、名稱：○○公寓

　　　　二、所在地：○○市○○區○○路○○號地。

　　　　三、構造：鋼筋混凝土造地下○層、地上○層的建物。

租賃物的表示：

　　　　居所：○○號室○○平方公尺（包括陽臺○○平方公尺在內）。

第 2 條　乙方對租賃物除居住以外，不得另作其他用途。

第 3 條　租賃期間從本契約締結之日即中華民國○○年○月○日（同日交付租賃物）起，至中華民國○○年○月○日止，為期一年。

第 4 條　租金為每月○○○元整，乙方從締結本契約之日即中華民國○○年○月○日起，每月五日之前將該月份的租金於甲方的總公司或其指定之場所，支付給甲方。

　　　　未滿一個月的租金則按日計算。

第 5 條　乙方除了前項租金以外，必須將甲方另外規定的冷暖氣及供給熱水的費用，依照甲方的請求於甲方指定的場所支付。

第 6 條　關於前項的冷暖氣及供給熱水的費用，甲方可因燃料費、設備費及其他費用的增加而增額。

第 7 條　乙方以第四條的租金二個月份○○○元整作為擔保金，在締結本契約的同時交給甲方，擔保金不另付利息。

　　　　前項的擔保金支付，甲方若已接受定金，則以定金充當擔保金的一部分。

第 8 條　乙方可對甲方進行書面通知，給予兩個月的預告時間，請求解除本契約。預告期間終了時，契約同時宣告終止。但乙方若未進行預告而將相當於兩個月的租金支付給甲方，則亦可立刻解約。

　　　　乙方提出前項解約申請時，若未得到甲方書面之承諾，則不得撤回或取消契約。

第 9 條　乙方若怠忽租金的支付，以按日計息的方式將租金延遲費當成延遲損害金，連同遲延的租金一併交付給甲方。

第 10 條　水電、瓦斯、電話費等使用費用的支付義務由乙方負擔。

第 11 條　乙方事先得到甲方書面的承諾，並得到其費用可進行租賃物的壁紙更換或磁磚重嵌等工程。

第 12 條　乙方對於本件建物及租賃物須盡善良管理人之注意，小心使用，同時必須遵守甲方另行規定的管理規則及其他指示。

第 13 條　乙方若未事先得到甲方的書面承諾，不得進行以下行為：

　　　　一、對租賃物的修理、改建、裝潢或其他現狀的變更。

　　　　二、在本件建物範圍內建造工作物。

　　　　三、在本件建物或租賃物的範圍內，設置或張貼看板、揭示板、告示牌或廣告等。

四、新設、添加、除去或變更對於電氣、瓦斯、給排水等建物的設備，或其他將造成影響的設備、機械等。

五、在本件建物或租賃物內外搬入或處理爆炸性或易燃性物品及其他危險物品。

第 14 條　乙方不論任何原因，都不得對第三者轉讓全部或一部分的租賃權，或是轉貸租賃物（包括同居、共同使用等其他以此為準的行為在內）。

第 15 條　甲方或其使用人等因義務上之必要得到乙方的承諾（不過，緊急情況不在此限），隨時可以進入租賃物內採取適當的必要措施，或向乙方提出要求。

第 16 條　乙方（包括家人、使用人在內）毀損租賃物及本件建物的設備時，必須立刻使其恢復原狀，亦可按照甲方的計算，支付賠償金代替恢復原狀。

第 17 條　若因天災、地變、火災、偷竊等不可歸責於甲方的事由發生事故，導致乙方受有損害時，甲方完全不必負賠償責任。

第 18 條　乙方（包括家人、使用人在內）若符合以下各項中之任何一項，則甲方對乙方不必進行任何通知或催告，可立刻解除本契約：

一、不管第九條的規定如何，若租金的支付有二次沒有按照規定辦理，或第五條所規定的費用支付延遲二個月以上未支付時。

二、甲方認為乙方做出違反共同生活秩序的行為時。

三、乙方違反其他本契約的各條款時。

第 19 條　本契約因期間終了、解約或其他事由而消滅時，按照以下規定辦理：

一、乙方須將租賃物恢復原狀，再歸還甲方。

二、乙方放在租賃物內屬於乙方所有的東西必須在指定期間內搬出，否則甲方可任意處分。

三、乙方對於已經發生的債務必須支付，而在契約消滅後乙方尚未遷出前，乙方必須將雙倍租金的使用損害金支付給甲方，但不免除甲方遭受損害的另外賠償。

四、當乙方將租賃物完全交還給甲方以後，甲方要將擔保金歸還給乙方。但乙方若有遲延支付之租金或其他基於本契約而生之債務尚未清償者，甲方僅返還抵償後之擔保金餘額。

五、乙方不得以遷移費或其他任何的名目而向甲方做其他金錢請求。

第 20 條　○○○為乙方的連帶保證人，和乙方連帶對於基於本契約所規定的一切債務負履行之責。

第 21 條　本契約書一式二份，甲乙雙方各持一份。

甲方：○○住宅股份有限公司
董事長：○○○　印
乙方：○○○　印
連帶保證人：○○○　印

中　華　民　國　○○　年　○○　月　○○　日

註：公寓為集合式住宅，共同生活秩序的維持非常重要，故本契約第 18 項特別明訂承租人違反共同生活秩序行為時，出租人可以解除契約。

● 店鋪租賃契約

1. **本契約的特點**：本契約爲店鋪租賃契約，店鋪爲營業之用，與一般住宅之租賃顯有不同。
2. **適用對象**：適用出租店鋪及承租店鋪作爲營業之用之契約。
3. **基本條款及注意事項**：訂立本契約應訂明租賃契約之基本條款及其應注意事項。
4. **相關法條**：民法第 429-431、434、437 條。

租賃契約 2-6-10

店鋪租賃契約書

　　立店鋪租賃契約出租人○○○（以下簡稱爲甲方）承租人○○○（以下簡稱爲乙方）乙方連帶保證人○○○（以下簡稱爲丙方），茲經雙方協議訂立房屋租賃契約條件列明於下：

第 1 條　甲方店鋪所在爲○○市○○區○○路○○巷○○弄○○路。

第 2 條　租賃期限經甲乙雙方洽訂爲○○年○個月，即自民國○○年○月○日起至民國○○年○月○日止。

第 3 條　租金每個月新臺幣○○○元整（收款付據），乙方不得藉任何理由拖延或拒納（電燈費及自來水費另計）。

第 4 條　租金應於每月○日以前繳納，每次應繳○○年○個月份，乙方不得藉詞拖延。

第 5 條　乙方應於訂約時，交予甲方新臺幣○○萬○千元作爲擔保金，乙方如不繼續承租，甲方應於乙方遷空、交還店鋪時，無息退還擔保金。

第 6 條　乙方於租期屆滿時，除經甲方同意繼續出租外，應即日將租賃房屋誠心按照原狀遷空交還甲方，不得藉詞推諉或主張任何權利，如不即時遷讓交還房屋時，甲方每月得向乙方請求按照租金二倍之違約金，至遷讓完了之日止，乙方及連帶保證人丙方，決無異議。

第 7 條　契約期間內乙方若擬遷離他處時，乙方不得向甲方請求租金償還、遷移費及其他任何名目權利金，而應無條件將該店屋照原狀返還甲方，乙方不得異議。

第 8 條　乙方未經甲方同意，不得私自將租賃店鋪權利全部或一部分出借、轉租、頂讓或以其他變相方法由他人使用店屋。

第 9 條　店鋪有改裝施設之必要時，乙方取得甲方之同意後得自行裝設，但不得損害原有建築，乙方於交還店鋪時自應負責回復原狀。

第 10 條　店鋪不得供非法使用或存放危險物品影響公共安全。

第 11 條　乙方應以善良管理人之注意使用店鋪，除因天災地變等不可抗拒之情形外，因乙方之過失致店鋪毀損，應負損害賠償之責。店鋪因自然之損壞有修繕必要時，由甲方負責修理。

第 12 條　乙方若有違約情事，致損害甲方之權益時須負責賠償損害，如甲方因涉訟所繳之訴訟費、律師費用，均應由敗訴確定之乙方負責賠償。

第 13 條　乙方如有違背本契約各條項或損害租賃店鋪等情事時，丙方應連帶負賠償損害責任，並願拋棄先訴抗辯權。

第 14 條　甲乙丙各方遵守本契約各條項之規定，如有違背任何條件時，甲方得隨時解約收回
　　　　　店鋪，因此乙方所受之損失甲方概不負責。

第 15 條　印花稅捐各自負責，店鋪之稅捐由甲方負擔，乙方水電費及營業上必須繳納之稅捐自
　　　　　行負擔。

第 16 條　本件租屋之房屋稅、綜合所得稅等，若較出租前之稅額增加時，其增加部分，應由
　　　　　乙方負責補貼，乙方決不異議。

第 17 條　租賃期滿遷出時，乙方所有任何傢俬雜物等，若有留置不搬者，應視作廢物論，任
　　　　　憑甲方處理，乙方決不異議。

第 18 條　上開條件均為雙方所同意，恐口無憑爰立本契約書二份各執一份存執，以昭信守。

　　　　　　　　立契約人（甲方）：○○○　印

　　　　　　　　身分證統一編號：

　　　　　　　　立契約人（乙方）：○○○　印

　　　　　　　　身分證統一編號：

　　　　　　　　乙方連帶保證人（丙方）：○○○　印

　　　　　　　　身分證統一編號：

　　　　　　　　住址：

中　　華　　民　　國　　○○　　年　　○○　　月　　○○　　日

註：承租人租賃店鋪房屋，應注意是否能為營業登記。

● 店鋪租賃契約書

1. **本契約的特點**：本契約為店鋪租賃契約，本店鋪的特點為指定餐廳使用，如欲變更，承租人應與出租人協議。

2. **適用對象**：本契約適用於營業用店鋪租賃契約。

3. **基本條款及注意事項**：訂立本契約應訂明租賃契約之基本條款及其應注意事項。

4. **相關法條**：民法第 422-425、443、444 條。

租賃契約 2-6-11

```
　　　　　　　　　　　　店鋪租賃契約書
　　　大樓公司（以下稱為甲方）與○○公司（以下稱為乙方）雙方就甲方建築中，下列大廈
內之店鋪（以下稱為本店鋪）訂立租賃契約。
　　　標的物：○○市○○路○○號上七層鋼筋水泥建築附地下室二層（建坪○坪之中地下一
層如附圖所示位置之店鋪○坪）

第 1 條　　租賃期限自民國○○年○月○日至民國○○年○月○日止。合計○○年○月。
第 2 條　　租金定為每月新臺幣○○○元整。以每月底為限，乙方須將下月份之租金送往甲方
　　　　　　營業所或以甲方指定之方式支付。
第 3 條　　乙方得預先將擔保金○○萬元分三次送往甲方營業所寄存予甲方。
```

第一次：新臺幣○○元。民國○○年○○月○○日。

第二次：新臺幣○○元。民國○○年○○月○○日。

第三次：新臺幣○○元。民國○○年○○月○○日。

第4條 前項擔保金由甲方保管五年，自第六年始，於每年底各歸還新臺幣○○元予乙方，但此保證金不付利息。

第5條 乙方得與甲方協議，將本合約書上之店位移轉予他人。

甲方無正當之原因不得拒絕前項移轉之同意。

第一項之移轉包含讓渡、請求退還擔保金之權利。

第6條 在合約期間內，乙方可於六個月前提出或提出後支付六個月份之租金，終止本租賃契約。

依據前項終止契約時，寄存中之擔保金在甲方將本店鋪出租予他人前，不予退還。

第7條 有關冷暖氣、瓦斯、自來水、電器等費用，由乙方負擔。

第8條 本店鋪供乙方作為餐廳使用，如欲變更用途或內部裝潢與設備時，須事先與甲方協議。如甲方認為將對同大樓內之其他店鋪造成負面影響，或有其他正當理由，得拒絕同意上述變更。

第9條 本店鋪之內部裝潢、設施等附屬於建築物，不屬於獨立之權利。

第10條 乙方於接受本店鋪交付之同時，應支付新臺幣○○元予甲方作為權利金。但權利金不退還。

第11條 乙方於接受本店鋪交付之同時，應交付予甲方新臺幣○○元作為押金。但押金視為乙方所須負擔債務之擔保，不付利息。

出租人（甲方）：

公司名稱：

公司地址：

負責人：○○○ 印

身分證統一編號：

承租人（乙方）：

公司名稱：

公司地址：

負責人：○○○ 印

身分證統一編號：

中　　華　　民　　國　　○○　　年　　○○　　月　　○○　　日

註：本契約第8條涉及變更用途、內部裝潢與設備，租賃雙方應妥善訂立契約，以免糾紛。

● **木造公寓出租房間租賃契約書（附生產前三個月遷出之條件）**

1. **本契約的特點**：本契約為木造公寓房間租賃契約，附生產前三個月遷出的條件為其特色。

2. **適用對象**：適用於類似本契約的租賃契約。

3. **基本條款及注意事項**：訂立本契約並訂明租賃契約之基本條款及其應注意事

項。

4. 相關法條：民法第 422、425、429、434、436、437 條。

租賃契約 2-6-12

木造公寓出租房間租賃契約書

臺北市○○路○○段○○號之地上○○公寓○樓○室

上述公寓出租房間及其定著物依下述各條項於當事人間締結租賃契約，為契約作成之便宜，稱出租人○○○為甲方，承租人○○○為乙方。

第 1 條　本租賃契約期間為五年，期間期滿時得經雙方會談後更新之。

第 2 條　租金一個月新臺幣○○○○元整，於每月末日將次月份租金預先持向管理室支付之。

第 3 條　因日後公租公課增加或物價之上漲，或為乙方之利益而特別設置設備時，雖於第 1 條之期間內，甲方得請求租金之增加，乙方不得有異議而應承諾之。

第 4 條　依乙方之原因而於該月中途解約時，甲方就未到期之租金無須返還。

第 5 條　瓦斯、電費、自來水費等由乙方負擔之，於每月末日持向甲方支付之。於電力、瓦斯故障時，得使用石油作為炊事用。

第 6 條　乙方應將另外規定之金額作為保證金，於遷入前預先支付予甲方。

第 7 條　乙方遷出時應於一個月前預先告知甲方，前項保證金之二成作為設施物、其他用品之租金支付予甲方。乙方若怠於一個月前告知時，應支付十五日份。

第 8 條　乙方不得以預先支付之保證金對甲方為充當租金之要求。

第 9 條　乙方不得將保證金以任何名義轉讓於第三人或設定質權、供擔保。

第 10 條　該房屋因天災、地變、戰爭、火災、水災或其他不可抗力之原因而滅失或破損以致使用不可能時，乙方不得將依第 6 條規定預納之保證金全額對於甲方為返還之要求。乙方為前項之災害填補，得投保保險契約於火災保險公司。

第 11 條　於契約期間屆止前，因甲方之原因為租賃房間之交還時，甲方應同時將保證金全額交還於乙方。但此時甲方應於一個月前預告乙方。

第 12 條　乙方因故意或過失而滅失或毀損租賃房屋之設備或辦公用品時，就其損害應負賠償責任。

第 13 條　乙方不得與契約當事人以外之人同居或臨時住宿，因為乙方之好友得甲方承諾而臨時住宿或同居時，應告知其姓名住所並支付另外規定之金額於甲方。

第 14 條　乙方無甲方之承諾不得將租賃房間轉租於第三人。

第 15 條　乙方無甲方之承諾不得變更租賃房間之構造或加工。

第 16 條　乙方不得於租賃房間之內外飼養一切鳥獸。

第 17 條　乙方不得將租賃房間為居住以外之目的使用。

第 18 條　不得於租賃室內賭博、唱歌、其他騷擾行為及有害公共安全之行為，且應重視公眾衛生，留意並協力於租賃室內外之清潔。

第 19 條　乙方遲延支付租金一個月以上，且一個月以上不在且消息不明時，甲方得隨時處理其租賃房間，乙方不得異議。

第 20 條　於乙方及其家屬生產時，考慮公眾衛生，乙方應於三個月前搬出之。

第 21 條　有關甲乙間之本租賃契約，不承認一切團體交涉。

第 22 條　租金一個月以上未納時或乙方違反本契約之義務時，無須催告得立即解除本契約，
　　　　　乙方應立即將租賃物件交還之。
第 23 條　保證人與乙方連帶負本契約義務履行之責。

　　　　　　　　　甲方：○○○　印
　　　　　　　　　住址：
　　　　　　　　　乙方：○○○　印
　　　　　　　　　住址：

中　華　民　國　○○　年　○○　月　○○　日

註：本契約第 16 條不得飼養動物，第 18 條不得妨害公共安寧，為訂立本契約之特色。

● 木造共同住宅承租契約書

1. **本契約的特點**：本契約為木造共同住宅承租契約，木造住宅容易失火，契約應
　訂明失火條款，以明責任。
2. **適用對象**：本契約適用於木造共同住宅承租契約。
3. **基本條款及注意事項**：訂立本契約應訂明租賃契約之基本條款及其應注意事
　項。
4. **相關法條**：民法第 422-425、429、434、436、437 條。

租賃契約 2-6-13

木造共同住宅承租契約書

　　出租人為甲方，承租人為乙方，依下列規定締結租賃契約：

第 1 條　租賃物之表示：○○市○○路○○段○○號
第 2 條　乙方以每月新臺幣○○○○元作為租金，於每月末日將翌月份租金先支付予甲方。
　　　　　但電費、水費等由承租人負擔。
　　　　　但因公課之增加及物價之上漲以致與鄰近地區之租金有顯著之差異時，或因不得已
　　　　　之事由發生時，雖於本契約期間中，甲乙雙方得同意增減租金。
第 3 條　租金與本契約同時起算（亦得與訂金同時為之），未滿一個月時，按日計算之。
第 4 條　甲方自乙方受領新臺幣○○萬元整作為本契約之保證金，不另發收受證明而以本證
　　　　　代替之。
第 5 條　甲方受領之保證金依下列為減額返還之。
　　　　　一、本契約解除時，保證金二成之金額。
　　　　　二、於契約期間中使用人（限法人公司契約）變更時，保證金二成之金額。
　　　　　三、乙方違反依第 13 條記載之條項時。
第 6 條　乙方不得將租賃物使用於居住以外之用途。
第 7 條　乙方若未預先得甲方之承諾時，不得將建物之外觀予以更改之。
第 8 條　乙方無甲方之承諾不得將租賃物之全部或一部分轉租之。增加同居人時亦同。
第 9 條　乙方不得使租賃物受顯著之污染或及於鄰近地區。

第 10 條　乙方違背本契約條項之一或怠於支付租金三個月以上時，甲方得立即解除本契約，並得請求乙方返還之。

　　　　　（保證金之預納不得為租金遲延之理由）

第 11 條　於租賃契約期間中因不得已之事由而解除本契約時，各當事人應以書面於一個月前通知相對人。

第 12 條　於前項其他交還之際，不問遷移費或其他如何之名目，乙方對於甲方不得請求一切之金額。

第 13 條　於租賃物有毀損或有顯著污染時，乙方應負賠償之責。

第 14 條　本租賃物之重大修繕由甲方負擔之，通常之修繕由乙方負擔之。

第 15 條　本契約更新後，乙方將租賃房屋完全交還時，甲方應立即交還保證金予乙方。

第 16 條　本契約自中華民國○○年○月○日到中華民國○○年○月○日之二年，於雙方無任何異議時，以相同之條件更新契約延長二年，爾後亦同。

第 17 條　本契約未規定之事項，雙方應本誠意協力解決之，不成時由仲裁人決定之。

為證明上述契約作成本契約書，甲乙各自簽名蓋章保有一份。

　　　　　　　出租人：（甲方）○○○　印
　　　　　　　住所：○○市○○路○○段○○號
　　　　　　　承租人：（乙方）○○○　印
　　　　　　　住所：○○市○○路○○段○○號

中　　華　　民　　國　○○　年　○○　月　○○　日

註：本契約第 9 條之污染條款為本契約的特點。

● 附店鋪的住宅租賃契約書

1. 本契約的特點：本契約為附店鋪之住宅租賃契約，住宅為住家之用，如附店鋪為營業使用，則比較稀少為其特色。

2. 適用對象：本契約適用於住宅附店鋪做營業使用之契約。

3. 基本條款及注意事項：訂立本契約應訂明租賃契約之基本條款及其應注意事項。

4. 相關法條：民法第 422-425、429、434、436、437 條。

租賃契約 2-6-14

附店鋪的住宅租賃契約書

　　出租人○○○，承租人○○○，於上述當事人間為店鋪租賃，依下列締結契約：

第 1 條　出租人應對承租人將出租人所有之下述店鋪（以下簡稱租賃物），依契約時之原狀出租之，由承租人承租之。

　　　　　○○市○○路○○段○○號

　　　　　鋼筋水泥造二層樓店鋪五戶之建物一棟

　　　　　樓面積　一樓○○○○平方公尺
　　　　　　　　　二樓○○○○平方公尺
　　　現狀依附表所示
第2條　租賃期間自中華民國○○年○月○日到中華民國○○年○月○日止。（○年）
第3條　於雙方更新前條租賃期間時，應於屆滿前六個月為之，在雙方未再為契約而經過上述期間時，以前項期間屆滿之日為本契約之終止日。
第4條　租金每一個月定為○○○○元，於每月末日持往出租人之住所或以匯款支付之。
第5條
　　一、承租人於本契約終了後未現實返還租賃物之期間，應以相當於租金二倍之金額償還予出租人。
　　二、於前項之場合，出租人遭受其他損害時，承租人應同時賠償其損害。
第6條　承租人遲延支付租金之一部或全部時，承租人就其遲延支付之每一百元依日息百分之五之遲延利息。但出租人認為其遲延係因天災或不可抗力時，不在此限。
第7條　承租人應為經營下列之營業而承租租賃物，不得將租賃物供於其他目的之使用，亦不得供居住之用。
第8條　承租人應依租賃物之本來使用之方法，以善良管理人之注意為使用收益。
第9條　承租人不論任何理由不得為下列行為。
　　一、承租人為危險或衛生上有妨礙之物之處理，或對鄰近地區有妨害之業務或設備。
　　二、變更租賃物之主體或構造，或縮短租賃物使用年限之一切工程。
　　三、其他有害於租賃物之一切行為。
第10條　承租人或連帶保證人該當於下列任何之一事項時，應立即通知出租人。
　　一、承租人未使用租賃物三十日以上時。
　　二、承租人或連帶保證人變更其住所或姓名（含商號）時。
　　三、承租人或連帶保證人死亡、或受禁治之宣告或解散時。
　　四、欲自租賃物離開時。
　　五、租賃物有污損、破損或減失時。
第11條　承租人對出租人應承諾下述事項。
　　一、除租賃物之租稅公課外，承租人應負擔下水道費用、電費、瓦斯費、垃圾處理費、公會費等其他因租賃物之使用所生之一切費用。
　　二、租賃物之一切修繕費用由承租人負擔。
　　三、因租賃物之用地或租賃物之租稅或其他負擔之增減、因租賃物用地或租賃物之價格高低、或比較相鄰建物之租賃，租賃物之租金顯有不相當時，雙方得請求日後租金之增減。
　　四、於計算前項租金時，租賃物之時價為就租賃物之用地以國稅局依遺產稅法所定之更地評價路線價（無此評價時依○○市地方稅法所定之固定資產評價價格）之二倍，以其百分之五為年租金。
　　五、因暫時不適用前款時，應以第4條之資料依前款之變更率計算之。
　　六、出租人就租賃物及附屬設備或租賃物之用地為改良時，不受前三款至五款之拘束，得請求增加租金。

七、承租人因自己或其家屬或僱傭人之過失怠慢，致租賃物一部毀損時，應依出租人之指示以相同之材料為完全之修繕或賠償其損害。

八、出租人為租賃物之保存行為或巡視而進入租賃物，或使出租人之代理人進入時，承租人不得有任何異議，且應協力為之。其他出租人於租賃物管理上要求租賃物之相關調查時，亦同。

九、出租人提出有違反本契約之可能或已經違反時，承租人於無法以書面證明未違反時，應視為已違反本契約。

十、就租賃物之使用（包含有關營業之全部），向任何一主管機關申報之名義人與本契約之承租人不同時，不問承租人間內部關係如何，均應視為轉租租賃物。

十一、不問出租人之承諾如何，於承租人施加工程於租賃物所生之損害時，應賠償其損害。

十二、承租人應依本條第五款之比率，將保證金增額補充之。

十三、因承租人違反本契約約款之任何一項而解除本租賃契約時，出租人無須返還已經預付之保證金。

十四、於承租人之連帶保證人死亡時，出租人得請求承租人另立符合出租人要求資格之連帶保證人。

十五、於必要時出租人得於租賃物之用地上建設建物或工作物，或增加、改建租賃物。此時不問任何名目，承租人對於出租人不得請求金額。

十六、就本契約發生權利義務之爭議時，由○○地方法院為管轄法院。

第 12 條　承租人未預先以書面得出租人之同意，不得為下列行為。

一、租賃物之增改建築、改變外觀，電力、瓦斯及自來水之引進，或改變原狀。

二、租賃物之轉租或租賃權之讓與或出租權之設定、同居或其他。

三、變更租賃物之用途。

四、使第三人（以下包含親屬共同出資者及共同經營者）代替承租人居住於租賃物。

五、不論以任何型態與第三人共同經營。

六、不問任何理由將租賃物占有之全部或一部交與第三人。

七、用地原形之變更。

八、租賃物顏色之變更。

九、置入重量物品。

十、就承租物之全部或一部（含壁面）除營業之直接必要外，設置或張貼看板或其他廣告物。

十一、新設備之設置。

十二、使用承租地以外之出租人所有之土地。

十三、居住人員及其構成之異動。（以居住時提出於出租人之居住名簿為準）

第 13 條　承租人該當於下列各款之事項之一時，即使於期間屆滿前，出租人亦無須任何催告得為解除本契約，承租人不得有異議並應立即返還租賃物，承租人因此所生之損害均不得請求出租人賠償之。

一、承租人因其他債務而受強制執行、保全處分，或受破產、和解、拍賣之聲請時。

二、怠於支付租金一次時。

三、承租人失卻維持第7條營業所必要之資格時。

四、停止第7條所載之營業時。

五、承租人死亡時。

六、依行政處分或其他而承租人受停止營業之命令時。

七、對於第十條規定之出租人怠於通知時。

八、違反第十二條時。

九、連帶保證人解除依本契約之保證契約時。

十、承租人自租賃物離開時。

十一、租賃物因火災或其他天災而毀損或滅失時。

十二、因公用徵收、都市計畫其他行政處分或相類似之行政處分，而限制租賃物之使用收益時。

十三、將承租人經營之營業改組於法人時。

十四、有擾亂共同生活秩序之行為時。

十五、其他違反本契約之條款時。

第14條　承租人終了本件租賃契約，返還租賃物於出租人時，承諾履行下述事項，若承租人未履行除第三款及第七款的各款義務時，出租人得以承租人之費用負擔代行之，承租人不得異議。

一、變更租賃物之原狀時，應回復其原狀。

二、承租人未收回附加於租賃物之物件時，視為放棄其權利，任由出租人處分之，承租人不得異議。

三、不問任何名目，對於出租人不得金錢或其他一切之請求。

四、因故意或過失而毀損之部分應修復之。

五、經出租人到場檢查租賃物之全部後，得出租人之承諾。

六、將電費、瓦斯、自來水費之金額繳納證明提出於出租人。

七、告知承租人交付租賃物後之住所或聯絡地址。

第15條　一、承租人將押金新臺幣○○○○元預先交付予出租人，出租人不附利息收受之。

二、承租人不得以前條押金返還請求債權與租金債務相抵銷，亦不得將上述債權買賣讓與或為供擔保。

三、自確認承租人完全履行本契約，返還租賃物完了，且未另外為求償時起一個月後，出租人應返還自前項金額中扣除二成金額之押金。

四、依前項之規定，承租人自出租人受領押金之返還時，承租人交付租賃物完了時，使用的電費、瓦斯、自來水費之使用費支付證明應提出予出租人。

五、出租人得任意自押金中扣除下列事項。

　　1.因本契約所生之一切債務。

　　2.因使用租賃物所生之一切債務。

　　3.應歸其他承租人負擔之債務。

六、因承租人或其家屬、僱傭人、同居人等之過失致租賃物燒毀滅失時，得以押金之全部當作出租人之所得，以為其損害賠償之一部，承租人不得請求返還之。

第16條　○○○、○○○二人連帶保證依本契約承租之債務，且與承租人連帶負債務履行之責。

第 17 條　就本契約之規定解釋運用有發生疑義或有本契約未規定之事項時，雙方應本誠意協議解決之。

　　　　為證明上述契約作成本契約書，各自簽名蓋章後保有一份。

出租人：○○○　印

住址：

承租人：○○○　印

住址：

連帶保證人：○○○　印

住址：

連帶保證人：○○○　印

住址：

附表省略

中　　華　　民　　國　　○○　　年　　○○　　月　　○○　　日

註：本契約為附於住宅之店鋪之租賃契約，本契約第 11 條之承租人對出租人應承諾事項為其特點。

【轉租】

● 房屋轉租契約書

1. 本契約之特點：本契約為房屋的一部轉租，民法第 443 條但書規定，承租人可將承租房屋一部轉租他人。
2. 適用對象：本契約適用於房屋的一部轉租。
3. 基本條款及注意事項：訂立本契約應訂明租賃契約之基本條款及其應注意事項。
4. 相關法條：民法第 443、444 條。

租賃契約 2-6-15

房屋轉租契約書

　　轉租人○○○（以下簡稱甲方）、承租人○○○（以下簡稱乙方），當事人間房屋一部轉租締約條件如下：

第 1 條　轉租人經得出租人之同意，就承租之座落○○市○區○段○○小段○地號（門牌○○市○區○里○路○號）貳層樓房。其樓上全部建坪○○坪轉租予承租人為居住使用，而承租人依約承租之。

第 2 條　轉租期限：自民國○○年○月○日起，至○○年○月○日止，計○年。

第 3 條　租金：

　　　　一、每月租金新臺幣○○○元，每月○日以前繳納。

二、擔保金新臺幣○○○元，於轉租期滿交還房屋時無息返還。

第4條 使用轉租物之限制：

一、本轉租房屋係供住家之用。

二、未經甲方同意，乙方不得再轉租房屋全部或一部轉租、出借、頂讓，或以其他變相方法由他人使用轉租房屋。

三、乙方於轉租期滿應即將轉租房屋遷讓交還，不得向甲方請求遷移費或任何費用。

四、轉租房屋不得供非法使用，或存放危險物品影響公共安全。

五、轉租房屋有改裝施設之必要，乙方取得甲方之同意後得自行裝設，但不得損害原有建築，乙方於交還轉租房屋時並應負責回復原狀。

第5條 危險負擔：乙方應以善良管理人之注意使用轉租房屋，除因天災地變等不可抗力之情形外，因乙方之過失致轉租房屋毀損時，應負損害賠償之責。轉租房屋因自然之損壞有修繕必要時，由甲方負責修理。

第6條 違約處罰：

一、乙方違反約定方法使用轉租房屋，或拖欠租金達二期以上，經甲方催告限期繳納仍不支付時，不待轉租期限屆滿，甲方得終止租約。

二、乙方於終止租約或轉租期滿不交還房屋，自終止租約或轉租期滿翌日起，乙方應支付按房租一倍計算之違約金。

第7條 其他特約事項：

一、轉租房屋之稅捐由甲方負擔，乙方水電費自行負擔。

二、乙方遷出時，如遺留傢俱雜物不搬者，視為放棄，得由甲方處理之。

三、乙方如覓有保證人，應與保證人負連帶保證責任。

四、本契約轉租期限未滿，一方擬終止租約時，須得對方之同意。

第8條 原出租人對於轉租人將租賃物房屋一部轉租予承租人承諾之。

第9條 本契約一式四份，當事人及連帶保證人各執一份為憑。

　　　　　　　轉租人（甲方）：○○○ 印
　　　　　　　住址：
　　　　　　　身分證統一編號：
　　　　　　　承租人（乙方）：○○○ 印
　　　　　　　住址：
　　　　　　　身分證統一編號：
　　　　　　　連帶保證人：○○○ 印
　　　　　　　住址：
　　　　　　　身分證統一編號：
　　　　　　　出租人：○○○ 印
　　　　　　　住址：
　　　　　　　身分證統一編號：

中　華　民　國　　○○　年　　○○　月　　○○　日

註：本轉租契約由出租人簽名同意，可避免原出租人與承租人之爭執。

● **轉租契約書**

1. 本契約的特點：本契約為大樓樓層之全部轉租，承租人轉租應得出租人的同意。
2. 適用對象：本契約適用於房屋之全部轉租。
3. 基本條款及注意事項：訂立本契約應訂明租賃契約之基本條款及其應注意事項。
4. 相關法條：民法第 443、444 條。

租賃契約 2-6-16

轉租契約

　　○○建設股份有限公司（以下簡稱甲方）與○○（以下簡稱乙方）按照以下的約定締結契約：

第 1 條　（轉租物件）
　　　　甲方在以下所揭示之○○建設大樓（以下簡稱大樓）中，按照以下之表示將○○○（以下簡稱轉租物）轉租給乙方，乙方為○○使用目的得為使用收益。
　　　　大樓標示：○○市○○區○○路○○號地，○○建設大樓鋼筋混凝土造地下○層、地上○層之建築物。
　　　　轉租物的表示：
　　　　○○樓○○號室○○平方公尺（○○坪）
　　　　○○樓○○號室○○平方公尺（○○坪）
　　　　○○樓○○號室○○平方公尺（○○坪）
　　　　位置如附圖所表示。（圖略）

第 2 條　（契約期間）
　　　　轉租期間為中華民國○○年○月○日始至中華民國○○年○月○日止。若甲乙任何一方在期間終了六個月前沒有其他意思表示，則本契約以同一條件可續約一年。其後契約期間終了，也比照同樣方法辦理。
　　　　甲乙雙方在前項規定的契約期間當中，可擁有六個月的預告期間解除本契約。但乙方若不進行前述預告而支付相當於三個月租金的金額，也可即時終止本契約。

第 3 條　（租金）
　　　　租金每個月新臺幣○○○元整。
　　　　租金到每月月底為止，要將翌月的租金按照甲方指定的方法，由乙方支付給甲方。
　　　　乙方遷出或遷入之月，其日數不足一個月者，租金按日計算。

第 4 條　（諸費用的負擔）
　　　　乙方除第三條的租金以外，另須負擔以下諸費用，隨同第 3 條的租金一併支付給甲方：
　　　　一、共益費○○○元整。共益費包含公共部分管理清掃費、冷暖氣費用平均分攤費用，及其他公共設施的維修、公共消耗品費等等一併計算在內。

二、基於乙方的需要，對於轉租物進行裝潢或裝修時所需費用。但關於修繕、修補、物品補給費用區分等，按照大樓管理之規定辦理。

第5條　（契約訂金及押金）

乙方在本契約成立時，必須將契約保證金按照下述方式暫託給甲方：

一、契約保證金新臺幣（以下同）○○○元整。

二、契約保證金從本契約締結之日開始算起十年內，暫託給甲方，從第十一年開始以後拾年內，每年○月最後一天由甲方平均攤還給乙方。

三、甲方從第十一年開始，對於契約保證金的餘額應附上年息百分之二的利息，在每年○月最後一天將當年度的利息支付給乙方。

四、本契約若因乙方之情況或歸咎於乙方之事由而解除時，甲方並不喪失第一、二款項所規定的期限利益。

第6條　（押租金）

乙方在本契約成立時，為了擔保本契約，將押租金支付給甲方。

佣金○○○元整。金額相當於第三條所規定的租金的十個月份。

在乙方承租期間，擔保金無利息暫留甲方處，到契約終止，乙方的轉租物完全交還終了的同時，由甲方歸還乙方。

第7條　（違約處罰）

甲方在乙方對於本契約所規定之租金的支付或損害賠償及其他乙方應履行之責任未履行時，毋須催告，可將第6條所規定的擔保金的全部或一部分予以沒收，充當賠償金。

若依照前項的規定，充當賠償金後而乙方的債務仍無法償還完畢時，甲方對乙方進行催告之前，可以第5條規定之保證金的全部或一部分充當償還金。

乙方對於本契約所規定之擔保金及契約保證金，不得用來抵扣乙方對甲方所負擔之其他金錢債務。本條第一項及第二項的情況下，乙方接到充當通知之日開始一週內，要將充當償還金的擔保金及契約保證金額補足。

第8條　（禁止事項）

乙方不得為左列行為：

一、乙方對於轉租物的租貸權的一部分或全部，不得讓與或轉租給第三者。

二、乙方未得到甲方之承諾，對於轉租物不得有第三者同設一室名義的揭示，以及利用來當作第三者之聯絡事務所等。

第9條　（依約定使用轉租物）

乙方必須依照第一條所規定之目的使用轉租物。

即使在第一條所規定的目的範圍內使用，若有住宿、廣告看板的設置等的特別利用時，必須得到甲方的承諾。

第10條　（禁止規定）

關於大樓的使用，乙方必須遵守大樓的規則，不得做出以下之行為：

一、危害建物保全之行為。

二、損及其他租賃者之行為。

三、違反其他大樓規定之行為。

第 11 條　（管理義務）

　　乙方對於轉租物件必須盡善良管理者之注意義務，小心使用。

　　甲方對於轉租物的保全、衛生等，可進行狀況調查，乙方必須從旁協助。

第 12 條　（轉租物之使用修繕）

　　甲方對於轉租物之使用收益須負責必要的措施或修繕，使乙方能維持正常使用收益狀態。

　　關於修繕、改裝等細目，按照大樓內規定辦理。

　　若在甲方的正常管理下，而乙方的轉租物內發生偷盜或其他第三者造成之損害時，乙方必須自行負責，同時自付費用處理解決。

　　甲方若因天災地變或其他甲方不可抗力的事由而對乙方造成損害時，甲方不必負責。

第 13 條　（賠償義務）

　　若有可歸咎於乙方或其使用人（包括承包人在內）之責之事由發生致甲方受損害時，乙方必須對甲方負一切損害賠償之責。

　　若有可歸咎於甲方或其使用人（包括承包人在內）之責之事由發生致乙方在轉租物使用上蒙受損失時，甲方必須對乙方負一切損害賠償之責。

　　若因天災、火災、偷盜等事故，以及電氣、瓦斯、自來水、冷暖氣、電梯及其他本建物附屬設備器具等起因而發生之事故，若非甲方之責，而是其他原因導致乙方及其代理人、使用人、承包人及關係人蒙受損失時，甲方不必負一切賠償責任。但若甲方在事故發生承認自有過失時，則不在此限。

第 14 條　（遲延利息之請求）

　　乙方基於前第 3 條、第 4 條及第 13 條之規定，屆期未將租金等諸費用支付給甲方時，甲方對該金額可計算遲延期間，或依第 7 條的規定，在利用擔保金或契約保證金充當償還金之前的期間，可向乙方請求遲延利息。

　　依第 7 條的規定，以擔保金或契約保證金充當債務償還金時，若乙方到規定日期為止尚未進行填補時，甲方對該金額的遲延期間可以向乙方請求遲延利息。

第 15 條　（修繕）

　　乙方未得到甲方之承諾，不可在轉租物中進行固定設備的建造或修理。

第 16 條　（契約解除）

　　乙方若有以下所揭示行為時，甲方可以不經任何催告，即解除本契約：

　　一、第三條及第四條規定之租金及其他諸費用的支付遲延二個月以上時。

　　二、有其他違反本契約之行為時。

第 17 條　（契約終止）

　　除因有第十六條的規定及甲乙雙方同意解約外，乙方在解散或被第三者吸收、合併，或宣告破產時，本契約即自動終止。

第 18 條　（轉租物的交還）

　　本契約終止時，乙方對於轉租物相關設施的裝修或諸設備，必須撤去或恢復原狀，迅速交還甲方。前項的恢復工程，甲方可在乙方負擔費用的條件下進行。

第 19 條　（其他費用請求之禁止）

　　乙方對於第十八條所規定的裝修及其他物件，不得向甲方提出購買的請求。

　　　　　乙方在交還物件時，不得對甲方提出立即遷出費、轉移費及其他一切類似的要求。

第 20 條　（遲延使用費）

　　　　　本契約終了開始到完全交還轉租物為止的期間，乙方對於甲方必須以相當於租金及其他諸費用的金額當成遲延使用費來支付給甲方。

第 21 條　（協議事項）

　　　　　本契約未規定之事項，或有疑義產生時，按照法令及一般營業用大樓的商業習慣，在甲乙雙方協議下訂定措施。

第 22 條　（契約份數）

　　　　　本契約書一式二份，甲乙雙方各自簽名蓋章後，分別持有一份。

甲方：○○○　印

乙方：○○○　印

中　　華　　民　　國　　○○　　年　　○○　　月　　○○　　日

附特約條款：

一、本契約終了時，不管第十八條及第十九條的規定為何，若乙方的轉借部分及共有部分的隔間，以及乙方轉借部分及以外的部分的隔間，甲方可以扣除轉租期間折舊用之後的剩餘價格來購買。但折舊期間採以十年為限，償還方法採取定率法。

二、無論本契約書第五條第五項的規定，當乙方交還轉租物後，若甲方與同室的下一位承租人已締結契約，甲方必須立刻將第 5 條之擔保金即時歸還乙方。

房屋轉租同意書

　　立同意書人○○○茲將所有座落於○市○區○路○號，共○層樓房。原於民國○○年○月○日，出租於承租人○○○，且訂立租賃契約並公證在案。今本人同意原承租人將租賃物轉租於次承租人○○○作為○○之使用。恐口說無憑，特立本同意書為據（但因次承租人應負責之事由，所生之損害，原承租人亦負賠償責任）。

立同意書人：

住址：

中　　華　　民　　國　　○○　　年　　○○　　月　　○○　　日

註：本契約為房屋全部轉租，附有出租人轉租同意書，次承租人可以安心承租。

【終止租賃】

● 終止租賃契約同意書

1. **本同意書之特點**：本同意書為終止先前訂立之租賃契約，雙方應履行先前租賃之權利義務，以使契約終止。

2. **適用對象**：本同意書於終止房屋租賃契約適用之

3. **基本條款**：訂立本契約應訂明租賃契約雙方之權利義務及如何消滅之基本條款。

4. 相關法條：民法第 450 條。

租賃契約 2-6-17

終止租賃契約同意書

　　出租人○○○（以下簡稱甲方）承租人○○○（以下簡稱乙方）茲為終止租賃關係，經雙方同意訂立本終止契約條件如下：

第1條　甲乙雙方間於民國○○年○月○日所締結之○○地方法院所屬民間公證人○○事務所○○年度○○字第○○號不動產房屋租賃附強制執行契約公證書，其租賃期間原約定截至○○年○月○日止○年在案，茲因○○○○經甲乙雙方同意自○○年○○月○○日起終止租賃關係。

第2條　乙方將承租占有中之後開租賃房屋，按照原約定回復原狀，並遷讓返還甲方完畢。

第3條　甲方經受交還租賃物時，檢查房屋內外確認無任何損壞，亦無短少物品而收回無誤。

第4條　乙方將租賃物房屋遷讓返還甲方時，其房屋內外確無任何增設，或改裝飾物件未拆除去，若其他物件留存該處無誤。

第5條　甲方承認乙方在租賃期間中之租金、水電費、管理費均已付清，並無積欠亦無任何債權債務關係存在無訛。

第6條　甲乙雙方間於立本終止契約同時，對上開租賃契約公證書所載之有關權利義務即歸消滅，嗣後互不得為任何之主張或請求。

　　　　附租賃物標示：○○○○○。

　　　　　　　　出租人：○○○　印
　　　　　　　　住址：
　　　　　　　　承租人：○○○　印
　　　　　　　　住址：

中　華　民　國　○○　年　○○　月　○○　日

註：本終止租賃契約同意書已釐清雙方權利義務，並不發生任何糾紛，為典型終止租賃契約同意書。

【土地租賃】

● 土地租賃契約書（一）

1. 本契約的特點：本契約為土地租賃契約，本土地租賃係承租人租賃土地興建接待中心及樣品屋以銷售房屋。

2. 適用對象：本契約適用以租賃土地興建接待中心及樣品屋之土地租賃契約。

3. 基本條款及應注意事項：訂立本契約應訂明租賃契約基本條款及應注意事項。

4. 相關法條：民法第 422-440、443-455 條。

租賃契約 2-6-18

土地租賃契約書　（一）

立契約書人 出租人：○○○（以下簡稱甲方）
　　　　　 承租人：○○○（以下簡稱乙方）兹因乙方為銷售房屋，擬向甲方承租土地，以興建臨時接待中心及樣品屋，經雙方協議訂立本土地租賃契約，內容如下：

第 1 條　租賃標的：甲方同意將其所有座落○○市○○區○段○小段○○地號共計○筆土地，面積○○○平方公尺（約○○○坪）所有權全部出租予乙方（詳如後表所示）。

第 2 條　租賃期間：自民國○○年○月○日起至民國○○年○月○日止，共計○年○月。甲方同意於○○年○月○日將本件租賃土地交由乙方管收。

第 3 條　租金每個月新臺幣○○萬元整（未稅）；乙方不得藉任何理由拖延或拒納。

第 4 條　乙方應於簽約時，一次交付甲方○個月份之每月○日兌現租金支票。若有租金不能兌領之情事發生者，視同乙方違約。

第 5 條　乙方應於訂約時，開具新臺幣○○○元之即期支票作為擔保金，租賃期滿或終止本約拆除本件土地全部地上物交還土地時無息返還。

第 6 條　乙方於租期屆滿時，如要續租應於租期屆滿前一個月函知甲方，除經甲方同意繼續出租外，應於租期屆滿十日內將租賃土地按照原狀遷空（拆除全部地上物），並於租期屆滿交還甲方，不得藉詞推諉或主張任何權利。如未依上述約定即拆除遷空交還土地者，甲方每月得向乙方請求按照本件租金三倍計算之違約金至遷讓完了之日止，乙方決無異議。

第 7 條　契約期間內乙方若搬遷離他處時，不得向甲方求租金償還、遷移費及其他任何名目之權利金，而應無條件將該土地騰空返還甲方，乙方不得異議。

第 8 條　乙方未經甲方同意，不得將本租賃土地全部或一部分轉租、出租、頂讓或其他變相方法由他人使用。並不得供非法使用或作其他違反公共安全之情事。

第 9 條　乙方得於本租賃土地上出資興建臨時接待中心及樣品（含園藝植載及停車場等相關設備。）未經甲方同意者，不得變更使用。

第 10 條　甲乙雙方應遵守本契約各條款之規定，如乙方有違背本契約任一條款者，甲方得逕行終止本契約並收回本租賃土地，乙方因而受有損失者，概由乙方自負責任，悉與甲方無涉。

第 11 條　印花稅各自負責，房屋稅、地價稅由甲方負擔；乙方營業上必須繳納之稅捐及水電費用由乙方自行負擔；本租賃契約之公證規費及代辦費用由甲乙雙方平均分擔。

第 12 條　甲乙雙方同意租賃終止或期滿遷出時：

　　1.乙方應負責拆除全部地上物騰空恢復原狀後返還土地予甲方；植栽部分，若甲方需要，乙方應保留贈送予甲方，但如有留置不搬者，應視作廢物論，任憑甲方處理，甲方並有權逕由擔保金中扣除處理費用。

　　2.如乙方已向主管機關申請建造建築物者，乙方應一併申請撤銷登記及拆除申請，否則以違約論。

第 13 條　甲乙雙方同意有關本契約之爭訟以臺北地方法院為第一審管轄法院。

第 14 條　應逕受強制執行之事項：
　　　　　1.給付租金及違約金。
　　　　　2.返還擔保金。

　　　　　　　　　出租人：○○○　印
　　　　　　　　　身分證統一編號：
　　　　　　　　　地址：
　　　　　　　　　承租人：○○○　印
　　　　　　　　　身分證統一編號：
　　　　　　　　　地址：

中　　華　　民　　國　　○○　　年　　○○　　月　　○○　　日

註：本契約不適用民法第 422 條之 1。

土地租賃契約書（二）

1. 本契約的特點：本契約為土地租賃契約，由出租人以租賃土地做為經營貨運倉儲業之用。

2. 適用對象：本契約適用於以經營貨運倉儲業之土地租賃契約。

3. 基本條款及應注意事項：訂立本契約應訂明租賃契約之基本條款及應注意事項。

4. 相關法條：民法第 422、423、425-427、438-440、443-455 條。

租賃契約 2-6-19

土地租賃契約書（二）

立合約人 出租人：○○○（以下簡稱甲方）
　　　　 承租人：○○○（以下簡稱乙方）

　　因甲方三人同意將其單獨所有之後開土地共同出租予乙方作為經營貨運倉儲事業，經雙方協議訂定本租賃契約，內容如下，俾資共同遵守：

一、合約期間：自民國○○年○月○日起至民國○○年○月○日，共計○年整。

二、租賃標的物：甲方（○○○、○○○、○○○）等三人各以其單獨所有之下列土地，共同出租予承租人營業使用。

　　1.○○○出租土地為：座落○○地號，面積約為○○○坪，權利範圍全部。

　　2.○○○出租土地為：座落○○地號，面積約為○○○坪，權利範圍全部。

　　3.○○○出租土地為：座落○○地號，面積約為○○○坪，權利範圍全部。

三、租金約定：

　　1.本件土地租賃金額每月每坪為新臺幣（下同）○○○元整（不含稅），每月租金分配如下：

　　　　(1)○○○取得○○○元整（不含稅）。

　　　　(2)○○○取得○○○元整（不含稅）。

　　　　(3)○○○取得○○○元整（不含稅）。

2. 契約簽定租金開始付款後，第○年起租金依政府公布當時之物價指數調整。

四、租金給付方式：

1. 第一租約年度，由乙方分別依本租約第三條第一項所列舉出租人各分配取得之金額，一次開立每月○日兌現之期租金支票○張各別交付出租人收訖；第二年度至本租約屆滿前，乙方均應依此方式於每年租約年度開始時分別交付各出租人全年合計十二期之租金支票。

2. 甲方同意乙方自簽訂本租約之日起滿○個月之翌日開始，依本租約第三條約定支付租金。惟乙方應於簽訂本租約同時依本約第四條第一項一次先開立○期租金支票交付各承租人收訖。

五、擔保金交付及返還：

1. 擔保金為○個月租金計新臺幣○○○元整，甲方應於乙方完全改造本約義務，且無積欠租金、違約金及契約屆滿或終止時共同無息返還乙方。

2. 擔保金分配及返還金額如下：

(1) 出租人○○○：○○○元整。

(2) 出租人○○○：○○○元整。

(3) 出租人○○○：○○○元整。

六、使用約定：

1. 建築物由乙方自行營建維護（內含水電申請、消防檢查通過及日後之維修），起造人得使用○○申請起造。惟於租約期滿或終止時，乙方應負責恢復原狀（空地），並將土地交還甲方，否則，甲方得依乙方名義申請拆除上述建物，並向乙方請求賠償一切拆除費用。

2. 除地價稅由甲方負責外，其他如房屋稅、水電費、營業稅等均由乙方自行負責。

3. 本租賃土地係供乙方作為貨運站、倉儲及車輛停放等使用。乙方不得非法使用或存放危險及非法物品影響公共安全。違者，乙方應自負一切法律責任。

4. 非經甲方同意不得將土地全部或部分轉租、轉讓或出借他人使用。

5. 本租賃土地若因政府徵用、徵收、重劃或拆除，致使乙方無法繼續使用時，雙方同意終止租賃關係，乙方不得向甲方請求遷移費或任何費用，甲方應將預收未到期票據租金、擔保金返還乙方。

6. 若因政府徵收、重劃時，地上物之補償費歸乙方所有，與甲方無涉。

7. 乙方不得將本條第一項所起造之建物向銀行機構或第三人辦理設定抵押或借貸金錢，否則視為違約，不得對抗甲方。

七、本租賃租金所得稅扣繳，應由乙方負責向稅捐稽徵機關繳納。

八、違約與期前終止：

1. 乙方有下列情事之一者，甲方得終止本契約並收回本件租賃物，乙方不得異議：

(1) 乙方違反約定方法使用租賃物，或給付租金之二期支票未獲兌現者。

(2) 乙方違反本契約之其他任一約款者。

2. 本租約屆滿或終止後，乙方應即遷出並將租賃物回復原狀（空地）返還甲方，乙方不得再以其他任何理由要求甲方賠償其地上物費用。

3. 乙方如未能於本租約屆滿或終止時，將租賃土地依前述約定返還甲方者，應自本租約終止或屆滿日起至租賃物交還之日止計算延遲日數，按日依本約所約定每日租金之○倍計算違約金支付甲方，延遲逾○天者，甲方除得依本約第六條第一項後段處理外，並得逕行處分乙方置於租賃物內之一切物品與設備，乙方不得異議。

4. 乙方如因政府法規、法令等因素致不能於○年內按本合約第六條第三項前段約定之用途取得合法營利許可執照者，雙方同意終止本件租賃契約，即乙方應將租賃物回復原狀（空地）返還甲方，甲方將擔保金無息返還乙方，另甲方同意返還乙方未到期之全部租金支票。

九、於本契約發生爭訟時，雙方同意以臺灣地方法院為第一審管轄法院。

十、甲、乙雙方就本合約有關履約事項之通知、催告送達或為任何意思表示，均以本合約所載之地址為準，若送達不到或退件者，悉以第一次郵寄日期為合法送達日期，雙方均無異議。

十一、逕受強制執行約定：承租人給付如契約所載之租金或違約金，出租人依約返還擔保金，如不履行時，均應逕受強制執行。

十二、本租賃契約應經公證始生效力，作成一式五份，除由公證人執存一份外，餘由甲、乙方每人各執存一份為憑。

立契約書人（出租人）甲方：○○○　印
身分證字號：
地址：
甲方：○○○　印
身分證字號：
地址：
甲方：○○○　印
身分證字號：
地址：
（承租人）乙方：○○○　印
統一編號：
設址：
法定代理人：○○○　印
身分證字號：
地址：

中　華　民　國　○○　年　○○　月　○○　日

註：本契約不適用於民法第 422 條之 1。

● **土地租賃契約書（三）**

1. **本契約的特點**：本契約為土地租賃契約，由承租人在租賃土地興建加油站。

2. **適用對象**：本契約適用於在土地興建加油站之土地租賃契約。

3. **基本條款及應注意事項**：訂立本契約應訂明租賃契約之基本條款及應注意事

項。

4. 相關法條：民法第 422、423、425-440、443-455 條。

租賃契約 2-6-20

土地租賃契約書（三）

立契約書人 出租人：○○○（簡稱甲方）
　　　　　 承租人：○○○（簡稱乙方）

　　茲因甲方將○○○○筆地號土地出租予乙方，並由乙方出資興建加油站營業使用，雙方議定條約如下，以茲共同遵守：

第 1 條　租賃土地面積

　　　　　乙方向甲方承租位於○○○○筆土地，承租土地面積合計約○○○○平方公尺，面寬以面臨馬路○○○○公尺為準（詳如附圖所示）。租賃土地面積超出使用部分以農地農用為原則倘若經稅捐機關查定為非農業使用責成限期改善時應由乙方無條件負責恢復農用，乙方若未將土地恢復農用，則甲方得向乙方請求支付自行恢復農用所需之費用，乙方不得拒絕。倘遭追繳增值稅、贈與稅概由乙方無條件負責繳納。承租土地面積應依地政機關土地登記簿所載，並以實測為準，面積誤差以百分之一為公差範圍。

第 2 條　租賃期限

　　　　　自乙方加油站正式對外營業日（以乙方取得臺北市政府建設局核准經營許可次日起算）開始起算，租期共計十五年，租期屆滿乙方享有優先承租權。但需於租約屆滿前六個月就是否續租及續租之條件進行協商，如雙方同意續租應再另行訂立新契約，如未訂新契約，租約屆滿時，應將土地交還甲方，不得藉故推諉或主張任何權利。

第 3 條　擔保金及月租金付款條件

　　　　　擔保金為新臺幣○○○○○元整，上述擔保金於租期屆滿或租約終止，經甲方扣抵欠租違約金及其他應付費用、交還土地時，由甲方一次無息返還乙方。

　　　　　月租金為新臺幣○○○○○元整（含稅）。

　　　　　甲方同意於簽訂本約時即交付租賃標的物予乙方使用及申設、裝置加油站站體設備，乙方應自○○年○月○日起至正式營業日止，每月補償甲方新臺幣六十三萬元。

　　　　　乙方應於簽訂本約或每年度開始時一次開立每月一日兌現之全年期十二張支票予甲方收執。

　　　　　租賃所得部分：甲方負責依法繳納併於年終所得申報時由乙方提供相關扣繳憑單資料交由甲方辦理報稅。

第 4 條　租金調整方式

　　　　　自乙方營業日起算滿壹年起調高租金，調整方式採定額方式如下：

　　　　　自○○年○月至○○年○月租金每月為新臺幣○○○○元整（含稅）。

　　　　　自○○年○月至○○年○月租金每月為新臺幣○○○○元整（含稅）。

第 5 條　協助事項

1. 乙方承租土地之目的在於興建加油站供營業使用。甲方同意協助提供乙方設立加油站及申請建照所需之一切資料（如身分證影本、所有權狀影本、土地使用權同意書）。

2. 加油站建站式樣由乙方自行規劃，並在法令許可範圍內使用承租之土地，甲方不得干涉。

第 6 條　乙方可能營業項目包含

以政府法規許可加油站可營業之項目為原則，且營業項目不得違背土地使用分區管制規則規定。甲方不得於旁側剩餘土地經營與加油站相同之營業項目或將土地出租予他人經營相同之營業項目。

第 7 條　甲方於社區參與公聽會所提之切結保證事項，乙方承租土地經營加油站，亦應負相同內容之切結保證，並立切結書予臺北市政府，並列入產權交代。

第 8 條　加油站如發生公共意外危險、環保糾紛、土壤污染，一切處理賠償責任均由乙方自行負責，與甲方完全無涉。

第 9 條　雙方禁止之事項

1. 在雙方租賃關係存續中，甲方不得將土地出售或轉租予他人而損及乙方租賃權，乙方亦不得將加油站及設備，出售、轉租或以其他方法供於第三人使用而損及甲方租賃權。

2. 加油站之站體設備除提供予油品公司作為配發油品之保證外，不得設定他項權利或質押予他人。

3. 甲方交給乙方之土地相關證件，只供乙方申請加油站之用，不得挪為他用，乙方不得將相關證件設定他項權利、質押於他人或用於地上物之借貸。完成申請手續後應即交還甲方。

第 10 條　稅費負擔

租賃土地期間之地價稅由甲方負責支付。新建加油站部分之房屋稅，及申設加油站之一切開辦費用（稅捐、規費、農地回饋金、等）及因營業行為所衍生之費用（水電、瓦斯、電話費、清潔費、違規罰款、等）全由乙方自行負擔。

第 11 條　契約終止

1. 租賃期滿而雙方未續訂租約時，乙方應於租賃屆滿日止將土地歸還甲方，並不得要求甲方支付遷移費或其他任何名目之費用。逾期視同違約。

2. 租約期滿，如不續訂新約，乙方應將本加油站經營許可執照、地上物及一切設備所有權無償全部移轉給甲方，乙方同意無條件出具相關書面文件簽訂加油站經營許可執照、地上物及設備，無償讓與同意書予甲方作為辦理產權移轉登記，移轉所需之費用由甲方負擔。

3. 若非因可歸責於乙方之原因，或因政府法令規章而無法獲得設立加油站與經營加油站時，雙方同意無條件終止租約，甲方應於收到乙方書面通知起○日內無條件將擔保金全額無息退還乙方；另若因政府機關對於租賃範圍辦理區段徵收而致土地無法繼續使用時，雙方亦同意終止租約，地上物（加油站設備）之補償金應歸乙方所有，但乙方不得要求甲方另外賠償，甲方應於收到乙方書面通知起○日內無條件將擔保金全額無息退還乙方。

第 12 條　違約規定

　　1.若乙方於合約存續期間違反使用土地範圍或拖欠租金達二個月以上，經甲方催告後○日內仍未支付時，甲方得沒收乙方之擔保金、站體建物及一切設備抵充租金及其他費用，甲方並得逕行終止租約，乙方不得異議。

　　2.乙方違反本租約時，經甲方終止租約後，乙方應無條件將土地交還甲方，並將本加油站經營許可執照、地上建物之所有權全部移轉給予甲方；乙方如不交還或移轉，則自終止日起，甲方得沒收乙方擔保金（新臺幣○○○○○元整），且乙方需再支付○倍擔保金（新臺幣○○○○○元整）作為處罰性違約金。甲方違約時，經乙方終止租約後，應無條件歸還乙方擔保金，並賠償乙方申設費用（應以違約時加油站站體設備之現存市場價格為主），甲方如不交還擔保金及賠償乙方申設費用時，應賠償擔保金○倍（新臺幣○○○○○元整）之懲罰性違約金。

第 13 條　特別條款

　　1.雙方因契約所發生之糾紛，同意以臺灣○○地方法院為第一審管轄法院。

　　2.本契約所訂甲方應收之擔保金及租金或應負擔稅費及一切權利義務，對雙方之承買人、受讓人、繼承人、管理人等皆具同等約束力。

　　3.有關本合約之通知、催告或為意思表示均以本約所載之地址為準，倘任何一方有變更地址應以書面通知他方，否則，若有拒收或退回信件者，均以第一次附郵送達之日期，視為合法送達之日期。

　　4.本合約應經公證後生效、作成○○份，除由公證人執存一份外，餘由甲、乙雙方各執○份收執。本租約以誠信原則由雙方簽立。

　　5.乙方同意於本租賃關係消滅時將本加油站許可執照、地上物及一切站體設備全部移轉登記至甲方或其指定之第三人名下，移轉所需契稅、規費、代書費由甲方負擔。

立契約書人

　　　　出租人：○○○　印

　　　　身分證統一編號：

　　　　地址：

　　　　承租人：○○○　印

　　　　身分證統一編號：

　　　　地址：

中　　華　　民　　國　　○○　　年　　○○　　月　　○○　　日

註：本契約不適用於民法第 422 條之 1。

● 土地租賃契約書（四）

1. **本契約的特點**：本契約為租用土地上之停車場，供停車使用，停車場設施由出租人提供。

2. **適用對象**：本契約適用於租賃土地上之工作物由出租人提供之租賃契約。

3. **基本條款及注意事項**：訂立本契約應訂明租賃契約之基本條款及其應注意事項。

4. 相關法條：民法第 422 條。

租賃契約 2-6-21

土地租賃契約書

出租人○○○（以下簡稱甲方）
承租人○○○（以下簡稱乙方）

印花

上述當事人間就出租人所擁有之後開土地約定下列之租賃事宜：

第 1 條　甲方向乙方保證，乙方可依照下列方式使用甲方所有之後開土地。
　　　　標的物之用法與露天自用轎車停車場。

第 2 條　甲乙雙方約定每月租金為新臺幣○○元整，由乙方於每月○日以匯款方式支付。

第 3 條　租賃期間從本合約訂立日始至民國○○年○月○日止。

第 4 條　依本合約第一條所約定，乙方租地使用之鋼筋水泥設施、水溝及其他一切工程之維護費用，由乙方自行負擔。

第 5 條　乙方歸還租地時，應以使用時之狀態交付予甲方，如乙方租地所附屬之附件具有殘留價值者，乙方亦不得向甲方請求補償金。

第 6 條　乙方不得讓渡根據本合約取得之租賃權或轉租予第三人。

第 7 條　如未得甲方之容許，乙方擅自變更第一條所規定之租地使用法，與遲延支付租金二個月以上及違反第六條之規定時，甲方得逕行終止本契約。

第 8 條　乙方若延期歸還租地，甲方得請求乙方給付依相當於每月租金額計算之一倍的賠償金。

第 9 條　本契約一式二份，甲乙雙方各執一份為憑。

附標的物之表示：

　　所在地：○○市○○段○○小段○○地號，○○公頃。

　　東南方部分○○坪（如附圖所示）（圖略）

出租人（甲方）：○○○ 印

住址：

身分證統一編號：

承租人（乙方）：○○○ 印

住址：

身分證統一編號：

中　　華　　民　　國　　○○　　年　　○○　　月　　○○　　日

註：本契約第 6 條明訂承租人不得讓與租賃權及轉租，此為本契約重要之條款。

● 土地建物租賃契約書

1. **本契約的特點**：本契約為土地建物之租賃契約，詳盡說明土地及建物之使用方法及範圍，與一般之不動產租賃契約不同。

2. **適用對象**：租賃土地及建物同時之典型契約適用之。

3. 基本條款及注意事項：訂立本契約應訂明租賃契約之基本條款及其應注意事項。

4. 相關法條：民法第 422-425 條。

租賃契約 2-6-22

土地建物租賃契約書

　　○○股份有限公司（以下簡稱甲方）和○○股份有限公司（以下簡稱乙方），對關於甲方所有的土地及建物的租賃事宜，按照以下的方式締結契約：

第 1 條　　（使用目的）

　　　　　乙方僅得於約定事業範圍內使用租賃物。

第 2 條　　（租賃期間）

　　　　　租賃期間為本契約締結之日算起滿五年整。

第 3 條　　（租金）

　　　　　租金每個月為新臺幣（以下同）○○○元整。

　　　　　乙方在契約締結之日，將第一個月的租金以現金支付甲方，第二個月以後的租金以每月一日為支付日期，每月的租金以支票方式支付，將六十張期票由乙方一併給甲方。

　　　　　契約的始期及終期未滿一個月的期間，則該月的租金按日計算。

　　　　　乙方遲付租金時，必須連同遲付損害金一併支付給甲方。

第 4 條　　（擔保金）

　　　　　乙方為擔保履行對甲方之一切債務，在後開各項條件規定下，將擔保金○○○元整在締結本契約的同時，以現金方式支付給甲方，甲方如數收訖：

　　　　　一、擔保金無利息。

　　　　　二、當本契約終了後，乙方基於本契約履行一切義務時，甲方將擔保金無息一次歸還給乙方。

　　　　　三、乙方不得將擔保金歸還請求權轉讓給他人，亦不得與對於甲方的其他債務互相抵扣。

　　　　　四、乙方若不履行租金之支付，或不履行損害賠償債務及其他基於本契約對甲方應履行之金錢債務，則甲方對乙方可不進行任何催告，以擔保金的全部或一部分充當賠償金。

　　　　　五、按照前款之規定或擔保金不足時，乙方須以現金將不足額支付給甲方。

第 5 條　　（租賃者的管理義務）

　　　　　乙方使用租賃物時，須以善良管理人之注意使用，並須負擔租賃物通常管理所需之一切費用。

　　　　　租賃物的滅失、毀損等全部由乙方負責，必須自費使其恢復原狀，或對甲方賠償損失。

第 6 條　　（對第三者的損害賠償）

　　　　　乙方使用租賃物對甲方或第三者產生損害時，乙方必須負責，不得對甲方造成任何損害。

第 7 條　（甲對○○村的承諾事項）

甲方對○○村承諾以下事項，因此乙方也必須承諾：

一、租賃物中，對於舊體育館和舊本館之間所在的水路及農道的利用。

二、租賃物中，與舊運動場的西側道路沒有明示線，但距西側有效三公尺寬的農道，可由○○村利用。

三、租賃物中，關於舊運動場東側及北側的道路，當○○村進行道路拓寬時，將本租賃物的一部分免費提供○○村使用。

第 8 條　（乙方對○○村的字據及對○○○總代表的備忘錄）

關於本契約，乙方寫給○○村的字據及乙方與○○○總代表之間所交換的備忘錄中所規定的事項，乙方必須遵行。乙方對甲方不得因此而造成任何的損害或困擾。

第 9 條　（巡視保存行為的承認）

甲方可事先通知乙方進行租賃物的情況調查，或為了保存行為而進入租賃物內檢查，必要的話可採取適當的措施。不過，若因非常的情況而無法事先通知乙方時，在事後必須迅速向乙方報告。

第 10 條　（建物的改造、裝潢等）

乙方未得到甲方事前的書面承諾，不得進行建物改造、裝潢、修理、附屬設備的新設或任何變更建物現狀的行為。

乙方得到甲方的承諾進行前項揭示的行為時，一切所需費用由乙方負擔。

第 11 條　（轉讓、轉租等的禁止及侵害行為）

乙方不得將租賃權轉讓或轉租給他人，亦不可提供租賃物作為第三者的債務擔保，或使第三者占有租賃物損害甲方的所有權，此外，也不得進行任何有侵害之虞的行為。

乙方若因第三者妨礙租賃物之占有，或使甲方的租賃物所有權受到侵害，或有發生侵害之虞時，必須立刻通知甲方，並努力排除。

第 12 條　（契約解除）

當乙方符合下述各項之任何一項時，甲方可不進行任何催告，立刻解除本契約。但不妨礙損害賠償之請求：

一、延遲支付租金二次或違反本契約各條項時。

二、受到假扣押、假處分、租稅滯納處分及其他公權力的處分，或者是公司重整手續的開始、破產，或者是申請拍賣時。

三、任一票據或支票跳票時。

四、受到主管機關發出停止或註銷營業執照、營利事業登記證的處分時。

五、資本減少或做成停止營業、變更、解散的決議。

六、其他如資產、信用狀態惡化，或有這類危險之虞時。

第 13 條　（契約期間終了時的措施）

第三條租賃期間終了時，租賃物保持原有狀態，甲方立刻以金額○○○元將租賃物賣給乙方，由乙方購買。包括登記費在內所需之一切費用，由乙方負擔。

前項的買賣金額到中華民國○○年○月○日為止，以現金支付。

為擔保第二項的支付款項，在本契約締結之日，乙方將金額○○○元整、支付日期為中華民國○○年○月○日的支票交給甲方。

第 14 條　（遷移費等的請求禁止）

　　　　依照第十二條規定解除本契約時，乙方不得以遷移費或其他任何名目對甲方提出請求。

第 15 條　（合意管轄）

　　　　凡因本契約所生一切爭訟，雙方同意以○○地方法院為第一審管轄法院。

第 16 條　（契約條項的變更）

　　　　本契約條項的變更，以甲乙雙方皆簽名或蓋章之書面約定為準。

第 17 條　（疑義的解釋）

　　　　關於本契約未規定之事項，或其他與本契約有關的疑義，甲乙雙方秉持誠意進行協議來決定。

第 18 條　（契約份數）

　　　　本契約書一式二份，甲乙雙方各自簽名蓋章後，分別持有一份。

　　　　　　　　　　　　甲方：○○○　印
　　　　　　　　　　　　住址：
　　　　　　　　　　　　身分證統一編號：
　　　　　　　　　　　　乙方：○○○　印
　　　　　　　　　　　　住址：
　　　　　　　　　　　　身分證統一編號：

中　　華　　民　　國　　○○　　年　　○○　　月　　○○　　日

註：本契約第 15 條明記因本契約而生之訴訟，雙方訂明合意管轄的法院。

● 基地租賃契約書

1. 本契約的特點：本契約為出租基地而由承租人建築房屋，依民法第 422 條之 1 規定，承租人得請求出租人為地上權之登記。

2. 適用對象：本契約適用於承租基地建築房屋之場合。

3. 基本條款及注意事項：訂立本契約應訂明租賃契約之基本條款及其應注意事項。

4. 相關法條：民法第 423 條、第 422 條之 1。

租賃契約 2-6-23

基地租賃契約書

　　立契約書人出租人○○○（以下簡稱甲方）承租人○○○（以下簡稱乙方），茲因土地租賃事宜，經雙方協議同意訂定各條款如下：

第 1 條　甲方願將其所有座落○○鄉鎮區○○段○○小段○○地號等土地○筆，面積共計○○公頃，全部出租予乙方建築使用。

第 2 條　本約租賃期間，自民國○○年○月○日起，至民國○○年○月○日止，共計○年。

第 3 條　本約租金為每月新臺幣○○○元整，於每月○日付清當月租金。

第 4 條　本約租賃保證金新臺幣○○○元整，於簽訂本約之同時由乙方一次付予甲方。於租
　　　　期屆滿後，甲方應無息一次返還乙方。

第 5 條　本約租金若以保證金抵付後，仍積欠租金達二個月時，甲方得終止契約，收回自
　　　　用，並得依法追索積欠之租金。

第 6 條　出租人應協同承租人為地上權之登記。

第 7 條　本約土地之稅捐由甲方負擔。

第 8 條　本約簽訂後生效，雙方應遵守履行，任何一方不得提出異議，其有未盡之事宜，適
　　　　用現行有關法令之規定及一般社會慣例。

第 9 條　本約同文一式二份，雙方各執一份為憑。

　　　　　立契約書人：出租人（甲方）：○○○　印

　　　　　　　　　　　住址：

　　　　　　　　　　　身分證統一編號：

　　　　　　　　　　　承租人：○○○　印

　　　　　　　　　　　住址：

　　　　　　　　　　　身分證統一編號：

中　　華　　民　　國　　○○　　年　　○○　　月　　○○　　日

註：本契約雖無訂明民法 426 條、第 426 條之 1、之 2 以及土地法第 104 條之規定，但本契約第 8 條後段
　　之規定亦適用上述法條。

【非以建物所有為目的之土地租賃】

● 非以建物所有為目的的土地租賃契約書

1. **本契約的特點**：本契約為非租賃土地供建築使用，短期土地租賃為其特點。

2. **適用對象**：本契約適用於非以建物所有為目的之土地租賃契約。

3. **基本條款及注意事項**：訂立本契約應訂明租賃契約之基本條款及其應注意事
　　項。

4. **相關法條**：民法第 422、423、425、426 條。

租賃契約 2-6-24

非以建物所有為目的之土地租賃契約書

　　○○股份有限公司（以下稱甲方）與○○股份有限公司（以下稱乙方）間依下列締結契
約：

第 1 條　甲方就末尾記載之所有土地出租予乙方（以下簡稱土地），乙方承租之。

第 2 條　土地租賃期間自民國○○年○月○日到民國○○年○月○日。但於期間屆滿之際，
　　　　甲乙均未為終止本約之意思表示時，本契約自動延長期間一年，日後期間屆滿時
　　　　亦同。

第3條　土地租賃費用為每月新臺幣○○元，乙方應於每月末日將該月份之租金持向甲之公司支付予甲方。

租賃未滿一個月之月租金，按日計算之。

第4條　租賃期間中對於土地之公租公課由乙方負擔之。

第5條　乙方除得甲方之同意外，不得於本土地上建築建物或其他工作物、或栽植樹木，或為有限制將來土地所有權之虞之一切行為。

第6條　乙方於得甲方承諾得轉租土地。但轉租之際於相對人間，應締結準用前條之約定。

為證明上述契約作成本證書二份，簽名蓋章後各自保有一份。

甲方：○○○ 印
乙方：○○○ 印

土地之表示

○○市○○路○○段○○號

住宅用地○○○○平方公尺

中　　華　　民　　國　　○○　　年　　○○　　月　　○○　　日

註：本契約第5條規定承租人不得在承租土地上設有定著物，為契約之特殊條款。

【暫時使用土地租賃】

● 暫時使用的土地租賃契約書

1. 本契約的特點：本契約土地暫時使用的租賃契約，而非永久在土地租賃為其特點。

2. 適用對象：本契約適用於暫時性使用土地之租賃契約。

3. 基本條款及注意事項：訂立本契約應訂明租賃契約之基本條款及其應注意事項。

4. 相關法條：民法第422、423、425、426條。

租賃契約 2-6-25

暫時使用的土地租賃契約

出租人○○股份有限公司○○○為甲方，承租人○○股份有限公司○○○為乙方，締結下述租賃契約。

第1條　甲方就其所有之○○市○○路○段○號之土地一○○○平方公尺出租予乙方，乙方承租之。

第2條　前項土地之租賃期間自民國○○年○月○日到民國○○年○月○日止滿，合計○年○月。

第3條　租金每一個月三萬五千元整，於每月十五日將其翌月份由乙方向甲方支付之。

第4條　本租賃物應供乙方經營商店街用地之用。

第 5 條　乙方未得甲方之書面承諾不得為前條使用目的之變更、土地原形之變更、承租權之讓與、轉租或設定任何之物權。

第 6 條　乙方於本土地中，於第 4 條目的內，欲為新計畫時，應事先將其內容向甲方明示，並得其同意。

第 7 條　乙方怠於第 3 條規定之租金支付時或其他違背本契約時，甲方得終止本契約並請求乙方交付返還，乙方不得有任何異議。

第 8 條　本契約之土地甲有為興建停車場及改良變更之計畫，雖因乙方之請求而暫時出租予乙方，於其期間內，若甲方之計畫上或因行政處分及共公事業等不得已之事由有必要時，乙方應負責儘速將地上建物完全除去回復原狀返還於甲方，不得有妨礙甲方計畫之障礙。

　　　　　若乙方怠於履行前條及本條之交付返還之義務時，甲方得以乙方之費用由甲方自己除去之。

第 9 條　甲方或乙方欲終止本契約時，應各自於三個月前為預告之。

　　　　　但第 7 條及第 8 條之情形不在此限。

第 10 條　本契約所未規定之事項，適用民法之規定，若發生爭議時，應本甲乙雙方之誠意協議解決之。

為證明上述契約作成本證書二份，簽名蓋章後各自保有一份。

　　　　　　　　　　　臺北市○○路○段○○號
　　　　　　　　　　　出租人（甲方）：○○股份有限公司
　　　　　　　　　　　董事長　○○○　[印]
　　　　　　　　　　　承租人（乙方）：○○企業股份有限公司
　　　　　　　　　　　董事長　○○○　[印]

中　　華　　民　　國　　○○　　年　　○○　　月　　○○　　日

● 暫時租地契約書

1. **本契約的特點**：本契約為承租人暫時承租土地為展覽會場之用，租賃期間屆滿，承租人應返回土地予出租人為其特色。

2. **適用對象**：本契約適用於暫時性土地之租賃。

3. **基本條款及注意事項**：訂立本契約應訂明租賃契約之基本條款及其應注意事項。

4. **相關法條**：民法第 423、440 條。

租賃契約 2-6-26

暫時租地契約書

　　出租人○○○（甲方）承租人○○○（乙方），前述當事人間依下列締結建物土地之暫時租賃契約。

　　不動產之表示：

1	位置	臺北市大安區○○路○○巷○○號。
1	地號	○○○市○○區○○段○○小段○○地號。
1	地目	建
1	面積	平方公尺

第1條　甲方對於乙方暫時出租上述土地作為博覽會會場設置用，乙方承租上述土地之。

第2條　甲方自乙方受領新臺幣五十萬元作為權利金。

第3條　租賃費用定為每月三萬元整，每月末日乙方應支付於甲方之住所。期間中不調整租金。

第4條　乙方對於甲方於期間屆滿之際，不得遲延應立即回復原狀交還之。交還遲延時，乙方對於甲方每遲延一日須支付新臺幣二千元之損害金。

第5條　租賃期間自民國○○年○月○日起至民國○○年○月○日止。合計○年○月。

第6條　乙方違反本契約條項時，甲方無須任何催告通知得逕行終止本契約，並得依本約第4條規定處理。

本契約作成一式二份，由甲、乙雙方各執存一份為憑。

出租人（甲方）：○○○ 印

承租人（乙方）：○○○ 印

中　　華　　民　　國　　○○　　年　　○○　　月　　○○　　日

註：本契約為簡易之暫時租地契約，在第4條有規定租期屆滿之損害賠償金為重點。

【加油站租賃】

● 加油站租賃契約書

1. **本契約的特點**：本契約為加油站租賃契約，原加油站使用之標的物，出租與承租人經營加油站。

2. **適用對象**：本契約適用於加油站租賃契約。

3. **基本條款及應注意事項**：訂立本契約應訂明租賃契約之基本條款及應注意事項。

4. **相關法條**：民法第 422-427、429-432、434、436-444、451-456 條。

租賃契約 2-6-27

加油站租賃契約書

立契約書人 出租人：○○○（以下簡稱甲方）
　　　　　　承租人：○○○（以下簡稱乙方）

　　茲因甲方同意將租賃標的物（現供作加油站使用）出租予乙方，作為經營加油站之相關事宜，協商契約條款如下，咸願衷誠信守：

第1條　租賃標的

　　　　1.房屋門牌號碼：

　　　2. 土地座落：

　　　3. 加儲油、加油機等上項相關設備、附屬設施等。（設備明細詳如附件）

　　　4. 加油站經營許可權。

　　　5. 租賃標的物雙方同意以現狀點交。

第 2 條　租用期間

　　　1. 租賃起始日（即點交日）為民國○○年○月○日。

　　　2. 該租賃期限經雙方洽定為民國○○年○月○日起至民國○○年○月○日止，共計○年整。

第 3 條　租賃擔保金、租金計算及給付方式

　　　1. 租賃擔保金新臺幣○○○元整。分兩次給付，乙方於簽立本約時以即期支票交付甲方新臺幣○○○元整，點交時再交付甲方新臺幣○○○元整，並於本約租賃期滿，乙方依本約各項規定返還各項標的物予甲方，並將所有營利事業登記遷出，並辦妥經營權主體變更為甲方或其指定之第三人名義後，甲方一次無息返還乙方。

　　　2. 租金每月為新臺幣○○○元整（含營業稅），第○年起每月為新臺幣○○○元整（含營業稅），每月給付一次，乙方應於點交日，一次開立一年份租金十二張支票，到期日均為每月○日，交付甲方收執，隔年起之租金於每年屆滿前一個月內亦比照第一年租金收付方式給付，甲方應依租金額按月開立發票交付乙方，乙方如逾期經甲方通知○日內未交付前開支票或提示退票均視為乙方違約。

第 4 條　使用限制

　　　乙方保證不得於租期內變更，承租人亦不得擅將租賃標的物之權利全部或一部分頂讓或轉租他人，或以其他變相方法由他人使用標的物，但乙方因營運擴大與其他公司合併則不在此限，另乙方不得擅自變更其用途，如有違約，甲方得終止本約，收回本約標的物。標的物不得供非法使用或存放危險物品影響公共安全，如因可歸責乙方事由造成公共安全、勞工安全、環保安全等相關問題與甲方無涉，由乙方負責。

第 5 條　其他特別事項

　　　1. 甲、乙雙方同意於租賃期間將本加油站經營權變更為乙方名義，雙方並同意相互配合提供相關文件俾利辦理相關程序，所需費用由乙方負擔。又租賃關係消滅時甲、乙雙方亦應相互配合將上開經營權回復登記於甲方或其指定之第三人名下（含加油站許可執照），費用由甲方負擔。

　　　2. 租賃期間乙方得因營業需要於租賃標的物上合法並經甲方書面同意改建，增建、擴建或增加生財器具、設備，因改建、增建、擴建之部分所有權歸甲方所有，乙方不得請求任何費用或請求取回，無民法第 431 條之適用，惟乙方得於租賃期間享有使用收益權；另如由乙方出資增加之生財器具、設備所有權歸乙方所有，於租賃關係消滅時，若乙方未搬離則任憑甲方處置，各無異議。

　　　3. 本件各項儲油設備及基地四周雙方同意於點交日前，委由公正第三人完成防漏檢測，及土壤檢測檢測符合國家環保標準合格經雙方確認無誤後交付，費用由乙方支付。乙方於租賃期間應負善良管理人之注意義務，並做好敦親睦鄰及公共安全、環保安全之維護，如否，則由乙方負責（含主管機關之行政罰鍰在內）。契

約消滅前○年乙方同意由甲方自行委任公正之第三人再次完成防漏檢測及土壤檢測，費用由甲方負擔，若污染檢測值高於點交時之標準，由乙方負責於契約消滅前完成土地改良整治達到原點交時之標準後返還甲方，所需整治改良費用完全由乙方負責，且若土壤整治期間超過本約終止期限，乙方續付相當於租金數額予甲方，作為補貼費用，否則視同違約。

4. 租賃期間倘因不可歸責乙方之事由，因政府法令徵收而建物主體受部分拆除等情事，按徵收面積或拆除比率減少租金，如因徵收而受拆除處分而致乙方無法作加油站營業使用時，乙方得終止契約。

5. 甲、乙雙方同意於租賃期間不得於租賃標的物現址方圓○○公尺範圍內，以自己名義或其他方法經營加油站，否則視同違約。

6. 由乙方於租賃期間自行出資設置之企業識別系統或涉及乙方專有之商標、專利等智慧財產權之設施得於租賃契約消滅後應由乙方拆除，相關費用由乙方負擔。

第6條　修繕權責

倘因天災、地變等不可抗力因素，導致加油站建物或地下儲油設備及管線設施受損而無法營業等，甲方同意配合出資修繕，其費用甲方負擔；而因此無法營業期間，甲方同意退還乙方此期間之租金；有關其他生財器具、設備部分，則由乙方自行負責於租賃期間修繕。

第7條　稅費負擔

水、電、通訊費、營業上之必要稅捐及其他改建、擴建、搬運……等所增加之賦稅部分及營建部分、不動產與地下儲油設備及管線設施油槽及管線設施）之火險、雇主意外險、公共意外險、意外污染責任險、員工誠實險、竊盜保險……等由乙方自行負擔；房屋稅、地價稅由甲方負擔。

第8條　契約期滿或終止之權益

1. 本租約期滿乙方續租與否，均應於期滿○個月前預告甲方。乙方如欲續租，應於預告同時徵得甲方之書面同意續租並重新簽訂租賃契約方得繼續使用，如到期乙方不願續租甲方不願繼續租予乙方時，乙方應即遷出，交還租賃標的物與甲方，不得藉詞拖延，更不得要求甲方補貼任何費用，亦不適用民法第四百五十一條之規定。倘乙方逾期未遷讓者即以違約論，乙方不得主張租賃關係繼續存在。

2. 本契約租賃期限未滿，一方擬解約時，須於○個月前以書面通知對方，並以租賃擔保金額作為對方損失賠償金。

第9條　違約罰則

1. 租約期滿消滅或終止時，乙方應即返還房屋、土地、加儲油、加油機等相關設備，並於租約期滿、消滅或終止時之前○日內送件，辦理加油站主體變更，否則視同乙方違約，甲方有權沒收租賃擔保金作為懲罰性違約金，乙方並應賠償甲方因無法使用收並加油站而相當於租金之損害。乙方不得藉故向甲方請求任何名目之搬遷費。租賃關係消滅如有物品留置不搬者，乙方同意視作廢棄物論，甲方得自行接管處理。

2. 如有違約之情事，違約之一方須以相當於租賃擔保金新臺幣○○○○元整作為懲罰性違約金。

第 10 條　租賃權益保證

　　　　甲方應保證租賃標的物無產權糾紛，且乙方同意租賃擔保金不得抵充租金。

第 11 條　如可歸責一方事由致涉訟，另一方所繳納之訴訟費用、律師費用等相關費用均可歸責判決確定敗訴之一方負擔。

第 12 條　因本約涉訟時，雙方同意以臺灣○○地方法院為第一審管轄法院。

第 13 條　本契約自簽訂及公證後作成一式三份，除由公證人執存一份外，餘由甲、乙雙方各執存乙份為憑。

附件：加儲油、加油機等相設備明細。

　　　　　　　　出租人：○○○　[印]

　　　　　　　　身分證統一編號：

　　　　　　　　地址：

　　　　　　　　承租人：○○○　[印]

　　　　　　　　身分證統一編號：

　　　　　　　　地址：

中　　華　　民　　國　　○○　　年　　○○　　月　　○○　　日

註：本契約第 5 條其他特別事項為本契約重要條款，應特別注意。

【停車場租賃】

● 停車場租賃契約書

1. 本契約的特點：本契約為停車場的租賃契約，停車的固定場所明訂於契約，承租人不得隨意停車。

2. 適用對象：本契約適用於以車位租賃予他人停車之用。

3. 基本條款及注意事項：訂立本契約應訂明租賃契約之基本條款及其應注意事項。

4. 相關法條：民法第 443、444 條。

租賃契約 2-6-28

停車場租賃契約書

　　甲方○○、乙方○○○，甲、乙雙方按照以下的約定，締結關於甲方汽車停車場的租賃契約：

第 1 條　甲方願將其所有的○○停車場，按照本契約書記載之條件，供乙方使用。

　　　　一、停車場的所在地：○○市○○區○○路○○巷○○號。

　　　　二、停車場編號第○○、○○、○○號。合計○○位。

第 2 條　乙方利用前條之停車場，只能保管按照以下表示的車輛：

　　　　一、登錄名號：

　　　　二、車輛名稱：

三、年份及型式：

四、車牌號碼：

五、駕駛者姓名：○○○

六、所有者姓名：○○○

第3條　契約期間由民國○○年○月○日起至民國○○年○月○日止。上述契約期間期滿前
　　　一個月，甲乙雙方可基於合意，繼續本契約。

第4條　乙方支付擔保金○○○元整（新臺幣，以下同）給甲方，擔保金無利息。契約期滿
　　　時，上述擔保金扣除未支付之使用費，或其他損害的償還金以後，餘額由甲方歸還
　　　給乙方。

第5條　租金一個月為○○○元整，乙方在每個月○日前，將翌月份租金支付給甲方，或甲
　　　方的指定人。

第6條　乙方使用停車場僅限於停車場的範圍內，不得進入其他區域，造成困擾他人的一切
　　　行動。

第7條　甲乙雙方中任何一方，因某情況無法配合（包括甲方的本件土地使用目的的變更在
　　　內），而在本契約期間內必須解約時，至少在一個月前必須通告對方。在同期間終
　　　了的同時，乙方要將第1條記載的停車場交還給甲方，並不得以轉移費或任何其他
　　　名義，向甲方提出請求。

　　　如甲方主動提出解約，應歸還乙方已繳納的使用費。

第8條　乙方對於第一條的停車場維持現狀使用，除第二條所表示之車輛以外，尤其是危險
　　　物品絕對不可以放入車庫。同時，本契約之權利不得隨意轉讓或轉租，或交給第三
　　　者使用。

第9條　不論任何理由，乙方絕不可對停車場的設施、設備等進行任何變更。

第10條　乙方變更第二條之記載車輛時，必須取得甲方書面之同意。

第11條　乙方或乙方的代理人、使用人、駕駛者、同乘者、來客等與乙方有關係者，因故意
　　　或過失導致停車場及其設施，以及停車場的汽車及其附屬品蒙受損失時，乙方必須
　　　負責賠償。

第12條　由於天災、地變等不可抗力所造成的損害，使乙方蒙受損失時，甲方不必負責。

第13條　當有以下任一情形發生時，甲方可以不經通知催告，即可終止本契約，拒絕乙方車
　　　輛的進入。使用費已納的部分，不必還給乙方。乙方必須立刻從停車場將第二條的
　　　車輛及其他附屬品、殘留品等搬出，如果乙方的殘留物未搬出，則其殘留物可由甲
　　　方任意處分，乙方不得提出任何異議：

　　　一、毫無理由二個月以上未使用停車場。

　　　二、使用費遲付二個月以上。

　　　三、乙方使用停車場時，顯著損害停車場設備或場內其他車輛時。

　　　四、乙方違反或不履行本契約所規定的義務。

　　　五、其他如乙方受到破產宣告、拍賣、刑罰等，違背甲方信賴的行為時。

第14條　保證人保證對於本契約上的債務，與乙方負連帶履行之責。

第15條　本契約規定的解釋產生疑義時以及本契約未規定之事項，雙方秉持誠意進行協議。

第16條　為使本件停車場能正常運作，所需之保養維修費用均由乙方自行負擔。

第17條　為證明本契約，本契約製作成二份，甲、乙雙方各持一份。

```
                甲方：○○○  印
                乙方：○○○  印
                連帶保證人：○○○  印
中    華    民    國    ○○    年    ○○    月    ○○    日
```

註：停車位係機械或平面車位，涉及影響車位保養維護費用就由誰負擔。

● 路外停車場租用契約

1. 本契約的特點：本契約爲停車場租用契約，本契約的出租人提供停車位供人租用停車，對於停放車輛不負保管責任。但因可歸責於停車場經營業者之事由，致車輛毀損、滅失或車內物品遺失者不在此限，爲本契約之特色。

2. 適用對象：本契約適用於路外停車場租用契約。

3. 基本條款及注意事項：訂立本契約應訂明租賃契約之基本條款及其應注意事項。

4. 相關法條：民法第 421 條。

租賃契約 2-6-29

路外停車場租用契約範本

交通部 86 年 2 月 25 日交路 86 字第 002387 號函頒

一、本停車場停車種類及車位數：大型車○輛，小型車○輛，機車○輛，車輛使用者應按其車類停放。

二、本停車場營業時間：

三、本停車場收費標準與收費方式：

　（一）收費標準：

　　　1.停車月票卡：（不保證有車位之停車月票卡，應至少折價百分之二十以上優待）

　　　　(1) 大型車每張○元。

　　　　(2) 小型車每張○元。

　　　　(3) 機車每張○元。

　　　2.停車回饋票卡：（每本○張）

　　　　(1) 大型車每張○元，每本共○元。

　　　　(2) 小型車每張○元，每本共○元。

　　　　(3) 機車每張○元，每本共○元。

　　　3.計時停車票卡：

　　　　(1) 大型車每小時收費○元。

　　　　(2) 小型車每小時收費○元。

　　　　(3) 機車每小時收費○元。

停車時數未滿一小時者，以一小時計算收費。但停車時數逾一小時以上，其超過之不滿一小時部分，如不逾三十分鐘者，以半小時計算收費；如逾三十分鐘者，仍以一小時計算收費。

4. 計次停車票卡：

(1) 大型車每次收費○元。

(2) 小型車每次收費○元。

(3) 機車每次收費○元。

（二）收費方式：

1. 本停車場採○○收費系統方式收費。

2. 進出場程序

(1) 進場程序：

(2) 出場程序：

四、使用票證之權利與義務：

（一）本停車場每月發售停車月票卡○張（占總停車位數百分之○），售完為止。

（二）車輛使用者購置之停車月票卡，限當月使用，每日使用次（時）數：

□1. 不受限制。

□2. 限使用○次（時），超過○次（時）數應另行繳費。

（三）本停車場發售之停車月票卡及回數票卡：

□1. 限本停車場使用。

□2. 除於本停車場使用外，亦可於○○、○○等路外停車場使用。

（四）車輛使用者持用停車月票卡進入本停車場停車時：

□1. 不保證有車位。

□2. 保證提供車位（保證提供車位時間自○時至○時）。

（五）車輛使用者對期限內未使用完之停車月票卡：

□1. 不得轉售他人使用。

□2. 得轉售他人使用，但須事先向本停車場經營業者報備確認。

（六）車輛使用者對期限內未使用完之停車月票卡：

□1. 不得申請退費。

□2. 在使用期限開始前得申請全額退費：未達使用期限二分之一者，得申請退還購置金額二分之一；超過使用期限二分之一，未達三分之二者，得申請退還購置金額三分之一；超過使用期限三分之二者，不得申請退費。本停車場經營業者於受理退費時，得酌收手續費○元。

（七）車輛使用者未使用完之回數票卡：

□1. 不得申請退費，但可轉售他人使用。

□2. 除轉售他人使用外，得申請全數退費，本停車場經營業者得酌收手續費○元。

（八）購置停車月票卡之車輛使用者，如未進場停車時，停車月票卡遺失，可至本停車場辦公室內辦理遺失補發，並繳交工本費○元。

（九）車輛使用者，應將票卡隨時妥善保存，憑票卡計費出車，如票卡遺失，應攜帶行車執照、駕駛執照等相關證件，至本停車場內辦公室補辦驗證手續，如無紀錄可稽者，為自停車當日○時起算，補繳停車費後始可離場。

（十）車輛使用者，應憑票卡入場，如有違反本契約規定使用，本停車場經營業者除收回票卡停止使用外，並對違規車輛使用者追繳停車費。

五、使用停車場之權益與責任：

（一）本停車場限高○公尺，車輛進入停車場時，應請先注意各入口處之限高標誌，超高車輛請勿入場，如未依限高規定強行入場，車輛損壞，停車場經營業者不予負責，若因而致停車場設施毀損，車輛使用者應負損害賠責任。

（二）車輛進、出場應遵循停車場內標誌、標線或依管理人員指示方向進出，車輛停放時，應依標誌、標線、停車格位布設方式以格停妥車輛，俾確保安全，如有任意停放致妨礙其他車輛行進或停放者，停車場經營業者得依停車場法第三十二條規定，將車輛移置至適當處所，如因違規停放導致停車場內意外事故或損壞相關停車設施，車輛使用者應負損害賠償責任。

（三）車輛禁止裝載易燃、易爆或其他危險物品進入停車場停放，否則應擔一切因而發生之損害賠償責任。

（四）本停車場僅出租停車位，供停放車輛之用，停車場經營業者停放之車輛不負保管責任。但因可歸責於停車場經營業者之事由，致車輛毀損、滅失或車內物品遺失者，不在此限。

（五）車輛使用者因故意或過失破壞、毀損停車場內各項停車設備者，應負損害賠償責任。

（六）停車場內各項停車設施，停車場經營業者應善盡管理維護之責，如因停車場設施維護管理或設置不當，因而導致進入停車場停放之車輛及人員發生意外事故或遭毀損時，停車場經營業者應負損害賠償責任。

（七）車輛停放於停車場內逾期超過○日以上未駛離，停車場經營業者得通知車主限期補繳停車費，逾期未補繳者，停車場經營業者得終止契約。

（八）車輛使用者於停妥車輛後，應即熄火，不得在停車場內逗留，且嚴禁由匝道進出取車。

六、本契約如有未盡事宜，依有關法令、習慣、誠信原則處理。

註：本契約第 5 條規定承租人使用停用場之權益與責任、承租人應遵守。

● 路外停車場租用定型化契約範本（行政消費者保護委員會編印）

1. **本契約的特點**：本契約為路外停車場租用契約書。當事人一方提供場地予他方停車，他方給付租金之契約。

2. **適用對象**：本契約適用於路外停車場租用契約。

3. **基本條款及應注意事項**：訂立本契約應訂明租賃契約之基本條款及其應注意事項。

4. **相關法條**：民法第 421 條，消費者保護法第 11 至 17 條。

租賃契約 2-6-30

路外停車場租用定型化契約範本

立契約書人 停車場經營業者：○○○○○（以下簡稱 甲 方），茲為以停車月票卡或停車回
　　　　　　停車位租用人：○○○　　　　　　　　 乙
數票卡 提供 本停車場租用格位乙事，雙方同意訂立本契約書，其約定條款如下，以資共同遵
　　　 使用
守：

一、○○○停車場（以下稱本停車場）停車種類及停車數：大型車○輛，小型車○輛，機
　　車○輛，乙方應按其車類停放。

　　停車種類及車位數如有變動，應於一個月前公告周知，如致影響乙方依本契約之權利
　　時，甲方應對於停車價格或時數給與乙方適當之優惠。

　　甲方減少停車位達三分之一時，乙方得終止契約。

二、本停車場營業時間：

三、本停車場收費標準與收費方式：

　　（一）收費標準：

　　　　□1.停車月票卡：

　　　　　(1) 大型車：

　　　　　　　□全日（0 時～24 時）每張○○元

　　　　　　　□白天（　時～　時）每張○○元

　　　　　　　□夜間（　時～　時）每張○○元

　　　　　(2) 小型車：

　　　　　　　□全日（0 時～24 時）每張○○元

　　　　　　　□白天（　時～　時）每張○○元

　　　　　　　□夜間（　時～　時）每張○○元

　　　　　(3) 機車：

　　　　　　　□全日（0 時～24 時）每張○○元

　　　　　　　□白天（　時～　時）每張○○元

　　　　　　　□夜間（　時～　時）每張○○元

　　　　□2.停車回數票卡：（每本○張）

　　　　　(1) 大型車每張○○元，每本共○○○元。

　　　　　(2) 小型車每張○○元，每本共○○○元。

　　　　　(3) 機車每張○○元，每本共○○○元。

　　　　□3.計時停車票卡：

　　　　　(1) 大型車每小時（或每三十分鐘）收費○○元。

　　　　　(2) 小型車每小時（或每三十分鐘）收費○○元。

　　　　　(3) 機車每小時（或每三十分鐘）收費○○元。

　　　　□停車時數未滿一小時（或三十分鐘）者，以一小時（或三十分鐘）計算收費。
　　　　　停車時數逾一小時（或三十分鐘）以上，其超過之不滿一小時（或三十分鐘）
　　　　　部分，如不逾三十分鐘（或十五分鐘）者，以半小時（或十五分鐘）計算；如
　　　　　逾三十分鐘（或十五分鐘）者，仍以一小時（或三十分鐘）計算收費。

□若時數採取累積計時時，其費率如下：
□4.計次停車票卡：
(1) 大型車每次收費○○元。
(2) 小型車每次收費○○元。
(3) 機車每次收費○○元。
□5.定期停車票卡：
(1) 停車期限：
(2) 停車時段：
(3) 收費標準及方式：
（二）收費方式：
1.本停車場採○○收費系統方式收費。
2.進出場程序：
(1) 進場程序：
(2) 出場程序：

四、使用票證之權利與義務：
（一）本停車場每月○日前發售停車票卡○張（占總停車位數百分之○），售完為止。
（二）乙方購置之停車月票卡，限當月使用，每日使用時段：
□1.全日（0 時～24 時）。
□2.日間（　時至　時），超過時數應依該停車場按計時（次）另行繳費
□3.夜間（　時至　時），超過時數應依該停車場按計時（次）另行繳費
（三）本停車場發售之停車票卡：
□1.限本停車場使用。
□2.除於本停車場使用外，亦可於○○、○○等路外停車場使用。
（四）乙方持用停車票卡進入本停車場停車時：
□1.提供固定車位（提供固定車位時間自○時至○時）。
□2.提供不特定車位（提供車位時間自○時至○時）。
（五）乙方對期限內未使用完之停車月票卡：
□1.不得轉讓他人使用。
□2.得轉讓他人使用，但須事先向本甲方報備確認。
（六）乙方對期限內未使用完之停車月票卡，得依實際未使用天數比例申請退費。甲方於受理退費時，得酌收手續費○○元。
（七）乙方未使用完之回數票卡，得申請全數退費，甲方得酌收手續費○○元。
（八）購置停車月票卡之乙方，如未進場停車時，停車月票卡遺失，可攜帶相關證件至本停車場辦公室內辦理遺失補發，並繳交工本費○○元。
（九）乙方應將票卡隨時妥善保存，憑票卡計費出車，如票卡遺失，應攜帶行車執照、駕駛執照等相關證件，至本停車場內辦公室補辦驗證手續，如無紀錄可稽者，應自停車當日○時起算，補繳停車費後始可離場。
（十）除前款情形外，乙方應憑票卡入場，如有違反規定使用，甲方得收回票卡，停止使用，並對違規乙方追繳停車費。

（十一）乙方進入本停車場停車時，本停車場應提供充分之停車位供其停放，若本停車場因故無法提供車位，車輛使用人得向甲方申請退還停車費用及其因而所受之損失。

五、使用停車場之權益與責任：

（一）本停車場限高○公尺，車輛進入停車場時，應請先注意各入口處之限高標誌，超高車輛，請勿入場，如未依限高規定強行入場，車輛損壞，甲方不予負責，若因而致停車場設施毀損，乙方應負損害賠償責任。

（二）車輛進、出場應遵循停車場內標誌、標線或依管理人員指示方向進出，車輛停放時，應依標誌、標線、停車格位佈設方式入格停妥車輛，俾確保安全，如有任意停放致妨礙其他車輛行進或停放者，甲方得依停車場法第三十二條規定，將車輛移置至適當處所，並得請求○○元移置費（不得超過違規拖吊費用），如因違規停放導致停車場內意外事故或損壞機關停車設施，乙方應負損害賠償責任。

（三）車輛禁止裝載易燃、易爆或其他危險物品進入停車場停放，否則應負擔一切因而發生之損害賠償責任。

（四）本停車場僅出租停車位，供車輛停放之用，甲方對停放之車輛不負保管責任。但可歸責於甲方之事由，致車輛毀損、滅失或車內物品遺失者，不在此限。

（五）乙方因故意或過失破壞、毀損停車場內各項停車設備者，應負損害賠償責任。

（六）停車場內各項停車設施，甲方應善盡管理維護之責，乙方及其相關人員因本契約使用停車場設施，而發生意外事故或遭毀損時，甲方應負損害賠償責任。但甲方對於設置或保管並無欠缺，或損害非因設置或保管有欠缺，或於防止損害之發生，已盡相當之注意者，不在此限。

（七）車輛停放於停車場內逾期超過○日以上未駛離，甲方得通知車主限期補繳停車費，逾期未補繳者，依法處理。

（八）乙方於停妥車輛後，應即熄火，不得在停車場內逗留且嚴禁由匝道進出取車。

六、甲方應設置消費者服務專線電話為○○○○○○○○○○。

七、本停車場有投保○○○意外責任險，其金額為新臺幣○○○，予以公告。

八、甲、乙雙方簽訂之租用契約條款如對乙方較交通部公告之應記載事項規定標準更為有利者，從其約定。

九、基於甲、乙雙方因本契約涉訟時，同意以○○地方法院為第一審管轄法院。但不得排除消費者保護法第四十七條或民事訴訟法第四百三十六條之九小額訴訟管轄法院之適用。

十、本契約如有未盡事宜，依有關法令規定辦理。法令規定不明時，由雙方本於誠信原則協議處理之。

十一、計時計次停車場應將契約內容以公告方式揭示於停車場入口明顯處。

十二、本契約一式二份，由甲、乙雙方各執一份，並自簽約日起生效。

立契約書人：

　　　　　甲方：○○○○

　　　　　地址：

　　　　　停車場登記證字號：

　　　　負責人代表：○○○　印
　　　　聯絡電話：

　　　　乙方：○○○　印
　　　　住址：
　　　　身分證字號：
　　　　聯絡電話：

註：訂立本契約，應本於平等互惠之原則，如有疑義，應有利於消費者之解釋。
　　訂立本契約，不得違反誠信原則，如對消費者，顯失公平，無效。

【商業使用租賃】

● 地下街店鋪租賃契約書

1. 本契約的特點：本契約為地下街店鋪的租賃契約，其特點為入店押租金的規定。

2. 適用對象：本契約適用於地下街店鋪契約。

3. 基本條款及注意事項：訂立本契約應訂明租賃契約之基本條款及應注意事項。

4. 相關法條：民法第 422-425、443、444 條。

租賃契約 2-6-31

地下街店鋪租賃契約書

　　○○地下街股份有限公司（以下簡稱甲方），在○○市○○區○○路○號地興建地下樓一層（一部分為地下二樓）的鋼筋混凝土建築物。○○（以下簡稱乙方）租賃其一部分，甲乙雙方締結後開契約：

第 1 條　（租賃物）
　　　　　甲方在前開建築物完成後，按照以下約定將一部分租賃給乙方：
　　　　　一、租賃預定面積為地下一樓○○平方公尺（以下簡稱預定面積），位置及形狀如附圖所示。（略）
　　　　　二、租賃費用及支付期間、租賃期間、占有移轉期間及其他租賃條件，另行締結租賃契約。
　　　　　三、租賃契約由甲方基於法律規定來進行，甲乙雙方在不違反政府法令的範圍內確認租賃契約之成立、存續、變更或消滅。

第 2 條　（使用目的）
　　　　　本件租賃物只當成○○營業用之店鋪，乙方也只能基於同一目的進行租賃。
　　　　　關於營業項目的詳細情形，另備備忘錄規定。

第 3 條　（店鋪的設備）
　　　　　內裝設備工程的施行區分，如附表所示。（略）
　　　　　同表 B 的工程（乙方負擔甲方施工）費用的負擔基準，另備備忘錄規定。

第 4 條 （租稅）

對乙方設備課徵之租稅，由乙方負擔。

進行前項的支付手續時，乙方事先要將該工程費的支出相關課稅必要文件提出給甲方，並接受其指示。

第 5 條 （租賃物的變更）

乙方對於第 1 條的預定面積、位置及形狀，若甲方基於政府的法令、工程上的理由、甲方的設計變更或與鄰近大樓的聯絡、店鋪位置的配置等情形，將來答應可進行若干增減異動，乙方對此不得提出任何異議。

第 6 條 （契約定金）

乙方在締結本契約時，必須將第七條所規定的入店押租金的百分之五的金額支付給甲方，當成契約定金。

契約定金免付利息。

乙方到指定日期為止仍未繳納入店押租金而使契約解除時，或乙方因自己的情形解除本契約時，甲方可將契約定金當成違約金無條件沒入，乙方對此不得提出任何異議。

第 7 條 （入店押租金）

乙方期待○○地下街的完成，且為確實租賃店鋪，配合第一條所規定的預定面積，按照以下日期支付入店押金○○元（以一平方公尺相當○○○元的比例來計算，若因第五條的規定而使預定面積增減異動時，則須按比例計算），分成四次按照甲方指定的方法，支付給甲方。

第一次：中華民國○○年○月○日○○○元整。

第二次：中華民國○○年○月○日○○○元整。

第三次：中華民國○○年○月○日○○○元整。

第四次：中華民國○○年○月○日○○○元整。

入店押租金計算：中華民國○○年○月○日。

保證金：○○○元整。

面積：增減○○平方平尺。

入店押租金：增減○○○元。

第四次的入店押租金是以前條的契約定金充當入店押租金後的餘額。

第 8 條 （入店押租金支付遲延）

乙方於入店押租金支付日期遲延支付時，甲方可立刻解除本契約。但甲方承認其遲延係有不得已的理由，則規定一定的期限保留解除契約的權利。乙方在甲方指定的期間內應將遲付之押租金支付給甲方。

乙方的租賃面積增加的結果，使得前條所規定的追加入店押租金到甲方指定日期為止，乙方還沒有辦法支付時，處理情形與前項相同。

第 9 條 （入店押租金的歸還）

第七條的入店押租金歸還的方法如下所示，入店押租金免付利息。

一、相當於入店押租金三分之一的金額，從入店（地下街一齊開業）之日起十年內可以保留，從第十一年開始，接下來的十五年內一年一次，在甲方每年決算期最後一天，由甲方平均每年歸還給乙方。

二、相當入店押租金三分之二的金額，在前項的平均每年歸還期間終了後或租賃契約終止時，在租賃物歸還的同時，由甲方一併歸還給乙方。

第 10 條 （歸還期不變原則）

乙方若因自己的原因而停止入店，或在入店後解除租賃契約，或者是乙方違反本契約之規定，而甲方解除本契約或租賃契約時，在歸還入店押租金時，按照前條規定的辦法辦理，不必一併歸還。但若甲方決定新的入店者，同時新入店者的入店押租金全部支付終了，則不在此限。

第 11 條 （租賃契約）

不論乙方是否入店，若不能配合甲方的要求，拖延租賃契約的締結時，甲方認為乙方並沒有誠實入店的意思，則可解除本契約，乙方對此不得提出任何異議；在入店後，仍必須立刻將租賃物歸還甲方，方可退店。此時，入店押租金的歸還準用前條之規定。

第 12 條 （權利轉讓的禁止）

乙方若未經甲方之書面同意，不得將本契約上的權利義務轉讓第三者，或設定擔保或其他處分。

第 13 條 （免責事項）

在乙方入店前，若因天災地變等不應歸咎甲方的理由而使○○地下街的建設工程中斷時，在甲乙雙方協議下做善後處置，其結果若工程無法完成時，本契約歸於無效，甲方須返還乙方已納之押租金及保證金。

入店後若因天災地變及其他不得歸咎甲方的理由而使租賃契約不可能存續時，甲方須返還乙方已納之押租金及保證金。

第 14 條 （特約事項）

甲方若依政府的法令無法將租賃物租給乙方時，必須立刻解除本契約，並將乙方已納之入店押租金及契約證明金全部歸還乙方，以免除因本契約所造成之一切責任；乙方也不得請求任何損害賠償。

乙方入店後，若因政府的法令而無法繼續租賃契約時，依照上述方式辦理。

第 15 條 本契約書一式二份，甲乙雙方各自簽名蓋章後分別持有一份。

　　　　　　　　甲方：○○地下街股份有限公司
　　　　　　　　董事長：○○○　印
　　　　　　　　地址：
　　　　　　　　乙方：○○○　印
　　　　　　　　地址：

中　　華　　民　　國　　○○　　年　　○○　　月　　○○　　日

註：本契約第 14 條特約事項，關係乙方權益，應確實明訂，以免乙方權益受損。

● 百貨公司專櫃租賃契約

1. **本契約的特點**：本契約爲百貨公司專櫃租借契約，由承租人租借出租人所指定的場所，在出租人的監督下，進行商店的販賣業務爲契約的特色。
2. **適用對象**：本契約適用於百貨公司專櫃租借契約。
3. **基本條款及注意事項**：訂立本契約應訂明租賃契約之基本條款及應注意事項。
4. **相關法條**：民法第 423、425 條。

租賃契約 2-6-32

百貨公司專櫃租借契約書

　　○○百貨公司董事（以下簡稱甲方）和○○○（以下簡稱乙方）之間，對於乙方在甲方店鋪內進行○○販賣等相關事宜，二者之間締結以下契約：

第 1 條　乙方在店鋪內甲方所指定的場所，在甲方的監督下，進行○○的販賣業務。

第 2 條　乙方的店名爲○○百貨公司的○○部。

第 3 條　由於乙方的販賣是在甲方的店鋪內、甲方的名義下經營其業務，因此乙方必須經常留意維護甲方的信用。

第 4 條　關於販賣所需諸設備器具的費用與人事費，由乙方負擔。

第 5 條　乙方的從業員必須遵從甲方的服務規定。

第 6 條　按照甲方的指示，乙方販賣所需之包裝等消耗品，由甲方支付。

第 7 條　關於商品的訂購方面，種類、品質及價格等由乙方負責，必須進行充分的選擇與正當的販賣。

第 8 條　商品的種類、販賣方法、價格等，若甲方有所指示時，乙方必須遵從。

第 9 條　乙方在甲方的名義下，與其他人進行商業交易行爲時，交易上的所有責任，由乙方負責。

第 10 條　如果必須對乙方進行經理事務時，甲方可查核乙方的商品貨品與帳簿。

第 11 條　銷售金額的收納事務每天在甲方的監督下進行。

第 12 條　甲方在每月二十日結算銷售金額，將其總額的百分之○作爲佣金，扣除乙方分攤額，餘額在翌月五日支付給乙方。

第 13 條　當甲方提出一定期間休業，或指定乙方賣場伸縮移動時，乙方不得異議。

第 14 條　乙方的銷售額最低限度，爲一個月○○○元整。若其銷售業績無法達到最低限度金額，則按照第十二條的百分比的方式，在一年二次的決算期間，每一年進行調整清算。

第 15 條　契約期間爲本契約成立日起，滿一年爲止。在契約終止時前一個月，若雙方無解約的表示，則可續約一年。

第 16 條　契約期間內，不必在一個月前進行預告，在雙方的諒解下，可逕行解約。

第 17 條　若發生下述情形，甲方可提出解約：
　　　　　一、乙方有損及甲方信用的行爲時。
　　　　　二、乙方有使甲方直接、間接蒙受損害的行爲時。
　　　　　三、乙方有擾亂甲方店則的行爲時。

　　　　四、乙方不遵從甲方的監督指示時。

　　　　五、甲方認為乙方沒有經營能力時。

第 18 條　乙方未得甲方之承諾，不得將其名義與租賃權讓渡他人。

第 19 條　因租借期滿或解約時，以及本契約終了時，乙方直至與甲方清算終了之前，未得甲方之承諾，不得將乙方設備等什物與商品攜出。清算終了時，乙方必須立刻將其物件去除。若違反此規定，甲方可任意處置乙方之物品。

第 20 條　關於乙方的商品及其他物件之喪失、毀損等，若非甲方之故意或重大過失，則甲方完全不必負責。

第 21 條　乙方對於甲方所收取的商品保險金，沒有任何請求權。

第 22 條　不屬於上述各條款的任何事項，則另行交換備忘錄，予以規定。

第 23 條　基於上述契約，甲方直接或間接蒙受損害時，由下述連帶保證人一併負責：（略）

附備忘錄：

　　　○○百貨店（甲方）與○○○（乙方），以及乙方的使用人（丙方）之間，關於服務事項，以下述方式製作備忘錄：

一、乙方與丙方締結僱傭契約中關於丙方依勞基法應享有之一切福利，由乙方負責。

二、甲方對於乙方僱傭丙方時的方法、人員數沒有特別的限制，惟其資格一定要按照甲方所規定的僱傭基準（原則上，需滿十八歲以上）。

三、基於前條的規定，乙方在錄用丙時，必須事先提出其履歷表照片，交由甲方備查。

四、甲方給予乙方與丙方的從業標誌，在不需要時，必須儘速歸還甲方。

五、在甲方另外規定的就業規則，與店員必須遵守的事項的履行上，甲方可監督乙方與丙方。甲方所指定的制服由乙方負擔，必須和丙方一起穿著。

六、若甲方認為乙方與丙方的行為有損甲方的信用或擾亂公司秩序等，則按照甲方所規定的懲戒規則進行處置。

七、乙方與丙方須參加甲方所企劃之教育訓練。

八、乙方在關於自己營業上所發行的票據或支票，不得使用甲方的名稱。

九、乙方不得使用甲方名義之便條、信封。但在營業場內面對顧客時，則不在此限。

十、乙方須向甲方購買甲方所規定的包裝材料來使用。但乙方在本契約的營業場所以外，不得使用這些包裝材料。

　　　　　　　　　　　　　　甲方：○○○　印

　　　　　　　　　　　　　　地址：

　　　　　　　　　　　　　　乙方：○○○　印

　　　　　　　　　　　　　　地址：

中　　華　　民　　國　　○○　　年　　○○　　月　　○○　　日

註：本契約第 17 條為特殊解約條款、承租人應信守契約，以免違反而解除契約。

● 百貨公司攤位租賃契約書

1. **本契約的特點**：本契約為百貨公司之攤位，由承租人租賃於攤位擺設商品出售為其特色。

2. **適用對象**：本契約適用於百貨公司攤位之租賃契約。

3. **基本條款及注意事項**：訂立本契約應訂明租賃契約之基本條款及其應注意事項。

4. **相關法條**：民法第 432、438 條。

租賃契約 2-6-33

百貨公司攤位租賃契約書

○○市○○路○段○號

出租人：○○股份有限公司（以下稱甲方）

○○市○○路○段○號

承租人：○○○（以下稱乙方）

上述當事人間，乙方就於甲方店鋪內營業之肉類販賣，依下述締結契約。

第1條　乙方於甲方店鋪之地下一樓食品販賣場內，使用甲方提供之設備及陳列臺，以甲之名義為肉品販賣，每日販賣之金額於翌日正午前支付於甲方。

第2條　商品之購入販賣於乙方之責任內行之。

　　　　但，於有損害甲方之信用時，甲方對於乙方得命其為商品之變更或品質、價格等之改定。

第3條　乙方所僱傭之員工應與甲方提供的甲方員工著同一制服，佩帶相同之徽章。

第4條　乙方使用於肉品販賣之包裝紙，須使用有表示甲方商標之包裝紙。

第5條　因甲方經營上之原因，要求乙方為陳列臺之變更時，乙方不得有任何異議，應即依甲方之指示變更陳列臺。

第6條　店鋪內之警備由甲方之員工輪值。

第7條　乙方違反第2條至第5條之義務時，甲方對於乙方得終止本契約。

　　　　此時，乙方不得有任何異議，應自甲方之店鋪邊出。

　　　　　　承租人甲方：○○○股份有限公司

　　　　　　法定代理人：○○○

　　　　　　承租人乙方：○○○

中　　華　　民　　國　　○○　　年　　○○　　月　　○○　　日

註：本契約第3、4、5、6條由出租人單方之條款，承租人應遵守，否則在第7條有解約條款。

● 名店街專櫃租借契約書

1. **本契約的特點**：本契約為名店街專櫃之租賃契約、承租人於出租人指定的營業專櫃租賃營業，營業時間由出租人指定，由出租人抽取銷售佣金為租金。

2. **適用對象**：本契約適用於名店街專櫃租借的契約。

3. **基本條款及注意事項**：訂立本契約應訂明租賃契約之基本條款及其應注意事項。

4. 相關法條：民法第 423、425 條。

租賃契約 2-6-34

名店街專櫃租借契約書

　　○○○○股份有限公司（以下簡稱甲方）與○○○（以下簡稱乙方），關於甲方所經營的○○名店街之營業事項，按照下述的方式締結契約：

第 1 條　乙方商店的販賣場所與營業面積，在甲方所指定的○○○場所。此外，營業專櫃為○○專櫃。

第 2 條　營業時間自○○時○○分至○○時○○分止。
　　　　若甲方變更營業時間，則乙方必須遵從。

第 3 條　乙方販賣商品所需之費用，由乙方負擔。

第 4 條　乙方須繳給甲方的佣金，為營業額的百分之○。一個月的最低責任額（佣金）為新臺幣○○○元。

第 5 條　甲方對於乙方的銷售金，每十天計算一次，扣除前項的佣金，在結算日五天後，支付給乙方。

第 6 條　乙方將擔保金○○○元整，支付給甲方。
　　　　當乙方不履行債務致甲方受損時，擔保金可充當賠償費。

第 7 條　前條的擔保金從中華民國○○年○月○日起，十年內無息留置甲方處。從第十一年開始以後十年內，按日計算加付五厘的利息，每年平均攤還乙方。

第 8 條　基於本契約，營業所必須之專櫃、專辦機器以及附屬設備，由乙方負擔，所有權歸屬乙方。

第 9 條　以下所揭示之經費，為基於甲方計算，每月乙方要支付給甲方之經費：
　　　　一、電話費。
　　　　二、瓦斯費。
　　　　三、一般照明以外所使用的電氣經費。
　　　　四、水費。
　　　　五、特種共同廣告等所需的費用。
　　　　六、其他必須的公共費用。
　　　　前項經費的支付日期與方法，按照甲方的指示。

第 10 條　乙方因營業上的需要，要進行店內設備的補修或重新裝潢時，須事先以書面方式通知甲方，得到甲方的同意，而費用由乙方負擔。

第 11 條　乙方須遵從甲方所規定的諸規則。營業方面，要遵從甲方的方針，不得有損及甲方信用的行為。此外，甲方可因下述情形而取消本契約：
　　　　一、依政府主管機關之命令時。
　　　　二、乙方積欠支付給甲方的債務，而於甲方催告後一個月內，仍不履行其義務時。
　　　　三、乙方的行為顯著有損甲方的名譽，或毀損其利益時。
　　　　四、乙方違反本契約各條款其中之一時。
　　　　五、甲方由於經營上的必要情況，或乙方因不得已之事由，而無法營業時。
　　　　在前項各款的情形下，乙方所蒙受損失，甲方不必負責。

第 12 條　若乙方對甲方的諸設施造成損害時，乙方必須賠償。

　　　　前項的損害額以賠償當時的時價為基準，或在雙方協議下決定。

第 13 條　若甲方因天災或不可歸責於甲方的火災、竊盜以及諸設備的毛病等，導致乙方受損時，不必對乙方負責。

第 14 條　對於商品的火災保險費，由乙方負擔。

第 15 條　乙方基於本契約之權利義務，不可讓與或轉借給第三者，或提供作為擔保。

第 16 條　甲方解除契約時，乙方不得對甲方提出任何異議。所產生之損失，也不得請求賠償。

第 17 條　本契約解除或變更時，在一個月前要通知對方。

第 18 條　本契約因期間屆滿或因其他事由而終了或消滅時，乙方必須儘速撤去從業員、委託商品及營業物等。

第 19 條　本契約條款解釋適用上產生疑義或有本契約未規定的事項須解決時，甲乙雙方秉持誠意進行協議。

第 20 條　本契約的有效期間，自民國○○年○月○日起至民國○○年○月○日止。此外，在契約終了的十五天前，若甲方或乙方未提出終止契約通知，甲方可更改本契約，並續約一年。

第 21 條　為避免日後糾紛，本契約書壹式貳份，甲乙雙方各負責人簽名蓋章後，各持乙份。

　　　　　　　　　　甲方：○○股份有限公司臺北名店街
　　　　　　　　　　地址：○○市○○路○○號
　　　　　　　　　　董事長：○○○　印
　　　　　　　　　　乙方：○○○　印
　　　　　　　　　　地址：○○市○○路○○號

中　　華　　民　　國　　○○　　年　　○○　　月　　○○　　日

註：本契約第 2 條為出租人單方所訂立特殊規則，承租人訂立本契約應遵守以免違約。

● 商店攤位租賃契約書

1. **本契約的特點**：本契約為商店街攤位的租賃契約，承租人應於所承租攤位營業為本契約之特色。

2. **適用對象**：本契約適用於適用於商店街攤位的租賃契約。

3. **基本條款及注意事項**：訂立本契約應訂明租賃契約之基本條款及其應注意事項。

4. **相關法條**：民法第 432、438 條。

租賃契約 2-6-35

商店街攤位租賃契約書

　　出租人○○○（以下稱甲方）與承租人○○○（以下稱乙方）就有關甲方經營之商店街之營業，依下列締結契約。

第 1 條　乙方經營販賣商品之場所與營業面積由甲方指定，營業攤位為○○攤位。

第 2 條　營業時間自○○點○○分到○○點○○分。

　　　　甲方變更營業時間時，乙方應遵守之。

第 3 條　乙方販賣商品所須之費用，由乙方負擔之。

第 4 條　乙方繳納於甲方之佣金為販賣額之百分之○，但每一個月之最低責任額（佣金）為新臺幣○○元。

第 5 條　甲方將乙方之販賣金額每十日扣除前項佣金後，於截止日後五日支付之。

第 6 條　乙方應支付新臺幣○○元與甲方作為建築協力金，因乙方之債務不履行致甲方受損害時，充當其賠償費。

第 7 條　前項協力金自中華民國○○年○月○日起不附利息留置十年，自第十一年起後十年按日息五厘，每年均等返還之。

第 8 條　基於本契約之營業所必要之攤位器具及附屬設備，由乙方負擔之，其所有權歸屬於乙方。

第 9 條　下述之費用由甲方計算之，乙方於每月向甲方支付之。

　　　　一、裝設電話所須之費用。

　　　　二、裝設瓦斯所須之費用。

　　　　三、一般照明以外使用電力所須之費用。

　　　　四、給水所須之費用。

　　　　五、共同廣告所須之費用。

　　　　六、其他必要共同費用。

　　　　前項費用之支付其日及方法，依甲方指示之方法為之。

第 10 條　為營業就店內之必要設備為裝修時，乙方應事前以書面得甲方之承認，其費用由乙方負擔之。

第 11 條　乙方應尊受甲方所定之諸規則，有關營業應全依甲之方針決定，不得有傷害甲方信用之行為。

　　　　甲方於下述場合時得取消本契約。

　　　　一、有主管機關之指示時。

　　　　二、乙方未履行對甲方之債務，經催告後一個月內仍未履行其義務時。

　　　　三、甲方認為乙方有不誠實之行為而危害甲方之名譽信用或利益時。

　　　　四、乙方違反本契約之各條項之一時。

　　　　五、因甲方有經營上之必要或乙方有不得已之情事時，而營業變為不能時。前項各場合有對於乙方發生損害時，甲方不負其責任。

第 12 條　乙方對於甲方之諸設施造成損害時，乙方應賠償之損害額以賠償當時之時價為基準，由甲乙雙方協議後決定之。

第 13 條　因天災或不可歸責於甲方之原因或設備之障礙，致乙方之損害，甲方對於乙方不負損害賠償之責。

第 14 條　商品之火災保險費由乙方負擔之。

第 15 條　乙方就本契約所生之權利義務不得讓與或轉租於第三人，或供擔保之。

第 16 條　本契約被解除時，不得對甲方提出異議，發生損害時亦不得請求賠償。

第 17 條　欲解除本契約或變更時，應於其一個月前通知相對人。

第 18 條　本契約因期間屆滿或因其他原因終了或消滅時，乙方應將其商品及營業務件儘速撤去。

第 19 條　本契約之解釋條項發生疑義時，或在本契約所未規定之事項有解決必要之問題時，應由甲乙雙方本協議誠意解決之。

第 20 條　本契約有效期間自民國○○年○月○日到民國○○年○月○日止。契約期滿十五日前，甲或乙方未為終止契約之通知時，甲方得將本契約更改延長一年為之。為日後證明之用，作成契約書二份，甲乙當事人各自簽名蓋章後保有一份。

甲：○○市○○路○段○號
　　○○○股份有限公司
代表人：○○○　[印]
乙：○○市○○路○段○號
　　○○○　[印]

中　　華　　民　　國　　○○　　年　　○○　　月　　○○　　日

註：本契約第 11 條為出租人之單方條款，承租人應予以遵守，以免違約而解約。

● 電影院攤位租賃契約書

1. **本契約的特點**：本契約為電影院攤位租賃契約，由承租人販賣商品及宣傳廣告為其特色。

2. **適用對象**：本契約適用於電影攤位之租賃契約。

3. **基本條款及注意事項**：訂立本契約應訂明租賃契約之基本條款及其應注意事項。

4. **相關法條**：民法第 423、432 條。

租賃契約 2-6-36

<table>
<tr><td colspan="2" align="center">電影院攤位租賃契約書</td></tr>
<tr><td colspan="2">　　出租人○○股份有限公司（以下稱甲方）與承租人○○○（以下稱乙方）間，就甲方電影院內之攤位，依下列締結契約。</td></tr>
<tr><td>第 1 條</td><td>甲方對於乙方讓與其電影院內攤位或商品陳列臺，乙方使用之，以為商品之販賣與為乙方為宣傳廣告。</td></tr>
<tr><td>第 2 條</td><td>甲方指示攤位或商品陳列臺位置伸縮之變更時，乙方不得異議而應接受之。</td></tr>
<tr><td>第 3 條</td><td>乙方販賣之商品種類於下述範圍內，無甲方之事前承諾不得變更之。</td></tr>
<tr><td>第 4 條</td><td>乙方於本契約成立之同時，依本契約將擔保金新臺幣○○○元整，預先支付予甲方。第 5 條對價支付之遲延或其他本契約上對甲方之債務乙方未履行時，甲方得將擔保金充當於前述債務之支付，乙方對於擔保金之補充不得遲延之。</td></tr>
<tr><td>第 5 條</td><td>乙方將一個月新臺幣○○○元於每月 25 日前持向甲方之事務所支付之，以為第 1 條之對價。</td></tr>
<tr><td>第 6 條</td><td>乙方使用的電費、水費、電話費等由乙方負擔之，其細目另外規定。</td></tr>
</table>

第 7 條　乙方之商品、物品等由乙方自行保管之。因天災、火災、盜難等時，甲方不負其責。乙方就其所有物品應為適當之保險，於發生損失時為適當之填補。

第 8 條　乙方派遣店中之員工應預先得甲方之同意，其姓名、住所應預先向甲方提出，其服務應遵守甲方公司之規則，服裝與甲方公司相同，且應保持品味之整潔。

第 9 條　乙方對於甲方交付之通行證以外之人，不得使其進入甲方之電影院。持通行證出入者之進出，應於甲方指示之出入口為之。
通行證交付於出店管理者一名及派遣店員。

第 10 條　乙方就商品之搬入搬出應於甲方指定之出入口及演出以外之時間為之。因不得已而有於演出時間為之者，應預先通知甲方並依其方式為之。

第 11 條　乙方之派遣店員中，甲方認為不適任於電影院者，應將其要旨通知於乙方，而由乙方以其他店員代替之。

第 12 條　於甲方為一切之演出之際，乙方應於開幕前三十分鐘開店，至終演時關店。
休假日依甲公司之習慣，開場中不休息。

第 13 條　乙方不得任意伸縮變更攤位或陳列臺之位置，或改變其外觀。乙方不得將本契約之權利讓與或轉租與第三者，或其他一切移轉占有之行為。

第 14 條　乙方應以對客之服務為本位，不得有員工態度不良、商品及物品不良或其他困擾顧客之行為，亦不得為任何對於甲之演出有負面影響之行為。

第 15 條　乙方就第五條之對價支付即使有一次遲延，或違背本契約上之各條項時，或乙方有強制執行、保全處分等事實時，或其他甲方認為有維持契約之困難時，甲方無須通知催告得終止本契約，乙方不得異議。

第 16 條　本契約期間至中華民國○○年○月○日，共一年。

第 17 條　本契約被終止時，乙方應儘速將其商品、物品撤去之。若乙方未撤去時，視為放棄所有權，任由甲方處理之，乙方不得異議。

第 18 條　甲方為第一條之對價，提議變更為最低保證賣完制時，乙方應協議承諾之。

第 19 條　保證人就本契約上乙方之債務，負連帶保證之責。

為證明以上契約之成立，作成本書二份，由甲乙雙方各自保有一份。

　　　　　　　　　　出租人：甲方○○市○○路○段○號
　　　　　　　　　　　　　　○○股份有限公司
　　　　　　　　　代表人：○○○　印
　　　　　　　　　承租人：乙方○○○　印
　　　　　　　　　連帶保證人：○○○　印

附錄規則　（略）

中　　華　　民　　國　　○○　年　　○○　月　　○○　日

註：本契約特色為附有承攤位員工有服務規則，承租攤位員工應確實遵守。

● 劇場包租契約書

1. 本契約的特點：本契約為劇場設備包租契約，由演出人包租劇場表演之契約。

2. 適用對象：本契約適用於包租劇場，供做表演之用之契約。

3. 基本條款及注意事項：訂立本契約應訂明租賃契約之基本條款及其應注意事項。

4. 相關法條：民法第 421、423、424 條。

租賃契約 2-6-37

劇場包租契約書

○○○股份有限公司（以下簡稱「甲方」）為○○○劇場所有人，與○○○（以下簡稱「乙方」），就劇場包租一事締結下列契約。

第 1 條　甲方同意其所經營之○○○劇場，從民國○○年○○月○○日○時○分到○時○分止，劇場包租提供乙方於該劇場演出○次公演。

第 2 條　乙方同意於本契約締結同時支付包租費一半金額新臺幣○○○○元之保證金予甲方。甲方應於租賃期間屆滿，乙方歸還劇場及所有設備無誤後，將保證金歸還予乙方。

第 3 條　本契約包租費為新臺幣○○○○元，乙方應於包租日前支付予甲方。

第 4 條　乙方應於租賃期間屆滿時，將租用物品及劇場回復原狀，原物返還予甲方。

第 5 條　甲方提供乙方公演時劇場必要的各種設備，其伴隨之電燈費、水費等各種經費均由甲方負擔。

　　　　但乙方於第一項規定公演次數之外，於契約期間內，希望追加節目或希望追加設置或特別設施時，其增加費用由乙方負擔。

第 6 條　因天災地變、流行疾病、法律命令、行政措施等不可抗力之事由使乙方的包租不能時，甲乙雙方同意終止契約。

第 7 條　因可歸責乙方之事由而終止契約時，乙方須支付甲方新臺幣○○○元之包租費違約金。

　　　　前項違約金可全額扣除第二條之契約保證金。

第 8 條　發生本契約未規定之事項時，甲乙以誠意協議解決之。

　　　　證明上述契約成立，本契約書作成二份，甲乙簽名蓋章後各持一份。

甲方：○○股份有限公司

負責人：○○○　印

地址：

乙方：○○○　印

地址：

中　華　民　國　○○　年　○○　月　○○　日

註：1. 本劇場包租契約為演出者包租劇場作為演出場所之租賃契約。

　　2. 本契約第 2 條之「保證金」，又稱「押租金」，係承租人為擔保租金之給付及租賃債務之履行，除當事人另有約定外，應於租賃關係消滅後，由出租人返還予承租人。

● 市場租賃契約書（公營住宅）

1. 本契約的特點：本契約為市場租賃契約，承租人經營市場應依本契約條款規定

為其特色。

2. **適用對象**：本契約適用於公營住宅市場租賃契約。

3. **基本條款及注意事項**：訂立本契約應訂明租賃契約之基本條款及其應注意事項。

4. **相關法條**：民法第 422-425、429、434、436、437 條。

租賃契約 2-6-38

市場租賃契約書（公營住宅）

出租人○○○為甲方，承租人○○○為乙方，甲乙間依下列締結有關租賃設施之契約。

（總則）
第 1 條　甲方將下列表示之甲方所有設施（以下稱租賃設施），依本契約書記載之條件出租予乙方。

　　　　（租賃設施之所在地）

　　　　（租賃設施之表示）

　　　　乙方應將租賃設施依所列目的使用，但得甲方承諾時得變更之。

　　　　乙方就租賃設施之用地、外燈等，應依甲方之指示，與租賃設施內之出租住宅之居住者及其他設施之承租人，共用之。

　　　　甲方於必要時，得於租賃用地內建設建物或工作物，或增建之。

（乙方之使用開始可能日）
第 2 條　乙方之租賃設施開始可能日為中華民國○○年○月○日，乙方於該日後應儘速開始租賃設施之使用。

　　　　因甲方之原因規定於前項之使用開始可能日變更時，甲方應儘的通知乙方。此時依記載通知狀之日為前項的使用開始可能日。

（契約期間）
第 3 條　本契約期間自前條第一項或第二項規定之使用開始可能日開始起算一年。

　　　　於前項契約期間屆滿之日止，甲乙任何一方未為任何提議時，本契約依同一條件更新一年，以後亦同。

（租金）
第 4 條　出租設施之租金每月新臺幣○○○○元。

（租金之變更）
第 5 條　於該當下列各款之一時，甲方得增加租金之額度及保證金之額度。

　　　　一、出租設施用地之租金、出租設施之管理費、或租賃設施或租賃設施之附帶設施（包含附屬於租賃設施之設備，以下稱附帶設施）、或租賃設施用地之固定資產稅或其他公租公課增加時。

　　　　二、於甲方出租之租賃設施間租金之均衡上，甲方認為有必要時。

　　　　三、甲方於租賃設施、附帶設施或租賃設施之用地為改良行為時。

（擔保金）
第 6 條　為擔保金之支付、損害賠償及其他因契約所生之債務，乙方應將擔保金新臺幣○○○○元支付予甲方，由甲方受領之。

本契約自依第二十一條、第二十二條第一項或第三項之規定終止日，或依第二十一條之契約更新拒絕日而契約期間屆滿日（以下稱契約終了日）起算，於二十一日內就擔保金中充當乙方債務清償後之剩餘額，甲方應返還予乙方。

乙方依前項規定自甲方受領擔保金之返還時，乙方應向甲方提示契約終了日所使用之電費、水費及瓦斯使用費支付收據。

（共益費）

第7條 除租金外，乙方應負擔下列各款所揭示之費用（下稱共益費）。

一、出租設施團地內之電費、水費及瓦斯費之使用所生之費用（於租賃設施內之使用費除外）。

二、租賃設施室外垃圾之處理費用。

三、租賃室外之給水措施、污水處理設施、其他排水設施、遊戲設施及其他建築物之維持或營運所需之費用。

四、出租設施內團地之道路、植樹、花壇等之清掃、消毒及修整所需費用。

五、其他為出租設施團地內居住者之共通利益，甲方認為有特別必要之費用。

前項公益費之額度由甲方決定之，甲方得以物價變動、附帶設施或租賃設施用地之改良為理由，變更共益費之額度。

（租金等之支付義務）

第8條 乙方共益費及租金之支付義務（下稱租金等）自第二條第一項或第二項規定之使用開始可能日發生。

出租設施之使用該使用可能日所屬該月或契約終了日所屬該月之乙方租賃期間未滿一個月之租金等，以一個月三十日按日計算其額度，其按日計算之額度有未滿十元之尾數時，四捨五入之。

（租金等之支付期日）

第9條 乙方就前條第二項所規定之租金於甲方所規定之期日止，就其他的月租金等於每月末日止，依甲所指定之方法向甲方支付之。

（遲延利息）

第10條 因不可歸責於乙方致租金等之支付全部或一部之支付遲延時，乙方就其遲延支付之金額每一百元按百分之〇之遲延利息支付予甲方。

（租賃設施使用上之注意等）

第11條 乙方就租賃物之使用方法等依甲方之注意，以善良管理人之注意義務使用租賃設施。

為出租設施之團地內之出租住宅之居住者便利所設置之出租設施，於該出租設施營業時，乙方應特別留意下列各款之事項，就此事項，甲方對於乙方得要求提出甲方所定之書面報告，或要求採取必要之措施。

一、於出租設施之販賣物必須品質優良。

二、於出租設施之販賣價格或處理費用要低於市面一般價格。

三、出租設施之使用必須購置衛生上必要設備或處置。

四、乙方或乙方之員工接待出租設施之居住者之服裝，必須合於營業上之要求。

五、其他營業，應致力於一般性的服務。

（營業委託之禁止）

第 12 條　乙方不得將營業委託於他人。

（表示或揭示之義務）

第 13 條　乙方於營業之際，應將販賣價格及處理費用表示或揭示之。但其販賣價格已被公開
　　　　　或販賣品之價格已被普遍周知時，乙方無須表示或揭示。

（保健及衛生）

第 14 條　乙方對於出租住宅之居住者，應為每年一次之健康檢查，其結果應通知於甲方。
　　　　　甲方依前項健康檢查之報告，認為有公眾衛生上之必要時，就罹病者得要求乙方為
　　　　　工作之停止等必要措施。

（乙方之修理義務）

第 15 條　出租設施有該當下列各款之修繕時，由乙方負擔修繕之。
　　　　　一、地板、牆壁。
　　　　　二、玻璃。
　　　　　三、浴缸、排水孔。
　　　　　四、其他甲方規定應修理之物。
　　　　　甲方有前項各款之細目時，應預先通知於乙方。
　　　　　本契約自依第二十一條、第二十二條第一項或第三項之規定終止日，或依第二十一
　　　　　條之契約更新拒絕日而契約期間屆滿時，乙方應將租賃設施返還予甲方，第一項各
　　　　　款所揭示之物，應修繕之或負擔其費用。

（回復原助狀義務）

第 16 條　因可歸責於乙方之事由而致出租設施污損或減失時，或無甲方之許可變更租賃物之
　　　　　原狀時，乙方應立即將之回復原狀。

（得甲方承認必要之事項）

第 17 條　乙方欲為下列各款之行為時，應以甲方規定之書面預先得甲方之承認。
　　　　　一、出租設施外觀之改變或增建。
　　　　　二、於出租設施內之用地欲為工作時。
　　　　　三、將出租設施之全部或一部於第一條第二項規定之用途外使用時。
　　　　　四、於出租設施之共用地內欲停放汽車者。
　　　　　五、將營業之廣告於出租設施內之公共用地揭示時（甲方預先指定之場所除外）。

（對甲方之通知）

第 18 條　乙方或乙方之連帶保證人有該當下列各款之行為時，應立即將其要旨通知於甲方。
　　　　　一、乙方繼續七日以上關閉出租設施時。
　　　　　二、乙方或乙方之連帶保證人變更住所、或主要事務所所在地、或姓名、名稱時。
　　　　　三、乙方或乙方之連帶保證人受死亡或禁治產宣告或解散時。
　　　　　四、乙方之連帶保證人受強制執行、假扣押、假處分或拍賣之申請時，或合議之申
　　　　　　　請時。
　　　　　五、對乙方之連帶保證人申請破產時（含自己申請）。
　　　　　乙方無正當理由繼續七日以上閉鎖出租設施時，甲方對於乙方得勸告出租設施之再
　　　　　開，此時乙方應遵從之。

（轉租之禁止）

第19條　乙方不得將出租設施之全部或一部轉租，或讓與出租設施之租賃權，或將出租設施
　　　　與其他設施交換。

　　　　乙方於有必要時，得不受前項規定之拘束以甲方書面之承諾，將出租設施一部轉租
　　　　於第三人。此時甲方得附加必要之條件。

（動物飼養之禁止）

第20條　乙方於出租設施之公用地內不得飼養鳥類及魚類以外之動物。

（甲方契約終止權）

第21條　乙方該當下列各款時，甲方無須催告得終止本契約，或拒絕本契約之更新。

　　　　一、於出租設施之承租申請書為不實記載，或因其他不正行為而承租出租設施時。

　　　　二、租金滯納三個月以上時。

　　　　三、因租金之遲延支付，甲方認為乙方已無支付能力，且甲方認為其遲延顯著危害
　　　　　　到甲乙雙方因本契約之信賴關係時。

　　　　四、未得甲方之承諾而為第十七條各款規定之行為時。

　　　　五、怠於為第十八條第一項規定對甲方之通知義務。

　　　　六、因故意或重大過失污損、破損或滅失出租設施、附帶設施或出租設施之用地。

　　　　七、未遵守第十八條第二項甲方之勸告時。

　　　　八、違反第十二條、第十九條、前條或第二十五條第二項之規定。

　　　　九、有擾亂共同生活秩序之行為時。

　　　　十、就其營業未得主管機關之認可或受許可之撤銷時。

　　　　十一、停止營業之全部或第一條第二項第一款規定之營業。

　　　　十二、其他違反本契約之情形。

　　　　依前項規定甲方終止本契約之規定，拒絕本契約之更新時，至本契約期間屆滿之日
　　　　止，乙方應立即將出租設施返還予甲方。

（契約終止）

第22條　乙方欲終止本契約時，應以甲方規定之契約終止書面於一個月以上之期限向甲方提
　　　　出，以契約終止書面中記載之日為本契約之解除日。

　　　　乙方依前項規定將契約終止書面向甲方提出時，於契約終止書面記載之日止，將出
　　　　租設施返還予甲方。

　　　　因乙方未向甲方提出契約終止書面而退去出租設施時，自甲方得知乙方退去之日之
　　　　翌日起算，第一個月為本契約之終止日。

（不法使用之賠償金）

第23條　乙方於契約終了日未返還出租設施時，自契約終了日之翌日起算，到交付之日止
　　　　（以下本條中稱不法使用期間），應向甲方支付其租金額之1.5倍。

第15條及第16條之規定，於乙方之不法使用期間準用之。

（連帶保證人）

第24條　乙方於本契約締結時，應有符合甲方要求資格之連帶保證人。

　　　　乙方之連帶保證人就本契約所生之債務，應與乙方一同負連帶履行之責。

（連帶保證人之變更）

第 25 條　乙方連帶保證人該當於第十八條第一項第三、四或五款時，其他連帶保證人失卻甲方所要求之資格時，甲方得對乙方新立之連帶保證人請求之。

　　　　乙方受前項規定之請求時，乙方應儘速立符合甲方要求資格之連帶保證人。

（出租設施之調查）

第 26 條　甲方要求有關出租設施之管理上調查時，乙方應協力為之。

（戶籍謄本之提出）

第 27 條　甲方認為乙方違反本契約時而為要求時，乙方、乙方之員工及其他居住於出租設施者之戶籍謄本，乙方應向甲方提出之。

（甲之連絡員）

第 28 條　甲方應設一人為基於本契約與乙方之聯絡事務人，乙方原則上對於甲方之一切聯絡事務均應與此人為之。

為證明本契約之締結作成契約書二份，當事人簽名蓋章後各自保有一份。

　　　　　　　甲方住所：○○市○○區○○路○○段○○號
　　　　　　　臺北市國宅處
　　　　　　　理事：○○○　印
　　　　　　　乙方住所：○○市○○區○○路○○段○○號
　　　　　　　姓名：○○○　印
　　　　　　　乙方之連帶保證人
　　　　　　　住所：○○市○○區○○路○○段○○號
　　　　　　　姓名：○○○　印

中　　華　　民　　國　　○○　　年　　○○　　月　　○○　　日

註：本契約第 21 條之出租人無須催告即行終止契約，為本契約之重要條款。

● 市場店鋪租賃契約書（非居住用）

1. 本契約的特點：本契約為市場店鋪租賃契約，供營業而非供居住用為其特點。

2. 適用對象：適用於市場店鋪租賃契約非供居住用。

3. 基本條款及注意事項：訂立本契約應訂明租賃契約之基本條款及其應注意事項。

4. 相關法條：民法第 422-425、429、434、436、437 條。

租賃契約 2-6-39

市場店鋪租賃契約書（非居住用）

出租人○○○（以下簡稱甲方）

承租人○○○（以下簡稱乙方）

租賃契約販買種類明細		
專賣品目	出租人 承認印	承租人 承認印
共同品目		

　　甲方承認自本日起與乙方締結店鋪租賃契約，就相關事項遵守下述條款。

第1條　甲方公司經營○○○○市場內第○○號商店鋪。

第2條　租金每月新臺幣○○○○元，持向甲方公司支付，或依甲方指定之方式支付不可遲延。

第3條　租賃擔保金新臺幣○○○○元整，由乙方向甲方公司交納。

第4條　擔保金不附利息，租賃中即使有任何理由，亦不得將擔保金充當租金。

第5條　本租賃物件作為店鋪或店鋪住宅，依其本來之使用以善良管理人之注意義務為使用收益。就事業之經營應尊重法令，不得有觸及罰責受停止營業或其他衛生上、風紀上等之行為。

第6條　未得甲方公司之書面承諾時，不得為下列各款之行為。

　　一、將租賃物讓與第三人，或不問其名義為何事實上讓與他人同居或使用。

　　二、租賃物件之轉租。

　　三、租賃用途之變更。

　　四、租賃物件之修築增建或變更其他物件之現狀，一切加工改造之事。

　　五、將辦公物件搬移至他處。

　　六、其他違反各條項之情事。

第7條　水費、電費、瓦斯費、清潔費、垃圾處理費等一切基於營業所生之費用，乙方應負擔之。

第8條　下列情形甲方公司無須催告得立即單方終止契約，乙方對於損害賠償不得提出任何異議。

　　一、遲延支付依甲方公司指定之方法所為之租金支付。

　　二、違反本契約第六條之契約條項時。

　　三、阻害本市場繁榮，集體不支付租金或故意倒店退去時。

第9條　契約終止時，乙方應立即返還本租賃物件於甲方公司。

　　但返還時，甲方公司負責人得到場。

　　因物件之檢查或無甲方公司之承諾而為結構之加工，而乙方附有回復原狀之義務時，甲方公司得以乙方的費用施行之，乙方不得有異議並應立即返還。

　　契約終止之返還應立即履行，對於現在或將來必要費用之負債，為其清償對於店鋪內他方當事人之所有物件，甲方得單方處置，乙方不得異議。

第 10 條　下記事項之發生，無須催告或其他手續，本契約當然即時歸於消滅。

一、乙方退去該店鋪時。

二、承租店鋪因天災、水災而毀損滅失時。

三、第一款留存之物件得由甲方公司處分乙方不得有異議。

第 11 條　急於物件之返還時，不問其是否繼續使用收益，至返還完了時止，案約定租金之倍額為損害金，由乙方支付予甲方公司。

第 12 條　因將來公課之增徵或物價之上漲，就其他本店鋪之發展，而要求租金之增減，不得異議。

第 13 條　於日後為本店鋪之發展而為裝修、改造等時，應為必要費用之負擔。

第 14 條　應加入市場管理委員會，並遵守管理委員會之決議。

第 15 條　乙方於休息日外無正當理由無故停止營業，或故意為其他擾亂商場之行為，甲方公司得單方終止契約，乙方不得異議。

第 16 條　非倉庫、住居等本商場之商人時，自其日起三日內返還，有違約時，對於甲方公司採行之任何手段不得異議。

此等返還支付擔保金額之二成作為損害費用。

乙方人應支付店鋪返還時之金額五萬元作為損害費用。

第 17 條　甲方公司於店鋪返還扣除損害費用後之擔保金應返還予乙方，但於乙方繳納損害費用前，得不返還擔保金。

第 18 條　保證人與承租人連帶負本契約之責任。

為證明本契約之締結作成契約書二份，當事人簽名蓋章後各自保有一份。

> 出租人：○○股份有限公司
>
> 代表人：○○○
>
> 承租人：○○○
>
> 保證人：○○○

中　　華　　民　　國　　○○　　年　　○○　　月　　○○　　日

註：本契約第 8 條單方解約條款為本契約的特色，應予以特別注意。

● 銀行、店鋪、事務所、診療所租賃契約書

1. 本契約的特點：本契約為公營住宅租賃為銀行、店鋪、事務所、診療所為其特色。

2. 適用對象：適用於公營住宅租賃予非住宅使用之契約。

3. 基本條款及注意事項：訂立本契約應訂明租賃契約之基本條款及應注意事項。

4. 相關法條：民法第 422-425、429、434、436、437 條。

租賃契約 2-6-40

銀行、店鋪、事務所、診療所租賃契約書

出租人○○○為甲方，承租人○○○為乙方，甲乙間依下列締結有關設施租賃之契約。

（總則）

第 1 條　甲方將下列表示之甲方所有之設施（以下稱出租設施），依本契約書記載之條件出租予乙方。

　　　（租設之所在地）

　　　（出租設施之表示）

　　　乙方應將租賃物使用於下列之用途。但得甲方之承諾時，得變更之。

　　　乙方就出租設施之用地，外燈等，依甲方之指示，與出租設施之團地內的出租住宅之居住者及其他設施之承租人共用之。

　　　甲方於有必要時，得於出租設施之用地內建設建物或工作物，或加工修造之。

（乙方之使用開始可能日）

第 2 條　乙方之出租設施開使使用可能日為民國○○年○○月○○日，乙方於此日期後，應儘速開始出租設施之使用。

　　　因甲方之事由變更前項規定之使用開始可能日時，甲方應儘速通知乙方。本場合以記載於通知狀之日作為前項使用開始可能日。

（契約期間）

第 3 條　本契約期間自規定於前條第一項或第二項之使用開始可能日起算，一年為止。

　　　於前項契約期間屆滿之日止，甲乙之任何一方未為任何之提議時，本契約以原本之條件更新一年，此後亦同。

（出租費用）

第 4 條　出租設施之租金一年新臺幣○○○○元整。

（租金之變更）

第 5 條　於該當下列各款之情形之一時，甲方得增加租金之額度及押金之金額。

　　　一、出資設用地之地租，出租設施之維持管理費或課於出租設施及其附帶設施（包含附屬於出租設施之設備，以下稱附帶設施），或出租設施之用地之固定資產稅及其他公租公課之負擔增加時。

　　　二、甲方認為甲方所出租之設施相互間之租金之均衡上有必要時。

　　　三、甲方於出租設施、附帶設施或出租設施之用地加以改良時。

（擔保金）

第 6 條　乙方為支付租金、損害賠償及擔保其他因契約所生之債務，應以擔保金新臺幣○○○○元支付予甲方，由甲方受領之。

　　　自因本契約第十九條、第二十條第一項或第三項之規定之終止日或第十九條規定之契約更新之拒絕而契約期滿之日（以下稱契約終了日）起算，於二十一日內，甲方應將擔保金中該當於乙方債務清償之剩餘額返還予乙方。本場合擔保金不附利息。

　　　乙方因前項規定自甲方受領擔保金之返還時，乙方應將契約終了日止之使用電費、水費及瓦斯費支付收據提示予甲方。

（共益費）

第 7 條　租金外之下列各款揭示費用（以下稱共益費），由乙方每月負擔之。

　　　一、有出租設施團地內之電費、水費及瓦斯費。（於出租設施內之這些使用費除外）

二、出租設施外處理垃圾所需之費用。

三、出租設施室外之給水設施、污水處理設施及其他排水設施、遊戲設施等之維持或營運所需之費用。

四、出租設施團地內之道路，植樹，花壇等之清掃、消毒及保養所需之費用。

五、其他為出租設施團地內之居住者之共通利益，甲方認為有特別必要所需之費用。

前項共益費之額度，應依甲方所定，甲方以物價變動或出租設施、附帶設施之用地改良為理由，得變更共益費之額度。

（租金等之支付義務）

第8條　乙方之租金及共益費（下稱租金等）之支付義務，自第二條第一項或第二項規定之使用開始可能日起發生。

出租設施使用開始可能日所屬之月或契約終了日所屬之月，乙方之租賃期間未滿一個月時之租金，以每月三十日按日計算其額度，其按日計算之額度中有未滿十元之零數時，四捨五入計算之。

（工資等之支付期日）

第9條　前條第二項規定之月租金等依甲所定之期日，其他各月之月租金等於每月末日止，乙方應依甲方所定之方法支付予甲方。

（遲延利息）

第10條　因可歸責於乙方之事由而遲延支付租金之全部或一部時，乙方就其遲延支付之每百元按日百分之五支付甲方遲延利息。

（出租設施使用上之注意）

第11條　乙方就出租設施之使用方法應遵從甲方之注意，以善良管理人之注意使用出租設施。

（業務委託之禁止）

第12條　乙方不得將業務委託於他人。

（乙之修理義務）

第13條　出租設施該當於下列各款之修繕或更換，於乙方之負擔內由乙方行之。

一、桌椅。

二、玻璃、窗戶、門窗。

三、洗臉槽、浴缸、馬桶。

四、其他甲方規定簡易修繕之物。

甲方就前項各款之細目應預先通知於乙方。

自因本契約第十九條、第二十條第一項或第三項之規定之解除場合或第十九條規定之契約更新之拒絕而契約期滿之場合，乙方將出租設施返還於甲方時，應就第一項各款所揭示之物為修繕或負擔其費用。

（原狀回復義務）

第14條　因可歸責於乙方之事由致污損、破滅或滅失出租設施時，或無故變更租賃物之原狀時，乙方應立即將之回復原狀。

（以甲之承諾為必要之事項）

第15條　乙方欲為該當下列各款之行為時，應依甲方規定之書面，預先得甲方之承諾。

一、欲為出租設施之更改外觀或增建或其他工作時。

二、於出租設施之用地內欲為工作時。

三、將出租設施之全部或一部欲使用於第一條第二項規定以外之用途。

四、於有出租設施之圍地內與保有汽車時（二輪車除外）。

五、將業務之廣告揭示於出租設施之圍地內時（甲方預先規定之場所除外）。

（對甲方之通知）

第16條　乙方或其連帶保證人有該當於下列各款之行為之一時，應立即將其要旨通知於甲方。

一、乙方繼續七日以上閉鎖出租設施時。

二、乙方或其連帶保證人變更住所或主要事務所之所在地或姓名或名稱。

三、乙方或其連帶保證人死亡或受禁治產宣告或解散時。

四、乙方之連帶保證人受強制執行、假扣押、假處分或拍賣之聲請或合意之聲請。

五、對乙方之連帶保證人有聲請破產或更生程序開始時（含自己聲請）。

六、污損、破損或滅失出租設施時。

乙方無正當理由繼續七日以上閉鎖出租設施時，甲方得對乙方為出租設施之再開之勸告。本場合乙方應聽從甲方之勸告。

（轉租等之禁止）

第17條　乙方不得將出租設施之全部或一部轉租、或讓與出租設施之租賃權、或將出租設施與其他設施交換。

（動物飼養之禁止）

第18條　乙方於租賃實施之圍地內，不得飼養鳥類及魚類以外之動物。

（甲方之契約終止權）

第19條　乙方該當下列各款之一時，甲方無須任何催告，得終止本契約或得拒絕本契約之更新。

一、於出租設施承租申請書中為虛偽之記載，或因其他不正之行為而承租出租設施。

二、租金等滯納三個月份以上時。

三、因租金等之支付屢屢遲延，甲方認為其無支付能力，且甲方認為其遲延顯然有害於本契約中甲乙之信賴關係時。

四、未得甲方之承諾為第十五條各款之行為時。

五、怠於第十六條規定對於甲方之通知時。

六、因故意或重大過失污損、破損或滅失出租設施、附帶設施或出租設施之用地。

七、未接受甲方依第十六條第二項之勸告。

八、違反第十二條、前條或第二十三條第二項之規定時。

九、有擾亂共同生活秩序之行為時。

十、業務受主管機關之撤銷處分或廢止時。

十一、其他違反本契約時。

依前項之規定甲方終止本契約時，或拒絕本契約之更新時，於本契約期間屆滿之日止，乙方應將出租設施返還於甲方。

（契約終止）

第 20 條　乙方欲終止本契約時應以一個月以上之預告期間，將甲方所規定之契約終止書面提出予甲方，以記載於契約終止書之契約解除日終止本契約。

乙方依前項規定項甲方提出契約終止書面時，至其契約終止書面記載之契約終止日止，應將出租設施返還於甲方。

乙方未向甲方提出契約終止書面而退去出租設施時，自甲方知悉乙方退去之事實之日起算第一個月，解除本契約。

（不法使用之賠償金）

第 21 條　乙方於契約終了之日止未返還出租設施時，自契約終了日起算至返還之日止（以下稱本條中之不法使用期間），以租金相當額之 1.5 倍金額，由乙方支付予甲方。

第 13 條及第 14 條之規定於乙方不法使用期間中，準用之。

（連帶保證人）

第 22 條　乙方於本契約締結之同時，應立有甲方要求資格之人為連帶保證人。

乙方之連帶保證人就本契約乙方對甲方之一切債務，與乙方連帶負履行之責。

（連帶保證人之變更）

第 23 條　甲方認為乙之連帶保證人該當於第十六條第一項第三款、四款或第五款之規定時，或其他乙之連帶保證人失卻甲方所要求之資格時，甲方得對乙方要求另立新的連帶保證人。

乙方依前項規定受請求時，應儘速另立甲方要求資格之人為連帶保證人。

（出租設施之調查）

第 24 條　甲方欲就出租設施之管理上之為調查時，乙方應協力之。

（住民票之調查）

第 25 條　甲方認為乙方有違反本契約而要求時，乙方應將乙、乙之從業員及其他居住出租設施之人的詳細資料向甲方提出。

（甲之連絡員）

第 26 條　甲方置一本契約與乙之聯絡事物之人，乙方原則上應與之為與甲方一切之聯絡事物。

證明本契約書之締結作成契約書二份，當事人簽名蓋章其上，由甲方雙方各自保有一份。

甲：○○市○○路○段○號

公營住宅：

理事：○○○　印

乙：住所：

姓名：○○○　印

乙之連帶保證人：

住所：

姓名：○○○　印

中　　華　　民　　國　　○○　　年　　○○　　月　　○○　　日

註：本契約第 19 條為本契約之特殊解約條款，值得參考。

● **高爾夫營業租賃契約書**

1. 本契約的特點：本契約為高爾夫營業場的租賃，其契約包括高爾夫及附屬設備，營業權的租賃為其特色。
2. 適用對象：本契約適用於高爾夫營業場之租賃。
3. 基本條款及注意事項：訂立本契約應訂明租賃契約之基本條款及其應注意事項。
4. 相關法條：民法第 422-425、429、434、436、437 條。

租賃契約 2-6-41

高爾夫營業場租賃契約書

○○股份有限公司（以下簡稱甲方）與○○股份有限公司（以下簡稱乙方）間，就高爾夫及附屬設備與營業權為租賃，依下述締結契約。

第 1 條　甲方將其所有之○○鄉村俱樂部高爾夫球場及其附屬建物、設備器具等一切，附隨經營權依下列項出租予乙方，由乙方承租之。

第 2 條　租金依下列所述於每月末日止，將該月份由乙方支付予甲方。
　　　　一、現行之設備每一個月新臺幣○○○元之租金。
　　　　二、增加設備後每一個月新臺幣○○○元之租金。

第 3 條　契約期間自本契約成立後向後滿○年。
　　　　但，於期間屆滿其六個月至一年間，甲乙雙方應將本契約之更新或條件變更之更新或期限到來之同時解約與否通知相對人。若未為任何通知時，視為以相同之條件繼續本契約。

第 4 條　從前依甲之○○營業所或○○鄉村俱樂部支名義所有之一切營業及營業權，應依本契約變更為乙名義或將權利讓與乙方。

第 5 條　因甲方租地地租、稅金或其他負擔金未支付而對乙方之營業發生障礙時，為營業權之讓與，乙方得代替甲方清償之，乙方得以應支付予甲方之租金相抵銷之。

第 6 條　有關會員之募集與宣傳，甲乙雙方應協同為之。其費用由甲乙協議其各自應分擔部分。

第 7 條　高爾夫球道之修補與租賃建築物之修理由乙方負擔之。
　　　　但設備之增建、增設，球道之增設、新設及設備建築物之基本部分之修理改造等，由甲方負擔之。
　　　　建築物之外觀變更應得甲方之承諾，於乙方之負擔內為之。

第 8 條　電力、瓦斯、水道等之新設費用由甲方負擔之，其維持保全及使用費由乙方負擔之。

第 9 條　乙方對租賃建築物之設備、辦公用品等，應與甲指定之公司為價格相當額之火災保險，並支付其保險費。該保險發生保險事故時，甲方得受領保險金之請求權移轉之背書預先交付予甲方，乙方遲延保險金之交付時，甲方得代替其交付之，費用得向甲方請求之。

第 10 條　甲方應將契約成立時之會員簿交付予乙方，以確認會員人數，其後因新加入而欲增加會員時，甲方應通知乙方，於雙方協議後決定其可否。乙方不承認新加入者時，得拒絕其以會員之資格入場。

第 11 條　本契約成立後，與甲方之○○鄉村俱樂部間之契約將同俱樂部會則中○○股份有限公司或公司當作○○股份有限公司，除第 5 條乃至第 9 條外，其他各條項依其原樣取代甲方而適用於乙方。

依同會則之年會費的徵收及辦理，由乙方為之。

第 12 條　俱樂部之員工除乙方特別認為不適當者外，全員由乙方繼續催傭之。

第 13 條　食堂及賣店之租賃或委託販賣契約由乙方自甲方繼承之，以乙方為契約之人繼續有效。

第 14 條　租賃物件明細於契約成立後應儘速與資產總帳、機器、辦公用品總帳核對，作成目錄由甲方交付予乙方。

於契約屆滿或因解約而返還時，與上述相同處理。

於返還時除不動產外，機器、器具、辦公用具有不足時，乙方應以同種類之物於其負擔之內補充之，或將其價格之相當額以現金清償之。

第 15 條　甲方現在增設工程中或房屋等其他增築計畫中之物，於其責任內於中華民國○○年度中完成，作為本租賃契約之標的物交付予乙方。

第 16 條　本契約之變更應得甲乙雙方之合意為之。

第 17 條　本契約之訴訟管轄之法院經甲乙雙方之同意為○○地方法院。

第 18 條　乙方不履行本契約一定金額之債務時，應立即受強制執行不得異議。

○○市○○路○段○○號

甲：○○股份有限公司

代表人：○○○　印

○○市○○路○段○○號

乙：○○股份有限公司

代表人：○○○　印

中　華　民　國　○○　年　○○　月　○○　日

註：本契約第 14 條為契約屆滿及解約承租人應遵守的條款，承租人應確實遵守。

● 浴場建築物暫時使用租賃契約

1. **本契約的特點**：本契約為浴場建築物之暫時使用租賃契約，承租人仍暫時租賃使用，租賃期滿應返還為其特色。

2. **適用對象**：本契約適用於類似浴場等建築物暫時使用之租賃契約。

3. **基本條款及注意事項**：訂立本契約應訂明租賃契約之基本條款及其應注意事項。

4. **相關法條**：民法第 422-425、429、434、436、437 條。

租賃契約 2-6-42

浴場建築物暫時使用租賃契約書

　　出租人○○○為甲方，承租人○○○為乙方，依下述締結契約。

第 1 條　甲方對於乙方總括附表第一目錄記載之浴場建築物（以下稱本建築物），及於同建築物內收容之附表第二目錄記載之物件（以下稱本件辦公用品），依下列條件，以暫時使用為目的出租之。

　　　　一、租賃期間自中華民國○○年○○月○○日起至中華民國○○年○○月○○日止。

　　　　二、租金每一個月新臺幣○○○○元整，限於每月五日將該月份持向甲方之住所支付之。

　　　　三、乙方對於甲方應於契約成立之同時將新臺幣○○○○萬元支付予甲方，作為擔保金。

第 2 條　因本物件之公租公課之增減、經濟狀態之變動、其他浴場情事之變動之發生，前項租金顯不相當時，當事人雙方對於乙方得請求就上述租金增減之協議。

第 3 條　本件物件之公租公課由甲方負擔，辦公用品之修繕費用及營業有關之公租公課、工會費等由乙方負擔。

第 4 條　乙方不得將本件建築物轉租於第三人，或讓與其租賃權，或不問任何名義將其占有移轉於第三人。

第 5 條　乙方如未得甲方之同意，不得為本件建築物大規模之改造與更改其外觀之工程。

第 6 條　乙方違背前二條之規定經甲方催告後一個月仍未回復原狀時，甲方得終止本租賃契約。

第 7 條　乙方得甲方之同意為本件建築物之改造更改其外觀時，於租賃終了時，得請求其支付費用之金額或現存狀態增加價額之償還。

第 8 條　因乙方之過失致本件建築物或辦公用品毀損或滅失時，乙方應賠償其損害。

第 9 條　乙方遲延第一條租金之支付三次以上時，甲方經催告後得終止本租賃契約。

第 10 條　下列各款之情形，乙方對於甲方應立即返還本件建築物，且交還本件辦公用品。

　　　　一、第一條第一項之租賃期間屆滿時。

　　　　二、因第六條或第九條終止本件租賃契約時。

　　　　三、乙方被取消本件建築物之公眾浴場營業許可時，或廢止其營業時。

第 11 條　乙方遲延本件建築物之返還時，遲延期間中應將第一條第二項之租金倍額支付予甲方。

第 12 條　第一條第三項之擔保金扣除乙方滯納之租金、第八條及前項之損害金的剩餘額，甲方應依下述之方法返還之。

　　　　一、於第十條第一項之場合，於租賃期間屆滿之日與本件建築物及本件辦公用品之交付互相交換之。

　　　　二、於第十條第二、三項之場合，於前款物件交還後一個月內。

第 13 條　於租賃屆滿之日時，乙方返還本件建築物及本件辦公用品時，若甲方未將前條擔保金或其剩餘金額返還時，乙方至其支付時止，得留置本件建築物及本件辦公用品。

第 14 條　前條場合，乙方得以時價取得本建築物之所有權，甲方對於乙方於民國○○年○○月○○日止，就上述物件以代物清償預約為原因，辦理所有權移轉請求權保全之假登記。

第 15 條　前項代物清償自乙方對於甲方的預約完結權之通知發生其效力，此時就本物件之價格扣除有關之各種負擔後之金額超過第 12 條保證金剩餘額時，乙方於代物清償所有權移轉登記將其超過額度返還予甲方，不足時，甲方應向乙方為清償。

第 16 條　第八條、第十二條及前二條之各金額於當事人間發生爭議時，當事人得各選定一名仲裁人，依上述三名仲裁人裁定之金額為準。但，租賃期間屆滿時第八條之金額發生爭議時，仲裁人中之○○○得單獨裁定其金額。

作成本契約書二份作為本契約締結之證明，當事人簽名蓋章後，甲乙雙方各自保有一份。

甲：○○市○○路○段○號

出租人：○○○　[印]

乙：○○市○○路○段○號

承租人：○○○　[印]

第一目錄

　　○○市○○路○段○號

　　鋼筋水泥造三層樓之建築赴公共浴場　一棟

　　樓面積　平方公尺

第二目錄

項目	個數
體重計	二臺
水桶	一個
電風扇	五臺
滅火器	五個
椅子	二十張
時鐘	三個
桌子	十張
地毯	二張

中　　華　　民　　國　　○○　　年　　○○　　月　　○○　　日

註：本契約第 5 條限制承租人改造或改建外觀工程之條款，承租人應予以遵守以免違約。

第二節　動產租賃

【機器租賃】

● 機器租賃契約

1. 本契約的特點：本契約爲機器之租賃，機器的維修非常重要，應訂明由何方負責修理。
2. 適用對象：機器爲動產，凡此機器之租賃皆適用之。
3. 基本條款及注意事項：訂立本契約應訂明租賃契約之基本條款及其應注意事項。
4. 相關法條：民法第 423、425、429、437、438 條。

租賃契約 2-6-43

動產機器租賃契約書

印花

　　出租人○○○（以下稱爲甲方）與承租人○○○（以下稱爲乙方）雙方就甲方所有之機器訂立租賃契約如下：

第 1 條　標的物爲另附目錄之機器。（附件略）
第 2 條　乙方應依照一般之用法使用標的物。
第 3 條　租金定爲每月新臺幣○○○元整。以每月底爲限交付予甲方。
第 4 條　乙方應以位於○市○路○號甲方所有之工廠內，其所指示之合適場所使用。
第 5 條　包括換零件在內之標的物修理，其費用由乙方負擔。
第 6 條　即使乙方歸還標的物之其中一部分，本合約第三條之租金亦不變更。
第 7 條　乙方不得以交換、追加之任何方式，將其他機器搬入第四條所規定之工廠內。
第 8 條　標的物之全部或一部分無法以一般修理而繼續使用，或乙方無法達成本合約訂立之目的時，乙方得將情形通知甲方，立刻終止本合約。
第 9 條　乙方不履行本合約所載明之債務時，甲方得不經由催告終止本合約。
第 10 條　除前二條之外，甲方或乙方未於三個月前預告對方，則本合約不得終止。
第 11 條　乙方於歸還標的物時，除必須修理因乙方之責任引起之原因而致毀損之部分外，須以最初使用時之狀態交予甲方。
第 12 條　本契約書一式二份，甲、乙雙方各執一份爲憑。

甲方：○○○　印
乙方：○○○　印

中　華　民　國　　○○　　年　　○○　　月　　○○　　日

註：機器之租賃應注意機器的維護由何方負擔。

【動物租賃】

● 動物乳牛租賃契約

1. 本契約的特點：本契約為動物租賃契約，動物飼養費用由承租人負擔。
2. 適用對象：本契約適用於任何動物租賃之契約。
3. 基本條款及注意事項：訂立本契約應訂明租賃契約之基本條款及應注意事項。
4. 相關法條：民法第 428 條。

租賃契約 2-6-44

動物乳牛租賃契約書

　　出租人○○○簡稱甲方，承租人○○○簡稱乙方，茲為乳牛租賃經甲乙雙方同意訂立租賃條件如下：

第 1 條　甲方茲將其所有左開乳牛○隻出租予乙方，而乙方願遵守以下各條件之約定承租之。

　　　　租賃物標的：

　　　　一、臺灣省○○地方產。

　　　　二、○○種乳牛（花色）○隻○種（紅黃色）○隻。

　　　　三、牛隻號碼（○字第○號）。

第 2 條　租賃期間訂定自民國○○年○○月○○日起至民國○○年○○月○○日止，滿○○年為限。但租期屆滿後經甲方同意者，乙方得續租並應與甲方更新契約始生效力。

第 3 條　租金額及租金支付方法約定如下：

　　　　一、租金（花色）乳牛每隻每月新臺幣○○元，（紅黃色）乳牛每隻每月新臺幣○○元，共計新臺幣○○元。

　　　　二、租金支付期每月末日。

　　　　三、租金支付地點○○市○○銀行。

　　　　前項租金乙方應按期如數向指定銀行寄存於甲方存戶帳目中為給付。

第 4 條　乙方非經甲方承諾，不得任意將租賃物轉租或供他人使用。

第 5 條　租賃存續期間中對於租賃之乳牛飼養費及管理等諸費用，全部歸乙方負擔之。

第 6 條　乙方應善良管理餵養租賃乳牛，絕不得有欠餌之水等飼養管理上之缺陷，又不得以役牛使用，倘有罹疾時應即延醫治療，其諸費用亦全部由乙方負擔之。

　　　　前項情形如因乙方怠慢或故意致損害時，乙方應負賠償損害之責。

第 7 條　租賃期間中租賃乳牛如發情須交配者，應由乙方負責辦理手續施行接種，並負擔一切費用。

第 8 條　租賃乳牛所產生之子牛無論多寡悉歸甲方所有，且在租賃期間中乙方應與租賃母牛同等善良管理飼養之，其飼養上所需諸費之負擔以及各項所應負之責任與租賃母牛相同。

第 9 條　乙方違反本契約各條件之一時，甲方得解除契約乙方無異議。

　　　　前項因解除契約致乙方受有損害，亦不得向甲方請求任何補償。

第 10 條　本契約因解除或終止時，乙方應將租賃物運至甲方所有○○牧場交還，其運費由甲方負擔，如乙方代墊其運費者，得向甲方請求償還。

第 11 條　本契約所需費用由甲方單獨負擔之。

第 12 條　本契約一式二份，甲、乙雙方各執一份為憑。

　　　　　　　　　　甲方：○○○　印
　　　　　　　　　　乙方：○○○　印

中　　華　　民　　國　　○○　　年　　○○　　月　　○○　　日

註：動物的租賃，涉及動物租賃後動物之健康問題非常重要，訂立契約應明白訂立雙方權責。

【保管箱租賃】

● 保管箱租賃契約書

1. 本契約的特點：本契約為保管箱的租賃契約，由出租人提供保管箱供承租人使用，承租人於承租期間可全權使用，並應盡善管理人的義務。

2. 適用對象：本契約適用於出租人提供保管箱於承租人使用之契約。

3. 基本條款及注意事項：訂立本契約應訂明租賃契約之基本條款及其應注意事項。

4. 相關法條：民法第 423 條。

租賃契約 2-6-45

　　　　　　　　　　　　　　保管箱租賃契約書
　印花　　　　　　　　　　出租人○○○（以下簡稱甲方）
　　　　　　　　　　　　　承租人○○○（以下簡稱乙方）

　　上述當事人間就出租人所據有之保管箱約定下列之租賃事宜：

第 1 條　甲乙雙方約定，甲方將保管箱（商品冷藏、展示櫥）出租予乙方，乙方承租之。

第 2 條　出租之期間、使用目的、租金等條件如下：

　　一、期間：自本契約訂立日起滿一年整。但如甲乙雙方皆無異議，可視同期間之自動延長。

　　二、使用目的：展示並保存甲方所製造之商品。

　　三、租金：每月新臺幣○○○元整。乙方應於每月二十日前將租金直接送往或匯款至甲方住所支付。

　　四、特約：

　　　　（一）使用場所亦得為乙方之住所。

　　　　（二）禁止轉租。

第 3 條　前項租金之支付，乙方如有不履行之情形，甲方毋須催告得終止本契約，並撤回租賃物。

第4條　乙方應以善良管理人之維護與義務保管使用租賃物，並努力推銷甲方產品，不得有用於其他目的、毀損租賃物或減少其價值之行為。

第5條　租賃物自然發生之故障修繕費用由甲方負擔。

　　　　前項以外之故障修繕費用則由乙方負擔。

第6條　若乙方違反本契約或其支票無法兌現，抑或其他乙方之信用發生重大變化時，甲方得終止本契約，收回租賃物件。

第7條　如有第三者對租賃物執行扣押、假扣押時，乙方應申明其為甲方之所有物，以防止扣押、假扣押之執行。若第三者強制執行，則排除執行所需要之一切費用悉由乙方負擔。

第8條　有關租賃物滅失時之賠償，定為甲方取得之金額依照定額法（耐用年限○年）扣除與使用期間相當之折舊餘額。

　　　　若有毀損時將修理費用視為賠償金，如無法修理則視為滅失處理。

第9條　本契約一式二份，甲、乙雙方各執一份為憑。

　　　　　　　　出租人（甲方）：○○○　印
　　　　　　　　住址：
　　　　　　　　身分證統一編號：
　　　　　　　　承租人（乙方）：○○○　印
　　　　　　　　住址：
　　　　　　　　身分證統一編號：

中　　華　　民　　國　　○○　　年　　○○　　月　　○○　　日

註：本契約的第4條規定保管箱只能放置出租人之產品，也不能放置他人產品，為此契約之特殊條款。另第5條之規定值得注意，關於租賃物之維護。

● 保管箱出租定型化契約範本（行政院消費者保護委員會編印）

1. 本契約的特點：本契約為保管箱出租契約書。當事人一方以保管箱出租他方使用，他方給付租金之契約。

2. 適用對象：本契約適用於保管箱出租契約。

3. 基本條款及應注意事項：訂立本契約應訂明租賃契約之基本條款及其應注意事項。

4. 相關法條：民法第421、423條，消費者保護法第11至17條。

租賃契約 2-6-46

保管箱出租定型化契約範本

本契約書已於中華民國○○年○月○日經承租人攜回審閱。（契約審閱期間至少五日）

　　　　　　　　承租人簽章：
　　　　　　　　出租人簽章：

立約人　保管箱承租人：○○○
　　　　保管箱出租人：○○○

　　承租人向出租人租用位於（地址）之○○型○組第○號保管組○個，雙方約定遵守下列各條款：

第1條　（契約之性質）

　　　　本保管箱之利用關係為租賃。

第2條　（對價繳付方式）

　　　　承租人同意就下列方式之一擇一打√，租用保管箱：

　　　　一、□租金及保證金。

　　　　二、□押租金（免再繳付租金及保證金）。

　　　　三、□其他

第3條　（租用期限）

　　　　保管箱租用期限（以下簡稱租期）自民國○○年○月○日起算，以○○為一期。

　　　　承租人於期滿時依第4條第二項或第5條方式繳足租金及保證金或押租金，本租約展延一期。

　　　　原採繳付對價方式如有變更者，均自變更日起重新算租期。

第4條　（對價之繳付、補繳及退還）

　　　　租金應於起租日及續約日，保證金或押金應於起租日，由承租人依當時出租人公告之租金費率標準或當事人特別約定之租金費率繳付。保證金於續約時如有調整，其差額應由承租人補足或由出租人退還。

　　　　以押租金方式承租者，承租人於租期屆滿願意續租，而出租人費率標準變動時，出租人應於租約到期前，以書面列明調整後之費率及應補繳或退還押租金之差額及補繳之期限（至少三十日以上），通知承租人自下一租期起適用新費率。在上開書面通知補繳押租金差額期間尚未屆滿前，或出租人未為上開書面通知時，視為依本租約條件續約。

　　　　前項情形於下一租期屆至前，費率有調降者，仍應適用新費率。

第5條　（轉帳授權條款）

　　　　本租約每期應繳之租金及應補繳或退還之保證金及押租金差額，承租人委託出租人於到期時：

　　　　一、□不通知承租人；

　　　　二、□通知承租人後；

　　　　三、□通知承租人後，承租人未於七日內通知出租人有關差額之退補方式；

　　　　同意就承租人開立於出租人○○部、○○分行○○存款第○○○號帳戶存款，自動轉帳代繳或將退款逕行存入，並以本租約為授權之證明。

　　　　本租約存續期間，有第三條第三項情形者，其差額應由承租人補足或由出租人退還。

第6條　（保證金或押租金之扣抵）

　　　　承租人因違反本租約約定致對出租人負有損害賠償責任者，於損害賠償金額確定時，同意出租人得逕就所繳保證金或押租金扣抵，扣抵不足，仍由承租人負責補繳。

第 7 條 （承租人開箱手續）

承租人開啟保管箱應憑鑰匙、原留簽名或其他約定之辨識方法（註一），填具開箱紀錄卡經出租人核驗後會同開箱，至開箱後除另有特別約定外，出租人不得繼續會同辦理，其或存或取，概由承租人自理。

但入庫人數眾多時，出租人有權合理限定同時進庫開箱之人數。第三人持有保管箱鑰匙及承租人原約定之辨識方法，申請開啟保管箱，除另有特別約定外，雙方同意視同承租人本人申請開箱，出租人不得拒絕。

第 8 條 （置放物之範圍與限制）

保管箱由承租人自行置放有價證券、權利證書、貴重物品、紀念品及其他物品文件等，但不得置放危險物品、違禁品、易爆易燃品、有礙公共安全或衛生物品及潮濕有異味，暨容易腐敗變質之物品。

承租人違反前項規定，致損壞保管箱或庫房其他設備或使第三人放置之物品受有損害時，均由承租人負賠償責任。

若有事實足令出租人懷疑承租人違反第一項約定，出租人得通知承租人於指定之期限內處理，但為避免危害公共安全或因司法、警察機關調查犯罪之需要，出租人得不通知承租人逕行會同司法或警察機關依法搜索或扣押置放物；置放物經扣押者，出租人仍應將其情形通知承租人。

第 9 條 （保管箱鑰匙之持用、留存與保管）

保管箱鑰匙備有兩把，一把交承租人持用，一把由承租人與出租人共同加封後留存出租人，承租期滿退租時，承租人領用鑰匙應歸還出租人。

出租人於租約終止前，不得使用前項封存之鑰匙。但有第八條第三項但書、第十七條及第二十條情形者，不在此限。

承租人不得自行依樣配製鑰匙，一經發現即由出租人無條件沒收銷燬複製鑰匙；因而發生糾紛與損害時，並應由承租人負賠償責任。

承租人遺失鑰匙應付賠償金〇〇〇元，因而致出租人或第三人受有損害時並應由承租人負賠償責任。

第 10 條 （出租人之注意義務）

出租人對於保管箱及設置保管箱場所之安全、防護及修繕、開箱手續，應盡善良管理人之注意義務。

出租人提供保管箱及設置保管箱之場所，若未達主管機關所訂定之基本安全標準或出租人對於進出開啟保管箱之作業手續未完全依照其所訂之作業規章和本契約約定之程序操作者，推定出租人未盡善良管理人之注意義務。

前項基本安全標準，附錄於本契約之後，而為本契約之一部，於該標準提高時，依新標準適用。

第 11 條 （損害賠償責任）

因保管箱之設置或管理有欠缺，致承租人之置放物發生被竊、滅失、毀損或變質之損害者，除另有特別約定外，雙方同意依下列方式辦理：

一、承租人於損害發生後申報其置放物品內容及損失金額，在未超過新臺幣〇〇元之範圍內，由出租人依據承租人申報損失之金額逕予賠償。

二、承租人主張其損害逾前款金額者，於承租人舉證證明其置放物品之內容及價值後，由出租人按承租人之實際損害負金錢賠償之責，但最高賠償金額為新臺幣○○元。

前項第二款之情形，承租人能證明出租人有故意或重大過失者，不受最高賠償金額之限制。

第12條　（承租人或其繼承人之通知義務）

承租人或其繼承人有下列情形之一者，應即以書面或出租人語音服務系統或專線電話通知或其他約定方式通知出租人：

一、遺失鑰匙或變更密碼。

二、更換或遺失印鑑。

三、變更姓名。

四、承租人為法人團體，變更組織或代表人姓名。

五、因繼承開始或其他重大情事暫停保管箱之使用者。

承租人或其繼承人未依第一項規定通知出租人時，因而所受之損失，出租人不負賠償責任。

第13條　（租期屆滿未續租）

租期屆滿，承租人應至出租人處辦理續租或退租手續。

租期屆滿，於承租人辦妥退租或續租手續並補繳租金或繳交逾期損害賠償金和違約金前，出租人得停止會同開啟保管箱。

逾期辦理退租者，自原到期日起，至辦理退租手續之日或破封開箱之日止，計收逾期損害賠償金及違約金。

前項逾期損害賠償金之標準，以辦理退租手續當日租金費率為準，依同額之月租金，按月計收，未滿一個月者，按日計收。違約金依逾期損害賠償金加百分之○計算。（註二）

第14條　（未依約定繳足保證金或押租金之處置）

未依約繳足保證金或押租金時，承租人自逾期日起至繳納日止依補繳當日出租人牌告基本放款利率加○碼（年息百分之○）（註三），加計遲延利息。

第15條　（租約終止之程序與租金之返還）

承租人得隨時終止租約，但應親自或以書面委託代理人至出租人處辦理。

承租人終止租約時應按月計付租金，不足一個月者，按日計收，自承租人已繳之租金、保證金或押租金中扣抵後，由承租人補繳不足之差額或由出租人退還溢付之租金、保證金或押租金。

第16條　（出租人終止租約之事由及租金之返還）

出租人於有下列情形之一者，得以書面於○日前通知承租人終止本租約：

一、出租人因修繕、遷移保管箱或結束保管箱業務時。

二、出租人依第四條第一項約定，催告承租人補繳押租金之差額，逾○個月後，承租人仍未補繳者。

三、承租人對出租人積欠因租用保管箱費用，屆期未清償，經出租人訂○日催告清償，仍未清償者。

四、承租人因使用保管箱或進出保管箱設置場所對出租人或第三人造成損害者。

五、有事實足令出租人懷疑承租人違反本契約書第 8 條第一項置放物之範圍與限制之約定，經出租人通知於指定期限內至出租人處處理，承租人逾期未辦者。

六、承租人違反本租約其他約定。

出租人因前項第一款事由終止租約時，應按實際出租日數，計收租金，並依法定利率加計利息後，退還已預收而未到期之租金；若出租人係依前項第二款至第六款事由終止租約時，應無息按日返還承租人已繳之租金。保證金、押租金，於辦妥退租手續時無息退還。

前項應退還之租金、保證金及押租金得依法抵銷。

第 17 條　（破封開箱事由及方式之約定）

承租人於租期屆滿經出租人通知後，逾○個月未辦理續租，或本租約經終止，而承租人未於出租人通知期限內，配合辦理停止使用保管箱事宜者，出租人得依法請求法院公證人或通知承租人之聯絡人，會同辦理破封開箱手續。

第 18 條　（破封開箱後對置放物之處置）

破封開箱後，對箱內置放物依下列方式處理：

一、由出租人會同前條之法院公證人或聯絡人清點置放物及編製清單後，暫行包裹簽章封存，並即通知承租人，限期○個月內領回（註四）。

二、如承租人不於前款期限內領回，而所繳保證金或押租金不足抵償逾期租金、破封開箱費用及其他損害賠償時，得由出租人依法自行拍賣逕行處分抵償，有剩餘時，另行存儲候領，不足時，應由承租人負責補足。

三、承租人不於第一款期限內領回，而置放物顯無變賣價值時，承租人同意拋棄置放物所有權，任由出租人處置。

前項第二款及第三款情形，出租人應將其處理情形通知承租人。

第 19 條　（分租與轉租之禁止）

承租人不得將所租保管箱分租或轉租第三人或將保管箱租賃權作為質權標的。

第 20 條　（第三人之強制執行）

第三人向法院聲請對承租人之置放物實施強制執行時，出租人得依法院之命令開啟保管箱，移交置放之物品予法院；置放物經移交予法院後，出租人應即將其情形通知承租人。

第 21 條　（文書之送達）

承租人同意以本租約所載之住所為相關文書之送達處所，倘承租人或其聯絡人之住所變更，承租人應即以書面或其他約定方式通知出租人，並同意改依變更後之住所為送達處所；如承租人未以書面或依約定方式通知變更住所時，出租人仍以本租約所載之住所或最後通知出租人之住所，為送達處所，於通知發出後，經通常之郵遞期間即推定為已送達。

第 22 條　（管轄法院）

本租約涉訟時，雙方同意以保管箱所在地之○○地方法院為第一審管轄法院。

第 23 條　（特約事項）

承租人與出租人特別約定事項如下：

　　　　　一、……
　　　　　二、……
　　　　　三、……
第 24 條　（未盡事宜之約定）
　　　　　本租約如有未盡事宜，由承租人與出租人另行約定。
第 25 條　本租約一式◯份，由◯◯方各執◯份，以資信守。

　　　　　　　　立契約書人
　　　　　　　　　　　　承租人：◯◯◯　　　（簽章）
　　　　　　　　　　　　地址：
　　　　　　　　　　　　出租人：◯◯◯　　　（簽章）
　　　　　　　　　　　　地址：

中　　華　　民　　國　　◯◯　　年　　◯◯　　月　　◯◯　　日

註：1. 訂立本契約應本於平等互惠原則，如有疑義，應為有利於消費者之解釋。
　　2. 訂立本契約不得違反誠信原則，對消費者顯失公平者，無效。

【設施租賃】

● 住宅社區設施租賃契約書

1. **本契約的特點**：本契約為租賃住宅社區設施的契約，承租人除支付租金外，並應支付共益費為其特點。
2. **適用對象**：本契約適用於租賃住宅設施契約。
3. **基本條款及注意事項**：訂立本契約應訂明租賃契約之基本條款及應注意事項。
4. **相關法條**：民法第 422-425、443、444 條。

租賃契約 2-6-47

住宅社區設施租賃契約書

　　◯◯社區管理委員會（以下簡稱甲方）和出租人◯◯◯（以下簡稱乙方），甲乙之間對以下的設施締結租賃相關契約：

第 1 條　（總則）
　　　　　甲方對於以下所標示為甲方所有之設施（以下簡稱「租賃設施」）按照本契約所記載之條件，租賃給乙方：
　　　　　一、租賃設施的所在地：
　　　　　二、租賃設施的表示：
　　　　　乙方按照以下的用途使用租賃設施。但如得到甲方的承諾，則可以變更：（略）
　　　　　乙方對於租賃設施的範圍、路燈等必須遵從甲方的指示，同時與租賃設施所在範圍內之租賃住宅的居住者及其他設施租賃者共用。
　　　　　甲方配合必要，可在租賃設施範圍建設建築物或工作物，或加以裝修。

第 2 條　（乙方的使用開始可能日）

乙方租賃設施的使用開始日為民國○○年○○月○○日，乙方從此日之後必須立刻開始使用租賃設施。

甲方配合自己的狀況可變更前項規定之使用開始日，此時必須儘速通知乙方，並以通知單上記載之日期為前項的使用開始日。

第 3 條　（契約期間）

本契約期間，按照前條第一項或第二項的規定，從使用開始日算起一年內為限。

到前項契約期滿之日為止，若甲乙雙方任何一方沒有提出申請，則本契約按同一條件繼續有效，期間一年。以後也以同樣的情形辦理。

第 4 條　（租金）

租賃設施的租金為每月新臺幣○○○元整（以下同）。

第 5 條　（租金的變更）

若有下列各款之一情形，甲方可以增加租金及押金的金額：

一、與租賃設施範圍有關的地租、維持管理費，租賃設施及附屬設施（以下簡稱「附帶設施」）課徵之房屋稅及其他租稅負擔增加時。

二、甲方對於租賃設施、附帶設施或租賃設施的範圍進行改良時。

第 6 條　（擔保金）

乙方為擔保損害賠償及其他由本契約所發生之債務，應支付擔保金○○○元整給甲方，由甲方收訖。

甲方依第十九條、第二十條第一項或第三項而解除契約之日，或因第十九條規定，本契約拒絕更換而告期滿之日（以下稱為「契約終止日」）算起二十一天內，應將擔保金扣抵應償還債務後，剩餘的金額還給乙方，擔保金不付利息。

乙方依照前項之規定在甲方歸還擔保金時，直到契約終止日為止之前所使用的電氣、瓦斯、自來水等的使用支付收據要提示給甲方。

第 7 條　（共益費）

乙方除了租金之外，必須負擔以下各款所揭示之費用（以下稱為「公益費」）：

一、租賃設施內社區共用的電費、自來水費、瓦斯費。

二、租賃設施的室外垃圾處理費。

三、租賃設施的室外給水設施、污水處理設施及其他排水設施、遊戲設施和其他建築物等的維持或營運所需之費用。

四、具有租賃設施的社區內之道路、植樹、花壇、草地等的清潔、消毒及照顧所需之費用。

五、其他關於甲方認為對社區內居住者具有共通利益的必要費用。

前項共益費的金額，由甲方決定之，甲方若因物價的變動、附帶設施和租賃設施的範圍改良等理由，可變更共益費的金額。

第 8 條　（租金及共益費的支付義務）

乙方對於租金及共益費的支付義務，按第二條第一項或第二項之規定，從使用開始日發生。

屬於租賃設施使用開始日或契約終了日的月分，若乙方的租賃期間未滿一個月，則租金及共益費以三十日為基準按日計算，若尾數不足十元，則以四捨五入法計算。

第 9 條　（租金及共益費的支付日期）

　　乙方應依前條第二項之規定，將每月的租金及共益費按照甲方規定的日期，支付給甲方，而其他每個月的租金等，在每個月底按照甲方規定的方法，支付給甲方。

第 10 條　（延遲支付利息）

　　若因可歸責於乙方之理由而遲延支付租金及共益費的全部或一部分時，乙方必須將遲延支付利息支付給甲方。

第 11 條　（租賃設施使用上的注意事項等）

　　關於租賃設施的使用方法等，乙方必須遵從甲方的指示，或以善良管理人之注意，小心使用。

第 12 條　（業務委託的禁止）

　　乙方不得將業務委託他人。

第 13 條　（乙方的修理義務）

　　關於租賃設施方面，以下各項之修理或更換，由乙方負責進行並負擔費用。

　　一、壁紙的更換。

　　二、油漆粉刷。

　　三、浴缸的更換。

　　四、其他甲方所指定的小修理物件。

　　甲方應將前項的修理細目，事先通知乙方。

第 14 條　（恢復原狀的義務）

　　若因可歸責於乙方之理由而使租賃設施污損、破損或未經甲方同意而變更租賃設施之原狀時，乙方必須立刻將其復原。

第 15 條　（必須得到甲方承諾之事項）

　　乙方對於以下各款之行為，須事先得甲方之書面承諾：

　　一、進行租賃設施的更正、增建或其他工作時。

　　二、打算在租賃設施範圍內施工時。

　　三、對租賃設施的全部或一部分，除第一條第二項所規定的用途以外，要另行使用時。

　　四、在有租賃設施的社區內（甲方事先規定的場所除外）揭示與業務有關的廣告時。

第 16 條　（對於甲方的通知）

　　乙方或乙方的連帶保證人，若有符合以下各款之一之事由時，必須立刻通知甲方：

　　一、乙方連續七天以上封閉租賃設施時。

　　二、乙方或乙方的連帶保證人住址或主要辦公室的所在地或負責人姓名或公司名稱進行變更時。

　　三、乙方或乙方的連帶保證人死亡，或受禁治產之宣告、或解散時。

　　四、乙方的連帶保證人受到強制執行、假扣押、假處分的處分時。

　　五、乙方的連帶保證人被宣告破產或提出重整申請時。

　　六、租賃設施污損、破損或喪失時。

　　甲方在乙方無正當理由，連續七天以上封閉租賃設施時，可對乙方進行重新開放租賃設施的勸告。乙方必須配合甲方的勸告。

第 17 條　（轉租等的禁止）

乙方不得將租賃設施的全部或一部分進行轉租，或讓與租賃設施的租賃權，並不得以租賃設施與其他租賃設施進行交換。

乙方不論任何名目，都不得有與前項禁止行為類似的行為。

第 18 條　（動物飼養的禁止）

乙方在有租賃設施的社區內，禁止飼養小鳥與魚類之外的其他動物。

第 19 條　（甲方的契約解除權等）

乙方有下列之一之行為時，甲方毋須催告，可立即終止本契約或拒絕契約的重新更換：

一、租賃設施的租賃申請書上記載虛偽的事項，或因其他不正行為租借租賃設施時。

二、三個月以上未支付租金等費用時。

三、遲延租金等費用的支付，而甲方認定其不具有支付能力時，且其遲延支付之行為顯著傷害到甲乙雙方的信賴關係時。

四、未得甲方之承諾，有第十五條各項規定之行為時。

五、對於第十六條第一項之規定怠忽對甲方的通知時。

六、因故意或重大之過失而導致租賃設施、附帶設施或租賃設施範圍受到污損、破損或滅失時。

七、按照第十六條第二項之規定不配合甲方的勸告時。

八、違反第十二條、第十八條及第二十三條第二項之規定時。

九、有擾亂共同生活秩序的行為時。

十、在業務方面，受到主管機關的取消許可處分，或註銷營利事業登記時。

十一、其他違反本契約的事項。

乙方因前項之規定，被甲方終止本契約或自從契約被拒絕更換之日起到契約終止期間為止之前，須將租賃設施原狀歸還甲方。

第 20 條　（契約終止）

乙方欲終止本契約時，須有一個月以上的預告期間，向甲方提出契約終止的申請，而在契約終止通知書上所記載的契約終止日，為本契約終止之日。

乙方依前項之規定，向甲方提出契約終止的通知，到契約終止通知書上所記載的契約終止日之前，必須將租賃設施原狀歸還甲方。

乙方向甲方提出契約終止通知，將租賃設施歸還給甲方時，甲方在接到通知之日的第二天開始算起，一個月內終止本契約。

第 21 條　（關於不法使用的賠償金等）

乙方到契約終止日為止，不交出租賃設施時，從契約終了的翌日算起，到交出日為止（以下在本條中稱為「不法使用期間」），須將相當於租金 1.5 倍的金額支付給甲方。

第十三條及第十四條的規定，若在乙方的不法使用期間內，則以此項規定為準。

第 22 條　（連帶保證人）

乙方在締結本契約的同時，應甲方的要求，必須找有資力者擔任連帶保證人。

　　　　乙方的連帶保證人基於本契約之規定，關於乙方對甲方所負之一切債務，和乙方共同負連帶責任。

第 23 條　（連帶保證人的變更等）

　　　　乙方的連帶保證人符合第十六條第一項第三款、第四款及第五款之規定，或者乙方的連帶保證人喪失甲方要求資格時，甲方可要求乙方重新選任新的連帶保證人。

　　　　乙方基於前項的規定，須立刻找到符合甲方要求資格的連帶保證人。

第 24 條　（租賃設施相關調查）

　　　　當甲方欲要對租賃設施的管理及其相關事項進行調查時，乙方必須全力配合。

第 25 條　（甲方的聯絡人）

　　　　甲方基於本契約選出一位對乙方負責聯絡事務者，乙方原則上對甲方的一切聯絡，都由此聯絡人擔任。

第 26 條　（契約份數）

　　　　本契約書一式三份，當事者各自簽名蓋章後，甲乙雙方及保證人各持有一份。

　　　　　　甲方：○○市○○區○○路○○號地○○住宅社區
　　　　　　理事：○○○　　印
　　　　　　乙方：○○○　　印
　　　　　　住址：
　　　　　　乙方連帶保證人：○○○　　印
　　　　　　住址：

中　　華　　民　　國　　○○　　年　　○○　　月　　○○　　日

註：本契約第 18 條為維護社區的安寧及清潔，有動物禁止飼養條款，承租人應特別注意。

● 公營住宅設施租賃契約

1. 本契約的特點：本契約為租用公營住宅為郵局之用。租用為郵局後，不得作為其他使用為其特色。
2. 適用對象：本契約適用於租賃房屋供郵局使用的契約。
3. 基本條款及注意事項：訂立本契約應訂明租賃契約之基本條款及其應注意事項。
4. 相關法條：民法第 422-425、429、434、436、437 條。

租賃契約 2-6-48

公營住宅設施租賃契約書

　　出租人○○○支所長○○○為甲方，承租人○○○郵政局長○○○為乙方，依下列條項締結供郵局用之設施租賃契約。

（總則）

第 1 條　甲方將下列表示之甲所有之設施出租予乙方。

（設施之所在地）

（設施之表示）○○造○層樓○棟○○平方公尺

（含附屬工作物一套）但，依其他設計圖。

（契約期間）

第2條　本契約期間自民國○○年○○月○○日起至民國○○年○○月○○日止。於前項規定之終期到來前，甲方或乙方未為提議時，本契約自終期之翌日起，存續一年。此後亦同。

（租金）

第3條　設施之租金每月新臺幣○○○○元。但有未滿一個月之期間時，以一個月三十日按日計算之，此時有未滿十元之零數時，四捨五入之。

甲方得乙方之承諾將設施改良時，甲方對於乙方得請求租金之增加。

此時於前項之租金應改定之。

（公益費）

第4條　於前條規定之租金外，下述各款之費用（以下稱共益費），乙方應依其受益之程度所定之額度負擔之。

一、設施室外之電費及水費之使用費。

二、設施室外之灰塵處理費與淨化槽之清掃及消毒所需之費用。

三、共用路燈更換所需之費用。

四、園地內之道路、植樹、花壇等保養所需之費用。

五、有共同之使用人時，相當於其工資之額度。

前條第一項但書之規定，準用於前項之場合。

（租金及共益費之支付）

第5條　乙方指定之郵局分任支出官將每月之租金及共益費自翌月一日起至十日止間，支付予第十五條規定的園地管理主任。

乙方遲延租金或共益費之全部或一部時，乙方就其遲延支付額之每百元應支付日息百分之五之遲延利息。但其支付遲延甲方認為係因天災或其他不可抗力時，無須支付遲延利息。

依前項規定計算之遲延利息未滿百元時，無須支付之，又未滿百元之尾數不予計算之。

（公租公課之負擔）

第6條　對於設施之公租公課由甲方負擔之。

（因火災損害之負擔）

第7條　於契約期間中設施因火災（因乙方之故意或重大過失除外）而滅失或損害時，其損害額由甲方負擔之。

（修繕義務）

第8條　設施專用部分之修理或更換中，就揭示於下列各款，乙方應以自己之負擔為之。

一、桌椅。

二、傢俱及玻璃。

三、消防栓、電氣用品等之簡易修繕。

於前項規定以外之修理及更換，全部由甲方自己負擔。

（原狀變更等）

第9條　甲方或乙方該當於下列各款之一時，依相對人所定樣式之書面，得相對人之承諾。

一、設施之改變外觀或欲增建其他工作物。

二、於設施用地內欲為工作者。

三、於圍地（甲方或乙方預先規定之場所除外）內欲揭示廣告者。被要求承諾之甲方或乙方應立即調查事情，以對於相對人之書面給予承諾或不給予承諾。

（滅失或毀損之通知）

第10條　乙方於設施之全部或一部滅失或毀損時，應立即將其狀況通知甲方。

（乙方之終止契約）

第11條　乙方即使是於契約期間中，亦得於一個月前將甲方所定之設施使用終了提出予甲方而終止本契約。但，甲方認為乙方有特別之必要時，得縮短本預告期間。

（因不法使用之賠償金）

第12條　乙方於終止本契約後使用設施時，自契約終止之日之翌日起，到其使用終了之日止，以租金及共益費之相當額之 1.5 倍之金額作為賠償金，依甲指定之日時及場所支付予甲方。

（相關設施之調查）

第13條　甲方為設施之維持管理或公眾衛生，就設施或其相關設備欲為調查時，乙方應協力之。

（回恢原狀）

第14條　乙方於終止本契約時，至甲方指定之期日止，於得第九條第二項規定承諾之際，除甲方不要求回復原狀外，應取去附加於設施之物，回復其原狀返還予甲方。乙方未回復原狀時，得以乙方之負擔由甲方代行之。

（甲方或乙方之聯絡人）

第15條　甲方以○○○為圍地管理主任，乙方以○○○為郵局局長，代理自己與相對人為事務之聯絡。

（紛爭解決方法）

第16條　本契約所未規定之事項或發生疑義之事項，甲乙方應協議決定之。

證明本契約書之締結作成契約書二份，當事人簽名蓋章其上，由甲乙雙方各自保有一份。

甲：公營住宅○○支所長：○○○　印

乙：郵政局長：○○○　印

中　華　民　國　○○　年　○○　月　○○　日

註：本契約第4條的共益費，為租金外承租人應負擔之費用，為本契約的特點。

【物品租賃】

● 大樓之商品臺車租賃契約書

1. **本契約的特點**：本契約為租用會館臺車展示商品，商品臺車由會館供應為其特色。

2. 適用對象：本契約適用於商品用臺車的租賃契約。

3. 基本條款及注意事項：訂立本契約應訂明租賃契約之基本條款及其應注意事項。

4. 相關法條：民法第 432、438 條。

租賃契約 2-6-49

大樓之商品臺車租賃契約書

立契約書人出租人：甲方○○○承租人：乙方○○○就貴館內之商品臺車之借用，締結下述契約。

第 1 條　於租用商品臺車時，繳納新臺幣○○○元作為押金。

第 2 條　上述會館內之商品臺車借用期限為六個月，每隔六個月再締結契約。

　　　　但，不再締結契約時，應解除契約不得異議。

第 3 條　上述商品臺車之租用每一臺車新臺幣○○○元，於每月 25 日前向出租人支付之。

第 4 條　即使於契約期間中，有七日以上不展出作品，或有會館全體不信用之行為時，應解除契約，不得異議。

第 5 條　因承租人不注意之損害或因天災、水災、火災等不可抗力之損害，由承租人負擔之。

第 6 條　租用上述商品臺車後，絕對不可讓與他人，必須返還於出租人。

第 7 條　上述商品臺車之租金滯納十日以上時，應解除契約不得異議。

第 8 條　契約解除時出租人應返還押金，但得扣除遲延租金及出租人所受之損害支付金額，承租人不得異議。

第 9 條　租用商品臺車後，應遵守貴館之規則。

　　　　但，違反時或契約解除時，承租人不在而出租人將之移轉於第三人時，不得異議。

　　　　本條（第 9 條）是於完全了解貴館經營上重要事項後所為之特約。

承租人：○○○　印

　　　　○○市○○路○段○號

　　　　○○會館　敬啟

中　華　民　國　○○　年　○○　月　○○　日

註：本契約第 9 條但書為本契約之特別條款，為本契約為重要事項，應予以注意。

● 電視租賃契約書

1. 本契約的特點：本契約為一般電器用品租賃，承租人應以善良管理人之注意使用租賃物。

2. 適用對象：本契約適用電器用品之租賃。

3. 基本條款及注意事項：訂立本契約應訂明租賃契約之基本條款及其應注意事項。

4. 相關法條：民法第 423、432、438 條。

租賃契約 2-6-50

電視租賃契約書

　　出租人○○○（以下稱為甲）和承租人○○○股份有限公司（以下稱為乙）之間，就有關電視顯像機的租賃締結下列契約。

第 1 條　乙就下列所有之電視顯像機出租給甲，約定供甲營業使用，甲向乙租借電視顯像機。

　　一、商品名稱○○○○型

　　二、臺數○臺

　　三、契約期間：從民國○○年○○月○○日到民國○○年○○月○○日。

　　四、設置（使用）場所：甲所有之客廳。

第 2 條　甲向乙給付每臺每個月新臺幣○○○元之租金，以現金於每月月底以前向乙的收款人繳納之。但租賃日數未滿一個月時，按日計算租金，由甲支付給乙。

第 3 條　電視顯像機的售後服務是在契約存續期間中，由乙實行之。萬一電視顯像機故障或有故障之特徵時，應儘速聯絡乙，乙於不妨礙甲使用的範圍內修理之。但因可歸責於甲之事由而生之故障、損傷等，該修理費由甲負擔。

第 4 條　乙委託甲為電視顯像機之管理，甲應以善良管理人之注意義務為管理。

第 5 條　因被盜、火災等導致電視顯像機滅失之情形，乙因此而受之損失由甲負擔。甲遺失電視顯像機重要物件時，由乙給付該重要物件，該重要物件之實際費用由甲負擔。

第 6 條　甲該當下列各種情形之一時，乙可不經催告直接終止契約，甲應將電視顯像機返還給乙，乙可立即撤去電視顯像機，甲不得有異議。

　　一、遲延給付租金時。

　　二、有違反本契約各條款之行為時。

　　因終止契約，而使乙電視顯像機受損之金額，甲應給付給乙。

第 7 條　到本契約期滿一個月前為止，甲或乙任何一方沒有以書面提出申請時，本契約終了時以同一條件更新契約。但更新時以既設的電視顯像機交換新型的電視顯像機。

第 8 條　關於本契約所未規定之事項，雙方以誠意協議之，並紳士般的解決。證明契約之締結，本契約書一式二份，甲乙各持一份。

出租人：○○○公司　　　（甲）方
法定代理人：
承租人：○○○　印　　（乙）方
法定代理人：○○○　印

中　　華　　民　　國　　○○　　年　　○○　　月　　○○　　日

註：本契約第 3 條有關租賃電視之維護規定由雙方信守，唯故障責任釐清，以事實認定。

● 自動販賣機租賃契約書

1. **本契約的特點**：本契約為自動販賣機的租賃，自動販賣由承租人保管租賃使用

收益,使用收益應定期繳納租金。

2. 適用對象:本契約適用於自動販賣機之租賃。

3. 基本條款及注意事項:訂立本契約應訂明租賃契約之基本條款及其應注意事項。

4. 相關法條:民法第 423、432 條。

租賃契約 2-6-51

自動販賣機租賃契約書

（正面）

租賃保管證

名稱	型式	機號	摘要

　　貴公司所有之上開○○○自動販賣機確實於本日代為保管租賃。

　　上開○○○自動販賣機,依據背面所記載之條件保管租賃之,於期間中,應以善良管理人之注意義務使用。

（背面）

　　保管之○○○自動販賣機僅供○○○之自動販賣使用。

　　契約期間經過後立即返還。

　　貴社所租賃保管之自動販賣機,不得擅自移動到下記之設置場所以外,或轉租予他人等。

　　使用費必須於指定日期以前給付之。

　　萬一於期日內怠於給付或不能給付時,我方不需任何的意思表示得從貴社收取○○○販賣獎勵金相抵之,貴社不得有異議。

　　不給付使用費,因貴社而顯著產生損害時,得請求停止○○○自動販賣機之使用或返還,縱使於契約期間中,貴社仍應立即接受。

　　貴社租賃保管之○○○自動販賣機因使用、管理不注意而損害時,委託貴社修理之,該費用當然由我方負擔。

契約期間（設置期間）	
設置場所	
使用費	一日○○○元　期間中合計○○元

註:本契約第 3 條有禁止移動及禁止轉租條款,承租人應信守此一條款,以免違約。

● 電子計算機租賃及保養契約

1. 本契約的特點:本契約為電子計算機之租賃及保養契約,本契約租賃並加保養為其特色。

2. 適用對象：本契約應適用於電子計算機租賃及保養契約。
3. 基本條款及注意事項：訂立本契約應訂明租賃契約之基本條款及其應注意事項。
4. 相關法條：民法第 423、432 條。

租貨契約 2-6-52

電子計算機租賃及保養契約書

　　出租人○○○（以下稱為甲方）和承租人○○股份有限公司（以下稱為乙方）之間，就○○○（以下稱為「製造商」）所製造乙方所有之電子計算機（以下稱為「設備」）的租賃及保養締結下列契約。

品名及數量：裝置○○○○一臺（明細參照附件表）
租金（包含保養費）：租借每個月○○元（明細參照附件表）
包裝、運送、安裝工作及場地調整費○○元（明細參照附件表）
使用時間：一個月二百小時
繳納期限：民國○○年○○月○○日
安裝地點：
記載事項和甲方與製造商於民國○○年○○月○○日約定書之記載內容相同。

契約條款

（契約之主旨）
第1條　對甲方設備的租賃和保養，依據本契約條款而為（繳納、安裝以及保養）。
第2條　乙方於繳納期間內裝置設備並迅速安裝，且調整於甲方能使用之狀態，始對甲方完成交付。
　　　　設備的包裝、運送、安裝等工作以及場地調整所需之費用，由甲方負擔。
　　　　甲方和製造商之間，可約定前項費用直接支付予製造商。
　　　　於繳納期間前，甲方對於設備之安裝場所必須準備完成。
　　　　乙方不行委託製造商為設備的繳納、安裝以及場地調整之工作。
　　　　乙方為設備歸屬於乙方所有意旨之表示。

（租金）
第3條　設備之租金金額記載於契約開頭。但租金數額係指每月使用設備二百小時以內之情形，若使用設備超過上述時間，超過之使用時間，每一小時收取大約一小時租金的百分之三十之金額作為超過之租金。
　　　　租金從設備交付於甲方之翌日起，算至本契約解約之日止之租賃期間，每月計算之。
　　　　租賃期間未滿一個月而產生尾數時，租金按日計算之。

（租金等之支付）
第4條　租金於每個月初用請求書通知，請求於和甲方協議決定日（○月○日）以前支付之。

超過之租金，於乙方確認超過使用時間之月的翌月初為租金之請求，準用前項規定請求支付。

第二條第二項設備之包裝、運送、安裝工作以及場地調整所需要之費用，契約開頭記載之金額，請於設備交付後三十日以內支付之。該費用於契約解除時不返還。

（支付之方法）

第 5 條　契約所定之租金、超過時間之租金、包裝、運送、安裝工作以及場地調整費、其他基於本契約甲方應負擔費用之支付，希望依據乙方請求書記載之方法以現金支付之。

（設備之保養）

第 6 條　乙方負擔使甲方設備能完全使用之保養責任。但因甲方之故意或過失而產生修理或調整之必要時，則收取該修理費或調整費。

設備有特別保養之必要時，請提出申請。此種情形所需之費用，由甲方負擔。

前二項的保養不行委託製造商。

安裝、調整以及保養所必要之電力，由甲方負擔。

（程式設計服務）

第 7 條　乙方不提供程式設計服務，甲方需要特別程式設計服務時，該費用由甲方負擔。

（卡片磁帶等其他的補給品）

第 8 條　設備使用之卡片磁帶等其他補給品，購買製造商之指定品以供使用。

因使用前項以外之產品而使設備故障時，乙方不負責任。

（設備之追加）

第 9 條　希望追加設備時，有關追加設備部分另行締結契約。

（設備之更換或改造）

第 10 條　設備之更換或改造，應預先以書面請求乙方之同意，費用由甲方負擔。基於契約內容修訂而生設備更換或改造之必要時，請求締結變更契約。但更換設備時，有關追加設備部分，依據第九條之規定。

（其他機械器具之安裝）

第 11 條　設備有安裝其他機械器具之必要時，應預先以書面請求乙方之同意。

乙方認為前項其他機械器具之安裝可能使設備機能故障時，應預先通知。

（設備之移轉）

第 12 條　設備有必要從契約開頭記載之場所移轉時，應預先以書面得到乙方之同意。此種情形下，設備移轉所需之費用由甲方負擔之。

（終止契約之申請）

第 13 條　設備交付日之翌日起算經過一年後，甲方得隨時對乙方以書面提出終止本契約及依據第九條所締結之契約。此種情形下，提出終止契約後經過三個月契約終了。

（設備之返還）

第 14 條　因解約而返還設備時，應卸下其他機械器具時，恢復交付設備當時之原狀。又設備返還後舊安裝場所之修復，由甲方負擔。

設備有毀損之情形，乙方會以說明其要旨之書面確認之。

返還設備時，乙方或接受乙方委託之製造商於交付設備、包裝以及運送時在場，並派遣自己的作業員，請求協力完成其指示。

　　　　　　返還設備所需之包裝及運送費用，由甲方負擔。

（善良管理人之注意義務）

第 15 條　甲方應預先於設備之安裝場所維持製造商提出之溫度、濕度、其他良好的環境等，並以善良管理人之注意義務管理該設備。

　　　　　因甲方之故意或過失而使設備受損害或有所缺損時，乙方得請求賠償。

　　　　　設備不得作為他人權利之標的物。

（進入權以及保持秘密）

第 16 條　乙方或製造商之作業員因設備之繳納、保養、管理始得進入設備安裝場所。此種情形下，作業員必須攜帶身分證明文件以便檢查。

　　　　　因前項情形進入而得知甲方之業務上秘密者，不得洩漏於第三人。

（違反契約）

第 17 條　甲方或乙方對於對方不履行契約義務時，向對方催告後，認為仍無履行之誠意時，得以書面終止本契約。

（協議）

第 18 條　本契約未規定之事項或履行本契約產生疑義時，甲方或乙方和對方協議之，以求圓滿之解決。

（紛爭之處理）

第 19 條　基於前項之協議仍無法圓滿解決本契約履行所生之紛爭時，該紛爭以○○地方法院為第一審管轄法院。

證明本契約之締結，本契約書一式二份，甲方、乙方簽名蓋章後各持一份。

　　　　　　　　　甲方：○○○　印
　　　　　　　　　法定代理人：
　　　　　　　　　乙方：○○○　印
　　　　　　　　　法定代理人：

中　　華　　民　　國　　○○　　年　　○○　　月　　○○　　日

註：本契約第 16 條之進入權及保持秘密為本契約之重要事項。

● 容器租賃契約書

1. **本契約的特點**：本契約為容器之租賃，出租人及承租人的權利義務規定詳盡為其特色。

2. **適用對象**：本契約適用於容器的租賃契約。

3. **基本條款及注意事項**：訂立本契約應訂明租賃契約之基本條款及其應注意事項。

4. **相關法條**：民法第 423、432 條。

租賃契約 2-6-53

容器租賃契約書

出租人○○股份有限公司（以下稱為甲）和承租人○○○股份有限公司（以下稱為乙）之間，關於甲所有之容器之租賃，締結下列契約。

（目的）
第 1 條　甲將末尾所記載之容器出租予乙，乙就該容器租用之，並對甲給付租金。

（租金）
第 2 條　租金每個月新臺幣○○元，乙於每個月○○日以前，將當月份之租金以現金於甲之事務所給付之。

（物品之交付）
第 3 條　甲於民國○○年○月○日於○○對乙交付物品。

（善良管理人之注意義務）
第 4 條　乙就所接受之物品，以善良管理人之注意義務處理之。

（費用負擔）
第 5 條　接受物品交付後，乙負擔關於物品之修繕費、管理費等。

（租稅之負擔）
第 6 條　從物品交付之日以後，對於物品所課之租稅由乙負擔之，於甲請求時，乙應立即給付該金額予甲。

（容器檢查）
第 7 條　關於物品之法定檢查，以乙為甲之代理人接受檢查。

（契約期間）
第 8 條　本契約有效期間從契約書作成之日起滿○○年。

（終止契約條款）
第 9 條　雖然前條訂有契約有效期間，但乙怠於給付第 2 條規定之租金，或怠於履行其他契約書所規定之義務時，甲可不經任何事前催告，立即終止契約，向乙請求返還物品及所生之損害賠償。

（規定外之事項）
第 10 條　本契約未規定之事項以及本契約所定各條款之解釋產生疑義時，由甲乙以誠意協調解決之。

以上契約證明一式二份由甲乙簽名蓋章後各持一份。

　　　　　　　　　　　○○縣○○市○○鎮○○路○○號
　　　　　出租人：甲方○○股份有限公司
　　　　　代表人：○○○　［印］
　　　　　　　　　　　○○縣○○市○○鎮○○路○○號
　　　　　承租人：乙方○○股份有限公司
　　　　　代表人：○○　［印］

容器目錄（略）

| 中 | 華 | 民 | 國 | ○○ | 年 | ○○ | 月 | ○○ | 日 |

註：本契約於第7條規定，物品之法定檢查以承租人代理出租人為之，為本契約的重要條款。

【交通工具租賃】

● 小客車租賃定型化契約範本（行政院消費者保護委員會編印）

1. 本契約的特點：本契約為小客車租賃契約書，當事人一方以小客車出租他方使用，他方給付租金之契約。
2. 適用對象：本契約適用於小客車租賃契約。
3. 基本條款及應注意事項：訂立本契約應訂明租賃契約之基本條款及其應注意事項。
4. 相關法條：民法第421、423條，消費者保護法第11至第17條。

租賃契約 2-6-54

小客車租賃定型化契約範本

本契約於簽約前經乙方審閱，甲方並應於簽約前將契約內容逐條向乙方說明。

甲方簽章：

乙方簽章：

立契約書人：出租人○○○（以下簡稱甲方）
　　　　　　承租人○○○（以下簡稱乙方）

茲為出租小客車乙事，雙方同意訂立本契約書，其約定條款如下：

第1條　本契約租賃車輛（以下簡稱本車輛）及隨車配件，詳如附表一。
　　　　本車輛出車前車況圖，詳如附表二。

第2條　租賃期間自民國○○年○○月○○日○○時○○分起至民國○○年○○月○○日○時○○分止，共計○○天。
　　　　乙方實際還車里程、油錶用量及還車日期，詳如附表三。

第3條　租金每日新臺幣○千○百○十元正，共○日，計新臺幣○萬○千○百○十元正。

第4條　租金付款方式：
　　　　□1.現金。
　　　　□2.信用卡。
　　　　□3.其他：
　　　　　　□甲方不另收取保證金或擔保品。
　　　　　　□甲方收取下列保證金或擔保品：
　　　　　　　　□(1)保證金：新臺幣○○○元整。
　　　　　　　　□(2)擔保品：
　　　　甲方於乙方交還車輛時，經檢查確無損壞或遺失配件後，應即無息返還前項保證金或擔保品。

第 5 條　本車輛每日行駛里程不得逾四百公里，逾四百公里者，每一公里加收○○元累計，
但每日加收金額不得逾當日租金之半數。

　　　　乙方應依約定時間交還車輛，還車時間逾期一小時以上者，每一小時按每日租金十
分之一計算收費。逾期○小時以上者，以一日之租金計算收費。但因車輛本身機件
故障，致乙方不能依約定時間交還車輛者，不在此限。

　　　　乙方於約定使用時間屆滿前交還車輛，且提前還車時間滿一日以上者，得請求甲方
退還每滿一日部分之租金。

第 6 條　本車輛使用燃料種類：
　　　　□1.九五無鉛汽油。
　　　　□2.九二無鉛汽油。
　　　　□3.高級汽油。
　　　　□4.高級柴油。
　　　　□5.其他：
　　　　本車輛使用之燃料由乙方自備，乙方並應購用合法銷售之燃料。
　　　　乙方違反前項約定致車輛故障者，應負損害賠償責任。

第 7 條　本車輛不得超載，並不得載送下列物品：
　　　　1. 違禁品。
　　　　2. 危險品。
　　　　3. 不潔或易於污損車輛之物品。
　　　　4. 不適宜隨車之動物類。
　　　　5. 其他：
　　　　乙方應在約定範圍內使用車輛並自行駕駛，不得擅交無駕照之他人駕駛、從事營業
行為或充作教練車等用途，非經甲方同意並登記，不得交他人駕駛。

　　　　違反前二項約定，甲方得終止租賃契約，並得請求乙方給付使用車輛期間之租金，
如另有損害，並得向乙方請求賠償。

第 8 條　租賃期間乙方應隨身攜帶汽車出車單及行車執照以供稽查人員查驗，期間所生之停
車費、過路通行費等費用，概由乙方自行負擔。

　　　　前項因違規所生之處罰案件，有關罰鍰部分，應由乙方負責繳清，如由甲方代為繳
納者，乙方應負責償還；有關牌照被扣部分，自牌照被扣之日起至公路監理機關通
知得領回日止之租金，由乙方負擔。

第 9 條　本車輛發生擦撞或毀損，除有不能報案之情形外，乙方應立即報案並通知甲方以原
廠修護處理，如因可歸責於乙方之事由所生之拖車費、修理費、車輛修理期間之租
金及折舊費，應由乙方負擔。

　　　　前項折舊費，以修理費百分之三十計算，但車齡逾二年者，以修理費百分之二十五
計算。

　　　　第一項情形，乙方如未經甲方許可擅自在外修護者，甲方得請求以原廠估價予以重
修。

第 10 條　乙方應盡善良管理人注意義務保管及維護本車輛，禁止出賣、質押、典當車輛等行
為。

　　　　如因可歸責於乙方之事由致本車輛損壞或失竊者，乙方除照市價賠償外，修理或失

竊期間在十日以內者，並應償付該期間百分之九十之租金；在十一日以上十五日以內者，並應償付該期間百分之八十之租金；在十六日以上者，並應償付該期間百分之七十之租金。但修理或失竊期間之計算，最長以三十日為限。

前項情形，乙方已照市價賠償且失竊車輛經尋獲者，甲方應即將該車輛過戶予乙方。

第 11 條　本車輛除強制汽車責任險外，未附加任何保險，如需附加保險，應於租車前付清保險費，並註明「附加○○保險」。

第 12 條　甲方交車時，應確保本車輛合於約定使用狀態。如車輛駛出一小時內或行駛四十公里內機件發生故障者，乙方應立即通知甲方處理，並得要求換車。

第 13 條　乙方還車地點：

　　□甲方原交車地點：

　　□其他地點：

　　前項還車地點，在甲方交車地點以外之其他處所者，甲方：

　　□不另收費。

　　□另收取成本費新臺幣○○○元整。

第 14 條　因本契約發生訴訟者，甲乙雙方同意以○○○地方法院為第一審管轄法院。

第 15 條　乙方欲續租本車輛者，應在甲方營業時間內事先聯繫並取得甲方之同意，始為有效。

第 16 條　本契約如有未訂事宜，依相關法令、習慣及誠信原則公平解決之。

第 17 條　甲、乙雙方如有必要可另訂協議規範之。

第 18 條　本契約一式二份，由甲、乙雙方各執一份為憑。

立契約書人：

甲方：○○○○

公司統一編號：

負責人：○○○　　印

地址：

連絡電話：

	姓名	出生年月日	身分證字號	住址	駕照字號	電話
乙方		年　月　日				
		服務處所及地址或駕照登記地址				
	姓名	出生年月日	身分證字號	住址	駕照字號	電話
		年　月　日				
		服務處所及地址或駕照登記地址				

中　華　民　國　　○○　年　　○○　月　　○○　日

註：1. 訂立本契約，應本於平等互惠原則，如有疑義，應有利於消費者之解釋。

　　2. 訂立本契約，不得違反誠信原則如對消費者，顯失公平，無效。

附表一

乙方向甲方承租下列車輛及隨車配件，經雙方當面點交試車無誤，且引擎正常，煞車系統良好，機件無缺損。					
租賃車輛	車別		年份		隨車配件
	牌照號碼		引擎		
	廠牌		號碼		
	車種		排氣量		

隨車配件欄：
□1.行車執照一枚　□2.冷氣機一組
□3.收放音機一組　□4.錄音帶卷
□5.輪胎帽四隻　□6.備胎及圈一組
□7.千斤頂及工具一組　□8.故障標誌一個
□9.CD 片　□10.其他（　）

出租人（甲方）：　　簽名　承租人（乙方）：　　簽名

中　華　民　國　○○　年　○○　月　○○　日

附表二　出車前車況圖

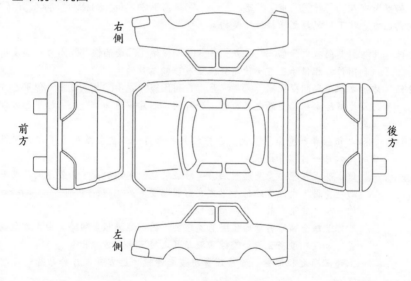

右側

前方　　　後方

左側

附表三

還車里程				油錶用量				
出車里程				還車				
實駛里程				出車				
限駛里程				實際還車時間				
超駛里程				民國　年　月　日　時　分				
出租人：　　簽名；承租人：　　簽名								

【漁船租賃】

● 漁船租船契約書

1. 本契約的特點：本契約為一般漁船的租賃契約，除供漁船外，並供運輸為其特色。
2. 適用對象：適用於一般漁船之租賃契約。
3. 基本條款及注意事項：訂立本契約應訂明租賃契約之基本條款及其應注意事項。
4. 相關法條：民法第 423、432、438 條。

租賃契約 2-6-55

漁船租船契約書

　　船舶所有人○○縣○○市○○路○○○○○稱為甲方，和○○縣○○市○○路○○○○○稱為乙方，就下列記載之條款締結契約。

第 1 條　甲方將其所有之漁船○○○丸○○頓○○機械○○柴油機○○馬力一部及屬具一付（如附件）租借予乙方，使用於漁業及運輸為目的。

第 2 條　本船之租船期間從民國○○年○月○日到民國○○年○月○日止。但甲乙方任何一方產生解除本租船契約之事由時，於解約二個月前通知相對人，於甲乙方理解後處置之。

第 3 條　本船之租船費新臺幣○○元，乙方按月於每月一日匯款給付予甲方。但五月中免費，從六月一日核算出來。

　　　　一、但本船上架滯船費及船體油漆、修理裝置、定期檢查、必要屬具及其費用等一切之費用，由乙方給付予甲方充當租船費。

　　　　　　但一項之費用合計，最高新臺幣○○元。

　　　　　　乙方就該金額應盡量節省降低處理之。萬一超過該金額時，由乙方負擔之。又費用金額在嚴密且附加證據書類精算之後，由甲方提出。

　　　　二、上述三項之租船費扣除修理費用後之餘額，乙方每個月於每月一日匯款予甲方。

第 4 條　乙方將本船漁船保險費新臺幣二十萬元提交予甲方，充當乙方應給付予甲方之租船費。

第 5 條　於租船期間，船體之上架至少每年進行二次乃至三次，該上架費由乙方負擔。

第 6 條　於租船期間，船體及裝置、屬具的修理費由乙方全額負擔（但除因在地下掘洞試鑽及自然消耗外）。萬一因天災或其他不得已之事由而生事故時，以保險賠償金充當之。

　　　　但保險賠償金尚不足補償該修理費用時，由甲乙方協議決定由誰負擔。

第 7 條　乙方於租船期間因不得已有改造船體之必要時，應將該意旨通知甲方，關於其費用由甲乙方協議後決定之。

第 8 條　乙方於期間屆至時，應將船體、裝置修理得像原來一樣，且將租船時完備之備品、屬具返還予甲方。

　　　　但於返還時，認為船體及裝置有明顯損害時，由乙方負擔之。又甲乙方兩人於上述期間屆滿一個月前，就下期契約協議決定之。

第 9 條　應嚴守本契約條款，萬一不履行條款時，不論何時均可廢棄本契約。

第 10 條　本契約書一式二份，甲乙方各持一份。

　　　　　　　甲方：○○縣○○市○○路○○○○○

　　　　　　　　　　○○○　印

　　　　　　　乙方：○○縣○○市○○路○○○○○

　　　　　　　　　　○○○　印

屬具品目錄

品名	數量	品名	數量
汽缸	一個	吸管（橡膠製）	四個
活塞	一個	浮標	四個
汽缸蓋	一個	指南針	二個
紙漿盒	七個	錨	三個
活塞盒	一個	手壓抽水機	二臺
發電機 5k	一臺	活間蓋（鐵製）	四十八個
壓縮機 2.5 馬力	一臺	馬尼拉麻繩 2 吋	一捆
馬尼拉麻繩 2 吋	約半捆	馬尼拉麻繩 1.5 吋	一捆
馬尼拉麻繩 1 吋	約半捆	馬尼拉麻繩 1.2 吋	一捆
救生圈	四個	馬尼拉麻繩 1.5 吋	一捆
舷燈	一個（電池 V8 六臺 V6 六臺）		
船尾燈	一個	帆	二個
		電線卷具鐵	二臺
		電線卷（木）	一臺
		配電盤	一臺
		鉛管 1 間位 4 吋	一個
		三角浮標（鐵）	一個
		（以上由○○公司保管）	
		無線電信機 75W	一臺
		無線電信機 25W	一臺
		（以上由○○電機店保管）	

中　　華　　民　　國　　○○　年　　○○　月　　○○　日

註：本契約之第 7 條船舶的修理，由承租人及出租人協議為本契約重要條款。

● 木造鰹鮪漁船租船契約書

1. **本契約的特色**：本契約為租船契約、本契約所租賃的船舶為木造鰹鮪漁船為光船租賃契約。

2. **適用對象**：本契約為適用租賃木造漁船之契約。

3. **基本條款及注意事項**：訂立本契約應訂明租賃契約基本條款及其應注意事項，海商法有關規定亦應注意。

4. **相關法條**：民法第 423、432 條。

租賃契約 2-6-56

木造鰹鮪漁船租船契約書

出租人○○縣○○市○○路○○○○○（以下稱為甲方）和承租人○○縣○○市○○路○○○○○（以下稱為乙方）之間，就○○縣○○市○○路○○○○○所有下列記載之船舶（以下稱為本船）基於各條款締結租船契約（以下稱為本契約）。

第 1 條　甲方和乙方就下列記載之船舶締結漁船租賃契約。

　　　　1. 船舶之名稱：○○○

　　　　2. 船舶之用途及船質：木質鰹鮪漁船

　　　　3. 總頓數：○○頓○○

　　　　4. 機械之種類及馬力和製造廠：柴油機機械 250 馬力○○內燃機○○工業 K.K.

　　　　5. 下水年月及造船廠：民國○○年○○月○縣○市○○造船廠

　　　　6. 船籍國：○○縣○○市

第 2 條　本船之租船費每年新臺幣○○○元，甲依據下列記載之條件及方法給付予乙。但契約金包含於租船費。

　　　　契約時：民國○○年○月○日現金○○萬元（契約金）

　　　　第一次：從民國○○年○月○日到民國○○年○月○日之間但準用第五條現金新臺幣○○萬元

　　　　第二次：民國○○年○月○日到民國○○年○月○日，給付本票新臺幣○○萬元

　　　　第三次：民國○○年○月○日到民國○○年○月○日，給付本票新臺幣○○萬元

　　　　上述日期變更時，由雙方及列席人共同商量後知曉。

第 3 條　租船期間從民國○○年○月○日到民國○○年○月○日為止。

　　　　但於該期間內，甲方因不得已事由而解除租船契約時，甲方應於一個月前通知乙方，請求乙方之同意。

　　　　於此種情形，租船費之計算以一個月新臺幣○○萬元結算之。（未滿一個月時，以一個月計）

第 4 條　乙方為本船所有人，同意有關本契約之一切事情，並將同意書及印鑑證明於契約時提交予甲方，確認其代理行為。

第 5 條　本船之租船開始場所為基隆港、終了場所為高雄港（但因乙方之關係而變更時，應事先通知列席人適應於本船交接場所），交接期間從民國○○年○○月○○日到民國○○年○○月○○日止。

乙方以本船現有狀態和下列記載之書類共同交付予甲方。

一、船舶國籍證書　　　一份

二、船舶檢查證書　　　一份

三、船舶檢查筆記本　　一份

四、船舶檢查指定書　　一份

五、漁船登陸票　　　　一份

六、無線電信關係書類　一份

七、甲板屬具目錄、機械備品目錄、其他備品目錄

第 6 條　乙方於契約時起二十日內交付甲，為取得本船中型鰹鮪魚漁業許可申請手續必要之下列記載書類。

一、船舶總帳謄本　三份

二、船舶檢查證書抄本（但須經海關證明）　三份

三、漁船登陸謄本　三份

四、船舶使用同意書　三份

五、印鑑證明　三份

六、上述以外本申請必要之書類等

第 7 條　所謂本船現有狀態係指設置船體主機械、副機械、無線電信、無線電話、方向探知機、遠距離無線電導航系統及其他船體機械等各種設備，及前條第七號指出備品等，於船舶可能航行之狀態。燃料、漁具、糧食、船員之所有品等，於甲乙方協商後交付或轉讓者，不在此限。

第 8 條　甲方於接受本船交付時起，負擔該管理保全之一切責任。

於此種情形，乙方應充分協力為甲方的回航準備（即所謂燃料油、糧食、嘗試運轉及其他的準備）推測其為萬全的準備。（關聯第五條第一號但書）

第 9 條　本契約締結後到本船交接之間，本船因沈沒、火災、行蹤不明或其他不可抗力之事由而不能交接時，本契約當然解除，甲方已經給付予乙方之契約金應返還予甲，雙方均免除責任。

第 10 條　甲方不履行第 2 條所規定之事項時，乙方得解除本契約。

於此種情形，不返還甲方交付予乙方之契約金。

第 11 條　乙方不履行第 5 條規定之事項時，甲方得準用第 10 條之規定解除契約。於此情形，應返還甲方交付予乙方之兩倍契約金。

第 12 條　有關光船租賃之內容依據一般慣例，燃料、船員、飲食費、船員保險費、消耗品費用、航行上必要之小修理費等由甲方負擔。船體保險費、本船之租稅、檢查（所謂定期檢查及中間檢查）、借入金關係等一切由乙方負擔。

第 13 條　甲方於本船航運時，使本船或第三人蒙受損害時，甲方應負擔該責任，但因保險契約事項補償該損害時，不在此限。

第 14 條　要更新第 3 條規定之契約期間時，雙方及列席人協商後，訂定再契約。

於此種情形，期間為一年以上者，於契約期間屆滿前二個月決定之。

第 15 條　於契約期間屆至後解除契約之情形，甲應修整船體機械及其他設備，以第 7 條規定之現狀，於雙方在場後返還予乙方。

第 16 條　關於本契約未規定之事項產生疑義時，甲、乙方及列席人本方誠意協商解決之。

第 17 條 本契約於民國○○年○月○日於○○縣○○市作成，甲、乙及列席人會議後決定即
　　　　日生效。
本契約之證明，本契約書一式三份各自簽名蓋章後，各持一份。

> 甲方：○○縣○○市○○路○○○○○
> 　　　○○○ 印
> 乙方：○○縣○○市○○路○○○○○
> 　　　○○○ 印
> 列席人：○○縣○○市○○路○○○○○
> 　　　　○○○ 印

中　華　民　國　　○○　　年　　○○　　月　　○○　　日

註：本契約第 12 條有關漁船租賃之內容，依據一般慣例，燃料、船員、飲食費、船員保險費、消耗品費
　　用、航行上必要之小修理費等由甲負擔，船體保險費，本船租稅，檢查（所謂定期檢查及中間檢
　　查）、借入金關係等一切由乙方負擔，為本契約之重要條款。

【其他租賃合約書範本】

● 租賃合約書

1. 本契約的特點：本契約為專業租賃公司將特殊機器設備出租予承租人使用以收
　　取租金。以租賃為專業之公司甚多，此仍金融機構業務之一環。
2. 適用對象：適用於專業租賃公司與客戶（承租人）間之合約。
3. 基本條款及注意事項：訂立本契約應訂明租賃契約之基本條款及其應注意事
　　項。
4. 相關法條：民法第 423、432 條。

租賃契約 2-6-57

租賃合約書（臺北市租賃商業同業公會統一印製）

　租賃內容
一、出租人：○○租賃股份有限公司（以下簡稱出租人）。
二、承租人：○○○（以下簡稱承租人）。
三、租賃標的物：○○○○○（以下簡稱標的物）。
四、標的物出賣人：
　　名稱：
　　地址：
五、製造廠商：
　　名稱：○○○股份有限公司（以下簡稱製造商）。
　　地址：
六、預定交付日：中華民國○○年○○月○○日。

七、交付及起租日：以承租人出具驗收證明文件之日為交付及起租日，但向國外進口標的物
　　以提貨單據交付承租人之日為交付及起租日期。

八、承租人使用標的物處所：

九、出租人購置標的物成本：

　　（一）購買價格：

　　（二）其他費用：

　　（三）總計：

十、租賃期間：○○個月，自起租日起算。

十一、租期、租金及租金給付方式：

　　（一）租金期數：每○○月為一期，共○期。

　　（二）每期租金數額：

　　（三）租金給付方式：每期期初給付之。

　　（四）預付金額：

　　（五）其他事項：

十二、租金支付地點：

十三、保證金：

十四、保險：

　　（一）保險種類：

　　（二）保險金額：

十五、手續費：按租賃總成本百分之○計算，於簽訂本約之同時由承租人交付予出租人。

十六、優先承購權：

　　價金：

　　給付日：中華民國○○年○○月○○日租期屆滿日前。

十七、其他條款：本約所訂立之租賃內容及租賃條件，為出租人與承租人間雙方合意之事
　　　　項，其修改或變更，非經雙方書面同意不生效力。

　　本約經出租人與承租人雙方詳細審閱，同意後於中華民國○○年○○月○○日在○○
省○○縣（市）簽訂。

　　　　　　　　出租人：○○租賃股份有限公司

　　　　　　　　法定代理人：○○○（簽署與職稱）

　　　　　　　　住址：

　　　　　　　　承租人：○○○

　　　　　　　　法定代理人：○○○（簽署與職稱）

　　　　　　　　住址：

　　　　　　　　承租人連帶保證人：○○○

　　　　　　　　身分證統一編號：

　　　　　　　　住址：

租賃條件

一、租賃標的：出租人茲願將「租賃內容」所載標的物，包括全部補充配件、增設之工作物、修繕物以及附屬或定著於該標的物上之從物在內，租給承租人，承租人亦願承租該標的物。本約內租賃標的物任何一項均係承租人依其自由意思所選定，且在其選擇時，已明白表示並未依賴出租人之任何陳述或建議。

二、交付與驗收：

（一）出租人茲同意通知出賣人將標的物送至「租賃內容」所定之承租人使用標的物之處所，並由出賣人於該「租賃內容」內所預定之交付日期或以前交付之。如標的物係向國外採購，其全部貨價及（或）到埠費用，已由出租人於收到提單及其他貨運單據時付與信用狀開發銀行及或）海關及港務機關者，出租人亦得將全部貨運單據交予承租人，由承租人向海關或港務機關繳款提貨及辦理其他進口手續。上述出租人交付貨運單據與承租人之日，即視同「租賃內容」內所稱之交付日期，而向海關或港務機關提貨及辦理其他進口手續，所生之責任與計入貨價成本以外之費用，由承租人負擔。

不論國內購買或國外採購，出租人均不負遲延責任。

（二）交付時承租人應以自己費用，對標的物為詳細之檢查與必要之試驗，以查明其是否與訂單或買賣合約規定者相一致。如未發現任何瑕疵，得代表出租人驗收之，並將驗收結果立即以書面通知出租人。如為國外採購，其貨運單據，所載名稱、規格、數量與租約或信用狀相同時，承租人不得拒絕接受。不論當時標的物之狀況為何或標的物在何處，提單之交付，即視為完成標的物之交付與驗收，由承租人出具交貨與驗收證明。

（三）若有任何原因（包括不可抗力）未於預定日完成交付，或標的物事後發現不合承租人之需要、或與原定貨合約、信用狀或租賃合約不一致或有其他瑕疵，其一切之危險與所受之損害，由承租人單獨負擔並解決，並將結果通知出租人。如需出租人協助，出租人不得推諉，但不因此影響出租人按期收取租金及其他權益。

三、租期與租金：

（一）本約租賃期間自「租賃內容」所定之「交付及起租日」起算，迄於付清最後一期租金，及依本約規定所需付給出租人之一切費用之日為止，不因任何理由而受影響。但如逾原約定之租期，出租人仍得終止租約，要求返還租賃標的物，承租人並須付清約定之各期租金及所欠費用。

（二）除本約規定之其他費用外，承租人應按「租賃內容」中規定之期數、金額、幣別、依各期給付日期，給付租金予出租人。

（三）按時支付各期租金及本約規定之其他費用，係承租人應絕對履行之條件，如任何一期租金，或其他費用或各該租金或費用之任何部分到期後逾三日仍未支付者，承租人即被認為拒絕付款與違約，

對遲延後之給付，並應自原定之給付日起至清償日止，按月息百分之二加算違約金。

（四）租賃標的物如係自國外進口支付外幣價款，而承租人以新臺幣支付租金或優先承購價金，則支付日對新臺幣之兌換率與贖單日之兌換率比較有升降時，其外幣價款部分，應按新匯率調整其應增加或退還之租金金額。其調整公式如下：

購買價格（外幣價款部分）美金（如為其他外幣同）○○○元×該期租金率（即每一期租金所占總成本之百分比）×升降差額（即租金繳付日每一美元兌換新臺幣之金額－贖單日每一美元兌換新臺幣之金額）＝為正數時則為應補收之租金，為負數時應退之租金。

（五）租賃標的物如係進口設備，出租人於成本結算完妥起租後，如因法令變更或其他原因須致增補關稅或其他費用時，承租人應無條件同意該項增加費用為標的物成本之一，並願依變更後之成本繳付租金，其計算由出租人為之。

四、標的物使用處所、標示及安全維護：

（一）承租人應將標的物放置於「租賃內容」內規定之使用處所，非經出租人書面同意，不得移置他處。

（二）承租人對於在區分上屬於動產之標的物，應使其與他物分離，非經出租人書面同意，不得定著於任何不動產或附合於其他動產。

（三）承租人同意不將標的物或其在本約上之利益為出賣、出讓、轉租、出質、抵押或其他處分。

（四）承租人應保全租賃物不致受強制執行或被留置或受其他法律上權益或實質上之侵害。萬一發生上述有損出租人權益情事，承租人除立即通知出租人外，並應儘速設法解決之，如出租人採取必要之措施，其所支付一切費用仍由承租人負擔。

（五）承租人對標的物上表彰出租人名稱、所有權、租賃關係或抵押權人之任何標章、識別、烙印、油漆、廠牌、貼紙及金屬片等，不得將其除去、污穢、塗抹、隱匿或消滅。

（六）出租人或其授權代表，有權（但無義務）隨時進入其認為標的物放置之處所，檢查、試驗或檢視該標的物之使用情形，並得審查與該標的物有關之帳表簿冊。

五、使用：

（一）承租人應由合格人員，遵照政府有關法令，於業務範圍內，依製造廠所訂之指導手冊或規定，操作使用標的物。

（二）因標的物之使用而發生之一切費用，包括電力、機油及潤滑油等，以及修理材料、必要之補充配件等費用在內，均由承租人負擔之。

（三）因租賃物本體及其設置、保管使用等，致使第三者遭受損害時，由承租人負賠償責任。

（四）租賃物係交通運輸工具者，僅限承租人自用，非經許可不得對外攬載客貨收費營業，承租人應僱傭領有駕駛執照之合格人員，遵照政府有關法令使用之，如發生意外事件由承租人負全部責任。

六、維護修繕及修改：

（一）承租人應以自己費用維護標的物，使其經常保持良好狀態，如需修繕，應以自己費用修繕之，凡修護上需要之配件、機具、工具、服務均由其負擔，並應使合格人員實施修護。

（二）非經出租人書面同意，承租人對標的物不得為任何更改或增設工作物。

（三）承租人在標的物上所更換之配件或從物，應無留置權、其他限制物權或他人合法權利之糾葛，且更換之配件或從物，其價值、品質及其效用至少應與被更換之配件與從物相當。其更換之配件及從物，成為標的物之構成部分，屬於出租人所有。

七、毀損與滅失：

　　標的物之任何部分，不論是否因不可抗力或其他原因而遺失、被竊、毀損、滅失或被沒收、沒入、盜竊、扣押、公用徵收、徵用而發生之危險，全部由承租人負擔。承租人依本約規定應支付之各項給付，不因標的物遭受損害，而減少或免除，其時，承租人並應為如下之措置：將標的物中受損之部分換去，代以性質相當，且經出租人認為具有相同效能及品質之物。

　　各該換補之物，並成為標的物之構成部分，屬出租人之所有。或 52 立即支付出租人關於該受損部分未付之租金全部與其他費用（得按給付時銀行當時擔保放款利率折成現值計付），出租人於收到該項給付後應將部分上一切權利及利益讓與承租人，不得再請求償還，亦不負對租賃物或第三人任何擔保責任。

八、保險：

　（一）出租人有權為標的物加保各種保險，其保險事故種類及保險人由出租人決定之，至其保險應連續至本合約租金、違約金及費用全部清償為止，保險費用由承租人負擔，如承租人怠於續保，應負擔危險損失之責，亦得由出租人代為續保，所付之保險費，仍由承租人負擔，保險契約應以出租人（或其受讓人或其抵押權人）為受益人。

　（二）承租人應向出租人索取保險契約之副本，承租人對保險契約上所訂條件與約款，負有履行之義務，承租人應盡其所能使保險契約保持有效，而不得有任何妨害或有減損其效力之行為。

　（三）保險事故發生時，承租人應於二十四小時內以書面通知保險人及出租人，如法律之需要，承租人茲委任出租人為其代理人，得為和解或追償採取一切行動，收受有關之金錢給付，並為一般代理上一切行為。

　（四）標的物中任何部分遭受損害，而經出租人與保險人認為在經濟實用原則上可以修繕者，應將賠償金額完全用於修復其損害。

　（五）標的物中任何部分因遺失、被竊、毀壞或損害至保險人認為不能修復或修復需費過鉅者，保險人應將賠償金額給付出租人，俾可抵銷或免除本約第 7 條內承租人應負擔之債務。

九、賠償負擔與償付：

　（一）承租人同意遵守有關本約及標的物之一切法令規章，同意負擔或代出租人給付一切執照費，以及目前或將來政府就標的物之出售與使用所課之各種稅捐或費用，並負擔因標的物之使用或運用而發生之一切危險與責任。

　（二）承租人茲並同意於標的物因設計、製造、交付、占有、利用、遷移或再交付而受損害，支出費用，或負擔債務，不論其原因為何，對於出租人及其員工，代理人或受讓人同意免其責任，防止其損害並負代辯護之責。

　（三）承租人如怠於各該給付時，凡由出租人代付之任何支出，均應立即由承租人償還出租人，此賠償義務，不因本約終止而消滅。

十、擔保：

　（一）出租人同意在可能範圍內，將標的物上製造廠商或出賣人所為之擔保保證，或其他出租人享受之權益，轉讓與承租人，惟其費用及標的物一切瑕疵由承租人負擔。

（二）出租人對於標的物是否具有可售性，或特殊用途之適用性，並未為任何明示或默示之擔保，亦不負任何擔保之責任，出租人對標的物之修繕、保養、瑕疵及其使用亦不負任何責任。

十一、承租人之聲明：

承租人茲聲明：

（一）承租人（如為法人）係依所在地法律組織成立，現仍合法存在之公司，依法得經營規定業務，擁有一定財產，訂立本約及履行其契約義務。

（二）承租人無任何法律、規章、命令、公司章程條款、契約條款、契約義務或任何文件，對於承租人或承租人之財產，限制其簽訂本約，履行本約有關條款或為標的物之使用。

（三）承租人目前並無違約行為，以致對其作業、財產及財務狀況有重大不利之影響，同時亦無對其本身或資產有重大影響之訴訟或行政訴訟事件在進行或即將發生，在票據交換所並無退票之紀錄。

（四）承租人送與出租人之最新資產負債表、損益計算書，皆屬完全與正確，且其內容足以表示其當時之財務狀況及營運情形，並迄至目前為止，其會計情形並無重大變化。

（五）本約簽訂前，承租人或其代表人送與出租人之所有報表文件，現仍真實有效。

十二、手續費、保證金及其他擔保：

（一）承租人所繳納之手續費，繳納後不論本租約有否執行或解約或中止，概不退還，但如為向國外採購進口租賃標的物，經申請輸入許可證，未獲核准，致本租約不能成立時，承租人得申請退還之。

（二）承租人如繳納有保證金，該保證金按照「租賃內容」得抵充租金或於租期屆滿無息返還，但承租人若違反本合約任何約定，包括本約第十三條違約各款之情形時，承租人所繳付之保證金，得任憑出租人無條件沒收。

（三）出租人與承租人雙方間除本合約外，若有任何交易往來，承租人提供有其他擔保時，均視為出租人債權之共同擔保，此項擔保品之處分及處分方法與時期、價額等，承租人均委任出租人全權代表逕行處理之，本合約即作為授權文件，在本合約承租人之義務未完全履行前，決不撤銷委任。

十三、違約：

（一）承租人若有下列情形之一，出租人得以違約論：

1. 承租人對本約規定之任何一項給付，到期未依規定給付，且遲延達三日之久者。

2. 承租人對本約其他明示或默示之規定，未曾遵守或履行，雖能補正而未於七日內補正者。

3. 出租人認為承租人於議定本約時，曾為虛偽陳述，或於本約內或承租人提供給出租人與本約有關之任何文件或證件內，所為之陳述或保證，經證明其重要部分為不確實者。

4. 承租人或其保證人無支付能力，重整、破產、死亡、停止支付或請求停止支付，財務情況實質上發生惡化時，與債權人和解，已受解散破產或重整之申請、停業、公司股東直接間接變動，經出租人認為其結果將增加出租人之風險者。

5. 標的物或承租人之財產或擔保品，被聲請或實施假扣押、假處分或強制執行。

6. 承租人對任何一項付款義務到期不履行者，或遭受票據交換所之拒絕往來處分者。

7. 標的物之保險人解保或滿期不允續保，或逾期未繳保險費致保單失效者。

（二）如上述任一事由發生，出租人得自由裁量，認定承租人違約，行使下列一項或數項權利：

1. 使承租人（承租人茲無條件同意）於接獲出租人書面通知時，以自己費用，迅即依本約第十四條規定，將標的物全部返還出租人，出租人或其代理人進入承租人使用標的物之處所或認為標的物所在地之處所，開啟門鎖將標的物自不動產或其他動產上拆除，立即予以移去，對其因此所發生之損害，出租人不負賠償責任。

2. 將標的物以公開或不公開方式出售他人，而毋須通知承租人，或為公告，或將標的物為其他處分、使用、再出租或不為任何使用收益；實行上述任一行為，悉依出租人之意思決定之，承租人不得主張任何權利，並毋須將其行為或不行為就使用收益之所得，報告承租人。

3. 書面請求承租人，承租人亦無條件同意，於通知書內指定之給付日，向出租人為賠償之給付，其應賠償之金額，為 (1) 所有未付租金之全部。(2)「租賃內容」內所定之優先承購價格，兩者按當時銀行擔保放款利率計算之折算現值。與 (3) 其他依本約規定給付或償還出租人之費用，此三者相加之和。外加自書面通知之給付日或原訂給付日起，至清償日止，依月息百分之二計算之違約金。

4. 出租人依法所得行使之其他權利或救濟或聲請法院強制承租人履行本約或請求損害賠償或就標的物之全部或一部終止租約。

（三）除上述以外，承租人對本約規定之一切賠償義務，及因違約或因出租人之請求法律救濟或訴訟而發生之法律費用及其他各費，包括第 14 條規定之將標的物送至指定地點及回復其物之原狀所為之支出在內，仍須繼續負責。本節所稱之法律救濟，並不排除本節以外或依法律規定，得請求之其他救濟，亦得一併請求。同時出租人對某一項違約所為之拋棄權利，並不構成對其他違約事項之拋棄權利，或對其法律上其他既有權利之拋棄。

十四、租賃標的物之返還：

（一）本約期滿或租約終止時，承租人拋棄優先承購權，承租人應以自己之危險與費用，將標的物回復原狀，並送至出租人指定之地點返還予出租人，除因通常機器磨損而生之損害外，如出租人受有其他損害，承租人應賠償之。

（二）租賃物未完整返還清楚以前，承租人仍願負履行本合約所規定之全部義務。

十五、讓與及設押：

承租人非經出租人書面同意，不得將本約所生之權利讓與他人，或將標的物轉租或允許第三人使用與占有；出租人就基於本約所得主張之權利與利益，得全部或一部讓與他人並毋須通知承租人，出租人亦得將租賃物設定抵押予第三人，嗣後抵押權人實行抵押權時，本租賃合約即為終止，不得異議。但如實行抵押權係因可歸責於出租人之事由，而承租人並無過失者，出租人應負責解決，不使承租人遭受損失。

十六、承租人給付租金之義務：

承租人茲同意其依本約所負應給付租金及其他各費之義務，不論情況如何，均應絕對履行，不附任條件；除非有本約所規定之事故，不得解除本約，承租人願在現行及未來法律許可範圍內，拋棄對標的物租賃所賦予之終止、解除、撤銷或放棄各權，本約非依本約所定事故，而因其他任何原因或法律關係所生不承認本約而被全部或一部終止時，承租人仍願依本約規定支付租金，與並未「終止」或並未「不承認」相同，凡依本約支付之各期租金及其他費用，皆為終結性之支出，承租人同意不以任何理由，請求返還全部或一部。

十七、業務及組織之報告：

（一）承租人應於每年一、四、七、十一四個月份，將報繳營業稅單影本於次一個月檢寄出租人，並於出租人請求時，承租人應將出租人所要求之表報（包括資產負債表、損益計算書、債務明細表及資產明細表，但不以此為限）送予出租人，並於必要時加請會計師簽證。

（二）承租人於合併、減資或營業上有變更時或租賃物放置場所、行政區域、門牌號碼變更時，應以書面通知出租人，並即辦妥出租人認為必要之手續。

（三）承租人因故更易董事長、總經理或董監事人數達二分之一以上時，應立即書面通知出租人，並視需要辦妥出租人認為必要之手續，包括換保或（及）增保手續。

十八、會計與納稅制度：

出租人與承租人及其保證人均同意，除非承租人完全履行本契約各項條件，並實行優先購買權，否則不論相互間所採用之會計科目與記帳方式為何，發票或收支憑證如何開立，以及如何報繳稅款，均不影響出租人對出租標的物之全部所有權，及本租賃契約訂立各方之權利或義務。

十九、連帶保證人：

（一）連帶保證人保證承租人切實履行本租賃合約之規定，如承租人有違約情事，保證人個別及共同願負連帶清償責任，及放棄我國民法債篇第二章第二十四節各法條暨其他法律規章內有關保證人所得主張之一切抗辯權，並願遵守下列各項：

1. 保證責任包括承租人因租賃所生，現在及將來之全部租金、票據、借據暨因承租人不履行債務所生之違約金、遲延利息、各項費用及損害賠償及訴訟費用等一切責任。

2. 本合約有效期間，如因承租人與出租人同意而修改本合約之任何內容及任何條款時，保證人無論有無接到通知，均應無條件繼續負保證責任。

3. 如承租人另提供有擔保品擔保本約之履行，出租人毋須經保證人同意或通知保證人，得拋棄、變賣、改變、修補、遷移承租人所提供之擔保品，保證人不得據此抗辯或主張減免保證責任。

4. 租賃合約書或承租人所出給出租人之票據其要件有欠缺，或請求之手續不完備，或擔保品有追索、瑕疵等情事時，保證人仍負全部保證責任。

5. 承租人不論處於何種狀態，如解散、重整、破產等，並不影響保證人之保證責任。

6.本保證對保證人之繼承人、遺囑執行人、遺產管理人、受讓人均具效力，保證人要求退保時，在承租人覓妥出租人之認可之保證人，辦妥保證手續並經出租人以書面通知，始得解除保證責任，未解除前，保證人縱使登報或以存證信函聲明退保，概不生效。

（二）出租人認為連帶保證人之信用轉為低落，或其保證能力顯為不足時，得要求承租人另覓出租人認可之連帶保證人保證，承租人不得拒絕。

二十、補充保證：

承租人於本約簽訂後，於出租人請求時，仍應隨即以自己費用，作成其所需之文件或補充其所請求之行為，使本約目的更能有效達成。

二一、優先承購權：

本約屆滿時，承租人有權按「租賃內容」內所訂之價格優先購買標的物；為行使該優先購買權，承租人必須將其購買意思於租約屆滿一百八十天前，以書面通知出租人。

二二、續租：

如承租人於租期屆滿時擬予續租，其租期、租金及優先承購價金於租期屆滿前六個月另行議訂。

二三、通知：

依本約規定所為之通知，應作成書面、付清掛號郵資，寄至本約所開地址或經他方書面另定之地址。

二四、其他規定事項：

本約任何一項規定，如依一地之法律為無效者，僅該部分為無效，而不影響其他有效之部分。出租人於一項違約之棄權，並不構成其他違約事項或其法律上既有權利之棄權，本約各節標題，係為便利閱讀而設，並無限制或拘束任何一項條文之效力，解釋本約應適用中華民國法律及命令，如因本約或任何有關事件發生爭執時，承租人及連帶保證人，茲同意以臺灣臺北地方法院為第一審管轄法院，但出租人在承租人住所地，其財產以及標的物所在地法院起訴者，不在此限。如需以出租人名義對第三人採取法律行動或其他救濟程序，應先獲得出租人之同意，所有責任及費用由承租人自行負責。

註：本契約第15條之讓與與設押為本契約特別之規定。

● 訂購單

1. 本訂購單之特點：本訂購單附有特約條款，詳述買賣雙方之權利義務關係為其特色。

2. 適用對象：本訂購單適用租賃公司訂購單物品以供出租與承租人使用。

3. 基本條款及注意事項：本訂購單應訂明租賃契約之基本條款及其應注意事項。

4. 相關法條：民法第 423、432 條。

租賃契約 2-6-58

訂購單（臺北市租賃商業同業公會統一印製）

中華民國　　年　　月　　日

訂購號碼：

賣主

臺照

　　茲依照承租人與貴公司約定之物品購買條件，本公司基於與承租人簽訂之租賃合約，向貴公司訂購下列物品。敬請查照，並將訂購承諾書迅賜送下為荷。

　　貨款支付條件：期支票（以收妥第一期租金為條件）

訂購人：租賃股份有限公司

地址：

電話：

交貨日期：民國　　年　　月　　日

交貨處所：

承租人：

【特約條款】

一、茲承諾本契約所定物品之訂購，確係基於上記承租人之指定，而充為訂購人與承租人所訂立租賃合約之標的物無誤。

二、賣主特向承租人及訂購人保證，約定物品之品質、性能、規格、式樣、交貨條件或其他事項，完全符合承租人之使用目的，絕不有誤。

三、有關約定物品之瑕疵擔保、有期限保證、保養服務，或其他賣主之優惠提供、履行義務等，悉由賣主直接向承租人負責為之。

四、約定物品之交貨，以承租人完成驗收並將租賃物交貨與驗收證明書交付予訂購人時為收訖時間，同時該租賃物之所有權及危險負擔始視為由賣主轉移予訂購人。

五、約定物品如有品質、性能不良，或規格、式樣不符或有其他瑕疵，或賣主違反交貨條件不履行保證保養義務，暨其他違約情事發生，不論通知有否遲延，賣主應聽從訂購人或承租人之任意選擇，將契約之全部或一部解除、補修更換代替品或請求損害賠償，絕無異議。

六、本契約訂立後如因稅法規定變更而增加稅賦，運費或其他費用之增加等，概由賣主負擔，絕不變更約定價金。

七、因天災、地變、爭議暴動及其他不可抗力或不能歸責於訂購或承租人之事由，致使契約之全部或一部不能履行、遲延等情事發生時，訂購人概不負其責任。

八、如承租人因故不簽訂或不履行租賃契約時，訂購人得無條件解除本契約。

九、賣主領取貨款時應以本承諾書所用印章為憑。

項目	名稱及明細	數量	單位	單價	金額
				NT$	NT$
合計新臺幣					

租賃股份有限公司

註：本訂購單之特約條款為訂購之重要條款，應詳細記載。

● 訂購承諾書

1. 本訂購承諾書的特點：本訂購承諾書為賣主承諾租賃公司之訂購，租賃公司訂購將物品租賃與承租人收取租金。
2. 適用對象：適用於賣主承諾租賃公司之訂購。
3. 基本條款及注意事項：訂立本訂購承諾書應訂明租賃契約之基本條款及其應注意事項。
4. 相關法條：民法第 423、432 條。

租賃契約 2-6-59

訂購承諾書（臺北市租賃商業同業公會統一印製）

中華民國　　年　　月　　日

訂購號碼：

印花

買主

　　租賃股份有限公司　　　　　　　　　　臺照

　　下列訂購事項及特約條款，本公司完全同意接受無誤。

　　貨款支付條件：○○期支票（以收妥第一期租金為條件）

賣主：○○○　蓋章

地址：

交貨日期：民國　年　月　日

交貨處所：

承租人：○○○　蓋章

【特約條款】

一、茲承諾本契約所定物品之訂購，確係基於上記承租人之指定，而充為訂購人與承租人所訂立租賃合約之標的物無誤。

二、賣主特向承租人及訂購人保證,約定物品之品質、性能、規格、式樣、交貨條件或其他事項,完全符合承租人之使用目的,絕不有誤。

三、有關約定物品之瑕疵擔保、有期限保證、保養服務,或其他賣主之優惠提供、履行義務等,悉由賣主直接向承租人負責為之。

四、約定物品之交貨,以承租人完成驗收並將租賃物交貨與驗收證明書交付予訂購人時為收訖時間,同時該租賃物之所有權及危險負擔始視為由賣主轉移予訂購人。

五、約定物品如有品質、性能不良、規格、式樣不符或有其他瑕疵,或賣主違反交貨條件不履行保證保養義務,暨其他違約情事發生時,不論通知有否遲延,賣主應聽從訂購人或承租人之任意選擇,將契約之全部或一或解除、補修更換代替品或請求損害賠償,絕無異議。

六、本契約訂立後如因稅法規定變更而增加稅賦、運費或其他費用之增加等,概由賣主負擔,絕不變更約定價金。

七、因天災、地變、爭議暴動及其他不可抗力或不能歸責於訂購人或承租人之事由,致使契約之全部或一部不能履行、遲延等情事發生時,訂購人概不負其責任。

八、如承租人因故不簽訂或不履行租賃契約時,訂購人得無條件解除本契約。

九、賣主領取貨款時應以本承諾書所用印章為憑。

項目	名稱及明細	數量	單位	單價	金額
				NT$	NT$
合計新臺幣					

○○租賃股份有限公司

註:注意,本承諾書特約條款之規定。

第 *7* 章　借貸契約

審訂：恆業法律事務所律師　吳佩諭
　　　恆業法律事務所律師　謝昆峰

第一節　不動產借貸

一、使用借貸的定義

使用借貸，乃當事人一方（貸與人）以物交付他方（借用人）使用，而約定他方於無償使用後返還其物之契約。

二、使用借貸契約當事人的法定權利義務

（一）貸與人的權利義務

1. 交付借貸物：即使借用人使用其物之義務。
2. 擔保責任：貸與人知有瑕疵而故意不告知，致借用人蒙受損害者，貸與人負賠償之責。
3. 終止權：貸與人於有下列情形之一時得終止契約：
   (1) 貸與人因不可預知之情事，自己需用借用物者。
   (2) 借用人違反約定或未依物之性質而定之方法使用借用物，或未經貸與人同意，允許第三人使用者。
   (3) 因借用人怠於注意，致借用物毀損或有毀損之虞者。
   (4) 借用人死亡者。

（二）借用人的權利義務

1. 使用方法：借用人應依約定方法，使用借用物。無約定方法者，應依借用之物性質而定之方法用之。且非經貸與人同意，不得允許第三人使用借用物。
2. 注意義務：借用人應以善良管理人之注意，保管借用物。
3. 借用物返還：借用人應於契約所定期限屆滿時，返還借用物。未定期限者，應

於依借貸之目的使用完畢時返還之。

4. **連帶責任**：數人共借一物者，對於貸與人，連帶負責。

三、使用借貸契約應訂明的基本條款

1. 貸與人及借用人。
2. 借用物。
3. 借用期間。
4. 其他特約。

四、訂立使用借貸契約應注意事項

1. 使用借貸契約須因物之交付，始爲成立。
2. 使用借貸爲無償契約。
3. 得訂立使用借貸之預約，且預約貸與人得撤銷其約定。

五、消費借貸的定義

消費借貸，乃當事人一方（貸與人）移轉金錢或其他代替物之所有權於他方（借用人），而約定他方以種類、品質、數量相同之物返還之契約。

六、契約當事人的法定權利義務

1. **貸與人的權利義務**：消費借貸約定有利息或其他報償者，如借用物有瑕疵時，貸與人應易以無瑕疵之物，但借用人仍得請求損害賠償。若爲無償消費借貸，僅於貸與人明知其物有瑕疵而故意不告知借用人時，負擔保責任。
2. **借用人的權利義務**：消費借貸契約中約定利息或其他報償者，應於契約所訂期限內支付之。未定期限者，應於借貸關係終止時支付之。但其借貸期限逾一年者，應於每年終支付之。借用人應於約定期限返還。未定還期限者，借用人得隨時返還。貸與人亦得定一個月以上之相當期限，催告返還。

    借用人應返還與借用物種類、品質、數量相同之物。如不能者，應以其物在返還時、返還地所應有之價值償還之。
3. **金錢借貸的返還**：關於金錢借貸之返還，除契約另有訂定外，依下列規定：

    第一，以通用貨幣爲借貸者，如於返還時已失其通用效力，應以返還時通用效力之貨幣償還之。

　　　第二，金錢借貸，約定折合通用貨幣計算者，不問借用人所受領貨幣價格之增減，均應以返還時有通用效力之貨幣償還之。

　　　第三，金錢借貸約定以特種貨幣為計算者，應以該特種貨幣，或按返還時、返還地之市價，以通用貨幣償還之。

　以貨物折算金錢而為借貸者，其性質仍為金錢債權，故縱有反對之約定，仍應以該貨物按照交付時、交付地之市價應有之價值，為其借貸金額。

七、消費借貸契約應訂明的基本條款

1. 貸與人與借用人。
2. 消費借貸標的物。
3. 借貸期限。
4. 利息或報償之計算方式。
5. 其他特約事項。

八、訂立消費借貸契約應注意事項

1. 消費借貸契約亦以金錢或其他代替物之交付而生效力。
2. 關於利息之約定，不得超過法定上限。
3. 得訂立消費借貸之預約，且約定之消費借貸有利息或其他報償，當事人之一方於預約成立後，成為無支付能力者，預約貸與人得撤銷其預約。惟，如消費借貸之預約為無報償者，則僅預約貸與人得撤銷該約定。

九、契約範例

【土地使用借貸】

● 土地使用借貸契約書

1. 本契約的特點：借用之土地係供放置物品，不得建築房屋或其他工作物，否則貸與人得終止契約。
2. 適用對象：本契約適用於土地之使用借貸。
3. 基本條款及注意事項：訂立本契約應訂明使用借貸契約之基本條款及其應注意事項。
4. 相關法條：民法第 465 條之 1、第 466-468、470、472 條。

借貸契約 2-7-1

土地使用借貸契約書

立契約書人貸與人○○○（以下簡稱甲方）借用人○○○（以下簡稱乙方），茲經雙方同意訂立土地使用借貸契約，協議條款如下：

第 1 條 甲方願將自有土地座落○○縣（市）○○鄉鎮○○段○○小段○○地號土地總面積○○平方公尺（○○坪），即○○縣（市）○○路街○段○巷○弄○號第○棟第○樓房屋所占該基地土地應有○○分之無條件借與乙方使用。

第 2 條 借用期限定為○○年（自民國○○年○○月○○日起至民國○○年○○月○○日止）。

第 3 條 乙方借用期間，不得轉租或轉借他人使用，並不得在借用土地上為建築任何工作物或房屋，抑或其他使用。

第 4 條 乙方自訂約日起至返還借用物之日止，須以善良管理人之注意保管借用之物。
若乙方違反前項義務，致借用物變更地形等損害者，應負賠償責任。

第 5 條 借用期限屆滿前，甲方因不可預知之情事自己需用借用物或乙方之死亡，得隨時聲明終止契約而收回借用物之土地，乙方不得異議。

第 6 條 乙方借用期間，一切費用概由乙方負責，按照規定繳納。

第 7 條 乙方借用期間，不得放置違禁品或其他易燃物體，倘有損害，應負賠償之責。

第 8 條 乙方如違反本約各款之規定時，甲方得終止借用，不得異議。

第 9 條 本約經雙方簽名蓋章公證後生效。

第 10 條 本契約一式二份，甲、乙雙方各執一份為憑。

貸與人（甲方）：○○○ 印

住址：

身分證統一編號：

借與人（乙方）：○○○ 印

住址：

身分證統一編號：

中　華　民　國　　○○　　年　　○○　　月　　○○　　日

註：本契約第 5 條符合民法第 472 條第 1 款之規定。

【房屋使用借貸】

● 房屋使用借貸合約書

1. 本契約的特點：本契約對房屋使用之限制，有詳細規定為其特色。

2. 適用對象：本契約適用於一般之房屋使用借貸。

3. 基本條款及注意事項：訂立本契約應訂明使用借貸之基本條款及其應注意事項。

4. 相關法條：民法第 468、469、472 條。

借貸契約 2-7-2

房屋使用借貸合約書（法院公證處例稿）

　　立合約書人貸與人○○○（以下簡稱甲方）借用人○○○（以下簡稱乙方），茲經雙方同意訂立房屋借用合約，協議條款如下：

第 1 條　甲方願將自有房屋座落：○○路○巷○號○間（棟）無條件借給乙方使用。

第 2 條　借用期限定為○○年（自民國○○年○○月○○日起至民國○○年○○月○○日止）。

第 3 條　乙方借用期間，不得轉租或轉借他人使用，借用房屋內部如需裝修改造，應徵得甲方同意後為之，惟合約屆滿後，應由乙方無條件自行拆除回復原狀後交還甲方，不得異議。

第 4 條　乙方借用期間，一切費用概由乙方負責，按照規定繳納。

第 5 條　乙方借用期間，不得放置違禁品或其他易燃物體，倘有損害，應負賠償之責。

第 6 條　乙方如違反本約各款之規定時，甲方得終止借用，乙方不得異議。

第 7 條　本約經雙方簽名蓋章公證後生效。

　　　　　　　　甲方（貸與人）：○○○　印

　　　　　　　　住址：

　　　　　　　　乙方（借與人）：○○○　印

　　　　　　　　住址：

中　　華　　民　　國　　○○　　年　　○○　　月　　○○　　日

註：本契約第 6 條規定甲方之終止借用權利。

第二節　動產借貸

【動產使用借貸】

● 動產使用借貸契約書

1. 本契約的特點：本契約為動產之使用借貸，並指定使用之處所。

2. 適用對象：本契約適用於動產之使用借貸。

3. 基本條款及注意事項：訂立本契約應訂明使用借貸契約之基本條款及其應注意事項。

4. 相關法條：民法第 467、468、470 條。

借貸契約 2-7-3

動產使用借貸契約書（法院公證處例稿）

第1條　貸與人○○○將第3條所載之動產，無償貸與借用人○○○使用，借用人約定於使用後，返還其物。

第2條　借貸期間：民國○○年○月○日起至民國○○年○月○日止，共○年。

第3條　借用物如下：○○○○。

第4條　借用人應在其住所或○○○使用借用物，不得搬移他處。

第5條　借用人就借用物增加工作物者，應事先將設計書及費用估計書提示貸與人，徵得其同意，如非得貸與人同意者，借用人不得為之。

第6條　借用人返還借用物時，可否取回所增加之工作物及應否回復原狀，取決於貸與人。如貸與人不允借用人取回所增加之工作物時，應償還其費用，但以其現存之增加價額為限。

第7條　恐口無憑，爰立此約，雙方各執一份。

　　　　　　　貸與人：○○○　印
　　　　　　　住址：
　　　　　　　借用人：○○○　印
　　　　　　　住址：

中　　華　　民　　國　　○○　　年　　○○　　月　　○○　　日

註：本契約之第5條為本契約之特別訂定。

● 汽車使用借貸契約書

1. **本契約的特點**：本契約為汽車使用借貸契約，借用人應依約定使用借用物，如有損害應負賠償責任。

2. **適用對象**：適用於汽車使用借貸契約。

3. **基本條款及注意事項**：訂立本契約應訂明使用借貸之基本條款及其應注意事項。

4. **相關法條**：民法第467、468、470條。

借貸契約 2-7-4

汽車使用借貸契約書

○○汽車股份有限公司為甲，和乙就下載車輛之使用借貸締結下列契約。

第1條　基於本契約之目的，就下列車輛（以下簡稱為車輛），甲無償貸與乙使用。

第2條　車輛之使用借貸期間從民國○○年○月○日到民國○○年○月○日止，期間屆至之翌日，乙應返還予甲之公司或營業所。

第3條　乙為補償因車輛之毀損、被盜、遺失、火災、被詐取及其他一切事故而生之損害，須投保必要之汽車保險。

關於車輛加害他人之損害，乙負擔一切責任，甲無需為乙承擔任何責任。且如造成甲方任何損害，乙應負損害賠償責任。

第 4 條　乙負擔車輛之修繕費、租稅及其他因使用而生之一切費用。

第 5 條　乙未得甲之同意，不得變更車輛之現狀、添加各種物件、或除去、抹掉、隱蔽機械或車體之登錄符號、車號、姓名、商標、證明號碼或證明符號等。

第 6 條　乙不得將車輛設定抵押權於他人或貸與第三人使用等法律上、事實上之一切詐害行為，並應以善良管理人之注意義務使用保管之。

證明上述契約成立，本契約書一式二份，各自簽名蓋章後，各持一份。

甲：○○○　印
乙：○○○　印

中　華　民　國　○○　年　○○　月　○○　日

註：本契約第 6 條借用人之行為不得損害貸與人之權利，與民法第 468 條規定相類似。

● 機械使用借貸契約書

1. 本契約的特點：本契約為機械使用借貸契約，借用人應依借貸契約使用借用物，如有損壞應負賠償責任。

2. 適用對象：適用於機械之使用借貸契約。

3. 基本條款及注意事項：訂立本契約應訂明使用借貸之基本條款及其應注意事項。

4. 相關法條：民法第 477、480 條。

借貸契約 2-7-5

機械使用借貸契約書

　　○○股份有限公司（以下稱為「甲方」），○○股份有限公司（以下稱為「乙方」）甲乙兩方締結如下之使用借貸契約。

第 1 條　貸與人甲方將其所有之下列物件，無償借與乙方使用，借用人乙同意並承受下列物件。
記
○○○公司製○○○○

第 2 條　本使用借貸之期間以甲乙雙方間於民國○○年○月○日締結之伸縮性布料紡縮技術（Amfit 加工）援助再實施契約之期間相同。
該契約失效時，本使用借貸契約同時失效，借用人乙方應於失效日起一個月內將借用物返還甲方。

第 3 條　借用人乙為達成所謂伸縮性布料紡縮技術援助再實施契約之目的而使用第 1 條所示之借用物。

第 4 條　借用人乙負擔借用物之通常必要費用（包含輸入時之運費、關稅、通關經費等）。

第5條　借用人乙方接受交付機械後，負擔以善良管理人注意義務使用、保管之責任，保證嚴守下列各款之記載。

一、借用人乙方負擔機械之修繕費、租稅及因機械使第三人受損害之一切責任。

二、借用人乙方未得貸與人甲方之書面同意時，不得將機械轉借、轉讓使用權、設定抵押等其他一切處分行為。

三、借用人乙方未得貸與人甲方之書面同意時，不得變更機械之所在地或現狀、添加其他物件或除去、抹消、變更、隱蔽機械之機號、氏名、商標、證明機號等。

四、借用人之乙方應遵從貸與人甲方之指示，以貸與人甲為保險金受領人，對機械投保保險。

五、借用人乙方因機械之滅失、毀損、消耗、被詐取等，以及因借用人乙方違反本契約而生之一切損害賠償，對貸與人甲方負損害賠償責任。

第6條　借用人發生下列各款事由之一時，貸與人甲方不須為任何催告可立即解除本契約，並請求乙方返還借用物至甲方所指定場所。

1. 第三人對機械主張留置權。

2. 借用人乙方因第三人而受到強制執行或保全處分時。

3. 借用人乙方發生申請宣告破產、公司重整、公司清算等原因之事實時。

4. 借用人乙方受到主管機關取消營業或停止營業等處分或廢止或變更營業時。

5. 借用人乙方違反本契約，或貸與人甲方、借用人乙方間之其他契約時。

第7條　借用人乙方該當前條各款事由之一時，應立即通知貸與人甲方。

機械因第三人有受到強制執行、保全處分之虞時，借用人乙方應證明機械為貸與人甲方之所有物，阻止不當處分之執行。

第8條　借用人乙方依據第6條規定返還機械時，貸與人甲方或其代理人預先得到借用人乙方之通知同意後進入機械之所在場所，收回機械之占有或搬出之。

第9條　依據前條規定，貸與人甲方取回機械時，借用人乙方可取回得貸與人甲方同意或未得同意附加於機械之物件。基於前條及本條規定，借用人乙方所蒙受之損害，貸與人甲方不負賠償責任。

第10條　貸與人甲方或其代理人得隨時於借用人乙方之營業所或機械所在場所檢查機械，給予借用人乙方使用上之指示，借用人乙方應遵守之。

　　　　　　　　　　　甲方：○○○　印
　　　　　　　　　　　乙方：○○○　印

中　　華　　民　　國　　○○　　年　　○○　　月　　○○　　日

註：借用人依本契約第5條規定，以善良管理人之注意保管借用義務，符合民法第468條之規定。

【金錢消費借貸】

● 金錢消費借貸契約書（一）

1. 本契約的特點：本契約為附有利息之約定之金錢消費借貸。

2. 適用對象：本契約適用於一般金錢消費借貸。

3. 基本條款及注意事項：訂立本契約應訂明金錢消費借貸之基本條款及其應注意事項。

4. 相關法條：民法第 477、480 條。

借貸契約 2-7-6

金錢消費借貸契約書（一）（法院公證處例稿）

　　貸與人〇〇〇（以下簡稱甲方）借用人〇〇〇（以下簡稱乙方）茲為金錢消費借貸，經雙方同意訂立本借貸契約，條件如下：

第 1 條　甲方於民國〇〇年〇〇月〇〇日將金錢新臺幣〇〇元貸與乙方，而乙方願依本約借用之。

第 2 條　甲方於本契約成立同時，將前條金錢如數交付乙方親收點訖。

第 3 條　本借貸金錢約定利息，其計算方法按每百元日息新臺幣〇〇分〇〇厘。

第 4 條　前條約定利息之支付期為每月〇〇日，由乙方支付甲方，不得有拖延短欠。

第 5 條　本借貸金錢期間自民國〇〇年〇〇月〇〇日起至民國〇〇年〇〇月〇〇日止。

第 6 條　乙方於借貸期間屆滿時，應將借用金錢及應付之利息向甲方全部清償，不得為部分清償或怠於履行。

第 7 條　乙方如逾清償期限時，其逾期後違約金定為每百元按日新臺幣〇〇分計算。

第 8 條　乙方如有怠於支付利息二次以上時，雖在借貸期間存續中，甲方得隨時終止本借貸契約，乙方不得有異議。

第 9 條　本借貸契約依前條為終止時，乙方應即將借用金錢全部及積欠利息一併清還甲方，不得拖延短欠。

第 10 條　本借貸契約之履行地點，為甲方之住所所在地。

第 11 條　乙方如有對於借貸金錢不為清償時，甲方得逕依法聲請強制執行。

　　　　　　　　貸與人：〇〇〇　印

　　　　　　　　住址：

　　　　　　　　借用人：〇〇〇　印

　　　　　　　　住址：

中　　華　　民　　國　　〇〇　　年　　〇〇　　月　　〇〇　　日

註：1. 本契約第 8 條為關於終止契約之規定。

　　2. 依據民法第 205 條之規定約定利率不得高於 20%，如超過 20% 之利率，其部分之利息，債權人無請求權。

● 金錢消費借貸契約書（二）

1. 本契約的特點：本契約為金錢消費借貸契約並附有連帶保證人。

2. 適用對象：本契約適用附有連帶保證人約款之金錢消費借貸契約。

3. 基本條款及注意事項：訂立本契約應訂明金錢消費借貸為基本條款及其應注意

事項。

4. 相關法條：民法第 477、480 條。

借貸契約 2-7-7

金錢消費借貸契約書（二）　（法院公證處例稿）

第 1 條　立契約人貸與人〇〇〇，借用人〇〇〇，借用人之連帶保證人〇〇〇。

第 2 條　借貸金額：

第 3 條　利息：

第 4 條　清償期限及方法：

第 5 條　逾期不為清償，連帶保證人願負連帶清償之責任並應逕受強制執行。

　　　　如有一期不為清償，視為全部到期，應逕受強制執行。

　　　　　　　　貸與人：〇〇〇　印

　　　　　　　　借用人：〇〇〇　印

　　　　　　　　連帶保證人：〇〇〇　印

中　　華　　民　　國　　〇〇　　年　　〇〇　　月　　〇〇　　日

註：本契約為公證處例稿之借貸契約，第 5 條為逾期不為清償之處理方法。

● 金錢消費借貸契約書（三）

1. 本契約的特點：本契約詳述金錢借貸之條款為其特點。

2. 適用對象：本契約適用於一般金錢消費借貸。

3. 基本條款及注意事項：訂立本契約應訂明金錢消費借貸之基本條款及其應注意事項。

4. 相關法條：民法第 477、480 條。

借貸契約 2-7-8

金錢消費借貸契約書（三）

　　立借貸契約書人〇〇〇（以下簡稱甲方）、〇〇〇（以下簡稱乙方）茲為借款事宜，經雙方同意訂立本約，其條件如下：

一、甲方於〇〇年〇〇月〇〇日貸與乙方新臺幣〇〇元整，並如數交付乙方親收點訖。

二、借貸期間自民國〇〇年〇〇月〇〇日起至民國〇〇年〇〇月〇〇日止，期滿乙方應連同本利向甲方全部清償，不得藉故延欠。

三、本借貸利息以新臺幣百元日息〇分〇厘計算，應於每月〇〇日由乙方支付予甲方，不得拖延短欠。

四、乙方如遲延清償時，其逾期後違約金為新臺幣每百元日息〇分計算。

五、乙方如有怠於支付利息時，甲方得隨時終止本約，乙方不得異議。

六、本契約終止時，乙方應即將全部借款及積欠利息一併償還予甲方，不得拖延短欠。

七、本契約之履行地為甲方之住所所在地。

八、本契約一式四份，請求法院公證，除存案一份外，當事人各執一份。

　　　　　　甲方（貸與人）：○○○　印
　　　　　　住址：
　　　　　　乙方（借用人）：○○○　印
　　　　　　住址：
　　　　　　連帶保證人：○○○　印
　　　　　　住址：

中　　華　　民　　國　　○○　　年　　○○　　月　　○○　　日

註：本契約第 4 條特別規定關於違約金之計算。

【個人購屋或購車貸款】

● 個人購房或購車貸款定形化契約範本（行政院消費者保護委員會編印）

1. **本契約的特點**：本契約為個人購屋或購車貸款契約書。當事人一方以金錢貸與他方購買房屋或汽車，他方給付本息之契約。

2. **適用對象**：本契約適用於購屋或購車貸款契約

3. **基本條款及應注意事項**：訂立本契約應訂明消費借貸之基本條款及應注事項。

4. **相關法條**：民法第 474 條，消費者保護法第 11 至 17 條。

借貸契約 2-7-9

個人購屋或購車貸款契約範本

財政部 84 年 7 月 10 日臺財融字第 84723956 號函頒

立約人　甲方○○○
　　　　乙方○○○

　　甲方向乙方借款新臺幣○○○○元整，雙方約定遵守下列各條款：

一、本借款由乙方撥入○○○○在乙方開設之○○存款第○○○○號帳戶或按甲方指定之方式撥付，作為借款之交付。

二、本借款之期間自民國○○年○○月○○日起至民國○○年○○月○○日止。

三、本借款還本付息方式如下列第○款：

　（一）自實際借用日起，按月付息一次，到期還清本金。

　（二）自實際借用日起，依年金法，按月攤付本息。

　（三）自實際借用日起，本金按月平均攤還，利息按月計付。

　（四）自實際借用日起，前○年（個月）按月付息，自第○年（個月）起，再按月攤付本息。

　（五）（由甲方與乙方個別約定）

　　本借款除右列償還方式外，得於本借款未到前陸續或一次償還借款本金。

本借款之利息，按下列第○款方式計付：

（一）按乙方基本放款利率百分之○加（減）年利率百分之○計算（或加減碼）計為年利率百分之○；嗣後隨乙方基本放款利率調整而調整，並自調整後之第一個繳款日起，按調整後之年利率計算。

（二）按乙方基本放款利率百分之○加（減）年利率百分之○計算（或加減碼）計為年利率百分之○；嗣後隨乙方基本放款利率調整而調整，並自調整日起，按調整後之年利率計算。

（三）固定利率，按年利率百分之○計算。

（四）（由甲方與乙方個別約定）

五、甲方如遲延還本或付息時，本金自到期日起，利息自繳息日起，逾期在○○個月以內部分，按約定利率百分之○，逾期超過○個月分，按約定利率百分之○計付違約金，（上述空格處由乙方與甲方自行約定之。惟約定時，利率部分應注意民法第二○四條及同法第二○五條等相關規定。）

六、有關抵銷之方法如下：

（一）甲方不依本契約之約定按期攤付本息時，不問債務之期間如何，乙方有權將甲方寄存乙方之各種存款及對乙方之一切債權期前清償，並將期前清償之款項逕行抵銷甲方對乙方所負之一切債務。

（二）乙方前項預定抵銷之意思表示，自登帳扣抵時即生抵銷之效力。同時乙方發給甲方之存款憑單、摺簿或其他憑證，於抵銷之範圍內失其效力。

七、甲方如有下列情形之一時，無須由乙方事先通知或催告，乙方得隨時減少本借款之額度，或縮短借款期限，或視為全部到期：

（一）任何一宗債務不依約清償本金時。

（二）依破產法聲請和解、聲請宣告破產、或清理債務時，或經票據交換所公告拒絕往來。

（三）依約定原負有提供擔保之義務而不提供時。

（四）因死亡而其繼承人聲明為限定繼承或拋棄繼承時。

（五）因刑事而受沒收全部財產之宣告時。

八、甲方如有下列情形之一時，經乙方通知或催告後，乙方得隨時減少本借款之額度，或視為全部到期：

（一）任何一宗債務不依約付息時。

（二）擔保物查封或擔保物滅失，價值減少或不數擔保債權時。

（三）甲方對乙方所負債務，其實際資金用途與乙方核定用途不符時。

（四）受強制執行或假扣押、假處分或其他保全處分，致乙方有不能受償之虞時。

註：另依據公平交易委員 84 年 5 月 24 日第 189 次委員會議決議，除前述各款外，金融業者倘確有保全債權之必要，得個別議定加列他種事由，該議定事項應於契約中以粗字體或不同顏色之醒目方式記載之，並明示發生加速期限到期（經通知或無須通知之效果）。

九、甲方之住所如有變更，應即以書面通知乙方，如未為通知，乙方將有關文書於向本契約所載或甲方最後通知乙方之地址發出後，經通常之郵遞期間即視為到達。

十、甲方同意乙方得將甲方與乙方往來之資料提供予財團法人金融聯合徵信中心。

十一、本借款涉訟時,雙方同意以○○地方法院為第一審管轄法院。但法律有專屬管轄之特別規定者,從其規定。

十二、本契約一式○份,由○○方各執○份,以資信守。

　　　　　立契約書人:甲方:○○○○(簽章)
　　　　　　　　　　　乙方:○○○○(簽章)

中　華　民　國　○○　年　○○　月　○○　日

註:1. 訂立本契約,應本於平等互惠之原則,如有疑義,應為有利於消費者之解釋。
　　2. 訂立本契約不得違反誠信原則,對消費者顯失公平者,無效。

第8章　僱傭契約

審訂：永然聯合法律事務所所長　李永然

一、定義

僱傭者，謂當事人約定，一方（受僱人）於一定或不定期限內爲他方（僱傭人）服勞務，他方給付報酬的契約。（民法第482條）

二、契約當事人的法定權利義務

1. **受僱人的義務**：受僱人應自服勞務，非經僱傭人同意，不得使第三人代服勞務。一方違反者，他方即得終止契約。受僱人曾明示或默示保證其具有特種技能者，如無此種技能或不能勝任時，僱傭人得終止契約。僱傭人如受領勞務遲延，受僱人無補服勞務之義務，仍得請求報酬。
2. **僱傭人的義務**：非經受僱人同意，不得將勞務請求權讓與第三人。報酬應依約定之期限給付之。無約定者，依習慣。無約定與習慣者，應於每期屆滿或勞務完畢時給付之。

三、僱傭契約應訂明的基本條款

1. 僱傭人與受僱人。
2. 工作期限。
3. 工作項目及時間、地點。
4. 工作報酬（待遇）計算方式與給付方法。
5. 福利、休息與休假。
6. 其他特約事項。

四、訂立僱傭契約應注意事項

1. 僱傭契約定有期限者，於期限屆滿時其僱傭關係消滅。而未定期限，亦不能依勞務之性質或目的定其期契約。各當事人得隨時終止契約，但有利受僱人之習慣者，從其習慣。

2. 勞動基準法規定，勞動契約分為定期契約及不定期契約。臨時性、短期性、季節性及特定性工作得有定期契約；有繼續性工作應為不定期契約。

3. 勞動契約應載明事項如下：

    (1) 工作場所及應從事之工作有關事項。

    (2) 工作開始及終止之時間、休息時間、休假、例假、請假及輪班制之換班有關事項。

    (3) 工資之議定、調整、計算、結算及給付之日期有關事項。

    (4) 有關勞動契約之訂定、終止及退休有關事項。

    (5) 資遣費、退休金及其他津貼、獎金有關事項。

    (6) 勞工應負擔之膳縮費、工作用具費有關事項。

    (7) 安全衛生有關事項。

    (8) 勞工教育、訓練有關事項。

    (9) 福利有關事項。

    (10) 災害補償及一般傷病補助有關事項。

    (11) 應遵守之紀律有關事項。

    (12) 獎懲有關事項。

    (13) 其他勞資權利義務有關事項。

4. 勞動契約不得違反勞動基準法、工會法及其他法令之強制禁止規定，亦不得牴觸事業與工會所訂之「團體協約」。

五、契約範例

【聘書】

● 聘書

1. 本聘書的特點：本聘書為僱傭契約，為學校聘請教師所使用，簡單明瞭。

2. 適用對象：本聘書適用於學校聘請教師。

3. 基本條款及注意事項：訂立本契約應訂明僱傭契約之基本條款及其應注意事項。

4. 相關法條：民法第 482、484-486、489 條。

僱傭契約 2-8-1

聘書

臺灣省（臺北市）

教育廳（局）立案○○小學聘書○○字第○○號

> 茲聘請（敦聘）
>
> ○○○先生為本校○年級○任教員，聘期自○○年○○月○○日起，至○○年○○月○
> ○日止，每週任課○○分鐘，薪金按照規定每月致送新臺幣○○○元整。

註：本聘善有廣泛使用，唯工作規則，應於聘書中提示。

【僱傭】

● 一般僱傭契約書

1. 本契約的特點：本契約為一般僱傭契約書，勞務範圍由雙方另行商訂。
2. 適用對象：本契約適用於一般僱傭契約。
3. 基本條款及注意事項：訂立本契約應訂明僱佣契約之基本條款及其應注意事項。
4. 相關法條：民法第 482、484-486、489 條。

僱佣契約 2-8-2

一般僱傭契約書

　　茲雙方合意約定下列諸條：

一、勞務範圍由雙方另行商訂之。
二、僱傭期間無定，但雙方有一造欲解僱時，應於一個月前通知對方。
三、僱用人除供受僱人膳宿外，每月應付薪金○○元整，按月於月終付給。
四、受僱人除供受僱人膳宿外，不得呼朋引伴行為不軌，或者奇裝異服。
五、受僱人非經僱用人同意，不得擅自外出。
六、僱用人不得於晚間十一時後至次晨五時前，使喚受僱人從事工作，否則須加倍付予工資
　　（一晚按一日計算）。
七、本契約一式二份，雙方各執一紙為憑。

　　　　　　　　僱用人：○○○（簽章）
　　　　　　　　受僱人：○○○（簽章）
　　　　　　　　介紹人：○○○（簽章）

註：本契約第 5 條受僱人非僱用人同意不得外出，應解釋為在非休假期間。

● 勞動契約

1. 本契約的特點：本契約為勞動契約，由僱用人與受僱人單獨訂立的勞動契約。
2. 適用對象：本契約於僱用人與受僱人單獨訂立的勞動契約。
3. 基本條款及注意事項：訂立本契約應訂明僱傭契約之基本條款及其應注意事項。
4. 相關法條：民法第 483-486、489 條及勞動基準法。

僱傭契約 2-8-3

勞動契約書（工廠適用）

　　立契約人○○公司（工廠）（以下簡稱甲方）○○○（以下簡稱乙方），雙方同意訂立契約，共同遵守約定條款如下：

一、契約期間：
　　（一）定期契約：自中華民國○○年○月○日起至○○年○月○日止，契約期滿，終止勞僱關係。
　　（二）不定期契約：自中華民國○○年○月○日起，乙方在甲方服務。

二、工作項目：
　　乙方接受甲方之監督指揮，擔任下列各項工作：
　　（一）
　　（二）
　　（三）
　　（四）
　　（五）其他與上述工作相當之職務與工作。

三、工作地點：
　　乙方接受甲方之監督指揮，於下列各點，擔任本契約所訂之工作。
　　（一）
　　（二）
　　（三）
　　（四）

四、工作時間：
　　（一）乙方每日正常工作時間為○小時，自○時○分起至○時○分止；乙方連續工作四小時，甲方至少應給予三十分鐘之休息。
　　（二）甲方因業務需要延長乙方工作時間時，依勞動基準法之規定辦理。
　　（三）甲方如採畫夜輪班制時，工作班次每週更換一次，但經乙方同意者，不在此限。

五、休假：
　　（一）乙方於每星期有一日之休息，作為例假。
　　（二）政府法令規定之假日，甲方均應給假。
　　（三）甲方於乙方繼續工作滿一定期間者，應依勞動基準法第三十八條規定給予乙方特別休假，休假日期由雙方協商排定之。特別休假如因年度終了或契約終止而未休者，或乙方同意於休假日工作者，工資加倍發給。
　　（四）甲方經徵得乙方同意使其於本契約所訂休假日工作者，工資應加倍發給。

六、請假：
　　（一）乙方得因婚、喪、疾病或其他正當事由請假，但應事先辦理請假手續，經甲方核准後，方得離去；病假及偶發事件，不及事先請假時，應委託家屬或同事代為辦理，否則一律以曠工論。前述假期，依照政府頒布之「勞工請假規則」辦理。
　　（二）乙方（女性）分娩前後，甲方應給予產假，假期依勞動基準法規定辦理。
　　（三）前列（一）、（二）項之假期內工資給付標準依照勞動基準法規辦理。

（四）各種請假日數之計算，係以該年度一月一日起至十二月三十一日止。

七、工資：

（一）甲方應按（日、週、月）給付乙方工資〇元，甲方不得預扣乙方工資作為違約金或賠償費用。

（二）按月給付之工資，甲方應於每月〇〇日及〇〇日兩次發給。

（三）工資及平均工資之計算悉依勞動基準法之規定辦理。工資之調整由雙方協議並參酌甲方之薪給制度定之。

八、勞工保險：

甲方應於乙方到職當日起，為乙方辦理勞工保險；如逾期或未辦理，致乙方權益受損時，由甲方依法賠償。

九、福利：

乙方於服務期間內，依法享受甲方提供之各項福利措施。

十、年終獎金及紅利：

甲方於營業年度終了時，如乙方於該年度工作無過失時，應酌給獎金或分配紅利。

十一、退休：

乙方繼續服務屆法定年限，甲方應依法為乙方辦理退休，給予退休金。

十二、終止契約：

（一）甲方預告終止契約：

有勞動基準法第十一條所定之情形之一者，甲方得依同法第16條規定預告乙方終止契約，但應依規定給付預告期間工資及資遣費。

（二）甲方不經預告終止契約：

乙方有勞動基準法第十二條所定之情形之一者，甲方得依同條之規定，不經預告乙方終止契約。

（三）乙方預告終止契約：

乙方得依勞動基準法第十五條規定預告甲方終止本契約；如非依法令規定不經預告逕行終止契約，致甲方生產或工作停頓時，乙方應負賠償責任。

（四）乙方不經預告終止契約：

甲方有勞動基準法第十四條所定之情形，乙方得依同條規定，不經預告甲方終止契約；並得依同法第十七條規定請求甲方給付資遣費。

十三、離職及服務證明：

本契約終止時，乙方應依甲方之規定辦妥離職手續，並得要求甲方發給服務證明書，甲方不得拒絕。

十四、膳宿費之負擔：

（一）甲方提供宿舍，乙方住用，每月應支住宿費〇〇元。

（二）乙方食用甲方提供之伙食，每天（早、中、晚）餐每月應支付伙食費〇〇〇元。

十五、制服工具費之負擔：

乙方之制服及工作器具由甲方免費提供；如使用期屆滿或不可抗力之原因損壞，應由甲方免費更換。

十六、安全衛生：

（一）乙方應接受甲方依勞工安全衛生法令規定所施予工作上必要之安全衛生教育及訓練。

（二）甲方應提供完善之工作場所，工作場所有立即發生危險之虞時，甲方應即命乙方退避至安全場所。

（三）乙方應接受體格檢查或健康檢查。前述之檢查由甲方指定適當之醫院或醫師為之，並由甲方負擔費用。

（四）甲方依法所訂並已明示之安全衛生工作守則乙方應確實遵守。

十七、職業災害補償：

如乙方發生職業災害，甲方應依勞動基準法規定給予乙方職業災害補償。

十八、普通災害補助：

如乙方發生普通災害或傷、病、殘廢、死亡時，甲方應給予乙方適當之補助或撫卹。

十九、職業訓練：

甲方應依乙方之技能水準施予或提供適當之職業訓練。

二十、工作規則之遵守：

甲方依法訂立並已公開揭示之工作規則，雙方有遵守之義務。

二一、獎懲：

乙方之獎懲依前述工作規則規定辦理。

二二、權利義務之其他依據：

甲乙雙方僱傭期間之權利義務，悉依本契約規定辦理，本契約未規定事項，依政府有關法令規定辦理。

二三、法令及團體協約之補充效力：

本契約所規定之事項與團體協約或政府有關法令規定相違背時，依團體協約或有關法令規定辦理。

二四、契約修訂：

本契約經雙方同意，得隨時修訂。

二五、本契約一式二份，由雙方各執一份存照。

> 立契約書人：甲方：○○○公司（工廠）
>
> 地址：
>
> 代表人：○○○ 印
>
> 身分證統一號碼：
>
> 乙方：○○○ 印
>
> 地址：
>
> 身分證統一號碼：

中　華　民　國　○○　年　○○　月　○○　日

註1.：

一、契約期間

（一）勞動契約依勞動基準法之規定，分為定期契約及不定期契約兩種。有繼續性工作應為不定期契約；臨時性、短期性、季節性及特定性工作得為定期契約。定期契約之定義，依照勞動基準法施行細則之規定。

　　　(二) 試用期間不得超過四十日。
二、工作項目
　　　(一) 工作項目係勞動契約之重要內容，為避免調動時勞資糾紛，應採列舉方式，約定之工作項
　　　　　目，雙方應共同遵守。
　　　(二) 工作項目應與乙方工作技能及意願配合。
三、工作地點
　　　(一) 工作地點為勞動契約之重要內容，為避免調動時勞資糾紛，應明白約定：如有二個以上，
　　　　　應詳細列舉。
　　　(二) 工作地點為地區或廠場，得因事業單位之組織狀況及工作性質自行明定。
四、工作時間
　　　(一) 正常工作時間依勞動基準法第 30 條規定不得超過八小時。
　　　(二) 延長工作時間及延時工資之給付，同法第三章及第四章有明文規定。
　　　(三) 輪班工作依同法第 34 條規定辦理。
五、休假
　　　依勞動基準法第 36、37、38 及 39 條規定訂定。
六、請假
　　　(一) 依照政府頒布之「勞工請假規則」規定。
　　　(二) 產假依勞動基準法第 13 條及第 50 條規定辦理。
七、工資
　　　(一) 依勞動基準法第 21 條、第 22 條、第 23 條、第 26 條規定訂定。
　　　(二) 工資之計算方法、標準並得參照奉核准之工作規則辦理。
八、勞工保險
　　　參照勞工保險條例規定。
九、福利
　　　依勞動基準法第 8 條規定，並請參照職工福利法規。
十、年終獎金及紅利
　　　(一) 依照勞動基準法第 29 條規定訂定。
　　　(二) 公司法第 235 條規定公司章程應訂明分紅成數。
十一、退休
　　　依照勞動基準法退休章之規定。
十二、終止契約
　　　(一) 勞動契約不論是定期契約或不定期契約，均得因雙方當事人之同意而立即終止。
　　　(二) 惟如僅為當事人一方之意思表示時，應受勞動基準法第二章有關規定之限制。
　　　(三) 依同法之規定，終止契約可分為預告與不經預告。
十三、離職及服務證明
　　　依勞動基準法第 19 條規定訂定，並且規定乙方離職應遵守之事項。
十四、膳縮費之負擔
　　　如係免費提供膳縮時，應另予明定。
十五、制服工具費之負擔
　　　如需由乙方負擔費用，應另予明訂。
十六、安全衛生
　　　依照勞動基準法第 8 條訂定，並參考職業安全衛生法有關規定。
十七、職業災害補償
　　　參考勞動基準法有關規定。
十八、普通災害補助
　　　可於本契約明定或於工作規則訂明處理辦法與標準。
十九、職業訓練：
　　　職業訓練（或進修）之費用如為甲方負擔，可要求乙方延長一定期間之服務年限，但應事先

約定，乙方如違反約定，甲方得請求賠償損失。

二十、工作規則之遵守：

勞動基準法第70條規定。

二一、獎懲：

工作規則已有獎懲事項，如奉主管機關核准，可逕據以處理。

註2.：訂定勞動契約須知

一、事業單位與勞工訂立書面契約可依所附參考樣本按其實際情形酌為增減，但其增減之內容不得違反法令之規定。

二、僱傭勞工如為女工、童工時，應依勞動基準法之規定增訂保護條款。

三、定期契約勞工之僱傭必須符合勞動基準法及其施行細則之規定；定期契約如為續約時，應增訂前後年資合併之條款。

四、工作項目採列舉方式訂明，其內容並應與乙方工作技能及意願相配合。

五、僱主不得以強暴、脅迫、拘禁或其他非法之方法，強制勞工從事勞動。

六、任何人不得介入他人之勞動契約，抽取不法利益。

七、事業單位如有分支機構時，勞動契約履行之地點，應明白約定。

● 科技人才僱傭契約（一）

1. 本契約的特點：本契約為僱傭契約，甲方僱用乙方為其公司服務之契約。

2. 適用對象：本契約適用於僱傭關係。

3. 基本條款：訂立本契約應訂明僱傭契約的基本條款。

4. 相關法條：民法第482條。

僱傭契約 2-8-4

科技人才僱傭契約書（一）

立契約人：○○股份有限公司（簡稱甲方），○○○（簡稱乙方）雙方同意訂立下列僱傭契約共同遵守。

「主管」應依下述規定與條件受派至「公司」服務，故立約雙方同意如下：

第1條　（指派與責任）

「主管」應依本契約書之規定，以「主管」身分為「公司」服務，並依其職務履行並行使得不定期由「公司」現有「董事會」（以下簡稱「董事會」）指定或賦予之責任或職權。以上責任或職權得包含遠東地區內任何事業之經營或管理，以及在必要時至世界各地出差。

「主管」依本契約書履行其責任及行使職權時，應誠心提供「公司」完善之服務，並盡全力促進「公司」之利益。

第2條　（補充指派）

「主管」應於「董事會」提出要求時：

(1)接受指派成為「公司」及／或「關係企業」或其他「公司」關係企業之董事；

(2)辭去上述董事職務。

第3條　（地點）

一、「主管」應以現位於臺灣臺北之○○總部為基地，然「主管」應依「董事會」不定期之指示更動地點。

二、「主管」承認「公司」已告知其可能須於臺灣外之地區履行受指派之責任，並行使被賦予之職權。

第 4 條　（期間）

「主管」之服務應於○○年○月○日起開始，直至依第 17 條之規定終止為止。「主管」之聘僱應為全職工作，並受臺灣法律管轄。

第 5 條　（薪資）

一、「主管」應因其服務於各月結束時領取○○○○元之薪資，其金額則應每年重新審核。

二、若「主管」答應「公司」在契約持續期間，若「主管」有權於履行契約責任時成為任何其他企業之主管或董事，「主管」將放棄第一款所述薪資外之任何報酬，或者將其告知「公司」。

第 6 條　（支出）

「主管」應有權在出示適當之發票或收據後（若有必要），支領因公司業務而產生或與其有關之合理開支。

第 7 條　（配車）

「公司」應在「主管」服務期間，配給「主管」一輛適合其履行責任之座車，並為該座車領取牌照，同時確保車況與維修情形良好，並固定為「主管」及其配車購買法定保險，以及任何其他「董事會」得決定之保險。「主管」不得從事任何避免或損害該保險之行為。

「公司」應支付配車之行車費用。「主管」應確保配車行駛於公路時，該車之狀況符合法律規定，且駕駛持有有效駕照，並依法購買有效之保險。

第 8 條　（獎金）

一、「主管」有權根據已獲「董事會」核准，且在該會計年度施行之獎勵制度領取獎金，以作為受聘期間之進一步報酬。獎勵制度之規則應由「董事會」決定，並得由「董事會」逐年更改，或者在其認為適當之時機更改。制度之書面細節將另行提出，其中明定須達成之目標與可賺取之獎金金額。

二、「主管」在其受聘期間，應被告知現行獎勵制度之規定。

三、「公司」現有稽核人針對「主管」依該獎勵制度有權領取之獎金金額所開具之書面證明，對各方均具決定性與約束力。

第 9 條　（終止）

一、本契約書得於一方向另一方發出通知六個月後終止。

二、儘管有上述規定，當下列任一情事發生時，「公司」亦應有權隨時終止本契約書：

(1)「主管」被迫宣告破產，或者為其債權人之權益達成任何安排或和解；

(2)「主管」須對嚴重損害「公司」或可能嚴重損害「公司」之行為負責，無論從事該行為之時間是否為營業時間；或「主管」因刑事罪名被判決有罪；

(3)「主管」之蓄意違令、罪行或疏失，無論其是否與「公司」或「關係企業」之事務有關；

(4)「主管」違反其應遵守或履行之契約規定；

(5)「主管」因精神喪失而無法管理或處理其個人財產及事務；

(6)「主管」作為一個公司管理者是不合法性的。

(7)在任一連續十二個月期間，「主管」因疾病或傷害而曠職超過一百三十個工作天。

三、儘管有其他規定，本契約書應依雙方之共識，在「主管」六十五歲時之「正常退休日」終止。

四、若本契約書終止前：

(1)「主管」之聘僱因「公司」改造或合併而終止，且「公司」因該改造或合併取得其他企業或事業，並於聘僱剩餘期間或其他得由雙方同意之期間，依「主管」要求之報酬或其他條件提供「主管」職務，且該條件不低於本合約書提供之條件；或

(2)「公司」之任何「關係企業」在聘僱期間內，依「主管」要求之報酬或其他條件，於聘僱剩餘期間提供「主管」不屬「公司」之職務，且該條件不低於本合約書提供之條件，同時「公司」在提供該職務後之任何時間終止本合約書，任何與終止本契約書有關之損害或其他事項，「主管」均不得對「公司」提出索賠主張。

第 10 條 本契約書構成「主管」聘僱之所有條款，且「主管」與「公司」或任何「關係企業」先前達成之協定及安排均因此取消。

第 11 條 本契約書所用之「關係企業」，係指「公司」可掌控之任何企業體；以及任何可掌控「公司」之企業體（以下簡稱「母公司」）；及「母公司」可掌控之任何企業體。

第 12 條 為簡單起見，本契約書採用陽性代名詞。本合約書適用於任何「主管」，無論其為男性或女性。

第 13 條 （通知）

任何本契約書所定之通知，均應以書面為之。該通知得由專人送交，或者先以傳真，再經由第一類郵件將書面確認寄達。若收件人為「公司」，住址為其登記之辦公室；若收件人為「主管」，則為其最後載明之住址。任何以傳真發出之通知，應在傳送時被視為已送達，而該通知亦應以第一類郵件立即確認。為證明通知已送達，應有足夠證據證實該傳真已傳出，同時裝有相同通知，且貼足郵票並外寫正確住址之函件，已藉第一類郵件寄出。

訂約人：○○股份有限公司

甲方代表人：○○○

地址：臺灣臺北市中山北路 8 號

乙方：○○○

地址：臺灣臺北市仁愛路 100 號

● 科技人才僱佣契約書（二）

1. **本契約的特點**：本契約為僱佣契約書，甲方聘僱乙方為其公司工作的僱佣契約。

2. 適用對象：本契約適用於僱傭關係。

3. 基本條款：訂立本契約應訂明僱佣契約的基本條款。

4. 相關法條：民法第 482 條。

僱佣契約 2-8-5

科技人才僱佣契約書（二）

立契約人：○○股份有限公司（簡稱甲方），○○○（簡稱乙方），雙方同意訂立僱佣契約共同遵守。

第 1 條　（聘僱期間）

乙方應以_____〔職稱〕或其他得由甲方要求之類似職等，於○○年○月○日至○○月○○日之間及之後為甲方服務，除非乙方之約聘依本契約第 8 條或第 10 條終止。

第 2 條　（職權與職責）

乙方受僱為_____〔職稱〕。身為_____〔職稱〕，乙方應負責_____〔職務〕。乙方應行使其職權，並執行得由公司不定期指派之甲方相關業務。乙方亦應遵守得由甲方不定期下達之合理指示。

第 3 條　（差勤、其他聘約等）

在本契約之僱傭期間，乙方：

一、應於正常工作時段（健康欠佳、意外及本契約准許之假期除外）內，將時間、精力及才能大幅投諸於契約責任之履行；

二、不得（除非甲方以書面方式同意）承擔任何其他業務或職責；擔任或成為其他公司、行號或個人之董事、員工或代理人；協助已為或可能為甲方業務競爭者之其他企業或專業；或者擁有已為或可能為甲方業務競爭者之其他企業或專業之財務權益；及

三、應以適當、忠誠且有效率之態度履行職責，並盡全力推展甲方之業務及商譽，且不得從事對甲方有害之行為。

第 4 條　（機密資料）

在僱傭期間或之後，除非職責所需，乙方於僱佣期間獲悉之與甲方業務或事務有關之商業或機密資料，乙方不得用其損害或侵害甲方，或者將其洩漏予其他任何人。

第 5 條　（董事會資料）

無論何時，得由「董事會」要求之與乙方聘僱事務或甲方業務有關之資料及說明，乙方均應迅速提交「董事會」（若其要求書面資料，即應以書面為之）。

第 6 條　（文件之歸還等）

若公司提出要求或僱佣期間因故終止，乙方應歸還甲方一切客戶或顧客名單、書信，以及其他乙方於僱佣期間準備或持有之文件、資料與紀錄，同時乙方無權且不得保留任何副本。上述所有權及著作權應屬甲方所有。

第 7 條　（報酬）

甲方應在每月月底支付乙方薪資新臺幣○○○○元作為服務報酬。薪資報酬應依代扣所得稅或其他適用規定納稅。

第8條　（支出）

乙方履行職責時得不定時獲准支付之合理差勤、旅館、交際及其他現金支出，甲方應償付乙方。

第9條　（因故終止約聘）

一、乙方在任一連續十二個月內，因故連續四個月或累積九十日無法或開始無法有效履行契約職責時；

二、乙方為或成為心智異常者時；

三、乙方根據任一法令（或其部分）為或成為某種精神病患時；

四、乙方宣告或開始宣告破產時；

五、乙方與其債權人達成和解時；

六、乙方依法不得擔任或成為「董事」時；

七、乙方從事不當行為時；

八、乙方嚴重違反其對甲方履行之義務（無論是否為本契約義務）時；或

九、乙方拒絕或不願遵守甲方下達之合法命令或指示時，甲方應有權以書面方式終止乙方之約聘。

此外，下列情事發生時，乙方之約聘應在乙方接獲書面通知時終止：

一、甲方將其絕大部分資產售予一購買人或一群聯合購買人；

二、甲方已發行之公司股份中，至少三分之二被一次售出、交換或以其他方式處理；

三、甲方決定停止營業並清算財產；或

四、甲方在一次交易中合併，而新公司或延續公司之未發行有表決權股中，甲方股東獲得之股份低於百分之五十。

甲方遲延或放棄行使上述終止權利之行為，並不構成對該權利之棄權。無論乙方之約聘是否因本條文或第十條而遭終止，乙方均不得以該終止為由針對損害或其他情事向甲方索賠。

第10條　（無故終止）

甲方得在向乙方發出書面通知三十日後，無故終止乙方之約聘。在此情況下，若甲方提出要求，乙方應繼續提供服務，並支領正常報酬，直至終止當日為止。乙方得在向甲方發出書面通知三十日後，無故終止乙方之約聘。在此情況下，乙方應繼續提供服務，並支領正常報酬，直至終止當日為止。

第11條　（終止後不得競業）

本僱傭契約終止後一年內，無論具備原因與否，乙方同意不成為以下公司之員工、合夥人或唯一所有人，或者持有以下公司百分之五以上之股份：

1. 甲方之競爭對方，且其位置處於甲方地點方圓三百英哩內；

2. 銷售產品與甲方產品相同之公司，且其位置處於甲方地點方圓三百英哩內。

第12條　（不實陳述）

無論何時，乙方均不得發表與甲方有關之不實陳述，尤其在本契約僱傭期間終止後，乙方不得違法聲稱其受甲方僱用，或者與甲方有關。

第 13 條　（仲裁）

　　　　任何由違反本契約之行為，或者由本契約引發或與本契約有關之爭端或索賠主張，均應遵照中華民國《仲裁法》之規定，於臺北市中華民國仲裁協會以仲裁方式解決之。仲裁判斷得在任何具管轄權之法庭提出並執行之。

第 14 條　（本契約由當事人核准生效。）

　　　　　　甲方：○○股份有限公司
　　　　　　甲方代表人：○○○
　　　　　　地址：臺灣臺北市中山北路 8 號
　　　　　　乙方：○○○
　　　　　　地址：臺灣臺北市仁愛路 100 號

● 臨時工僱傭契約書

1. **本契約的特點**：本契約為臨時工僱傭契約，僱用人僱用受僱人為臨時勞工之契約。

2. **適用對象**：本契約適用於臨時工僱傭契約。

3. **基本條款及注意事項**：訂立本契約應訂明僱傭契約之基本條款及其應注意事項。

4. **相關法條**：民法第 484-486、489 條及勞動基準法。

僱傭契約 2-8-6

臨時工僱傭契約書

○○公司（以下簡稱甲方）與○○○（以下簡稱乙方）雙方締結如下勞動契約書：

第 1 條　甲方根據下列之勞動條件，僱用乙方為臨時勞工，乙方須確實遵從甲方之指示：

　　　　一、契約期間：自民國○○年○○月○○日起至民國○○年○○月○○日止。

　　　　二、就業場所：○○市○○路○○號甲方之臨時販賣店。

　　　　三、職務：銷售、訂貨、搬運及其他相關事務。

第 2 條　乙方服務期間如左：

　　　　一、工作時間：一日實際工作時間為七小時三十分，休息時間為一小時。

　　　　二、休假：每週休假一天。

　　　　三、休假日加班：若因業務上不得已之理由，得遵照勞動基準法之規定於假日加班。

第 3 條　甲方支付乙方薪資之辦法如左：

　　　　一、每日新臺幣○元（所得稅由乙方負擔）。

　　　　二、加班津貼：工作時間外之加班須另支付加班津貼。

　　　　三、支付方式：每月○日（如支付日逢銀行休假日、則提前一日）以當地通用貨幣為工資之給付。

第4條　本契約第一條期間屆滿時，本契約即自動終止。乙方不得要求第三條工資以外之退職津貼及其他一切之給付，而在本契約期間若因重大過失而導致甲方之損失，乙方應負擔損害賠償之責任。

第5條　本契約一式二份，甲、乙雙方經簽名蓋章後各執一份為憑。

立契約人：僱用人（甲方）：

工廠名稱：

工廠地址：

負責人：○○○　印

住址：

身分證統一編號：

公會會員統一編號：

受僱人（乙方）：○○○　印

住址：

身分證統一編號：

中　華　民　國　○○　年　○○　月　○○　日

註：本契約第4條為終止契約之條款。

● 專屬演員契約

1. **本契約的特點**：本契約為專屬之僱傭契約，由演藝人員與電影公司訂立契約作為該電影公司之專屬演員。
2. **適用對象**：本契約適用於電影公司僱傭專屬演員之契約。
3. **基本條款**：訂立本契約應訂明僱傭契約之基本條款及其應注意事項。
4. **相關法條**：民法第482、485條。

僱傭契約 2-8-7

專屬演員契約書（電影）

○○電影公司（以下稱為甲方）和○○○（某演員之名）（以下稱為乙方）締結下列契約。

第1條　從民國○○年○○月○○日到民國○○年○○月○○日，乙方屬於甲方的專屬演員，於此期間，乙方只能在甲方（或甲方指示之公司）所製作的電影中演出。

第2條　在契約期間中，甲方承諾對乙方支付下列報酬。

(1) 專屬費新臺幣（下同）○○○○元。

(2) 一作品的演出費○○○○元。

(3) 演出保證額○○○○元。

(4) 其他費用○○○○元。

第3條　若演出完成日超過本契約期間存續期間時，乙方承諾以本契約同一條件完成演出。

第4條　於本契約期間乙方演出的作品數，因不可歸責於乙方之事由（含乙方因生病而無法演出）不能達到保證作品數時，甲方仍應支付保證額之金額。

第 5 條　於本契約期間中因可歸責於乙方之事由，致不能演出或產生不完全演出之危險時，乙方承諾儘速除去不能或不完全演出之原因，而完成演出。

第 6 條　基於本契約演出電影之一切權利，由甲方（或者甲方指示之公司）擁有。

第 7 條　沒有甲方的委託或同意，乙方不可以於甲方以外所主辦的舞臺、廣播、宣傳或其他場所演出或出場。

第 8 條　甲方或乙方違反本契約時，對對方因違反產生之損害應負賠償之責。

　　　　　　　　立契約人
　　　　　　　　甲方：○○電影公司
　　　　　　　　代表人：○○○ 印
　　　　　　　　地址：
　　　　　　　　乙方：○○○ 印
　　　　　　　　地址：

中　　華　　民　　國　○○　年　○○　月　○○　日

註：1. 演藝人員應具有表演之才能，故本契約應適用民法第 458 條演藝人員應具有特種技能之保證。

　　2. 任意條款：依情況需自行加入契約當中。

　　(1) 乙方承諾於本契約期間內演出甲方（或甲方指示之公司）所製作的電影○部以上。

　　(2) 於本契約期間內甲方保證最少讓乙方演出○部電影（以下稱為保證作品數）。

　　(3) 於本契約期間內，乙方的演出作品數未達保證作品數時，甲方同意對乙方支付保證作品數之金額。甲方履行前項付款義務時，在本契約期限內，對於乙方的演出作品數未達保證作品數不負責任。

　　(4) 一部電影乙方的基本演出日數，從演出之日起算四十五天。

　　(5) 甲方（或甲方指示之公司）分割製作一部電影、或於乙方演出完成前中止電影的製作時，乙方的演出日數超過基本演出日數或對於乙方的演出有特別條件時，甲方乙方協議決定報酬金額。

　　(6) 乙方演出甲方（或者甲方指示之公司）所製作之電影時，遵從甲方（或者甲方指示之公司）所定作業上的各種規定。

　　(7) 甲方尊重乙方藝術家的立場，為配合乙方演技之效果，甲方同意就電影的種類、內容以及分配的角色等和乙方協議之。但前項協議事項，乙方同意遵從甲方的最終決定。

　　(8) 乙方同意配合甲方製作演出電影的宣傳及甲方事業的一般宣傳。

　　(9) 於本契約期間內，沒有甲方的同意乙方不能為整形手術或對於身體有傷害危險之運動、旅行等行為。乙方違反前項約定使身體有明顯的變化時，甲方可解除契約。

　　(10) 乙方演出甲方指示公司之電影時，該作品算入保證作品數之內。

● 傳播的專屬演出契約

1. **本契約的特點**：本契約為傳播的專屬演出契約，由演出者與傳播公司簽訂專屬的演出契約。

2. **適用對象**：本契約適用於傳播的專屬演出契約。

3. **基本條款**：訂立本契約應訂明僱傭契約之基本條款。

4. **相關法條**：民法第 482、485 條。

僱傭契約 2-8-8

傳播的專屬演出契約書

○○○（以下稱為甲方）和○○○（以下稱為乙方）之間，以確保預定演出為目的締結下列契約。

第1條 乙方同意甲方所訂定之工作規則，接受預定的傳播或傳播附屬業務中演出，且同意甲方得複製演出之錄音、錄影於甲方之傳播及傳播附屬業務反覆使用。

第2條 乙方依據專屬演員規則工作，該報酬甲依據規則中第○條規定每次新臺幣○○○元，支付演出報酬。

第3條 契約期滿時，甲方支付乙方之專屬費新臺幣○○○元。但基於雙方合議可先付相當金額。

第4條 契約有效期間，從民國○○年○○月○○日到民國○○年○○月○○日。但基於雙方合議可更新契約。

更新契約之提議，於期滿一個月前為之。

第5條 甲方或乙方於前條期間內，有正當理由時，可於一個月前預告終止契約，但因終止契約致他方受損害者，終止之一方應負損害賠償責任。如當事人之一方有違反契約之事實時，他方不適用前項約定可立即解約，且無須負損害賠償之責。

第6條 於前條第一項終止契約之情形，第三條但書之專屬費以每月付款之方式依比例計算之。

本契約證明作成二份，甲乙方各持一份為憑。

　　　　　　　　甲方：○○傳播公司
　　　　　　　　代表人：○○○ 印
　　　　　　　　地址：
　　　　　　　　乙方：○○○ 印
　　　　　　　　地址：

中　　華　　民　　國　　○○　　年　　○○　　月　　○○　　日

註：本契約為傳播公司聘請專屬演出人員為僱傭契約，適用民法僱傭契約之規定。

● 芭蕾舞演出契約書

1. 本契約的特點：本契約為芭蕾演出契約書，由演出者與劇場訂立芭蕾舞演出契約，由演出者受僱於劇場演出芭蕾舞。

2. 適用對象：本契約適用於演出者與劇場訂立演出契約。

3. 基本條款：訂立本契約應訂承攬契約之基本條款。

4. 相關法條：民法第482條。

僱佣契約 2-8-9

芭蕾舞演出契約書

　　為○○○劇場公演活動締結下列契約：

　　締約者為○○○劇場（以下簡稱「甲方」），演出者○○○（以下簡稱「乙方」），就公演活動約定遵守下列事項：

事項	內容
公演年月日	○○年○○月○○日～○○年○○月○○日止
次數及時間	一次○○小時○○分鐘 一天○次公演上午 下午○○小時○○分上午 下午○○小時○○分
人員	舞者○位，喜劇演員○位，演奏者○位， 其他○位，共計○位
演出費	一天新臺幣○○元
住宿、餐飲	住宿、餐飲費用由甲方負擔
交通費、運送費	從○○站到○○站，新臺幣○○元由甲方負擔
海報、傳單	甲方應負責：＿＿＿ 乙方應負責：＿＿＿ 一方應他方之請求，應盡力協助他方完成宣傳 工作，支出費用由提出請求之一方負擔
先場所及到達時間	從○○市○○鎮○○劇場○○月○○日○○時由甲方負擔
後場所及出發時間	從○○市○○鎮○○劇場○○月○○日○○時由甲方負擔
支付演出費 及訂金退還	至公演結束後全額給付
其他附帶條件	

　　本契約甲乙雙方簽名蓋章後生效，各自負擔不履行契約之一切責任。

　　本契約作成二份，由甲乙雙方各持一份。

　　　　　　　　甲方：○○○劇場　印

　　　　　　　　住址：

　　　　　　　　乙方：○○○　印

　　　　　　　　地址：

中　　華　　民　　國　　○○　　年　　○○　　月　　○○　　日

註：本契約為演出者受僱芭蕾舞演出之僱傭契約。

● 唱片作詞者專屬契約書

1. **本契約的特點**：本契約為唱片作詞者專屬契約書，由唱片作詞者與唱片公司簽訂專屬作詞契約。
2. **適用對象**：本契約適用於唱片作詞者專屬契約。
3. **基本條款**：訂立本契約應訂明僱傭契約之基本條款。
4. **相關法條**：民法第 482 條。

僱傭契約 2-8-10

唱片作詞者專屬契約書

　　○○○（及其著作權繼承人或繼受人）為甲方；○○○股份有限公司為乙方，締結下列專屬契約。

第 1 條　在本契約存續期間中，甲方為乙方的專屬作詞者，基於乙方之指示而提供乙方歌詞以灌製唱片之用，乙方有權在樂譜、雜誌、其他出版物或廣播、電影等公布歌詞。甲方同意，於本契約存續期間不得製作其他歌詞予第三人，但譯自國外歌詞者，不在此限。

第 2 條　甲方保證歌詞完全由甲方所創作且擁有完全的著作權。

第 3 條　乙方得就甲方歌詞的全部或一部附加樂曲或翻譯，且隨時可於任何一國自由的灌錄唱片，附加適當的商標發售或委託他人為之。甲方同意基於本契約乙方可以為灌錄唱片二次的併用。

第 4 條　依照本契約灌錄唱片之歌詞之著作權屬於甲方，但甲方未得乙方之同意，縱於契約期滿後，該歌詞或其修正增減之作品亦不能供其他唱片寫曲之用，且不能就該著作權為讓與、抵押或管理。

第 5 條　於契約存續期間中乙方所灌錄之甲方的作品，於契約期滿後乙方於必要時得自由再灌錄唱片。

第 6 條　基於本契約所灌錄甲方之作品之唱片的一切著作權歸屬於乙方。因此，乙方有複製全部或一部唱片或其他行為之自由。

第 7 條　乙方為廣告、宣傳，可以自由利用甲方的歌詞及甲方的姓名、筆名、肖像、筆跡、經歷或其他的歌詞撲克牌、說明書、唱片包裝、海報等。

第 8 條　基於本契約灌錄甲方作品之唱片以十七公分（四十五周轉）的單一唱盤為之，乙方支付發售該唱片之下列金額予甲方。

　　1. 版稅──基於本契約灌錄之唱片發售達二千張時，超過之部分單面一曲）一張支付新臺幣○○元，但和他人之歌詞共同灌錄時，應按該歌詞之數量分配之。

　　　　上述版稅稅率對民國○○年○○月○○日以後出版者適用之。

　　　　預估唱片破損的、賣剩之唱片、供宣傳使用之唱片、贈與之唱片、或其他之唱片等大約是出版張數的八成。

　　　　已灌錄唱片再使用之情形，不支付作詞委託費，作詞版稅從第一張開始支付。

　　2. 作詞委託費──基於乙方之委託而特別作之詞，第一次委託費單面（一曲）新臺幣○○元，於灌錄完成時支付之。

　　　3. 對歌詞以外甲方之作品，於灌錄前甲乙方協議決定支付條件。

第 9 條　前條規定之版稅稅率及作詞委託費是以十七公分（四十五周轉）為標準，十七公分 EP 盤、LP 盤等其他情形，以個別的小賣價格和曲數比例算出費率。

第 10 條　乙方於每年三月、六月、九月及十二月計算版稅支付予甲方。

第 11 條　甲方和乙方協力防止唱片之盜錄。若有盜錄時，一方應他方之請求應立即為適當的處理。

　　　　　上述所需一切費用由提出請求之一方負擔。

第 12 條　本契約從民國○○年○○月○○日到民國○○年○○月○○日止。

　　　　　但因甲方生病、旅行或其他不可歸責之事由不能作詞時，本契約上甲方之義務於相當期間內無條件自動的延長。

　　　　　甲方或乙方於本契約期滿前一個月，如未以文書為反對之意思表示時送達予他方，本契約以同一條件自動延長一年期間。

　　　　　以後各延長期滿之情形亦同。

第 13 條　對於違反本契約者可以請求本契約書所定之版稅、作詞委託費等一年份之金額或已支付之版稅、作詞委託費等總額的十倍作為預定的損害額。且於此種情形下，未違約之一方得免除一切契約上之義務。

第 14 條　本契約的修正、變更，應以經雙方簽署之書面為之。

　　　　　　　　　　　甲方：○○唱片公司
　　　　　　　　　　　負責人：○○○　印
　　　　　　　　　　　地址：
　　　　　　　　　　　乙方：○○○　印
　　　　　　　　　　　地址：

中　　華　　民　　國　　○○　　年　　○○　　月　　○○　　日

註：本契約為唱片公司與作曲者訂立作曲作詞之僱傭契約。

【團體協約】

● 團體協約

1. **本團體協約的特點**：本協約為團體協約，由僱方與勞方產業工會訂立，作為勞資雙方應遵守之勞動條款。

2. **適用對象**：本團體協約適用於資方與勞方之團體勞動協約。

3. **基本條款及注意事項**：訂立本協約應訂明僱傭契約之基本條款及其應注意事項。

4. **相關法條**：民法第 483-486、489 條；勞動基準法。

僱佣契約 2-8-11

團體協約（臺北市社會局編印範本）

第一章　總則

一、○○○公司（以下簡稱甲方）與○○○公司○○產業工會（以下簡稱乙方）為保障雙方權益，協調雙方關係，發揮工作效能，共謀合作增產，依據團體協約法訂立本協約以資共守。

二、本協約適用範圍限於全體職員及甲方所訂人事管理規則所稱之作業員。

三、甲方確認乙方有權代表全體會員與甲方接洽涉及勞資關係問題，所稱乙方會員係指依法加入乙方，按月繳納會費者而言。

四、本協約規定事項，與甲方所訂管理規則及各項規程有牴觸者，仍以本協約為準。

五、甲乙雙方辦理團體交涉事項時，以書面行之，對方應於三十日內答覆之。

第二章　工會活動

六、工會活動遇有需要事前經甲方同意時，得在工作時間內舉行。

七、甲方應在廠內提供適當地點給予乙方為辦公場所。

八、乙方之職員及會務人員在工作時間外辦理會務者，得向甲方申請支給原職位之加班費或出差費，但以事前經甲方認可者為限。

九、乙方會員因會務受訓講習，甲方得依其規定支給薪資及原職位餐旅費，逾時應檢附證明文件發給加班費。

十、乙方為辦理工會活動，得經甲方核准借用設施及場所。

第三章　工作時間及休息

十一、從業員每日正常工作時間定為八小時，其作息時間視工作性質分別訂定之。

十二、甲方因業務需要必須延長工作時間或例假日照常工作時，均應事先徵得乙方同意。

十三、甲方因業務需要得依勞動基準法第三十四條之規定採用晝夜輪班制。

十四、從業員用餐時間定為四十五分鐘（輪班者三十分鐘），因工作性質在休息時間中應繼續工作者，得分別依勞動基準法之規定，另定作息時間。

第四章　例假、休假及請假

十五、依照政府規定之例假日，從業員薪津甲方均應照給，如因業務需要照常工作時，依現行辦法加給當日工資。

十六、從業員繼續工作滿一定期間者，依照勞動基準法第三十八條之規定給予特別休假，如因業務需要不休假時應發給不休假獎金。

十七、從業員之公假：公傷假或因事務、婚喪、疾病及女從業員分娩，應依照現行有關規定給假，請假者應先依照本公司人事管理規則第十一章規定辦理之。

十八、乙方辦理會務人員得向甲方請公假，其公假時限依據工會法第三十五條規定辦理之。

第五章　工廠紀律

十九、從業員除應遵守本契約所訂事項外，並應遵守甲方一切章則及通告，誠實擔負業務上之工作責任。

二十、從業員不得洩漏公司業務上之一切機密及毀謗公司聲譽與信用或對公司有不利之行為。

二一、從業員在業務上應接受上級主管或負有監督責任者之指揮與監督，不得抗違，如有意見應於事前或事後述明核辦。

二二、從業員負有業務上監督責任者，應致力運用工作單位之組織機能，使其發揮最大效能，並對屬下從業員之意見，或陳述應善加處理。

二三、從業員上下班或外出應遵守規定出入，並應服從警衛人員之檢查。

第六章　僱傭及解僱

二四、甲方對從業員除工作契約期滿外，非徵得乙方同意，不得隨意不經預告而解僱之，但違反本公司人事管理規則第十四章第三條第一項解僱或免職所列各款之一者，不在此限。

二五、如有下列情事之一者，得於法定期間內經預告解僱從業員之全部或一部，並依勞動基準法辦理：

　　（一）工廠如全部或一部歇業時。

　　（二）工廠因不可抗力，必須停工一個月以上時。

　　（三）工廠因變更編制減少生產或變更製造方法時。

　　（四）從業員於其所承受之工作不能勝任時。

　　前項一至三款應先呈請主管機關核准，但第四款事實之認定發生爭執時，交由工廠會議認定之。

二六、從業員因公傷經二年治療仍未痊癒，由甲方發給其三個月薪資額之撫慰金，並予停薪留職六個月，但於公立醫院證明痊癒後得予復工（職）。如期滿仍未痊癒者，依法令及本公司規定辦理資遣或退休。

第七章　賞罰及考驗

二七、甲方對從業員賞罰與考驗，應遵照本公司「人事管理規則」有關規定辦理之。

第八章　福利

二八、為安定從業員生活，提高工作情緒，努力生產，以求事業之發展，有關福利設施甲方應積極加強。

二九、甲方應依職工福利金條例提撥職工福利金，辦理職工福利事業。

第九章　安全衛生及災害撫卹

三十、甲方對工廠安全設備及衛生設備應依「工廠安全及衛生管理人員設置辦法」及有關法令之規定設置安全及衛生管理人員。

三一、甲方應設置適用之醫務室，聘任合格醫師及護士力求充實醫務設備。

三二、甲方對從業員疾病傷亡撫卹等，依照人事管理規則第十七章第二條辦理之。

三三、甲方應每年邀請衛生單位來廠，對全體從業員切實施行健康檢查，乙方應盡力協助之。

三四、罹患下列疾病之從業員，甲方得令其請假休養治療之。並依本約第 17 條辦理：

　　（一）精神病以及患有傳染性之疾病。

（二）對原有工作不堪勝任之私傷病。

（三）其他由衛生機關所規定應予停止工作治療之病。

第十章　勞資會議及勞資爭議

三五、甲乙雙方依照勞動基準法第八十三條之規定設置勞資會議，處理雙方有關事項。

三六、凡經勞資會議決議事項，雙方應確實履行。

三七、甲乙雙方間發生勞資爭議時，應本和平協調精神協商解決，如仍無法解決，應報請主管機關及有關單位依法處理。

第十一章　待遇

三八、甲方應本勞資兼顧之原則訂定合理薪資標準。

三九、從業員待遇如因物價波動甲方應酌量調整之。

四十、甲方因業務需要延長工作時間、應支付加班費，延長二小時者應照本日每小時工資額最少加給少加給三分之一，其後延長二小時者最少加給三分之二。

四一、甲方正常工作時間內，因原料供應中斷或修理機器影響部分或全部停工時，薪資應照常發給。

四二、甲方如遇意外事故或產品滯銷致影響部分或全部停工時，甲方如不依照第二十五條辦理時，其停工期間工資應依照左列標準發給之：

（一）二個月以內者，發給工資三分之二。

（二）兩個月以上者，發給工資二分之一。

四三、甲方為勵行增產獎勵乙方，於年度終了時，應發年終獎金，並得視業務酌量加發獎金，以示鼓勵。

第十二章　附則

四四、本協約有效期間定為二年，期滿前二個月，應由雙方互派代表會商，續約或重新訂約。

四五、本協約經甲、乙雙方同意後，由雙方代表簽章，並自呈報主管機關認可之翌日起生效。

四六、本協約所未定之事項，甲、乙雙方應遵照政府有關法令及甲方現行規章辦理之。

四七、本協約正本四份，由甲乙雙方各執一份，另二份呈報主管機關核備。

立協約人：甲方：○○○　印

乙方：○○○　印

見證人：○○○　印

中　華　民　國　○○　年　○○　月　○○　日

註：本團體協約之訂立不得違反勞動基準法及其他相關法令。

【工作規則】

● 工作規則

1. 本工作規則的特點：本工作規則為資方為管理員工所訂定之單方面準則。
2. 適用對象：本工作規則適用於資方為管理所訂定的規則。
3. 基本條款及注意事項：訂立本規則應訂明僱傭契約之基本條款及其應注意事項。
4. 相關法條：勞動基準法。

僱傭契約 2-8-12

工作規則（臺北市政府社會局編印範本）

第一章　總則

一、本公司暨所屬工廠員工管理事項，除勞工法令另有規定外，均依本規則行之。

二、本規則所稱員工，係指受僱在本公司所屬各廠工作之男女員工。

三、本公司員工服務悠久、成績卓著者，於業務需要時得視其學歷、經歷程度甄選後轉任為職員。

四、本規則如發生疑義時，由勞資會議研議意見呈報董事會決定之。

第二章　僱用

五、員工之僱用須先辦理審查登記，於需要時甄試僱用之。

六、新進之員工予以四十日之試用，試用期間之工資得按其工作性質定之，凡試用不合格者不予僱用。

七、新進員工有下列情形之一者，不得僱用：

　　（一）通緝有案者。

　　（二）受禁治產之宣告尚未撤銷者。

　　（三）經本公司醫務機構或指定醫師、特約醫院檢查體格不合者。

第三章　到工（職）

八、經甄試錄取之員工，應於接到通知三日內辦理報到手續，逾期即以備取依次遞補，但事先呈經核准延期到工者不在此限。

九、員工辦理報到手續，應填妥下列書表（格式另定），並隨交最近一吋半身照片六張。

　　（一）詳歷表。

　　（二）保證書。

　　（三）戶口謄本。

十、前條手續辦妥後由人事單位填發員工證。

　　前項員工證如有遺失，應即聲明作廢，並向人事單位申請補發。

十一、員工到工經分派工作後，應即赴派定單位工作，不得藉故請求變更。

第四章 人事保證

十二、員工應覓具保證，其保證人之資格必須合於下列之一：

（一）殷實商號一家（經管財物員工為限）。

（二）現任公教人員或現職軍官二人。

（三）有固定職業之公民或本公司之員工二人。

前項（二）（三）兩款，同一保證人擔保本公司員工以二人為限。

本公司董事長及監察人不得作保。

十三、被保證人如有下列情形之一者，保證人應連帶負賠償及追繳之責任，並明定於保證書內：

（一）違背法紀者。

（二）侵占或虧欠公款（物）者。

（三）毀損公物者。

（四）不依本公司規定擅自越權處理業務，致公司發生損害。

（五）其他情形致本公司蒙受名譽或財物損失者。

十四、人事單位於接到保證書後應即予以對保，如有不合格者，應即通知換保。

十五、保證人遇有解職或死亡及其他事故喪失其資格時，被保證人應另行覓保補辦保證手續。

十六、原保證人申請退保時，由人事單位通知被保證人限期另行覓保。

十七、被保證人中途換保，須俟新保證書經人事單位對保後，始得取回原保證書。

十八、被保證人解僱或辭工時，應將經手事項交代完畢，離職後始得取回原保證書，保證人始得解除保證責任。

十九、保證人聲請退保須以書面說明理由，並應俟被保證人另覓保證人手續完備後，始得解除保證責任。

第五章 工作時間及服務準則

二十、本公司員工保證書由人事單位保存，並每年定期辦理對保，必要時得隨時對保。

二一、員工每日工作時間以八小時為原則，每二週工作總時數不得超過八十四小時。

二二、因天災、事變、季節等關係，於取得產業工會或工人同意後，得延長工作時間，但每日總工作時間不得超過十小時，其延長之總時間男工每月不得超過四十六小時，女工每月不得超過二十四小時。

二三、本公司工廠晝夜輪班部門工作班次至少每週更換一次。

二四、員工應遵照規定時間上工下工，其打卡時間除特許者外規定如下：

（一）上班：上班前三十分鐘起打卡。

（二）下班：下班前三分鐘打卡。

（三）上工員工未到達工作場所前，交班員工不得擅自退工，其延長之工作時間視為加班。

二五、員工不得遲到早退或擅離職守，如有遇遲到或曠工情事者，按照下列規定處理之：

（一）遲到：在規定上工時間三分鐘後到十五分鐘以內始到工者為遲到，逾十五分鐘者以曠工論，不足一小時者以一小時計，超過四小時者以曠工一日論。

（二）早退：在規定下工前十五分鐘以內，擅自離廠或離開工作場所者為早退，逾十五分鐘者以曠工半日計。

（三）遲到或早退於一個月內滿三次者，以曠工一日論。

（四）員工公出須經主管核發公出證明向人事單位登記，否則以曠工半日論。

（五）未經請准給假而缺工者為曠工。

二六、員工對於物料成品及機器設備等，應注意愛護，並不得浪費損毀及私自攜帶外出。

二七、員工不得私自攜帶危險品及非工作必備工具進廠，非報經廠方許可者，不得擅領外人進廠參觀或攝影。

二八、員工在工作時間內非有重要事故、或經主管認可，不得會客，會客時間以十五分鐘為限，員工會客地點應在指定場所，不得領入其他場所或宿舍。

二九、員工除遵守法令外，並應遵守公司暨工廠所定之規章及服從主管人員之指導。

三十、員工在下班前應將各工作處理完畢，所用工具收拾清楚，始得離開工作地點。

三一、員工在上下工及進出廠時，應依照規定嚴守秩序，若有攜帶物品出場者，應接受守衛人員之檢查。

三二、員工攜物出廠時，應先向廠方領取放行證方得通行，廠方認為不需要者不在此限。

三三、本公司或工廠因工作之需要，在不影響其原有津貼，且確認該員工能力所能勝任，並在本公司或原廠內為原則調動員工工作時，不得拒絕。

三四、員工上工時應佩戴工具證或其他規定之標幟。

三五、員工在工作時間應佩戴穿著規定之制服及安全裝備。

三六、員工上下班打卡不得託人代辦，違者以曠工半日論，其受託人之處分亦同。

三七、員工不得在宿舍工廠內賭博或打架，並不得在工廠內飲酒或於上工前酗酒。

三八、員工及眷屬戶籍變更時，應即通知人事單位備查。

第六章　請假

三九、員工在工作時間內因重要事故必須離廠者，應先報請主管核准，將請假單送人事室單位登記方得離廠，核定程序另訂之。

四十、員工請假分為下列七種：

（一）事假：請事假一次不得超過五日，全年合計不得超過十四日，超過十四日時徵得員工同意得以特別休假抵充，再超過者以曠工論。

（二）病假：應檢具本廠醫師或公立醫院或特約醫院或勞保指定醫院證明書，始得申請病假，全年合計以三十日為限，超過日數徵得員工同意，得以事假日數及特別休假日抵充，如再逾限可停薪留職一年，但公傷病留職停薪期間不予限制。

（三）婚假：員工結婚給予婚假七日（包括例放假日）。

（四）喪假：承重祖父母、父母或配偶之喪得請喪假七日；祖父母、外祖父母、配偶之承重祖父母、父母或子女之喪五日，為人養子女者，如遇本生祖父母、父母之喪時得給假三日，如因路程關係得酌往返路程假。

（五）分娩假：女性員工經檢具出生證明得請分娩假八星期，三個月以上流產得請四星期，三個月以下之流產依病假之規定辦理。

（六）公假：因照政府法令參加服役、受訓、考試或集會等，合於公假規定者，得檢具證件呈請核給公假。

（七）公傷假：因執行職務受傷，得檢具有關證件報請給予公假。

四一、員工請假應事先填具請假單呈請核准，如患急病或特殊事故未能事先請假者，得取具有效證明，病假於三日內，事假於二日內補行請假，否則視為曠工論。

四二、計算全年事病假日數，自每年元月一日起至十二月三十一日止，中途到工者，除分娩假、婚喪假、特准病假仍依照規定處理外，其他病事假等得依比例遞減。

四三、員工請假理由不充分或有妨礙工作時，主管人員得斟酌情形不予准假，或縮短給假日期。

第七章　休假

四四、員工繼續工作四小時至少應有半小時之休息，但實行輪班制或其工作有連續性或緊急性者，僱主得在工作時間內另行調配其休息時間。

四五、員工每七日中至少有一日之休息作為例假，請公假或事病假一次滿五日以上者，及其在請假期間如遇星期例假日期，均應包括在內，不另給休息例假。

四六、凡經法律規定應放假之紀念或其他休息日均給假休息。

四七、員工繼續工作滿一定期間得給予特別休假，其休假期間如下：

（一）工作一年以上未滿三年者每年七日。

（二）工作三年以上未滿五年者每年十日。

（三）工作五年以上未滿十年者每年十四日。

（四）工作十年以上者其特別休假每年加給一日，其總數不得超過三十日。

前項年資以前年度終了時之年資計算為準。

應給特別休假人員，如基於工作上之需要不能休假者，或其本身不願休假者，得照休假日數加倍發給工資。

四八、因工作需要徵得產業工會同意後，得於例假日或法令規定假日加班。惟星期例假日應另定期補休。法令規定例假日應加倍發給工資，員工不得拒絕。

四九、員工之特別休假日期，應於每年一月及七月，由各該單位排定呈請廠長核定發行之。

五十、因天災、事變或實發事件延長工作時間者，應於事後補給員工之休息。

第八章　工資

五一、員工工資採日給制度，並於每月定期分二次發給。

五二、員工按期以其所任工作核定其工資，工資表另定之。

五三、因員工的工作時間外加班，其工資計算為延長二小時內者，照平日每小時工資額加給三分之一，延長三至四小時應照平日每小時工資額加給三分之二。因天災、事變或突發事件延長工作時間者，按平日每小時工資額加倍發給。

五四、員工在請假期間之待遇依下列規定辦理：

（一）事假：在假期間工資停止發給。

（二）病假：病假期間，自不能工作請假治療之日起至第三日，僱主應照發給工資二分之一津貼，自第四日起所領勞保普通傷病給付與原應發給工資二分之一津貼之差額部分，僱主仍應發給，但以一個月為限。

（三）婚喪假：在規定假期中工資（包括實物代金）照給。

（四）分娩假：女性員工在廠服務滿六個月者，遇有生育或流產等情事，在規定請假期間內工資（包括實物代金）照給，其服務未滿六個月者減半支給。

(五)公傷假:員工因工受傷在假期內工資(包括實物代金)除勞保給付外補給其差額。

(六)公假:合於公假規定者在假期內工資(包括實物代金)照給。

第九章　福利

五五、本公司依照「職工福利金條例」之規定,提撥福利金,辦理福利事業,員工得享受一切職工福利設施。

五六、員工一律參加勞工保險,經僱用後或解僱後,依照規定向人事單位辦理投保或退保手續。

五七、本公司於每年年終依照規定發給員工年終獎金,中途到職者按照其僱用日期比例計算之,未到年終離職者不發。

第十章　考績

五八、員工每年元月舉行定期考績一次。

五九、員工有曠工或申誡以上之處分者,其考績不得列為甲等以上。

六十、員工之考績以領班(班長)為初核,管理員、股長為複核,主任(課長)為決核。

六一、員工請病假超過規定每一天扣半分,遲到早退扣一分,事假超過規定每一天扣一分,曠工一天扣三分。

六二、員工全年皆勤者,考績加五分。

六三、員工記大功一次考績加九分,記功一次加三分,嘉獎一次加一分。

六四、員工記大過一次考績減九分,記過一次減三分,申誡一次減一分。

六五、年度考績內同級功過得相抵,但記過三次者應除名。

六六、大功過一次抵功過三次,功過一次得抵嘉獎申誡三次,嘉獎一次抵申誡一次。

第十一章　年資計算

六七、員工服務年資之計算規定如下:

(一)有下列情形之一者,其年資併計:

1.本公司關係企業間之調動者。

2.奉准給假者。

3.在試用實習期間。

(二)有下列情形之一者,離職期間年資不計:

1.因案停職准予復職者。

2.自請停薪留職者。

(三)有下列情形者,不計前資:

因辭職或免職後,復經僱用者。

第十二章　獎懲

六八、員工之獎勵分下列六種:

(一)獎狀。

(二)嘉獎(嘉獎三次為記功一次),每次發獎金二百元。

(三)記功(記功三次為記大功一次),每次發獎金四百元。

　　　　（四）記大功：每次發給獎金一千元。
　　　　（五）獎金（參酌情況核定）
　　　　（六）晉級（記大功二次晉薪一級）
六九、員工有下列情形之一者，斟酌其應獎勵程度依前條之規定予以獎勵：
　　　　（一）對業務工作有特殊貢獻或提供有利計畫經採納施行有效者。
　　　　（二）利用廢料有克難成果者。
　　　　（三）對舞弊或危害公司權益情事，能事先舉發或防止，而免受損失者。
　　　　（四）研究改善生產設備有特殊功績者。
　　　　（五）施救意外災害，減少財物及人命損失者。
　　　　（六）全年無遲到早退及請假者（公傷及公假不在此限）。
　　　　（七）其他特殊功績，或善行之事實，或當選為好事代表者。
七十、員工之懲罰分下列五種：
　　　　（一）申誡（申誡三次為記過一次）。
　　　　（二）記過（記過三次為記大過一次）。
　　　　（三）記大過。
　　　　（四）除名。
七一、有下列事實之一者予以申誡：
　　　　（一）攜帶物品入廠出售者。
　　　　（二）在一個月內忘帶員工證二次以上者。
　　　　（三）擅離職守者。
　　　　（四）工作廠內男女嬉戲有妨礙工作者。
　　　　（五）隨地便溺者。
　　　　（六）踐踏原料或成品者。
　　　　（七）不遵守工作守則情節輕微者。
七二、有下列事實之一者予以記過：
　　　　（一）未按照規定穿戴安全裝備有具體事證者。
　　　　（二）妨礙他人工作有具體事證者。
　　　　（三）塗寫牆壁機器有礙觀瞻有具體事證者。
　　　　（四）未經許可不俟接替人員到達工作位置逕自先行下班有具體事證者。
　　　　（五）爬越廠區圍牆者。
　　　　（六）託人打卡或代人打卡者。
　　　　（七）同事間有爭執不服勸導者。
　　　　（八）原料缺少及機器損害有隱瞞遲報影響生產者。
　　　　（九）未經奉准擅引外人進入廠區者（守衛人員連帶處分）。
　　　　（十）違反工作守則情節重大者。
七三、有下列情事之一者予以記大過：
　　　　（一）違背工作方法影響生產或導致廠方蒙受重大損失有具體事證者。
　　　　（二）工餘材料隱匿不點有具體事證者。
　　　　（三）在工作時間內擅離崗位或偷懶睡覺有具體事證者。
　　　　（四）因疏忽過失致使公物蒙受嚴重損害者。

　　（五）對上級人員有關職務之查詢，有故意隱瞞或不實之報告者。

　　（六）機器、車輛、儀器及具有技術性之工具，非使用人擅自操作者（倘因而損害並應負賠償責任）。

七四、有下列事實之一經查屬實者予以除名：

　　（一）在工作時間內或工作場所受刑事處分而無改易罰金或罰鍰之宣告者。

　　（二）向外洩漏本廠生產技術或業務上之秘密有具體事證者。

　　（三）故意使機件障礙或故意損壞重要公物有具體事故者。

　　（四）偷竊公司物件或產品有具體事證者。

　　（五）在廠內打人或互毆有具體事證者。

　　（六）無故連續曠工三日，或全月曠工累積逾六日者。

　　（七）捏報事實或浮開費用，意圖不法所得有具體事證者。

　　（八）參加非法組織者。

　　（九）模仿上級主管簽字或盜用印信者。

　　（十）公然侮辱上級之行為有具體事證者。

　　（十一）與包商勾結或接受包商金錢有具體事證者。

七五、員工如有懲罰獎勵等情事，應由主管部門列舉事實送人事單位，依照本規則所定條款簽呈廠長或公司指定主管核定後公布，其屬除名處分者，應報請主管機關核准。

七六、員工平日功過於年度考績時互相抵銷。

七七、員工犯有過失如牽涉法律範圍者，除照本規則處理外，並移送司法機關依法處理。

七八、公司遇有下列情事之一者經呈准主管機關解僱員工：

　　（一）全部或一部分停工或歇業者。

　　（二）因不可抗力停工在一個月以上者。

　　（三）員工對於其所承受之工作確不能勝任時。

七九、為前條情事解僱員工時應先預告，其預告之時間依下列規定：

　　（一）員工繼續工作三個月以上未滿一年者於十日前預告之。

　　（二）員工繼續工作一年以上者於二十日前預告之。

　　（三）員工繼續工作三年以上者於三十日前預告之。

八十、員工於接到前條預告後，為另謀工作得於工作時間請假外出，但每星期不得超過二日，至遠地另謀工作得予以一次合併給假，其給假期內工資包括食物代金照給。

八一、本規則第 79 條規定預告期滿，除員工應得工資照給外，並另給予該項預告期間之工資之半數。其不依第 79 條之規定而即時解僱者，須給員工以該條所定預告期間之工資。

八二、依第 78 條規定解僱員工，除按前條給予預告期間工資外，另依照本規則資遣之規定發給資遣費。

八三、員工因受懲處除名或自行辭退者，不適用本章之規定。

八四、員工離工應依照本廠規定辦妥一切離（職）工手續後，始得申請本廠發給工作證明書。

第十四章　資遣

八五、經醫師證明患有嚴重之傳染病或其他痼疾有礙工作或公共衛生者，得予資遣。

　　因特准病假已達到規定之期限仍不能回公司服務者。

八六、資遣員工發給資遣費，以離職月份之（工）資（薪）給標準包括食物代金及其他經常性之給予，並依服務年資依下列規定發給之：

　　（一）工作每滿一年，發給相當於一個月平均工資之資遣費。

　　（二）工作未滿一年者以比例計算發給，未滿一月者以一月計。

八七、前項資遣費之發給不適用於自行辭職者或因犯廠規而被除名之人員。

第十五章　退休

八八、員工合於下列情事之一者，應准其自願退休：

　　（一）工作十五年以上，年滿五十五歲者。

　　（二）工作二十五年以上者。

八九、員工有下列情事之一者，應命令退休：

　　（一）年滿六十歲者。

　　（二）心神喪失或身體殘廢不堪勝任職務者。

九十、員工退休年齡之認定，以戶籍記載為準。

九一、員工工作年資依下列規定計算：

　　（一）工作年資應以連續服務同一工廠為限，轉廠年資不予計入，但由廠方調動者不在此限。

　　（二）工廠因轉讓或其他事故變更業主，其員工未依勞動基準或其他法律資遣，並繼續被僱用者，其原有之工作年資應予併計。

九二、員工退休金之給予規定如下：

　　（一）依第88條規定自願退休之員工及第八十九條規定命令退休之員工，按其工作年資每滿一年給予二個基數，工作年資超過十五年者，每逾一年增給一個基數之退休金，其剩餘年資滿半年者以一年計算，未滿半年者以半年計。合計最高以四十五年基數為限。

　　（二）第89條第1項第2款命令退休之員工，其心神喪失或身體殘廢係執行職務所致者，依前款規定加給百分之十。

九三、退休金基數之計算方法，以核准退休前六個月平均工資所得為準。

九四、工廠辦理員工退休時，其退休金應自退休之日起一個月內發給，並於給予退休金後，其退休事實表及員工具領收據副本或影本一併存案備查。

九五、勞工請領退休金之權利，自退休之次月起，因五年間不行使而消滅。

第十六章　撫卹

九六、員工在職死亡除依勞工保險條例申請死亡給付外，其在本公司工作一年以下者，給予三個月工資之撫卹金，每滿一年，加給一個月，最高以二十五個月為限，凡因公死亡者，得申請特別撫卹。

九七、員工到工後如未辦妥勞工保險時，發生意外事故致員工受傷，比照勞保條例規定予以補助。

第十七章　附則

九八、本規則未盡事宜悉依政府法令規定辦理。

九九、本規則經本公司董事會通過並呈請主管機關核准後公布施行，修正時亦同。

註：本工作規則為臺北市社會局編印，內容充實，惟應符合勞基法規定，由勞方切實遵守。

第 *9* 章　承攬契約

審訂：永然聯合法律事務所所長　李永然

一、定義

　　承攬，乃當事人約定，一方（承攬人）為他方（定作人）完成一定工作，而他方俟工作完成後，給付報酬之契約（民法第 490 條第 1 項）。

　　約定由承攬人供給材料者，其材料之價額推定為報酬之一部分（民法第 490 條第 2 項）。

二、契約當事人的法定權利義務

（一）承攬人的權利義務

1. 工作義務：完成一定工作之義務。
2. 承攬人的擔保責任：承攬人之完成工作，應使其具備約定的品質，及無減少或減失價值，亦無不適於通常或約定使用之瑕疵。
3. 承攬人的法定抵押權：承攬之工作為建築物，或其他土地上之工作物，或為此等工作物之重大修繕者，承攬人得就承攬關係報酬額，對於其工作所附之定作人之不動產，請求定作人為抵押權登記；或對於將來完成之定作人之不動產，請求預定抵押權之登記，前項請求，承攬人於開始工作前亦得為之。前二項之抵押權登記，如承攬契約已經公證者，承攬人得單獨申請之。第 1 項及第 2 項就修繕報酬所登記之抵押權，於工作物因修繕所增加之價值限度內，優先於成立在先之抵押權。

（二）定作人的權利義務

1. 給付報酬：報酬應於工作交付時給付之，無須交付者，應於工作完成時給付。
2. 給予協力：工作需定作人之行為始能完成者，定作人如經定期催告而仍不為其行為時，承攬人得解除為之契約。

（三）危險負擔

工作物毀損滅失之危險，於定作人受領前，由承攬人負擔。受領後或受領遲延者，均由定作人負擔。但其危險之發生，係因定作人所供給材料之瑕疵或其指示不適當所致，而承攬人及時將其情事通知定作人者，其危險雖發生於受領之前，仍應由定作人負擔。定作人所供給之材料，在危險移轉前因不可抗力而毀損滅失者，承攬人不負責任。

三、承攬契約應訂明的基本條款

1. 承攬人及定作人。
2. 承攬工作名稱、地點、範圍。
3. 報酬及給付方法。
4. 工作期限。
5. 工作材料與監督、管理。
6. 其他特約事項如保證、違約處罰等。

四、訂立承攬契約應注意事項

1. 定作人得向承攬人主張瑕疵擔保之期限，原則上自工作交付（無須交付者，為工作完成時）時起算一年內。
2. 承攬人故意不告知其工作之瑕疵者，延長為五年。
3. 工作為建築物，或其他工作上之工作物，或為此等工作之重大修繕者，此期限定為五年。承攬人故意不告知瑕疵時，則延長為十年。
4. 承攬工作未完成前，定作人得隨時終止契約，但應賠償承攬人之損害。

五、契約範例

【承印書籍】

● 承印書籍承攬契約書

1. **本契約的特點**：本契約為承印書籍承攬契約書、承攬人並可覓具兩個保證人。
2. **適用對象**：本契約適用於承印書籍之承攬契約。
3. **基本條款及注意事項**：訂立本契約應訂明承攬契約之基本條款及其應注意事項。
4. **相關法條**：民法第 490-492 條。

承攬契約 2-9-1

承印書籍承攬契約書

　　立合約人○○學校、○○印刷廠（以下簡稱甲、乙方），甲方《○○○○》一書經標價結果，交由乙方承印，雙方訂定條款如下：

一、數量：○○本，每本○○頁。

二、價款：每本新臺幣○○元，全部價款合計新臺幣○○元整。

三、規格：二十四開本，用○○磅木造紙，版面照原樣本，沖皮封面燙金（顏色另選）。

四、印刷裝訂：印刷須明晰，不得多字少字，前後顛倒、上下顛倒及字行歪斜、行間疏密不
　　等；精緻精裝，不得顛倒或有缺頁。

五、交貨日期：限於○○年○○月○○日，乙方將印製成品交甲方指定地點驗收；原稿及鋅
　　版一併交予甲方。

六、付款辦法：立約後甲方付予乙方總價百分之○，即新臺幣○○元整，其餘價款須俟印製
　　成品交清，經驗收無誤，甲方一次付清餘款百分之○，即新臺幣○○元整。

七、價款追加或追減：本合約全部價款○○元整，如因頁數增減，其總價應按實際頁數核
　　算，追加或追減其總價之金額。但追減總價之金額，以不超過百分之○為限。

八、罰則：交貨限期屆滿，每逾一日，罰總價千分之○。

九、保證：乙方須覓資本額在○○萬元以上之同業兩家，以為保證，如乙方不能履行本合約
　　之義務，保證人應繼續完成，倘甲方蒙受損失，保證人須負賠償之責，並放棄先訴抗辯
　　權。

十、有效期限：本合約訂立後，經對保無誤之日起生效，至價款付清後失效。

十一、附則：本合約正本二份，雙方各執一份（印花自貼），副本○份，交由甲方備用。

　　　　　　立合約人：甲方：○○學校
　　　　　　　　　　　校長：○○○（簽名蓋章）
　　　　　　　　　　　乙方：○○印刷廠
　　　　　　　　　　　負責人：○○○（簽名蓋章）
　　　　　　　　　　　營業登記證號碼：○○字第○○號
　　　　　　　　　　　地址：○○○○
　　　　　　　　　　　保證人：甲乙○○○印刷廠
　　　　　　　　　　　負責人：甲乙○○○（簽名蓋章）
　　　　　　　　　　　營業登記證號碼：甲乙○○字第○○號
　　　　　　　　　　　地址：甲乙○○○○

中　　華　　民　　國　　○○　　年　　○○　　月　　○○　　日

註：本契約第 9 條之保證，為乙方履約重要條款，乙方應切實遵守本契約，以免保證人受罰。

【承攬加工】

● 承攬加工契約

1. **本契約的特點**：本契約為承攬加工契約，定作人提供原料，由承攬人承製其零件。
2. **適用對象**：本契約適用於承攬加工契約。
3. **基本條款及注意事項**：訂立本契約應訂明承攬契約之基本條款及其應注意事項。
4. **相關法條**：民法第 490、492-494 條、第 495 條第 1 項、第 496-498、502、508、509 條。

承攬契約 2-9-2

承攬加工契約書

　　立加工契約人○○○簡稱為甲方，同○○○簡稱為乙方，茲為加工○○物經當事人間同意訂立契約條件於下：

第 1 條　乙方願向甲方承製○○物之零件，而甲方允諾付其加工費用。

第 2 條　乙方承製○○物所需一切材料概由甲方供給之。

第 3 條　乙方所承製之成品應悉數交予甲方，不得有私自出賣或處分等行為。

第 4 條　加工期間訂自民國○○年○○月○○日起，至民國○○年○○月○○日止，滿○○年○○月為限。

第 5 條　乙方所加工數量，每月不得少於○○組，而甲方亦應按此數量供給材料，各認諾之。

第 6 條　本加工契約存續期間內，乙方非經甲方事先許諾，不得向第三人承製同樣製品。

第 7 條　因乙方不慎將甲方供給之材料，或製品失竊或違背契約第 3 條之規定，私自出賣或處分時，乙方應負完全賠償一切之責任。

第 8 條　乙方承製○○物之加工費，經當事人間議定每組（十二個）新臺幣○○元，甲方應於每月○○日依照乙方實交數量計付加工費，不得有遲怠情事。

第 9 條　甲方如拖延或短付前條加工費時，乙方得對甲方所供給之材料，或已成製品為行使留置權，甲方無異議。

第 10 條　乙方有違背本契約第 3 條、第 5 條、第 7 條之約定時，甲方得隨時解除契約，乙方應將甲方既提交之材料及成品交予甲方，乙方無異議。

第 11 條　甲方有違背本契約第 5 條約定，遲延供給材料時，或第 8 條約定遲延給付時，乙方得隨時解除契約，甲方無異議。

第 12 條　本契約履行地點經雙方約定（○○處所）○○工廠內為之。

第 13 條　本契約一式二份，甲、乙雙方各執一份為憑。

```
        定作人（甲方）：○○○ ㊞
        住址：
        身分證統一編號：
        承攬人（乙方）：○○○ ㊞
        住址：
        身分證統一編號：
中　華　民　國　○○　年　○○　月　○○　日
```

註：本契約第 6 條為競業禁止條款，甲方為保護製品所設立之條款，唯並無罰則之規定。

【物品委託保養】

● 物品委託保養承攬契約書

1. **本契約的特點**：本契約為物品委託保養承攬契約書，由承攬人承攬物品專業保養產品，並提供原料。
2. **適用對象**：本契約適用於物品保養承攬契約。
3. **基本條款及注意事項**：訂立本契約應訂明承攬契約之基本條款及其應注意事項。
4. **相關法條**：民法第 490、492-495、497、498、501 之 1、502-504 條、第 506 條第 1 項、第 507 條、第 508 條第 1 項、第 511、512 條。

承攬契約 2-9-3

```
┌─────────────────────────────────────────────┐
│              物品委託保養承攬契約書              │
│  ┌──────┐                                     │
│  │ 印花 │                                     │
│  └──────┘                                     │
│                                               │
│    委託者○○○有限公司（以下簡稱甲方），受託者○○○股份有限公司（以下簡稱乙│
│  方），茲就委託○○物品專業保養服務事宜締結本契約，雙方議定條件如下：        │
│                                               │
│  第1條　甲方委託乙方保養○○產品，乙方應供給必要之原料。                    │
│  第2條　乙方須依照甲方委託保養之指示，於指定日期提供例行性預防保養。         │
│  第3條　甲方對乙方所提供保養之原料、樣品及成品，不得混淆，應安置存放於適當場所，│
│         並標示其狀態及數量。                                          │
│  第4條　乙方供給保養原料時，甲方應即行驗收，若有瑕疵，則須立刻通知乙方，乙方應接│
│         受甲方之指示。                                                │
│  第5條　甲方所驗收來自乙方之保養原料、樣品及成品等，悉為乙方之所有物。        │
│  第6條　乙方應隨時檢查所供給之保養原料庫存狀態。                         │
│         甲方要求乙方於特定期限內提出有關前項之明細表。                    │
│  第7條　保養費結算日期訂為每月○○日，並於翌月○○日以現金支付。            │
└─────────────────────────────────────────────┘
```

第 8 條　乙方於甲方指定之日期內完成保養時，應立即通知甲方，並於甲方指定之地點接受檢查，保養標的如仍有故障，乙方須自行負擔其保養材料費。

第 9 條　乙方未經甲方允許，不得將○○商品委託他人保養。

第 10 條　本契約有效期間自中華民國○○年○○月○○日始，迄中國民國○○年○○月○○日止。

第 11 條　本契約一式二份，甲、乙雙方各執一份為憑。

　　　　　　　立契約人：委託人（甲方）：
　　　　　　　　　　　　公司名稱：
　　　　　　　　　　　　公司地址：
　　　　　　　　　　　　負責人：○○○　印
　　　　　　　　　　　　住址：
　　　　　　　　　　　　身分證統一編號：
　　　　　　　　　　　　公會會員證書字號：
　　　　　　　　　　　　受託人（乙方）：
　　　　　　　　　　　　公司名稱：
　　　　　　　　　　　　公司地址：
　　　　　　　　　　　　負責人：○○○　印
　　　　　　　　　　　　住址：
　　　　　　　　　　　　身分證統一編號：
　　　　　　　　　　　　公會會員證書字號：

中　華　民　國　　○○　年　　○○　月　　○○　日

註：本契約第 9 條乙方未經甲方允許，不得將商品委託他人保養，此乃是委託人信賴受託人之技術，故受託人不得違反此一約定。

【承攬】

● 承攬工程契約書

1. 本契約的特點：本契約為承攬工程契約書，承攬人並應提供合約保證為其特色。

2. 適用對象：本契約適用於承攬工程契約。

3. 基本條款及注意事項：訂立本契約應訂明承攬契約之基本條款及其應注意事項。

4. 相關法條：民法第 490、492-503、506-511、513、514 條。

承攬契約 2-9-4

承攬工程契約書

立合約人：業主（工程機關）○○○（以下簡稱甲方）　經雙方同意訂立本合約，其條
　　　　　承包商　　　　　　○○○（以下簡稱乙方）
款如下：

一、工程名稱：

二、工程地點：

三、合約總價：全部工程總價新臺幣○億○千○百○十○萬○千○百○十○元○角整，詳細表附後，工程結算總價○○按照計算之。

四、工程期限：本工程應於雙方簽訂合約後十日內開工，並於○○○工作日曆天內完成。

五、合約範圍：本合約包括合約條文、工地說明書、開標紀錄、標單（工程估價單、單價分析表）、圖樣、施工規範及說明書、投標須知、保證書及保密切結等文件一切章程在內。

六、圖說規定：乙方應依據設計圖樣及施工規範與說明書負責施工，如施工圖樣與說明書有不符合之處，應以施工圖樣為準，或由雙方協議解決之。

七、合約保證：

（一）乙方應提供兩家以上殷實鋪保或金融機構（銀行、保險公司、信託公司）或等值有價證券及不動產之保證，保證者應負本合約之一切責任。

（二）保證者有中途失其保證資格、能力或自行申請退保時，乙方應立即覓保更換，原保證者於換保手續完成，並接甲方通知後，始得解除其保證一切責任。

（三）保證者應俟本合約失效時，始得解除其保證一切責任。

八、甲方指派監工員職權：

（一）甲方得選派具備監工資格之人員監督乙方有關工程之施工。

（二）甲方監工人員依據本工程合約所定範圍執行下列任務：

　　1.審核乙方提出工程進度表及監督實際施工。

　　2.對乙方所選派之監工人員及工人有監督之權。

　　3.就工程圖樣及施工說明書範圍施工並監督。

　　4.工程材料進場及工作進行時之檢驗。

（三）甲方監工人員執行任務時，如遇困難、阻礙或工程不合規定時，乙方應隨時解決及改正。

九、乙方監工員：乙方應選派富有工程經驗之監工人員常駐工地負責管理施工之一切事宜，並接受甲方施工監督。

十、材料檢查：

（一）關係本工程所使用之材料，其品質或等級不甚明瞭時則以中材為準。

（二）本工程使用材料，甲方應於進場時即行檢查之。

（三）特殊材料之檢驗如須委託其他機構辦理者，其費用由乙方負擔。

（四）檢驗不合格之材料乙方應即撤離工地。

（五）檢驗合格已運入工地的材料，非經甲方同意不得撤離工地。

十一、會同監督之工程：凡必須會同甲方監工人員共同監督進行之工作，雙方監工人員均應配合所訂施工時間如期到達工地，共同監督進行。若甲方未能如期到達，因而造成乙方之損失，乙方得要求甲方展延工期及損失賠償。

十二、甲方供給之材料與租借機具設備

（一）凡規定由甲方供給之材料或租借機具，應按需用時間由乙方領用；如甲方未能及時如數供給，甲方應核實補償乙方之損失。

　　（二）乙方認為其品質或規格與合約規定不符時，應即通知甲方更換之，倘在乙方使
　　　　用期間甲方要求返還，因此而使乙方受損害時，甲方應予補償，由甲乙雙方協
　　　　商解決之。

　　（三）乙方對於甲方點交無償供給之材料及租借機具設備應善加保管，對於供給之材
　　　　料，如認有不足時，乙方應於得標後三十日內，向甲方提出申請，經甲乙雙方
　　　　核實結果，如確有不足時，應由甲方補足之。如有剩餘時，乙方應按甲方指定
　　　　場地交還，租借之機具設備，如有遺失或毀損時，乙方應在甲方指定期間修復
　　　　原狀，繳還或賠償之。

十三、工程變更：甲方對工程有隨時變更計畫及增減工程數量之權，乙方不得異議，對於增
　　　減數量，雙方參照本合約所訂單價計算增減之。惟如有新增工程項目時，得由雙方協
　　　議合理單價。倘因甲方變更計畫，乙方須廢棄已完成工程之一部或已到場之合格材料
　　　時，由甲方核定驗收後，參照本合約所訂單價，或比照訂約時料價計給之。

十四、工程終止：甲方認為工程有終止之必要時，得解除合約全部或一部分，一經通知乙
　　　方，應立即停工，並負責遣散工人，其已完成工程，及已進場材料，由甲方核實給
　　　價。倘因此而使乙方蒙受損害時，甲方應予補償。

十五、工期延長：因下列原因及甲方之影響，致不能工作者，得照實際情況延長工期：
　　　（一）人力不可抗拒之事故。
　　　（二）甲方之延誤。

十六、工料價格變動之調整：工程進行期間，如遇物價波動時，依最近中央政府年度總預算
　　　施行條例第7條規定補貼標準辦理。

十七、一般損害：工程開工以後交接以前，如有損（焚）毀或滅失，由乙方負擔之。但如遇
　　　天災或人力不可抗拒之災禍不在此限。

十八、天然災害：
　　　（一）因天災或人力不可抗拒之原因，致使已完工程及機具器物遭受損害時，乙方應
　　　　　於事實發生後，將實在狀況及損失數字通知甲方核實補償之，但如有保險賠償
　　　　　及其他可彌補之款項，應從損害額中扣除之。
　　　（二）前項損害額由甲、乙雙方協議定之。

十九、驗收（及）接管：乙方於工程完成時，應即通知甲方：
　　　（一）甲方接獲乙方前項通知時，甲方應於十五日內初驗，俟驗收合格後，經甲方通
　　　　　知乙方送達領款發票日起三日內付清承包價款。
　　　（二）驗收時如有局部不合格時，乙方應即在限期內修理完成後，再行申請甲方復
　　　　　驗。
　　　（三）經驗收合格後，甲方應即行接管。

二十、部分使用：
　　　（一）甲方於工程完成一部分如因提前使用，得先驗收其完成部分。
　　　（二）甲方對於未完成部分，在不妨害乙方施工原則下，亦可徵得乙方之同意使用
　　　　　之。
　　　（三）甲方對使用部分工程負保管之責。
　　　（四）如由於甲方之使用以致乙方遭受損害時，甲方應賠償其損害額，其數額由甲乙
　　　　　雙方協議定之。

二一、付款辦法：乙方支領工款所用之印鑑應為簽訂本合約所用之印鑑，並繳存甲方印鑑二份；另一份存主計單位，其領款辦法得如左列規定辦理：

　　（一）有預付款者：

　　　　1. 在訂約時乙方繳存甲方等於本工程總包價百分之三十之工程保證金，上項保證金得以金融機構（銀行、保險公司、信託公司）或等值有價證券及不動產保證之。於合約簽訂後，乙方得領預付款工程總價百分之三十。

　　　　2. 開工後每日由甲方將乙方在該期內完成之工程估驗計算，支付該期估驗總價百分之六十五，如遇物價指數應予調整時，則在每月月底按月份依進度計算補行計價。

　　　　3. 全部工程完成並經正式驗收，乙方並繳存保固切結及保不漏切結，除保留工程總價百分之一作為工程保固金，於保固期滿後發還外，其餘尾款結清。

　　　　4. 進場材料：

　　　　　（1）成品：經檢驗合格後，按成品單價百分之五十付款。

　　　　　（2）單項材料：經檢驗合格後，按單項材料單價百分之三十付款。

　　（二）無預付款者：

　　　　1. 在工程訂約時乙方應繳存甲方等於工程總價百分之一之工程保證金，上項保證金得以金融機構（銀行、保險公司、信託公司）或等值有價證券保證之。

　　　　2. 工程開工後每○日由甲方將乙方在該期內完成之工程估驗計價，支付該期估驗計價百分之九十五，如遇物價指數應予調整時，則在每月月底按進度計算補行計算。

　　　　3. 全部工程完成並經正式驗收，乙方並已繳存保固切結及保不漏切結，除保留工程總價百分之一作為工程保固金，俟保固期滿後再行發還外，其餘尾款結清，並無息退還乙方所繳存之全部工程保證金。

　　　　4. 進場材料：

　　　　　（1）成品：經檢驗合格後，按成品單價百分之六十付款。

　　　　　（2）單項材料：經檢驗合格後，按單項材料單價百分之四十付款。

二二、保固：工程自經甲方驗收合格之日起，由乙方保固○年，在保固期間工程倘有損壞坍塌、屋漏等其他之損壞時，乙方應負責免費於期限內修復，如延不修復，甲方得動用保固金代為修復。

　　前項保固金得以金融機構（銀行、保險公司、信託公司）或等值有價證券及不動產保證之。

二三、逾期責任：由於乙方之責任未能按第四條規定期限內完工，每過期一天須扣除工程總價千分之一。

二四、甲方有按期付款之義務：

　　（一）甲方有按期付款之義務，如每期付款逾上開各條規定七日以上，致乙方遭受損失，應由甲方負責賠償之。

　　（二）甲方應付工程款，無故遲延，經乙方催告無效時，乙方得中止工程，並隨時通知甲方，乙方因此所受之損失，由甲方賠償之。

二五、甲方之終止合約權：

（一）工程未完成前甲方得隨時終止合約，但應賠償乙方所生之損害，而乙方有左列各款之一者，甲方得終止本合約，甲方因此而有損失，乙方應負賠償之責。如乙方無力賠償時，應由保證人賠償之：

1. 乙方未履行本合約規定。

2. 乙方能力薄弱，任意停止工作，或作輟無常，進行遲滯有事實者，甲方認為不能如期竣工時。

（二）依據前項終止合約時，已完成工程部分經過檢查合格者，為甲方所有，甲方應按合約單價於終止合約十天內付乙方承包金額。

（三）乙方領有預付款者，結算後如尚有餘額，應退還甲方。

二六、乙方之終止合約權：甲方有下列情事之一者，乙方得終止本合約，甲方必須賠償乙方所受一切損失：

（一）因甲方違反合約之事實，致工程無法進行時。

（二）甲方顯無能為力按合約規定支付工程款時。

（三）甲方要求減少工程達三分之一以下者。

（四）訂約後，甲方在六個月內仍無法使乙方開工者。

二七、保險：乙方應將工程標的物及工程用材料（包括甲方供給材料），依甲方規定投保營造保險，保險費由甲方列入工程標單內。

二八、施工安全與配合：

（一）乙方應遵照「勞工安全衛生法」及「營造安全衛生設施標準」規定切實辦理。

（二）乙方對維護交通、環境衛生應配合甲方之施工環境，設置有關顯明標誌，以策安全，倘因疏忽而發生意外，乙方應負一切責任。

（三）乙方對工地設備，應求齊全，諸如工人之食宿、醫藥衛生、材料、工具儲存、保管、交還等，均應有充分之作業規定與設備，其設置地點之選擇，以施工方便、安全為原則，但事先應先與甲方協調並經同意之。

（四）在施工期間，甲乙雙方應盡量協調配合，以便利施工。

（五）乙方對於有機密性之工程，無論任何文件、地點、時效等均應代為保密，不可任意洩漏，否則應負法律責任。

二九、合約分存：本合約正本二份，雙方各執一份，副本○○份，由甲乙雙方分別存轉，每份合約附件，計圖樣○張、施工說明書○張、標單○○張、開標紀錄○○張、投標須知、保證書、領款印鑑等。

立合約人：甲方：○○○　印

乙方：○○○　印

連帶保證人：○○○銀行

負責人：○○○　印

地址：

監約人：○○○　印

對保人：○○○　印

中　華　民　國　○○　年　○○　月　○○　日

註：本契約第28條第5項之機密保護條款，承攬人應切實遵守不得任意洩漏，否則應負法律責任，為一比較特殊之條款。

● 合建契約書（一）（建照由地主建主共同申請）

1. **本契約的特點**：本契約為合建契約，由一方提供土地給他方建築房屋，並按約定比例各取得房屋及土地持分為其特色。
2. **適用對象**：本契約適用於由一方提供土地，另由一方興建房屋之合建契約。
3. **基本條款及注意事項**：訂立本契約應訂明承攬契約之基本條款及其應注意事項。
4. **相關法條**：民法第 492-494 條。

承攬契約 2-9-5

合建契約書（建照由地主建方共同申請）

立合建契約書人地主：○○○、○○○（以下簡稱甲方），建主：○○○（以下簡稱乙方），茲為合作興建房屋事宜，雙方協議訂立契約，條款如下：

一、基地及土地面積：

　　甲方提供所有座落臺北市北投區新民段壹小段、、號三筆土地，面積○・○四五三公頃，全部提供乙方規劃、設計建造七層之大樓，其所需之建造工程費、設計費由乙方負擔。

二、建物之分配：

　　（一）甲方分得總建築面積坪數百分之四十三：即二樓 B、C、三樓 A、B、四樓 A、B、C、五樓 B、六樓 B、七樓 C（如附件一）。

　　（二）乙方分得總建物面積坪數百分之五十七：即一樓 A、B、C、二樓 A、三樓 C、五樓 A、C、六樓 A、C、七樓 A、B（如附件一）。

　　前述總建物面積坪數分配比例，誤差若超過百分之二，超過之一方應補貼另一方，其補貼價額，依每一樓價目表核算（如附件二）。

　　（三）地下室車位原則上為三個，由乙方取得一車位，甲方取得二車位，若車位為四個，甲方取得三車位，乙方取得一車位，車位超過四個時，增加之車位，歸甲、乙雙方共有。

　　（四）屋頂使用權，A、B 棟七層樓屋頂歸乙方，C 棟樓頂歸甲方，C 棟樓頂所需之樓梯由甲方委託乙方架設，費用由甲方負擔。

三、建照及起造人名義：

　　建築執照及起造人，以甲、乙雙方及雙方所指定之名義人共同具名申請之。甲、乙雙方訂約之日起二天內，甲方提出有關變更名義資料交○○○建築師，乙方於訂約之日起七日內，須將其所指定之起造名義人之有關資料送○○○建築師。施工中，甲乙雙方均得變更起造人名義，他方不得刁難。

四、保證金：

　　由乙方付甲方保證金計新臺幣○百○萬元整。

　　（一）付款辦法：

　　　　1. 簽約時付保證金新臺幣○○萬元整，甲方應於簽約日起算二日內，將有關變更起造人名義資料交予乙方，辦理起造人名義變更登記手續與乙方所指定名義人之名下。

2.簽約時由乙方開一個月之期票○○萬元交付甲方。

　　（二）退款辦法：

　　　　甲方應按照下列乙方達成該工程之進度三日內，照下列標準退還保證金：

　　　　1.二樓地板完成時，退還新臺幣○○萬元整。

　　　　2.總結構體完成後，退還新臺幣○○萬元整。

　　　　3.水電內、外管完工即交屋，交屋後退還新臺幣○○萬元整。

五、建築執照及設計圖：

　　（一）乙方應依照核准圖（附件三）及施工說明書（附件四）確實施工，並應如期完工，如發現偷工減料或施工不良，甲方得隨時要求改正之。

　　（二）自合約簽訂之日起四天內開工，全部工程自開工之日起，依工務局標準以四百八十個晴雨天內完工（即取得使用執照日為完工日），如天災地變、政令限制或不可抗力及工程變更等，不在此限。

　　（三）水電內外管線完成後即交屋，乙方應會同甲方驗收，並由乙方負責保固一年。

六、甲方保證其所提供之土地產權清楚，並絕不影響申請使用執照及土地移轉登記。如發生糾紛由甲方負責，且不得影響乙方工程之進行。

七、稅捐之分擔：

　　（一）本契約成立前應納之土地增值稅、地價稅等一切稅款由甲方負責。

　　（二）自本契約成立之日起，土地增值稅、地價稅等一切稅款，由甲方負擔百分之四十三，乙方負擔百分之五十七。

八、產權之移轉：

　　（一）甲方於七樓混凝土結構完成，應準備土地所有權狀、印鑑證明……等過戶證件，交由乙方指定之○○○代書辦理過戶手續，辦理土地合併及持分之代書費、印花稅及規費等費用，甲方負擔百分之四十三，乙方負擔百分之五十七。

　　（二）本工程領照或辦理產權移轉登記及有關事宜，需甲方提供有關證件或簽章時，甲方應無條件協助辦理。

九、乙方出售其所分得之房屋及土地，如需甲方會同蓋章或辦理手續時，甲方應無條件協助辦理。

十、甲、乙雙方申請使用執照、起造人名義及水電內外管線工程等所需印章，由甲、乙雙方交付○○○建築師保管使用。

十一、水電內外管線工程費用由乙方負擔，溫泉管線之裝置，應由乙方向有關機關申請，無論核准與否，乙方應負責裝設建築線內之溫泉內管線，工程費用由乙方負擔。溫泉外管線於有關機關核准後裝設，工程費用甲方負擔百分之四十三，乙方負擔百分之五十七。

十二、乙方分得之房屋，自簽約日起三個月內，乙方有優先出售權，甲方不得異議，但如買主滿意甲方分得之房屋，甲方雖在上開期間內出售甲方分得之房屋，乙方不得異議。

十三、開工時，甲方負責建築線位置及鄰房鑑界線，如發生錯誤時，由甲方負責立刻解決，不得影響工程進度，有關費用由甲方負擔。

十四、開工後，甲方不得變更任何設計，但工程完工後再變更時，所需費用由甲、乙雙方議價後，由甲方負擔，其追加工程以不影響本工程之施工為主。

十五、甲方推派○○○先生負責與乙方共同決定有關工程之進行。

十六、乙方所分得之房屋內部隔間、裝修及材料由乙方處理，甲方不得異議，但不得影響甲方分得房屋之結構安全。

十七、乙方分得之房屋及土地移轉登記之手續，由乙方指定○○○代書辦理。

立契約書人：甲方：○○○ 印

○○○ 印

乙方：○○○ 印

見證人：○○○律師 印

中　　華　　民　　國　○○　年　　○○　月　　○○　日

註：1. 合建契約之法律關係有下列各說：（一）承攬說（二）承攬買賣說（三）互易說（四）附合說（五）合夥說，以（二）為通說。

2. 建築執照的名義人可以據以主張取得所有權，對這個主張有爭執的人可以提起確認所有權之訴。

【服務】

● 委建契約書

1. 本契約的特點：本契約為委建契約，為地主提供土地，而建主興建房屋，雙方比例分配完成之房屋。

2. 適用對象：本契約適用於委建契約。

3. 基本條款及注意事項：訂立本契約應訂明承攬契約之基本條款及其應注意事項。

4. 相關法條：民法第 492-494 條。

承攬契約 2-9-6

委建契約書

　　立契約書人委建人○○○（以下簡稱甲方）與建方○○○（以下簡稱乙方）本契約不動產標示委建事項經甲乙雙方同意訂立條款如下，以資共同遵守：

第 1 條　房地標示：本契約房屋座落臺北市○○區○○段○○小段○○地號土地內定名「○○名宮」，經暫編號區○棟○樓之房屋一戶。

第 2 條　房屋面積包括室內、陽（平）臺及走道、樓梯間、屋頂突物（僅限於水箱及樓梯間，其餘部分不計入）、地下室、電梯間等公共設施分攤面積在內計約○○坪（實際面積以地政機關複丈後，建築改良物所有權狀所記載之面積為準），但雙方同意建築改良物所有權狀記載面積加上本條前列（陽臺走道、樓梯間……）公共設施分攤面積等，即相當於本契約所載面積，若有增減，而其面積差額未逾百分之二時，雙方均不得異議，若增減面積誤差超過百分之二時，其誤差超過百分之二部分，即以該戶出售時之平均單價為計算基準，由雙方互為補償之。

第 3 條　本大樓之屋頂除水箱、樓梯間外，乙方得投資、規劃，其使用權歸乙方，但乙方應對甲方提供較一般人優惠之服務。

第4條　本大樓地下室產權登記為本大樓全體所有權人共有，地下室除機電設備外，其餘場地如遇空襲時，應開放為公共避難場所，地下室平時作為停車場，由本大樓管理委員會統籌管理，其辦法另詳載於本大樓管理委員會管理章程。

第5條　甲方所訂購房屋之室內隔間裝飾及設備工程，其施工標準悉依臺北市政府工務局核准之建造執照圖說按圖施工，如甲方要求變更或增減等，須徵求乙方同意，惟屬大樓整體裝置者不得刪減，變更後之工程款由雙方協議定之，但以不少於本契約所訂之總價為原則，如有超過者，其超過部分甲方應於提出變更經乙方同意時，將雙方議定之工程款一次付清予乙方，甲方未繳清增加之工程款前，乙方不予施工，如雙方對變更後工程款未能達成協議或甲方拒絕或延遲交付所增加變更之工程款時，視為甲方取消變更或增減，乙方仍按本契約原定項目施工。

第6條　工程期限：本契約房屋建築工程，乙方應於本契約簽訂後三個月內開工，自開工之日起七百個工作天完工，並以開始申請使用執照為完工日期。但如有後列情形之一時不在此限，乙方不負遲延完工之責：

一、甲方未依約定付款辦法之規定交付價款時。

二、甲方要求變更內部隔間與設計，致遲延完工時。

三、因不可抗力之原因如天災人禍或政令法規限制等不可歸責於乙方之事由，以致工程不能如期進行時。

四、本工程屋外排水溝及港道鋪設工程，不受本條約完工時限之拘束，水電等之接通供應悉憑各該公用事業單位作業程序而決定。

第7條　保固期限：本契約房屋自領到使用執照之日起，對本契約房屋建築結構，乙方應負責保固一年，但天災或不可歸責於乙方之原因而發生損毀者不在此限（門、窗、玻璃及水電配件、油漆、磁磚等乙方不負責保固）。

第8條　甲方訂購本房地總價款為新臺幣○○千○○百○○十○○萬○○千元整，包括下列房屋及裝修土地價款：

一、房屋及裝修價款新臺幣○○百○○十○○萬○○千元整。

二、土地價款為新臺幣○○百○○十○○萬○○千元整，包括建築基地、道路用地及地上物補償金、土地改良費、公共設施用地等費用。

第9條　付款辦法：本契約房地總價為新臺幣○○千○○百○○十○○萬○○千元整，分為自備款新臺幣○○百○○十○○萬○○千元整，優惠貸款新臺幣○○百○○十○○萬○○千元整，銀行貸款新臺幣○○百○○十○○萬○○千元整，甲方應按照下列進度，將分期付款表上之金額，經乙方通知繳款期限內繳付乙方，絕不拖延短欠。

第10條　貸款辦法：本契約房屋甲方如須辦理銀行貸款時，應另行與乙方簽訂委託代辦貸款契約書及委任（授權）書，以憑辦理貸款事宜。

第11條　甲方如全部或一部不履行本契約（第9條）所訂工程進度之約定付款時，其逾期部分甲方願自通知交款日後第五天起，按日加付千分之一計算滯納金，上項滯納金於補交其應付款時一併付予乙方，如逾期滯納達十五天，經乙方催告仍延不交付者，即視為甲方違約，乙方不得解除本契約及代辦貸款委託書、代管印章委託書等與本契約有連帶關係之約定，甲方同意將已繳之款項現金部分由乙方沒收，以為抵償乙方所受之損失，乙方並得將甲方所訂購之房地另行出售予第三者或為其他處分，甲方絕無異議，甲方若依前條約定之付款規定，以票據支付時，甲方保證兌現，如有遭退票情形等，視為甲方未繳付，依前述約定方式處理。

第12條　本約房屋如乙方非因第 5 條之情形而逾期交屋時，其每逾一日按買賣總價千分之一計算違約金付予甲方，如乙方因本身因素不履行交屋或有半途發生糾葛不能出賣等情事時，除應將既收價款全數退還甲方外，並應賠償所付價款同額之損害金予甲方，作為乙方不履行本契約之損害賠償總額。倘因政府頒布禁建等不可歸責於乙方之事由，致使乙方不能交付本契約房屋時，雙方同意解除本契約，乙方應將甲方所繳付價款加計利息（按照銀行一年期定期存款利息計算）退還甲方。

第13條　本契約房屋已登記於甲方名義，如甲方違約拒付款項，經乙方催告仍不交付時，甲方同意名義變更為乙方或乙方所指定之人，甲方不得另有其他之請求。

第14條　甲方訂購本房屋土地，其房屋產權及基地產權之移轉登記事項，乙方負責於本房屋建造完成，經政府主管單位發給使用執照，及甲方依約履行其義務後，乙方負責聘請代書與甲方共同委託統籌辦理，甲方應按照乙方通知之時間內，將應提出之證件及在有關文件上蓋章，連同各項稅捐交與乙方或委託之代書以資辦理。甲、乙雙方應負擔之費用如下：

一、建物登記費、土地登記費、印花稅、契稅、監證費（或公證費用）各項規費及代辦產權登記供書費用由甲方負擔。

二、本契約土地移轉過戶前之土地價款及移轉過戶時所發生之增值稅由乙方負擔。

三、本契約房地移轉登記及質押貸款之抵押權設定登記移轉規費、公定契紙、印花稅、保險費及代辦手續費均由甲方負擔。

四、自領到使用執照之日起所發生之房屋稅、地價稅、工程受益費不論甲方已否遷入或抬頭為任何一方，均由甲方負擔如數繳清不得異議。

五、以上各項應由甲方負擔之費用，如由乙方先行墊付或代繳，甲方應如數歸還。

第15條　產權登記：本契約房地產權登記由乙方指定代理人，統一辦理土地移轉登記，建物所有權登記及貸款抵押權設定登記等手續。

第16條　本契約房地，乙方保證產權清楚，絕無任何糾紛或設定他項權利情事，如有任何糾葛，乙方應負責清理，不得損害甲方之權益。

第17條　甲方同意於本房屋完工並接通水電之日起，無論所開列單據之抬頭為任何一方，均應負擔下列費用：

一、本戶水電基本費用。

二、本房屋自領得使用執照日起之房屋稅。

三、屬於本房屋公共使用應由全體住戶分擔之水電費用。

四、屬於本建築清潔保持、公共設施及設備之整理、操作與維護等事項，應由全體住戶分擔之管理費用。

五、本房屋有關公共管理費用之分擔。

第18條　本契約房屋於建造完成經主管機關發給使用執照後，甲方應付清下列款項稅費等，乙方始得交屋，甲方如不協辦或遲延逾期，致影響本契約各項產權登記或施工進度時視同違約，並應負責賠償乙方一切損失：

一、繳付本約第十四條第一、三、四款約定應付之稅捐。

二、辦妥產權登記及辦貸款等費用，並預付乙方四個月利息。

三、付清因逾期付款之滯納金。

四、付清本房屋之所有優惠貸款。

第 19 條 通知送達：甲乙雙方所為之徵詢、洽商或通知辦理事項，均以書面按本約所載住址掛號郵寄為之，如有拒收或無法投遞致退回者，均以郵局第一次投遞之日期為送達日期。

甲方之住址如有變更時，負有通知乙方之義務。

第 20 條 其他事項：

一、如甲方半途要求本契約房屋變更設計，須以書面徵得乙方同意後委託乙方辦理，所需工程費用經雙方議定價格後，差價由甲方於變更同時給付乙方，但以不減少於原定總價為原則，如甲方未在約定期間內給付時，乙方即視為甲方已取消變更設計之要求，乙方為避免影響工程之進度，得按原合約圖說施工，甲方絕無異議。

二、乙方通知交屋並發給遷入證明前，甲方絕不進入本約房屋自行裝潢施工。

三、本契約書於付清所定價款辦妥交屋手續、土地移轉登記完畢甲方領取所有權同時，本契約書及本約有連帶關係之契約、附件，甲方得一併由乙方收回作廢。

第 21 條 本契約之約束與效力：

一、甲方未付清房地價款及未取得乙方同意，前不得將本契約房地之權利與義務自行轉讓他人，但經雙方同意後，本契約所約定事項對甲乙雙方權利與義務之受讓人或合法繼承人具有同等約束力。

二、本契約附件視為本契約之一部分，與本契約具有同等效力，附件未規定者，依據本契約之規定。

第 22 條 未盡事宜：本契約如有未盡事宜，必要時由甲乙雙方洽定之。

第 23 條 契約分存：上開契約事項經雙方同意，恐口無憑，特立本契約書一式二份，甲乙雙方各執一份為憑，並自簽訂日起生效，印花稅由甲乙雙方自行貼銷。

第 24 條 有關本契約之權義所引起之訴訟，雙方同意以臺灣臺北地方法院為第一審管轄法院。

立契約書人：甲方：○○○ 印

法定代理人：

住址：

身分證號碼：

電話：

乙方：○○○ 印

住址：

身分證號碼：

電話：

中　華　民　國　○○　年　○○　月　○○　日

註：本契約為委建契約書，由建方按時建屋，工程完成後交屋。

● 合建契約書（建照由建方申請）

1. 本契約的特點：本契約為地主提供土地，由建主興建房屋，興建完成後，由雙方採立體分屋方式，由甲方取得百分之○，乙方取得百分之○，若雙方分取之房屋未能整數時，其間之差額，得經雙方之同意，由取得之一方按協議價格以現金補償對方，為本契約之特色。

2. 適用對象：本契約適用於合建契約。

3. 基本條款及注意事項：訂立本契約應訂明承攬契約之基本條款及其應注意事項。

4. 相關法條：民法第 492-494 條。

承攬契約 2-9-7

合建契約書（建照由建方申請）

　　立契約書人地主○○○（以下簡稱甲方），建主○○○（以下簡稱乙方），茲因合作興建房屋事宜，經雙方協議同意訂定各條款如下：

第 1 條　甲方所有座落○○○○地號土地一筆，如附圖所示，約○○坪，願提供與乙方合作興建房屋。

第 2 條　本約甲方所提供之土地雙方協議同意興建四層式鋼筋混凝土造之集合住宅，除依法應設置之公私道路用地外，其餘可建土地，乙方應依法合理充分利用。

第 3 條　本約雙方合作興建房屋，其土地規劃、建築設計、請領建造執照、鳩工庀材、營造施工及有關之風險等，均由乙方負責處理並負完全責任，其各類費用亦均由乙方負擔，概與甲方無涉。乙方營造施工過程中，甲方得隨時親自或派員監督。

第 4 條　本約甲乙雙方按附圖所示之擬建房屋為準，採立體分屋方式，由甲方取得百分之○，乙方取得百分之○。若雙方分取之房屋戶數未能整數時，其間之差額，得經雙方之同意，由取得之一方按協議價格以現金補償對方。

第 5 條　本約有關建築設計文件圖說應徵求甲方同意，並按前條雙方分配之位置，標明於圖說上，各自具名或指定第三人為起造人，由乙方負責提出申請建造執照。

第 6 條　本約興建房屋事宜，均依現行建築法令辦理，若法令變更而受有限制時，則依變更後之法令辦理。

第 7 條　凡畸零地及水利地之合併承買等事宜，均由甲方備齊所需證件交由乙方負責辦理。惟費用由甲方負擔，產權亦歸屬甲方所有。

第 8 條　本約土地上物由乙方負責處理，惟甲方應從旁協助。地上物理清之日起一個月內，乙方應提出申請建造執照，乙方並應先期通知甲方備齊請照所需之有關證件交付乙方。

第 9 條　本約乙方應於領取建造執照之日起二個月內開工，於開工之日起○○○個工作天內建築完竣，於建築完竣後○○月內領得使用執照，並以接輪水電完妥之日為完工日。惟如因政令變更或其他天災地變等不可抗力之原因而延誤時，經雙方同意者不在此限。

第 10 條　本約甲方應於乙方工程進度至一樓頂板完成時辦理基地合併、分割、地目變更等手續，其所需之各項費用，由雙方各半負擔。乙方工程進度至三樓頂板完成時，雙方會同辦乙方分得房屋之應有基地持分產權移轉登記。其所需之各項費用由乙方負擔，增值稅由甲方負擔。

第 11 條　本約保證金為新臺幣○○○元整，於本約簽訂時，由乙方一次交付予甲方，甲方應於本約第九條所定之完工日，一次無息返還全部保證金予乙方。以支票為保證金之交付或返還，若各該支票一部分或全部不能兌現時，則以違約論處。

第 12 條　甲乙雙方應切實照約履行，如甲方違約時，甲方除將所收之保證金加倍全部退還（無息）予乙方外，同時並須賠償乙方已施工之工程損失及其他因該工程而支出之一切費用（可由乙方另列清冊），如乙方違約時，甲方得將已收之保證金予以沒收。如工程逾期時，乙方每逾期一天，應賠償甲方分得間數總售價金額千之一之逾期違約金，違約之一方應於違約日起十天內履行賠償，不得拖延，否則，未違約之一方，得請求法院依法強制執行抵償。

第 13 條　凡申請建造、使用執照、接水電等須甲方蓋章或出具證件時，甲方應隨時提供，所需費用由乙方負擔。

第 14 條　本約有效期間內，如因政府變更都市計畫致無法全部履行或只履行一部分契約時，甲方應將本約第 11 條所收之保證金依照可建之土地比率於上開情事發生之日起一個月內無息退還予乙方，若在該土地上乙方業已施工之工程損失，政府有意補償時，其土地部分歸屬甲方，建物部分歸屬乙方，如有用甲方名義須甲方協助者，甲方應無條件親自辦理或備齊證件及加蓋印章給乙方，甲方不得藉故刁難或異議，如甲方須乙方協助者，乙方亦應無條件協助辦理清楚。

第 15 條　本約所定之土地，其應繳之一切稅費，在開工日以前者，均由甲方負擔，開工日以後者，由甲乙雙方各半負擔。

第 16 條　本約成立之日起，甲、乙雙方不得以本約土地向任何公私機關或個人辦理他項權利設定，於契約存續期間，甲方亦不得將本約土地提供予第三人建築或出售予他人。

第 17 條　甲、乙雙方對本約權利均不得轉讓、典當或作保。

第 18 條　本約土地如有來歷不明、瓜葛糾紛或他項權利設定、訂立三七五租約等情事，應由甲方於本約成立之日起一個月內理清，所需之一切費用由甲方自行負擔，惟地上物清理按本約第八條辦理之。

第 19 條　甲方戶籍地址以本契約記載為準，如有變更時甲方應即以書面通知乙方，否則因此誤時誤事致乙方蒙受損失時，甲方應負責賠償。

第 20 條　本約若有未盡事宜，悉依照有關法令規定及一般社會慣例處理。

第 21 條　本約建築構造──施工說明：

一、結構：鋼筋混凝土構造，依政府核定圖樣施工、防火、防颱、耐震、安全堅固。

二、外牆：正面貼高級馬賽克，後面水泥粉光。

三、內牆：除廚廁隔間外餘不隔間，其餘牆面為水泥粉光、漆 PVC 漆。

四、平頂：水泥粉光後加 PVC 漆。

五、浴廁：地面鋪馬賽克，牆面貼白磁磚到頂，玻璃纖維浴缸、冷熱水龍頭、馬桶及面盆均為白色國產高級品，毛巾架、鏡箱等附件俱全。

六、廚房：地面鋪紅鋼磚，牆面貼白磁磚到頂，不銹廚具全套。另設電鍋、排油煙機專用插座，及冷熱水龍頭、掛廚。

七、地面：一樓磨石子、二、三、四樓貼 PVC 地板，一樓不設圍牆。

八、門窗：住家客廳採用落地鋁門窗，一樓店鋪為鐵捲門，二樓以上每戶大門為雕花大門附高級名鎖，後門採用檜木材料，陽臺加曬衣架及洗衣插座。

九、電力：每戶獨立電錶採用單相三線式 110V 及 220V 供電，客廳、餐廳、臥室、浴廁、廚房預留電燈座一處，插孔兩處，開關一只，並留設電視天線暗管及電話線管。

十、水力：地下蓄水池屋頂水塔間接供給，設總錶一只，另各戶設分錶一只，總錶與分錶差額由分表各戶共同負擔。

十一、屋頂：鋪設防水層上覆泡沫混凝土，具防水隔熱之效果。

十二、樓梯：磨石子階梯加扶手鐵欄杆。

十三、地下設蓄水池須加裝電動抽水機送到屋頂儲水塔。

第 22 條　本約前條（即二十一條）之訂定均係大原則，其細部及詳細設計應由乙方依一般慣例辦理，其使用材料除特定產品外，其餘均以臺灣出品之高級品為原則。

第 23 條　本約土地內現有電柱之遷移等一切費用手續均由乙方負責辦理，如需甲方各項證件或簽章時，甲方應無條件即時協助，不得刁難。

第 24 條　除本約土地外，其餘甲方所有之土地，若甲方未有使用計畫時，於本約建築期間內，甲方同意由乙方無償使用。

第 25 條　甲方分得之建物，可委由乙方代售，代售費用另議。

第 26 條　本契約書之權利義務及於甲方之繼承人及受贈人。

第 27 條　本約自簽訂日起生效，至雙方工務及財務理清之日起失效。

第 28 條　本約同文一式二份，雙方各執一份為憑。

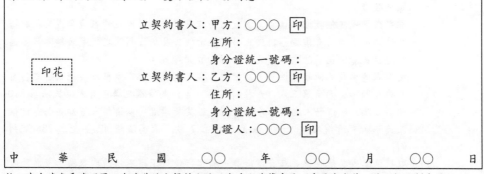

立契約書人：甲方：○○○　印
住所：
身分證統一號碼：

印花

立契約書人：乙方：○○○　印
住所：
身分證統一號碼：
見證人：○○○　印

中　　華　　民　　國　　○○　　年　　○○　　月　　○○　　日

註：本合建與委建不同，合建為地主提供土地而由建方建築房屋，房屋完成後，雙方按比例分屋。

● 洗衣定型化契約範本（行政院消費者保護委員會編印）

1. 本契約的特點：本契約洗衣定型化契約，為承攬契約。本契約內容充實，足為洗衣契約之範本。

2. 適用對象：本契約適用於洗衣業者使用之定型化契約。

3. 基本條款及注意事項：訂立本契約應訂明承攬契約之基本條款及其應注意事項。

4. 相關法條：民法第 490 條，消費者保護法第 11 至第 17 條。

承攬契約 2-9-8

洗衣契約書

第 1 條　取衣憑單或其他收據

洗衣業者於收受送洗衣物時，應開立取衣憑單或其他收據，載明洗衣業者名稱、電話、地址，並交付顧客保管。顧客遺失取衣憑單或其他收據時。應立即通知洗衣業者，其怠於通知致送洗衣物被冒領者，洗衣業者除有故意或重大過失，不負損害賠償責任。

顧客未提示取衣憑單或其他收據，或託第三人代領衣物者，洗衣業者得請求示身分證明，登錄存檔並請求簽收。

前項情形，顧客或受委託之第三人應釋明衣物送洗之事實。

取衣憑單或其他收據無法辨認者，該洗衣憑單無效；被私自塗改者，塗改部分無效，其權利義務依塗改前之文義定之。

說明：

一、洗衣業者有開立取衣憑單或其他收據之義務，顧客有請求開立取衣憑單或其他收據之權利，但洗衣契約之法律性質為承攬契約，係諾成契約之一種，不以取衣憑單或其他收據之開立交付為成立要件。

又洗衣業者開立取衣憑單或其他收據時，顧客應收取並妥慎保管之，以利辨認並確認雙方當事人之權利義務。若顧客拒絕收取洗衣業者開立之取衣憑單或其他收據，應就衣物送洗之事實，負舉證責任。而顧客怠未妥慎保管取衣憑單或其他收據，致其內容無法辨識時，自無從以之釐清雙方權利義務，且不發生收據之效力。

二、取衣憑單或其他收據，性質上為收據而非有價證券。因此洗衣憑單或其他收據之遺失，不適用有價證券掛失止付、公示催告及除權判決之規定，顧客只要通知洗衣業者，提請注意，避免被拾得者冒領即可。

三、按取衣憑單或其他收據性質上為證明債權之文件，取衣憑單或其他收據之持有人雖非顧客，而為第三人（如拾得人等），仍為債權之準占有人（民法第 310 條第 2 款）。債務人向第三人為清償，經其受領者，以債務人不知其並非債權人為限，有清償之效力（民法第 310 第 2 款、最高法院 42 年臺上 288 號判例）。

四、取衣憑單或其他收據並非有價證券，顧客行使請求權不須憑取衣憑單或其他收據為之，此與票據、有價證券或載貨證券不同。顧客雖未持有取衣憑單或其他收據，若能釋明其有送洗衣物之事實，仍得行使其請求權，併此說明。

五、顧客未提示取衣憑單或其他收據，或託第三人代領衣物之情形，並不多見，基於便利顧客，洗衣業者得准許顧客或該第三人請領衣物。唯在顧客遺失取衣憑單或其他收據而逕行洽領之情形，顧客或第三人應釋明衣物送洗之事實，且達到合理可信程度（例如說明送洗日期、查核存根或說明衣物之顏色款式等，俾便尋查核對），以明衣物送洗之事實，並避免冒領。

六、顧客私自塗改取衣憑單或其他收據，意圖取得非法利益時，塗改之文義自不發
生任何效力。唯取衣憑單或其他收據多印有編號，自可依其編號查核洗衣業者
之存根聯或電腦存檔，並依其內容確定雙方權利義務。又若存根聯或電腦存檔
滅失時，顧客應就送洗衣物之事實及其約定內容負釋明義務。

第 2 條　送洗衣物之檢查與點收顧客於送洗衣物前，應先檢查該衣物有無特殊污漬、裂縫、
鈕釦鬆動或其他因洗滌而可能毀損衣物之情形。經檢查而有上述情事者，於交付衣
物於洗衣業者時應一併告知。

顧客明知有前項事由而怠於告知，致損害發生或擴大者，洗衣業者之賠償責任得減
輕或免除之。

洗衣業者於收受送洗衣物時，發現衣物有第一項之情事者，應即告知顧客，並記載
於洗衣憑單或其他收據。其怠於告知致生損害者，不得以顧客有怠於告知之情事，
主張減輕或免除賠償責任。

顧客於交付送洗衣物前，應自行檢查衣物內有無貨幣或其他物品，洗衣業者於收受
送洗之衣物內發現上述物品者，應以善良管理人之注意，保管並返還之。

洗衣業者違反前項義務致生損害者，應負賠償責任。但因顧客怠於檢查者，其損害
賠償責任得減輕或免除之。

說明：

一、按洗衣契約為承攬契約之一種，顧客為定作人，洗衣業者為承攬人。定作人對
於送洗衣物之特殊污漬裂縫、鈕釦鬆動或其他因洗滌而可能毀損衣物之情形，
有較足夠之時間檢查或較有機會知悉，其知有可能毀損衣物之情形，基於誠實
信用原則，自應通知為承攬人之洗衣業者。

二、按衣物洗滌時發生毀損滅失者，有可歸責於製造商或其他第三人之事由者；有
歸因於特殊污漬、裂縫、鈕釦鬆動或其他因洗滌而可能毀損衣物之情形者；亦
有可歸責於衣物之自然耗損或自然褪色者。第一種情形係歸因於製造商之債務
不履行或第三人之事由，第三種情形則不在理賠範圍內，本條僅就第二種情形
予以規範，並此說明。

三、顧客明知有可能毀損衣物之情形，而怠於告知洗衣業者時，其就損害之發生與
擴大應負與有過失之責任。依民法第二百十七條第一項：「損害之發生或擴
大，被害人與有過失者，法院得減輕賠償金額或免除之。」之規定，洗衣業者
之賠償責任得減輕或免除之，以維公平。

四、洗衣業者於收受送洗衣物時，發現該衣物有特殊污漬、裂縫、鈕釦鬆動或其他
因洗滌而可能毀損衣物之情形者，應告知顧客。一方面以釐清特殊污漬，裂
縫、鈕扣鬆動或其他因洗滌而可能毀損衣物情形之發生時間及責任歸屬，另一
方面亦可藉以詢問特殊污漬等之發生原因，俾能針對原因加以洗滌。

五、洗衣業者於所收受送洗衣物中，發現顧客遺留之貨幣或其他物品，事所恆有，
洗衣業者應為其保管、並返還顧客，始稱公允。

洗衣契約係有償之承攬契約，衣物內之貨幣或其他物品的保管及返還，為其附
隨義務，洗衣業者自應盡善良管理人之注意，加以保管並返還。

又顧客於行使本條第五項之損害賠償請求權時，應就送洗衣物內有貨幣或其他
物品之事實，負舉證責任。

第3條　洗滌標示與洗滌方式

洗衣業者於收受送洗衣物時，應檢查有無洗滌標示。

送洗衣物有洗滌標示者，除當事人另有約定外，洗衣業者應依該標示洗滌衣物。

送洗衣物無洗滌標示者，除當事人另有約定外，洗衣業者應依其專業知識及經驗定其洗滌方式。因洗滌標示不正確，或依顧客指示之洗滌方式，致送洗衣物毀損（例如損壞、縮水、變形、變色、移染、污漬、起毛、脫線勾紗、裡襯剝離、配件剝離、硬化等情形者）或滅失者，洗衣業者不負責任。但洗衣業者明知或因重大過失而不知洗滌標示不正確者，或明知顧客指示之洗滌方式不當而未告知者，不在此限。

說明：

一、本條第一項規定洗衣業者於收取送洗衣物時，應檢查送洗衣物有無洗滌標示。送洗衣物有洗滌標示者，為推動商品標示制度之健全運作，洗衣業者應依洗滌標示洗滌衣物。送洗衣物無標示者，依第二項之規定，洗衣業者應依其專業知識及經驗決定洗滌方式，以符誠信。

二、洗衣業者應依洗滌標示洗滌衣物，然因洗滌標示不正確，導致送洗衣物有損壞、縮水、變形、變色或移染等等之毀損情形或滅失者，洗衣業者原則上固不負責，但洗衣業者乃具有專業知識之商人，對於送洗衣物之洗滌標示是否正確，有相當之判斷知識，若明知洗滌標示不正確而仍依標示洗滌；或因重大過失致未發現洗滌標示不正確，而仍依洗滌標示洗滌者，對於因此造成送洗衣物之任何毀損或滅失仍不得免責。

三、按民法第二百二十二條規定：「故意或重大過失之責任，不得預先免除。」本條第四項之規定，旨在宣示民法第二百二十二條之規範精神，俾洗衣業者與消費者有所遵循。

四、因送洗衣物標示不正確或無洗滌標示所致之損失，該衣物之所有人得視其情形向衣物製造商請求賠償，唯此並非本契約之規範範圍，並此說明。

第4條　衣物不能返還時之賠償數額

送洗衣物因可歸責於洗衣業者之事由，致遺失、被竊、失火、滅失或其他情形而不能返還者，顧客或洗衣業者能以發票或其他單據證明送洗衣物之價值時，其賠償金額依折舊及其他因素計算之。無發票或其他單據者，依下列規定定其賠償數額：

一、於保管期間內：依洗衣價之二十倍賠償之，但最高賠償限額以新臺幣（下同）一萬五千元整為限。

二、逾保管期間：依洗衣價之十倍賠償之，但最高賠償限額以一萬元整為限。

前項所定保管期間，依第八條之約定定之。

顧客與洗衣業者得就第一項所定之損害預定賠償數額，其預定數額逾一萬五千元者，洗衣業者得加收洗衣費用。

洗衣業者依第一項或第三項規定賠償後，發現送洗衣物者，應即通知顧客。顧客得於通知到達後十五日內，無息返還其所受領之賠償金額後請求返還送洗衣物。

於第一項所定情形，顧客不得請求回復原狀。

洗衣價為折扣價者，仍依無折扣價計算前項所定之賠償數額。

說明：

一、洗衣契約為有償之承攬契約，洗衣業者為承攬人，應以善良管理人之注意為衣物之洗染、保管。送洗衣物因遺失、被竊、失火等原因致不能返還者，以洗衣業者有可歸責之事由為限，始負賠償責任。洗衣業者主張有不可歸責之事由時，應就不可歸責之事由負舉證責任。

二、造成衣物不得返還之原因甚多，第一項所列之遺失、被竊、失火、滅失等情形僅為例示規定，並不以此為限，其他不能返還之情形，諸如誤領、水災等，亦在其例。

三、本條所定之賠償責任擬採雙軌制，於顧客能以發票或其他單據證明送洗衣物之價值時，以衣物折舊及其他因素估算之實際價值作為賠償額之標準，此種賠償方式較能精確反映出衣物之實際價值。而於顧客無法提出發票或其他單據證明送洗衣物之價值時，為求便利，則採用洗衣價之倍數計算賠償金額。

四、業者於保管期間內因遺失、被竊等情形致衣物不能返還時所負之保管責任，應較逾保管期間後發生衣物不能返還情形時所負之責任為重，始稱公允。

五、就價格特別昂貴或對顧客有特殊意義之衣物，自應容許當事人就賠償金額另為約定。又送洗衣物之洗衣價格，常因送洗衣物種類之不同而有顯著差異，若以固定倍數計算其賠償金額，恐發生責任輕重不一之情形，故應許當事人就賠償金額另為約定，以期公允。

六、洗衣業者依第一項、第三項之規定賠償後，始發現或追回遺失、被竊或遭誤領衣物等，事所恆有。為保障顧客利益，應許顧客返還受領賠償金額而取回該送洗衣物，唯應於一定期間內為之，以為限制，並適當調整雙方利益。

七、依民法第二百十三條規定，損害賠償應以回復原狀為原則，金錢賠償為例外，然此規定，於洗衣業者因債務不履行負損害賠償責任時，在適用上恐不符實際，故於本條第五項加以特別規定而排除民法第二百十三條之適用。

第 5 條　衣物毀損時之賠償數額

送洗衣物發生毀損者，洗衣業者應賠償其減損之價值，減損價值之數額依當事人合意，不能合意者，依下列規定定其賠償數額：

一、洗衣業者明知洗滌標示不正確或明知顧客指示洗滌方式不當而未告知，依第三條第四項但書規定應負賠償責任時，其賠償數額以不逾洗衣價之十五倍為限。其因重大過失而不知洗滌標示不正確者，以不逾洗衣價之十倍為限。

二、洗衣業者未遵照洗滌標示或未依約定方式洗滌，致送洗衣物毀損者，其賠償數額以不逾洗衣價之十五倍為限。

三、送洗衣物無洗滌標示，而洗衣業者未依其專業知識及經驗定其洗滌方式致送洗衣物毀損者，其賠償數額以不逾洗衣價之五倍為限，其因其他過失致生毀損者，亦同。

顧客送洗之衣物價值特別昂貴或具有特殊意義者，得另與洗衣業者約定該衣物因洗滌或保管之過失致生毀損時之賠償數額。

第一項第一款至第三款之洗衣價格以折扣價計算者，其賠償數額應以無折扣價計算之，但其賠償數額以不逾重置價格為限。

說明：

一、本條之損害賠償責任，為求便利，採單軌制度，以洗衣價之倍數計算賠償金額。

二、依第三條第四項之規定，洗衣業者明知或因重大過失而不知洗滌標示不正確，致送洗衣物毀損者，洗衣業者應負賠償責任。然故意與重大過失二者，其情節及責任之輕重尚有差別，賠償責任之上限自應有所不同，爰設本條第一項第一款之規定。

三、第一項第二款所列之未遵照洗滌標示洗滌衣物，係屬重大違約事項，其情節與故意無異，故賠償責任之上限應與故意相同。

四、按第三條第三項規定：「送洗衣物無洗滌標示者，洗衣業者應依其專業知識及經驗定其洗滌方式。」依此規定，洗衣業者在欠缺洗滌標示且未與顧客約定洗滌方式之情形，應依其專業知識與經驗決定洗滌方式。若其因過失違反該項規定致生毀損於送洗衣物時，應負賠償責任。

唯於此情形，送洗衣物本無洗條標示，業者雖應依其專業知識及經驗決定洗滌方式，而其判斷縱有過失，其情節與第一項第一款、第二款之情形相較，仍屬較輕，宜從輕定其賠償責任，爰訂較低之賠償責任上限，以示公允。

又洗衣業者因其他過失致送洗衣物發生毀損者，洗衣業者之賠償責任亦以不逾五倍為限。

五、本條第一項第一款至第三款所定洗衣價倍數僅是洗衣業者賠償責任之上限，並非實際賠償數額，洗衣業者之實際賠償數額仍應斟酌重置價格，在洗衣價倍數上限範圍內賠償之。

又第一項第一款至第三款所定賠償額，旨在填補送洗衣物所受損失，而非替代送洗衣物之全部價值，此與洗衣業者瞭解之傳統觀念有別，應予說明。

又第一項第一款至第三款所定之洗衣價倍數既與傳統賠償全部價值之觀念有別，其所定倍數是否合理，請予斟酌。

六、顧客因送洗衣物價格昂遺或具有主觀價值而與洗衣業者約定較高之洗衣價格及賠償金額；或因欠缺洗滌標示而與洗衣業者約定較低之賠償上限，事所恆有，爰規定第二項以為彈性。

七、本條第一項所定賠償數額分別以洗衣價十五倍至五倍不等，訂為上限。實際為賠償，自可斟酌降低，第三項但書有無存在必要，請予斟酌。

八、若認為第三項但書有存在必要，基於主張積極事實或有利於自己之事實者，需負舉證責任之法理，洗衣業者需就衣物重置價格負舉證責任。

第6條　重大毀損擬制為減失之約定

送洗衣物毀損程度重大者，視為第四之減失。

有下列情形之一者，視同毀損程度重大：

一、送洗衣物嚴重縮水、變形或其他嚴重毀損情形，致不適顧客穿著者。

二、送洗衣物嚴重毀損致未能達到原設計功能者。

三、送洗衣物移染、變色或其他嚴重喪失美觀之情形，致顧客不願穿著者。

四、送洗衣物嚴重毀損致未能達到原設計功能者。

說明：

一、送洗衣物毀損程度重大致不堪使用者，實已喪失衣物之穿著功能，與滅失無
　　異，應視同衣物滅失，由洗衣業者負滅失時賠償責任。

二、當事人就毀損程度是否重大發生爭議時，為求公允，應由具有專業知識之第三
　　人予以鑑定，以確定衣物之毀損狀態。

第 7 條　送洗衣物毀損時之返還

洗衣業者已依第五條規定賠償者，顧客仍得請求返還送洗之衣物。

說明：

衣物毀損時，洗衣業者所為之賠償旨在填補衣物因毀損而減少之效用或價值，受損
衣物仍屬顧客所有，業者於賠償後仍應返還受損之衣物予顧客。

第 8 條　洗衣業者之交付、保管義務

洗衣業者應於約定期間內完成洗滌工作，以備顧客領取；未約定期間者，應於收受
送洗衣物後十五日內完成之。

洗衣業者逾前項期間五日，仍未完成洗滌工作者，洗衣費用應予減半。

顧客未於第一項期間屆滿後領取衣物者，洗衣業者仍應以善良管理人之注意，免費
保管一個月。

說明：

一、洗滌期間之長短常因送洗衣物種類之不同而有差異，應當由當事人就具體情形
　　而約定之。若當事人未為約定者，洗衣業者應於十五日內完成洗滌工作。

二、洗衣業者於第一項期間屆滿後五日，仍未完成洗滌工作者，費用應予減半，以
　　為當事人間利益之均衡。唯此約定並不排除民法關於遲延給付時之損害賠償及
　　解除契約等規定之適用。

三、顧客未於第一項所定之洗滌期間屆滿後領回衣物、交付洗衣費用者，由於洗衣
　　物之占有與洗衣費用之發生具有牽連關係，然洗衣業者仍應無償盡善良管理人
　　之注意，為顧客保管送洗衣物。

第 9 條　顧客之取回義務

顧客應於前條第三項所定免費保管期間內取回衣物。

顧客逾前條免費保管期間仍未取回衣物者，洗衣業者得按每件每日依洗衣費用百分
之一數額計數保管之必要費用，但其數額不得逾保管六個月時之保管費用總額。

前條第三項情形，洗衣業者並得定六個月之期限，通知顧客，聲明如不於期限內清
償，即就其留置之送洗衣物取償。

說明：

一、顧客未於第八條第一項所定之洗滌期間屆滿後領回衣物、交付洗衣費用者，由
　　於送洗衣物之占有與洗衣費用之發生具有牽連關係，洗衣業者不但得依民法第
　　九百二十八條之規定行使留置權，並得依民法第九百三十四條之規定，請求留
　　置保管所支出之必要費用，唯為保護消費者，其數額不得逾保管六個月時之費
　　用總額。

二、第八條第一項所定之洗滌期間屆滿後，洗衣業者不但得行使留置權，亦得同時
　　通知顧客，定六個月之期限，聲明如不於期限內清償，即依民法第九百三十六
　　條第一項之規定就送洗衣物取償。

第 10 條　爭議之調處

因送洗衣物發生糾紛時，顧客或洗衣業者得請求洗衣業者所屬商業同業公會、鄉鎮市區調解委員會或其他機構、團體進行調處或調解。

前項之調處或調解機構依當事人合意定之。

說明：

一、顧客與洗衣業者發生爭議，多為小額糾紛，在我國小額訴訟制度建立之前，若逕行訴訟，勞心勞力、耗時費財，與法律經濟原則有違。由洗衣業者所屬商業同業公會、鄉鎮市區調解委員會或其他機關、團體調解，不論在理論上或實務上均為可行之制度。

二、洗衣商業同業公會作為調解人之優點係其具有專業知識，調解人之意見較能切合實際，但其缺點有二：

（一）其於同業公會之立場，調解時可能較易偏袒洗衣業者一方；

（二）因調解而達成之和解，性質上為民事契約，只有契約之拘束力，不若依鄉鎮市調解條例達成之調解，經法院核定後，即與民事確定判決有同一之效力。

三、依洗衣業者所屬商業同業公會或其他機關調解所達成之和解，既為民法上之和解契約，若洗衣業者反悔不履行賠償義務時，顧客仍須基於和解契約訴請法院判令洗衣業者履行契約，該訴訟性質上為給付之訴。

四、依鄉鎮市調解條例成立之調解，經法院核定後，與民事確定判決有同一效力，法院得據之為執行名義，依法強制執行。調解不成立者，當事人得聲請調解委員會給予調解不成立之證明，並向法院提起訴訟。

五、本條旨在使洗衣商業同業公會之調解與鄉鎮市區調解委員會或其他機關、團體之調解，立於平等之選擇機會，由雙方當事人依合意決定。

● 汽車維修服務定型化契約範本（行政院消費者保護委員會編印）

1. 本契約的特點：本契約為汽車維修服務契約書。當事人一方為他方維修汽車，他方給付維修費用的契約。

2. 適用對象：本契約適用於汽車維修服務契約。

3. 基本條款及應注意事項：訂立本契約應訂明承攬契約之基本條款及應注意事項。

4. 相關法條：民法第 490 至 514 條，消費者保護法第 11 至 17 條。

承攬契約 2-9-9

汽車維修服務定型化契約範本

第一式：本契約範本適用於維修車輛有保險公司賠付者

汽車維修業者：○○○（以下簡稱甲方）

委託維修者：○○○（以下簡稱乙方）

就車號○○○○○○之車輛訂定維修契約。

第 1 條　（約定修繕項目、費用及乙方之審閱權與甲方之說明義務）

維修項目、預定費用、實際費用及保固期間等如汽車維修服務表。

甲方應於簽約前將契約內容交付乙方審閱，並為詳細之說明。

第 2 條　（各項費用之上限）

甲方擔保主要零件價格、服務費、拖吊費、估價費等各項費用不超過其揭示於維修場所之價格。

第 3 條　（維修費用及給付方式）

本件維修費用總計○○○○元（詳如估價表），以下列方式之一給付：

□由○○保險公司給付其中新臺幣○○○元，其餘由乙方給付。

□由○○保險公司全額給付甲方。

□其他：

第 4 條　（保險公司給付約款之生效要件）

約定由前條之保險公司給付一部或全部維修費用者，甲方應於本契約簽訂後，立即通知該保險公司到場勘車，經該保險公司同意賠付後，其約定始生效力。該保險公司不同意賠付者，乙方應全額給付，甲方並應立即將其情形通知乙方；乙方不願全額給付者，得於給付估價費及拖吊費後，解除契約取回車輛，甲方不得請求損害賠償或其他費用。甲方怠於為前項通知者，乙方得請求賠償因此所受之損害。

第 5 條　（維修費用請求給付之對象）

維修費用經保險公司承諾賠付者，於承諾賠付範圍內，甲方應向保險公司請求給付；維修費用扣除保險公司承諾賠付之不足部分，由乙方負給付之義務。

第 6 條　（發現其他維修項目或超過預定維修費用時之告知義務）

甲方於維修中發現另有其他維修項目待修或所需費用超過預定之維修費用時，甲方於進行維修或繼續維修前，應即先行將其項目及費用通知乙方及保險公司；有不在保險公司應予賠付範圍內者，由乙方決定是否進行維修，並自行負擔該部分之維修費用。

前項情形，甲方怠於告知或未為告知而逕行維修時，其能回復原狀者，應予回復原狀。無法回復原狀者，不得請求乙方支付費用。

第 7 條　（零配件或材料之指定與定義）

維修車輛有更換零配件或材料之必要時，甲方應以

□正廠零配件或材料

□其他甲乙雙方同意之零配件或材料○○○更換之。

前項零配件或材料，經乙方選定後，甲方非經乙方同意，不得變更之。

甲方未經乙方同意變更乙方選定之零配件或材料為維修時，乙方得請求甲方回復原狀；無法回復原狀者，乙方不負支付任何費用之義務；如乙方因而受有損害者，並得請求賠償。

第一項所稱正廠零配件或材料，係指汽車製造商自行或委託他人生產，且以製造商名義供應新品之零配件或材料。

第 8 條　（自備零配件或材料維修）

甲方因乙方要求，以乙方自備之零配件或材料維修者，因該零配件或材料之瑕疵所致之損害，甲方不負擔擔保及賠償之責任。但甲方因故障或過失未發現該瑕疵或未告知乙方者，不在此限。

第 9 條　（維修品質之擔保）

甲方擔保其完成之維修工作，具備約定之品質，及無減少、減失價值或不適於於通常或約定使用之瑕疵。

第 10 條　（擔保責任（一）——瑕疵之修補）

汽車維修工作有瑕疵者，乙方得定相當期限，請求甲方修補之。甲方不於前項所定期限內修補者，乙方得自行修補或委請其他汽車維修業者修補，並向甲方請求償還修補所必要之費用。

如修補費用所需過鉅者，甲方得拒絕修補，前項約定不適用之。

第 11 條　（擔保責任（二）——解約或減少費用）

甲方不於前條第一項所定期限內條補瑕疵或依前條第三項之約定拒絕修補，或其瑕疵不能修補者，乙方得解除契約或請求減少費用。但瑕疵非重要者，乙方不得解除契約。

第 12 條　（擔保責任（三）——損害賠償）

因可歸責於甲方之事由致維修工作發生瑕疵者，乙方除依前二條之規定，請求修補或解除契約或請求減少費用外，若因而致其人身或財產遭受損害，或對第三人依法應負賠償責任時，並得請求賠償。

第 13 條　（維修保證書）

甲方完成維修工作交車時，應交付保證書保證下列事項：

一、於正常操作情形下，自交車之日起○個月或行駛○○公里範圍內（以先到者為準），車輛不致發生與維修時同一之故障。

二、於正常操作情形下，發生與維修時同一故障者，甲方應免費負責修復。

三、維修所用之零配件或材料非盜贓物。

第 14 條　（試車）

甲方對於引擎、煞車或其他影響行車安全重大維修項目工作，於修繕完成後交車前，應由甲乙雙方會同試車，以確認是否完全修復。

第 15 條　（交車時間）

□維修所需零配件或材料為現貨者：

甲方應於○○年○○月○○日前完成維修工作並交車。但於修繕過程中，發現其他故障且需零配件或材料修繕者，交車時間另行約定。

□維修所需零配件或材料非為現貨者：

甲方預定於○○年○○月○○日前完成維修工作，並應於本契約簽訂之日起○○日內通知乙方確定之交車時間。但於修繕過程中，發現其他故障且需零配件或材料修繕者，交車時間另行約定。

第 16 條　（給付遲延）

甲方已開始維修工作但逾交車時間尚未完成者，乙方得定○日之期間催告甲方完成維修工作。甲方未於期限內完成者，乙方得終止契約，並於給付已完成之維修項目之費用後取回維修車輛。前項情形，乙方得請求甲方賠償因未完成維修工作所生之損害。

第 17 條　(遲延責任之免除)

　　因乙方保險公司之遲延,致甲方不能於約定交車時間內完成工作者,甲方不負遲延責任。

第 18 條　(同時履行)

　　完成維修後車輛之交付與維修費用之給付,除另有約定外,應由乙方自行負擔之部分,於交車時在維修處所,同時為之。

　　前項費用,應由保險公司負擔之部分,由甲方逕行向保險公司請求給付。

第 19 條　(受領遲延、留置權及車輛停放處所)

　　維修費用扣除保險公司已承諾賠付部分外,有未受清償部分者,甲方於該部分未受清償前,得留置車輛。

　　前項情形,乙方經甲方通知給付維修費用後○日內,未取回車輛者,甲方得請求乙方支付每日新臺幣○○元之逾期停放費用。必要時,甲方亦得將車輛停放在有人看管或設有關卡之收費停車場,並通知乙方,其費用由乙方負擔。

　　乙方受領遲延者,依前項規定辦理。

第 20 條　(收取非約定費用與留置車輛之禁止)

　　除本契約另有甲方得收取且已載明其費用額之約定外,甲方不得以鑑定故障或其他名義向乙方收取任何費用,亦不得以乙方未給付此等費用而留置維修車輛。

第 21 條　(保管處所及其變更)

　　甲方應將維修車輛存放於維修處所內。但有急迫之情事,並可推定乙方若有該情事亦允許變更存放場所者,甲方得變更之,其費用由甲方負擔。

第 22 條　(維修車輛之保管責任)

　　乙方將維修車輛交付甲方後,甲方應負責保管,除本契約另有約定外不得另外請求費用。

　　甲方保管期間內,維修車輛之危險由甲方負擔,但乙方受領遲延者不在此限。

第 23 條　(維修車輛內物品之保管)

　　乙方將維修車輛交付甲方時,應自行取走車內之金錢、有價證券、珠寶及其他物品。除乙方報明其物之品名、價值及數量交付保管,並經甲方明示同意外,甲方不負保管責任。

第 24 條　(使用維修車輛之禁止)

　　甲方不得自行使用或使用第三人使用維修車輛,但其使用係試車所必要者,不在此限。

　　甲方違反前項規定者,應給付乙方相當之費用,如有損害,乙方並得請求損害。但能證明縱不使用,仍不免發生損害者,不在此限。

第 25 條　(危險負擔之移轉)

　　乙方請求將完成維修後之車輛送交約定交車處所以外之處所者,自甲方交付其車輛予運送承攬人時起,車輛毀損滅失之危險由乙方負擔。

第 26 條　(乙方契約解除權 (一))

　　有下列情形之一者,乙方得解除契約,並取回維修車輛:

　　一、甲方完全喪失維修能力或完全無法提供維修服務者。

　　二、甲方部分喪失維修能力或部分無法提供維修服務,且未開始維修工作者。

三、甲方逾約定交車時間尚未開始維修工作者。

四、維修所需零配件或材料非為現貨，甲方逾本契約第15條之通知期限未通知乙方者。

乙方依前項規定解除契約時，甲方除不得請求乙方給付估價費或其他費用外，乙方得請求賠償因此所受之損害，但因不可歸責於甲方之事由所致者，不在此限。

第27條　（乙方契約解除權（二））

維修所需零配件或其他材料非為現貨時，乙方於甲方依本契約第十五條通知前，得隨時解除契約並取回車輛，但甲方得請求賠償因此所受之損害。

第28條　（汽車維修業者一部給付不能時，消費者之解約及終止權）

甲方部分喪失維修能力或部分無法提供維修服務，但已開始其餘部分之維修工作者，乙方得終止契約，並於給付已完成維修項目之費用後取回維修車輛。

第29條　（契約終止權（一））

甲方開始維修後，乙方得隨時終止契約。

前項情形，乙方應給付甲方已完成維修項目之費用，甲方如有其他損害，並得請求賠償。

第30條　（甲方契約解除權）

因不可歸責於甲方而無法取得零配件或其他材料缺貨或其他事由，致全部喪失維修能力或全部無法提供維修服務者，甲方得解除契約，並應即通知乙方取回維修車輛，不得請求乙方給付估價費或其他任何費用。

第31條　（違法改裝之拒絕及效果）

乙方要求甲方改裝汽車之指示，有違反交通、環保或其他相關法令情事者，甲方應告知乙方並拒絕改裝。甲方知其情事不為告知而改裝者，乙方得請求賠償因此所生之損害，但乙方亦知其情事者，甲方不負損害賠償責任。

第32條　（維修紀錄之保存）

甲方應將維修紀錄副本交付乙方，並負責保存該紀錄二年。

第33條　（合意管轄）

凡因本契約所生或與本契約有關之爭議，雙方合意由○○地方法院管轄。

第34條　本契約有未盡事宜之情形，依相關法令辦理。

第35條　本契約一式三份，雙方以及乙方保險公司各執一份為憑。

締約當事人

甲方：○○○　　　　　　　　　　簽章

法定代理人姓名：○○○　　　　　統一編號：

地址：　　　　　　　　　　　　　電話：

乙方：○○○　　　　　　　　　　簽章

身分證字號：

地址：　　　　　　　　　　　　　電話：

關係人

乙方保險公司：○○○○　　　　　簽章

　　　　法定代理人姓名：○○○　　　　統一編號：
　　　　地址：　　　　　　　　　　　　電話：

中　華　民　國　○○　年　○○　月　○○　日

第二式：本契約範本適用於維修車輛無保險公司賠付者

　　　汽車維修業者：○○○（以下簡稱甲方）
　　　委託維修者：○○○（以下簡稱乙方）
　　　就車號○○○○○○之車輛訂定維修契約。

第 1 條　（約定修繕項目、費用）

　　　維修項目、預定費用、實際費用及保固期間等如汽車維修服務表。甲方應於簽約前將契約內容交付乙方審閱，並為詳細之說明。

第 2 條　（各項費用之上限）

　　　甲方擔保主要零件價格、服務費、拖吊費、估價費等各項費用不超過其揭示於維修場所之價格。

第 3 條　（維修費用及給付方式）

　　　本件維修費用總計○○○元（詳如估價表），由○○○給付甲方。

　　　本件維修費用採 □一次 □分次 以 □現金 □支票 □信用卡 □其他 方式支付。

　　　乙方採分次方式給付者，其付款時間及金額如下：
　　　（一）第一次：訂於○○年○○月○○日支付○○○元。
　　　（二）第二次：訂於○○年○○月○○日支付○○○元。
　　　（三）第三次：訂於○○年○○月○○日支付○○○元。
　　　（四）第四次：訂於○○年○○月○○日支付○○○元。
　　　乙方以信用卡付款時，甲方不得另外加收其他手續費。

第 4 條　（發現其他維修項目或超過預定維修費用時之告知義務）

　　　甲方於維修中發現另有其他維修項目待修或所需費用超過預定之維修費用時，其費用未超過預定維修費用百分之○（目前一般情況多未超過百分之八）或新臺幣○○○元者，甲方得逕行維修。超過上開比率或金額者，甲方於進行維修或繼續維修前，應即先行將其項目及費用通知乙方，由乙方決定是否進行維修。

　　　前項情形，甲方怠於告知或未為告知而逕行維修時，其能回復原狀者，應予回復原狀。無法回復原狀者，不得請求乙方支付費用。

第 5 條　（零件種類之指定與定義）

　　　維修車輛有更換零配件或材料之必要時，甲方應以
　　　□正廠零配件或材料
　　　□副廠零配件或材料
　　　□外廠零配件或材料
　　　□中古零配件或材料
　　　□其他甲乙雙方同意之零配件或材料○○○○更換之。

前項零配件或材料，經乙方選定後，甲方非經乙方同意，不得變更之。

甲方未經乙方同意變更乙方選定之零配件或材料為維修時，乙方得請求甲方回復原狀；無法回復原狀者，乙方不負支付任何費用之義務；如乙方受有損害者，並得請求賠償。

第一項所稱正廠零配件或材料、副廠零配件或材料、外廠零配件或材料及中古零配件或材料，其定義如下：

一、正廠零配件或材料：指汽車製造商自行或委託他人生產，且以製造商名義供應之零配件或材料。

二、副廠零配件或材料：指汽車製造商授權他人依所定規格生產，但以該他人名義供應之零件。

三、外廠零配件或材料：指正廠零配件或材料、副廠零配件或材料以外，第三人供應之零件。

四、中古零配件或材料：指曾經使用之非全新品零配件或材料。正廠零配件或材料、副廠零配件或材料或外廠零配件或材料經相當期間未曾使用，但仍堪使用者，亦同。

第 6 條　（自備零配件或材料維修）

甲方因乙方要求，以乙方自備之零配件或材料維修者，因該零配件或材料之瑕疵所致之損害，甲方不負擔保及賠償之責任。但甲方因故意或過失未發現該瑕疵或未告知乙方者，不在此限。

第 7 條　（維修品質之擔保）

甲方擔保其完成之維修工作，具備約定之品質，及無減少、減失價值或不適於通常或約定使用之瑕疵。

第 8 條　（擔保責任（一）──瑕疵之修補）

汽車維修工作有瑕疵者，乙方得定相當期限，請求甲方修補之。甲方不於前項所定期限內修補者，乙方得自行修補或委請其他汽車維修業者修補，並向甲方請求償還修補所必要之費用。

如修補費用所需過鉅者，甲方得拒絕修補，前項約定不適用之。

第 9 條　（擔保責任（二）──解約或減少費用）

甲方不於前條第一項所定期限內修補瑕疵或依前條第三項之約定拒絕修補，或其瑕疵不能修補者，乙方得解除契約或請求減少費用。但瑕疵非重要者，乙方不得解除契約。

第 10 條　（擔保責任（三）──損害賠償）

因可歸責於甲方之事由致維修工作發生瑕疵者，乙方除依前二條之規定，請求修補或解除契約或請求減少費用外，若因而致其人身或財產遭受損害，或對第三人依法應負賠償責任時，並得請求賠償。

第 11 條　（維修保證書）

甲方完成維修工作交車時，應交付保證書保證下列事項：

一、於正常操作情形下，自交車之日起○個月或行駛○○公里範圍內（以先到者為準），車輛不致發生與維修時同一之故障。

　　二、於正常操作情形下，發生與維修時同一故障者，甲方應免費負責修復。

　　三、維修所用之零配件或材料非盜贓物。

第 12 條　（試車）

　　甲方對於引擎、煞車或其他影響行車安全重大維修項目工作，於修繕完成後交車前，應由甲乙雙方會同試車，以確認是否完全修復。

第 13 條　（交車時間）

　　☐維修所需零配件或材料為現貨者：

　　甲方應於○○年○○月○○日前完成維修工作並交車。但於修繕過程中，發現其他故障且需零配件或材料修繕者，交車時間另行約定。

　　☐維修所需零配件或材料非為現貨者：

　　甲方預定於○○年○○月○○日前完成維修工作，並應於本契約簽訂之日起○○日內通知乙方確定之交車時間。但於修繕過程中，發現其他故障且需零配件或材料修繕者，交車時間另行約定。

第 14 條　（給付遲延）

　　甲方已開始維修工作但逾交車時間尚未完成者，乙方得定○日之期間催告甲方完成維修工作。甲方未於期限內完成者，乙方得終止契約，並於給付已完成之維修項目之費用後取回維修車輛。

第 15 條　（同時履行）

　　完成維修後車輛之交付與維修費用之給付，除另有約定外，應於交車時在維修處所，同時為之。

第 16 條　（受領遲延、留置權及車輛停放處所）

　　甲方於維修費用未受清償前，得留置車輛。

　　前項情況，乙方經甲方通知給付維修費用後○日內，未取回車輛者，甲方得請求乙方支付每日新臺幣○○○元之逾期停放費用。必要時，甲方亦得將車輛停放在有人看管或設有關卡之收費停車場，並通知乙方，其費用由乙方負擔。

　　乙方受領遲延者，依前項規定辦理。

第 17 條　（收取非約定費用與留置車輛之禁止）

　　除本契約另有甲方得收取且已載明其費用額之約定外，甲方不得以鑑定故障或其他名義向乙方收取任何費用，亦不得以乙方未給付此等費用而留置維修車輛。

第 18 條　（保管處所及其變更）

　　甲方應將維修車輛存放於維修處所內。但有急迫之情事，並可推定乙方若有該情事亦允許變更存放場所者，甲方得變更之，其費用由甲方負擔。

第 19 條　（維修車輛之保管責任）

　　乙方將維修車輛交付甲方後，甲方應負責保管，除本契約另有約定外不得另外請求費用。

　　甲方保管期間內，維修車輛之危險由甲方負擔，但乙方受領遲延者不在此限。

第 20 條　（維修車輛內物品之保管）

　　乙方將維修車輛交付甲方時，應自行取走車內之金錢、有價證券、珠寶及其他物品。除乙方報明其物之品名、價值及數量交付保管，並經甲方明示同意外，甲方不負保管責任。

第 21 條　（使用維修車輛之禁止）

甲方不得自行使用或使第三人使用維修車輛，但其使用係試車所必要者，不在此限。

甲方違反前項規定者，應給付乙方相當之費用，如有損害，乙方並得請求賠償，但能證明縱不使用，仍不免發生損害者，不在此限。

第 22 條　（危險負擔之移轉）

乙方請求將完成維修後之車輛送交約定交車處所以外之處所者，自甲方交付其車輛予運送承攬人時起，車輛毀損滅失之危險由乙方負擔。

第 23 條　（乙方契約解除權（一））

有下列情形之一者，乙方得解除契約，並取回維修車輛：

一、甲方完全喪失維修能力或完全無法提供維修服務者。

二、甲方部分喪失維修能力或部分無法提供維修服務，且未開始維修工作者。

三、甲方逾約定交車時間尚未開始維修工作者。

四、維修所需零配件或材料非為現貨，甲方逾本契約第 15 條之通知期限未通知乙方者。

乙方依前項規定解除契約時，甲方除不得請求乙方給付估價費或其他費用外，乙方得請求賠償因此所受之損害，但因不可歸責於甲方之事由所致者，不在此限。

第 24 條　（乙方契約解除權（二））

維修所需零配件或其他材料非為現貨時，乙方於甲方依本契約第一五條通知前，得隨時解除契約並取回車輛，但甲方得請求賠償因此所受之損害。

第 25 條　（汽車維修業者一部給付不能時，消費者之解約及終止權）

甲方部分喪失維修能力或部分無法提供維修服務，但已開始其餘部分之維修工作者，乙方得終止契約，並於給付已完成維修項目之費用後取回維修車輛。

第 26 條　（契約終止權（一））

甲方開始維修後，乙方得隨時終止契約。

前項情形，乙方應給付甲方已完成維修項目之費用，甲方如有其他損害，並得請求賠償。

第 27 條　（甲方契約解除權）

因不可歸責於甲方而無法取得零配件或其他材料缺貨或其他事由，致全部喪失維修能力或全部無法提供維修服務者，甲方得解除契約，並應即通知乙方取回維修車輛，不得請求乙方給付估價費或其他任何費用。

第 28 條　（違法改裝之拒絕及效果）

乙方要求甲方改裝汽車之指示，有違反交通、環保或其他相關法令情事者，甲方應告知乙方並拒絕改裝。甲方知其情事不為告知而改裝者，乙方得請求賠償因此所生之損害，但乙方亦知其情事者，甲方不負損害賠償責任。

第 29 條　（維修紀錄之保存）

甲方應將維修紀錄副本交付乙方，並負責保存該紀錄二年。

第 30 條　（合意管轄）

凡因本契約所生或與本契約有關之爭議，雙方合意由○○地方法院管轄。

第 31 條　本契約有未盡事宜之情形，依相關法令辦理。

第 32 條　本契約一式二份，雙方各執一份為憑。

締約當事人
　　　　甲方：○○○　　　　　　　　簽章
　　　　法定代理人姓名：○○○　　　統一編號：
　　　　地址：　　　　　　　　　　　電話：
關係人
　　　　乙方：○○○　　　　　　　　簽章
　　　　身分證字號：
　　　　地址：　　　　　　　　　　　電話：

中　　華　　民　　國　　○○　　年　　○　　月　　○　　日

註：1. 訂立本契約，應本於平等互惠原則，如疑義，應有利於消費者之解釋。
　　2. 訂立本契約，不得違反誠信原則，對消費者顯失公平者，無效。

第 *10* 章 旅 遊

審訂：得聲國際法律事務所主持律師　林家祺

一、旅遊營業人的定義

　　旅遊營業人爲以提供旅客旅遊服務爲營業而收取旅遊費用之人（民法第 514 條之 1）。

二、旅遊服務的範圍

　　安排旅程及提供交通、膳宿、導遊或其他有關的服務。

三、應請求以書面記載之事項

　　旅遊營業人因旅客之請求，應以書面記載左列事項，交付旅客。

1. 旅遊營業人之名稱及地址。
2. 旅客名單。
3. 旅遊地區及旅程。
4. 旅遊營業人提供之交通、膳宿、導遊、或其他有關服務及其品質。
5. 旅遊保險之種類及其金額。
6. 其他有關事項。
7. 填發之年月日。

四、旅客的協力義務

　　旅遊需旅客之行爲始能完成，而旅客不爲其行爲者，旅遊營業人得定相當期限，催告旅客爲之。

　　旅客不於前項期間內爲其行爲者，旅遊營業人得終止契約，並得請求賠償因契約終止而生之損害。

　　旅遊開始後，旅遊營業人依前項規定終止契約時，旅客得請求旅遊營業人墊付費用，將其送回原出發地。於到達後，由旅客附加利息償還之。

五、第三人參加旅遊

旅遊開始前，旅客得變更由第三人參加旅遊，旅遊營業人非有正當理由，不得拒絕。

第三人依前項規定爲旅客時，如因而增加費用，旅遊營業人得請求其給付，如減少費用，旅客不得請求退還。

六、旅遊內容的變更

旅遊營業人非有不得已之事由，不得變更旅遊內容。旅遊營業人依前項規定變更旅遊內容時，其因此所減少之費用，應退還於旅客，所增加之費用，不得向旅客收取。

旅客依前項規定終止契約時，得請求旅遊營業人墊付費用，將其送回原出發地，於到達後，由旅客附加利息償還之。

七、旅遊服務的品質

旅遊營業人提供旅遊服務，應使其具備通常之價值及約定之品質。

八、旅遊營業人的瑕疵擔保責任

旅遊服務不具備前條之價值或品質者，旅客得請求旅遊營業人改善之。旅遊營業人不爲改善或不能改善時，旅客除請求減少費用。其有難於達預期目的之情形者，並得終止契約。

因可歸責於旅遊營業人之事由，致旅遊服務不具備前條之價值或品質者，旅客除請求減少費用或終止契約外，並得請求損害賠償。

旅客依前二項規定終止契約時，旅遊營業人應將旅客送回原出發地，其所生之費用，由旅遊營業人負擔。

九、旅遊時間浪費的求償

因可歸責於旅遊營業人之事由，致旅遊未依約定之旅程進行者，旅客就其時間之浪費，得按日請求賠償相當之金額，但其每日賠償金額，不得超過旅遊營業人所收旅遊費用總額每日平均之數額。

十、旅客隨時終止契約的規定

旅遊未完成前,旅客得隨時終止契約,但應賠償旅遊營業人因契約終止而生之損害。旅客得請求旅遊營業人墊付費用,將其送回原出發地,於到達後,由旅客附加利息償還之。

十一、旅客在旅遊途中發生身體或財產上事故的處置

旅客在旅遊中發生身體或財產上之事故時,旅遊營業人應為必要的協助及處理。

前項之事故,係因非可歸責於旅遊營業人之事由所致者,其所生之費用由旅客負擔。

十二、旅遊營業人協助旅客處理購物瑕疵

旅遊營業人安排旅客在特定場所購物,其所購物品有瑕疵者,旅客得於受領所購物品一個月內,請求旅遊營業人協助處理。

十三、請求權之行使期間

本節規定之增加、減少或退還費用請求權,損害賠償請求權及墊付費用償還請求權,均自旅遊終了或應終了時起,一年間不行使而消滅。

十四、簽約注意事項【審訂者註】

1. 雖然民法債篇在這個部分新增條文以保障消費者,但是債法是屬於任意法,原則上當契約與民法有牴觸時,仍優先適用契約的條款,在契約雙方沒有合意時才有民法的補充適用;因此,基於契約自由原則,必須將法條所規範的事項也寫入契約中才能產生效力,否則,還是要就契約內的條款來遵守。
2. 一般來說,與旅行社簽訂契約時,旅行社為了作業上的方便,都是使用定型化契約,只要消費者在該印好的契約下方簽名即可,這樣的契約條款多以細小字體寫成,條款也十分繁多,所以消費者在簽訂契約時,應該要耐心、仔細的審閱該契約,並注意是否有權益被剝奪的條款,以避免權益受損。
3. 另外要注意的是,目前有些招攬旅行業務的業務員,他們並不是旅行社的職員,而僅只是靠行(即俗稱跑單幫)將客戶介紹給公司,從中賺取佣金;因此消費者應與有合法登記且有品保協會字號的旅行社簽約,並注意契約上是否有

蓋該旅行社公司大、小章；且簽約時也要注意該旅行社是不是對履約內容負完全的責任，有沒有轉手他家旅行社的情形。建議簽約時，最好不要怕麻煩，至少親自跑一趟旅行社簽約，順便了解一下公司的狀況，而不要太依賴到府服務或快遞的服務，以免權益受損甚至被騙。

十五、契約範例

【一般】

● 國內、外旅遊定型化契約範本（新修正版）（行政院消費者保護委員會編印）

1. 本契約的特點：本契約為國內、外旅遊定型化契約範本，內容廣泛充實，旅遊營業人及旅客之權利義務規定詳盡為其特色。
2. 適用對象：本契約適用於國內、外旅遊契約。
3. 基本條款及應注意事項：訂立本契約應訂明民法第 514 條之 2 之事項。
4. 相關法條：民法第 514 條之 1 至 11，消費者保護法第 11 至第 17 條。

旅遊契約 2-10-1

國內旅遊定型化契約書

交通部觀光局 89.1.15 觀業 89 字第 523 號函發布

立契約書人（旅客姓名）（以下稱甲方）
（旅行社名稱）（以下稱乙方）
　　甲乙雙方同意就本旅遊事項，依下列規定辦理：

第 1 條　（國內旅遊之意義）
　　　　　本契約所謂國內旅遊，指在臺灣、澎湖、金門、馬祖及其他自由地區之我國疆域範圍內之旅遊。

第 2 條　（適用之範圍及順序）
　　　　　甲乙雙方關於本旅遊之權利義務，依本契約條款之約定定之；本契約中未約定者，適用中華民國有關法令之規定。
　　　　　附件、廣告亦為本契約之一部。

第 3 條　（旅遊團名稱及預定旅遊地區）
　　　　　本旅遊團名稱為
　　　　　一、旅遊地區（城市或觀光點）：
　　　　　二、行程（包括起程回程之終止地點、日期、交通工具、住宿旅館、餐飲、遊覽及其所附隨之服務說明）：
　　　　　　　前項記載得以所刊登之廣告、宣傳文件、行程表或說明會之說明內容代之，視為本契約之一部分，如載明僅供參考者，其記載無效。

第 4 條　（集合及出發時地）

甲方應於民國○○年○○月○○日○○時○○分於○○準時集合出發。甲方未準時到約定地點集合致未能出發，亦未能中途加入旅遊者，視為甲方解除契約，乙方得依第十七條第二項之規定，行使損害賠償請求權。

第 5 條　（旅遊費用）

旅遊費用：

甲方應依下列約定繳付：

一、簽訂本契約時，甲方應繳付新臺幣○○○元。

二、其餘款項於出發前三日或說明會時繳清。

除經雙方同意並記載於本契約第二十六條，雙方不得以任何名義要求增減旅遊費用。

第 6 條　（怠於給付旅遊費用之效力）

因可歸責於甲方之事由，怠於給付旅遊費用者，乙方得逕行解除契約，並沒收其已繳之訂金。如有其他損害，並得請求賠償。

第 7 條　（旅遊費用所涵蓋之項目）

甲方依第五條約定繳納之旅遊費用，除雙方另有約定以外，應包括下列項目：

一、代辦證件之規費：乙方代理甲方辦理所須證件之規費。

二、交通運輸費：旅程所需各種交通運輸之費用。

三、餐飲費：旅程中所列應由乙方安排之餐飲費用。

四、住宿費：旅程中所需之住宿旅館費用，如甲方需要單人房，經乙方同意安排者，甲方應補繳所需差額。

五、遊覽費用：旅程中所列之一切遊覽費用，包括遊覽交通費、入場門票費。

六、接送費：旅遊期間機場、港口、車站等與旅館間之一切接送費用。

七、服務費：隨團服務人員之報酬。

前項第二款交通運輸費，其費用調高或調低時，應由甲方補足，或由乙方退還。

第 8 條　（旅遊費用所未涵蓋項目）

第五條之旅遊費用，不包括下列項目：

一、非本旅遊契約所列行程之一切費用。

二、甲方個人費用：如行李超重費、飲料及酒類、洗衣、電話、電報、私人交通費、行程外陪同購物之報酬、自由活動費、個人傷病醫療費、宜自行給與提供個人服務者（如旅館客房服務人員）之小費或尋回遺失物費用及報酬。

三、未列入旅程之機票及其他有關費用。

四、宜給與司機或隨團服務人員之小費。

五、保險費：甲方自行投保旅行平安險之費用。

六、其他不屬於第七條所列之開支。

第 9 條　（強制投保保險）

乙方應依主管機關之規定為甲方辦理責任保險及履約保險。

乙方如未依前項規定投保者，於發生旅遊意外事故或不能履約之情形時，乙方應以主管機關規定最低投保金額計算其應理賠金額之三倍賠償甲方。

第10條　（組團旅遊最低人數）

　　本旅遊團須有○○人以上簽約參加始組成。如未達前定人數，乙方應於預定出發之四日前通知甲方解除契約，怠於通知致甲方受損害者，乙方應賠償甲方損害。

　　乙方依前項規定解除契約後，得依下列方式之一，返還或移作依第二款成立之新旅遊契約之旅遊費用。

　　一、退還甲方已交付之全部費用，但乙方已代繳之規費得予扣除。

　　二、徵得甲方同意，訂定另一旅遊契約，將依第一項解除契約應返還甲方之全部費用，移作該另訂之旅遊契約之費用全部或一部。

第11條　（證照之保管）

　　乙方代理甲方處理旅遊所需之手續，應妥善保管甲方之各項證件，如有遺失或毀損，應即主動補辦。如因致甲方受損害時，應賠償甲方損失。

第12條　（旅客之變更）

　　甲方得於預定出發日○○日前，經乙方同意將其在本旅遊契約上之權利義務讓與第三人。

　　前項情形，甲方應於接到乙方同意之通知後○○日內到乙方營業處所辦理權利義務之移轉承擔手續，並補償乙方因辦理該第三人參加本旅遊契約所增加之必要費用。

　　依第一項規定受讓旅遊契約權利義務之第三人，自乙方同意時起，承繼甲方基於該旅遊契約一切之權利義務。

第13條　（旅行社之變更）

　　乙方於出發前非經甲方書面同意，不得將本契約轉讓其他旅行業，否則甲方得解除契約，其受有損害者，並得請求賠償。

　　甲方於出發後始發覺或被告知本契約已轉讓其他旅行業，乙方應賠償甲方所繳全部團費百分之五之違約金，其受有損害者，並得請求賠償。

第14條　（旅程內容之實現及例外）

　　旅程中之餐宿、交通、旅程、觀光點及遊覽項目等，應依本契約所訂等級與內容辦理，甲方不得要求變更，但乙方同意甲方之要求而變更者，不在此限，惟其所增加之費用應由甲方負擔。除非有本契約第十九或第二十二條之情事，乙方不得以任何名義或理由變更旅遊內容，乙方未依本契約所訂與等級辦理餐宿、交通旅程或遊覽項目等事宜等，甲方得請求乙方賠償差額二倍之違約金。

第15條　（因旅行社之過失延誤行程）

　　因可歸責於乙方之事由，致延誤行程時，乙方應即徵得甲方之書面同意，繼續安排未完成之旅遊活動或安排甲方返回。乙方怠於安排時，甲方並得以乙方之費用，搭乘相當等級之交通工具，自行返回出發地。

　　前項延誤行程期間，甲方所支出之食宿或其他必要費用，應由乙方負擔。甲方並得請求依全部旅費除以全部旅遊日數乘以延誤行程日數計算之違約金。但延誤行程之總日數，以不超過全部旅遊日數為限，延誤行程時數在二小時以上未滿一日者，以一日計算。

　　依第一項約定，安排甲方返回時，另應按實際計算賠償甲方未完成旅程之費用及由出發地點到第一旅遊地返回之交通費用。

第 16 條　（因旅行社之故意或重大過失棄置旅客）

乙方於旅遊途中，因故意或重大過失棄置甲方不顧時，除應負擔棄置期間甲方支出之食宿及其他必要費用，及由出發地至第一旅遊地與最後旅遊地返回之交通費用外，並應賠償依全部旅遊費用除以全部旅遊日數乘以棄置日數後相同金額二倍之違約金。但棄置日數之計算，以不超過全部旅遊日數為限。

第 17 條　（出發前旅客任意解除契約）

甲方於旅遊活動開始前得通知乙方解除本契約，但應繳交行政規費，並應依下列標準賠償：

一、通知於旅遊開始前第三十一日以前到達者，賠償旅遊費用百分之十。

二、通知於旅遊開始前第二十一日至第三十日以內到達者，賠償旅遊費用百分之二十。

三、通知於旅遊開始前第二日至第二十日以內到達者，賠償旅遊費用百分之三十。

四、通知於旅遊開始前一日到達者，賠償旅遊費用百分之五十。

五、通知於旅遊開始日或開始後到達者未通知不參加者，賠償旅遊費用百分之百。

　　前項規定作為損害賠償計算基準之旅遊費用應先扣除行政規費後計算之。

第 18 條　（因旅行社過失無法成行）

乙方因可歸責於自己之事由，致甲方之旅遊活動無法成行者，乙方於知悉旅遊活動無法成行時，應即通知甲方並說明事由。怠於通知者，應賠償甲方依旅遊費用之全部計算之違約金；其已為通知者，則按通知到達甲方時，距出發日期時間之長短，依下列規定計算應賠償甲方之違約金。

一、通知於出發日前第三十一日以前到達者，賠償旅遊費用百分之十。

二、通知於出發日前第二十一日至第三十日以內到達者，賠償旅遊費用百分之二十。

三、通知於出發日前第二日至第二十日以內到達者，賠償旅遊費用百分之三十。

四、通知於出發日前一日到達者，賠償旅遊費用百分之五十。

五、通知於出發當日以後到達者，賠償旅遊費用百分之百。

第 19 條　（出發前有法定原因解除契約）

因不可抗力或不可歸責於當事人之事由，致本契約之全部或一部無法履行時，得解除契約之全部或一部，不負損害賠償責任。乙方已代繳之規費或履行本契約已支付之全部必要費用得以扣除餘款退還甲方。但雙方應於知悉旅遊活動無法成行時，應即通知他方並說明其事由；其怠於通知致他方受有損害時，應負賠償責任。

為維護本契約旅遊團體之安全與利益，乙方依前項為解除契約之一部後，應為有利於旅遊團體之必要措置（但甲方不同意者，得拒絕之）如因此支出之必要費用，應由甲方負擔。

第 20 條　（出發後旅客任意終止契約）

甲方於旅遊活動開始後，中途離隊退出旅遊活動時，不得要求乙方退還旅遊費用。甲方於旅遊活動開始後，未能及時參加排定之旅遊項目或未能及時搭乘飛機、車、船等交通工具時，視為自願放棄其權利，不得向乙方要求退費或任何補償。

第 21 條　（終止契約後之回程安排）

　　　　甲方於旅遊活動開始後，中途離隊退出旅遊活動時，乙方應為甲方安排脫隊後返回
　　　　出發地之住宿及交通。
　　　　前項住宿、交通費用以及乙方為甲方安排之費用，由甲方負擔。
第 22 條　（旅遊途中行程食宿遊覽項目之變更）
　　　　旅遊途中因不可抗力或不可歸責於乙方之事由，致無法依預定之旅程、食宿或遊覽
　　　　項目等履行時，為維護本契約旅遊團體之安全及利益，乙方得依實際需要，於徵得
　　　　全體團員三分之二同意後變更旅程、遊覽項目或更換食宿、旅程，如因此超過原定
　　　　費用時，應由甲方負擔。但因變更致節省支出經費，應將節省部分退還甲方。
第 23 條　（責任歸屬及協辦）
　　　　旅遊期間，因不可歸責於乙方之事由，致甲方搭乘飛機、輪船或汽車，或於餐廳旅
　　　　館等各項旅遊設施（區）中所受之損害，應由提供服務之航空、輪船或汽車、或餐
　　　　廳、旅館等機構直接對甲方負責，但乙方應盡善良管理人之注意協助甲方處理。
第 24 條　（國內購物）
　　　　乙方不得於旅遊途中，臨時安排甲方購物行程。但經甲方要求或同意者，不在此
　　　　限。
第 25 條　（誠信原則）
　　　　甲乙雙方應以誠信原則履行本契約。乙方依旅行業管理規則之規定，委託他旅行業
　　　　代為招攬時，不得以未直接接收甲方繳納費用，或以非直接招攬甲方參加本旅遊，
　　　　或以本契約實際上非由乙方參與簽訂為抗辯。
第 26 條　（其他協議事項）
　　　　一、
　　　　二、
　　　　三、
　　　　前項協議事項，如有變更本契約其他條款之規定者，除經交通部觀光局核准外，其
　　　　約定無效，但有利於甲方者，不在此限。

訂約人：甲方
　　　　住址：
　　　　身分證字號：
　　　　電話或電傳：
　　　　乙方
　　　　公司名稱：
　　　　註冊編號：
　　　　負責人：
　　　　住址：
　　　　電話或電傳：

乙方委託之旅行業副署：（本契約如係綜合或甲種旅行業自行組團而與旅客簽約者，下列各
項免填）

公司名稱：
註冊編號：
負責人：
住址：
電話或電傳：

簽約日期：中華民國○○年○○月○○日
　　　　（如未記載以交付訂金日為簽約日期）
簽約地點：　　　　（如未記載以甲方住所地為簽約地點）

註：1. 訂立本契約，應本平等互惠之原則，如有疑義，應為有利於消費者之解釋。
　　2. 訂立本契約，不得違反誠信原則對消費者顯失公平者無效。

【國內旅遊定型化契約應記載及不得記載事項】

（一）應記載事項

1. 當事人之姓名、名稱、電話及居住所（營業所）：
　旅客：
　　　　　姓名：
　　　　　電話：
　　　　　住居所：
　旅行業：
　　　　　公司名稱：
　　　　　負責人姓名：
　　　　　電話：
　　　　　營業所：
2. 簽約地點及日期：
　簽約地點：
　簽約日期：
　　　　如未記載簽約地點，則以消費者住所地為簽約地點；如未記載簽約日期，
　　　則以交付定金日為簽約日期。
3. 旅遊地區、城市或觀光點、行程、起程、回程終止之地點及日期：如未記載前
　項內容，則以刊登廣告、宣傳文件、行程表或說明會之說明等為準。
4. 行程中之交通、旅館、餐飲、遊覽及其所附隨之服務說明：如未記載前項內
　容，則以刊登廣告、宣傳文件、行程表或說明會之說明等為準。

5. 旅遊之費用及其包含、不包含之項目：

旅遊之全部費用：新臺幣○○○元。

旅遊費用包含及不包含之項目如下：

(1) 包含項目：代辦證件之手續費或規費，交通運輸費、餐飲費、住宿費、遊覽費用、接送費、服務費、保險費。

(2) 不包含項目：旅客之個人費用、宜贈與導遊、司機、隨團服務人員之小費、個人另行投保之保險費、旅遊契約中明列爲自費行程之費用、其他非旅遊契約所列行程之一切費用。

前項費用，當事人有特別約定者，從其約定。

6. 旅遊活動無法成行時旅行業者之通知義務及賠償責任：因可歸責旅行業之事由，致旅遊活動無法成行者，旅行業於知悉無法成行時，應即通知旅客並說明其事由；怠於通知者，應賠償旅客依旅遊費用之全部計算之違約金；其已爲通知者，則按通知到達旅客時，距出發日期時間之長短，依下列規定計算其應賠償旅客之違約金。

(1) 通知於出發日前第三十一日以前到達者，賠償旅遊費用 10%。

(2) 通知於出發日前第二十一日至第三十日以內到達者，賠償旅遊費用 20%。

(3) 通知於出發日前第二日至第二十日以內到達者，賠償旅遊費用 30%。

(4) 通知於出發日前一日到達者，賠償旅遊費用 50%。

(5) 通知於出發當日以後到達者，賠償旅遊費用 100%。

因不可抗力或不可歸責於旅行業之事由，致旅遊活動無法成行者，旅行業於知悉旅遊活動無法成行時應即通知旅客並說明其事由；其怠於通知，致旅客受有損害者，應負賠償責任。

7. 集合及出發地：旅客應於民國○○年○○月○○日○○時○○分在○○準時集合出發，旅客未準時到約定地點集合致未能出發，亦未能中途加入旅遊者，視爲旅客解除契約，旅行業得向旅客請求損害賠償。

8. 出發前旅客任意解除契約及其責任：旅客於旅遊活動開始前得解除契約，但應繳交行政規費，並依下列標準賠償：

(1) 旅遊開始前第三十一日以前解除契約者，賠償旅遊費用 10%。

(2) 旅遊開始前第二十一日至第三十日以內解除契約者，賠償旅遊費用 20%。

(3) 旅遊開始前第二日至第二十日期間內解除契約者，賠償旅遊費用 30%。

(4) 旅遊開始前一日解除契約者，賠償旅遊費用 50%。

旅客於旅遊開始日或開始後解除契約或未通知不參加者，賠償旅遊費 100%。

前二項規定作為損害賠償計算基準之旅遊費用，應先扣除行政規費後計之。

9. 證照之保管：旅行業代理旅客處理旅遊所需之手續，應妥慎保管旅客之各項證件，如有遺失或毀損，應即主動補辦。如因致旅客受損害時，應賠償旅客之損失。

10. 旅行業務之轉讓：旅行業於出發前未經旅客書面同意，將本契約轉讓其他旅行業者，旅客得解除契約，其有損害者，並得請求賠償。

　　旅客於出發後始發覺或被告知本契約已轉讓其他旅行業，旅行業應賠償旅客全部團費 5% 之違約金，其受有損害者，並得請求賠償。

11. 旅遊內容之變更：旅遊中因不可抗力或不可歸責於旅行業之事由，致無法依預定之旅程、交通、食宿或遊覽項目等履行時，為維護旅遊團體之安全及利益，旅行業得依實際需要，於徵得旅客過三分之二同意後，變更旅程、遊覽項目或更換食宿、旅程，如因此超過原定費用時，應由旅客負擔。但因變更致節省支出經費，應將節省部分退還旅客。

　　除前項情形外，旅行業不得以任何名義或理由變更旅遊內容，旅行業未依旅遊契約所定與等級辦理旅程、交通、食宿或遊覽項目等事宜時，旅客得請求旅行業賠償差額二倍之違約金。

12. 過失致行程延誤：因可歸責於旅行業之事由，致延誤行程時，旅行業應即徵得旅客之書面同意，繼續安排未完成之旅遊活動或安排旅客返回。旅行業怠於安排時，旅客並得以旅行業之費用，搭乘相當等級之交通工具，自行返回出發地。前項延誤行程期間，旅客所支出之食宿或其他必要費用，應由旅行業負擔。旅客並得請求依全部旅費除以全部旅遊日數乘以延誤行程日數計算之違約金。但延誤行程之總日數，以不超過全部旅遊日數為限。延誤行程時數在二小時以上未滿一日者，以一日計算。

　　依第 1 項約定，安排旅客返回時，另應按實計算賠償旅客未完成旅程之費用及由出發地點到第一旅遊地。與最後旅遊地返回之交通費用。

13. 故意或重大過失棄置旅客：旅行業於旅遊途中，因故意或重大過失棄置旅客不顧時，除應負擔棄置期間旅客支出之食宿及其他必要費用，及按實計算退還旅客未完成旅程之費用，及由出發地至第一旅遊地與最後旅遊地返回之交通費用外，並應賠償依全部旅遊費用除以全部旅遊日數乘以棄置日數後相同金額二倍之違約金。但棄置日數之計算，以不超過全部旅遊日數為限。

14. 旅行業應依主管機關之規定為旅客辦理責任保險及履約保險，並應載明投保金額及責任金額，如未載明，則依主管機關之規定。

　　　　如未依前項規定投保者，於發生旅遊事故或不能履約之情形，以主管機關規定最低投保金額計算其應理賠金額之三倍作爲賠償金額。

15. 客於旅遊活動開始後，中途離隊退出旅遊活動時，不得要求旅行業退還旅遊費用。但旅行業因旅客退出旅遊活動後，應可節省或無須支出之費用，應退還旅客。旅行業並應爲旅客安排脫隊後返回出發地之住宿及交通。旅客於旅遊活動開始後，未能及時參加排定之旅遊項目或未能及時搭乘飛機、車、船交通工具時，視爲自願放棄其權力，不得向旅行業要求退費或任何補償。

　　　　第 1 項住宿、交通費用以及旅行業爲旅客安排之費用，由旅客負擔。

16. 當事人簽訂之旅遊契約條款如較本應記載事項規定標準而對消費者更爲有利者，從其約定。

（二）不得記載事項

1. 旅遊之行程、服務、住宿、交通、價格、餐飲等內容不得記載「僅供參考」或使用其他不確定用語之文字。
2. 旅行業對旅客所負義務排除原刊登之廣告內容。
3. 排除旅客之任意解約、終止權利及逾越主管機關規定或核備旅客之最高賠償標準。
4. 當事人一方得爲片面變更之約定。
5. 旅行業除收取約定之旅遊費用外，以其他方式變相或額外加價。
6. 除契約另有約定或經旅客同意外，旅行業臨時安排購物行程。
7. 免除或減輕旅行業管理規則及旅遊契約所載應履行之義務者。
8. 記載其他違反誠信原則、平等互惠原則等不利旅客之約定。
9. 排除對旅行業履行輔助人所生責任之約定。

旅遊契約 2-10-2

國外旅遊定型化契約書

交通部觀光局 89.1.15 觀業 89 字第 523 號函發布

立契約書人（旅客姓名）（以下稱甲方）

　　　　（旅行社名稱）（以下稱乙方）

　　甲乙雙方同意就本旅遊事項，依下列規定辦理：

第 1 條　（國外旅遊之意義）

　　　　本契約所謂國外旅遊，係指到中華民國疆域以外其他國家或地區旅遊。

　　　　赴中國大陸旅行者，準用本旅遊契約之規定。

第 2 條　（適用之範圍及順序）

甲乙雙方關於本旅遊之權利義務，依本契約條款之約定定之；本契約中未約定者，適用中華民國有關法令之規定。

附件、廣告亦為本契約之一部。

第 3 條　（旅遊團名稱及預定旅遊地區）

本旅遊團名稱為：

一、旅遊地區（國家、城市或觀光點）：

二、行程（起程回程之終止地點、日期、交通工具、住宿、旅館、餐飲、遊覽及其所附隨之服務說明）：前項記載得以所刊登之廣告、宣傳文件、行程表或說明會之說明內容代之，視為本契約之一部分，如載明僅供參考或以外國旅遊業所提供之內容為準者，其記載無效。

第 4 條　（集合及出發時地）

甲方應於民國○○年○○月○○日○○時○○分於○○準時集合出發。甲方未準時到約定地點集合致未能出發，亦未能中途加入旅遊者，視為甲方解除契約，乙方得依第二十五條第二項之規定，行使損害賠償請求權。

第 5 條　（旅遊費用）

旅遊費用：

甲方應依下列約定繳付：

一、簽訂本契約時，甲方應繳付新臺幣○○○元。

二、其餘款項於出發前三日或說明會時繳清。

除經雙方同意並增訂其他協議事項於本契約第十條，乙方不得以任何名義要求增加旅遊費用。

第 6 條　（怠於給付旅遊費用之效力）

甲方因可歸責自己之事由，怠於給付旅遊費用者，乙方得逕行解除契約，並沒收其已繳之訂金。如有其他損害，並得請求賠償。

第 7 條　（交通費之調高或調低）

旅遊契約訂立後，其所使用之交通工具之票價或運費較訂約前運送人公布之票價或運費調高或調低逾百分之十者，應由甲方補足或由乙方退還。

第 8 條　（旅遊費用所涵蓋之項目）

甲方依第五條約定繳納之旅遊費用，除雙方另有約定以外，應包括下列項目：

一、代辦出國手續費：乙方代理甲方辦理出國所需之手續費及簽證費及其他規費。

二、交通運輸費：旅程所需各種交通運輸之費用。

三、餐飲費：旅程中所列應由乙方安排之餐飲費用。

四、住宿費：旅程中所列住宿及旅館之費用，如甲方需要單人房，經乙方同意安排者，甲方應補繳所需差額。

五、遊覽費用：旅程中所列之一切遊覽費用，包括遊覽交通費、導遊費、入場門票費。

六、接送費：旅遊期間機場、港口、車站等與旅館間之一切接送費用。

七、行李費：團體行李往返機場、港口、車站等與旅館間之一切接送費用及團體行李接送人員之小費，行李數量之重量依航空公司規定辦理。

八、稅捐：各地機場服務稅捐及團體餐宿稅捐。

九、服務費：領隊及其他乙方為甲方安排服務人員之報酬。

第9條 （旅遊費用所未涵蓋項目）

第5條之旅遊費用，不包括下列項目：

一、非本旅遊契約所列行程之一切費用。

二、甲方個人費用：如行李超重費、飲料及酒類、洗衣、電話、電報、私人交通
費、行程外陪同購物之報酬、自由活動費、個人傷病醫療費、宜自行給與提供
個人服務者（如旅館客房服務人員）之小費或尋回遺失物費用及報酬。

三、未列入旅程之簽證、機票及其他有關費用。

四、宜給與導遊、司機、領隊之小費。

五、保險費：甲方自行投保旅行平安保險之費用。

六、其他不屬於第八條所列之開支。

前項第二款、第四款宜給與之小費，乙方應於出發前，說明各觀光地區小費收取狀
況及約略金額。

第10條 （投保強制保險）

乙方應依主管機關之規定為甲方辦理責任保險及履約保險。

乙方如未依前項規定投保者，於發生旅遊意外事故或不能履約之情形時，乙方應以
主管機關規定最低投保金額計算其應理賠金額之三倍賠償甲方。

第11條 （組團旅遊最低人數）

本旅遊團須有○○人以上簽約參加始組成。如未達前定人數，乙方應於預定出發之
七日前通知甲方解除契約，怠於通知致甲方受損害者，乙方應賠償甲方損害。

乙方依前項規定解除契約後，得依下列方式之一，返還或移作依第二款成立之新旅
遊契約之旅遊費用。

一、退還甲方已交付之全部費用，但乙方已代繳之簽證或其他規費得予扣除。

二、徵得甲方同意，訂定另一旅遊契約，將依第一項解除契約應返還甲方之全部費
用，移作該另訂之旅遊契約之費用全部或一部。

第12條 （代辦簽證、洽購機票）

如確定所組團體能成行，乙方即應負責為甲方申辦護照及依旅程所需之簽證，並代
訂妥機位及旅館。乙方應於預定出發七日前，或於舉行出國說明會時，將甲方之護
照、簽證、機票、機位、旅館及其他必要事項向甲方報告，並以書面行程表確認
之。乙方怠於履行上述義務時，甲方得拒絕參加旅遊並解除契約，乙方即應退還甲
方所繳之所有費用。

乙方應於預定出發日前，將本契約所列旅遊地之地區城市、國家或觀光點之風俗人
情、地理位置或其他有關旅遊應注意事項儘量提供甲方旅遊參考。

第13條 （因旅行社過失無法成行）

因可歸責於乙方之事由，致甲方之旅遊活動無法成行時，乙方於知悉旅遊活動無法
成行者，應即通知甲方並說明其事由。怠於通知者，應賠償甲方依旅遊費用之全部
計算之違約金；其已為通知者，則按通知到達甲方時，距出發日期時間之長短，依
左列規定計算應賠償甲方之違約金。

一、通知於出發日前第三十一日以前到達者，賠償旅遊費用百分之十。

二、通知於出發日前第二十一日至第三十日以內到達者，賠償旅遊費用百分之二十。

三、通知於出發日前第二日至第二十日以內到達者，賠償旅遊費用百分之三十。

四、通知於出發日前一日到達者，賠償旅遊費用百分之五十。

五、通知於出發當日以後到達者，賠償旅遊費用百分之百。

第14條　（非因旅行社之過失無法成行）

因不可抗力或不可歸責於乙方之事由，致旅遊團無法成行者，乙方於知悉旅遊活動無法成行時應即通知甲方並說明其事由；其怠於通知甲方，致甲方受有損害時，應負賠償責任。

第15條　（因手續瑕疵無法完成旅遊）

旅行團出發後，因可歸責於乙方之事由，致甲方因簽證、機票或其他問題無法完成其中之部分旅遊者，乙方應以自己之費用安排甲方至次一旅遊地，與其他團員會合；無法完成旅遊之情形，對全部團員均屬存在時，並應依相當之條件安排其他旅遊活動代之；如無次一旅遊地時，應安排甲方返國。

前項情形乙方未安排代替旅遊時，乙方應退還甲方未旅遊地部分之費用，並賠償同額之違約金。

因可歸責於乙方之事由，致甲方遭當地政府逮捕、羈押或留置時，乙方應賠償甲方以每日新臺幣二萬元整計算之違約金，並應負責迅速接洽營救事宜，將甲方安排返國，其所需一切費用，由乙方負擔。

第16條　（領隊）

乙方應指派領有領隊執業證之領隊。

甲方因乙方違反前項規定，而遭受損害者，得請求乙方賠償。

領隊應帶領甲方出國旅遊，並為甲方辦理出入國境手續、交通、食宿、遊覽及其他完成旅遊所須之往返全程隨團服務。

第17條　（證照之保管及退還）

乙方代理甲方辦理出國簽證或旅遊手續時，應妥慎保管甲方之各項證照，及申請該證照而持有甲方之印章、身分證等，乙方如有遺失或毀損者，應行補辦，其致甲方受損害者，並應賠償甲方之損失。

甲方於旅遊期間，應自行保管其自有之旅遊證件，但基於辦理通關過境等手續之必要，或經乙方同意者，得交由乙方保管。

前項旅遊證件，乙方及其受僱人應以善良管理人注意保管之，但甲方得隨時取回，乙方及其受僱人不得拒絕。

第18條　（旅客之變更）

甲方得於預定出發日○○日前，經乙方同意將其在本旅遊契約上之權利義務讓與第三人。

前項情形，甲方應於接到乙方同意之通知後○○日內到乙方營業處所辦理權利義務之移轉承擔手續，並補償乙方因辦理該第三人參加本旅遊契約所增加之必要費用。

依第一項規定受讓旅遊契約權利義務之第三人，自乙方同意時起，承繼甲方於該旅遊契約一切之權利義務。

第 19 條　（旅行社之變更）

乙方於出發前非經甲方書面同意，不得將本契約轉讓其他旅行業，否則甲方得解除契約，其受有損害者，並得請求賠償。

甲方於出發後始發覺或被告知本契約已轉讓其他旅行業，乙方應賠償甲方全部團費百分之五之違約金，其受有損害者，並得請求賠償。

第 20 條　（國外旅行業責任歸屬）

乙方委託國外旅行業安排旅遊活動，因國外旅行業有違反本契約或其他不法情事，致甲方受損害時，乙方應與自己之違約或不法行為負同一責任。但由甲方自行指定或旅行地特殊情形而無法選擇受託者，不在此限。

第 21 條　（賠償之代位）

乙方於賠償甲方所受損害後，甲方應將其對第三人之損害賠償請求權讓與乙方，並交付行使損害賠償請求權所需之相關文件及證據。

第 22 條　（旅程內容之實現及例外）

旅程中之餐宿、交通、旅程、觀光點及遊覽項目等，應依本契約所訂等級與內容辦理，甲方不得要求變更，但乙方同意甲方之要求而變更者，不在此限，惟其所增加之費用應由甲方負擔。除非有本契約第二十六或第二十九條之情事，乙方不得以任何名義或理由變更旅遊內容，乙方未依本契約所訂與等級辦理餐宿、交通旅程或遊覽項目等事宜時，甲方得請求乙方賠償差額二倍之違約金。

第 23 條　（因旅行社之過失致旅客留滯國外）

因可歸責於乙方之事由，致甲方留滯國外時，甲方於留滯期間所支出之食宿或其他必要費用，應由乙方全額負擔，乙方並應儘速依預定旅程安排旅遊活動或安排甲方返國，並賠償甲方依旅遊費用總額除以全部旅遊日數乘以滯留日數計算之違約金。

第 24 條　（惡意棄置旅客於國外）

乙方於旅遊活動開始後，因故意或重大過失，將甲方棄置或留滯國外不顧時，應負擔甲方於被棄置或留滯期間所支出與本旅遊契約所訂同等級之食宿、返國交通費用或其他必要費用，並賠償甲方全部旅遊費用之五倍違約金。

第 25 條　（出發前旅客任意解除契約）

甲方於旅遊活動開始前得通知乙方解除本契約，但應繳交證照費用，並依下列標準賠償乙方：

一、通知於旅遊開始前第三十一日以前到達者，賠償旅遊費用百分之十。

二、通知於旅遊開始前第二十一日至第三十日以內到達者，賠償旅遊費用百分之二十。

三、通知於旅遊開始前第二日至第二十日以內到達者，賠償旅遊費用百分之三十。

四、通知於旅遊開始前一日到達者，賠償旅遊費用百分之五十。

五、通知於旅遊開始日或開始後到達或未通知不參加者，賠償旅遊費用百分之百。

前項規定作為損害賠償計算基準之旅遊費用，應先扣除簽證費後計算之。

第 26 條　（出發前有法定原因解除契約）

因不可抗力或不可歸責於雙方當事人之事由，致本契約之全部或一部無法履行時，得解除契約之全部或一部，不負損害賠償責任。乙方應將已代繳之規費或履行本契約已支付之全部必要費用扣除後之餘款退還甲方。單雙方於知悉旅遊活動無法成行

時應即通知他方並說明其事由；其怠於通知致他方受有損害時，應負賠償責任。

為維護本契約旅遊團體之安全與利益，乙方依前項為解除契約之一部後，應為有利於旅遊團體之必要措置（但甲方不同意者，得拒絕之），如因此支出必要費用，應由甲方負擔。

第 27 條　（出發後旅客任意終止契約）

甲方於旅遊活動開始後中途離隊退出旅遊活動時，不得要求乙方退還旅遊費用。但乙方因甲方退出旅遊活動後，應可節省或無須支付之費用，應退還甲方。

甲方於旅遊活動開始後，未能及時參加排定之旅遊項目或未能及時搭乘飛機、車、船等交通工具時，視為自願放棄其權利，不得向乙方要求退費或任何補償。

第 28 條　（終止契約後之回程安排）

甲方於旅遊活動開始後，中途離隊退出旅遊活動時，乙方應為甲方安排脫隊後返回出發地之住宿及交通。

前項住宿、交通費用以及乙方為甲方安排之費用，由甲方負擔。

第 29 條　（旅遊途中行程食宿遊覽項目之變更）

旅遊途中因不可抗力或不可歸責於乙方之事由，致無法依預定之旅程、食宿或遊覽項目等履行時，為維護本契約旅遊團體之安全及利益，乙方得依實際需要，於徵得全體團員三分之二同意後變更旅程、遊覽項目或更換食宿、旅程，如因此超過原定費用時，應由甲方負擔。但因變更致節省支出經費，應將節省部分退還甲方。

第 30 條　（國外購物）

為顧及旅客之購物方便，乙方如安排甲方購買禮品時，應於本契約第三條所列行程中預先載明，所購物品有貨價與品質不相當時，乙方應善盡協助交涉解決之責任。乙方不得以任何理由或名義要求甲方代為攜帶物品返國。

第 31 條　（責任歸屬及協辦）

旅遊期間，因不可歸責於乙方之事由，致甲方搭乘飛機、輪船或汽車、或於餐廳旅館等各項旅遊設施（區）中所受之損害，應由提供服務之航空、輪船或汽車、或餐廳、旅館等機構直接對甲方負責，但乙方應盡善良管理人之注意，協助甲方處理。

第 32 條　（誠信原則）

甲乙雙方應以誠信原則履行本契約。乙方依旅行業管理規則之規定，委託他旅行業代為招攬時，不得以未直接收取甲方繳納費用，或以非直接招攬甲方參加本旅遊，或以本契約實際上非由乙方參與簽訂為抗辯。

第 33 條　（其他協議事項）

甲乙雙方同意遵守下列各項：

一、

二、

三、

前項協議事項，如有變更本契約其他條款之規定者，除經交通部觀光局核准外，其約定無效，但有利於甲方者，不在此限。

訂約人：甲方

住址：

身分證字號：

電話或電傳：

乙方

公司名稱：

註冊編號：

負責人：

住址：

電話或電傳：

乙方委託之旅行業副署：（本契約如係綜合或甲種旅行業自行組團而與旅客簽約者，下列各項免填）

公司名稱：

註冊編號：

負責人：

住址：

電話或電傳：

簽約日期：中華民國　年　月　日

（如未記載以交付訂金日為簽約日期）

簽約地點：　　　　　　　　　（如未記載以甲方住所地為簽約地點）

註：1. 訂立本契約，應本平等互惠之原則，如有疑義，應為有利於消費者之解釋。

　　2. 訂立本契約，不得違反誠信原則，對消費者顯失公平者，無效。

【國外旅遊定型化契約應記載及不得記載事項】

（一）應記載事項

1. 當事人之姓名、名稱、電話及住居所（營業所）：

旅客：

姓名：

電話：

住居所：

旅行業：

公司名稱：

負責人姓名：

電話：

營業所：

2. 簽約地點及日期：

簽約地點：

簽約日期：

　　如未記載簽約地點，則以消費者住所地爲簽約地點；如未記載簽約日期，則以交付定金日爲簽約日期。

3. 旅遊地區、城市或觀光點、行程、起程、回程終止之地點及日期：如未記載前項內容，則以刊登廣告、宣傳文件、行程表或說明會之說明等爲準。

4. 行程中之交通、旅館、餐飲、遊覽及其所附隨之服務說明：如未記載前項內容，則以刊登廣告、宣傳文件、行程表或說明會之說明等爲準。

5. 旅遊之費用及其包含、不包含之項目：

旅遊之全部費用：新臺幣○○○元。

旅遊費用包含及不包含之項目如下：

(1) 包含項目：代辦證照之手續費或規費，交通運輸費、餐飲費、住宿費、遊覽費用、接送費、行李費、稅捐、服務費、保險費。

(2) 不包含項目：旅客之個人費用、宜贈與導遊、司機、領隊或隨團服務人員之小費、個人另行投保之保險費、旅遊契約中明列爲自費行程之費用、其他非旅遊契約所列行程之一切費用。前項費用，當事人特別約定者，從其約定。

6. 旅遊活動無法成行時旅行業者之通知義務及賠償責任：因可歸責旅行業之事由，致旅遊活動無法成行者，旅行業於知悉無法成行時，應即通知旅客並說明其事由；怠於通知者，應賠償旅客依旅遊費用之全部計算之違約金；其已爲通知者，則按通知到達旅客時距出發日期時間之長短，依左列規定計算其應賠償旅客之違約金。

(1) 通知於出發日前第三十一日以前到達者，賠償旅遊費用 10%。

(2) 通知於出發日前第二十一日至第三十日以內到達者，賠償旅遊費用之 20%。

(3) 通知於出發日前第二日至第二十日以內到達者，賠償旅遊費用 30%。

(4) 通知於出發日前一日到達者，賠償旅遊費用 50%。

(5) 通知於出發當日以後到達者，賠償旅遊費用 100%。

　　因不可抗力或不可歸責於旅行業之事由，致旅遊活動無法成行者，旅行業於知悉旅遊活動無法成行時應即通知旅客並說明其事由；其怠於通知，致旅客受有損害者，應負賠償責任。

7. 集合及出發地：旅客應於民國○○年○○月○○日○○時○○分在○○準時集合出發，旅客未準時到約定地點集合致未能出發，亦未能中途加入旅遊者，視爲旅客解除契約，旅行業得向旅客請求損害賠償。

8. 出發前，旅客任意解除契約及其責任：旅客於旅遊活動開始前得繳交證照費用後解除契約，但應賠償旅行業之損失，其賠償標準如下：

(1) 旅遊開始前第三十一日以前解除契約者，賠償旅遊費用 10%。

(2) 旅遊開始前第二十一日至第三十日以內解除契約者，賠償旅遊費用 20%。

(3) 旅遊開始前第二日至第二十日期間內解除契約者，賠償旅遊費用 30%。

(4) 旅遊開始前一日解除契約者，賠償旅遊費用 50%。

　　旅客於旅遊開始日或開始後解除契約或未通知不參加者，賠償旅遊費用 100%。

　　前二項規定作爲損害賠償計算基準之旅遊費用，應先扣除簽證費用後計算之。

9. 出發後無法完成旅遊契約所定旅遊行程之責任：旅行團出發後，因可歸責於旅行業之事由，致旅客因簽證、機票或其他問題無法完成其中之部分旅遊者，旅行業應以自己之費用安排旅客至次一旅遊地，與其他團員會合；無法完成旅遊之情形，對全部團員均屬存在時，並應依相當之條件安排其他旅遊活動代之；如無次一旅遊地時，應安排旅客返國。

　　前項情形旅行業未安排代替旅遊時，旅行業應退還旅客未旅遊地部分之費用，並賠償同額之違約金。因可歸責於旅行業之事由，致旅客遭當地政府逮捕羈押或留置時，旅行業應賠償旅客以每日新臺幣二萬元整計算之違約金，並應負責迅速接洽營救事宜，將旅客安排返國，其所需一切費用，由旅行業負擔。

10. 領隊：旅行業應指派領有領隊執業證之領隊。

　　旅客因旅行業違反前項規定，致遭受損害者，得請求旅行業賠償。

　　領隊應帶領旅客出國旅遊，並爲旅客辦理出入國境手續、交通、食宿、遊覽及其他完成旅遊所須之往返全程隨團服務。

11. 證照之保管及返還：旅行業代理旅客辦理出國簽證或旅遊手續時，應妥愼保管旅客之各項證照，及申請該證照而持有旅客之印章、身分證等，旅行業如有遺失或毀損者，應行補辦，其致旅客受損害者，並應賠償旅客之損失。旅客於旅遊期間，應自行保管其自有旅遊證件，但基於辦理通關過境等手續之必要，或經旅行業同意者，得交由旅行業保管。前項旅遊證件，旅行業及其受僱人應以善良管理人注意保管之，但甲方得隨時取回，旅行業及其受僱人不得拒絕。

12. 旅行業務之轉讓：旅行業於出發前未經旅客書面同意，將本契約轉讓其他旅行業者，旅客得解除契約，其受有損害者，並得請求賠償。

　　旅客於出發後始發覺或被告知本契約已轉讓其他旅行業，旅行業應賠償旅客全部團費 5% 之違約金，其受有損害者，並得請求賠償。

13. 旅遊內容之變更：旅遊中因不可抗力或不可歸責於旅行業之事由，致無法依預定之旅程、交通、食宿或遊覽項目等履行時，爲維護旅遊團體之安全及利益，

旅行業得依實際需要，於徵得旅客過三分之二同意後，變更旅程、遊覽項目或更換食宿、旅程，如因此超過原定費用時，應由旅客負擔。但因變更致節省支出經費，應將節省部分退還旅客。

除前項情形外，旅行業不得以任何名義或理由變更旅遊內容，旅行業未依旅遊契約所定與等級辦理旅程、交通、食宿或遊覽項目等事宜時，旅客得請求旅行業賠償差額二倍之違約金。

14. **過失致旅客留滯國外**：因可歸責於旅行業之事由，致旅客留滯國外時，旅客於留滯期間所支出之食宿或其他必要費用，應由旅行業全額負擔，旅行業並應儘速依預定旅程安排旅遊活動，或安排旅客返國，並賠償旅客依旅遊費用總額除以全部旅遊日數乘以留滯日數計算之違約金。

15. **惡意棄置或留滯旅客**：旅行業於旅遊活動開始後，因故意或重大過失，將旅客棄置或留滯國外不顧時，應負擔旅客被棄置或留滯期間所支出與旅遊契約所訂同等級之食宿、返國交通費用或其他必要費用，並賠償旅客全部旅遊費用五倍之違約金。

16. 旅行業應依主管機關之規定為旅客辦理責任保險及履約保險，並應載明投保金額及責任金額，如未載明，則依主管機關之規定。

如未依前項規定投保者，於發生旅遊事故或不能履約之情形時，以主管機關規定最低投保金額計算其應理賠金額之三倍作為賠償金額。

17. 旅客於旅遊活動開始後，中途離隊退出旅遊活動時，不得要求旅行業退還旅遊費用。但旅行業因旅客退出旅遊活動後，應可節省或無須支出之費用，應退還旅客；旅行業並應為旅客安排脫隊後返回出發地之住宿及交通。

旅客於旅遊活動開始後，未能及時參加排定之旅遊項目或未能及時搭乘飛機、車、船等交通工具時，視為自願放棄其權利，不得向旅行業要求退費或任何補償。

第 1 項住宿、交通費用以及旅行業為旅客安排之費用，由旅客負擔。

18. 當事人簽訂之旅遊契約條款如較本應記載事項規定標準而對消費者更為有利者，從其約定。

【團體】

● 旅遊契約

1. **本契約的特點**：本契約為團體旅遊契約，由旅遊營業人旅行社與公司訂立的團體旅遊契約。

2. 適用對象：本契約適用於團體旅遊契約。

3. 基本條款及應注意事項：訂立本契約應記載民法第 514 條之 2 的規定。

4. 相關法條：民法第 514 條之 2 至 12。

旅遊契約 2-10-3

團體旅遊契約書

　　立約人○○旅行社股份公司（以下簡稱甲方），○○電子股份有限公司（以下簡稱乙方），雙方同意訂立以下旅遊契約共同遵守：

一、旅遊地區：日本國東京、大阪、神戶、名古屋。（旅程如附件）

二、旅遊天數：六天五宿。

三、旅遊人數：乙方員工二十名，名單如附紙。

四、費用：每人新臺幣三萬元正，其中包括臺灣與日本間往返機票經濟艙、日本國內交通費、住宿費用、旅館為四星級、餐飲費用，每日三餐，不包括酒類及消夜。

五、國內出國機場費用由乙方負擔，國外機場行李費用由甲方負擔，小費由乙方負擔。

六、保險費由甲方負擔，每人新臺幣二百萬元正旅行平安險。

七、旅行出發日期：民國○○年○○月○○日上午○○點○○分正，全部人員在機場會合出發。

八、旅行回國日期：民國○○年○○月○○日抵達中正機場，人員各自回家。

九、訂立本契約後乙方應付甲方訂金百分之三十，餘額於出發日期一星期前乙方應付清予甲方。

十、本契約未盡事宜，悉依民法及相關法令規定辦理。

十一、本契約書二份，雙方各執一份。

　　　　　　　立約人：甲方：○○旅行社股份有限公司

　　　　　　　　　　　代表人：○○○

　　　　　　　　　　　地址：

　　　　　　　　　　　乙方：○○電子股份有限公司

　　　　　　　　　　　代表人：○○○

　　　　　　　　　　　地址：

中　華　民　國　　○○　年　　○○　月　　○○　日

第 *11* 章　出版契約

審訂：普華商務法律事務所律師　朱瑞陽

一、 定義

　　出版契約乃當事人約定，一方（出版權授與人）以文學、科學、藝術或其他之著作為出版而交付於他方，他方擔任印刷或以其他方法重製及發行之契約（民法第515 條第 1 項）。投稿於報紙或雜誌經刊登者，推定成立出版契約（民法第 15 條第 2 項），除另有約定外，推定僅授與刊載一次之權利，對著作財產權人之其他權利不生影響（著作權法第 41 條）。本此，出版契約係屬於著作權之授權契約，著作人或著作財產權人仍保有著作權利，出版人僅有重製著作或發行著作之權利。所稱「發行」係指以散布能滿足公眾合理需要之重製物（著作權法第 3 條）。

二、 契約當事人的法定權利義務

（一）出版權授與人（著作權人或其受讓人及繼承人）的義務

1. 出版權的授與：著作人之權利，於契約實行之必要範圍內，授權出版人得重製或發行著作。
2. 瑕疵擔保義務：出版權授與人應擔保其於契約成立時，有授與重製及發行之權利。如著作受法律（如著作權法）上之保護者，尚應擔保其有著作權。
3. 告知曾出版義務：出權權授與人，已將著作之全部或一部分，交付第三人出版，或經第三人公表，為其所明知者，應於契約成立前，將其情事告知出版人。
4. 不為不利處分的義務：出版權授與人，於出版人得印行之出版物未賣完時，不得就其著作之全部或一部分，為不利於出版人之處分。但著作翻譯之權利，除契約另有訂定外，仍屬於出版權授與人。
5. 著作交稿後因不可抗力滅失時的負擔：著作交付出版人後，因不可抗力滅失者，如著作人尚另存有稿本，有將該稿本交付於出版人之義務。無稿本時，如著作人不多費勞力，即可重作者，應重作之。惟著作人另交稿本或重作時，得請求出版人相當之賠償。

（二）出版人的義務

1. 印刷發行的義務：出版人應以適當之格式印刷重製著作，並應為必要之廣告及用通常之方法推銷出版物。而出版物之賣價，雖由出版人定之，但不得過高，致礙出版物之銷行。
2. 尊重著作人人格利益：出版人對於著作，不得增減或變更。
3. 給付報酬與義務：給付報酬與否，由當事人自由約定。如依其情形，非受報酬即不為著作之交付者，視為允與報酬。出版人有出數版之權者，其次版之報酬及其他出版之條件，推定與前版相同。
4. 危險負擔：著作之危險於交付時移轉於出版人。交付後因不可抗力滅失者，出版人仍應給付報酬。
5. 再版義務：出版人於出版契約，僅約定一版或未約定版數者，僅得出一版。如約定數版或永遠出版者，於前版之出版物賣完後，即有再版之義務。怠於此義務者，出版權授與人得聲請法院，令出版人於一定期限內再出新版，逾期不遵行者，喪失其出版權。
6. 著作的修訂：出版人於印刷新版前，應予著作人以訂正或修改著作之機會。

三、 出版契約應訂明的基本條款

1. 出版權授與人及出版人。
2. 著作。
3. 出版報酬之約定及計算方式。
4. 出版數。
5. 其他權利義務約定。

四、 訂立出版契約應注意事項

1. 著作權，存續於著作人之生存期間及其死亡後五十年。（著作權法第 30 條）
2. 出版人出版著作權人之著作，未依約定辦理致損害著作權人之利益者，視為侵害著作權。著作權人得請求排除侵害及損害賠償。

五、 契約範例

（一）出版權授與契約書（一）

1. 本契約的特點：本契約係著作人於著作權存續期間之獨家專屬授權出版人發行

著作為特點。

2. **適用對象**：本契約適用於享有著作權之契約。

3. **基本修款及注意事項**：訂立本契約應訂明出版契約之基本條款，及其應注意事項。

4. **相關法條**：民法第 516-520、525、526 條。

出版契約 2-11-1

出版契約書

　　○○○有限公司（以下簡稱甲方）與○○○先生（以下簡稱乙方）就甲方出版發行乙方著作「○○○」乙書（以下簡稱本著作）事項，雙方議定如下：

一、本著作經乙方同意於本著作之存續期間內交由甲方永久獨家出版發行，於簽訂本合約時，專屬授權於甲方專屬專屬，乙方不得再將本著作之全部或一部分自行或再授權他人出版發行。惟甲方如怠於新版之印行，乙方得限期令甲方再出新版，逾期不遵行者，甲方喪失其出版發行權。

二、本著作如有分割他人著作權、侵害他人著作或違反法令之行為，由乙方自行負責，與甲方無涉。本著作如因乙方前揭事由致遭他人扣押、沒收或禁止發行，致使甲方遭受損害者，乙方應負責賠償甲方全部出版費用。

三、本著作每銷售一本，甲方應依每本定價百分之○之金額，付予乙方為版酬。惟依圖書館法或其他法令規定，應送各圖書機構或其他機關者（依現行法規定共需二本），則不予付酬。

四、本著作每版印行冊數，甲方應據實報告乙方，並由乙方在本著作出版物之版權頁蓋章認定。如未經乙方蓋章而擅自出版發行者，甲方即喪失第 1 條之出版發行權。

五、甲方應於每年○○月○○日自動依銷行冊數結算版酬，開付○個月支票予乙方，乙方並得隨時清點存書，複查銷行冊數。

六、本著作初版時，甲方應贈送○○本給乙方，惟乙方不得轉售。

七、本著作排印之校對，由甲方負責，惟為求正確無誤，得請乙方做最後之校核。

立合約書人：甲方：○○○　印
　　　　　　公司名稱：
　　　　　　公司地址：
　　　　　　登記號：
　　　　　　負責人：○○○　印
　　　　　　住址：
　　　　　　身分證統一編號：
　　　　　　乙方：○○○　印
　　　　　　住址：
　　　　　　身分證統一編號：

中　華　民　國　○○　年　○○　月　○○　日

註：本契約第 1 條後段有甲方如怠於新版之印行，乙方得限時令甲方再出新版，逾期不遵行者，則甲方喪失出版發行權之懲罰條款。第 4 條亦相同引用上述條款。

（二）出版權授與契約書（二）

1. 本契約的特點：本契約為出版權授與契約，出版權授與人將著作授與出版人發行，著作權仍屬於授與人。
2. 適用對象：本契約適用於出版權授與契約。
3. 基本條款及注意事項：訂立本契約應訂明出版契約之基本條款，及其應注意事項。
4. 相關法條：民法第 516、517、518、519、520、525、526 條。

出版契約 2-11-2

出版權授與契約書

　　立出版權授與契約書人○○○（以下簡稱甲方），出版人○○圖書公司（以下簡稱乙方），茲為出版權授與事項，雙方訂立契約條款如下：

第 1 條　出版權授與之標的如下：
　　　　著作名稱：
　　　　冊數或卷數：
　　　　著作人姓名：　　　　職業：　　　　住址：
　　　　出版時別名：

第 2 條　甲方允將本契約前開之著作（下稱本著作）授權乙方出版發行，其著作權仍屬於甲方，本著作上之一切責任，應由甲方負之。

第 3 條　甲方不得本著作之全部或一部分，為不利於乙方之行為；如將本著作自行印售、將本著作託他人印售、或將本著作之著作權另行授權或讓與他人、以自己或他人名義編印與本著作類似之著作、用自己或他人名義編印有妨害本著作銷售之著作。

第 4 條　因不可歸責於乙方之事由，致本著作或其附件之各種底稿等毀損滅失時，乙方不負賠償之責。

第 5 條　乙方允照本著作之定價百分之○版稅報酬甲方，於每年六月、十二月末日，照售出部數結算，交付甲方。

第 6 條　乙方對於甲方致送版稅報酬，以本著作享有著作權之年期為限。倘甲方於期滿前身故者，應由甲方指定之繼承人通知乙方代辦繼承人註冊，並由該繼承人接受版稅報酬。

第 7 條　本著作出版時，由甲方於每書之版權頁上，蓋一著作權印章，以為憑證。

第 8 條　本著作出版時，由乙方贈送甲方樣本○冊；此項贈書不付版稅。以後甲方如欲購買本著作者，得照同業批發折扣○折計算，但以總數不超過○冊為限；此項購買之書亦不付版稅。

第 9 條　甲方於不妨礙乙方之利益或增加其責任之範圍內，得訂正或修改本著作；但對乙方因此所生不可預見之費用，應由甲方擔負。

第 10 條　本著作有礙銷行之處，得由乙方函請甲方修改之；其對乙方因此所生不可預見之費用，應由乙方自負。

第 11 條　本著作如乙方認有發售預約或特價之必要者，除於訂約時，雙方業已商定外，應於兩個月前通知甲方，請求同意。

第 12 條　本著作出版半年後，乙方如認為銷路不佳，得減價發售或要求解約；但應於兩個月前通知甲方，請求同意。

第 13 條　本著作發售預約、特價或減價之部數，均各照該預約、特價或減價之價目計算版稅。

第 14 條　如甲方對於第十二條及第十三條之請求不同意時，乙方得向甲方要求終止本契約。本契約終止時，雙方對於本著作之圖版、刊本、依照下列方法處分之：

　　一、餘存之刊本，由雙方照比例分配之。（例如版稅為定價百分之十時，所餘刊本，甲方取百分之十，乙方取百分之九十）

　　二、餘存之圖版，照原價折半，歸甲方備款承受；如甲方不願承受者，則仍由乙方保存或以他法處理之，但不得再以之印刷本著作物。

第 15 條　甲方住址或通信處有更動時，應即通知乙方；如因未經通知，致第十一、第十二各條之通知不能到達時，乙方不負責任。

第 16 條　本契約第十一、十二各條對於甲方之通知書，如經過兩個月尚未接到甲方之異議時，應即認為默示同意。

第 17 條　本契約規定之版稅為不可分割；其著作權如為數人共同所有時，應推定一人為代表，向乙方支取版稅及接洽一切。

第 18 條　無論甲方或乙方，非經雙方同意，不得將本契約之權利讓與第三者；但法定繼承人不在此限。

第 19 條　本契約同式兩份，甲乙兩方各執一份存照。

第 20 條　甲乙兩方欲將本契約增刪者，雙方協議後，另紙抄錄貼於本契約之後，並加蓋印章為憑。

　　　　　　立約人：甲方：出版權授與人：○○○
　　　　　　　　　　保證人：○○○
　　　　　　　　　　乙方：出版權承受人：○○圖書公司
　　　　　　　　　　代表人：○○○

中　　華　　民　　國　　○○　　年　　○○　　月　　○○　　日

註：本契約第 2 條規定出版權授與人仍保有著作權。

（三）出版權授與契約書

1. **本契約的特點**：本契約為出版權讓與契約，主要為著作人將著作財產權之出版與發行權讓與出版人，如未明文約定者，著作人之其他著作財產權（如改作權、公開口述權）推定為未讓與（著作權法第 36 條）。

2. **適用對象**：本契約適用於出版權讓與契約。

3. **基本條款及注意事項**：訂立本契約應訂出版契約之基本條款及其應注意事項。

4. 相關法條：民法第 516-520、525、526 條。

出版契約 2-11-3

出版權讓與契約書

著作人○○○（以下簡稱甲方），出版人○○圖書公司（以下簡稱乙方），雙方為讓與著作與出版發行權，訂立契約條款如下：

第 1 條　著作權讓與之標的如下：

著作名稱：

冊數或卷數：

著作人姓名：　　　　職業：　　　　住址：

出版時別名：

第 2 條　甲方允將前條著作（下稱本著作）之出版發行權讓與乙方。

第 3 條　本著作之權利金，共計新臺幣○○○元。該款於簽訂契約日一次給付甲方。

第 4 條　本契約成立後，甲方不得本著作之全部或一部分，為不利於乙方之行為；如將本著作自行印售、將本著作託他人印售、或將本著作之著作權另行授權或讓與他人、以自己或他人名義編印與本著作類似之著作、用自己或他人名義編印有妨害本著作銷售之著作。

第 5 條　本著作應由甲方整理齊全，以無須增減或變遷為度。其有加入圖畫之必要時，預將適用之原圖、相片一併交與乙方。

第 6 條　本著作之出版發行權自讓與乙方後，其印刷版式及發售定價等，概由乙方自行決定。

第 7 條　甲方及連帶保證人，應保證本著作並無侵犯他人著作權及違反法律情事；如因此發生出版發行上之障礙時，應由甲方及連帶保證人連帶負完全責任，並賠償乙方所受之損害。

第 8 條　本著作出版時，得由甲方指定以本名或筆名發行，如甲方以指定之筆名發行，所有著作上之責任，仍由甲方負之。

第 9 條　本著作初次出版後，應由乙方贈送甲方樣本○冊。如甲方擬向乙方購買本著作，須乙方比照本埠同行批發折扣計算。

第 10 條　本契約如有未盡事宜，得由雙方協商加入，另紙載記黏貼於本契約之後，加蓋圖章為憑。

　　本契約一份，經甲方簽字後，交乙方存執。

立約人：甲方：著作人：○○○

連帶保證人：

乙方：出版人○○圖書公司

代表人：○○○

中　華　民　國　○○　年　○○　月　○○　日

第 *12* 章　委任契約

審訂：恆業法律事務所律師　吳佩諭
　　　恆業法律事務所律師　謝昆峰

一、定義

　　委任乃當事人約定，一方（委任人）委託他方（受任人）處理事務，他方允為處理之契約（民法第 528 條）。

二、契約當事人的法定權利義務

（一）受任人的權限

1. 受任人之權限依委任契約之訂定。未訂定者，依其委任事務之性質定之。
2. 委任人得指定一項或數項事務而為特別委任，受任人就委任事務之處理，得為委任人為一切必要行為。
3. 委任人亦得就一切事務為概括委任，受任人受此概括委任者，得為委任人為一切法律行為。

（二）受任人的義務

1. 受任人處理事務，應依委任人之指示，並與處理自己事務為同一之注意，其受有報酬者，應以善良管理人之注意為之。
2. 受任人應將委任事務進行之狀況，報告委任人。委任關係終止時，應明確報告其始末。
3. 受任人因處理事務所收取之金錢物品及孳息，應交付於委任人。受任人以自己之名義，為委任人取得之權利，應移轉於委任人。
4. 受任人為自己之利益，使用應交付於委任人之金錢，或使用應為委任人利益，而使用之金錢，除應自使用之日起支付利息外，如有損害，並應賠償。
5. 受任人因處理事務有過失，或因逾越權限之行為所生之損害，對於委任人負賠償之責。其委任為無償者，受任人僅就重大過失，負過失責任。

（三）委任人的義務

1. 委任人非經受任人之同意，不得將處理委任事務之請求權讓與第三人。
2. 因受任人之請求，應預付處理委任事務之必要費用。
3. 受任人因處理委任事務，支出必要費用，委任人應償還之，並給付自支出時起之利息。
4. 受任人因處理委任事務，負擔必要債務者，得請求委任人代為清償，未至清償期者，得請求委任人相當之擔保。
5. 委任雖以無償為原則，但如依習慣或依委任事務之性質，認為報酬從未約定，亦應給予報酬者，受任人得請求報酬。

三、委任契約應訂明的基本條款

1. 委任人與受任人。
2. 委任事項。
3. 委任權限或期限。
4. 如有報酬者，其報酬事項。
5. 其他特約事項。

四、訂立委任契約應注意事項

（一）概括委任時，下列行為必須有委任人特別之授權，始得為之

1. 不動產之出賣或設定負擔。
2. 不動產之租賃其期限逾二年者。
3. 贈與。
4. 和解。
5. 起訴。
6. 提付仲裁。

（二）房地產處分之委任書應加蓋印鑑並附印鑑證明，委任書上所蓋之印章應與印鑑證明相同

五、契約範例

【委任出售不動產】

● 委任契約書（出售不動產）

1. 本契約的特點：本契約為委任出售不動產契約書。當事人一方以不動產委任他方出售的契約。

2. 適用對象：本契約適用於委任出售不動產契約。

3. 基本條款及應注意事項：訂立本契約應訂明委任契約之基本條款及應注意事項。

4. 相關法條：民法第 528 至 552 條。

委任契約 2-12-1

委任契約書（出售不動產）

　　立契約書人○○○（以下簡稱甲方）○○○（以下簡稱乙方）茲就委任事宜訂立本契約，其條件如下：

一、甲方將所有座落○○○處磚造樓房乙幢，以新臺幣○○○元整，委任乙方代理出售。

二、甲方於簽訂本約同時，交付乙方授權書及印鑑證明書一份，以便乙方與買主交涉處理。

三、本件委任期限至民國○○年○○月○○日止，屆滿乙方仍未出售本件房屋時，應將授權書及印鑑證明書返還甲方，其代理權並歸消滅。

四、乙方於期限內出售者，甲方願給付報酬○○○元，於委任事務完畢時給付之。

五、乙方認為有必要時，得使第三人代為處理。

六、本契約書一式二份，雙方各執一份為憑。

　　　　　　　　甲方（委任人）：○○○　㊞
　　　　　　　　住址：
　　　　　　　　乙方（受任人）：○○○　㊞
　　　　　　　　住址：

中　　華　　民　　國　　○○　　年　　○○　　月　　○○　　日

註：出售不動產必須由委任人特別授權民法第 534 條第 1 項。

● 委任契約書（出售房屋）

1. 本契約的特點：本契約為委託出售房屋契約書。當事人一方委託他方出售房屋，他方允為處理的契約。

2. 適用對象：本契約適用於委託出售房屋契約。

3. 基本條款及應注意事項：訂立本契約應訂明委任契約之基本條款及應注意事項。

4. 相關法條：民法第 528 至 552 條。

委任契約 2-12-2

委任契約書（出售房屋）

第 1 條　委託人○○○將所有座落○○○磚造房屋店鋪一幢，以新臺幣○○○元出售及有關
　　　　一切行為，委託受託人處理，並經受託人允為處理。

第 2 條　約定報酬為新臺幣○○○元，於委託事務完畢時給付之。

第 3 條　受託人認為有必要時，得使第三人代為處理。

第 4 條　恐口無憑，爰立此約，雙方各執一份。

委託人：○○○　印
住址：
受託人：○○○　印
住址：

中　華　民　國　　○○　　年　　○○　　月　　○○　　日

● 房地產委託銷售契約書範本（行政院消費者保護委員會編印）

1. 本契約的特點：本契約為房地產委託銷售契約書，當事人一方委託他方銷售房
   地產，他方收取銷售費用之契約。

2. 適用對象：本契約適用於房地產委託銷售契約。

3. 基本條款及應注意事項：訂立本契約應訂明委任契約之基本條款及其應注意事
   項。

4. 相關法條：民法第 528 至 552 條，消費者保護法第 11 至 17 條。

委任契約 2-12-3

房地產委託銷售契約書範本（新修正版）

中華民國 86 年 6 月 14 日內政部臺
內地字第 8605647 號公告頒行
中華民國 87 年 8 月 19 日內政部臺
內地字第 8790334 號公告修正頒行

契約範本使用說明注意事項

一、適用範圍

　　本契約範本適用於成屋及中古屋所有權人將其房屋委託房屋仲介公司銷售時之參考，本
　　契約之主體應為企業經營者（即仲介公司），由其提供予消費者使用（即委託人）。惟
　　消費者與仲介公司參考本範本訂立委託銷售契約時，仍可依民法第 153 條規定意旨，就
　　個別情況磋商合意而訂定之。

二、關於仲介業以加盟型態或直營型態經營時，在其廣告、市招及名片上加註經營型態之規
　　定依據行政院公平交易委員會 84 年 9 月 6 日第 204 次委員會議決議內容如下：

（一）本案情形經 84 年 3 月 24 日與 84 年 7 月 28 日兩次邀請業者、專家行座談溝通，結論為目前仲介業以加盟型態經營而未標示「加盟店」之情形甚為普遍，關於加盟店之仲介公司應於廣告、市招及名片上加註「加盟店」字樣，與會業者皆表示願意配合……。

（二）應請房屋仲介業者於本（84）年 12 月 31 日前在廣告、市招、名片等明顯處加註「加盟店」字樣，以使消費者能清楚分辨提供仲介服務之行為主體，至於標示方式原則上由房屋仲介業者自行斟酌採行。

三、有關委託銷售契約書之性質

目前國內仲介業所使用之委託銷售契約書有兩種，即專任委託銷售契約書及一般委託銷售契約書，如屬專任委託銷售契約書則有「在委託期間內，不得自行出售或另行委託其他第三者從事與受託人同樣的仲介行為」之規定，反之，則屬一般委託銷售契約書；依本範本第 11 條第 1 款第(一)目之規定，本範本係屬專任委託銷售契約書性質。

四、有關服務報酬之規定

本範本第 5 條服務報酬額度，應由市場機能來決定其比例，本範本不宜統一規定。

五、消費爭議之申訴與調解

因本契約所發生之消費爭議，依消費者保護法第 43 條及第 44 條規定，買方得向賣方、消費者保護團體或消費者服務中心申訴；未獲妥適處理時，得向房地所在地之直轄市或縣（市）政府消費者保護官申訴；再未獲妥適處理時，得向直轄市或縣（市）消費爭議調解委員會申請調解。

房地產委託銷售契約書

契約審閱權

本契約於中華民國○○年○○月○○日經委託人攜回審閱。（契約審閱期間至少為三日）

委託人簽章：

受託人簽章：

受託人○○○○公司接受委託人○○○之委託仲介銷售下列房地產，經雙方磋商後合意訂定條款如下，以資共同遵守：

第 1 條　房地產標示

一、土地標示（詳如登記簿謄本）：

所有權人	縣市	市區鄉鎮	段	小段	地號	都市計畫使用分區（或非都市者市土地使用地類別）	面積平方公尺	有無設定抵押權、查封登記或其他物權之設定	有無租用或占用情形	權利範圍之憑證

二、建築改良物標示（詳如登記簿謄本）：

所有權人	縣市	市區鄉鎮	段	巷	弄	號	樓	建築物完成日期		平方公尺面積	建號	權利範圍	有無設定抵押權、或其他物權之設定	有無查封登記或其他之設定	有無租占或之情形憑用形
								民國　年　月　日	主建物						
									附屬建物						
									共同使用部分						

三、車位標示（詳如登記簿謄本）：

本停車位屬
　□法定停車位
　□自行增設停車位為地上（面、下）
　□獎勵增設停車位
　□其他（車位情況自行說明）

第○層　□平面式停車
　　　　□機械式停車位　，編號第○號車位

□有土地及建築改良物所有權狀。

□有建築改良物所有權狀（土地持分合併於區分所有建物之　土地面積內）。

□共同所有使用部分。

（如有停車位之所有權及使用權之約定文件，應檢附之。）

四、願意附贈買方設備項目計有：

□燈飾	□床組	□梳妝臺	□窗簾
□熱水器	□冰箱	□洗衣機	□瓦斯爐
□沙發○組	□冷氣○臺	□廚具○式	□電話○線
□其他			

第 2 條　委託銷售價格

委託人願意出售之房地價格為新臺幣○○○○元整，車位價格為新臺幣○○○元整，合計新臺幣○○○○元整。本委託售價得經委託人及委託人雙方以書面同意調整之。

第 3 條　委託銷售期間

委託銷售期間自民國○○年○○月○○日起至○○年○○月○○日止為期○天。本委託期間得經委託人及受託人雙方以書面同意延長之。

第 4 條　付款方式及應備文件

一、委託人同意付款方式及應備文件如下：

付款方式	期付款	委託人應備條件
第一期（簽約款）	新臺幣○○○○元整（即總價百分之○）	應攜帶國民身分證及印章並交付土地建築改良物所有權狀正本
第二期（備證款）	新臺幣○○○○元整（即總價百分之○）	應攜帶印鑑章並交付印鑑證明、身分證明文件及稅單
第三期（完稅款）	新臺幣○○○○元整（即總價百分之○）	土地增值稅繳納證明文件、契稅繳納收據（應加蓋查無欠稅費戳記）
第四期（交屋款）	新臺幣○○○○元整（即總價百分之○）	房屋鑰匙及水電、瓦斯、管理費收據等

二、委託人同意受託人為促銷起見，配合買方協辦金融機構貸款，此一貸款視同交屋款部分。

三、委託人設定抵押權部分，同意在買方設定抵押權後撥款前儘速塗銷或協議由買方承擔或代清償之。

第 5 條　服務報酬

一、受託人於買賣成交時，得向委託人收取服務報酬，其數額為實際成交價額之千分之○。

二、前項受託人之服務報酬，委託人於與買方簽訂買賣契約時，支付服務報酬百分之○予受託人，餘百分之○於交屋時繳清。

第 6 條　委託人之義務

一、於買賣成交時，稅捐稽徵機關所開具以委託人為納稅義務人之稅費，均由委託人負責繳納。

二、簽約代理人代理委託人簽立委託銷售契約書者，應檢附所有權人之授權書及印鑑證明交付受託人驗證並影印一份，由受託人收執，以利受託人作業。

三、受託人應就房地產之重要事項簽認於房地產標的現況說明書（其格式如附件一），委託人對受託人負有誠實告知之義務，如有虛偽不實，由委託人負法律責任。

四、簽訂本契約時，委託人應提供本房地產之土地、房屋所有權狀影本及國民身分證影本，並交付房屋之鑰匙等物品予受託人，如有使用執照影本及管路配置圖等，一併提供。

第 7 條　受託人之義務

一、受託人於簽於前，應據實提供該公司近三個月之成交行情，供委託人訂定售價之參考。

二、受託人受託仲介銷售所做市場調查、廣告企劃、買賣交涉、諮商服務、差旅出勤等活動與支出，除有第 10 條之規定外，均由受託人負責，受託人不得以任何理由請求委託人補貼。

三、受託人對委託人所簽認之房地產標的現況說明書，負有誠實告知買方之義務，如有隱瞞不實，由受託人自負一切法律責任，因而致委託人損害者，受託人應負賠償責任。

四、如買方簽立「要約書」（如附件二），受託人應即將該要約書轉交委託人，不得隱瞞或扣留。

五、受託人應隨時依委託人之查詢，向委託人報告銷售狀況。

六、契約成立後，受託人□同意 □不同意授權受託人代為收受買方支付之購屋定金。

七、受託人應於收受定金後二十四小時內送達委託人。但如因委託人之事由致無法送達者，不在此限。

八、有前款但書情形者，受託人應於二日內寄出書面通知表明收受定金及無法送達之事實通知委託人。

九、受託人於仲介買賣成交時，為維護交易安全，得協助辦理有關過戶及貸款手續。

十、受託人應委託人之請求，有提供相關廣告文案資料予委託人參考之義務。

第8條　受領定金之效力

一、買方支付定金後，如買方違約不買，委託人得沒收定金；如委託人違約不賣，應加倍返還買方所支付之定金。

二、委託人依前款所受領之定金，因買方違約不買，委託人得沒收定金，並應支付該沒收定金之百分之○予受託人，以作為該次委託銷售服務之支出費用，且不得就該次再收取服務報酬。

第9條　買賣契約之簽定及產權移轉

受託人依本契約仲介完成時，委託人應與受託人所仲介成交之買方另行簽定「房地產買賣契約書」，並由委託人及買方共同協商指定土地登記專業代理人，辦理一切產權過戶手續。

第10條　委託人終止契約之責任

本契約非經雙方書面同意，不得單方任意變更之；如尚未仲介成交前因可歸責於委託人之事由而終止時，委託人應支付受託人必要之仲介銷售服務費用，本項費用視已進行之委託期間等實際情形，由受託人檢據向委託人請領之。但最高不得超過第5條原約定服務報酬之半數。

第11條　違約之處罰

一、委託人如有下列情形之一者，視為受託人已完成仲介之義務，委託人仍應支付委託銷售價格百分之○服務報酬，並應全額一次付予受託人：

（一）委託期間內，委託人自行將本契約房地產標的物出售或另行委託第三者仲介者。

（二）簽立書面買賣契約後，因可歸責於委託人之事由而解除買賣契約者。

（三）委託人已提供委託人曾經仲介之客戶名單，而委託人於委託期間屆滿後二個月內，逕與該名單內之客戶成交者。但經其他房地產仲介服務公司仲介成交者，不在此限。

二、受託人違反第7條第3款、第4款或第7款情形之一者，委託人得解除本委託契約。

第 12 條　廣告張貼

　　　　委託人 ☐同意／☐不同意 受託人於本房地產標的物上張貼銷售廣告。

第 13 條　通知送達

　　　　委託人及受託人雙方所為之徵詢、洽商或通知辦理事項，如以書面通知時，均依本契約所載之地址為準，如任何一方遇有地址變更時，應即以書面通知他方，其因拒收或無法送達而遭退回者，均以郵寄日視為已依本契約受通知。

第 14 條　疑義之處理

　　　　本契約定型化條款如有疑義時，應依消費者保護法第 11 條第 2 項規定，為有利於委託人之解釋。

第 15 條　合意管轄法院

　　　　因本契約發生之消費訴訟，雙方同意以房地產所在地之地方法院為第一審管轄法院。

第 16 條　附件效力及契約分存

　　　　本契約之附件一視為本契約之一部分。本契約一式二份，由雙方各執一份為憑，並自簽約日起生效。

第 17 條　未盡事宜之處置

　　　　本契約如有未盡事宜，依相關法令、習慣及平等互惠與誠實信用原則公平解決之。

註：1. 訂立本契約，應本於平等互惠之原則，如有疑義，應有利於消費者之解釋。
　　 2. 訂立本契約，不得違反誠信原則，對於消費者顯失公平，無效。

附件一

房地產標的現況說明書

填表日期：　　　年　　　月　　　日

項次	內容	是 否	備註說明
1	是否有住戶規約	☐ ☐	檢附住戶規約供參考。
2	請說明法定停車位、屋頂平臺或地下室等約定使用或習慣使用方式	☐ ☐	說明：
3	是否有滲漏水情形： (1) 屋頂、外牆、窗框部分 (2) 冷熱水管部分 (3) 浴室漏水、滲水部分 前、後陽臺及廚房地面滲水 其他漏水、滲水部分	☐ ☐ ☐ ☐ ☐ ☐ ☐ ☐ ☐ ☐	(1) ☐現況交屋 (2) ☐修繕後交屋 (3) ☐滲漏水情形說明： 　　☐因樓上裝潢等導致水管破裂 ☐因年久失修導致水管耗損 ☐其他情形（說明：　　　）
4	是否曾經做過海砂屋檢測	☐ ☐	檢測日期：　　年　　月　　日 （請附檢測證明文件） 檢測結果： （標準值：含氯量0.6 KG/m³以下）

附件一（續）

項次	內容	是	否	備註說明
				含氯程度： □嚴重 □輕微 □尚屬堪用
5	是否曾經做過輻射屋檢測	□	□	檢測日期：　年　月　日 （請附檢測證明文件） 檢測結果： （標準值：年劑量五毫西弗以下） 輻射程度： □嚴重 □輕微 □輻射劑量尚符安全堪用屋
6	是否有損鄰狀況	□	□	
7	是否曾發生過凶殺或自殺致死案	□	□	
8	是否位於政府徵收預定地內	□	□	公用徵收說明：
9	是否有改建、違建、禁建或糾紛之情事	□	□	一、說明： 二、若為違建（未依法申請增、加建之建物），買方應充分認知此範圍隨時有被拆除之虞或其他危險。其面積約平方　公尺（　坪）。
10	是否曾被列為危險建築	□	□	
11	是否有管理委員會統一管理 是否欠繳管理費	□	□	管理費：　元／月（季、年） 收取方式： □月繳□季繳□年繳□其他欠繳管理費共計：
12	是否使用自來水廠提供之自來水	□	□	
13	是否使用天然瓦斯	□	□	
14	委託人是否為所有權人	□	□	若委託人非所有權人，請提出所有權人之特別授權證明文件。
15	是否設有抵押權 有無未償本金 有無欠繳利息及違約金	□	□	第一順位抵押權人： 第二順位抵押權人： 第三順位抵押權人： 　　截至　年　月　日　時止 未償本金共計新臺幣　　元 欠繳利息共計新臺幣　　元 繳違約金共計新臺幣　　元

附件一（續）

項次	內容	是否	備註說明
16	水管或馬桶等排水有無阻塞	□ □	
17	賣方願否附贈買方設備	□ □	□燈飾□床組□梳妝臺□窗簾 □熱水器□冰箱 □洗衣機□瓦斯爐□沙發　組 □冷氣　臺□廚具式 □電話　線□其他
18	其他重要事項	□ □	

注意：買方對本房地產是否為海砂屋或輻射屋有疑義時，應於簽訂契約後支付第二期款前（或一個月內）自行檢測之；買方（檢測人員）為前項之檢測時，賣方不得拒絕其進入。

委託人確認簽章：　　　　　　　委託人確認簽章：

附件二

要約書使用說明注意事項

一、要約書之性質

　　本範本附件二所訂要約書之性質為預約，故簽訂本要約書後，買賣雙方有協商簽立本約（房地產買賣契約）之義務。

二、要約書之審閱期限

　　本要約書係為消費者保護法第 17 條所稱之定型化契約，故要約書前言所敘「……經買方攜回審閱○日（至少三日）……」旨在使買方於簽訂要約書前能充分了解賣方之出售條件、房地產產權說明書及房地產標的現況說明書，以保障其權益。

三、要約書之效力

　　買方所簽訂之要約書，除有民法第 154 條第 1 項但書之規定外，要約人因要約而受拘束。

　　故本要約書如經賣方簽章同意並送達買方時，預約即為成立生效，除因買賣契約之內容無法合意外，雙方應履行簽立本約（房地產買賣契約書）之一切義務。如有任何一方違反時，應支付他方買賣總價款百分之三以下之損害賠償金額。

四、要約書之送達方式

　　關於送達之方式有許多種，舉凡郵務送達、留置送達、交付送達、囑託送達……等，皆屬送達方式，其主要之目的在於證據保全，以便日後發生爭議時舉證之方便，故本要約書第 3 條並不限制送達的方式。謹提供部分民事訴訟法送達之方式以為參考：

　　（一）送達人：

　　　　1. 買方或賣方本人。

　　　　2. 郵政機關之郵差。

　　　　3. 受買賣雙方所授權（或受託）之人（如仲介業者、代理人）。

（二）應受送達人：

　　1. 可以送達的情況：

　　　（1）由賣方或買方本人收受。

　　　（2）未獲晤賣方或買方（如賣方或買方亦未委託或授權他人）時，由有辨別事理能力之同居人或受僱人代為收受。

　　　（3）由受買賣雙方所授權（或委託）之人收受。

　　2. 無法送達的情況：

　　　（1）寄存送達：將文書寄存送達地之自治（如鄉、鎮、市、區公所）或警察機關，並作送達通知書，黏貼於應受送達人住居所、事務所或營業所門首，以為送達。

　　　（2）留置送達：應受送達人拒絕收領而無法律上理由者，應將文書置於送達處所，以為送達。

五、為提醒消費者簽立本約（房地產買賣契約書）時應注意之事項，謹提供有關稅費及其他費用之負擔、土地登記專業代理人之指定及交屋約定等條文內容如下，以為參考（其內容仍可經由雙方磋商而更改）

（一）稅費及其他費用之負擔

　　買賣雙方應負擔之稅費除依有關規定外，並依下列規定辦理：

　　1. 地價稅以賣方通知之交屋日為準，該日前由賣方負擔，該日後由買方負擔，其稅期已開始而尚未開徵者，則依前一年度地價稅單所載該宗基地課稅之基本稅額，按持分比例及年度日數比例分算賣方應負擔之稅額，由買方應給付賣方之買賣尾款中扣除，俟地價稅開徵時由買方自行繳納。

　　2. 房屋稅以通知之交屋日為準，該日前由賣方負擔，該日後由買方負擔，並依法定稅率及年度月份比例分算稅額。

　　3. 土地增值稅、交屋日前之水電、瓦斯、電話費、管理費、簽約日前已公告並開徵之工程受益費、抵押權塗銷登記規費、抵押權塗銷代辦手續費等由賣方負擔。

　　4. 產權登記規費、產權登記代辦手續費、印花稅、契稅、監（公）證費、簽約日前尚未公告或已公告但尚未開徵之工程受益費等由買方負擔。

（二）土地登記專業代理人之指定

　　本買賣契約成立生效後，有關產權移轉登記事宜，由買賣雙方共同協商指定土地登記專業代理人辦理一切產權過戶手續。

（三）交屋

　　1. 產權移轉登記完竣○日內，賣方應依約交付房地產予買方占有，並應交付所有權狀及鎖匙予買方。

　　2. 買方應同時給付交屋款予賣方，但有本要約書第 2 條第 2 款第一目以交屋款抵銷價款之情事者，不在此限。

　　3. 本約房地如有出租或第三人占用或非本約內之物品，概由賣方負責於點交前排除之。

　　4. 買方給付之價款如為票據者，應俟票據兌現時，賣方始交付房屋。

5. 本約房地含房屋及其室內外定著物、門窗、燈飾、廚廁、衛浴設備及公共設施等均以簽約時現狀為準，賣方不得任意取卸、破壞，水、電、瓦斯設施應保持或恢復正常使用，如有增建建物等均應依簽約現狀連同本標的建物一併移交買方。約定之動產部分，按現狀全部點交予買方。

6. 賣方應於交屋前將原設籍於本約房地之戶籍或公司登記、營利事業登記、營業情事等全部移出。

六、仲介業者應提供消費者公平自由選擇交付「斡旋金」或使用內政部所頒「要約書」之資訊——

　　為促進公平合理之購屋交易秩序，行政院公平交易委員會業於 86 年 2 月 19 日第 277 次委員會作成決議：「房屋仲介業者如提出斡旋金要求，應同時告知消費者亦可選擇採用內政部所擬定之『要約書』，如消費者選擇約定交付『斡旋金』，則仲介業者應以書面明定交付斡旋金之目的，明確告知消費者之權利義務，仲介業者若未遵行而有欺罔或顯失公平情事，則認定其違反公平法第 24 條，該違法行為，本會採『行業導正』方式處理。導正期限：86 年 8 月 31 日。」故自 86 年 9 月 1 日以後，房屋仲介業者應依上述行政院公平交易委員會之決議行之。

要約書

　　本要約書及其附件（房地產標的現況說明書、房地產產權說明書及出售條款）於中華民國　年　月　日經買方攜回審閱日。（契約審閱期間至少為三日）
買方簽章：

　　立要約書人○○○（以下簡稱買方）經由○○○○公司仲介購買下列房屋及其基地持分，買方願依下列條件承購上開房地產，爰特立此要約書，並同意依下列條款簽立買賣契約：

第 1 條　買賣標的
　　一、房屋座落：
　　　　○○市（縣）○○區（鄉、鎮、市）○○路（街）○○段○○巷○弄○號○樓之○。房屋面積共計○○平方公尺（○○坪）。
　　　　包含：
　　　　（一）主建物面積計○○平方公尺（○○坪）
　　　　（二）附屬建物面積計○○平方公尺（○○坪）
　　　　（三）共同使用部分權利範圍○○，持分面積計○○平方公尺（○○坪）
　　二、土地座落：
　　　　○○縣市○○鄉鎮市區○段○小段○地號等○筆土地，使用分區為都市計畫內○○區（或非都市土地使用編定為○○區○○用地），權利範圍○○，持分面積共計○○平方公尺（○○坪）。
　　三、車位標示：
　　　　（一）車位屬性：

本停車位屬
☐法定停車位
☐自行增設停車位為地上
　（面、下）
☐獎勵增設停車位
☐其他（請說明）

第○層☐機械式（升降式）停車位，編號第○號車位。
　　　☐平面式（坡道式）停車位，編號第○號車位。

（二）車位登記狀況：

☐有土地及建築改良物所有權狀。

☐有建築改良物所有權狀（土地持分合併於區分所有建　物之土地面積內）。

☐屬共同使用部分。

第2條　承購總價款、付款條件及其他要約條件

一、承購總價款及付款條件：

項目	金額（新臺幣：　　元）
承購總價款	元整
付款條件	元整
第一期（頭期款）	元整
第二期（備證款）	元整
第三期（完稅款）	元整
第四期（交屋款）	元整
貸款	元整

二、其他要約條件

（一）若賣方於本房地產有設定抵押權時，買方得於前款應交付價款中抵銷賣方設定抵押權所擔保之債權、利息及違約金之金額；抵押債權、利息及違約金之金額合計超過買方交付價款時，賣方應負返還責任。

（二）買方其他要約條件

_____

_____

_____

_____

第3條　預約之成立

一、本要約書須經賣方親自記明承諾時間及簽章並送達買方時，契約始成立生效，雙方應履行簽立本約之一切義務。但賣方將要約擴張、限制或變更而為承諾時，視為拒絕原要約而為新要約，須再經買方承諾並送達賣方時，預約始為成立生效。本要約書須併同其附件送達之。

二、賣方或其受託人（仲介公司）所提供之房地產產權說明書及房地產標的現況說明書，為本要約書之一部分。

第 4 條　要約撤回權

一、買方於第 7 條之要約期限內有撤回權。但賣方已承諾買方之要約條件，並經受託人（仲介公司）送達買方者，不在此限。

二、買方於行使撤回權時應以郵局存證信函送達，或以書面親自送達賣方，或送達至賣方所授權本要約書末頁所載○○公司地址，即生撤回效力。

第 5 條　簽訂房地產買賣契約書之期間及違約處罰

本要約書成立生效之日起○日內，買賣雙方應於共同指定之處所，就有關稅費及其他費用之負擔、土地登記專業代理人之指定、付款條件、貸款問題、交屋約定及其他相關事項進行協商後，簽訂房地產買賣契約書。除雙方因買賣契約之內容無法合意外，買方或賣方如有一方不履行訂立本約之義務時，應支付他方買賣總價款 3% 以下之損害賠償金額。

第 6 條　要約之生效

本要約書及其附件一式四份，由買賣雙方及○○公司各執一份為憑，另一份係為買賣雙方要約及承諾時之憑據，並自簽認日起即生要約之效力。

第 7 條　要約之有效期間

買方之要約期間至民國○○年○○月○○日○○時止。但要約有第 3 條第 1 款但書之情形時，本要約書及其附件同時失效。

買方：○○○（簽章）　　　於　年　月　日　時簽訂本要約書。

（仲介公司於收受買方之要約書時，應同時於空白處簽名並附註日期及時間）

電話：

地址：

國民身分證統一編號：

賣方：○○○（簽章）於　年　月　日　時同意本要約書內容並簽章。

（仲介公司於賣方承諾要約條件後送達至買方時，應同時於空白處簽名並附註日期及時間）

賣方如有修改本要約書之要約條件時，應同時註明重新要約之要約有效期限。

電話：

地址：

國民身分證統一編號：

要約受託人：○○○○房屋仲介股份有限公司（○○店□加盟店　□直營店）

地址：

服務電話：

總公司地址：

服務電話：

營利事業登記證：（　　　　）字第　　　號

代表人：○○○

承辦人：○○○

國民身分證統一編號：

中　　華　　民　　國　○○　年　○○　月　○　日　○○　時

【委託書】

● 委託書

1. 本委託書的特點：本委託書爲當事人一方委託他方辦土地及房屋出售、簽約、收款、用印、交付證件、產權移轉事宜。
2. 適用對象：本委託書適用於委託土地及房屋出售及辦理產權移轉之委託。
3. 基本條款及應注意事項：訂立本委託書應訂明委任契約之基本條款及應注意事項。
4. 相關法條：民法第 528 至 552 條。

委任契約 2-12-4

委託書

　　立委託書人○○○，茲因事忙，特委託○○○持用本人之印鑑章及有關文書證件，辦理○○市○○區○○段○小段二一地號持分四分之一，及其地上房屋建號○，即○○市○○路○段○巷○○號第二層所有權全部等房地產的全權出售、簽約、收款、用印、交付證件，及辦理產權移轉登記等有關之一切事宜，恐口無憑，特立本委託書並附印鑑證明一份為據。

　　　　　　　　　　委託人：○○○　印
　　　　　　　　　　住址：
　　　　　　　　　　身分證統一編號：
　　　　　　　　　　出生年月日：
　　　　　　　　　　受託人：○○○　印
　　　　　　　　　　住址：
　　　　　　　　　　身分證統一編號：
　　　　　　　　　　出生年月日：

中　　華　　民　　國　　○○　年　　○○　月　　○○　日

● 授權書

1. 本授權書的特點：本授權書爲授權法院辦理公證之授權書。當事人一方授權他方至法院辦理契約公證事宜之授權書。
2. 適用對象：本授權書適用於授權法院公證之授權書。
3. 基本條款及應注意事項：訂立本授權書應訂委任契約之基本條款及應注意事項。
4. 相關法條：民法第 534 條。

委任契約 2-12-5(1)

授權書（一）　（法院公證處例稿）

　　立授權書人○○○與○○○辦理○○○○○契約公證事件，茲因事務冗繁，不克親自到場，特授權○○○君為代理人，並有民法第 534 條第 1 項但書規定之特別代理權，代理本人與○○○君辦理上項契約公證。

　　　　　　　　　　立授權書人：○○○　[印]

中　　華　　民　　國　　○○　　年　　○○　　月　　○○　　日

　　上授權書確為授權人○○○所出具，特予證明。

　　　　　　　　　　　市
　　　　　　　縣　　鎮　　村（里）長
　　　　　　　　　　　鄉

中　　華　　民　　國　　○○　　年　　○○　　月　　○○　　日

委任契約 2-12-5(2)

授權書（二）　（法院公證處例稿）

　　授權人○○○今向

　　臺灣○○地方法院公證處辦理○○○○○公證事件，因事不能親自到場，茲依公證法第 22 條之規定，提出本授權書，委任○○○為代理人，代理授權人到場提出公證之聲請，及代簽署本事件之有關文件，特此委任是實。

　　　　　　　　　　授權人：○○○　[印]
　　　　　　　　　　身分證號碼：
　　　　　　　　　　住址或事務所：

中　　華　　民　　國　　○○　　年　　○○　　月　　○○　　日

【委託貸款】

● 委託代辦房地貸款契約書

1. 本契約的特點：本契約為委任人委託受任人辦理房地貸款事宜。委任人為買受人而受任人為出賣人，貸款之金額直接由受任人領取繳付房地價金的契約。
2. 適用對象：本契約適用於委託代辦房地貸款契約。
3. 基本條款及注意事項：訂立本契約應訂明委任契約之基本條款及其應注意事項。

4. 相關法條：民法第 531 至 535 條。

委任契約 2-12-6

委託代辦房地貸款契約書

　　立委辦貸款契約書人○○○（以下簡稱甲方）茲因訂購○○○（以下簡稱乙方）所興建座落臺北市○○區○○段○○小段○○地號等土地內經暫編號為○區第○棟○樓之房屋一戶，今甲方委託乙方就上開房屋連同其基地持分土地為抵押物，代為向金融機構設定抵押辦理貸款，以其貸款所得之金額抵付訂購上項房屋土地之部分價款，有關委託及雙方約定事項如後，以資共同遵守：

一、甲方委託乙方代向金融機構申請抵押貸款金額為新臺幣○百○十○萬○千元整，其申貸意旨為七年分期按月攤還本息。

二、甲方願以前開房屋、土地，於取得產權後，提供作為抵押物，授權乙方辦理抵押權設定登記予貸款機構，並依貸款機構之規定，覓妥保證人，保證履行償還貸款本息之義務。

三、獲得貸款之金額、期限、利息及分期償還方式，甲方同意依照貸款機構之決定，應行辦理之一切手續，甲方願依貸款機構之規定辦理，並切實履行義務。

四、乙方代辦貸款及抵押權設定登記事項所需甲方提供之印鑑證明、戶口謄本等有關證件及須經簽名蓋章之貸款文件等，概依乙方之通知如期辦妥，乙方因代辦上列事項發生之稅捐、規費、保險費、手續費及代書費等，均由甲方負擔，並於乙方通知時給付乙方，以資辦理。

五、甲方申請貸款所得之全部金額，係供抵付訂購前開房地部分價款之用，甲乙雙方同意於貸款機構核准貸款時，將該項貸款全部金額均逕行由乙方向貸款機構領取。

六、甲方應依金融機構之規定，辦妥一切手續，俟核定貸款後，始得遷入前開房屋。並自乙方通知交屋日起至乙方取得貸款金額之日止，依金融機構信用放款利率計算支付利息及手續費用予乙方，並於乙方通知交屋時，預付乙方四個月利息，俟正式核算後，多退少補。

七、甲方倘因個人之原因或甲方應具備之貸款條件有瑕疵，以致不能核准或取得貸款時，乙方概不負責，甲方應於乙方通知日起七日內，以現金將全部貸款金額一次付清予乙方，否則視同違反甲乙雙方所簽訂之不動產預定買賣契約書，並應賠償乙方因法所發生之一切損失。

八、甲方倘因政府法令或金融政策改變，以致不能獲得金融機構貸款或核貸金額少於本約第 1 條所列之申貸金額時，甲方應於乙方通知日起七日內，以現金將全部或不足之貸款金一次付清予乙方。

九、甲方倘於乙方取得貸款金額前終止或解除本委託書與授權，本委託關係即歸消滅，甲方應於終止或解除委託之意思表示之同時，一次付清全部貸款金額予乙方，以抵償付乙方應得之價款。

十、本委辦貸款如需甲方補正有關證件或需甲方親自會同辦理時，甲方不得藉任何理由拖延或拒絕。

十一、本委辦貸款契約書一式二份，由甲、乙雙方各執一份為憑，並自簽訂日起生效。

```
　　　　　立契約書人：甲方：○○○　[印]
　　　　　　　　　　法定代理人：○○○　[印]
　　　　　　　　　　身分證號碼：
　　　　　　　　　　住址：
　　　　　　　　　　乙方：○○○　[印]
　　　　　　　　　　住址：
　　　　　　　　　　身分證號碼：
中　華　民　國　○○　年　○○　月　○○　日
```

註：委託代辦房地貸款契約書為不動產設定負擔，須由委任人特別授權（民法第534條第1款）。

● 委辦房屋貸款契約書

1. **本契約的特點**：本契約為買主委託賣方代辦貸款之一切手續，由賣主向銀行領取貸款。
2. **適用對象**：本契約適用於委辦貸款。
3. **基本條款**：訂立本契約時應訂明委任契約的基本條款。
4. **相關法條**：民法第528條。

委任契約 2-12-7

委辦房屋貸款契約書（內政部頒訂標準格式）

　　立委辦房屋貸款契約人 買受人：○○○（以下簡稱甲乙方）茲因甲方購買乙方座落○ 出賣人：○○○
○縣市○○鄉鎮○○段○○小段○○地號土地，即○○縣（市）○○鄉鎮○○路街○○段○○巷○弄○○號第○棟第○層房屋壹戶，特委由乙方代辦貸款，經雙方議定條件如後，以資共同遵守：

一、本契約書依據甲乙雙方訂定之「房屋買賣契約書」第9條訂定之。

二、本委辦貸款金額為新臺幣○○○○萬○○○○千元整，甲方同意乙方代辦申請貸款之一切手續，並於貸款核准後，由乙方直接向銀行領取，作為甲方購買乙方房屋應繳付之部分價款。

三、本委辦貸款如需甲方補正有關證件或需甲方親自會同辦理時，甲方不得拖延或拒絕。

四、乙方委辦貸款所需之規費、代辦費、保火險費及預繳之貸款利息（○月○○○元整多退少補），甲方應於乙方交屋同時付清予乙方。

五、本委辦貸款倘因法令變更或因甲方貸款條件不合規定無法貸款時，甲方應於接到通知日起○日內一次或分期付清。

六、本委辦貸款契約書一式二份，由甲乙雙方各執一份為憑，並自簽約之日起生效。

```
            立契約書人：甲方：○○○  印
                      姓名：
                      住址：
                      身分證統一編號：
                      乙方：○○○  印
                      公司名稱：
                      公司住址：
                      負責人：

中    華    民    國    ○○    年    ○○    月    ○○    日
```

註：1. 辦理代款應附原買賣契約。
　　2. 本契約第5條規定無法代款時之處理方法。

● 委任土地貸款契約書

1. **本契約的特點**：本契約為土地買賣時，其中一部分價款，如買受人須向金融機關辦理抵押貸款以支付出賣人，由買賣雙方訂立本契約。
2. **適用對象**：適用向金融機關貸款支付出賣人之土地買賣契約。
3. **基本條款及應注意事項**：訂立本契約應訂明委任契約的基本條款。
4. **相關法條**：民法第528條。

委任契約 2-12-8

委任土地貸款契約書（內政部頒訂標準格式）

立委辦土地貸款契約書人買主：○○○（以下簡稱甲方）。茲因甲方購買座落○○縣○市○鄉鎮○○段○○○小段○○地號土地，即○○縣（市）○○鄉鎮○○路街○○段○○巷○○弄○○號第○○棟第○○樓房屋一戶，對於該建築基地土地應有部分○分之○，特委由乙方代辦貸款，經雙方議定案件如後，以資共同遵守：

一、本契約書依甲乙方雙方訂定之「土地買賣契約書」第4條訂定之。

二、本委辦貸款金額預定為新臺幣○○○萬○○千元整，甲方同意乙方代辦申請貸款手續之一切手續，並於貸款核准後，由乙方直接向銀行領取，作為甲方購買乙方土地應繳付之部分價款。

三、本委辦貸款所需之規費、代辦費及預繳之貸款利息（○月○○○元，多退少補），甲方應於乙方交付土地時付清予乙方。

四、本委辦貸款倘因法令變更或甲方貸款條件不合規定無法貸款時，甲方應於接到通知之日起○○日內一次或分期付清。

五、本委辦貸款契約書一式三份，由甲乙雙方及連帶保證人各執一份為憑，並自簽約之日起生效。

```
立契約人：甲方：
        姓名：○○○　[印]
        住址：
        身分證統一編號：
        乙方：
        姓名：○○○　[印]
        住址：
        身分證統一編號：
        連帶保證人：
        姓名：○○○　印
        住址：
        身分證統一編號：
中　華　民　國　○○　年　○○　月　○○　日
```

註：1. 訂定本契約書應附原土地買賣契約書。
　　2. 本契約第 4 條規定無法貸款之處理方法。

● 委託房地貸款契約書

1. **本契約的特點**：本契約係由出賣人代辦貸款，以支付買賣價金之契約為其特色。
2. **適用對象**：房地買賣貸款時適用此契約。
3. **基本條款及注意事項**：訂立本契約應訂明委任契約之基本條款。
4. **相關法條**：民法第 528 條。

委任契約 2-12-9

委託房地貸款契約書（內政部頒訂標準格式）

立委辦房地貸款契約書 買受人：○○○（以下簡稱 甲方）茲因甲方購買乙方座落○○
　　　　　　　　　　出賣人：○○○　　　　　　乙
縣市○○鄉鎮○段○○小段○地號土地及座落○○縣市○○鄉鎮○○路街○○段○○巷○○弄○○號第○○棟第○樓房屋需要，特委由乙方代辦貸款，經雙方議定條件如下，以資遵守：

一、本契約書依據甲乙雙方訂定之「房地買賣契約書」第○條訂定之。

二、本委辦貸款金額預定為新臺幣○萬○千元整，甲方同意乙方代辦申請貸款之一切手續，並於貸款核准後，由乙方直接向銀行領取，作為甲方購買乙方房屋及土地應繳付之部分價款。

三、本約委辦理貸款如需甲方補正有關證件或需甲方親自會同辦理時，甲方不得拖延或拒絕。

四、乙方受委辦貸款所需之規費、代辦費、印花稅、火險保險等費用及預繳之貸款利息（○月○○元多退少補），甲方應於乙方交付房地同時付清予乙方。

五、本委辦貸款倘因法令變更或因甲方貸款條件不合規定無法貸款時，甲方應於接到通知日
　　起○日內一次或分期付款（見註二）。
六、本委辦貸款契約書一式二份，由甲乙雙方各執一份為憑，並自簽約之日起生效。

立契約書人：甲方：

姓名：○○○　印

住址：

身分證統一編號：

乙方：

公司名稱：

公司地址：

負責人：○○○　印

住址：

身分證統一編號：

公會會員證書字號：

中　　華　　民　　國　　○○　　年　　○○　　月　　○○　　日

註：1.房地買賣，其中一部分價款如買受人需以向金融機關辦理之抵押貸款付給出賣人時，應由買賣雙方
　　　另訂本契約書。
　　2.貸款尚未核准前，如乙方已交付房地予甲方，自乙方交付房地時起至領得貸款之日止，其間之利息
　　　亦得由買賣雙方約定，由甲方按貸款金額依銀行放款利率計息付予乙方。

【委任管理】

● 委任管理房屋契約書

1. 本契約的特點：本契約為委任管理房屋契約書。當事人一方委託他方管理房屋，受委託人對房屋有使用、收益、出租之權利的契約。

2. 適用對象：本契約適用於委任管理房屋契約。

3. 基本條款及應注意事項：訂立本契約應訂明委任契約之基本條款及應注意事項。

4. 相關法條：民法第 528 至 552 條。

委任契約 2-12-10

委任管理房屋契約書（法院公證處例稿）

　　立約人○○○（以下稱甲方）因公出國，茲委任○○○（以下稱乙方）代為管理座落○
○市○○路○○號加強磚造二樓房屋一棟，約定條件如下：

第1條　乙方接受甲方委任代為管理前開房屋至甲方返國時止。

第2條　在委任期間，乙方對於管理物除有使用、收益及出租（租期每次不得逾二年）權
　　　　外，不得主張其他權利。

第3條　管理物之稅捐由乙方先行墊付，待甲方回 30% 十作為乙方之報酬金，餘為甲方所
　　　　有。

第5條　乙方應對管理物盡善良管理人之注意，倘因過失或逾越權限之行為致管理物因而發生損害，應負賠償責任。

第6條　委任期間非經甲方同意，不得將管理事務轉委託他人處理。

第7條　本契約經法院公證後生效。

委任人：○○○　　印

住址：

受任人：○○○　　印

住址：

中　　華　　民　　國　　○○　　年　　○○　　月　　○○　　日

註：本契約受任人可以出租委任人之房屋租期每次不得逾二年，委任人可以不特別授權委任。民法第534條第2款。

【委任服務】

● 拳擊比賽契約

1. 本契約的特點：本契約爲拳擊比賽契約，由拳擊手與比賽舉辦者訂立之比賽契約。

2. 適用對象：本契約適用於委託各項運動比賽之契約。

3. 基本條款：訂立本契約應訂委任契約之基本條款。

4. 相關法條：民法第 528 條。

委任契約 2-12-11

拳擊比賽契約書

　　本契約於民國○○年○○月○○日在○○○由拳擊委員會指派正式被許可住在○○的負責人○○○（以下稱爲甲方）和正式被許可住在○○的拳擊手○○○（以下稱爲乙方）之間締結下列契約：

1. 乙方同意於民國○○年○○月○○日或雙方同意之日出場和○○○對打，一回合三分鐘之比賽○次。重量從○○公斤到○○公斤，分重量於當天上午（下午）○點或○○拳擊委員會所指定之時間進行比賽。

2. 甲方支付乙方履行契約之報酬（比賽金）新臺幣或美金○○元。

3. 甲負擔基於○○名目的旅費及○○名目的旅居費。但旅居費一人一天不得超過新臺幣○○元。

4. 乙方同意至少於契約比賽日之前○日到達○○。

5. 乙方爲保證履行契約全部條款，支付新臺幣○○元保證金予○○拳擊委員會。

6. 若乙方不能保持契約所定重量時，給予二小時的緩期再計量時間。如再計量時，仍然不能保持重量，乙方必須被課以比賽金 10% 委員會裁定新臺幣○○元之罰金。

7. 全部比賽應遵守○○拳擊委員會所採用之規則，該規則爲契約之一部分。

8.乙方於比賽以前，沒有甲方或委員會之許可，不得參加其他比賽。

9.乙方得穿著自己選擇且經委員會認可之腹部保護器，於比賽中不能以對手擊腰帶以下為理由而為任何的主張。基於乙方自己之意見所選擇的防護具，乙方應信賴該器具對於任何擊腰帶以下之行為能為充分之防禦，比賽中不能以對手擊腰部以下為理由而中止。

10.若甲方或乙方不履行上述契約時，由委員會裁定賠償費用或損害額。

11.基於本契約之債務及比賽而生之損害，雙方同意委員會不負一切責任。

12.本契約於向比賽地主管機關提出，並得其認可，於認可之日起生效。

甲乙雙方，證明本契約之成立，於下列簽名蓋章之。

列席人：（甲方）○○拳擊委員會

負責人：○○○　印

地址：

（乙方）拳擊手：○○○　印

管理人：○○○　印

地址：

中　　華　　民　　國　　○○　　年　　○○　　月　　○○　　日

● 電影製作承攬契約書

1. 本契約的特點：本契約為電影製作承攬契約書，由當事人之一方承攬他方製作電影之工作，係關於電影製作的委任契約。

2. 適用對象：本契約適用於電影製作委任契約。

3. 基本條款：訂立本契約應訂明委任契約之基本條款。

4. 相關法條：民法第528條。

委任契約 2-12-12

電影業務承攬契約書

　　○○○股份有限公司（以下稱為甲方）和○○○（以下稱為乙方）之間，就甲方的電影製作業務締結下列契約。

第1條　（契約內容）

　　　　甲方將電影○○○○工作交予乙方製作，並支付報酬予乙方。

第2條　（契約期間）

　　　　契約期間從民國○○年○○月○○日到民國○○年○○月○○日止。

第3條　（工作細節）

　　　　有關甲方委託乙方之業務內容、執行業務之方法、地點及其他相關細節，由甲乙方另行協議定之。

第4條　（報酬）

　　　　本契約乙方之製作費為新臺幣○○○○元，甲方應於簽約時支付製作費百分之○，其餘費用於製作完成時支付之。

第 5 條　（遵守義務）

　　　　乙方基於本契約執行承攬業務時，應遵從甲方之指示，忠實的履行其責任及義務。乙方違反契約條款使甲方受有損害時，甲方得解除契約，如有損害並得請求損害賠償。

以上為契約成立之證明，本契約書作成二份，甲乙方各持一份為憑。

　　　　　　　　　甲方：○○公司
　　　　　　　　　負責人：○○○　　印
　　　　　　　　　地址：
　　　　　　　　　乙方：○○○　印
　　　　　　　　　地址：

中　華　民　國　○○　年　○○　月　○○　日

註：本契約雖為承攬契約，實為委任契約。

● 電視廣告傳播契約書

1. **本契約的特點**：本契約為電視廣告傳播契約書，由廣告主與傳播公司為電視廣告傳播所訂立之契約。
2. **適用對象**：本契約適用於電視廣告傳播契約。
3. **基本條款**：訂立本契約應訂明委任契約之基本條款。
4. **相關法修**：民法第 528 條。

委任契約 2-12-13

電視廣告傳播契約書

　　○○傳播股份有限公司（以下簡稱「甲方」）與○○○股份有限公司（以下簡稱「乙方」），茲就乙方之廣告傳播工作，由甲方承攬，簽訂本契約：

第 1 條　甲方於履行本契約之廣告傳播義務時，應以本契約約定之條款為準，並遵守全部傳播法規，及乙方所定之傳播基準、傳播規定、傳播費用表及節目編排方針。

第 2 條　甲方應支付乙方履約保證金，新臺幣○○元整。此保證金款項，於本契約所定之義務完全履行且契約終止、屆滿後十五日內，乙方應無息返還予甲方。

第 3 條　甲方得另行指示他人處理本契約所約定之傳播工作，所花費之傳播、轉播等相關費用，應由甲方先行墊付。

第 4 條　乙方應支付甲方處理傳播事務之報酬為：傳播費用、轉播費用或製作節目等實際支出之費用，並加計該等費用總額之 15% 為手續費，合計為報酬總額。報酬應於廣告傳播工作完成時，由乙方支付（工作進度及完成計畫，由當事人另行協議約定之）。如乙方遲延給付上開報酬時，甲方得加計遲延利息，請求乙方支付。

第 5 條　於有前條之情形，甲方得主張終止契約，並請求乙方返還保證金及所受之損害。

第 6 條　於契約存續期間，當事人任一方得具正當理由，於三十日前書面通知他方，終止契約，惟應賠償他方因終止契約所生之損害。

第 7 條　甲方如發生違約之事，或甲方之信用狀況有明顯之惡化時，乙方認為契約難以繼續維持者，乙方得不經催告進行解除契約。且甲方應賠償乙方因此所受之損害。

第 8 條　本契約自簽訂生效日起，一年間有效。

契約期間屆滿前，當事人任一方提出解除契約，且於契約屆滿時，雙方均未為反對之意思表示時，本契約即以同一條件更新。

第 9 條　如基於前述之規定解除契約，或契約屆滿時，乙方應依本契約第 2 條之規定，歸還保證金予甲方。但保證金扣除甲方對於乙方應付之債務或賠償，仍有不足，且甲方拒不支付時，於不足之額度範圍內，甲方對於其他受指示處理本契約約定工作之人所得主張之債權，應轉讓予乙方。債權讓與之協議與通知，由當事人另行協議定之。

第 10 條　本契約如有增刪變更，或本契約未規定之事項，應由雙方另行簽署書面協議決定之。

本契約一式二份，雙方簽名蓋章後，各執一份為憑。

> 甲方：○○電視傳播股份有限公司
> 代表人：○○○　[印]
> 地址：○○○○○○○
> 乙方：○○電視傳播股份有限公司
> 代表人：○○○　[印]
> 地址：○○○○○○○

中　華　民　國　○○　年　○○　月　○○　日

註：本契約為由乙方指示甲方處理廣告傳播工作之委任契約。

● 海外留學契約書（行政院消費者保護委員編印）

1. **本契約的特點**：本契約為海外留學契約書。由當事人一方委任他方辦理海外學校留學事宜，並給付一切費用與報酬他方。
2. **適用對象**：本契約適用於委託辦理海外留學契約。
3. **基本條款與應注意事項**：訂立本契約應訂明委任契約基本條款及其應注意事項。
4. **相關法條**：民法第 528 至 552 條，消費者保護法第 11 至第 17 條。

委任契約 2-12-14

海外留學契約書

本契約於中華民國○○年○○月○○日經甲方攜回審閱。（審閱期間至少為五日）

甲方簽章：

乙方簽章：

立契約書人：○○○（學員名稱）（以下簡稱甲方）
　　　　　　○○○○（代辦機構名稱）（以下簡稱乙方）

　　甲、乙雙方同意就辦理申請海外留學事項（以下簡稱委辦留學申請）訂立本契約書，以資共同遵守，其約定條款如下：

第 1 條　　（定義）

　　　　　本契約所稱海外留學，係指到中華民國疆域以外其他國家或地區之正式、非正式教育機構，以取得正式學制之學歷文憑或資格為目的，於一定期間內所為之課程研修。

第 2 條　　（適用範圍及順序）

　　　　　甲、乙雙方關於本次海外遊學活動之權利義務，依本契約條款之約定定之；本契約中未約定者，依中華民國有關法令或習慣定之。附件、廣告及當事人間之口頭約定，亦為本契約之一部。

第 3 條　　（未成年人之訂約）

　　　　　甲方應具備完全之行為能力。

　　　　　甲方為限制行為能力人者，須得其法定代理人之允許或承認，本契約始為有效。

　　　　　甲方為無行為能力人者，應由其法定代理人代為及代受意思表示。

第 4 條　　（委任項目）

　　　　　除本契約另有約定外，乙方受託辦理之業務如下：

　　　　　□一、申請入學許可（包括向海外教育機構申請入學許可及協助　填寫所必需之申請表、介紹信、攻讀計畫等文件）

　　　　　□二、申請獎學金

　　　　　□三、申請學生宿舍

　　　　　□四、申請護照及簽證

　　　　　□五、提供通關訓練

　　　　　□六、代訂機票、安排前往留學地之食宿及接機事宜

　　　　　□七、代辦保險

　　　　　□八、有關留學事項之諮詢及協助

第 5 條　　（委任期限）

　　　　　本件委任期限至民國○○年○○月○○日止。期限屆滿時，乙方仍未將有關事項處理妥當者，應將授權書及其他文件返還甲方，其代理權並歸消滅。

　　　　　乙方應於民國○○年○○月○○日前完成入學許可、獎學金、學生宿舍之申請手續，並於民國○○年○○月○○日前將辦理情形告知甲方。

第 6 條　　（證件之提供）

　　　　　乙方因辦理本契約約定事項所需甲方提供之學歷證明、財產證明、戶籍謄本等有關證件及須經簽名蓋章之文件，甲方應依乙方之通知如期辦妥。

　　　　　乙方所持有之前項文件，僅得供辦理本契約約定事項之用，不得移做他途使用，並應於辦理完畢後，立即交還甲方，不得任意留置，亦不得複製、留存。

第 7 條　　（協力行為）

　　　　　乙方為辦理本契約約定事項，需甲方補正有關證件或需甲方親自會同辦理者，甲方非有正當理由不得拖延或拒絕。

第 8 條　（保密義務）

乙方因辦理本契約約定事項而知悉或持有甲方之學歷證明、財產證他個人或團體。

乙方違反前項規定者，甲方得請求乙方支付違約金新臺幣○○○元，其因而致甲方受有損害者，並應負賠償責任。

第 9 條　（瑕疵擔保）

乙方所提供之服務，未具備通常之價值及約定之品質者，甲方得請求乙方改善之。

乙方不為改善或不能改善時，甲方得終止契約，並得依第 19 條之規定請求損害賠償。

第 10 條　（權利歸屬）

乙方依本契約所完成之文書，其著作人為甲方，但甲方得授權乙方利用其著作，其授權利用之地域、時間、內容、利用方法或其他事項，依當事人之約定。

如有第三人主張前項文書侵害其權利時，應由乙方負全部責任。

第 11 條　（擔保條款）

乙方為辦理本契約約定事項向甲方為特殊擔保，或於廣告中就服務內容、品質等所為之保證或說明，甲方得據此而為主張。

乙方違反前項規定者，甲方得請求乙方支付違約金新臺幣○○○元，其因而致甲方受有損害者，並應負賠償責任。

第 12 條　（業者之說明義務）

乙方應於預定出發日○○日前，將其依本契約第 4 條規定為甲方辦理之入學許可、護照、簽證、機票機位、食宿安排及其他相關之事項，向甲方報告，並以書面行程表確認之。

前項有關代辦護照、簽證、機票機位等事項，如雙方另有約定者，依其約定為之。

乙方應於預定出發日前，將甲方前往留學之國家、地區或城市之風俗人情、地理位置及其他相關應注意之事項，儘量提供甲方參考。

第 13 條　（報酬之數額及支付方式）

乙方於期限內完成本契約約定事項，甲方應給付報酬新臺幣○○○元，除本契約另有約定外，雙方不得要求增減報酬。

甲方應依下列約定支付報酬：

一、本契約簽訂後，支付約定報酬總額百分之○，共計新臺幣○○○元整。

二、完成入學申請表格及其相關文件，並經甲方審核同意後，支付約定報酬總額百分之○，共計新臺幣○○○元整。

三、獲得入學申請結果之回函後，支付約定報酬總額百分之○，共計新臺幣○○○元整。

四、其餘款項，於民國○○年○○月○○日繳清。

第 14 條　（代辦費用項目及負擔）

甲方應負擔代辦留學申請事項之各項費用如下：

一、因委託代辦事項發生之稅捐、行政規費、保險費用、保證金等。

二、向其他機構辦理事務，按該機構之規定應繳納之手續費。

乙方為辦理各項受託業務所應繳交之前項稅捐、行政規費、保險費、保險金或手續費等，應將其名稱及數額於繳納期前通知甲方，並於下列方式中選擇其一繳納，乙方未如期繳納者，除依第 16 條規定負損害賠償責任外，其因此發生之滯納金或遲延利息，由乙方負擔。但甲方未依約定備款送交乙方致延誤繳納者，由甲方負擔。

□由甲方如數備妥，送交乙方代繳

□由乙方代墊，事後再向甲方收取

乙方收取費用時，應開立正式收據交由甲方收執；代繳後，並應將代繳之繳款憑證交甲方保存。

第 15 條　（協力義務）

對於入學資格、修業期限、修習課程、修習學分及其他必要查證事項，必須由甲方親自辦理者，甲方同意配合海外教育機構之規定辦理一切應行之手續。

第 16 條　（業者應負擔之責任）

乙方對於受託事項及其保管物，應盡善良管理人之注意義務，倘因過失或逾越權限之行為，致甲方發生損害者，應賠償甲方以報酬額○倍計算之違約金。但甲方證明受有其他損害者，並得另行請求損害賠償。

第 17 條　（複委任之效力）

乙方未經甲方同意，委由第三人代為處理事務者，甲方得解除或終止契約。

前項情形，甲方解除或終止契約者，乙方不得要求任何報酬，其已收取者，應如數返還甲方；乙方收取之代辦費用，除有正式繳款收據得予扣除外，其餘應返還甲方。

甲方因第 1 項之情形解除或終止契約而受有損害者，並得請求賠償。

乙方經甲方同意，使第三人代為處理委任事務者，就該第三人之行為，與自己之行為負同一之責任。

第 18 條　（因可歸責於消費者之事由致事務不能完成）

因甲方個人之原因以致不能取得入學資格或核准簽證者，乙方不負責任。

前項情形，經乙方評估後，認為甲方無不能取得入學資格或核准簽證之情事者，乙方仍應負責。

第 1 項情形，甲方應於乙方通知日起七日內，將乙方因代辦事項所墊付之費用依繳款憑證所載金額返還乙方。乙方仍得請求約定報酬，但其數額以已處理之事務為限。

第 19 條　（因可歸責於業者之事由致事務不能完成）

乙方辦理委任事務之期間，應配合雙方約定之期限及海外教育機構學期之進行。因未即時申請學校、辦理簽證、訂機票或其他可歸責於乙方之事由，致未能於第 5 條約定之期限內完成事務者，乙方應賠償甲方以報酬額○倍計算之違約金。甲方如能證明受有其他損害者，並得另行請求損害賠償。

第 20 條　（因不可歸責於雙方當事人之事由致事務不能完成）

因天災、戰亂、罷工、交通阻絕、政府命令或其他不可歸責於雙方當事人之事由致事務不能完成，甲方免為支付報酬之義務，乙方亦免為代辦受託業務之義務。

第 21 條　（任意終止與報酬）

甲方得於乙方申請取得入學許可前，終止本件委託與授權，除已發生之代辦費用仍按第 14 條第 2 項規定繳納外，乙方仍可收取約定之報酬，但其數額以已處理之事務為限。

第 22 條 （報告義務）

本委託契約完成時，乙方除依第 12 條規定說明之事項外，應立即將委託事務處理情形向甲方報告。

第 23 條 （法院管轄）

因本契約約定事項涉訟時，雙方同意以○○地方法院為第一審管轄法院，但甲方得主張由消費關係發生地之法院管轄。

第 24 條 （契約書分執保管）

本契約書一式二份，由甲乙雙方各執一份，乙方不得藉故收回。

第 25 條 （其他協議事項）

甲乙雙方同意遵守下列各項：

一、＿＿＿＿＿＿＿＿＿＿＿＿＿＿。

二、＿＿＿＿＿＿＿＿＿＿＿＿＿＿。

三、＿＿＿＿＿＿＿＿＿＿＿＿＿＿。

立契約書人

甲方：○○○

法定代理人：○○○ 印

身分證號碼：

住址：

電話或電傳：

乙方：○○○○

法定代理人：○○○ 印

統一編碼：

住址：

電話或電傳：

中　華　民　國　○○　年　○○　月　○○　日

註：1. 訂立本契約，應本於互惠原則，如有疑義，應有利於消費者之解釋。

2. 訂立本契約，不得違反誠信原則，如對消費者，顯失公平，無效。

● 移民服務定型化契約範本（行政院消費者保護委員會編印）

1. 本契約的特點：本契約為移民服務契約書，由受任人委任委任人辦理移民國外事務，委任人給付受任人一切費用及酬勞之契約。

2. 適用對象：本契約適用於委託辦理移民事宜。

3. 基本條款及應注意事項：訂立本契約應訂明委任契約之基本條款及其應注意事項。

4. 相關法條：民法第 528 至 552 條，消費者保護法第 11 至 17 條。

委任契約 2-12-15

移民服務定型化契約範本

簽約前應注意事項：

一、辦理移民之消費者有權將契約書攜回詳細審視，並應有至少五日之契約審閱期間，移民業者應遵守下列事項：

　　(一) 依消費者保護法第 11 條之 1 之規定，移民業者與移民消費者簽約前，應提供三十日以內合理期間，供消費者審閱全部條款內容，否則該條款不構成契約內容，惟消費者仍得主張該等條款有效，本契約之審閱期間定為五日應屬合理期限，但消費者要求更長時，亦應同意。

　　(二) 移民業者對移民消費者除應提供契約條款外，同時亦應交付移居國家之政、社、經、文化相關法規等詳實移民資料，以及說明移居國家移民類別之定義及內容，以供移民消費者參閱與瞭解。

　　(三) 移民業者宜準備簽收簿，供移民消費者索取契約條款及移居國家政、社、經、文化相關法規等移民資料時，請其簽收，以備必要時證明消費者曾行使契約審閱權。

二、簽訂本契約前，移民業者應提出已依入出國及移民法第四十六條規定許可設立之註冊登記證。

三、本契約範本權供移民業者及辦理移民之消費者參考，但不得作對消費者不利之修改。

四、本契約雖為定型化契約之一種，惟辦理移民之消費者仍得針對個別狀況，要求移民業者增刪修改其內容，業者不得以本契約範本為主管機關所定，主張不得修改；亦不得為有利於己之修正後宣稱為政府機關版本，而主張不得修改。

五、本契約所稱之移民，依入出國及移民法第 42 條規定，係指國人移居國外而言，不包括自國外移入國內。

審閱期間：

　　本契約及移居國之相關法規、資料（包括規費項目及金額、應注意事項與應檢附之文件等，如附件一）已於中華民國○○年○○月○○日經委任人攜回審閱（審閱期間不得少於五日）。

　　委任人簽章：

　　受任人簽章：

立契約書人：委任人：

　　　　　　受任人：

　　茲就委任人委託受任人代辦移居國外以取得 □居留 □永久居留權 □公民資格 □其他（請註明） 之移民手續事宜，受任人

允為辦理，雙方議定契約條款如下：

第 1 條　移居國家○○、地區為○○○（省、州）。

第 2 條　委任人委託受任人代辦移民類別為：

□技術移民

□創業移民

□投資移民

□退休移民

□其他（請註明）

第 3 條　依本契約隨同委任人辦理移民人員之資料如下：

一、（姓名）（出生○○年○○月○○日，性別○，國民身分證統一編號：○○○
○○○○○○）

二、（姓名）（出生○○年○○月○○日，性別○，國民身分證統一編號：○○○
○○○○○○）

三、（姓名）（出生○○年○○月○○日，性別○，國民身分證統一編號：○○○
○○○○○○）

前項隨同辦理移民之人員，如因身分關係變更或法令變更而喪失同時申請資格時，
即非本契約隨同辦理移民人員之範圍。反之，如因身分關係變更或法令變更而取得
同時申請資格時，即為本契約隨同辦理移民人員之範圍。

第 4 條　受任人於簽約前應告知委任人其申請移民時所應檢附之文件如下：

一、送件前所應檢附之文件（如附件二）

二、送件後所應檢附之文件（如附件三）。

委任人交付依前項被告知應檢附之文件時，受任人應為形式上檢閱。

第 5 條　委任人委託受任人辦理移民服務之相關事項如下：

一、服務事項

□諮詢服務

□文件審閱

□表格填寫與整理

□申請案之提出

□辦理進度之查詢

□面談之準備、通知及安排

□核准文件之取得

□其他（請註明）

二、代辦事項

□應備文件之翻譯

□資產鑑定

□應備文件認證或鑑證

□其他（請註明）

第 6 條　委任人於本契約簽訂日起○○日曆天（不得少於三個月），應將辦理移民手續送件
前所應檢附之文件交付受任人。但因應急速送件，經受任人同意者，不在此限。

送件後應檢附之文件，委任人應於接獲通知日起○日曆天（不得少於三個月）交付
受任人。但因應急速送件，經受任人同意者，不在此限。

委任人於交付前二項文件後，如該文件所記載之事實有變更時，應通知受任人。

委任人未依第一項及第二項之期間交付辦理移民所應檢附之文件時，經受任人定相當期限催告後仍未交付者，受任人得終止契約，委任人所給付之服務報酬受任人不予退還。

第 7 條　移居國要求提出受任人於簽約前所告知以外之文件或資料，或受任人通知委任人所提交之文件或資料應補正時，受任人應定相當期限通知委任人補具或補正。

委任人就前項要求不欲提出補具或補正時，得終止契約。

第 8 條　受任人辦理第五條第一款服務事項之報酬為新臺幣○○○元整。

此項報酬，除另有書面約定外，不得增加。

受任人因辦理第五條第二款代辦事項或依移居國規定應繳納之規費，憑合法單據向委任人報結。

前項代辦事項費用或依移居國規定應繳納之規費如須委任人預繳時，應以合法文件或移居國明文規定者為限。本契約終止或消滅時，受任人如未提出合法單據，其預收之款項應退還委任人。

第 9 條　服務報酬之付款方式如下：

一、簽訂本契約時，給付服務報酬新臺幣○○○元整（不得超過第八條第一項服務報酬金額百分之十）。

二、委任人交付移民送件前所應檢附相關文件時，給付服務報酬新臺幣○○○元整（不得超過第八條第一項服務報酬金額百分之十）。

三、受任人備妥全部移民申請文件及交付委任人申請書表副本時，給付新臺幣○○○元整。

四、接獲移居國通知面談後，給付新臺幣○○○元整。

五、移居國核發移民核准文件時，給付新臺幣○○○元整。

代辦費用及規費之付款方式如下：

於受任人提出合法單據或依移居國法令規定，要求委任人預繳後○○日給付。

第 10 條　受任人應於委任人交付移民相關文件完備並收取前條第一項第三款費用後○日內（不得超過十四天）送件申請，違反者，每逾一日應給付委任人已交付報酬及費用百分之一違約金。

第 11 條　委任人得隨時終止本契約，委任人終止本契約時，除應給付受任人已實際支出之代辦費用及規費外，應按下列約定給付賠償金：

一、於交付移民相關文件前終止本契約，應給付服務報酬額百分之○。（不得超過第九條第一項第一款所給付之報酬額）

二、於受任人申請移民送件前終止本契約，應給付服務報酬額百分之○。（不得超過第九條第一項第二款所給付之報酬額）

三、於受任人申請移民送件後，接獲移居國通知面談前終止本契約，應給付服務報酬額百分之○。（不得超過第九條第一項第三款所給付之報酬額）

四、獲准移民許可前終止本契約，應給付服務報酬額百分之○。（不得超過第 9 條第一項第四款所給付之報酬額）

第 12 條　受任人得隨時終止本契約，受任人終止本契約時，應加倍返還委任人所給付之服務報酬，其已支出之代辦費用及規費由受任人負擔。委任人受有損害時，並得請求賠償。

第 13 條　因可歸責於受任人之事由，致委任人無法取得移民核准文件時，受任人應加倍返還委任人所給付之服務報酬，其已支出之代辦費用及規費由受任人負擔。委任人受有損害時，並得請求賠償。委任人無法取得移民核准文件之原因，係肇因於受任人之教唆或幫助者，視為可歸責於受任人之事由。

第 14 條　委任人有下列情形之一者，致委任人無法取得移民核准文件時，應給付約定之服務報酬及已支出之代辦費用及規費：
　　一、提供不實資料。
　　二、拒絕出席移居國所安排之面談。
　　三、以口頭或書面向移居國表達無移民意願。
　　四、移民資格條件有變更情事而不通知受任人。
　　五、移居國要求交付之文件不予交付。
　　六、交付文件所記載之事實有變更時，未通知受任人。
　　七、其他可歸責於委任人之事由。
　　委任人提供不實資料，致受任人受有損害時，應負賠償責任。
　　前二項規定於受任人與有過失者，不適用之。

第 15 條　因不可抗力或不可歸責於雙方當事人之事由，致本契約無法履行或履行顯有困難超過雙方合理期待時，雙方均得終止契約，不負損害賠償責任，受任人應無息返還委任人已交付之服務報酬，但已支出之代辦費用及規費，由委任人負擔。

第 16 條　第 3 條所列隨同委任人辦理移民人員，如有無法取得移民核准文件時，除可歸責於委任人之事由外，委任人得請求退還所給付服務報酬之百分之○。

第 17 條　受任人非經委任人書面同意，不得將本契約之全部或一部移轉他人代辦。
　　受任人移轉他人辦理時，應將代辦人員詳實資格及資料告知委任人，並取得委任人之同意。
　　受任人違反前二項之約定，委任人得終止契約，受任人應加倍返還委任人所給付之服務報酬，其已支出之代辦費用及規費由受任人負擔。委任人受有損害時，並得請求損害賠償。

第 18 條　關於委任事務辦理之情形及進度，受任人應於適當時期告知委任人。

第 19 條　受任人就委任人之移民申請，負有保密之義務，非經委任人書面同意，不得洩漏委任人提供之個人資料及其申請移民之事實。
　　受任人違反前項規定時，除應支付依約定服務報酬額○倍之違約金外，並應依其他相關法令規定負其責任。

第 20 條　雙方應以誠實信用原則履行本契約，非經雙方書面同意，不得變更契約內容。

第 21 條　委任契約消滅後，除應交存之文件及後續作業之必要文件外，委任人交付之文件，受任人應於一個月內返還，亦不得以電子或其他方式將資料留存。
　　受任人於前項期間內不予返還時，委任人除得請求服務報酬額○倍之違約金外，受任人並應依其他相關法令規定負其責任。

第 22 條　受任人就本契約之服務項目所為之廣告內容及附件，為本契約之一部分。

受任人所提供之資料，如有外文文件，應檢附適當之中文翻譯本。

本契約條款與附件或廣告相牴觸時，應做有利於委任人之解釋。

第 23 條　本契約涉訟時，雙方同意以臺灣○○地方法院為第一審非專屬管轄法院。但小額訴訟部分，依民事訴訟法規定辦理。

第 24 條　本契約於雙方簽訂後生效，至委任人收到移居國核發移民核准文件及完成移民簽證時消滅。

第 25 條　本契約一式二份，雙方各持一份，以資為憑。受任人不得約定於本契約關係消滅時將契約書收回。

委任人：○○○　　　　　　國民身分證統一編號：

住址：　　　　　　　　　　電話：

受任人：○○○○公司　　　負責人：○○○

註冊登記證字號：

簽證律師：

地址：

電話：　　　　　　傳真：

簽約日期（中華民國○○年○○月○○日）

註：1. 訂立本契約，應本於互惠平等，如有疑義，應有利於消費者之解釋。

　　2. 訂立本契約，不得違反誠信原則，對於消費者顯失公平者，無效。

【附件一　移居國外應注意事項】

一、申請資格

（一）中華民國國民

（二）無任何犯罪紀錄

（三）其他（應視移民類別之需要臚列詳盡）

二、應付費用

（一）移民國規費約新臺幣（或其他幣值）○○○元。

（二）服務費用約新臺幣（或其他幣值）○○○元。

（三）代辦費用約新臺幣（或其他幣值）○○○元。

（四）其他費用（需要臚列詳盡）

三、注意事項（應視移民類別之需要臚列詳盡）

（一）

（二）

（三）

……

……

【附件二　受任人於簽約前應告知委任人移民類別及其申請移民時，送件前所應檢附之文件（適用者請打√）】

□照片＿＿＿吋＿＿＿張	□體檢報告表
□護照	□國民身分證
□良民證	□戶籍謄本
□結婚證書	□離婚協議書
□配偶死亡證明書	□出生證明書
□認領、收養證明書	□監護權取得證明書
□子女移民同意書	□畢業證書
□在學證明書	□受訓結業證書
□實習結業證書	□會員證書
□專業執照或證書	□職業執照或證書
□獎狀	□著作
□工作證明文件	□服務證明文件
□推薦信	□英語能力證明文件
□退伍令	□免役證明書
□個人綜合所得稅納稅證明書	□公司執照
□營利事業登記證	□工廠登記證
□公司變更登記事項卡	□公司抄錄
□公司營業特許證	□公司會員證書
□營利事業所得稅結算申報書	□公司組織圖
□公司簡介	□公司產品型錄
□名片	□公司年度報告書
□存款證明書	□貸款餘額證明書
□房地產所有權狀	□房地產鑑定報告書

☐房地產租賃契約書　　　　　　☐房地產買賣契約書

【附件三　受任人於簽約前應告知委任人移民類別及其申請移民時，送件後所應檢附之文件（適用者請打√）】

☐良民證　　　　　　　　　　　☐體檢報告書
☐個人綜合所得稅納稅證明書　　☐英語能力證明文件
☐公司執照　　　　　　　　　　☐營利事業登記證
☐工廠登記證　　　　　　　　　☐公司變更登記事項卡
☐公司營業特許證　　　　　　　☐公司會員證書
☐營利事業所得稅結算申報書　　☐公司簡介
☐公司產品型錄　　　　　　　　☐公司年度報告書
☐存款證明書　　　　　　　　　☐貸款餘額證明書
☐房地產所有權狀　　　　　　　☐房地產鑑定報告書
☐房地產買賣契約書

第 *13* 章 經理人及代辦商契約

審訂：恆業法律事務所律師　吳佩諭
恆業法律事務所律師　謝昆峰

一、說明

經理人，即有爲商號管理事務，及爲其簽名之權利之人。代辦商，非經理人而受商號之委託，於一定處所或一定區域內，以該商號之名義，辦理其事務之全部或一部之人。

二、契約當事人的法定權利義務

1. 經理人的權限（經理權）：經理權乃兼指內部之營業全體之處理權限，及對外之一般商業代理權而言。經理權之授與，得以明示或默示爲之。既經授與後，並不因商號所有人死亡、破產或喪失行爲能力而消滅。

   經理人，就其所任事務，視爲有代表商號爲原告或被告或其他一切訴訟上行爲之權。其對於第三人之關係，就商號或其分號或其事務之一部分，視爲有管理上一切必要行爲之權。經理權得限制於管理部分事務。除有書面之授權外，對於不動產不得買賣或設定負擔。

2. 經理人的義務：同業競爭禁止之義務，經理人非得其商號之允許，不得爲自己或第三人經營與其所辦理之同類事業，亦不得爲同類事業公司無限責任股東。經理人有違反前述義務之行爲時，其商號得請求因其行爲所得之利益，作爲損害賠償。

3. 聘任經理人應注意是否適用勞動基準法之相關規定。如名爲「經理」但商號並未授權其管理事務及簽名，或公司並未依公司法第 29 條之規定爲委任時，該聘任行爲皆可能被認定爲勞動基準法之勞動契約而不得任意終止。

4. 代辦商代理商號的權限（代辦權）：代辦商對於第三人之關係，就其所代辦之事務，視爲其有爲一切必要行爲之權。但代辦商僅爲商號之獨立輔助人，故除有書面授權外，不得代理商號負擔票據上之義務，或爲消費借貸，或爲訴訟。

5. 代辦商的權利義務：代辦商就其代辦之事務，應隨時報告其處所或區域之商業狀況於其商號，並應將其所爲之交易即時報告之。同業競爭禁止之義務，與經

理人相同。

代辦商得依契約所定，請求報酬或請求償還其費用，無約定者，依習慣，或依其代辦事務之重要程度及多寡定其報酬。

三、本契約應訂明的基本條款

1. 商號及經理人（或代辦商）。
2. 報酬及其計算、給付方式。
3. 經理權（或代辦權）之範圍與限制。
4. 其他權利義務規定。
5. 保證人。

四、契約範例

【經理】

● 經理契約書（經理報酬以配當金給予）

1. 本契約的特點：本契約為經理契約，由甲方授權乙方為其商家之經理人，經理人之報酬，由營業純益扣除一切之殘額給予配當金為其特色。
2. 適用對象：本契約適用於經理契約。
3. 基本條款：訂立本契約應訂明經理人契約之基本條款。
4. 相關法條：民法第 553-555、557 條。

經理代辦契約 2-13-1

經理契約書（經理報酬以配當金給予）

行東○○○以下簡稱為甲方

經理○○○以下簡稱為乙方

下當事人間關於經理契約締結條件如下：

第1條　甲方願授權乙方為其○○（地址）○○行經理而乙方承諾之。

第2條　甲方應於每月末日給付乙方月薪新臺幣○○○元整。

第3條　甲方對乙方按月給付前條之薪津外，對於純益即營業上之收入，扣除一切費用之殘額以下列標準給予配當金：

一、純益○○元起至○○元時其○分之若干。

二、純益○○元起至○○元時其○分之若干。

三、純益○○元起至○○○元時其○分之若干。

四、超過○○○○元時每超○○元增加若干。

前項之配當金在每次決算期決算後，三天內支給之。

第 4 條　乙方應從甲方之指揮，以誠實勤勉為旨，從事甲方營業一切之事務。

第 5 條　乙方有代理甲方為關於其營業訴訟上或訴訟外一切行為之權限，及選任或解任其他受僱人及簽發票據之權。

第 6 條　乙方除代理前條權限外，如有下列事項，應經甲方之許諾始得為之：

　　　　一、營業上重要之事項。

　　　　二、關於甲方利害關係重大之事項。

　　　　三、對於不動產之買賣或設定負擔事項。

第 7 條　乙方除有正當事由經甲方允許外，不得廢其業務。

第 8 條　乙方除營業上之費用及因營業出勤中之食費外，其食料住居衣服疾病其他一切費用自為負擔之。

第 9 條　乙方違背本契約品行不良或有其他不正行為時，甲方得隨時解除契約撤回經理權。

第 10 條　本件經理權因乙方死亡破產，或喪失行為能力而消滅，但甲方之死亡破產或喪失行為能力時，經理權並不因此即歸消滅，乙方仍必須繼續管理事務。

第 11 條　甲乙雙方如有正當事由得隨時解除本委任契約，各無異議。

第 12 條　本契約存續期間自訂約日起滿一年為限。

第 13 條　本契約一式二份，甲、乙各執一份為憑。

　　　　　　　　委任人（甲方）：○○○　印

　　　　　　　　地址：

　　　　　　　　身分證統一編號：

　　　　　　　　受任人（乙方）：○○○　印

中　　華　　民　　國　　○○　年　　○○　月　　○○　日

註：本契約第 5 條、第 6 條經理人權限之限制，合乎民法第 554 及 555 條之規定。

● 經理契約書（固定薪俸）

1. **本契約的特點**：本契約為商號授權經理契約書。本契約不得中途解約，由雙方約定於本契約第 13 條為其特色。

2. **適用對象**：本契約適用於商號授權經理之契約。

3. **基本條款**：訂立本契約應訂明經理人契約之基本條款。

4. **相關法條**：民法第 553-555、557 條。

經理代辦契約 2-13-2

經理契約書（固定薪津）

　　○○○簡稱甲方，○○○簡稱乙方，茲由○○○、○○○兩先生介紹，經雙方同意訂立經理契約條件於下：

第 1 條　甲方特授權乙方為○○商行之經理人，而乙方亦願依本約接受之。

第 2 條　本契約有效期間自民國○○年○○月○○日起至民國○○年○○月○○日止，滿○
　　　　○年間。

第 3 條　乙方之每月薪津約定為新臺幣○○元整。

第 4 條　乙方經理○○商行不論盈虧如何，應於每月底結帳一次，並於結帳後三日內將一個
　　　　月中詳細帳目交予甲方查核，如有疑義盡由甲方質問，倘有舞弊情事，不問乙方自
　　　　為或出於夥友學徒之所為，概由乙方完全負責賠償不得推諉。

第 5 條　凡○○商行中一切營業事務，以及用人行使悉由乙方負責辦理，甲方不得干涉。

第 6 條　凡○○商行中如發生虧蝕等情事有不能維持之勢時，乙方應將其詳情及帳目報告甲
　　　　方查核以定進退，如隱不告知者，乙方應負損害賠償之責。

第 7 條　乙方經理○○商行所進出款項或貨件，概由乙方全權負責辦理；但乙方如故意損害
　　　　甲方者，須賠償其損害。

第 8 條　乙方經理○○商行如遇有營業周轉不靈，須向外借款時，乙方於新臺幣○○元為限
　　　　度內得便宜處置，如逾限度款額時，應事先徵得甲方承諾，乙方不得專擅。

第 9 條　乙方如未經甲方書面之授權時，不得將○○商行所有不動產及商品以外之動產物
　　　　件，為買賣或讓與或設定負擔。

第 10 條　乙方經理○○商行所有盈餘款項，乙方應寄存○○銀行或○○合作社，不得擅行貸
　　　　借與他人或留存商行內。

第 11 條　本契約存續期間中，因遇甲方不得已事由，致○○商行停業或出盤者，除於破產
　　　　外，甲方擅自停業或出盤之日起，支付乙方薪金○○個月。

第 12 條　乙方於契約期間中，如有不得已事由須請假時，應於○○日前通知甲方，以便委託
　　　　夥友中一人或二人代理乙方之職務。
　　　　此項代理人一切行為仍由乙方負完全之責。

第 13 條　本契約有效期間內甲乙雙方間絕不得中途解除契約，但有特殊事故者不在此限。

第 14 條　本契約未盡訂明事項依照民法之規定或有關法令解釋之。

第 15 條　本契約一式二份，甲、乙各執一份為憑。

（甲方）：○○○　印

地址：

身分證統一編號：

（乙方）：○○○　印

地址：

身分證統一編號：

介紹人：○○○

地址：

身分證統一編號：

介紹人：○○○

地址：

身分證統一編號：

中　華　民　國　　○○　年　　○○　月　　○○　日

註：本契約第 4、5、6、7 條規定經理人應負之責任，為本契約特殊之規定。

【代辦商】

● 代辦商契約書（一）

1. 本契約的特點：本契約為代辦商契約，由商號之委託而於一定處所，或地域為商號辦理事務之全部或一部分，代辦商不得退貨為本契約之特色。
2. 適用對象：本契約適用於代辦商契約。
3. 基本條款：訂立本契約應訂明代辦商契約之基本條款。
4. 相關法條：民法第 558-560、562、563 條。

經理代辦契約 2-13-3

代辦商契約書（一）

　　○○○簡稱甲方，○○○簡稱乙方，茲由○○○、○○○兩位介紹，經雙方合意訂立遵守條件於下：

第 1 條　甲方願將其經營○○工廠出品之○○牌○○貨件，委託乙方自費在○縣○鎮○里○路門牌○號開設分銷處，以○縣轄內為區域宣傳推銷，而乙方願依約代辦之。

第 2 條　乙方依前條設分銷處應用甲方商號之名義，但對外責任除可歸責於甲方之事由外，概由乙方負完全之責任。

第 3 條　本契約有效期間約定自民國○○年○○月○○日起至民國○○年○○月○○日止，計共○○年間。

第 4 條　乙方於契約訂立之日，付交保證金新臺幣○○元整予甲方親收足訖，嗣後憑信取貨。本保證金於期滿或契約終止時無息返還之。

第 5 條　乙方代辦推銷貨品之價目，應確守甲方寄送之價目表推銷之，如價目有增減時，甲方須隨時寄送新價目表通知乙方。
　　　　甲方交給乙方之貨品價格，依價目表打○折，於每月底結算一次，同時付清不得拖延短欠。

第 6 條　除甲方寄送貨品給乙方間之運費，由甲方負擔外，關於分銷處有關一切費用，概歸乙方負擔支理。

第 7 條　甲方所寄送貨品如有瑕疵等情事時，乙方應於接到後○○日以內通知甲方，以為交換，如乙方過期不通知者，視為無瑕疵。

第 8 條　乙方所指定之貨品，甲方須於接到通知後○○日內寄送，如須遲延者，應即通知乙方。

第 9 條　乙方向甲方賒取貨品之款額，限定以保證金額以下為限度，倘該貨款已達保證金額時，不待本契約第 4 條規定支付方法之月底結算，須即於期前結清。

第 10 條　乙方定貨而由甲方發送後，縱因市面清淡不能行銷者亦不得退回。

第 11 條　本契約存續期間中，甲方不得再於○縣轄區內，另設分銷處委他人為代辦商事務以致損害乙方之推銷營業，如甲方違反前項約定者，乙方除即解除契約外，並得請求違約金新臺幣○○元整，甲方無異議。

第 12 條　乙方於本契約第 4 條及第 8 條應結帳日期，如不將帳止結清或違背契約者，甲方得終止契約，所欠貨款得在保證金中扣抵之。倘保證金不足扣抵，其不足額得再請求之，乙方不得異議。

第 13 條　本契約因前二條之原因解除或終止契約後，該分銷處所有設備或租賃使用權，應盡歸出資者之乙方取得任意處分之。

第 14 條　乙方在契約期間中，因市面清淡不願繼續進行推銷時，得隨時終止契約，但須於兩星期前通知甲方。

第 15 條　乙方以甲方名義代辦推銷甲方工廠製品期間，如無甲方書面之授權，不得負擔票據上之義務，或為消費借貸或為訴訟上之行為。

第 16 條　本契約一式二份，甲、乙雙方各執一份為憑。

> （甲方）：○○○　印
> 地址：
> 身分證統一編號：
> （乙方）：○○○　印
> 地址：
> 身分證統一編號：
> 介紹人：○○○　印
> 地址：
> 身分證統一編號：
> 介紹人：○○○　印
> 地址：
> 身分證統一編號：

中　華　民　國　○○　年　○○　月　○○　日

註：本契約第 11 條規定競業禁止之規定，違約者應負賠償金。

● 代辦商契約書（二）

1. **本契約的特點**：本契約為代辦商契約，本契約之代辦商非得商家允許，不得為自己或第三人經營與其所辦理之同類事業為其特色。
2. **適用對象**：本契約適用於代辦商契約。
3. **基本條款**：訂立本契約應訂明代辦商契約之基本條款。
4. **相關法條**：民法第 558-560、562、563 條。

經理代辦契約 2-13-4

代辦商契約書（二）

　　○○商行行東○○○（簡稱甲方），代辦者○○○（簡稱乙方），茲為代辦推銷業務，經雙方同意議定條件如下：

第 1 條　甲方委託乙方在○○地域以甲方商號代辦推銷甲方所營業之○○貨品，而乙方承諾之。

第 2 條　本契約有效期間自民國○○年○○月○○日起至民國○○年○○月○○日止，○○年間。

　　　　前項之期間得為更新之。

第 3 條　本契約甲方委託乙方代辦推銷貨品之種類及一年間之數量如下：

　　　　一、○○○（貨品名稱）○○百件起至○○千件。

　　　　二、○○○（貨品名稱）○○百件起至○○千件。

第 4 條　甲方於前條所列之貨品認其必要時（或者○○時），應送付予乙方。

第 5 條　甲方依前條為送付貨品予乙方，應提示所送付貨品之銷售價款。

第 6 條　乙方受甲方送付貨品時，應照其指定價格迅予販賣，但於乙方比甲方指定價格較少代價販賣時，視為以指定價格販賣論。

第 7 條　乙方受委託貨品推銷販賣之方法有以自己之意思決定之權。

第 8 條　乙方販賣受委託貨品時，應通知甲方，並應於每月末日將商業狀況詳細報告甲方。

第 9 條　乙方應於每月末日將其代辦推售貨品之價款確實支付予甲方。

第 10 條　關於代辦推銷貨品之一切費用，由乙方負擔。

第 11 條　甲方對其委託乙方代理販賣之貨品，應依左列區別給付報酬予乙方：

　　　　一、○○○（貨品名稱）每○件新臺幣○○元。

　　　　二、○○○（貨品名稱）每○件新臺幣○○元。

第 12 條　前條之報酬，甲方應於每月末日支給乙方，但甲方得與乙方依契約第 8 條應支付貨品價款之範圍金額抵銷之，又乙方如怠繳貨品價款時，甲方得待至其繳付，停止支給報酬金。

第 13 條　乙方所管理之場所已無現存之貨品，視為既已販賣，雙方均應分別繳付價款及支付報酬。

第 14 條　乙方應以善良管理人之注意，處理委託事務且應負保管貨品之責。

第 15 條　乙方非得甲方之允許，不得為自己或第三人經營與其所辦理之同類事業，亦不得為同類事業公司無限責任之股東。

第 16 條　乙方除有甲方之書面授權外，不得使商號負擔票據上之義務，或為消費借貸或代表商號為原告或被告或其他一切訴訟上之行為。

第 17 條　本件代辦權因下列各種原因而消滅：

　　　　一、代辦權所由授與之法律關係終了。

　　　　二、乙方之死亡、破產或喪失行為能力。但甲方之死亡破產喪失行為能力時，乙方之代辦權不因此而消滅，仍得繼續代辦事務。

　　　　三、商號之閉歇或營業終止。

第 18 條　本契約成立後雙方應於十五日內會同向營業所所在地之主管官署依商業登記法第 8 條規定，辦理代辦權授與之登記手續。

第 19 條　本契約一式二份，甲、乙各執一份為憑。

　　　　　　　　委任人（甲方）：○○○　印

　　　　　　　　地址：

　　　　　　　　身分證統一編號：

　　　　　承諾人（乙方）：○○○　印
　　　　　地址：身分證統一編號：

中　華　民　國　○○　年　○○　月　○○　日

註：競業禁止，在代辦商契約中，非常重要，故在本契約第15條有相同的規定（民法第562條參照）。

第 14 章　居間契約

審訂：臺灣彰化地方法院檢察署主任檢察官　郭棋湧

一、定義

　　居間契約乃當事人約定，一方（居間人）為他方（委託人）報告訂約之機會，或為訂約之媒介，他方給付報酬之契約（民法第 565 條）。

二、契約當事人的法定權利義務

（一）居間人的義務

1. 據實報告訂約事項：居間人關於訂約事項，應就其所知據實報告於各當事人，對於顯無支付能力之人，不得為其媒介。
2. 居間介入（隱名媒介）之履約義務：居間人就其所媒介成立之契約，原則上無為當事人給付或受領給付之權。但當事人之一方，指定居間人不得以其姓名或商號告知相對人者，居間人有不告知之義務。此時應就該方當事人由契約所生之義務，由居間人自己負履行之責，並得為其受領給付。

（二）居間人的權利

1. 報酬請求權：居間人因媒介應得之報酬，除契約另有訂定或另有習慣外，由契約當事人雙方平均負擔。其報酬多寡依約定、價目表或習慣給付。但須契約因居間人之報告或媒介而成立者，居間人始得為報酬之請求。
2. 費用請求權：居間人為媒介所支出的費用，非經約定不得請求償還。雖已為報告或媒介，而契約不成立者亦同。
3. 請求權之限制：居間人違反其對於委託人之義務，而利於委託人之相對人之行為或違反誠實及信用方法，由相對人收受利益者，不得向委託人請求報酬及償還費用。

三、居間契約應訂明的基本條款

1. 委託人與居間人。
2. 委託標的物或委託事項。
3. 委託期限。
4. 報酬之計算與給付方式。
5. 其他義務特約。

四、契約範例

（一）居間契約書

1. 本契約的特點：本契約為不動產委託出售之居間契約。居間人違反忠實辦理義務，報酬及費用償還請求權喪失為其特色。
2. 適用對象：本契約適用於不動產房屋居間契約。
3. 基本條款：訂立本契約應訂明居間契約之基本條款。
4. 相關法條：民法第 567、569-571、574 條。

居間契約 2-14-1

居間契約書

　　委託人○○○稱為甲方，居間人○○○稱為乙方，茲為不動產房屋委託出賣訂約之媒介，經當事人議定契約條件如下：

第 1 條　甲方將所有次條記載不動產房屋願以新臺幣○萬○千元整出賣事宜，委託乙方辦理訂約媒介之一切行為，而乙方承任之。

第 2 條　本契約不動產房屋標示如下：
　　　　一、土地地號：○市○段○地號。
　　　　二、門牌號：○市○區○里○路○號。
　　　　三、式樣：臺灣式。
　　　　四、構造：磚造蓋臺灣紅瓦住屋一幢。
　　　　五、建坪面積：○平方平尺。

第 3 條　本契約有效期間自民國○○年○○月○○日起至民國○○年○○月○○日止，滿○○個月。
　　　　期間屆滿後不再另訂契約者，本契約自然消滅。

第 4 條　契約有效期間內，甲方不得擅自另再委託他人，或擅自與他人訂約出賣等情事。

第 5 條　委託事務有關費用由甲方負擔，而乙方必須提示其必要款額憑據或計算書或說明原因，甲方應酌給之。委託事務終了時應即互相會算，多還少補。

第 6 條　乙方關於訂約事項應就其所知據實報告於甲方，對訂立契約或支付款項無能力之人不得為媒介。

第7條　甲方應於乙方媒介而成立契約辦妥授權事務完竣時，給付乙方新臺幣○○元整為本件辦理委託事務之報酬金。

第8條　前條報酬金於契約有效期間內，乙方未完成授權事務者或有符合民法第五百七十一條情形時，乙方喪失該項報酬之請求權，並應償還費用。

前項情形甲方已有先付費用者，乙方應即退還甲方。

第9條　本契約未盡訂明事項依照民法之規定及有關法令之規定準用之。

第10條　本契約代書費及應貼印花由甲、乙雙方各負擔其半額。

第11條　本契約一式二份，甲、乙雙方各執一份為憑。

委託人（甲方）：○○○　印
住址：
身分證統一編號：
居間人（乙方）：○○○　印
住址：
身分證統一編號：

中　　華　　民　　國　　○○　　年　　○○　　月　　○○　　日

註：本契約第4條規定在契約有效期間，委託人不得擅自另再委託他人，或擅自與他人訂約出賣等情事，為對於委託人委託權之限制。

（二）委託銷售契約書（酬勞固定）

1. 本契約的特點：本契約為委託居間銷售不動產房屋契約。本契約賦予居間人據實報告，妥為媒介之義務為其特色。

2. 適用對象：本契約適用於委託銷售居間之契約。

3. 基本條款：訂立本契約應訂明居間契約之基本條款。

4. 相關法條：民法第567、569-571、574條。

居間契約 2-14-2

委託銷售契約書（酬勞固定）

委託人○○○（以下簡稱甲方）為委託○○○公司（以下簡稱乙方）辦理不動產房屋出賣訂約之媒介，茲經當事人議定契約條件如下：

第1條　甲方將所有次條記載不動產房屋願以新臺幣○萬○千元整出賣事宜，委託乙方辦理訂約之媒介、廣告、企劃及業務代理等一切行為，而乙方承任之。

第2條　本契約不動產房屋標示如下：
一、土地地號：○○縣○○鄉○○段○○小段○○地號。
二、門牌號：○○縣○○鄉○村○路○號。
三、式樣：西洋歐式。
四、構造：玻璃式鋼筋造住屋樓房一棟。

五、建坪面積：○平方公尺。

第 3 條 本契約有效期間自民國○○年○○月○○日起至民國○○年○○月○○日止，滿○○個月。如雙方擬延長之，則須另行訂約。如有銷售不實，全由受託人自行負責，概與甲方無涉。

第 4 條 甲方保證委託乙方代理之不動產其產權清楚，備妥政府核發之建築執照（建築號碼）。

第 5 條 委託銷售總價新臺幣○○○萬元整。

第 6 條 關於委託銷售業務之一切人事費用，廣告企劃、市場調查等有關費用均由甲方負擔，而乙方必須提示其必要款額憑據或計算書或說明原因，甲方應酌給之。

第 7 條 乙方關於訂約事項，就其所知，應據實報告於甲方，對於訂立契約或支付款項無能力之人不得為媒介。

第 8 條 甲方應於乙方媒介而成立契約辦妥授權事務完竣時，給付乙方新臺幣○○元整，為本件辦理委託事務之報酬金。

第 9 條 前條報酬金於乙方在未完成授權事務之前或有符合民法第五百七十一條情形時，乙方應喪失該項報酬之請求，並應償還費用。

前項情形甲方已有先付費用者，乙方應即退還甲方。

第 10 條 本契約未訂明事項依照民法之規定及有關法令之規定準用之。

第 11 條 本契約一式二份，甲、乙雙方各執一份為憑。

委託人（甲方）：○○○　印
住址：
身分證統一編號：
居間人（乙方）：
公司名稱：
公司地址：
負責人：○○○　印
住址：
身分證統一編號：
公會會員證書字號：

中　　華　　民　　國　　○○　　年　　○○　　月　　○○　　日

註：本契約第 9 條為民法第 571 條居間人違反忠實辦理義務的效力，報酬及費用償還請求權之喪失。

（三）委託銷售契約書

1. **本契約的特點**：本契約為房屋銷售居間契約，委託人於委託期間內將委託標的物另行再委託他人或自行銷售他人，均視為違約。委託人仍須依約定之報酬額給付居間人，作為違約之處罰，為本契約之特點。

2. **適用對象**：本契約適用於房屋銷售居間契約。

3. **基本條款**：訂立本契約應訂明居間契約之基本條款。

4. 相關法條：民法第 567、569-571、574 條。

居間契約 2-14-3

委託銷售契約書（允許第三人居間）

立契約人○○○（以下簡稱甲方）居間人○○○（以下簡稱乙方），茲為不動產房屋委託出賣訂約之媒介，經當事人議定條件如下：

第 1 條　甲方將所有次條記載不動產房屋願以新臺幣○萬○千元整出賣事宜，委託乙方辦理訂約媒介之一切行為，而乙方承任之。

第 2 條　本契約不動產房屋標示如下：

一、地座落：○○縣○○鄉○○段○○小段○○地號。

二、房屋座落：

地號：○○縣○○鄉○○段○○小段○○地號。

門牌號：○○縣○○鄉○○村○○路○○號。

式樣：臺灣式。

構造：磚造蓋臺灣紅瓦住屋貳層樓房壹幢。

建坪面積：○平方公尺。

三、面積依權狀為準。如有銷售不實，全由受託人乙方自行負責，概與甲方無涉。

第 3 條　本契約有效期間自民國○○年○○月○○日起至民國○○年○○月○○日止，滿○○個月。

期間屆滿後不再另訂契約者，本契約自然消滅。

第 4 條　乙方執行前述業務之服務酬勞，經雙方議定如下：

一、按照甲方所提供之房地售價（如附表）取百分之○為乙方之服務酬勞。

二、由甲方擬定房屋底價（如附表）取百分之○為乙方之服務酬勞。

第 5 條　甲方於委託期限內將委託標的物另行再委託他人或自行銷售他人，均視為違約。甲方仍須依前條所定之報酬數額給付乙方，作為違約之處罰。

第 6 條　廣告費由乙方負擔。

第 7 條　第 4 條報酬金於契約有效期間內，乙方未完成授權事務或有符合民法第五百七十一條之情形時，乙方應喪失該項報酬之請求，並應償還費用。

前項情形甲方已有先付費用者，乙方應即退還甲方。

第 8 條　乙方認為有必要時，得使第三人代為處理。

第 9 條　本契約未訂明事項，依照民法之規定及有關法令之規定準用之。

第 10 條　本契約代書費及應貼印花由甲乙雙方各負擔其半額。

第 11 條　本契約一式二份，甲、乙雙方各執一份為憑。

委託人（甲方）：○○○ 印

住址：

身分證統一編號：

居間人（乙方）：○○○ 印

住址：

身分證統一編號：

中　　華　　民　　國　　○○　　年　　○○　　月　　○○　　日

註：本契約居間酬勞依第4條第1項依房價之比例為酬勞及第2項房地底價加價出售，為居間酬勞之特殊
　　規定。

房產分析表		年　　月　　日	
屋址：			
姓名：　　　　　　電話：			
屋類：□公寓　□大廈　□洋房　□別墅　□套房			
收費法：			
建坪數：　　　　　　　地坪數：			
地下室：　　　　　　車庫：			
客廳		售價	
餐廳		1順位貸款　年期　利息	
廚房		2順位貸款　年期　利息	
1房間		總貸款額　年期　利息	
2房間		貸款規費	
3房間		代書費用	
4房間		塗銷	
1浴室		登記	
2浴室		火險	
結構：□鋼筋　□加強磚		簽約期限　　日	
電梯		訂金　　　　水費	
冷氣		頭款　　　　電費	
瓦斯		自接額度　　管理費	
		監證費、教育捐、印花稅	
位置	□好　□普通　□差	稅金（契稅）	
坐向	□東□西□南□北	增值稅	
交通	公車　　　捷運	每月支出（－）	
市場		每月支出（＋）	
居民		附贈設備：	
學校		電話	床組	
衛生		冷氣	沙發	

（續）

房產分析表					年　月　日	
給水		熱水器		餐桌椅		
光線		流理臺		電視		
視野		瓦斯爐		冰箱		
邊間						
寧靜						

環境分析			
屋址：			
屋齡：□新　□1〜2 年　□3〜4 年　□5〜6 年　□7〜8 年　□9〜10 年			
位置：□很好　□好　□普通　□差　□很差			
坐向：□坐北朝南　□坐南朝北　□東西　□西東			
公共交通		居民水準□上□中□下	
公車路線		環境衛生	
臺汽公司		社區服務	
捷運系統		消防	
至市中心時間		垃圾	
交通瓶頸區		給水	
停車場		瓦斯	
公共設施		風水特徵	
市場　　菜市場		財位	
百貨公司		對房過高	
雜貨店		對大樹	
學校　　　幼稚園		對電線桿	
國民小學		對屋角	
國民中學		對死巷（窄巷）	
		對山	
公園		開虎邊	
山水		對溪水	
醫療		對三角形路街	
育樂文化		對祠堂	
		寧靜程度	
		感受	

（續）

不動產分析表				年　　月　　日	
地點					
姓名		電話			
地址					
委託價		刊登價		底價	
售價		收費			
地目		面積			
使用分區		都市計劃	內	外	
使用現況					
環境分析					
略圖					
備考					

財務談判表				年　　月　　日
屋址：				
委託價：				
平均價：　　　　底價：				
刊登價：　　　　日期：				
條件如下				
不用現金	超額貸款：＿＿＿＿＿＋＿＿＿＿＿			
	全用支票：			
	別棟抵押貸款：			
	本棟全額貸款：			
	頭款	貸款		
		目前設定情形		
	不動產			
	淨得	第一順位貸款	還本利（月）　　本金（月） 利息（月）　　　年限	
	淨得	第二順位貸款	還本利（月）　　本金（月） 利息（月）　　　年限	
	淨得	第三順位貸款	還本利（月）　　本金（月） 利息（月）　　　年限	

（續）

財務談判表			年　　月　　日
部分現金			
		順位：　　本金：　　利息：　　年限：	
現金			

簽約付款明細表

編號	簽約日期	樓別	客戶姓名	定金	簽約金	總價銷售價格	佣金	佣金損益

定金補足、簽約追蹤表

編號	購買日期	樓別	姓名	電話	住址	定金	預補日期	第一次追蹤	第二次追蹤	第三次追蹤

銷售追蹤表

編號	日期	姓名	住址電話	希望坪數	詢問重點	第一次追蹤	日期	第二次追蹤	日期	第三次追蹤	日期

訂購客戶資料表

編號	購買日期	樓別	姓名	定金	預補日期	日期 / 再補金額	預簽日期	日期 / 簽約	總價	住址	電話

發稿銷售之案件

月日	案件		服務費		貸款	承辦員	中時		聯合		中央	合計	看屋人數
							市	郊	市	郊			

市場行情表

公開日	建物名稱	地點	規劃用途	樓別	戶數	坪數	單價	貸款	銷售率	總坪數	總價款	投資建務企劃興業

房產資訊表

日期	性質	姓名	電話	地址	總價	坪數	用途	單價	貸款額	層數	屋齡	空、住、租	貸款年限	貸款利息	房、廳、衛	成交價	其他

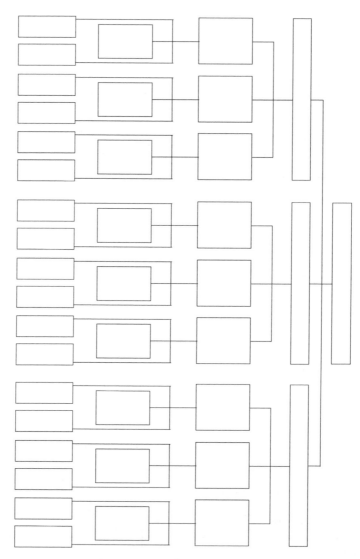

客戶追蹤表

第 *15* 章　行紀契約

審訂：臺灣彰化地方法院檢察署主任檢察官　郭棋湧

一、定義

行紀，乃以自己名義（行紀人）爲他人（委託人）之計算，爲動產之買賣或其他商業上之交易，而受報酬之營業。又稱牙行或經紀，以給付勞務而受報酬之方式爲營業（民法第 576 條）。

二、契約當事人的法定權利義務

（一）行紀人的義務

1. 契約義務：行紀人爲委託人之計算所爲之交易，係以自己名義爲之，故對於交易之相對人，應自得權利並自負義務。
2. 委託買賣指定價額時之義務：委託人於委託出賣，曾指定最低價額，或於委託買入，曾指定最高價額者，行紀人則必須依其限制額以爲買賣。若行紀人未遵守此限制，其賣出或買入，僅在行紀人願擔任補償其差額之情形下，始對於委託人發生效力。
3. 保管處置義務：行紀人爲委託人之計算所買入或賣出，爲其占有時，適用寄託之規定。

（二）行紀人之權利

1. 報酬請求權：行紀人得依約定或習慣，請求報酬、寄存費及運送費，並得請求償還其爲委託人之利益而支付之費用及其利息。
2. 拍賣取償權：委託人拒絕受領行紀人依其指示所買之物時，行紀人得定相當期限，催告委託人受領。逾期不受領者，行紀人得拍賣其物，並得就其對於委託人因委託關係所生債權之數額，於拍賣價金中取償之。如有剩餘，並得提存。如爲易於腐壞之物，得不爲催告而逕行拍賣。
3. 介入權：行紀人受委託出賣或買入貨幣、股票或其他市場訂有市價之物，行紀人得自爲買受人或出賣人。

三、行紀契約應訂明的基本條款

1. 行紀人與委託人。
2. 委託標的物及項目。
3. 委託期限。
4. 報酬之計算及給付方式。
5. 其他權利義務之約定。

四、訂立行紀契約應注意事項

行紀人與委託人之關係亦為委任關係，故行紀契約亦適用關於委任之規定。

五、契約範例

【代銷】

● 代銷契約書

1. **本契約的特點**：本契約為代銷契約書為行紀契紀。唯行紀人於進貨後，縱因市面清淡，銷路不暢，亦不得將貨品退回為其特色。
2. **適用對象**：本契約適用於行紀契約書。
3. **基本條款及注意事項**：訂立本契約應訂明行紀契約之基本條款及其應注意事項。
4. **相關法條**：民法第 577-584、586 條。

行紀契約 2-15-1

代銷契約書

立委託代銷契約人○○○公司／○○○商店（以下簡稱甲方／乙方），茲經○○○介紹，由甲方委託乙方為○○市代銷商，代銷甲方一切貨品，雙方議定條件如下：

一、委託期限自○○年○○月○○日起至○○年○○月○○日止，共計○○年。

二、乙方先付甲方保證金新臺幣○○○元整，以後每○○個月結算貨款一次，不得拖欠。乙方所繳之保證金，於契約期滿時，由甲方無息退還。

三、貨品價目，照甲方寄送之價目表○折計算，以為酬勞；但乙方對外售價，必須照甲方之定價售出，不得擅自增減。

四、運送貨品費用，由甲方負擔，其餘各項費用，概由乙方負擔。

五、乙方於收到貨物時，如發現有瑕疵等情，應於寄到後○○日內通知甲方；逾期不通知者，視為貨無瑕疵，不得請求更換。

六、乙方所訂之貨物，甲方於乙方通知後○○日內發貨，如須延遲時，應即告知乙方。

七、乙方向甲方所賒之貨款，每一結帳期內不得超過新臺幣○○元，如超過此數時，應於期前先將超過之數結清。

八、乙方於進貨後，縱因市面清淡，銷路不暢，亦不得將貨品退回。

九、在本約有效期內，甲方不得再在○○內另招他人為經銷商，以免影響乙方之營業。

十、乙方於應屆結帳時，如不將帳目結清，甲方得隨時終止其契約，乙方所欠之貨款，應於保證金內扣除。

十一、乙方因營業欠佳，不願繼續經銷時，亦得終止契約，但須於一個月前通知甲方。

十二、本契約一式二份，雙方各執一份為憑。（印花自貼）

> 甲方委託人：○○○公司
> 代表人：○○○　印
> 營業登記證：
> 地址：
> 乙方受託人：○○○商店　印
> 代表人：○○○　印
> 營業登記證：
> 地址：

中　華　民　國　○○　年　○○　月　○○　日

註：本契約第 9 條有競業禁止條款之規定。

【販賣經銷】

● 販賣（經銷）基本契約書

1. 本契約的特點：本契約為販賣（經銷）基本契約書為行紀契約，由行紀人出售委託人之商品，行紀人並有附帶連帶保證人為其特色。

2. 適用對象：本契約適用於販賣（經銷）基本契約之行紀契約。

3. 基本條款及注意事項：訂立本契約應訂明行紀契約之基本條款及其應注意事項。

4. 相關法條：民法第 577-584、586 條。

行紀契約 2-15-2

販賣（經銷）基本契約書（一）

印花
稅票

　　本商行為繼續販賣貴公司生產之商品，茲以○○○先生為連帶保證人，約定條件如下：

第 1 條　（個別契約之特點）

　　　　個別之販賣契約，應由本行寄發訂貨單至貴公司，於貴公司交付出貨單時成立。

第 2 條　（販賣價格之特約）

除當事人雙方另有約定外，販賣價格應以貴公司於每月月初交付本行之價格表為準。

第 3 條　（價金支付方法之特約）

販賣價金，應將上月 21 日至當月 20 日之間實際交易數量合計計算，由貴公司於每月末日填發清單予本行，本行應於次月 20 日前以現金或支票支付。

前項價金，經雙方同意得以本票支付之。

第 4 條　（遲延賠償或遲延利息之特約）

本行不能如期支付價金者，願按每○○元每日○○分計算，付給貴公司遲延賠償金（或遲延利息）。

第 5 條　（解除契約之特約）

本行發生左列各款情事之一者，不須經貴公司通知、催告或其他手續，本契約即視為解除，本行絕無異議：

一、本行對於貴公司之販賣價金或其他債務，怠於履行支付之義務者。

二、本行簽發之支票不能兌現，被銀行拒絕往來者。

三、本行向法院聲請宣告破產，或遇有被查封、假扣押、假處分等情事者。

四、本行之財產狀況惡化，或有客觀事實足認有惡化之虞者。

此致

○○食品工業股份有限公司

立約人：○○商行　印

負責人：○○○　印

住址：○○○○○○○○

中　華　民　國　○○　年　○○　月　○○　日

註：本契約第 5 條解除契約之特約為本契約解除特別規定，如發生第 5 條情況，契約即解除。

● 販賣（經銷）基本契約書

1. 本契約的特點：本契約為販賣（經銷）基本契約之行紀契約，行紀人所經銷為委託人所生產之各種包裝及罐頭。

2. 適用對象：本契約適用於販賣（經銷）基本契約之行紀契約。

3. 基本條款及注意事項：訂立本契約應訂明行紀契約之基本條款及其應注意事項。

4. 相關法條：民法第 578-584 條。

行紀契約 2-15-3

販賣（經銷）基本契約書（二）
印花稅票

　　立契約書人○○食品工業股份有限公司（以下簡稱甲方）、○○百貨股份有限公司（以下簡稱乙方）、連帶保證人○○○（以下簡稱丙方），乙方為繼續販賣甲方生產之商品，特訂立本契約，基於本契約而生乙方所負之債務，由丙方負保證之責，茲議定如下：

第 1 條　（目的）
　　　　　甲方應依照本契約將其生產之商品出售予乙方，乙方應予買受而販賣之。

第 2 條　（販賣之標的物）
　　　　　本契約之販賣標的物為甲方生產之各種包裝及罐頭食品。

第 3 條　（個別販賣契約之訂立）
　　　　　甲方出售予乙方之商品，其品名、品質、單價、數量、販賣價格、交貨條件、支付價金之條件與期限，以及關於販賣所必要之其他條件，除應基於本契約書而決定者外，應依甲方與乙方每次交易時訂立之個別販賣契約決定之。

第 4 條　（危險負擔）
　　　　　商品交付前所發生物品之減失、毀損、減量、變質及其他一切之損害，除可歸責於乙方者外，概由甲方負擔。商品交付後所發生之此等損害，除可歸責於甲方以及在保存有效期限內之變質者外，概由乙方負擔。

第 5 條　（商品交付處所）
　　　　　除個別販賣契約另有訂定外，商品應於乙方之營業所交付之。

第 6 條　（商品所有權之保留）
　　　　　商品之所有權，於該物品交付於乙方時，由甲方移轉於乙方。但甲、乙二方得於個別之販賣契約書內另行約定，於販賣價金清償完畢之時，所有權始移轉於乙方。

第 7 條　（商品之取回）
　　　　　對於超過契約數量部分之商品，或契約解除後之商品，或經乙方檢查為不良而得由乙方退還之商品，甲方應以其自己之費用，在收到乙方發出通知之日起十日內，全部取回之。
　　　　　甲方不於前項期間內取回者，乙方得以甲方費用送還之，或將該等商品託管，或出賣而保管其價金，或將價金提存。

第 8 條　（支付價金之時期與條件）
　　　　　販賣價金應於個別契約所定之日期以現金或支票支付之，有特約時並得以本票支付之。以遠期支票為支付者，其期間不得超過三十日；以本票為支付者，應在六十日內到期。
　　　　　前項之支票或本票不能兌現者，不發生支付販賣價金之效力。

第 9 條　（抵銷之特約）
　　　　　甲方對於乙方負有債務時，在前條情形，不問乙方所負債務是否已屆清償期，乙方同意，將其所負債務與甲方對乙方所負債務，按其對等額而抵銷。

第 10 條　（遲延賠償金或遲延利息）
　　　　　乙方不依限清償買賣價金債務者，甲方得請求乙方自支付期日之翌日起至清償之日止，按每○○元每日○○分計算，給付遲延賠償金（或遲延利息）。

第 11 條　（營業狀況之報告義務）
　　甲方得請求乙方提出帳簿，說明營業狀況，乙方不得拒絕。甲方對其內容應嚴守秘密，不得洩漏。

第 12 條　（擔保權之設定）
　　本契約訂立之時，或訂立之後，甲方得請求乙方提供相當之保證金，或請求乙方為甲方設定抵押權。

第 13 條　（契約之有效期間）
　　本契約之有效期間為自訂約之日起一年。但經當事人同意，得延長一年。
　　本契約之有效期間為自訂約之日起一年。但經當事人同意，得延長一年。
　　在前項有效期間中，甲方或乙方均得隨時終止契約，但應於二個月前以書面通知他方。

第 14 條　（解除契約之特約）
　　乙方有下列各款情事之一者，甲方得不經催告，立即通知乙方解除契約：
　　一、乙方對於甲方所負之買賣價金或其他債務，遲延履行者。
　　二、乙方減少資本，或縮小其營業規模者。
　　三、乙方自己所簽發，或經乙方背書之支票或本票，到期不能兌現者。
　　四、乙方受查封、假扣押、假處分、拍賣、滯納稅金處分或其他公權力之處分，或不能清償債務而向法院聲請和解或聲請宣告破產，或聲請公司重整者。
　　五、乙方受主管機關停止營業之處分，或乙方之公司登記被撤銷者。
　　六、乙方違反個別販賣契約者。
　　七、乙方之財產狀況惡化，或有客觀事實足認有惡化之虞者。

第 15 條　（情事變更）
　　因社會經濟及企業界之情事變化，足認依個別契約所定條件為顯不合理者，當事人得變更本契約或解除之。

第 16 條　（不可抗力之免責）
　　由於天災地變、法令之改廢制定、依據公權力之命令處分、運輸機關之事故、勞工爭議，及其他不得已之情事，致甲方遲延交付或不能交付商品者，乙方雖因而受到損害，亦不得請求甲方給予賠償。

第 17 條　（丙方之保證責任）
　　乙方基於本契約所發生對於甲方所負之一切債務，均由丙方負連帶清償責任。

第 18 條　（公證書化之協力）
　　基於本契約或個別販賣契約所發生現存之金錢債務，應逕受強制執行，當事人三方應共同請求法院公證人作成載明此項意旨之公證書。

第 19 條　（合意管轄）
　　關於由個別販賣契約所發生權利義務之訴訟，當事人三方均合意以臺灣臺北地方法院為第一審管轄法院。

第 20 條　（規定外事項之協議）
　　本契約未規定之事項及對於本契約之解釋，得以其他方式協議解決之。不能達成協議時，得由甲方做合於公正原則之決定。

第21條　（契約份數）

本契約書共作成三份，當事人簽名蓋章後，各執一份為憑。

> 甲方：○○食品工業股份有限公司
> 董事長（法定代理人）：○○○　印
> 住址：
> 乙方：○○百貨股份有限公司
> 董事長（法定代理人）：○○○　印
> 住址：
> 丙方：連帶保證人：○○○　印
> 住址：

中　華　民　國　○○　年　○○　月　○○　日

註：前販賣基本約定書有關之民法條文如下：

1. 債務人遲延者，債權人得請其賠償因遲延而生之損害。

   前項債務人在遲延中，對於因不可抗力而生之損害，亦應負責。但債務人證明縱不遲延給付，而仍不免發生損害者，不在此限（民法第231條）。

2. 遲延之債務，以支付金錢為標的者，債權人得請求依法定利率計算之遲延利息。但約定利率較高者，仍從其約定利率。

   對於利息，無須支付遲延利息。

   前二項情形，債權人證明有其他損害者，並得請求賠償（民法第233條）。

3. 價金雖未具體約定，而依其情形可得而定者，視為定有價金。

   價金約定依市價者，視為標的物清償時清償地之市價。但契約另有訂定者，不在此限（民法第346條）。

4. 買賣標的物與其價金之交付，除法律另有規定或契約另有訂定，或另有習慣外，應同時為之（第369條）。

● 總經銷契約書

1. 本契約的特點：本契約為總經銷契約書，由甲方委託乙方經銷甲方之圖書，銷售完畢後，由乙方付與甲方款項。本契約為行紀契約。

2. 適用對象：本契約適用於總經銷契約書之行紀契約。

3. 基本條款及注意事項：訂立本契約應訂明行紀契約之基本條款及其應注意事項。

4. 相關法條：民法第587-580條。

行紀契約 2-15-4

總經銷契約書（記帳往來書局經銷合約書）

○○有限公司（以下簡稱甲方）委託○○○書局（以下簡稱乙方）經銷甲方出版發行之圖書，雙方議定如下：

一、甲方將乙方列為經銷書局，乙方享有甲方對經銷書局所提供之優惠交易條件。

二、乙方應於店面明顯處擺設陳列甲方出版發行之圖書，並盡最大之努力銷售甲方出版發行之圖書。

三、甲方賦予乙方特定客戶代碼○○○，乙方憑此客戶代碼添購圖書享有優先發書之便利。

四、甲方應依乙方之規模大小主動配發新書，並依乙方之營運狀況隨時機動調整。

五、甲方同意乙方添購圖書致生之往來帳款由乙方按月結清。

六、甲方同意委由乙方經銷之圖書依下列折扣批發，惟營業加值稅外加，由乙方自行負擔。

（一）本版書○折。

（二）外版書○折。

（三）部分書籍經甲方通知特別折扣批發者，不在此限。

七、甲方同意乙方於每年5月及11月辦理退換書○次，退書辦法如下：

（一）乙方每年退書最多二次，其退書時期統一為每年○月及○月（每逢退書期間，甲方應另行通知，提醒注意）。但缺頁或有瑕疵者，不在此限。

（二）乙方不在前項所定期間退書者，甲方一律拒收，其往來運費亦由乙方自行負擔。

（三）乙方年度累積退書量應作適當之節制，如退書率過高，於通知之日起未改善者，甲方得註銷記帳往來。

（四）甲方自行批發之新書，如乙方不願銷售者，請勿加蓋店章，於接書後一週內退回，不受第（一）項之期間限制。

（五）乙方之退書單附於包裹內寄回者，請註明退書日期、書名、冊數，書寫清楚以信封入內裝好。

（六）乙方之退書只限沖抵退書該月份進書帳款，不得就上月份帳款中先行扣抵。

（該月份進書金額－該月份退書金額＝該月份應結金額）

（七）凡有時間性之考試用書，考完即滯銷者，甲方另行通知乙方於考後即予退書，以減少乙方存貨損失。

八、甲方委由乙方經銷之書籍，甲方於每月○○日以前將乙方上月添書之對帳單交乙方核對，乙方應於當月○○日前，按月結清帳款並開立當月○○日起算○○個月內票據付清書款。

九、乙方未按規定支付甲方帳款時，甲方得暫停發書，並通知乙方改善。乙方經接獲甲方通知，仍未清償積欠之帳款時，甲方得終止本合約，乙方不得異議。

十、本契約自中華民國○○年○○月○○日起生效，有效期間為二年，期間屆滿後，雙方得基於同一基礎另立新約。

十一、甲方與乙方在簽訂本契約前，如未曾有業務上往來，乙方簽約後向甲方進書須以現金支付書款，乙方以現金支付書款達新臺幣十萬元以上時，始享有甲方提供之優惠條件。

十二、乙方之法定代理人個人應為本合約之連帶保證人，甲方認為必要時，得請乙方另覓保證人，保證人與被保證人連帶賠償責任，保證人並願放棄先訴抗辯權。

十三、甲乙雙方同意因本契約涉訟者，以臺灣臺北地方法院為訴訟管轄法院。

十四、本合約一式二份，雙方各執一份為憑。

十五、本合約如有特約記載事項，於此項註明之。

```
委託人（甲方）：
公司名稱：
公司地址：
負責人：○○○　印
住址：
身分證統一編號：
公會會員證書字號：
受託人（乙方）：
商店名稱：
商店地址：
負責人：○○○　印
地址：
身分證統一編號：
```

中　　華　　民　　國　　○○　　年　　○○　　月　　○○　　日

註：乙方為委託人之計算所訂立之契約，其契約之他方當事人，不履行債務時，對於委託人應由行紀人負
　　直接履行契約之義務，但契約另有訂定或另有習慣者，不在此限（民法第579條）。

【總代理】

● 總代理契約

1. 本契約的特點：本契約為總代理經銷商品之行紀契約，由委託人委託行紀人總
   代理銷售其商品為本契約之特色。
2. 適用對象：本契約適用於總代理銷售商品之行紀契約。
3. 基本條款及注意事項：訂立本契約應訂明行紀契約之基本條款及其應注意事
   項。
4. 相關法條：民法第578-581條。

行紀契約 2-15-5

```
　　　　　　　　　　　　總代理契約書
┌─────┐
│印花 │
│稅票 │
└─────┘
```

　　委託者○○○公司（以下簡稱甲方）、委託者○○○商店（以下簡稱乙方）雙方就委託
總代理經銷商品事宜，締結如下契約：

第1條　甲方委託乙方總代理經銷○○產品。

第2條　委託總代理經銷之商品品名及數量如下：

　　　　一、品名：

　　　　二、數量：

第 3 條　甲方於乙方申請補貨時，應即將商品送至乙方商店。

第 4 條　代銷金之計算及支付方法如下：

　　　　一、代銷金為銷售之百分之○。

　　　　二、支付方法：由乙方於應還甲方之銷售總額中扣除。

第 5 條　乙方須以如下方式計算及寄交貨款：

　　　　一、銷貨總額之計算日為每月○○日。

　　　　二、貨款寄送甲方之期限為隔月○○日之前。

第 6 條　本契約一式二份，甲、乙雙方各執一份為憑。

　　　　　　　　立契約人：委託人（甲方）：

　　　　　　　　　　　　　公司名稱：

　　　　　　　　　　　　　公司地址：

　　　　　　　　　　　　　負責人：○○○　印

　　　　　　　　　　　　　住址：

　　　　　　　　　　　　　身分證統一編號：

　　　　　　　　　　　　　公會會員證書字號：

　　　　　　　　　　　　　受託人（乙方）：

　　　　　　　　　　　　　商店名稱：

　　　　　　　　　　　　　商店地址：

　　　　　　　　　　　　　負責人：○○○　印

　　　　　　　　　　　　　住址：

　　　　　　　　　　　　　身分證統一編號：

中　　華　　民　　國　　○○　　年　　○○　　月　　○○　　日

註：行紀人如高於委託人所指定之價額賣出或低於委託人所指定價額買入者，其利益均歸屬委託人（民法第 581 條）。

【發行】

● 發行契約書

1. **本契約的特點**：本契約為發行契約之行紀契約，由委託人委託行紀人發行書籍之行紀契約，由委託人支付酬金給行紀人。

2. **適用對象**：本契約適用於發行契約之行紀契約。

3. **基本條款及注意事項**：訂立本契約應訂明行紀契約之基本條款及其應注意事項。

4. **相關法條**：民法第 578-580 條。

行紀契約 2-15-6

發行契約書

　　國立編譯館（甲方）茲以「○○○○○」共○○冊，委託○○○書局（乙方）發行，雙方議定條件如下：

第 1 條　甲方委託乙方將上開各書獨家發行，自訂約之日起，為期五年，在發行期內，乙方不得轉包或分讓與他人發行。

第 2 條　乙方為取得上開各書之委託發行權，應付給甲方發行酬金，以每千字新臺幣○○元計算，全書共○○冊，字數照滿頁計數，合計○○千字，總計新臺幣○○○元，於訂約時一次付清。

第 3 條　甲方於本契約簽定時，應即將全部書稿點交乙方。

第 4 條　甲方保證上開書稿之內容無侵犯他人著作權以及違反現行法令之情事。

第 5 條　上開書稿，乙方應於接受書稿之日起，在六個月內全部發行，逾期甲方得另委請其他書商印行，並將乙方已交之發行酬金全部沒收，於年度終了時繳歸國庫，乙方不得提出異議。

第 6 條　本書封面應加「主編者：國立編譯館」字樣，版權頁上應載明「著（譯）作權所有人國立編譯館」及著（譯）者之姓名，如係大學用書封面及脊頂須印「部編大學用書」之字樣。

第 7 條　上開之書在排印期中，乙方應照甲方所定規格（包括版式、用紙、字體等）排印。乙方應負責初校及二校，且應將三校及精校排樣，連同封面、封底及騎縫頁送交甲方校正簽字後，始行上機印刷。

第 8 條　上開之書之單頁售價，如以二十四開本計算，不得超過新臺幣五角。其他開本之售價，比例計算之。

第 9 條　上開之書出版後，如有讀者對於內容提出疑問，由甲方負責答覆。

第 10 條　上開之書出版後，乙方應贈送甲方樣書二十冊，以備考查，甲方應向乙方以定價七折購買每種一百本，分贈國內外有關單位參考。

第 11 條　上開之書在委託發行期間，甲方認為有修正之必要時，得予以修正，乙方不得拒絕，修訂費用由甲方負擔，乙方則須贈送甲方修訂樣版書二十冊備用。

第 12 條　本契約期滿，經雙方同意得續訂新約，如有一方不願續約，應於期滿前三個月通知對方。

第 13 條　本契約各條，雙方均應遵守，如有一方違約，他方得宣布本契約終止，違約之一方並應負對方一切損失之賠償責任。

第 14 條　本契約一式三份，經雙方簽章後各執一份為憑，另一份由甲方轉送教育部報備。

立約人：甲方：國立編譯館
代表人：○○○　印
乙方：○○○書局
代表人：○○○　印

中　華　民　國　○○　年　○○　月　○○　日

註：本契約為行紀人乙方代理發行圖書，並支付委託人酬金，由行紀人自負履行責任。

第 *16* 章　寄託契約

審訂：臺灣彰化地方法院檢察署主任檢察官　郭棋湧

一、定義

　　寄託契約，乃當事人一方（寄託人）以物交付他方（受寄人），他方允為保管之契約（民法第 589 條第 1 項）。消費寄託，乃寄託物為代替物時，約定寄託物之所有權移轉受寄人，並由受寄人以種類、品質、數量相同之物返還的特約。寄託物為金錢時，推定受寄人無返還原物之義務，僅須返還同一數額。如存款於銀行，即屬於金錢消費寄託契約。

二、契約當事人的法定權利義務

（一）受寄人的義務

1. 保管寄託物：受寄人保管寄託物，應與處理自己事務為同一注意，其受有報酬者，應以善良管理人之注意為之。除非寄託人同意，不得使自己或第三人使用之，也不得使第三人代為保管或任意變更保管方法。
2. 返還寄託物：受寄人返還寄託物時，除返還原物外，應將該物之孳息一併返還，且應於物之保管地或現在地為之。寄託物定有返還期限者，非有不得已之事由，受寄人不得於期前返還寄託物，但寄託人得隨時請求返還。如未定期限者，受寄人得隨時請求返還。
3. 通知義務：如有第三人就寄託物主張權利者，受寄人仍有返還寄託物於寄託人之義務，但該第三人對受寄人提起訴訟或為扣押時，受寄人應即通知寄託人。

（二）寄託人的義務

1. 費用償還義務：受寄人因保管寄託物而支出之必要費用，寄託人應償還之。但契約另有訂定者，依其訂定。
2. 損害賠償義務：受寄人因寄託物之性質或瑕疵所受之損害，寄託人應負賠償責任。除非寄託人於寄託時非因過失而不知寄託物有發生危險之性質或瑕疵，或該性質及瑕疵為受寄人所已知者。

3. 給付報酬義務：寄託約定報酬者，應於寄託關係終止時給付之。分期定報酬者，應於每期屆滿時給付之。寄託物之保管，因非可歸責於受寄人之事由而終止者，除契約另有訂定外，受寄人得就其已為保管之部分，請求報酬。

（三）關於消費寄託

自受寄人受領該物時起，適用關於消費借貸之規定。寄託物之利益及危險，於該物交付時，移轉於受寄人。若金錢之返還定有期限者，寄託人非有不得已事由，不得於期限屆滿前請求償還。

（四）場所主人的責任

旅店或其他以供客人住宿為目的之場所主人，對於客人所攜帶物品之毀損喪失，縱由第三人所致者，均應負責。飲食店、浴堂之主人，對於客人所攜帶通常物品之毀損、喪失、負其責任。

場所主人若以揭示限制或免除法定之主人責任者，其揭示無效，但場所主人得免責事由如下：

第一，物件之毀損喪失，由於不可抗力或因物之性質，或因客人自己或其伴侶、隨從或來賓之故意或過失所致者。

第二，金錢、有價證券、珠寶或其他貴重物品，非經報明其物之性質及數量，交付保管者。

第三，客人知其物品毀損喪失後，怠於通知主人者。

三、寄託契約應訂明的基本條款

1. 寄託人與受寄人。
2. 寄託物之性質及數量。
3. 訂有期限者，其期限。
4. 訂有報酬者，其報酬之計算與給付方式。
5. 其他特約事項。

四、契約範例

【動產傢俱】

● 動產傢俱無償寄託契約

1. 本契約的特點：本契約為無償寄記契約。寄託期間受寄人之家屬及自己可以使用寄託物為本契約之特色。
2. 適用對象：本契約適用於無償寄託契約。
3. 基本條款：訂立本契約應訂明寄託契約之基本條款。
4. 相關法條：民法第 590、592、593、597、600 條。

寄託契約 2-16-1

動產傢俱無償寄託契約書

　　寄託人○○○（簡稱甲方），受寄人○○○、○○○夫婦（簡稱乙方），茲為動產傢俱寄託，經雙方同意締結契約條件如下：

第 1 條　甲方因遷往○○地居住，而新居狹隘無法容納原有傢俱，所以將後開動產目錄記載之傢俱寄託乙方夫婦保管，而乙方願依約受寄保管之，本寄託物於本契約成立日由甲方點交予乙方接管清楚。

第 2 條　本件寄託係不定期限，但甲方得隨時請求退還，而乙方亦得隨時自動返還寄託物。

第 3 條　甲方保證本件寄託物全部為甲方所有，並無上手來歷不明或與第三人間有糾葛等之不清或於寄託有不法因素瑕疵，如有上開情事發生，致乙方蒙受損失時，甲方應負其賠償責任。

第 4 條　本件寄託保管為無報酬，所以乙方不得向甲方請求任何名目之補償。

第 5 條　乙方在受寄存續期間中除禁止使第三人使用外，乙方自己或其家屬得任意使用寄託物，甲方無異議。

第 6 條　依前條使用寄託物，致寄託物之自然消耗損失，乙方不負其填補賠償責任，甲方決無異議。

第 7 條　本件寄託物乙方應存置於（○○地號）乙方或其家屬之住宅內，並應與處理自己事務為同一之注意保管之，對於寄託物之使用，應以善良管理人之注意為之。

第 8 條　前條保管處所，非經甲方同意，乙方不得變更之，又不得使第三人代為保管寄託物。

第 9 條　乙方如違反本契約約定，將寄託物使第三人代為保管，致寄託物發生損害，或因乙方之故意或重大過失，致寄託物減損時，應負其賠償責任，但因不可抗力縱不使第三人代為保管仍不免發生損害者，不在此限。

第 10 條　乙方因保管寄託物，而支出之必要費用，不得請求甲方償還。

第 11 條　寄託物之返還應在該寄託物為保管之地行之。

　　　　　寄託物因使用上之自然消耗，或減失價值，乙方仍依該物現狀返還之，甲方不得異議。

第12條　本契約未盡事項悉依民法關於寄託之規定及其他有關法令之規定解釋之。
第13條　因本契約發生之訴訟甲乙雙方同意以○○法院為管轄法院。
第14條　本件寄託動產目錄。（略）
第15條　本契約一式二份，甲、乙方各執一份為憑。

甲方：○○○　印

住址：

身分證統一編號：

乙方夫：○○○　印

　　妻：○○○　印

住址：

身分證統一編號：

中　華　民　國　　○○　年　　○○　月　　○○　日

註：本契約為要物契約，因寄託人交付寄託物於受寄人而成立，不需要特別方式，只要當事人合意即可，故為不要式契約。

● 動產傢俱有償寄託契約書

1. **本契約的特點**：本契約為有償寄託契約。受寄人於寄託期間，不得使用寄託物或使第三人使用或代為保管寄託物為本契約之特色。
2. **適用對象**：本契約適用於有償之寄託契約。
3. **基本條款**：訂立本契約應訂明寄託契約之基本條款。
4. **相關法條**：民法第 590、592、593、597、600 條。

寄託契約 2-16-2

動產傢俱有償寄託契約書

　　立寄託契約人○○○稱為甲方，受寄託人○○○稱為乙方，茲因傢俱物件寄託，經雙方同意訂立契約條件如下：

第1條　甲方將其所有後開之傢俱物件寄託乙方保管，而乙方允為保管之。
第2條　本契約寄託期間自民國○○年○○月○○日起至○○年○○月○○日止。
第3條　甲方願提出新臺幣五百元整給付乙方，為第2條保管期間之報酬金，而乙方於本契約成立同時，另出立收據如數收訖。
第4條　乙方在保管寄託物期間中，應與處理自己事務為同一之注意，並以善良管理人之注意為之。
第5條　乙方非經甲方之同意，不得擅自使用，或使第三人使用或代為保管寄託物。
第6條　乙方如違反前條致甲方受有損害者，應負責賠償其損害。
第7條　甲方保證寄託物，確係自己所有並無其他瑕疵等情事，如有此等瑕疵，甲方應自負其責任。

第 8 條　本契約成立同時，由甲方將後開寄託物點交予乙方，而乙方確實全部受交付占有保管無訛，且於乙方確認所受交付之寄託物全部完整，均無瑕疵。

第 9 條　寄託期間存續中，甲方如有必要領回寄託物時，得請求乙方返還寄託物，乙方不得異議。

第 10 條　寄託物標示。（略）

```
立契約人：甲方：○○○ 印
          住址：
          乙方：○○○ 印
          住址：
```

中　華　民　國　○○　年　○○　月　○○　日

註：本契約為有償契約，且本契約為定期契約，受寄人非有不得已之事由，不得於期限屆滿前返還寄託物。

【股票】

● 股票有償寄託契約書

1. **本契約的特點**：本契約為有價證券之有償寄託契約。受寄人不得將寄託物予以出售或提供擔保為本契約之特色。
2. **適用對象**：在契約適用於有價證券之寄託契約。
3. **基本條款**：訂立本契約應訂明寄託契約之基本條款。
4. **相關法條**：民法第 590、592、593、597、600 條。

寄託契約 2-16-3

```
                    股票有償寄託契約書
  ┌─────┐
  │ 印花 │
  └─────┘

    茲就寄託人○○○（以下簡稱甲方）將所屬物品交由受託人○○○（以下簡稱乙方）存
放保管，雙方議定條件如下：

第 1 條　本契約寄託期間自民國○○年○○月○○日起至○○年○○月○○日止。
第 2 條　甲方將其所有之○○公司股票○股○張，委託乙方保管。
第 3 條　保管費為每月每股新臺幣○○○○元整，於乙方寄託物返還時支付。
第 4 條　乙方不得將寄託物予以出售或提供擔保。
第 5 條　乙方不得在寄託期間內將寄託物讓予他人保管。
第 6 條　甲方請求返還寄託物時，乙方須於三日內返還。
        乙方遲延返還時，須付遲延損害金每日每股新臺幣○○○○元。
第 7 條　保管期間屆滿後，甲方未領回寄託物時，乙方得訂定三日以上之期限，催告甲方將
        寄託物取回，若期限屆滿，甲方仍未取回，乙方概不負保管及損害賠償之責任。
```

第 8 條　本契約一式二份，甲、乙雙方各執一份為憑。

寄託人（甲方）：○○○　印

身分證統一編號：

住址：

受寄人（乙方）：○○○　印

身分證統一編號：

住址：

中　　華　　民　　國　　○○　　年　　○○　　月　　○○　　日

註：本契約為有償契約，惟股票為有價證券，故第 4 條規定乙方不得將寄託物予以出售或提供擔保。

【商品保管】

● 商品保管有償寄託契約書

1. 本契約的特點：本契約為商品保管有償契約。寄託人對於寄存物可自由進出搬運為本契約之特色。
2. 適用對象：本契約適用於商品保管有償契約。
3. 基本條款：訂立本契約應訂明寄託契約之基本條款。
4. 相關法條：民法第 590、592、593、597、600 條。

寄託契約 2-16-4

商品保管有償寄託契約書

印花

　　立契約人寄託人（以下簡稱甲方）茲將所屬商品寄放於受寄人○○○（以下簡稱乙方）之倉庫內，雙方並議定條件如下：

第 1 條　甲方將左列商品寄放於乙方位於○○市○○路○○號之倉庫內，並請乙方代為保管。

　　　　商品內容：一般家庭電器用品，但限於能裝箱者。

第 2 條　前條寄存物以寄放於乙方倉庫東南角十坪面積內，得以容納之數量為限。

第 3 條　甲方對前條寄存物可自由進出搬運，但若因而受損，乙方概不負賠償之責。

第 4 條　保管費之計算及交付方式如下：

　　　　一、不論寄存物品數量多寡，每月寄存保管費為新臺幣○○元整。

　　　　二、甲方須於每月底之前將保管費送交乙方辦公處所。

第 5 條　甲、乙雙方如欲解除本契約，須於一個月前通知對方。

第 6 條　本契約一式二份，甲、乙雙方各執一份為憑。

　　　　　　　　寄託人（甲方）：○○○　印
　　　　　　　　身分證統一編號：
　　　　　　　　地址：
　　　　　　　　受寄人（乙方）：○○○　印
　　　　　　　　身分證統一編號：
　　　　　　　　地址：

中　　華　　民　　國　　○○　　年　　○○　　月　　○○　　日

註：本契約為有償寄託契約，在第 4 條保管費之計算及交付有特殊規定其寄存物品數量多寡，每月寄存費為新臺幣○○元正，不因寄存物多寡而不同。

【消費寄託】

● 消費寄託契約書

1. **本契約的特點**：本契約為消費寄託契約。受寄人得自由消費寄託物，並以寄託當時之種類品質數量相同之物返還之為本契約之特色。
2. **適用對象**：本契約適用於消費寄託契約。
3. **基本條款**：訂立本契約應訂明寄託契約之基本條款。
4. **相關法條**：民法第 602 條。

寄託契約 2-16-5

消費寄託契約書

　　寄託人○○○（以下簡稱甲方），受寄人○○○（以下簡稱乙方），茲為消費寄託經雙方同意締訂契約條件如下：

第 1 條　甲方將下述代替物寄託乙方，而乙方允受寄託：
　　　　一、蓬萊種稻穀○千臺斤。
　　　　二、貳號白砂糖每包百公斤入○百包。
第 2 條　前條寄託代替物同日由甲方如數交付乙方受領完畢。
第 3 條　甲方同意乙方得自由消費寄託物。
第 4 條　寄託物返還期限約定自民國○○年○○月○○日起至民國○○年○○月○○日止。
第 5 條　乙方返還寄託物時，應以寄託當時之種類品質數量相同之物返還之。
第 6 條　本契約未締明之事項悉依民法之規定。
第 7 條　本契約一式二份，甲、乙方各執一份為憑。

　　　　　　　　甲方：○○○　印
　　　　　　　　住址：
　　　　　　　　身分證統一編號：
　　　　　　　　乙方：○○○　印

　　　　　　　　住址：
　　　　　　　　身分證統一編號：

| 中 | 華 | 民 | 國 | ○○ | 年 | ○○ | 月 | ○○ | 日 |

註：本契約乃消費寄託，受寄人消費寄託物後，以同種類、品質、數量之物返還即可。

● 精糖消費寄託契約書

1. **本契約的特點**：本契約爲消費寄託契約，寄託物爲精糖及蛋，受寄人須以同種類，同品質，同數量之寄託物返還。
2. **適用對象**：本契約適用於消費寄託契約。
3. **基本條款**：訂立本契約應訂明寄託契約之基本條款。
4. **相關法條**：民法第 602 條。

寄託契約 2-16-6

精糖消費寄託契約書

　印花

　　茲就寄託人○○○（以下簡稱甲方）將精糖及蛋等寄放於受寄人○○○（以下簡稱乙方）處事宜，雙方言明條件如下：

第 1 條　乙方須以同種類、同品質、同數量之寄託物返還甲方。
第 2 條　寄託物之返還期爲中華民國○○年○○月○○日。
第 3 條　前項返還日期之前，甲、乙雙方均不得要求該寄託物之返還。
第 4 條　本契約一式二份，甲、乙雙方各執一份爲憑。

　　　　　　　　寄託人（甲方）：○○○　印
　　　　　　　　身分證統一編號：
　　　　　　　　住址：
　　　　　　　　受寄人（乙方）：○○○　印
　　　　　　　　身分證統一編號：
　　　　　　　　地址：

| 中 | 華 | 民 | 國 | ○○ | 年 | ○○ | 月 | ○○ | 日 |

註：本契約爲消費寄託，乙方須以同種類、同品質、同數量之寄物返還，受寄人可以自由消費寄託物。

第 *17* 章　倉庫契約

審訂：得聲國際法律事務所主持律師　林家祺

一、定義

倉庫營業人，乃以受報酬而為他人（寄託人）堆藏及保管物品為營業之人。倉庫人與寄託人間成立倉庫寄託契約（民法第 613 條），故除有特別規定外，原則上準用關於寄託之規定（民法第 614 條）。

二、契約當事人的法定權利義務

（一）倉庫營業人的義務

1. 填發倉單：倉庫營業人因寄託人之請求，應由倉庫簿填發倉單。倉單為有價證券，倉單上所載之貨物，非由貨物所有人於倉單上為背書，並經倉庫營業人簽名，不生所有權移轉之效力。

2. 保管義務：保管約定有期間者，倉庫營業人於約定保管期間屆滿前，不得請求移去寄託物。未定保管期間者，自為保管時起經過六個月，倉庫營業人得隨時請求移去寄託物，但應於一個月前通知。

3. 檢點或摘取樣本之允許：倉庫營業人，因寄託人或倉單持有人之請求，應許其檢點寄託物，或摘取樣本。

（二）倉庫營業人的權利

1. 拍賣權：倉庫契約終止後，寄託人或倉單持有人，拒絕或不能移去寄託物者，倉庫營業人得定相當期限請求於期限內移去寄託物。逾期不移去者，倉庫營業人得拍賣寄託物，由拍賣代價中扣去拍賣費用及保管費用，並應以其餘額交付於應得之人。

2. 報酬請求權、損害賠償請求權及損害賠償請求權：準用寄託規定。

三、倉單應訂明的基本條款

1. 寄託人之姓名及住址。
2. 保管之場所。
3. 受寄物之種類、品質、數量及其包皮之種類、個數及記號。
4. 倉單填發地及填發之年月日。
5. 定有保管期間者，其期間。
6. 保管費。
7. 受寄物已付保險者，其保險金額、保險期間及保險人之名號。
8. 倉單由倉庫營業人簽名，並將前列各款記載於倉單簿之存根。

四、簽約注意事項【審訂者註】

（一）可謂為寄託契約的一種，除民法別有規定外，准用寄託之規定

惟倉庫契約因必收報酬（民法第 613 條），故為有償契約，此與一般寄託得為無償之情形有所不同。

（二）再者，倉庫契約有以下五項特色

1. 受託人須供給倉庫。
2. 受託人必收受報酬。
3. 受託人須以倉庫為營業。
4. 寄託物以動產為限。
   收受寄託物後，因寄託人之請求，應填發倉單。
   是故，於訂定倉庫契約時，必符合上開特色始稱之。

（三）倉單為有價證券

因此，倉庫營業人一經填發倉單，於寄託物受領時，非僅應提示倉單，併應同時撤回倉單。如果倉單遺失、被盜或滅失者，倉單持有人得依公示催告程序救濟，提供相當擔保後，請求補發新倉單。

（四）有關報酬請求權、費用償還請求權或損害賠償請求權

依民法第 614 條準用第 601 條之 2，上開請求權自倉庫寄託關係終止時起，一年間不行使而消滅。乃較短期消滅時效的規定，宜特別注意。

（五）寄託物保管期間內

　　倘發生火災、水災、震災……等事故，必然有風險承擔之問題；因此，建議於契約中明定責任之歸屬，甚至載明寄託物應由何人負擔相關火、水、地震險之保費，以減輕意外發生時之損失，且杜爭議。

五、契約範例

（一）倉庫契約書

1. 本契約的特點：本契約為倉庫契約，寄託物於契約終了後，經催告後屬託人或倉庫持有人不移去者，倉庫營業人對於寄託物有拍賣權為本契約之特色。
2. 適用對象：本契約適用於堆藏及保管寄託物之倉庫契約。
3. 基本條款：訂立本契約應填發倉單，並訂明倉單之基本條款。
4. 相關法條：民法第 225 條第 1 項、第 226、589、614、621 條。

倉庫契約 2-17-1

倉庫契約書

　　倉庫營業人○○○（以下簡稱甲方），寄託人○○○（以下簡稱乙方），茲為堆藏及保管寄託物訂立倉庫契約條件如下：

第 1 條　乙方將所有後開標示記載物品寄託與甲方營業○○倉庫堆藏及保管，而甲方有保管該物品之義務。

第 2 條　甲方保管寄託物應以善良管理人之注意妥加保管，並隨時注意查察，保持該寄託物及原狀完整。

第 3 條　乙方應按照甲方所規定之下列保管費目表，計算支付保管費與甲方之義務。
　　　　價目表（略）

第 4 條　前條保管費支付時期約定每月○○日，乙方應支付該月份保管費予甲方一次。但倉庫內堆藏保管之物品，因非可歸責於甲方之事由而滅失致倉庫契約消滅者，甲方得就其已為保管之部分，按其已保管日數計算請求保管費，乙方無異議。

第 5 條　甲方為因堆藏及保管所支出之必要費用，如包裝費代墊之稅捐保險費或凡屬維持原狀而支出之一切必要保管費用，甲方得向乙方請求償還。但以其確有必要，依本契約應由乙方負擔，而情事緊急一時不遑通知乙方所支出者為限。

第 6 條　乙方對寄託物除於寄託時，非因過失而不知寄託物有發生危險之性質或瑕疵者，免其責外，因寄託物之性質或瑕疵所生之損害，乙方應負賠償責任。

第 7 條　本契約終了後甲方即無繼續堆藏及保管寄託物之義務，而應將寄託物返還於乙方或倉單持有人。但乙方或倉單持有人，應即返還倉單予甲方，倘乙方或倉單持有人拒絕不能移去，甲方得定相當期限請求移去，逾期不移去者，甲方即得將寄託物付諸拍賣。

第 8 條　甲方依前條規定行使拍賣權，就寄託物拍賣其所得價金，扣去因拍賣所生之費用及保管費及甲方為保管所支出之必要費用，以及因遲延移去寄託物所生之保管費用，如有剩餘，甲方應將餘額交付於應得之人。

第 9 條　甲方因寄託物之性質或瑕疵致受有損害者，於受損害賠償之清償前，得對寄託物行使留置權。

第 10 條　甲方對於寄託物堆藏應盡善良管理人之注意義務而為保管。該寄託物有非因天災等不可抗力之事變致毀損減失者，甲方應負損害賠償責任。

第 11 條　甲方除經乙方或倉單持有人之同意或依習慣或有不得已之事由外，應自為保管寄託物，不得使第三人代為保管寄託物。

第 12 條　甲方未經乙方或倉單持有人之同意亦非習慣或有不得已之事由，而使第三人代為保管者，對於寄託物因此所受之損害，甲方應負賠償責任。

第 13 條　保管期間經雙方約定自民國○○年○○月○○日起至民國○○年○○月○○日止。
前項期間內甲方不得任意請求移去寄託物，但甲方因不可歸責於自己之事由致不能為堆藏保管時，雖在期間中，亦得即時請求乙方或倉單持有人移去。

第 14 條　保管期間屆滿後，甲方應將寄託物及其所生孳息一併返還乙方或倉單持有人。

第 15 條　甲方返還寄託物得在甲方堆藏寄託物之倉庫所在地為之。但寄託物如經乙方或倉單持有人同意或依習慣或有不得已之事由轉使第三人代為保管者，得於寄託物之現在地返還之。

第 16 條　甲方在保管期間如有第三人就寄託物對甲方提起訴訟，主張寄託物係其所有而對甲方訴請返還或就寄託物為假扣押處分之執行時，甲方有即時通知乙方或倉單持有人之義務。

第 16 條　甲方在保管期間如有第三人就寄託物對甲方提起訴訟，主張寄託物係其所有而對甲方訴請返還或就寄託物為假扣押處分之執行時，甲方有即時通知乙方或倉單持有人之義務。

第 17 條　甲方對於倉堆藏之寄託物發生霉爛、發酵、蒸發、變質等情形致有減少價格之虞時，應有從速通知乙方或倉單持有人之義務。

第 18 條　甲方對於前二條危險通知之義務如怠於履行，致乙方或倉單持有人不能依法定程序維護權利而因此所受損害，甲方應負賠償之責。

第 19 條　甲方因乙方或倉單持有人之請求，應許其檢點寄託物，俾得查悉寄託物之現狀，以防止其損壞減失或其他減少價格之危險，亦應允許其摘取樣本，甲方絕無異議。

第 20 條　甲方於本倉庫契約訂立同時，應由倉庫簿填發倉單交付乙方收執。

第 21 條　前條倉單如遺失、被盜或減失時得請求補發之。但應先由乙方或倉單持有人向法院依法律程序宣告其原填發倉單為無效後，始得請求補發。

第 22 條　乙方或倉單持有人於倉單填發後，認有將寄託物分割為數部分以便分別處分之必要者，甲方自當應其請求為之分割換發各該部分之倉單；但原倉單同時由持有人交還甲方收回。
前項分割寄託物及填發新倉單之費用，由請求人負擔之。

第 23 條　本倉庫契約除因寄託標的物減失或保管期限屆滿，或因不可歸責於當事人之事由致給付不能解除條件成就、解除權及撤銷權之行使等一般法律行為之消滅原因而歸於消滅外，乙方或倉單持有人均得隨時終止契約而請求反還寄託物。

第24條　寄託物標示：物品種類、品質、數量，包裝之種類、個數、記號等（略）。
第25條　本契約一式二份，雙方各執一份為憑。

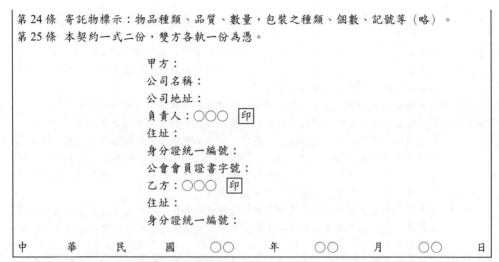

　　　　　　　　甲方：
　　　　　　　　公司名稱：
　　　　　　　　公司地址：
　　　　　　　　負責人：○○○　印
　　　　　　　　住址：
　　　　　　　　身分證統一編號：
　　　　　　　　公會會員證書字號：
　　　　　　　　乙方：○○○　印
　　　　　　　　住址：
　　　　　　　　身分證統一編號：

中　　華　　民　　國　　○○　　年　　○○　　月　　○○　　日

註：倉庫營業人之報酬即保管費，應記載於倉單，分期定報酬者，應於每期屆滿時給付之一。報酬請求
　　權，自倉庫寄託關係終止時起一年間不行使而消滅。

（二）物品寄託倉庫契約書

1. **本契約的特點**：本契約為物品寄託倉庫契約。寄託物由寄託人自行保足火險，如有損失，受寄人概不負責為其特色。

2. **適用對象**：本契約適用於物品寄託倉庫契約。

3. **基本條款**：訂立本契約應填發倉單，訂明倉單之基本條款。

4. **相關法條**：民法第225條第1項、第226、589-621、226條。

倉庫契約 2-17-2

物品寄託倉庫契約書

　　倉庫營業人○○倉庫合作社（或○○公司）以下簡稱甲方，寄託人○○○以下簡稱乙方，茲為物品寄託倉庫，經雙方同意訂立契約條件如下：

第1條　乙方將其所有後開物品計○件，願付倉租寄託甲方倉庫堆藏保管，而甲方允為保管並於本契約成立日如數受寄，同時發給倉單予乙方收執。

第2條　乙方對於寄倉應留存印鑑圖樣在甲方，備提貨或過戶時核對，否則甲方不負意外之責。

第3條　倉單所記載之寄託物名稱、種類、品質、價格等均係根據乙方原包入庫，倘有貨物與包裝內容或價格不符合情事，甲方不負鑑定之責，又重量未經甲方過磅者，甲方亦不負其責，凡倉單之受讓人或貨物之保險人等如欲審查檢點寄託物時，均須攜帶倉單或備具憑證受甲方允諾始得行之。

第4條　凡寄託物如混有違禁物品或危險品，未經告知致觸犯刑章或釀成災害時，概歸乙方負一切責任。

第5條　倉單之轉讓非經乙方背書及甲方負責人員在倉單批註簽名者，不生效力。

第6條　凡出倉憑倉單及印鑑為之，倘倉單或印鑑圖章遺失時，應即報告甲方，在未通知以前寄庫物被出庫提取，甲方亦不負責。

第7條　甲方對於寄託物所負損害賠償之責任，以確係甲方有故意或重大過失者為限。

第8條　前條損害賠償金額如寄託物市價高於進庫時，應依損害時市價計算之。

第9條　寄託物如因天災地變、兵禍盜劫、蟲蝕鼠咬等不可抗力，或潮霉燥蝕、罷工防疫、自然變質或因氣候變遷而發生之自然損失，及其他一切不可避免之情事致受損害者，甲方概不負責。其約定於倉房外或露天堆置者，因陽光雨露風砂以及其他倉房外或露天堆置所不能免之損害，甲方亦不負責。

第10條　甲方因遇事機迫切或預防災患得先將寄託物移動而後通知乙方，因甲方並無為前項之義務，所以因此發生之損害甲方免負責任，如因不移動而致發生損害時，甲方亦不負其責。

第11條　甲方所發倉單有效期間為六個月，期滿時應出倉，倘再繼續寄託者，必須更換新倉單。

第12條　倉租雙方約定每月新臺幣○元，乙方應於前條規定出倉或更換新倉單時，一次繳清。

　　　　但乙方如不照期繳清者，甲方得將乙方之寄託物之全部或一部分自由出售抵償倉租或其他費用，乙方不得異議。

第13條　凡寄託物乙方須自行保足火險，否則如受損失時，甲方概不負責，關於寄託物之火險承保事宜為期迅速，須由甲方委託特約保險公司辦理之。

第14條　本契約一式二份，甲、乙雙方各執一份為憑。

甲方：

公司名稱：

公司地址：

負責人：○○○　㊞

住址：

身分證統一編號：

公會會員證書字號：

乙方：○○○　㊞

住址：

身分證統一編號：

中　　華　　民　　國　　○○　　年　　○○　　月　　○○　　日

註：本契約屬要物契約及不要式契約，雙務契約及有償契約，倉庫營業人一經填發倉庫，則寄託物之受領，不僅應提示倉單，且應繳回始可，此因倉單為有價證券。

第 *18* 章　運送契約──物品及客旅運送營業

審訂：元亨法律事務所主持律師、專利代理人　陳岳瑜

一、說明

運送契約，乃當事人約定，由運送人為他方（託運人或旅客）運送物品或為人之運送，而他方支付運費之契約。運送人，謂以運送物品或旅客為營業，而受運費之人。

二、契約當事人的法定權利義務

（一）運送人之權利

1. **運費請求權**：運送人於運送完竣始得請求運費。如運送物於運送中因不可抗力而喪失者，則不得請求，且應返還其因運送而已受領之數額。
2. **留置權**：運送人為保全其運費及其他費用得受清償之必要，按其比例，對於運送物有留置權。但受貨人得提存有爭執之費用數額，請求運送物之交付。
3. **寄存權**：受貨人所在不明或拒絕受領運送物，或因受領權之歸屬有訴訟致交付遲延時，運送人應即通知託運人，並請求其指示；事實上不能實行，或運送人不能繼續保管運送物時，運送人得以託運人之費用，寄存運送物於倉庫。
4. **拍賣權**：運送物如有不能寄存於倉庫之情形，或有腐敗之性質，或顯見其價值不足抵償運費時，運送人得拍賣之。但應通知託運人及受貨人。

（二）託運人及受貨人的權利

運送物有喪失、毀損或遲到，其損害賠償額，應依其應交付時目的地之價值計算之，但因而無須支付之運費及其他費用應予扣除；其喪失、毀損或遲到，係因運送人之故意或重大過失所致者，如有其他損害，託運人並得請求損害賠償。運送物送達目的地，並經受貨人請求交付後，受貨人取得託運人因運送契約所生的權利。

（三）託運人之義務

1. **填發託運單**：託運人因運送人之請求，應填給託運單。

2. 交付必要文件：託運人對於運送人，應交付運送上及關於稅捐、警察所必要之文件，並為必要之說明。

3. 告知運送物性質：運送物依其性質，對於人或財產有致損害之虞者，託運人於訂立契約前，應將其性質告知運送人。如怠於此告知者，對於因此所受之損害，應負賠償之責任。

4. 支付運費：託運人應依約定給付運費。

（四）運送人之義務

1. 填發提單：運送人因託運人之請求，應填發提單。
2. 按時運送：按約定之時運送，或於習慣或特殊之相當期間內運送之。
3. 依從指示：運送人非有急迫之情事，並可推定託運人若知有此情事亦允許變更其指示外，不得變更託運人之指示。
4. 通知義務：運送物到達目的地時，運送人應即通知受貨人。
5. 許為中止、返還之義務：運送人未將運送物通知受貨人前，或受貨人於運送物到達到後尚未請求交付運送物前，託運人得請求中止運送、返還運送物或為其他處分。

（五）運送人的損害賠償義務

1. 事由：運送人應負損害賠償責任之事由如左：
   (1) 運送人對於運送物之喪失、毀損或遲到，除因不可抗力或託運人之過失所致者外，應負責任。
   (2) 運送物之喪失、毀損或遲到，係因運送人之僱傭人或其所委託之運送人之過失者，運送人應負責任。
   (3) 運送物因包皮有易見之瑕疵而喪失毀損時，運送人如於接收該物時不為保留異議者，應負責任。
   (4) 運送物為數運送人相繼運送者，除其中有能證明無前三項所規定之責任者，對於其所有前運送人應得之運費及其費用，負其責任。
   (5) 運送人於受領運費及其他費用前交付運送物者，對於其所有前運送人應得之運費及其費用，負其責任。
2. 範圍：運送人所負損害賠償責任之範圍如左：
   (1) 運送物之喪失、毀損或遲到，係因運送人之輕過失所致者，其損害賠償額，應依其交付時目的地運送物之價值計算之。但應將運費及其他費用，因運送

物之喪失、毀損而無須支付者扣除。

(2) 運送物之喪失、毀損或遲到，因運送人之故意或重大過失所致者，託運人除得請求賠償上述損害外，如有其他損害，並得請求賠償。

(3) 金錢、有價證券、珠寶或其他貴重物品之喪失或毀損，託運人未於託運時報明其性質及價值者，運送人不負責任。價值報明者，以所報價額為限，負其責任。

(4) 因運送物之遲到而生之損害賠償額，不得超過因其全部喪失可得請求之賠償額。

3. **責任之免除**：運送人可不負責任之情形如下：

(1) 運送人能證明運送物之喪失、毀損或遲到，係因不可抗力或因運送物之性質，或託運人或受貨人之過失所致者。

(2) 受貨人受領運送物，並支付運費及其他費用，而對於運送人之損害賠償請求權不為保留，或未於受領後十日內通知運送物內部有不易發見之喪失或毀損者。

三、託運單與提單

1. **託運單**：託運單乃託運人所作成關於運送事項之證據文件。託運人因運送人之請求應填給託運單，作為運送之證據方法。託運單應記載左列事項，並由託運人簽名：

(1) 託運人之姓名及住址。

(2) 運送物種類、品質、數量及其包皮之種類、個數及記號。

(3) 目的地。

(4) 受貨人之名號及住址。

(5) 託運單填給地及填給年月日。

2. **提單**：提單乃運送人交與託運人運送物品之收據，亦即是取貨物之憑證。運送人因託運人之請求，應填發提單。提單應記載左列事項，並由運送人簽名：

(1) 託運人之姓名及地址。

(2) 運送物種類、品質、數量及其包皮之種類、個數、記號。

(3) 目的地。

(4) 受貨人之名號及住址。

(5) 運費之數額，及其支付人為託運人或受貨人。

(6) 提單填發地及填發年月日。

提單之特性：

(1) 文義證券：提單填發後，運送人與提單持有人間，關於運送事項，依其提單之記載。

(2) 有價證券：提單縱為記名式，仍得以背書移轉於他人。除非提單上有禁止背書之記載。

(3) 物權證券：交付提單於有受領物品權利之人時，其交付就物品所有權移轉之關係，與物品之交付有同一效力。

(4) 贖回證券：受貨人請求交付運送物時，應將提單交還。

四、關於旅客運送的規定

1. 旅客運送人對於旅客因運送所受之傷害，及運送之遲延應負責任。除非其傷害係因不可抗力或因旅客之過失所致。

2. 運送人對於旅客所交託之行李的權利義務，適用物品運送之規定。

3. 對於旅客未交託之行李，如因自己或其受僱人之過失，致喪失或毀損者，運送人仍須負責。

4. 運送人交與旅客之票、收據或其他文件上，有免除或限制運送人責任之記載者，除能證明旅客對於責任之免除或限制明示同意外，不生效力。

5. 旅客之行李及時交付運送人者，運送人於旅客到達目的地時返還之。

6. 運送人對旅客之行李亦有拍賣權。

五、契約範例

【物品運送】

● 物品運送契約書

1. 本契約的特點：本契約為物品運送契約，由運送人以其貨車運送託運人之物品，並以運送人行車區間為原則之運送為其特色。

2. 適用對象：本契約適用於委託汽車貨運公司託運物品而成立之運送契約。

3. 基本條款：訂立本契約應填發託運單及提單並訂明其基本事項。

4. 相關法條：民法第 626、631、632、634、635、638、650、651 條。

運送契約 2-18-1

物品運送契約書

　　運送人○○○汽車貨運有限公司代表人○○○以下簡稱甲方，託運人○○○以下簡稱乙方，茲為物品運送經雙方協議同意訂立本運送契約條件如下：

第 1 條　乙方將其工廠所生產之○○○物品託於甲方運送（臺中—臺北及臺中、高雄間），而甲方願依本契約之規定及限於甲方行車區間為原則承受運送。

第 2 條　託運物品之交運地點約定於乙方工廠，甲方受乙方通知時，應即派員到乙方工廠負責接運之，同時乙方應詳實填具託運單並簽名蓋章交付甲方。

第 3 條　乙方對於託運物品，每件包裝封捆妥貼，包皮上註明受貨人姓名或行號及地址，其不能標註者，應另拴牌簽標明之。

第 4 條　託運之物品如有包裝不妥者，甲方應通知乙方整理，如乙方不整理時，乙方應在託運單上註明自負喪失毀損責任。

第 5 條　託運之物品如係危險物或易損壞物者，乙方應按其性質在包皮上分別註明忌火、忌水、輕放、爆炸或易損壞品字樣，如不註明致有喪失毀損時，甲方不負責任，如因而毀損他人及汽車運輸業之貨物財產及車輛者，乙方應負賠償責任。

第 6 條　乙方託運物品不得夾帶違禁物，如發現被主管機關究辦或因而致損害時，甲方概不負任何責任，且已收運雜費不予退還。

第 7 條　乙方對於已託運之物品如需取消託運或變更託運時，應持憑提單辦理。

第 8 條　甲方收受乙方託運物品後應詳實填發提單交付乙方收執。

第 9 條　甲方收受乙方託運物品後應在二十四小時內起運，並應依照乙方指示以及其期間內運送之，並自收受時起迄於交付時止，應負保管之義務。

第 10 條　託運物品如因甲方或其受僱人之過失、故意致運送物喪失、毀損或遲到者，甲方均應負損害賠償之責任。但係因不可抗力或因運送物之性質或因乙方及受貨人之過失而致喪失、毀損或遲到者，甲方概不負責。

第 11 條　甲方對已收運之物品如因路阻不能運送者，應即通知乙方，如在路阻之處無電訊可資通知，或情形急迫不及通知時，甲方應斟酌情形為必要之處置。
　　　　　甲方如確知運輸路線在短期內能恢復後，得俟恢復通車後繼續運送之。

第 12 條　乙方因前條情形取消託運，運送物如已起運，甲方得照已為運送部分收取運雜費，如乙方須將託運物品運回者，除已運送部分照收運雜費外，運回費免收，變更託運者，依實際情形計收之。

第 13 條　甲方將託運物品運抵終點時，應即照下列方法處理之：
　　　　　一、受貨人在鄉鎮市區內者，甲方應直接送到其處所。
　　　　　二、受貨人在遠離或交通不便地區者，甲方應即通知受貨人前來提貨。

第 14 條　提單持有人如將提單遺失應即向甲方聲明，並在當地覓具妥善保證，經甲方認可後方得提貨，如在聲明前已被人持憑提單領去，甲方概不負責。

第 15 條　甲方就託運物品運抵終點後，如受貨人所在不明或拒絕提取時，甲方應即通知乙方並請求其指示。
　　　　　前項指示事實上不能實行，或甲方不能繼續保管運送物時，得代為寄託倉庫，乙方無異議。

第 16 條　託運物品逾交付期間一個月仍未交付者，該運送物視同喪失，乙方得請求損害賠償。但因不可歸責於甲方之事由致未能交付者不在此限。

第 17 條　甲方給付託運物喪失賠償以後，如將失物全部或一部查出時，應將該運送物品交付乙方或受貨人，並收回全部或一部分賠款。

前項查出之運送物經通知後，乙方或受貨人不願提取或逾期一個月不來提取者，甲方得自行處理之。

第18條　本契約託運物品之運費雜費，均依照甲方規定之運雜費表計算。

前項運雜費由乙方負責給付甲方為原則，但依提單記載由受貨人負擔支付者，甲方應向受貨人請求之。

第19條　本契約有效期間約定自民國○○年○○月○○日起至民國○○年○○月○○日止。

第20條　本契約一式二份，雙方當事人各執一份為憑。

> 甲方：
> 公司名稱：
> 公司地址：
> 負責人：○○○ 印
> 住址：
> 身分證統一編號：
> 公會會員證書字號：
> 乙方：○○○ 印
> 住址：
> 身分證統一編號：

中　華　民　國　○○　年　○○　月　○○　日

註：提單為文義證券、有價證券、物權證券、贖回證券。

● 郵件運送契約書

1. 本契約的特點：本契約為郵局代客運送物品之契約，委託人託運物品不得夾帶違禁物，如發現被主管機關究辦或因而致損害時，郵局概不負任何責任，且已收郵件之資費不予退還。

2. 適用對象：本契約適用於委託郵局運送物品之契約。

3. 基本條款：訂立本契約應訂明運送物品之內容。

4. 相關法條：民法第 626、631、632、634、635、638、650、651 條。

運送契約 2-18-2

郵件運送契約書

運送人○○○郵局代表人○○○以下簡稱甲方，託運人○○○以下簡稱為乙方，茲為郵件運送，經雙方協議同意訂立本郵件運送契約條件如下：

第1條　乙方將其工廠所生產之○○○○物品託於甲方運送（臺北—高雄間），而甲方願依本契約之規定承受運送。

第2條　甲方應常備足容郵件及其處理人員之車輛或地位，並應妥籌保管郵件之方法。

第3條　甲方應於開行前將交運郵件逐件接收，到達後向交運時所指定之郵政機關逐件點交。

第 4 條　甲方除對於禁寄物品外，不得拒絕郵件之接收及遞送。

第 5 條　如乙方保留選擇貨物運出日期，而未及時通知甲方，則自約定屆滿日起乙方負擔所增加的費用及以後的風險。

第 6 條　乙方對於託運物品每件包裝封捆妥當，包皮上註明受貨人姓名或行號及地址，其不能標註者，應另拴牌簽標明之。

第 7 條　託運之物品如有包裝不妥者，甲方應通知乙方整理，如乙方不整理時，乙方應在託運單上註明自負喪失毀損責任。

第 8 條　託運之物品係危險物或易損壞物者，乙方應按其性質在包皮上分別註明忌火、忌水、輕放、爆炸品或易損壞品字樣，如不註明致有喪失、毀損時，甲方不負責任，如因而毀損他人之貨物財產者，乙方應負賠償責任。

第 9 條　乙方託運物品不得夾帶違禁物，如發現被主管機關究辦或因而致損害時，甲方概不負任何責任，且已收郵件之資費不予退還。

第 10 條　甲方風險負擔至貨物交由收件人保管時為止，以後風險移由乙方負擔。

第 11 條　甲方收受乙方託運物品後應在二十四小時內起運，並應依照乙方指示以及其期間內運送之，並自收受時起迄於交付時止，應負保管之義務。

第 12 條　交貨時檢查品質，丈量過磅及計數費用由乙方負擔。

第 13 條　運費、保險費由乙方負擔。乙方並應提出產地證明書。

第 14 條　乙方自貨物到達約定地點起，負擔以後的費用。

第 15 條　如有必要，甲方須提供防雨的油布，費用由乙方負擔。甲方並應提供該貨物習慣上的包裝。

第 16 條　託運物品如因甲方或其受僱人之故意、過失致運送物喪失、毀損或遲到者，甲方均應負損害賠償之責任。但係因不可抗力或因運送物之性質或因乙方及受貨人之過失而致喪失毀損或遲到者，甲方概不負擔。

第 17 條　甲方對已收之物品如因路阻不能運送者，應即通知乙方，如在路阻之處無電訊可資通知，或情形急迫不及通知時，甲方應斟酌情形為必要之處置。

　　　　甲方如確知運輸路線在短期內能恢復時，得俟恢復通車後繼續運送之。

第 18 條　乙方因前條情形取消託運，運送物品如已起運，甲方得照已為運送部分收取郵件之資費，如乙方須將託運物品運回者，除已運送部分照收郵件之資費外，運回費免收，變更託運者，依實際情形計收之。

第 19 條　甲方就託運物品運抵終點後，如受貨人所在不明或拒絕提取時，甲方應即通知乙方並請求其指示。

　　　　前項指示事實上不能實行，或甲方不能繼續保管運送物時，得代為寄代為寄託倉庫，乙方無異議。

第 20 條　託運物品逾交付期間一個月仍未交付者，該運送物視同喪失，乙方得請求損害賠償。但因不可歸責於甲方之事由致未能交付者不在此限。

第 21 條　甲方給付託運物喪失賠款以後，如將失物全部或一部分查出時，應將該運送物品交付乙方或受貨人，並收回全部或一部分賠款。

　　　　前項查出之運送物經通知後，乙方或受貨人不願提取或逾期一個月不來提取者，甲方得自行處理之。

第 22 條　本契約託運物品之郵件資費，均依照甲方規定之郵件資費表計算。

　　　　　前項郵件資費由乙方負責給付甲方為原則，但約定由受貨人支付者，甲方應向受貨人請求之。

第23條　本契約有效期間自民國○○年○○月○○日起至民國○○年○○月○○日止。

第24條　本契約一式二份，雙方當事人各執一份為憑。

　　　　　　　　　　甲方：
　　　　　　　　　　名稱：○○郵局
　　　　　　　　　　地址：
　　　　　　　　　　代表人：○○○　㊞
　　　　　　　　　　住址：
　　　　　　　　　　身分證統一編號：
　　　　　　　　　　乙方：○○○　㊞
　　　　　　　　　　住址：
　　　　　　　　　　身分證統一編號：

中　　華　　民　　國　　○○　　年　　○○　　月　　○○　　日

註：本契約之郵件運送，由郵局備妥車輛運送郵件，郵局並可拒絕禁寄物品之運送。

● 鐵路運送契約書

1. 本契約的特點：本契約為鐵路運送契約，託運人委託鐵路局運送物品，託運人指定裝運地車站有二個以上時，由運送人依習慣或有利者決定之。
2. 適用對象：本契約適用鐵路運送契約。
3. 基本條款：訂本契約運送人應填發提單並訂明提單之基本條款。
4. 相關法條：民法第626、631、632、634、635、638、650、651條。

運送契約 2-18-3

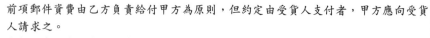

鐵路運送契約書

　　運送人臺灣鐵路管理局代表人○○○以下簡稱甲方，託運人○○○以下簡稱為乙方，茲為鐵路物品運送，經雙方協議同意訂立本鐵路運送契約條件如下：

第1條　乙方將其工廠所生產之○○○○物品託於甲方運送（臺中──臺北及臺中──高雄間），而甲方願依本契約之規定於該行車區間承受運送。

第2條　甲方應洽妥種類、容量適當的車輛，導限在約定地點裝車，同時乙方應詳實填具託運單，並簽名蓋章交付甲方。

第3條　指定裝運地車站有兩個以上時，由甲方依習慣或有利者決定之。

第4條　如乙方保留選擇裝車時間、地點而未通知甲方，則約定交貨期滿日起一切風險、費用歸乙方負擔。

第5條　乙方對於託運物品每件包裝封捆妥當，包皮上註明受貨人姓名或行號及地址，其不能標註者，應另拴牌簽標明之。

第6條　託運之物品如有包裝不妥者，甲方應通知乙方整理，如乙方不整理時，乙方應在託運單上註明自負喪失毀損責任。

第 7 條　託運之物品如係危險物或易損壞物者,乙方應按其性質在包皮上分別註明忌火、忌水、輕放、爆炸品或易損壞品字樣,如不註明致有喪失、毀損時,甲方不負責任,如因而毀損他人之貨物財產者,乙方應負賠償責任。

第 8 條　乙方託運物品不得夾帶違禁物,如發現被主管機關究辦或因而致損害時,甲方概不負任何責任,且已收運雜費不予退還。

第 9 條　乙方對於已託運之物品如需取消託運或變更託運時,應持憑提單辦理。
　　　　前項取消或變更託運,其運雜費之計收退補及損害賠償,依民法第 642 條之規定辦理。

第 10 條　甲方收受乙方託運物品後,應詳實填發提單交付乙方收執。

第 11 條　甲方收受乙方託運物品後應在二十四小時內起運,並應依照乙方指示以及其期間內運送之,並自收受時起迄於交付時止,應負保管之義務。

第 12 條　零擔時,甲方負擔風險直至貨物交車站接管時為止;整車時,甲方負擔風險直至裝上車上,其後歸乙方負擔。

第 13 條　運到鐵路車站為止的內陸運費,由乙方負擔。

第 14 條　交貨時,檢查品質、丈量過磅及計數費用由乙方負擔。

第 15 條　裝車工資按車站規則,如不包括在運費內,則由乙方付費將貨物裝入火車。

第 16 條　運費、保險費由乙方負擔。乙方並應提出產地證明書。

第 17 條　如有必要,甲方須提供防雨的油布,費用由乙方負擔。甲方並應提供該貨物習慣上的包裝。

第 18 條　託運物品因甲方或其受僱人之過失、故意致運送物喪失、毀損或遲到者,甲方均應負損害賠償之責任。但係因不可抗力或因運送物之性質或因乙方及受貨人之過失而致喪失毀損或遲到者,甲方概不負責。

第 19 條　甲方對已收受之物品如因路阻不能運送者,應即通知乙方,如在路阻之處無電訊可資通知,或情形急迫不及通知時,甲方應斟酌情形為必要之處置。
　　　　甲方如確知運輸路線在短期內能恢復時,得俟恢復通車後繼續運送之。

第 20 條　乙方因前條情形取消託運,運送物如已起運,甲方得照已為運送部分收取運雜費,如乙方需將託運物品運回者,除已運送部分照收運雜費外,運回費免收,變更託運者,依實際情形計收之。

第 21 條　甲方將託運物品運抵終點時,應即通知受貨人前來提貨。

第 22 條　提單持有人如將提單遺失應即向甲方聲明,並在當地覓具妥善保證,經甲方認可後方得提貨,如在聲明前已被人持憑提單領去,甲方概不負責。

第 23 條　甲方就託運物品運抵終點後,如受貨人所在不明或拒絕提取時,甲方應即通知乙方並請求其指示。
　　　　前項指示事實上不能實行,或甲方不能繼續保管運送物時,得代為寄託倉庫,乙方無異議。

第 24 條　託運物品逾交付期間一個月仍未交付者,該運送物視同喪失,乙方得請求損害賠償,但因不可歸責於甲方之事由致未能交付者不在此限。

第 25 條　甲方給付託運物喪失賠款以後,如將失物全部或一部分查出時,應將該運送物品交付乙方或受貨人,並收回全部或一部分賠款。

前項查出之運送物經通知後，乙方或受貨人不願提取或逾期一個月不來提取者，甲方得自行處理之。

第 26 條 本契約託運物品之運費雜費，均依照甲方規定之運雜費表計算。

前項運雜費由乙方負責給付甲方為原則，但依提單記載由受貨人支付者，甲方應向受貨人請求之。

第 27 條 本契約有效期間自民國○○年○○月○○日起至民國○○年○○月○○日止。

第 28 條 本契約一式二份，雙方當事人各執一份為憑。

甲方：臺灣鐵路管理局

地址：

代表人：○○○　印

住址：

身分證統一編號：

乙方：○○○　印

住址：

身分證統一編號：

中　　　華　　　民　　　國　　　○○　　　年　　○　　月　　○　　日

註：本契約例行鐵路運輸契約，一般運輸、運送人之權利義務皆已列入，本契約第 12 條零擔時，甲方負擔風險至貨物交車站接受時；整車時，甲方負擔風險直至裝上車上，其後歸乙方負擔。

● 航空運送契約

1. 本契約的特點：本契約為航空運送契約，由航空公司以飛機載運貨物，託運人如怠運送物品之裝卸致機長猶豫起航時，託運人應付運送人損害金為其特色。

2. 適用對象：本契約適用於航空運送契約。

3. 基本條款：訂立本契約運送人應簽發航空提單，並訂明提單上基本條款。

4. 相關法條：民用航空法有關運送條文。

運送契約 2-18-4

航空運送契約書

運送人○○航空公司代表人○○○以下簡稱為甲方，託運人○○○以下簡稱為乙方，茲為航空物品運送，經雙方協議同意訂立本航空運送契約條件如下：

第 1 條 乙方願依本契約條項委由甲方所有中華民國籍航空貨物運輸機交運左列所載物品，而甲方允諾之。

第 2 條 貨物之種類重量及體積如左：

一、貨物種類：（略）

二、重量或體積：（略）

三、包裝種類個數：（略）

第 3 條 前條運送物品之受貨人如左：

姓名：○○○

住所：○○○

第4條　運送貨物之交運地及目的地如左：

一、交運地：（略）

二、目的地：（略）

第5條　乙方怠於運送物品之裝卸致機長猶豫起航時，應按其延之日數，每日給付甲方新臺幣○○○元整之損害金。

第6條　甲方應於民國○○年○○月○○日以前，負責將貨物運送到達目的地。

前項期間中因不可抗力致不能起航，或起航之日託運人乙方怠於裝卸，而使機長猶豫之日數不算在內。

第7條　甲方於前條第一項所定期日內不能將運送貨物到達目的地時，乙方或受貨人得對甲方請求每一日新臺幣○○○元之賠償金，甲方無異議。

第8條　本件運送之運費定為新臺幣○○○元整。

第9條　乙方所裝載貨物如不及約定之數量時，仍應負擔全部運費。

第10條　甲方於貨物裝載後，應發給空運提單予乙方收執。

第11條　乙方對於交運貨物之種類、品質、數量、情狀，及包皮之種類、個數暨標誌之通知，應向甲方保證其正確無訛，其因通知不正確所發生或所致之一切毀損、滅失及費用，由乙方負賠償責任。

第12條　本契約未盡訂明事項，悉依民法、民用航空法及有關法令之規定。

第13條　本契約一式二份，雙方當事人各執一份為憑。

甲方：

公司名稱：

公司地址：

代表人：○○○　印

住址：

身分證統一編號：

公會會員證書字號：

乙方：○○○　印

住址：

身分證統一編號：

中　　華　　民　　國　　○○　　年　　○○　　月　　○○　　日

註：本契約第9條託運人裝載貨物不及約定數量仍應負擔全部運費，為本契約對託運人之重要條款。

【客運】

● 旅客運送契約書

1. **本契約的特點**：本契約為旅客運送契約，航行費依船隻可使用之期間負擔航行費，但因航行事變所生之停止仍應繼續負擔航行費為其特色。

2. **適用對象**：本契約適用於旅客之運送契約。

3. **基本條款**：訂立本契約應訂明旅客運送現定的基本條款。

4. **相關法條**：海商法第 79-91 條。

運送契約 2-18-5

旅客運送契約書

運送人（船舶所有人）○○公司代表人○○○以下簡稱為甲方，旅客○○○以下簡稱為乙方，茲為以船舶供旅客運送，經雙方協議同意締結旅客運送契約條件於下：

第 1 條　本件運送係以甲方所有之中華民國籍○○輪旅行船之全部為契約標的。

第 2 條　本契約旅客所交託行李之種類為○○○○○。

第 3 條　本契約運送期限自民國○○年○○月○○日起至民國○○年○○月○○日為止。

第 4 條　本件運送區間為中華民國臺灣省基隆港至高雄港間。

第 5 條　乙方對於交託行李之種類、品質、數量、情狀，及包皮之種類、個數暨標誌之通知，應向甲方保證其正確無訛。其因通知不正確所發生或所致之一切毀損滅失及費用，由乙方負賠償責任。

第 6 條　乙方於每一航行前給付航行費新臺幣○元整，不得有拖延短欠情事。

第 7 條　前條航行費依船隻可使用之期間負擔航行費，但因航行事變所生之停止，仍應繼續負擔航行費。

　　　　前項船舶之停止，係因甲方或其代理人之行為或因船舶之狀態所致者，乙方不負擔航行費，如有損害並得請求賠償。

第 8 條　本契約未盡事宜悉依民法、海商法及其他有關法令之規定。

第 9 條　本契約一式二份，雙方當事人各執一份為憑。

甲方：

公司名稱：

公司地址：

負責人：○○○　㊞

住址：

身分證統一編號：

公會會員證書字號：

乙方：○○○　㊞

住址：

身分證統一編號：

中　　華　　民　　國　　○○　　年　　○○　　月　　○○　　日

註：本契約第 5 條規定，旅客交託行李的責任歸屬。

● 公路（市區）汽車客運業旅客運送定型化契約範本（行政院消費者保護委員會編印）

1. 本契約的特點：本契約爲汽車旅客運送契約。當事人一方以汽車運送旅客，旅客給付運送費用之契約。
2. 適用對象：本契約適用於汽車旅客運送契約。
3. 基本條款及應注意事項：訂立本契約應訂明旅客運送契約之基本條款及應注意事項。
4. 相關法條：民法第 654-659 條，消費者保護法第 11 至 17 條。

運送契約 2-18-6

公路（市區）汽車客運業旅客運送定型化契約範本

【　】：業者視實際營運狀況擇填

壹、購買車票

一、旅客得選擇以【票證】或【投現金方式】搭車，並依公告票價及收費方式付費，於【上】【下】車時交付。

二、客票上應記載有效期間、票價及票號、【班車等級】（儲值卡得免載此項），如有污損撕破致其記載不明時應視為無效。

三、旅客購票時，應自行查閱客票上所載乘車日期、起訖站名、班車時間、班車等級及所付票款與票價是否相符（儲值卡以卡面所載事項為限）。如有錯誤，應立即向售票員更換或退補，事後不予受理。

四、客票之有效期間以搭乘客票上所載乘車日期【期限】內之任何一次相當班車為限。對號客票之有效期間以搭乘客票上當日指定之車次為限。

五、持用優待票者，應主動出示優待身分證明文件，以供查驗。未依規定使用優待票者，以搭乘該路線全程、全票票價補票。

六、優待票使用對象：

（一）老人、殘障、孩童優待票之規定：
　　1. 年滿六十五歲以上，持有國民身分證或敬老證之老人。
　　2. 持有殘障手冊之殘障者。
　　3. 身高 115 至 145 公分之孩童。免費孩童由已購票者之旅客攜帶，最多以兩人為限，逾限仍應購買半票。

（二）【警察】、【軍人】、【學生】、【外籍老人】優待票之規定：
　　1.【依警察人員管理條例任官、授階執行警察任務之人員】。
　　2.【制服整齊之現役軍人或持軍人身分補給證之便衣現役軍人】。
　　3.【具正式學籍並持有學生證之學生】。
　　4.【外籍人士年滿六十五歲以上持有證照之老人】。

七、本公司依旅客不同需求所發售之各種類客票，其使用規定與限制在客票上已載明者，旅客應依其規定使用。

貳、補票、退票及手續費

一、旅客無票乘車或持用失效票，應自旅客起程站補收票價；如無正當理由，並得加收百分之五十（隨相關規定調整）票價。

二、旅客辦理退票時，不對號之車票，應在有效日期末次車開車前向車站申請退選票價，不扣手續費。對號之車費，應在開車○分鐘以前辦理，並依下列標準計扣手續費：

（一）票價未滿○○元以下者，每張車票扣○○元。

（二）票價○○元以上未滿○○元者，每張車票扣○○元。

（三）票價○○（含○○）元以上者，每張車票扣○○元。

（四）儲值卡經查驗可確認餘額者，應於○日內，向指定地點申請退還餘額，惟得酌扣手續費。

三、旅客下車時，【應將客票交由站車人員收回】；【持用長期票證者，應於下車時交站車人員查驗】。如在行程中遺失客票，並同意依下列方式處理：

（一）旅客應向站車人員說明，並按原購票價補票，未向站車人員說明者，以無票乘車論。如在下車收票前尋獲者，應退還其所補之票價。

（二）搭乘點對點中途無停靠站車次之對號車旅客，如在行程中遺失客票者，無庸另行補票。

四、旅客誤乘班車時應按誤乘里程補收票價，本公司並應免費送回原起程站或與原定路線距離最近之銜接站，其原購客票須經站車人員簽字並註明「路程錯誤」方可延期有效，如旅客不願回起程或銜接站者，其誤乘路段之票價與原購票價發生差額時，應分別補收或退還。

參、旅客有下列情形之一者，本公司得拒絕其搭乘

一、【身患傳染病者】。

二、【兒童過於幼小無人護送者】。

三、【酗酒或狀似瘋癲者】。

四、攜帶違禁品、危險品、易生變壞或破損之物品、不潔或易污損他物之物品、厭惡品。

五、不適宜隨車運送之動物類，但引導視障乘客之導盲犬除外。

肆、旅客乘車規定

一、搭車時請握穩扶桿、勿隨意走動、勿緊靠車門站立及將頭手伸出車外，下車請提早拉鈴。

二、不得無故占用老殘婦孺專用座位。

三、車廂內禁止吸菸。

四、遇有緊急事故，請依駕駛人員之引導及操作說明使用安全設備。

伍、班車行車規定

一、班車之行駛之路線、停靠站及行車班距，如路線圖及站牌標示，均按路線行駛、停靠及按時發車。但如遇集會地區、臨時交通管制區致無法通行，機械故障、氣候變化致無法行駛，或其他必要情況，得加以調整變更，並適時於車站或大眾媒體公告。

二、班車行至中途非因可歸責於旅客之事由，致不能運送旅客至到達站時，本公司應依下列規定辦理：

　　（一）旅客願在停行地點下車者，其未經行路段之票價應予退還。

　　（二）旅客願在停行地點等候搭乘次下班車者，得改搭下次班車。

　　（三）旅客願在停行地點等候搭乘其他可達其目的地之班車者，得改搭其他路線班車。

　　（四）旅客願返回原起程站者，應免費送回原起程站，並退還全程票價。

　　（五）退還客票均應由站車人員負責簽字，並註明經過及原因。

陸、行李攜帶、交運及毀損賠償

一、旅客隨身攜帶之行李及小件物品，能置於座位下或行李架上而不妨礙其他旅客者得攜帶上車，並應自行照料。

二、旅客交運行李，每件重量不得超過三十公斤，體積最大以一五○立方公寸，長度以車廂能容納不妨礙行車安全及旅客上下為限，超過其限制者，得拒絕承運。

三、行李遇有喪失毀損之賠償，每件賠償之最高限額，依公路主管機關核定標準辦理賠償，但旅客向法院提起損害賠償訴訟者，依照法院判決之金額賠償。

柒、行車事故賠償

　　旅客運送遇有行車事故，致旅客傷、亡或財、物毀損、喪失時，其損害賠償責任，依「汽車運輸業行車事故損害賠償金額及醫療補助費發給辦法」由本公司負責乘客之損害賠償。旅客向法院提起損害賠償訴訟者，依照法院判決之金額賠償。

捌、誤點處理

　　本公司因路阻或其他事故致可能造成之運送遲延（誤點）時，除應立即採行補救措施適時調整接替外，應及時公告旅客週知。

　　前項因故造成運送遲延（誤點）時，得經協議解決相關問題，若協議不成得依相關法令規定辦理。

玖、旅客毀損本公司公車及車站各項設備者，應依法負損害賠償責任

拾、本公司客車上均有標示服務電話，並於車站及客車上置備旅客意見箱以便於旅客申訴或改進服務建議。

拾壹、本公司服務缺失致造成乘客權益受損，除先由本公司查明改進外，乘客亦得向公路主管機關、消費者保護機關、團體等申訴，俾求衡平合理之解決

拾貳、本契約如有未盡事宜，悉依其他相關法令、習慣、誠信原則處理

註：1. 訂立本契約，應本於平等互惠之原則，如有疑義，應為有利消費者之解釋。
　　2. 訂立本契約，不得違反誠信原則，對於消費者顯失公平，無效。

第 *19* 章　運送契約——承攬運送

審訂：元亨法律事務所主持律師、專利代理人　陳岳瑜

一、說明

　　承攬運送，乃以自己（承攬運送人）之名義，爲他人（委託人）之計算，使運送人運送物品而受報酬之營業。承攬運送準用關於行紀之規定。

二、契約當事人的法定權利義務

（一）承攬運送人的義務

1. 注意之責任：承攬運送人對於託運物品之喪失、毀損或遲到應負責任。除非其能證明對物品之接收、保管、運送人之選定、在目的地之交付及其他運送有關事項未怠於注意。
2. 賠償之責任：承攬運送人怠於注意，致運送物品喪失、毀損或遲到所生損害，應負賠償之責。

（二）承攬運送人的權利

1. 報酬請求權：承攬運送人所得請求之報酬，包括承攬費及運送費。
2. 留置權：承攬運送人爲保全其報酬及墊款得受清償之必要，按其比例對於運送物有留置權。
3. 介入權：承攬運送除契約另有訂定外，得自行運送物品。如自行運送，其權利義務與運送人同。
4. 介入之擬制：如就運送全部約定價額，或承攬運送人填發提單於委託人者，視爲承攬運送人自己運送，不得另行請求報酬。

三、承攬運送契約應訂明的基本條款

1. 承攬運送人與委託人。
2. 承攬運送的標的物。

3. 運送地點及期限。

4. 報酬之計算與給付方式。

5. 其他限制或特約事項。

四、契約範例

【承攬運送】

● 承攬運送契約書（一）（零擔運送）

1. **本契約的特點**：本契約爲承攬運送契約，承攬運送人須爲物品託運上所必要一切行爲，及如物品之包裝或稅捐之代納亦應爲處理爲其特色。

2. **適用對象**：本契約適用於承攬運送契約。

3. **基本條款**：訂立本契約應訂明承攬運送契約之基本條款。

4. **相關法條**：民法第 660、665 條。

運送契約 2-19-1

承攬運送契約書（一）（零擔運送）

　　承攬運送人○○運輸有限公司代表人○○○以下簡稱為甲方，委託人○○○以下簡稱為乙方，茲為承攬物品運送，經雙方協議同意訂立承攬運送契約條件如下：

第 1 條　乙方將下列物品委託於甲方經辦運送，而甲方依約承運之。

第 2 條　承攬運送之物品種類及數量等項如下：（略）

第 3 條　承攬運送物之發送地與目的地及受貨人姓名、行號、住所等項如下：（略）

第 4 條　承攬運送期間自民國○○年○○月○○日起至民國○○年○○月○○日止。

第 5 條　甲方承攬運送之報酬經雙方議定為新臺幣○○○元整，於本契約成立同日乙方先付新臺幣○○元予甲方憑據收託，餘額俟將貨物完成運送後付清。

第 6 條　甲方應依所約定處所向乙方接收運送物，並自受領運送物迄交付於運送人之前，應為安全之保管，有為防止盜難、火災等之適當處置之義務。

第 7 條　甲方對於運送人之選擇，如由乙方自己指定人者，甲方須遵照即行締結契約；如非乙方所指定者，甲方應選擇誠實之運送人而與其訂立運送契約，亦應負有不以較通常運送條件為不利之條件之義務。

第 8 條　甲方與運送人訂立之運送契約上所發生之權利義務，均由甲方自為取得並負擔之。

第 9 條　甲方須為物品託運上所必要一切行為，及如物品之包裝或稅捐之代納等亦應代為處理。

第 10 條　甲方對於運送契約所生之關於運送物之處分權及損害賠償請求權或處分，及對運送人之指示運費，及其他費用之支付與文件之交付，及必要之說明等一切權利義務，必須切實行使履行之義務。

第 11 條　甲方向乙方接收運送物應即查驗過磅，並應向乙方領取、說明、交付運送上有關貨物之稅捐及管制等所必要之文件。

前項運送物如有數量不足或包裝不妥不適於運送者，及包皮有易見瑕疵者，應即告知乙方整理，或由甲方代為適當之改裝或處理，但乙方應負擔其費用。

第 12 條　乙方託運物如係危險品者，應告知甲方以備防危，否則對甲方因此所受損害，乙方應負賠償之責。

第 13 條　甲方有將其運送之進行情形始末報告乙方之義務，如甲方基於運送人之契約所取得之損害賠償請求權者，有移轉於乙方之義務。

第 14 條　甲方對於運送物之接收、保管、運送人之選擇、在目的地之交付及其他與運送有關事項之處理，如有怠於注意致運送物喪失毀損或遲到所生之損害，甲方應負賠償責任。

第 15 條　甲方所為乙方承攬運送上代為墊付之運費、稅捐、包裝等費用，得提交憑證請求乙方歸墊，並得依照法定利率請求附加利息。

第 16 條　本契約一式二份，雙方當事人各執一份為憑。

甲方：
公司名稱：
公司地址：
代表人：○○○　[印]
住址：
身分證統一編號：
公會會員證書字號：
乙方：○○○　[印]
住址：
身分證統一編號：

中　華　民　國　○○　年　○○　月　○○　日

註：乙方託運物品如係危險品者，應告知甲方、否則甲方因此而受損害，乙方應負賠償之責，本契約之第12條課託運人此責任為本契約之重要條款，應予以注意。

● 承攬運送契約書（二）（整車運送）

1. 本契約的特點：本契約為承攬運送契約，本契約規定承運整車貨物因空車前經裝運，或回於空駛得收空駛費為其特色。
2. 適用對象：本契約適用於承攬運送契約。
3. 基本條款：訂立本契約應訂明承攬運送契約之基本條款。
4. 相關法條：民法第 660、665 條。

運送契約 2-19-2

承攬運送契約書（二）　（整車運送）
承攬運送人○○汽車貨運行負責人○○○以下簡稱甲方，託運人○○○以下簡稱乙方，茲為承運貨物，經當事人間協議同意締結承攬運送契約條件如下：
第 1 條　乙方將左開貨物託於甲方經辦運送，而甲方願依約以自己所有之載貨汽車裝載承運之。
第 2 條　承運貨物之種類、品質、數量，及包皮之種類、個數及記號開列於下：（略）
第 3 條　承運貨物之發送地與目的地及受貨人姓名、行號及住址開列於下：（略）
第 4 條　承攬運送期間自民國○○年○○月○○日起至同年○○月○○日止，為○○個月。
第 5 條　甲方應依乙方之通知，即派駛空車至約定處所接收運送物，而貨物之裝卸均由甲方負責為之，但甲方得收取裝卸費。
第 6 條　甲方承運貨物以整車為運送，其運費依照所用車輛之載重量計算，以每○公斤為計算單位，不足○公斤者作○公斤計之。
第 7 條　承運整車貨物，因空車前往裝運或回程空駛，甲方得收空駛費。
第 8 條　承運整車貨物，因應歸責乙方或受貨人之原因，稽延貨物裝卸或使已裝貨物之車輛滯留者，甲方得收車輛滯留費。
第 9 條　甲方對已承運之貨物，如因交通發生故障或危險致不能運送時，應即通知乙方，而乙方因此情形取消託運者，貨物如已起運，甲方得就已為運送部分收取運雜費，如需將貨物運回者，除已為運送部分照收運雜費外，運回運費免收，如變更託運者，依實際情形計收運雜費。
第 10 條　乙方託運貨物時，應將貨物點交甲方查驗過磅，並應說明、交付運送上有關貨物之稅捐及管制等所必要之文件。
第 11 條　乙方應將託運之貨物包裝封捆妥當，如有包裝不妥時，甲方應通知乙方為適當之改裝或整理，乙方如不改裝或整理者，因此所生喪失、毀損由乙方自負責任。
第 12 條　甲方自接收承運貨物迄於交付前，應妥為注意預防盜難、火災之適當處置、保管之義務。
第 13 條　乙方託運之貨物如係危險品或易損壞物品者，應在包皮上註明忌火、忌水、輕放、爆炸品或易損壞品等字樣，若不註明致有喪失毀損者，甲方概不負責。
第 14 條　甲方承運貨物應填發提單交付乙方收執。
第 15 條　甲方應將承運物於約定期間內運送之，若不依期完成則應負遲延之責。
第 16 條　甲方承運貨物如有民法第六百三十三條、六百五十條、六百五十一條之情形，或交通發生故障或危險等情形足以危害運送物之安全，或致有喪失、毀損之危險或遲延或妨礙運送等情形時，須為必要之注意及處置。
第 17 條　甲方將承運貨物運到目的地時，除運費約定由受貨人支付者，應即通知受貨人前來提貨外，其他均由甲方負責直接送交予受貨人收取。
第 18 條　乙方託運貨物之運雜費及其他費用，均依照甲方價目表之規定計付之。
第 19 條　甲方應以善良管理人之注意為運送承攬，對於運送人或區間承攬運送人之選定，應妥為注意與訂立運送契約，依該契約所發生之權利義務均由甲方負之。

第 20 條　甲方對於運送人或區間承攬運送人，須使履行運送契約所生一切權利義務，如有不履行時，甲方對於乙方應負直接履行契約之義務。

第 21 條　甲方關於運送契約之締結及其運送進行情形，有報告乙方之義務。

第 22 條　甲方對於承運貨物之喪失、毀損或遲到或係運送人之債務不履行，均應負損害賠償責任。

第 23 條　本契約一式二份，雙方當事人各執一份為憑。

> 甲方：
> 公司名稱（或商號名稱）：
> 公司地址（或商號地址）：
> 負責人：○○○　印
> 住址：
> 身分證統一編號：
> 公會會員證書字號：
> 乙方：○○○　印
> 住址：
> 身分證統一編號：

中　華　民　國　　○○　　年　　○○　　月　　○○　　日

註：本契約為整車運送之承攬運送契約，故本契約第 8 條規定承運整車貨物因應歸責乙方或受貨人之原因致稽延貨物裝卸或使已裝貨物之車輛滯留者，甲方得收車輛滯留費。

● 承攬運送契約書（附保證人履約保證）

1. 本契約的特點：本契約為承攬運送契約，運送人應覓保證人為履約保證人為其特點。
2. 適用對象：本契約適用於承攬運送契約。
3. 基本條款：訂立本契約應訂明承攬運送契約之基本條款。
4. 相關法條：民法第 660、661 條。

運送契約 2-19-3

承攬運送契約書（三）

　　立約人○○○○圖書館、○○○○運輸公司（以下簡稱甲、乙方），茲因甲方將圖書託乙方運輸，特議定條件如下：

一、數量：總計○萬○千冊。

二、運送地點：自甲方○○書庫搬運至甲方總館。

三、運送限期：於○○年○○月○○日前全部運送至甲方總館，每遇陰雨一日，得向後順延一日。

四、運費：每車運費為新臺幣○○元整，現以載重五噸之卡車預估約計○○車（如有增減核實計算），訂約之日起甲方先付予乙方定金○○元整，其餘之數，俟全部運到甲方指定地點無誤後付清。

五、裝卸人工：甲方除派一人隨車監督外，其餘裝卸人工概由乙方負責。

六、防雨設備：乙方承運卡車須隨帶防水蓬布，如中途遇雨，須隨時妥為覆蓋，以防潮濕。

七、罰則：

    （一）倘因運輸上之過失，致甲方蒙受損失時，乙方應負賠償責任。

    （二）如超過期限，每逾一日，罰新臺幣○○元，如逾期達○天，甲方得取消合約，乙方並應加倍返還已付之定金。

八、保證責任：乙方應覓有運輸車○輛以上之同業兩家以為保證，乙方如不能履行合約義務時，保證人須繼續完成及負一切連帶賠償責任，並願放棄先訴抗辯權。

九、合約份數：本合約一式五份，甲乙雙方各執正本一份，保證人各執副本一份，其餘副本一份交甲方備用。

        立合約人：甲方：○○○○圖書館

               館長：○○○　印

               乙方：○○○運輸公司

               負責人：○○○　印

               營業登記證號碼：○○字第○○號

               地址：○○○○

               保證人（一）：○○商號

               負責人：○○○　印

               身分證字號：○○○○○○○

               地址：○○○○

               保證人（二）：○○商號

               負責人：○○○　印

               身分證字號：○○○○○○○

               地址：○○○○

中　華　民　國　○○　年　○○　月　○○　日

註：本契約特殊之處，為第8條附有連帶保證人之規定。

【搬家】

● 搬家貨運定型化契約範本（行政院消費者保護委員會編印）

1. 本契約的特點：本契約為搬家貨運契約。當事人一方為他方以汽車搬家，他方給付費用之契約。

2. 適用對象：本契約適用於搬家貨運契約。

3. 基本條款及應注意事項：訂立本契約應訂明承攬運送契約之基本條款及應注意事項。

4. 相關法條：民法第 660 至 666 條，消費者保護法第 11 至 17 條。

運送契約 2-19-4

搬家貨運定型化契約範本

　　本契約於中華民國○○年○○月○○日經甲方攜回審閱○○日。乙方並應於簽約前將契約內容逐條向甲方說明。

甲方簽章：

乙方簽章：

　　立搬家貨運契約托運人○○○（以下簡稱甲方），搬運人○○○（以下簡稱乙方），茲經乙方事先出示汽車運輸業營業執照，並到場估價，填妥搬運作業估價單（如附件），雙方同意根據估價單內容，使用合法營業貨車訂立搬家貨運契約條款列明如下：

第 1 條　搬運時間：中華民國○○年○○月○○日○○時到達起運地點搬運，預定於中華民國○○年○○月○○日○○時完成搬運。

第 2 條　搬運地址：起運地址：
　　　　　　　　　　迄運地址：
　　　　乙方需依甲方之指示將承運貨品搬運至指定位置。

第 3 條　搬運費：
　　　　□採包價方式收費，總金額新臺幣○○○○元。
　　　　□採車次方式收費，每車次新臺幣○○○○元，預估車次○次，視　實際運送車次數計算費用，但總金額不得超過新臺幣○○○○元。
　　　　採車次方式收費者，乙方應按車輛之容積，以符合法令規定之滿載方式為之。

第 4 條　乙方應依本契約所約定之計價方式收費，不得藉故加價或要求任何附加費用。
　　　　有電梯之房屋，如電梯非因乙方之過失無法正當使用時，除前條所約定之搬運費外，均依附件搬運作業估價單約定方式另行收費。

第 5 條　搬運費繳付方式：簽約時預付定金新臺幣○○○元。餘款新臺幣○○○元，於搬遷作業完成經甲方確認後支付，乙方應簽發收據給甲方。

第 6 條　使用車輛及電梯運送貨物，應符合相關法令，如有違規，由乙方負責。電梯之正常使用應由甲方事先確認。

第 7 條　乙方對於因搬運過程所致甲方物品之毀損、滅失或致生其他損害者，應負賠償責任。但因不可抗力，或因搬運物之性質，或因甲方或其受僱人之過失所造成者，不在此限。
　　　　前項情形，甲方應於搬運完成後三日內告知乙方；如搬運物品有毀損滅失不易發現者，應於搬運完成後十日內，將其情事告知乙方。
　　　　前項所定期限均扣除例假日。

第 8 條　甲方提交乙方運送物品，若有現金、有價證券、珠寶、貴重金屬、美術品、古董或其他貴重物品時，除甲方於託運時報明其性質及價值者外，乙方對於其毀損或滅失，不負責任。但乙方有故意或過失者，不在此限。
　　　　甲方委託搬運之物品應無違禁品及危險物品。

第 9 條　乙方因搬運對第三人所發生之責任概由乙方負責。

第 10 條　甲方交付乙方搬運之物品，經甲方要求辦理保險時，其費用由甲方負擔之。
　　　　搬運期間，乙方人員餐飲差旅費、過橋費、通行費、油費等均由乙方負擔。

第 11 條　甲方如需變更搬運時間者，應於約定搬運日期前○日通知乙方，否則甲方應另行支付乙方新臺幣○○○元之遲延費。但不得超過原估價總金額二十分之一。

甲方因故解約者，乙方得請求不超過原估價總金額十分之一之賠償金。

第 12 條　乙方應於約定時間內將甲方委託搬運之物品送至甲方指定位置，乙方若未能於約定時間內辦理或完成搬運作業時，應賠償甲方不超過原估價總金額十分之一之賠償金。

第 13 條　搬運作業進行中，因亂風、下雨、路況等因素以致未能完成者，由甲乙雙方另定時間繼續完成。

第 14 條　搬運作業因乙方之事由未能於約定時間內完成者，甲方得解除契約要求乙方回復原狀，乙方並應賠償甲方不超過原估價總金額五分之一之賠償金；因甲方之事由致未能完成者，乙方得解除契約，按完成比例收取費用，並得請求不超過原估價總金額扣除按比例收取費用之餘額五分之一之賠償金。

乙方依前項規定解除契約者，甲方得請求乙方回復原狀，其所需費用新臺幣○○○元由甲方負擔。但總金額不得超過原約定之搬運費。

第 15 條　附件之搬運作業估價單為本契約之一部分。

第 16 條　管轄法院：就本契約所生之爭執，雙方同意以○○地方法院為第一審管轄法院。

第 17 條　本契約併同搬運作業估價單二式兩份，甲乙雙方各執一份，乙方不得藉故收回。

第 18 條　本契約未定事項依政府相關法令規章辦理。

　　　　　　　　　　立契約書人：
　　　　　　　　　　託運人：○○○
　　　　　　　　　　地址：
　　　　　　　　　　電話：
　　　　　　　　　　法定代理人：○○○　[印]
　　　　　　　　　　身分證號碼：
　　　　　　　　　　統一編號：
　　　　　　　　　　搬運人：
　　　　　　　　　　地址：
　　　　　　　　　　電話：
　　　　　　　　　　法定代理人：○○○　[印]
　　　　　　　　　　身分證號碼：
　　　　　　　　　　統一編號：
　　　　　　　　　　汽車運輸業營業執照編號：

中　　華　　民　　國　　○○　　年　　○○　　月　　○○　　日

註：1. 訂立本契約，應本於平等互惠原則，如有疑義，應有利於消費者之解釋。
　　2. 訂立本契約，不得違反誠信原則，對消費則顯失公平者，無效。

公司搬運作業估價單

託運人			付款方式	□現金 □支票	預定 搬運日期		年 月 日 星期 時 分
編號					完成 作業時間		年 月 日 星期 時 分
起運地址	自用 電話		公用 電話		迄運地址	自用 電話	公用 電話
	聯絡人					聯絡人	
起運 地址 環境	住家區分		大廈　社區 公寓　平房 別墅　坪數		迄運 地址 環境	住家區分	大廈　社區 公寓　平房 別墅　坪數
	樓梯區分		樓　電梯 (有，無)			樓梯區分	樓　電梯 (有，無)
	道路狀況		離住家 　　　公尺 道路　寬 　　　窄			道路狀況	離住家 　　　公尺 道路　寬 　　　窄
評估人員簽名				重要項目備註			

委託運送貨品明細表					
編號	名稱	數量	編號	名稱	數量
1	衣櫥（大）		27	腳踏車	
2	（中、小）		28	壁櫥（大）	
3	電腦組		29	壁櫥（中、小）	
4	梳妝臺		30	電視（25英吋以上）	
5	長立鏡		31	（12-24吋）	
6	床（大）		32	錄放影機	
7	（中、小）		33	抽油煙機	
8	書櫥（大）		34	空調冷氣（大）	
9	（中、小）		35	（中、小）	
10	書桌（櫥）		36	直立式風扇	
11	櫥具櫥（大）		37	抽風機	
12	（中、小）		38	乾衣機	
13	餐桌（椅）		39	縫紉機	
14	電話桌組		40	落地檯燈	
15	沙發桌組		41	鋼琴	
16	卡拉OK組		42	電子琴	
17	組合式櫥櫃		43	地毯	
18	鞋櫃		44	保險櫃	
19	冰箱（大）		45	書櫃，鏡框	
20	（中、小）		46	娃娃，玻璃擺設	
21	烤箱		47	佛鑫	
22	微波爐		48	其他大型需拆之傢俱	
23	除濕機		49	盆栽	
24	洗衣機（大）		50	魚缸(尺吋:)	
25	（中、小）		51	已裝箱之物品	
26	音響組合		52	已裝籃之物品	

	服務項目	數量	備註
1	冷氣機裝卸		
2	抽油煙機裝卸		
3	特殊拆卸（　　）		
4	包裝作業		
5	清潔作業		
6	垃圾處理		
7	超出電梯容納範圍之大型傢俱		
8	提供紙箱（大）		
9	提供紙箱（中）		
10	提供紙箱（小）		
11	提供其他裝箱之物品		
12	提供網籃		

貴重物品明細表		
名稱	數量	價值

計價方式：

□以車次計價：使用車型總重○公噸，約○車次，單價／每車次新臺幣○○○元，依實際作業車次計價，超出預估車次五分之一以內，仍依預估單價收費，超出五分之一以上之車次則依單價七折收費。但總金額不得超過○○○元。

□包價方式：總金額新臺幣○○○元

□若電梯非因乙方之過失無法正常使用時：

(1)　採包價方式收費者，按每樓層勞務○○元計價另行增收勞務費。

(2)　採車次方式收費者，依每車次每樓層勞務元計價另行增收勞務費。

註：若有物品毀損或滅失，請於三日或十日內（扣除例假日）告知處理。

第 *20* 章　合夥契約

審訂：協合國際律師事務所合夥律師　黃蓮瑛

一、定義

合夥，乃二人（合夥人）以上互約出資，以經營共同事業之契約。前項出資得為金錢或其他財產權或以勞務、信用或其他利益代之，金錢以外之出資，應估定價額為出資額。未經估定者，以其他合夥人之平均出資額視為其出資額（民法第 667 條）。各合夥人之出資及其他合夥財產為合夥人全體之公同共有（民法第 668 條）。合夥人於合夥清算前，不得請求合夥財產之分析（民法第 682 條第 1 項）。

二、契約當事人的法定權利義務

（一）執行事務與代表合夥

合夥之事務，除契約另有訂定或另有決議外，由合夥人全體共同執行。如約定或決議由合夥人中數人執行者，由該數人共同執行。合夥之通常事務得由有執行權之各合夥人單獨執行。惟其他有執行權之合夥人中任何一人，對於該合夥人之行為有異議時，應停止該事務之執行（民法第 671 條）。

一定之事務，如約定應由合夥人全體或一部之過半數決定者，其有表決權之合夥人，無論其出資之多寡，推定每人僅有一表決權。被委任執行事務之合夥人，非有正當事由，不得辭任。其他合夥人非經全體之同意，亦不得將其解任。

合夥人被委任執行合夥事務者，於依委任本旨執行合夥事務之範圍內，對於第三人，為他合夥人之代表。故準用關於委任之規定。

（二）合夥人的權利

1. **共同執行權**：除通常事務由合夥人單獨執行外，只要有執行權之合夥人為複數時，有關合夥事務均應共同執行之（民法第 671 條第 1、2 項）。
2. **事務檢查權**：依契約無執行事務權利之合夥人，縱契約有反對之約定，仍得隨時檢查合夥事務及其財產狀況，並得查閱帳簿（民法第 675 條）。
3. **費用預付及償還請求權**：依民法第 680 準用同法第 545 條之規定，執行事務之

合夥人有費用預付請求權；而合夥人因合夥事務而支出的費用，亦得請求償還。但合夥人執行合夥事務，除契約另有訂定外，不得請求報酬。

4. 依民法第 680 條準用同法第 546 條第 2 項之規定，合夥人若係以自己之名義執行事務而負擔必要之債務時，得請求合夥代其清償，未至清償期者，得請求合夥人提出相當擔保。

5. 利益分配請求權：各合夥人均有享受利益分配之權利，故合夥之決算及分配利益，除契約另有訂定外，應於每屆事務年度終為之。

6. 損害賠償請求權：依民法第 680 條準用同法第 546 條第 3 項之規定，合夥人執行合夥事務，因非可歸責於自己之事由，致受有損害者，得向合夥請求賠償，此責任性質上為無過失責任，且如合夥賠償後，有他人應負責時，亦得依民法第 218 條之 1 規定，請求執行合夥事務之合夥人讓與其對該他人之損害賠償請求權。

（三）合夥人的義務

1. 注意義務：合夥人執行合夥之事務，應與處理自己事務為同一注意；但合夥人執行合夥之事務若受有報酬時，則應以善良管理人之注意為之。

2. 出資義務：合夥人有出資之義務，但各合夥人除有特別訂定外，無於約定出資外增加出資之義務，因損失致資本減少者，合夥人亦無補充之義務。

（四）退夥與入夥

1. 退夥：退夥之事由及其效力如下：
   (1) 聲明退夥：合夥未定有存續之期間，或經訂明以合夥人中一人之終身為其存續期間者，各合夥人得聲明退夥，但應於兩個月前通知他合夥人，且不得於退夥不利於合夥事務之時期為之。合夥縱定有存續期間，如合夥人有非可歸責於自己之重大事由，仍得聲明退夥。
   (2) 法定退夥，其事由有三：
       ① 合夥人死亡者。但契約訂明其繼承人得繼承者，不在此限。
       ② 合夥人受破產或禁治產之宣告者。
       ③ 合夥人經開除者：合夥人之開除須有正當之事由，且應取得其他合夥人全體之同意，並通知被開除之合夥人。
   (3) 退夥之效力：
       ① 退夥人與他合夥人之結算，應以退夥時合夥財產之狀況為準。合夥事務

於退夥時尚未了結者，於了結後計算，並分配其損益。

　② 退夥人之股份，不問其出資之種類，得由合夥以金錢抵還。

　③ 合夥人退夥後，對於其退夥前合夥所負之債務，仍應負責。

2. 入夥：合夥成立後，非經合夥人全體之同意，不得允許他人加入為合夥人。加入為合夥人者，對其加入前合夥所負之債務，與他合夥人負同一責任。

（五）合夥的解散清算

1. 解散之事由

　(1) 合夥存續期間屆滿者。但合夥所定期間，雖已屆滿，合夥人仍繼續其事務者，視為以不定期間，繼續合夥契約。

　(2) 合夥人全體同意解散者。

　(3) 合夥之目的事業已完成或不能完成者。

2. 合夥之清算

　(1) 合夥解散後，其清算由合夥人全體或其選任之清算人為之。

　(2) 合夥財產於清算時，應先清償合夥之債務。如有剩餘，始得返還各合夥人之出資。不足返還或於返還後尚有剩餘，按各合夥人之比例返還或分配之。

三、合夥契約應訂明的基本條款

1. 各合夥人。

2. 合夥事務之名稱、業務。

3. 各合夥人出資額。

4. 執行事務之分配。

5. 盈餘之分配及虧損之分擔。

6. 定有期限者，其期限。

7. 其他權利義務分擔。

四、訂立合夥契約應注意事項

1. 合夥人執行事務之分配應詳盡規定，以杜爭議。

2. 合夥財產之會計工作應詳實處理，避免紛爭。

五、契約範例

【商業合夥】

● 商業合夥契約書

1. **本契約的特點**：本契約為合夥契約，由合夥人之一人為出名營業人，營業利潤四六分拆，由甲方分四成，乙方為六成為其特色。
2. **適用對象**：本契約適用於商業合夥契約。
3. **基本條款及注意事項**：訂立本契約應訂明合夥契約之基本條款及其應注意事項。
4. **相關法條**：民法第 668-671 條。

合夥契約 2-20-1

商業合夥契約書（法院公證處例稿）

　　立約人○○○（以下稱甲方）○○○（以下稱乙方）茲合夥經營○○○餐廳，雙方議定條件如下：

第 1 條　甲方以所有座落○○市○○路○○號加強磚造二樓房屋一棟，作為出資，乙方除以勞務為出資外，並出資新臺幣○○○元整作為營業資本。

第 2 條　由乙方擔任經理，綜理營業事務，由甲方遴聘會計一人，掌理帳簿記載及金錢計算保管事務。

第 3 條　每月底結算一次，分配利潤。

第 4 條　營業利潤以四六成分拆，甲方四成，乙方六成。倘有虧蝕，由雙方依利潤分成比率負擔。

第 5 條　合夥營業期間定為○○年，即自中華民國○○年○○月○○日起至中華民國○○年○○月○○日止，倘經雙方同意，可於期滿時另行續約，或於期間屆滿前終止契約。

第 6 條　房屋稅捐及營業稅捐均由合夥負擔。

第 7 條　本契約經法院公證後生效。

　　　　　　　　　合夥人：甲方：○○○　印
　　　　　　　　　　　　　住址：
　　　　　　　　　　　　　乙方：○○○　印
　　　　　　　　　　　　　住址：

中　　華　　民　　國　　○○　　年　　○○　　月　　○○　　日

註：本契約第 2 條為合夥契約內部職務之分配，合夥人應遵守。

● 合夥經營文具行

1. **本契約的特點**：本契約為合夥經營文具行，盈利 10% 作公積金外，餘各 30% 均

分為其特色。

2. 適用對象：本契約適用於合夥經營商業契約。

3. 基本條款及注意事項：訂立本契約應訂明合夥契約之基本條款及其應注意事項。

4. 相關法條：民法第 668-671 條。

合夥契約 2-20-2

合夥經營文具行

　　立合夥契約人○○○、○○○、○○○（以上簡稱甲、乙、丙方），茲合夥於○○市經營文具行，並協議訂定條款如後：

一、資金：共計新臺幣三十萬元整，由甲、乙、丙三方各出資十萬元整。

二、人事：甲方任經理，綜理行務兼理總務與業務，並為本行對外之代表人，乙方任副經理負責批發，丙方任會計主任，負責財務與稽核工作，其詳細職務分掌辦法另訂之。

三、合夥期間：定期○○年，自中華民國○○年○○月○○日起，至中華民國○○年○○月○○日止，屆期合夥人如願繼續合作，本契約得再續議延長時間。

四、決算盈虧：每半年一次，即六月三十日、十二月三十一日。

五、盈利：除百分之十作為公積金外，餘各按百分之三十平分。

六、行政處理：例行事務由經理決定，有關人事、經費部分，須由甲乙丙三方而共同決定。

七、退股與增資：

　　（一）退股與增資應於決算時，依多數之同意取決之。

　　（二）合夥人非經其他合夥人之同意，不得擅將股權轉讓予他人。

八、本契約經法院公證後生效。合計三份，各執一份為憑。

九、合夥期滿，如不繼續合夥，所存之公積金餘額，應各按百分比平分。

　　　　　合夥人：甲方：○○○
　　　　　　　　　乙方：○○○（簽章）
　　　　　　　　　丙方：○○○

中　　華　　民　　國　　○○　　年　　○○　　月　　○○　　日

註：本契約第 2 條配合第 6 條為合夥事務之處理，各合夥人應遵守之。

● 共同經營合夥契約書

1. 本契約的特點：本契約為共同經營合夥契約書，合夥人之權利及義務巨細無遺，詳細列入為其特色。

2. 適用對象：本契約適用於共同經營合夥之契約書。

3. 基本條款及注意事項：訂立本契約應訂明合夥契約之基本條款及其應注意事項。

4. 相關法條：民法第 669-699 條。

合夥契約 2-20-3

共同經營合夥契約書

　　立合夥契約人○○○（以下簡稱為甲方）○○○（以下簡稱為乙方）○○○（以下簡稱為丙方）○○○（以下簡稱為丁方），茲因甲方前以獨資經營之○○○工廠為擴張事業（或○○○）特邀乙丙丁方組織合夥為營利之目的，互約出資共同經營○○○工廠事業經全體人同意訂立合夥契約互應遵守條件列開於下：

第 1 條　本合夥以前以甲名義經受主管機關許可發給○○縣市市府○○字第○○號商業登記及○○字第○○號營業登記證暨○○字第○○號工廠登記之商號名稱（○○磚瓦工廠）營業種類（製造加工磚瓦批發零售）廠址（○○○○號）營業所在地（○○○號），以上於本合夥之名稱事業種類及廠址營業所在地均適用之。

第 2 條　本合夥總資本額經全體合夥人協定為新臺幣○○萬元整，作為○○股而每股為新臺幣○○千元整。前項資本額經合夥人全體同意得依各認股數比例增加之。

第 3 條　合夥人互約出資之種類數量及其認股數如下：

　　　　一、甲○○以現開設在○○○號獨資經營之○○磚瓦工廠營業權及該不動產廠房及附屬建物，暨廠內所設置動產機械器具及有關一切設備造作以及原動力電氣用水等設施全部（詳細如後開第一標示及第二標示記載）之所有權估價為新臺幣○○千元整為出資而認股○○股。

　　　　二、乙以金錢新臺幣○○千元整為出資而認股○○股。

　　　　三、丙以金錢新臺幣○○千元整為出資而認股○○股。

　　　　四、丁以技術及勞務代為出資而認股○○股。

第 4 條　合夥人以金錢為出資者，於合夥契約訂立日起○○日內一次如數交付於合夥代表人收存，以其他物為出資者，則動產部分應隨時移轉交付與合夥占有，至不動產部分除物之交付外，按合夥人認股數比例於一個月內向地政機關為共有申請輸所有權移轉登記。

　　　　合夥人如有違背前項約定不履行義務時，除應負損害賠償責任外願受他合夥人之決議處分。

第 5 條　合夥人以物為出資者，其合夥人對該物之瑕疵及權利瑕疵均須依買賣之原則負其擔保責任。

第 6 條　合夥人以金錢或以物為出資之財產以及將來因合夥事務執行所取得之財產或基於合夥財產所取得之天然法定孳息，及因合夥財產之減失毀損對第三人所生之損害賠償權，均屬於合夥財產，為全體合夥人之公同共有。

第 7 條　合夥財產在合夥關係存續中，各合夥人不得請求分拆並不得私自出售其應有部分，或提供為擔保設定任何他項權利等行為。但合夥人為保全合夥財產之充實與穩固，如經全體合夥人同意者不在此限。

第 8 條　合夥人違背前條之約定致合夥蒙受損害時，除合夥所受損失應由該違反之合夥人負責賠償外，願受他人合夥人決議處分。

第 9 條　合夥人在合夥契約存續中，非經他合夥人全體同意，不得將自己之股份權轉讓於第三人或為其他處分。但就已確定之請求權或將來之利益分配及利息暨清算後，剩餘財產分配等請求權或將其股份權轉讓於他合夥人者不在此限。

第 10 條　合夥人經他合夥人之同意就其股份權轉讓於合夥人以外之人，或為其他處分者，讓與人對於讓與前之合夥債務於讓與後仍應負責，其受讓人亦應與他合夥人負同一責任。

第 11 條　本合夥經全體合夥人推舉（乙）為合夥代表人，對外關係代表合夥行使合夥有關法律行為，或法律行為以外之事實之權，及為合夥之商業營業工廠諸登記名義人。

第 12 條　對內關係之通常合夥事務，約定由合夥人中之（甲）（乙）（丁）三人共同執行之，其各分擔合夥事務執行範圍如下：

一、合夥人（甲）擔任合夥會計，執掌金錢出納及有關合夥業務之收支結算等事務之執行責任。

二、合夥人（乙）除對外關係為合夥代表外，並擔任合夥營業上一切銷售事務之執行責任。

三、合夥人（丁）擔任管理工廠一切工作，及廠內諸設備機械器具之保養並對勞工技術人員負監督責任。

第 13 條　執行合夥事務之合夥人為合夥之代理人，其以合夥之名義所為法律行為、因而所收取之金錢、物品、孳息或權利，均應移轉於合夥之名義，不得私自保管，以自己之名義為合夥之計算者亦同，全部屬於合夥財產而所負擔之債務亦為合夥債務。

第 14 條　執行合夥事務之合夥人，應以忠實及有相當之注意執行事務，如因故意或過失對於合夥造成損害時，該合夥執行人應負其損害賠償責任。

第 15 條　合夥人享有管理一定範圍之合夥事務，雖得由有執行權之各合夥人單獨執行；但其他有執行權之合夥人中有人對該合夥人之行為有異議時，應即停止該事務之執行。

第 16 條　前條之異議應於事務結束前為之，而有執行權之合夥人遇有異議仍單獨執行，因此所受損害應負賠償責任。

第 17 條　合夥代表人及管理合夥事務之合夥人，如為合夥起訴訂立和解契約，接受仲裁公斷，受票據上之義務，讓與不動產，或設定負擔、為贈與借貸或為他人保證等重要事項，應經全體合夥人決議並以書面授權或承諾始得行使。

第 18 條　執行合夥事務之合夥人，非有正當事由不得辭任，而他合夥人亦不得將其解任，但經全體合夥人之同意或決議解任者，不在此限。

第 19 條　本合夥應備置簿冊如下：

一、合夥股份登記簿。

二、合夥財產登記簿。

三、依商事會計法規所定帳簿。

前項簿冊及文卷之保存期限約定至本合夥清算結束為止。

第 20 條　前條之簿冊，須先經合夥人全體認可蓋章後，開始使用而後增加或增設之各種簿冊亦同。

第 21 條　執行合夥事務之合夥人，不得請求任何報酬；但因執行合夥事務代墊支出之款項費用得憑據向合夥請求償還。

第 22 條　本合夥事業年度以每年○○月○○日至○○月○○日為止。

第 23 條　本合夥以每事業年度終決算一次，並為損益之分配，其分配之成數按照各合夥人認
　　　　　股份額比例為之，（丙）不負擔損失之分配。

第 24 條　無執行合夥事務之合夥人，有監督或檢查合夥事務及其財產狀況並得查閱帳簿。

第 25 條　合夥人得隨時聲明退夥，因合夥人之死亡、受破產、禁治產宣告及經合夥人之債權
　　　　　人就股份聲請扣押時，即視為退夥。

第 26 條　合夥人為聲明退夥時，不得於退夥有不利於合夥事務之時期為之，並應於兩個月前
　　　　　向各合夥人以書面聲明之。

第 27 條　合夥人聲明退夥，或因法律規定退夥時，退夥人與他合夥人間之結算，應以退夥時
　　　　　合夥財產之狀況為準。而退夥人之股份得由合夥以金錢抵還之。但於退夥時，尚未
　　　　　了結之合夥事務得於了結後計算分配損益。

第 28 條　退夥人對於退夥後所生之合夥債務當然不負責任，但就退夥前所生之合夥之債務仍
　　　　　應負責。

第 29 條　本合夥契約成立後，非經合夥人全體之同意，各合夥人不得任意允許他人加入為合
　　　　　夥人。

第 30 條　加入合夥人對於入夥前合夥所負之共同債務，與他合夥人應負同一責任。

第 31 條　合夥因有下列情形之一而解散：
　　　　　一、合夥存續期間屆滿時。
　　　　　二、合夥人全體同意解散時。
　　　　　三、合夥之目的事業已完成，或不能完成時。
　　　　　前項第 1 款如合夥存續期間屆滿，經合夥人全體同意延長期間，或合夥人仍繼續其
　　　　　事務時不解散。第 1 項第 3 款合夥之事業不能完成包括擔任合夥事務執行之有力合
　　　　　夥人之退夥，或因喪失合夥財產大半或全部，合夥人又不肯增資，使事業之經營為
　　　　　不能，或因合夥人間感情破裂已無共同繼續事業希望在內。

第 32 條　合夥解散後，其清算事務由合夥人全體，或由全體人中一人或數人或另選任他人為
　　　　　清算人。

第 33 條　被選任為清算人之合夥人，非有正當理由不得辭職，其他合夥人非經合夥人全體過
　　　　　半數之決議亦不得將其解任，而另選任第三人為清算人。

第 34 條　執行清算人開始清算時，應先就合夥現事務整理結束，並收取合夥所有債權及清償
　　　　　債務而後返還各合夥人之出資額，尚有賸餘財產則按照各合夥人應受利益分配成數
　　　　　分配之。

第 35 條　合夥財產不足清償合夥債務時，其不足額應由合夥人連帶負責清償；但以勞務為出
　　　　　資之合夥人不受損失之分配。

第 36 條　本合夥存續期間自中華民國○○年○○月○○日起至民國○○年○○月○○日止。

第 37 條　本合夥契約成立後，對於合夥契約事項，及事業種類或營業地址之增刪變更，非經
　　　　　全體合夥人之同意不得為之。
　　　　　經合夥人同意而為之增刪或變更之行為，應另以契約為之。

第 38 條　本合夥契約成立後，甲應即依商業登記法第 9 條規定，將合夥人之姓名、住址、出
　　　　　資之種類、數額向主管官署聲請登記。

第 39 條　本契約一式四份，合夥人各執一份為憑。

```
        合夥人（甲方）：○○○　印
            住址：
            身分證統一編號：
        合夥人（乙方）：○○○　印
            住址：
            身分證統一編號：
        合夥人（丙方）：○○○　印
            住址：
            身分證統一編號：
        合夥人（丁方）：○○○　印
            住址：
            身分證統一編號：
中　華　民　國　○○　年　○○　月　○○　日
```

註：本契約第 17 條係對於合夥代表人及管理合夥事務之合夥人、行使職務之限制，應予以注意。

● 工廠合夥契約書

1. **本契約之特點**：本契約為合夥經營工廠契約，本契約有訂立由各合夥人如同執行業務計畫為其特色。
2. **適用對象**：本契約適用於合夥經營工廠之契約。
3. **基本條款及注意事項**：訂立本契約應訂明合夥契約之基本條款及其應注意事項。
4. **相關法條**：民法第 669-699 條。

合夥契約 2-20-4

工廠合夥契約書

　　同立合夥契約人○○○、○○○、○○○、○○○、○○○等五人茲願互出資為共同經營製材工廠事業經立合夥契約人全體同意訂立本合夥契約各應遵守條件如下：

第 1 條　合夥以經營製材工廠及其他隨事業為目的。

第 2 條　合夥名稱定為○○製材工廠、廠址設於○○（所在）營業事務所設在○○○○○（處所）。

第 3 條　合夥事業種類、合夥名稱、廠址及營業處所非經合夥人全體之同意不得變更之。

第 4 條　本合夥之工廠登記、商業登記、營業登記等有關一切向主管機關之登記，就一律以合夥組織為聲請登記。

第 5 條　合夥資本金定為新臺幣○○○元整作為○○每股為新臺幣○○元整。

第 6 條　合夥人姓名及合夥人出資金額及認股數開列於下：
　　　　合夥人○○○認○股而出資新臺幣○○○元整…………。
　　　　前項各出資金限至民國○○年○月○日作一次繳清否則即開除合夥人之資格。

第7條　合夥人於訂立合夥契約前共同出資，以合夥人○○○名義向第三人○○○購買之○○○○○地號等○筆土地（即本合夥廠址用地）共面積○公頃○公畝及經主管機關申請許可新建築之座落○○○○○號工廠房屋及附屬建物等，一切全部為全體合夥人之共有財產，而各該出資額視為前條應出資金額之一部。

第8條　合夥人共同出資購買之土地及建築之房屋，各該合夥人應有部分為○○○、○○○（各○分之○）、○○○（○分之○）、○○○（○分之○）、○○○（○分之○），應按上開各該合夥人應有部分比例，向○○地政事務所申請輸共有權取得登記，或房屋第一次保存登記。

第9條　合夥之工廠內所設置製材機器及有關一切設備造作原動力電氣用水等設施全部，亦為全體合夥人之共有，即各合夥人享有按出資比例之共有權。

第10條　本契約第7條所載合夥財產，非至合夥之解散或經全體合夥人同意，任何合夥人不得請求分拆亦不得私自出售其應有持分，或設定他項權利等有礙合夥利益之一切行為。

第11條　合夥人違背前條之規定致合夥蒙受損害時，除合夥所受損失應由該違背之合夥人負責賠償外，得經他合夥人決議將該合夥人予以處分。

第12條　合夥人非經他合夥人全體之同意，不得將自己之股份轉讓第三人，但合夥人間之轉讓者不在此限。如股份之設質亦同。

第13條　本合夥業務年度以自一月一日起至十二月末日止。

第14條　合夥之結算，於每業務年度終為之。執行事務合夥人應於年度終了後作成資產負債表及事業概況對各合夥人為結算報告。

第15條　合夥損失利益分配其成數，按照各合夥人出資額之比例為之。

第16條　合夥人之利益分配定於每年事業年度結算有盈餘時為之。但損失之分配，於退夥人退時或合夥解散時為之。

第17條　合夥內部關係之事務執行之方法，由全體合夥人議決之。

第18條　合夥事務之執行，應由合夥人全體之過半數決定之，而合夥人不論其認股多寡均有一表決權。

第19條　合夥之通常事務依照左開規定訂其事務執行範圍，由各合夥人分擔負責執行之：

一、關於合夥營業上之普通定貨之承受製造，及販賣之事項一切事務由合夥人○○○負責處理之。

二、關於合夥財產及工廠內工作事務，或勞工技術人員由合夥人○○○負責管理或監督之。

三、關於合夥會計及收支結算之事務，由合夥人○○○負責辦理之。

四、關於合夥所設置之合夥人名簿，合夥股份登記簿，合夥財產登記簿帳簿，以及其他簿冊或文書卷及登記事務，由合夥人○○○負責辦理或保管之。

第20條　本合夥刻製（○○○製材工廠印）○寸方形牛角質廠印一顆使用，向金融機關開設甲種存戶及領取支票簿或乙種存戶時，應一律以合夥名義將上開廠印，及指定合夥人○○○之私章共兩顆，登記為印鑑，專用以合夥簽發支票或提領存款。

第 21 條　本合夥之廠印由合夥代表人○○○保管，支票簿及甲乙種戶存款存摺，由合夥人○
　　　　　○○保管；合夥人○○○專用私章，由其本人保管；但該私章僅限於為合夥簽發支
　　　　　票及提領存款專用，其在其他合夥有關文書蓋用者，對於合夥及其本人均不生效
　　　　　力。

第 22 條　各合夥人對於合夥事務之執行權，非經其合夥人之同意不得剝奪之。

第 23 條　各合夥人對於合夥通常事務，雖得單獨為執行，但他合夥人對該執行之行為有異議
　　　　　時該執行合夥人應即停止事務之執行，否則對合夥因此所受損害應負賠償責任。

第 24 條　合夥事務執行人，遇有下開重要事項之一時，應經合夥人全體之議決同意或書面之
　　　　　授權否則不得行使：
　　　　　一、就合夥財產供他人設定質權或抵押權或債務承擔時。
　　　　　二、就合夥名義為借貸或為化人之債務保證時。
　　　　　三、就合夥財產為讓與出租贈與時。
　　　　　四、關於鉅額或大量交易之事務，或承受票據法上之義務時。
　　　　　五、起訴調解和解接受仲裁公斷，或訂立其債權物權契約等行為時。

第 25 條　各合夥事務執行，如有違背前條約定或其他有損害合夥利益及危害合夥之行為時，
　　　　　除應負其損害賠償責任外，受他合夥人為適當之處分亦不得異議。

第 26 條　各合夥人得隨時檢查合夥之事務及其財產狀況，並得查閱帳簿，事務執行之合夥人
　　　　　不得拒絕；但合夥人為未成年人時，得由其法定代理人代理行使此項檢查權。

第 27 條　合夥人執行合夥事務應與處理自己事務為同一之注意，如違背此義務致合夥發生損
　　　　　害者，該合夥人負其損害賠償責任。

第 28 條　執行合夥事務之合夥人，負有於每三個月將執行事務狀況及始末報告股東會之義
　　　　　務。

第 29 條　執行合夥事務之合夥人，為合夥收取金錢、支票及物品，或取得權利時，應即移交
　　　　　與會計，而會計經收到現款時，亦應即行存儲於合夥所開設之銀行存戶內，合夥人
　　　　　均不得私自挪用，或有以自己名義存儲生息等情。

第 30 條　合夥人如因本身需要，向合夥借款時，應一律出具借據，並按全體合夥人議定利率
　　　　　加附利息返還合夥。

第 31 條　合夥人執行合夥事務，均不得請求報酬；但為合夥所代支出之費用，或執行事務致
　　　　　受損害之賠償均得向合夥請求償還。

第 32 條　本合夥推選合夥人○○○為代表人，對外代表合夥執行合夥之一切法律行為，代表
　　　　　人係無薪金，但經股東會議決得支慰勞金。

第 33 條　合夥人得隨時聲明退夥；但不得於退夥有利於合夥結算之時期為之，但法定退夥不
　　　　　在此限。

第 34 條　退夥人之聲明退夥或有法定退夥事由時，與他合夥人間之結算，應以退夥時合夥財
　　　　　產之狀況為準，合夥對於退夥人應返還其出資及其增加財產之應有部分，如合夥財
　　　　　產有減少時，則應按損失分擔之比例負擔其損失，退夥人之股份得由合夥人以金錢
　　　　　抵還之。

第 35 條　退夥時尚未了結之事項，於了結後計算並分配其捐益；但合夥人退夥後對於退夥前
　　　　　合夥所負之債務仍應負責。

第 36 條 合夥成立後，非經合夥人全體之同意，不得允許他人加入為合夥人；但經允許加入合夥者，因加入當取得對於合夥財產之股份，而對於加入前合夥所負之債務與他合夥人負同一責任。

第 37 條 合夥解散後之清算事務由合夥人全體，或由其所選任之清算人為之。其清算人應即了結合夥現事務，收取合夥債權、清償債務及返還出資，並分配賸餘財產與合夥人；但合夥財產不足清償債務時，其不足部分應由各合夥人負連帶責任清償之。

第 38 條 本合夥契約成立後，經全體合夥人之同意，得隨時補充追加刪除變更之；但應依契約為之，其契約視為合夥契約之一部。

第 39 條 本契約一式五份，合夥人各執一份為憑。

合夥人：○○○　印

住址：

身分證統一編號：

合夥人：○○○　印

住址：

身分證統一編號：

合夥人：○○○　印

住址：

身分證統一編號：

合夥人：○○○　印

住址：

身分證統一編號：

合夥人：○○○　印

住址：

身分證統一編號：

中　華　民　國　○○　年　○○　月　○○　日

註：本契約第 24 條對合夥事務執行人對重要事項之行使，應經合夥人全體之議決同意或書面之授權否則不得行使，為本合夥契約對執行合夥人執行合夥事務的限制，為本合夥契約重要條款。

【退夥】

● 退夥契約書（由退夥人之一承受債權債務）

1. 本契約的特點：本契約為退夥契約書，退夥後，由乙方全部承攬合夥之債權債務為其特色。

2. 適用對象：本契約適用於退夥契約。

3. 基本條款：訂立本契約應訂明退夥事由之基本條款。

4. 相關法條：民法第 689 條。

合夥契約 2-20-5

退夥契約書（由退夥人之一承受債權債務）

　　同立退夥契約人○○○（簡稱甲方），○○○、○○○等（簡稱乙方），茲為就雙方於中華民國○○年○月○日經訂立合夥契約所合夥經營事業因合夥人○○○意欲他邁另圖事業聲明退夥，並經合夥人全體之同意議定退夥契約條件如下：

第 1 條　甲乙雙方合夥經營之舖號（○○行）設○市○區○里○鄰○路○號（商業登記證○○字第○○號、營業登記證○○字第○○號）茲經甲乙雙方協議同意於中華民國○○年○○月○○日甲方為退夥，脫離合夥關係是實。

第 2 條　自甲方退夥後即自中華民國○○年○○月○○日起關於○○行應歸乙方公同共有，繼續經營。爾後該行所生之債權債務及應課稅捐，並其經營有關一切事項均歸乙方負責與甲方無干。

第 3 條　在合夥中對外所有債權及債務，並合夥之諸設備概歸乙方享受及負擔支理之。

第 4 條　第 1 條合夥截至中華民國○○年○○月○○日為止之收支決算業經甲乙雙方會算完畢，而甲乙雙方均確認兩方之間就合夥決算並無互負債務，日後任何一方均不得為任何主張或請求，雙方確諾決無異議。

第 5 條　在合夥期間內，應繳之一切稅捐及任何公課負擔概歸甲方負責繳清之。

第 6 條　退夥日所有之庫存品折價合算現款有新臺幣○○元整，除扣應付之房屋租金及其他一切費用抵付額外，甲方應得額新臺幣○○元整，即日由乙方交付甲方如數收記，剩餘部分均屬乙方之所有，自後雙方均不得主張重行分配，或有任何請求。

第 7 條　原合夥使用店房（即○○號）合夥期間，係以甲方名義向房東承租，自本約成立，即日由甲乙雙方會同向房東變更承租人名義。

第 8 條　本契約一式三份，退夥人各執乙份為憑。

退夥人（甲方）：○○○ 印

　　　　　　　住址：

　　　　　　　身分證統一編號：

退夥人（乙方）：

　　　　　　　姓名：○○○ 印

　　　　　　　住址：

　　　　　　　身分證統一編號：

　　　　　　　姓名：○○○ 印

　　　　　　　住址：

　　　　　　　身分證統一編號：

　　　　　　　姓名：○○○ 印

　　　　　　　住址：

　　　　　　　身分證統一編號：

中　　華　　民　　國　　○○　　年　　○○　　月　　○○　　日

註：本退夥契約是由合夥人雙方同意解除合夥關係，與法律規定略有不同。

● **退夥契約書（合夥事業尚未開始）**

1. **本契約的特點**：本契約為退夥契約書，合夥事業工廠尚未開始營運，即聲明退夥為其特色。
2. **適用對象**：適用於合夥事業尚未開始即行退夥契約。
3. **基本條款**：退夥之基本條款，應列入。
4. **相關法條**：民法第 689 條。

合夥契約 2-20-6

退夥契約書（合夥事業尚未開始）

同立退夥契約人○○○（以下簡稱甲方），茲於中華民國○年○月○日與○○○（以下簡稱乙方）在○○縣○○鎮○○路門牌第○○號地址共同出資合夥建設○○工廠及諸設備略告完妥，但向有關機關以乙方名義申請營業許可並辦理工廠登記未經准許，尚未開始製品營業，此次甲方另有他圖情願退夥，經獲得乙方同意訂立本退夥條件列明於下：

第 1 條　乙方確認甲方對本合夥所投股金新臺幣○萬元整之現款及動產物共新臺幣○萬○千元整而允許退還其出資總額而退夥。

第 2 條　前條退還股金於契約成立同時由乙方備交新臺幣○萬元整予甲方親收足訖，剩餘新臺幣○萬○千元整應於本件工廠於乙方開工製造之日起，十天內先付其半額，尚欠半額，再經一個月以內付清不得拖延短欠等情。但經甲方同意時，得付給工廠產品依照工廠售價打九折以代給付。

第 3 條　乙方應切實履行前條義務倘有怠慢不履行債務時，甲方得請求賠償其損害外，並得請求新臺幣○○元整之違約金乙方絕無異議。

第 4 條　自退夥後，甲方對合夥有關之一切權利義務儘歸乙方取得，並附隨之一切權利或應負關於合夥以來之一切義務，倘有與他人之糾葛亦由乙方自己理清，絕不得牽累甲方，因而致生損害於甲方時，乙方並應負賠償損害之全責。

第 5 條　本契約一式二份，退夥人各執一份為憑。

退夥人（甲方）：○○○　印
住址：
身分證統一編號：
退夥人（乙方）：○○○　印
住址：
身分證統一編號：

中　　華　　民　　國　　○○　　年　　○○　　月　　○○　　日

註：本退夥契約比較特殊，為合夥事業尚未開始即行退夥。

● **退夥契約書（退夥人退夥以工廠成品及未收款項為退股金）**

1. **本契約的特點**：本契約為退夥契約，由丙取得房地機械設備及原料。而退股者取得成品及未收款項為特色。

2. 適用對象：適用合夥經營工廠退夥契約。
3. 基本條款：訂立本契約應訂明退夥事由之基本條款。
4. 相關法條：民法第 689 條。

合夥契約 2-20-7

退夥契約書（退夥人退夥以工廠成品及未收款項為退股金）

　　同立退夥契約人○○○（以下簡稱甲方），○○○（以下簡稱乙方）○○○（以下簡稱丙方），當事人間曾共同投資在○○縣○○鎮○○路○○號合夥經營○○織布廠，其認領股數甲方三股乙方五股丙方二股共十股，每股出資金新臺幣○○元共計總資本金新臺幣○萬○千元整均已繳清，並經○○公證處以○年度公字第○○號訂立合夥契約公證在案，今因甲方及乙方另有他圖情願退股獲得丙方同意，經三方議定退股契約條件如下：

第 1 條　甲方及乙方願將其與丙方共同投資合夥經營○○織布工廠之股份，退讓由丙方承受繼續經營而丙方允諾之。

第 2 條　本合夥現在財產如另附財產目錄，共新臺幣○○元整，按每一股即有新臺幣○○元整於甲乙丙三方確認無訛。

第 3 條　前條合夥財產，有不動產房地機械設備原料製品及未收貨款，因嗣後由丙方繼續經營，故以房地機械設備及原料保留與丙方，而退股者甲方及乙方以分配製成品或未收款項充作退股股金為原則。

第 4 條　前條退股金分發方法議定如下：
　　一、分發甲方取得部分：
　　　　股金之六成以製成品紗布照廠價打九折分發退還，又其二成以○○商行貨款債權，即該商行開發○○銀行支票面額新臺幣○○元乙張充之，剩餘不足額應以現款找清。
　　二、分發乙方取得部分：
　　　　股金之六成以製成品紗布照廠價打九折分發退還，又其二成以○○布莊債權新臺幣○○元及○○布行債權，共新臺幣○○元整付交○○○、○○○、○○○支票○紙充之，剩餘不足額應以現款找清。

第 5 條　前條之分發日期約定如下：
　　一、支票應於本契約成立日交清；但丙方應負照期況現之責任。
　　二、成品紗布應一星期內將庫存全部付與甲乙依照股數均分，不足額應於開始製造一個月內分發清楚。
　　三、現款限於一個月內付清；但經受款人同意時，得以紗布換價給付之。

第 6 條　前合夥財產中不動產房地係登記甲方○○○為所有權人，自本退股契約成立同時應將不動產房地及機械（包括附屬品及其他修理工具）、工廠設備及原料等全部確實點交丙方取得其產權清楚，並應於一個月內會同丙方辦理產權移轉登記手續，其費用由丙方負擔，但丙方不履行第 5 條義務時得為控制之。

第 7 條　自退股後甲方及乙方對於○○織布工廠已無任何權利，對廠務不得有任何之干涉；除丙方不履行本契約第 5 條所記載之義務時，甲乙方得主張其權利外，丙方即取得該工廠產權及其應有之債權或製造配給權，並應負擔該工廠附隨財產之課徵稅賦，及關於工廠一切之債務。

第 8 條　甲方及乙方倘日後另設工廠時，丙方不得有任何阻礙之行為，又甲方及乙方亦不得有侵害丙方工廠之權益行為確約是實。

第 9 條　甲乙丙三方各應遵守本契約條件，各切實履行其義務，倘違背契約致生損害時，應負賠償之完全責任。

第 10 條　財產目錄、貸借對照表附添於後。（略）

第 11 條　本契約一式三份，退夥人各執一份為憑。

退夥人（甲方）：○○○　印

住址：

身分證統一編號：

退夥人（乙方）：○○○　印

住址：

身分證統一編號：

退夥人（甲方）：○○○　印

住址：

身分證統一編號：

中　　華　　民　　國　　○○　年　　○○　月　　○○　日

註：本契約以甲乙丙三方合夥人退夥所經營之工廠，由甲乙退夥取成品及未收款項，丙取得工廠為退夥之特殊條件，故本契約第 3 條為本契約重要條款。

第 *21* 章　隱名合夥

審訂：協合國際律師事務所合夥律師　黃蓮瑛

一、定義

隱名合夥，乃當事人約定一方（隱名合夥人）對於他方（出名營業人）所經營之事業出資，而分受其營業所生之利益，及分擔其所生損失之契約。

二、契約當事人的法定權利義務

（一）隱名合夥人與出名營業人之關係

1. 隱名合夥之出資，其財產權即應移轉於出名營業人。
2. 隱名合夥之事務，專由出名營業人執行之。故因執行事務，對於第三人所生之權利義務，只由出名營業人享有及負擔。

（二）隱名合夥人的權責

1. 隱名合夥人得於每屆事務年度終查閱合夥之帳簿，並檢查其事務及財產之狀況。如有重大事由，法院因隱名合夥人之聲請，得許其隨時為查閱及檢查。
2. 隱名合夥人，僅限於其出資之限度內，負分擔損失之責任。若有應歸隱名合夥人之利益，應即支付之。
3. 隱名合夥人如參與合夥事務之執行，或為參與執行之表示，或知他人表示其參與執行而不否認者，縱有反對之約定，對於第三人仍應負出名營業人之責任。

（三）隱名合夥契約的終止

1. 終止原因（民法第 708 條）
   (1) 存續期間屆滿者。
   (2) 當事人同意者。
   (3) 目的事業已完成或不能完成者。
   (4) 出名營業人死亡或受監護宣告者。

(5) 出名營業人或隱名合夥人受破產之宣告者。

(6) 營業之廢止或轉讓者。

(7) 依民法第 686 條之規定得聲明退股者。

2. 終止效力

(1) 隱名合夥財產之結算：隱名合夥人與出名營業人間財產之結算，應以隱名合夥契約終止時隱名合夥財產之狀況為準。若隱名合夥事務於終止時尚未了結，則應於了結後計算，分配其損益。此時，就未了結事務之範圍，隱名合夥人仍有監督權。

(2) 返還出資：隱名合夥契約終止時，出名營業人，應返還隱名合夥人之出資，不論其出資種類為何，出名營業人得以金錢抵還之。

(3) 給與利益：出名營業人應給與隱名合夥人應得之利益，並依其約定之比例分配之。

(4) 若計算之結果發生損失者，即無利益給與之問題，其出資亦僅能於減少後返還其餘額。

（四）準用規定

隱名合夥未規定時準用合夥之規定（民法第 701 條）。

三、隱名合夥契約應訂明的基本條款

1. 隱名合夥人及出名營業人。
2. 合夥事務。
3. 出資額。
4. 盈餘之分配。
5. 定有存續期限者，其期限。
6. 其他特約事項。

四、契約範例

（一）隱名合夥契約書（商行經營）

1. 本契約的特點：本契約為隱名合夥契約，合夥資本虧蝕淨盡者，以契約終止論，但雙方願意繼續出者，不在此限為本契約特色。
2. 適用對象：適合於經營商行之隱名合夥契約。

3. 基本條款：訂立本契約應訂明隱名合夥契約之基本條款。
4. 相關法條：民法第 701-709 條。

隱名合夥契約 2-21-1

隱名合夥契約書（商行經營）

　　隱名合夥人○○○（以下簡稱為乙方），出名營業人○○○（以下簡稱為甲方），茲為隱名合夥經當事人間同意締行契約條件於下：

第 1 條　甲方開設○○商行專營○○事業計共資本金新臺幣○○元整，除甲方自出新臺幣○○元整外，餘新臺幣○○元整，由乙方於本契約成立同時一次交清，甲乙方各確認之。

第 2 條　乙方投入資本新臺幣○○元整後，即為○○商行之隱名合夥人而甲方認諾之。

第 3 條　甲方應於每屆事務年度終，開具財產目錄借貸對照表，以及營業損益計算書交付乙方查核。

第 4 條　前條查核時，如乙方發現疑義之處，即可到商行查閱合夥之帳簿，並檢查其事務及財產之狀況。

第 5 條　本隱名合夥損益應按照合夥出資額比例分配負擔之。

第 6 條　前條利益之分配，應於損益計算後五日內，由甲方支付乙方，未支付之分配金，於甲方同意時得充作乙方出資之增加。

第 7 條　關於○○商行營業事務，均由甲方執行之，而乙方不得參與事務之執行。但乙方得隨時查閱合夥之帳簿，並檢查其事務及財產之狀況。

第 8 條　隱名合夥期間中如遇虧蝕，敬其財產不足資本額半數，甲方應即通知乙方，而乙方得終止契約。

第 9 條　甲方與乙方所出之資本，以甲為一之比例如遇虧蝕時，應以此計算分擔之。

第 10 條　本隱名合夥有效期間，自中華民國○○年○○月○○日起至○○年○○月○○日止，共為○○年○○月。

第 11 條　乙方如遇不得已事由，須中途終止契約者，應於年底為之；且須於兩個月前通知甲方。

第 12 條　契約終止時，甲方應返還乙方所出之資本金額，並支付乙方應得之利益金；但因虧損而減少資本者，得祇返還其剩餘之存額。

第 13 條　甲乙雙方間所出之資本，如不幸虧蝕淨盡者，以契約終止論；但雙方願意繼續出資者，不在此限。且甲方有意繼續經營，而乙方亦願意再出資加入時，甲方不得拒絕。

第 14 條　甲方如中途欲將○○商行出讓於他人時，應先通知乙方，如乙方願意按照時價受讓時，應儘先使乙方受讓，甲方不得無正當理由而拒絕。

第 15 條　甲方如違背前條或因乙方不願意受讓，將○○商行股份出讓於他人者，出讓之日即為本契約終止之日。

第 16 條　甲方在契約存續中發生不測者乙方得終止契約。

第 17 條　本契約未訂明事項依民法或有關法令辦理之。

第 18 條　本契約一式二份，雙方當事人各執一份為憑。

```
出名營業人
        （甲方）：○○○ 印
        商行名稱：
        商行地址：
        負責人：○○○ 印
        住址：
        身分證統一編號：
   隱名合夥人
        （乙方）：○○○ 印
        住址：
        身分證統一編號：

中   華   民   國   ○○   年   ○○   月   ○○   日
```

註：本契約第12條出各營業人應返還隱名合夥人出資之規定為契約終止之重要條款，值得注意。

（二）隱名合夥契約書（工廠經營）

1. **本契約的特點**：本契約為經營工廠之隱名合夥契約，隱名合夥以動產機器估價出資為其特色。
2. **適用對象**：本契約適用工廠隱名合夥契約。
3. **基本條款**：訂立本契約應訂明隱名合夥契約之基本條款。
4. **相關法條**：民法第701-709條。

隱名合夥契約 2-21-2

隱名合夥契約書（工廠經營）

出名營業人○○○（以下簡稱為甲方）隱名合夥人○○○（以下簡稱為乙方）因當事人間為隱名合夥契約經雙方同意訂立條件如下：

第1條 乙方願為甲方所經營之○○工廠事業出資而分受其營業所生之利益及分擔其所生損失，甲方認諾之。

第2條 ○○工廠總資本額為新臺幣○○元整甲方出資新臺幣○○元整，乙方以其所有後開動產機器，計○件及附屬品一切估計新臺幣○○元整為出資。

第3條 甲方現經營○○工廠，其名稱、製品種類或廠址，非經乙方之承諾不得變更。

第4條 ○○工廠之事務，或就對內外關係專由甲方執行之，乙方不得參與事務之執行。

第5條 本隱名合夥期間訂定自本契約成立日起滿○○年○○月間為限。
前項期間屆滿，經甲乙雙方協議同意時得延長之。

第6條 營業之損益計算，應於每月末日為之，甲方應於每翌月三日以內，開具財產目錄借貸對照表以及營業損益計算書交付乙方查核。
乙方得隨時查閱合夥之帳簿，並檢查其事務及財產之狀況。

第 7 條　合夥營業所生之利益分配，及分擔其所生損失均依照出資率為之。

第 8 條　甲方於每次計算營業之損益，其應歸乙方之利益部分，應於計算後五日內支付之。
　　　　前項利益雖未支付或領取各不得主張為出資之增加。

第 9 條　乙方以第 2 條所載金錢估計為出資之動產機器財產權，於本契約成立同時移屬於甲
　　　　方，而乙方即為○○工廠之隱名合夥人，甲乙雙方認諾之。

第 10 條　本隱名合夥，如遇虧蝕時，乙方僅於出資之限度內，分擔損失之責任。

第 11 條　乙方如無甲方事先承諾，不得將本隱名合夥權利轉讓第三人。

第 12 條　本隱名合夥契約因有下列情形之一時得為終止：
　　　　一、合夥契約存續期間屆滿無續訂契約者。
　　　　二、當事人間同意終止者。
　　　　三、目的事業已完成或認不能完成者。
　　　　四、出名營業人死亡，或受禁治產或破產之宣告者。
　　　　五、出名營業人或隱名合夥人受破產之宣告者。
　　　　六、營業之廢止或轉讓者。

第 13 條　除前條規定而契約終止外，於合夥人之一人聲明退夥者，合夥契約亦得隨時終止
　　　　之。

第 14 條　契約終止時，甲方應返還乙方之出資及授與其應得利益；但其出資因損失而減少者
　　　　僅返還其餘存額（出資之返還除甲方願意外，乙方不得強要以原出資機件返還）。

第 15 條　本隱名合夥應存置必要之簿冊，其種類款式應由雙方協定而設置之。

第 16 條　本契約一式二份，雙方當事人各執一份為憑。

　　　　　　出名營業人
　　　　　　　（甲方）：○○○　印
　　　　　　　工廠名稱：
　　　　　　　工廠地址：
　　　　　　　負責人：○○○　印
　　　　　　　住址：
　　　　　　　身分證統一編號：
　　　　　隱名合夥人
　　　　　　　（乙方）：○○○　印
　　　　　　　住址：
　　　　　　　身分證統一編號：

中　華　民　國　　○○　年　　○○　月　　○○　日

註：本契約第 14 條契約終止時出名營業人應返還隱名合夥人出資。但隱名合夥人不得強要以原出資機件
　　返還。為本契約特殊之條款。

第22章 合會

審訂：恆業法律事務所律師　吳佩諭
　　　　恆業法律事務所律師　謝昆峰

一、合會、合會金的定義

　　合會謂由會首邀集二人以上爲會員，互約交付會款及標取合會金之契約。其僅由會首與會員爲約定者亦成立合會（民法第 709 條之 1 第 1 項參照）。

　　合會金係指會首及會員應交付之全部會款（民法第 709 條之 1 第 2 項參照）。會款得爲金錢或其他代替物（民法第 709 條之 1 第 3 項參照）。

二、會首及會員資格之限制

1. 會首及會員以自然人爲限。
2. 會首不得兼爲同一合會之會員。
3. 無行爲能力人及限制行爲能力人不得爲會首，亦不得參加其法定代理人爲會首之合會。

三、會單之訂立，記載事項

　　合會應訂立會單，記載下列事項：
1. 會首之姓名住址及電話號碼。
2. 全體會員之姓名、住址、及電話號碼。
3. 每一會份會款之種類及基本數額。
4. 起會日期。
5. 標會期日。
6. 標會方法。
7. 出標金額有約定其最高額或最低額之限制者，其約定。

四、會單之保存

　　會單應申會首及全體會員簽名，記明年月日，由會首保存，並製作繕本，簽名

後交每一會員各執一份。

會員已交付首期會款者，雖未依前述規定訂立會單，其合會契約視爲已成立。

五、標會之方法──召開、出標、得標

標會由會首主持，依約定之期日及方法爲之，其場所由會首決定並應先期通知會員。

會首因故不能主持標會時，由會首指定或到場會員推選之會員主持之。

每期標會，每一會員僅得出標一次，以出標金額最高者爲得標，最高金額相同者，以抽籤定之。但另有約定者依定。

每人出標時，除另有約定時，以抽籤定其得標人。每一會份限得標一次。

六、合會金之歸屬

首期合會金，不經投標，由會首取得，其餘各期由得標會員取得。

七、會首及會員交付會款之期限

會員應於每期標會後三日內交付會款。

會首應於前項期限內，代得標會員收取會款，連同自己之會款，於期滿之習日前交付得標會員，逾期未收取之會款，會首應代爲給付。

會首依前項規定收取會款，在未交付得標會員前，對其喪失毀損，應負責任，但因可歸責於標會員之事由。致喪失、毀損者，不在此限。

會首依第2項規定代爲給付後，得請求未給付之會員附加利息償還之。

八、會首及會員轉讓權義之限制

會首非經會員全體之同意，不得將其權利及義務移轉於他人。

會員非經會首及會員全體之同意，不得退會，亦不得自己之會份轉讓他人。

九、合會不能繼續進行之處理

因會首破產、逃匿或有其他事由致合會不能繼續進行時，會首及已得標會員應給付各期會款，應於每屆標會期日平均交付於未得標之會員，但另有約定者，依其約定。

會首就已得標會員依前項規定應給付之各期會款，負連帶責任。

　　會首或已得標會員依第1項規定應平均於未得標會員之會款遲延給付，其遲付之數額已達兩期之總額時，該未得標會員得請求其給付全部會款。

　　第1項情形，得由未得標之會員共同推選一人或數人處理相關事宜。

十、契約範例

【金錢】

● 有息金錢標會單

1. 本標會單的特點：本標會單為有息金錢標會單，會首及會員及會款數額，標會方法，日期，明確記載合乎法律規範。
2. 適用對象：本標會單適用於有息金錢標會單。
3. 基本條款：訂立本標會單應訂明會首、會員、會款、標會日期、方法之基本條款。
4. 相關法條：民法第709條之1-9。

合會契約 2-22-1

有息金錢標會單

　　姓名：　　　　住址：　　　　電話號碼：

會首　○○○
會員　○○○
會員　○○○
會員　○○○
會員　○○○
會員　○○○

　　本標會主要條款
一、本標會總會款新臺幣六萬元整，每一會份新臺幣一萬元整。
二、起會日期：民國○○年○○月○○日至民國○○年○○月○○日。
三、標會期日：每月一日。
四、本標會之出標金額最低額為新臺幣500元整，由最低標者得標，最低標相同者，以抽籤定之。
五、本標會之其他規定，依民法規定辦理。

中　　華　　民　　國　　○○　　年　　○○　　月　　○○　　日

註：本標會單為有息金錢標會單，會首及會員之權利義務，應依民法合會條款辦理，無其他特約條款。

● 無息金錢標會單

1. 本標會單的特點：本標會單為無息金錢標會單，會首及會員及會款數額，標會

方法，日期，明確記載合乎法律規範。

2. 適用對象：本標會單適用於無息金錢標會單。

3. 基本條款：訂立本標會單應訂明會首、會員、會款、標會日期、方法之基本條款。

4. 相關法條：民法第 709 條之 1-9。

合會契約 2-22-2

<table>
<tr><td colspan="3" align="center">無息金錢標會單</td></tr>
<tr><td>姓名：</td><td>住址：</td><td>電話號碼：</td></tr>
<tr><td>會首 ○○○</td><td></td><td></td></tr>
<tr><td>會員 ○○○</td><td></td><td></td></tr>
<tr><td>會員 ○○○</td><td></td><td></td></tr>
<tr><td>會員 ○○○</td><td></td><td></td></tr>
<tr><td>會員 ○○○</td><td></td><td></td></tr>
<tr><td>會員 ○○○</td><td></td><td></td></tr>
</table>

本標會主要條款

一、本標會總會款新臺幣 6 萬元整，每一會份新臺幣 1 萬元整。

二、起會日期：民國○○年○○月○○日至民國○○年○○月○○日。

三、標會期日：每月 1 日。

四、本標會之得標由抽籤決定，中籤之會員得標。

五、本標會之其他規定，依民法規定辦理。

中　　華　　民　　國　　○○　　年　　○○　　月　　○○　　日

註：本標會單為無息金錢標會單，會員無法獲得利息，純為互助性質之合會。

【實物】

● 有息實物標會單

1. 本標會單的特點：本標會單為有息實物標會單，會首及會員及會款數額，標會方法，日期，明確記載合乎法律規範。

2. 適用對象：本標會單適用於一般之標會單。

3. 基本條款：訂立本標會單應訂明會首、會員、會款、標會日期之基本條款。

4. 相關法條：民法第 709 條之 1-9。

合會契約 2-22-3

<table>
<tr><td colspan="3" align="center">有息實物標會單</td></tr>
<tr><td>姓名：</td><td>住址：</td><td>電話號碼：</td></tr>
</table>

會首　○○○
會員　○○○
會員　○○○
會員　○○○
會員　○○○
會員　○○○

本標會主要條款

一、本標會總會款稻米 6 萬公斤，每一會份稻米 1 萬公斤。

二、起會日期：民國○○年○○月○○日至民國○○年○○月○○日。

三、標會期日：每月 1 日。

四、本標會之出標金額最低額為稻米 500 公斤，由最低標者得標，最低標相同者，以抽籤決定。

五、本標會之其他規定，依民法規定辦理。

中　　　華　　　民　　　國　　○○　　年　　○○　　月　　○○　　日

註：本標會單為有息實物（稻米）標會單，會首及會員交付之會金為實物而非金錢（民法第 709 條之 1 第 3 項）。

● **無息實物標會單**

1. **本標會單的特點**：本標會單為無息實物標會單，會首及會員及會款數額，標會方法，日期，明確記載合乎法律規範。

2. **適用對象**：本標會單適用於無息實物標會單。

3. **基本條款**：訂立本標會單應訂明會首、會員、會款、標會日期、方法之基本條款。

4. **相關法條**：民法第 709 條之 1-9。

合會契約 2-22-4

無息實物標會單

　　　　姓名：　　　　住址：　　　　電話號碼：
會首　○○○
會員　○○○
會員　○○○
會員　○○○
會員　○○○
會員　○○○

本標會主要條款

一、本標會總會款稻米 6 萬公斤，每一會份稻米 1 萬公斤。

二、起會日期：民國○○年○○月○○日至民國○○年○○月○○日。

三、標會期日：每月1日。

四、本標會之得標由會員抽籤決定，中籤會員得標。

五、本標會之其他規定，依民法規定辦理。

中　華　民　國　〇〇　年　〇〇　月　〇〇　日

註：本標會單為無息實物標會單，會員享受利息的利益，純為互助性質的合會。

第23章 證券

審訂：金石國際法律事務所所長　林石猛

一、指示證券

（一）指示證券的定義

指示證券指示他人將金錢、有價證券或其他代替物，給付第三人之證券（民法第 710 條第 1 項）。

（二）指示證券的關係人

指示證券之指示之人稱為指示人，被指示之他人稱為被指示人。受給付之第三人稱為領取人（民法第 710 條第 2 項）。

（三）指示證券之基本條款

1. 指示人
2. 被指示人
3. 領取人
4. 給付標的物
5. 給付日期
6. 給付地點

二、無記名證券

（一）無記名證的定義

無記名證券為持有人對於發行人得請求其依所記載之內容為給券之證券（民法第 719 條）。

（二）無記名證券的關係人

1. 發行人——發行證券之人。

2. 持有人——持有證劵之人。

（三）無記名證劵之基本條款

1. 發行人。
2. 給付標的物。
3. 給付地點。
4. 給付日期。

三、契約範例

【金錢指示證劵】

● 給付金錢指示證劵

證劵 2-23-1

給付金錢指示證劵
憑票給付　陳○○　　　　　　　　　　　　　　民國○○年○○月○○日
新臺幣十萬元正
此致
林○○先生
地址：
蔡○○　印

【實物指示證劵】

● 給付實物指示證劵（一）

證劵 2-23-2

給付實物指示證劵（一）
憑票給付　陳○○　　　　　　　　　　　　　　民國○○年○○月○○日
蓬萊稻米一百公斤正
此致
林內鄉農會
雲林縣林內鄉　　　　　　　　　　　　　　　民國○○年○○月○○日
蔡○○　印

● 給付實物指示證券（二）

證券 2-23-3

給付實物指示證券（二）
憑票給付　陳○○　　　　　　　　　　　　　　　民國○○年○○月○○日
煤炭一百公斤正
此致
瑞芳礦業股份有限公司
臺北縣瑞芳鎮
蔡○○　[印]

【金錢無記名證券】

● 給付金錢無記名證券

證券 2-23-4

給付金錢無記名證券
憑票給付　　　　　　　　　　　　　　　　　　　民國○○年○○月○○日
新臺幣十萬元正
發行人：蔡○○　[印]
地址：

【實物無記名證券】

● 給付實物無記名證券（一）

證券 2-23-5

給付實物無記名證券（一）
憑票給付　　　　　　　　　　　　　　　　　　　民國○○年○○月○○日
蓬萊稻米一百公斤正
發行人：蔡○○　[印]
地址：

● 給付實物無記名證券（二）

證券 2-23-6

<table>
<tr><td colspan="2" align="center">給付實物無記名證券（二）</td></tr>
<tr><td>憑票給付
煤炭一百公斤正</td><td align="right">民國○○年○○月○○日</td></tr>
<tr><td colspan="2">　發行人：瑞芳煤礦股份有限公司　印
　　　　地址：臺北縣瑞芳鎮</td></tr>
</table>

第24章 終身定期金契約

審訂：得聲國際法律事務所主持律師　林家祺

一、定義

終身定期金契約，乃當事人約定一方（定期金債務人）於自己或他方或第三人生存期內，定期以金錢給付他方或第三人（定期金債權人）人契約。本契約應以書面訂定，爲要式契約。

二、終身定期金契約的效力

1. 存續期間：關於期間有疑義時，推定其爲於債權人生存期內，按期給付。
2. 給付金額：契約所定之金額有疑義時，推定其爲每年應給付之金額。
3. 給付時期：終身定期金，除契約另有訂定外，應按季預行支付。依其生存期間而定終身定期金之人，如在定期金額預付後，該期屆滿前死亡者，定期金債權人取得該期金額之全部。
4. 終身定期金之權利，除契約另有訂定外，不得移轉。
5. 因死亡而終止定期金契約者，如其死亡之事由，應歸責於定期金債務人時，法院因債權人或其繼承人之聲請，得宣告其債權在相當期限內仍爲存續。

三、本契約應訂明的基本條款

1. 終身定期金債權人與債務人。
2. 定期金存續期間。
3. 定期金給付金額（每月、季或年應給付之數額）。
4. 定期金給付時期
5. 其他特約事項

四、契約範例

（一）終身定期金證書

1. 本證書的特點：本證書為終身定期金契約。由本人（定期金債務人）直接定期給付定金債權人為其特色。
2. 適用對象：本證書適用於由本人直接給付終身定期金契約。
3. 基本條款：訂立本契約應訂明終身定期金契約之基本條款。
4. 相關法條：民法第 729-735 條。

終身定期金契約 2-24-1

終身定期金證書

　　本人為答謝臺端之○○行為（恩義、功勞及其他），民國○○年○○月○○日起，將於每年○○月○○日付予新臺幣○○元整，直至臺端死亡為止。今特以此證書為憑。

定期金

債務人：○○○　　印

地址：

身分證統一編號：

定期金

債權人：○○○　　印

住址：

身分證統一編號：

中　　華　　民　　國　　○○　　年　　○○　　月　　○○　　日

註：本證書雖然簡短，但不足之處，應適用民法第 729-735 條。

（二）終身定期金契約書

1. 本契約的特點：本契約為終身定期金契約，由債務人乙方向甲方取得新臺幣若干萬元，再由乙方給付終身定期金債權人之契約為本契約之特色。
2. 適用對象：本定金契約適用於終身定期金債務人由他人取得而給付終身定期金債權人之契約。
3. 基本條款：訂立本契約應訂明終身定期金契約之基本條款。
4. 相關法條：民法第 729-735 條。

終身定期金契約 2-24-2

終身定期金契約書

　　○○○（以下簡稱甲方）與○○○（以下簡稱乙方），雙方當事人，簽定以下之終身定期金契約：

第 1 條　債務人乙方，由甲方取得新臺幣○○萬元整，並同意按第 2 條以下之規定，在受款者○○○，有生之年付予終身定期金。

第 2 條　債務人乙方直到受款人○○○死亡為止，每月○○日須付受款者○○○新臺幣○千元整，交款地點訂於債務人乙方之宅邸。但本契約成立之當月，及契約終止之月份日數，若未滿一個月時，則該款項須按日數之多寡，折合付給。

第 3 條　債務人乙方若未按月付款，甲方可立即解除契約，並對第 1 條所記之本金要求，以每年五分之利息，連本帶利全數收回。此時，○○○所受之金額，當由上述本利中扣除。

第 4 條　本契約一式二份，雙方當事人各執一份為憑。

　　　　　　　　　甲方：○○○　　印

　　　　　　　　　地址：

　　　　　　　　　身分證統一編號：

　　　　　　　　　乙方：○○○　　印

　　　　　　　　　住址：

　　　　　　　　　身分證統一編號：

中　　　華　　　民　　　國　　　○○　　　年　　　○○　　　月　　　○○　　　日

註：1. 本文例之目的，是將終身定期金付予第三者，使第三者收取利益之契約書。故其效力之產生，當以第三者向債務人表示享受契約利益之與否，為停止之條件（見民法第 269 條第 2 項）。

　　2. 第 1 條是說明本契約乃屬於終身定期金契約，同時確立受款者之身分。

　　3. 第 2 條之目的，在於規定定期之金額、履行期限及付款地點。履行期限在終身定期金契約中有重要意義，故須載明。至於付款地點，可以明示、暗示等兩種方法表明。若雙方當事人無此項約定，可依民法第 314 條，視債權人之住所為付款地點。故當事人若欲以不同於上述之地點做為付款場所時，則須另行約定，定明載之。

　　4. 第 3 條乃確認民法第 255 條之內容，若不載明，亦不會影響該契約之內容。

　　5. 本契約書可不貼印花。

（三）終生定期金契約解除通知書

1. 本通知書特點：本通知書為通知解除定期金契約，由定期金債務人無法履行債務，故本人乃解除定期金契約。

2. 適用對象：本通知書適用於解除定期金契約。

3. 基本條款：定期金契約之基本條款，應列入。

4. 相關法條：民法第 255 條。

終身定期金契約 2-24-3

終生定期金契約解除通知書

　　根據中華民國○○年○○月○○日，本人與臺端所簽定之終身定期金契約書所載，臺端須於每月月底將付予○○市○○區○○號某人之新臺幣○○○○元整攜至本人住所，當面點交。但臺端於中華民國○○年○○月起，已未能履行此債務，故本人依民法第二五五條，解除本終身定期金契約。同時要求臺端根據上述契約所記之違約損害賠償金，及上記本金，扣除前記定期金債權人○○○已收到之定期金金額新臺幣○○元整，及此款之利息外，當全數償還。特此為告。

　　　　　　　　　　　本人：○○○　印
　　　　　　　　　　　地址：
　　　　　　　　　　　身分證統一編號：
　　　　　　　　　　　定期金
　　　　　　　　　　　債務人：○○○　印
　　　　　　　　　　　住址：
　　　　　　　　　　　身分證統一編號：

中　　華　　民　　國　　○○　　年　　○○　　月　　○○　　日

第 *25* 章　和解契約

審訂：恆業法律事務所律師　吳佩諭
恆業法律事務所律師　謝昆峰

一、說明

和解，乃當事人約定，互相讓步，以終止爭執或防止爭執發生之契約。

二、和解之效力與撤銷

和解有使當事人所拋棄之權利消滅及使當事人取得和解契約所訂明權利之效力。和解除有下列原因外，不得以錯誤為理由撤銷之：

1. 和解所依據之文件，事後發現為偽造或變造，而和解當事人若知其為偽造或變造即不為和解者。
2. 和解事件經法院確定判決，而為當事人雙方或一方於和解當時不知者。
3. 當事人之一方對他方當事人之資格或對於重要之爭點有錯誤而為和解者。

三、和解契約應訂明的基本條款

1. 和解契約當事人。
2. 和解事項。
3. 雙方各取得之權利或負擔之義務。
4. 履行方式及期限。
5. 其他特約方式。

四、訂立和解契約應注意事項

1. 得和解之事由只限於民事糾紛與刑事告訴乃論事件，如係刑事非告訴乃論事件，縱使和解亦無拘束力。
2. 如訂立代物清償（以物品抵債）的契約，必須載明債務與標的物之內容與使債務消滅的意思。

五、契約範例

【和解書】

● 和解書

1. 本契約的特點：本契約為傷害和解書之法院公證處例稿。簡單明瞭為其特色。
2. 適用對象：本契約適用於傷害和解契約。
3. 基本條款及注意事項：訂立本契約應訂明和解契約之基本條款及應注意事項。
4. 相關法條：民法第 737 條。

和解契約 2-25-1

和解書（法院公證處例稿）

　　緣以○○○（以下稱甲方）曾因細故，毆傷○○○（以下稱乙方）茲經友好從中調解，兩願息事成立和解，其條件如下：

第 1 條　甲方願於和解成立之日起十日內給付乙方醫藥費新臺幣○○元整，屆期如不履行，
　　　　　願逕受強制執行。
第 2 條　乙方同意於和解成立後，立即撤回刑事傷害案之告訴。
第 3 條　嗣後雙方保持和睦相處。
第 4 條　本和解書經法院公證後生效。

立和解書人：○○○ 印
住址：
立和解書人：○○○ 印
住址：
調解人：○○○ 印
住址：

中　華　民　國　　○○　年　　○○　月　　○○　日

註：本契約第 1 條後段有屆期不履行，願逕受強制執行之條款，值得吾人注意。

【清償】

● 和解契約書（返還借款）

1. 本契約的特點：本契約為返還借款之和解書。由於債務人拖欠利息。故訂立此和解書以解決返還借款問題。
2. 適用對象：本契約適用於返還借款之和解契約。
3. 基本條款及注意事項：訂立本契約應訂明和解契約之基本條款及注意其應注意

事項。

4. 相關法條：民法第 737 條。

和解契約 2-25-2

```
                和解契約書（返還借款）
    立契約書人○○○（以下簡稱甲方）○○○（以下簡稱乙方），雙方茲就借款債務事
宜，訂立本件契約，條款如後：

一、甲方前於中華民國○○年○○月○○日向乙方借款新臺幣（下同）一百萬元整，利息每
    萬元月息一百五十元，借用期限一年。
二、茲因甲方自中華民國○○年○○月起連續五個月未給利息，計結欠乙方利息七萬五千元
    整。
三、今甲方同意拋棄期限利益，提前清償全部借款。乙方願捨棄利息之請求。
四、本契約一式二份，雙方各執一份為憑。

            立契約書人：甲方：○○○   印
                      住址：
                      身分證統一編號：
                      乙方：○○○   印
                      住址：
                      身分證統一編號：

中    華    民    國    ○○    年    ○○    月    ○○    日
```

● 和解契約書（租賃房屋之返還）

1. **本契約的特點**：本契約為租賃房屋之返還和解書。本契約書第 3 條規定有期限
   利益。承租人違反第 5 條之任何條項即喪失期限利益為其特色。
2. **適用對象**：本契約適用於租賃房屋之返還之和解書。
3. **基本條款及注意事項**：訂立本契約應訂明和解契約之基本條款及其應注意事
   項。
4. **相關法條**：民法第 737 條。

和解契約 2-25-3

```
                和解契約書（租賃房屋之返還）
    出租人（甲方），承租人（乙方）在雙方同意下，簽定本契約書：

第 1 條   甲方所有之○市○區○路○號之房屋，木造二樓店舖房屋，五戶一棟（政府登記
          地）由東側算起第二戶，面積○○平方公尺，二樓面積○○平方公尺，三樓面積○
          ○平方公尺（現況）之一部分（甲、乙雙方於中華民國○○年○○月○○日所簽定
          之店舖租賃契約書之第 1 條所載部分）（另附平面圖）根據上記店舖租賃契約書
```

（確定日期，證人○○○，在中華民國○○年○○月○○日登記為第○號）所載，該建築物之租賃期限，已於中華民國○○年十二月底到期。甲、乙雙方均已無條件認同。

第 2 條　乙方已將前記房屋之一樓店面及○○平方公尺（另附平面圖所畫斜線部分，以下簡稱為本件房屋）交還甲方，甲方亦已如數接收。

第 3 條　乙方應於民國○○年○○日前將房屋回復至承租前之原狀，並經甲方確認後返還甲方。如房屋之改裝係經甲方同意者，乙方得以現狀遷空返還。

第 4 條　乙方應支付甲方房屋使用補償金○○元，每月一期，分○期給付，於每月○○日前繳交予甲方。如乙方於前條期限屆至時仍未將本件房屋依前條規定返還，則前項房屋使用補償金自屆至日起加倍計算。

第 5 條　乙方如違反下列任何一條規定時，則失去第 3 條所規定之期限利益，並須立即將本件房屋交還甲方：

一、房屋使用補償金遲付總額達二期以上時。

二、未經甲方同意，擅自改造或變更房屋原狀。

三、本件房屋用於理髮店以外之用途時。

四、因積欠稅捐、瓦斯費、水、電費及其他因私人營業所產生之費用，有損害甲方權益之虞時。

五、本房屋之全部或一部，未經甲方同意，不得由第三人使用或與之共同使用。

六、本件房屋之修理費，由乙方自行負責。

第 6 條　如乙方未依期限遷空返還本件房屋，甲方得逕取回房屋並拒絕乙方進入，乙方留存之物甲方得以廢棄物處理之，不負任何保管之責。如甲方逕取回房屋時，乙方尚積欠甲方任何補償金、費用或損害賠償，甲方得就乙方留存之物取償之，乙方不得異議。

第 7 條　雙方同意將本件房屋契約書於○○地方法院公證處辦理公證。

第 8 條　本契約書一式二份，雙方簽名、蓋章後，各執一份為憑。

出租人（甲方）：○○○　[印]

住址：

身分證統一編號：

承租人（乙方）：○○○　[印]

住址：

身分證統一編號：

中　　華　　民　　國　　○○　　年　　○○　　月　　○○　　日

註：1. 和解契約之內容，觸及土地建築物之爭執問題時，必須另紙將土地建築物之標示，以登記簿謄本正確表示，或另表附上平面圖，標明何地，何種建築物，及土地建築物之何部為爭執區域。

2. 和解契約條款中，如欲規定房屋及其他建築物之歸還期限時，務須註明：「中華民國○○年○○月○○日止」，切不可載為：「自本契約成立之日起二年後」或「中華民國○○年○○月○○日起二年內交還」等字樣。在交屋的寬限期中，承租人乙方因處於期限效力內，暫時居住在本件店舖中而已。

3. 交屋寬限期雖不收取房租，但可以損害金的名義，收取相當於租金的金額。此時，務必將金額新臺幣○○元整，付款方法及付款日期，地點等事先約定，以免日後有誤。一般須付遷移費者，皆不收

　　取損害金。

4. 第 5 條即滯納條款，以本文例而言，即是滯納相當於租金的損害金時之制裁法則。

　本條以喪失交還寬限期利益，做為滯納的懲罰。此乃當事人間特定的期限利益喪失條款。此利益，乃有一定期限存在，即開始期至終止期來臨前，當事人所受的利益。此期間通常是關於法律行為之履行，及有關效力消滅等事項。此外，有時亦包括法律行為效力發生之事。在前記各項中，關於履行發生之事，稱為開始期；關於消滅之事，則稱為終止期。例如此文例，交還房屋寬之效力，會在將來某日確實到期（止於中華民國〇〇年〇〇月〇〇日）消滅，故債務人乙方可以在終止期來臨之前，擁有占據本件房屋的權利。所謂喪失期限利益，乃指債權人在交還寬限期未到之前，可立即請求交還房屋。

5. 第 7 條乃是關於從速進行和解的規定。

6. 後文是確認和解契約而成立，同時為防止變造、遺失時的一般處理方法。

● 代物清償和解書

1. **本契約的特點**：本契約為以代物來清償借款，物品交付後，借款債務即消滅為本契約之特點。

2. **適用對象**：本契約適用於代物清償和解契約。

3. **基本條款及注意事項**：訂立本契約應訂明和解契約之基本條款及其應注意事項。

4. **相關法條**：民法第 737 條。

和解契約 2-25-4

代物清償和解書

　　立契約書人〇〇〇（以下簡稱甲方）〇〇〇（以下簡稱乙方），茲就中華民國〇〇年〇〇月〇〇日所簽訂總額〇〇元之借貸契約，訂立本件和解書，條款如後：

一、甲方同意將印刷機一臺（型錄：八六年平版快速印刷機，號碼：二二四七）交付乙方，代物清償對乙之前開款項。

二、乙方收到第 1 條之機器，其對甲方借款債權新臺幣五十萬元整，即歸於消滅不得再為請求。

三、乙方已於簽約日收到第 1 條之機器，並將甲方所出具之借據擲還無誤。

四、本和解書一式二份，甲乙各執一份為憑。

　　　　　立契約書人：甲方：〇〇〇　印
　　　　　　　　　　　住址：
　　　　　　　　　　　身分證統一編號：
　　　　　　　　　　　乙方：〇〇〇　印
　　　　　　　　　　　住址：
　　　　　　　　　　　身分證統一編號：

中　　華　　民　　國　　〇〇　　年　　〇〇　　月　　〇〇　　日

註：本代物清償和解書，對於指定代物清償之物品，訂立和解契約之雙方當事人，應確定其物品。

● 債務金額確定及還債和解契約書

1. **本契約的特點**：本契約為以和解契約書確定債務金額，決定如何償債之和解契約書。
2. **適用對象**：本契約適用於確定債務金額後訂立和解契約書。
3. **基本條款及注意事項**：訂立本契約應訂明和解契約之基本條款及其應注意事項。
4. **相關法條**：民法第 737 條。

和解契約 2-25-5

債務金額確定及還債和解契約書

　　債權人○○○（以下簡稱甲方），債務人○○○（以下簡稱乙方），雙方就賒帳債務金額及其支付方式以如下互讓方式和解。

　　爭執內容：甲、乙雙方自中華民國○○年○○月○○日起至中華民國○○年○○月○○日止，維持商品（鋼板、網管等鋼鐵製品）交易契約，其賒帳債務之餘額，甲方主張享有債權新臺幣○○元整，乙方則主張不負任何債務，經調查甲、乙雙方之帳簿、票據後，雙方和解如下：

第 1 條　乙方承認本日積甲方賒帳債務新臺幣○○元整，並自本日起至債務清償日止，以日息○分計算全部利息，並承擔償還義務。

第 2 條　乙方對前條債務之本金新臺幣○○元整，如下分次親自送達或寄送至甲方住所：
　　　　一、中華民國○○年○○月起，至中華民國○○年○○月止，每月二十日前支付新臺幣○○元整。
　　　　二、中華民國○○年○○月○○日（最後一次）前支付新臺幣○○元整。

第 3 條　若乙方如期支付前條之債務，得免除第 1 條所述之利息支付。

第 4 條　乙方對第 2 條所載之分期付款方式若有任何一次之延遲支付，則毋須甲方通知、催告，立即喪失契約之期限利益。乙方除須一次付清第 1 條所載金額扣除已支付金額之餘額外，同條規定所孳生之利息亦須一次付清。

第 5 條　根據前條，乙方應於喪失契約期限利益日一次付清本金餘額與利息合併之金額。若再有延遲，則自當日起訖清償日止，應加付上述金額以日息○分計算之全部利息。

第 6 條　乙方根據第 2 條分期付款以清債務時，所開出支票之到期日，不得超過該付款期最後期限。

第 7 條　甲、乙雙方須確定除本契約外，並無任何債務關係。

第 8 條　有關本契約之糾紛，甲、乙雙方同意由甲方住所管轄法院為第一審法院。

第 9 條　以上和解契約成立。本契約一式二份，甲、乙雙方各執一份為憑。

債權人（甲方）：○○○　印

住址：

身分證統一編號：

債務人（甲方）：○○○　印

　　　　　住址：
　　　　　身分證統一編號：

| 中 | 華 | 民 | 國 | ○○ | 年 | ○○ | 月 | ○○ | 日 |

註：本和解契約為雙方確定債務金額後訂立返還債務契約書，並確定除本契約之債務外，並無其他債務關係為本契約之重點。

【地上權出讓】

● 和解契約書（地上權出讓）

1. 本契約的特點：本契約為地上權出讓之和解書由當事人三方甲、乙、丙互相成立和解條項、解決糾紛。
2. 適用對象：本契約適用於地上權出讓之和解書。
3. 基本條款及注意事項：訂立本契約應訂明和解契約之基本條款及其應注意事項。
4. 相關法條：民法第 737 條。

和解契約 2-25-6

和解契約書（地上權出讓）

　　○市○區○路○號○之○○成衣工廠（以下簡稱甲方）所有之附紙第一目錄所載建築物，及所有土地之地上權，與○市○區○路○號之○○○（以下簡稱乙方）發生爭執。但經雙方談判，並在○市○區○路○號之○○○（以下簡稱丙方）之調停下，成立以下和解契約：

一、甲方將附紙第一目錄內所載建築物及另附第二目錄所載之建築物，及其土地○○平方公尺之地上權，出讓給乙方。

二、甲方將附紙第一目錄所載建築物及另附第三目錄所載建築物，及其土地○○平方公尺出讓給丙方。

三、另附第二目錄所載建築物土地，及另附第三目錄所載建築物土地之界線，即今工廠東側邊線向北延伸之線。且雙方皆於當場承認。

四、為實行上記契約，日後當事人間若有爭執時，由甲、乙、丙各方及調解人當面協議決定。

五、本契約書一式三份，各執一份為憑。

　　　　　　　甲方：
　　　　　　　公司名稱：
　　　　　　　公司地址：
　　　　　　　代表人：○○○　[印]
　　　　　　　身分證統一編號：

```
                    公會會員證書字號：
                    乙方：○○○  [印]
                    住址：
                    身分證統一編號：
                    丙方：○○○  [印]
                    住址：
                    身分證統一編號：
                    調解人：○○○  [印]
                    住址：
                    身分證統一編號：
中   華   民   國   ○○   年   ○○   月   ○○   日
```

註：1. 本和解契約書之目的，在一舉解決甲、乙、丙三方對本件土地建築物及其使用權之爭執。
　　2. 第1項乃甲、乙間之和解條項。
　　3. 第2項乃甲、丙間之和解條項。
　　4. 第3項乃乙、丙間之和解條項，並包含界線之確立。
　　5. 第4項乃和解契約成立後，當事人對本和解契約發生糾紛時之處理方法。

【分期償債】

● 分期償債和解書（一）

1. 本契約之特點：本契約為債務分期償還之和解契約，乙方對於借款利息同意放棄為其特色。
2. 適用對象：本和解適用於分期償債和解書。
3. 基本條款及注意事項：訂立本契約應訂明和解契約之基本契約及注意其應注意事項。
4. 相關法條：民法第737條。

和解契約 2-25-7

```
              分期償債和解書（一）（法院公證處例稿）
    立約人○○○（以下稱甲方）前向○○○（以下稱乙方）借用新臺幣○○○元整，茲因
屆期無力清償，經徵得乙方同意分期償還，議定條件如下：

第1條  甲方承諾對前開借款分四期償還：第一期於中華民國○○年○○月○○日償還新臺
       幣○○元整，第二期於○○年○○月○○日償還新臺幣○○元整，第三期於中華民
       國○○年○○月○○日償還新臺幣○○元整，第四期於中華民國○○年○○月○○
       日償還新臺幣○○元整。
第2條  乙方對於前項借款利息，同意拋棄。
第3條  甲方如一期不履行償還，視為全部到期，乙方得請求甲方或其連帶保證人一次償
       還，並願逕受強制執行。
```

第 4 條　本契約經法院公證後生效。

　　　　　　　　　債權人：○○○　印
　　　　　　　　　住址：
　　　　　　　　　債務人：○○○　印
　　　　　　　　　住址：
　　　　　　　　　連帶保證人：
　　　　　　　　　住址：

中　　華　　民　　國　○○　年　○○　月　○○　日

註：本和解契約雖為分期償債，但債務人如一期不履行償還，視為全部到期，為本契約之重點。

● 分期償債和解書（二）

1. **本契約的特點**：本和解契約由債務人簽發期票，分期償還借款，債權人對於票款免除利息為其特色。
2. **適用對象**：本和解契約適用於分期償債和解契約書。
3. **基本條款及注意事項**：訂立本契約應訂明和解契約之基本條款及其應注意事項。
4. **相關法條**：民法第 737 條。

和解契約 2-25-8

分期償債和解書（二）

　　立和解書人債務權人○○○、○○○（以下簡稱甲乙方），因債務糾葛涉訟，茲承雙方友好出面調解，同意訂立和解條件如後：

一、乙方所欠甲方票款新臺幣○○元整，約定分三期歸還：第一期本契約成立之日先還○○元整，第二期本年○○月○○日還○○元整，第三期本年○○月○○日將餘數○○元整一次還清。

二、乙方所應按前條分期歸還之款，除第一期應給付現金外，第二及第三期之款，應由乙方簽發期票，於本契約簽訂之日一次付給甲方。

三、甲方對前記票款願免除利息。

四、甲方向法院提起請求判令乙方清償票款及准予執行之訴，應即具狀撤回。

五、甲方持有乙方原簽付之支票三張，應即具狀向法院領回，交由雙方見證人轉還乙方。

六、第 4 條撤回訴訟及第 5 條領回支票之書狀，均由甲方於本和解書簽訂之日繕妥簽章，交由雙方見證人向法院遞送。

七、乙方應償還甲方已繳付法院之裁判費，及負擔償還甲方因本案所付律師○○○之公費新臺幣○○元整。並於本和解書簽訂之日一次付清。

八、本和解書一式○份，雙方當事人及見證人各執一份為憑。

```
                     甲方：○○○  印
                     住址：
                     身分證統一編號：
                     見證人：○○○  印
                     住址：
                     身分證統一編號：
                     乙方：○○○  印
                     住址：
                     身分證統一編號：
                     見證人：○○○  印
                     住址：
                     身分證統一編號：

  中    華    民    國    ○○    年    ○○    月    ○○    日
```

註：本和解契約書第 5 條規定債權人須向法院撤回清償票款及執行之訴，為本和解契約之重點。

【土地買賣和解】

● 土地買賣和解契約書

1. **本契約的特點**：本契約乃是土地買賣糾紛之和解書。本和解書訂立解除買賣雙方之權利義務。

2. **適用對象**：本契約適用於土地買賣糾紛之和解。

3. **基本條款及注意事項**：訂立本契約應訂明和解契約之基本條款乃注意其應注意事項。

4. **相關法條**：民法第 737 條。

和解契約 2-25-9

土地買賣和解契約書

　　土地出賣人○○○（以下簡稱甲方）買受人○○○（以下簡稱乙方）雙方茲就土地買賣之糾紛和解如下：

一、爭執內容：甲、乙雙方約定，將後述農地買賣作為建築用地，甲方賣出，乙方買進。甲方並應根據土地法第七十二條申請土地變更登記，然因甲方申請程序不符規定，致被駁回。甲方須就土地增值部分進行賠償之責，然甲方堅持並無賠償損失之義務。

二、和解內容：

第 1 條　甲、乙雙方於本日同意解除下述之農地買賣契約。

第 2 條　甲方承認申請後述土地變更時缺乏誠意，備辦手續並不完整，以致申請遭致駁回。

第 3 條　基於以上第 2 條，甲方須支付乙方如下之損害賠償，並退還定金：

一、中華民國○○年○○月○○日前退還定金新臺幣○○元整。

二、中華民國○○年○○月○○日前，支付自買賣契約成立日起至本日之後述相當於增值金額新臺幣○○元之半額作為損失賠償。

第 4 條　乙方須對甲方所做後述農地所有權移轉之假登記辦理註銷登記手續，以作為前條一、二款之付款交換條件。

　　　　前項之費用與至本日為止所支付之測量費、申請土地變更代辦費、及與後述農地買賣有關，甲方已支出之費用概由甲方負擔。

第 5 條　甲方將第 3 條第一、二款之金額付予乙方後，則確認乙方對後述土地無任何權利或請求權；確認甲方除第 4 條之請求註銷假登記外，對乙方無任何請求權。

第 6 條　訂立本和解約書所需費用除上述各條所規定者外，甲、乙雙方各付出之金額視為各別負擔，不得相互請求支付。

第 7 條　本契約一式二份，雙方當事人各執一份為憑。

附土地標示：

地址：

地號：

地目：

面積：

出賣人（甲方）：○○○　印

住址：

身分證統一編號：

買受人（乙方）：○○○　印

住址：

身分證統一編號：

中　　華　　民　　國　　○○　　年　　○○　　月　　○○　　日

註：本契約第 4 條、第 5 條為民法第 737 條和解效力條款之明示。

【傷害和解】

● 傷害和解書

1. 本契約的特點：本契約為因傷害而和解之契約書。由加害人賠償醫藥費，並由受害人放棄傷害告訴權為本契約之特色。

2. 適用對象：本契約為因傷害而和解之契約。

3. 基本條款及注意事項：訂立本契約應訂明和解契約之基本條款及應注意事項。

4. 相關法條：民法第 737 條。

和解契約 2-25-10

傷害和解書

　　立和解契約人○○○○○○（以下簡稱甲乙方），緣甲方曾因細故毆傷乙方，茲經友好斡旋，兩願息事，成立和解條件如下：

一、甲方願給付乙方醫藥費新臺幣○○元整。

二、乙方放棄刑事告訴權。

三、嗣後雙方保持和睦相處。

四、本和解書雙方簽字後各執一份為憑。

甲方：○○○ 印

住址：

身分證統一編號：

乙方：○○○ 印

住址：

身分證統一編號：

調解人：○○○ 印

住址：

身分證統一編號：

調解人：○○○ 印

住址：

身分證統一編號：

中　華　民　國　　○○　　年　　○○　　月　　○○　　日

註：甲方賠償醫藥費而乙方放棄刑事告訴權與民法第373條規定相符。

● 醫療事故糾紛處理和解書

1. **本契約的特點**：本契約為因醫療事故糾紛而和解之契約。由醫師給付患者慰問金（和解）以解決醫事糾紛之和解書。

2. **適用對象**：本契約適用於因醫療而發生糾紛之和解書。

3. **基本條款及注意事項**：訂立本契約應訂明和解契約之基本條款及其應注意事項。

4. **相關法條**：民法第737條。

和解契約 2-25-11

醫療事故糾紛處理和解書

　　○○○（牙科醫師）為甲方，○○○為乙方，按照以下的約定達成和解：

第1條　在中華民國○○年○○月○○日，甲方對乙方（乙方之子○○○），進行○○○○治療，對其結果深表遺憾（同情）。

第 2 條　基於前條之原因，甲方支付乙方慰問金（和解金）新臺幣○○元整，至中華民國○
　　　　○年○○月○○日前，送交乙方。

第 3 條　本和解成立後，甲、乙雙方相互尊重對方人格，努力消除彼此間的齟齬，乙方不會
　　　　做出有損甲方信用的行為，並且除前條規定之外，今後不再向甲方提出任何請求。

第 4 條　為證明本和解之成立，本書作成二份，甲、乙雙方各持有一份。

　　　　　　　　甲方：○○○　印
　　　　　　　　住址：
　　　　　　　　乙方：○○○　印
　　　　　　　　住址：
　　　　　　　　見證人姓名：○○○　印
　　　　　　　　住址：

中　　華　　民　　國　　○○　年　　○○　月　　○○　日

註：本醫療事故和解，醫師所給付為慰問金或和解金而非賠償金。醫師顯然在避免進一步的民刑責任。

● 和解書（因汽車意外事故而導致死亡的情形）

1. 本契約的特點：本契約為車禍意外死亡賠償支付受害人之和解書，賠償附有何
　證人為其特色。

2. 適用對象：本契約適用於車禍之和解契約書。

3. 基本條款及注意事項：訂立本契約應訂明和解契約之基本條款及其應注意事
　項。

4. 相關法條：民法第 737 條。

和解契約 2-25-12

　　　　　　　　　和解書（因汽車意外事故而導致死亡的情形）

　　被害者（甲方）：陳○○
　　加害者（乙方）：李○○
　　汽車持有者（丙方）：林○○
　　事故發生日期：中華民國○○年○○月○○日○○時○○分左右
　　事故發生現場：○○縣○○市○○路○○燈前
　　車牌號碼：

第 1 條　乙方因前述的意外事故，導致甲方死亡。由於不法行為，對甲方負有損害賠償之支
　　　　付義務。因此上述不法行為，對甲方繼承人甲方之妻 A 與甲方之長男 B，負有損害
　　　　賠償義務。

第 2 條　丙方為前條乙方負擔之損害賠償債務的連帶保證人，負有連帶支付義務。

第 3 條　乙方、丙方因前述不法行為，對 A、B 所負損害賠償額，對 A 賠償新臺幣一百萬元
　　　　整，對 B 賠償新臺幣一百萬元整，總額定為新臺幣二百萬元整，與放棄其餘請求。
　　　　關於本件意外事故，當事者除依和解書規定以外，確認不再有其他權利請求權。

第4條 乙方、丙方連帶支付二百萬元，給予 A 新臺幣一百萬元整，給予 B 新臺幣一百萬元整，分二十次支付。以中華民國〇〇年〇〇月〇〇日為第一次支付日期，每月一次，到月末時，分別支付 A、B 新臺幣各五萬元整。

第5條 分期付款支付的金額，若乙方、丙方有二次以上不付時，則甲方不必進行催告，乙方、丙方即喪失期限利益，必須即時支付餘額。遲延支付的遲延損害金亦須一併支付。

第6條 丙方為擔保本件損害賠償債務的支付，將其所有之後記不動產抵押權，到中華民國〇〇年〇〇月〇〇日前，必須辦理抵押權設定登記手續。

附不動產標示
所在地：〇〇縣〇〇市〇〇路〇〇號地。
地號：〇號。
地目：菜園。
地積：〇・〇平方公尺。

　　　　　　立契約人：甲妻 A ［印］
　　　　　　住址：〇〇市〇〇路〇〇號
　　　　　　甲方長男 B ［印］
　　　　　　監護人 A ［印］
　　　　　　加害者乙方：李〇〇 ［印］
　　　　　　住址：〇〇縣〇〇市〇〇路〇〇號

中　華　民　國　〇〇　年　〇〇　月　〇〇　日

註：本和解契約，賠償義務人提供不動產為賠償之擔保並設定抵押權為本契約之重點。

● 車禍（人身傷害）和解契約書

1. 本契約的特點：本和解契約書為車禍人身遭受傷害及車輛受損之賠償和解契約書，賠償金部分由保險公司支付，部分由加害人支付為本契約之特色。

2. 適用對象：本契約適用於車禍對人身傷害及車輛受損之損害賠償契約。

3. 基本條款及注意事項：訂立本契約應訂明和解契約之基本條款及其應注意事項。

4. 相關法條：民法第 737 條。

和解契約 2-25-13

車禍（人身傷害）和解契約書
　　肇事者〇〇〇（以下簡稱甲方）及其僱主〇〇〇（以下簡稱乙方）受害者〇〇〇（以下簡稱丙方），當事人間之爭執，根據下列協議獲致和解：

一、車禍概要：
　　（一）車禍日期：中華民國〇〇年〇〇月〇〇日〇〇時〇〇分。

（二）車禍地點：○○市○○路交叉路口。

（三）汽車權屬：乙方所有。

　　　登記號碼：

　　　車種型式○年型○○轎車。

（四）事實：甲方所駕駛之上述汽車從○○方向朝○○方向行駛至上述交叉路口時，因欲超越前車，以致碰撞同方向騎自行車之丙方，致丙方摔倒受傷。

二、受傷概要：

（一）丙方左大腿骨骨折、左肩撞傷。

　　　住院：自中華民國○○年○○月○○日起至○○年○○月○○日止。

　　　門診治療：於中華民國○○年○○月○○日起三個月。

（二）後遺症：機能雖已大致恢復，卻仍難以從事過於激烈之運動。

（三）自行車嚴重毀損，猶如廢鐵。

三、和解內容：

第1條　甲、乙雙方於此確認對丙方連帶負擔新臺幣○○元整之賠償損失金。內容如下：

　　　一、治療費與治療之各項費用新臺幣○○元整。

　　　二、休業補償金新臺幣○○元整。

　　　三、慰問金新臺幣○○元整。

　　　四、自行車毀損造成之損害（以中古車價格）賠償金新臺幣○○元整。

第2條　甲、乙方依照下列方式將前款之損害賠償金以直接交付或匯款方式支付予丙方：

　　　一、本和解契約成立時即支付新臺幣○○元整。

　　　二、中華民國○○年○○月○○日前交付新臺幣○○元整（由保險公司理賠之保險金中支付）。

　　　三、餘額新臺幣○○元整於中華民國○○年○○月至○○年○○月前，每月底為限，以每月新臺幣○○元整分期支付。

第3條　前款之金額中若有任何一項甲方或乙方未能於期限內支付，則毋需丙方通知、催告，即失去餘款之期限利益，並須一次付清總金額新臺幣○○元整扣除已付新臺幣○○元整之餘款。

第4條　將來如若丙方因本次車禍造成之傷害而發生後遺症時，甲方與乙方願賠償丙方所發生之之一切損害。丙方願另製作和解書及請願書交付予甲方，以協助減輕甲方刑事上之處罰。

第5條　除本和解書所記載之事項外，甲、乙與丙方之間並無其他債權、債務存在。

第6條　本契約書一式三份，甲、乙、丙三方各持一份為憑。

　　　　　　　　　　肇事者（甲方）：○○○　印

　　　　　　　　　　住址：

　　　　　　　　　　身分證統一編號：

　　　　　　　　　　右雇主（乙方）：○○○　印

　　　　　　　　　　住址：

　　　　　　　　　　身分證統一編號：

　　　　　　　　　　受害者（丙方）：○○○　印

　　　　　　　　住址：
　　　　　　　　身分證統一編號：

| 中 | 華 | 民 | 國 | ○○ | 年 | ○○ | 月 | ○○ | 日 |

註：本和解契約之損害賠償為人身傷害及車輛受損兩部分，由加害人賠償受害人，並由受害人另行出具和
　　解書交付加害人以減輕刑責。

【物件毀損和解】

● 車禍（物件毀損）和解契約書

1. 本契約的特點：本和解契約為對於因車禍因車輛受損賠償所訂立之和解契約書為本契約之特色。
2. 適用對象：本契約適用於因車禍而車輛受損之賠償和解契約書。
3. 基本條款及注意事項：訂立本契約應訂明和解契約之基本條款及其應注意事項。
4. 相關法條：民法第 737 條。

和解契約 2-25-14

車禍（物件毀損）和解契約書

　　肇事者○○○（以下簡稱甲方）受害者○○○（以下簡稱乙方）雙方於中華民國○○年○○月○○日於○市○○路十字路口發生汽車相撞，茲訂立和解書如下：

第 1 條　車禍情形如本和解書附件所記，車禍證明書（係由駕駛中心出具抄本）於中華民國○○年○○月○○日開具。

第 2 條　甲方汽車修理估價為新臺幣○○元整。
　　　　乙方修理汽車費為新臺幣○○元整。
　　　　此項協議根據前條估計修理總額、甲方負擔百分之七十、乙方負擔百分之三十。

第 3 條　根據前條比例計算結果，甲方須於中華民國○○年○月○日前交付新臺幣○○元整予乙方。

第 4 條　除甲、乙雙方分別載錄之和解契約書外，雙方不得再相互要求其他賠償。
　　　　車禍證明：（省略）

第 5 條　甲、乙雙方和解如上，本和解契約書一式二份，甲、乙雙方各執一份為憑。

　　　　　　　　　　甲方：○○○　印
　　　　　　　　　　住址：
　　　　　　　　　　身分證統一編號：
　　　　　　　　　　乙方：○○○　印
　　　　　　　　　　住址：
　　　　　　　　　　身分證統一編號：

| 中 | 華 | 民 | 國 | ○○ | 年 | ○○ | 月 | ○○ | 日 |

註：本和解契約之賠償責任為加害人 70%，受害人 30%，為本契約之重點。

第26章　保證契約

審訂：永然聯合法律事務所所長　李永然

一、定義

保證，乃當事人約定一方於他方之債務人不履行債務時，由其代負履行責任的契約。

連帶保證，乃保證人對於債權人約定與主債務人負連帶責任的保證。連帶保證人的責任與主債務人無先後之分，債權人得逕自向保證人求償。

共同保證，即數人保證同一債務。除契約另有訂定外，保證人應連帶負保證責任，即成立連帶債務。但債權人與各保證人間仍為普通保證關係。

信用委任即委任他人以該他人的名義，及其計算，供給信用於第三人。此時就該第三人因受領信用所負之債務，對於受任人，負保證責任。

二、契約當事人的法定權利義務

（一）保證人與債權人之間關係

1. 抗辯權：主債務人所有的抗辯，保證人得主張之。即使主債務人拋棄其抗辯者，保證人仍得主張之。
2. 先訴抗辯權：保證人於債權人未就主債務人之財產強制執行而無效果前，對於債權人得拒絕清償。
   先訴抗辯權喪失的情形：
   (1) 保證人拋棄先訴抗辯權者。
   (2) 保證契約成立後，主債務人之住所、營業所或居所有變更，致向其請求清償發生困難者。
   (3) 主債務人受破產宣告者。
   (4) 主債務人之財產不足清償其債務者。
3. 保證債務的從屬性：主債務人之債務，因錯誤或能力欠缺而無效或得撤銷者，其保證契約亦無效或得撤銷，惟保證人明知其情事而仍為之保證者，其保證仍為有效。

4. 保證責任的範圍：保證責任之範圍，除契約另有訂定外，包含主債務之利息、違約金、損害賠償及其他從屬於主債務之負擔。保證人之負擔較主債務人為重者，應縮減至主債務人之限度。

5. 中斷時效：債權人向主債務人請求履行及為其他中斷時效之行為，對於保證人亦生效力。

6. 保證人的撤銷權：主債務人於債之發生原因之法律行為有撤銷者，保證人對於債權人，得拒絕清償。

7. 連帶責任：同一債務，保證人有數人而未明訂其保證數額時，共同保證人應連帶負保證責任。

（二）保證人與主債務人之關係

1. 保證人的代位權：保證人向債權人為清償後，債權人對於主債務人之債權，於其清償之限度內，移轉於保證人。

2. 保證責任除去請求權：保證人受主債務人之委任而為保證者，有下列各項情形之一時，得向主債務人請求除去保證責任：

(1) 主債務人之財產顯形減少者。

(2) 保證契約成立後，主債務人之住所、營業所或居所有變更，致向其請求清償發生困難者。

(3) 主債務人履行債務遲延者。

(4) 債權人依確定判決得令保證人清償者。

（三）保證債務的消滅

1. 保證責任因債權人拋棄擔保物權而減免：債權人拋棄為其債權擔保之物權者，保證人就債權人所拋棄權利之限度內，免其責任。

2. 定期保證的免責：約定保證人僅於一定期間內為保證者，如債權人於其期間內，對於保證人不為審判上之請求，保證人免其責任。

3. 未定期保證的免責：保證未定期間者，保證人於主債務清償期屆滿後，得定一個月以上之相當期限，催告債權人於其期限內，向主債務人為審判上之請求。債權人仍不為者，保證人免其責任。

4. 連續發生債務未定期保證的免責：就連續發生之債務為保證而未定有期限者，保證人得隨時通知債權人終止保證契約。此種情形，保證人對於通知到達債權人後所發生主債務人之債務，不負保證責任。

5. 主債務擅允延期的免責：就定有期限之債務為保證者，如債權人擅自允許主債務人延期清償時，保證人除對於其延期已為同意外，不負保證責任。

三、保證契約應訂明的基本條款

1. 債權人、主債務人、保證人。
2. 保證範圍。
3. 保證期間。
4. 其他約定事項。

四、契約範例

（一）工程保證契約書

1. 本契約的特點：本契約為工程保證契約，保證人願放棄先訴抗辯權為本契約之特點。
2. 適用對象：本契約為適用於工程保證契約。
3. 基本條款：訂立本契約應訂明保證契約之基本條款。
4. 相關法條：民法第 739 條。

保證契約 2-26-1

工程保證契約書

　　立保證書人○○○今因○○新建工程，水電工程承包人○○工程行與業主○○○訂立合約承包，工程費計新臺幣○○元整，茲由○○○為承包人之保證人，所有應行擔保各節開列於後：

一、保證人保證承包人凡關於該合約圖說及各種附件內所訂各節應辦之工程及事項，均能切實履行，得業主及建築師之滿意為止。

二、保證人保證承辦商凡關於該合約各文件內所訂明一切應履行或因故須賠償之處，均能完全負責，萬一該承辦商不能履行，致業主受有損失，保證人願代賠償一切。

　　自立此保證書後，立保證書人或其法定代理人，或繼承人，各應始終盡保證人之責至全部合約履行完竣使業主滿意為止。如承辦商不克盡其職責而發生糾葛時，保證人自願放棄先訴抗辯權，保證人對本合約及所附各項附件內容，均已詳細審閱。特立此保證書為憑。

立保證書人廠商：
負責人：○○○　印
營業登記證號碼：
稅捐稽徵：

卡片號碼：

地址：

立保證書人廠商：

（以下各項與第一保證人同）

對保人：○○○　印

中　　華　　民　　國　○○　年　○○　月　○○　日

註：本契約立保證書人或其法定代理人，或繼承人，各應始終盡保證人之責至全部合約履行完竣得業主之滿意為止。

（二）再保證契約書

1. 本契約的特點：本契約為再保證契約：由再保證人再保證主保證人之保證契約為其特色。
2. 適用對象：本契約適用於再保證契約。
3. 基本條款：訂立本契約應訂明保證契約之基本條款。
4. 相關法條：民法第 740-745 條。

保證契約 2-26-2

再保證契約書

　　出租人○○○簡稱甲方、再保證人○○○簡稱乙方，茲因甲方於中華民國○○年○○月○○日就其所有座落○○○號木造蓋瓦平房建坪○坪○合○勺○才一幢，曾受交押租金新臺幣○○元整約定房租每月新臺幣○○元整，於每月末日支付，租期截至中華民國○○年○月○○日止為一年租期屆滿，或因中途終止解除時即返還租賃標的物，否則應給付新臺幣○○元整之違約金等條件，由主保證人為保證租與承租人○○○締結房屋租賃契約在案，而乙方為再保證主保證人上開保證債務，爰經甲乙雙方同意訂立本契約條件如下：

第 1 條　乙方對於甲方就主保證人所為擔保上開保證債務即支付租金，或違約金及該契約終了後之租賃標的物之返還並其他損害義務之履行，如不履行債務時，願代負履行清償責任。

第 2 條　甲方對於乙方為請求履行再保證責任時，非經就主債務人及主保證人之財產先為強制執行而無效者，乙方得拒絕其請求甲方無異議。

第 3 條　乙方之再保證責任除主債務，或保證債務，其中有一消滅而消滅外，非至主保證人完全履行保證債務不歸消滅。

第 4 條　以下條件參照其他保證契約文例約定之。

第 5 條　本契約一式二份，雙方各執一份為憑。

出租人（甲方）：○○○　印

住址：

身分證統一編號：

　　　　　　　再保證人（乙方）：○○○　印
　　　　　　　住址：
　　　　　　　身分證統一編號：

| 中 | 華 | 民 | 國 | ○○ | 年 | ○○ | 月 | ○○ | 日 |

註：本契約第3條規定再保證責任之消滅。

（三）求償保證契約書

1. **本契約的特點**：本契約爲求償保證契約，由契約當事人乙方負責，甲方因連帶保證所生一切損失之償還全責爲本契約之特色。
2. **適用對象**：本契約適用於求償保證契約書。
3. **基本條款**：訂立本契約應訂明保證契約之基本條款。
4. **相關法條**：民法第 272 條。

保證契約 2-26-3

求償保證契約書

　　同立契約當事人○○○農會法定代理人○○○（以下簡稱甲方），茲依○○機關貸付農資規定，保證約外人○○○等○名爲購置農田灌漑用抽水機，向臺灣省○○機關借款，爲避免甲方因而受有損害由契約當事人○○○（以下簡稱乙方）出爲負責甲方因連帶保證所生一切損失之償還全責，經甲乙雙方同意締結求償債務保證契約條件如下：

第1條　乙方對於甲方爲約外人○○○等○名之連帶保證人向○○機關申請貸放農田灌漑用抽水機購置設施水利資金臺幣○萬○千元整，爲保障甲方免予受損，乙方願負責賠償甲方因此所受一切損失。前項乙方之責任非至約外人○○○等○名對○○機關所負上開債務有關附帶一切債務及甲方所受代償損失債務有關附帶一切債務等完全清償完畢不歸消滅，乙方並願拋棄先訴抗辯權。

第2條　前條約人○○○等○名所申請貸款如經○○機關為增減之決定時，以該○○○等○人實獲貸放金額爲準，乙方應依本契約履行義務。

第3條　本件契約成立後，如因○○機關與申請貸款人○○○等○名間，尚須甲方爲連帶保證人追訴締訂附帶契約等情事所生之代償代履行義務等損失亦視爲本契約之一部分，乙方仍應依本契約履行義務。

第4條　本契約所謂甲方所受損失係指代償債務總額及代償債務所支出之費用暨訴訟費用（包括律師酬金、代書費、赴訟旅費、繕宿等費），並代償金之利息等之總額。

第5條　乙方在約外人○○○等○人與○○機關間本件債務未清償完畢之前，應負責督導該○○○等○名遵照○○機關所定方法日時履債務之清償，以防止甲方損害之發生。

第6條　乙方在未完全履行依本契約對甲方所負義務，或約外人○○○等○名未完全對○○機關清償首開債務以前，乙方非經甲方書面同意不得將其所有主要不動產生之全部或一部爲處分，或設定典權抵押權等之行爲。但不動產之出租不在此限。

第7條　本契約未盡事項概依民法及有關法令解釋之。

第8條　因本契約所發生之訴訟雙方合意以○○地方法院為第一審管轄法院。

第9條　本契約一式二份，當事人各執一份為憑。

> 甲方：○○農會
> 地址：
> 法定代理人：○○○　印
> 住址：
> 身分證統一編號：
> 乙方：○○○　印
> 住址：
> 身分證統一編號：

中　華　民　國　○○　年　○○　月　○○　日

註：本契約為求償保證契約，由保證人負責清償債務人不能清償債務之責。保證人並願放棄先訴抗辯權。

（四）信用委任契約書

1. 本契約的特點：本契約為信用委任契約，本信用委任為保證契約，由提供信用者，負保證責任。
2. 適用對象：本契約適用於信用委任契約。
3. 基本條款：訂立本契約應訂明保證契約之基本條款。
4. 相關法條：民法第 756 條。

保證契約 2-26-4

信用委任契約書

　　立契約書人○○○（以下稱甲方）、○○有限公司（以下稱乙方）、○○商行（以下稱丙方），甲方委任乙方供給信用於丙方，議定如下：

第1條　（信用委任的範圍）
　　　　甲方委任乙方將乙方所生產之高級○○一百五十包（每包一百公斤）出售於丙方，總價款經三方約定為新臺幣十萬元整。
　　　　丙方應於受領前項貨物後一個月內，以現金一次支付總價款新臺幣十萬元整於乙方。

第2條　（供給信用之期限）
　　　　乙方同意於本契約訂立後十五日內，將前條之貨物出售於丙方，並運交丙方受領。

第3條　（先訴抗辯權之放棄）
　　　　丙方不於第1條第二項所定之期間內，一次支付總價款完畢者，乙方得逕向甲方請求其代負全部之履行責任，甲方應即一次以現金全部清償。

第4條　（違約金之約定）

甲方不履行前條之責任者，除仍應負全部之履行責任外，並應按每遲延一日以新臺幣○○元整計付違約金於乙方。

第 5 條　（公證書化之約定）

甲方與丙方因本契約所負債務，應逕受強制執行，本契約當事人應共同請求法院公證人就本契約書作成公證書，並載明應逕受強制執行之意旨。

第 6 條　（契約份數）

本契約書共訂立一式四份，除當事人各執一份外，以一份為繕本提出於公證處。

立契約人：甲方：○○○　印

　　　　　住址：○○市○○路○號

　　　　　乙方：○○有限公司

　　　　　董事長：○○○　印

　　　　　住址：○○市○○路○號

　　　　　丙方：○○商行

　　　　　負責人：○○○　印

　　　　　住址：○○市○○路○號

中　　華　　民　　國　　○○　　年　　○○　　月　　○○　　日

註：委任他人以該他人之名義，及其計算，供給信用於第三人者，就該第三人因受領信用所負之債務，對於受任人，負保證責任（民法第 756 條）。

（五）票據債務保證契約書

1. 本契約的特點：本契約為票據債務保證契約，由保證人保證被保證人之票據之兌現。

2. 適用對象：本契約適用票據債務保證契約。

3. 基本條款：訂立本契約應訂明保證契約之基本條款。

4. 相關法條：民法第 752 條。

保證契約 2-26-5

票據債務保證契約書

立契約書人○○○（稱甲方），○○○（稱乙方），甲方為保證○○○對於乙方之票據債務，經雙方議定如下：

第 1 條　甲方保證○○○（五十歲，臺北市人，住臺北市松江路○號）於現在及將來所簽發交付於乙方之支票，如有不能兌現之情事者，以該支票債務新臺幣五十萬元整為限（利息另計），由甲方負連帶清償責任。

第 2 條　保證期間自立約日起至中華民國○○年○○月○○日止共三個月。

第 3 條　第 1 條之支票以經乙方在中華民國○○年○○月○○日以前提示而不能兌現者為限，甲方始負責任。同年○○月○○日以後提示者，不在甲方保證範圍之內。

第 4 條　乙方將第 1 條之去票背書轉讓於第三人，經第三人於中華民國○○年○○月○○日以前提示而不能兌現，致乙方追索而為清償者，甲方對於乙方亦應負連帶償還責任。

第 5 條　本契約書共作成一式二份，雙方各執一份為憑。

> 立契約人：甲方：○○○　印
> 　　　　　住址：○○市○○路一段○號
> 　　　　　乙方：○○○　印
> 　　　　　住址：○○市○○路二段○號

中　華　民　國　○○　年　○　月　○　日

註：本契約有約定期限為定期保證契約。保證人對於乙方背書轉讓之票據亦應負責。

（六）連帶保證契約書

1. **本契約的特點**：本契約為連帶保證契約，保證人對於債權人與被保證人負連帶清償責任為本契約特點。
2. **適用對象**：本契約適用於連帶保證契約。
3. **基本條款**：訂立本契約應訂明保證契約之基本條款。
4. **相關法條**：民法第 272 條。

保證契約 2-26-6

連帶保證契約書

　　債權人○○○（簡稱甲方）連帶保證人○○○（簡稱乙方），茲為將來債務保證經雙方同意訂定契約條件如下：

第 1 條　乙方對主債務人○○○與甲方間已於中華民國○○年○○月○○日所訂契約，主債務人向甲方以本金新臺幣○○元整為限度透支借款，乙方自願應甲方之要求與主債務人員連帶保證責任事實。

第 2 條　乙方應擔保主債務人將來所負首開最高限額之票據上債務之清償，及其遲延利息、違約金、實行擔保物權費用，以及因債務不履行而生之全部損害賠償。

第 3 條　甲方如未經乙方之同意，縱對主債務人為超過第 1 條所約定限度之透支借貸時，乙方就超過額仍應負責任。

第 4 條　甲方經同意主債務人將債權擔保物之一部先行解除而拋棄抵押（質押）權，或調換其一部或全部時，乙方之連帶保證責任並不因此而變更，不得藉口以擔保物權情形中途變更而主張免除其責任。

第 5 條　主債務人如不依約履行債務時，不拘擔保物之多寡，乙方經甲方通知後，應即將主債務人所負之債務全部代為清償，並願意拋棄民法第七百四十五條先訴抗辯權。

第 6 條　乙方之保證債務履行地約定為甲方所在地。

第 7 條　乙方不依約履行責任時，其訴訟法院管轄悉聽甲方指定，乙方決無異議。
　　　　前項訴訟費用乙方應連帶賠償決不推諉。
第 8 條　乙方同意甲方得對主債務人所有債權之一部或全部，以及其擔保物權一併轉讓與他人。
第 9 條　本契約一式二份，當事人各執一份為憑。

　　　　　　　債權人（甲方）：○○○　印
　　　　　　　住址：
　　　　　　　身分證統一編號：
　　　　　　　連帶保證人（乙方）：○○○　印
　　　　　　　住址：
　　　　　　　身分證統一編號：

中　　華　　民　　國　○○　年　○○　月　○○　日

註：連帶保證之債務為連帶債務，適用民法第 272 條規定。

（七）共同保證契約書

1. 本契約的特點：本契約為共同保證契約，但共同保證人無連帶保證責任為其特色。
2. 適用對象：本契約適用於共同保證契約。
3. 基本條款：訂立本契約應訂明保證契約之基本條款。
4. 相關法條：民法第 748 條。

保證契約 2-26-7

共同保證契約書

　　債權人○○○（以下簡稱甲方），保證人○○○、○○○、○○○三人（以下簡稱乙方），茲為分擔保證債務經雙方同意訂立本契約條件如下：

第 1 條　乙方願分擔保證主債務人○○○於中華民國○○年○○月○○日締結金錢消費借貸契約，向甲方借用新臺幣三千元整，約定利息按月新臺幣○○元整限於中華民國○○年○○月○○日償還之債務，若主債務人不依約履行債務時，乙方即代為履行清償責任。
第 2 條　乙方對於保證債務之分擔數額約定於下：
　　　　一、乙方○○○負擔主債務新臺幣○○千○百元整之償還義務。
　　　　二、乙方○○○負擔主債務新臺壹○○千○百元整之償還義務。
　　　　三、乙方○○○負擔主債務新臺幣○百元整及其主債務全部所生之利息，或其他損害及及各項費用之償還義務。
第 3 條　乙方之中如有無資力致不能履行前條分擔債務之償還時，他共同分擔保證人對其不能償還之部分，無代清償之義務，甲方決無異議。

第4條　乙方仍保有先訴抗辯權甲方無異議。

第5條　本契約一式二份，當事人各執一份為憑。

債權人（甲方）：○○○　印

住址：

身分證統一編號：

保證人（乙方）：○○○　印

住址：

身分證統一編號：

保證人（乙方）：○○○　印

住址：

身分證統一編號：

保證人（乙方）：○○○　印

住址：

身分證統一編號：

中　　華　　民　　國　　○○　　年　　○○　　月　　○○　　日

註：本共同保證契約依民法第748條規定數人保證同一債務者，除契約另有訂定外，應連帶負保證責任。本契約並無此規定之適用。

（八）簡單的繼續保證書

1. 本契約的特點：本契約為定期保證契約。於保證期間，保證人願負連帶清償及履行責任為本契約之特色。
2. 適用對象：本契約適用於定期保證契約。
3. 基本條款：訂立本契約應訂明保證契約之基本條款。
4. 相關法條：民法第752條。

保證契約 2-26-8

簡單的繼續保證書

　　茲保證○○服裝加工廠（負責人○○○先生）向貴公司陸續購買布料，如有拖欠貨款或其他不履行債務情事者，保證人願負連帶清償及履行責任，保證期間自立約日起至中華民國○○年○○月○○日止，共五個月。

　　此致

○○紡織股份有限公司

保證人：○○○　印

住址：○○市○○街○號

身分證統一編號：

| 中 | 華 | 民 | 國 | ○○ | 年 | ○○ | 月 | ○○ | 日 |

註：本契約為定期保證契約，債權人於期間內，對於保證人不為審判上之請求，保證人免其責任（民法第752條）。

（九）最高額保證契約書

1. 本契約的特點：本最高額保證契約為保證人保證被保證人向債權人購買貨物所生現有及將來之一切貨款債務，以及因被保證人不履行債務所生之損害賠償，由保證人負連帶清償責任。
2. 適用對象：本契約適用於最高額保證契約。
3. 基本條款：訂立本契約應訂明保證契約之基本條款。
4. 相關法條：民法第754條。

保證契約 2-26-9

最高額保證契約書

　　立契約書人○○行（以下稱甲方）、○○○（以下稱乙方）、○○○（以下稱丙方），丙方為保證乙方履行對於甲方所負之債務，經三方當事人約定由丙方與乙方依下列條項對於甲方負連帶履行責任：

第1條　（保證債務之最高限額）
　　　　因乙方向甲方購買貨物所生現有及將來之一切貨款債務，以及因乙方不履行債務所生之損害賠償，由丙方與乙方負連帶清償責任。
　　　　乙方如簽發支票交付於甲方作為貨款之交付方法者，支票之發票日期必須在本契約第2條所定之保證期間內；支票如有不能兌現之情事者，丙方願負連帶清償責任。
　　　　前項之保證，以新臺幣三十萬元整為限。

第2條　（保證期間）
　　　　保證期間自民國○○年○○月○○日起至同年○○月○○日止，共五個月。

第3條　（通知義務）
　　　　乙方或丙方有下列各款情事之一者，該兩方或其中之一方應即通知甲方：
　　　　一、有陷於支付不能之狀態或破產之虞者。
　　　　二、受查封、假扣押、假處分、拍賣、滯納稅金處分或其他公權力之處分者。
　　　　三、被銀行、信用合作社等金融機關拒絕往來者。
　　　　四、丙方之財產狀況惡化或有惡化之虞者。
　　　　五、丙方罹病或其他不幸事故者。

第4條　（保證人變更及追加）
　　　　保證人有前條所列各款情事之一者，甲方得要求乙方變更或追加保證人，乙方不得拒絕。

第5條　（保證債務之履行）

乙方於清償期屆至而不清償者，或乙方簽發之支票不能兌現者，或乙方及丙方有違反契約之情事者，甲方不問有否其他擔保，得直接請求丙方清償債務之全部或一部。

第6條　（契約份數）

本契約書共訂定一式三份，當事人各在其上簽名蓋章，並各執一份為憑。

　　　　　　　　立契約人：甲方：
　　　　　　　　　　　　　負責人：○○○　[印]
　　　　　　　　　　　　　住址：○○市○○路○號
　　　　　　　　　　　　　乙方：○○○　[印]
　　　　　　　　　　　　　住址：○○縣○○鎮○○路○號
　　　　　　　　　　　　　丙方：○○○　[印]
　　　　　　　　　　　　　住址：○○市○○路○號

中　華　民　國　　○○　年　　○○　月　　○○　日

註：就連續發生之債務為保證而未定有期間者，保證人得隨時通知債權人終止保證契約。

　　前項情形，保證人對於通知到達債權人後發生主債務人之債務，不負保證責任（民法第754條）。

第27章 人事保證

審訂：永然聯合法律事務所所長　李永然

一、人事保證的定義

人事保證謂當事人約定，一方於他方之受僱人將來因職務上之行為而應對他方為損害賠償時，由其代負賠償責任之契約（民法第 756 條之 1 第 1 項）。

二、人事保證契約為要式契約

人事保證契約應以「書面」為之，為要式契約（民法 756 條之 1 第 2 項）。

三、保證人的賠償責任

人事保證的保證人，以僱傭人不能依他項方法受賠償者為限，負其責任。

保證人依前項規定負賠償責任時，除法律是有規定或契約另有訂定外，其賠償金額以賠償事故發生時，受僱人當年可得報酬之總額為限。

四、人事保證的期間

人事保證約定之期間不得逾三年，逾三年者，縮短為三年，上述期間，當事人得更新之。

人事保證未定期間者自成立之日起有效期間為三年。

五、保證人的契約終止權

人事保證未定期間者，保證人得隨時終止契約。

前項終止契約，應於三個月前通知僱傭人。但當事人約定較短之期間者，從其約定。

六、僱傭人負通知義務之情形

1. 僱傭人依法得終止僱傭契約，而其終止事由有發生保證人責任之虞者。

2. 受僱人因職務上之行為而應對僱佣人負損害賠償責任，並經僱佣人向受僱人行使權利者。

3. 僱佣人變更受僱人之職務或任職時間，地點、致加重保證人責任或使其難於注意者。

七、得減免保證人賠償金額情形

有下列情形之一者，法院得減輕保證人之賠償全額或免除之。

1. 有前述之情形，而僱佣人不即通知保證人者。
2. 僱佣人對受僱人之選任監督有疏懈者。

八、人事保證關係的消滅

1. 保證期間屆滿。
2. 保證人死亡。
3. 受僱人死亡、破產、或喪失行為能力。
4. 受僱人之僱佣關係消滅。

九、人事保證請求權的時效

僱佣人對保證人之請求權，因二年間不行使而消滅。

十、契約範例

（一）人事保證書

1. 本契約的特點：本契約為人事保證書。保證人保證受僱人於受僱期間就其對於僱佣人因僱佣關係所受的損害負賠償責任，並願意放棄先訴抗辯權為其特色。
2. 適用對象：本人事保證書適用於僱佣契約所生之人事保證。
3. 基本條款：訂立本契約應訂明保證契約之基本條款。
4. 相關法條：民法第 756 條之 1-8。

人事保證契約 2-27-1

```
                          人事保證書
  姓名：○○○。
  出生年月日：中華民國○○年○○月○○日生。
  本籍：○○市○○路○○號。
```

　　現住地：臺北市○○路○號。

　　貴公司（以下簡稱甲方）錄用○○○（以下簡稱被錄用人），本人（以下簡稱乙方）願
以下列各條項來對貴公司擔保被錄用人之身分：

　　　　一、被錄用人若違反與貴公司之僱傭契約及有故意或嚴重過失而使貴公司在金錢
　　　　　　上、業務上、信用上受損時，願意按照貴公司要求賠償損害金。
　　　　　　本人願放棄先訴抗辯權。

　　　　二、保證時間自本日起，以三年為限，在期滿前三個月，本人若未以書面通知貴公
　　　　　　司更換新保證書時，自期滿日算起，同意再繼續擔任三年的保證人。

恐口無憑，特具此保證書。

此致　　○○公司　臺照

　　　　　　　　　　　　　甲方：
　　　　　　　　　　　　　公司名稱：
　　　　　　　　　　　　　公司地址：
　　　　　　　　　　　　　負責人：○○○　[印]
　　　　　　　　　　　　　住址：
　　　　　　　　　　　　　身分證統一編號：
　　　　　　　　　　　　　公會會員證書字號：
　　　　　　　　　　　　　保證人（乙方）：○○○　[印]
　　　　　　　　　　　　　住址：
　　　　　　　　　　　　　身分證統一編號：

中　　華　　民　　國　　○○　　年　　○○　　月　　○○　　日

註：1. 請求賠償時，不可超過實際損害額。

　　2. 保證人具有先訴抗辯權（民法第745條），然可放棄其中之一（民法第746條第1款）。

　　3. 第2條中雖有「在期滿前三個月，本人若未通知貴公司更換保證書，自期滿日算起，同意再繼續擔
　　　　任三年保證人」的條文，然此被認為與法理有違，故不具效力。換言之，身分保證的更換在法律上
　　　　所言必須在期滿後，重新簽訂身分保證契約才能生效。

（二）薦僱保證書

1. 本保證書的特點：本保證書為人事保證書，保證人願負一切賠償責任，但無放
　 棄先訴抗辯權。

2. 適用對象：本保證書適用於人事保證。

3. 基本條款：訂立本保證書應訂明保證契約之基本條款。

4. 相關法條：民法第756條之1-9。

人事保證契約 2-27-2

薦黟保證書

　　立保單人○○○，今願保○○○至○○公司（或商號）充任○○職務，辦理○事職務，一切遵照公司章程（或號規）。倘有沾染不良嗜好、不守規則及敗壞公司（或商號）名譽，或舞弊情事，聽憑公司隨時辭退。其經手銀錢貨物，設有舛錯，或侵挪虧空等情事，保證人願負賠償之責。恐後無憑，立此保單存照。

立保單人：○○○　印

中　　華　　民　　國　○○　年　○○　月　○○　日

註：人事保證依民法 756 條之 9 之規定準用保證規定，故本人事保證書除依民法第 756 條之 1-8 規外，應
　　依民法保證之規定。

第三編

智慧財產權
的相關契約

第 1 章　著作權

審訂：普華商務法律事務所律師　朱瑞陽

一、讓與

（一）著作權讓與契約書（文責由著作者負責）

1. 本契約的特點：本契約爲著作權讓與契約書，版權爲乙方所有，由乙方辦理著作權登記，文責由甲方負責爲其特色。
2. 適用對象：本契約適用於著作權讓與契約。
3. 基本條款及注意事項：訂立本契約應訂明出版契約之基本條款及其應注意事項。
4. 相關法條：著作權法第 36 條。

著作權契約 3-1-1

著作權讓與契約書

　　立合約者○○○（以下簡稱甲方）受託爲○○○（以下簡稱乙方）編著○○○一書，雙方議定如下：

一、乙方應付甲方稿費每千字○○○百○○○十○○○元整，於簽訂本合約時，先預付○○○元整，餘於甲方交稿時，一次付清。

二、本書預計字數爲○○萬字左右。

三、本書著作權經甲方同意轉讓與乙方承受，由乙方辦理著作權登記。

四、本書如有分割他人著作權，及違背有關著作出版等現行各項法令或國家政策時，由甲方自行負責，與乙方無涉。其因而被有關機關扣留、沒收或禁止發行，致使乙方遭受損失者，甲方應負賠償責任。

五、本書版權屬於乙方，甲方不得就本書內容之全部或一部分予以割裂，自行出版或轉讓。

六、本書之排版校對，由乙方負責，惟求其正確無誤，得請甲方做最後之校核。

七、甲方同意於○○年○○月○○日完稿，交予乙方出版。

　　　　　　立合約人：甲方：○○○　　印

　　　　　　　　　　　住址：

　　　　　　　　　　　籍貫：

　　　　　　　　　　　出生年月日：民國○○年○○月○○日

　　　　　　　　　　　乙方：

```
┌─────────────────────────────────────────────┐
│            負責人：○○○  印                   │
│            登記證：                           │
│            住址：                             │
├─────────────────────────────────────────────┤
│ 中    華    民    國    ○○    年    ○○    月    ○○    日 │
└─────────────────────────────────────────────┘
```

註：本契約著作權轉讓，惟文責及其他法律責任由著作人自負（第4條）。

（二）著作權讓與契約書

1. 本契約的特點：本契約為國立編譯館之譯稿合約，但其無原稿之版權說明為其特色。
2. 適用對象：本契約適用於譯稿著作權讓與契約。
3. 基本條款及注意事項：訂立本契約應訂明出版契約之基本條款及其應注意事項。
4. 相關法條：著作權法第36條。

著作權契約 3-1-2

著作權讓與契約書

（國立編譯館世界名著翻譯委員會譯稿合約）

主編者（簡稱甲方）國立編譯館世界名著翻譯委員會

譯者（簡稱乙方）姓名：○○○　　　　職業：

　　　　　　　　住址：

著作物名稱及作者：原文：○○○○○　　中文譯名：○○○○○

第1條　本合約簽訂後本著作物之著作權永為甲方所有，並得由甲方委託書局出版發行。

第2條　乙方須注意本著作物內容不違反現行法規，並保證無侵害他人著作權或出版權情事。

第3條　本合約簽訂後乙方不得利用本著作物之全部或一部分為下列之行為：

　　　　一、將本著作物自行或委託他人印行。

　　　　二、將本著作物另行讓與第三人。

　　　　三、用自己或第三人名義編印與本著作物類似之著作物。

　　　　四、其他足以妨害甲方及出版發行者應享本著作物一切利益之行為。

第4條　乙方對第2、第3兩條各項保證不實或違反時，所有甲方及出版發行者因此所受之損失，概由乙方賠償。

第5條　本著作物定為○○○○○字，其報酬議定如下：

　　　　一、稿費每千字以新臺幣○○○元計算，於合約簽定後由甲方付給乙方稿費50%，計新臺幣○○○元整。

　　　　二、其餘稿費俟全部交稿後付30%，至乙方照甲方審查意見修正完畢後付清。其不足或超出字數，依實際字數計算。

第6條　本著作物限於○○年○○月○○日由乙方翻譯完竣交予甲方。到期如未完稿，可商請甲方延期交稿，但以延長一年為限，屆時如仍未完稿，乙方應退還預付稿費。

第7條　本著作物送交甲方後，由甲方聘請專家審查，若審查人認為有修改必要，乙方應無酬修改。

第8條　本著作物交稿時，乙方應附撰簡明之內容介紹。付印時，乙方應負最後排樣校對之責，出版後如有讀者質疑甲方不能代答時，乙方須負答覆之責任。

甲方
　　代表人：國立編譯館館長兼主任委員○○○　　（簽章）

| 印花 |

乙方
　　譯者：○○○　　（簽章）
　　推薦人：○○○　　（簽章）

中　華　民　國　○○　年　○○　月　○○　日

註：本契約第2、3條為譯者之禁止條款，譯者應切實遵守，否則應負損害賠償責任。

二、設定質權

著作財產權設定質權契約

1. **本契約的特點**：本契約為著作財產權設定質權契約，債務人以著作財產權設質給債權人以擔保債權。

2. **適用對象**：本契約適用於著作財產權設定質權契約。

3. **基本條款及其應注意事項**：訂立本契約應訂明權利質權之基本條款及其應注意事項。

4. **相關法條**：民法第 900-907 條，著作權法 39 條。

著作權契約 3-1-3

著作財產權設定質權契約書

　　立約人○○出版公司（簡稱甲方），○○○（簡稱乙方），雙方同意訂立著作財產權質權設定契約，共同遵守

一、甲方對於乙方有新臺幣五十萬元正的債權。

二、乙方將其所有○○書的著作財產權設定質權給甲方，甲方同意接受，以擔保前項的債權。

三、設定質權期間由民國○○年○○月○○日至民國○○年○○月○○日，為期兩年，至乙方償還前項債權為止。如雙方同意，可另行協商延長。

四、乙方應將著作權證照交付甲方收執。

五、著作財產權人乙方可以行使其著作財產權。

六、本契約未盡事宜，依民法及著作權法之規定辦理。

七、本契約提出公證後，兩方各執一份。

　　　　　　　立約人：甲方：○○出版公司

　　　　　　　　　　　代表人：○○○

　　　　　　　　　　　地址：

　　　　　　　　　　　乙方：○○○

　　　　　　　　　　　地址：

中　　華　　民　　國　　○○　　年　　○○　　月　　○○　　日

註：著作權法第 39 條規定著作財產權人得行使其著作財產權。

第 2 章　商標權

審訂：恆業法律事務所律師　吳佩諭
　　　恆業法律事務所律師　謝昆峰

一、授權使用

(一) 商標專用權授權使用契約書 (一)

1. 本契約的特點：本契約為商標專用權授權使用契約書，商標專用權人將其商標專用權人授權他人使用而訂立之契約書。
2. 適用對象：本契約適用於商標專用權授權他人使用其商標。
3. 基本條款：訂立本契約應註明商標之內容、商標專用權人、授權使用人，及授權商標專用權之使用用途等。
4. 相關法條：商標法第 39、40 條。

商標權契約 3-2-1

商標專用權授權使用契約書 (一)

　　○○股份有限公司 (以下簡稱甲方) 為使其所擁有之商標專用權得由○○股份有限公司 (以下簡稱乙方) 使用，雙方訂定如下契約：

第 1 條　(商標權之表示)

　　　　甲方將其所擁有後記之商標專用權設定通常使用權：

　　　　一、登記號碼：商標登記第○○○○號。

　　　　二、指定商品：第○類　商品名○○○○○。

第 2 條　(使用權之範圍及期間)

　　　　使用地區：臺灣全域 (包括澎湖等離島)。

　　　　使用期間：中華民國○○年○○月○○日至中華民國○○年○○月○○日。

第 3 條　(使用費)

　　　　乙方以如下方式支付費用予甲方：

　　　　一、金額：製品 A 純銷售額之百分之○。

　　　　二、支付日：以每月月底為限。

　　　　三、支付場所：由乙方親自送交甲方或存入甲方所指定之銀行帳號。

第 4 條　(商標之使用)

　　　　乙方須使用依商標之登記用途使用商標，並應表明該商標為甲方所有。

第 5 條　（使用報告等）

　　　　乙方於標籤、印刷物、手冊、廣告等所用之文案使用甲方商標時應通知甲方。

　　　　乙方須於每月月底前將該月 20 日前所使用商標之一切相關資料做成詳細報告書，向甲方提出報告。

第 6 條　（商標之保護）

　　　　第三者若有侵害本件商標之情形，甲、乙雙方須協力對抗該第三者之侵害行為。

　　　　乙方若發現第三者之侵害行為應即向甲方報告，雙方並就是否對該第三者採取法律行動加以協議。

第 7 條　（登記手續）

　　　　本契約簽訂後，甲方同意無條件配合乙方向主管機關辦理商標授權登記，登記費用由乙方負擔。

第 8 條　（終止之手續）

　　　　本契約經雙方合意終止時，乙方得將於契約終止時已開始製造，但已支付使用費之附有甲方商標製品Ａ。繼續銷售○○個月。

第 9 條　（協議事項）

　　　　有關本契約未定之事項（侵害排除之方法、費用、紛爭時之裁判管轄等），經甲、乙雙方協議後加以解決。

第 10 條　（契約份數）

　　　　本契約一式二份，甲、乙雙方各執一份為憑。

　　　　　　　　　　　　　　甲方：

　　　　　　　　　　　　　　公司名稱：

　　　　　　　　　　　　　　公司地址：

　　　　　　　　　　　　　　代表人：○○○　印

　　　　　　　　　　　　　　住址：

　　　　　　　　　　　　　　身分證統一編號：

　　　　　　　　　　　　　　乙方：

　　　　　　　　　　　　　　公司名稱：

　　　　　　　　　　　　　　公司地址：

　　　　　　　　　　　　　　代表人：○○○　印

　　　　　　　　　　　　　　住址：

　　　　　　　　　　　　　　身分證統一編號：

中　　華　　民　　國　　○○　　年　　○○　　月　　○○　　日

註：1. 商標專用權之授權他人使用應向主管機關登記，未經登記不得對抗第三人，授權使用人經商標專用權人同意，再授權他人使用，亦須經主管機關登記（商標法第 39、40 條）。

　　2. 授權他人使用商標之契約中，當事人得視實際情況，而約定商標僅得於特殊（定）用途下使用、使用商標之服務或產品之品質標準、禁止轉讓，及糾紛解決等約定。

（二）商標專用權授權使用契約書（二）

1. 本契約書的特點：本契約為商標專用權授權使用契約書，由授權人將其所有商標專用權授權予被授權人使用。
2. 適用對象：本契約適用於商標專用權授權使用契約。
3. 基本條款：訂立本契約應訂明授權人、被授權人、商標專用權之內容之基本條款。
4. 相關法條：商標法第 39、40 條。

商標權契約 3-2-2

商標專用權授權使用契約書（二）

　　立契約人○○公司（甲方）、○○公司（乙方）雙方合意訂立商標專用權授權使用契約書條件如下：

第 1 條　（標的）

　　甲方同意將其所有下列之商標專用權授權予乙方使用。

　　商標登記第○○號　第○類　商品名○○○　商標證書副本如附件。

第 2 條　（範圍、期間、內容）

　　本商標專用權使用之範圍、期間、內容如下：

　　範圍：中華民國領域

　　期間：中華民國○○年○○月○日至○○年○○月○○日，六年期間。

　　內容：有關○○製品之商標。

第 3 條　（使用費用）

　　乙方每年使用費用為新臺幣一百萬元正，每年 1 月 1 日付清一年使用費。

第 4 條　（登記）

　　甲方應予本契約訂立後三日內，向主管機關辦理授權使用登記。登記費用由○方負擔。

第 5 條　（使用）

　　乙方應使大眾明確認識的方法使用本商標，於商品適當的地方表示本商標。未經甲方同意，乙方不得再授權第三人使用本商標。

第 6 條　（報告及品質維持義務）

　　乙方應於每月○○日前以書面對甲方報告商標之使用狀況及使用商標後商品販賣的狀況。乙方應確保其出售之○○製品之品質如有任何瑕疵均應由乙方自行負責。

第 7 條　（侵害排除）

　　乙方對於他人侵害本商標之情事，應立即報告甲方，共同協力排除此侵害行為。

第 8 條　（終止權）

　　甲乙雙方有一方違約之情事，無違約之一方得終止本契約，如有損害並請求損害賠償。

第 9 條　（合意管轄）

　　本契約爭議所引起的訴訟由臺北地方法院依中華民國法律裁判。

```
　　　　　　　立契約人：甲方：○○公司
　　　　　　　　　　　　負責人：○○○　［印］
　　　　　　　　　　　　地址：
　　　　　　　　　　　　乙方：○○公司
　　　　　　　　　　　　負責人：○○○　［印］
　　　　　　　　　　　　地址：
中　　華　　民　　國　○○　年　　○○　月　　○○　日
```

註：依據商標法第 39 條之規定，商標專用權授權他人使用，該授權應向商標主管機關登記後，方得對抗
　　第三人。故為求授權具完整之效力，宜於契約中約定向主管機關登記事宜，即本契約第 4 條之規定。

二、讓與

商標專用權讓與契約

1. 本契約的特點：本契約為商標專用權讓與契約，由讓與人將其商標專用權讓與
　　受讓人。
2. 適用對象：本契約適用於商標專用權讓與契約。
3. 基本條款：訂立本契約應訂明讓與人、受讓人、商標專用權之內容之基本條
　　款。
4. 相關法條：商標法第 39、42 條。

商標權契約 3-2-3

商標專用權讓與契約書

　　立契約人○○公司（甲方）、○○公司（乙方）雙方合意訂立本商標專用權讓與契約書
條件如下：

第 1 條　（標的）
　　　　　甲方將其所有之左列商標專用權讓與乙方。
　　　　　商標○○○號　第○類　商品名○○○　商標證書正本如附件。
第 2 條　（價格）
　　　　　本商標專用權之讓與價格為新臺幣一百萬元正，付款辦法：
　　　　　一、乙方於本契約訂立時給付甲方30%。
　　　　　二、商標移轉登記完成時，乙方給付甲方70%。
第 3 條　（登記）
　　　　　甲方應於本契約訂立後三日內向商標專責機關提出移轉登記，逾時一日罰金新臺
　　　　　幣○○元正，登記費用由乙方負擔。
第 4 條　（侵害排除）
　　　　　自本契約訂立之日起，甲方不得再使用本契約之商標專用權。甲方並不得將本契約
　　　　　之商標專用權再讓與他人。

第 5 條　（解除）

　　　　甲乙雙方有任何一方違反本契約之規定，無過失之一方得解除本契約，並請求違約之一方損害賠償。

第 6 條　（協議）

　　　　本契約無規定事項及對本契約疑義之解釋，由契約雙方秉持公平正義原則協議解決。

第 7 條　（合意管轄）

　　　　本契約引起爭議之訴訟，由臺北地方法院依中華民國法律裁判。

立契約人：甲方：○○公司

負責人：○○○　印

地址：

乙方：○○公司

負責人：○○○　印

地址：

中　　華　　民　　國　　○○　　年　　○○　　月　　○○　　日

註：本契約第3條符合商標法第42條之規定。

第3章 專利權

審訂：恆業法律事務所律師　吳佩諭
恆業法律事務所律師　謝昆峰

一、授權

（一）專利權授權實施契約書

1. 本契約的特點：本契約為專利權授權實施契約書，由專利授權人授權被授權人製造、販賣專利產品之契約。
2. 適用對象：本契約適用於專利權授權契約。
3. 基本條款：訂立本契約應訂明專利授權人、被授權人及授權內容之基本條款。
4. 相關法條：專利法第 62、63 條。

專利權契約 3-3-1

專利權授權契約書

　　立契約當事人○○公司（甲方）、○○公司（乙方）雙方合意訂立專利授權契約書條件如下：

第1條　（標的）
　　　　甲方授權乙方實施甲方所有下列專利權。專利第○○○號之專利權，專利證書副本如附件。

第2條　（授權區域、期間、範圍）
　　　　區域：中華民國領域。
　　　　期間：本專利權有效期間。
　　　　範圍：製造、販賣上開專利產品。

第3條　（權利金）
　　　　乙方應支付之權利金為新臺幣○○○元正，於向專利主管機關登記後，一次付清予甲方。

第4條　（登記及資料之提供）
　　　　訂立本契約後，甲方應在三日內向專利主管機關提出授權實施之登記，登記費用由乙方負擔。
　　　　與本專利權相關之一切使用、製造，或生產資料、技術，亦應於三日內交付予被授權人，以使授權人實施專利權。如該資料或技術有著作權之登記者，該著作權亦應一併授予，授予著作權之約定，由雙方另行以書面約定之。

第 5 條　（侵害排除）

乙方發現第三人有侵害本專利權時，應立即通知甲方，共同協力排除。

第 6 條　（改良發明）

甲方對於本件專利有改良發明時，應無償提供予乙方。

第 7 條　（技術指導與品質保證）

乙方實施本件專利有困難之時，甲方應給予乙方技術指導，排除困難。乙方應確保其所製造、販賣之專利產品之品質，如有任何瑕疵，應由乙方自行負責。乙方並應經其產品或包裝容器上為專利授權之標示。

第 8 條　（終止）

甲乙雙方如有一方違反本契約之規定，無違約之一方得終止契約，受損害之一方得請求損害賠償。

第 9 條　（合意管轄）

本契約之爭議，由臺北地方法院依據中華民國法律裁判。

立契約人：甲方：○○公司

負責人：○○○　印

住址：

乙方：○○公司

負責人：○○○　印

住址：

中　　華　　民　　國　　○○　　年　　○○　　月　　○○　　日

註：1. 本契約第 4 條符合專利法第 62、63 條之規定。

2. 專利權人授予被授權人之權利，基本上可分為使用權、製造權及銷售權等三種實施權，授權型態則可分為專屬性與非專屬性之授權。故契約雙方當事人得視實際需要，決定授予實施權之範圍，與是否專屬。如係專屬權利，雙方當事人可於合約中規定：「授予專利權之實施，專屬於被授權人，且不得移轉或轉讓。」

3. 契約當事人得視實際需要，決定是否增訂「保證條款」，其規定為：「專利權人應保證所提供之一切專利資料及技術資料，為正確、完整、即時且足夠被授權人實施於授權產品。」「專利權人保證，係有權將契約中所定之一切專利權授予被授權人實施，被授權人依契約規定實施被授予之權利時，應不致侵害第三人之權利。」

二、讓與

（一）專利權讓與契約書

1. 本契約的特點：本契約為專利權讓與契約書，讓與人以相當之代價將專利權讓與受讓人。

2. 適用對象：本契約適用於專利權讓與契約。

3. 基本條款：訂立本契約應訂明讓與人、受讓人及讓與之內容之基本條款。

4. 相關法條：專利法第 62、63 條。

專利權契約 3-3-2

專利權讓與契約書

　　立契約當事人○○公司（甲方）、○○公司（乙方）雙方合意訂立專利權讓與契約書條件如下：

第1條　（標的）
　　　　甲方讓與乙方下列甲方所有之專利權。
　　　　專利○○○號專利權，專利證書正本如附件。

第2條　（價格）
　　　　本專利權讓與價格為新臺幣一百萬元正。付款辦法：
　　　　一、訂立本契約時，乙方付予甲方價金30%。
　　　　二、讓與登記完畢後，乙方再付予甲方70%。

第3條　（登記）
　　　　本契約訂立後，甲方應在三天內向專利專責機關辦理讓與登記，登記費用由乙方負擔。

第4條　（專屬權利）
　　　　甲方保證讓與乙方專屬之權利，且甲方不得再使用之。

第5條　（資料提供及技術指導）
　　　　甲方應提供乙方對於本專利權實施之一切相關資料，及技術指導，直至乙方能完全使用為止。

第6條　（解除）
　　　　甲乙雙方之任何一方違反本契約內容時，無違約之一方得解除本契約，並對違約之一方請求損害賠償。

第7條　（協議）
　　　　本契約無規定之事項，及對本契約之解釋疑義，應由雙方協議圓滿解決。'

第8條　（合意管轄）
　　　　本契約之爭執，由臺北地方法院依據中華民國法律裁判。

立契約人：甲方：○○公司
負責人：○○○　印
地址：
乙方：○○公司
負責人：○○○　印
地址：

中　華　民　國　○○　年　○○　月　○○　日

註：本契約第3條符合專利第62條之規定。

三、設定質權

專利權設定質權契約書

1. **本契約的特點**：本契約為專利權設定質權契約書，由債務人提供專利權設質給債權人為債權擔保。依據專利法第 6 條之規定，專利權得讓與或繼承。故專利權得為質權之標的。
2. **適用對象**：本契約適用於專利權設質契約書。
3. **基本法條與應注意事項**：訂立本契約應訂明權利質權之基本條款，並注意其應注意事項。
4. **相關法條**：民法第 900-907 條，專利法第 6 條第 3 項。

專利權契約 3-3-3

專利權設定質權契約書

　　立約人○○電子股份有限公司（簡稱甲方），○○○（簡稱乙方）為專利權設定質權訂立本契約，共同遵守。

一、甲方對乙方有新臺幣一百萬元整的債權。

二、乙方提供其新發明之電子遊樂器之專利權設定質權給甲方為前項債權的擔保。

三、設定質權期間為二年，由民國○○年○○月○○日至民國○○年○○月○○日，乙方償還甲方債權為止。如需延長，由雙方協商，並另以書面協議定之。惟如債權屆清償期，乙方未清償債務，且雙方未另行協議本期間，甲方得依據民法及第 893 條之規定取償。

四、甲方不得實施本設質之專利權。

五、乙方應於本契約書生效時，將專利權證書交付甲方收執。於乙方清償債務完畢或質權期間屆滿，乙方另提擔保品時，甲方應將專利權證書歸還。

六、本契約未盡事宜，依民法及專利法規定辦理。

七、本契約書如有增刪變更，應由雙方另行以書面協議為之。

八、本契約提出公證後，雙方各執一份。

立約人：甲方：○○電子股份有限公司
代表人：○○○
地址：
乙方：○○○
地址：

中　　華　　民　　國　　○○　　年　　○○　　月　　○○　　日

註：專利法第 6 條第 3 項規定，以專利權為權利標的設定質權者，除契約另有約定外，質權人不得實施該專利權。

第四編

親屬關係的相關契約

第 1 章　婚　約

審訂：臺灣臺北地方法院所屬民間公證人

重慶聯合事務所副所長　陳李聰

一、定義

　　婚約爲男女雙方約定將來結婚之契約。婚約應由男女當事人自行約定。且男須滿十七歲，女須滿十五歲。未成年人訂定婚約，應得法定代理人之同意。

二、契約當事人法定權利義務

1. 婚約之效力：婚約不得請求強迫履行。
2. 解除婚約之事由：婚約當事人之一方，有下列情形之一者，他方得解除婚約：
   （民法第 976 條）
   (1) 婚約訂定後再與他人訂定婚約或結婚者。
   (2) 故違結婚期約者。
   (3) 生死不明已滿一年者。
   (4) 有重大不治之病者。
   (5) 有花柳病或其他惡疾者。
   (6) 婚約訂定後成爲殘廢者。
   (7) 婚約訂定後與人通姦者。
   (8) 婚約訂定後受徒刑之宣告者。
   (9) 有其他重大事由。
3. 解除婚約之效力：解除婚約時，無過失之一方，得向有過失之他方請求賠償其因此所受之損害。即使不是財產上之損害，受害人亦請求賠償相當之金額。婚約當事人之一方無第 976 條之理由而違反婚約者，對於他方因此所受之損害，應負賠償之責。雖非財產上之損害，受害人亦得請求賠償相當之金額，但以受害人無過失者爲限。因訂定婚約而爲贈與者，婚約無效、解除或撤銷時，當事人之一方，得請求他方返還贈與物。

三、婚約應訂明之基本條款

- 📖 當事人雙方。
- 📖 因婚約而為贈與者，其記載。
- 📖 約定結婚期日或期間者，其約定。
- 📖 其他雙方合意事項。

四、訂立婚約應注意事項

婚約不以書面及公開儀式為必要。只要雙方意思表示一致，即為成立。

五、契約範例

（一）訂婚證書

1. 本證書的特點：本證書為訂婚證書，由男女雙方情投意合訂立，如符合法定年齡，本證書為有效訂婚證書。
2. 適用對象：本訂婚證書適用於情投意合，符合法定年齡的男女青年的訂婚證書。
3. 基本條款及注意事項：訂立婚約應訂明婚約之基本條款及其應注意事項。
4. 相關法條：民法第 972-979 條、979 之 1-2。

親屬契約 4-1-1

訂婚證書

立訂婚書人○○○，○○省○○市人
　　現年○歲，中華民國○○年○月○日○時出生
　　住址○○○○○○
立訂婚書人○○○，○○省○○縣人
　　現年○歲，中華民國○○年○月○日時出生
　　住址○○○○○○
　　茲因雙方情投意合，情願將來永結同心共偕白髮，並邀請○○○、○○○兩位先生為福證已於民國○○年○月○日○時在○○省○○市○○路○○號禮廳正式訂婚，除互贈送戒指以作信物外特立本書為證。

　　　　　　　　　　　　　　　立訂婚書人：
　　　　　　　　　　　　　　　立訂婚書人：
　　　　　　　　　　　　　　　證　　　人：
　　　　　　　　　　　　　　　證　　　人：

| 中 | 華 | 民 | 國 | ○○ | 年 | ○ | 月 | ○ | 日 |

註：本訂婚證書為男女雙方情投意合，自行訂定，具法律效力。

（二）解除婚約同意書

1. **本同意書的特點**：本同意書為解除婚約同意書，男女雙方因性情不投，志趣各異，同意解除婚約，具法律效力。
2. **適用對象**：本解除婚約同意書適用於男女雙方同意自願解除婚約。
3. **基本條款及注意事項**：解除婚約條款，應訂立如訂婚之基本條款及注意其應注意其應注意事項。
4. **相關法條**：民法第 976 條。

親屬契約 4-1-2

解除婚約同意書

　　立解除婚約同意書人○○○（以下簡稱甲方）與○○○（以下簡稱乙方）於民國○○年○月○日在○○訂婚，茲因發現彼此性情不投，志趣各異，兩願解除婚約，協議條款如後：

第 1 條　甲乙雙方訂婚前後互贈之信物，各自返還。
第 2 條　甲乙方願給甲乙方新臺幣○○元。
第 3 條　嗣後男婚女嫁各不相干。
第 4 條　本同意書經雙方簽名蓋章公證後生效。

　　　　　　　　　　　甲　　　方：
　　　　　　　　　　　法定代理人：
　　　　　　　　　　　乙　　　方：
　　　　　　　　　　　法定代理人：

| 中 | 華 | 民 | 國 | ○○ | 年 | ○ | 月 | ○ | 日 |

註：本解除婚約同意書由雙方互相同意訂定，具解除婚約之效力。

第 2 章　結婚及夫妻財產制

審訂：臺灣臺北地方法院所屬民間公證人
重慶聯合事務所副所長　陳李聰

一、說　明

1. 結婚之要件：結婚，應有公開之儀式及二人以上之證人。經依戶籍法為結婚之登記者，推定其已結婚。男未滿十八歲，女未滿十六歲者，不得結婚。而未成年人結婚，應得法定代理人同意。

2. 結婚之限制：與下列親屬，不得結婚，違反者其婚姻無效：
   (1) 直系血親及直系姻親。
   (2) 旁系血親及旁系姻親之輩分不相同者，但旁系血親在八親等之外，旁系姻親在五親等之外者，不在此限。
   (3) 旁系血親之輩分相同，而在八親等以內者。但六親等及八親等之表兄弟姊妹，不在此限。
   (4) 前述姻親結婚之限制，於姻親關係消滅後，亦適用之。因收養而成立之直系親屬，在收養關係終止後，亦不得結婚。
   (5) 監護人與受監護人於監護關係存續中，不得結婚，但經受監護人父母之同意者，不在此限。
   (6) 有配偶者，不得重婚。且一人不得同時與二人結婚。違反者，其婚姻無效。
   (7) 因姦經判決離婚者或受刑之宣告者，不得與相姦者結婚。
   (8) 女子自婚姻關係消滅後，非逾六個月不得再行結婚，但於六個月內已分娩者，不在此限。

3. 結婚之撤銷：結婚撤銷之效力，不溯及既往。其得撤銷之原因如下：

原因	撤銷權人	撤銷權消滅之事由
(1) 男未滿十八歲，女未滿十六歲而結婚者	當事人或法定代理人	當事人已達結婚年齡或已懷胎者。
(2) 未成年人未得法定代理人之同意而結婚者	法定代理人	法定代理人知悉其事之日起已逾六個月。 結婚後已逾一年或已懷胎者。

原因	撤銷權人	撤銷權消滅之事由
(3) 監護人與受監護人於監護關係存續中未經受監護人父母之同意而結婚者	受監護人或其最近親屬	結婚逾一年。
(4) 女子自婚姻關係消滅後未逾六個月，亦未於六個月內分娩而再行結婚者	前夫或前夫之直系血親	自前婚姻關係消滅後已滿六個月，或已在再婚後懷胎者。
(5) 因姦經判決離婚，或受刑之宣告，而與相姦者結婚者	前配偶	結婚已逾一年者。
(6) 當事人之一方於結婚時不能人道而不能治者	他方當事人	於知悉其不能治之時起已逾三年者。
(7) 當事人之一方於結婚時，係在無意識或精神錯亂中者	當事人	回復常態後逾六個月。
(8) 因被詐欺或被脅迫而結婚者	當事人	發現詐欺或脅迫終止後逾六個月。

二、婚姻之普通效力

1. **冠姓**：夫妻各保有其本姓。但得書面約定以其本姓冠以配偶之姓，並向戶籍機關登記（民法第 1000 條第 1 項），冠姓之一方得隨時回復其本姓。但於同一婚姻關係存續中以一次為限（民法第 1000 條第 2 項）。

2. **同居義務**：夫妻互負同居之義務，但有不能同居之正當理由者，不在此限（民法第 1001 條）。

3. **夫妻之住所**：夫妻之住所，由雙方共同協議之，未為協議或協議不成時，得聲請法院定之（民法第 1002 條第 1 項）。法院為前項裁定前，以夫妻共同戶籍地推定為其住所（民法第 1002 條第 2 項）。

4. **日常家務之代理權**：夫妻於日常家務，互為代理人（民法第 1003 條第 1 項）。夫妻之一方濫用前項代理權時，他方得限制之，但不得對抗善意第三人（民法第 1003 條第 2 項）。

5. **家庭生活費用之分擔**：家庭生活費用，除法律或契約另有約定外，由夫妻各依其經濟能力，家事勞動，或其他情事分擔之（民法第 1003 條之 1 第 1 項），因前項費用所生的債務由夫妻負連帶責任（民法第 1003 條之 1 第 2 項）。

三、夫妻財產制

夫妻得於婚前或婚後以契約約定其夫妻財產制爲共同財產制、分別財產制或法定財產制。其契約之訂定、變更或廢止應以書面爲之，且非經登記，不得對抗第三人。未以契約訂立者，以法定財產制爲其夫妻財產制。

各種夫妻財產權之區別如下：

（一）法定財產制

1. 婚前財產與婚後財產：夫或妻之財產與婚後財產，由夫妻各自所有。不能證明爲婚前或婚後財產者，推定爲婚後財產；不能證明爲夫或妻所有之財產推定爲夫妻共有（民法第 1017 條第 1 項）。夫或妻婚前財產，於婚姻關係存續中所生之孳息，視爲婚後財產（民法第 1017 條第 2 項）。

   夫妻以契約訂立夫妻財產制後，於婚姻關係存續中改用法定財產制者，其改用前之財產視爲婚前財產（民法第 1017 條第 3 項）。

2. 管理、使用、收益，及處分：夫或妻各自管理、使用、收益及處分其財產（民法第 1018 條）。

3. 自由處分金：夫妻於家庭費用外，得協議一定數額之金錢，供夫或妻自由處分（民法第 1018 條之 1）。

4. 婚後財產報告義務：夫妻就其婚後財產，互負報告義務（民法第 1022 條）。

5. 各負清償債務之責：夫妻各自對其債務負清償之責任（民法第 1023 條）。

   夫妻之一方以自己財產清償地方之債務時，雖於婚姻關係存續中，亦得請求償還。

6. 婚前或婚姻關係存續中所負債務之清償（民法第 1030 條之 2）：夫或妻之一方以其婚後財產清償其婚前所負債務，或以其婚前財產清償婚姻關係存續中所負債務，除已補償者外，於法定財產制關係消滅時，應分別納入現存之婚後財產或婚姻關係存續中所負債務計算。

   夫或妻之一方以其民法第 1030 條之 1 但書之財產清償婚姻關係存續中所負債務者，適用前項規定。

7. 爲減少他方對剩餘財產之分配而處分其婚後財產（民法第 1030 條之 3）：夫或妻爲減少他方對於剩餘財產之分配，而於法定財產制關係消滅前五年內處分其婚後財產者，應將該財產追加計算，視爲現存之婚後財產。但爲履行道德上義務所爲之相當贈與，不在此限。

   前項情形，分配權利人於義務人不足清償其應得之分配額時，得就其不足

額，對受領之第三人於其所受利益內請求返還。但受領爲有償者，以顯不相當對價取得者爲限。

前項對第三人之請求權，於知悉其分配權利受侵害時起二年間不行使而消滅。自法定財產制關係消滅時起，逾五年者亦同。

8. 婚後財產之價值計算（民法第 1030 條之 4）：夫妻現存之婚後財產，其價值計算以法定財產制關係消滅時爲準。但夫妻因判決而離婚者，以起訴時爲準。

於前條應追加計算婚後財產，其價值計算以處分時爲準。

（二）共同財產制

1. 定義：夫妻之財產及所得，除特有財產外，合併爲共同財產，屬於夫妻公同共有（民法第 1031 條）。
2. 特有財產：下列財產爲特有財產（民法第 1031 條之 1）
   (1) 專供夫或妻個人使用之物。
   (2) 夫或妻職業上必需之物。
   (3) 夫或妻所受之贈物，贈與人以書面聲明爲其特有財產者。
   前項所定之特有財產，適用關於分別財產制之規定。
3. 共同財產之管理及處分（民法第 1032、1033 條）：共同財產，由夫妻共同管理，但約定由一方管理者，從其約定，管理費用由共同財產負擔。

夫妻之一方，對於共同財產爲處分時應得他方之同意。同意之欠缺，不得對抗第三人。但第三人已知或可得而知其欠缺，或依情形，可認爲該財產屬於共同財產者，不在此限。

4. 夫妻所負債務之清償：夫或妻結婚前或結婚關係存續中所負之債務，應由共同財產，並各就其特有財產負清償責任。
5. 共同財產之補償請求權：共同財產所負之債務，而以共同財產清償者，不生補償請求權。

共同財產之債務，以特有財產清償，或特有財產以共同財產清償者，有補償請求權，雖於婚姻關係存續中亦得請求。

6. 共同財產制之消滅：
   (1) 夫妻一方死亡：夫妻一方死亡時，共同財產之半數，歸屬於死亡者之繼承人，其他半數，歸屬於生存之他方。
   前項財產之分割，其數額另有約定者，從其約定，第一項情形，如該生存之他方，依法不得爲繼承人時，其對於共同財產得請求之數額，不得超過

於離婚時所應得之數額。

(2) 因其他原因：共同財產制關係消滅時，除法律另有規定外，夫妻各取回其訂立共同財產制契約時之財產。

共同財產制關係存續中取得之共同財產，由夫妻各得其半數。但另有約定者，從其約定。

7. 勞力所得共同財產制：夫妻得以契約訂定僅以勞力所得為限為共同財產。勞力所得係指夫或妻於婚姻關係存續中取得之薪資工資、紅利、獎金及其他與勞力所得有關之財產收入。勞力所得之孳息及代替利益，亦同。

不能證明為勞力所得或勞力所得以外財產者，推定為勞力所得。

夫或妻勞力所得以外之財產，適用分別財產制之規定。

民法第 1034、1038、1040 條適用於勞力所得共同財產制。

（三）分別財產制

1. 定義：夫妻各保有其財產之所有權，各自管理、使用、收益及處分。
2. 夫妻債務清償之適用：適用民法第 1023 條之規定。
3. 財產之取回（民法第 1058 條）：夫妻離婚時，除採分別財產制者外，各自取回其結婚或變更夫妻財產制時之財產。如有剩餘，各依夫妻財產制之規定分配之。

四、夫妻財產制契約登記實務

辦理夫妻財產制契約登記聲請程序：

1. 登記機關：夫妻財產制契約登記事件，由地方法院登記處辦理之。
2. 登記範圍：夫妻財產制得於結婚前或結婚後，以契約就民法所定約定財產中選擇其一，為夫妻財產制，於婚姻關係存續中並得以契約廢止其財產契約，或改用他種約定財產制。
3. 夫妻財產制種類：
   (1) 共同財產制：夫妻之財產及所得，除特有財產外，合併為共同財產，屬於夫妻公同共有，故不問係結婚時所有或婚後所取得，均為共同財產，即使妻因勞力所得之報酬，亦為此之「所得」。
   (2) 分別財產制：夫妻各保有其財產之所有權、管理權及使用、收益權，妻以其財產管理權付與夫者，推定有以該財產之收益供家庭生活費用之權，此項管理權之付與，妻得隨時取回，此取回權不得拋棄（民法第 1044 條）。

4. 登記之效力：夫妻財產制契約之訂立、變更、廢止應以書面為之，且非經登記不得以對抗第三人，因此，夫妻財產制契約屬於要式行為，如不依法定方式以書面為之者，應為無效，惟該登記僅為對抗第三人之要件，並非生效要件。至於登記之效力，自何時開始，非訟事件法採不溯及既往原則，對於登記前夫或妻所負債務之債權人不生效力，亦不影響依其他法律所為財產權登記之效力。

5. 登記類別：分訂約登記、變更登記、廢止登記三類。
登記應用夫妻財產制之法定名稱。

6. 管轄：由夫或贅夫之妻之住所地法院管轄，不能在住所地為登記，或其主要財產在居所地者，得由居所地之法院管轄，如再不能依上項規定，定管轄法院者，由中央政府所在地之法院管轄。

7. 登記之聲請人：
(1) 必須夫妻雙方親至法院辦理，若僅有單獨聲請，法院登記處不予受理，如有一方染病在床或行動不便而意識清醒者，可由一方聲請法院至現場辦理登記手續，唯須另交出差費。
(2) 由契約當事人共同聲請，但其契約經公證者，或依非訟事件法第 104 條重為登記者，得由一方聲請之。
(3) 當事人為未成年人或為禁治產人，其登記之聲請，應加具法定代理人同意之證明文件。
(4) 民國 74 年 6 月 5 日民法修正後，夫妻財產制契約登記費，係以聲請人所登記之財產價值計算，再按照非訟事件法第 15 條規定繳交，所以無財產者，不能辦理夫妻財產制契約登記。
(5) 未正式結婚之夫妻，不可聲請辦理登記。

8. 聲請手續：
(1) 聲請登記應具聲請書，記載夫妻姓名、職業、住居所，由聲請人簽名或蓋章。
聲請登記，係委由代理人為之者，應附具委任書、登記時應提出國民身分證，或其他證明文件，聲請人或代理人為外國人者，應提出其護照或居留證或其他證件，以證明聲請人或代理人確係本人。
(2) 訂約登記之聲請書應記載結婚年、月、日，結婚地點，約定財產制之種類，附具夫妻財產制契約書，財產目錄及其證明文件，財產依法應登記者，應提出該管機關所發給之謄本。
(3) 變更登記聲請書，應記載原登記之約定財產制，變更之種類，訂定變更契約年、月、日，並附具契約書。

(4) 廢止登記之聲請書，應記載原登記之約定財產制，訂立廢止契約年、月、日，並附具契約書。

9. 登記之文件：

(1) 最近一個月內之戶籍謄本——向戶籍所在地之戶政事務所申請。夫妻同在一戶內，僅送一份；如不在同一戶內或各有其住所時，必須夫妻各一份戶籍謄本。

(2) 最近一個月內之印鑑證明——向戶籍所在地之戶政事務所申請，夫及妻各一份。

(3) 國民身分證影印本——夫及妻之身分證正面及背面影印本各一份。

(4) 財產目錄：（填寫於財產清冊內）

A. 不動產：

① 向不動產所在地之地政事務所申請最近一個月內之土地及建物（房屋）之登記謄本各一份。並提出其所有權狀原本及影印本各一份核對。

② 不動產如係妻於結婚前且以其名義購買者，請填寫於「原有財產欄」內。

③ 不動產如係夫妻結婚後購置者，無論係以夫或妻名義登記，均填寫於「財產清冊」內。

④ 登記之不動產是否須繳贈與稅，請先向稅捐處洽詢。

⑤ 不動產之價額以提出地政事務所地價證明書及土地、房屋納稅通知書為準。

B. 其他財產：如動產或有價證券等，均須提出確實文件釋明，無則免列。

10. 簽名式或印鑑：訂約登記，應同時提出夫及妻之簽名式或印鑑於法院，以後提出於法院之文書，應為同式之簽名或蓋印鑑章。

前項印鑑毀損、遺失或被盜時，應即刊登當地新聞紙三日聲明作廢，並取具二人之證明書，向法院聲請更換。

11. 公告：登記之公告，應由聲請人於收受公告副本後三日內登載於當地新聞紙。

其契約訂有特有財產或約定由妻管理聯合財產者，亦應於公告內註明。

12. 重為登記：已登記之住居所有變更時，應於變更後三個月以內，向新住居所地之法院登記處聲請重為登記，並應提出原登記簿謄本或影印本及住居所變更後之戶籍謄本或影印本各一份，向新住居所地之法院聲請之。其不重為登記者，前登記簿之登記，因滿三個月而失其效力。

自住居所變更之日起三個月內未向新住居所地之法院聲請重為登記，復遷回原住居所者，其住居所視為未變更。

13. 外國人之夫妻財產登記：依涉外民事法律適用法第 48 條之規定，而依中華民國法律訂立之夫妻財產制契約聲請登記者，適用前開各規定。

14. 登記之異議：聲請人或利害關係人對於登記處處理登記事務認有違反法令或不當時，得於知悉後十日內提出異議。但於處理事務完畢後已逾二個月時，不得提出異議。

五、範例說明

【結婚方式】

（一）結婚證書

1. 本證書的特點：本證書為結婚證書，男女雙方結婚有公開儀式，並有有兩人以上證人，為有效婚姻。
2. 適用對象：本結婚證書適用於男女成年結婚之證明書。
3. 基本條款：結婚應符合民法規定之實質要件及形式要件之條款。
4. 相關法條：民法第 980-984 條。

親屬契約 4-2-1

結婚證書

結婚人○○○，男性○○省○○市人○○職業

　　現年○歲中華民國○年○月○日○時生

　　住址○○○○○○

結婚人○○○，女性○○省○○市人○○職業

　　現年○歲中華民國○年○月○日○時生

　　住址○○○○○○

　　承蒙○○○、○○○兩位先生介紹於中華民國○○年○月○日○時生○市○區○街○號○禮廳舉行結婚與禮恭請○○○先生證婚嘉禮初成良緣遂締看此日桃花灼灼宜室宜家琴瑟和鳴互助精誠共鳴鴛鴦之譜此證

立結婚證書人：○○○ 印

立結婚證書人：○○○ 印

證　婚　人：○○○ 印

證人（即介紹人）：○○○ 印

證人（即介紹人）：○○○ 印

中　華　民　國　　○○　年　　○　月　　○　日

註：本結婚證書雖符合民法結婚之形式要件，但亦須符合民法規定之實質要件，結婚始有效力。

結婚登記

● 申請人

1. 申請人。
2. 結婚當事人之一方。
3. 受委託人（有正當理由經戶政事務所核准者為限）。
4. 利害關係人（無上列 1.項之申請人時）。

● 法令依據

1. 戶籍法：第 4 條第 1 項第 4 款、第 9、10、33 條、第 47 條第 1、2 項。
2. 戶籍法施行細則：第 13 條第 1 項第 4 款。
3. 民法及其他相關法令。

● 應繳附書件及注意事項

1. 結婚證書。但結婚雙方當事人及證人二人親自到場辦理登記者，得免提結婚證明文件。
2. 雙方當事人之戶口名簿、國民身分證、印章或簽名（外國人憑護照或國籍證明文件辦理）。
3. 夫妻各保有其本姓，如欲以本姓冠以配偶之姓，得書面約定憑辦，冠姓後得隨時回復其本姓，但於同一婚姻關係存續中以一次為限。
4. 在國外結婚者，其證書須翻譯成中文經我駐外使館處驗（認）證，如駐外館處僅就原文證件驗（認）證，應另經我國法院或民間公證人辦理中文譯文認證。委託他人代辦時，授權書或委託書亦應驗證。
5. 與外國人士或國內無戶籍之華僑結婚者，應另附單身證明並翻成中文譯本（須經我駐外使領館處驗證，東南亞人士應另經我國外交部覆驗；由香港政府出具者，須經我中華旅行社驗證），但提憑經我國法院公證之結婚證書或在對方政府機關辦妥結婚註冊並經駐外使領館處驗證之文件，無庸提具單身證明。
6. 臺灣地區與大陸地區人民於大陸地區結婚者，憑大陸地區有關機關出具之結婚證明文件。經海基會驗證後辦理；如委託代辦，委託書亦應驗證。
7. 結婚登記同時辦理遷入者，應參照遷入有關規定。
8. 未成年人結婚，應得法定代理人之同意；如未經同意登記後，法定代理人得向法院請求撤銷。
9. 結婚當事人應各備最近兩個月內拍攝之正面、脫帽（直四公分橫二‧八公分或是二吋）半身薄光面黑白或彩色相同之照片三張（不得戴有色眼鏡）及工本費

換發新國民身分證。
10. 證明文件應繳驗正本。
　● **法定申報期限：三十日內，逾期依戶籍法科罰罰鍰。**

（二）入贅協議書（法院公證書例稿）

1. 本協議書的特點：本協議書為男方入贅女家之協議書，協議無違反法律強制及禁止規定為有效之協議書。
2. 適用對象：本協議書適用於男方入贅女方，雙方之協議書。
3. 基本條款：結婚之實質及形式要件，應遵守，始為有效婚姻。
4. 相關法條：民法第 980-984 條。

親屬契約 4-2-2

入贅協議書

　　立協議書人○○○（稱簡女方）○○○（以下為男方），因入贅聯姻事，議定條件如下：

第 1 條　男方願入贅女方為贅夫。
第 2 條　冠姓約定：男方冠女方之女生。
第 3 條　男方以女方住所為住所。
第 4 條　男方有奉養女方父母之義務，維持家計之責任，其他一切權利義務悉依法律規定。
第 5 條　雙方所生之子女冠女方女生。
第 6 條　本同意書經雙方及經公證後生效。

　　　　　　　　　男方：
　　　　　　　　　女方：

中　　華　　民　　國　　○○　年　　○　月　　○　日

註：入贅協議書為附條件之男女結婚，無違反法律強制及禁止規定為有效婚姻。

（三）未成年人結婚家長同意書（法院公證處例稿）

1. 本同意書的特點：本同意書為未成年人結婚家長同意書，由父母以法定定代理人身分出具同意以符合法律規定。
2. 適用對象：本同意書適用未成年人結婚，須經法定代理人出具同意。
3. 基本條款：本同意書應由法定代理人親自簽名蓋章以符合法律規定
4. 相關法條：民法第 981 條。

親屬契約 4-2-3

未成年人結婚家長同意書

　　立同意書人父○○○母○○○茲因吾子○○○女○○○與○○○君　○○○小姐於民國○○年○月○日在○○地方法院公證結婚。本人因事不能於舉行婚禮時到場行使同意權，特以法定代理人身分立此同意書為據。

立同意書人：父：○○○（簽名蓋章）
母：○○○（簽名蓋章）
國民身分證　父：
統一編號　母：

中　　華　　民　　國　　○○　　年　　○　　月　　○　　日

（證明單位主管簽名或蓋章）

註：1. 本同意書請村里長或警察所……等機關主管簽證證明。
　　2. 未成年人之父母於舉行婚禮時到場，即不用本同意書。

【夫妻財產制】

（一）夫妻分別財產制契約書（法院公證處例稿）

1. **本契約書的特點**：本契約為夫妻分別財產制契約，夫請求妻對於家庭生活費用為相當的負擔。

2. **適用對象**：本契約適用於夫妻分別財產制。

3. **基本條款**：夫妻雙方各保有財產之所有權、管理權、使用收益權，及處分權，應明確記載，以符合法律規定。

4. **相關法律**：民法第 1044、1046 條。

親屬契約 4-2-4

夫妻分別財產制契約書

　　立夫妻財產制契約人夫○○○妻○○○經雙方同意，選擇分別財產制為夫妻財產制，訂立契約如後：

第1條　雙方各保有其財產之所有權、管理權，使用收益權及處分權。

第2條　專供夫或妻個人使用之物，夫或妻職業上必需之物，夫或妻所受之贈物經贈與人聲明為其特有財產者，妻因勞力所得之報酬等特有財產，均同前條之約定。

第3條　夫或妻對債務之清償，依民法第 1046 條規定。

第4條　夫得請求妻對於家庭生活費用為相當之負擔。

第5條　夫妻財產制契約之訂立、變更或廢止，由雙方共同向管轄法院聲請登記。

第6條　夫妻財產制契約之登記，對於登記前夫或妻所負債務之債權人，不生效力，亦不影響依其他法律所為財產權登記之效力。

第7條　雙方財產如所附目錄所載。

```
訂約人      夫 :
身分證統一編號 :
住        址 :
           妻 :
身分證統一編號 :
住        址 :
```

中　　華　　民　　國　　○○　　年　　○　　月　　○　　日

註：本契約第 2 條規定妻因勞力所得之報酬為特有財產、妻有所有權、管理權，使用收益權及處分權。

（二）共同財產制契約書

1. 本契約的特點：本契約為夫妻共同財產制，夫妻依民法夫妻共同財產制之規定及雙方之約定訂立本契約。
2. 適用對象：本契約適用於夫妻共同財產制契約。
3. 基本條款：本契約訂立明定夫妻雙方之財產為公同共有。
4. 相關法條：民法第 1031-1034、1038-1040 條。

親屬契約 4-2-5

夫妻共同財產制契約書

　　立共同財產制契約人○○○（以下簡稱為甲方），同立契約人○○○（以下簡稱為乙方），因甲方與乙方由○○○、○○○兩女士之媒介於民國○○年○月○日締結婚約並擬定於民國○○年○月○日在臺灣○○地方法院公證處舉行公證結婚，茲為甲乙雙方協議結果願意於結婚之前約定夫妻共同財產制，因乙方現為未成年人，故特經請其法定代理人○○○之同意並邀同媒介人兩位為證人，訂立本共同財產契約各應遵守條件如下：

第 1 條　甲方與乙方約定自民國○○年○月○日結婚時起除法定特有財產外，對於甲乙雙方現有及將來取得之一切動產及不動產，暨精神上及勞力上所得之財產，願意合併為共同財產而為甲乙雙方之公同共有。

第 2 條　甲方與乙方約定將來取得之不動產所有權登記，均應用甲乙雙方之名義為取得共同共有權登記。

第 3 條　甲乙雙方對於共同財產各不得擅自處分其應有部分。

第 4 條　關於共同財產之管理使用收益，由甲方任之，其所需管理費用由共同財產負擔之。

第 5 條　甲乙雙方之一方對於共同財產為處分時，除屬於純粹管理上所必要之處分外，則須由甲乙雙方共同為處分，或一方應事先徵得他方之同意始得為之。

第 6 條　甲方對於共同財產管理不善或有浪費之虞時，乙方得請求劃分財產。又乙方認為甲方之管理財產不善有使負債超過資產之虞時，得以廢止本共同財產制。

第 7 條　甲方對於左開債務由甲方單獨，並就共同財產負清償之責任：

　　一　甲方在結婚前所負之債務。

　　二　甲方在婚姻關係存續中所負之債務。

　　　三　乙方因日常家務代理行為所生之債務。

　　　四　除第 3 款規定外乙方在婚姻關係存續中以共同財產為負擔之債務。

第 8 條　乙方對於下列債務由乙方個人並就共同財產負清償之責任：

　　　一　乙方在結婚前所負之債務。

　　　二　乙方因職務或營業所生之債務。

　　　三　乙方因繼承財產所負之債務。

　　　四　乙方因侵權行為所生之債務。

第 9 條　乙方對於下列之債務應由乙方之特有財產負清償之責任：

　　　一　乙方就其特有財產設定之債務。

　　　二　乙方逾越日常家務代理權限之行為所生之債務。

第 10 條　甲乙雙方間之家庭生活費用，除應由共同負擔外，如共同財產不足負擔時，須先由甲方負擔，而甲方無支付能力時，由乙方負擔之。

第 11 條　甲乙雙方對於共同財產所負之債務，經一方將自己之特有財產為清償時，或個人之特有財產所生之債務，以共同財產為清償者，均得對他方請求補償。

　　　前項補償請求權雖在婚姻關係存續中亦得請求之。

第 12 條　甲乙雙方如有一方死亡時，對於共同財產應以平均分割取得之。即共同財產之半額歸於死亡者之繼承人，其他半數歸屬於生存之一方。但生存之一方若依法不得為繼承人時，對於共同財產得請求之數額，不得超過離婚時所應得之數額。

第 13 條　共同財產關係，因民法第 1009 條至第 1011 條規定之情形，或因廢止本契約以及改用他種約定財產制，因甲方與乙方離婚，而消滅對於共同財產之分割，於甲乙雙方各取得共同財產之半數。

第 14 條　本共同財產契約，於甲乙雙方在婚姻關係存續中，得隨時以契約廢止或變更，或改用他種約定財產制契約。

第 15 條　甲乙雙方訂立本契約後，應依民法第 1008 條及非訴訟事件法第 44 條之規定，經向所轄法院聲請公證，及為夫妻財產契約之登記。

　　　　　　　　　　　　立共同財產契約人：

　　　　　　　　　　　　住　　　　　　址：

　　　　　　　　　　　　立共同財產契約人：

　　　　　　　　　　　　住　　　　　　址：

　　　　　　　　　　　　上 法 定 代 理 人：

　　　　　　　　　　　　住　　　　　　址：

　　　　　　　　　　　　證　　　　　　人：

　　　　　　　　　　　　住　　　　　　址：

　　　　　　　　　　　　證　　　　　　人：

　　　　　　　　　　　　住　　　　　　址：

中　　華　　民　　國　　○○　　年　　○　　月　　○　　日

註：本契約第 13 條規定共同財產制消滅及共同財產分配之方法。

第3章 離婚

審訂：臺灣臺北地方法院所屬民間公證人
重慶聯合事務所副所長　陳李聰

一、說　明

1. 兩願離婚之要件：夫妻兩願離婚者，得自行離婚，但未成年人應得法定代理人同意。離婚應以書面爲之，有二人以上證人之簽名並應向戶政機關爲離婚之登記（民法第 1049、1050 條）。

2. 判決離婚：夫妻之一方，以他方有下列情形之一者爲限，得向法院請求判決離婚：（民法第 1052 條）

    (1) 重婚。

    (2) 與配偶以外之人合意性交。

    (3) 夫妻之一方對他方爲不堪同居之虐待。

    (4) 夫妻之一方對他方之直系尊親屬爲虐待，或夫妻之一方之直系尊親屬對他爲虐待，致不堪爲共同生活者。

    (5) 夫妻之一方，以惡意遺棄他方，在繼續狀態中。

    (6) 夫妻之一方，意圖殺害他方。

    (7) 有不治之惡疾者。

    (8) 有重大不治之精神病者。

    (9) 生死不明已逾三年者。

    (10) 被處三年以上之徒刑，或因犯不名譽之罪被處徒刑者。但有請求權之一方，自知悉後已逾一年，或自其情事發生後已逾五年者，不得請求離婚。因故意犯罪經判處有期徒刑逾六個月確定。

    (11) 有前述以外之重大事由，難以維持婚姻者，夫妻之一方得請求離婚。但其事由應由夫妻之一方負責者，僅他方得請求離婚。

3. 對未成年子女權義行使或負擔：判決離婚者，關於未成年子女權義之行使或負擔，由一方或雙方共同任之。未爲協議或協議未成者法院得依夫妻之一方，主管機關、社會福利機構或其他利害關係人之請求酌定之（民法第 1055 條第 1 項）。

4. 損害賠償及贍養費：夫妻之一方，因判決離婚而受有損害者，得向有過失之他方請求賠償。雖非財產上之損害，受害者若無過失，亦得請求賠償相當之金額。夫妻無過失之一方，因判決離婚而陷於生活困難者，他方縱無過失，亦應給予相當之贍養費（民法第 1056、1057 條）。

5. 財產之取回：夫妻離婚時，無論其原用何種夫妻財產制，各取回其固有財產。如有短少，由有管理權之一方負擔。但其短少係由非可歸責於有管理權之一方事由而生者，不在此限（民法第 1058 條）。

二、協議離婚應訂明之基本條款

- 雙方當事人及二人以上之證人。
- 有子女時之監護權約定。
- 財產之分配。
- 贍養費或子女扶養費之約定。
- 離婚協議自至戶政機關登記後生效。

三、範例說明

（一）離婚書（法院公證處例稿）

1. 本契約的特點：本契約為離婚書，為夫妻兩願離婚證書，對子女之監護，財產之處置，贍養費之給與有明確規定。

2. 適用對象：本離婚書適用於夫妻雙方兩願離婚。

3. 基本條款：協議離婚應訂離婚之基本條款，以符合法律規定。

4. 相關法條：民法第 1049、1050 條。

親屬契約 4-3-1

離婚書

　　立離婚書人〇〇〇與〇〇〇茲因夫妻感情不睦，難偕白首，經慎重考慮後，決定兩願離婚，自即日起，雙方解除夫妻關係，此後男婚女嫁，各聽自由，除下開附款外，並無其他條件。特立此為憑。

一、子女之監護：〇〇〇〇〇。

二、財產之處置：〇〇〇〇〇。

三、贍養費之給與：〇〇〇〇〇。

立離婚書人　男方：〇〇〇（簽名蓋章）

女方：〇〇〇（簽名蓋章）

證人：○○○（簽名蓋章）

證人：○○○（簽名蓋章）

中　華　民　國　○○　年　○　月　○　日

註：兩願離婚書應向戶政機關為離婚登記，始生效力。

離婚登記

● 申請人

1. 離婚雙方當事人。
2. 判決離婚確定者，得以當事人之一方為申請人。
3. 受委託人（兩願離之案件，其委託須有正當理由並經戶政事務所核准）。
4. 利害關係人（關於判決離婚無申請人時）。

● 法令依據

1. 戶籍法：第 4、9、10、34 條、第 47 條第 1、2 項。
2. 戶籍法施行細則：第 13 條第 1 項第 4 款。
3. 民法及其他相關法令。

● 應繳附書件及注意事項

1. 離婚協議書或離婚判決書及確定書。
2. 國外離婚者，其書約應翻譯成中文經我駐外館處驗（認）證，協議離婚書經加註「符合行為地法」之字樣者得單方申辦。
3. 如駐外館處僅就原文證件驗（認）證，應另經我國法院或民間公證人辦理中文譯文認證。如委託代辦時，授權書或委託書亦應驗證。
4. 與大陸地區人民離婚書件（含委託書）須經海基會驗證，法院離婚確定裁判須再經我法院裁定認可。
5. 協議離婚，雙方須同時到場申辦，以登記日期為離婚生效日。
6. 當事人之戶口簿、國民身分證、印章（或簽名）。
7. 當事人最近兩個月內拍攝之正面，脫帽（直四公分橫二・八公分或是二吋）半身薄光面黑白或彩色相同之照片三張（不得戴有色眼鏡）及工本費換發國民身分證。
8. 證明文件應繳驗正本。

● **備註**

1. 兩願離婚，應以書面為之，有二人以上證人之簽名，並應向戶政機關為離婚之登記始生效。
2. 未成年人離婚協議書須經其法定代理人簽章同意，但父母均已死亡者不在此限。

● **法定申報期限：三十日內，逾期依戶籍法科罰罰鍰。**

（二）悔過書

1. 本悔過書的特點：本悔過書，因夫妻間發生有應離婚之事件，因夫妻一方之原諒，而避免夫妻離婚。
2. 適用對象：本悔過書適用於夫妻發生離婚事件，但夫妻一方之原諒，一方提出悔過書而避免離婚。

親屬契約 4-3-2

悔過書

　　立悔過書人○○○因與夫○○○妻○○○發生○○○○○○○○○○○事件。今蒙夫○○○妻○○○原諒，不予追究，不辦離婚。此後重新做人，決不打罵，決不滋事，決不○○，如果違反，即願接受法律嚴懲並辦離婚。特書立本悔過書，請法院認證。

悔過人：○○○（簽名蓋章）
同意人：○○○（簽名蓋章）
見證人：○○○（簽名蓋章）

中　　華　　民　　國　　○○　　年　　○　　月　　○　　日

註：本悔過書如為立悔過書人繼續違反悔過內容，同意人之一方，可以提出離婚請求。

第 *4* 章　認領與收養

審訂：臺灣臺北地方法院所屬民間公證人

重慶聯合事務所副所長　陳李聰

一、認　領

　　認領乃生父承認非婚生子女為其自己之子女。生父對於非婚生子女，得隨時認領。但非婚生子女或其生母對於生父之認領，得否認之，非婚生子女與生母之關係，視為婚生子女，無須認領。生父認領非婚生子女後，不得撤銷認領，但有事實足認其非生父者，不在此限（民法 1070 條）。

1. 認領請求權：認領請求權，有事實足認其為非婚生子之生父者非婚生子女或其生母或其他法定代理人，得向生父提起認領之訴（民法第 1067 條第 1 項）前項認領之訴於生父死亡後，得向生父之繼承人為之。生父為繼承人養，得向社會福利主管機關為之（民法第 1067 條第 2 項）。
2. 認領之效果：非婚生子女經生父認領者，視為婚生子女。其經生父撫育者，視為認領（民法第 1065 條第 1 項）。認領之效力，溯及於出生時。但第三人已得之權利，不因此而受影響（民法第 1069 條）。

二、收　養

　　收養者，乃雙方當事人以取得親子身分為目的所為之法律行為，收養他人子女，須具備下列要件：

1. 收養者之年齡，應長於被收養者二十歲以上。但夫妻共同收養時，夫妻之一方長於被收養者二十歲以上，而他方僅長於被收養者十六歲以上，亦得收養。夫妻之一方收養他方之子女時，應長於被收養者十六歲以上。（民法第 1073 條）
2. 下列親屬不得收養為養子女：
   一、直系血親。
   二、直系姻親。但夫妻之一方，收養他方之子女者，不在此限。
   三、旁系血親在六親等以內及旁系姻親在五親等以內，輩分不相當者。（民法第 1073 條之 1）

3. 夫妻收養子女時，應共同爲之。但有下列各款情形之一者，得單獨收養：
　　一、夫妻之一方收養他方之子女。
　　二、夫妻之一方不能爲意思表示或生死不明已逾三年。（民法第 1074 條）
4. 除夫妻共同收養外，一人不得同時爲二人之養子女。（民法第 1075 條）
5. 夫妻之一方被收養時，應得他方之同意。但他方不能爲意思表示或生死不明已逾三年者，不在此限。（民法第 1076 條）
6. 子女被收養時，應得其父母之同意。但有下列各款情形之一者，不在此限：
　　一、父母之一方或雙方對子女未盡保護教養義務或有其他顯然不利子女之情事而拒絕同意。
　　二、父母之一方或雙方事實上不能爲意思表示。
　　前項同意應作成書面並經公證。但已向法院聲請收養認可者，得以言詞向法院表示並記明筆錄代之。
　　第一項之同意，不得附條件或期限。（民法第 1076 條之 1）
7. 被收養者未滿七歲時，應由其法定代理人代爲並代受意思表示。
　　滿七歲以上之未成年人被收養時，應得其法定代理人之同意。
　　被收養者之父母已依前二項規定以法定代理人之身分代爲並代受意思表示或爲同意時，得免依前條規定爲同意。（民法第 1076 條之 2）
8. 養子女與養父母及其親屬間之關係，除法律另有規定外，與婚生子女同。
　　養子女與本生父母及其親屬間之權利義務，於收養關係存續中停止之。但夫妻之一方收養他方之子女時，他方與其子女之權利義務，不因收養而受影響。
　　收養者收養子女後，與養子女之本生父或母結婚時，養子女回復與本生父或母及其親屬間之權利義務。但第三人已取得之權利，不受影響。
　　養子女於收養認可時已有直系血親卑親屬者，收養之效力僅及於其未成年且未結婚之直系血親卑親屬。但收養認可前，其已成年或已結婚之直系血親卑親屬表示同意者，不在此限。
　　前項同意，準用第 1076 條之 1 第 2 項及第 3 項之規定。（民法第 1077 條）
9. 養子女從收養者之姓或維持原來之姓。
　　夫妻共同收養子女時，於收養登記前，應以書面約定養子女從養父姓、養母姓或維持原來之姓。
　　第 1059 條第 2 項至第 5 項之規定，於收養之情形準用之。（民法第 1078 條）
10. 收養應以書面爲之，並向法院聲請認可。
　　收養有無效、得撤銷之原因或違反其他法律規定者，法院應不予認可。（民法第 1079 條）

三、收養契約書之要點

- 收養者與被收養者及其法定代理人。
- 改姓之記載。
- 雙方互相之權利義務約定。

四、聲請認可收養子女程式

聲請認可收養子女事件，以收養人及被收養人爲聲請人，但被收養人未滿七歲，而無法定代理人者，得僅以收養人爲聲請人。聲請認可收養子女事件，由收養人住所地之法院管轄。但收養人在中華民國無住所或住所不明時，以在中華民國之居所視爲住所。無居所或住所不明者，以其在中華民國最後之住所視爲住所。無最後住所者，以最高法院所指定之法院爲管轄法院。

聲請認可應提出下列文件：

1. 收養契約書。
2. 戶籍資料文件：爲證明被收養者非民法第 1073 條之 1 所規定不得收養之親屬，最好提出戶籍謄本及親屬系統表。收養當事人之一方爲外國人者，應提出該國護照影本。但被收養人未滿七歲，未申報戶口，且無法定代理人者，毋庸提出上開戶籍文件。
3. 被收養者之配偶同意書：有配偶者被收養時，應得其配偶之同意。
4. 成年人被收養時，應取得其本生父母所具無須由其照顧、扶養之證明文件。如未能取得該文件者，應陳明其事由。
5. 未成年人被收養時，收養人應提出職業、財產及健康證明文件。外國人收養我國人爲養子女者，並應提出收養行爲合於其本國法律之證明書。

收養人已有收養子女者，應記載該女子之現況，如已終止收養者，應陳明終止收養之原因事實。

法院對於聲請事件，認有調查之必要時，得訊問收養當事人及其他關係人。但收養人居住國外，不能親自到場者，得以授權書指定代理人爲到場。委任他人辦理收養手續之授權書，須經收養人簽名，並經我國駐外機關之認證。授權書內應載明代理人及被收養人，不得作概括委任。

五、範例說明

【認　領】

（一）認領子女同意書（生父與生母結婚）

1. **本同意書的特點**：本子女認領同意書為生父與生母結婚，父與生母婚前所生之子女視為婚生子女。
2. **適用對象**：本子女認領同意書適用於生父與生母結婚。
3. **基本條款**：本認領同意書應註明生父，生母結婚之事實及非婚生子女之身分。
4. **相關法條**：民法第 1064 條。

親屬契約 4-4-1

認領子女同意書（一）

　　立認領子女同意書人○○○（以下簡稱甲方）○○○（以下稱簡乙方）我倆於民國○○年間同居，育有○孩○○○乙名（民國○○年○月○日生），現甲乙雙方，已於民國○○年○月○日正式結婚，理應將○○○認領為婚生子女。以上情形，經甲乙雙方同意，特立認領子女同意書公證為憑。

　　　　　　　　立認領子女同意書人（甲方）：
　　　　　　　　立認領子女同意書人（乙方）：

中　　華　　民　　國　　○○　　年　　○　　月　　○　　日

註：民法第 1064 條規定非婚生子女，其生父與生母結婚者視為婚生子女。

（二）認領子女同意書（生母同意生父認領，法院公證處例稿）

1. **本契約之特點**：本契約為生父認領子女同意書，並經生母同意由生父認領。
2. **適用對象**：本認領書適用於生父認領非婚子女，並經生母同意。
3. **基本條款**：本同意書應註明生父、生母及非婚生子之身分。
4. **相關法條**：民法第 1065 條。

親屬契約 4-4-2

認領子女同意書(二)

　　立認領同意書人○○於民國○○年○月○日所生男女孩○○○現年○歲，茲同意由其生父○○○認領，特立同意書為證。

　　　　　　　　認領人：
　　　　　　　　同意人：

中　　華　　民　　國　　○○　　年　　○　　月　　○　　日

註：非婚生子女經生父認領者，視為婚生子女（民法第 1065 條第一項前段）

認領登記

● 申請人

1. 認領人。
2. 被認領人（認領人不爲申請時）
3. 受委託人（有正當理由經戶政事務所核准者爲限）。
4. 利害關係人（無上列 1.2. 項之申請人時）。

● 法令依據

1. 戶籍法：第 7、30 條、第 47 條第 1、2 項。
2. 戶籍法施行細則：第 13 條第 1 項第 2 款。
3. 民法及其他相關法令。

● 應繳附書件及注意事項

1. 一般認領：生父認領同意書。
2. 判決認領：法院判決書及確定證明書。
3. 撫育認領：生父撫育證明文件。
4. 申請人印章（或簽名）、身分證暨被認領人之戶口名簿、身分證。（未領證者免附）
5. 被認領人如欲從母姓者，應附生父母約定書，否則應依民法第 1059 條第 1 項規定從父姓。
6. 被認領人係非婚生子女之證明文件（生母戶籍資料），若生母爲外國人者須繳附該國政府核發之生母單身證明文件（該證明文件須翻譯成中文經我駐外使領館處驗證。東南亞地區人士應另經外交部覆驗）。
7. 被認領人於國外出生在臺無戶籍者，須附繳出生證明書（該證明文件須翻譯成中文經我駐外使領館處驗證）。
8. 生父在國外，委託代辦登記時，應附繳授權書、生父認領同意書（該文件須翻譯成中文經我駐外使領館處驗證）。
9. 被認領人領有國民身分證者應備最近兩個月內拍攝之正面，脫帽（直四公分橫二·八公分或是二吋），半身薄光面黑白或彩色相同之照片三張（不得戴有色眼鏡）及工本費換發新國民身分證。
10. 證明文件須繳驗正本。

● **備註**

　　外國人認領本國子女或本國人認領外國子女時，應提符合我國及該國法律認領有效成立之文書或我國法院認領公證書，申辦認領登記。

● **法定申報期限：三十日內，逾期依戶籍法科罰罰鍰。**

【收　養】

● **收養子女契約書**（法院公證處例稿）

1. 本契約的特點：本收養契約書為七歲以上，未成年人為人收養，經法定代理人之同意。
2. 適用對象：本收養契約適用於未成年人為人收養，經法定代理人同意。
3. 基本條款：收養契約之基本條款應註明收養者，被收養者及其法定代理人，改姓記載，雙方權利義務之約定。
4. 相關法條：民法第 1072-1075、1077-1079 條。

親屬契約 4-4-3

収養子女契約書

　　收養人○○○與被收養人○○○間為收養子女事誼訂立契約如左：

第 1 條　○○○夫婦，茲願共同收養○○○為養子（女）。

第 2 條　○○○（男　女，民國○○年○月○日出生，○○省○○縣人）願被○○○夫婦共同收養。

第 3 條　被收養人之法定代理人○○○同意○○○之被收養。

第 4 條　被收養人自本收養契約生效之日起，改從收養人姓○○仍名○○。

第 5 條　收養人與被收養人間，互負扶養之義務，有互享繼承之權利。

第 6 條　收養人對被收養人，有管教培育之責任。

第 7 條　本收養契約書經雙方簽名後生效，特立契約為憑。

　　　　　　　　　　收　養　人：

　　　　　　　　　　住　　　址：

　　　　　　　　　　被 收 養 人：

　　　　　　　　　　法定代理人：

　　　　　　　　　　住　　　址：

中　華　民　國　　○○　年　　○　月　　○　日

註：收養子女應聲請法院認可。

收養登記

● 申請人

1. 申請人。
2. 收養人或被收養人。
3. 受委託人。
4. 利害關係人（無上列 1.項之申請人時）。

● 法令依據

1. 戶籍法：第 4、8、31 條。
2. 民法及其他相關法令。

● 應繳附書件及注意事項

1. 法院認可裁定書及裁定確定證明書。
2. 收養人及被收養人身分證、戶口名簿、申請人印章（或簽名）。
3. 僑居國外委託辦理時，須附經我駐外使領館處認證之授權書（委託書）。
4. 養子女應從收養者之姓，但共同收養之子女適用民法第 1059 條之規定。
5. 被收養人領有國民身分證者，應備最近兩個月內拍攝之正面，脫帽（直四公分
   橫二‧八公分或是二吋）半身薄光面黑白或彩色相同之照片三張（不得帶有色
   眼鏡）及工本費換發國民身分證。
6. 大陸地區公證書經海基會驗證後，仍須經法院認可確定。
7. 證明文件應繳驗正本。

● 法定申報期限：三十日內，逾期依戶籍法科罰罰鍰。

【終止收養】

（一）終止收養契約書（被收養者已成年）

1. 本契約的特點：本契約為終止收養契約書，由收養者與被收養者合意終止收養
   關係。
2. 適用對象：本終止收養關係契約書適用於收養者與被收養者合意終止收養關
   係。
3. 基本條款：合意終止收養關係，應註明由雙方同意終止，被收養人為成年人。
4. 相關法律：民法第 1080、1083 條。

親屬契約 4-4-4

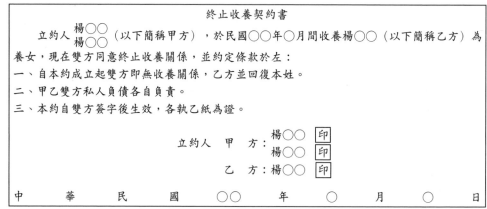

終止收養契約書

　　立約人 楊○○／楊○○（以下簡稱甲方），於民國○○年○月間收養楊○○（以下簡稱乙方）為養女，現在雙方同意終止收養關係，並約定條款於左：

一、自本約成立起雙方即無收養關係，乙方並回復本姓。

二、甲乙雙方私人負債各自負責。

三、本約自雙方簽字後生效，各執乙紙為證。

　　　　　　立約人　甲　方：楊○○　印
　　　　　　　　　　　　　　楊○○　印
　　　　　　　　　　乙　方：楊○○　印

中　華　民　國　○○　年　○　月　○　日

註：本終止收養契約書被收養者已成年。

（二）終止收養同意書（被收養者未成年）法院公證處例稿

1. 本同意書的特點：本契約為終止收養同意書，收養者與被收養者合意終止收養關係，惟被收養者為未成年。
2. 適用對象：本終止收養契約適用於被收養者為未成年。
3. 基本條款：合意終止收關係，應註明雙方同意終止，被收養人為未成年人，應經本生父母代理同意。
4. 相關法條：民法第 1080、1083 條

親屬契約 4-4-5

終止收養同意書

　　立終止收養同意書人○○○（以下簡稱甲方）於民國○○年○月○日收養○○○（以下簡稱乙方）為養子（女），茲因感情不洽，雙方同意終止收養關係，並約定條款如下：

第 1 條　自本同意書生效日起，雙方終止收養關係，乙方回復本姓，由生父（生母）領回。

第 2 條　甲乙雙方私人負債，各自負責償還。

第 3 條　甲方願贈乙方○○○。

第 4 條　本同意書經雙方簽名蓋章公證後生效，各執乙紙為證。

　　　　　　甲方（收養人）：
　　　　　　乙方（被收養人）：
　　　　　　上法定代理人：

中　華　民　國　○○　年　○　月　○　日

註：終止收養關係養子女無行為能力，應由本生父母代為之，養子女為限制行為能力人，應得本生父母同意。其本生父母不詳或已死亡者，其終止收養之同意，亦宜由收養終止後其他當為其法定代理人之代為，或其同意。

終止收養登記

● 申請人

1. 申請人。
2. 收養人。
3. 被收養人（收養人不為或不能申請時）。
4. 受委託人（有正當理由經戶政事務所核准者為限）。
5. 利害關係人（無上列 1.2. 項之申請人時）。

● 法令依據

1. 戶籍法：第 8、32、第 47 條第 1、2 項。
2. 民法及其他相關法令。

● 應繳附書件及注意事項

1. 終止收養書約或法院判決書及判決確定證明書。在國外作成之終止收養書約，須翻譯成中文經我國駐外館處驗（認）證。如駐外館處僅就原文證件驗（認）證，應另經我國法院或民間公證人辦理中文譯文認證。
2. 養父母死亡後，養子女不能維持生活而無謀生能力者，得聲請法院許可終止收養，提憑法院判決書及判決確定證明書辦理。
3. 戶口名簿、收養人或被授權人及被收養人之國民身分證（無證者免），申請人印章（或簽名）。
4. 與大陸地區人民終止收養之書件須經海基會驗證（含授權書）。
5. 領有國民身分證者，應備最近兩個月內拍攝之正面，脫帽（直四公分橫二・八公分或是二吋），半身薄光面黑白或彩色相同之照片三張（不得戴有色眼鏡）及工本費換發國民身分證。
6. 證明文件應繳驗正本。

● 法定申報期限：三十日內，逾期依戶籍法科罰罰鍰。

第5章　監護登記

審訂：臺灣臺北地方法院所屬民間公證人
重慶聯合事務所副所長　陳李聰

一、申請人

1. 監護人。
2. 受委託人。

二、法令依據

1. 戶籍法：第4、11、35條。
2. 戶籍法施行細則：第13條第1項第5款。
3. 民法及其他相關法令。

三、應繳附書件及注意事項

1. 法定監護：依民法第1094條規定父母均不能行使、負擔對於未成年子女之權利義務，或父母死亡而無遺囑指定監護人時，或遺囑指定之監護人拒絕就職時依下列順序定期監護人：（請檢附親屬關係證明文件。）
   (1) 與未成年人同居之祖父母。
   (2) 與未成年人同居之兄姊。
   (3) 不與未成年人同居之祖父母。
2. 委託監護：被監護人生父母之委託書（應註明一定期限及特定事項）。
3. 遺囑監護：後死之父或母遺囑。
4. 法院指定監護：法院裁定書。
5. 受監護宣告之監護：受監護宣告裁定書（受監護宣告未指定監護人者須檢附親屬證明文件）。
6. 監護人申請：國民身分證、印章（或簽名）。
7. 委託他人申請：委託書、受託人國民身分證、印章（或簽名）。
8. 國外委託代辦，須附我駐外使領館處或政府認可之機構驗證之委託或授權書；

如係大陸地區製作之文件須經海基會驗證。

9. 證明文件應繳驗正本。

四、範例說明

【監護人有關職務事項】

（一）遺囑指定監護人

親屬契約 4-5-1

遺囑指定監護人

　　立遺囑人：○○○，因老弱多病，體力日衰，茲以次子○○，尚未成年，須人管教，特委託胞弟○○○，為次子○○之監護人，自本人百年後，負擔監護責任。

　　　　　　　　立遺囑人：○○○
　　　　　　　　見　證　人：○○○
　　　　　　　　　　　　　　○○○

中　　華　　民　　國　　○○　　年　　○　　月　　○　　日

註：依民法第 1093 條規定：最後行使，負擔對於未成年人之權利，義務之父或母，得以遺囑指定監護人。

（二）決定扶養方法之親屬會議紀錄

1. 本會議紀錄的特點：本會議紀錄為決定扶養方法之親屬會議紀錄。由親屬會議決定扶養方法。

2. 適用對象：本會議紀錄適用於親屬會議決定扶養方法之紀錄。

3. 基本條款：本會議紀錄應書明親屬會議成員，被扶養人，扶養方法。

4. 相關法條：民法第 1120 條。

親屬契約 4-5-11

決定扶養方法之親屬會議紀錄

時　　　間：中華民國○○年○月○日
地　　　點：○○市○○路○○號
召　集　人：○○○（即被扶養人）
出　席　者：親屬會議會員○○○等人。
主　　　席：出席者一致推舉○○○為主席
記　　　錄：○○○

主席報告：茲據前開召集人聲稱：其任公職多年，於○○年○月退休，年紀已逾花甲，老邁
　　　　　體衰，已無收入，曾將所有財產分贈與三子分家各獨立生活，而本身由長男○○
　　　　　○長期扶養，因近來染患○○症，亦經長男支付，據醫師診斷尚須要住院療治○
　　　　　星期，其費用需新臺幣○○○元整，因長男過去所支出扶養以及醫療費不在少
　　　　　數，其現時生意蕭條，收入減少，已難負擔此筆住院醫療費用，而次男○○三
　　　　　男○○過去尚未負擔扶養，且現時經濟較優，理應由彼等負擔開支，但各推諉負
　　　　　擔而協議不成，特召開親屬會議，請決定負擔方法。

決　　議：一、被扶養人○○○之○○病認應住院，其所需費用一切應由次男○○三男○○
　　　　　　　均分負擔，限於○○年○月○日各應先交給新臺幣○○○元與被扶養人，其
　　　　　　　餘應按實際之需要而給付之。
　　　　　二、爾後對被扶養人之扶養，其三子應均分負擔之，日後喪葬諸費亦同。

　　　　　　　　　　　　　　　　　　　　　　　主席：○○○
　　　　　　　　　　　　　　　　　　　　　　　記錄：○○○

註：親屬間之扶養方法，原則上由當事人協議決定，如不能協議時，才由親屬會議決定（民法第 1120
　　條）。如親屬會議之決議有不服時，得依民法第 1137 條規定。向法院聲訴。親屬會議仍不能議定，
　　或其決議不允洽（指給而過少或根本不給之情形而言）或未為給否之任何決議時，亦得向法院聲訴，
　　由法院裁判決定。

（三）同意護養療治受監護之人之親屬會議紀錄

1. 本會議紀錄的特點：本會議記錄為同意護養療治受監護人之親屬會議紀錄，由
　監護人提請親屬會議同意護養療治受監護人。
2. 適用對象：本會議紀錄適用於親屬會議同意護養療治禁治產人。
3. 基本條款：本會議紀錄應書明護養療治受監護之人之方法。
4. 相關法條：民法第 1112 條。

繼承的契約

第1章 遺囑

審訂：臺灣臺北地方法院所屬民間公證人
重慶聯合事務所副所長　陳李聰

一、說　明

1. **遺囑的性質**：遺囑乃因遺囑人死亡而發生效力之單獨要式行為。下列行為必須以遺囑為之：
   (1) 監護人之指定。
   (2) 遺產分割方法之指定。
   (3) 遺產分割之禁止。
   (4) 遺贈。
   (5) 遺產執行人之指定。

2. **遺囑能力**：無行為能力人及未滿十六歲之限制行為能力人，均不得為遺囑。滿十六歲的限制行為能力人無須經法定代理人之允許得為遺囑。遺囑人於不違反關於特留分規定之範圍內，得以遺囑自由處分遺產。

3. **遺囑方式**：遺囑之方式有五種：
   (1) **自書遺囑**：遺囑人應自書遺囑全文，記明年、月、日，並親自簽名。如有增減塗改，應文明增減塗改之處所及字數，另行簽名。
   (2) **公證遺囑**：遺囑人應指定二人以上之見證人，在公證人前口述遺囑意旨，由公證人筆記、宣讀、講解，經遺囑人認可後，記明年、月、日，由公證人、見證人及遺囑人同行簽名。遺囑人不能簽名者，由公證人將其事由記明，使按指印代之。
   (3) **密封遺囑**：由遺囑人在遺囑上簽名後，將其密封，於封縫處簽名，指定二人以上之見證人，向公證人提出，陳述其為自己之遺囑，如非本人自寫，並陳述繕寫人之姓名、住所，由公證人於封面記明該遺囑提出之年、月、日及遺囑人所為之陳述，與遺囑人及見證人同行簽名。密封遺囑如不具備上述方式而具自書遺囑方式時，仍有自書遺囑之效力。
   (4) **代筆遺囑**：由遺囑人指定三人以上之見證人，由遺囑人口述遺囑意旨，使見證人中之一人筆記、宣讀、講解，經遺囑人認可後，記明年、月、日及代筆

人之姓名，由見證人全體及遺囑人同行簽名，遺囑人不能簽名者，應按指印代之。

(5) 口授遺囑：只得於遺囑人因生命危急或其他特殊情形，不能依其他方式爲遺囑時爲之，其方式有二：

   ① 由遺囑人指定二人以上之見證人，並口授遺囑意旨，由見證人中之一人，將該遺囑意旨，據實作成筆記，並記明年、月、日，與其他見證人同行簽名。

   ② 由遺囑人指定二人以上之見證人，並口述遺囑意旨、遺囑人姓名及年月日，由見證人全體口述遺囑之爲眞正及見證人姓名，全部予以錄音，將錄音帶當場密封並記明年、月、日，由見證人全體在封疑處同行簽名。

    口授遺囑，遺囑人若並未死亡，於其能依其他方式爲遺囑之時起經過三個月而失其效力。

4. 遺囑見證人資格之限制：遺囑見證人禁止由下列人擔任。

  (1) 未成年人。

  (2) 受監護或輔助宣告之人。

  (3) 繼承人及其配偶或其直系血親。

  (4) 受遺贈人及其配偶或其直系血親。

  (5) 爲公證人或代行公證職務之同居人、助理或受僱人。

5. 遺囑之生效時期：遺囑、自遺囑人死亡時發生效力。

二、遺囑應訂明之要點

- 立遺囑人及見證人。
- 遺產分配。
- 遺贈事項。
- 遺囑執行人之指定。
- 其他遺言。

三、範例說明

（一）口授遺囑

1. 本遺囑的特點：本遺囑爲口授遺囑，遺囑人因生命危急或其他特殊情形，不能依其他方式爲遺囑者所做的遺囑。

2. 適用對象：本遺囑適用於口授遺囑。

3. 基本條款：遺囑應訂明遺囑要點上基本條款。

4. 相關法條：民法第 1195-1198 條。

遺囑契約 5-1-1

口授遺囑

　　立遺囑人○○○，民國○○年○月○日生，臺北市人，身分證號碼：○○○○○○○○○○，茲依民法規定，訂立遺囑如下：

一、座落臺北市○○區○○段○○小段○○地號土地及地上建物（即門牌：臺北市○○區○○里○○鄰○○街○○巷○○號）○層樓住宅全棟，本人所有持分○分之○，由長子○○○（民國○○年○月○日生，臺北市人，身分證號碼：○○○○○○○○○○），單獨全部繼承。

二、本人除前項不動產外，目前並無其他財產，嗣後如有累積任何財產，也比照第 1 項規定，由長子○○○單獨全部繼承。以上意旨，由○○○口授，○○○據實作成筆記，記明年、月、日如後。

立遺囑人：○○○　印

見 證 人：○○○　印

見 證 人：○○○　印

中　華　民　國　○○　年　○　月　○　日

註：1. 本例為口授遺囑。

　　2. 遺囑人因生命危急或其他特殊情形，不能依其他方式為遺囑者，得依下列方式之一為口授遺囑：

　　　(1) 由遺囑人指定二人以上之見證人，並口授遺囑意旨，由見證人中之一人，將該遺囑意旨，據實作成筆記，並記明年、月、日，與其他見證人同行簽名。

　　　(2) 由遺囑人指定二人以上之見證人，並口述遺囑意旨、遺囑人姓名及年、月、日，由見證人全體口述遺囑之為真正及見證人姓名，全部予以錄音，將錄音帶當場密封，並記明年、月、日，由見證人全體在封縫處同行簽名。

（二）自書遺囑

1. 本遺囑的特點：本遺囑為自書遺囑，由遺囑人自己親自書寫的遺囑。

2. 適用對象：本遺囑適用於自書遺囑。

3. 基本條款：書寫本遺囑應書明遺囑要點之基本條款。

4. 相關法案：民法第 1190 條。

遺囑契約 5-1-2

自書遺囑

　　立遺囑人○○○，民國○○年○月○日，臺北市人，身分證號碼：○○○○○○○○○○，茲依民法規定，自書遺囑，內容如後：

一、座落臺北市○○區○○段○○小段○○地號土地及地上建物（即門牌：臺北市○○區○○里○○鄰○○街○○巷○○號）○層樓住宅全棟，本人所有持分○分之○，由長子○○○（民國○○年○月○日生，臺北市人，身分證號碼：○○○○○○○○○○），單獨全部繼承。

二、本人除前項不動產外，目前並無其他財產，嗣後如有累積任何財產，也比照第 1 項規定由長子○○單獨全部繼承。

立遺囑人：○○○親筆　印

見 證 人：○○○　印

中　華　民　國　○○　年　○　月　○　日

註：1. 本例為自書遺囑，除應自書遺囑全文，記明年、月、日，並親自簽名。如有增減、塗改，應註明增減、塗改之處所及字數，另行簽名。

2. 為遺囑，應注意不能違反特留分之規定。特留分之規定，請參見民法 1223、1224 條。

（三）代筆遺囑

1. **本遺囑的特點**：本遺囑為代筆遺囑，由遺囑人口述遺囑意旨，使見證人之一人代替其書寫遺囑。
2. **適用對象**：本遺囑適用於代筆遺囑。
3. **基本條款**：代筆遺囑應書寫遺囑要點之基本條款。
4. **相關法條**：民法第 1194 條。

遺囑契約 5-1-3

代筆遺囑

立遺囑人○○○，民國○○年○月○日生，臺北市人，身分證號碼：○○○○○○○○○○，茲依民法規定，訂立遺囑如下：

一、座落臺北市○○區○○段○○小段○○地號土地及地上建物（即門牌：臺北市○○區○○里○○鄰○○街○○巷○○號）○層樓住宅全棟，本人所有持分○分之○，由長子○○○（民國○○年○月○日生，臺北市人，身分證號碼為○○○○○○○○○○），單獨全部繼承。

二、本人除前項不動產外，目前並無其他財產，嗣後如有累積任何財產，也比照第 1 項規定，由長子○○○單獨全部繼承。以上意旨，由○○○代筆，並宣讀、講解，經立遺囑人認可後，按捺指紋，記明年、月、日如後。

立遺囑人：○○○　印

見 證 人：○○○　印

即代筆人

見 證 人：○○○　印

見 證 人：○○○　印

| 中 | 華 | 民 | 國 | ○○ | 年 | ○ | 月 | ○ | 日 |

註：1. 本例為代筆遺囑。

　　 2. 代筆遺囑，應由遺囑人指定三人以上之見證人，由遺囑人口述遺囑意旨，使見證人之一人筆記、宣讀、講解，經遺囑人認可後，記明年、月、日，及代筆人姓名，由見證人全體及遺囑人同行簽名，遺囑人不能簽名者，應按指印代之。

第 2 章　繼　承

審訂：臺灣臺北地方法院所屬民間公證人

重慶聯合事務所副所長　陳李聰

一、說　明

1. 繼承人之順位：繼承人之順位如下：
   (1) 直系血親卑親屬。以親等近者為先。養子女之繼承順位及應繼分與婚生子女同，本順位繼承人中，有於繼承開始前死亡或喪失繼承權時，由其直系血親卑親屬，承襲被代位人之地位直接繼承被繼承人，代位繼承人之應繼分與被代位人相同。
   (2) 父母。
   (3) 兄弟姊妹。
   (4) 祖父母（包括外祖父母）。
   (5) 配偶。配偶有相互繼承遺產之權。如有前四順序之繼人時，得與此等人共同繼承。如無，則單獨繼承。
2. 應繼分：配偶與各順序血親繼承人共同繼承時之應繼分如下：
   (1) 配偶與直系血親卑親屬共同繼承時：平均分配。
   (2) 與父母共同繼承時，配偶二分之一，其餘由父母均分。
   (3) 與兄弟姊妹共同繼承時，配偶二分之一，其餘由兄弟姊妹均分。
   (4) 與祖父母共同繼承時，配偶三分之二，其餘由祖父母均分。
   (5) 無配偶時，同一順序繼承人均分全部財產。
3. 遺產之公同共有：共同繼承之財產為公同共有財產，其效力如下：
   (1) 管理：由全體繼承人共同為之。亦得互推一人管理之。
   (2) 處分：除繼承財產之保存或管理上所必要者外，各共同繼承人不得單獨為處分。
   (3) 對債務之責任：各共同繼承人就繼承債務負連帶責任。其相互間對繼承債務按其應繼分比例負擔。
4. 遺產之分割：繼承人除法律另有規定或契約（遺囑）另有訂定外，原則上得隨時請求分割遺產。以遺囑禁止分割遺產者，其效力不得逾十年。各共同繼承人

亦得訂契約不分割遺產。胎兒為繼承人時，非保留其應繼分，他繼承人不得分割遺產。胎兒關於遺產之分割，以其母為代理人。

　　被繼承人之遺囑，定有分割遺產之方法或託他人代定者，從其所定。但不得違反特留分之規定。如果被繼承人無遺囑或遺囑未指定分割方法或受委託之第三人未指定時，得由各共同繼承人以協議分割之。如不能協議時，得聲請法院代為決定分割方法，其方法以現物分割為原則，變價分配為例外。遺產分割後，各繼承人按其所得部分，對於他繼承人因分割而得之遺產，負與出賣人同一之擔保責任。對於債權則就遺產分割時債務人之支付能力，負擔保之責。

5. 限定繼承：繼承人得限定以因繼承所得之遺產，償還被繼承人之債務。繼承人為限定繼承時，應於繼承開始時起三個月內，開具遺產清冊，呈報法院，而依程序清算，清償債務及交付遺贈。

6. 拋棄繼承：繼承人皆得拋棄其繼承權，但應於知悉其得繼承之時起二個月內，以書面向法院為之，並以書面通知因其拋棄而應為繼承之人。繼承之拋棄，溯及繼承開始時發生效力。拋棄繼承人即不得享受任何權利，亦不負擔任何義務。同一順序中有人拋棄繼承時，其應繼分歸屬於其他同為繼承之人。若均拋棄時，則歸於次順序或次親等之直系血親卑親屬繼承。所有繼承人均拋棄時，準用關於無人承認繼承之規定。即於清償債務、交付遺贈後，將剩餘歸屬國庫。

二、契約範例

【共同繼承財產管理】

● 共同繼承財產管理契約書

1. 本契約的特點：本契約為共同繼承財產管理契約書，在繼承遺產分割前，由共同繼承人推出其中之一人或數人管理遺產。
2. 適用對象：本適用於共同繼承遺產，分割前之管理。
3. 基本條款：訂立本契約，應記明繼承人及被繼承人、遺產清冊、管理方法。
4. 相關法條：民法第 1150-1152 條。

繼承契約 5-2-1

共同繼承財產管理契約書

立共同繼承財產管理契約人○○○、○○○、○○○、○○○等四人為被繼承人○○○之共同繼承人，已於民國○○年○月○日被繼承人死亡同時開始繼承，因○○○○事由不能即時分割遺產，經共同繼承人全體協議同意在繼承遺產分割前由共同繼承人中互推一人管理，爰經訂立本契約條件如下：

第 1 條　共同繼承人全體就共同繼承人中互相推定共同繼承人○○○為共同繼承財產之管理人。

第 2 條　共同繼承財產詳細如後開標示所載，於本契約成立同日，應由共同繼承人全體會同之下悉數移交管理人前去占有管理之。

第 3 條　管理人對於共同繼承財產權限列開於次：

一　共同繼承財產之出租及訂立契約。其租金之收取或請求支付租金及返還租賃物等行為。

二　共同繼承財產所生孳息之收益行為。

三　共同繼承債權之受償或向繼承債務人為請求清償行為。

四　共同繼承財產所收取之金錢及物之借貸及其訂立契約或請求償還等行為。

五　前開事項有關法律行為經向法院公證處聲請公證或認證以及向地政機關聲請登記等行為。

六　共同繼承財產有關聲請調解起訴及訴訟上或訴訟外和解聲請強制執行等以及其他一切必要之行為。

七　○○○○○○

第 4 條　管理人除前條各項行為之權限外對於共同繼承財產之處分行為及其他權利之行使時應經共同繼承人全體同意而特別授權後方得為之。

第 5 條　管理人就共同繼承財產之保存因防止繼承財產之毀損滅失所必要處分者亦應經共同繼承人全體協議後始得依其議決本旨辦理之。

第 6 條　管理人對於共同繼承財產之管理上必要範圍內得使用之。

第 7 條　本契約成立後因繼承財產之變賣出租滅失或毀損（如政令徵收拆毀）借貸所受之金錢物品管理人亦應依本契約之規定管理之。

第 8 條　管理人對於共同繼承財產之處理事務應以善良管理人之注意為之不得忽略從事。

第 9 條　管理人就管理所處理之事務如有過失或因逾越權限之行為所生之損害，管理人應負賠償責任。

第 10 條　管理人為本契約管理金錢或除貨付外其餘現款應悉數儲存銀行或農會合作社，不得有私自保管或使代理人保管情事。

第 11 條　管理人應於每年 6 月及 12 月結算二次，就管理共同繼承財產之狀況，造就清冊報告或向其他共同繼承人說明。但於非結算期，其他共同繼承人如請求查勘管理事務進行之狀況時，管理人亦應隨時呈閱有關簿帳及報告之義務。

第 12 條　管理人之報酬定為每年新臺幣○元，於結算報告共同繼承財產之狀況時各付半額。

第 13 條　因繼承財產之管理所必要之費用由共同繼承財產負擔之。

第 14 條　管理人於本契約成立同時就任管理，其管理期間至民國○○年○月○日為止。

第 15 條　管理人為管理上違背本契約或有營私舞弊情事時得隨時解除本件管理契約。

第 16 條　本契約終止或解除時，管理人應就清冊報告於全體共同繼承人，並將其所管理中之共同繼承財產全部移交全體共同繼承人接管。倘在其管理中以其名義所取得之金錢物品之占有或債權物權等權利亦應同時全部移轉之。

共同繼承財產標示：

一　不動產部分。

二　動產部分。

　　三　其他權利部分。
　　四　債權部分。

共同繼承人：○○○　印
住　　　所：○○○○○○
共同繼承人：○○○　印
住　　　所：○○○○○○
共同繼承人：○○○　印
住　　　所：○○○○○○
共同繼承人：○○○　印
住　　　所：○○○○○○

中　華　民　國　○○　年　○　月　○　日

註：繼承人有數人時，在分割遺產前，各繼承人對於遺產全部為公同共有（民法第1151條）

【遺產分割】

● 遺產分割協議書

1. 本契約的特點：本契約為遺產分割協議書，由繼承人協議分割被繼承人之遺產，避免發生糾紛。
2. 適用對象：本契約適用繼承人協議分割被繼承人遺產。
3. 基本條款：本契約應詳列繼承人、被繼承人、遺產清冊、分割方法。
4. 相關法條：民法第1150、1153、1164、1165、1168-1173條。

繼承契約 5-2-2

遺產分割協議書

　　立協議書人○○○（以下簡稱甲方）、○○○（以下簡稱乙方）、○○○（以下簡稱丙方）、○○○（以下簡稱丁方）、○○○（以下簡稱戊方）茲就被繼承人○○○之遺產分割事宜，訂立本協議書，條款如後：

　　一、座落臺北市○○區○○段○○小段○○地號土地○○公頃由甲方取得。
　　二、座落臺北市○○街○○號○樓房屋及其基地由乙方取得。
　　三、○○○股份有限公司股票○○萬股及○○○股份有司股票○○萬股由丙方取得。
　　四、○○銀行○○分行定期存款○○萬元及○○郵局郵政儲蓄存款○○萬元整（均含利息）由丁方取得。
　　五、甲、乙、丙、丁四人願各付戊方新臺幣○○萬元整。
　　六、前述所載之給與財產均於本日移轉交付與各方取得營業收益納課完畢。關於不動產部分於契約成立後一星期內向地政機關辦理所有權登記手續，但該項登記所需費用及各項稅損均由取得人各自負擔。

七、本件繼承應繳納之遺產稅，應由甲、乙、丙、丁、戊五人平均負擔，但其他過戶所需之稅捐費用，由取得人各自負擔。

八、本協議書壹式伍份，甲、乙、丙、丁、戊各執乙份為憑。

甲　　方：○○○　印

住　　址：

身分證

統一編號：

乙　　方：○○○　印

住　　址：

身分證

統一編號：

丙　　方：○○○　印

住　　址：

身分證

統一編號：

丁　　方：○○○　印

住　　址：

身分證

統一編號：

戊　　方：○○○　印

住　　址：

身分證

統一編號：

中　華　民　國　○○　年　○　月　○　日

註：繼承人對於被繼承人之債務，負連帶責任。

　　繼承人相互間對於被繼承人之債務，除另有約定外，按應繼分比例負擔之。

【繼承權拋棄】

（一）繼承權拋棄書（死亡日起三個月內拋棄）

1. 本拋棄書的特點：本拋棄書為繼承權拋棄書，由繼承人依法於被繼承人死亡日起二個月內以書面向法院為之。

2. 適用對象：本拋棄書適用被繼承人死亡日起，繼承人拋棄繼承權。

3. 基本條款：本拋棄書應註明繼承人、被繼承人，及通知其他繼承人，不能通知者，不在此限。

4. 相關法條：民法第 1174-1176 條、第 1176 條之 1。

繼承契約 5-2-3

繼承權拋棄書（一）

　　被繼承人○○○於民國○○年○月○日亡故，立拋棄書人係依法享有繼承其遺產之權，惟立拋棄書人自願將其所有財產之應繼分全部拋棄屬實無訛，恐口無憑，特依民法第 1174 條規定，出具本拋棄書為據。

　　此致

　　　　　　　　　　　　　立拋棄書人：
　　　　　　　　　　　　　住　　　址：
　　　　　　　　　　　　　身　分　證
　　　　　　　　　　　　　統　一　編　號：
　　　　　　　　　　　　　出生年月日：

中　　華　　民　　國　○○　　年　　○　月　　○　日

註：拋棄繼承權者就其所管理之遺產人於其他繼承人或遺產管理人開始管理前，應與處理自己事務為同一注意，繼續管理遺產。

（二）繼承權拋棄書（知悉日起三個月內拋棄）

1. **本拋棄書的特點**：本拋棄書為繼承權拋棄書，繼承人於知悉其得繼承之時二個月以內向法院為之，並通知其他應為繼承之人。

2. **適用對象**：本拋棄書適用於知悉得繼承之日起二個月內向法院聲明拋棄繼承權。

3. **基本條款**：本拋棄書應註明繼承人、被繼承人，及其他應為繼承之人，並為通知，不能通知，不在此限。

4. **相關法條**：民法第 1174-1176 條、第 1176 條之 1。

繼承契約 5-2-4

繼承權拋棄書（二）

　　被繼承人○○○於民國○○年○月○日亡故，立拋棄書人於民國○○年○月○日始知悉依法享有繼承其遺產之權，惟立拋棄人自願將其所有財產之應繼分拋棄屬實無訛，恐口無憑，特依民法第 1174 條規定，出具本拋棄書為據。

　　此致

　　　　　　　　　　　　　立拋棄書人：
　　　　　　　　　　　　　住　　　址：
　　　　　　　　　　　　　身　分　證
　　　　　　　　　　　　　統　一　編　號：
　　　　　　　　　　　　　出生年月日：

| 中 | 華 | 民 | 國 | ○○ | 年 | ○ | 月 | ○ | 日 |

註：拋棄繼承權者就其所管理之遺產，於其他繼承人或遺產管理人開始管理前，應與處理自己之事務為同一注意，繼續管理遺產。

（三）拋棄繼承權通知函

1. **本通知函的特點**：本通知函為拋棄繼承權之通知函，繼承人之一依法通知其他繼承人拋棄其繼承之通知函。
2. **適用對象**：本通知函適用於繼承人拋棄繼承權而通知其他繼承人。
3. **基本條款**：本通知函應書明應繼分全部拋棄，並在知悉其得繼承之時起三個月內向法院為之。
4. **相關法條**：民法第 1174、1175 條。

繼承契約 5-2-5

拋棄繼承通知函

　　○○胞兄○○胞妹如晤：父親不幸於本月○日因病逝世，所遺財產若干，債權債務多少，弟因遠居美國，均無從獲悉。按繼承人應自知悉其得繼承之時起二個月內，以書面向其他繼承人拋棄其繼承權，弟自願將應繼分全部拋棄，父親所遺財產，均由你等繼承，所有債權債務亦由汝等清理，同時並向法院聲明拋棄。謹此通知。

弟

王○○　手啟

| 中 | 華 | 民 | 國 | ○○ | 年 | ○ | 月 | ○ | 日 |

註：拋棄繼承應依民法 1174 條及 1174 條規定。

【親屬會議紀錄】

（一）酌給遺產與被繼承人生前繼續扶養之人之親屬會議紀錄

1. **本會議紀錄的特點**：本會議紀錄為酌給遺產與被繼承人生前繼續扶養之人之會議記錄。親屬會議決定扶養之數額之會議紀錄。
2. **適用對象**：本會議紀錄適用於酌給遺產與被繼承人生前繼續扶養之人之親屬會議紀錄。
3. **基本條款**：本會議紀錄應書明親屬會議成員、被繼承人生前繼續扶養之人之身分、酌給之數額。
4. **相關法條**：民法第 1149 條。

繼承契約 5-2-6

酌給遺產與被繼承人生前繼續扶養之人之親屬會議紀錄

時　　間：中華民國○○年○月○日

地　　點：○○市○○路○○號

召 集 人：○○○（遺產酌給請求人或繼承人）

出 席 者：親屬會議會員○○○等人。

主　　席：出席者一致推舉○○○為主席

記　　錄：○○○

主席報告：據前開召集人聲稱：○○係被繼承人○○○生前同居且繼續扶養之人，因被繼承人於民國○○年○月○日死亡後，生活陷入困境，請求親屬會依民法第 1149 條之規定，決定酌給遺產，爰召開本會議，請決定酌給之遺產。

決　　議：斟酌該被繼承人對請求人生前扶養之程度及其與請求人之關係，以出席親屬會員過半數之贊同，將被繼承人遺產中之部分，座落○○市○○路○○號地上建物磚造平房一棟建坪○○坪所有權全部給予○○○作為日後生活費用。

主　　席：○　○　○

記　　錄：○　○　○

註：1. 被繼承人生前繼續扶養之人，包括妾在內（39 年臺上 1571 號判例）。

　　2. 被繼承人已以遺囑，依其生前繼續扶養之人所受扶養之程度及其他關係，遺贈相當遺產者，毋庸再由親屬會議酌給遺產（26 年渝上字第 59 號判例）。

　　　酌給遺產，應依其所受扶養之程度，及其他關係決定。如親屬會議決定未允洽時（包括給而過少或根本不給之情形）或未為給否之任何決議時，召集權人得依民法第 1137 條之規定向法院聲訴，由法院另行斟酌情形予以核定。

（二）選定遺產管理人的親屬會議紀錄

1. **本會議紀錄的特點**：本會議紀錄為選定管理人之親屬會議紀錄。由親屬會議選定被繼承人遺產管理人之會議紀錄。

2. **適用對象**：本會議紀錄適用於選定遺產管理人之會議紀錄。

3. **基本條款**：本會議紀錄應書明親屬會議成員、選定事由、選定人選之身分。

4. **相關法條**：民法第 1177、1178 條。

繼承契約 5-2-7

選定遺產管理人之親屬會議紀錄

時　　間：中華民國○○年○月○日

地　　點：○○市○○路○○號

召 集 人：○○○（繼承人之親屬或利害關係人）

出 席 者：親屬會議會員○○○等人。

主　　席：出席者一致推舉○○○為主席

記　　錄：○○○

主席報告：據前開召集人○○○聲稱：其係○○遺產法定繼承人○○○之親屬（或○○利害
　　　　　關係人），因被繼承人○○於民國○○年○月○日死亡，繼承開始，但其法定繼
　　　　　承人○○○因於大陸淪陷時，渡往海外經商迄未歸來，又無任何消息，生死不
　　　　　明，為此請依法選定遺產管理人，爰召開親屬會議，請選定之。

決　　議：一致同意選定○○○（男○歲○○人○業住○○○號）為○○之遺產管理人。本
　　　　　會並應將繼承開始及選定遺產管理人之事由，向法院報明。

　　　　　　　　　　　　　　　　　　　　　　　　　　　　主　席：○　○　○
　　　　　　　　　　　　　　　　　　　　　　　　　　　　記　錄：○　○　○

註：1. 遺產管理人之選定：民法第 1177 條繼承開始時，繼承人之有無不明者，由親屬會議於一個月內選
　　　 定遺產管理人，並將繼承開始及選定遺產管理人之事由，向法院報明。
　　2. 繼承人之搜尋：民法第 1178 條規定，親屬會議依前條規定為報明後，法院應依公示催告程序，定
　　　 六個月以上之期限，公告繼承人，命其於期限內承認繼承。無親屬會議或親屬會議未於前條所定期
　　　 限內選定遺產管理人者，利害關係人或檢察官，得聲請法院選任遺產管理人，並由法院依前項規定
　　　 為公示催告。
　　3. 保存遺產之必要處置：民法第 1178 條之 1 規定，繼承開始時，繼承人之有無不明者，在遺產管理
　　　 人選定前，法院得因利害關係人或檢察官之聲請，為保存遺產之必要處置。
　　4. 遺產管理人之職務及義務：請參照民法第 1179 條至第 1182 條之有關規定。

（三）改選遺囑執行人之會議紀錄

1. **本會議紀錄的特點**：本會議紀錄為改選遺囑執行人之會議紀錄。親屬會議決定
　 改選遺囑執行人人選之會議紀錄。

2. **適用對象**：本會議紀錄適用於改選遺囑執行人之會議紀錄。

3. **基本條款**：本會議紀錄應書明親屬會議成員、被改選之事由、新任人選。

4. **相關法條**：民法第 1218 條。

繼承契約 5-2-8

改選遺囑執行人之親屬會議紀錄

時　　間：中華民國○○年○月○日

地　　點：○○市○○路○○號

召 集 人：○○○（利害關係人或法定繼承人或親屬會員）

出 席 者：親屬會議會員○○○等人。

主　　席：出席者一致推舉○○○為主席

記　　錄：○○○

主席報告：據前開利害關係人陳稱：被繼承人○○○生前曾於民國○○年○月○日作成自書
　　　　　遺囑指定○○○為遺囑執行人保管遺囑在案，因被繼承人已於民國○○年○月○
　　　　　日死亡而繼承開始，然遺囑執行人未依遺囑執行其職務，經利害關係人○○○等
　　　　　屢次催促竟置之不理，特召開親屬會議，請改選遺囑執行人。

決　　議：遺囑執行人○○○有怠於執行職務情事，經親屬一致同意為保護利害關係人之利
　　　　　益，決議原遺囑執行人○○○應予解任，改選○○○（男，年○歲，住○○市○
　　　　　○路○○號）為遺囑執行人。

	主　席：○　○　○
	記　錄：○　○　○

註：遺囑執行人保管遺囑，知有繼承開始之事實時，應即將遺囑提示於親屬會議。如遺囑執行人怠於執行職務（民法第 1214 至 1216 條），或有其他重大事由時，利害關係人得請求親屬會議改選他人。其由法院指定者，得聲請法院另行指定（民法第 1218 條）。本例為親屬會議改選之例。

（四）選定遺囑執行人之親屬會議紀錄

1. 本會議紀錄的特點：本會議紀錄為選定遺囑執行人之親屬會議紀錄，由親屬會議選定被繼承人遺囑之執行人。
2. 適用對象：本會議紀錄適用於選定遺囑執行人之會議紀錄。
3. 基本條款：本會議紀錄應書明親屬會議成員、選定事由、被選定之人選。
4. 相關法條：民法第 1211 條。

繼承契約 5-2-9

選定遺囑執行人之親屬會議紀錄

時　　間：中華民國○○年○月○日

地　　點：○○市○○路○○號

召 集 人：○○○（繼承人或利害關係人）

出 席 者：親屬會議會員○○○等人。

主　　席：出席者一致推舉○○○為主席

記　　錄：○○○

主席報告：○○○於○○年○月○日死亡，其生前曾於○○年○月○日，經○○地方法院公證處以○○年度公字第○○號作成遺囑公證在案，惟該遺囑人並未指定遺囑執行人，亦未委託他人指定，必須選定遺囑執行人，爰依法召開親屬會議，請選定遺囑執行人。

決　　議：親屬全員同意選定○○○（男，○○歲，○○人，住○○市○○路○○號）為○○○之遺囑執行人。

	主　席：○　○　○
	記　錄：○　○　○

註：依民法第 1209 條規定，遺囑人得以遺囑指定遺囑執行人，或委託他人指定之。如遺囑未指定遺囑執行人，並未委託他人指定者，得由親屬會議選定之。不能由親屬會議選定時，得由利害關係人聲請法院指定之（民法第 1211 條）。

【報明債權】

● 報明債權通知函

1. 本通知函的特點：本通知函為報明債權通知函，被繼承人之債權人對於遺產繼

承人發出遺產債權之通知函。

2. 適用對象：本通知函適用於報明債權通知函。

3. 基本條款：本通知函應書明債權之明確內容及債權證明。

4. 相關法條：民法第 1157 條。

繼承契約 5-2-10

報明債權通知函

　　敬啟者：一、臺端之先父○○，於○○年○月○日與本人訂立○○買賣契約書，依該契約本人對被繼承人享有新臺幣○○萬元債權尚未受償，茲據○○年○月○日○○地方法院○○年度○字第○○號公示催告所定之期限內，特檢附○○債權證書影本一份，報明債權，請悉數清償是盼。

此　致

○○之限定繼承人

○　○　○先生

被繼承人○○○之債權人

○　○　○　上

中　　　華　　　民　　　國　　○○　　年　　○　　月　　○　　日

【遺　囑】

（一）規定分割方法的遺囑

1. 本遺囑的特點：本遺囑為規定分割之遺囑，遺囑人以自己之意思規定其遺產如何分割。

2. 適用對象：本遺囑適用於規定如何分割遺產方法之遺囑。

3. 基本條款：訂立本遺囑應訂明遺產分割方法之內容。

4. 相關法條：民法第 1165 條第 1 項。

繼承契約 5-2-11

規定分割遺產方法之遺囑

　　本人百年後，所有動產，由長子○○○、次子○○○、長女○○○、次女○○○等四人平分之。種植水果之農地，不能各按四分之一分割，應繼續種植。

立遺囑人：○　○　○

見證人：○　○　○

○　○　○

中　　　華　　　民　　　國　　○○　　年　　○　　月　　○　　日

註：被繼承人得以遺囑指定分割遺產之方法（民法第 1165 條第 1 項）。

（二）處分遺產的遺囑

1. 本遺囑的特點：本遺囑爲處分遺產之遺囑，繼承人以自由意志處分其遺產。
2. 適用對象：本遺囑適用於繼承人以自由意志處分遺產。
3. 基本條款：立本遺囑應訂明遺產之分配方法。
4. 相關法條：民法第 1165、1187 條。

繼承契約 5-2-12

處分遺產之遺囑

　　本人經營商務多年，省吃節儉，購置土地及房屋各一處，茲恐本人百年後，避免繼承人等對此發生糾紛，特規定分割之方法如後：

一、座落○○縣○○鄉○○段○○號之土地○○甲，由長子○○○、次子○○○、長女○○○均分之。

二、座落○○市○○街○○號之建物及土地，由本人妻○○○承繼。

三、公司之股份所得利潤，作爲故友○○○遺子○○教育費之用。該○○教育完成，該項股本產權，由長子○○○繼承之。

四、本遺囑於本人百年後生效，由胞兄○○○執行。

　　　　　　　　立遺囑人：○　○　○
　　　　　　　　見 證 人：○　○　○
　　　　　　　　　　　　　○　○　○

中　　華　　民　　國　　○○　　年　　○　　月　　○　　日

註：依民法第 1187 條規定，遺囑人於不違反特留分規定之範圍內，得以遺囑自由處分遺產。又依同法第 1165 條規定，被繼承人之遺囑，定有遺產分割之方法者，從其所定。

（三）以遺囑處分財產

1. 本遺囑的特點：本遺囑爲以遺囑處分財產之遺囑，遺囑人以自己之意思分配其遺產。
2. 適用對象：本遺囑適用於以遺囑處分財產之遺囑。
3. 基本條款：訂立本遺囑應訂明分配財產之內容。
4. 相關法條：民法第 1187 條。

繼承契約 5-2-13

以遺囑處分財產遺囑

余年近古稀之年，來日不多，妻○○已先本人去世，上無父母、祖父母，下無子孫後代，本人所有財產，除由胞妹○○繼承三分之一外，餘三分之二由表兄○○○之長子○○○全部繼承。

```
　　　　　　　立遺囑人：○　○　○
　　　　　　　見 證 人：○　○　○
　　　　　　　　　　　　○　○　○
```

中　　華　　民　　國　　○○　　年　　○　　月　　○　　日

註：依民法第 1187 條規定，遺囑人於不違反關於特留分規定之範圍內，得以遺囑自由處分遺產。（特留
　　分之規定見民法第 1223、1224 條）

（四）附有條件遺贈的遺囑

1. **本遺囑的特點**：本遺囑為附有條件之遺囑，遺囑人以遺囑所定遺贈，附有一定條件予受遺贈人。
2. **適用對象**：本遺囑適用於附有條件之遺囑。
3. **基本條款**：訂立本遺囑應訂明所附條件之內容。
4. **相關法條**：民法第 1200 條。

繼承契約 5-2-14

附有條件遺贈之遺囑

　　本人行醫已五十年。○○○醫學院畢業，尚未考取執照，為本人充當助手五年，現已醫理通順，技藝日精，如能加倍努力，考取執照，當無問題。為鼓勵○○○上進及撫慰協助本人○○年之辛苦，如○○○一旦考取執照，本人願將本人現營業中之○○醫院所有生財、設備、房屋、基地，於本人離世之日，一併贈予○○○為業。

```
　　　　　　　立遺囑人：○　○　○
　　　　　　　見 證 人：○　○　○
　　　　　　　　　　　　○　○　○
```

中　　華　　民　　國　　○○　　年　　○　　月　　○　　日

註：依民法第 1200 條：遺囑所定遺贈，附有停止條件者，自條件成就時，發生效力。但受遺贈人於遺囑發生效力前死亡者，其遺贈不生效力。

（五）以遺囑處分財產（附有遺贈之條件）

1. **本遺囑的特點**：本遺囑為以遺囑處分財產之遺囑，遺囑人以自己的意思處分財產，並附有遺贈之條件。
2. **適用對象**：本遺囑適用於遺囑附有遺贈之條件。
3. **基本條款**：訂立本遺囑應訂明遺贈之條件。
4. **相關法條**：民法第 1204 條。

繼承契約 5-2-15

以遺囑處分財產遺囑（附有遺贈之條件）

　　故友○○○之遺孀：○○○女士，偕子○○，所借用本人所有之○○路○○號樓房一棟，本人百年後，該項房屋，所有權雖由本人之子女承繼，而使用收益權則繼續由○○○女士及其子○○行使十年，期滿後由本人繼承人收回。

立遺囑人：○　○　○
見　證　人：○　○　○
　　　　　　○　○　○

中　　華　　民　　國　　○○　　年　　○　　月　　○　　日

註：依民法第 1204 條規定，以遺產之使用、收益為遺贈，而遺囑未定返還期限，並不能依遺贈之性質，定其期限者，以受遺贈人之終身為其期限。

（六）附有義務遺贈的遺囑

1. 本遺囑的特點：本遺囑為附有義務遺贈之遺囑，受遺贈人必須履行遺囑所附的義務。
2. 適用對象：本遺囑適用於附有義務之遺囑。
3. 基本條款：訂立本遺囑應訂明受遺贈人應履行義務之內容。
4. 相關法條：民法第 1205 條。

繼承契約 5-2-16

附有義務遺贈之遺囑

　　本人百年後，所有財產，當由本人之妻兒等人繼承，惟○○縣○○段○○號所有之旱地○○公頃，種植芭樂則由老友○○○免費繼續使用十年，期滿由本人繼承人收回。

立遺囑人：○　○　○
見　證　人：○　○　○
　　　　　　○　○　○

中　　華　　民　　國　　○○　　年　　○　　月　　○　　日

註：依民法第 1205 條規定，遺贈附有義務者，受遺贈人以其所受利益為限，負履行之責。

（七）遺囑指定遺囑執行人

1. 本遺囑的特點：本遺囑為以遺囑指定執行人之遺囑，遺囑人以遺囑指定遺囑執行人，必須明確說明指定人身分。
2. 適用對象：本遺囑適用於以遺囑指定遺囑執行人。

3. 基本條款：訂立本遺囑應訂明遺囑執行人及遺囑內容。

4. 相關法條：民法第1209條。

繼承契約 5-2-17

<table>
<tr><td colspan="3" align="center">指定遺囑執行人遺囑</td></tr>
<tr><td colspan="3">　　立遺囑人：本人百年後，所有遺產除三分之一捐贈與○○救濟院外，所餘三分之二，由子○○○及女○○○平均繼承，前已立有遺囑，並經公證公案，茲再指定胞妹○○○為遺囑執行人。</td></tr>
<tr><td colspan="3" align="center">立遺囑人：○　○　○</td></tr>
<tr><td align="center">中　華　民　國　○○　年</td><td align="center">○　月</td><td align="center">○　日</td></tr>
</table>

註：依民法第1209條規定，遺囑人得以遺囑指定遺囑執行人，或委託他人指定之。

（八）遺囑執行人就任與否催告函

1. 本催告函的特點：本催告函為遺囑執行人就任與否催告函，由繼承人催告受委託而被指定之遺囑執行人是否就任遺囑執行人。

2. 適用對象：本催告函適用於遺囑執行人就任與否催告函。

3. 基本條款：本催告函應書寫明受遺囑委託之指定人，被指定之遺囑執行人。

4. 相關法條：民法第1209條。

繼承契約 5-2-18

<table>
<tr><td colspan="3" align="center">遺囑執行人就任與否催告函</td></tr>
<tr><td colspan="3">　　敬啟者：一、先父○○於民國○○年○月○日立有遺囑，於該遺囑內委託住○○市○○路○○號之○○○先生代為指定遺囑執行人，而受委託人○○○業經於民國○○年○月○日指定臺端為該項遺囑之執行人在案。二、臺端對是項遺囑執行人是否願意擔任，請於本催告函到達之日起三星期內為確答是盼。
　　此　致
遺囑執行人：○　○　○先生</td></tr>
<tr><td colspan="3" align="center">被繼承人○○之繼承人：○　○　○
住所：</td></tr>
<tr><td align="center">中　華　民　國　○○　年</td><td align="center">○　月</td><td align="center">○　日</td></tr>
</table>

註：依民法第1209條規定，遺囑人得以遺囑指定遺囑執行人，或委託他人指定之。
　　受前項委託者，應即指定遺囑執行人，並通知繼承人。

（九）遺囑執行人指定通知函

1. 本通知函的特點：本通知函為遺囑執行人指定通知函，由受委託指定遺囑執行人通知繼承人其所指定之遺囑執行人。
2. 適用對象：本通知函適用於遺囑執行人指定通知函。
3. 基本條款：本通知函應書明受指定執行遺囑之遺囑執行人之明確身分。
4. 相關法條：民法第 1209、1210 條。

繼承契約 5-2-19

遺囑執行人指定通知函

　　敬啟者：臺端之先父○○於民國○○年○月○日立有遺囑，委託本人代為指定遺囑執行人，茲業依該遺囑意旨指定○○先生（住○○市○○路○○號）為該遺囑執行人在案。特以本函通知，敬請查照。

此　致

被繼承人○○之繼承人

○　○　○先生

　　　　　　　　　受委託人：○　○　○

　　　　　　　　　住　　所：

中　　華　　民　　國　　○○　　年　　○　　月　　○　　日

註：依民法第 1209 條規定，遺囑人得以遺囑委託他人指定遺囑執行人。受前項委託者，應即指定遺囑執行人，並通知繼承人。本函即為受委託人依遺囑指定遺囑執行人後之通知函。又依民法第 1210 條規定，未成年人及受監護或輔助宣告之人不得為遺囑執行人。

【催告履行附負擔義務】

● 催告履行附負擔義務之催告函

1. 本催告函的特點：本催告函為催告履行附負擔義務之催告函，由繼承人催告受遺贈而應履行負擔義務人履行其負擔。
2. 適用對象：本催告函適用於催告履行附負擔義務之催告函。
3. 基本條款：本催告函應書明負擔履行人及應履行負擔之內容。
4. 相關法條：民法第 412 條。

繼承契約 5-2-20

催告履行附負擔義務之催告函

　　敬啟者：一、先父○○○，於民國○○年○月○日所立遺囑，內對臺端有附負擔遺贈之意旨，而該項遺贈業經臺端承認，並受遺贈標的物已交付完畢，但臺端對應負擔○○○○之義務尚未履行，實屬遺憾。二、為此特以本函催告，限於文到三星期內，務請履行上開負擔之義務，若逾期限不為履行者，依法得訴請法院撤銷上開遺贈，希勿自誤。

此　致

受遺贈人：○　○　○先生

　　　　　　　　　○○之繼承人：○　○　○

　　　　　　　　　　　住　　所：

中　華　民　國　　○○　　年　　○　月　　○　日

註：依民法第 412 條規定，贈與附有負擔者，如贈與人已為給付而受贈人不履行其負擔者，贈與人得請求
　　受贈人履行其負擔，或撤銷其贈與。負擔以公益為目的者，於贈於人死亡後，主管機關得命受贈人履
　　行其負擔。上開情形，均得適用本例。

【遺　贈】

（一）否認遺贈答覆函

1. 本答覆函的特點：本答覆函為否認遺贈之答覆，受遺贈人不願意接受遺贈之答
　覆函。
2. 適用對象：本答覆函適用於否認遺贈之答覆函。
3. 基本條款：本答覆函應書明確實表示不願意接受遺贈。
4. 相關法條：民法第 1206、1208 條。

繼承契約 5-2-21

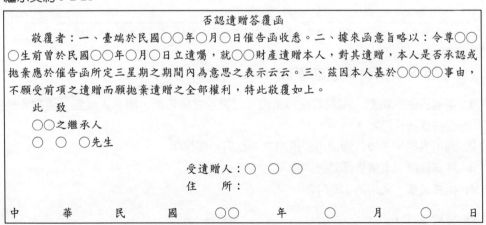

否認遺贈答覆函

　　　敬覆者：一、臺端於民國○○年○月○日催告函收悉。二、據來函意旨略以：令尊○○
○生前曾於民國○○年○月○日立遺囑，就○○財產遺贈本人，對其遺贈，本人是否承認或
拋棄應於催告函所定三星期之期間內為意思之表示云云。三、茲因本人基於○○○○事由，
不願受前項之遺贈而願拋棄遺贈之全部權利，特此敬覆如上。

　　此　致
　　○○之繼承人
　　○　○　○先生

　　　　　　　　　　受遺贈人：○　○　○

　　　　　　　　　　住　　所：

中　華　民　國　　○○　　年　　○　月　　○　日

註：依民法第 1206 條規定，受遺贈人在遺囑人死亡後，得拋棄遺贈。遺贈之拋棄溯及遺囑人
　　死亡時發生效力。故受遺贈人依本函拋棄遺贈後，其遺贈之財產仍屬於遺產。（同法第
　　1208 條）

（二）承認遺贈答覆函

1. 本答覆函的特點：本答覆函為承認遺贈答覆函，受遺贈人答覆願意接受遺贈之答覆函。
2. 適用對象：本答覆函適用於承認遺贈之答覆函。
3. 基本條款：本答覆函應書明確實表示願意接受遺贈，並於催告期限內答覆。
4. 相關法條：民法第 1207 條。

繼承契約 5-2-22

承認遺贈答覆函

　　敬覆者：一、臺端於民國○○年○月○日以○○郵局第○○號催告函敬悉。二、臺端之令尊○○於民國○○年○月○日立有遺囑，以遺囑遺贈答覆人○○○○財產，經臺端以上開信函催告答覆人對其遺贈是否承認應於○日之期限內為意思之表示等語，關於是項遺贈，蒙令尊寵賜，本人願意接受，特以本函敬覆如上。
　　此致
　　○○○之繼承人

　　　　　　　　　　遺贈義務人：○　○先生
　　　　　　　　　　受　遺　贈　人：○　○　○
　　　　　　　　　　住　　　　所：

中　華　民　國　　○○　年　　○　月　　○　日

註：依前例催告函，受遺贈人應於指定之期限內為是否承認之表示，本函為承認願受遺贈之例。

（三）遺贈之承認與否催告函

1. 本催告函的特點：本催告函為遺贈承認與否之催告函，繼承人催告受遺贈人是否同意接受遺贈。
2. 適用對象：本催告函適用於遺贈之承認與否催告函。
3. 基本條款：本催告函應書明遺贈之內容。
4. 相關法條：民法第 1207 條。

繼承契約 5-2-23

遺贈之承認與否催告函

　　敬啟者：先父○○於生前曾於民國○○年○月○日書立遺囑，以○○財產遺贈臺端在案，請臺端於本催告函到達之日起○日內為是否承認之表示，特爰依民法第 1207 條之規定催告如上。

　　此　致
　　受遺贈人：○　○　○先生

　　　　　　　　　　催告人：即○○○之繼承人○○
　　　　　　　　　　住　　所：

中　　華　　民　　國　　○○　　年　　○　　月　　○　　日

註：依民法第 1207 條規定，繼承人或利害關係人得定相當期限，請求受遺贈人於期限內，為承認遺贈與
　　否之表示。期限屆滿尚無表示者，視為承認遺贈。

國家圖書館出版品預行編目資料

實用契約書大全／王正嘉等編撰
--三版--.--臺北市：書泉出版社, 2015.01
冊；　公分
ISBN 978-986-121-978-3（上冊：精裝）

1.契約

584.31　　　　　　　　　　103023014

3T38

實用契約書大全（上）

總 策 劃 —	李永然　蔡仟松
執行主編 —	蔡仟松
編 撰 者 —	王正嘉　李永然　林裕山　張吉人
	陳秋華　陳銘福　蔡仟松　蔡錫坤
	鄧湘全　魏蕙心　蘇宜君
發 行 人 —	楊榮川
總 經 理 —	楊士清
總 編 輯 —	楊秀麗
副總編輯 —	劉靜芬
封面設計 —	P. Design視覺企劃
出 版 者 —	書泉出版社

地　　　址：106台北市大安區和平東路二段339號4樓
電　　　話：(02)2705-5066　傳　　　真：(02)2706-6100
網　　　址：https://www.wunan.com.tw
電子郵件：shuchuan@shuchuan.com.tw
劃撥帳號：0 1 3 0 3 8 5 3
戶　　　名：書泉出版社

總 經 銷：貿騰發賣股份有限公司
地　　　址：23586新北市中和區中正路880號14樓
電　　　話：(02)8227-5988　傳　　　真：(02)8227-5989
網　　　址：http://www.namode.com

法律顧問　林勝安律師事務所　林勝安律師

出版日期　2005年 2 月初版一刷
　　　　　2010年 6 月二版一刷
　　　　　2015年 1 月三版一刷
　　　　　2021年 4 月三版三刷

定　　價　新臺幣750元